Sozialkunde

Politik in der Sekundarstufe II

Herausgegeben von:

Stephan Kurz-Gieseler

Autoren:

Klaus Engelhart
Sybilla Hoffmann
Rainer Kohlhaas
Eckard Kurz
Stephan Kurz-Gieseler
Stefan Müller-Dittloff
Wolfgang Schwehm

Schöningh

www.schoeningh-schulbuch.de
Schöningh Verlag, Jühenplatz 1 – 3, 33098 Paderborn

Druck 5 4 3 / Jahr 2011 10 09
Die letzte Zahl bezeichnet das Jahr dieses Druckes.

Umschlaggestaltung: INNOVA, Borchen
Druck und Bindung: westermann druck GmbH, Braunschweig

ISBN 978-3-14-035990-0

Inhaltsverzeichnis

III Grundlagen des Wirtschaftens 141

IV Herausforderungen der Wirtschaftspolitik 186

V Politisches System – Politische Prozesse 258

Vorwort zum Buch

Die Neubearbeitung dieses als Lern- und Arbeitsbuch konzipierten Lehrwerks orientiert sich mit den Kapiteleinteilungen und didaktischen Leitlinien wie die vorhergehenden Ausgaben eng an den Vorgaben des Lehrplans. Als Gesamtband für die gymnasiale Oberstufe ist es zu allen Teilthemen des Lehrplans mit schülergemäßen Materialien, Methoden- und Arbeitshinweisen ausgestattet, die einen handlungs- und problemorientierten Unterricht möglich machen.
Die didaktische Konzeption dieses Lehrbuchs folgt der politischen Realität einer zunehmenden **Entgrenzung im Politischen**: Regionale oder nationale Politik wird geprägt von globalen Entwicklungen, regionale Ereignisse ziehen weltweite Folgen nach sich. Klassische Akteure der Politik wie internationale Organisationen, Regierungen, Parlamente oder Wirtschaftsverbände erhalten verstärkt Konkurrenz aus dem gesellschaftlichen und wirtschaftlichen Bereich. Nichtregierungsorganisationen, global operierende Konzerne oder staatlich nicht gebundene „private" Terrornetze relativieren die Handlungsspielräume klassischer Politik und werfen die grundlegende Frage auf, was Politik noch zu steuern vermag. Gesellschaften werden durch weltweite Migration und Handel sozial und kulturell „entgrenzt". Datennetze revolutionieren den Austausch von Informationen und tragen damit zu dieser Entwicklung bei. Der vielschichtige Prozess der Globalisierung mit seinen Auswirkungen und Rückwirkungen durchdringt alle Lebensbereiche und Regionen der Welt.
Das Lehrbuch greift deshalb politische Themen, Probleme und Prozesse nicht isoliert auf, sondern verfolgt sie möglichst auf regionaler, nationaler und internationaler Ebene. Dabei dienen zahlreiche Verweise im Lehrbuch der Vernetzung der Einzelkapitel. Leitthemen (z. B. Migration und Zuwanderung) werden in verschiedenen Kapiteln aufgenommen und verfolgt. Für den **Umgang mit dem Buch** ist es deshalb nicht ratsam, alle Kapitel nacheinander „durchzunehmen", sondern – orientiert an der Aktualität, der Interessenlage der Schülerinnen und Schüler sowie den Vorgaben des Lehrplans – Schwerpunkte zu setzen und Themen und Materialien nach Bedarf auszuwählen. Mithilfe der zahlreichen Verweise im Lehrbuch lassen sich verschiedene Politikbereiche verknüpfen und Leitthemen in Form übergreifender Querschnitte mosaikartig zusammenfügen.
Die **Anmoderationen** zu den einzelnen Teilkapiteln enthalten didaktische und methodische Überlegungen, die Lehrerinnen und Lehrern bei der Planung des Unterrichts Hin-

Kommunikation **„Vernetzte Welt"** Kapitel II: Informationsgesellschaft, Wandel der Arbeitswelt Kapitel IX: Globalisierung	**Wirtschaft** **„Globalisierung"** **„Standort Deutschland"** Kapitel II: Bevölkerungsentwicklung, Migration Kapitel IV: Global Player, globaler Wettbewerb	**Politik** **„Souveränitätsverlust der Nationalstaaten?"** **„Ende der Politik?"** Kapitel VII: Privatisierung der Gewalt, Terrorismus Kapitel VIII: Europäische Integration
Ethische Aspekte **„Wertewandel"** **„Verteilungsgerechtigkeit"** Kapitel II: Soziale Gerechtigkeit, Gentechnologie Kapitel IV: Welthandel	**Entgrenzung im Politischen** **Die Welt als Dorf**	**Recht** **„Regieren im Weltmaßstab"** Kapitel VII: Internationale Organisationen Kapitel IX: Global Governance
Kultur **„Homogenisierung der Lebenstile"** **„Macht der Bilder"** Kapitel II: Postmoderne, Erlebnisgesellschaft Kapitel VI: Demokratieentwicklung, politische Kultur	**Gesellschaft** **„Sozialstaat unter Reformzwang"** Kapitel I: Soziale Sicherung Kapitel II: Bevölkerungsentwicklung, Migration Kapitel V: Zuwanderung und Integration	**Ökologie** **„Die Welt als Risikogemeinschaft"** Kapitel IV: Ökologischer Umbau der Marktwirtschaft Kapitel IX: Welt als Lebensraum, globale Probleme

weise geben, wie mit den angebotenen Materialien gearbeitet werden kann. In vielen Fällen werden, ohne Anspruch auf Vollständigkeit, alternative Wege aufgezeigt, die je nach Interessenlage und Lerngruppe gewählt werden können. Eine weitere Funktion der didaktisch-methodischen Anmoderationen besteht darin, den Schülerinnen und Schülern Unterrichtsreihen möglichst so transparent zu machen, dass jederzeit eine Orientierung in der Unterrichtsreihe oder für autodidaktisches Lernen mit dem Lehrbuch gegeben ist.
Bei der Auswahl der **Texte und Materialien** wurde darauf geachtet, dass sich Zeitloses mit „Wiedererkennungswert" neben notwendig Aktuellem findet. Zahlreiche **Internetadressen** und Arbeitshinweise im Buch zeigen Möglichkeiten zur weiteren vertiefenden Recherche auf. Das umfangreiche **Glossar** ergänzt dieses Angebot zum schnellen buchinternen Nachschlagen. Der moderne Politikunterricht in der Oberstufe kann auf eine Ergänzung und Aktualisierung von Materialien mithilfe des Internet nicht verzichten. Die besondere Relevanz des Internet für Politik und politische Bildung macht das Lehrbuch aber nicht überflüssig. Es gewinnt vielmehr angesichts der vor allem für Lernende unüberschaubaren Informationsflut an Bedeutung als fachlich-didaktisches „Geländer" zur Orientierung im Politischen.
Die Angebote zur **Methodenschulung** im Buch wurden gegenüber dem Vorgängerband insgesamt erweitert und werden wie bisher auf besonders markierten Methodenseiten ausgewiesen. Es werden auch Methoden des selbstgesteuerten Lernens eingeführt, die den Schülerinnen und Schülern der gymnasialen Oberstufe die Möglichkeit geben sollen, über einen gewissen Zeitraum völlig eigenverantwortlich und im Wesentlichen auf das Lehrbuch gestützt zu arbeiten. Die ausführlichen Hinweise zur Methodenschulung im Folgenden machen den besonderen Stellenwert einer handlungsorientierten politischen Bildung in diesem Arbeitsbuch deutlich. Sie begründen die Auswahl der Methoden als spezifisch fachliches Kompendium und geben praktische Hinweise zur Einführung der Methoden mit diesem Lehrbuch.

Methodenschulung in diesem Buch

Lernen ist mehr als die Aufnahme von Sachinhalten, es ist immer auch methodisches Vorgehen. Methodische Verfahren sollten im Unterricht in Form eines integrierten Curriculums mitvermittelt werden.
Das Lehrbuch enthält in allen Kapiteln methodische Exkurse und Anwendungsbeispiele, ausgewiesen als **Methodenseiten**. Leitend bei der Auswahl und Anordnung der einzelnen Methoden waren folgende Gedanken:

- Dargestellt werden solche Methoden, die für den Fachunterricht Sozialkunde bzw. die politische Bildung eine besondere Bedeutung besitzen, nicht dagegen allgemeine Methoden, die für das Lernen auch in anderen Fächern bedeutsam sind und die meistens in der Sekundarstufe I schon eingeführt wurden (wie zum Beispiel Mindmapping, Ampelspiel, Internetrallye u. Ä.).
- Berücksichtigt wurden sowohl solche Methoden, die geeignet sind, ganze Unterrichtsreihen zu strukturieren (Makro- und Mesomethoden), als auch solche, die der Gewinnung, Verarbeitung, Aufbereitung und Präsentation von Informationen (Mikromethoden) dienen.
- Die ausgewählten Makromethoden sollen dazu dienen, Unterrichtsinhalte bzw. Themen unter der Perspektive bestimmter Kategorien bzw. Dimensionen des Politischen zu betrachten. Sie lassen sich daher bestimmten politikdidaktischen Schlüsselbegriffen zuordnen. Die Auswahl folgt einer didaktischen Systematik.

Zum Umgang mit den Methoden-Angeboten im Lehrbuch

Methoden sind kein Selbstzweck, sondern bleiben immer auf Inhalte bezogen. Jede im Lehrbuch vorgestellte methodische Herangehensweise wird daher exemplarisch an einen besonders geeigneten Inhalt bzw. ein Material angebunden. Deshalb folgt die Anordnung im Buch keiner linearen curricularen Struktur, die notwendig in dieser Reihenfolge nachvollzogen werden müsste. Es sollte jederzeit möglich sein – und ist im Sinne nachhaltiger politischer Bildung auch wünschenswert –, die dargestellten methodischen Abläufe auch in anderen Kapiteln auf weitere Gegenstände und Materialien zu beziehen. Die Methodenschulung „Analyse bildlicher Darstellungen" beispielsweise, die in Kapitel VII entfaltet wird (S. 428 ff.), kann also durchaus schon im ersten Kapitel angewendet werden (z. B. bei der Auftaktseite!). Hierbei sollten die Querverweise beachtet werden, die Materialien und Methodenschulung miteinander verbinden. Wenige wichtige Methoden werden an zwei Stellen aufeinander aufbauend behandelt. Beispiel: Da eine kritische Textanalyse eine solide formale und inhaltliche Texterschließung voraussetzt, wird die Methodenschulung „Texterschließung" zunächst in Kapitel II erprobt und dann in Kapitel VII erweitert („Kritische Textanalyse").

Übersicht über die im Lehrbuch zu findenden Methoden

1. Mikromethoden

Methode	Kapitel/Thematische Anbindung
Texterschließung mithilfe von PowerPoint (S. 87)	Kapitel II: Postmoderne Gesellschaft
Kritische Textanalyse (S. 480)	Kapitel VII: Friedensbegriffe in der Diskussion
Analyse politischer Reden (S. 302)	Kapitel V: Regierungserklärung der Großen Koalition
Durchführung eines Experteninterviews (S. 351)	Kapitel V: Parlamentarismus
Moderationstechnik (S. 41)	Kapitel I: Gesundheit
Auswertung von Statistiken und Grafiken (S. 67)	Kapitel II: Einkommensverteilung
Umgang mit Karikaturen (S. 23)	Kapitel I: Riester-Rente
Analyse bildlicher Darstellungen (S. 412 u. S. 428)	Kap. VI: DDR-Auftragskunst; Kap. VII: Nahost-Auftakt
Spielfilmanalyse (S. 385)	Kapitel VI: Filme als Zeitdokumente

2. Makromethoden

Didaktisches Prinzip	Zugeordnete Makromethode	Kapitel/Thematischer Bezug
Konfliktorientierung, Problemorientierung	Kategoriale Analyse, Konfliktanalyse (S. 12)	Kapitel I: Rente
Handlungsorientierung	Planspiel (S. 174) Projektmethode (S. 557) Politische Exkursion (S. 349) Karikaturenrallye (S. 529)	Kapitel III: Rheinglas AG Kap. IX: Ressourcen/Globalisierung Kapitel V/VIII: Bonn, Berlin, Brüssel Kapitel VIII: Handlungsfeld Europa
Fallprinzip	Erstellen eines Dossiers (Fallstudie) (S. 441) Fallanalyse: Konflikte als medienvermittelte Ereignisse (S. 421)	Kapitel VII: Internationale Konflikte, „vergessene Kriege“ Kapitel VII: Irak-Konflikt
Zukunftsorientierung	Szenariotechnik (S. 35) Zukunftswerkstatt (S. 559)	Kapitel I/II: Rente, Gesundheit Kapitel IX: Globale Herausforderungen
Politisch-moralische Urteilsbildung	Dilemma-Methode (S. 132) (S. 233 f.)	Kapitel II: Bioethik Kapitel IV: Allmende-Klemme/Fischerspiel
Wissensorientierung	Selbstverantwortliches Lernen durch Planarbeit mit Modulen/Stationenlernen (S. 143)	Kapitel III: Grundlagen des Wirtschaftens
Wissenschaftsorientierung	Befragung als Methode der empirischen Sozialforschung (S. 84) Sozialwissenschaftliches Arbeiten – Von der Wirklichkeit zum Modell (S. 74) Simulationsspiele/Spieltheorie (S. 455)	Kapitel II: Gesellschaft/Milieus Kapitel II: Gesellschaftsmodelle Kapitel VII: Ost-West-Konflikt
Kontroversprinzip	Pro-Contra-Debatte (S. 508) Erstellen einer Conclusio (S. 357)	Kapitel VII: Wehrpflicht oder Berufsarmee? Kapitel V: Bürgerbeteiligung durch Plebiszite?

(Systematik modifiziert nach: Sibylle Reinhardt, Politik-Didaktik, Cornelsen-Scriptor, Berlin 2005)

I

Politik als Unterrichtsgegenstand: Information – Analyse – Urteilsbildung

Im Jahr 1995 verhüllte der bulgarische Künstler Christo das Berliner Reichtagsgebäude mit insgesamt 100 000 Quadratmetern Kunststoffgewebe.

1. Was ist Politik?

➤ Eine Situation in einer Schule – ein Rollenspiel

M 1|

Wir stellen uns eine Situation in der Oberstufe einer Schule vor:

Seit einem halben Jahr verfügen die Schülerinnen und Schüler der Oberstufe über ein eigenes Internet-Forum. Verantwortlich ist die Internet-AG, die von einem engagierten Informatiklehrer betreut wird. In diesem Forum haben die Jugendlichen die Möglichkeit, sich über schulische und außerschulische Themen auszutauschen, Meinungen und Kommentare zu veröffentlichen, Projekte vorzustellen sowie sich bei der Vor- und Nachbereitung von Unterricht zu helfen. Zuweilen können sie auch einmal „Dampf ablassen", wenn sie sich über einen Lehrer oder ein Ereignis in der Schule geärgert haben. Die Einrichtung des Forums wurde von der Mehrheit der Schülerschaft begrüßt und von vielen angenommen. Insbesondere die sehr aktive SV nutzt es intensiv, um eigene Projekte und Vorhaben auch in der Öffentlichkeit darzustellen und Werbung für Veranstaltungen zu machen.

Seit zwei Wochen wird allerdings kontrovers über das Oberstufenforum diskutiert. Einige Schüler sind dadurch aufgefallen, dass sie unter Decknamen („Nicknames") bestimmte Lehrer beleidigt haben. Zudem haben sie bearbeitete Bilder einer Mitschülerin ohne deren Zustimmung ins Netz gestellt. Der Schulleiter, der dem Projekt von Anfang an skeptisch gegenüberstand, sieht das Vertrauensverhältnis zwischen Schülern und Kollegen gefährdet und fordert vom betreuenden Informatiklehrer, das Forum zu schließen. Immerhin verlange die Schulordnung den respektvollen Umgang miteinander. Die SV hat sich mit der betroffenen Schülerin solidarisiert, argumentiert allerdings gegen die vollständige Schließung des Forums. Anderer Meinung ist der Schülersprecher selbst. Er ist einflussreich und beliebt und hält die Einrichtung eines Forums in der Schule für unnötig. Dies sei schließlich Privatsache. Zudem hofft er auf die Unterstützung der Schulleitung und des Informatiklehrers zur Gründung einer Rapmusik-AG, die viel Zeit im Computerraum verbringen müsste. Der Vertrauenslehrer zeigt viel Verständnis für die Situation der Schülerin, ist sich aber unsicher, ob er sich ebenfalls für eine Schließung aussprechen soll.

In der nächsten Gesamtkonferenz soll über die Zukunft des Oberstufenforums ein Mehrheitsbeschluss herbeigeführt werden. Die SV ist sich noch nicht einig, welchen gemeinsamen Standpunkt sie dort vertreten soll. Die Internet-AG hat eine Unterschriftenaktion zur Rettung des Forums durchgeführt.

Aufgaben

1. Formulieren Sie Argumente, die aus Ihrer Sicht für oder gegen die Schließung des Forums sprechen (Grundrechte!). Worin könnte Ihrer Ansicht nach ein Kompromiss bestehen?
2. Diskutieren Sie ähnlich gelagerte Fälle aus Ihrer schulischen Erfahrung (Beispiel: Umgang mit Handy).
3. Spielen Sie die Situation in Verlauf und Regelung durch, evtl. mit verschiedenen Varianten, auch als Rollenspiel. Beobachten Sie dabei das Rollenverhalten der verschiedenen Akteure.
4. Prüfen Sie, wie weit die „verallgemeinerbaren Erkenntnisse" (S. 30) auch für die beschriebene Situation in der Schule gelten.

Analyse und Beurteilung politischer Themen und Gegenstände mithilfe von Kategorien

Unabhängig davon, welche Verhaltensweisen in unserem Fallbeispiel (M 1) beobachtbar waren und welche Lösungen gefunden wurden, liefert uns die Analyse des Beispiels eine Reihe von **Kategorien** (Schlüsselbegriffen) des Politischen:

Die Situation ist als *Konflikt* zu charakterisieren, der aus den unterschiedlichen Interessen und Absichten der Betroffenen resultiert. Es gibt keine rein sachliche Lösung, denn der Rückgriff etwa auf die Sacherfordernisse der Schule erlaubt mehrere Entscheidungen, von denen jede die beteiligten Interessen in unterschiedlichem Maße beachtet. Da eine *verbindliche Regelung* gefunden werden muss, versucht jeder Betroffene, möglichst viel vom eigenen Interesse in sie einzubringen. Dabei muss das Interesse nicht in jedem Fall durch den unmittelbaren eigenen Vorteil in der Streitfrage definiert sein; es können durchaus weitere Motive – wie die Erhaltung einer Freundschaft, Sympathiegewinn beim Vorgesetzten, Zustandekommen einer Einigung – wirksam sein.

Im Prozess der *Willensbildung* hat jeder ein gewisses Maß an Einfluss, *Macht*, aber die Machtpotenziale können je nach Ansehen, Überzeugungskraft, Verbindungen, Abhängigkeiten unterschiedlich sein; einige können delegierte Macht, der Schulleiter kann *Amtsautorität* in die Waagschale werfen. Man agiert in Gruppen und versucht evtl., durch *Kompromiss* eine *Koalition* zu bilden. In der *Diskussion* um die *Entscheidung* spielen *Verfahrensregeln* eine Rolle; kommt keine volle Einigung zustande, dann scheint auf den ersten Blick der Mehrheitsentscheid nach der Diskussion am ehesten allen zumutbar.

In Schlüsselfragen umgewandelt helfen die Kategorien des Politischen Themen und Gegenstände des Politikunterrichts zu bearbeiten, d. h. sie dienen der politischen Analyse und Urteilsbildung.

Das dreischrittige Vorgehen bei der Analyse politischer Probleme im Unterricht orientiert sich am idealtypischen Verlauf eines Konfliktes. Ein auftretendes Problem wird zunächst mittels einer **Situationsanalyse** beschrieben, die im Verlauf der Diskussion auftretenden Alternativen werden in einer **Möglichkeitsanalyse** erörtert und schließlich wird die Regelung des Problems einer **Beurteilung** unterzogen.

Die Kategorien haben eine doppelte Funktion:

Sie sind **Analyseinstrument**, indem sie politische Wirklichkeit erschließen und sich – als Fragen formuliert – an unterschiedliche politische Sachprobleme herantragen lassen. Darüber hinaus dienen sie als **Beurteilungsinstrument** zur rationalen Begründung einer eigenen politischen Meinung. Ziele und Vorgehensweisen im Zusammenhang mit politischen Kategorien sind im Lehrplan grundlegend beschrieben:

M 2

Teilthema 1: Politik als Unterrichtsgegenstand (6 – 8 Std.)	
Lernziele	**Inhaltsaspekte**
Die Schülerinnen und Schüler sollen – an einem Fallbeispiel kategoriale politische Analyse und Urteilsbildung einüben, indem sie	* Am Beispiel sollen wichtige *Kategorien* des Politischen erschlossen und verdeutlicht werden (mögliche Beispiele: Altersversorgung, Asylbewerber, Reform des § 218 StGB):
– das politische Problem als eine politische Aufgabe beschreiben und erschließen;	*Problem, Aufgabe, Beteiligte, Betroffene, Rechtslage, Institutionen, Prozeduren*
– Standpunkte (Meinungen, Aussagen) zum Problem kennen und analysieren;	*Interessen, historische Bedingtheit, Interpretationsmöglichkeiten, ideologische Sichtweise*

Lernziele	Inhaltsaspekte
– Regelungsvorschläge auf ihre sachliche Eignung und Durchsetzbarkeit hin untersuchen und beurteilen;	*Funktionszusammenhänge, Wirksamkeit, Machtverhältnisse, Durchsetzungsmöglichkeit*
– eine eigene begründete politische Urteilsbildung versuchen und dabei	*mögliche Kompromisse* *mögliche Alternativen*
– erkennen, dass der Urteilsbildung gründliche Informationen und Auseinandersetzung mit Sachverhalten und Positionen vorausgehen müssen;	Kategorien des Politischen als Leitfragen zur Analyse; Ebenen politischen Denkens (Fragen nach dem „Ist", nach dem „Möglichen", nach dem „Gesollten")
– verstehen, dass angestrebte politische Lösungen im Ziel und in der Durchsetzung an grundlegenden Werten orientiert sein müssen.	*Menschenwürde, Freiheit, Gerechtigkeit, Friede, Zumutbarkeit, Rechtmäßigkeit, Verantwortbarkeit*
** Die Kategorien des Politischen sind hier in einer gewissen Vollständigkeit ausgewiesen: „Zielhorizont" des Oberstufenunterrichts. Beim „Einstiegs"-Thema können jedoch nicht alle Kategorien eingeführt bzw. in gleicher Intensität bearbeitet werden!*	

(Ministerium für Bildung und Kultur Rheinland-Pfalz (Hg.), Lehrplanentwurf Gemeinschaftskunde – Sozialkunde (Jahrgangsstufe 11, Teilthema 1), Mainz 1994, S. 24)

Das Buch weist einige Themen aus, die sich für die Durchführung einer kategorialen Fallanalyse eignen und die je unterschiedlich gestaltet sind:

- Alterssicherung – umfassendes Beispiel einer Analyse eines zukunftsrelevanten politischen Problems anhand einer vorgegebenen didaktischen Struktur (Konfliktlinien). (S. 17–30)
- Gesundheitspolitik – aspekthaft: Im Mittelpunkt steht die Finanzierung der Krankenversicherung. Methodisch bietet sich die selbstständige Bearbeitung des Problems an! (S. 31–41)
- Gentechnik – umfassend: Materialien zur Analyse neuer Herausforderungen für die Politik durch aktuelle wissenschaftlich-technische Entwicklungen im Bereich der Humangenetik. (S. 122–140)
- Zuwanderung – umfassendes Beispiel: Sachproblem und politischer Entscheidungsprozess. (S. 310–328)

Kategorien als Schlüsselbegriffe des Politischen lassen sich auch anderen gebräuchlichen (wissenschaftlichen) Analyseinstrumenten, den drei Dimensionen des Politischen (M 3a) und dem prozessualen Modell des Politikzyklus (M 3b), zuordnen.

M 3a | Dimensionen des Politischen

Dimension	Erscheinungsform	Merkmale	Bezeichnung
Form	– Verfassung – Normen – Institutionen	– Organisation – Verfahrensregelungen – *Ordnung*	polity
Inhalt	– Aufgaben und Ziele – Politische Programme	– Problemlösung – Aufgabenerfüllung – Wert- und Zielorientierung – *Gestaltung*	policy
Prozess	– Interessen – Konflikte – Kampf	– Macht – Konsens – *Durchsetzung*	politics

(Carl Böhret u. a., Innenpolitik und politische Theorie, Opladen 1986, S. 7; zit. nach: Bernhard Sutor/Joachim Detjen, Politik – Ein Studienbuch zur politischen Bildung, Paderborn (Schöningh) 2001, S. 32)

M 3b | Politikzyklus

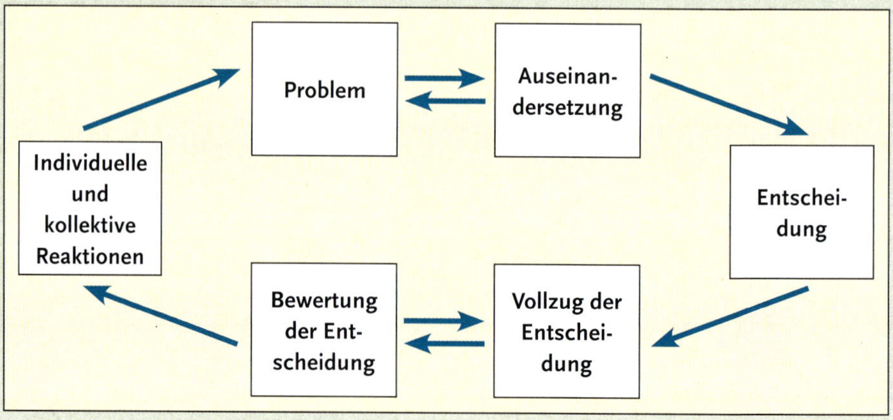

(nach: Paul Ackermann, Politikdidaktik kurzgefasst, Schwalbach 1994, S. 37)

Aufgaben

1. Wandeln Sie die Kategorien des Politischen in Schlüsselfragen um.
2. Analysieren Sie problembeschreibende Texte (z. B. Kommentare in Tageszeitungen) mithilfe der Schlüsselfragen (Textbeispiele auf S. 279 f., M 11 oder S. 354, M 10).
3. Vergleichen Sie die Dimensionen des Politischen und den Politikzyklus: Was leistet das jeweilige Instrument bei der Analyse politischer Probleme?
4. Ordnen Sie die Kategorien des Politischen den einzelnen Phasen des Politikzyklus zu.

➤ Stichwort: Politik im weiteren bzw. im engeren Sinne

M 4 | Was ist Politik?

	Das gehört für mich zu Politik!	Das hat mit Politik nichts zu tun!
In einer Schulklasse ist ein Streit wegen der Verlegung einer Englischarbeit ausgebrochen.		
Der Stadtrat einer Kleinstadt beschließt, sein Freibad renovieren zu lassen.		
Jugendliche Skinheads werfen unter dem Beifall der Anwohner Steine auf ein Asylbewerberheim.		
Der Deutsche Bundestag beschließt mit einfacher Mehrheit die Reform der Gesetzlichen Rentenversicherung.		
Eine Schülerin verteilt in einem Stammkurs Beitrittsformulare für die Schülerunion.		
Israel schickt Militär in das Westjordanland.		
Deutsche Soldaten beteiligen sich an humanitären Einsätzen im Ausland.		

An unserem Schulbeispiel lassen sich zwei weitere Fragen beantworten:

1. Was unterscheidet soziales Handeln und politisches Handeln?

Wir verstehen unter Politik eine spezifische Weise sozialen Handelns, man könnte auch sagen menschlicher *Interaktion* – Interaktion verstanden als Handeln, das durch gegenseitige Abhängigkeit bedingt ist und auf diese Abhängigkeit hin erfolgt. Nicht alle Interaktion, nicht jedes soziale Handeln ist Politik. Als Besonderheiten, die aus sozialem Handeln *Politik* machen, werden genannt: der ausdrückliche Bezug auf konflikthafte Situationen, das Streben nach Macht, die Führung von Menschen, das Ordnen und Zuordnen von Gruppen, das Verhandeln, das verbindliche Entscheiden.

Es ist aber ein erheblicher Unterschied, ob das Zusammenleben in einer Familie, in einer Jugendgruppe, in einer Schulgemeinschaft, in einem Betrieb geregelt wird oder ob Parteien, Regierung und Opposition im Parlament über ein Gesetz oder gar über eine Verfassung streiten. Der Unterschied liegt nicht nur im Quantitativen, im kleineren oder größeren Bereich, in der geringeren oder größeren Zahl der Betroffenen. Der Unterschied liegt offenkundig darin, dass Parteien, Parlament und Regierung Regelungen für die *Gesamtheit einer Gesellschaft* erstreben und festlegen und ebendies ihr Zweck ist; man kann auch sagen, ihr spezifischer Zweck sei es, Politik zu machen.

Der Zweck einer Schulklasse und Schule dagegen ist Ausbildung und Erziehung durch Unterricht, der Zweck einer Jugendgruppe vielleicht gemeinsames Spiel oder Gedankenaustausch, der Zweck eines Betriebes Güterproduktion. Dennoch kommt auch in diesen sozialen Gebilden, gleichsam nebenher (sekundär), Politik vor, nämlich Regelung des Zusammenlebens. Auch hier gibt es Streit um diese Regelung und in diesem Streit spielen ebenfalls Gruppierungen, Interessen, Macht und Überzeugungen eine Rolle. In beiden Fällen bedarf es offensichtlich zur *Konfliktregelung* der Fähigkeit, die *Situation* richtig zu erfassen, im rechten Augenblick einen Kompromiss zu formulieren und eine Mehrheit zu finden.

Wir unterscheiden daher hier *zwei Begriffe von Politik*, einen weiteren und einen engeren.

Politik im weiteren Sinne nennen wir alles Handeln,bei welchem Menschen unter gegenseitiger Respektierung um die gemeinsame *Bewältigung konflikthafter Situationen* ringen, um die Vermittlung und Vereinbarung unterschiedlicher, möglicherweise auch gegensätzlicher Interessen und Absichten. Die Bedingung *gegenseitiger Respektierung* ist wichtig, weil sie die politische Interaktion zu einer spezifisch *menschlichen*, zu einer *vernünftigen* macht.

Politik im engeren Sinne wird aus diesem Handeln, wenn es sich auf die verbindliche *Ordnung des Zusammenlebens einer ganzen Gesellschaft* richtet. Durch die Errichtung einer solchen Ordnung wird eine Gesellschaft erst zu einer handlungsfähigen Einheit, sie wird politischer Verband (neuzeitlich ausgedrückt „**Staat**“).

2. Worum geht es in der Politik?
Man kann Gemeinsamkeiten und Unterschiede zwischen Politik im weiteren und im engeren Sinne auch verdeutlichen, wenn man die Unterscheidungen zu Hilfe nimmt, die in der englischen Sprache gemacht werden. Sie kennt keinen umfassenden Politikbegriff, sondern unterscheidet zwischen **polity** (politische Ordnung), **policy** (politische Ziele und Inhalte), **politics** (politisches Handeln). Politik im weiteren Sinne reduziert sich fast völlig auf Letzteres, nämlich auf das Bemühen, eine bestimmte Situation zu meistern.
In der Politik im engeren Sinn gewinnen die beiden anderen Dimensionen ein erhebliches Gewicht; ohne sie ist politisches Handeln hier nicht möglich (M 3a, S. 13).

➤ Zur Diskussion gestellt: Definitionen des Politischen

„Unter Politik verstehen wir den Inbegriff der Kunst, die Führung menschlicher Gruppen zu ordnen und zu vollziehen.“
(Bergstraesser, Arnold: Politik, in: Staatslexikon, Bd. 6, 1961, Sp. 335)

„Politik ist Kampf um die rechte Ordnung.“
(von der Gablentz, Otto Heinrich: Einführung in die politische Wissenschaft, 1965, S. 14)

„Unter Politik als Lebensbereich der Gesellschaft verstehen wir die auf Herrschaft beruhende, allgemein verbindliche Regelung und Gestaltung des Gesellschaftslebens.“
(Hättich, Manfred: Grundbegriffe der Politikwissenschaft, 1969, S. 73)

„Die Demokratie setzt die Politik an die Stelle von Herrschaft. Politik ist die bewegliche Regelung der Verhältnisse von Menschen untereinander – im Unterschied zu fixierten und gelegentlich sogar endgültigen Regelungen, wie sie etwa in der Moral oder im Gesetz oder in der Verwaltung oder in der militärischen Hierarchie oder in Technik und Produktion vorgenommen werden.“
(von Hentig, Hartmut: Systemzwang und Selbstbestimmung, 2. Aufl. 1969, S. 96)

„Politik lässt sich nunmehr in ihren realen Widersprüchen verstehen. Sie enthüllt ihren kontroversen Charakter im historischen Konflikt angebbarer, auf Herrschaftserhaltung oder Herrschaftsaufhebung gerichteter Tendenzen. In den Herrschaftsstrukturen und ihrem Wandel reproduziert sich dabei die Auseinandersetzung sozialer Gruppen und ihrer Interessen. Politische Aktionen und Institutionen führen zurück auf Interessenkonflikte, die notwendig aus dem gesellschaftlichen Reproduktionsprozess hervorgehen.“
(Kammler, Jörg: Gegenstand und Methode der Politischen Wissenschaft, in: Einführung in die Politische Wissenschaft, hrsg. von W. Abendroth und K. Lenk, 1968, S. 171)

„Politik: der alle Bereiche des gesellschaftlichen Lebens durchdringende Kampf der Klassen und ihrer Parteien, der Staaten und Weltsysteme um die Verwirklichung ihrer sozialökonomisch bedingten Interessen und Ziele sowie die Stellung der Schichten und Klassen zur Macht [...]. Daher trägt die Politik historischen Charakter, d. h. sie existiert so lange, als Klassen und Staaten in der Menschheitsgeschichte bestehen, und wird erst dann vergehen, wenn der volle Sieg des Kommunismus im Weltmaßstab erreicht ist und die gesellschaftliche Entwicklung ihren politischen Charakter verliert [...].“
(Wörterbuch der marxistisch-leninistischen Soziologie, 2. Aufl., Opladen 1971, UTB 71, S. 340)

(alle zit. nach: Bernhard Sutor (Hg.), Politik – Ein Lehr- und Arbeitsbuch für den Politikunterricht, Paderborn 1979, S. 43)

Aufgaben

1. Zu M 4: Diskutieren Sie Ihre Entscheidungen im Kurs und begründen Sie: Was gehört zur Politik?
2. Der Begriff der „Politik“ ist umstritten: Halten Sie dies für sinnvoll?
3. Wenden Sie die im vorangehenden Text genannten Politikbegriffe auf M 4 an und befragen Sie sie auf Grenzen und Möglichkeiten. Verdeutlichen Sie dabei auch den normativen Charakter der Politikbegriffe.

2. Alterssicherung – ein politisches Problem

In diesem Kapitel sollen die bisher gewonnenen *Kategorien* und *Schlüsselfragen des Politischen* (→ I/1., S. 11–16) an einem Fallbeispiel erprobt werden. Anhand des Problems der Rente können einige wesentliche Aspekte des politischen Prozesses herausgearbeitet werden. Die Untergliederung des Kapitels folgt dabei einem idealtypischen Analysemuster, das ebenso auf andere Politikinhalte angewendet werden kann. Leitend für die Politikanalyse sind dabei drei *Teilfragen*: Nach dem *Bestehenden*, dem *Möglichen* und dem *Wünschbaren* bzw. *Gesollten*.

Dabei ergibt sich folgender Phasenablauf:

- *Darstellung des politischen Problems (Einstieg in das Thema → I/2.1)*
- *Situationsanalyse (Frage nach dem Bestehenden → I/2.2)*
- *Möglichkeitsanalyse (Frage nach dem Möglichen → I/2.3)*
- *Urteilsfindung (Frage nach dem Gesollten → I/2.4, Aufgabe 4).*

Das Phänomen der Alterssicherung kann grundsätzlich unter verschiedenen Gesichtspunkten – z. B. juristischen, wirtschaftlichen oder soziologischen – untersucht werden. Perspektive unserer Betrachtung ist die Rente als ***politisches Problem***. Mithilfe der zentralen Kategorie ***Konflikt*** lässt sich ein mehrdimensionales Modell der gesellschaftlichen Konfliktlinien erstellen (M 3), das sich als Strukturierungshilfe bei der Situations- und Möglichkeitsanalyse anwenden lässt. Die Materialien der Möglichkeitsanalyse lassen sich einzelnen Konfliktlinien zuordnen.

Die Beurteilung politischer Lösungsmöglichkeiten darf nicht nur unter den Aspekten von Effektivität und Funktionalität erfolgen. Sie müssen vor allem anhand der Kategorien ***Gerechtigkeit***, ***Zumutbarkeit*** und ***Akzeptanz*** bewertet werden. Bei der Altersicherung geht es wie bei vielen zentralen politischen Reformprojekten letztendlich um den Erhalt und die längerfristige Sicherstellung des ***innergesellschaftlichen Friedens***.

➤ Was macht die Alterssicherung zu einem politischen Problem?

M 1|

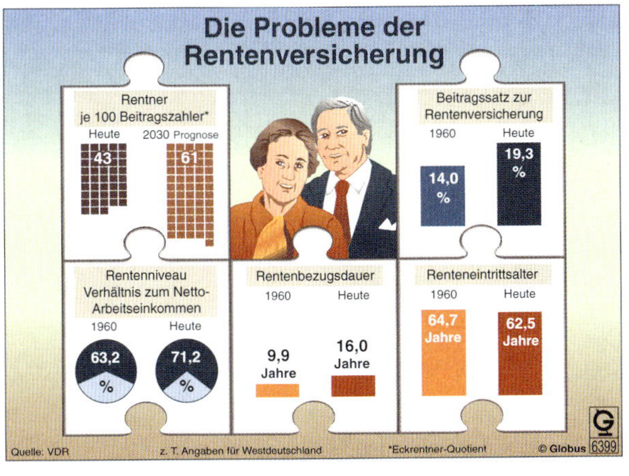

M 2|

Mittelfristig alles o.k., Junge. – Aber den trägst du, wenn du groß bist!

Die Alterssicherung ist durch die demografische, gesellschaftliche und wirtschaftliche Entwicklung in Deutschland in eine schwerwiegende Krise geraten. Vor allem die zunehmende „Überalterung der Gesellschaft" (vgl. Kap. II, S. 54 ff. und S. 58 f.) gefährdet die Akzeptanz des bis Ende der 1980er-Jahre in der öffentlichen Wahrnehmung als tragfähig erachteten Systems der umlagefinanzierten gesetzlichen Alterssicherung (GRV). Der Glaube an eine langfristige Sicherheit der Renten – und damit der Glaube an das Jahrzehnte wirksame gesellschaftliche Konsensmuster des „Generationenvertrags" – ist in einer Zeit beschleunigter gesellschaftlicher und globaler Veränderungen erschüttert. Neue Konfliktlinien brechen auf zwischen Alt und Jung, Ost und West, Erwerbstätigen und Arbeitslosen und bringen Politik in Handlungszwang.

Ob drastisch steigende Beiträge oder dramatisch sinkende Renten oder von beidem etwas in Kauf genommen oder ob gar ein ganz anderes System der Alterssicherung an die Stelle des bisherigen gesetzt werden soll, kann nicht mit dem Rechenstift und von Experten allein entschieden werden. Es ist eine *politische Frage*. Hier müssen unterschiedliche *Standpunkte* und *Interessen* (*Beteiligte* und *Betroffene*) bedacht, *Positionen* untersucht und bewertet, *Verfahren* und *Zuständigkeiten* beachtet, *Zielvorstellungen* und *Wertmaßstäbe* eruiert und in die *Entscheidung* mit einbezogen werden und insgesamt muss eine *Regelung* bzw. *Lösung* angestrebt werden, die sich an *grundlegenden Werten* – wie *Menschenwürde* und *Gerechtigkeit* – sowie an *Zumutbarkeit* und *Akzeptanz* orientiert. Und weil eine politische Entscheidung alle betrifft und bindet, kann sie nur von den dazu *legitimierten Institutionen* getroffen werden.

Typisch für politische Probleme sind ihre *Vielschichtigkeit* und *Mehrdimensionalität*: Sie zeitigen Rückwirkungen auf weitere politische Problemlagen. So muss das Problem der Alterssicherung zum Beispiel im Zusammenhang mit Zuwanderung, Arbeitslosigkeit oder Familienpolitik analysiert und beurteilt werden.

M 3 | Konfliktlinien Alterssicherung

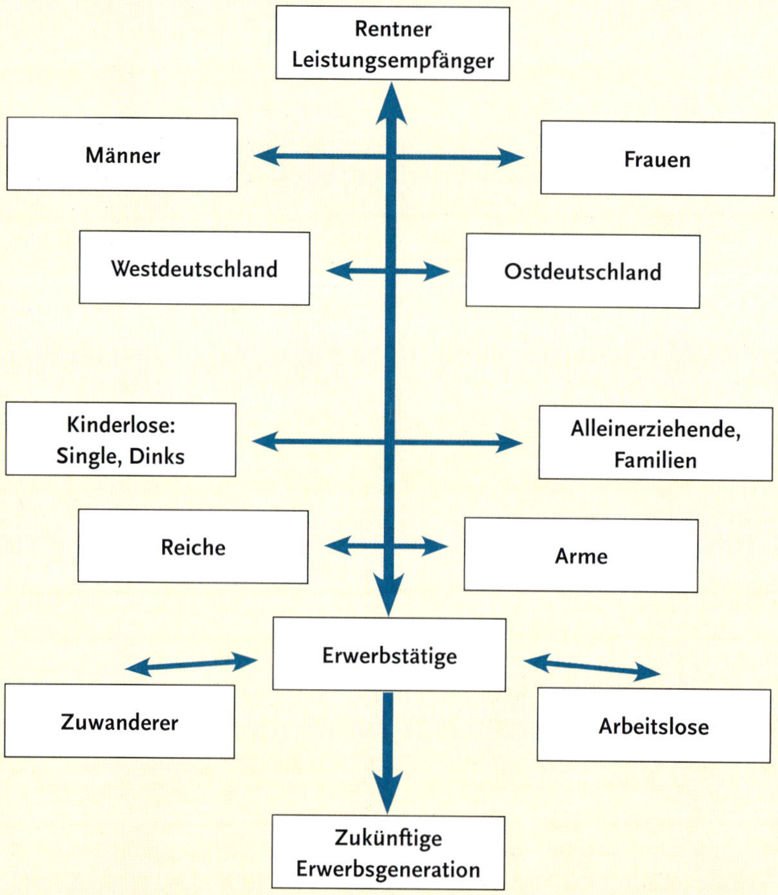

Faktoren/Problemlagen im Zusammenhang mit der Alterssicherung:

- Verlängerung der Lebenserwartung (S. 54 f.)
- Verlängerung der Ausbildungszeit (S. 104)
- Verändertes generatives Verhalten (S. 54 f.)
- Veränderung der Geschlechterrollen (S. 119 ff.)
- Rückgang der Bevölkerung (S. 54 f.)
- Fragmentierung der Gesellschaft (S. 86–91)
- Brüche in der Erwerbsbiografie (S. 104)
- Globaler Konkurrenzdruck auf Sozialsysteme (S. 45–50)
- Massenarbeitslosigkeit (S. 187–192)
- Migration (S. 56 f.)
- Lebensarbeitszeit (S. 104)

Aufgaben

1. Stellen Sie aus Grafik und Karikatur (M 1/M 2) die Informationen zum Thema zusammen.
2. Worin besteht das der Karikatur zugrunde liegende politische Problem?
3. Legen Sie dar, wie der Karikaturist das Problem darstellt und bewertet.
4. Formulieren Sie Fragen, die sich anhand von Grafik und Karikatur aufdrängen.
5. Beschreiben Sie die Konfliktlinien in M 3 und erörtern Sie die Auswirkungen von gesellschaftlichen, ökonomischen und demografischen Veränderungen.
6. Erweitern Sie Ihre Vorkenntnisse zu einzelnen Konfliktlinien durch eine Recherche im Buch.

2.1 Rente im Jahre 2050 – ein Szenario

M 4

Norbert Blüm, Bundesminister für Arbeit und Sozialordnung (1982–1998) warb 1992 für die Gesetzliche Rentenversicherung („Eins ist sicher: Die Rente“).

M 5

M 6 | Deutschland im Jahre 2050(?)

Bericht der Frankfurter Allgemeinen Zeitung, deutschsprachige Ausgabe vom 31.01.2050:

In ihrer mit Spannung erwarteten Regierungserklärung vertrat Bundeskanzlerin X die Auffassung, dass es der Bundesregierung durch geeignete Maßnahmen gelungen sei, einer weiteren Verschärfung der sozialen Spannungen und Gegensätze in der Bundesrepublik entgegenzuwirken. Sie wies insbesondere darauf hin, dass es im vergangenen Jahr zum ersten Mal gelungen sei, die angestrebte Zuwanderungsquote von 250 000 Personen zu erreichen. Dies beurteilte sie als wichtigen Schritt zur mittelfristigen Stabilisierung der sozialen Sicherungssysteme. Im Bundesministerium für Zuwanderung und Integration (BMZI) werde bereits über eine Erhöhung der Quote auf 300 000 Personen pro Jahr im Zusammenhang mit geeigneten Werbemaßnahmen für höher qualifizierte Ausländer nachgedacht. Auch in Bezug auf die Wirkungen der neuen gesetzlichen Regelungen zur Sicherung der Rente zeigte sich die Kanzlerin optimistisch. Vor allem die Heraufsetzung der Lebensarbeitszeit von 72 auf 75 Jahre werde sich positiv auswirken und die Rentenkassen entlasten. Nur so könne eine weitere Ausweitung der Sozialversicherungsbeiträge der Arbeitnehmer auf über 60 % verhindert werden.
Vertreter der Opposition warfen der Bundesregierung in der anschließenden Debatte „Schönfärberei" vor. Die Sprecherin der Opposition bemerkte, dass angesichts der gewalttätigen Auseinandersetzungen der letzten Monate eine Erhöhung der Zuwanderungsquote unverantwortlich sei. Für die Rentnerproteste der letzten Woche äußerte sie Verständnis. Mehr als 40 % der Rentner lebten schon heute in Armut, selbst wenn man die vom Bundesverfassungsgericht vorgenommene Neudefinition des Existenzminimums zugrunde lege. Die Bundesregierung habe mit ihrer Politik die zunehmende Entsolidarisierung der Gesellschaft nicht aufhalten können. Hungerproteste sowie Überfälle auf Lebensmittelmärkte durch radikale Rentner blieben so wohl an der Tagesordnung. Wiederholt forderte die Opposition ein „Gesetz zur Wiederherstellung der deutschen Leitkultur", um mit den bestehenden kulturellen Verwerfungen in der bundesrepublikanischen Gesellschaft umgehen zu können. Die Ankündigung der Regierung, die Zuwanderung weiter zu verstärken, führte zum Auszug der NPD-Fraktion aus dem Parlamentsplenum. Schon seit langem fühle man sich im eigenen Land als Minderheit, so ein Sprecher der Partei. Auf harsche Kritik der Opposition stießen in diesem Zusammenhang Pläne der Regierungsparteien, in einigen Ländern neben Türkisch auch Arabisch und Hindi als weiterführende Fremdsprachangebote einzuführen.
Auch Vertreter der Verbände sparten nicht mit Kritik. Der Vorsitzende der Islamischen Gewerkschaft in Deutschland (IGID) warf der Regierung vor, sie verschweige, dass die umlagefinanzierte Säule der Gesetzlichen Rentenversicherung in den nächsten Jahren zusammenbrechen werde. Das jetzige System der Altersvorsorge beruhe auf einer sozial ungerechten und einseitigen Transferleistung: Die jüngeren Bürger vorwiegend nichtdeutscher Nationalität zahlten für die ältere deutschsprachige Rentnergeneration, ohne selbst im Alter dieselben Leistungen erwarten zu können.
Der Präsident des Arbeitgeberverbandes beurteilte die Politik der Bundesregierung als unzureichend. Trotz Abschaffung der Gesetzlichen Krankenversicherung seien die Lohnnebenkosten bei durchschnittlich 40 % immer noch zu hoch. Er forderte eine Abschaffung der Gesetzlichen Sozialversicherung insgesamt und eine gänzliche Umstellung auf private Vorsorge.
Der Vorsitzende des Deutschen Instituts für Demografie bemängelte, dass trotz der Zuwanderung die Bevölkerungszahl der Bundesrepublik stark rückläufig sei. Dies könne zu einem völligen Zusammenbruch des Sozialstaats schon in den nächsten Jahren führen und die bestehende Gesellschafts-, Wirtschafts- und Staatsordnung akut gefährden.

Aufgaben

1. Welche aktuellen politischen Probleme und Lösungsstrategien werden im Szenario M 6 angesprochen?
2. Beziehen Sie die in den Materialien 5 und 6 genannten Aspekte des Problems „Rente" auf die Konfliktlinien in M 3.
3. Formulieren Sie Fragen, die sich anhand von Karikatur und Szenario aufdrängen.
4. Rente im Jahre 2050 – ein realistisches Szenario?

2.2 Situationsanalyse: Die Rente heute

Die Gesetzliche Rentenversicherung (GRV) ist in der Geschichte der Bundesrepublik Deutschland immer wieder Gegenstand politischer Auseinandersetzungen und Entscheidungen vor dem Hintergrund sich verändernder wirtschaftlicher und politischer Rahmenbedingungen gewesen. Ihre Finanzierung schien lange sicher zu sein. Spätestens seit Beginn der 1980er-Jahre wurde allerdings eine Krise des Rentensystems deutlich: Langzeitberechnungen, die von Versicherungsträgern, von Arbeitgeberorganisationen und Gewerkschaften, von Parteien und Regierungsstellen erstellt wurden, zeigten, dass die Rentenfinanzierung auf mittlere Sicht nicht gesichert ist. Dies hat zu verschiedenen Reformversuchen geführt.

Bis zum Jahre 2001 haben alle Reformen darauf abgezielt, das bestehende System der Rentenversicherung an die gesellschaftlichen Veränderungen anzupassen. Mit dem Rentenreformgesetz 2001 („Riester-Rente“, benannt nach dem damaligen Arbeitsminister Walter Riester, SPD) wurde das System der Umlagefinanzierung durch eine „zweite Säule“ ergänzt: die staatlich geförderte kapitalgedeckte Rentenversicherung. Außerdem wurde erstmals eine steuerfinanzierte existenzsichernde Grundrente eingeführt.

➤ Die Grundlage der Gesetzlichen Rentenversicherung: der Generationenvertrag

M 7|

Der Grundgedanke des Generationenvertrags lässt sich so veranschaulichen:

§ 1: Die arbeitende Generation ist verpflichtet, die nicht mehr arbeitende Generation – und auch die noch nicht arbeitende – mitzuversorgen.

§ 2: Die nicht mehr arbeitende Generation hat einen Rechtsanspruch auf Versorgung im Alter erworben, weil sie früher den § 1 des Vertrages erfüllt hat.

§ 3: Die noch nicht arbeitende Generation ist verpflichtet, den § 1 des Vertrages fortzuführen.

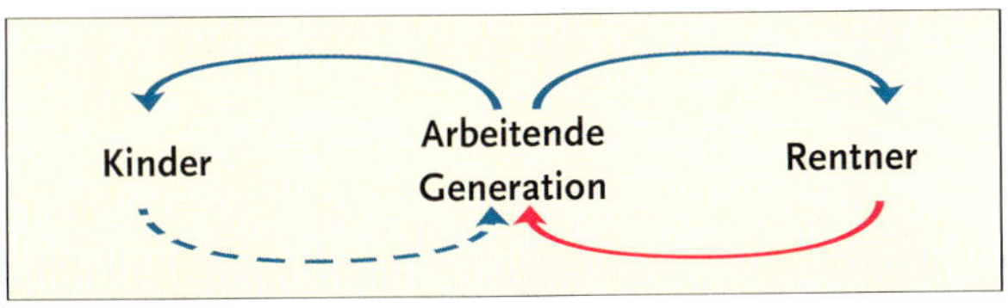

- Rente ist „Lohn für Lebensarbeit“.
- Die Altersvorsorge der Arbeiter und Angestellten ist als Versicherung organisiert: Versicherungsprinzip.
- Der Staat verpflichtet durch Gesetz alle abhängig Beschäftigten, Mitglieder der Versicherungsgemeinschaft zu sein: Versicherungszwang.
- Der Staat garantiert das Fortbestehen dieser Versicherung und ist verpflichtet, einen Zuschuss zu gewähren, wenn das Beitragsaufkommen nicht mehr ausreicht, um die Leistungen zu finanzieren: Bundesgarantie.
- Die jeweiligen Ausgaben werden aus den laufenden Beitragszahlungen bestritten: Umlageverfahren.
- Der Ehegatte und noch nicht erwerbstätige Kinder sind ohne eigene oder zusätzliche Beitragszahlungen mitversichert: Solidarprinzip.
- Die Höhe der Beitragszahlungen richtet sich nach der jeweiligen Gesamthöhe der Leistungen.

➤ Aspekt: Rentenfinanzierung

M 8|Der Rententopf

Beitragszahlungen: Für jeden Versicherten ist ein bestimmter Beitrag zu entrichten, im Jahr 1998 waren das 20,3 % des Bruttolohnes bzw. Bruttogehaltes; Beitragsbemessungsgrenze 1998 (monatlich): 8 400,– DM (ca. 4 200 €). (Nur bis zu dieser Höhe werden die prozentualen Abzüge der Rentenversicherung berechnet, darüber liegende Einkommensteile werden nicht berücksichtigt.)

Leistungen für: Versicherte (Altersrente, Berufs- und Erwerbsunfähigkeitsrente) und deren Hinterbliebene (Witwen, Witwer, Waisen), sonstige Leistungen (Rehabilitationsmaßnahmen, ...).

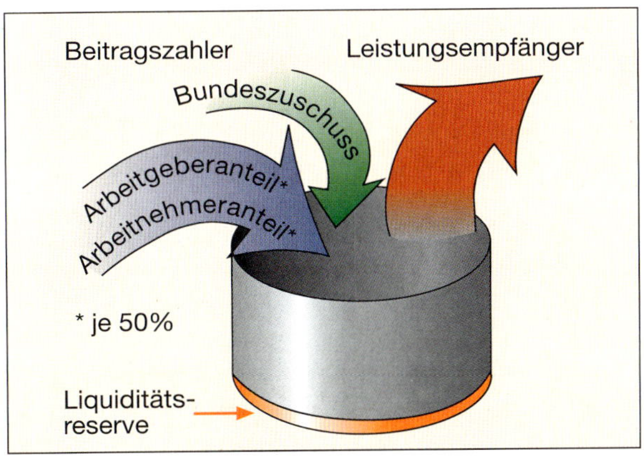

Das System nach dem Rentenreformgesetz 2001

M 9 | Das aktuelle Rentensystem

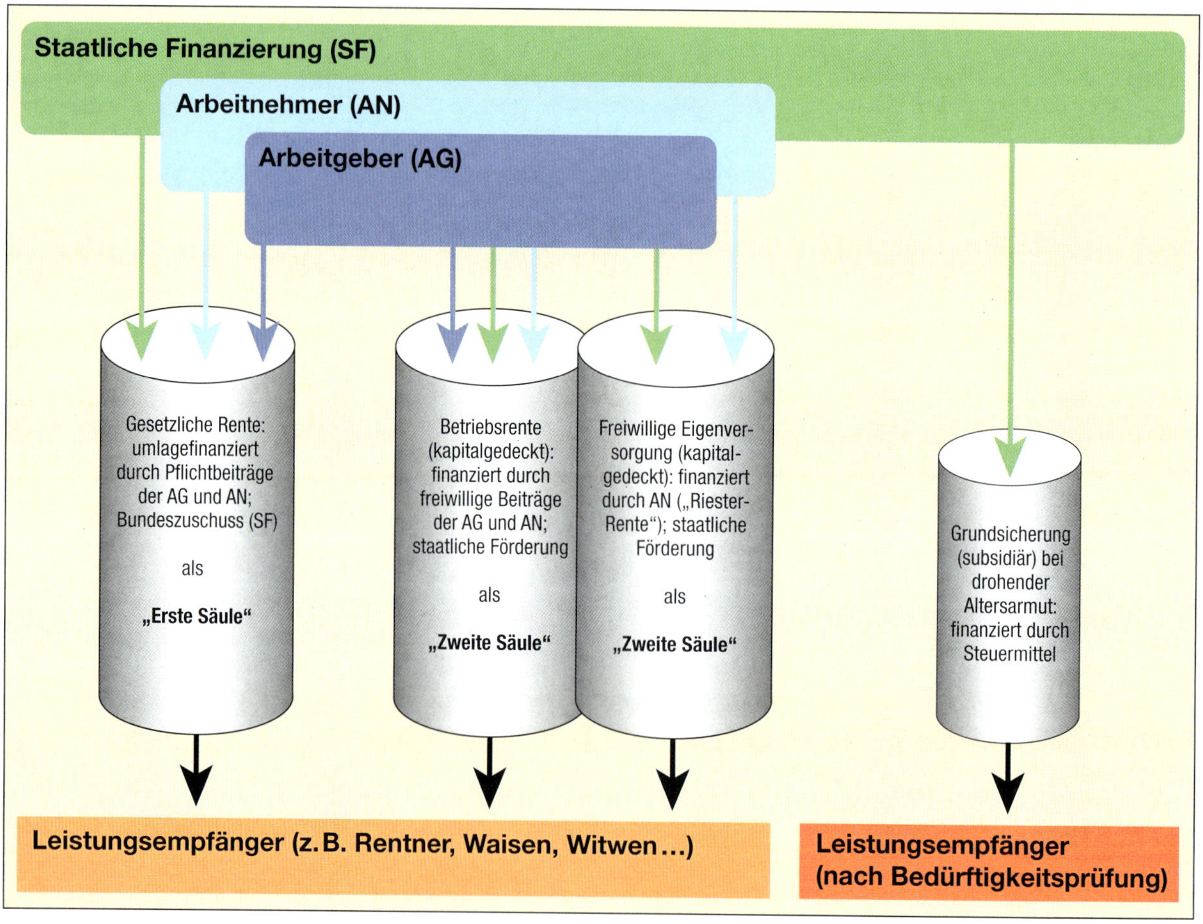

Aufgaben

1. Vervollständigen Sie das Schaubild zur Rentenversicherung (M 7), indem Sie die Paragrafen den einzelnen Pfeilen zuordnen.
2. Erläutern Sie das Umlageverfahren der Rentenfinanzierung anhand der Grafik M 8.
3. Beschreiben Sie das aktuelle Rentensystem („Riester-Rente“).
4. Erläutern Sie anhand der Säulen und der Finanzierung, inwiefern es sich um eine Systemänderung handelt.
5. Problematisieren Sie mithilfe von M 12 die Größe der dargestellten Säulen.
6. Zeigen Sie auf, wie bei der Alterssicherung – und im Netz der sozialen Sicherung insgesamt – die Prinzipien Leistung und Solidarität miteinander verbunden sind.

M 10 | Kapiert?!

Karikatur vom Mai 2001

Die Karikatur als Medium der politischen Kommunikation

Die **Karikatur** (von ital. „caricare" = „überladen", „überspitzen") dient **als Medium der politischen Kommunikation** der pointierten Kritik gesellschaftlicher, wirtschaftlicher und politischer Sachverhalte. Mithilfe einer verzerrenden und überspitzten Darstellung von Typischem wird hier – oft verspottend, entlarvend, polemisch – zu einem bestimmten Problem kritisch Stellung bezogen.
Bei der Beschäftigung mit Karikaturen empfiehlt es sich, wie folgt schrittweise vorzugehen:

Erster Schritt: Beschreibung

- Wie ist die Karikatur aufgebaut *(Bildelemente – Textelemente, z. B. Überschrift)*?
- Welche Situation ist in der Karikatur dargestellt? Welche grafischen Mittel werden verwendet?
- Welche Personen sind zu erkennen? Welche Handlungen vollziehen sie? Wie werden sie dargestellt?
- Welche Einzelheiten sind in der Karikatur zu sehen? Wie werden sie dargestellt? Welche Bedeutung haben sie für die Gesamtsituation?

Zweiter Schritt: Interpretation

- Zu welchem politischen Problem nimmt der Karikaturist Stellung?
- Welche Dimensionen des Problems werden angesprochen, welche werden ausgeblendet *(z. B. Sachlage, Beteiligte, Betroffene, Institution, Interessen, Machtverhältnisse; → I, M 2, S. 12f.)*?
- Welche Haltung nimmt der Karikaturist gegenüber dem Dargestellten ein?
- Welche Lösungsmöglichkeiten des Problems werden verarbeitet? Wie bewertet sie der Karikaturist?

Dritter Schritt: Ermittlung der Kernaussage

- Was ist die Kernaussage der Karikatur (Unterscheiden von Kern- und Teilaussagen)?
- Vor welchem politischen, ethischen oder ideologischen Hintergrund wird die Kernaussage getroffen?

Vierter Schritt: Eigene Stellungnahme

- Worin ist dem Karikaturisten zuzustimmen?
- Was ist ihm entgegenzuhalten?

Beispiel

Für die Karikatur **M 10** könnte eine solche Analyse folgendermaßen aussehen:

Erster Schritt: Beschreibung

In der Karikatur „Kapiert?!" von Horst Haitzinger ist eine schulische Situation dargestellt. In der Rolle des Lehrers ist der damalige Sozialminister Riester zu erkennen. Mit Kreide in der Hand steht er vor einer Tafel, auf der eine komplizierte und kaum überschaubare „mathematische" Gleichung zu sehen ist. Es handelt sich dabei um eine „Gleichung" für die Rente. Neben mathematischen Symbolen enthält die Gleichung auch Begriffe aus der Politik (aus dem Problembereich „Rente", z. B. *Entnahmemodell, Immobilienförderung, Vorsorge, Rot/Grün, CDU/CSU, ...*). Vor der Tafel ist ein großer Schwamm zu sehen. Offensichtlich ist schon einiges ausgewischt und wieder verbessert worden. Der „Lehrer" Riester wendet sich seinem Schüler zu, der als „deutscher Michel" zu erkennen ist. Dieser schaut etwas hilflos zur Tafel und sitzt vor einem leeren Blatt Papier.

Zweiter Schritt: Interpretation

Der Karikaturist nimmt hier zum Problem der sog. „Riester-Rente" Stellung, einem Teilaspekt der Bestrebungen der Koalition aus SPD und Grünen, das bestehende System der Rentenfinanzierung zu reformieren.

Gegenstand der Kritik ist hier zunächst ein ***Vermittlungsproblem***: Dem Bürger kann es nicht gelingen, die angezielten Reformbestrebungen in ihren einzelnen Gesichtspunkten und ihren politischen Wirkungen zu überschauen. Der Zusammenhang zwischen den einzelnen Reformaspekten bleibt unklar. (Die dargestellten mathematischen Symbole und Operationen sind nicht interpretierbar: Der „deutsche Michel" bleibt hilflos.)
Mit dem Vermittlungsproblem hängt aber auch ein ***Sachproblem*** zusammen: Der Karikaturist zieht offensichtlich in Zweifel, dass die angestrebten Reformvorschläge geeignet sind, die Krise des bestehenden Rentenfinanzierungsproblems zu bewältigen. Die Probleme der Vermittlung ergeben sich offensichtlich daraus, dass dem Reformversuch – nach Ansicht des Karikaturisten – eine erkennbare und sachadäquate Gesamtkonzeption fehlt. In der dargestellten „Formel" sind nur Einzelaspekte erkennbar, die zum Teil wohl auf politischen („faulen"?) Kompromissen beruhen (in der Formel: *CDU/CSU* – eine Anspielung auf Zugeständnisse an die Opposition bzw. den Bundesrat; *Rot/Grün* – Verweis auf Kompromisse innerhalb der Koalition); die „politische Marschrichtung" bleibt aber unklar, der „große Wurf" einer auf Dauer angelegten systematischen Rentenreform fehlt. Der Karikaturist bescheinigt den politisch Verantwortlichen Halbherzigkeit, Inkonsequenz und Undurchsichtigkeit; die in der mathematischen Formel erkennbaren Pfeile weisen in ganz unterschiedliche Richtungen. Darüber hinaus musste der angestrebte Lösungsvorschlag wohl einige Male in Einzelheiten nachgebessert werden (der Schwamm vor der Tafel!). Beim Bürger bleibt am Ende Verunsicherung: Die Rente ist nicht sicher!
Den Politikern unterstellt der Karikaturist selbst Zweifel an der Sachangemessenheit, Zumutbarkeit und Vermittelbarkeit der Bestrebungen. (Beachte die Überschrift „*Kapiert?!*": Ausrufe- und Fragezeichen! Darüber hinaus enthält auch die auf der Tafel dargestellte Rentengleichung mehrere Fragezeichen!)
Bezeichnend ist letztendlich auch das grundsätzliche Verhältnis zwischen politischen Entscheidungsträgern und dem Bürger, das in der Karikatur zur Darstellung kommt: Es wird als „Lehrer-Schüler-Verhältnis" dargestellt, der Bürger – der eigentliche Souverän des politischen Prozesses – wird vom Politiker belehrt und daher in gewissem Sinne als „unmündig" betrachtet. Dies ist Gegenstand einer grundsätzlichen Kritik des Karikaturisten, unabhängig von dem konkreten Problem der Rente. Es wird also auch auf die ***grundsätzliche Problematik politischer Repräsentation*** in einem modernen demokratischen Staat verwiesen.

Dritter Schritt: Ermittlung der Kernaussage

Insgesamt betrachtet lässt sich die Aussage der Karikatur wie folgt zusammenfassen: Den politisch Verantwortlichen ist es mit den Neuerungen im Bereich der Rentenfinanzierung nicht gelungen, dem Bürger eine durchsichtige, sachgerechte und überzeugende Lösung für die Krise des bestehenden Rentenfinanzierungssystems vorzulegen.

Vierter Schritt: Stellungnahme

Dem Karikaturisten ist darin recht zu geben,
- dass sich die politisch Verantwortlichen möglicherweise nicht ausreichend Mühe geben, die Vorschläge zur Rentenreform verständlich zu erklären;
- dass die beschlossene Rentenreform ganz unterschiedliche und heterogene Lösungsversuche miteinander verbindet und
- dass es in der Tat zweifelhaft ist, ob hiermit schon ein auf Dauer angelegtes stabiles System der Rentenfinanzierung gefunden ist.

Dem Karikaturisten ist allerdings entgegenzuhalten,
- dass ein komplexes Problem wie die Rentenfinanzierung auch einer komplizierten Lösung bedarf, wobei – wie dies in einer Demokratie üblich und auch gewollt ist – Kompromisse gemacht werden müssen;
- dass Unentschlossenheit und Unsicherheit bei den politisch Verantwortlichen einfach unterstellt werden;
- dass wesentliche Beurteilungsaspekte, z. B. die Frage nach der sozialen Gerechtigkeit und Zumutbarkeit, aus der Betrachtung ausgeblendet werden.

Methodenreflexion

Karikaturen werden im Sozialkundeunterricht oft zum Einstieg in ein neues Thema verwendet, weil sie politische Probleme fokussiert zur Darstellung bringen. Sie können allerdings auch andere Funktionen im Verlauf der Analyse eines politischen Problems erfüllen. Es ist allerdings zu bedenken, dass sich eine Karikatur *satirisch* mit gesellschaftlichen und politischen Begebenheiten auseinandersetzt und nicht den Anspruch erhebt, Phänomene der politischen Wirklichkeit „objektiv" bzw. intersubjektiv nachprüfbar zu beschreiben.

Aufgaben

1. Sichten Sie die in Kapitel I vorkommenden Karikaturen und diskutieren Sie: Wie können sie im Rahmen der Situationsanalyse, der Möglichkeitsanalyse und der politischen Urteilsbildung eingesetzt werden?
2. Die vielseitigen Funktionen, die Karikaturen im politischen Unterricht erfüllen, werden auch deutlich bei einer Karikaturenrallye (s. S. 524–531).

2.3 Möglichkeitsanalyse: Suche nach Lösungen

➤ Grundprinzipien und Leitvorstellungen

Angesichts der mittel- und langfristigen Probleme bei der Alterssicherung beschäftigen sich heute Wissenschaftler, Kommissionen, Verbände und Parteien mit Reformkonzepten, denen verschiedene Finanzierungskonzepte und unterschiedliche sozialpolitische Zielvorstellungen zugrunde liegen.

M 11a | Finanzierungsprinzipien (Grundprinzipien sozialer Sicherung)

	Versicherungsprinzip	Versorgungsprinzip	Fürsorgeprinzip
Sicherungsvoraussetzung	Mitgliederschaft in Versicherungen	speziell eingeräumter Rechtsanspruch	individuelle Notlage
Leistungsanspruch	bei Eintritt des Versicherungsfalles	bei Vorliegen gesetzlich bestimmter Merkmale	bei Bedürftigkeit
Leistungshöhe	standardisiert nach Art des Versicherungsfalles	standardisiert nach Art des Versorgungsfalles	individualisiert nach Bedürftigkeit
Gegenleistung	Versicherungsbeiträge	nichtmaterielle Leistungen für die Gemeinschaft	keine
Bedürftigkeitsprüfung	nein	nein	ja
Ziel (M 11b)			
Vorteile/Nachteile (M 11b)			
Beispiele	Krankenversicherung, Unfallversicherung	Beamtenversorgung, Kindergeld	Sozialhilfe, Wohngeld

(modifiziert nach: H. Albeck; in: Informationen zur politischen Bildung, Heft 215, S. 27)

M 11b |

Ziele und Prinzipien der Sozialpolitik	
Eigeninitiative, Leistungsbereitschaft, Sicherung als Aufgabe des Individuums (Individualprinzip)	Selbsthilfe hat Vorrang; Hilfe zur Selbsthilfe (Subsidiaritätsprinzip)
Ausgleich für erbrachte Leistungen für das Gemeinwesen als Aufgabe der Gesamtgesellschaft (Sozialprinzip)	Obligatorische gegenseitige Hilfe, Solidarität mit den sozial Benachteiligten (Solidaritätsprinzip)

Vorteile und Nachteile von Sicherungssystemen	
• Selbsttragendes System • Materielle und moralische Ansprüche werden anerkannt. • Existenzsicherung für alle • Leistungsanreiz	• Problem der Kalkulierbarkeit (langfristig und kurzfristig) • Zahlungen ohne individuelle Bedürftigkeitsprüfung (z. T. überflüssig?) • Hohe Kosten für die Allgemeinheit wegen staatlicher Hilfeleistung • Bedürftige fühlen sich/verhalten sich wie Hilfsempfänger.

M 11c | Entwicklung der Rente – bisherige Regelungen (Kategorie Geschichtlichkeit)

Probleme und Aufgaben

im Bereich Gesellschaft

- Geburtenrückgang – „Pillenknick“: Zwischen 1968 und 1974 halbierte sich die Zahl der jährlichen Geburten von 1,2 Millionen auf 600 000 und bewegt sich seither in dieser Größenordnung (s. S. 54 f. und S. 58 f.).
- Lebenserwartung, die stetig steigt und dadurch den Altersaufbau der Gesamtbevölkerung verändert
- Aufhebung „normaler“ Arbeitsbiografien (s. S. 89 ff. und S. 104)
- Soziale Lage der Familien

im Bereich Wirtschaft

- Wirtschaftswachstum: Die Wachstumsrate der Wirtschaft ist in den 1980er-Jahren deutlich zurückgegangen (s. S. 152 f.).
- Arbeitslosigkeit: Zwischen 1980 und 1983 stieg die Zahl der Arbeitslosen von 900 000 auf über zwei Millionen und ist seitdem noch erheblich gestiegen (s. S. 187 – 190).
- Vorzeitiger Ruhestand als Personalentlastungsstrategie der Großunternehmen Mitte der 1990er-Jahre

im Bereich Politik

- Benachteiligung von Frauen im Bereich der Rentenversicherung (s. S. 109 f.)
- Familienlastenausgleich (s. S. 29)
- Sicherung der Altersversorgung besonders benachteiligter Gruppen
- Harmonisierung des Altersversorgungssystems (Beamtenversorgung)
- Politische Kontroversen über das Gesamtsystem des „Netzes der sozialen Sicherung“, politische Debatte um den „Standort Deutschland“ (s. S. 42 – 50)
- Belastungen der Rentenkassen durch die deutsche Einheit

Politische Entscheidungen

1957: „Dynamisierung“ der Renten = regelmäßige Anpassung der Renten an die allgemeine Lohnentwicklung zur Sicherung des Lebensstandards und Teilhabe an seiner Entwicklung.

1968: Abschaffung der Versicherungspflichtgrenze für Angestellte: Ausdehnung der Gesetzlichen Rentenversicherung (GRV) auf alle Angestellten.

1972: „Flexible Altersgrenze“: Versicherte können auf Wunsch schon mit 63 Jahren, Schwerbehinderte, Berufs- und Erwerbsunfähige mit 60 Jahren ohne finanzielle Nachteile in Rente gehen; Öffnung der Rentenversicherung für nicht erwerbstätige Hausfrauen und für Selbstständige.

1978 – 81: Verschiebung der Rentenerhöhung um ein halbes Jahr: schrittweise Einführung eines Krankenversicherungsbeitrages der Rentner.

1984: Vorruhestandsgesetz: finanzielle Belastung der GRV durch „vorzeitige Altersrente“.

1986: Beseitigung der Benachteiligungen von Frauen bei der Hinterbliebenenrente.

1992: Inkrafttreten des Rentenreformgesetzes 1992 (RRG ’92); wichtigste Aspekte:

- Übergang von der Bruttoanpassung zur Nettoanpassung der Bestandsrenten, sodass sich erhöhte Steuer- und Sozialbeitragsbelastungen eines durchschnittlichen Arbeitnehmers in geringeren Rentensteigerungen niederschlagen;
- Heraufsetzung vorgezogener Rentenaltersgrenzen (z. B. Rente von Frauen, Altersrente wegen Arbeitslosigkeit) auf 65 Jahre;
- Verbesserungen im Bereich der Gleichstellung von Frauen.

1997: Beschluss des Rentenreformgesetzes 1999 (RRG ’99):

- Einführung eines demografischen Faktors in die Rentenformel, wodurch bei der Rentenanpassung auch die Lebenserwartung der 65-Jährigen seit 1992 berücksichtigt werden soll;
- Neuregelungen bei den Rentenaltersgrenzen, wodurch die Altersschwelle von 65 Jahren zum „Normalfall“ für den Renteneintritt gemacht werden soll;
- Reform der Rente wegen Erwerbsminderung, wobei sich das Vorliegen einer Erwerbsminderung allein nach dem Gesundheitszustand des Betroffenen und nicht mehr nach der Arbeitsmarktsituation richten soll.

1998: „Rentenkorrekturgesetz“: Aussetzung bzw. Rücknahme wichtiger Aspekte des RRG ’99, u. a. Rücknahme des demografischen Faktors durch die neue Regierung von SPD und Bündnis ’90/GRÜNE.

2001: Rentenreformgesetz („Riester-Rente“).

Aufgaben

1. Ordnen Sie die Ziele, Vor- und Nachteile (M 11b) in die Tabelle (M 11a) ein. Beispiele:
   - Das Problem der Kalkulierbarkeit trifft vor allem auf das Versicherungsprinzip zu. Unvorhersehbare Schadensfälle, z. B. hohe Ansprüche der Versicherten nach einem Unwetter, können das unter normalen Bedingungen selbsttragende System aus dem Gleichgewicht bringen.
   - Das Ziel Solidarität mit sozial Benachteiligten steht bei dem Fürsorgeprinzip im Vordergrund. Die Bedürftigkeitsprüfung zeigt den subsidiären Charakter dieser Sicherung, da staatliche Hilfeleistung erst nachrangig erfolgt, wenn Betroffene (bzw. deren Angehörige) sich nicht mehr selbst helfen können.
2. Stellen Sie Ursachen für die Krise der Rentenfinanzierung zusammen (M 11c). Verdeutlichen Sie, wo die bisherigen Maßnahmen ansetzten (Rententopf) und wie sie sich ausgewirkt haben (Rententopf, Finanzierungsprinzipien).

➤ Handlungsmöglichkeiten

Politisches Handeln führt niemals zu Lösungen, die für alle Beteiligten und Betroffenen in gleichem Maße zufriedenstellend sind. Zu berücksichtigen sind immer die widerstreitenden Interessen der Beteiligten an einem Konflikt. Entlastungen auf der einen Seite führen oft zu Belastungen auf einer anderen Seite. Wie also soll das Rentensystem – unter besonderer Berücksichtigung der Kategorien *Gerechtigkeit* und *gesellschaftliche Akzeptanz* – in Zukunft gestaltet werden?

Die in M 3 dargestellten Konfliktlinien umgrenzen und gestalten die aktuellen und zukünftigen Handlungs- und Gestaltungsspielräume. Die folgenden Materialien dienen der Erarbeitung einiger ausgewählter politischer Handlungsmöglichkeiten vor dem Hintergrund gegebener gesellschaftlicher Konflikte („Stellschrauben der Politik"). Die in den Materialien dargestellten Fragestellungen lassen sich den in M 3 aufgezeigten Konfliktlinien zuordnen.

M 12 | Mehr Eigenvorsorge? (Aspekt Rentensicherheit)

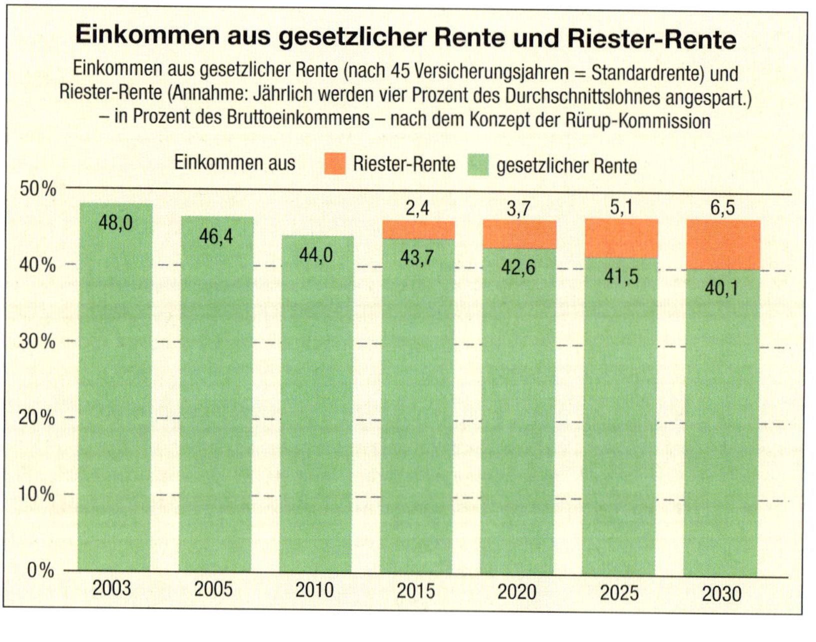

(nach: Bericht der Kommission „Nachhaltigkeit in der Finanzierung der sozialen Sicherungssysteme" (Rürup-Bericht), 2003)

M 13 | Erhöhung der Beitragsleistungen, Senkung des Rentenniveaus oder Erhöhung des Renteneintrittsalters? (Aspekt Generationengerechtigkeit)

a) Die Höhe der Rente

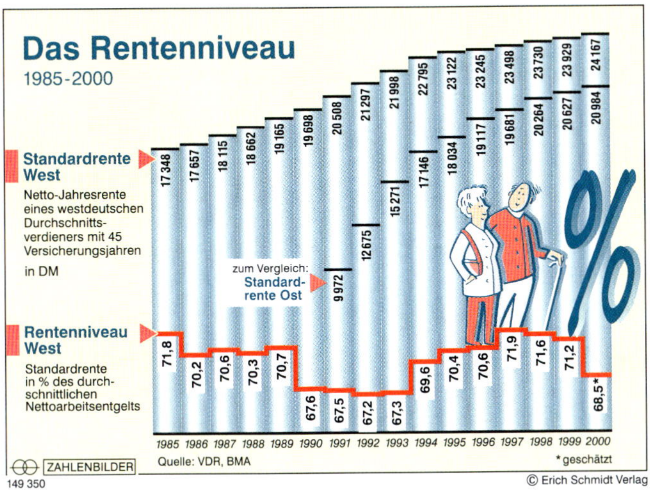

b) Die Dauer der Rente

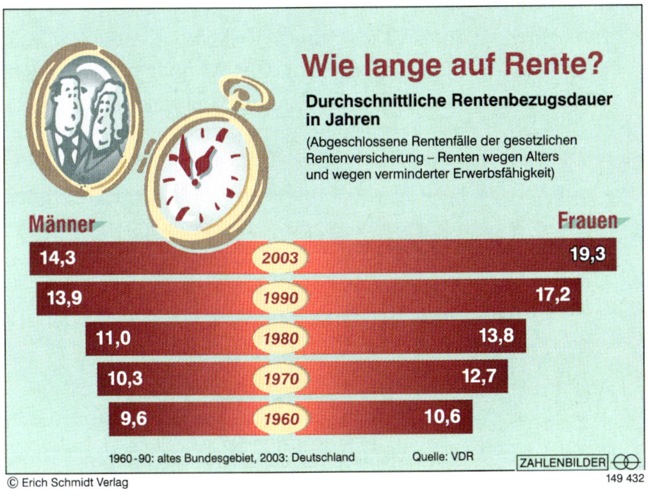

M 14 | Beitragsentlastung für Familien – stärkere Belastung für Singles? (Aspekt Familienlastenausgleich)

Deutschland steckt in einer Rentenkrise. Kürzungen von Renten sind, wie alle wissen, unvermeidbar, weil die Deutschen immer weniger Kinder großziehen. Jede Generation kann im Alter nur leben, wenn sie in ihrer Jugend selbst vorgesorgt hat, entweder durch „Humankapital" in Form von Kindern oder durch angespartes Realkapital. Da die Deutschen heute weniger Humankapital bilden, als es frühere Generationen taten, müssen sie als Ersatz Realkapital anhäufen, um so die mangels Nachkommen wegfallenden Renteneteile zu ersetzen. Diese Überlegung hat zur Riester-Rente und zur Rentenkürzung im Umlagesystem geführt. Die Riester-Rente ist aber noch nicht zu Ende gedacht; denn sie führt zu kaum erträglichen Lasten bei denjenigen, die durch die Erziehung von Kindern bereits den vollen Beitrag zur Finanzierung der Umlagerenten leisten.

Historisch gesehen hat es immer zu den normalen Pflichten einer Generation gehört, zwei Leistungen zu erbringen: In der leistungsfähigen Lebensphase musste man seine Eltern ernähren und man musste seine Kinder großziehen. Die erste dieser beiden Leistungen wird heute noch in Form der Rentenbeiträge erbracht, die ja in vollem Umfang an die heutigen Rentner fließen. Wenn die zweite Leistung von vielen nicht mehr erbracht wird, ist es wohl gerecht, diesen Menschen eine Mehrleistung in Form des Riester-Sparens abzuverlangen. Dadurch sichern sie sich die Rente, deren Vollfinanzierung man den wenigen zukünftigen Beitragszahlern nicht mehr zumuten kann.

Menschen, die mehrere Kinder großziehen, an der Riester-Rente zu beteiligen, hieße im Gegenzug, ihnen eine dreifache Last aufzuerlegen. Als Beitragszahler ernähren sie die jetzt Alten, als Eltern finanzieren sie die Renten aller zukünftigen Rentenbezieher einschließlich der Kinderlosen und als Riester-Sparer müssten sie zusätzlich ihre eigenen Renten finanzieren.

Die notwendigen Rentenkürzungen und das kompensierende Riester-Sparen sollten daher auf die Kinderlosen konzentriert werden. Wer keine Kinder in die Welt setzt und großzieht, dem kann zugemutet werden, das Geld, das andere Leute in die Kindererziehung stecken, am Kapitalmarkt anzulegen. Im Ausgleich kann der Rentenanspruch aus der Umlagerente halbiert werden. Das impliziert zwar immer noch eine Umverteilung von den Familien mit Kindern zu den Kinderlosen, aber die Last wird doch wenigstens etwas gleichmäßiger verteilt.

Man beachte: Das Plädoyer für eine Kürzung der Umlagerenten für Kinderlose hat nicht das Geringste mit der Frage zu tun, warum sie keine Kinder haben. Auch jene Menschen, die Kinder bekommen wollen, aber nicht können, besitzen die für das Riester-Sparen nötige Liquidität, da bei ihnen keine Ausgaben für die Kindererziehung anfallen. Es stimmt zwar, dass sie die Kinder anderer Leute auf dem Wege über das Steuersystem mitfinanzieren. Aber diese Mitfinanzierung ist volumenmäßig viel zu klein, als dass sie einen nennenswerten Rentenanspruch begründen könnte.

(Hans Werner Sinn, in: Rheinischer Merkur, 10.04.2003, S. 12)

M 15 | Zuwanderung als Lösung des Rentenproblems? (Aspekt Integration und Zuwanderung)

Die deutsche Bevölkerung würde laut einer UNO-Studie von heute 82 Millionen auf knapp 59 Millionen im Jahr 2050 sinken, wenn nicht mehr Menschen zuwandern. Das würde einen Rückgang von 28 Prozent bedeuten. Anders ausgedrückt bedeutet es die Einwohnerzahl Ostdeutschlands, Hessens und von Rheinland-Pfalz zusammen. Die Zahl der Erwerbstätigen würde um 41 Prozent abnehmen, während die Zahl der Rentner um etwa ein Drittel ansteigen würde. Künftig müssten nicht mehr vier, sondern zwei Beschäftigte einen Rentner versorgen.

Deshalb halten Bevölkerungswissenschaftler eine gezielte Migration für unverzichtbar. Wenn die heutige Bevölkerungszahl konstant gehalten werden soll, müssten bis 2050 jährlich 324 000 Ausländer einwandern. Zur Erhaltung der heutigen Zahl der 15- bis 64-Jährigen würden 458 000 Zuwanderer jährlich gebraucht. Das entspräche bis 2050 einer Summe von 25,2 Millionen.

Ein weiteres UNO-Szenario untersucht den Bedarf, wenn das zahlenmäßige Verhältnis zwischen 15- bis 64-Jährigen und Älteren gewahrt würde. Deutschland müsste dann bis 2050 unglaubliche 188,5 Millionen Einwanderer aufnehmen. Das entspräche einem Zuwachs der Einwanderungszahl von insgesamt 299 Millionen Menschen. Der Anteil von Einwanderern und ihren Nachkommen an der Bevölkerung würde 80 Prozent betragen.

(nach: http://www.europa-digital.de/aktuell/dossier/migration/demographie.shtml; 5. Mai 2006)

2.4 Verallgemeinerbare Erkenntnisse

❶ *Politische Probleme* entstehen aus einer Diskrepanz zwischen dem tatsächlichen Zustand öffentlicher Angelegenheiten und den Vorstellungen davon, wie sie eigentlich sein sollten. Häufig zeigen sich in solcher Diskrepanz *Zielkonflikte*, d. h. Konflikte zwischen grundlegenden Zielen, die in der Politik in Konkurrenz zueinander treten.

❷ Politische Probleme haben in der Regel eine *Vorgeschichte*, die zu kennen für das Verständnis hilfreich, oft sogar notwendig ist. Aus politischen Problemen ergeben sich *aktuelle politische Konflikte* infolge unterschiedlicher Interessen und Bewertungen, die in der Suche nach Problemlösungen aufeinandertreffen.

❸ Ob uns eine Nachricht über ein politisches Problem interessiert, hängt vom Maß unserer persönlichen *Betroffenheit* ab. Aber unsere subjektiv empfundene Betroffenheit ist nicht identisch mit der objektiven *Bedeutsamkeit*, die ein Vorgang für uns haben kann.

❹ Wenn Problemlösung und Konfliktregelung in offener Auseinandersetzung zwischen Interessengruppen und Meinungsrichtungen gesucht werden sollen mit dem Ziel eines für alle Betroffenen zumutbaren Kompromisses, dann bedarf es dazu eines *rechtlich geordneten Systems von Institutionen, Organen, Regeln und Zuständigkeiten*. Zum Verständnis politischer Vorgänge und Entscheidungen gehört daher die Kenntnis dieser Ordnung.

❺ Für die Lösung von Problemen und für die Regelung von Konflikten gibt es oft mehrere Möglichkeiten, jedoch selten eine ohne Nachteile und ohne neue Fragen. Jede Entscheidung hat ihren Preis, Politik bleibt ständig in Bewegung, es handelt sich stets um einen *offenen Prozess*.

Aufgaben

1. Erörtern Sie ausgehend von den Materialien 12–15 in arbeitsteiliger Gruppenarbeit die zu den „Stellschrauben der Politik" formulierten Fragestellungen.
2. Ordnen Sie die Materialien den Konfliktlinien in M 3 zu und formulieren Sie weitere „Stellschrauben" zur Neuregelung der Alterssicherung.
3. Zeigen Sie bei verschiedenen Regelungen Zielkonflikte zwischen zentralen Kategorien (z. B. Freiheit, Gerechtigkeit, sozialer Frieden) auf. Klären Sie, welche Kategorien des Politischen Sie zur Begründung Ihrer Meinung heranziehen können.
4. Verfolgen Sie die aktuelle Entwicklung in der Rentendebatte. Inwiefern stellen die Vorschläge und Regelungen eine „Lösung" des politischen Problems dar? Beurteilen Sie.

Weitere Informationen zum Thema Rente finden Sie im Internet:

www.bma.de	Bundesministerium für Arbeit und Sozialordnung
www.vdr.de	Verband der Rentenversicherungsträger

3. Probleme in der Gesundheitspolitik

M 1 | Wer von Ihnen ist Privatpatient?

Wie die Alterssicherung, so befindet sich auch das deutsche Gesundheitswesen in einem tiefgreifenden Strukturwandel. Eine immer stärkere Inanspruchnahme medizinischer Leistungen – bewirkt durch die Alterung der Gesellschaft und medizinische Innovationen – steht begrenzten Mitteln (Beitragsleistungen bzw. staatliche Finanzmittel) gegenüber. Wie beim Problemkomplex „Alterssicherung" diskutieren Experten aus Politik und Wissenschaft grundsätzliche Reformen, um das Gesundheitssystem in Deutschland auf Dauer zu stabilisieren. Hierbei geht es insbesondere:

a) um eine angemessene Lastenverteilung *(Wer trägt in welchem Maße die Kosten für das Gesundheitssystem?)*;

b) um die Sicherung einer guten, hochwertigen bzw. angemessenen Gesundheitsversorgung *(Welche medizinischen Leistungen sollen von wem getragen/bezahlt werden?)*.

Schlagworte wie „Zweiklassenmedizin" zeigen, dass ein gesellschaftlicher Konsens in Bezug auf die grundsätzliche Organisation des Gesundheitswesens problematisch geworden ist. In diesem Sinne ist die Gesundheitsversorgung ein ***politisches Problem***, das mit den in Teilkapitel I/1. behandelten Kategorien des Politischen erschlossen werden kann. Verschärft wird das Problem dadurch, dass es bei der medizinischen Versorgung um Leben oder Tod gehen kann. Die folgenden Materialien enthalten grundlegende Informationen und Lösungsvorschläge, die sich für eine selbstständige Erschließung des Themas eignen. Bei der Behandlung kann nach dem auf S. 17 vorgestellten Schema vorgegangen werden (Problematisierung, Situationsanalyse, Möglichkeitsanalyse, Urteilsbildung).

Die Materialien enthalten zum Teil Lösungsvorschläge und Konzepte, die sich in der aktuellen Diskussion bestimmten Parteien bzw. Interessenverbänden zuordnen lassen. Bei der Zusammenstellung kam es allerdings weniger darauf an, die aktuelle politische Diskussion abzubilden, sondern es geht darum, *grundsätzliche Handlungsoptionen und Alternativen* bei der Gestaltung des Gesundheitssystems aufzuzeigen, die auch in Zukunft noch von Bedeutung sein können.

➤ Grundlagen: Gesetzliche und private Krankenversicherung

Im Gegensatz zur privaten Krankenversicherung ist die Gesetzliche Krankenversicherung (GKV) eine Pflichtversicherung für weite Bevölkerungskreise. Sie umfasst Arbeitnehmer, deren Bruttoeinkommen unterhalb einer jährlich neu festgesetzten Versicherungspflichtgrenze liegt. Neben Arbeitnehmern, die ein höheres Einkommen erzielen, sind auch Selbstständige und Beamte von der Pflichtversicherung ausgenommen. Ziel ist die Sicherung der notwendigen medizinischen Versorgung im Krankheitsfall durch eine Solidargemeinschaft. Darüber hinausgehende Ansprüche müssen privat getragen werden. Während die gesetzlichen Krankenkassen als Träger der GKV verpflichtet sind, Antragsteller in die Versicherung aufzunehmen, können private Kassen über hohe Zusatzbeiträge und Sonderbedingungen „problematische Fälle" von einer Mitgliedschaft abhalten. Im Verhältnis zur privaten Krankenversicherung hat dies zur Folge, dass sich die Lastenverteilung durch das Profil der Versicherten zuungunsten der Gesetzlichen entwickelt hat.

Die Gesetzliche Krankenversicherung wird – ähnlich wie bei der Rentenversicherung – über Beiträge der Arbeitnehmer und Arbeitgeber finanziert.

Der Gesetzgeber hat in den Reformen der vergangenen Legislaturperioden versucht, die stetig steigenden Beitragssätze der Gesetzlichen Krankenversicherung (Stichwort: Lohnnebenkosten) zu stabilisieren, indem einerseits die Bürger privat stärker für medizinische Leistungen in Verantwortung genommen wurden (z. B. private Finanzierung von Zahnersatz, Kürzungen von Lohnersatzleistungen im Krankheitsfall, Praxisgebühr) und andererseits Ärzte, Krankenhäuser, Versicherungen und Pharmaindustrie Regulierungen unterworfen wurden (z. B. Punktezahlen für erbrachte ärztliche Leistung zur Feststellung des Honorars).

M 2

Das Verhältnis von Finanzierung und Leistung in der Gesetzlichen Krankenversicherung kann grundsätzlich nach zwei verschiedenen Prinzipien geordnet werden:

- *Bedarfsprinzip*: Leistungen werden unabhängig von Risiken wie Alter, Vorerkrankungen oder Beruf gewährt.
- *Äquivalenzprinzip*: Art und Umfang der Leistungen werden entsprechend der Höhe der Beitragszahlungen sowie des geschützten Risikos gestaffelt.

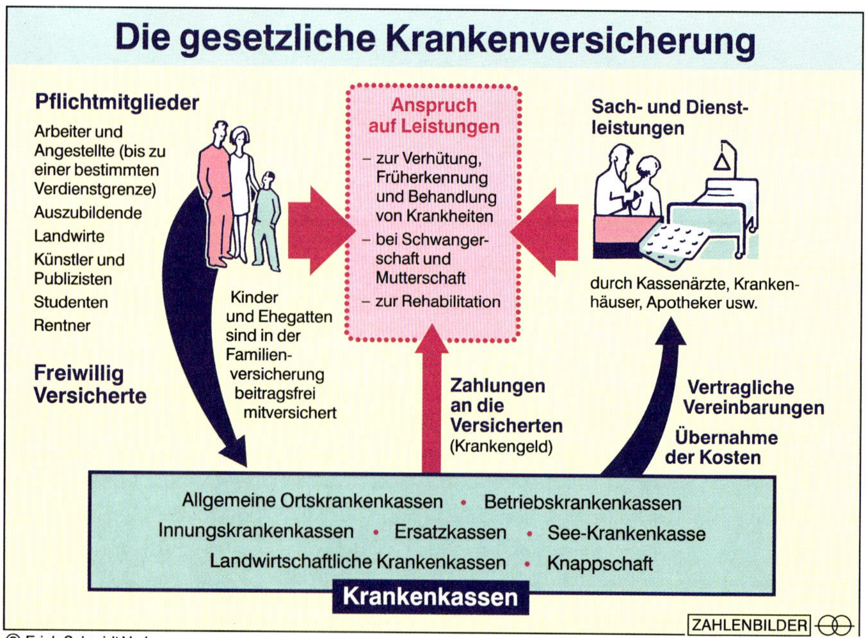

© Erich Schmidt Verlag 146 150

Aufgaben

1. Erstellen Sie ein Schaubild zum System der Krankenversicherung in Deutschland. Sie können sich dabei an Schaubild M 9 auf S. 22 orientieren.
2. Verorten Sie die oben in M 2 genannten Finanzierungs- und Leistungsprinzipien sowie die in M 11 auf S. 26 aufgeführten Ziele und Prinzipien der Sozialpolitik im System der Krankenversicherung in Deutschland.

➤ Probleme der Gesetzlichen Krankenversicherung

M 3 | Ausgaben der Gesetzlichen Krankenversicherung 2002

(nach: Frank Pilz, Der Sozialstaat, Bonn 2004, S. 185)

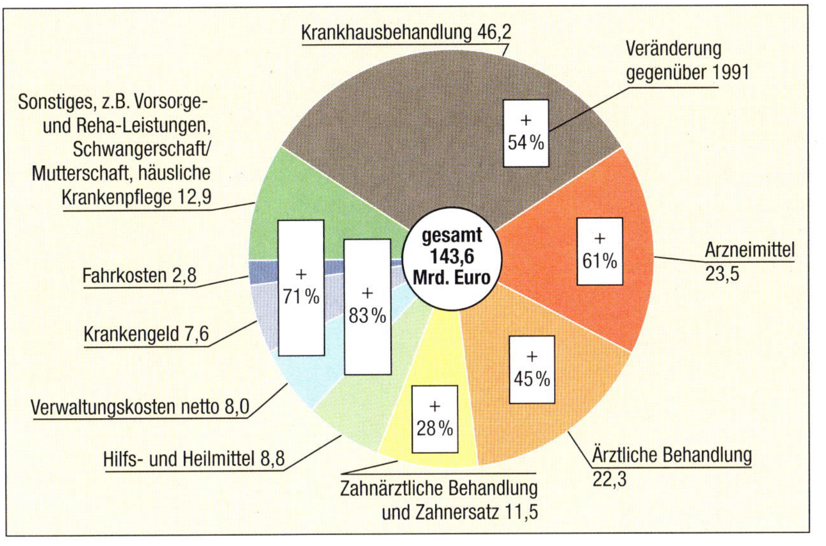

M 4 | Ausufernde Ausgaben – fehlende Zahler

(nach: DER SPIEGEL 27/2006, S. 19)

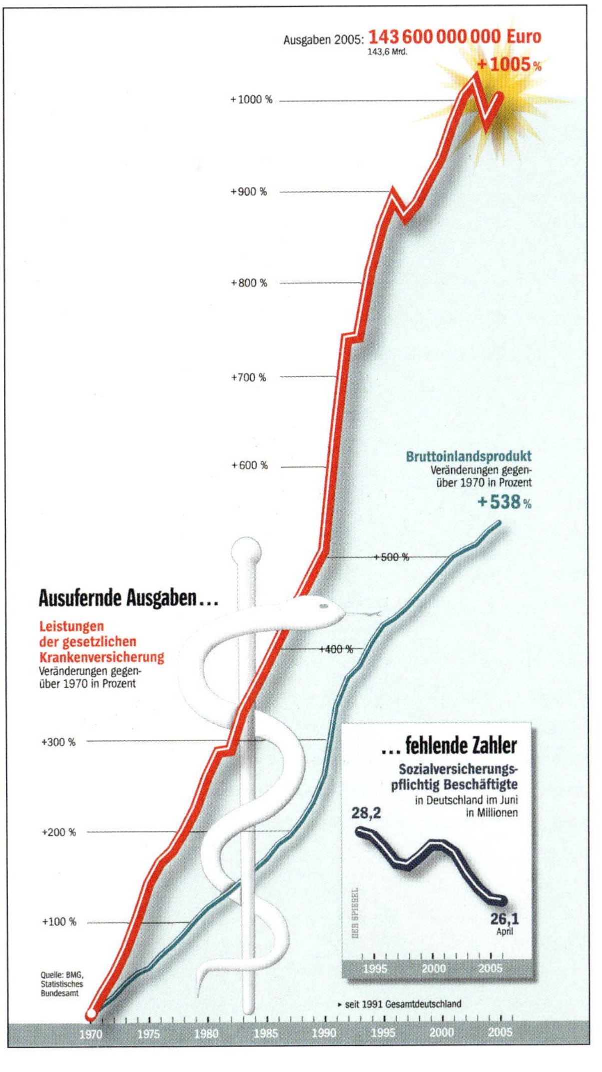

M 5 | Entwicklung der durchschnittlichen Beitragssätze in der Gesetzlichen Krankenversicherung

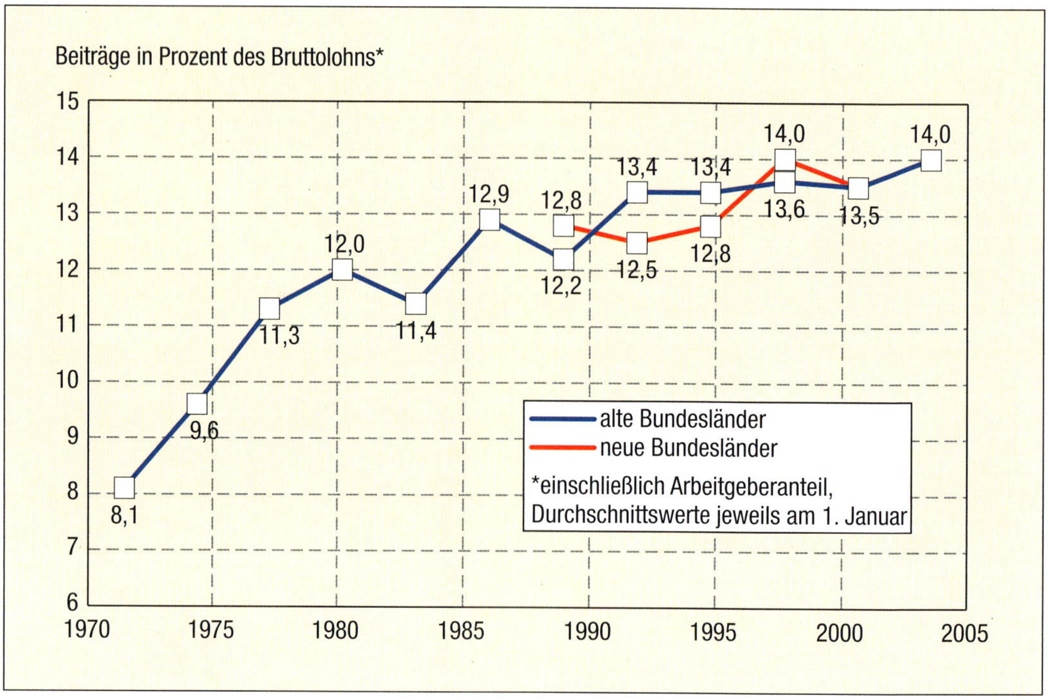

(nach: Frank Pilz, Der Sozialstaat, Bonn 2004, S. 102)

Aufgaben

1. Vergleichen Sie mit den Finanzierungsproblemen der Alterssicherung: Worin bestehen Gemeinsamkeiten und Unterschiede?
2. Entwerfen Sie ein Schaubild zu den Konfliktlinien im Gesundheitssystem. Sie können sich dabei an Schaubild M 3 auf S. 18 orientieren.
3. a) Diskutieren Sie im Kurs: Welche der folgenden medizinischen Leistungen sollten von den Gesetzlichen Krankenkassen getragen werden? Wo sollte der Bürger Zuzahlungen leisten und welche sollten gänzlich privat getragen werden?
   Krebsvorsorge – Lungenkrebstherapie – Sportunfall – Entbindung – Sterilisation – Sehhilfen / Brillen – potenzsteigernde Mittel – Krebsvorsorge.
   b) Informieren Sie sich: Welche medizinischen Leistungen werden von den Krankenkassen derzeit getragen?
   c) Erstellen Sie einen Katalog einer medizinischen Grundversorgung, die Ihrer Meinung nach die Solidargemeinschaft zu tragen hat.
4. Diskutieren Sie: Bei verschiedenen Therapieformen/Arzneimitteln für eine Krankheit sollte der Bürger einen Anspruch auf die medizinisch wirksamsten haben – unabhängig von den Kosten.
5. Erstellen Sie ein „Negativ-Szenario" zur Entwicklung des deutschen Gesundheitswesens. Sie können sich dabei am „Renten-Szenario" M 6 auf S. 20 orientieren (s. Methodenschulung, S. 35).

Szenario-Technik

Die Szenario-Technik ist eine Methode, mithilfe derer aktuelle positive sowie negative Entwicklungstrends in Wirtschaft, Gesellschaft und Politik zu umfassenden Modellen zukünftiger Situationen zusammengefasst werden. Da im Bereich der Sozialwissenschaften die Zukunft nicht gesichert vorausgesagt werden kann, geht es darum, den Rahmen möglicher zukünftiger Entwicklungen abzustecken. Zu diesem Zweck werden vor dem Hintergrund der Analyse aktueller Trends Extremszenarien entworfen, zwischen denen sich alle möglichen Entwicklungen in der Zukunft abspielen. Die Szenario-Technik enthält dabei sowohl *empirisch-analytische* als auch *kreativ-intuitive* Elemente. Die Vorgehensweise bei der Szenario-Technik lässt sich sehr gut in Form des sog. „Szenario-Trichters" verbildlichen:

Der Szenario-Trichter und die drei Grundtypen des Szenarios

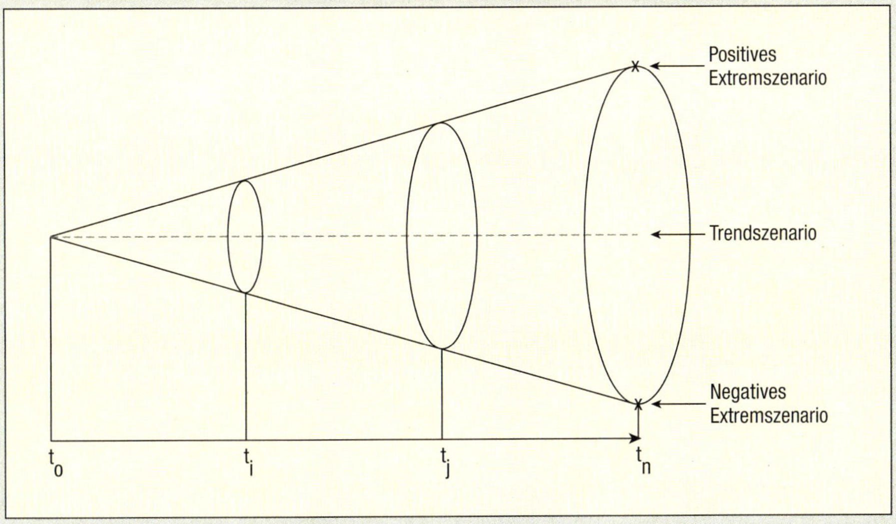

(nach: Wirtschaft und Politik im Zeitalter der Globalisierung, Bamberg 2005, S. 221)

In Form von Modellen, Bildern und/oder Texten werden in der Regel drei Szenarien entwickelt:

- *ein positives Extremszenario* für die bestmögliche Entwicklung *(best-case-scenario)*,
- *ein negatives Extremszenario* für die ungünstigste Entwicklung *(worst-case-scenario)*,
- *ein Trend-Szenario* für die Fortschreibung der aktuellen Situation und ihrer Entwicklungstrends.

Die Szenario-Methode bleibt allerdings nicht bei der Analyse möglicher Zukunftssituationen stehen, sondern mündet in die Analyse aktueller politischer Handlungsmöglichkeiten, um die Entwicklungen im positiven Sinne beeinflussen zu können.

Es bietet sich daher folgender Phasenablauf für die Durchführung der Szenario-Methode an:

❶ Problembeschreibung: Eingrenzung des Gegenstandes,
❷ Analyse gegenwärtiger Trends: Bestimmung der Einflussfaktoren,
❸ Szenarioentwicklung: Fortschreibung der Einflussfaktoren und Entwicklungstrends,
❹ Analyse politischer Handlungsmöglichkeiten und Strategieplanung.

Aufgabe

Wenden Sie die Szenario-Technik auf die Problemfelder *Alterssicherung* bzw. *Gesundheitsversorgung* an.

➤ Suche nach Lösungen

M 6 | Reformen?

M 7 | Das deutsche Gesundheitswesen: Mangelnde Eigenverantwortung – fehlender Wettbewerb

Im Titelartikel der Zeitschrift DER SPIEGEL 27/2006 wird das deutsche Gesundheitswesen einer umfassenden Kritik unterzogen. Die wesentlichen Punkte lassen sich wie folgt zusammenfassen:

- *Das bestehende Gesundheitssystem sei zu teuer und vernichte Arbeitsplätze*: „Seit Anfang der 1970er-Jahre haben sich die Beitragssätze der Gesetzlichen Krankenversicherung annähernd verdoppelt. Jede Beitragserhöhung trieb die Lohnkosten der Unternehmen in die Höhe, verteuerte den Produktionsfaktor Arbeit und vernichtete Jobs."
- *Die Kostenexplosion im Gesundheitssystem habe nicht zu einer Verbesserung der medizinischen Versorgung geführt:* „Die Deutschen sind Weltspitze im Tablettenschlucken – gesünder sind sie deswegen nicht. In deutschen Arztpraxen und Krankenhäusern wird auf Rekordniveau geröntgt, gespritzt und operiert, doch der Heilerfolg ist bescheiden."
- *Dem deutschen Gesundheitssystem fehle es an Wettbewerb und Transparenz:* „Ausgerechnet in der Multimilliardenbranche Gesundheit ist praktisch jeder Wettbewerb außer Kraft gesetzt. Im durchregulierten System der Sicherstellungsaufträge, Risikostrukturausgleiche und Bettenbedarfsplätze gibt es weder Marktpreise noch Transparenz."
- *Notwendige Reformen seien unter dem Druck von Lobbyisten und mächtigen Interessenverbänden gescheitert:* „Immer mehr Lobbyisten von Ärzten, Krankenkassen, Apothekern und Pharmaherstellern fanden im System ihr Auskommen und taten fortan alles, um ihre Privilegien zu verteidigen [...]."
- *Das Gesundheitswesen entmündige den Bürger und verhindere mehr Eigenverantwortung:* „Der Mensch, spätestens seit der europäischen Aufklärung mündig und selbstbestimmt, ist im Gesundheitswesen kaum vorgesehen. [...] Kein Versicherter wird für die Folgen seiner Lebensführung in die Pflicht genommen. Ein Intim-Piercing hat sich entzündet? Halb so schlimm – die Solidargemeinschaft zahlt bislang für die Behandlung beim Doktor."

Vor dem Hintergrund dieser Kritik empfehlen die Autoren folgende politische Maßnahmen:

<table>
<tr><th>Mehr Eigenverantwortung</th><th>Mehr Wettbewerb und Transparenz</th></tr>
<tr><td>Es sollten
• sich die Patienten durch Praxisgebühren und prozentuale Zuzahlungen stärker als bislang an den Kosten ihrer Behandlung beteiligen;
• Freizeitunfälle privat abgesichert werden;
• höhere Versicherungsbeiträge fällig werden für all diejenigen, die ihre Gesundheit durch riskante Hobbys oder Schönheitsoperationen in Gefahr bringen;
• Tabak- und Alkoholkonsum stärker besteuert werden und die zusätzlichen Einnahmen ins Gesundheitssystem fließen.</td><td>• Das Monopol der Kassenärztlichen Vereinigung müsste zerschlagen werden; Krankenkassen dürften Einzelverträge mit ausgewählten Ärzten und Krankenhäusern schließen.
• Ärzte sollten für die Behandlung bestimmter Krankheiten mit pauschalierten Festpreisen bezahlt werden; ihren Patienten müssten sie für jede Behandlung eine Rechnungskopie ausstellen.
• Die Krankenkassen sollten direkt mit den Pharmaherstellern über Bezugsmengen und Preise verhandeln.
• Apotheker dürften Filialketten gründen; die staatliche Preisbindung für verschreibungspflichtige Arzneimittel würde abgeschafft.</td></tr>
</table>

(nach: DER SPIEGEL 27/2006, S. 18–35)

Alternative Konzepte: Bürgerversicherung und Gesundheitsprämie

M 8 |

Vor dem Hintergrund der tiefgreifenden Strukturprobleme im System der Krankenversicherung wurden zwei alternative Konzeptionen zur Finanzierung und Organisation des Gesundheitswesens entwickelt: das von großen Teilen der Sozialdemokratie und den Grünen befürwortete Konzept der ***Bürgerversicherung*** sowie das vor allem von der Union favorisierte Modell der ***Gesundheitsprämie*** („Kopfpauschale").

Anhänger der Bürgerversicherung möchten durch eine Erweiterung des Versichertenkreises auf alle Bürger (Aufhebung der Versicherungspflichtgrenze) und eine Verbreiterung der Beitragsgrundlage (Erweiterung bzw. Wegfall der Bemessungsgrundlage) die Finanzierung des Gesundheitswesens auf Dauer sicherstellen, mit dem Ziel, die Lohnnebenkosten zu senken und die Solidargemeinschaft zu stärken. Verhindert werden soll vor allem der Wechsel junger, gesunder und gut verdienender Versicherter in die private Krankenversicherung.

Der Grundgedanke des Konzepts der Gesundheitsprämie besteht darin, dass alle Bürger den gleichen Beitrag in die Krankenversicherung zahlen. Die Kosten des Gesundheitswesens sollen so von den Löhnen entkoppelt und die Arbeitskraft dadurch verbilligt werden. Dies macht allerdings den sozialen Ausgleich zwischen Arm und Reich sehr schwierig, sodass das Modell in verschiedenen Varianten vorliegt, je nachdem, wie die notwendige Umverteilung organisiert wird.

M 9 | Was ist die Bürgerversicherung? Unsere Eckpunkte

- Bürgerversicherung versichert alle Bürgerinnen und Bürger. Die Versicherungspflichtgrenze wird aufgehoben.
- Gesetzliche Krankenkassen bieten Bürgerversicherung an. Private Krankenversicherungen können Bürgerversicherung zu gleichen Wettbewerbsbedingungen anbieten. [...]
- Der Bürgerversicherungstarif umfasst folgende Mindestanforderungen:
  - Einkommensbezogene Beiträge: Jeder zahlt nach seiner Leistungsfähigkeit aus Erwerbs- und Kapitaleinkommen seine Beiträge. Lohnbezogene Beiträge werden paritätisch finanziert.
  - Kontrahierungszwang: Jede Versicherung – ob gesetzliche oder privat – muss jeden ohne Gesundheitsprüfung aufnehmen.
  - Gesetzlicher Leistungskatalog: Alles medizinisch Notwendige ist versichert, zu 100 % und in bester Qualität.
  - Sachleistungsprinzip: Patientinnen und Patienten erhalten die Leistungen unmittelbar und müssen nicht vorauszahlen.
- Bürgerinnen und Bürger können ihre Kasse frei wählen. Wer gesetzlich versichert ist, kann künftig zwischen den Bürgerversicherungsangeboten der gesetzlichen und der privaten Kassen wählen. [...]
- Wer neu krankenversichert wird, geht sofort in die Bürgerversicherung. Dabei wird nicht vorgeschrieben, ob das gesetzliche oder das private Bürgerversicherungsangebot gewählt wird.
- In der Bürgerversicherung sind Familienmitglieder ohne eigenes Einkommen und Kinder beitragsfrei mitversichert.

(nach: http://buergerversicherung.spd.de/servlet/PB/menu/1038927/index.html; 09.08.2006)

M 10 | Unsere Lösung zur Entlastung der Arbeitskosten

Wir stellen die Gesetzliche Krankenversicherung auf das Modell einer von den Arbeitskosten abgekoppelten solidarischen Gesundheitsprämie um:

Die durchschnittliche Gesundheitsprämie errechnet sich aus der Summe der Gesundheitsausgaben des zurückliegenden Kalenderjahres geteilt durch die Zahl der erwachsenen Versicherten. Damit werden die **Gesundheitskosten gleichmäßig auf alle verteilt.** Die Krankenkassen erhalten damit für jeden erwachsenen Versicherten einen gleich hohen, kostendeckenden Beitrag. Eine solche gleichmäßige Kostenverteilung führt allerdings nur zu einer theoretischen Gerechtigkeit. Für einen gut Verdienenden ist es leichter, 100 Euro Gesundheitsprämie zu zahlen, als für eine Reinigungskraft oder einen Briefzusteller. Bereits heute bezahlt jeder Versicherte durchschnittlich 7 Prozent seines Einkommens an die Krankenversicherung.

Das soll auch künftig nicht anders sein. Jeder zahlt künftig maximal 7 Prozent seines Einkommens als persönliche Gesundheitsprämie. Kleine Einkommen zahlen geringere Beiträge als mittlere und größere Einkommen. Niemand wird überfordert. Niemand zahlt zum Zeitpunkt der Umstellung mehr als vorher.

Kinder werden künftig beitragsfrei mitversichert. **Die Gesundheitskosten der Kinder werden aus Steuermitteln finanziert.** Das ist gerechter als im heutigen System, in dem nur die Mitglieder der Gesetzlichen Krankenversicherung die Gesundheitskosten der Kinder über ihre Beiträge finanzieren. Dieses alte System belastet vor allem die mittleren Einkommen. Freiberufler, Beamte und privat Versicherte sind dagegen bisher an diesen Kosten nicht beteiligt. In einer solidarischen Gesellschaft müssen Kinderkosten aber von allen mitgetragen werden. Bei einer Finanzierung über Steuern wird jeder nach seiner individuellen Leistungsfähigkeit zu dieser Aufgabe herangezogen.

Die Gesundheitsprämie wird zudem gespeist aus der **Arbeitgeberprämie.** Dieser Anteil der Arbeitgeber zu den Gesundheitskosten ihrer Arbeitnehmer wird dauerhaft auf 6,5 Prozent begrenzt und damit **von der Entwicklung der Krankheitskosten abgekoppelt.** Das sichert die Wettbewerbsfähigkeit deutscher Produkte und Dienstleistungen und schafft Arbeitsplätze. Bei **Rentnern** zahlen die Rentenversicherungsträger den Arbeitgeberanteil. [...]

CDU und CSU werden eine **Überforderungsgrenze** einführen. Niemand zahlt bei Umstellung auf ein Prämiensystem mehr als vorher. Nach den Kostenberechnungen auf der Basis des Jahres 2004 zahlt niemand mehr als 7 Prozent seines Einkommens und maximal 109 Euro für die Gesundheitsprämie. In den allermeisten Fällen ist das sogar weniger als im jetzigen System!

(nach: http://www.senioren.cdu.de/materialien/gesundheitspraemie.pdf; 09.08.2006)

Aufgaben

1. Informieren Sie sich über folgende Verbände und ermitteln Sie deren Interessen in Bezug auf eine Reform des Gesundheitswesens: Bundesärztekammer, Marburger Bund, Bundesvereinigung deutscher Apothekerverbände, Verband deutscher Arzneimittelhersteller, Bundesverband der pharmazeutischen Industrie.
2. Stellen Sie die beiden Modelle der Bürgerversicherung und der Gesundheitsprämie vergleichend einander gegenüber. Berücksichtigen Sie dabei: Finanzierungsprinzipien, sozialpolitische Ziele, wirtschaftspolitische Ziele, Mittel. Beurteilen Sie unter dem Aspekt der sozialen Gerechtigkeit.
3. Worin bestehen die Unterschiede zwischen dem Konzept eines gleichen Beitrags aller Bürger zur Finanzierung des Gesundheitssystems gegenüber dem in M 10 vorgestellten modifizierten Modell?
4. Stellen Sie die beiden Modelle in Form von Schaubildern dar.
5. Beurteilen Sie: Handelt es sich bei den beiden Konzepten um wirkliche Systemwechsel?

➤ Gesundheitsreform 2006

Nach zähen Verhandlungen haben sich CDU/CSU und SPD in der Großen Koalition unter Kanzlerin Angela Merkel im Juli 2006 auf die Eckpunkte einer Gesundheitsreform geeinigt. Vorgesehen sind unter anderem strukturelle Reformen im Ausgabenbereich der Krankenversicherung, Maßnahmen für Transparenz und Bürokratieabbau sowie institutionelle Reformen. Darüber hinaus sollen die Wahl- und Entscheidungsmöglichkeiten der Versicherten erweitert werden.

Eine wesentliche Neuerung besteht allerdings in der Einrichtung eines sog. ***Gesundheitsfonds***.

M 11 | Eckpunkte der Gesundheitsreform

- **Beitragssteigerung um 0,5 %** ab 1. Januar 2007
- **Kinderversicherung** steuerfinanziert ab 2008
- **Gesundheitsfonds**
- **Private Krankenversicherung** bleibt erhalten.

M 12 | Die neue Gesundheitsversicherung

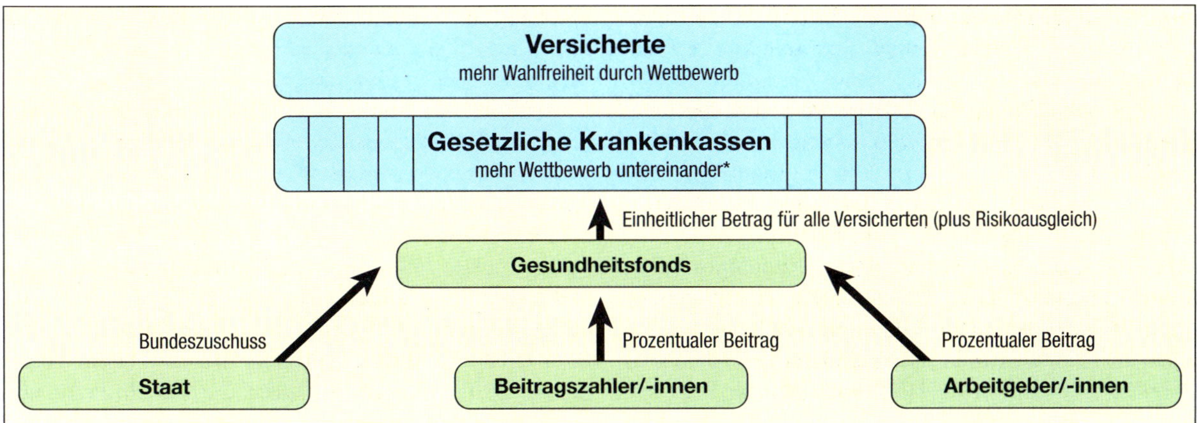

*Krankenkassen, die gut wirtschaften, können ihren Mitgliedern Beiträge zurückerstatten. Krankenkassen, die nicht mit den Mitteln aus dem Gesundheitsfonds auskommen, müssen alle Wirtschaftlichkeitsreserven ausschöpfen (Hausarztmodelle, Selbstbehalttarife etc.). Reicht das noch nicht, können sie von ihren Mitgliedern einen zusätzlichen Beitrag fordern. Diesen Weg allerdings werden die Krankenkassen, weil sie im Wettbewerb untereinander stehen, vermeiden wollen.

(nach: BM für Gesundheit)

Aufgaben

1. Informieren Sie sich über die Gesundheitsreform 2006.
2. Vergleichen Sie mit den Konzepten der Bürgerversicherung und der Gesundheitsprämie. Wer hat sich Ihrer Einschätzung nach in der Großen Koalition durchgesetzt?
3. Beurteilen Sie die Gesundheitsreform 2006.

➤ Angemessene Lösungen der Politik?

M 13 | Merkels bittere Pille

Das Gesundheitswesen muss teurer werden, sagt die Kanzlerin – weil die Gesellschaft altert und neue Technik auf den Markt kommt. Die meisten Experten widersprechen ihr.

Wenn Angela Merkel die Vorteile des technischen Fortschritts bestaunen will, muss sie nur den kurzen Weg von ihrer Wohnung in Berlin-Mitte zum Kanzleramt zu Fuß zurücklegen: Auf halber Strecke, in der Friedrichstraße, wetteifern gleich mehrere Mobilfunkanbieter mit „Oster-Angeboten" um neue Kunden. [...]

Wohin man auch schaut: Der technische Fortschritt führt nicht unbedingt zu höheren Lasten für Verbraucher. Im Gegenteil: Oft sinken die Preise sogar schnell, wenn neue Produkte sich an Massen verkaufen lassen. Oder aber der Kunde bekommt mit jedem Produktzyklus mehr für das gleiche Geld. [...]

Doch die Kanzlerin scheint das nicht zu beeindrucken. Im Gesundheitswesen gelten, wenn man Angela Merkel glaubt, ganz andere Gesetze. „Es wird tendenziell teurer werden", kündigte die Bundeskanzlerin vergangene Woche in ihrer Haushaltsrede an. Der medizinisch-technische Fortschritt und die Alterung der Gesellschaft würden zwangsläufig zu höheren Ausgaben führen, wenn die Deutschen in der Versorgung nicht zurückfallen wollten. [...]

So beginnt erstmals eine große Gesundheitsreform in Deutschland, ohne dass dem Bürger Kosten- und Beitragssenkungen versprochen werden. [...]

Noch steht nicht fest, ob die neue Merkelsche Tonlage ein Zeichen von Ehrlichkeit, von Bequemlichkeit oder beidem ist. „Was Frau Merkel in ihrer Haushaltsrede gesagt hat, war eher politisch als ökonomisch motiviert", glaubt Stefan Homburg, Professor für Volkswirtschaftslehre in Hannover. Es gehe darum, die Wähler auf höhere Abgaben einzustimmen.

Homburg kennt Merkel gut, er hat sie in der Debatte über die Gesundheitsprämie intensiv beraten. Doch momentan wundert er sich über die neuen Töne aus dem Kanzleramt. „In der Sache leuchtet mir ihre Behauptung nicht ein, normalerweise wirkt technischer Fortschritt kostensenkend", sagt er. „Im Übrigen ist es unsinnig zu sagen, in 30 Jahren wird zwangsläufig alles teurer und deshalb müssen wir alle heute schon mehr zahlen."

Für „Quatsch" hält auch Holger Reim, Siemens-Sprecher für Medizingeräte, die Behauptung, dass technischer Fortschritt die Kosten treibe. Die Preise für Computertomografen seien beispielsweise seit Jahren konstant, obwohl alle zwei bis drei Jahre neue, bessere Modelle auf den Markt kämen. [...]

Einige Forschungsergebnisse steigern die Kosten, andere helfen sparen. Ambulante Operationen sind billiger als Operationen im Krankenhaus. Ob solche Innovationen oder Kostentreiber künftig überwiegen, lässt sich seriös kaum vorhersagen. [...]

Auch die Alterung der Gesellschaft treibt die Kosten nicht zwangsläufig so sehr in die Höhe, wie es von der Regierung neuerdings behauptet wird. Zunächst klingt es plausibel, dass ein steigender Anteil von 60- oder 70-Jährigen auch höhere Ausgaben für Herzschrittmacher oder Hörgeräte nach sich zieht. Seit langem bezweifeln viele Wissenschaftler jedoch, dass die Gleichung „Mehr Alte gleich mehr Kosten" tatsächlich stimmt.

Die Anhänger der sogenannten Medikalisierungsthese sagen: Alte Menschen sind öfter und schwerer krank als junge – und mithin teurer. Die Anhänger der Kompressionsthese halten entgegen, dass ein Großteil der Kosten in den letzten Lebensjahren und vor allem unmittelbar vor dem Tod entsteht. Demnach wäre es nicht so wichtig, ob die Menschen 70 oder 90 werden – die hohen Kosten fallen jeweils nur einmal an. Parallel zum Anstieg der Lebenserwartung verbessere sich zudem die Verfassung der jungen Alten. Wenn die Menschen im Schnitt zehn Jahre später sterben, so die These, erwischt sie auch der erste Infarkt später als bisher.

An beiden Theorien sei etwas dran, sagt Friedrich Breyer, Ökonomieprofessor an der Universität Konstanz, der das Thema seit langem erforscht. „Die Bedeutung der Demografie für die Kosten im Gesundheitswesen wurde bisher stark überschätzt", sagt er. Nach seiner Kalkulation fallen in den letzten vier Lebensjahren etwa 20 Prozent der Kosten an. Rechnet man diesen Kostenblock heraus, so treibt die Alterung zwar immer noch die Kosten im Gesundheitswesen hoch, aber bis 2030 nur um etwa 14 Prozent. Die Kassenbeiträge stiegen dadurch von heute durchschnittlich 13,3 Prozent des Lohns auf etwa 15 Prozentpunkte, was so dramatisch nicht wäre.

Dass die Zahl der Rentner steigt, ist für die Krankenkassen gleichwohl ein Problem. Das liegt allerdings nicht an deren Krankheiten, sondern an ihren vergleichsweise niedrigen Einkommen. [...]

„Das kann die Politik ändern, wenn sie Beiträge auf andere Einkommen, etwa Kapitalerträge und Mieteinnahmen, erhebt und außerdem mehr als bisher für die Integration von Älteren auf dem Arbeitsmarkt tut", sagt Klaus Jacobs, Geschäftsführer des Wissenschaftlichen Instituts der Ortskrankenkassen. Höhere Beiträge für Rentner – populär wäre das angesichts der bevorstehenden Renten-Nullrunden sicher nicht. [...]

Kassenvertreter wie Wilfried Jacobs, Vorstandschef der AOK Rheinland, fordern ein „Innovationsmanagement, das auch alte, überholte Methoden aus der medizinischen Versorgung ausgrenzt". Der Wissenschaftler Breyer wünscht sich Auszeichnungen für kostensenkende Erfindungen: „In der Medizin verdienen sich Wissenschaftler Meriten ausschließlich durch neuartige Behandlungsmethoden, nie dafür, dass jemand eine bekannte Krankheit plötzlich zum halben Preis kuriert." Andere wollen mehr Wettbewerb auf dem Pharmamarkt und innerhalb der Ärzteschaft.

Auch Angela Merkel verspricht mehr Effizienz im Gesundheitssystem. Wie weit sie dabei gehen will, ob sie bloß vollmundige Ankündigungen scheut oder doch den Konflikt mit den Interessengruppen, ist nicht klar. Bisher stößt die neue Regierungslehre von den steigenden Kosten nur bei jenen Interessengruppen auf große Zustimmung, die vom wachsenden Geschäft profitieren – etwa der Ärzteschaft. [...]

(Elisabeth Niejahr, in: DIE ZEIT, Nr. 15 v. 06.04.2006)

Aufgaben

1. Worin besteht „Merkels bittere Pille"?
2. Erläutern Sie: Medikalisierungsthese versus Kompressionsthese.
3. Welcher Zusammenhang besteht nach M 13 zwischen medizinischer Innovation und der Kostenentwicklung im Gesundheitswesen? Erörtern Sie mögliche Konsequenzen für eine Reform des Gesundheitswesens.
4. Erstellen Sie im Kurs einen Maßnahmenkatalog zur Kostensenkung im Gesundheitswesen.

Moderative Techniken

Das Beherrschen moderativer Techniken ist eine wichtige Voraussetzung für die erfolgreiche Durchführung methodischer Großformen wie Pro-Contra-Debatte, Talkshow, Zukunftswerkstatt, Planspiel u. a. Der Moderator einer politischen Diskussion muss über eine Vielzahl kommunikativer Fähigkeiten verfügen, die im Politikunterricht nicht einfach vorausgesetzt werden dürfen, sondern systematisch eingeübt werden sollten. Er ist zugleich Prozesshelfer, Klimaförderer, Provokateur und Schlichter.
Zur Einübung moderativer Techniken bietet sich die Methode der Gruppendiskussion an. Die Schüler erhalten dabei den Auftrag zu einem bestimmten politischen Problem die Diskussion in einer Kleingruppe zu leiten. Für die Vorbereitung und Durchführung der Moderation bietet sich folgender Phasenablauf an:

Phase	Funktion
Einstieg	„Warming-up“ – Problemfindung – Programmabsprachen
Orientierung	Problemdefinition – Klärung der Ausgangslage – Planung
Problembearbeitung	Datenerhebung – Recherche – Problemlösungsstrategien entwickeln
Ergebnissicherung	Sammlung, Strukturierung – Visualisierung – Rückbezug zur Problemstellung
Abschluss	Ergebnisbewertung – Prozessevaluation – Perspektiven der Weiterarbeit

(nach: Wolfgang W. Mickel (Hg.), Handbuch zur politischen Bildung, Bonn 1999, S. 412)

Zur Vorbereitung sollten Moderatorenkärtchen als Strukturierungshilfe erarbeitet werden. Sie enthalten:
- Stichworte zur Problemformulierung (Einstiegsphase),
- Problemfragen (Orientierungsphase),
- Differenzierungsfragen (Problembearbeitungsphase),
- Stichworte zur Abmoderation.

Beispiele für Moderatorenkärtchen:

Anmoderation:	Problemfragen:
– Problem: Die Gesetzliche Krankenversicherung ist in eine Krise geraten. – Aspekte der Krise: Finanzierung; wer hat Anspruch auf welche Leistungen? – (Konkrete Beispiele: Situation eines Privat- und eines Kassenpatienten.) – Lösungsvorschläge der Politik (Überleitung zur Diskussion). …	– Herr X.: Wie kann die Finanzierung unseres Gesundheitswesens nachhaltig gesichert werden? – Frau Y: Sie plädieren für eine Abschaffung der Gesetzlichen Krankenversicherung. Welche Alternativen gibt es zum bisherigen System? – Frau Z.: Welche medizinischen Leistungen sollten von den Kassen bezahlt werden? …
Diskussionsimpulse:	**Abmoderation:**
…	…

Aufgaben

1. Vervollständigen und verbalisieren Sie das Moderatorenkärtchen zur Anmoderation.
2. Legen Sie Moderatorenkärtchen zu Diskussionsimpulsen und zur Abmoderation an.
3. Führen Sie eine Gruppendiskussion zum Thema „Sollte die Gesetzliche Krankenversicherung abgeschafft werden?“ durch.

4. Die Zukunft des Sozialstaats

4.1 Grundinformation: Sozialpolitik – Sozialstaat

➤ Sozialpolitik

In einer demokratisch verfassten Gesellschaft, die Menschenwürde als obersten gemeinsamen Wert anerkennt, darf Sozialpolitik nicht obrigkeitliche Fürsorge für „arme Leute" und nicht Verteilung von Almosen sein. Sie ist vielmehr Aufgabe der ganzen *Gesellschaft als Solidargemeinschaft*. Wenn daraus nicht Kollektivismus werden soll, dann müssen Lösungen gefunden werden, die die Kräfte und den Leistungswillen der Einzelnen und der Gruppen nicht hemmen, sondern fördern und die zugleich soziale Risiken für alle so weit mindern, dass jeder die Chance hat, sein Leben unter menschenwürdigen Bedingungen zu entfalten. *Freiheit* und *Solidarität* müssen verbunden werden (→ VI/2.2 und 2.3, S. 377–383).

Die Sozialleistungen werden nach unterschiedlichen Prinzipien erbracht und gewährt. Hierzu gehören erstens die nach dem *Versicherungsprinzip* organisierten gesetzlichen Sozialversicherungen (z. B. Rentenversicherung), zweitens die speziellen Ansprüche bestimmter Personengruppen nach dem *Versorgungsprinzip* (z. B. Kriegsopferversorgung) sowie drittens die speziellen Hilfen in sozialen Notlagen, die nach dem *Fürsorgeprinzip* organisiert sind (z. B. Sozialhilfe); (vgl. hierzu auch S. 26, M 11).

M 1 | Ziele der Sozialpolitik

Die Sozialpolitik kann allgemein und konkret definiert werden. [...] Allgemein bezeichnet Sozialpolitik politische Institutionen, Prozesse und Politikinhalte, die zumindest darauf angelegt sind,

- die Bürger vor Armut und Not durch Garantie des Existenzminimums zu schützen;
- sie gegen die Wechselfälle des Lebens oder Risiken infolge von Alter, Invalidität, Krankheit, Arbeitslosigkeit oder Pflegebedürftigkeit zu sichern und
- soziale, also nicht natürliche Ungleichheit zu verringern.

Wird Sozialpolitik eng definiert, sind ihre Ziele vor allem auf das „Kernstück" des Sozialstaats, das soziale Sicherungssystem (Renten-, Unfall-, Kranken- und Arbeitslosenversicherung), sowie auf familienpolitische Regelungen und Leistungen wie Mutterschutz und Hinterbliebenenversorgung gerichtet [...].

(Frank Pilz, Der Sozialstaat, Bonn 2004, S. 16 f.)

M 2 |

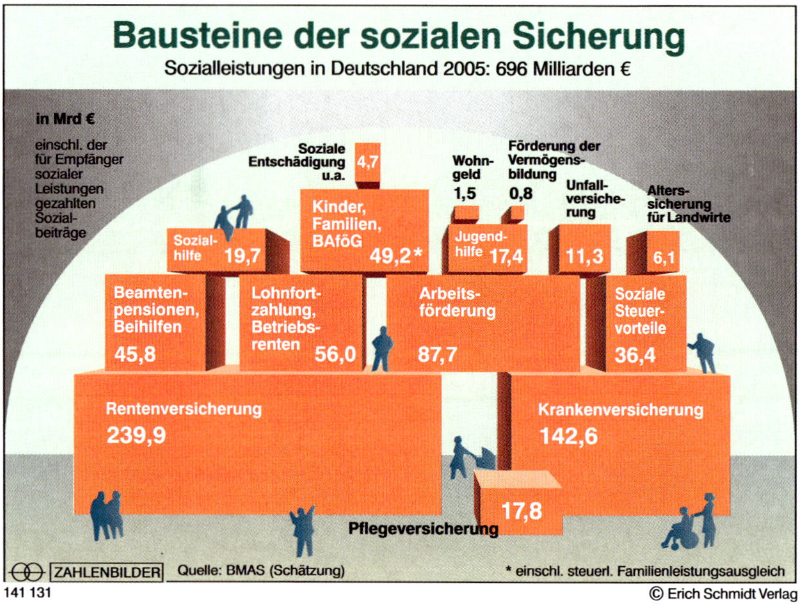

M 3 | Entfaltung des sozialstaatlichen Denkens

Die folgende Grafik zeigt die Entfaltung des sozialstaatlichen Denkens im Verlauf der letzten 170 Jahre anhand eines Überblicks über die Gesetzestätigkeit in den Politikbereichen, bei denen die Sozialstaatsidee heute leitend ist. Zu beachten ist dabei, dass die „sozialpolitische" Gesetzgebung während der Zeit des Nationalsozialismus dazu dient, die Menschen für den Staat verfügbar zu machen; um eigentliche Sozialpolitik handelt es sich dabei nicht.

(ergänzt und erweitert nach H. Albeck; in: Informationen zur politischen Bildung, Heft 215, S. 31. Dieser ergänzt nach: H. Lampert, Grundzüge der Sozialpolitik in der Bundesrepublik Deutschland; in: Das Sozialsystem der Bundesrepublik Deutschland – Beiträge zur Arbeitsmarkt- und Berufsforschung, S. 3)

Sozialpolitischer Bereich	Preußen 1839 bis 1880	Deutsches Reich 1881 bis 1918	Weimarer Republik 1918 bis 1933	„Drittes Reich“ 1933 bis 1945	Bundesrepublik Deutschland 1949 bis 2006
Arbeitnehmerschutz	1839 Regulativ über die Beschäftigung jugendlicher Arbeiter in den Fabriken 1845 Allgemeine Gewerbeordnung 1853 Gesetz über Fabrikinspektoren	1891 Arbeiterschutzgesetz 1901 Kinderschutzgesetz	1918 Anordnung über die Regelung der Arbeitszeit gewerblicher Arbeiter 1927 Gesetz über die Beschäftigung vor und nach der Niederkunft	1935 Gesetz über Wochenhilfe 1938 Jugendschutzgesetz	1951 Kündigungsschutzgesetz 1952 Mutterschutzgesetz 1960 Gesetz zum Schutz der arbeitenden Jugend 1963 Bundesurlaubsgesetz 1971 Schüler-, Studenten- und Kindergartenkinder-Unfallversicherung
Sozialversicherung		1883 Gesetz betr. die Krankenversicherung der Arbeiter 1884 Unfallversicherung 1889 Gesetz betr. die Invaliditäts- und Altersversicherung 1911 Reichsversicherungsordnung	1923 Reichsknappschaftsgesetz 1927 Gesetz über Arbeitsvermittlung und Arbeitslosenversicherung	1938 Gesetz über die Altersversorgung für das deutsche Handwerk	1957 Neuregelungsgesetze der Rentenversicherung 1957 Altershilfe für Landwirte 1965–68 Rentenversicherungsreform 1972 Krankenversicherung für Landwirte 1984 Vorruhestandsgesetz 1992 Rentenreformgesetz (RRG ’92) 1999 Rentenreformgesetz (RRG ’99) 2001 Altersvermögensgesetz, „Riester-Rente“
Arbeitsmarktpolitik			1918 Verordnung über Tarifverträge 1920 Verordnung über die Errichtung eines Reichsamts für Arbeitsvermittlung 1922 Arbeitsnachweisgesetz 1923 Verordnung über das Schlichtungswesen	1933 Gesetz über die Treuhänder der Arbeit 1934 Gesetz zur Ordnung der nationalen Arbeit 1934 Gesetz zur Regelung des Arbeitseinsatzes	1949 Tarifvertragsgesetz 1952 Gesetz über die Festsetzung von Mindestarbeitsbedingungen 1969 Arbeitsförderungsgesetz 1985/86 Beschäftigungsförderungsgesetz 2003 – 2005 Hartz-Gesetzgebung
Betriebs- und Unternehmensverfassungspolitik			1920 Betriebsrätegesetz 1922 Gesetz über die Entsendung von Betriebsratsmitgliedern in den Aufsichtsrat		1951 Montanmitbestimmungsgesetz 1952 Betriebsverfassungsgesetz 1955 Personalvertretungsgesetz 2001 Änderung des Betriebsverfassungsgesetzes
Fürsorge- und Sozialhilfepolitik			1921 Jugendwohlfahrtsgesetz 1924 Grundsätze über öffentliche Fürsorgeleistungen		1961 Bundessozialhilfegesetz 1961 Gesetz für Jugendwohlfahrt 1974 Schwerbehindertengesetz
Familienpolitik				1935 Verordnung über die Gewährung von Kinderbeihilfe an kinderreiche Familien	1954 Kindergeldsatz 1979 Mutterschaftsurlaub 1985/86 Erziehungsgeld 2006 Elterngeld
Wohnungspolitik					1950 1. Wohnbaugesetz 1952 Wohnbauprämiengesetz 1964/65 Wohngeldgesetz
Vermögenspolitik					1959 Sparprämiengesetz 1961 Gesetz zur Förderung der Vermögensbildung 2001 Altersvermögensgesetz
Bildungspolitik					1969 Berufsbildungsgesetz 1971 Bundesausbildungsförderungsgesetz 1981 Berufsbildungsförderungsgesetz.

Aufgaben

1. Beziehen Sie die Ziele der Sozialpolitik (M 1) auf die in Teilkapitel 2 und 3 entwickelten Lösungsmöglichkeiten für die politischen Probleme der Alterssicherung und der Gesundheitsversorgung.
2. Zeigen Sie anhand der Tabelle M 3, was „Entfaltung des sozialstaatlichen Denkens" bedeutet.
3. Erörtern Sie, inwieweit die Zunahme der Gesetzgebungstätigkeit auch eine Verbesserung in der Ausgestaltung des Sozialstaats mit sich bringt.
   Beispiel: Inwiefern bedeutet der gesetzgeberische Einstieg in die Bereiche Arbeitsmarkt, Betriebs- und Sozialpolitik während der Weimarer Republik einen qualitativen Sprung?

➤ Sozialstaatsprinzip

Es geht um die Frage, wie das *Sozialstaatsprinzip des Grundgesetzes* im Rahmen des *freiheitlichen Verfassungsstaates* zu verstehen ist (→ VI/2.1, S. 375 f. und 2.3, S. 379–383).
Als der Parlamentarische Rat 1948/49 die beiden Formeln vom *sozialen Bundesstaat* und vom *sozialen Rechtsstaat* in das Grundgesetz aufnahm (vgl. Art. 20 und 28 GG), verband er damit keine einheitliche und in jeder Hinsicht klare Vorstellung.
In der Geschichte der Bundesrepublik Deutschland ist über die Bedeutung des Sozialstaatsprinzips in Wissenschaft und Politik immer wieder gestritten worden. In der *wissenschaftlichen Interpretation* der Verfassung kann man, etwas vereinfacht, *drei Positionen* unterscheiden:

- Eine „rechte" Position, die z. B. von Ernst Forsthoff vertreten wird: Der moderne Verfassungsstaat ist Rechtsstaat; Sozialstaatlichkeit ist dem unterzuordnen und kann nur durch Verwaltungshandeln realisiert werden.
- Eine „linke" Position, die von Wolfgang Abendroth und Hans-Hermann Hartwich vertreten wird: Sozialstaatliche Demokratie erfordert eine grundlegende Umgestaltung der bestehenden Wirtschafts- und Gesellschaftsordnung, insbesondere Sozialisierung nach Art. 15 GG, die Eindämmung privater Wirtschaftsmacht, ihre öffentliche Kontrolle und die Ausdehnung der öffentlichen Aufgaben.
- Eine vorherrschende mittlere Position, die in Demokratie, Rechts- und Sozialstaatlichkeit gleichrangige Prinzipien sieht, welche miteinander zu vereinbaren ständige Aufgabe der Politik ist. Diese Position wird von Wissenschaftlern unterschiedlicher politischer Einstellung vertreten.

M 4

Für den Arbeitslosen ist Berufsfreiheit nutzlos. Lernfreiheit und freie Wahl der Ausbildungsstätte helfen nur demjenigen, der finanziell in der Lage ist, die gewünschte Ausbildung zu absolvieren und dem solche Ausbildungsstätten zur Verfügung stehen. Die Garantie des Eigentums hat nur für Eigentümer, die Freiheit der Wohnung nur für diejenigen reale Bedeutung, die eine Wohnung besitzen. Sollen diese und andere Freiheiten mehr sein als Freiheiten ohne Inhalt, so setzen sie auch mehr voraus als ein Verbot staatlicher Eingriffe, nämlich jenes System planender, fördernder und erhaltender Maßnahmen der Wirtschafts- und Sozialpolitik, der Kultur- und Bildungspolitik, der Gesundheits- und Familienpolitik, das den heutigen Sozialstaat kennzeichnet, z. B. in „Grünem Plan", Bausparprämien, Wohnungs- und Kindergeld oder der staatlichen Unterstützung von Berufsausbildung und -fortbildung.
Zugleich findet jedoch das Sozialstaatsprinzip in den Geboten materieller Rechtsstaatlichkeit auch seine Grenze: Eine umfassende staatliche Fürsorge, die das Gemeinwesen in einen Wohlfahrts- oder Versorgungsstaat verwandeln möchte und selbstverantwortliche Freiheit aufhebt, entspricht nicht mehr dem Prinzip des sozialen Rechtsstaates. Freilich lässt sich die Grenze nicht scharf ziehen. Sie lässt zudem weiten Raum für unterschiedliche Gestaltungen: Die Formel vom sozialen Rechtsstaat enthält daher zwar für den konkretisierenden Gesetzgeber einen verbindlichen Auftrag, aber keine verbindlichen Richtlinien für die Erfüllung dieses Auftrages. – Die Neigung, alles Wünschenswerte in sie hineinzulegen und es auf diese Weise als Verfassungsgebot auszugeben, verkennt die Bedeutung der Formel, gerade auch im Kontext der demokratischen Ordnung des Grundgesetzes. Vielmehr eröffnet das Prinzip den unterschiedlichen sozialen und wirtschaftlichen Kräften die Möglichkeit, über die verfassungsmäßige Beteiligung an der politischen Willensbildung ihre Bewertungsmaßstäbe für die Gestaltung der sozialstaatlichen Ordnung zur Geltung zu bringen.

(K. Hesse, Grundzüge des Verfassungsrechts der Bundesrepublik Deutschland, Heidelberg/Karlsruhe [11]1978, S. 87)

Wenn *Sozialstaatlichkeit* ein *Strukturprinzip des modernen Verfassungsstaates* ist wie das demokratische Prinzip und das Prinzip der Rechtsstaatlichkeit, dann muss man sich freimachen von der Vorstellung, Sozialstaat und Sozialpolitik meinten nur oder auch nur in erster Linie materielle Sozialleistungen; dies meinen sie auch, aber eigentlich nur als Konsequenz. Zuerst und grundlegend hat Sozialstaatlichkeit ordnungspolitische Bedeutung, nämlich als Pflicht des Staates zur Gestaltung einer Wirtschafts- und Sozialordnung, in der die Bürger und ihre Gruppen sich frei entfalten und ihr Leben nach eigenen Vorstellungen gestalten können (s. S. 162 ff.).

4.2 Probleme des Sozialstaats

Seit längerer Zeit wird in Politik und Öffentlichkeit zunehmend die Frage nach der Zukunft unseres Sozialstaates gestellt: Ist der Sozialstaat – so, wie er ist – noch finanzierbar? Die Gründe für die immer wieder festgestellte Reformbedürftigkeit in diesem Bereich sind vielfältig:

- geringeres wirtschaftliches Wachstum;
- Konkurrenzfähigkeit der deutschen Wirtschaft im globalen System (Stichwort: *Sozialdumping*);
- Veränderungen im Altersaufbau der Bevölkerung (steigende Lebenserwartung und Geburtenrückgang);
- strukturelle Veränderungen in der Arbeitswelt (Zunahme von Teilzeitarbeit und Frühverrentung);
- Verteuerung der Gesundheitsvorsorge und der Krankenversorgung (medizinisch-technischer Fortschritt und steigende Ansprüche der Bevölkerung);
- Zunahme der Zahl Alleinerziehender ohne ausreichende Versicherung;
- hohe Arbeitskosten und hohe soziale Abgabenlast in der Wirtschaft (Stichwort: *Lohnnebenkosten*);
- steigende Ansprüche an den Sozialstaat;
- durch Zuwanderung ausländischer Arbeitnehmer bewirkte Integrationskosten.

Nach neueren Berechnungen betrug die Sozialleistungsquote – d. h. die Sozialausgaben im Verhältnis zum Bruttoinlandsprodukt – bereits im Jahre 2000 insgesamt 31,8 %.

M 5

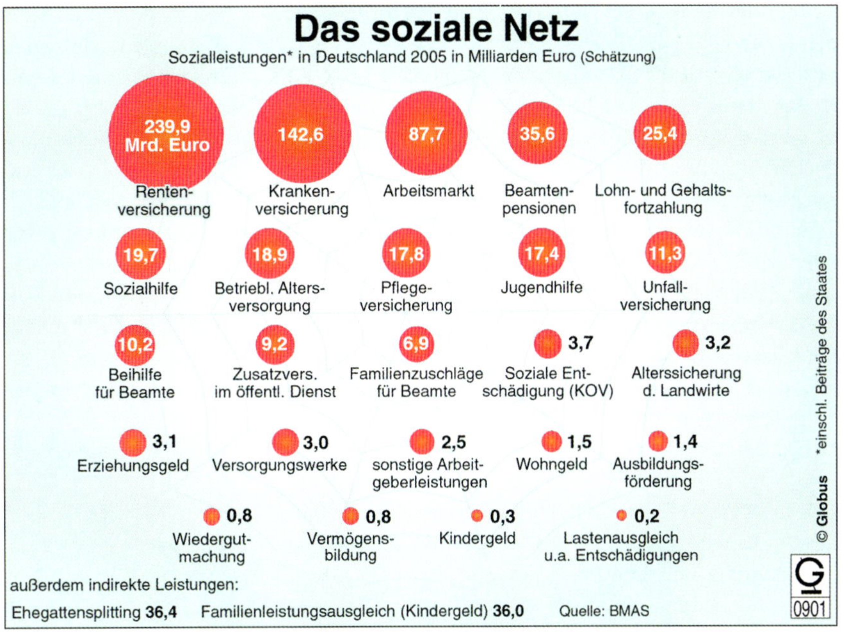

M 6

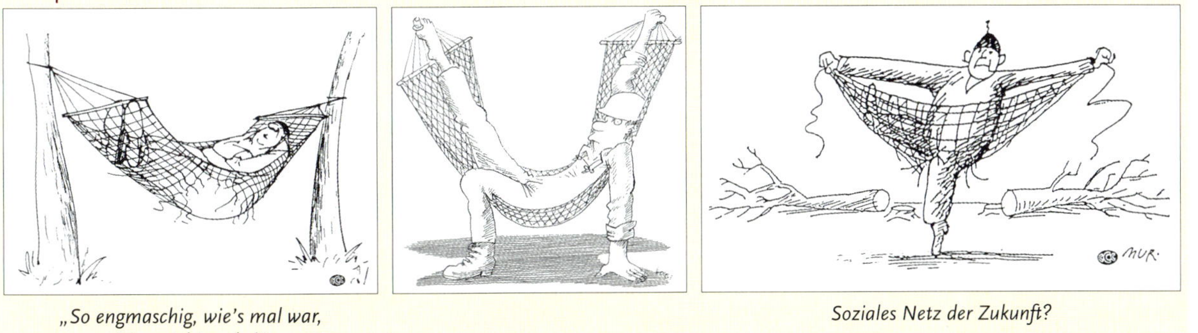

„So engmaschig, wie's mal war, ist es nicht mehr!“

Soziales Netz der Zukunft?

M 7|

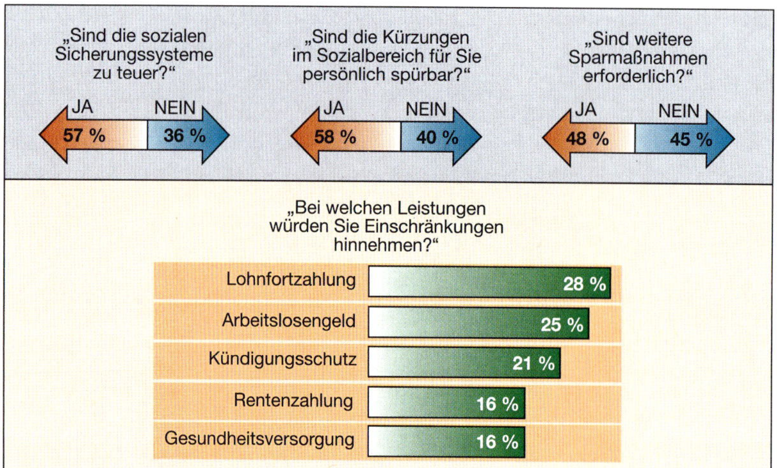

(nach: DIE WOCHE; Quelle:Forsa; Datenbasis: 1003 Befragte; Erhebungszeitraum 14. bis 17. August 1998; Fehlertoleranz: +/– 3 %)

M 8|Drei Sozialmodelle

In der Diskussion tauchen vor allem drei in Europa bestehende Modelle immer wieder auf:

- das konservative oder kontinentale Modell,
- das skandinavische Modell,
- das angelsächsische oder liberale Modell.

Die beiden erstgenannten Modelle setzen auf umfangreiche Sozialleistungen und ein starkes staatliches Engagement für sozialen Ausgleich und Gerechtigkeit. Das kontinentale Modell geht auf die von Bismarck eingeführte Sozialversicherung zurück und ist ausschließlich beitragsfinanziert und obligatorisch, was zu hohen Lohnnebenkosten führt. In den letzten Jahren kam es in Staaten mit dem kontinentalen Modell immer wieder zu Kürzungen aufgrund defizitärer Sozialkassen.

In Skandinavien sind die Sozialversicherungen dagegen hauptsächlich steuerfinanziert, was u.a. hohe Einkommenssteuern zur Folge hat. Ein wesentliches Element ist darüber hinaus die aktive Familienpolitik in Skandinavien, deren Kern die Elternversicherung und Sicherung von Kinderbetreuungsangeboten ab dem ersten Lebensjahr sind und die zu einer hohen Erwerbstätigkeit von Frauen sowie zu einer relativ hohen Geburtenrate führt.

Das angelsächsische Modell ist ebenfalls steuerfinanziert, beschränkt sich allerdings auf die Verminderung und die Bekämpfung von Armut. Es ist gekennzeichnet durch geringere Arbeitsschutzrechte, hohe Einkommensunterschiede und ein relativ geringes soziales Sicherungsniveau.

(Daniel Dettling; nach: www.berlinpolis.de/download.php?file=soziale_gerechtigkeit_paper.pdf; 05.07.2006)

M 9|Sozialstaat am Scheideweg

*Der „**konservative**“ **Sozialstaat** mit starker Ausrichtung auf Ehe und Familie und auf durchgehende Erwerbstätigkeit ist an seine Grenzen gestoßen. Daher müssen die Weichen gestellt werden – in Richtung angelsächsisches oder skandinavisches Modell.*

Anfang Oktober dieses Jahres stellte der dänische Sozialwissenschaftler Gösta Esping-Andersen bei einem Referat im Renner-Institut folgende These auf: Das skandinavische Beispiel zeige, dass ein qualitätsvolles, flächendeckendes Angebot an Kinderbetreuungseinrichtungen ab dem zweiten Lebensjahr mehrere positive Auswirkungen habe. Zum einen werde dadurch die Frauenerwerbstätigkeit gesteigert, zum zweiten Kinderarmut und die Vererbung von Armut reduziert und schließlich werde die Bildungsperformance deutlich erhöht.

Dies erscheint als wichtiger Ausgangspunkt für die Frage nach der Weichenstellung. Daher soll zunächst diese These überprüft werden, um dann die wesentlichsten Unterschiede zwischen dem skandinavischen und dem angelsächsischen Modell darzulegen.[...]

Betrachten wir zunächst einmal die Kinderbetreuungseinrichtungen im internationalen Vergleich (**Tabelle 1: Vorschulische Betreuung**).

Tabelle 1: Vorschulische Betreuung

	In Kinderbetreuungseinrichtungen		Dauer des Elternurlaubs
	0 bis 3 Jahre	3 bis 6 Jahre	(Tage)
Schweden	48,00 %	80,00 %	85
Dänemark	64,00 %	91,00 %	82
Österreich	4,00 %	68,00 %	112
Deutschland	8,00 %	40,00 %	162
Großbritannien	34,00 %	60,00 %	44
USA	54,00 %	70,00 %	12

Österreich und Deutschland liegen bei der Betreuung der Kleinkinder weit zurück.

Die Familienpolitik ist sehr unterschiedlich gestaltet. Schaut man sich zunächst an, wie viele Kinder in Kinderbetreuungseinrichtungen sind, so sieht man, dass die Werte für Österreich und Deutschland im Kleinkinderbereich weit hinter den anderen Staaten zurückliegen, auch wenn man die anderen europäischen Staaten betrachtet. [...]

Die Kinder zwischen drei Jahren und Schuleintritt sind hingegen in weitaus höherem Ausmaß bereits in Kinderbetreuungseinrichtungen. Die skandinavischen Länder haben von Anbeginn an höhere Raten, ebenso die angelsächsischen Länder. [...]

Wie wirkt sich dies nun auf die Frauenerwerbstätigkeit aus? [...] Die skandinavischen Länder haben durchgehend höhere Frauenerwerbsquoten als die Vergleichsländer. [...] Diese höhere Präsenz und die besseren Möglichkeiten auf dem Arbeitsmarkt wirken sich natürlich auch auf die Fraueneinkommen aus. [...]

Tabelle 2: Frauenerwerbsquote

	Ein Kind	Zwei und mehr Kinder	Einkommensdifferenz
Schweden	80,60 %	81,80 %	90 %
Dänemark	88,10 %	77,20 %	93 %
Österreich	75,60 %	65,70 %	80 %
Deutschland	70,40 %	56,30 %	83 %
Großbritannien	72,90 %	62,30 %	85 %
USA	75,60 %	64,70 %	79 %

Früher wieder zur Arbeit heißt höhere Einkommen.

Tabelle 3: Armut

	Armutsquoten	Kinderarmut	Armutspersistenz
Schweden	6,40 %	3,00 %	1,10 %
Dänemark	5,00 %	7,00 %	n. a.
Österreich	7,40 %	n. a.	n. a.
Deutschland	9,40 %	11,00 %	1,80 %
Großbritannien	10,90 %	18,00 %	6,10 %
USA	17,00 %	22,00 %	4,60 %

Armut ist ein angelsächsisches Phänomen.

Tabelle 3 (Armut) zeigt eindeutig, dass Armut ein angelsächsisches und insbesondere ein US-amerikanisches Phänomen ist. Der „konservative" Sozialstaat Deutschlands und Österreichs sowie noch mehr das skandinavische Modell sind tendenziell armutsverhindernd. [...]

Die Bildungsperformance stellt den dritten Teil der Esping-Andersenschen These dar. Wenngleich es methodische Kritik gibt, bietet doch die PISA-Studie eine der besten Möglichkeiten des internationalen Vergleichs. In ihr wurden schulische Kompetenzen von 15-jährigen Schülern und Schülerinnen getestet. **Tabelle 4 (Bildungsperformance)** zeigt die Ergebnisse.

Die skandinavischen Länder schneiden auch hier recht gut ab. Den besten Wert erreichte Finnland mit 546 Punkten, Norwegen hatte 505 Punkte, Dänemark ist ein Ausreißer nach unten. Österreich liegt mit 507 Punkten über dem OECD-Durchschnitt (500 Punkte), Deutschland liegt weit darunter, was dort zu massiven politischen Debatten geführt hat. [...]

Tabelle 4: Bildungsperformance

		... % erreichen Tertiärabschluss		
	Lesekompetenz (PISA)	Männer	Frauen	Öffentl. Ausgaben für Bildung
Schweden	516	30,00 %	34,00 %	8,30 %
Dänemark	497	24,00 %	29,00 %	8,10 %
Österreich	507	17,00 %	11,00 %	5,40 %
Deutschland	484	28,00 %	18,00 %	4,80 %
Großbritannien	523	27,00 %	25,00 %	5,30 %
USA	504	37,00 %	37,00 %	5,40 %

Mehr Bildung brächte auch unseren Frauen mehr Wohlstand.

Tabelle 5: Einkommensverteilung

	Einkommensanteil der untersten 10 %	Einkommensanteil der obersten 10 %	Reichste 10 % zu ärmste 10 %	Gini-Koeffizient
Schweden	3,70 %	20,10 %	5,4 mal	25,0
Dänemark	3,60 %	20,50 %	5,7 mal	24,7
Österreich	4,40 %	19,30 %	4,4 mal	23,1
Deutschland	3,30 %	23,70 %	7,1 mal	30,0
Großbritannien	2,60 %	27,30 %	10,4 mal	36,1
USA	1,80 %	30,50 %	16,6 mal	40,8

Und schließlich sieht man noch **[Tab. 4]**, dass die skandinavischen Länder einen wesentlich höheren Anteil ihres BIPs in Bildung investieren als die anderen Länder. [...]

Die Esping-Andersensche These scheint insgesamt somit bestätigt. Sie weist auf die wesentlichen Unterschiede zwischen dem skandinavischen und dem angelsächsischen Modell hin. Beide sind in einem wesentlich stärkeren Ausmaß als Österreich und Deutschland auf Bildung und damit auf zukunftsorientierte Sozialausgaben ausgerichtet. [...]

[...] Während in Skandinavien, Deutschland und Österreich etwa ein Fünftel der Einkommen **[Tab. 5]** den obersten zehn Prozent zufließen, sind es in den USA über 30 Prozent. Anders gesagt: In Skandinavien verdienen die reichsten zehn Prozent fünfmal so viel wie die ärmsten zehn Prozent, in den USA fast 17-mal so viel. [...]

In den angelsächsischen Ländern und insbesondere in den USA wird der Sozialstaat als Hemmschuh gesehen: Es gibt noch immer den Traum „Vom Tellerwäscher zum Millionär“, jeder sei seines eigenen Glückes Schmied, und so fort. [...]

Die Meinungsumfragen zeigen auch stets: Die europäische Bevölkerung befürwortet nach wie vor einen starken Sozialstaat. Damit ist aber auch bereits die Antwort auf die eingangs gestellte Frage gegeben: Wenn die Einkommensverteilung nicht noch viel stärker auseinandergehen soll, wenn alle Gruppen einen gleichberechtigten Zugang zu Wohlstand und Sozialleistungen haben sollen, dann kann der Weg nur in Richtung skandinavisches Modell gehen. [...]

Damit sind Reformen vor allem in zwei Bereichen gefragt, die zusammenhängen: in der Familien- und in der Bildungspolitik. [...]

Die familienpolitischen Leistungen müssen auch in diese Richtung unterstützend umgebaut werden. Leistbare öffentliche Kinderbetreuung statt Geldleistungen, die Mütter wie Kinder zu Hause halten. Und es müssen auch Tabus diskutiert werden. Ein Schwerpunkt auf der frühkindlichen und Pflichtschulbildung wirkt stärker sozial ausgleichend (sowohl was die Integration von Kindern mit Migrationshintergrund betrifft als auch die Förderung bildungsferner Schichten) als der viel zu späte Ansatz des vorgeblich freien Hochschulzugangs.

Resümee

Der Sozialstaat, wie wir ihn kannten, stößt an seine Grenzen. Er wird sich künftig an skandinavischen oder angelsächsischen Vorbildern ausrichten. Überzeugende Erfahrungen belegen die Überlegenheit des skandinavischen Modells. Kinderbetreuungseinrichtungen, zu denen alle und nicht nur die „Besserverdienenden“ Zugang haben, sowie Investitionen in die Bildung verbessern nicht nur die Situation der Familien, sondern verringern die Armut und führen zu mehr sozialer Gerechtigkeit.

(nach: http://www.arbeit-wirtschaft.at/aw_12_2003/art7.htm#; 05.07.2006. Autorin: Agnes Streissler, Mitarbeiterin in der Abteilung Wirtschaftswissenschaften der AK Wien)

M 10 | Gute Ideen aus Nordeuropa

taz-Serie „In Arbeit“ (Teil 7 und Schluss): *Taugt Skandinavien als Modell? Das Steuersystem funktioniert anders, die Arbeitskraft ist billiger und die Ausbildung besser.*

Was haben Finnland und Brandenburg gemeinsam? Viele Bäume und Seen. Und eine Vision: den konkurrenzfähigen Wohlfahrtsstaat. Nachdem Brandenburgs SPD-Ministerpräsident Matthias Platzeck die finnische Partnerstadt Potsdams besucht hatte, schrieb er begeisterte Artikel. [...]

In Finnland scheint all das zu funktionieren, was weder in Brandenburg noch in Deutschland insgesamt klappt. Finnland gilt als wettbewerbsfähigste Nationalökonomie der Welt. Das Land kombiniert schnellen technischen Fortschritt und ein hervorragendes Schulsystem mit einem teuren, umsorgenden Sozialstaat, einer geringen Polarisierung zwischen Arm und Reich und erstaunlich intakten öffentlichen Finanzen. [...]

Dass die Arbeitslosigkeit in Finnland mit knapp 9 Prozent

nicht viel niedriger liegt, wird dabei oft übersehen. Um ihre Vision zu retten, bringt die Skandinavien-Fraktion gerne das benachbarte Schweden ins Spiel. Dort sind tatsächlich nur 6 Prozent Erwerbslose registriert. Die Frage ist nun, ob Finnland und Schweden tatsächlich ein skandinavisches Modell repräsentieren, das als Vorbild für Deutschland taugt.

In einer Hinsicht wahrscheinlich schon: Für Unternehmen ist menschliche Arbeit in den beiden Staaten günstiger als hierzulande. 16,8 Prozent des deutschen Bruttoinlandsprodukts (BIP) flossen 2004 als Beiträge in das System der sozialen Sicherung. In Schweden waren es 13,9, in Finnland 12,1 Prozent. Die niedrigeren Lohnnebenkosten machen menschliche Arbeit in den beiden Ländern billiger, erlauben Firmen, eine höhere Rendite zu erwirtschaften und daher schneller neue Stellen zu schaffen. Die Erkenntnis, dass Deutschland hier Nachholbedarf hat, setzt sich allmählich durch. [...]

Diesen Prozess haben Schweden und Finnland als Reaktion auf ihre Wirtschaftskrisen der 1990er-Jahre bereits hinter sich gebracht. Die Sozialbeiträge liegen relativ niedrig, doch insgesamt verlangen die skandinavischen Sozialstaaten ihren Bürgern einen höheren Obulus ab als Deutschland. Interessant erscheint dabei die Verteilung der Steuerbelastung. Die Beschäftigten im Norden zahlen zum Teil sehr viel höhere Einkommensteuern, die auch mit einem satten Spitzensteuersatz einhergehen (Schweden 56,6 Prozent, Finnland 51,8, Deutschland 44,2). Dagegen begnügen sich Stockholm und Helsinki mit geringeren Steuersätzen für Firmen als Berlin. Finnland erhebt von seinen Unternehmen 26 Prozent, Schweden 28, Deutschland dagegen 38,7 Prozent.

Skandinavien – ein Paradies für die Konzerne? Um genug Einnahmen zu erwirtschaften, hält sich der Staat bei den heimischen Beschäftigten schadlos – und folgt damit der Annahme, dass die menschliche Arbeitskraft oft weniger mobil ist als das Kapital. Finnland und Schweden entsprechen nicht unbedingt dem romantischen Traum vom kuscheligen Sozialstaat, der die Starken belastet, um den Schwachen zu geben.

Dann aber doch: Die Unternehmen leisten trotz niedriger nominaler Steuersätze unter dem Strich einen höheren Beitrag zum Gemeinwesen als in Deutschland. Was die finnische Regierung verordnet, wird von Nokia auch bezahlt. Im Land von Siemens und DaimlerChrysler sieht das anders aus: Unter tätiger Mithilfe von Finanzminister Hans Eichel (SPD) blieb ein verkorkstes, ineffizientes und ungerechtes Steuersystem erhalten, das die Steuervermeidung der Unternehmen begünstigt und private Millionäre mit einer vergleichsweise niedrigen Einkommensteuer verwöhnt.

Würde die SPD die Beispiele Finnlands und Schwedens ernst nehmen, müsste die für dieses Jahr geplante Reform der deutschen Unternehmensteuer dazu führen, dass die Firmen im Endergebnis tatsächlich mehr Geld an den Staat überweisen – und nicht weniger. [...]

So kann zwischen Oder und Rhein nicht funktionieren, was rings um den Finnischen Meerbusen selbstverständlich ist. Weil staatliche Mittel für gute Kindergärten, Schulen und Universitäten fehlen, erscheint Deutschland im Vergleich zu Finnland als ein Staat der Dummys und Malocher. Wir leisten uns einen viel höheren Anteil von Geringqualifizierten unter den Beschäftigten und Erwerbslosen und sind damit dem Niedriglohn-Wettbewerb aus Osteuropa, Indien oder China stärker ausgesetzt als Finnland und Schweden.

Die Globalisierung wirkt so: Je einfacher die Tätigkeit, desto leichter lässt sie sich ins Ausland verlagern oder durch Maschinen ersetzen. Mit einem hervorragenden Bildungssystem haben sich die skandinavischen Staaten gegen diese Art von Konkurrenz gewappnet. Das führt zu einem erstaunlichen Ergebnis: Der Anteil von Forschung, Entwicklung, technischem Fortschritt insgesamt am Wirtschaftswachstum ist in Finnland und Schweden erheblich höher als in Deutschland.

Modell Skandinavien? Ja und nein. Nicht alles, was dort geht, muss auch hier einschlagen. Ognian Hishow von der Stiftung Wissenschaft und Politik in Berlin argumentiert, dass die Schweden und Finnen jahrhundertelang bessere Erfahrungen mit ihren Regierungen gesammelt hätten als die Deutschen und daher bereit seien, ohne zu murren hohe Steuern zu zahlen. Diese kulturelle Differenz könnte ein Grund dafür sein, dass 50 Prozent Steuerbelastung deutsche Millionäre eher in die Flucht schlagen als schwedische. Was aber auch klar ist: Wenn SPD-Finanzminister Peer Steinbrück die bereits gescheiterte Politik der Entstaatlichung weitertreibt, indem er die deutsche Staatsquote – den Anteil der Sozialabgaben und Steuern am BIP – weiter senkt, fehlt das Geld für die Bildung. Dann wird es für viele Beschäftigte hierzulande weiter heißen: zu doof zum Arbeiten.

(Hannes Koch, in: taz, 02.03.2006, S. 11)

M 11 | Zu viel Sozialstaat? Zwei Vorstellungen über den Sozialstaat

Argument: „Abbau des Sozialstaates“

Merkmale: Armut und Not werden bekämpft. Das ausufernde soziale Netz [...] soll aber reduziert werden. Der einzelne Bürger trägt für die eigene Sicherheit in erster Linie selbst die Verantwortung (Verstärkung der privaten Sicherung). Soziale Unterschiede können auch im Sozialstaat nicht beseitigt werden. Der Sozialstaat ist seit Gründung der Bundesrepublik „ausgeufert“. Wir können ihn uns in diesem Ausmaß nicht mehr leisten: Die deutschen Unternehmen werden z. B. mit viel zu hohen Lohnnebenkosten belastet. Sie sind gegenüber ausländischen Unternehmen auf dem Weltmarkt nicht mehr konkurrenzfähig.

Ziele: Die Selbstverantwortung des Bürgers soll erhöht werden.
Die Wirtschaft soll leistungsfähiger werden, indem sie von Sozialabgaben entlastet wird. Die direkte, individuelle Hilfe der Bürger für Bedürftige soll gefördert werden.
Einwände: Die Gesellschaft spaltet sich. Die Mitglieder der Kerngesellschaft besitzen Arbeit, Einkommen und soziale Sicherheit. Die Menschen am Rande der Gesellschaft werden ins soziale Abseits gedrängt.

Argument: „Umbau und Sicherung des Sozialstaates"
Merkmale: Durch Reformen soll das soziale Netz wieder tragfähig werden. Die Reform der sozialen Sicherung kann gewährleisten, dass die Sozialkosten nicht weiter ansteigen und auch in Zukunft finanziert werden können. Einrichtungen zur Selbsthilfe werden gefördert. Missbrauch sozialer Leistungen muss verhindert werden.
Ziele: Jeder Bürger wird durch eine umfassende Sicherung ausreichend gegen Risikofälle geschützt und dadurch frei von Armut und Not. Soziale Sicherheit kann eine Aufspaltung der Gesellschaft verhindern. Sie ist zugleich eine Voraussetzung für die Stabilität der politischen Ordnung.
Einwände: Das soziale Netz ufert aus und kann nicht mehr finanziert werden. Nur wenige finden sich noch zu individuellen Hilfeleistungen bereit.
Staatlich garantierte Absicherung gegen alle Risiken fördert Leistungsverweigerung und Leistungsmissbrauch. Die hohe Abgabenlast behindert die Leistungsfähigkeit der Wirtschaft.

(Horst Becker/Jürgen Feick/Herbert Uhl, Leitfragen Politik, Stuttgart (Ernst Klett Schulbuchverlag) 2001, S. 292)

M 12 | Zerstörung vor Vollendung?

Aufgaben

1. Formulieren Sie die Entwicklungen und Probleme des „sozialen Netzes", die in den Karikaturen angesprochen werden (M 6). Erläutern Sie das Verhältnis der Deutschen zum Sozialstaat (M 7).
2. Führen Sie eine ähnliche Befragung durch (s. Methodenschulung „Befragung", S. 84 f.).
3. Worin bestehen die Unterschiede zwischen den drei Modellen des Sozialstaats (M 8)?
4. Worin besteht der Zusammenhang von Bildungsausgaben, Frauenerwerbsquote und Einkommensverteilung (M 9)?
5. Beurteilen Sie die Leistungsfähigkeit der drei Sozialmodelle (M 8 und M 9).
6. In den skandinavischen Ländern wird die Bildungspolitik traditionell als Bestandteil der Sozialpolitik betrachtet. Erläutern und erörtern Sie dies vor dem Hintergrund von M 9.
7. Diskutieren Sie: Das skandinavische Modell als Alternative für Deutschland?
8. Verfassen Sie eine eigene Stellungnahme zum Problem der „Zukunft des Sozialstaats". Ziehen Sie dabei die Materialien 11 und 12 zu Rate.
9. Der Sozialstaat: Abbau – Umbau – Zerstörung – Vollendung. Nutzen Sie die Karikatur M 12 als Denkanstoß.

4.3 Durch Steuern steuern?

Um seine Aufgaben in der modernen Gesellschaft zu erfüllen, benötigt der Staat Geld. Steuern sind dabei die wichtigste Finanzierungsquelle des Staates. Die Finanzpolitik steht im Dienste dreier grundlegender Funktionen, die der heutige Staat zu erfüllen hat: Er ist erstens zuständig für die Bereitstellung öffentlicher Güter (z. B. Verkehrswege, Bildungs- und Kultureinrichtungen), zweitens für die Beeinflussung der wirtschaftlichen Entwicklung zur Abwehr negativer Effekte (z. B. Arbeitslosigkeit, Inflation) sowie drittens für die Sicherung des Existenzminimums seiner Bürger und die Abmilderung sozialer Ungleichheiten. Betrachtet man diesen dritten Punkt, so wird deutlich, dass Steuerpolitik – die bewusste politische Gestaltung von Art, Umfang und Verteilung der Steuern – immer auch ein Instrument der Sozialpolitik ist: Wie ist die Steuerlast auf die verschiedenen Gruppen der Gesellschaft gerecht zu verteilen? Welche Gruppen sollen durch steuerpolitische Maßnahmen des Staates entlastet werden? Reformen des bestehenden Steuersystems bedeuten dabei immer Umverteilungen, die unter dem Aspekt der sozialen Gerechtigkeit beurteilt werden können.

➤ Beispiel: Steuerfinanzierung in der Krankenversicherung

Die 2006 von der Großen Koalition unter Kanzlerin Angela Merkel beschlossene Gesundheitsreform sieht einen steuerlichen Zuschuss zur Finanzierung des neuen Gesundheitsfonds vor (s. S. 39). Bundesfinanzminister Peer Steinbrück ließ drei Modelle für einen Steuerzuschuss zur Gesundheitsreform durchrechnen.

M 13 | Einkommensteuertarif 2007

➜ III, S. 160, M 24

M 14 | Szenarien: Steuereinnahmen für die Krankenversicherung

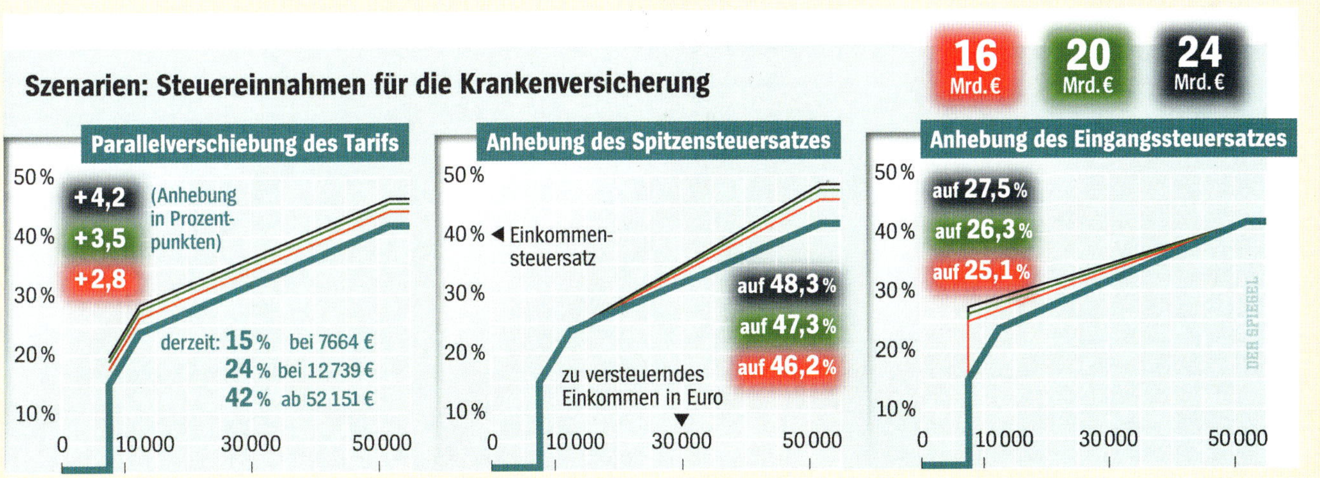

(nach: DER SPIEGEL 27/2006, S. 26)

Aufgabe

Prüfen Sie die Ent- bzw. Belastungswirkung dieser drei Modelle für niedrige, mittlere und hohe Einkommen.

II

Gesellschaft

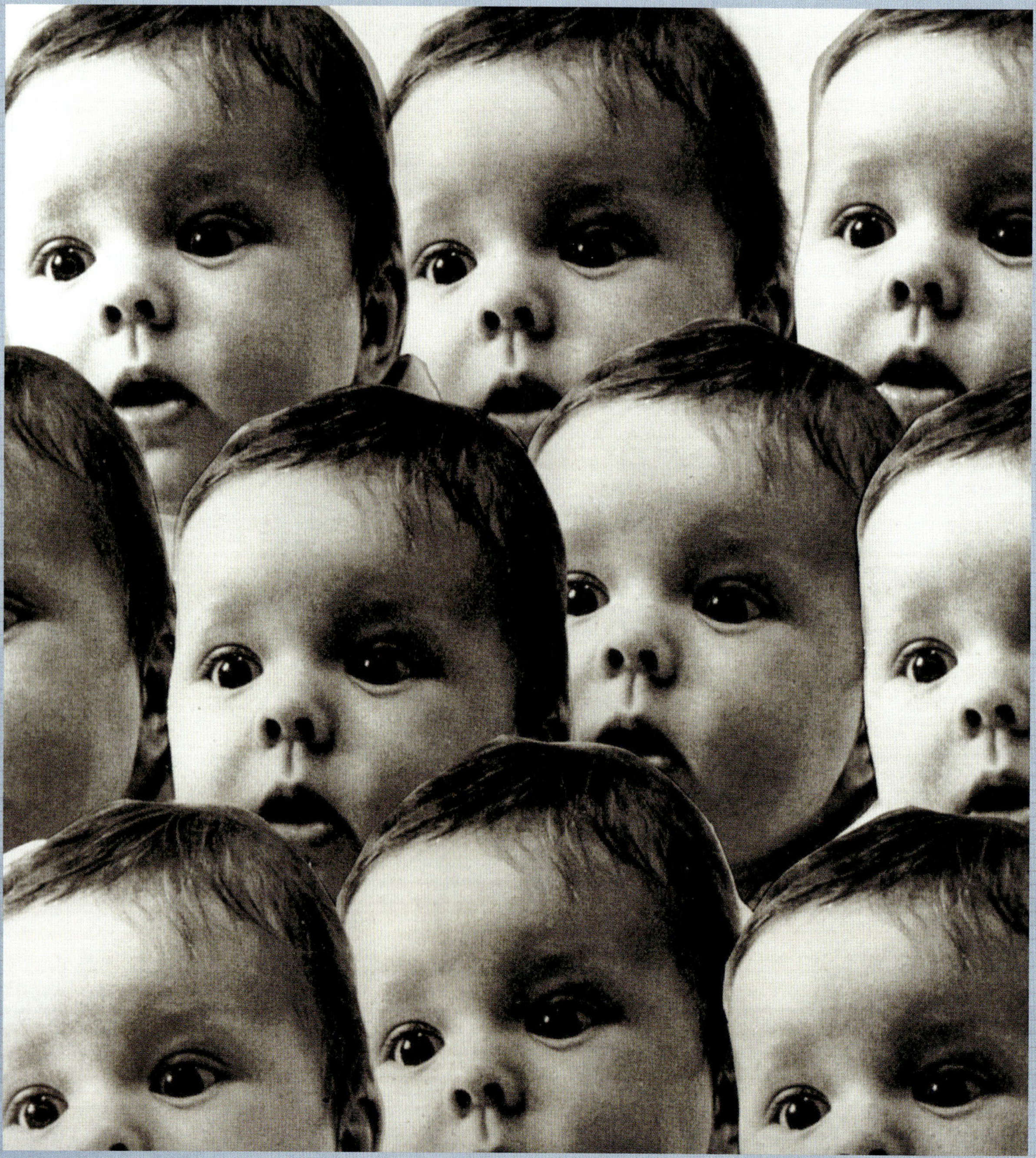

1. Struktur und Wandel der Gesellschaft

Menschen leben nicht isoliert voneinander, sondern sind eingebunden in gesellschaftliche Zusammenhänge. Gesellschaft in der Vielfalt ihrer Erscheinungen ist das Ergebnis zwischenmenschlicher Kommunikation. Der Mensch ist, wie es Aristoteles schon formulierte, ein **gesellschaftsbezogenes Wesen** (zoon politikon), d. h. der Mensch braucht zu seiner Entfaltung die Gesellschaft, die ihn zugleich in seinen Vorstellungen und seinem Verhalten prägt. Insofern wirkt die Gesellschaft für den Einzelnen wie ein stützendes Gerüst, häufig aber auch als Ärgernis, das ihn an der Verwirklichung seiner Träume hindert, oder als Macht, die ihm unangenehme Pflichten auferlegt.

Diese Prägung des Menschen durch die Gesellschaft wird in diesem Kapitel näher beleuchtet. Zunächst wird der **Zustand** (Was ist?) unserer Gesellschaft unter eher quantitativen Aspekten beleuchtet. Dabei werden die demografische Entwicklung und die daraus sich ergebenden Probleme für die Zukunft aufgezeigt. Der **historische Überblick** stellt die bekannten Grundtypen der Gesellschaftsformen dar, beschreibt den sozialen Wandel unserer Gesellschaft vom Mittelalter bis heute und dient damit als ein Instrumentarium, um die Gesellschaft besser analysieren zu können. Die beiden Aspekte haben einen orientierenden Charakter.

Die **Sozialstrukturanalyse** als **Kernelement** des Kapitels gibt Einblick in die gegenwärtige Gesellschaft und bietet die Möglichkeit, sich in der eigenen Gesellschaft zu orientieren. Die Leitfragen „*In welcher Gesellschaft leben wir?*" und „*Wie lässt sie sich am besten typisieren?*" führen zu Charakterisierungen, Vergleichen, kritischen Befragungen und Bewertungen, die für wissenschaftspropädeutisches Arbeiten wichtig sind. Dabei soll auf Probleme der empirischen Sozialforschung aufmerksam gemacht werden, die ihre Ergebnisse vor allem aus Umfragen und Befragungen gewinnt. Besonderes Gewicht erhält so der Umgang mit Methoden (Tabellen und Statistiken), der – angemessen vermittelt – Grundlagen und Handlungsanweisungen für politisches Verhalten liefern soll. Über die analytische Funktion hinaus soll die Behandlung der Gesellschaftsmodelle auf die Veränderungen in der Lebens- und Arbeitswelt hinweisen und den Zugang zu strukturellen Wandlungsprozessen eröffnen. Die Gesellschaftsmodelle erlauben über die Vermittlung wichtiger sozialer Tatbestände einer Gesellschaft hinaus weitergehende Deutungsmuster, die Zukunftsvorstellungen mit beinhalten. Wie und durch welche Eingriffe die Zukunft gestaltet werden kann, ist eminent politisch.

M 1 | Schlagzeilen

Informationsgesellschaft/
Wissensgesellschaft

**Multikulturelle Gesellschaft:
Die Bundesrepublik –
ein Einwanderungsland?**

Auf dem Weg zur
„Zweidrittelgesellschaft"?

Ende der „Arbeitsgesellschaft"?

RISIKOGESELLSCHAFT

MÄNNERGESELLSCHAFT

Leistungsgesellschaft

**Die vernetzte
Gesellschaft**

**Von der Ständegesellschaft zur
Klassen- und Schichtengesellschaft**

**Die globale
Gesellschaft**

Die offene Gesellschaft

Dienstleistungsgesellschaft

Die kinderlose Gesellschaft

Konsumgesellschaft

Wohlstandsgesellschaft

Spaß- und Freizeitgesellschaft/Erlebnisgesellschaft

Die süchtige Gesellschaft/
Die postmoderne Gesellschaft

Wirtschaftsgesellschaft

Aufgaben

1. Welche Kennzeichnung halten Sie für am treffendsten?
2. Prüfen Sie, welche Begriffe eher typisieren, welche eher deutende Funktion haben.

1.1 Bevölkerungsentwicklung und Altersaufbau unserer Gesellschaft

Die längere Lebenserwartung hat die deutsche Gesellschaft stark verändert. Infolge des Geburtenrückgangs in den nächsten Jahrzehnten wird die Zahl der Alten so stark anwachsen, dass sich die Balance zwischen den Jungen, der erwerbstätigen Generation und den Älteren dramatisch verschiebt. Die sich neu entwickelnde Altersstruktur hat erhebliche Auswirkungen auf die sozialen Sicherungssysteme, die Wirtschaft und das Arbeitskräftepotenzial, das Gesundheits- und Bildungssystem. Provozierende und dramatisierende Schlagzeilen wie „Kinder statt Inder" oder „Rentenkatastrophe" haben die Bevölkerungsdiskussion entfacht. Die Brisanz der Thematik wird bei der Rentenfinanzierung deutlich (→ I/2., S. 17 ff.) die zeigt, dass die **sozialbiologische Grundgliederung** für den **Aufbau** einer Gesellschaft prägend ist; hier stellen sich die Fragen nach

- Gewordensein, Zustand und zukünftiger Entwicklung (Situation und Prognose); Problemstellung/Leitfragen: Sterben die Deutschen aus? Deutschland – ein Einwanderungsland? Benötigen wir Zuwanderung?
- Struktur und daraus sich ergebenden Problemen, z. B. Überalterung, Integration, Finanzierung der sozialen Sicherungssysteme, Folgen für den Arbeitsmarkt, generatives Verhalten und neue Lebensformen.

M 2|

M 3|

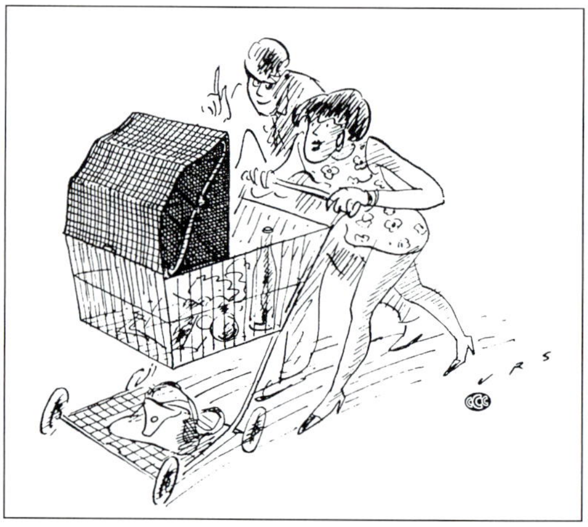

Familien-Vorplanung

Aufgaben

1. Stellen Sie fest, wie in den Karikaturen M 2 und M 3 die Bevölkerungsentwicklung und deren Folgen dargestellt und bewertet sind.
2. Formulieren Sie die sich aufdrängenden Fragen und Probleme.

➤ Grunddaten zur Bevölkerungsentwicklung

Die Entwicklung einer Bevölkerung wird durch die Geburtenquote, die Lebenserwartung (Sterberate) und die Bilanz von Einwanderung und Auswanderung bestimmt. Die **natürliche Bevölkerungsentwicklung** ist durch einen Geburten- oder Sterbefallüberschuss charakterisiert. Während die Lebenserwartung der Deutschen stetig ansteigt, zeigt die Geburtenrate starke Schwankungen. Diese Veränderungen werden durch das **generative Verhalten** ausgelöst, d. h. durch vielfältige Faktoren, die die ganz persönliche Entscheidung der Frauen beeinflussen, wann und wie viele Kinder sie haben möchten. Daneben spielen **grenzüberschreitende Wanderungen** (Migration) eine immer wichtigere Rolle für Anzahl und Ausmaß der Bevölkerungsentwicklung.

M 4 | Die natürliche Bevölkerungsentwicklung

(nach: Gisela Breuer, in: Die Zeit, 11.04.2001, S. 28, aktualisiert)

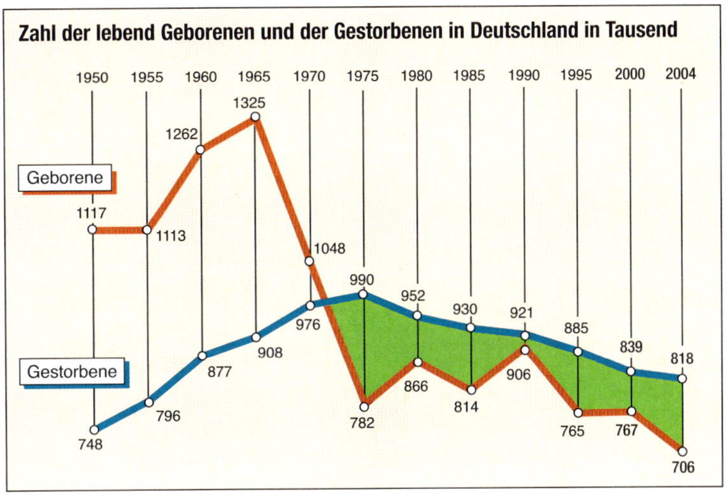

Aktuelle Vorhersagen über die weitere Bevölkerungsentwicklung der Deutschen beruhen auf drei Modellrechnungen mit dem Ausgangsjahr 1995 (M 5). Als ausschlaggebendes Kriterium wird die zu erwartende **Nettoreproduktionsrate (NRZ)** herangezogen. Die Nettoreproduktionsrate wird ermittelt, indem die Zahl der Frauen im gebärfähigen Alter mit der Zahl der von ihnen geborenen Mädchen verglichen wird. Sollten 1 000 Frauen zwischen 15 und 49 Jahren 1 000 Mädchen zur Welt bringen, dann wird die Generation der Mutter ersetzt.

M 5 | Modellrechnung zur Entwicklung der deutschen Bevölkerung (1996)

1995	Bevölkerungsstand	2000	2010	2020	2030	2040
74 420,9	Modell 1	74 341,2	72 193,1	68 989,6	64 749,0	59 605,5
74 420,9	Modell 2	74 139,0	71 274,3	67 211,2	62 086,4	55 948,0
74 420,9	Modell 3	74 557,6	73 536,6	71 596,4	68 748,5	65 327,5

Modell 1:
altes Bundesgebiet: Geburtenhäufigkeit des Jahres 1995 **konstant**; NRZ = 0,62
neue Bundesländer: Geburtenhäufigkeit des Jahres 1995 (NRZ = 0,39) **ansteigend bis 2005** auf den Ausgangswert des „Westens", **dann konstant**

Modell 2:
altes Bundesgebiet: NRZ auf 0,52 im Jahre 2005 **sinkend**, dann **konstant**
neue Bundesländer: NRZ auf 0,52 im Jahre 2005 **ansteigend**, dann **konstant**

Modell 3:
altes Bundesgebiet: NRZ auf im Jahre 2005 **steigend**, dann **konstant**
neue Bundesländer: NRZ auf 0,77 im Jahre 2005 **steigend**, dann **konstant**

M 6 |

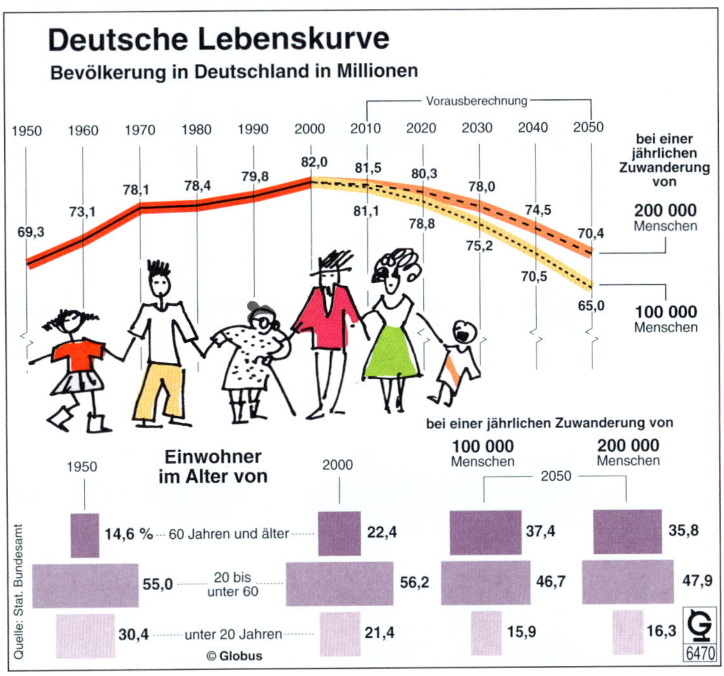

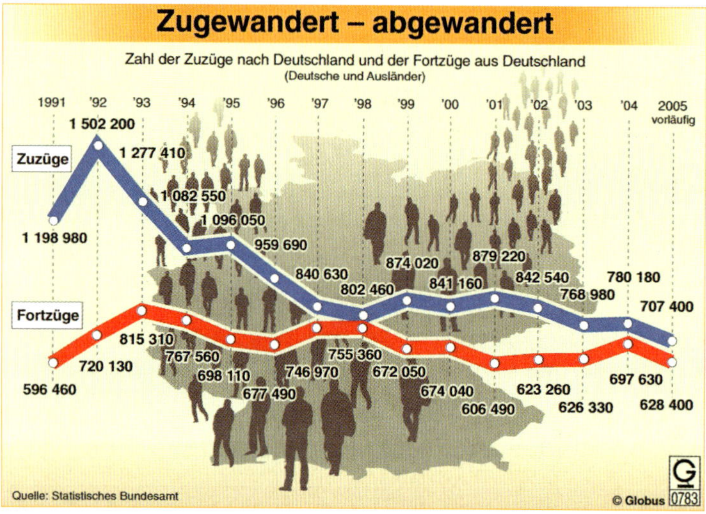

M 7 | Wanderungsbewegungen in Deutschland

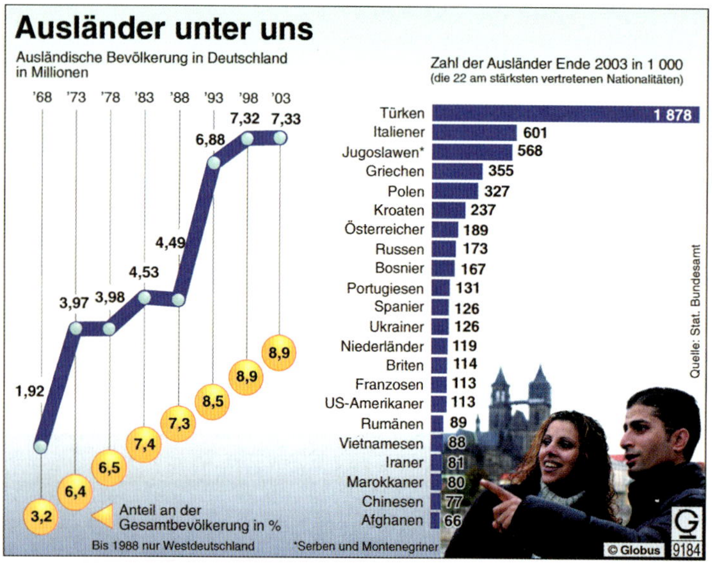

M 8 | Nachbarn aus dem Ausland

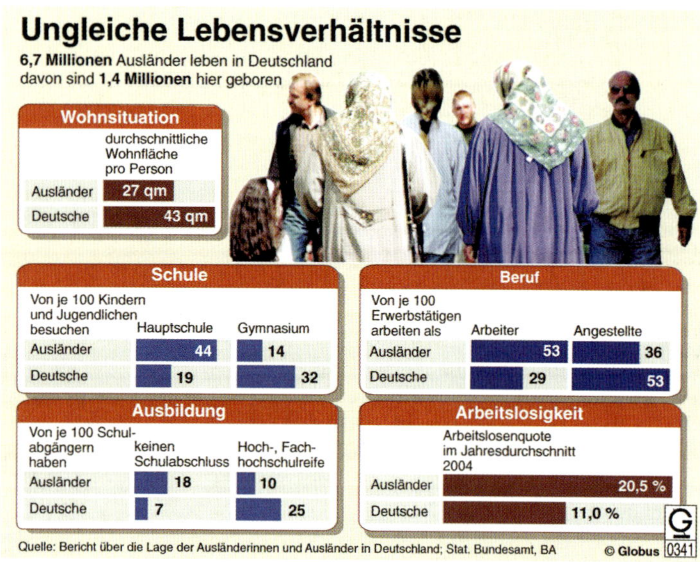

M 9 | Lebensverhältnisse im Vergleich

M 10

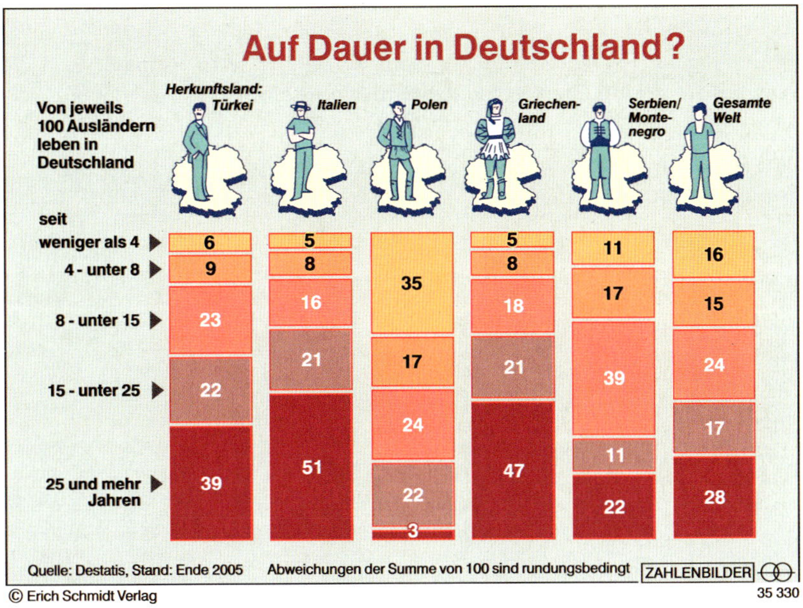

M 11

Was wäre, wenn Deutschland bis zum Jahr 2050 ...	... keine Zuwanderung hätte?	... eine mäßige Zuwanderung hätte?	... die Bevölkerungszahl stabil halten wollte?	... die Zahl der 15- bis 64-Jährigen stabil halten wollte?	... den Altersquotienten stabil halten wollte?
Netto-Zuwanderung pro Jahr 1995–2050	keine	200 000 bis 240 000	324 000	458 000	3,4 Mio.
Bevölkerung im Jahre 2050	58,8 Mio.	73,3 Mio.	81,7 Mio.	92 Mio.	299 Mio.
Zu-, Abnahme gegenüber 1995 in Prozent	▼–28 %	▼–10 %	keine	▲+13 %	▲+266 %
Altersquotient 2050 (Relation der 15- bis 64-Jährigen zu den über 65-Jährigen)	1,8	2,1	2,3	2,4	4,4

(nach: UNO-Abteilung für Bevölkerungsfragen)

Aufgaben

1. Beschreiben Sie, wie sich die Bevölkerung seit 1949 entwickelt hat.
2. Zeigen Sie auf, welcher Trend anhand der Vorhersagemodelle (M 5) sichtbar wird.
3. Beschaffen Sie sich die tatsächlichen Daten zur Bevölkerungsentwicklung. Welcher Trend ist eher eingetreten? (www.destatis.de und www.bmi.gv.at)
4. Prüfen Sie die These: Deutschland – ein Einwanderungsland? (M 7 – M 11).
5. Machen Sie deutlich, wie die Beschreibung einer Entwicklung und eine Prognose sich unterscheiden (Thema, Zustandekommen der Zahlen, „Quellenwert").
6. Vergleichen Sie die Aussagen der Grafiken mit denen der Karikaturen (M 2, M 3).

➤ Altersaufbau

Die Bevölkerungsentwicklung schlägt sich im Altersaufbau der Bevölkerung nieder.

M 12 | Altersaufbau der deutschen Bevölkerung 2005

Bestimmungsfaktoren:

① Frauenüberschuss
② Geburtenausfall im Ersten Weltkrieg
③ Geburtenausfall während der Wirtschaftskrise um 1932
④ Geburtenausfall Ende des Zweiten Weltkriegs
⑤ Gefallene des Zweiten Weltkriegs
⑥ Männerüberschuss
⑦ Pillenknick

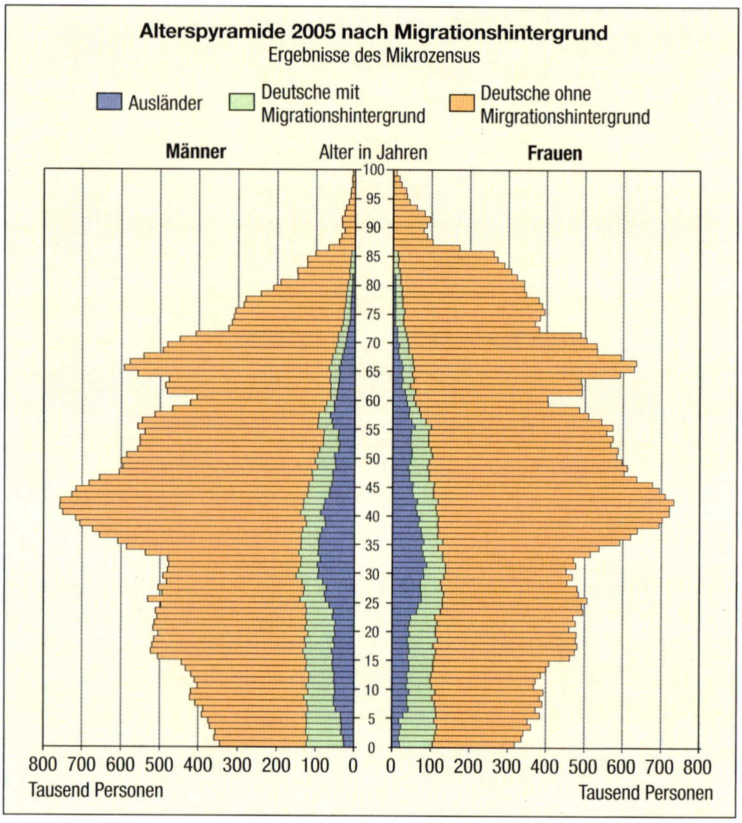

(nach: Statistisches Bundesamt, 2006-15-0712)

➤ Prognose und Probleme

M 13 | Von der ungesunden Pyramide zur Vase des Wohlstands

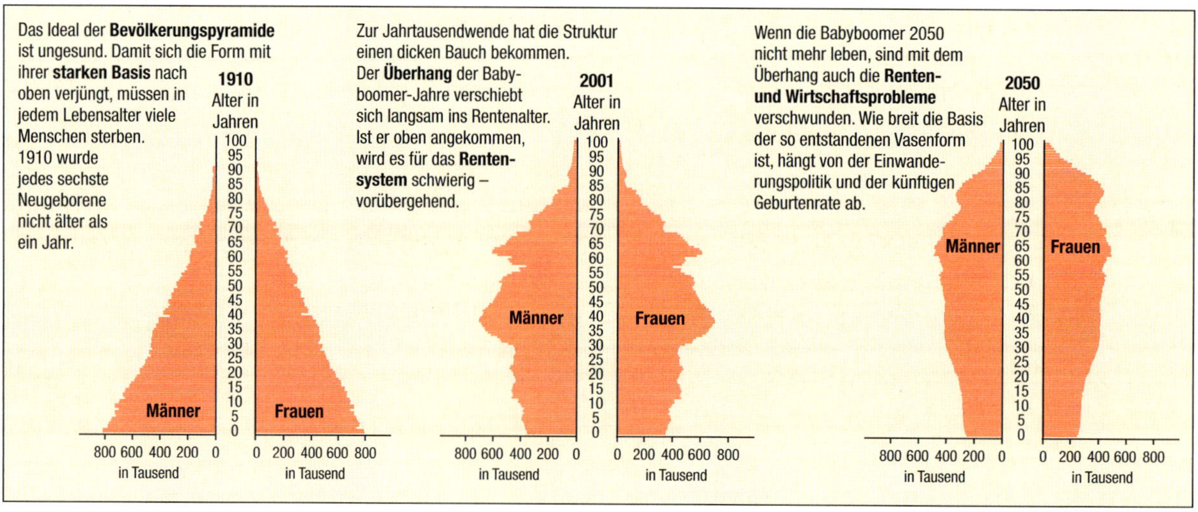

(nach: DIE ZEIT, Nr. 24 v. 08.06.2006, S. 36)

M 14

Der Geburtenrückgang ist ein offensichtlich unumkehrbarer langfristiger Prozess, dem ein vielschichtiges Bedingungsgefüge zugrunde liegt. Wesentlich dürften für die Entwicklung folgende **strukturelle Trends** sein, wobei nicht festgelegt werden kann, welche Gewichtung den einzelnen Faktoren zukommt:

- Funktions- und Strukturwandel der Familie
- „Emanzipation" und „Enthäuslichung" der Frau
- unzureichendes Angebot an Kinderbetreuungsplätzen
- Konsumdenken und anspruchsvoller Lebensstil
- strukturelle Rücksichtslosigkeit gegenüber der Familie
- zunehmende gesellschaftliche Akzeptanz von Kinderlosigkeit
- gestiegene Ansprüche an die Elternrolle
- ungünstige Wirtschaftslage und die Angst vor Arbeitslosigkeit.

(nach: Thomas Meyer, Die Familie im demographischen Wandel; in: Bernhard Frevel (Hg.), Herausforderung demographischer Wandel, Wiesbaden 2004, S. 59 ff.)

Die Prognose der Bevölkerungsentwicklung (M 13) weist – auch im geeinten Deutschland – bis ins nächste Jahrhundert hinein einen deutlichen Bevölkerungsrückgang auf. Wie zuverlässig ist diese Voraussage? Zunächst muss festgestellt werden, dass solchen Prognosen über Bevölkerungsentwicklung Vorannahmen über das generative Verhalten, Lebenserwartung, Einbürgerungen (z. B. von Aussiedlern oder Ausländern), politische Rahmenbedingungen (Stabilität, Krisen) u. a. zugrunde liegen. Eine geringe Veränderung von Variablen kann zu erheblichen Veränderungen der Prognose führen. Trotz solcher methodischer Einschränkungen hinsichtlich der Verlässlichkeit von Prognosen erfüllen sie eine wichtige politische Funktion: Sie weisen auf soziale, wirtschaftliche und/oder gesamtgesellschaftliche Probleme hin – in unserem Fall bedingt durch Überalterung und Schrumpfung –, die nur politisch angegangen werden können.

Aufgaben

1. Beschriften Sie mithilfe der nebenstehenden Bestimmungsfaktoren die Statistik zum Aufbau der Bevölkerung Deutschlands (M 12).
2. Beschreiben Sie den prognostizierten Bevölkerungsaufbau (M 13). Überlegen Sie, welche Annahmen ihm zugrunde liegen.
3. Reflektieren sie die Bewertung der Grafik (M 13) unter dem Blickwinkel, dass bisher die Vase als Urnenform bezeichnet wurde.
4. Seit den 1970er-Jahren starben nur wenig mehr Menschen als geboren wurden, obwohl der „Pillenknick" einsetzte. Begründen Sie diese Entwicklung anhand der Altersstruktur.
5. Beschreiben Sie die Entwicklung des generativen Verhaltens und erläutern und konkretisieren Sie die aufgeführten Ursachen. Welche dieser Ursachen (politisch, gesellschaftlich, ökonomisch) erscheinen Ihnen unvermeidlich oder auch wünschenswert, welche sollten durch politische Maßnahmen gezielt beeinflusst werden?
6. Diskutieren Sie: Welcher Altersaufbau wäre aus heutiger Sicht wünschenswert? Denken Sie dabei an Arbeitsmarkt, Ausbildungssystem, Gesundheitswesen, Sozialsysteme. Welche Abhilfen sind denkbar?
7. Stichworte für eine weitergehende Diskussion: Weltbevölkerung, Begrenztheit der Ressourcen, ökologische Entlastung, Generationenkonflikte.

Projekt

Fächerverbindendes Projekt: Führen Sie in Kooperation mit dem Fach Erdkunde eine Untersuchung der Bevölkerungsentwicklung in Deutschland durch; sichten Sie dazu Material aus dem Internet; erstellen Sie mithilfe des Computers eigene Prognosen mit variablen Annahmen. Wie wirken sich veränderte Annahmen auf die Prognose aus?

Weitere Informationen finden Sie im Internet:

www.destatis.de	Statistisches Bundesamt
www.bib-demographie.de	Bundesinstitut für Bevölkerungsforschung beim Statistischen Bundesamt

1.2 Struktur und Wandel der Gesellschaft in Deutschland – Rückblick und Überblick

M 15

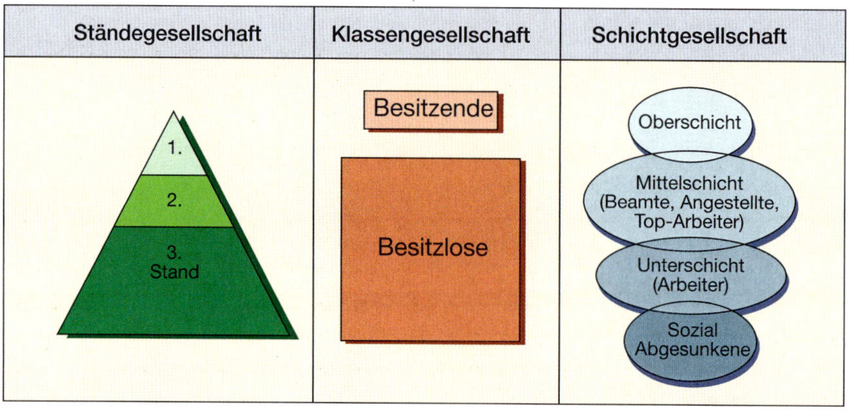

(nach: Stefan Hradil, Die Single-Gesellschaft, München (Verlag C. H. Beck) 1995, S. 127, ergänzt)

Wir wissen aus der Geschichte, dass Gesellschaften gegliedert sind, dass sie eine innere **Struktur**, ein „Oben" und ein „Unten" aufweisen, und wir können sicher sein, dass dies auch für unsere Gesellschaft zutrifft. Strukturbildend sind Merkmale dann, wenn die durch sie hervorgerufene **soziale Differenzierung** sich in **sozialer Ungleichheit** ausdrückt, die quantifizierbar ist und dadurch qualifizierbar wird. Das Ergebnis solcher Bewertungsvorgänge, die stets subjektiv und mithin nicht unumstritten sind, bezeichnen wir als **Schichtung** der Gesellschaft.

Welche Merkmale strukturbildend sind, ist in unserer heutigen Industriegesellschaft mit ihren vielfältigen Differenzierungen nicht leicht auszumachen. Der folgende Rückblick auf die deutsche Sozialgeschichte kann helfen, ein geeignetes Instrumentarium für die Analyse unserer Gesellschaft zu gewinnen.

➤ Sozialer Wandel

Unter sozialem Wandel versteht man die **Veränderung in der Sozialstruktur einer Gesellschaft.** Die Sozialstrukturanalyse zergliedert die Gesellschaft in ihre relevanten Elemente und Teilbereiche und untersucht die zwischen ihnen bestehenden Wechselbeziehungen und Wirkungszusammenhänge. Für die **deutsche Gesellschaft** haben die Auswirkungen der auf Seite 61 (M 16) genannten Prozesse – verstärkt durch die preußischen Reformen zu Anfang des 19. Jahrhunderts, Bismarcks Reform- und Sozialgesetzgebung der 80er-Jahre des 19. Jahrhunderts und die mit der Revolution von 1848 eingeleitete Demokratisierung der politischen Ordnung – dazu geführt, dass die sozialen Strukturen der ständisch-agrarischen, frühbürgerlichen Gesellschaft überwunden wurden. Auf der Basis zunehmender Arbeitsteilung und wachsender Anerkennung der durch eigene Leistung erworbenen gegenüber den durch Herkunft/Geburt „zugeschriebenen" sozialen Rollen entsteht die **differenzierte Schichtungs-Gesellschaft**.

Aufgaben

1. Verschaffen Sie sich mithilfe von M 16 einen Überblick über den Wandel der Gesellschaft.
2. Vertiefen Sie Ihre Kenntnisse mit Ihrem Geschichtsbuch über die im Text genannten Stichworte:
   – die mittelalterliche Ständegesellschaft
   – die Industrielle Revolution und ihre Auswirkungen in Deutschland
   – die Französische Revolution
   – die preußischen Reformen
   – die Sozialgesetzgebung Bismarcks
   – die Auswirkungen der Revolution von 1848.

M 16 | Sozialer Wandel

Stände-Gesellschaft
(etwa 800–1800/30)
Zwischen Beginn des fränkischen Feudalismus und Lehnswesens und dem Beginn der Industriellen Revolution in Deutschland.
Hierarchische Gliederung der Gesellschaft in deutlich voneinander unterscheidbare Stände (nach Lebensgewohnheiten, Kleidung, sozialer Lage, Privilegien und Freiheitsrechten) in Mitteleuropa auf der Basis religiöser Vorstellungen legitimiert; Zugehörigkeit durch Geburt („zugeschriebene Rollen", nicht „erworbene"), dadurch Wechsel zwischen den Ständen schwierig.
↳ Geringe vertikale Mobilität:
- ländliche Feudalgesellschaft
- Sozialstruktur der mittelalterlichen Stadt.

Klassen-Gesellschaft
(1830/50–1918)?
Seit dem Beginn der 80er-Jahre des 19. Jahrhunderts: Reform und Sozialpolitik.
Über die Position in der Sozialstruktur und vertikalen Gliederung der Gesellschaft entscheiden Besitz und Verfügung über gesellschaftlich relevantes Produktionseigentum; der auch vorher gegebene Klassengegensatz wird durch die Revolutionierung der Produktionsfaktoren zum vorherrschenden Strukturmerkmal; Besitzende und Nichtbesitzende stehen sich antagonistisch gegenüber.
↳ Sehr geringe vertikale Mobilität (nur Abstiegsprozesse, die die Klassengegensätze verschärfen)
(→ S. 74 und VI/3.2).

Schichtungs-Gesellschaft
Anfänge in der Weimarer Republik, verstärkte Herausbildung in Deutschland nach dem Zweiten Weltkrieg.
Differenzierung und Hierarchisierung von Personen nach mehreren sozialen Merkmalen: Beruf, Einkommen, Bildung, Vermögen etc.; diese Merkmale werden von den Gesellschaftsmitgliedern bewertet, mit sozialem Prestige (sozialer Wertschätzung) versehen und bilden die Grundlage der Einstufung in eine „gesellschaftliche Rangskala" oder Schichtungspyramide; hierbei werden Personen mit etwa „gleichrangigem" sozialen Status in eine Schicht eingeordnet; soziale Positionen sollen nicht nach Herkunft (Geburt) oder Besitz, sondern nach Leistung vergeben werden.
↳ Vertikale Mobilität mit deutlicher Durchlässigkeit zwischen den Schichten (→ 1.3 – 1.4).

Postmoderne Gesellschaft
(Ende des 20. Jahrhunderts)
„Der Begriff „Postmoderne" signalisiert die Existenz eines Zustands, der logisch und/oder chronologisch jenseits des „Modernen" anzusiedeln ist. Zugleich suggeriert er Ungewissheit über dessen Beschaffenheit [...].
- Die Lebenswege der Menschen fächern sich auf: „Postadoleszenz", „nachelterliche Gefährtenschaft", Scheidungen, Berufswechsel etc. entstandardisieren die industriegesellschaftliche „Normalbiografie".
- Die industriegesellschaftliche „Normalfamilie" ist nicht länger Standard. Ehedem unübliche Haushalts- und Familienformen werden zusehends „normal", im empirischen und im normativen Sinne."

(Stefan Hradil, Postmoderne Sozialstruktur?; in P. A. Berger/S. Hradil, Lebenslagen – Lebensläufe – Lebensstile, Göttingen 1990, S. 127 ff. (Soziale Welt, Sonderband 7))

„Doppel-Revolution"
Industrielle Revolution – Französische Revolution:
- Rationalisierung und Individualisierung (der Sozialverhältnisse und sozialen Beziehungen).
- Kapitalisierung der Eigentums- und Besitzverhältnisse (zunächst an Grund und Boden und schließlich des gesamten Produktivkapitals).
- Technisierung der Produktion (und immer weiterer Daseinsbereiche).
- Urbanisierung und Entwicklung der gegenwärtigen Struktur der Kernfamilie (auf der Basis der Trennung von Wohnung und Arbeitsplatz).
- Demokratisierung der politischen Verhältnisse; diese geht einher mit zunehmender Verrechtlichung und Bürokratisierung der sozialen Verhältnisse.
- „Soziale Mobilisierung" durch Erhöhung der horizontalen und der vertikalen Mobilität und „Empathie", d.h. der Fähigkeit neue Rollen zu übernehmen und sich dem sozialen Wandel anzupassen.

(nach: Bernhard Schäfers, Sozialstruktur und Wandel der Bundesrepublik Deutschland, 5. Aufl. Stuttgart 1990, S. 32)

Dritte Industrielle Revolution
Mikrochips und Computer:
- Entwicklung zur Dienstleistungs- und Informationsgesellschaft (→ 2.1).
- Neue Ausdifferenzierung der Berufe und der Arbeitswelt (→ 2.2 und 2.3).
- Neue Dimension der sozialen Ungleichheit (→ 1.4).
- Entwicklung zur Wohlstandsgesellschaft und Wohlfahrtsgesellschaft? (→ 1.4).
- Pluralisierung und Individualisierung der Lebensformen (→1.4).
- Gentechnologie (→ Wertewandel).

➤ Soziale Ungleichheit – eine politische Aufgabe!

Maßstab für die Bewertung von Gesellschaft ist – zumindest für uns heute – nicht so sehr ihr Grad an innerer sozialer Differenzierung, sondern das in ihrer Sozialstruktur vorzufindende **Ausmaß sozialer Ungleichheit,** mit dem nicht nur unterschiedliche Rangstellungen, sondern eben auch Lebensstandard und Entfaltungschancen verbunden sind.

M 17 | Bevölkerungsumfrage zur sozialen Ungleichheit

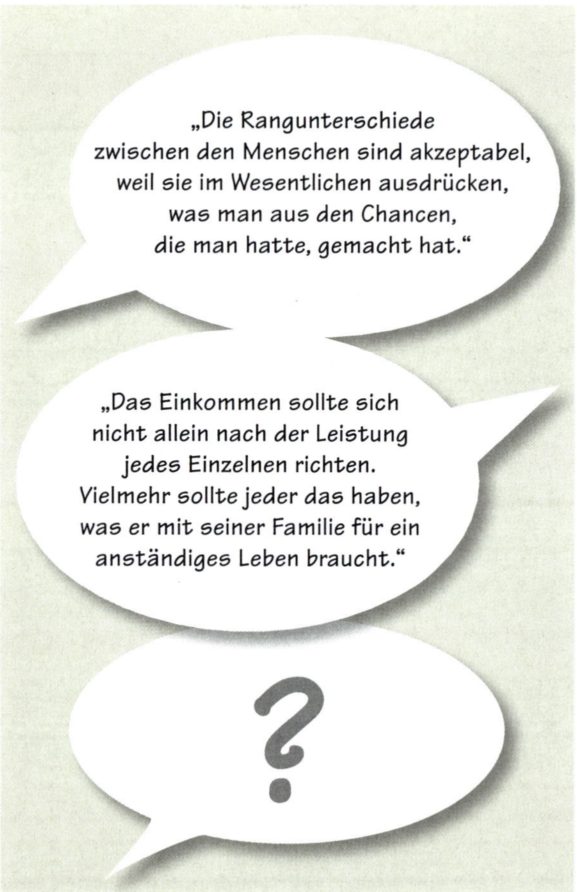

(Pollack/Pickel, Die ostdeutsche Identität; in: APuZ B 41–42/1998, S. 13–15)

M 18 |

Die Frage nach den Ursachen der Ungleichheit wurde zugespitzt, als in der Aufklärung und im Zusammenhang der revolutionären Bewegungen des 18. und 19. Jahrhunderts die Frage nach Gleichheit und Freiheit der Menschen deren politische und sozio-ökonomische Grundlagen in den Mittelpunkt rückte. Jean-Jacques Rousseau versuchte eine erste „moderne" Antwort auf die Streitfragen der Akademie von Dijon (Burgund, 1754): „Was ist der Ursprung der Ungleichheit unter den Menschen?" Eine der zentralen Stellen im Diskurs von Rousseau lautet in (eigener) Übersetzung: „In der menschlichen Gesellschaft sind zwei verschiedene Formen der Ungleichheit auszumachen: eine, die ich natürlich oder physisch nenne, weil sie durch die Natur vorgezeichnet ist, und die im Unterschied des Alters, der Gesundheit, der körperlichen Kräfte und der Qualitäten des Geistes und der Seele besteht; – die andere kann man moralische oder politische Ungleichheit nennen, weil sie abhängt von einer Art Konvention und weil sie begründet wird, zumindest ‚autorisiert' wird, durch die Zustimmung der Menschen." In diesen wenigen Sätzen liegen alle nur denkbaren Antworten, die soziale Differenzierung zu erklären bzw. zu legitimieren [...].
Die moralische und rechtliche Gleichheit aller Menschen: Dies war das revolutionäre Prinzip, das die Aufklärung dem Ancien Régime, der Gesellschaft der Stände, der Privilegien und der von Gott gewollten Ordnungen, entgegenhielt. Der Abbau dieser Privilegien, die Zerschlagung der Stände, Zünfte, Korporationen etc. war das Ziel der Französischen Revolution von 1789ff. Gleiche unter Gleichen sollten die Gesellschaft bilden und gleich unmittelbar sein zum Staat, der demokratisch legitimierten Ordnungsmacht.

(Bernhard Schäfers, Sozialstruktur und Wandel der Bundesrepublik Deutschland, 5. Aufl. Stuttgart 1990, S. 63 f.)

Aufgaben

1. Stimmen Sie den Auffassungen (M 17) zu oder lehnen Sie sie ab? Begründen Sie Ihre Antwort.
2. Formulieren Sie in die leere Sprechblase ihre eigene Vorstellung zum Problem sozialer Ungleichheit.
3. Prüfen Sie, ob bzw. welche Wertungen in den Behauptungen enthalten sind.

1.3 Sozialstrukturanalyse unserer Gesellschaft

➤ „Merk-Male“ – früher und heute

Die Sozialstruktur unserer Gesellschaft ist deswegen nicht leicht zu erfassen, weil offensichtliche, äußerlich erkennbare und hinreichend eindeutige Merkmale einer Statuszuweisung weithin fehlen.

M 19 | Kleiderordnung – Kiel 1417

Keine Frau darf gekrauste Tücher tragen und nicht mehr als zwei Mäntel haben, die mit Pelzwerk gefüttert sind, und darf auch keinerlei Geschmeide mit teurem Gestein und Perlen an allen ihren Kleidern tragen, wenn ihr Mann an die Stadt nicht mindestens 400 Mark Silber zu versteuern hat. Wenn eine Frau dessen überführt wird, so soll das der Stadt mit 10 Mark Silber gebessert werden. Dieselbe Strafe trifft den Übertreter der weiteren Bestimmungen: Wenn der Mann der Stadt für mindestens 200 Mark Steuern zahlt, so darf seine Frau eine lötige [rein, ungemischt] Mark Silber an allen ihren Kleidern tragen. Die Jungfrauen sollen es in derselben Weise halten [...].
Wenn der Mann der Stadt zwar Steuern zahlt, aber nicht für 100 Mark, so darf seine Frau keinerlei Geschmeide tragen. Insbesondere darf keine Bürgersfrau Pelzwerk oder Seide unten an ihren Kleidern tragen [...].
Insbesondere wird befohlen, dass keine Dienstmagd oder Dienstbotin Spangen, Scharlachtuch oder irgendwelches vergoldetes Geschmeide trägt, welches mehr als 8 Schillinge wert ist. Wer dagegen verstößt, soll des Geschmeides sofort verlustig gehen und sein Dienstherr oder seine Dienstherrin sollen 3 Mark Silber Strafe zahlen oder den Dienstboten innerhalb von 3 Tagen aus dem Brote jagen [...].

(Karl Bolte/Stefan Hradil, Soziale Ungleichheit in der Bundesrepublik Deutschland, 6. Aufl. Opladen 1988, S. 12)

M 20 | Vor 40 Jahren: ein alltäglicher Vorgang

Herr X steht am Fenster seines Hauses und blickt auf die Straße. Da sieht er einen silbernen, großen Mercedes vorfahren, aus dem ein ihm unbekannter, stattlicher und gut angezogener Herr steigt und auf das Haus von X zugeht. In diesem Moment beginnt Herr X zu überlegen, was der Besucher wohl will und „was das wohl überhaupt für einer ist“. Mehr oder weniger unbewusst kommt X aufgrund des repräsentativen Autos und der guten Kleidung zu dem Schluss, dass der Besucher eine „höhergestellte Persönlichkeit“ sein müsse, und er beginnt sich innerlich auf die Begegnung einzustellen. X wartet aber vergeblich auf das Klingeln. Als es gar zu lange dauert, beginnt X sich nach dem Besucher umzusehen und entdeckt mit leichter Verwunderung, dass dieser um das Haus herum und in den Keller gegangen ist. X betritt auch den Keller und findet dort den Besucher, der mit dem Zollstock einige Messungen vornimmt. Im Hinblick auf seine früheren hochgespannten Erwartungen denkt X in dem Moment: „Ach, es ist ja nur der Installateur, den meine Frau bestellen wollte.“ X kommt mit dem „Installateur“ ins Gespräch und erfährt in dessen Verlauf, dass er es nicht mit einem „gewöhnlichen“ Installateur zu tun hat, sondern mit dem Meister, ja, dass der Besucher sogar Innungsmeister und darüber hinaus Mitglied des Gemeinderates ist. Mit jedem neu erkannten Merkmal dieser Art beginnt das Ansehen des Besuchers in den Augen von X wieder zu steigen.
Als X sich der Tatsache bewusst geworden ist, dass sein Besucher auch Gemeinderat ist, setzt bei ihm ein weiterer Denkprozess ein. Von solchen hat er eine ganz bestimmte Vorstellung, und er erwartet daher, dass sich Gemeinderäte in einer ganz bestimmten Weise verhalten. Mehr oder weniger unbewusst beginnt er nun, das tatsächliche Verhalten dieses Gemeinderats mit dem zu vergleichen, was er von Gemeinderäten allgemein erwartet. Da der Besucher dabei nicht sehr günstig „abschneidet“, sinkt das ihm von X zugeordnete Ansehen wieder etwas.

(Karl Bolte/Stefan Hradil, Soziale Ungleichheit in der Bundesrepublik Deutschland, 6.Aufl. Opladen 1988, S. 191 f.)

Aufgaben

1. Vergleichen Sie anhand der beiden Materialien 19 und 20, wie in den beiden Gesellschaften Statuszuweisungen vorgenommen werden.
2. Überlegen Sie, inwieweit Kleidung, Größe und Marke des Autos, die Wohnungseinrichtung oder der Beruf heute noch eine eindeutige Status- und Schichtzuweisung zulassen.

Statussymbole haben bei uns heute ihre zuweisende Funktion weithin verloren: Ein bestimmtes Auto bzw. Kleidungsstücke bestimmter Art oder Marke können bewusst eingesetztes Statussymbol oder nichtssagend sein. Gleichwohl suchen wir nach **„sozial relevanten Merkmalen"**, wenn wir eine uns unbekannte Person „unter die Lupe nehmen", sie in einem „grilling process" auf statusrelevante Merkmale untersuchen: Ob jemand eine Brille trägt, ob er blond- oder schwarzhaarig ist, interessiert uns dabei nicht! Merkmale wie Herkunft, Einkommen und Vermögen, Bildung und Ausbildung, die berufliche Position und das Sozialprestige, das – vornehmlich am Beruf orientierte – Ansehen in der Gesellschaft haben jedoch Bedeutung, weil sie für die Statuszuweisung immer noch prägend sind. Dabei lassen sich das „Oben" und „Unten" in der Gesellschaft relativ eindeutig ausmachen; im breiten mittleren Teil der Gesellschaftspyramide werden Zuordnungen zunehmend schwieriger, weil die Prestigezuerkennung für Berufe nicht mehr eindeutig ist (z. B. Offizier, Lehrer, Metzger) und ein sozialer Wandel in erheblichem Umfang stattfindet, in dessen Rahmen auch neue Merkmale Bedeutung gewinnen.

- Eine Sozialstrukturanalyse muss daher bei den „klassischen" Untersuchungsbereichen beginnen und dann neuere Forschungsansätze einbeziehen; dies soll nachfolgend in fünf Schritten geschehen: Die Analyse mündet in Überlegungen zu einer Modellbildung für unsere Gesellschaft.
- Das Vorgehen wird im folgenden Überblick veranschaulicht:

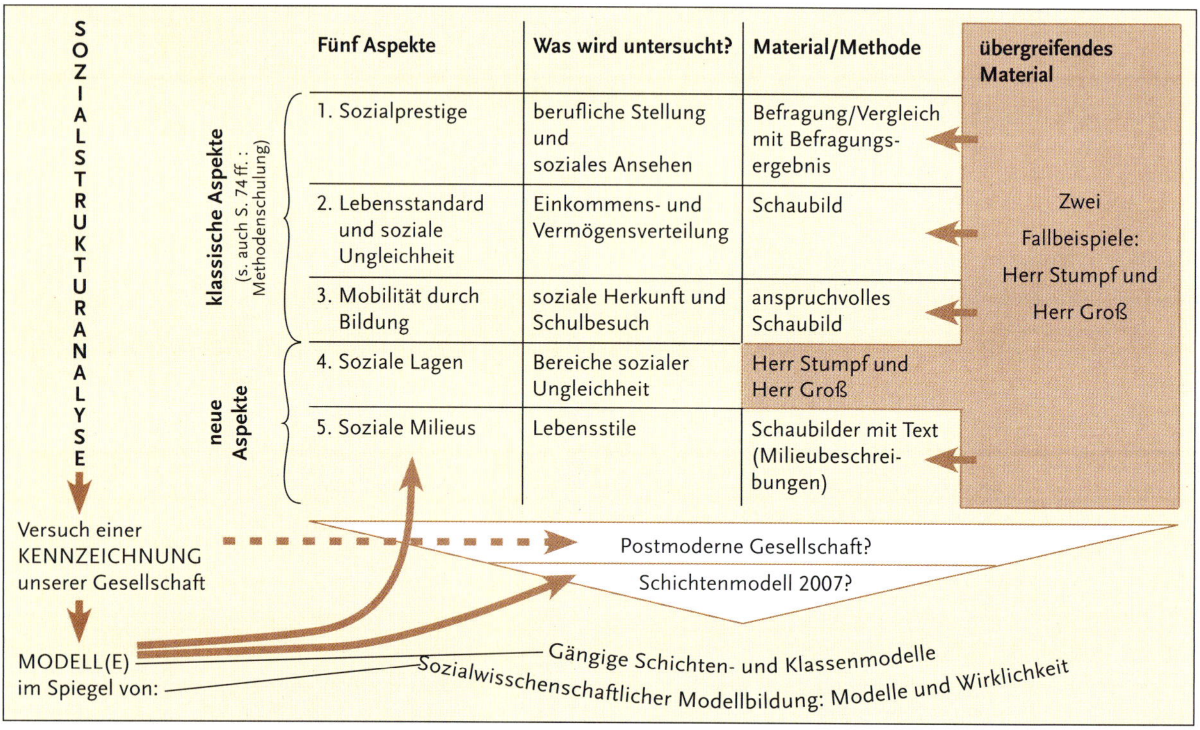

- Folgende unterschiedliche Vorgehensweisen bieten sich an:

  1. Möglichkeit: Sie gehen von dem übergreifenden Material (M 38, S. 78 ff.) als zentralem Material aus und erarbeiten abschnittsweise die unterschiedlichen Aspekte, die dann zur Erstellung und Kennzeichnung eines Gesellschaftsmodells führen.

  2. Möglichkeit: Sie führen eine Strukturanalyse durch, indem Sie nacheinander – in je einer Stunde – die fünf Aspekte beleuchten und dann die Frage stellen, in welcher Gesellschaft wir heute leben.

  3. Möglichkeit: Sie folgen dem Aufbau des Kapitels und untersuchen zunächst die traditionellen Aspekte soziologischer Forschung (Aspekte 1–3). Danach fügen Sie einen Exkurs zur modellhaften Erfassung der Gesellschaft der 1980er-Jahre ein, der sich auf die „klassischen Interpretationen" beschränkt und dabei Fragen sozialwissenschaftlicher Arbeitsweisen genauer betrachtet. Anschließend befassen Sie sich mit den neueren Forschungsansätzen ab 1980 und fragen dann, inwieweit die sich daraus ergebenden Modelle unsere gegenwärtige Gesellschaft widerspiegeln und welche Zukunftsbedeutung sie aufweisen.

➤ 1. Aspekt: Sozialprestige (berufliche Stellung und soziales Ansehen)

Schichtungsgesellschaft: Gibt es eine einheitliche Rangordnung?
In allen heutigen westlichen Gesellschaften gilt der Beruf als der „harte Kern“ des Prestigegefüges, da er nicht nur als existenzsichernde Notwendigkeit, sondern als ein Bereich gilt, der viele persönliche Entfaltungschancen bietet. Verschiedene Faktoren wie Einkommen, Qualifikation, Prestige und Einfluss werden in ihm gebündelt.

M 21 | Das Prestige ausgewählter Berufe 1979/80

1 Arzt	26 KFZ-Mechaniker
2 Richter	27 Feinmechaniker
3 Professor	28 Buchdrucker
4 Rechtsanwalt	29 Taxiunternehmer
5 Bankdirektor	30 Fotograf
6 Architekt	31 Maschinenschlosser
7 Diplompsychologe	32 Omnibusfahrer
8 Apotheker	33 Zahnarzthelferin
9 Studienrat	34 Bahnschaffner
10 Journalist	35 Fernfahrer
11 Lebensmittelchemiker	36 Briefbote
12 Bauingenieur	37 Maurer
13 Volksschullehrerin	38 Elektroinstallateur
14 Krankenschwester	39 Bauarbeiter
15 Programmierer	40 Friseur
16 Industriekaufmann	41 Dreher
17 Finanzbuchhalter	42 Eisengießer
18 Bäckermeister	43 Textilweber
19 Bibliothekarin	44 Schuhverkäuferin
20 Bankangestellter	45 Landarbeiter
21 Landwirt	46 Müllwerker
22 Polizist	47 Fabrikarbeiterin
23 Krankenwagenfahrer	48 Lagerarbeiter
24 Sekretärin	49 Hilfsarbeiter
25 Kindergärtnerin	50 Autowäscher

Die an jeweils ca. 2 000 repräsentativ ausgewählte Personen gestellte Frage lautete: „Ich möchte jetzt gerne wissen, welches Ansehen diese [...] Berufe heute Ihrer Meinung nach haben, d. h. wie sehr Leute mit diesen Berufen in unserer Gesellschaft heute geachtet werden.“

(B. Wegener 1984, S. 10; zit, nach: Karl Bolte/Stefan Hradil, Soziale Ungleichheit in der Bundesrepublik Deutschland, 6. Aufl. Opladen 1988, S. 213)

Aufgaben

1. Erstellen Sie in Gruppen eine Rangfolge von 12 bis 15 ausgewählten Berufen. (Nehmen Sie Frauen in diesen Berufen hinzu.)
2. Versuchen Sie im Gespräch mit Ihren Mitschülerinnen und -schülern zu klären, auf welchen Bewertungsunterschieden abweichende Einordnungen beruhen.
3. Versuchen Sie nahezu gleichrangige Berufe zusammenzufassen. Inwieweit ergibt sich ein eindeutiges vertikal „geschichtetes“ Bild?
4. Vergleichen Sie die Gruppenergebnisse mit dem Ergebnis aus dem Jahr 1980 (M 21). Welche Entwicklung, welcher Trend ist feststellbar?
5. Diskutieren Sie, inwieweit man als Befrager und Auswerter außenstehender Beobachter ist.

2. Aspekt: Lebensstandard und soziale Ungleichheit (Einkommen und Vermögensverteilung)

Trend zur Zwei-Drittel-Gesellschaft?

M 22 | Einkommensverteilung

M 23a | Vermögensverteilung (Quintilsdarstellung)

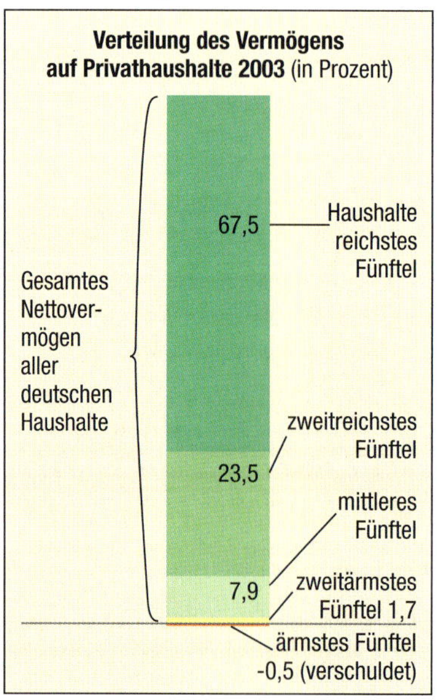

(nach: DIE ZEIT, Nr. 10 v. 03.03.2005)

M 23b | Gini-Koeffizienten[1] der Verteilung des Nettogesamtvermögens

	Gesamt	Früheres Bundesgebiet	Neue Länder
1993	0,665	0,625	0,718
1998	0,665	0,641	0,682
2003	0,675	0,657	0,671

[1] Berücksichtigung von negativen Werten als Nullwerte

(nach: EVS, ZEW-Berechnungen, Stand: 21.07.2006)

Umgang mit Statistiken

Beim Umgang mit Statistiken sollte man sich an folgender Vorgehensweise orientieren:

Erster Schritt: Beschreibung
Beschreiben Sie zunächst den formalen Aufbau und stellen Sie die Aussageabsicht fest. Achten Sie dabei auf:
- die Art der grafischen Darstellung (z. B. Säulen-, Kurven-, Kreisdiagramm, Tabelle)
- Zeitangaben bzw. Zeiträume (Momentaufnahme oder Entwicklung?, Prognose?)
- Bezugsgrößen/Korrelationen (Variablen, absolute/relative Zahlen?)
- grafische Gestaltung (z. B. Symbole, Farben, Bilder)
- Überschriften/Titel/Thematik.

Zweiter Schritt: Aussagen formulieren
Formulieren Sie knapp die Aussagen der Statistik (Inhalt). Unterscheiden Sie dabei zwischen der Hauptaussage (Trend) und Teilaussagen (Einzelaspekte). Letztere sollten die Hauptaussage belegen und differenzieren.

Dritter Schritt: Kritische Analyse
Setzen Sie sich kritisch mit der Statistik auseinander. Mögliche Aspekte einer kritischen Analyse können sein:
- Aktualität des Datenmaterials
- Quellenangaben
- Korrektheit der Daten
- Auswahl der Bezugsgrößen und des Zeitraums
- Maßstab/Proportionen (z. B. Verhältnis der Maßstäbe der beiden Achsen, Einteilungen)
- Fragestellungen und Erkenntnisinteresse
- Politische Perspektive und mögliche Intention des Verfassers
- Manipulation oder Irreführung durch Daten, Hintergrund oder Text.

Vierter Schritt: Beurteilung
Beurteilen Sie den Aussagewert im Hinblick auf das in der Statistik angesprochene Sachproblem. Führen Sie gegebenenfalls Alternativen an.

Beispiel

Für die Statistik **M 22** könnte das so aussehen:

Erster Schritt: Aufbau und Aussageabsicht
Bei der Grafik handelt es sich um ein Balkendiagramm, das die monatlichen Nettohaushaltseinkommen (NHE) in der Bundesrepublik Deutschland im ersten Halbjahr 2003 (Momentaufnahme), aufgeschlüsselt nach sozialen Gruppen, zum Thema hat. Das NHE weist die Einnahmen aller Haushaltsmitglieder aus Erwerbstätigkeit, Besitzeinkommen (z. B. Mieteinnahmen, Zinseinkommen) und/oder staatlichen Transfereinkommen (z. B. Kindergeld, Sozialhilfe) abzüglich Steuern und Sozialbeiträgen aus. Es handelt sich also um das pro Haushalt, nicht pro Person, verfügbare Einkommen. Auf der y-Achse findet man sieben Bevölkerungsgruppen, geordnet nach der Höhe der durchschnittlich verfügbaren Einkommen. Auf der x-Achse wird durch die Länge des jeweiligen Balkens in Euro die Höhe des durchschnittlichen NHE veranschaulicht. In den jeweiligen Säulen wird, ebenfalls in absoluten Zahlen, zwischen durchschnittlichen Ausgaben und Sparanteilen differenziert. Ein geöffnetes Portemonnaie und ein Sparschwein unterstützen grafisch diese Unterscheidung. Durch die Überschrift „Das Auskommen mit dem Einkommen“ problematisiert die Grafik. Der Betrachter wird gezielt auf den Aspekt der Verteilungsgerechtigkeit und damit auf die Aussageabsicht des Verfassers hingelenkt.

Zweiter Schritt: Aussagen formulieren

Die Grafik zeigt eine eindeutige Abhängigkeit von NHE und sozialer Stellung. Selbstständige, Beamte, Pensionäre und Angestellte verdienen in absteigender Reihenfolge überdurchschnittlich. Arbeiter-, Rentner- und Arbeitslosenhaushalte verfügen über deutlich unterdurchschnittliches Einkommen. Am Ende der Skala stehen die Arbeitslosen, die durchschnittlich nur ein Drittel der selbstständigen Einkommen im Monat erhalten. Für Sparen bleibt ihnen trotz geringem Konsum kaum Spielraum (ca. 60 Euro), während mit zunehmendem Konsum und Einkommen der besser gestellten sozialen Gruppen deutlich größere Möglichkeiten zum Ansparen (z. B. zur Altersvorsorge) bestehen. Auffällig ist der überproportional hohe Sparanteil der Selbstständigen, die vermutlich aus Zeitgründen und zur Minimierung von wirtschaftlichen Risiken auf einen höheren Konsum verzichten.

Dritter Schritt: Kritische Analyse

Die Grafik ist mit Daten von 2003 relativ aktuell. Da es sich um eine Momentaufnahme handelt, ist allerdings kein Trend erkennbar, der auf die heutige Situation hinweisen könnte.

Die Wahl des NHE als Variable zeigt zwar, was real „hinzuverdient" wird, unterschlägt aber ein mögliches Vermögen (siehe M 22) und kann somit die tatsächliche materielle Lage der sozialen Gruppen nicht verlässlich wiedergeben. Die Durchschnittswerte der besser gestellten Gruppen fallen zu niedrig aus, da die Daten auf der Einkommens- und Verbrauchsstichprobe des Statistischen Bundesamtes (Datenquelle) beruhen, bei der Haushalte über 18 000 Euro Einkommen im Monat nicht erfasst werden. Bei der Einteilung der sozialen Gruppen auf der y-Achse fällt auf, dass es sich nur teilweise um Berufsgruppen handelt, die der Übersichtlichkeit halber nicht weiter ausdifferenziert wurden (z. B. keine Unterscheidung zwischen ungelernten Arbeitern und Facharbeitern). Außerdem finden sich in der Statistik keine Angaben zum prozentualen Anteil der jeweiligen sozialen Gruppe an der Gesamtbevölkerung, sodass eine Aussage über das Ausmaß der materiellen Ungleichheit ohne zusätzliche Informationen nicht möglich ist.

Auf den einzelnen Balken wird zwar zwischen Konsum und Sparen differenziert. Keine Aufschlüsse erhält man aber über Einkommensunterschiede zwischen Ost- und Westdeutschland und zwischen Männern und Frauen. Die Einkommenswerte beziehen sich außerdem auf ganze Haushalte, unabhängig von der Personenzahl. Eine Berechnung des sogenannten Äquivalenzeinkommens (bedarfsgewichtetes Pro-Kopf-Einkommen) wurde nicht vorgenommen. Bei den Rentnereinkommen wird beispielsweise nicht deutlich, ob eine oder zwei erwachsene Personen davon leben müssen. Wünschenswert wäre auch die Angabe des durchschnittlichen verfügbaren Einkommens aller Gruppen gewesen, um auf einen Blick zu erkennen, welche Gruppen unter bzw. über dem Durchschnitt liegen. Diese Perspektive ist insofern bedeutsam, da sich relative Armut in einer Gesellschaft auch über einen solchen Wert definieren lässt.

Der Verfasser der Grafik bemüht sich um eine seriöse Darstellung (Quellenangabe, problemorientierte und sachbezogene Überschrift).

Vierter Schritt: Beurteilung

Die Statistik hat wegen oben angeführter Defizite bei der Auswahl der Variablen einen nur eingeschränkten Aussagewert im Hinblick auf materielle Ungleichheit in der Bundesrepublik Deutschland. Als Momentaufnahme gibt sie keine Hinweise auf eine Ab- oder Zunahme gesellschaftlicher Benachteiligungen. Rückschlüsse auf das Ausmaß und die Struktur von Armut und Reichtum in der Bundesrepublik (Stichwort: Zwei-Drittel-Gesellschaft) können ohne ergänzende Daten zum prozentualen Anteil der sozialen Gruppen an der Gesamtbevölkerung und Angaben zur Vermögensverteilung nicht gezogen werden.

Aufgaben

1. Berechnen Sie das durchschnittlich verfügbare Haushaltsnettoeinkommen. Diskutieren Sie mögliche Grenzziehungen für die Definition von Armut.
2. Analysieren Sie entsprechend dem obigen Beispiel (arbeitsteilig) die Materialien 23a und 23b. Inwiefern stellen sie eine Ergänzung zu M 22 dar?
3. Erstellen Sie mithilfe eines Datenverarbeitungsprogramms (z. B. Excel) eine geeignete Grafik zur Tabelle M 23b. Erörtern Sie Vor- und Nachteile verschiedener Arten der grafischen Darstellung.
4. Informieren Sie sich über die Berechnung des Gini-Koeffizienten und vergleichen Sie die Werte der Bundesrepublik mit anderen Ländern. Erstellen Sie gegebenenfalls eine vergleichende Grafik.
5. Vertiefen Sie Ihre methodischen Kenntnisse: Hinweise und Übungen zum Umgang mit Statistiken und zu Manipulationsmöglichkeiten enthält die Handreichung Sozialkunde in der Mainzer Studienstufe, PZ-Information 12/2001, Bad Kreuznach 2001, S. 29–42.

M 24a | Sozialhilfe

Anteil der Hilfsbezieher an der jeweiligen Bevölkerung:
1963: 1,0 % 1993: 3,0 % 2002: 3,3 %

Seit dem Inkrafttreten der sogenannten Hartz-IV-Reformen (1. Januar 2005) wird der überwiegende Teil der bisherigen Sozialhilfeempfänger in das System der Arbeitsvermittlung (Arbeitslosengeld II) eingegliedert. In der Sozialhilfe verbleiben nur solche Personen, die nicht arbeitsfähig sind. Der Sozialhilfeanspruch als Armutsindikator verliert somit an Bedeutung.

(nach: Statistisches Bundesamt 2003-15-0691)

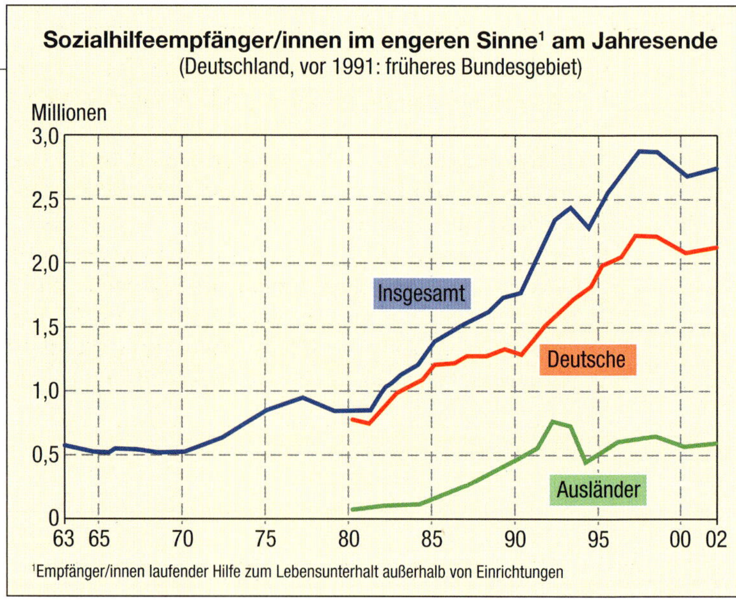

M 24b |

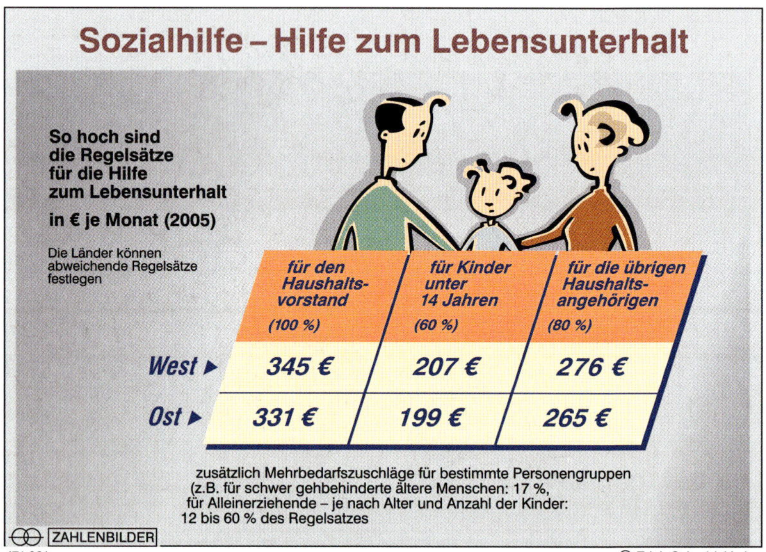

© Erich Schmidt Verlag

M 25 | Falltüren in die Armut

[...] Erstens öffnet sich die Einkommensschere. Zweitens werden immer mehr Gruppen – mindestens vorübergehend – von Armut und Arbeitslosigkeit betroffen. Drittens folgen diese immer weniger den sozialen Stereotypen und sind daher auch immer schwerer identifizierbar und damit als politische Kraft zu organisieren. Nicht nur Arbeitslosigkeit, auch z. B. Scheidung ist eine Falltür in die Armut; viele Frauenleben sind sozusagen „nur einen Mann" weit von der Armut entfernt (und umgekehrt). Viertens müssen unter Individualisierungsbedingungen die Menschen das, was früher als Klassenschicksal gemeinschaftlich verarbeitet wurde, nun mehr und mehr als individuelles Versagen verkraften. Das statistische Millionenschicksal schlägt um in persönliche Schuld, Konflikte und Neurosen.

Dies alles bedeutet, dass gesellschaftliche als individuelle Krisen erscheinen und immer weniger in ihrer Gesellschaftlichkeit durchschaut und politisch bearbeitet werden. Damit wächst aber die Wahrscheinlichkeit irrationaler Ausbrüche der verschiedensten Art, nicht zuletzt auch in Form von Gewalt gegen alles, was als „fremd" etikettiert wird. Denn gerade in der individualisierten Gesellschaft entstehen Konfliktlinien entlang sozial identifizierbarer Merkmale: Rasse, Hautfarbe, Geschlecht, ethnische Zugehörigkeit, Alter, Homosexualität, körperliche Behinderung. Gelingt es, an die Ansprüche und Verheißungen des in Gang gekommenen Individualisierungsprozesses anzuknüpfen und die Individuen jenseits von Stand als Klasse, als selbstbewusste Subjekte ihrer persönlichen, sozialen und politischen Belange neu zusammenzufassen? Oder werden im Zuge der laufenden Individualisierung die letzten Bastionen sozialer und politischer Praxis weggeschmolzen und die Gesellschaft schlittert von einer Parteien- in eine Staatsverdrossenheit hinüber, die nichts ausschließt, auch nicht, in neuen und schleichenden Formen, eine Modernisierung der Barbarei? [...]

(Ulrich Beck, Vom Verschwinden der Solidarität; in: Süddeutsche Zeitung, 14./15.02.1993, S. 15)

Aufgaben

1. Beschreiben und umschreiben Sie die „Zwei-Drittel-Gesellschaft".
2. Prüfen Sie anhand von M 24a, ob ein Trend zur Zwei-Drittel-Gesellschaft auch empirisch belegbar ist.
3. Überlegen Sie, welche weiteren Daten und Fakten für einen jährlichen Armutsbericht in Deutschland erhoben werden müssten. Diskutieren Sie die politischen Folgen, die sich aus diesem Bericht ergeben könnten.
4. Recherchieren Sie im Internet zum aktuellen Armuts- und Reichtumsbericht der Bundesregierung (Kriterien, Datengrundlage, Definition von Armut, Trends).
5. Fassen Sie die Informationen aus M 25 in einem Zeitungsartikel zusammen.
6. Vertiefen Sie einzelne hier aufgeworfene Fragestellungen mithilfe anderer Kapitel und Abschnitte des Buches. Erkunden Sie selbstständig im Buch.

➤ 3. Aspekt: Mobilität durch Bildung? (soziale Herkunft und Schulbesuch)

Haben wir eine offene Gesellschaft?

M 26|

M 27|

Demokratische Staaten nehmen für sich gewöhnlich in Anspruch, dass sie einen Rahmen für eine offene Gesellschaft bilden. Gemeint ist damit eine Gesellschaft ohne künstliche Schranken, in der grundsätzlich jeder, aus welcher Schicht er auch immer kommen mag, die Chance hat, in Führungspositionen vorzustoßen. Damit wird die Möglichkeit des sozialen Aufstiegs – und als Kehrseite des sozialen Abstiegs – zu einem Prüfstein einer demokratisch verfassten Gesellschaft. Seit dem Aufkommen der modernen Demokratien wird dieses Problem in engem Zusammenhang mit der Ausbildung und Bildung gesehen. Wie die Pisa-Studie für Deutschland besonders zeigt, legen familiäre Lebensverhältnisse die Bildungswege zwar nicht fest, bahnen aber mehr oder weniger diese an und wirken sich wesentlich auf Lebenspläne und Lebenschancen aus. Diese Tatsache ist für Deutschland auch ökonomisch und sozial prekär. In Zukunft wird der Bedarf an Höherqualifizierten kaum noch zu decken sein und gleichzeitig weitet sich die Kluft zwischen den schlecht ausgebildeten und den qualifizierten Arbeitskräften, was zu sozialem Sprengstoff führt und die Zukunftsaussichten der Gesellschaft mit Blick auf die Bildung von „Humankapital" trübt. Welches Schulsystem vermag am ehesten, eine individuelle Förderung für alle Schüler zu gewährleisten, so die Frage, sodass für den schulischen Erfolg allein die Leistung eines Schülers entscheidet?

Die Pisa-Studie ist ein Projekt der OECD und stellt den bislang weltweit größten Schulleistungstest dar. Es wurden im Jahre 2000 insgesamt 180000 Schüler aus 32 Industrienationen im Alter von 15 Jahren getestet. Im internationalen Vergleich untersucht Pisa nicht nur das Wissen der Schüler, sondern auch ihre Fähigkeiten, dieses Wissen bei der Lösung lebensnaher Aufgaben anzuwenden. Der erste Pisa-Test legte den Schwerpunkt auf Lesekompetenz, stellte aber ebenfalls mathematische und naturwissenschaftliche Aufgaben. Neben den reinen Leistungen wurden zugleich familiärer und sozialer Hintergrund der Schüler erfasst. In einer Pisa-Sonderstudie wurde 2003 ermittelt, ob Schüler mit Migrationshintergrund im Schulsystem ebenso erfolgreich sein können.

M 28 | Intergenerationen-Mobilität ...

	Beruf der Söhne im Jahr 2000[1]											
	1 grS	2 fB	3 hD	4 mD	5 aD	6 S	7 L	8 AE	9 FA	10 U/A	alle Grup.	N
Beruf der Väter												
1 gr. Selbstständige ab 10 Mitarb.[2]	13	2	2	1	0	0	0	1	0	1	1	31
2 freie Berufe	13	9	3	1	0	1	0	0	0,4	2	2	67
3 höhere Dienstleister	0	25	17	11	5	9	3	3	5	6	10	372
4 mittlere Dienstl.	6	10	11	16	5	2	0	4	5	2	8	310
5 ausführende Dienstl.	25	18	21	11	21	23	7	17	9	12	15	534
6 Selbstständige bis 9 Mitarb.[2]	19	9	8	4	4	19	0	14	6	4	7	253
7 Landwirte	6	2	5	2	5	1	87	21	5	2	5	171
8 Arbeiterelite	6	3	3	11	2	1	0	3	3	2	5	171
9 Facharbeiter	13	19	15	29	36	32	0	24	41	50	31	1 140
10 Un-, Angelernte	0	5	15	15	22	13	3	16	27	20	17	641
Summe	101	102	100	101	100	101	100	103	101	101	101	
alle Gruppen	0,4	3	22	26	3	8	1	3	19	16	101	
N	16	114	821	942	112	278	31	115	687	574		3 690

[1] deutsche Erwerbstätige ohne Auszubildende und mithelfende Familienangehörige
[2] ohne Landwirte und freie Berufe

höhere Dienstleister: höhere Beamte, Angestellte mit umfassenden Führungsaufgaben/hoch qualifizierte Tätigkeiten
mittlere Dienstleister: mittlere und gehobene Beamte, Angestellte mit qualifizierter Tätigkeit
Arbeiterelite: Meister, Industrie- und Werkmeister, Poliere
Un- und Angelernte: un- und angelernte Arbeiter, einfach Angestellte ohne Ausbildungsabschluss
(Datenbasis: SOEP 2000; Berechnungen durch das DIW, Berlin)

Lesebeispiel: 10 Prozent der heutigen Freiberufler haben einen Vater, der mittlerer Dienstleister war.

(Rainer Geißler, Die Sozialstruktur Deutschlands, Opladen (Westdeutscher Verlag) 3. überarb. Aufl. 2002, S. 320)

M 29 | Soziale Herkunft und Schulbesuch

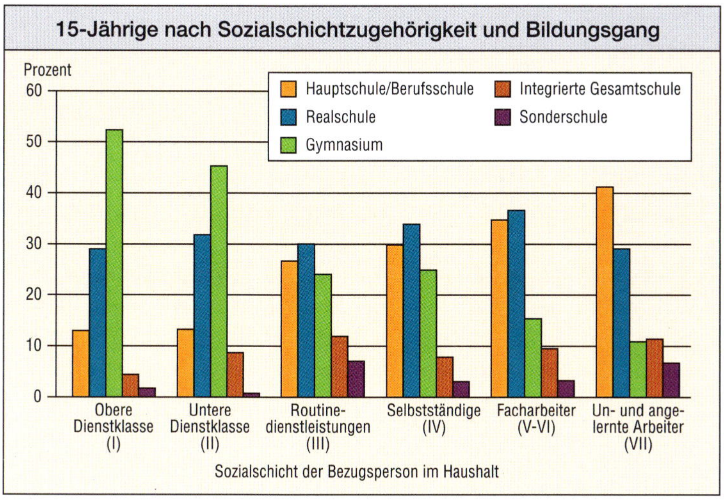

(nach: PISA-Studie, S. 355)

M 30 |

Leistungspunkte in Mathematik der 15-jährigen Schüler und Schülerinnen

	Schüler ohne Migrations-hintergrund	Schüler der ersten Generation[1]	Schüler der zweiten Generation[2]
OECD-Durchschnitt	523	475	483
Deutsch-land	525	454	432

[1] im Ausland geboren, ausländische Eltern
[2] im Erhebungsland geboren, ausländische Eltern

(nach: http://de.wikipedia.org/wiki/PISA-Studien)

M 31 | … und ihre Bewertung

Einerseits können durch das mobilitätsbedingte „Herauslösen" aus vertrauten Sozialmilieus Berufs- und Lebenserfahrungen „entwertet" werden, sodass auf individueller Ebene Orientierungsschwierigkeiten und Identitätsprobleme auftreten können. Auf kollektiver Ebene können soziale Mobilität und sich häufende Statusunsicherheiten zudem zum Verlust tradierter Bindungen führen und mit **sozialer Desintegration** bis hin zur Anomie in Verbindung gebracht werden – insbesondere dann, wenn bei steigender Arbeitslosigkeit nicht nur in den neuen, sondern auch in den alten Bundesländern die Chancen eines (Wieder-)Einstiegs in das Erwerbssystem schwinden.

Wie nicht zuletzt die problematischen Erstarrungserscheinungen in der DDR gelehrt haben, kann ein hohes Maß an sozialer Mobilität jedoch andererseits auch als ein Indikator für die notwendige „Offenheit" und „Pluralität" einer modernen Gesellschaft aufgefasst werden: Soziale Mobilität bringt aus dieser Perspektive für die Betroffenen nicht nur „**Mobilitätskosten**" mit sich, sondern eröffnet ihnen zugleich **Lern- und Selbstverwirklichungschancen**. Dies kann in ökonomischer Hinsicht zu größerer Flexibilität und Anpassungsfähigkeit der Gesellschaft führen. In sozialer Hinsicht kann das mobilitätsbedingte Kennenlernen unterschiedlicher Berufsfelder, gesellschaftlicher Bereiche oder Milieus auch das Entstehen oder Fortbestehen wechselseitiger Klischees und Vorurteile verhindern – und so die soziale Integration einer Gesellschaft fördern.

(P. Berger, Soziale Mobilität; in: Schäfers/Zapf (Hrsg.), Handwörterbuch zur Gesellschaft Deutschlands, Opladen 1998, S. 582)

Aufgaben

1. Welche schichtspezifische Verteilung der Bildungschancen lässt sich aus der Grafik M 29 entnehmen?
2. Wie bewerten Sie die Verteilungsunterschiede? Bedenken Sie dabei den Zusammenhang von Schullaufbahn und Berufswahlmöglichkeiten. Ziehen Sie auch M 26 in Ihre Überlegungen mit ein.
3. Erläutern Sie die Bildungschancen von Migrantenkindern (M 27/M 30). Achten sie besonders auf die Unterschiede in der zweiten Generation.
4. Unterbreiten Sie Vorschläge, wie ein Schulsystem gestaltet werden müsste, um Bildungsbarrieren zu überwinden und gesellschaftliche Ressourcen zu nutzen.
5. Erörtern Sie, ob die Einführung der Ganztagsschule wie auch die Einführung eines Sprachtest für alle Vierjährigen vor der Einschulung die empirisch nachgewiesenen Probleme mildern können.
6. Diskutieren Sie die Einführung von Studiengebühren.
7. Untersuchen Sie die Statistik M 28 auf Mobilitätsströme (Auf- und Abstiegsprozesse) und prüfen Sie, ob man Deutschland als eine „offene Gesellschaft" bezeichnen kann.
8. Erörtern Sie die gesellschaftliche Bedeutung sozialer Mobilität (M 31). Begriffsklärung im Glossar.

1.4 Modelle sozialer Ungleichheit

Sozialwissenschaftliches Arbeiten – Von der Wirklichkeit zum Modell

Jede Beschreibung, Kennzeichnung und Typisierung der Sozialstruktur einer Gesellschaft zielt auf deren modellhafte Erfassung, aus der sich eine bewertende Kennzeichnung erst ergeben kann. Auch für unsere Gesellschaft ist das immer wieder versucht worden. Die Entwicklung von Modellen ist davon abhängig, unter welchen Fragestellungen der Forscher die gesellschaftliche Gesamtstruktur analysiert, welche Interpretationen er vornimmt und wie er die einzelnen empirischen Daten und Faktoren gewichtet. Deshalb ist die kritische Auseinandersetzung über das „richtige" Modell zur Erfassung der Sozialstruktur notwendiger Bestandteil der wissenschaftlichen Diskussion und Voraussetzung für die eigene Beurteilung.

M 32 | Die drei „klassischen Interpretationen" aus dem Jahr 1965: Schichtenmodelle und Klassenmodell

	„Leitfrage" und „Antwort"	Befunde und Belege
Schelsky	Welches Ergebnis haben die Veränderungen der deutschen Gesellschaft in den letzten zwei Generationen gebracht? 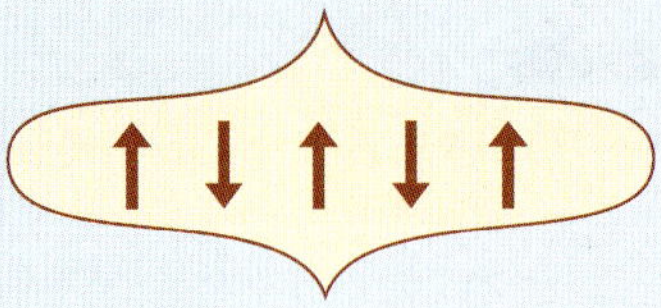 *Nivellierte Mittelstandsgesellschaft*	→ Steuer- und Sozialpolitik führen zu einer sich nivellierenden Mittelstandsgesellschaft, die gekennzeichnet ist durch: • Angleichung der wirtschaftichen Positionen • Einheitlichkeit des politischen Status • Vereinheitlichung der Verhaltensweisen • Einheitlichkeit des Lebensstils.
Dahrendorf	Wie durchlässig sind die Schichtgrenzen unserer Gesellschaft, wie groß ist die soziale Mobilität?  *Halbierte Gesellschaft*	→ Teilung der Gesellschaft durch eine fast undurchdringliche Barriere zwischen Mittelstand und Arbeiterschaft. → Schichtposition beiderseits dieser Grenze fast „zugeschrieben". → Mobilität nur innerhalb des oberen Drittels (Elite, ,,Dienstklasse", Mittelstand) bzw. der unteren zwei Drittel („falscher Mittelstand", Arbeiterschaft und Unterschicht).
Abendroth	Ist ein Klassencharakter der bundesrepublikanischen Gesellschaft nachweisbar?  *Antagonistische Klassengesellschaft*	→ Fortbestehen einer Klassengesellschaft: „Schichten" sind Klassen. → Kleine Schicht, die durch das Eigentum am Produktionsapparat den gesellschaftlichen Arbeitsprozess bestimmt; übergroße Majorität der abhängig Erwerbstätigen, die fremdbestimmt sind, d. h. auf freiwillige Unterwerfung unter fremde Willensmacht sozial angewiesen. → Allenfalls äußere Verdeckung dieses Tatbestandes durch sehr bedingte Angleichung der Konsumgewohnheiten.

M 33 | Schichtenmodell 2000

Soziale Schichtung der westdeutschen Bevölkerung:

- **Dienstleistungsschichten**: als abhängig Beschäftigte im Dienstleistungsbereich in einer Position mit gewissem Einfluss tätig; es wird unterschieden zwischen der höheren und der mittleren Dienstleistungsschicht; hierzu zählen z. B. Bankfilialleiter/innen, Amtsleiter/innen, Lehrer/innen, Beamte des höheren, gehobenen oder mittleren Dienstes, kaufmännische Angestellte.
- **Ausführende Dienstleistungsschicht**: abhängig Beschäftigte im Dienstleistungsbereich, die einfache Tätigkeiten verrichten, z. B. Taxifahrer/innen oder Postbote/botin.
- **Selbstständiger Mittelstand**: Selbstständige mit überdurchschnittlichem Verdienst, z. B. Arzt/Ärztin oder Steuerberater/in mit jeweils eigener Praxis.

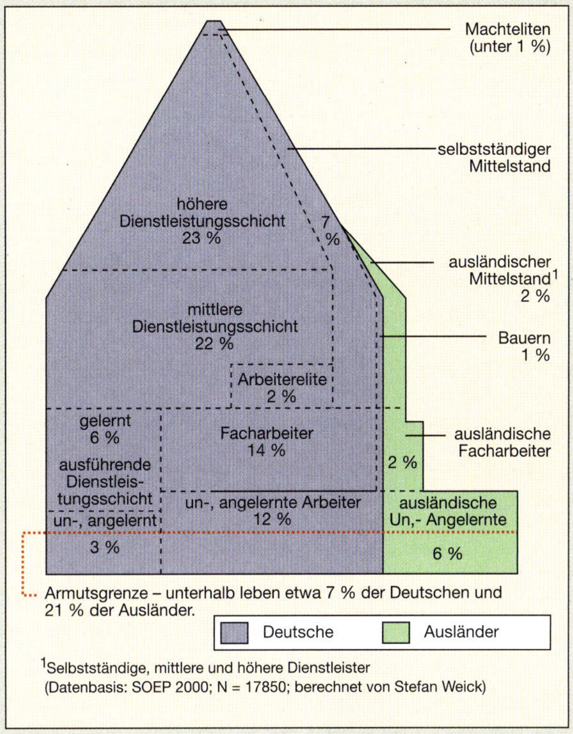

(Rainer Geißler, Die Sozialstruktur Deutschlands, Opladen (Westdeutscher Verlag) 3. überarb. Aufl. 2002, S. 119)

M 34 |

Die historisch langfristige Tendenz zur „Entschichtung" der Sozialstruktur (vgl. Geißler 1990, S. 93 ff.) hat sich in der Bundesrepublik in den letzten Jahrzehnten fortgesetzt. Die Zusammenhänge von Soziallagen einerseits, Mentalitäten und Verhaltensweisen andererseits haben sich weiter gelockert. Außerdem sind schichttypische Unterschiede an der lebensweltlichen Oberfläche auf den ersten Blick schwerer wahrnehmbar geworden; sie haben sich stärker in die „Tiefenstruktur" der Gesellschaft verlagert, und es bedarf häufig der theoretischen und empirischen Analyse, um sie sichtbar zu machen (Beispiele dazu bei Geißler 1990, S. 96ff.). Um im Bild des Hauses zu bleiben: Die Stockwerke und Zimmer der Residenz sind nicht durch durchgehende Decken und Wände gegeneinander abgeschottet, sondern verstellbare Wände, Raumteiler und halb offene Etagen zeigen viele Durch- und Übergänge an. Die Binnenarchitektur des Hauses ermöglicht heute noch stärker als in den 60er-Jahren „offenes Wohnen" in nicht deutlich voneinander getrennten Etagen und Räumen. Dennoch sind die Menschen weiterhin genötigt oder gewillt, sich vornehmlich in bestimmten Wohnbereichen aufzuhalten.

(Rainer Geißler, Die Sozialstruktur Deutschlands, a. a. O., S. 87)

Aufgaben

1. Formulieren Sie den „Blickwinkel“ (Leitfrage – Betrachtungsperspektive – Erkenntnisinteresse), aus dem die Autoren die Gesellschaft (M 32/M 33) jeweils betrachten, und den „Maßstab“ (Beobachtungen – Feststellungen – etikettierende Bewertung) ihrer jeweiligen Antwort.
2. Versuchen Sie „Modell“ und „Interpretation“ gegeneinander abzugrenzen.

Bedingungen sozialwissenschaftlichen Arbeitens

Zweck dieses Überblicks ist die „Sensibilisierung“ für wichtige Zusammenhänge und Probleme der Vorgehensweise, für die Bedingungen (sozial-)wissenschaftlichen Arbeitens.

1. Soziale Wirklichkeit: sozialwissenschaftliche Daten und Befunde – Das Methodenproblem

Weder Einkommensgrenzen noch Schichtgrenzen sind in der sozialen Wirklichkeit so vorhanden. Wo eine Grenze liegt, bestimmt der Forschende durch seine Setzung. Wissenschaftlich ist sein Vorgehen dann, wenn er seine Vorgehensweise offenlegt und begründet, wenn also andere sie nachvollziehen, ihre Stimmigkeit und „Richtigkeit“ nachprüfen können: *intersubjektive Nachprüfbarkeit*.
Soweit Unterschiede vorhanden sind, liegen sie eher im „Bewerten“ als im „Messen“. Welche sozialen Merkmale für die Gesellschaft bestimmend sind und wie, wenn man mehrere Merkmale berücksichtigt, die einzelnen Merkmale zu gewichten sind, liegt im Ermessen des Forschers. Das Bild, das sich dabei ergibt, ist nicht Ergebnis exakter Analyse, sondern *„informierter Willkür“*; die Prozentzahlen für die einzelnen Schichten beruhen letztlich auf begründeter Schätzung.

2. Modell und Wirklichkeit – Das Prämissenproblem und das Interpretationsproblem

Sozialwissenschaftliche Modelle, etwa Gesellschaftsmodelle, sind *nicht* identisch mit der sozialen *Wirklichkeit*, nicht deren fotografisches *Abbild*, vielmehr Versuche, charakteristische, d. h. „prägende“, *Merkmale der Wirklichkeit* abstrahierend zu erfassen. Modelle sind nur dann aussagekräftig, wenn sie hinreichend übersichtlich, einprägsam, prägnant sind. Modelle sind immer aspekthaft; sie heben bestimmte Seiten einer Sache hervor, blenden andere aus. Diese Auswahl ist das Ergebnis eines *„Vorverständnisses“* der Struktur des Gegenstandes oder eines Erkenntnisinteresses. Die „Frage“, die an den Gegenstand der Untersuchung herangetragen wird, bestimmt die „Antwort“ wesentlich vor – oder: *Wir erfahren nur, was wir (unter)suchen!*
Modelle enthalten keine Sollensaussagen; in dem Maße jedoch, wie sie ihren Gegenstand nicht nur beschreiben, sondern auch interpretieren, bewerten sie zugleich: *Im ausgewählten Aspekt kann bereits eine Interpretation stecken!*

Stellenwert von Gesellschaftsmodellen

M 35 |

Bei aller Kritik im Einzelnen sollte festgehalten werden, dass Gesellschaftsmodelle ein wichtiges Element der öffentlichen Auseinandersetzung darstellen. Sie schärfen den Blick für die rasanten Veränderungen in der Arbeits- und Lebenswelt und machen deutlich, dass technologische Innovationen gleichzeitig soziale Innovationen nach sich ziehen und ökonomischer und soziokultureller Strukturwandel zusammenwirken. Gesellschaftsmodelle dienen nicht zuletzt dazu, den Bürgern die Zukunftsdiskussion zugänglich zu machen. Insofern darf man sie nicht als deterministische Zukunftsmodelle missverstehen; sie sollen gerade ausdrücken, wie und durch welche gesellschaftlichen Eingriffe die Zukunft gestaltet werden kann. Wie wollen wir z. B. das Verhältnis [...] zwischen den Geschlechtern, zwischen kinderlosen Familien und solchen mit Kindern organisieren? Wie soll die Medienlandschaft von morgen aussehen? In welcher Art von Dienstleistungsgesellschaft wollen wir leben? [...]
Zeitdiagnostische Typisierungen sind daher nicht nur in wissenschaftlicher, sondern mehr noch in politisch-normativer Hinsicht von eminenter Bedeutung. Es macht z. B. für die Wirtschafts- und Beschäftigungspolitik einen Unterschied, ob wir unsere Gesellschaft weiterhin als „Industriegesellschaft" begreifen oder nach dem Dienstleistungsgesellschaft-Modell einen Abbau des industriellen Sektors forcieren. Gesellschaftsmodelle vereinigen stets analytische mit prognostischen Dimensionen. Diese Vermischung von zeitdiagnostischen Vereinfachungen und spekulativen Zukunftsvisionen ist unvermeidlich, weil auch die schönsten Sozialstrukturdaten nie für sich sprechen, sondern stets der (theoriegeleiteten) Deutung bedürfen. Diese Deutung aber kann mehr oder weniger begründet sein.

(Bernhard Schäfers/Wolfgang Zapf, a. a. O., S. 216)

M 36 | Opel-Werbung

Mithilfe von sozialen Studien forscht Opel nach den Bevölkerungsschichten, die sich für den Kauf eines Autos [...] interessieren könnten. Markendirektor Uyttenhoven hat eine „moderne Mitte" ausgemacht, die für den Kauf eines Opel-Modells infrage käme. In diesen Gruppen stünden Werte wie Freude am Leben, Selbstverwirklichung sowie das Gleichgewicht zwischen Arbeit und Freizeit an erster Stelle. „Das hat natürlich seine Konsequenzen beim Autokauf", folgerte der Opel-Vorstand – die Autos aus Rüsselsheim müssten diese Ansprüche auch tatsächlich erfüllen. Traditionelle Werte wie Ordnung, Pflicht und Verantwortung verlören im Opel-Kundenstamm immer stärker an Bedeutung. Häufig sei das Auto auch schon lange kein Statussymbol mehr wie in der Vergangenheit. Für Uyttenhoven hat das im Design die praktische Konsequenz, dass klassische Stufenheck-Autos an Gewicht verlieren werden. Stattdessen gewännen „neu definierte" Fahrzeuge wie etwa die Minivans mit ihrer hohen Flexibiliät an Bedeutung. „Unsere neuen Autos dürfen auch nicht langweilig sein", ergänzt er.

(Handelsblatt, 16.10.2000, S. 17)

Aufgaben

1. Weisen Sie die genannten Bedingungen und Probleme sozialwissenschaftlichen Arbeitens auch an anderen Beispielen im Buch nach.
2. Suchen Sie weitere Bedingungen sozialwissenschaftlichen Arbeitens.
3. Konkretisieren Sie, wozu Gesellschaftsmodelle dienen können.

➤ 4. Aspekt: Soziale Lagen (neue Dimensionen sozialer Ungleichheit)

Auflösung der Schichtenmodelle?

Viele der bisher besprochenen Modelle beachten nur vertikale Unterschiede. Aber immer größere Bedeutung bekommen horizontale Ungleichheiten. Denn es bestehen Unterschiede zwischen einem Richter, der seine Einkünfte mit einer kinderlosen Professorin zusammenlegt, und seinem Kollegen, der es mit einer nicht berufstätigen, kranken Ehefrau mit drei Kindern teilt. Deshalb sind neben die von Einkommen, Bildung und Ausbildung sowie Berufsprestige abhängenden Lebensbedingungen im Verlauf der 1970er-Jahre andere Bedürfnisse und Ziele getreten, die als Bereiche sozialer Ungleichheit empfunden und verstanden werden. Deren Ausprägung und Zusammenwirken bewirken in einem umfassenden Sinne unterschiedliche Lebensbedingungen für den Einzelnen (soziale Lagen) und bestimmen seine Chancen, allgemein anerkannte Lebensziele zu verwirklichen; soziale Sicherheit wird im Kontext des Übergangs von der „Wohlstandsgesellschaft" zur „Wohlfahrtsgesellschaft" umfassend verstanden. Als neue Ungleichheitsfaktoren gelten:

- Arbeitsplatzrisiken (Gefahr von Arbeitslosigkeit und Armut); (AS)
- soziale Absicherung (Altersversorgung, Zusatzkassen); (SA)
- Arbeitsbedingungen (Belastungen und Gesundheitsrisiken); (AB)
- Freizeitbedingungen (Arbeitszeit und Freizeitangebote); (FB)
- Wohn(Umwelt)bedingungen (Verkehrseinrichtungen und kulturelles Angebot, Stadt-Land-Gefälle, Ballungsraum bzw. strukturschwache Regionen, Wasser- und Luftqualität); (WUB)
- soziale Beziehungen (ausländische Arbeitnehmer); (SB)
- soziale Rollen (Benachteiligung von Frauen in der Arbeits- und Berufswelt). (SR)

Die folgende Übung soll methodische Einsichten fördern; so sollen die Schwierigkeiten der Erfassung, Darstellung und Bewertung sozialwissenschaftlicher Daten aufgezeigt werden.

M 37 | Kurvendiagramm zu sozialen Lagen

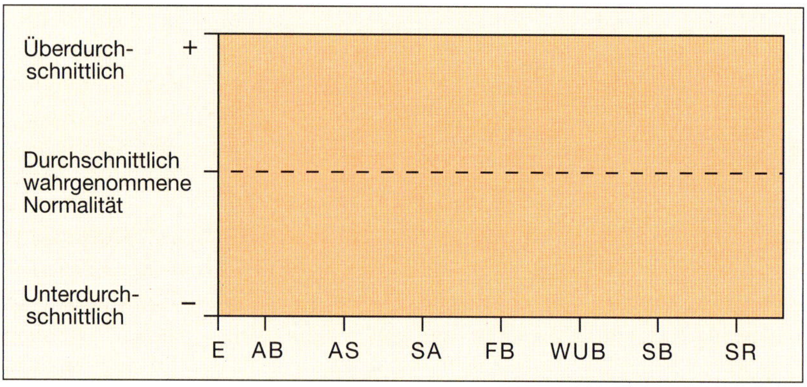

Aufgaben

1. Veranschaulichen Sie im Koordinatensystem (M 37) Ihre Einschätzung der sozialen Lage eines Gymnasiallehrers. Welche soziale Lage zeigt das gemeinsam erstellte Diagramm?
2. Vergleichen Sie Ihre Fremdeinschätzung mit der Selbsteinschätzung Ihrer Lehrerin/Ihres Lehrers. Diskutieren Sie die methodische Problematik (Eindeutigkeit) der Ermittlung und Zuordnung sozialer Lagen.
3. Erweiterung: Erstellen Sie zum Beruf Ihrer Eltern nach der Vorgehensweise in Aufgabe 1 (Fremdeinschätzung/Selbsteinschätzung) ein Diagramm der sozialen Lage. Diskutieren Sie die Ergebnisse im familiären Kreis.

M 38 | Zwei Fallbeispiele: Herr Stumpf und Herr Groß

Alltägliche Lebensführung und soziale Ungleichheit – zwei Fallbeispiele

[...]

Es handelt sich um zwei Fälle, die sich beim ersten groben Hinsehen in wichtigen Dimensionen zu ähneln scheinen: Gleich sind Geschlecht, Alter, Einkommen, Familienstand. Es sind zwei westdeutsche Männer, Herr Stumpf und Herr Groß, beide 33 Jahre alt, beide mit einem Monatseinkommen von ca. DM 3 300 [ca. 1 650 €] netto, beide sind verheiratet und haben Familie – Herr Stumpf eine dreijährige und eine fünfjährige Tochter, Herr Groß eine sechsjährige Tochter. Damit sind allerdings bereits so ziemlich alle Gleichheiten zwischen diesen beiden Männern erschöpfend behandelt. Beim zweiten Hinsehen, geleitet von klassischen analytischen Dimensionen der Ungleichheitsforschung, wird erkennbar, dass Herr Stumpf – im Vergleich zu Herrn Groß – offensichtlich der „underdog“ ist. Der gebürtige Niederbayer Herr Stumpf wohnt heute noch in dem kleinen Dorf, in dem er als Sohn einer eher armen bäuerlichen Familie aufgewachsen ist. Ganz selbstverständlich musste er während der ganzen Kindheit auf dem Hof mithelfen, ebenso war seine Schulausbildung mit dem Hauptschulabschluss zu Ende. Danach folgten eine Maurerlehre und zwölf Jahre harte Arbeit in einem kleinen Betrieb im Nachbarort, unterbrochen lediglich durch einen kurzen „Ausflug“ über die Grenzen des Dorfes hinweg als Bundeswehrsoldat. Trotz eher bescheidener Ansprüche gelang es Herrn Stumpf nie, mit der Arbeit am Bau genug zu verdienen, sodass er sich insbesondere seit der Familiengründung zur Schwarzarbeit am Abend und am Samstag gezwungen sah. Zudem war die Tätigkeit körperlich sehr belastend. Deshalb beschloss er etwa ein halbes Jahr, bevor wir ihn kennenlernten, sich um eine Stelle in einer Papierfabrik zu bewerben.
Hier arbeitet er nun als abhängig beschäftigter angelernter Arbeiter in einem komplizierten rollierenden Voll-Konti-schicht-System: Seine Arbeitszeit sieht so aus, dass er z. B.

von Montag bis Donnerstag Frühschicht hat, Freitag und Samstag Spätschicht, Sonntag bis Dienstag frei, Mittwoch und Donnerstag wieder Frühschicht, dann vom Freitag bis zum darauf folgenden Donnerstag Nachtschicht, dann Freitag bis Sonntag frei, um dann wieder Montag und Dienstag Spätschicht zu haben. Dieser Rhythmus gilt mit Ausnahme von Weihnachten und Ostern rund ums Jahr. Das Schichtsystem ist so kompliziert, dass Herr Stumpf den Schichtplan braucht, um sich seine Arbeitszeiten, die voll vom Betrieb vorgegeben sind, überhaupt klarmachen zu können.

Zu den belastenden zeitlichen Arbeitsbedingungen kommt ein wenig attraktiver Arbeitsplatz hinzu: Innerhalb der Papierfabrik ist er auch in der betriebsinternen Hierarchie „unten“ und hat eine der belastendsten Arbeiten. Herr Stumpf sitzt tagein, tagaus mutterseelenallein bei Neonlicht und immensem Lärm in einer Glaskabine und beobachtet, wie Baumstämme auf einem Förderband an ihm vorbeirollen und entrindet werden. Seine Aufgabe besteht darin zu kontrollieren, ob eventuell noch Rinde am Baumstamm ist und – ca. einmal pro Viertelstunde – eine Klappe per Knopfdruck zu betätigen, damit die nicht voll entrindeten Stämme aussortiert und nochmal entrindet werden.

Ganz anders dagegen der zweite Mann, der selbstständige Akademiker Herr Groß. Herr Groß wächst auf als Sohn eines Landarztes in einer großen Familie in der Oberpfalz, darf selbstverständlich das Abitur machen und zieht dann zum Studium nach München. Im Rahmen des Romanistikstudiums verbringt er ein Jahr im Ausland und hat zunächst das Ziel, Lehrer zu werden. Aufgrund der Lehrerschwemme beendet er das Studium aber im Alter von 28 Jahren mit dem Magister-Abschluss, ungefähr zur gleichen Zeit kommt seine Tochter zur Welt. Es folgen sechs Jahre, in denen Herr Groß die unterschiedlichsten Arbeiten übernimmt und dabei viel lernt. Er arbeitet als Übersetzer und Lektor, freiberuflich für Filmgesellschaften und Rundfunkanstalten als Journalist, in der Erwachsenenbildung u. v. a. m. Gelegentlich macht er außerdem sein Hobby – die Musik – zum Beruf, indem er Unterricht erteilt und als Musiker auftritt. Nicht nur die Arbeitsinhalte von Herrn Groß, sondern auch seine Arbeitszeiten sind – verglichen mit Herrn Stumpf – privilegiert: Er hat zwar einige fixe Termine (z. B. Abgabetermine für journalistische Produkte oder Kurstage), ansonsten bleibt es aber völlig ihm selbst überlassen, wann er wie viel Arbeit verrichtet.

Beim ersten Hinsehen handelt es sich also um zwei Personen, beide in wichtigen Dimensionen „gleich“: gleich alte Männer, in ähnlichen Familienkonstellationen mit gleich hohem Einkommen. Das zweite Hinsehen – geleitet vom Blick der „klassischen“ Ungleichheitsforschung auf Dimensionen wie Herkunftsmilieu, Bildung, Stadt/Land-Unterschiede, Arbeitsplatzbedingungen, Arbeitszeitregelungen und dergleichen – zeigt erwartungsgemäß, dass die beiden Gleichen so gleich nicht sind: Herr Stumpf hat es „schlechter“ getroffen im Leben. Es lohnt jedoch, aus der Perspektive der alltäglichen Lebensführung ein drittes Mal hinzusehen. Aus dem bisher klaren Tableau, aus dem eindeutig hervorgeht, wer im Leben rundum vermeintlich den Kürzeren gezogen hat, wird dann ein Vexierbild, also ein verwirrendes Bild, bei dem es nicht nur eine Sichtweise gibt. Das bisher Gesagte vom Underdog Herr Stumpf und dem ihm gegenüber privilegierten Journalisten Herr Groß wird dadurch nicht falsch; es ist aber auch nur die halbe Wahrheit.

Werden die Betroffenen selbst nämlich nach ihrer Lebensführung gefragt, so fällt zunächst einmal auf, dass sich der Schichtarbeiter Herr Stumpf als außerordentlich zufrieden präsentiert – ganz im Gegensatz zu Herrn Groß, der seine Situation mindestens als ambivalent und punktuell als fast unerträglich bezeichnet. Dass es sich hierbei nicht nur um Manifestationen von „falschem Bewusstsein“ handelt, wird daran ersichtlich, dass beide sehr gute Sachargumente vorbringen können, warum sie ihre aktuelle Lebenssituation so und nicht anders bewerten.

Herr Stumpf verweist z. B. völlig zu Recht mit Stolz darauf, wie weit er es gebracht hat. Er hat sich – nicht zuletzt dank seiner Eltern, die ihm ein Grundstück zur Verfügung gestellt haben – ein großzügiges Eigenheim mit Garten bauen können, das inzwischen schuldenfrei ist. Das zweite Haus für die Töchter wird bereits geplant. Auf dem Dorf wachsen seine Kinder in einer gesunden Umwelt auf und können sich nach Herzenslust austoben, mit einem Minimum an Betreuungsaufwand für die Eltern. Kinderbetreuung wie überhaupt das Thema Haus- und Familienarbeit sind aber für Herrn Stumpf ohnehin kein Thema. Denn er ist „reich“ an zwei entscheidenden „Ressourcen“, die Herrn Groß ganz fehlen: Zum einen hat er eine traditionell orientierte Frau geheiratet, die ihre Teilzeitarbeit vor allem zur Abwechslung vom Alltagstrott der Familie verrichtet und die Haus- und Familienarbeit zu 100 % als ihre Angelegenheit betrachtet; zum Zweiten wohnen die Großeltern nebenan, die jederzeit einspringen, um die Enkel zu beaufsichtigen.

Auch deshalb ist Herr Stumpf vergleichsweise „reich“ in einer anderen Dimension: reich an wirklich ungebundener freier Zeit zur eigenen Verfügung. Wenn er keine Schicht hat, kann er seinen Freizeitinteressen nachgehen, wobei seine ungewöhnlichen Arbeitszeiten ihm durchaus auch manche Möglichkeit eröffnen. Er kann z. B. unter der Woche viel Zeit mit seinen Kindern verbringen und nutzt seine freien Tage, um mit ihnen gemeinsam Ausflüge zu machen. Weil der Posten Miete im Familienbudget entfällt und weil die Lebenshaltungskosten in Niederbayern vergleichsweise niedrig liegen, kommen auch Freizeitaktivitäten infrage, die ziemlich kostspielig sind. Herr Stumpf ist passionierter Sportler, fährt Ski im Winter, Kajak im Sommer, und dafür ist diese Arbeitszeitregelung gut. Aber nicht nur im Hinblick auf außerberufliche Bedingungen geht es Herrn Stumpf in mancher Hinsicht besser als Herrn Groß. In bestimmten Dimensionen ist auch seine Berufssituation nicht nur schlechter. Er hat z. B. einen sicheren Arbeitsplatz und eine gesicherte berufliche, auch eine vergleichsweise sichere ökonomische Perspektive. Er kann zuversichtlich auf seinen Lebensabend schauen, denn zum Eigenheim kommen die staatliche wie eine großzügige betriebliche Altersversorgung hinzu. Die betrieblichen Bedingungen in seiner Firma sind insgesamt – verglichen mit den am Ort vorhandenen Alternativen – überaus gut, sodass er von seinen ehemaligen Kollegen aus dem Bauunternehmen beneidet wird: um den Urlaub, den er im firmeneigenen Ferienhaus im Gebirge verbringen kann, um das gute Betriebsklima und die gute Personalbetreuung, um die betrieblichen Sozialleistungen und um das für die Gegend hervorragende Einkommen, das zur Folge hat, dass er heute nicht mehr schwarzarbeiten muss u. a. m.

Sein relativer sozialer Status im Freundeskreis ist entsprechend hoch: Im Dorf hat es Herr Stumpf weit gebracht. Gemessen an seinen früheren biografischen Erfahrungen, am harten Leben seiner Eltern und auch im Vergleich zu seinen Freunden ist ihm ein deutlicher Sprung nach vorne gelungen. „Es geht mir besser als früher, wir haben alles, was will man mehr“, sagt er im Interview.

Ganz anders Herr Groß. Seine Wohnsituation ist beengt: Die Tochter wächst nicht in einem Haus mit Garten am Waldrand auf, sondern an einem belebten Platz in München, wo die Familie Groß mit einer befreundeten Familie in einer 5-Zimmer-Wohnung eine Wohngemeinschaft gegründet hat. Anders käme die Familie bei den Münchener Mieten nie über die Runden: Ihr Mietanteil in der Wohngemeinschaft liegt bereits bei 1 000 DM [ca. 500 €] kalt. Die Wohngemeinschaft ist zugleich die entscheidende Ressource für die Kinderbetreuung. Jeder der vier Erwachsenen hat einen „Kindertag“ pro Woche, an dem er sich nachmittags um die beiden kleinen Mädchen kümmert. Denn zu Herrn Groß‘ Selbstverständnis gehört, dass er sich aktiv und intensiv um die Betreuung seiner Tochter kümmert. Seine Frau hat zudem selbst studiert und will trotz Familie beruflich am Ball bleiben. Verwandte, die zur Kinderbetreuung einspringen könnten, gibt es hier nicht. Auseinandersetzungen über die angemessene Arbeitsteilung zwischen Mann und Frau sind entsprechend an der Tagesordnung.

Die wirklich ungebundene „freie“ Zeit, die Herrn Groß zur Verfügung steht, ist deshalb begrenzt: Entweder arbeitet er für den Beruf oder er kümmert sich um Kinder und Haushalt. Hinzu kommt aber, dass ein Großteil seiner Zeit vor allem darauf verwendet wird, die Voraussetzungen dafür zu schaffen, dass er überhaupt berufstätig sein kann. Er muss immer hinter den nächsten Aufträgen her sein, ständig Kontakte zu potenziellen Auftraggebern knüpfen und halten, immer mehrere „Eisen“ gleichzeitig im Feuer haben. Beruflich abschalten kann er eigentlich nie. Wie viel er arbeitet und wann er arbeitet, ist zwar theoretisch ihm selbst überlassen, aber er ist noch nicht so gut etabliert, dass er sich leisten könnte, Aufträge abzulehnen. Phasen von zu großer Belastung wechseln sich deshalb mit Phasen ab, in denen er gern mehr Arbeit hätte, die aber auf sich warten lässt. Die Nutzung der Freizeit, sofern vorhanden, ist auch ziemlich eingeschränkt: In München kann man mit diesem Einkommen keine allzu großen Sprünge machen, und wenn Herr Groß mal Zeit hat, kann es gut sein, dass seine Frau gerade beruflich voll eingespannt ist.

Von der Arbeitsplatzsicherheit von Herrn Stumpf kann Herr Groß nur träumen: Er weiß nicht, wovon er in sechs Monaten leben wird. Auch hat er als „Freier“ (als „frei“ für den Rundfunk arbeitender Journalist) bislang noch keinerlei Vorkehrungen für das Alter getroffen. Weder kommen ihm irgendwelche betriebliche Vergünstigungen zugute noch hat er sichere berufliche Perspektiven. Entsprechend schlecht bewertet er seine Lebenssituation, wenn er Bilanz ziehen muss. Sechs Jahre nach dem Examen vergleicht sich Herr Groß mit seinen Studienkollegen und kommt zum Ergebnis, er selbst habe es nicht besonders weit gebracht. Im Gegenteil: Gemessen an seinen eigenen Aspirationen muss er sich eingestehen, dass die angestrebte Autonomie als freier Journalist wohl eine Fiktion war. Realität ist dagegen, sowohl arbeitsinhaltlich als gerade auch ökonomisch ständig von der Gunst irgendwelcher Redaktionen abhängig und dabei so knapp bei Kasse zu sein, dass jeder Ausflug zum Tierpark mit der Familie wohlüberlegt sein muss.

(Maria S. Rerrich/G. Günter Voß, Vexierbild sozialer Ungleichheit; in: Stefan Hradil (Hg.), Zwischen Bewusstsein und Sein, Opladen 1992, S. 256–261)

Aufgaben

1. Veranschaulichen Sie die soziale Lage der beiden Personen nach der Vorgehensweise in Aufgabe 1, S. 78. Diskutieren Sie die Bedeutung der „neuen“ Ungleichheitsfaktoren für ihre Zuordnung.
2. Erstellen Sie zu jeder der beiden Personen eine Mindmap (zur Mindmap-Technik s. S. 377 ff.).
3. Versuchen Sie, beide Personen einem der „sozialen Milieus“ – 5. Aspekt, S. 81 ff. – zuzuordnen.

1.5 Gesellschaftsmodelle für die Gegenwart?

➤ 5. Aspekt: Soziale Milieus (Individualisierung der Lebensstile/ „milieuorierentierte Schichtungsgesellschaft")

Die Sozialforschung hat Anfang der 1980er-Jahre den Gedanken aufgegriffen, dass neben „objektiven" äußeren Lebensbedingungen (sozialen Lagen) auch „subjektive" innere Einstellungen und Verhaltensweisen herangezogen werden müssen, um Personengruppen zu identifizieren, die ähnliche Lebensumstände, Denk- und Verhaltensmuster besitzen und denen jeweils gemeinsame „Lebensstile" eigen sind.

M 39|

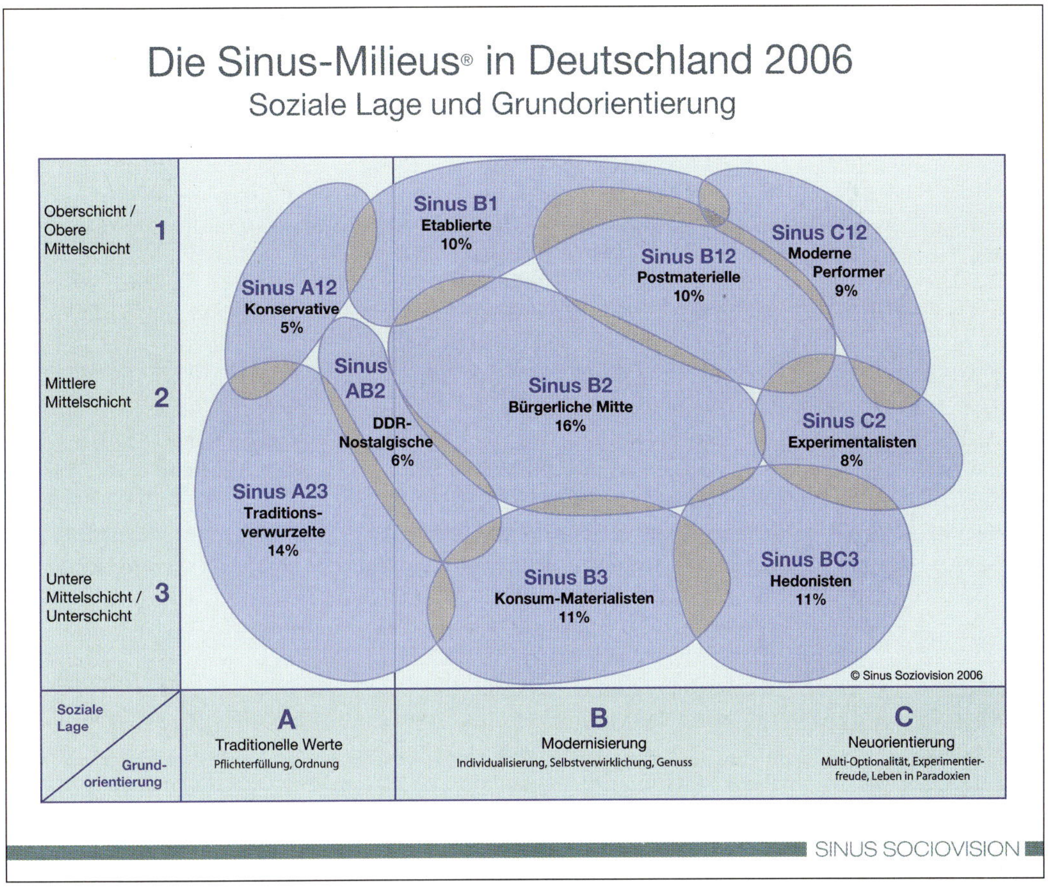

Erläuterung: *Die „Kartoffel-Grafik" verortet die Milieus.* Als Koordinatensystem dient einerseits die herkömmliche Schichtabstufung und andererseits das Spektrum vorfindlicher Milieus (= durch jeweils gemeinsame Lebensauffassung und Lebensweise geprägte „subkulturelle Einheiten" innerhalb der Gesellschaft). Ermittelt wurden die Milieus im Rahmen der kommerziellen „Lebensweltforschung"; dabei werden erfasst:

① Wertorientierungen (Lebensziele, materielle Werte, postmaterielle Werte, Vorstellungen vom Glück);

② Alltagsbewusstsein (Arbeits- und Freizeitmotive, Einstellungen zu Familie und Partnerschaft, Zukunftsvorstellungen, Lebensstile);

③ sozialer Status (Schulbildung, Beruf, Einkommen).

Dabei haben die Sozialwissenschaftler für Gesamtdeutschland zehn „Milieus" herauspräpariert, die durch folgende „Eigenschaften" gekennzeichnet sind:

M 40|

Soziales Milieu	Wertorientierungen	Alltagsbewusstsein	Sozialer Status
A 12 Konservative – das alte deutsche Bildungsbürgertum	Pflege konservativer Werte: Glaube, Pflichtbewusstsein, Höflichkeit, Anstand; soziale Verantwortlichkeit, Harmonie, Leistung, Selbstverwirklichung im Beruf, Prestige	Konservative Kulturkritik, Werteverlust; geordnetes und harmonisches Familienleben als zentraler Lebensinhalt; ehrenamtliches Engagement, Genuss immaterieller Werte	Hohes Einkommen, z. T. größere Vermögen; hohe Formalbildung
A 23 Traditionsverwurzelte – die Sicherheit und Ordnung liebende Kriegsgeneration	Verwurzelung in kleinbürgerlicher Welt oder traditioneller Arbeiterkultur; Bewahrer traditioneller Werte: Pflichterfüllung, Disziplin, Bescheidenheit, Moral; sicheres Alter, Familienharmonie, Nachbarschaftshilfe, Sparsamkeit, Fleiß	Man lebt, um etwas zu erreichen; wer rastet, der rostet; Streben nach materieller Sicherheit; Sorge um eigene Gesundheit; Freizeitgestaltung: Fernsehen, Ausflüge, Kaffeefahrten	Kleine bis mittlere Einkommen; überwiegend Hauptschule mit abgeschlossener Berufsausbildung; ein Teil der Facharbeiter
AB 2 DDR-Nostalgische	Festhalten an preußischen Tugenden und altsozialistischen Vorstellungen: Gerechtigkeit, Solidarität, Kritik am „Turbo-Kapitalismus"	Wende-Verlierer; Verklärung der Vergangenheit, Verbitterung gegenüber Gegenwart; Familie, Freunde als Halt; Engagement in Vereinen und lokaler Politik; Heimwerker; Ablehnung von Prestigekonsum	Kleine bis mittlere Einkommen; mittleres Bildungsniveau; früher Führungskader, heute einfache Angestellte, (Fach-)Arbeiter oder arbeitslos
B 1 Etablierte	Selbstbewusstes Establishment: beruflicher Erfolg (Karrierestrategien); hoher Lebensstandard, Leistungsorientierung, politisches und soziales Engagement, Machbarkeitsdenken, Selbstverwirklichung	Ausgeprägte Exklusivitätsansprüche (Kunst, Kultur, individuelle Reisen), „Edelkonsum"; bewusste Abgrenzung von anderen; Zukunftsoptimismus	Hohe und höchste Einkommen; sehr hohe Formalbildung; Statussymbole
B 2 Bürgerliche Mitte	Streben nach beruflicher und sozialer Etablierung; Leistung, beruflicher Erfolg, Zielstrebigkeit, sicherer Arbeitsplatz, soziale Anpassung, Selbstverwirklichung	Streben nach gesicherten Verhältnissen; harmonisches Familienleben; Prestigekonsum: „sich leisten können, worauf man Lust hat"	Mittlere Einkommensklassen; qualifizierte mittlere Bildungsabschlüsse; Angestellte, Beamte, Facharbeiter
B 3 Konsum-Materialisten	Anschluss halten an die Konsumstandards der breiten Mitte als Kompensationsversuch sozialer Benachteiligungen; Wunsch nach konfortablem Leben; Gefühl der Benachteiligung	Konzentration auf das „Hier und Jetzt"; Konsum „haben" ist sehr wichtig; moderne Unterhaltungselektronik besitzen; körperliche Attraktivität	Untere Einkommen; niedrige Bildung; geringer sozialer Status, häufig soziale Problemlagen; viele Arbeitslose

Soziales Milieu	Wertorientierungen	Alltagsbewusstsein	Sozialer Status
BC 3 Hedonisten	Zivilisationskritische Werte; Selbstverwirklichung, Freiheit, Kreativität, Genuss, Spaß	Leiden an der Berufswelt, Betonung von Individualität und Echtheit in Freizeit; gegen Konventionen, gegen „Spießer“	Mittleres Bildungsniveau; hoher Anteil jüngerer Leute
C 2 Experimentalisten	Lust am Leben und Experimentieren, Leben in Widersprüchen (Lifestyle-Avantgarde); Spontaneität, Toleranz, Kreativität, Kommunikation, Selbstverwirklichung, Freiheit	Materieller Erfolg weniger wichtig; Patchwork-Biografie, Offenheit; immer in Bewegung und auf der Suche nach Neuem (Outdoor-Aktivitäten); Multimediageneration	Gehobene Bildungsabschlüsse; hoher Anteil jüngerer Leute; gutsituierte Elternhäuser
B 12 Postmaterielle – das aufgeklärte Nach-68er-Milieu	Beruflicher Erfolg, aber nicht um jeden Preis; Lebensqualität ist höchster Wert; Kosmopolit, Toleranz, Freiheit, Selbstständigkeit	Freiräume schaffen, Zeitsouveränität; Weiterbildung, autodidaktisches Lernen; umwelt- und gesundheitsbewusster Lebensstil; kein überflüssiger Konsum („Weniger ist mehr“)	Gehobene Einkommen; hohe bis höchste Formalbildung; höhere Angestellte, Beamte, Freiberufler
C 12 Moderne Performer	Intensives Leben – beruflich und privat; unkonventionelle Leistungselite; Ehrgeiz, Selbstständigkeit, Selbstverwirklichung, Spontaneität	Leistungsorientierung; Zukunftsoptimismus; Grenzbereiche ausloten; Multimediageneration; Outdoor-Aktivitäten; Konsumstil: Lust auf das Besondere (Multikulti)	Hohes Bildungsniveau; gehobenes Einkommen; hoher Anteil jüngerer Leute

(zusammengestellt nach: Sinus Sociovision 2006)

Eine ausführliche Darstellung der einzelnen Sinus-Milieus finden Sie im Internet unter der Ausgangsadresse:

http://www.sociovision.de

Aufgaben

1. Ordnen Sie Herrn Stumpf und Herrn Groß (M 38) Milieus zu.
2. a) Erklären Sie den Aufbau der Darstellung der sozialen Milieus (M 39).
   b) Ordnen Sie die einzelnen Milieus den vier Hauptgruppen zu: gesellschaftliche Leitmilieus, traditionelle Milieus, Mainstream-Milieus und hedonistische Milieus.
   c) Nach welchen Merkmalen werden bestimmte Gruppierungen in der Bevölkerung unterschieden? Für eine detailliertere Lebensweltbeschreibung der einzelnen Milieus sollten Sie eine Internetrecherche (http://www.sociovision.de) in arbeitsteiliger Gruppenarbeit (nach den vier Hauptgruppen) durchführen.
3. Erläutern Sie, wodurch sich das Modell der sozialen Milieus von den Schichtenmodellen und dem Konzept der sozialen Lage mit Blick auf die Erfassung sozialer Ungleichheitsstrukturen unterscheidet.
4. a) Zeigen Sie, welches Milieu in der Opel-Anzeige (M 36, S. 77) angesprochen wird. Untersuchen Sie weitere Materialien aus der Produktwerbung in ähnlicher Weise.
   b) Erörtern Sie:
   - Milieuforschung – mehr als Marketinganalyse?
   - Milieuforschung – unverzichtbares Hilfsmittel für Wahlkampfstrategien?

Befragung als Methode der empirischen Sozialforschung

In diesem Kapitel werden Ihnen zahlreiche Statistiken angeboten, die auf Umfrageergebnissen basieren. Bei Ihrer Analyse haben Sie sicher auch schon Merkmale und Probleme der Befragungsmethode erörtert. Um die spezifischen Schwierigkeiten und Anforderungen dieser Methode vertiefend und handlungsorientiert kennenzulernen, bietet es sich an, in einem (Unterrichts-)Projekt zu einem im Unterricht behandelten Sachproblem eine eigene Befragung durchzuführen. Folgende grundsätzliche Vorgehensweise bietet sich bei einer Befragung an:

Erster Schritt: Formulierung des Ziels

Definieren Sie Ihr **Erkenntnisinteresse**. Legen Sie das Ziel Ihrer Befragung fest. Formulieren Sie eine **Hypothese**. (Wen möchte ich befragen? Was möchte ich wissen? Was könnte als Ergebnis am Ende meiner Untersuchung stehen?)

Zweiter Schritt: Festlegung der Methode

Entscheiden Sie sich für eine Methode:

- Mündliche oder schriftliche Befragung? *Interview* oder *Fragebogen*?
- Standardisierungsgrad: Fragebogen mit *offenen* oder *geschlossenen* (*standardisierten*) Fragen? Offenes (unstrukturiertes) Interview oder halbstrukturiertes Interview (mit Interviewleitfaden)?
- *Fremdeinschätzung* oder *Selbsteinschätzung* der Befragten?

Legen Sie den **Personenkreis**, den Sie befragen wollen, fest.

- Festgelegter Personenkreis (z. B. Kurs oder Jahrgangsstufe) oder *Zufalls-„Stichproben“* aus dem Telefonbuch?

Überlegen Sie sich, welche **Merkmale (Indikatoren)** zur Erschließung Ihres Untersuchungsgegenstands geeignet sind.
Erstellen Sie (im Falle eines standardisierten Befragungsverfahrens) einen Fragebogen:

- Formulieren Sie *einfache Fragen*, bei denen sich die Befragten nicht überfordert fühlen.
- Achten Sie darauf, dass die Fragen *eindeutig* sind und *präzise* das erfassen, was abgefragt werden soll.
- Vermeiden Sie *suggestive* Fragestellungen, d. h. die Fragen sollten so neutral wie möglich abgefasst werden.
- Bieten Sie jedwede Gewähr für die *Seriosität* und *Anonymität* der Befragung mit Blick auf Persönlichkeitsrecht und Datenschutz. Es darf auf keinen Fall erkennbar sein, welche Personen welche Antworten gegeben haben.
- Beachten Sie *rechtliche Gesichtspunkte*: Wenn Sie Ihre Befragung nur in Ihrem Kurs durchführen und/oder sich nur an persönlich Bekannte wenden, trägt Ihre Fachlehrerin/Ihr Fachlehrer die Verantwortung. Wenn Sie sich an Schüler/innen anderer Klassen und Kurse richten, ist die Zustimmung des Schulleiters, bei schulübergreifenden Befragungen die Zustimmung der Schulleiter aller betroffenen Schulen einzuholen.
- Testen Sie Ihren Fragebogen in einem Probedurchlauf.

Dritter Schritt: Durchführung

Führen Sie die **Umfrage** durch. Weisen Sie die Befragten auf die *Freiwilligkeit* und *Anonymität* der Befragung hin und achten Sie auf Ihre Einhaltung.

Vierter Schritt: Auswertung

Werten Sie die Daten aus. Welche allgemeinen **Ergebnisse** lassen sich mit Blick auf Erkenntnisinteresse/Fragestellung und Hypothese (vgl. erster Schritt) formulieren? Unterziehen Sie Ihr methodisches Vorgehen und den **Aussagewert** Ihrer Ergebnisse einer **kritischen Reflexion**. Bedenken Sie u. a.,

- ob die Ergebnisse wirklich repräsentativen Charakter haben;
- dass Befragungen nur Aussagen, eventuell Einstellungen, nicht aber tatsächliches Verhalten abbilden;

- dass Ihr Fragebogen niemals die ganze Komplexität sozialer Wirklichkeit erfassen kann und deshalb aspekthaft bleibt;
- welchen Einfluss die Befragungssituation auf die Daten und Ergebnisse ausgeübt haben könnte.

Fünfter Schritt: Präsentation
Bereiten Sie Ihre allgemeinen Ergebnisse für eine Präsentation grafisch so auf, dass sie das Interesse der Betrachter erwecken. Kommentieren Sie die Darstellungen knapp (je nach Präsentationsform – z. B. Wandzeitung, Schülerzeitung, Dossier, PowerPoint-Präsentation, Referat – schriftlich oder mündlich). Verdeutlichen Sie auch Ihre inhaltlichen und methodischen Vorentscheidungen. Achten Sie bei der Präsentation darauf, dass Anonymität gewährleistet ist. Wenn Sie die Ergebnisse über den Rahmen Ihrer Schule hinaus veröffentlichen wollen, müssen Sie die Genehmigung der Schulaufsichtsbehörde (über den Schulleiter) einholen.

Beispiel für eine Umsetzung im Unterricht

Sie können eine Untersuchung zur Milieuforschung in Ihrem Kurs/Jahrgangsstufe durchführen. Die Befragung könnte je nach Erkenntnisinteresse verschiedene **Ziele** haben:
- Die Kursmitglieder ermitteln/erkennen mithilfe eines Fragebogens selbst ihre Milieuzugehörigkeit (vgl. M 40).
- Sie untersuchen, inwiefern die Milieuverteilung in Ihrer Jahrgangsstufe den repräsentativen Ergebnissen (M 39) entspricht.
- Sie wollen wissen, ob es signifikante Unterschiede zwischen Eltern und Kindern bei der Milieuzuordnung gibt („Generationenkonflikt“).

In allen drei Fällen bietet sich als **Methode** eine Befragung mithilfe eines standardisierten Fragebogens an. Die Erstellung des Fragebogens kann auf der Grundlage der in M 40 (S. 82 f.) beschriebenen sozialen Milieus erfolgen: Fragen Sie also nach den drei ***Indikatoren*** „Wertorientierungen“, „Alltagsbewusstsein“ und „Sozialer Status“.

Beispiele für standardisierte Fragen

① *Kreuzen Sie aus Ihrer Sicht die drei wichtigsten Werte an.*

☐ Freiheit ☐ Ordnung ☐ Glaube ☐ Selbstverwirklichung u.s.w.[1]

② *Welche der nachfolgenden Aussagen (Items) halten Sie in Ihrem Leben für zutreffend?*

Aussage (Item)	1	2	3	4
Jeder ist seines Glückes Schmied.				
Wer sich nicht wehrt, lebt verkehrt.				
Leistung zählt!				
**				
**				

**Formulieren Sie weitere „Slogans“ für Ihren Fragebogen mithilfe der Spalte „Alltagsbewusstsein“.

[1] Weitere „Werte“ für Ihren Fragebogen finden Sie in der Spalte „Wertorientierungen“.

Projekt

Erstellen und verändern Sie einen standardisierten Fragebogen zur Wahlforschung mithilfe des Programms „Grafstat“. Führen Sie eigene Umfragen durch und werten Sie diese aus: www.Forschen-mit-GrafStat.de

Trend zur individualisierten Gesellschaft?

Der soziale Wandel hat aktuell eine immense Beschleunigung erfahren. Die moderne Gesellschaft wird durch Globalisierungsprozesse erfasst und auf verschiedenen Ebenen verändert. Die soziale und kulturelle Dimension der Globalisierung wirft die Frage auf: In welcher Gesellschaft leben wir eigentlich? Die folgenden Materialien sollen mögliche Antworten dazu liefern.

Stichwort: Postmoderne Gesellschaft
Die Stabilität der bürgerlichen Gesellschaft im Industriezeitalter verdankte sich bisher ihrer Fähigkeit zu einem permanenten Krisenmanagement, durch das sie in der Regel sowohl wirtschaftliche Einbrüche wie politische Krisensituationen produktiv zu überwinden in der Lage war. Der sich mehr und mehr entfaltenden postindustriellen Gesellschaft, in der wir heute leben, scheint diese Fähigkeit abhanden zu kommen. Stellt sich also zum einen die Frage, warum das der Fall ist, und zum anderen, ob es gelingt, Strategien zu finden, die das drohende Sinn- und Legitimationsdefizit, das unter bestimmten Konstellationen gar in einen Kollaps der Gesellschaft und des Staates einmünden könnte, aufhalten.

M 41 | Zum Begriff „Postmoderne"

Postmoderne ist ein unscharfer, mehrdeutiger, in verschiedenen Kultur- und Sozialwissenschaften variantenreich und zum Teil widersprüchlich verwendeter, inzwischen zum Modewort gewordener Begriff, der im Kern die gegenwärtig stark beschleunigte Auffächerung, Heterogenisierung und Pluralisierung der modernen Kultur und Gesellschaft mit ihren verschiedenen Bereichen zum Ausdruck bringt. [...] Die Interpretation des Phänomens Postmoderne hängt von unterschiedlichen Orientierungsstandorten, Überzeugungen und Reflexionsergebnissen ab [...].
Allgemein bezeichnet Postmoderne in der Soziologie die Gesamtheit gegenwärtiger soziokultureller Prozesse, die auf eine zunehmende Differenzierung und Pluralisierung von weltanschaulichen Orientierungen, Wertsystemen, Einstellungen, Lebensstilen, Verhaltensweisen und Formen sozialer Beziehungen hinauslaufen, verbunden mit einer Zunahme von Orientierungsschwierigkeiten, Gegensätzen, Widersprüchen und Konflikten, aber auch von Möglichkeiten autonom-individueller Lebensgestaltung. [...] Kritiker der Postmoderne beklagen den Verlust allgemein verbindlicher Auffassungen und Werte, Postmodernisten hingegen verteidigen die radikale Pluralität der Lebensmöglichkeiten.

(Karl-Heinz Hillmann, Wörterbuch der Soziologie, Stuttgart/Kroener Verlag [4]1994)

Texterschließung mit PowerPoint

Um die politische Wirklichkeit zu beobachten, zu erschließen und zu analysieren, ist die Arbeit mit Texten unverzichtbar. Die besondere Bedeutung resultiert aus der Tatsache, dass politische Sachverhalte und Probleme genau und differenziert beschrieben und im Gegensatz zum gesprochenen Wort wiederholt für eine genaue Analyse herangezogen werden können. Ein sachgemäßer Umgang mit Texten muss deshalb in der politischen Bildung geübt werden und stellt eine elementare Grundlage der Methodenbeherrschung dar. Nach dem klassischen Verfahren erfolgt die Textanalyse in den folgenden Schritten.

Erster Schritt: Fragegeleitetes Lesen

Ein Text wird immer mit einer bestimmten Intention gelesen. Häufig ist bei den Schülern schon ein unstrukturiertes Vorwissen vorhanden oder der zu bearbeitende Text ist Bestandteil einer Reihe schon erarbeiteter Materialien. Am Beginn des Lernprozesses steht eine vorgegebene Aufgabenstellung, unter der die Textlektüre bearbeitet wird. In unserem Beispiel ist es nur ein Basistext, es könnte aber auch relativ umfangreiches Textmaterial sein (s. S. 93, PowerPoint „Gesellschaftsmodelle“).

Zweiter Schritt: Texterschließung

- Vor der eigentlichen Texterschließung sind die **äußeren Textmerkmale** festzustellen:
  - Überschrift
  - Verfasser
  - Adressat, Entstehungsanlass
  - Datum der Veröffentlichung, Aktualität des Textes
  - Textsorte

  Die Kenntnis dieser Fragen ist häufig hilfreich für das Verständnis und die Einschätzung des Textes.

- Sorgfältige **Textanalyse:**
  Für das Verständnis des Textes ist es wichtig, seine inhaltlichen, strukturellen und sprachlichen Bedingungen zu erfassen und diese zueinander in Beziehung setzen, um so ein umfassendes **Textverständnis** zu erreichen.
  Nachdem der Text zunächst zur Groborientierung überflogen wurde, um einen ersten Gesamteindruck zu erhalten, setzt die gründliche **Bearbeitung** des Textes ein: Dabei werden
  - Aufbau und Struktur des Textes verdeutlicht (wie ist der Text gegliedert?);
  - Informationen gesammelt, zentrale Begriffe/Kernstellen markiert;
  - die Hauptaussage(n) formuliert;
  - die gedankliche Struktur des Textes beschrieben: Welche logische Struktur hat der Text? Welche Kausalitäten werden hergestellt? (auf Verbindungswörter achten, nach über- und untergeordneten Gesichtspunkten gliedern, die angeführten Argumente auf sachliche Richtigkeit, Vollständigkeit und Zielgerichtetheit prüfen);
  - die sprachliche Gestaltung untersucht (vgl. Methodenschulung zur Analyse politischer Reden, S. 302 ff.);
  - die Position/Einschätzung des Autors zur Thematik herausgearbeitet.

- Zur Erfassung des Textinhaltes bedient man sich verschiedener **Techniken**:
  - Unterstreichung, farbige Markierung und Umrandungen von Kernaussagen und Schlüsselwörtern;
  - Randbemerkungen in Form von Zeichen und als Zusammenfassung von Abschnitten in knappen, prägnanten Formulierungen oder auch in Form von Überschriften;
  - Zusammenhänge durch unterschiedliche Pfeile kennzeichnen (Ursache, Wirkung, Folgen, Widersprüche);
  - unbekannte Fremdwörter und Fachbegriffe nachschlagen;
  - Hierarchisierung des Textes, indem Ober- und Unterpunkte durchnummeriert werden;
  - Textauszüge exzerpieren.

  Zur Beachtung: Nur sparsame Verwendung der Mittel, damit die Übersichtlichkeit nicht verloren geht!

Dritter Schritt: Verarbeitung des Textes

Dieser Schritt zielt auf die Verarbeitung der gewonnenen Erkenntnisse und die Einordnung in größere Zusammenhänge. Sie setzen sich mit den Thesen und Argumenten des Textes auseinander und sichern die Ergebnisse in einem Schaubild. Die Visualisierung ermöglicht eine schnellere Orientierungshilfe, um den komplexen Sachverhalt zu verstehen. Die kritische Auseinandersetzung mit der im Text vertretenen Meinung führt zu der eigenen Stellungnahme, in der Sie ein differenziertes Gesamtverständnis nachweisen. Dieser Schritt ist in unserem Beispiel eingegrenzt, da hier nur die Position des Autors nachgezeichnet werden soll (vgl. Methodenschulung zur kritischen Textanalyse/Hermeneutik, S. 480 ff.).

Aus den vielfältigen Möglichkeiten zur Erarbeitung von Sachtexten wird die Textentschlüsselungsstrategie mit PowerPoint dargestellt. Hier werden zwei Methoden – die klassische Texterschließung (Schritte 1–3) und die moderne Computerarbeit (Schritte 4 und 5) miteinander verknüpft. Mit diesem PC-Programm kann man professionell Präsentationen planen und durchführen. Für die Wahl dieses Verfahrens spricht sowohl die starke Motivation, die Schüler zu einer intensiven Auseinandersetzung mit Texten anzuregen vermag – zur Folienerstellung müssen die Texte stark gekürzt, gegliedert und neu strukturiert werden –, als auch die selbstständige, ungestörte und produktorientierte Arbeit am PC.

Die folgenden Arbeitsschritte sollen den Umgang mit PowerPoint erleichtern. Dabei orientieren wir uns an den bekannten Texterschließungsverfahren.

Vierter Schritt: Erstellung der PowerPoint-Präsentation

In diesem Schritt erfolgt die Arbeit am Computer. Für die Gestaltung der Folien sind die folgenden Empfehlungen sehr hilfreich:

- Grundregel: Weniger ist mehr.
- Die Menge der Informationen muss begrenzt sein, eher Stichpunkte als Text.
- Der Inhalt muss im Vordergrund stehen.
- Alle Folien sollen in formaler Hinsicht ein einheitliches Design aufweisen.
- Die erste Folie soll Neugierde wecken.
- Die Schriftgröße und -farbe sollten gut lesbar sein (eindeutig unterscheidbare Farben).
- Die kreativen Elemente (Animationen) können auf der Folie vorhanden sein, sollten aber nicht übertrieben werden.
- Auf eine übersichtliche Platzierung von Text, Grafik und Bild achten.
- Die Zahl der Folien hängt vom Thema ab, aber es sollten nicht zu viele Folien sein; für einen zehnminütigen Kurzvortrag nicht mehr als fünf Folien.

Fünfter Schritt: Schülerpräsentation

Die Schülerpräsentationen bilden den Abschluss des Lernprozesses. Der freie, den Zuhörern zugewandte Vortrag sollte sich an den Informationen der Folie orientieren. Die Präsentation ist für den Redner nur Gedankenstütze, Ersatz für das Manuskript; für die Zuhörer dienen die Folien nur als Anschauungsmaterial für den gesprochenen Vortrag. Die Kommentierung der Folien darf weder zu schnell, noch zu langsam sein. Zum Abschluss des Vortrags kann eine persönliche Stellungnahme formuliert werden, in der die eigene Position begründet dargelegt wird.

Aufgaben

1. Erklären Sie die unbekannten Begriffe mithilfe eines Lexikons und im Kontext.
2. Vergleichen Sie die beigefügten Folienentwürfe M 43a und b hinsichtlich der obigen Kriterien zur Gestaltung.
3. Erstellen Sie weitere Folien für eine PowerPoint-Präsentation zum Text M 42. Stellen Sie sich gegenseitig die Entwürfe vor und bewerten Sie anhand des Kriterienkatalogs die Präsentationen.

M 42 | Vom Verschwinden der Solidarität

Individualisierung der Gesellschaft heißt Verschärfung sozialer Ungleichheit.

[...]

Doch bei allen Ähnlichkeiten zu diesen Themenstellungen des auslaufenden 19. Jahrhunderts werden die Menschen heute nicht aus ständisch-religiösen Gewissheiten in die Welt der Industriegesellschaft „entlassen“, sondern aus den Sicherheiten der Industriegesellschaft in die Turbulenzen der Weltkrisengesellschaft. Ihnen wird also das Leben nicht zuletzt mit den unterschiedlichsten, einander widersprechenden globalen und persönlichen Risiken zugemutet.

Wandel

Die Industriegesellschaft setzt Ressourcen von Natur und Kultur voraus, auf deren Existenz sie aufbaut, deren Bestände aber im Zuge einer sich durchsetzenden Modernisierung aufgebraucht werden. Dies trifft auch auf kulturelle Lebensformen (z. B. Kleinfamilie und Geschlechtsordnung) und soziale Arbeitsvermögen zu (z. B. Hausfrauenarbeit, die zwar nicht als Arbeit anerkannt war, gleichwohl aber die Erwerbsarbeit des Mannes erst ermöglicht hat).

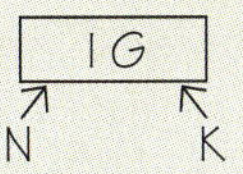

Dieser Verbrauch der kollektiven oder gruppenspezifischen Sinnreservoire (z. B. Glauben, Klassenbewusstsein) der traditionalen Kultur (die mit ihren Lebensstilen und Sicherheitsvorstellungen noch bis weit in das 20. Jahrhundert hinein auch die westlichen Demokratien und Wirtschaftsgesellschaften gestützt hat) führt dazu, dass alle Definitionsleistungen den Individuen zugemutet werden.

alt → neu — Merkmal

Chancen, Gefahren, Ambivalenzen der Biografie, die früher im [1] Familienverband, im in der [2] dörflichen Gemeinschaft, im [3] Rückgriff auf ständische Regeln oder [4] soziale Klassen bewältigt werden mochten, müssen nun von den Einzelnen selbst wahrgenommen, interpretiert und bearbeitet werden. Chancen und Lasten der Situationsdefinition und -bewältigung verlagern sich damit auf die Individuen, ohne dass diese aufgrund der hohen Komplexität der gesellschaftlichen Zusammenhänge noch in der Lage sind, die damit unvermeidlichen Entscheidungen fundiert, in Abwägung von Interesse, Moral und Folgen verantwortlich treffen zu können.

Hilfe früher durch
1
2
3 Begriff klären
4

neue Aufgaben der Individuen konkretisieren! Überforderung des Einzelnen

„Individualisierung“ meint also vieles nicht, von dem viele meinen, dass es meint, damit sie meinen können, dass es gar nichts meint: nicht Atomisierung, Vereinzelung, nicht Beziehungslosigkeit des frei schwebenden Individuums, auch nicht (was oft unterstellt wird) Individuation, Emanzipation, Autonomie: das Aufleben des bürgerlichen Individuums nach seinem Ableben. Sondern: erstens die Auflösung, die zweitens die Ablösung industriegesellschaftlicher Lebensformen (Klasse, Schicht,

zentrale These

Geschlechterrolle, Familie) durch solche, in denen die Individuen ihre Biografie selbst herstellen, inszenieren, zusammenschustern müssen. Die Normalbiografie wird zur Wahlbiografie, zur „Bastelbiografie“ (Ronald Hitzler). Dies gilt nicht nur für die typische Klassen- oder Frauenbiografie, sondern auch für die bürokratisch verordnete Normalbiografie im real existierenden Nichtsozialismus. Diese zerfällt nun, nach dem Absturz in die Moderne, in einen (Scherben-)Haufen von schwer entscheidbaren Entscheidungen. Die Halbierung der Geburten-, Heirats- und Scheidungszahlen in den neuen Bundesländern innerhalb eines (!) Jahres spricht diese dramatische Sprache. Individualisierung beruht also keineswegs auf einer freien Entscheidung. Die Menschen sind – um es mit Sartre zu sagen – zur Individualisierung verdammt. Es handelt sich um einen Zwang, einen paradoxen Zwang freilich, zur Selbstherstellung, Selbstgestaltung, Selbstinszenierung, nicht nur der eigenen Biografie, sondern auch ihrer moralischen, sozialen und politischen Bindungen – allerdings: unter sozialstaatlichen Vorgaben wie Ausbildung, Arbeitsmarkt, Arbeits- und Sozialrecht usw. Wo alles in Entscheidungen, die riskant werden, verwandelt wurde, muss von nun an sogar die traditionale Ehe *gewählt* und mit all den in sie eingebauten Widersprüchen als persönliches Risiko begründet und gelebt werden. […]

(Ulrich Beck, Vom Verschwinden der Solidarität; in: Süddeutsche Zeitung v. 14.02.1993)

Randnotizen:
alt / neu
Merkmal
? Sinn: Verdoppelung – Beleg
Konkretisieren – Situation heute
Rahmenbedingungen
„Jeder ist sich selbst der Nächste“

[Kasten] Thema, Grundbegriffe, These
[Unterstreichung] wesentlicher Inhalt
[Oval] Hilfe zur Gliederung des Textes

M 43a | Folie 1

Ulrich Beck: Vom Verschwinden der Solidarität

➤ Wahl- oder Bastelbiografie

↑

entsteht durch Auflösung und Ablösung

Individualisierung

paradoxer Zwang zur Selbstgestaltung

→ Risikoentscheidung

M 43b | Folie 2

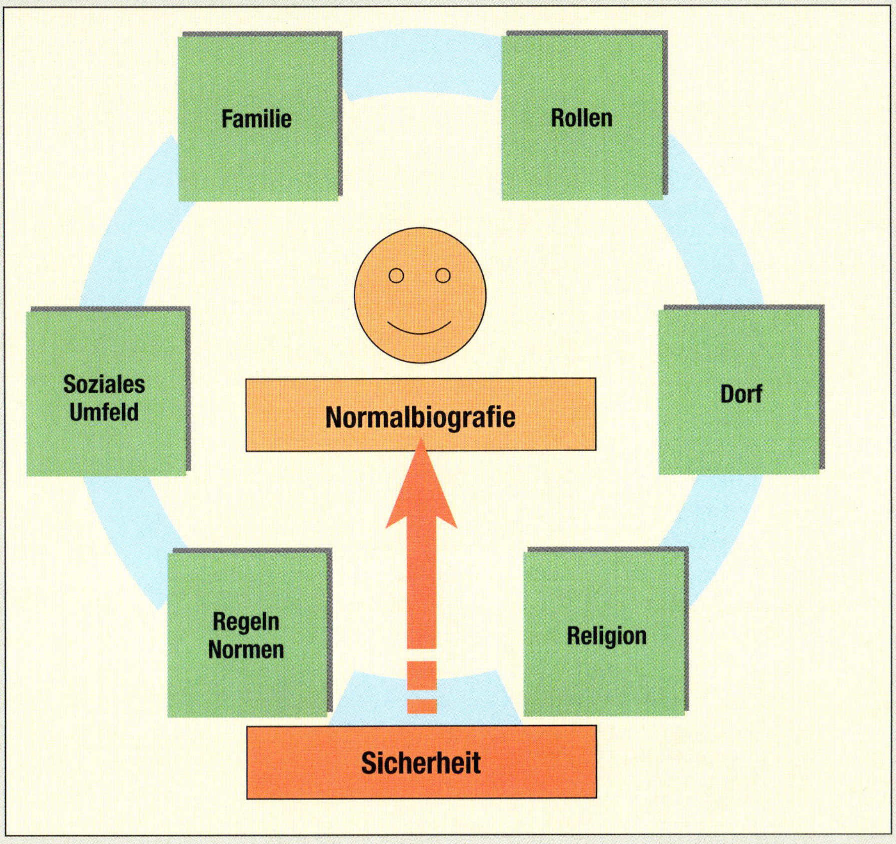
Familie
Rollen
Soziales Umfeld
Normalbiografie
Dorf
Regeln Normen
Religion
Sicherheit

M 44 | Reminiszenzen an den Überfluss – Der alte und der neue Luxus

[...]

Ich vermute also, dass es ganz andere Prioritäten sein werden, um die es bei künftigen Verteilungskämpfen geht. Knapp, selten, teuer und begehrenswert sind im Zeichen des wuchernden Konsums nicht schnelle Automobile und goldene Armbanduhren, Champagnerkisten und Parfüms, Dinge, die an jeder Straßenecke zu haben sind, sondern elementare Lebensvoraussetzungen wie Ruhe, gutes Wasser und genügend Platz.

Merkwürdige Verkehrung einer Logik der Wünsche: Der Luxus der Zukunft verabschiedet sich vom Überflüssigen und strebt nach dem Notwendigen, von dem zu befürchten ist, dass es nur noch den Wenigsten zu Gebote stehen wird. Das, worauf es ankommt, hat kein Duty Free Shop zu bieten:

1. Die Zeit. Sie ist das wichtigste aller Luxusgüter. Bizarrerweise sind es gerade die Funktionseliten, die über ihre eigene Lebenszeit am wenigsten frei verfügen können.

[...]

Aber auch andere Berufstätige sind an Regelungen gebunden, die ihre Zeitsouveränität auf ein Minimum beschränken. Arbeiter hängen von Maschinenlaufzeiten, Hausfrauen von Ladenschlusszeiten, Eltern von den Verfügungen der Schule ab, und fast alle sind auf Pendelfahrten zu den Spitzenverkehrszeiten angewiesen. Unter solchen Bedingungen lebt luxuriös, wer stets Zeit hat, aber nur für das, womit er sich beschäftigen will, und wer selber darüber entscheiden kann, was er mit seiner Zeit tut, wie viel er tut, wann und wo er es tut.

2. Die Aufmerksamkeit. Auch sie ist ein knappes Gut, um deren Verteilung sämtliche Medien erbittert kämpfen. Im Gerangel von Geld und Politik, Sport und Kunst, Technik und Werbung bleibt wenig von ihr übrig. Nur wer sich diesen Zumutungen entzieht und das Rauschen der Kanäle abschaltet, kann selbst darüber entscheiden, was Aufmerksamkeit verdient und was nicht. Unter dem Trommelfeuer arbiträrer Informationen nehmen unsere sinnlichen und kognitiven Fähigkeiten ab; sie wachsen mit der Reduktion auf das und nur das, was sie selber sehen, hören, fühlen und wissen wollen. Auch darin kann man ein Moment von Luxus sehen.

3. Der Raum. Was für die Ökonomie der Zeit der Terminkalender, ist für die des Raumes der Stau. Im übertragenen Sinn ist er allgegenwärtig. Steigende Mieten, Wohnungsnot, überfüllte Verkehrsmittel, Gedrängel in den Fußgängerzonen, Freibädern, Diskotheken, Touristenzonen zeigen eine Verdichtung der Lebensverhältnisse an, die an Freiheitsberaubung grenzt. Wer sich dieser Käfighaltung entziehen kann, lebt luxuriös. [...]

[Des Weiteren nennt Enzensberger:

4. Die Ruhe

Luxusgut Raum: sich der Käfighaltung entziehen

5. Die Umwelt

6. Die Sicherheit

und zieht dann seine Schlussfolgerung:]

Alles in allem laufen diese Mutmaßungen auf eine Kehrtwendung hinaus, die reich an Ironien ist. Wenn sie etwas für sich haben, dann liegt die Zukunft des Luxus nicht wie bisher in der Vermehrung, sondern in der Verminderung, nicht in der Anhäufung, sondern in der Vermeidung. Der Überfluss tritt in ein neues Stadium ein, indem er sich negiert. Die Antwort auf das Paradox wäre dann ein weiteres Paradox: Minimalismus und Verzicht könnten sich als ebenso selten, aufwändig und begehrt erweisen wie einst die ostentative Verschwendung.

(Hans Magnus Enzensberger, in: zickzack, Suhrkamp 1997, Auszug)

In welcher Gesellschaft leben wir eigentlich?

M 45 |

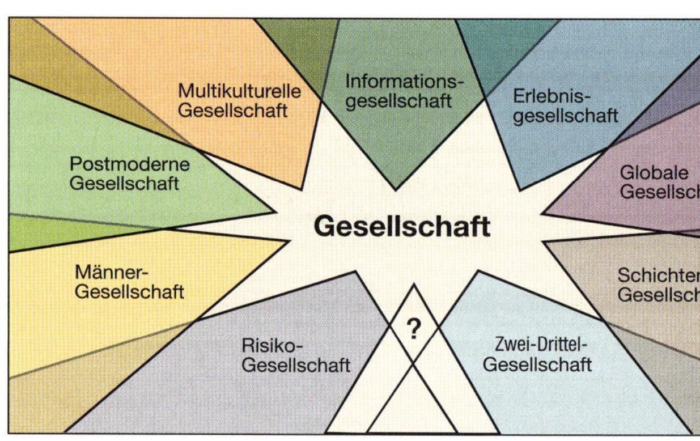

Aufgaben

1. Beschreiben Sie die Modelle in 1.3 (S. 65 ff.) und 1.4 (S. 74 ff.): Was an der Gesellschaft wird beobachtet, was gerät besonders in den Blick? Welche Merkmale der Sozialstruktur sind erfasst, welche ausgeblendet? Inwieweit und auf welcher Basis wird quantifiziert bzw. qualifiziert?
2. Welche empirischen Belege können aus der Sozialstrukturanalyse für das jeweilige Modell gewonnen werden? Ordnen Sie dazu die Aspekte aus 1.3 gewichtet zu.
3. Inwieweit unterscheiden sich die Modelle hinsichtlich ihrer „Reichweite": Zielen Sie auf Beschreibung, Typisierung oder bewertende Interpretation?
4. Welches Modell halten Sie für das zutreffendste, für das aussagekräftigste? Versuchen Sie, Ihre Entscheidung zu begründen. Hinweis: Hilfestellung können Informationen aus dem Text auf S. 76 bieten.

Projekt

Die Zusammenstellung der Begriffe im Schaubild M 45 stellt ein Angebot dar, das Charakterisierungen der gegenwärtigen Gesellschaft liefert. Verteilen Sie die Begriffe im Kurs und erstellen Sie arbeitsteilig PowerPoint-Präsentationen unter den Fragestellungen der Aufgaben 1–3.

1.6 Jugend im Wandel

➤ Abiturienten/innen 1963 – 1973 – 1983 und heute

M 46 | 1963

Abiturjahrgang einer Kleinstadt mit ca. 10 000 Einwohnern in Baden-Württemberg. In der örtlichen Tageszeitung finden sich dieses Bild und dazu die Mitteilung: „Die kirchliche Schulentlassfeier findet am Sonntag statt. Es wird ein Hochamt zelebriert".

M 47 |

1973 Stellen wir uns das Bild einer Abiturklasse des Jahres 1973 vor. Die Mädchen tragen noch die letzten Insignien der glorreichen Sechziger: Mit ihren schwarzen Wimpern, ihren weißen Rollkragenpullis, ihrem Kaugummiblick und ihren knallengen Jeans erzählen sie die Geschichte der sexuellen Revolution. Die Jungen mit ihrem milden, leicht bekifften, immer trotzigen Blick lächeln halb cool, halb verklemmt in die Kamera. Der Lehrer, älter, glatzköpfig, bemüht sich, Haltung zu bewahren, aber es gelingt ihm nicht, die Sache irgendwie unter Kontrolle zu behalten; er ist ein Verlierer, man sieht es deutlich. Nein, nicht jeder seiner Schüler ist auf den Pfad der Rebellion, der großen, weichen Motzigkeit gekommen, die damals die Breitenevolution der Jugendkulturen begründete. Man sieht deutlich die vier, fünf schüchternen Mädchen, die mit noch niemandem geschlafen haben und – da können wir fast sicher sein – den ersten Mann ihres Lebens bald darauf heiraten werden. Man sieht den Crack in Mathe, den sie in der Klasse „Eierkopf" nennen, und die drei, vier Streber um ihn herum, die schon recht gut jenes Aktentaschengesicht draufhaben, das ihre zukünftige Karriere begleiten wird. Aber selbst sie haben viel zu lange Haare. Und einen leichten Stand haben sie auch nicht.

Wer das Sagen hat, wer den kulturellen Ton angibt in den frühen Siebzigern, trägt die Haare bis zum Hintern, ist androgyn, cool, ein Hippie oder Freak, ein Rebell eben, ist anti, macht seinen Eltern Kummer.

Vor zwanzig Jahren konnte man solche Gruppenbilder landauf, landab und selbst in kleineren Städten finden.

1983 Wie aber wirkt das Ensemble zehn Jahre danach, sagen wir 1983? Ein Puzzle. Da sind sie immer noch, unsere coolen Freaks der Alternativ- und Friedensbewegung, die langen Haare sind ein bisschen besser gepflegt, die Insignien klarer, die Buttons eindeutiger, die Jeansjacken sauberer, als wäre das Bild schärfer geworden. Aber auf dem Bild befinden sich plötzlich auch ganz andere Stammesformen. Drei, vier Punks zum Beispiel, einer davon mit prächtigem Irokesenschnitt – und sehen wir da nicht ein kleines ruppiges Mädchen mit einer weißen Ratte auf der Schulter? Ganz vorne stehen drei Typen, die ganz in Schwarz gekleidet sind, wie die existenzialistischen Studenten in den Fünfzigern, und äußerst cool blicken sie ohne das geringste Lächeln oder Grinsen in die Kamera: Wir sind Experten für irgendwelche Popgruppen, die heute niemand mehr kennt. Aber schon in der zweiten Reihe finden sich erstaunlich neue Erscheinungen. Nein, das sind keine verunsicherten Streber mehr, das sind Schüler, die deutlich Karriere machen wollen und dafür auch einen Stil gefunden haben. Ihre blonden, gefönten Haare sind an den Seiten wegrasiert. Ihre breiten Schultern stecken in gut sitzenden Anzugjacken, einer trägt einen Kaschmirschal[1] um den Hals. Die genauere Anatomie dieses Gruppenfotos verrät uns auch, dass dieser Trupp keineswegs isoliert ist. Die schönsten Mädchen der Klasse haben sich unauffällig um ihn geschart.

Fazit Diese zwei kulturgeschichtlich wertvollen Bilder zeigen in groben Zügen die Evolution der frühen Wertewandelzeit: Aus einer rebellischen Ära formte sich das Patchwork der Subkulturen, der Stile und Gegenstile, wie wir es im Groben auch heute noch kennen. Diese „Subkulturisierung" führte im Verlauf der Achtziger dazu, dass die Maßstäbe für Rebellion und Anpassung allmählich völlig unter die Räder gerieten. Nun waren plötzlich bisweilen sogar Karrieristen rebellisch und Freaks gerieten in den Ruch der Konformität. Auf diesem Hintergrund können wir das nächste Bild betrachten – das heutige. [...]

(Matthias Horx, Trendbuch 1, Düsseldorf (Econ) 1993/96, S. 119–121)

[1] Kaschmirschal: Die ersten Anzeichen für eine Umdrehung der Revolte-Bewegungsrichtung waren die „Popper". Auch wenn diese Gruppe eher der Fantasie linker Stern-Redakteure entsprungen sein mag – sie wurden Anfang der Achtziger in den Hamburger Elbvororten ausgemacht –, signalisierte sie doch die Gründlichkeit, mit der linke und alternative Inhalte die Jugendkulturen hierzulande geprägt hatten. Plötzlich konnte man mit konservativen Werten, mit Anpassung provozieren!

Aufgaben

1. Reifeprüfung 1963 – „offizielles" Foto. Versuchen Sie eine Bildbeschreibung (s. Methodenschulung, S. 428 ff.).
2. Ergänzen Sie Ihr Ergebnis anhand der „Bildbeschreibungen" für die Jahre 1973 und 1983 (M 47).
3. Formulieren Sie Ihr Ergebnis zu „Jugend im Wandel" und setzen Sie die „Bildreihe" für heute fort.
4. Diskutieren Sie im Kurs, wie Ihr „offizielles Abiturfoto" aussehen sollte.

➤ Stichwort: Erlebnisgesellschaft

M 48

Erstes Bild: Restauration der Industriegesellschaft (zwischen Ende der 1940er- und Mitte der 1960er-Jahre)

[...] Als der Staub des Zusammenbruchs sich allmählich legte, wurden die Umrisse einer wohlvertrauten Großgruppenformation sichtbar. Die Gesellschaft der entstehenden Bundesrepublik reproduzierte eine Konfiguration sozialer Milieus, die insofern industriegesellschaftliche Züge hatte, als die Stellung im Produktionsprozess zentrales Kriterium der Definition von Milieuzugehörigkeit und Milieugrenzen war. Soziologisch gesehen stand die Nachkriegsgesellschaft dem 19. Jahrhundert näher als dem Jahre 1968.

[...] Durch die Zentrierung des Denkens auf die Stellung im Produktionsprozess wurde die soziale Wahrnehmung mit einer Vielzahl komparativer Kategorien ausgestattet, die oben und unten definierten: Einkommen, Weisungsbefugnisse, Qualifikationen, Prestige, Ausstattung mit Gütern. Das Zeichensystem der Besitzgegenstände besaß noch seine soziale Signifikanz. Man konnte aus dem Vorhandensein oder Nichtvorhandensein eines Autos, aus der Kleidung oder der Wohnungsausstattung halbwegs zutreffende Schlüsse auf die Schicht ableiten, welcher der andere angehörte.

Die alten milieuindizierenden Zeichen – Lebensstandard, Arbeit, Umgebung – waren noch aussagekräftig. Zum letzten Mal spielte Beziehungsvorgabe, das Hineingeborensein in einen sozialen und räumlichen Kontext, eine wichtige Rolle für die Konstitution sozialer Milieus.

[...] Einige Jahre lang schwelgt die Gesellschaft in der ephemeren Situation des unschuldigen Vergnügens. Nylonstrümpfe, Bohnenkaffee, Zigaretten, das erste Auto, die erste Reise in die Berge, die neue Sitzgarnitur, Himbeereis, Kino, rare Konzertabende im Gemeindesaal, Lichtbildervorträge usw. heben sich als vereinzelte alltagsästhetische Episoden vom Grau der Normalität ab.

Zweites Bild: Kulturkonflikt (zwischen Mitte der 1960er- und Ende der 1970er-Jahre)

Die traditionelle vertikale Schichtung sozialer Milieus wurde durch eine neue Bedingung der Milieuentstehung unversehens ihrer hierarchischen Eindeutigkeit beraubt. Machtvoll schob sich das Lebensalter in den Vordergrund der sozialen Wahrnehmung. Die jungen Gebildeten – Gymnasiasten und Studenten – waren das Milieu der Stunde. Vor dem Wahrnehmungsraster „jung/alt" erschienen hergebrachte Positionsbestimmungen von oben und unten als ambivalent, ja vorübergehend auf den Kopf gestellt. Man lernte in kurzer Zeit, dass es Perspektiven gab, aus denen das Establishment alt aussah.

[...] Was nicht, wie etwa Kleidung, Frisur und Ausdrucksweise, von vornherein als Altersgruppensymbol gemeint war, wurde durch altersgruppenspezifische Aneignung oder Ablehnung unversehens dazu: politische Haltungen, Wohn- und Familienformen, Karrieren und Antikarrieren.

[...] Damit wandelte sich auch die Thematik sozialer Auseinandersetzungen. An die Stelle der traditionellen Verteilungskämpfe traten Kulturkonflikte. Stilfragen, Ansichtssachen, Lebensphilosophien wurden subjektiv wichtiger als soziale Gerechtigkeit, Chancengleichheit, Steigerung des Lebensstandards.

[...] Der „Klassenkampf" wurde nicht von der Arbeiterklasse vorangetragen, sondern von angeblichen intellektuellen Stellvertretern, die das Vokabular des Klassenkampfes in die Symbolkultur ihres Milieus integrierten wie Jeans, freie Sexualität und Marihuana. [...] Auch in den Abwehrgesten der Angegriffenen kam deutlich zum Ausdruck, dass diese Zeit (vor allem das Jahrzehnt zwischen 1965 und 1975) maßgeblich durch einen Kulturkonflikt zwischen soziokulturellen Milieus gekennzeichnet war. [...] Die Einrichtung von Jugend- und Stadtteilzentren, die Förderung von Kleinkunst, die Entwicklung quartiersbezogener Programme war keine Umorientierung, sondern eine Ergänzung der Kulturpolitik. Die Definition des Publikums als Rezipientengemeinschaft wurde erweitert um die Definition des Publikums als Kulturproduzent. Magische Worte dieser kulturpolitischen Diskussionsphase sind etwa „Kreativität", „Selbstverwirklichung", „Autonomie", „Identität", „Selbermachen", „Aktivierung", „Animation". Der „Kulturarbeiter" der Siebziger- und Achtzigerjahre versteht sich als Auslöser kultureller Eigendynamik: Er will Denkanstöße geben, Initiativen in Bewegung bringen, schlummernde Potenziale wecken, aus der Passivität herausreißen, zum Mitmachen stimulieren.

Drittes Bild: Die Erlebnisgesellschaft (ab Anfang der 1980er-Jahre)

„Man versorge mich mit Luxus. Auf das Notwendige kann ich verzichten." (Oscar Wilde)

[...]

So entsprach das Motiv der Aufwärtsmobilität, kennzeichnend für das industriegesellschaftliche Stadium [...], einem hierarchischen Wirklichkeitsmodell; so entsprachen die Distanzierungsgesten im Stadium des Kulturkonflikts [...] einem horizontalkonflikthaften Wirklichkeitsmodell: Unkonventionalität auf der einen und offensiver Traditionalismus auf der anderen Seite. In beiden Fällen wurde die Milieustruktur in ihrer Gesamtheit repräsentiert. Erst in der Erlebnisgesellschaft existieren Geschmacksgruppen nebeneinander, ohne sich in ihrem Denken aufeinander zu beziehen [...]

Der Erlebnismarkt hat sich zu einem beherrschenden Bereich des täglichen Lebens entwickelt. Er bündelt enorme Mengen an Produktionskapazität, Nachfragepotenzial, politischer Energie, gedanklicher Aktivität und Lebenszeit. Längst sind Publikum und Erlebnisanbieter aufeinander eingespielt. Routiniert handhaben die Produzenten die ungeschriebenen Regeln des Erlebnismarketings, wobei sie immer mehr zu Techniken der Suggestion greifen. Nach wie vor ist der Erlebnismarkt eine Wachstumsbranche. Neben den früher dominierenden Wachstumspfad der Expansion (Erweiterung des Produktionsspektrums, Erweiterung der Absatzmengen bei gegebenen Produktarten, Erweiterung der Absatzgebiete) ist der Wachstumspfad der Intensivierung getreten (Steigerung der Erlebnisdichte, Verfeinerung, Qualitätssteigerung).

Routiniert sind auch die Nachfrager geworden. Alles ist ausprobiert, die etablierten Produkte ohnehin, aber auch, so paradox es klingen mag, die innovativen. Das Publikum ist an das Neue gewöhnt. Wenn Abwechslung zum Prinzip erhoben wird, gerät sie unter der Hand zur Wiederholung. Gleichmütig registriert das Publikum den unablässigen Strom der Mutationen von Erlebnisangeboten:

Moden und Trends, Informationen, Produktveränderungen, Gags der Erlebnissuggestion, Programminnovationen in den elektronischen Medien, Neuerscheinungen auf dem Musikmarkt und im Zeitschriftenhandel, letzte und allerletzte Entdeckungen im Tourismus, gewagte Neuinszenierungen, revolutionäre Stilbrüche, unerhörte Provokationen usw. [...] Der Erlebniskonsument der Gegenwart pflegt nicht außer sich zu geraten, wenn aber doch, dann dosiert und mit einem Hauch von Selbstironie.

(Gerhard Schulze, Die Erlebnisgesellschaft – Kultursoziologie der Gegenwart, Frankfurt/New York 6. Aufl. 1996, S. 532–549, Auszüge)

M 49

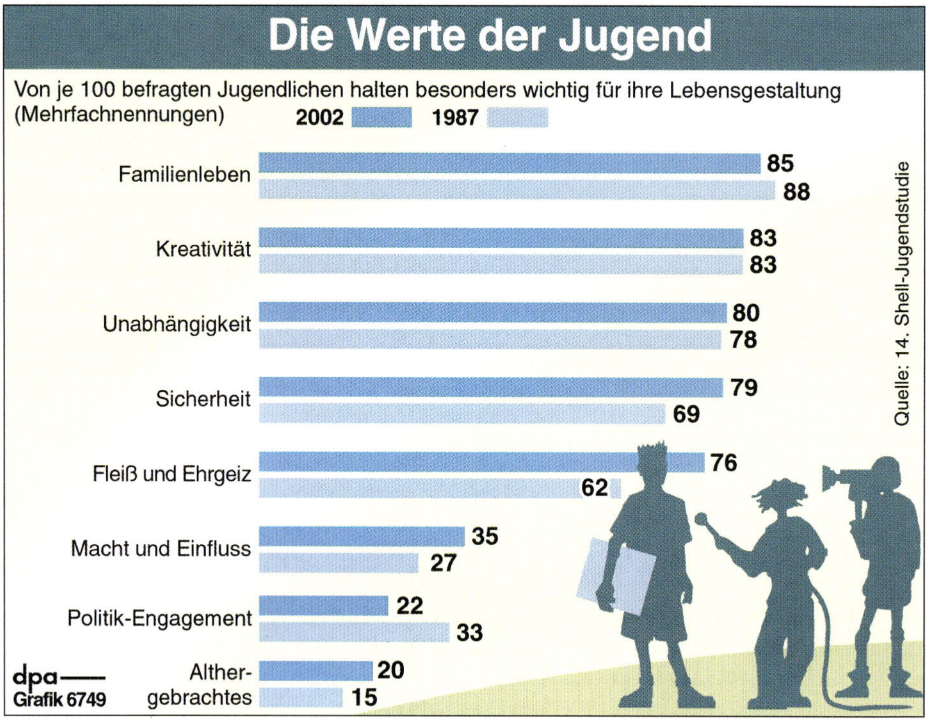

Aufgaben

1. Stellen Sie die Kennzeichen der drei beschriebenen Szenarien heraus. Sie können die Aussagen überprüfen:
   – bei sich selbst/Ihren Freunden;
   – in der Welt der Jugendlichen, auch unter Einbeziehung von M 49;
   – in der Erwachsenenwelt.

   Sie können untersuchen:
   Lebenswelten und politisches Selbstverständnis im Wandel (→ VI/2.4, S. 384 ff.).
2. Führen Sie eine Umfrage im Kurs nach den heutigen Werten (vgl. M 49) durch.

2. Auf dem Weg zur Informationsgesellschaft

Zu Beginn des 21. Jahrhunderts befindet sich Deutschland im Übergang zur Informationsgesellschaft, in der Wissen jederzeit, an jedem Ort und von jedermann abrufbar sein wird. Die durch die neuen Informations- und Kommunikationstechnologien angestoßene Entwicklung wird dabei in allen Lebensbereichen zu teilweise fundamentalen Veränderungen führen. Kaum ein Bereich des Privatlebens und der Arbeitswelt wird davon ausgenommen sein. Die neuen Informationstechnologien stellen die Schlüsseltechnologie für die Entwicklung der modernen Industriegesellschaft in den nächsten Jahren und Jahrzehnten dar. Wissenschaft und Forschung, Ausbildung und Wissen, kooperative, technische und organisatorische Fähigkeiten werden eine immer tragendere Rolle spielen. Kennzeichnend dafür sind die enormen Wachstumsprozesse des Wissens. Die Informationskultur beruht auf dem ständigen Fluss an Informationen und auf Maschinen, die sie verbreiten. Die Entfaltung globaler Netzwerke ermöglicht den Informationstransfer, dadurch wird die Kommunikation wichtiger als die Information selbst. Die Vision des „Wissen für alle" lässt Strukturen auftauchen, die sich durchaus vergleichen lassen mit dem Übergang von der Agrar- zur Industriegesellschaft. Die Konturen des Wandels lassen sich empirisch schon belegen an der Verschiebung der Erwerbstätigen in den verschiedenen Produktionssektoren. Durch die weitgehende Automatisierung der Routinevorgänge wird ein Wandel in der Qualifikationsstruktur für die noch zu verrichtende Arbeit notwendig. Diese Fundamentaländerung der Arbeitswelt wird häufig als dritte Phase der Industriellen Revolution bezeichnet. Der Wandel der Technik und der damit verbundenen Arbeitsorganisation hat umfassende Veränderungen der wirtschaftlichen, sozialen und politischen Strukturen zur Folge, deren Konsequenzen politisch zu bedenken sind. Verschaffen Sie sich mit den folgenden Materialien einen Überblick über die komplexen Zusammenhänge.

M 1|

M 2|Leitspruch

„Aus Arbeit wird auf dem Weg in die Zukunft nach und nach Arbyte."
(P. Glaser; zit. nach: Willke, Die Zukunft unserer Arbeit, S. 78)

M 3|

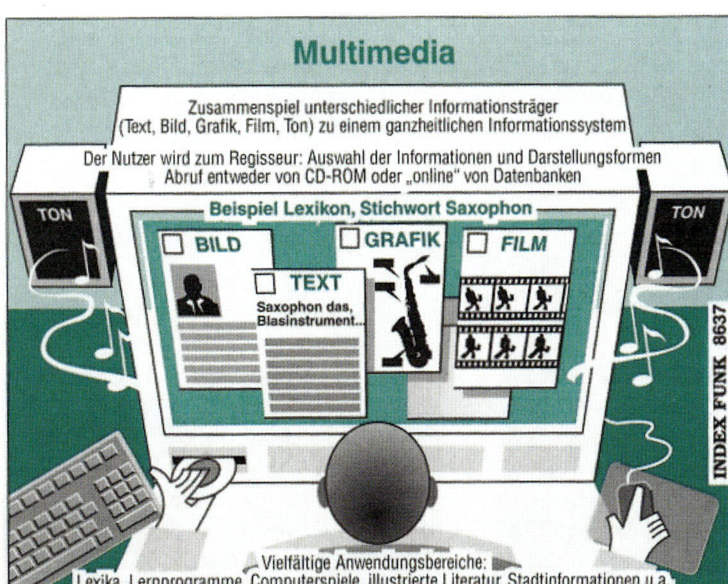

M 4 | Epochenschwellen

Der amerikanische Zukunftsforscher Toffler hat versucht, die seit 1980 neu entstehenden Lebensbedingungen und ihre gesellschaftliche Organisation in ein Konzept zur Entwicklung der Menschheit einzufügen.

	Erste Welle: Agrargesellschaft: 10 Tsd. Jahre bis 16. Jahrhundert	**Zweite Welle:** Industriegesellschaft bis Ende 20. Jahrhundert	**Dritte Welle:** Informationsgesellschaft
Symbolik	Acker	Fabrik; Fließband	PC; Minicomputer
Produktion	Handwerk, dezentral; große Stückzahlen	Massenproduktion, zentralisiert	individualisierte Produktion; große Typenvielfalt
Technologie	Pflug	Dampfmaschine; Verbrennungsmotoren	Quantenelektronik; Molekularbiologie
Energie	natürliche Energien; Wind, Wasser, Tiere	fossile Brennstoffe; Kernenergie	Fotozellen; erneuerbare Energiequellen
Industriebranchen	Bergbau	Kohle; Eisenbahn; Textil; Stahl usw.	Elektro- und Computerindustrie; Medienbranche
Raum	Sesshaftigkeit	funktionale Raumtypen (Trennung von Wohn- und Arbeitsplatz)	Auflösung der Trennung von Wohn- und Arbeitsplatz; Wohnung als elektronisches Heim
Orientierung	lokal; Ort, Stadt	national	global und lokal
Zeitbegriff	natürlich; erdverbunden	Aufteilung der Welt in Zeitzonen: linearer Zeitbegriff	Verkopplung unterschiedlicher Zeitzonen; polyzyklischer Zeitbegriff
Familie	Sippe; Großfamilie	Kernfamilie	entkernte Lebensformen
Weltbild/Medium	göttliche Ordnung	Massenmedien; industrielle Fortschritts-Konzepte	individualisierte Medien; diversifiziertes Angebot
Risiken	Verkarstung	Verschmutzung; atomare Verseuchung	biologische Gefahren; Elektrosmog; Informationsverschmutzung

(nach: Achim Bühl, Mythos und Realität der Informationsgesellschaft, 1996, S. 33)

Aufgaben

1. Erklären Sie anhand des Schaubildes M 3 den Begriff Multimedia. Erläutern Sie die zukünftige Arbeitsform und stellen Sie Vermutungen auf, welche Veränderungen für den Einzelnen und für das Unternehmen dadurch hervorgerufen werden.
2. Charakterisieren Sie die Informationsgesellschaft und begründen Sie, ob man hier von einer „Revolution" sprechen kann.

2.1 Strukturwandel der Arbeitsgesellschaft

Der Prozess der Arbeitsverschiebung ist seit der Industriellen Revolution im Gange. In dieser Entwicklung verändert sich die menschliche Arbeit. Körperliche Arbeit im produzierenden Gewerbe geht zurück, wird mehr und mehr durch Maschinen ersetzt, die die Produktivität erheblich steigern; der Dienstleistungssektor weitet sich aus. Wissenschaftler sprechen von der postindustriellen Phase. Traditionell werden nach dem französischen Ökonomen Jean Fourastie drei Wirtschaftssektoren mit ihrem Anteil an der Erwerbsbevölkerung gegeneinander abgegrenzt, um den Prozess der Industrialisierung zu verdeutlichen. Die zentrale Hypothese des Drei-Sektoren-Modells besagt, dass sich im Verlauf der langfristigen wirtschaftlichen Entwicklung von Ländern Veränderungen in der Bedeutung der Sektoren ergeben.

M 5 | Wirtschaftsstruktur im Wandel: Erwerbstätige nach Wirtschaftsbereichen im Vergleich

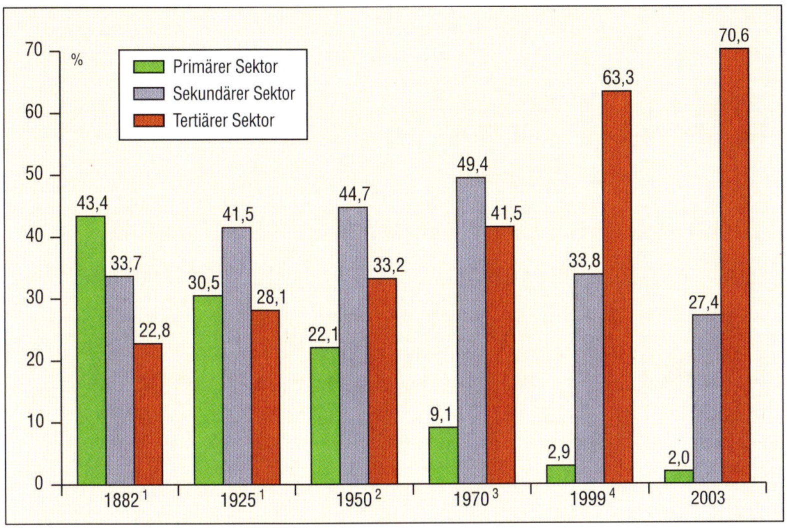

[1] Ergebnisse der Berufszählung im Reichsgebiet – Erwerbspersonen
[2] Ergebnisse der Berufszählung im früheren Bundesgebiet
[3] Ergebnisse des Mikrozensus April 1970 im früheren Bundesgebiet
[4] Ergebnisse des Mikrozensus April 1998 in Deutschland

(nach: Datenreport 1999, S. 90; akualisiert)

Primärer Sektor: alle auf der unmittelbaren Nutzung beruhenden Tätigkeiten: Land- und Forstwirtschaft, Bergbau, Fischerei.

Sekundärer Sektor: weiterverarbeitende Produktion, also Industrie und produzierendes Handwerk.

Tertiärer Sektor: öffentliche und private Dienstleistung, also Handel, Verkehr, Bildung, Verwaltung, freie Berufe.

Der Anteil des Dienstleistungssektors an der Wertschöpfung unserer Volkswirtschaft stieg von 1960 mit 41 Prozent über 1984 mit 55 Prozent auf 70,2 Prozent im Jahre 2003.

M 6 | Das Vier-Sektoren-Modell

Das Vier-„Sektoren“-Modell 1882–2010: Anteil der „Sektoren“ an der Gesamtzahl der Erwerbstätigen

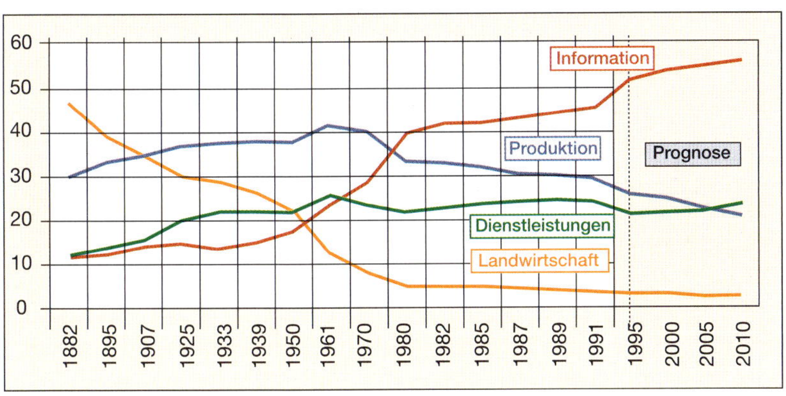

Durch Zuordnung der Erwerbstätigen zu Berufen mit dem Schwerpunkt „Informationstätigkeit“ lässt sich aus den drei traditionellen Sektoren Landwirtschaft, Produktion und Dienstleistungen ein vierter Sektor „Information“ herauslösen und in seiner Entwicklung gesondert darstellen.

(nach: Berechnungen des Instituts für Arbeitsmarkt- und Berufsforschung; Wochenschau 3–4/1996, Multimedia, S. 109)

Aufgaben

1. Beschreiben Sie die Tendenz der Entwicklung der Erwerbstätigenzahlen in den drei Wirtschaftssektoren und deren wirtschaftliches Gewicht (M 5). Welcher Trend ist feststellbar?
2. Gehen Sie die Stellenanzeigen einer Zeitung durch. Ordnen Sie die gesuchten Berufe den einzelnen Wirtschaftssektoren zu.
3. Erläutern Sie die Begriffe „Dienstleistungsgesellschaft“ und „Informationsgesellschaft“. Beziehen Sie dazu auch M 4 mit ein.
4. Erläutern Sie Vor- und Nachteile des Prozesses der Arbeitsverschiebung.

2.2 Arbeitswelt im Wandel: Veränderung eines Berufsbildes

Arbeits- und Berufswelt prägen zu einem erheblichen Teil Verhalten und Einstellungen in unserer Gesellschaft. Die Einführung neuer Technologien führt häufig zu einer Veränderung der Berufsbilder und Berufstätigkeiten, was Auswirkungen für den Einzelnen und für die Gesellschaft bedeutet. Das Humankapital wird dabei wichtiger als natürliche Ressourcen und Sachkapital. Das Wissen, die Qualifikation und die Motivation der Mitarbeiter wie auch die Innovationsfähigkeit der Unternehmen werden zu zentralen Faktoren der dynamischen Wissensgesellschaft. Diese Entwicklung sollen die folgenden Fotografien dokumentieren.

M 7

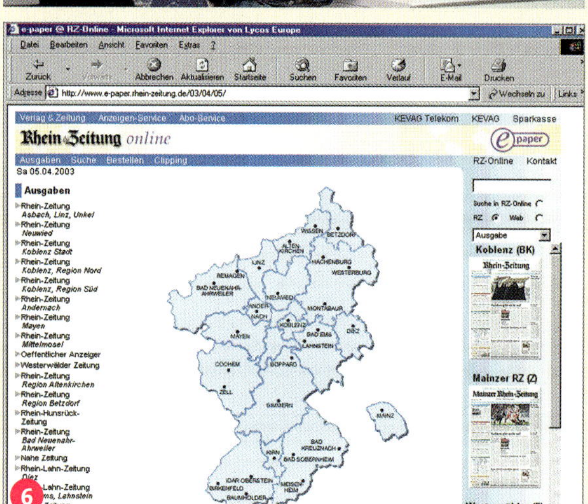

❶ Antike/Mittelalter bis 1500 – Schreiber am Schreibpult: Arbeitszeit für eine Bibel bis zu 1½ Jahre
❷ Renaissance/Neuzeit bis 1840 – Der Buchdrucker: Arbeitszeit für eine Bibel bis zu 20 Arbeitstage
❸ Neuzeit/neueste Zeit bis 1975 – Traditionelles Satzverfahren: Arbeitszeit eines Setzers für Druckvorlage einer Zeitungsseite ca. 5 Stunden
❹ Gegenwart ab 1975 – Neues Computersatzverfahren: Arbeitszeit eines Redakteurs für Konzeption und Eingabe einer Druckvorlage für eine Zeitungsseite ca. 3½ Stunden
❺ Telearbeit: selbstständige Arbeitsteilung – Mitglied eines virtuellen Teams
❻ E-Paper-Zeitung: Die Rheinzeitung bietet ihren Lesern die elektronische Zeitung als Ergänzung zur gedruckten Zeitung an.

M 8

Der Nachfolger von Diderot und d'Alembert, die mit ihrer 1751 begonnenen „Encyclopedie“ Weltruhm erlangten, lebt im Rentnerparadies St. Petersburg in Florida. Seine Mitarbeiter heißen nicht Rousseau, Voltaire oder Montesquieu, sondern Monica und Dany.

An seinem Arbeitsplatz gibt es keinen Globus und keine Bibliothek. Das Areal gleicht einer winzigen Rumpelkammer: Auf dem Boden liegen Papiere verstreut zwischen Tüten, einem Rucksack, Pappkartons und einer Kiste voll verworrener Computerkabel.

Mitten in diesem Chaos sitzt Jimmy Wales, ein entspannter Enddreißiger, dem das Hemd aus der Hose hängt. Hier organisiert er das Wissen der Menschheit. Und hier führt er eine Tradition fort, die von den Philosophen der französischen Aufklärung bis zum Brockhaus und zur Encyclopaedia Britannica reicht. Es gibt aber auch Leute, die sagen, dass er diese Arbeit nicht fortsetzt, sondern zerstört. Wales ist der Gründer von Wikipedia. Seine Online-Enzyklopädie ist ein für den modernen Jedermann offenes, basisdemokratisches Projekt: Mehrere zehntausend Menschen weltweit schreiben Beiträge, sie ergänzen oder korrigieren bestehende Artikel. Und sie diskutieren mitunter erregt, wie sie zum Beispiel den Irak-Krieg möglichst objektiv, fehlerfrei und aktuell darstellen können. Die Welt, sofern sie über einen Internet-Anschluss verfügt, hat sich mit ihm auf die Suche gemacht nach der einen, der einzigen Wahrheit.

Es gibt keine Redaktion, keinen Verlag und kein enormes Millionenbudget. Es gibt weder Werbung noch Benutzergebühren. Wikipedia verbreitet nicht die Erkenntnis von Nobelpreisträgern und Fachautoritäten, sondern die Weisheit der Massen: oft erstaunlich informativ, gelegentlich brillant, manchmal schludrig bis falsch, aber meistens aktuell – und immer umsonst. Wann hat es das schon einmal gegeben: eine Volks-Enzyklopädie, die auch vom Volk geschrieben wird?

[...] Wikipedia ist längst zum Symbol geworden – für eine neue Ära des Internet, im Szenejargon Web 2.0 genannt. In diesem neuen Web-Zeitalter spielen die Nutzer, die User, die Hauptrolle: Aus passiven Konsumenten werden höchst aktive Produzenten. Millionen Leser, Radiohörer und Zuschauer schaffen die Inhalte für sich und ihresgleichen selbst.

Wikipedia steht auf jenen zwei Säulen, die zugleich das Fundament dieser neuen Generation @ ausmachen: Einerseits wächst da eine neue Macht des Kollektivs heran, dessen vermeintliche Allwissenheit sich dauernd verändert und ständig zur Disposition gestellt wird.

Andererseits wird der Einzelne zum Machtfaktor. So entblößen sich Abermillionen im Netz – mal als Besserwisser bei Wikipedia & Co., mal im eigenen Online-Tagebuch, mal ganz profan mit verhuschten Nacktfotos vor der heimischen Schrankwandkombination.

So verändert ein Medium auch das Denken seiner Nutzer. Ich surfe, also sind wir.

Ein Heer von Freizeitforschern und Hobbyjournalisten, von Amateurfotografen, Nachwuchsfilmern und Feierabendmoderatoren hat das World Wide Web als Podium erobert. Das Internet ist zu einem bunten, chaotischen Mitmach-Marktplatz geworden, auf dem jeder nach Laune im Publikum sitzen oder die Bühne bespielen kann.

Ein wahres Welt-Theater, dessen Konsequenzen noch gar nicht abschätzbar sind. [...]

Bedeutet Masse auf einmal Klasse? Der amerikanische Wirtschaftsjournalist James Surowiecki glaubt: „Unter den richtigen Umständen sind Gruppen bemerkenswert intelligent und oft klüger als die Gescheitesten in ihrer Mitte.“ In seinem Buch „Die Weisheit der Vielen“ gibt er zahlreiche Beispiele für die These, dass Gruppen schlauer sind als Einzelne. Sein Ergebnis: „Im kollektiven Wissen liegt die Lösung.“

Was aber bedeutet das für die Medien-, Wissens- und Unterhaltungsindustrie? Werden ganze Branchen umgepflügt, werden Traditionskonzerne untergehen, weil sie sich nicht rechtzeitig der neuen Zeit angepasst haben und völlig neue Unternehmen oder gar Non-Profit-Bewegungen an ihre Stelle treten? Und welche Folgen hat es für die Gesellschaft, für Politik und Kultur, wenn Massenkommunikation eine Sache für jedermann wird? [...] Junge Internet-Firmen [...] gelten in Silicon Valley wieder als Stars, ihre Web-Seiten stehen für einen neuen Lebensstil. Ihr Konzept ist völlig anders als das früherer Internet-Pioniere. Sie betrachten ihr Publikum nicht als passive „User“, sondern als kreative, mitteilungsbedürftige Urheber und Gestalter, die sich fortwährend austauschen wollen und dabei ein bislang eher knappes, teures Gut völlig kostenlos produzieren: Inhalt. „User generated content“ und „social networks“ lauten deshalb die neuen Zauberworte, die Investoren und Trend-Gurus gleichermaßen elektrisieren. Stets gab es wenige – professionelle – Sender und viele, viele Empfänger.

myspace.com

Gründer: *Tom Anderson, Chris DeWolfe*
Gründung: *Juli 2003*
Größe: *93 Millionen Mitglieder*
Geschäftsmodell: *Kontakt- und Entertainmentbörse, vorwiegend für Teenager und Twens*

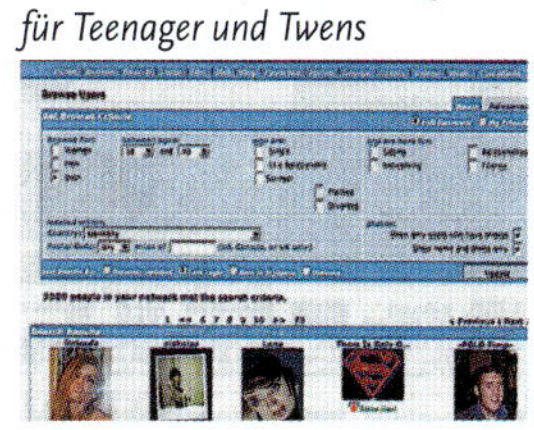

An dieser Grundregel wird jetzt kräftig gerüttelt. Denn das Internet im Jahr 2006 ist mehr als nur Vertriebskanal. Es ist zu einem Ort geworden, an dem die Leute sich unterhalten und darstellen, an dem sie ihr Wissen und ihre Interessen organisieren – oder ganz einfach mit Freunden herumhängen. Es steht für eine Demokratisierung der

Massenkommunikation, frei nach dem Motto: Mein Netz gehört mir! Eine Generation zieht sich online aus, manchmal wortwörtlich, manchmal, indem sie ihre Gefühle und Gedanken, ihren Alltag und ihr Familienleben offen präsentiert – die mediale Distanz lässt auch bisher gültige Schamgrenzen fallen. Der „gläserne Mensch", in der Vergangenheit für viele eine Schreckensvision, wird zunehmend zur Realität – für manche gar zum erstrebenswerten Ideal. Wer viel von sich preisgibt, wird interessant, er wird in anderen Blogs erwähnt oder mit „comments" überhäuft. Das ist die neue Ökonomie der Aufmerksamkeit. Für alle, die eine interessante Online-Version ihres realen Ichs haben, springt nebenbei ein Spiel mit Identitäten heraus – solange es keine Begegnung mit der Wirklichkeit gibt.

Doch es geht nicht nur um Selbstdarstellung, Web 2.0 wird auch Folgen für die politische und gesellschaftliche Entwicklung haben. Mit Blogs und Podcasts lassen sich in einer verlinkten Netz-Gemeinschaft in Windeseile Protest, Boykott und Unterstützung organisieren. Jeder kann seine Meinung über Politik oder Produkte äußern – und im Internet einen machtvollen Verstärker finden. Einst belanglose Splittergruppen können sich übers Web zu einflussreichen Fronten formieren.

Undemokratische Regierungen haben die Gefahr erkannt und versuchen mitunter, globale Suchmaschinen wie Google zu domestizieren – siehe China. Motto: Freiheit, die sich nicht googlen lässt, existiert auch offline nicht.

Einer der wesentlichen Charakterzüge des Web 2.0 aber ist die kollektive Intelligenz: Die Weisheit der Massen erweist sich oft als schneller und aktueller, tiefgründiger sowie – durch zahlreiche Links – breiter als herkömmliche Artikel, Fachbücher oder Forschungsprojekte.

„Die einfache Orientierung an klassischen Autoritäten bricht zusammen", sagt der Berliner Kommunikationswissenschaftler Norbert Bolz. Anwälte und Ärzte, Journalisten, Lehrer, Professoren und Politiker – alle, die professionell mit Wissen umgehen, seien einem Erosionsprozess ausgesetzt: „An die Stelle von Autorität tritt dieses eigentümliche, breit gestreute, selbstkontrollierte Netzwerk-Wissen." [...]

Kaum abzusehen sind die Folgen für die Politik. Neben den traditionellen Nachrichtenmarkt mit seinen professionellen Kommentarseiten, Titelgeschichten, Interviews und Enthüllungen tritt ein anschwellendes Stimmengewirr von politischen Blogs und Podcasts. Die sorgen – in den USA schon deutlich spürbar, in Deutschland erst allmählich – für größere Meinungsvielfalt. Aber zugleich radikalisieren und polarisieren sie auch die Debatte. „Übers Internet kommen Leute zusammen, die eigentlich nicht miteinander sprechen sollten", sagt Zukunftsforscher Saffo. Die christlichen Fundamentalisten Amerikas zum Beispiel fanden früher viel schwerer zueinander, sie waren in größere Gemeinschaften eingebunden und konnten ihre Vorstellungen nicht so leicht verbreiten.

Das Web wurde zum idealen Instrument, um ihren Einfluss auf Politik und Gesellschaft zu verstärken. „Das ist soziales Dynamit", sagt Saffo. Er glaubt, dass im Netz viele selbstgewählte virtuelle Gemeinschaften entstehen, die nach eigenen Gesetzen funktionieren und ihre eigene kulturelle Identität entwickeln. Das Internet, sagt er, werde zu einem „völlig unvorhersehbaren Verstärker sozialer Trends".

(„Du bist das Netz", in: Der Spiegel, Nr. 29 v. 17.07.2006, S. 60–74)

M 9 | Entwicklung des Internet-Datenverkehrs

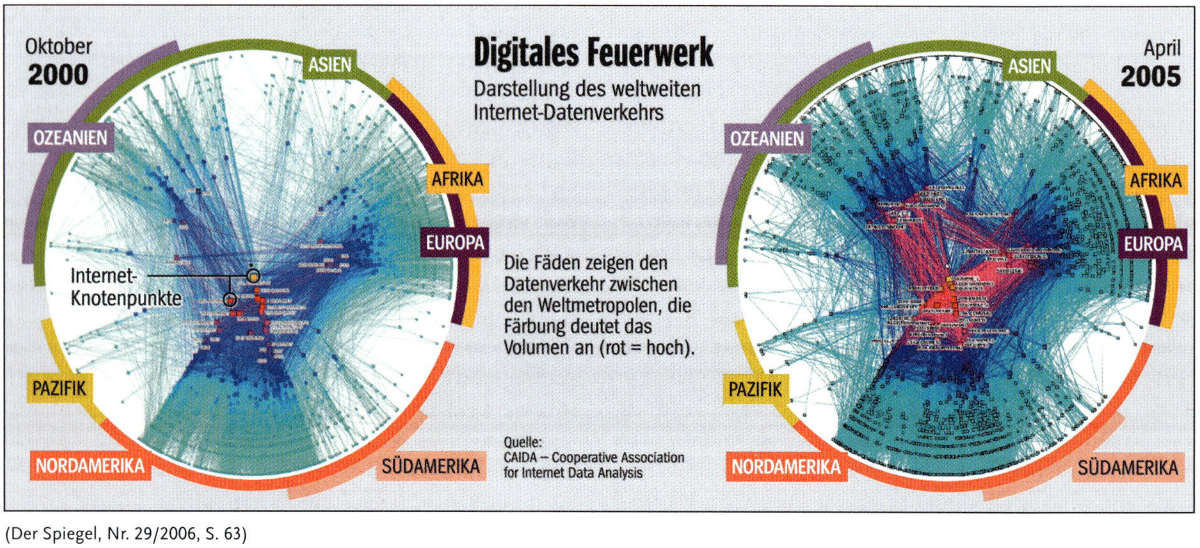

(Der Spiegel, Nr. 29/2006, S. 63)

Aufgaben

1. Charakterisieren Sie die Berufstätigkeit und die Berufsbilder zu den verschiedenen Zeitpunkten (M 7). Achten Sie dabei auf die Merkmale der Arbeit und die eingesetzten Techniken.
2. Stellen Sie die Veränderungen durch das Internet dar. Zeigen sie die Auswirkungen auf Wirtschaft, Gesellschaft, Kultur und Politik. Erläutern Sie den Begriff selbstkontrolliertes Netzwerkwissen.
3. Diskutieren Sie die Möglichkeiten und Grenzen des Internet als Medium für mehr Demokratie.
4. Diskutieren Sie, ob sich mit dem Wandel der Arbeit auch neue Perspektiven für Frauen ergeben (→ II/3.).

2.3 Stichwort: Berufsorientierung und Berufswahl

Die Mikroelektronik hat Produktions- und Informationstechniken entstehen lassen, die die Arbeitswelt einem tiefgreifenden Wandel unterworfen haben. Die Verwirklichung der Informationsgesellschaft führt zu einem Umbau der Arbeitswelt in Fabriken und Büros. Durch die Automation verschwinden ganze Berufe, andere Berufe entstehen neu. Der Anpassungsprozess erfolgt aber größtenteils durch die Wandlung des bisherigen Berufsbildes. Der technische Wandel „entwertet" Qualifikationen und Ausbildungsabschlüsse, die weniger oder gar nicht mehr nachgefragt werden.

Diese Entwicklung erzeugt Unsicherheit bei Jugendlichen und stellt sie vor schwerwiegende Fragen: Welche Fähigkeiten werden von mir zukünftig gefordert und wie kann ich mich angesichts der unaufhörlich sich verändernden wirtschaftlichen Entwicklung angemessen auf das Neue vorbereiten? Die Materialien sollen helfen, den komplizierten Entscheidungsprozess zu erleichtern.

M 10 | Der Beruf der Zukunft

High-Tech-Nomaden: Arbeitsplatz der Zukunft?

Montag morgens um sieben macht Ingolf Wittmann mobil. Der 37-jährige IBM-Vertriebsbeauftragte packt seinen Laptop in den Kofferraum seines Renault-Megane und fährt von Aidlingen in die Stuttgarter Niederlassung des Computerherstellers. Im Großraumbüro hat er die freie Auswahl unter den 18 Schreibtischen (für 36 Mitarbeiter). Frühaufsteher Wittmann sichert sich seinen Lieblingsplatz am Fenster, zieht den Rollboy heran, schiebt seinen Personal-Computer an die Docking Station des firmeneigenen Netzes und kalkuliert ein Angebot für einen Kunden in Schwäbisch Hall. Am Dienstag geht's dann nach Mannheim und Baden-Baden, Mittwoch wird zu Hause gearbeitet. Seitdem Wittmann auf mobile Telearbeit gepoolt, total vernetzt und ständig erreichbar ist, fühlt sich der EDVler „freier und flexibler", aber auch „irgendwie ruhelos" – Wohnen, Arbeit, Freizeit, in der schönen neuen Arbeitswelt „ist alles im Fluss". [...]

Im Zuge der Globalisierung mutiert Arbeit zur Ware, die weltweit immer schneller neu verteilt wird. Ihr Anbieter avanciert zum „**Lebensunternehmer**, der sich seinen ganz persönlichen Lebenspfad zurechtschneidert", so Christian Lutz, Leiter des Schweizer Gottlieb-Duttweiler-Instituts. Der Arbeitnehmertyp des 19. Jahrhunderts findet in der hoch technisierten Zukunftswirtschaft kaum noch Platz. [...] Mittlerweile, stellt die Kommission für Zukunftsfragen der Freistaaten Bayern und Sachsen fest, arbeitet in Deutschland ein Drittel aller abhängig Beschäftigten in sogenannten Nicht-Normalarbeitsverhältnissen wie Teilzeit, [nicht sozialversicherungspflichtigen, d. Verf.] 610-Mark-Jobs, Zeit- oder Heimarbeit. Setze sich der Trend fort, wird in 15 Jahren die Hälfte aller Arbeitnehmer ohne Vollzeitstelle sein. Darauf deuten auch die Pläne der Manager hin. Laut Ifo-Umfrage wollen die Unternehmen künftig sämtliche neuen Beschäftigungsformen stärker nutzen, besonders große Zuwächse wird die Telearbeit verzeichnen. Stammbelegschaften schrumpfen, den immer kleineren Kern der Unternehmen umgibt ein neuer Mittelstand selbstständiger Netzwerker. An die Stelle einer lebenslangen Bindung zwischen Arbeit- und Unternehmer, prophezeit der Münchner Sozialforscher Burkart Lutz, werden „**berufsfachliche Arbeitsmärkte**" treten, auf und zwischen denen die Mitarbeiter „frei flottieren" werden. [...]

Die neuen Dienstleistungstechniken werden jedoch nicht nur eine neue Selbstständigkeit hervorrufen, sie werden auch die Anforderungen an die Beschäftigten in den Betrieben verändern. Aus den gehorsamen Arbeitssoldaten von einst werden angestellte Unternehmer.

Schon heute sind in vielen Firmen die Mitarbeiter selbst für Auftragsabwicklung, Qualitätskontrolle oder Fehlzeitenmanagement zuständig. Künftig, wenn sich selbst Industriebetriebe zu Softwarehäusern mit angeschlossener Fertigungsabteilung wandeln, werden immer mehr Beschäftigte auch mit Entwicklungsaufgaben betraut.

(Michael Sauga/Dietmar Student, in: Wirtschaftswoche Nr. 15, 3.4.1997, S. 36 ff.)

M 11 | Die fragmentierte Erwerbsbiografie

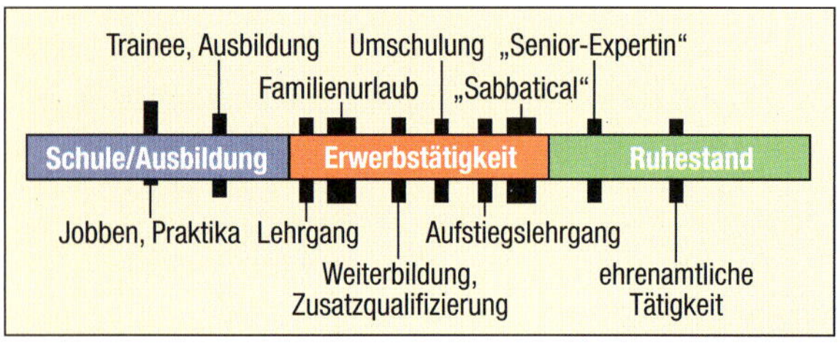

An die Stelle der ein ganzes Arbeitsleben andauernden Erwerbstätigkeit in einem Normalarbeitsverhältnis tritt eine allgemeine Tauglichkeit für Erwerbsarbeit: „lifetime employment“ wird durch „lifetime employability“ ersetzt – die Bereitschaft und die Fähigkeit, im Laufe der Zeit mehrere Berufe bzw. Tätigkeitskombinationen auszuüben.

(nach: C. Willke, Die Zukunft unserer Arbeit, Frankfurt/New York 1999, S. 144, S. 156 ff.)

M 12 | Aus der Internetwerbung einer Arbeitsvermittlungsfirma

(http://members.aon.at/jobkaiser/arbwelt.htm; 31.3.2003)

➤ Schlüsselqualifikationen für zukünftige Berufsanfänger

M 13 | Das Wissen der Zukunft

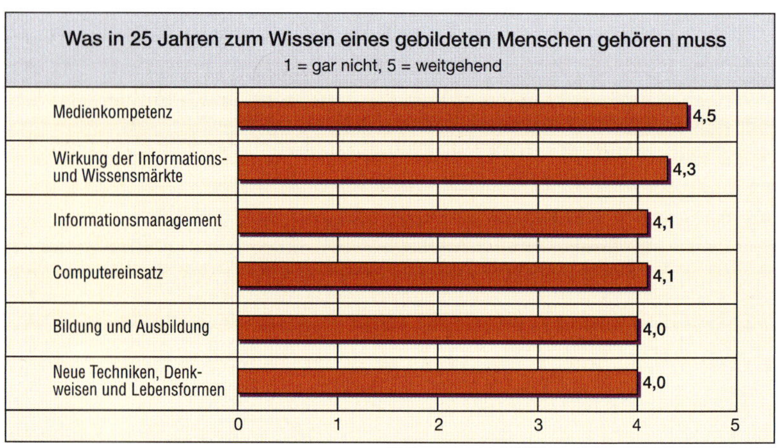

(nach: Institut der deutschen Wirtschaft, Köln 2001)

M 14a | Was Unternehmen von Auszubildenden verlangen

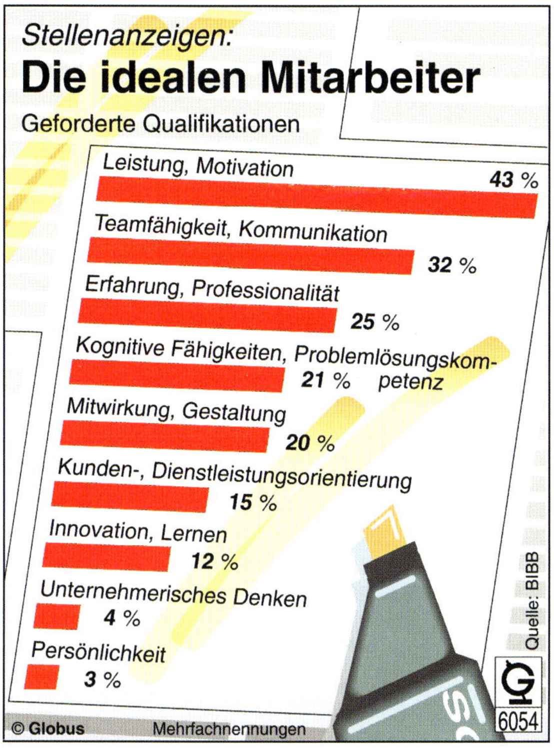

M 14b | Internationale Qualifikationen

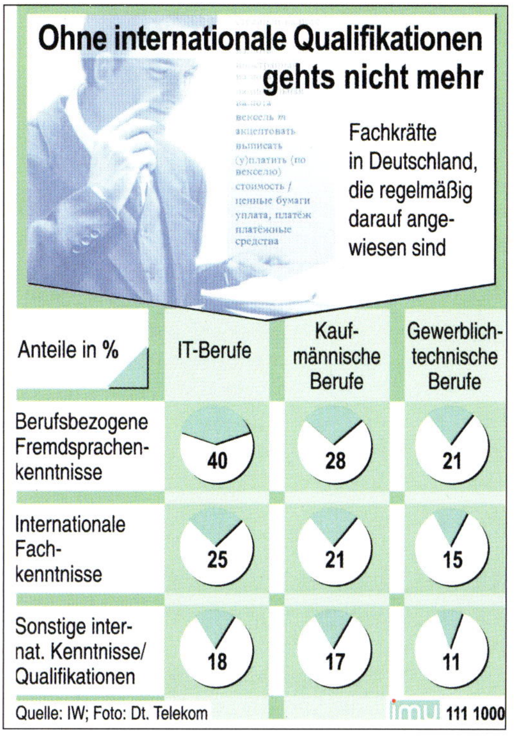

Aufgaben

1. a) Beschreiben Sie die notwendigen Veränderungen bei der Berufsausbildung (Lerninhalte und Ausbildungsmethoden, Schulausbildung und Unterrichtsorganisation) im Blick auf die geforderten „Schlüsselqualifikationen".
   b) Diskutieren Sie, ob die Schule Inhalte und Methoden nach solchen Ansprüchen ausrichten sollte.
2. Erörtern Sie die Folgen des Einsatzes der Mikroelektronik für die Anforderungen an den Unternehmer und die Beschäftigten.
3. Erläutern Sie den Begriff „fragmentierte Erwerbsbiografie" (M 11). Wie beurteilen Sie diese Entwicklung? (→ IV, S. 199 ff.)
4. Schildern Sie mögliche Auswirkungen neuer Arbeitszeitmodelle auf Familienleben und Freizeitverhalten (s. S. 198 ff.).
5. Diskutieren Sie: Inwieweit ist der Strukturwandel ein Erklärungsansatz für die derzeitige Arbeitslosigkeit? (→ IV/1., insbesondere M 10, S. 192)
6. Diskutieren Sie, ob durch Multimedia das Problem der Arbeitslosigkeit verringert werden kann.

Neben dem Berufswahlunterricht und den vielfältigen Informationen zur Entwicklung des Arbeitsmarktes von der Bundesagentur für Arbeit und dem Arbeitsamt könnte eine Betriebserkundung eine sinnvolle Ergänzung und Vertiefung der hier angesprochenen Fragen und Probleme bieten. Bei einer solchen Erkundung sollten Sie feststellen, in welchem Maß die Mikroelektronik im Betrieb schon Einsatz findet und wie Geschäftsleitung und Betriebsrat deren Nutzen und deren Sozialverträglichkeit beurteilen.

Weitere Informationen finden Sie im Internet:

www.arbeitsagentur.de Bundesagentur für Arbeit
www.iab.de Institut für Arbeitsmarkt- und Berufsforschung bei der Bundesagentur für Arbeit

3. Die Gleichberechtigung der Frau – und des Mannes?

Die Geschichte der Frauenbewegung in Deutschland beginnt in den 40er-Jahren des 19. Jahrhunderts als Ausdruck eines gemeinsamen Protestes gegen die jahrhundertelange rechtliche, wirtschaftliche und politische Unterdrückung der Frau im privaten und öffentlichen Bereich. Die bürgerliche und die proletarische Frauenbewegung, als deren Gründerinnen Louise Otto-Peters auf der einen, Clara Zetkin auf der anderen Seite angesehen werden können, stimmten in einem Punkt überein: in der Bedeutung der Berufsarbeit der Frau für die Erlangung weiterer Rechte. Beide sahen zudem die Gleichberechtigung im Rahmen notwendiger gesellschaftlicher Veränderung, wenngleich Uneinigkeit über Ziele und Mittel des Kampfes (Reform oder Revolution) bestand. Redeverbot, Versammlungs- und Vereinsverbot standen den Bewegungen lange Zeit entgegen. Das Frauenwahlrecht in Deutschland wurde erst 1918 mit der Weimarer Republik erreicht. Einzelne Frauen gelangten in politische Spitzenpositionen (**s. Fotocollage**), jedoch herrscht insgesamt eine deutliche Unterrepräsentanz im politischen und wirtschaftlichen Bereich vor (→ **3.3**).

Art. 3, Abs. 2 des Grundgesetzes bestimmt: „Männer und Frauen sind gleichberechtigt". Im Zuge der Verfassungsüberarbeitung nach der deutschen Einheit hat der Gesetzgeber 1994 einen weiteren Satz angefügt: „Der Staat fördert die tatsächliche Durchsetzung der Gleichberechtigung von Frauen und Männern und wirkt auf die Beseitigung bestehender Nachteile hin" (→ **3.1**). Mit der Festschreibung als Grundrecht ist nicht gesagt, dass die Gleichberechtigung in allen wirtschaftlichen und sozialen Beziehungen verwirklicht ist, deren Regelungen den freien gesellschaftlichen Kräften überlassen ist (Problem der *,Drittwirkung'* von Grundrechten). Im Sinne unseres Verständnisses von Rechts- und Sozialstaat greift der Staat aber zunehmend auch in diese Bereiche mit gesetzlichen Regelungen ein, und wo er dies tut, muss er für die Gleichberechtigung von Männern und Frauen sorgen. Die Verfassungsänderung zielte darauf, der sozialen Gleichheit im staatlichen und gesellschaftlichen Bereich zur stärkeren Durchsetzung zu verhelfen (→ **3.2**). So wie sich die Frauenbewegung schon immer im europäischen und internationalen Kontext sah, verpflichten sich heute die Organisationen der Europäischen Union und der Vereinten Nationen auf das Gleichberechtigungsziel. Nach kontroverser Diskussion über die Formulierung wurde in der Aktionsplattform der 4. UN-Weltfrauenkonferenz von 1995 festgelegt: „Frauenrechte sind Menschenrechte". Die Kategorie *Gender* (Geschlecht) wurde in die internationale Politik eingeführt als konstituierendes Element von Entwicklung und Demokratie(→ **3.4**).

Gleichberechtigung ist auch ein Entwicklungsproblem, sodass sich in jedem Staat unterschiedliche Aufgaben stellen. Ungleichheit zwischen Männern und Frauen wird vielfach durch andere Formen wirtschaftlicher und sozialer Ungleichheit überlagert. Alle 189 Staaten, welche 1995 die UN-Plattform unterzeichneten, stellten jedoch übereinstimmend fest: „In keiner Gesellschaft stehen Frauen die gleichen Möglichkeiten offen wie den Männern." Eine neue Weltfrauenkonferenz wurde zehn Jahre später bewusst nicht einberufen, denn man erwartete Rückschläge. Stattdessen stellte man in einer kleineren Überprüfungskonferenz 2005 fest, dass letztlich in keinem Bereich und in keiner Weltregion die Aktionsplattform umgesetzt worden ist. Mehrere Wochen harter Verhandlungen waren nötig, um eine bloße Bestätigung der Plattform zu erreichen, die dennoch von den USA nicht angenommen wurde.

Neues Vorzeichen der internationalen Debatte ist heute ein religiöser Fundamentalismus, der sich in allen Religionen zulasten von Frauenrechten und der damit verbundenen Modernisierung auswirkt, denn Modernität und Weltlichkeit bestimmen sich in einer Gesellschaft stark nach der Rolle und Position der Frauen. Vorzeichen der deutschen Debatte sind der *demografische Wandel* und der Rückgang der Kinderzahlen. Genau diese Frage ist aber kein „Frauenthema", sondern betrifft beide Geschlechter. Welche Rahmenbedingungen werden politisch geschaffen? Welche Rollen übernehmen Männer und Frauen? (→ **3.5**). Und: Worum geht es Ihnen heute beim Thema Gleichberechtigung gegenüber den Zielen Ihrer Mütter und Väter?

Frauen, die ihre Länder präg(t)en

Mary Robinson (Irland)

Angela Merkel (BRD) mit Han Myung Sook (Südkorea)

Golda Meir (Israel)

Maggie Thatcher (Großbritannien)

Indira Gandhi (Indien)

Julia Timoschenko (Ukraine)

Gro Harlem Brundtland (Norwegen)

Michelle Bachelet (Chile)

Ellen Johnson-Sirleaf (Liberia)

Benazir Bhutto (Pakistan)

M 1 | Deutsche Frauen zum Stand der Gleichberechtigung

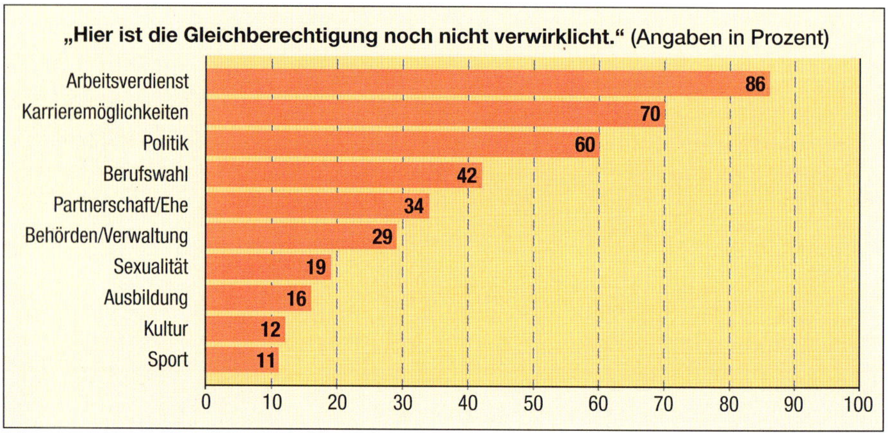

(nach: http//www.bmfsfj.de; 15.2.2005)

M 2 | Ist Privates politisch?

Die jüngste Untersuchung zu Zukunftsvorstellung und Orientierungen der jungen Generation stellt eine weitgehende Angleichung bei jungen Frauen und Männern fest. Typisch weibliche und typisch männliche Lebensmuster scheint es danach nicht mehr zu geben, dagegen scheinen die Unterschiede innerhalb der Geschlechter beträchtlich. Familienorientierung, Berufsorientierung, Suche nach Partnerschaftlichkeit: In allen diesen Feldern seien die Übereinstimmungen zwischen den Geschlechtern groß. Wie passt dieses Ergebnis der 13. Shell-Jugendstudie „Jugend 2000“ zu den im Alltag erfahrenen und statistisch belegbaren Unterschieden in den Lebensweisen und Lebenschancen von Frauen und Männern? Diese Unterschiede geben weiterhin Anlass, Frauen in vielen Lebensbereichen als benachteiligt anzusehen.

Die aktuellen Lebenslagen junger Frauen sind durch neue Probleme geprägt und durch andere öffentliche Diskurse gerahmt, als dies in den 1980er- und zu Beginn der 1990er-Jahre der Fall war. Der jungen Generation fehlt die biografische Erfahrung des offen hierarchischen, „patriarchalischen“ Geschlechterverhältnisses, des Ausschlusses von Frauen aus Bildung und qualifizierter Erwerbsarbeit. Viele der von der Frauenbewegung erkämpften Erfolge sind für sie heute selbstverständlich; viele feministische Forderungen bleiben ihnen daher fremd. [...] Geschlechtsspezifische Diskriminierung und soziale Ungleichheit haben sich zwar nicht aufgelöst, aber sie haben ihre unmittelbare Erfahrbarkeit – und damit ihre Deutungskraft für die eigene Situation – weitgehend verloren: An ihre Stelle tritt eine individualistische Sicht von Chancen und Lebensformen. Wir haben es also mit einem neuen Deutungsmuster zu tun, das „Selbstkontrolle, Selbstverantwortung und Selbststeuerung“ betont und Ungleichheit im Status und den Lebenschancen dem Einzelnen als Folge individueller biografischer Entscheidungen zurechnet [...]. Für die meisten Mädchen und jungen Frauen ist es ein Deutungsmuster, auf das sie sich positiv beziehen und das subjektiv wie objektiv Handlungsspielräume für sie schafft. Der Bezug auf das Geschlecht scheint ihnen dagegen wenig zur Erklärung ihrer Erfahrungen beizutragen. Im Gegenteil – den Hinweis auf „frauenspezifische“ Benachteiligung erleben sie selbst als diskriminierend.

(Birgit Geissler/Mechthild Oechsle, Die Modernisierung weiblicher Lebenslagen; in: Aus Politik und Zeitgeschichte, 31–32/2000, S. 11 ff.)

Aufgaben

1. Recherchieren Sie zu einer oder mehreren der in der Fotocollage (S. 107) abgebildeten Frauen und stellen Sie Biografie, politischen Hintergrund und Einflussnahme vor.
2. Führen Sie entsprechend M 1 eine Befragung in Ihrem Kurs durch. Werten Sie das Ergebnis insgesamt und getrennt nach Mädchen/Jungen aus.
3. Vergleichen und diskutieren Sie die Einschätzungen. Überprüfen Sie im Verlauf des Kapitels, inwieweit sie mit der gesellschaftlichen Realität übereinstimmen.
4. Diskutieren Sie in Ihrem Kurs, ob die Aussagen von Geissler und Oechsle (M 2) mit Ihren Erfahrungen übereinstimmen. Welche Chancen und Risiken bringt das erwähnte „neue Deutungsmuster“?

3.1 Rechtsstellung der Frau – Gibt es noch unerreichte Ziele?

Recht ist „geronnene Politik“. So reflektieren die rechtlichen Veränderungen (M 4) gesellschaftlichen Wandel und veränderte politische Mehrheiten in der Bundesrepublik. Der Einigungsvertrag von 1990, der die Modalitäten für den Beitritt der DDR zur Bundesrepublik Deutschland regelt, enthält den Auftrag, „die Gesetzgebung der Gleichberechtigung zwischen Männern und Frauen weiterzuentwickeln“ und bei der „Erwerbstätigkeit von Müttern und Vätern die Rechtslage unter dem Gesichtspunkt der Vereinbarkeit von Familie und Beruf zu gestalten“.

M 3 |

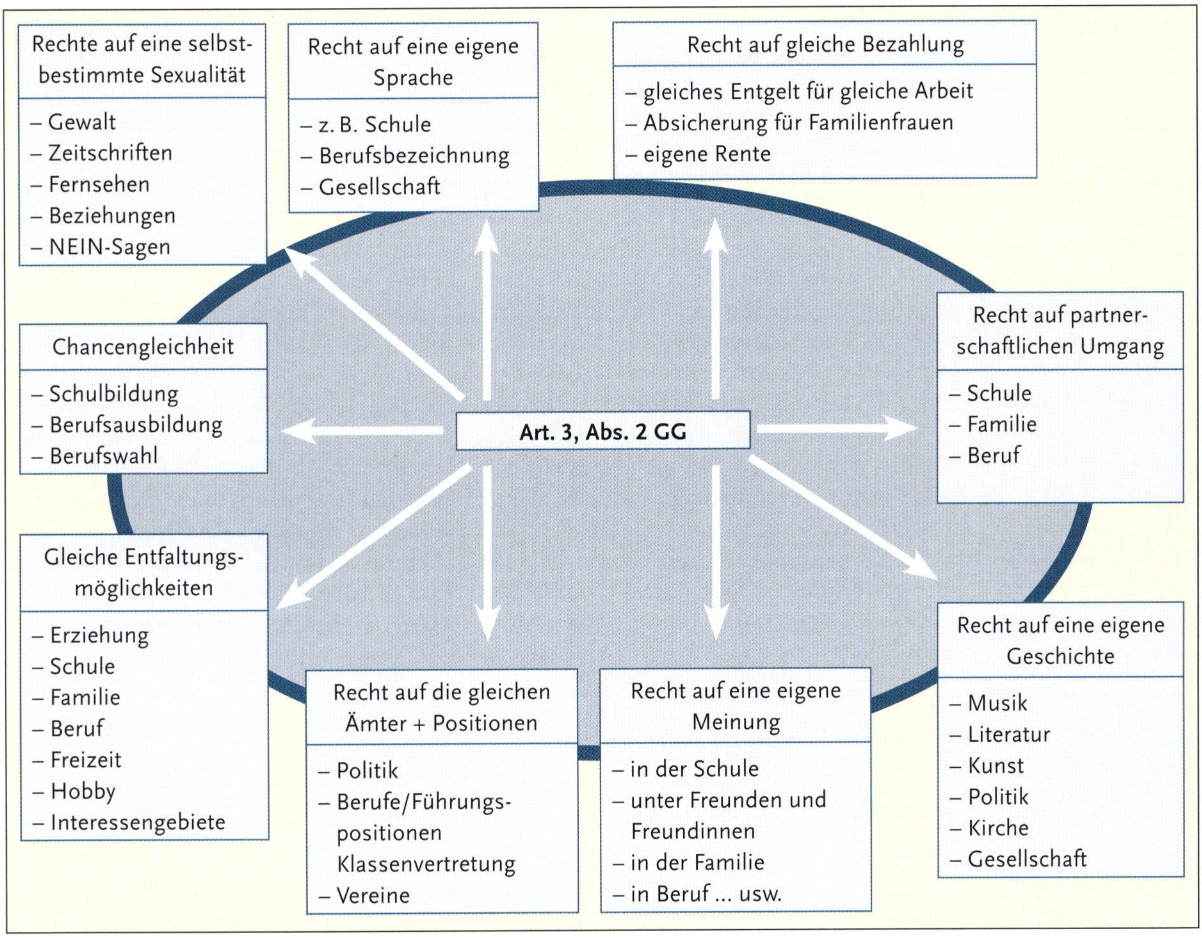

(nach: Jutta Luft; in Politik und Unterricht, Landeszentrale für politische Bildung Baden-Württemberg (Hg.), Heft 3/1996, S.12)

M 4 | Gleichberechtigung in der Bundesrepublik

1949: Das **Grundgesetz** verankert die Gleichberechtigung (Art. 3, Abs. 2 GG).

1957: Das **Gleichberechtigungsgesetz** verändert das Bürgerliche Gesetzbuch (BGB): Das Letztentscheidungsrecht des Ehemannes in allen Eheangelegenheiten, das dem Ehemann z. B. erlaubt, ein Dienstverhältnis seiner Frau zu kündigen, wird abgeschafft. Die Zugewinngemeinschaft wird gesetzlicher Güterstand.

1969: Das **Arbeitsförderungsgesetz** fördert die Erwerbstätigkeit insbesondere auch von Frauen sowie die Teilzeitbeschäftigung.

1972: Das **Rentenreformgesetz** öffnet die Gesetzliche Rentenversicherung erstmals auch für Hausfrauen.

1976: Die **Reform des Namensrechts** ermöglicht die Wahl des Namens der Frau als gemeinsamen Familiennamen.

1977: Mit dem **Gesetz zur Reform des Ehe- und Familienrechts** verzichtet das BGB erstmals auf eine gesetzlich vorgeschriebene Aufgabenteilung in der Ehe. Bei Scheidung wird anstelle des Schuldprinzips das Zerrüttungsprinzip eingeführt, mit gegenseitigen Unterhaltsansprüchen.

1980: Das **Gesetz über die Gleichbehandlung** von Männern und Frauen am Arbeitsplatz schreibt gleiches Entgelt und geschlechtsneutrale Stellenausschreibungen vor. Der Arbeitgeber trägt die Beweislast.

1986: – Das **Gesetz über die Gewährung von Erziehungsgeld und Erziehungsurlaub** gewährt entsprechende Rechte. – Das **Hinterbliebenenrenten- und Erziehungszeitengesetz** gewährt Müttern und Vätern (ab Jahrgang 1921) die Anrechnung von Erziehungszeiten bei der Rentenberechnung (ein Jahr pro Kind). – Ein Bundesfrauenministerium wird eingerichtet.

1990: Der **Einigungsvertrag** enthält den Auftrag, „die Gesetzgebung der Gleichberechtigung zwischen Männern und Frauen weiterzuentwickeln“.

1992: Das **Rentenreformgesetz** stockt die anrechenbaren Kindererziehungszeiten auf drei Jahre auf (ab Geburtsjahrgang 1992). Erstmals werden auch Pflegezeiten berücksichtigt.

1994: Das **Zweite Gleichberechtigungsgesetz** des Bundes hat folgende Schwerpunkte:

– Das **Frauenförderungsgesetz** soll Vereinbarkeit von Familie und Beruf in der Bundesverwaltung und bei Gerichten verbessern.

– Die Weiterentwicklung des **arbeitsrechtlichen EU-Anpassungsgesetzes** verschärft das Benachteiligungsverbot.

– Das **Ehe- und Familiennamensrecht** lässt gleichberechtigte Bestimmung des Ehenamens zu.

– Das **Arbeitsrechtsgesetz** hebt Beschäftigungsverbote und -beschränkungen für Frauen auf. Die Arbeit unter Tage bleibt verboten.

– Das **Beschäftigungsschutzgesetz** stellt sexuelle Belästigung am Arbeitsplatz unter Strafe.

1994: Im **Grundgesetz** wird Art. 3, Abs. 2 im Sinne einer „tatsächlichen Durchsetzung der Gleichberechtigung von Frau und Mann“ ergänzt.

1995: Das **Schwangeren- und Familienbeihilfeänderungsgesetz** regelt die strafrechtlichen Folgen bei Schwangerschaftsabbruch, das Beratungskonzept und die Hilfe für schwangere Frauen in Notlagen.

1996: Kinder erhalten mit Vollendung des 3. Lebensjahres den **Rechtsanspruch auf einen Kindergartenplatz**.

1997: **Das Gesetz zur Änderung des Mutterschutzrechts** setzt die Verbesserungen der EU-Richtlinie um. Frauenförderung wird fester Bestandteil des Arbeitsförderungsrechts.

1997: Der Bundestag verabschiedet das **Gesetz zur Bestrafung der Vergewaltigung in der Ehe**.

1999: Das **Rentenreformgesetz** erhöht die Bewertungszeiten für die Kindererziehung von 75 auf 100% des Durchschnittsentgelts. Die gegenüber Männern vorgezogene „Frauenrente“ wird gestrichen.

2000/2002: Die EU erlässt umfassende **Antidiskriminierungsrichtlinien**.

2005: Der EuGH rügt die Nichtumsetzung der Richtlinien in deutsches nationales Recht.

2006, Juni: Der Bundestag verabschiedet ein **Allgemeines Gleichbehandlungsgesetz**.

2006, Juli: Das **Elterngeld-Modell 12+2** der Großen Koalition sieht vor: Bei zwei Eltern kann ein Elternteil maximal zwölf Monate Elterngeld beantragen. Zwei weitere Monate stehen dem anderen Elternteil zu, wenn es seine Arbeitszeit auf maximal 30 Wochenstunden reduziert.

M 5

Elterngeld ... Väter, ran an die Windel

Aufgaben

1. Diskutieren Sie, in welchen Bereichen (M 3) das Ziel des Artikels 3, Abs. 2 Grundgesetz erreicht ist.
2. Formulieren Sie aus M 3 einen Aufgabenkatalog für Politik und Gesellschaft, der Ihre Prioritäten erkennen lässt.
3. Zeigen Sie anhand der Übersicht (M 4) die Phasen in der rechtlichen Entwicklung auf. (Welches Bild der Frau, welches Verständnis von Familie, Ehe und Erwerbstätigkeit wird ersichtlich?)
4. Diskutieren Sie, ob das Elterngeld-Gesetz geeignet ist, den privaten und beruflichen Bereich in Richtung einer Gleichstellung der Geschlechter zu beeinflussen? Beziehen Sie die Karikatur (M 5) ein.
5. EXKURS: Informieren Sie sich ausgehend vom Kapitel zur DDR über die Situation der ostdeutschen Frauen vor und nach der „Wende" (s. S. 411 ff.).

3.2 Soziale Wirklichkeit – Greift der rechtliche Wandel?

Veränderte rechtliche Rahmenbedingungen stellen große Errungenschaften dar, die oft Ergebnis jahrelanger Auseinandersetzungen sind. Doch auch danach sind die Auswirkungen auf die soziale Realität häufig begrenzt. So macht z. B. nur eine kleine Minderheit vom geänderten Namensrecht Gebrauch, nach wie vor wird in der Regel der Name des Mannes als Familienname gewählt. Bei Trennungen kann das Sorgerecht sowohl gemeinsam als auch vom Vater oder der Mutter wahrgenommen werden, jedoch herrscht das alleinige Sorgerecht der Frau zu 95 Prozent vor. 85 Prozent der Alleinerziehenden sind Frauen. Das Recht auf Elternzeit wird zwar von drei Vierteln der berechtigten Eltern in Anspruch genommen, doch nur in knapp fünf Prozent der Fälle wird die Elternzeit auch von Vätern genutzt; darunter sind nur 0,2 Prozent Männer, die vorübergehend ganz aus dem Beruf aussteigen, um hauptverantwortlich die Kinderbetreuung zu übernehmen (Allensbach-Untersuchung 2005). Das Thema demografischer Wandel und dessen wirtschaftliche Folgen für Deutschland brachte Bewegung in die politische Diskussion. Verfestigte Arbeitsteilung und Rollenmuster werden dabei aber nur zum Teil infrage gestellt.

Muttertagsidylle (um 1950): Das traute Seelenheil der Familie

„Die Frauen-Falle – In Deutschland ist die Emanzipation auf halber Strecke steckengeblieben.
Während in anderen Ländern Frauen Karriere und Familie leichter vereinbaren können, wirft sie hier das erste Baby zurück in die Fünfzigerjahre."
(Der Spiegel, Nr. 17 v. 24.4.2006, S. 34)

Muttertagswerbung (2001): „Bonne fête, maman!" Plakat des Pariser Kaufhauses Galeries Lafayette

M 6 | Zeitverwendung von Frauen und Männern

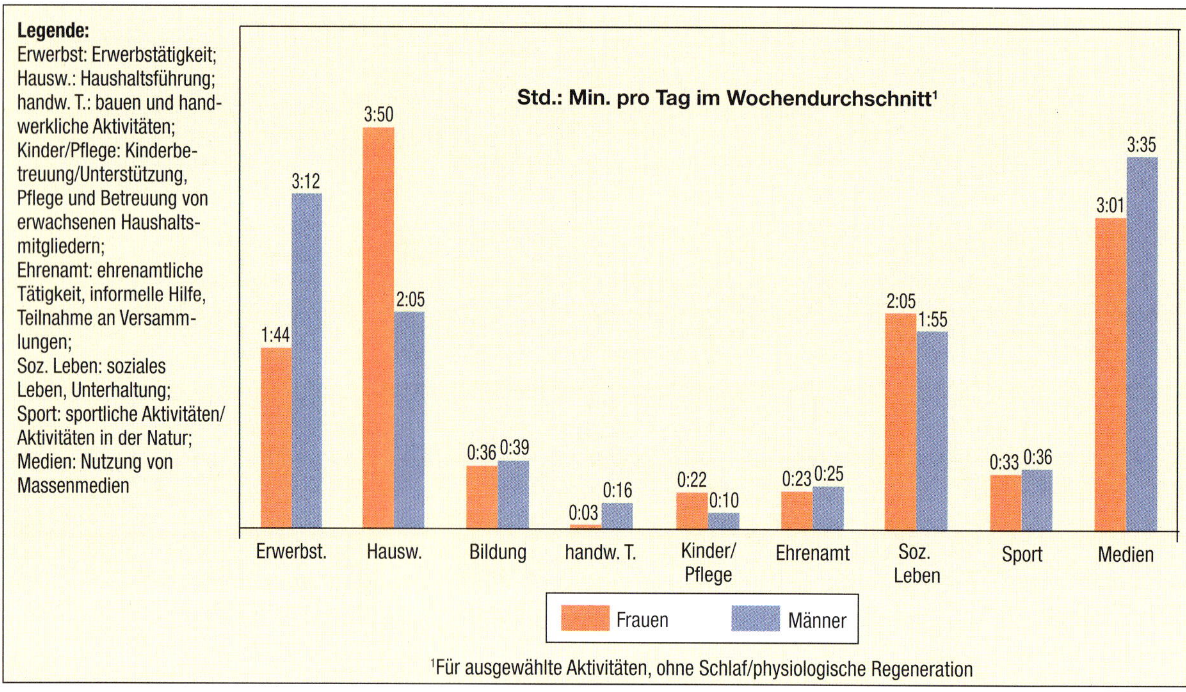

(nach: WSI-FrauenDatenReport, Zeitbudgeterhebung 2001/02)

M 7 | Verdienste von Frauen und Männern

Durchschnittliche Bruttomonatsverdienste vollzeitbeschäftigter Arbeiter/innen und Angestellter in Deutschland* (insgesamt, Ost und West) nach Geschlecht

Jahr	Arbeiter/innen			Angestellte		
	Männerverdienste in Euro	Frauenverdienste in Euro	Verdienstabstand in Prozent	Männerverdienste in Euro	Frauenverdienste in Euro	Verdienstabstand in Prozent
			Gesamtdeutschland			
2000	2406	1777	26,1	3393	2378	29,9
2001	2443	1803	26,2	3493	2461	29,5
2002	2484	1837	26,0	3589	2517	29,9
2003	2549	1885	26,0	3693	2602	29,5
			Früheres Bundesgebiet			
2003	2634	1956	25,7	3767	2667	29,2
			Neue Länder			
2003	1946	1515	22,1	2823	2176	22,9

*Erfasst sind Arbeitnehmerinnen und Arbeitnehmer im produzierenden Gewerbe, im Handel sowie im Kredit- und Versicherungsgewerbe – Arbeiterinnen nur im produzierenden Gewerbe.

(nach: Statistisches Bundesamt, Pressemitteilung v. 3.3.2004)

M 8 | Wunsch und Wirklichkeit

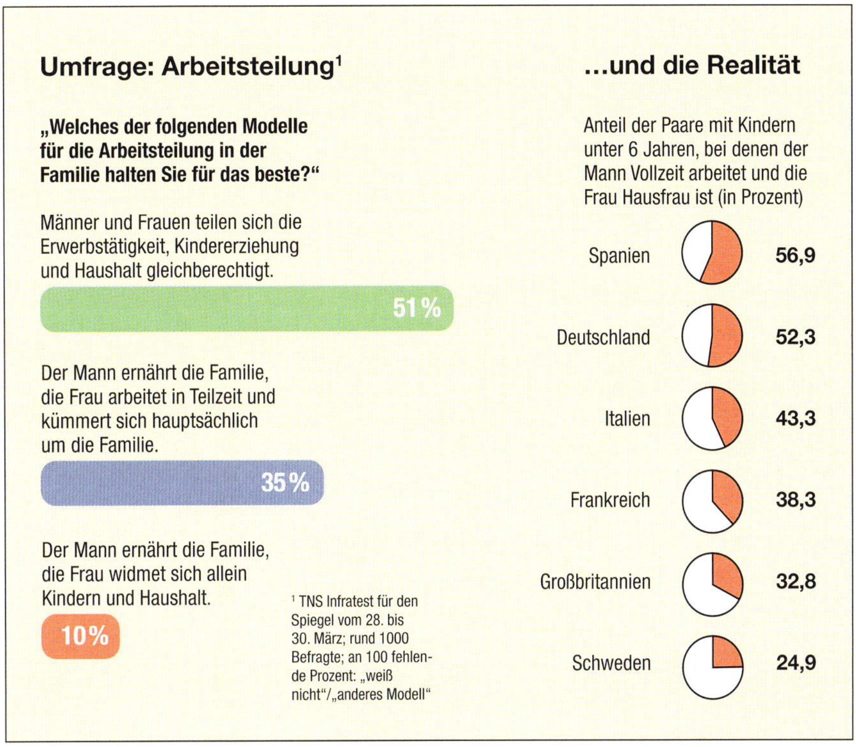

(nach: Der Spiegel, Nr. 17/2006)

M 9 | „Fleißige Mädchen werden nicht befördert“

Männer lernen schneller, nach den Gesetzen des Wettbewerbs zu leben. Sie haben zudem ein gutes Gespür dafür, was sie tun müssen, um in einem Unternehmen etwas zu erreichen. Dieser funktionale Blick fehlt vielen Frauen. Für sie ist der Beruf vor allem ein Stück Selbstverwirklichung, sie wollen nicht in erster Linie Macht und Einfluss, sondern Anerkennung, um sich entfalten zu können. [...] Wenn eine Frau im Job ständig damit beschäftigt ist, es allen recht zu machen, verschwimmt ihre fachliche Kernkompetenz. Wenn sie erst mal das fleißige Mädchen für alle ist, bleibt sie auf dieser Position auch meistens hängen. Sie arbeitet viel, wird aber nie befördert und auch nie besser bezahlt. [...] Frauen müssen schneller sein. Wenn sie schon wissen, dass der Chef sie gern zum Wochenenddienst einteilt, müssen sie eben vorher zu ihm gehen und über andere Möglichkeiten reden. Es hilft nicht, einfach Nein zu sagen, denn so entsteht ein Machtkampf, den sie nicht gewinnen können. [...] Wenn Frauen Führungskraft sein wollen, müssen sie einfach wissen, dass sie nie beliebt sein werden. Respektiert ja, aber nicht beliebt. Das ist nicht persönlich gemeint, das liegt einfach an der Rolle. Führungskraft kann nur sein, wer das aushält.

(Management-Trainerin Doris Hartmann, in: Brigitte, Nr. 18/2002, S. 160)

Aufgaben

1. Überprüfen Sie ausgehend von den Materialien, wie weit Rechtsstatus und soziale Wirklichkeit übereinstimmen.
2. Diskutieren Sie mögliche Ursachen und Abhilfen für das Auseinanderklaffen von Wunsch und Wirklichkeit bei den Modellen für die Arbeitsteilung (M 8).

3.3 Frauen und Politik: Desinteresse – Ausgrenzung – anderes Politikverständnis?

Der geringere Anteil von Frauen in politischen Positionen, insbesondere in den Führungsetagen, wird häufig auf Desinteresse an der Politik zurückgeführt. Andererseits wird Frauen vielfach ein hohes gesellschaftliches Engagement bescheinigt. „Wenn du willst, dass etwas gesagt wird, frage einen Mann; wenn du willst, dass etwas getan wird, frage eine Frau." Diesen Spruch zitierte Angela Merkel, kurz bevor sie die Kanzlerkandidatur 2002 einem Mann „überließ". 2005 erlangte sie als erste Frau in Deutschland das politische Spitzenamt – in einer Großen Koalition. Verhalten sich Frauen anders als Männer, wenn sie politisch aktiv sind? Studien, die diese Frage untersucht haben (vgl. z. B. Birgit Geißel, Aus Politik und Zeitgeschichte, 31–32/2000), stellen fest, dass eine Gemeinsamkeit zwar nicht aller, aber relativ vieler Politikerinnen darin besteht, dass sie einen Lebensentwurf vertreten, der als „Gleichgewichtskonzept" bezeichnet werden kann; sie halten es für erstrebenswert, sich im Leben auf mehrere Standbeine bzw. Lebensbereiche zu stützen: Politische Aktivität, Erwerbsleben, Privatleben und Familie sollen sich nicht gegenseitig ausschließen. In dieser Mehrfachorientierung liege zumindest ein Innovationspotenzial.

M 10 | Politisches Interesse von Frauen

Befragt man Frauen nach ihrer Einschätzung von Parteien und Regierungen, so hört man oft die entschuldigend ausweichende Antwort, sie interessierten sich leider nicht für Politik. Eben dieselben Frauen äußern sich jedoch auf die Frage nach einzelnen politischen Inhalten, die ihren Lebensraum betreffen, sehr dezidiert und lassen dabei erkennen, wie sehr sie sich mit den Problemen beschäftigt haben, wie sie die Sachverhalte einschätzen und welchen Standpunkt sie dazu einnehmen. Mit anderen Worten: Frauen haben einen Begriff von Politik entwickelt, für den die Frauenbewegung die moderne theoretische Grundlage geliefert hat mit der Einsicht: Das Politische ist privat – das Private politisch. [...] Empirische Befragungen, die sich für diesen erweiterten Politikbegriff öffnen, stützen diese Sichtweise. So gewichten junge Frauen stärker Themen wie Umwelt, Frieden, Arbeitslosigkeit, Wohnungsbau. [...] Sie scheinen weniger autoritär auf eine starke Führung fixiert und sind eher bereit, sich eingehender und differenzierter auch mit komplizierteren Problemen auseinanderzusetzen, bevor sie zu Antworten gelangen. So neigen sie auch weniger zu Extrempositionen, im Vergleich zu Männern. Es wäre notwendig, das andere Politikverständnis von Frauen stärker herauszuarbeiten, weil dieses andere Politikverständnis womöglich den Keim sowohl einer Krise der traditionellen Politik als auch einer Kritik, die eine andere Politik einleiten könnte, in sich trägt.

(Ursula Feist/Martina Wendt, „Politisches Interesse und politisches Verhalten junger Frauen"; in: Regine Hildebrandt/Ruth Winkler (Hg.), Die Hälfte der Zukunft, Köln 1994, S. 187ff.)

M 11 | Flüchtige Macht

(Cover der Spiegel-Ausgabe Nr. 43 v. 18.10.2004)

M 12 | „Eine Frau an der Macht ist in einer paradoxen Situation"

FR: Ist Merkels Wahl zur Kanzlerin eine „kulturelle Revolution", wie es bei der Frauen-Union heißt?

Ulla Bock: Nein. Sicher muss man sehen, dass wir nun erstmals eine Kanzlerin haben werden. Zu erwarten ist aber, dass Frau Merkel eine Politik machen wird, die sich von der ihrer männlichen Kollegen überhaupt nicht unterscheidet. Merkels Kanzlerinnenschaft kann höchstens indirekt wirken. Die Bevölkerung sieht: Aha, Frauen können in dieser Demokratie das mächtigste Amt ausüben. Zu einer Revolution im Geschlechterarrangement würde viel mehr gehören, als mit einer Frau an der Spitze zu erreichen ist.

FR: Setzt Merkel sich durch, heißt es, sie sei eiskalt. Ihr Ehrgeiz wird als Machtgier ausgelegt. Wenn eine Frau das Gleiche tut wie ein Mann, ist das noch lange nicht dasselbe?

Ulla Bock: Eine Frau an der Macht ist in einer paradoxen Situation. Das ist in der Politik und in der Wirtschaft so. Zeigt sie sich konflikt- und entscheidungsfähig, hart und unbeugsam, führend und bestimmend, so mag sie Anerkennung bekommen und respektvoll behandelt werden. Zugleich muss sie mit dem Vorwurf rechnen, vermännlicht zu sein. Das erscheint unsympathisch. Verhält sie sich aber andersherum – so wie man es von einer Frau erwartet –, also überlegt und vorsichtig und damit vermeintlich zögerlich, nicht hart durchgreifend und immer mit einem Lächeln im Gesicht, wird ihr die Führungsqualität abgesprochen.

(Ulla Bock ist Geschäftsführerin der Zentraleinrichtung zur Förderung von Frauen- und Geschlechterforschung an der FU Berlin. Interview in: FR v. 22.11.2005, S. 2)

M 13 | Frauenanteil an innerparteilichen Ämtern in ausgewählten Parteien auf Bundesebene 1988 – 2004

	SPD					**CDU**				
	1988	**1993**	**1997**	**2001**	**2004**	**1989**	**1991**	**1995**	**1997**	**2004**
Bundesvorstand	34,1	42,2	51,1	42,4	42,2	21,2	18,2	33,3	35,0	40,0
Präsidium	36,4	38,5	38,5	53,8	46,2	15,3	17,6	25,0	28,6	28,6
Delegierte	36,6	42,1	45,1	47,7	46,0[1]	18,0	17,0	29,5	34,0	31,9
	CSU					**FPD**				
	1989	**1993**	**1997**	**2001**	**2003**	**1988**	**1989**	**1992**	**1997**	**2004**
Bundes- bzw. Landesvorstand	17,0	20,8	30,4	26,1	26,1	11,1	21,2	32,4	17,6	19,1
Präsidium	10,5	23,5	26,3	31,6	26,3	k. A.	33,3	15,4	20,0	26,7
Delegierte	k. A.	k. A.	k. A.	k. A.	k. A.	10,3	16,6	21,3	k. A.	k. A.

k. A. = keine Angaben; [1]Daten von 2003

(nach: WSI-FrauenDatenReport)

M 14 | Frauen in den Organen/Institutionen der Europäischen Union

Organ/Institution	Mitglieder insgesamt	darunter Frauen	Frauenanteil in %
• Europäisches Parlament (EP)	626	188	30,0
• EP-Ausschuss für die Rechte der Frau und Chancengleichheit	38	34	89,5
• EP-Ausschuss für auswärtige Angelegenheiten ...	65	11	16,9
• Europäische Kommission	20	5	25,0
• Rat der EU (Außenminister)	15	3	20,0
• Europäischer Gerichtshof	15	1	6,6
• Europäischer Rat	31	3	9,7
• Wirtschafts- und Sozialausschuss	222	38	17,1
• Ausschuss der Regionen	222	31	14,0

(zusammengestellt anhand der Europäischen Datenbank des Frauen-Computer-Zentrums Berlin [www.db-decision.de]; nach: Aus Politik und Zeitgeschichte 31 – 32/2000)

M 15 | Annan will Frau als Nachfolgerin

zwd New York (mih) – Die gleichberechtigte Teilhabe von Frauen und Männern an politischen wie gesellschaftlichen Entscheidungsprozessen stand im Mittelpunkt des 50. Treffens der Frauenrechtskommission der Vereinten Nationen (UN), das vom 27. Februar bis zum 10. März in New York stattfand.

Auch wenn der Anteil von Frauen in den Parlamenten weltweit seit 1995 von 11,3 auf 16,3 Prozent im Jahr 2005 gestiegen ist, sei „immer noch viel zu tun", wie der Generalsekretär der UN, Kofi Annan, betonte. Der anlässlich des 50. Treffens vorgelegte Bericht zeigt, dass bei gleichbleibendem Zuwachs nicht vor 2025 ein durchschnittlicher Frauenanteil von 30 Prozent in den Parlamenten erreicht würde. Mit Parität ist dem Bericht zufolge frühestens 2040 zu rechnen. Positiv bewertet wurde, dass in drei Ländern – Chile, Spanien und Schweden – die Regierungen zur Hälfte mit Frauen und zur Hälfte mit Männern besetzt sind. Die Zahl der Frauen als Regierungs- und Staatschefinnen ist gegenüber 1995 von zwölf auf acht gesunken, auch wenn im vergangenen Jahr etwa in Deutschland und Liberia Frauen an die Spitze gewählt wurden.

Wenn es nach Annan ginge, könnte dieses Jahr ein weiteres hohes Amt mit einer Frau besetzt werden: „Die Welt ist reif für eine Frau als Generalsekretärin der Vereinten Nationen."

(zwd Frauen und Politik, Nr. 229/2006, S. 15)

Aufgaben

1. Bearbeiten Sie den Text M 10 und setzen Sie ihn in Bezug zu den Begriffen in der Kapitelüberschrift.
2. Analysieren Sie die Darstellung Merkels auf dem Spiegel-Titelbild M 11 (s. Methodenschulung zur Analyse bildlicher Darstellungen, S. 428 ff.). Suchen Sie weitere Beispiele medienvermittelter Kommentare zu ihrer Rolle als Bundeskanzlerin.
3. Diskutieren Sie den Kommentar von Ulla Bock (M 12) zur Frau im Bundeskanzleramt.
4. Analysieren Sie die Rolle der Frauen in verschiedenen Parteien (Mitgliedschaft, Förderpläne, Frauenquoten etc.) ausgehend von M 13.
5. EXKURS: Erarbeiten Sie anhand von M 14 die europäische Perspektive (regionale Unterschiede, Einflussbereiche). Informieren Sie sich ergänzend bei den EU-Institutionen aktuell zum Thema, besonders zu den EU-Frauenförderprogrammen.

3.4 Frauenquote und/oder Gender Mainstreaming: Effektive Wege zur Frauenförderung?

In allen 16 Bundesländern sind eigenständige Ministerien oder Ämter für Gleichstellung eingerichtet worden. Landesgesetze regeln die *Frauenförderung* und die Einrichtung von *Frauenbeauftragten*. Die Konferenz der Gleichstellungs- und Frauenminister/innen der Länder (GFMK) nimmt die Koordination wahr.

Die Formulierungen in den Landesgesetzen z. B. zur Erhöhung der *Frauenquote* im öffentlichen Dienst sind unterschiedlich. Im Okober 1995 hat der Europäische Gerichtshof einen Automatismus bei der Bevorzugung von Frauen als unvereinbar mit der Chancengleichheit von Männern und Frauen verworfen. Ein Bremer Diplomingenieur hatte dagegen geklagt, dass er bei der Beförderung einer gleich qualifizierten Kollegin unterlegen war. Das Gericht kritisierte jedoch nur diejenigen Länder-Gleichstellungsgesetze, die keine „Härteklausel" für Männer vorsahen.

Die Weltfrauenkonferenz in Peking 1995 enwickelte das Konzept des *Gender Mainstreaming*, das mit dem Vertrag von Amsterdam 1997 auch Rechtsnorm in der Europäischen Gemeinschaft geworden ist. Die Geschlechterfrage soll in alle politischen und administrativen Entscheidungsprozesse, Verfahren und Gestaltungsformen einbezogen werden, auch in scheinbar geschlechtsneutralen Bereichen. Gender Mainstreaming ist ein politisches Leitprinzip (Gleichstellung von Frauen und Männern) und eine Methode (Vorgehensweise) zugleich. So verpflichtet sich z. B. die Gewerkschaft ver.di darauf, Gender Mainstreaming in die Alltagsarbeit der Gewerkschaft aufzunehmen, sodass z. B. alle Tarifforderungen daraufhin überprüft werden müssen, wie sie sich jeweils auf Frauen und Männer auswirken. Ziel ist es, die Tarifvertragsparteien „gendersensibel" zu machen und sie mit Instrumenten und Mitteln zur geschlechtergerechten Gestaltung zu versehen.

M 16 | Rheinland-pfälzisches Landesgleichstellungsgesetz (LGG) vom 11.7.1995

§ 4 Begriffsbestimmungen

(3) Unterrepräsentanz liegt vor, wenn im Geltungsbereich eines Frauenförderplanes der Frauenanteil innerhalb einer Besoldungs-, Vergütungs- oder Lohngruppe sowie in Funktionen mit Vorgesetzten- oder Leitungsaufgaben weniger als die Hälfte beträgt und nicht aufgabenspezifische Abweichungen begründet sind.

§ 7 Einstellung und Beförderung

(1) Frauen sind bei Einstellung, Beförderung, Höhergruppierung und Aufstieg in die nächsthöhere Laufbahn bei gleichwertiger Eignung, Befähigung und fachlicher Leistung bevorzugt zu berücksichtigen, soweit und solange eine Unterrepräsentanz [...] vorliegt.

(2) Für die Beurteilung von Eignung, Befähigung und fachlicher Leistung (Qualifikation) sind ausschließlich die Anforderungen der zu besetzenden Stelle oder des zu vergebenden Amtes maßgeblich. Diese ergeben sich in der Regel aus der Stellenbeschreibung. Bei der Beurteilung der Qualifikation sind auch Erfahrungen, Kenntnisse und Fähigkeiten zu berücksichtigen, die durch Familienarbeit erworben wurden. Satz 3 gilt nicht, soweit diese Erfahrungen, Kenntnisse und Fähigkeiten für die zu übertragenden Aufgaben ohne Bedeutung sind.

(3) Vorausgegangene Teilzeitbeschäftigungen und Beurlaubungen sowie Verzögerungen beim Abschluss der Ausbildung dürfen nicht zu einer Diskriminierung bei der Auswahlentscheidung führen, wenn sie auf Familienarbeit beruhen. Die dienstrechtlichen Vorschriften bleiben unberührt.

M 17 | Das Gleichstellungsgesetz zeigt Wirkung

M 18 | Stellenausschreibung

An der Fakultät für Wirtschaftswissenschaften ist zum Wintersemester 2007/08 eine

Professur (W3) für Ökonometrie und Statistik

zu besetzen.

Bewerberinnen/Bewerber sollen auf einem aktuellen Gebiet der Ökonometrie, möglichst mit Bezug zur Statistik, durch hervorragende wissenschaftliche Leistungen international ausgewiesen sein. Gemäß der Ausrichtung der Fakultät ist eine Verbindung von methodisch und empirisch fundierter Forschung erwünscht.

In der Lehre wird die aktive und dynamische Beteiligung im Bachelor- und Masterstudiengang Wirtschaftswissenschaften erwartet. Insbesondere soll die Profilierung der Studierenden im Bereich quantitative Methoden und empirische Wirtschaftsforschung unterstützt werden. Die Stelleninhaberin/Der Stelleninhaber soll sich ebenfalls am Studiengang Wirtschaftsmathematik beteiligen.

Die Bewerbung geeigneter Schwerbehinderter ist erwünscht.

Bewerbungen von Frauen sind ausdrücklich erwünscht; Frauen werden bei gleicher Eignung, Befähigung und fachlicher Leistung bevorzugt berücksichtigt, sofern nicht in Person eines Mitbewerbers liegende Gründe überwiegen.

Bewerbungen mit den üblichen Unterlagen sind zu richten an:

Universität Bielefeld
Fakultät für Wirtschaftswissenschaften
Dekan
Postfach 10 01 31
33501 Bielefeld

Bewerbungsschluss: 15.11.2006

(erschienen in: DIE ZEIT v. 19.10.2006)

M 19 | Quoten für die Privatwirtschaft?

Verordnete Frauenpower in Norwegens Aufsichtsräten

Zum Jahreswechsel müssen Norwegens Konzerne per Gesetz ihre Führungsgremien zu 40 Prozent mit Frauen besetzen – sonst droht die Zwangsauflösung.

„Sie haben lange genug Zeit gehabt, aber nicht viel getan", begründet der sozialdemokratische Premier Jens Stoltenberg, warum die Regierung den Konzernen nun mit Zwangsmitteln beikommen will. Im September lief die Schonfrist aus. Da war der Frauenanteil zwar von sieben

Prozent (2003) auf knapp 16 gestiegen. Das mag international beachtlich sein, nicht aber in Norwegen, wo die damalige Ministerpräsidentin Gro Harlem Brundtland schon vor zwanzig Jahren mit 40 Prozent Frauen in Regierung und anderen politischen Organen Maßstäbe setzte.

Das Quoten-Gesetz schuf ein konservativer Wirtschaftsminister. Er glaubte, die Unternehmen würden die Vorgabe aus eigenem Antrieb erfüllen. Nicht aus Sorge um die Gleichberechtigung, sondern um das Wissenspotenzial der gesamten Bevölkerung zu nutzen. „Die Frauen sind in den höheren Ausbildungen längst überrepräsentiert", hatte Ansgar Gabrielsen spekuliert, „auf diese Kenntnisse können die Unternehmen nicht verzichten."

Doch weil sie nicht hören wollten, müssen sie jetzt fühlen. Manche zumindest. Denn nur neu gegründete Börsenfirmen müssen die Quote vom ersten Tag an erfüllen. Den anderen wird nochmals zwei Jahre Zeit gegeben. Dann aber ist Schluss, warnt Gleichstellungsministerin Santa Bekkemellem: Von 2008 an haben männerlastige Großkonzerne mit Folgen zu rechnen, bis hin zur Zwangsauflösung.

Jetzt stöhnen diese, dass es nicht leicht sei, die passenden Kandidatinnen zu finden. Die Regierung erwidert, dass man eben über den Kreis der „üblichen Verdächtigen" hinausblicken müsse. Zweifelnden stellt sie eine Datenbank mit 4 000 Expertinnen zur Verfügung. In den staatlichen und halbstaatlichen Unternehmen sei es kein Problem gewesen, die Frauen angemessen zu vertreten. Beim Ölkonzern Statoil oder dem Telekommunikationsanbieter Telenor sitzen je vier Frauen im zehnköpfigen Vorstand.

Für das Argument, dass Frauen ihrer Kompetenz wegen gewählt werden sollten und nicht als „Quotenfrauen", hat Vorstandsprofi Grete Faremo kein Verständnis: „Natürlich zählt die Kompetenz, aber um sie ausspielen zu können, bedarf es der Quotierung."

(Hannes Gamillscheg, in: FR v. 24.12.2005)

M 20 | Gender Mainstreaming

Ein Beispiel: Sie sind mit der Aufgabe betraut, für ein neues Wohngebiet ein Jugendzentrum zu konzipieren. Dafür gibt es viel politische Unterstützung, seit durch Anwohnerproteste deutlich wurde, dass die Jugendlichen sich auf der Straße oder auf dem Spielplatz treffen. Bei einem Lokaltermin stellen Sie fest, dass tatsachlich viele männliche Jugendliche einfach irgendwo im Wohngebiet herumhängen und die Anwohner sich belästigt fühlen. Ihr erster Impuls ist, genau diese Gruppe von der Straße zu holen und ihnen einen Ort zu geben, an dem sie sich treffen können. Nach den Prinzipien des Gender Mainstreaming würden Sie zunächst recherchieren, wie viele weibliche und wie viele männliche Jugendliche überhaupt in dem Wohngebiet leben. Einmal angenommen, die Statistik belegt, dass mehr als 60 Prozent der Jugendlichen weiblichen Geschlechts sind. Diese Mehrheit wäre Ihnen einfach entgangen, wenn Sie sich auf Ihren ersten Augenschein verlassen hätten. Die Mädchen waren nicht auf der Straße, gehörten nicht zu der Gruppe, die Sie vorgefunden haben. Nach den Prinzipien des Gender Mainstreaming müssen Sie aber bei der Planung des Jugendtreffs an diese Mehrheit denken und Angebote konzipieren, die die Mädchen ansprechen.

(MBFJ Rheinland-Pfalz, Gender Mainstreaming, Mainz 2001)

M 21 |

M 22 | Gender Mainstreaming – Modewort oder Erfolgsstrategie?

Die praktischen Erfahrungen, die in den letzten Jahren mit Gender Mainstreaming-Prozessen in der Bundesrepublik gemacht wurden, verweisen auf etliche Fallstricke und Missbrauchsgefahren. Hier einige Beispiele:

- Politisch unwichtige Dinge werden „gegendert", während große und ressourcenträchtige Unternehmen unberührt bleiben.
- Die fälligen Gender-Analysen werden gar nicht, nur schematisch („Sex-Counting"; Geschlechterrelevanz: „ja/nein") oder auf unzureichender Datenbasis durchgeführt.
- GM wird wieder nur den Frauen zugewiesen. Oder: In Projekt- und Steuerungsgruppen engagieren sich mangels männlicher Teilnahme nur Frauen.
- GM wird zum Vorwand der Verhinderung geschlechtsspezifischer Programme (Gleichstellungsbeauftragte werden als „altmodisch" abgeschafft – „wir machen ja jetzt alle Geschlechterpolitik"; Kürzungen im Sozialbereich treffen besonders Frauenprojekte, die bisher „zu viel" Geld erhalten haben).

(nach: B. Stiegler/P. Döge; in: M. Meuser/C. Neusüß (Hg.), Gender Mainstreaming – Konzepte, Handlungsfelder, Instrumente, Bonn (bpb) 2005, S. 150 f.)

Aufgaben

1. Klären Sie die Aussage des rheinland-pfälzischen Gleichstellungsgesetzes (M 16) und diskutieren Sie das Mittel der Quote auch vor dem Hintergrund der Karikatur (M 17) und der Stellenausschreibung (M 18). Untersuchen Sie private Stellenanzeigen auf Geschlechtergerechtigkeit.
2. Lässt sich eine Quotenregelung über den öffentlichen Dienst hinaus einführen? Analysieren und diskutieren Sie M 19.
3. Diskutieren Sie das Beispiel für Gender Mainstreaming (M 20) und entwickeln Sie ein eigenes, z. B. für den Bereich Schule. Wenn Sie den Bereich Schule auswählen, gehen Sie von der Karikatur M 21 aus und beziehen Sie die geschlechtsspezifischen Ergebnisse des Lerntests PISA ein, bei dem die Forscher feststellten: „Mädchen schneiden in einigen Bereichen mittlerweile so gut ab, dass die schwachen Leistungen der Jungen nun zunehmend Anlass zur Besorgnis geben." (OECD-Bericht: Lernen für das Leben – Erste Ergebnisse von PISA 2000, Paris 2001, S. 144). Die Ergebnisse sind online verfügbar über www.pisa.oecd.org oder www.mpib-berlin.mpg.de/pisa/ergebnisse.pdf.
4. Sehen Sie das Konzept des Gender Mainstreaming als Alternative zur Frauenquote? Bearbeiten Sie M 22. Führen Sie ein Streitgespräch.
5. Recherchieren Sie mittels Internet, wie ein Frauen-Netzwerk (z. B. www.webgrrls.de) funktioniert. Welche Bedeutung hat die Selbstorganisation von Frauen?

3.5 Rollenbilder – verfestigt oder in Bewegung?

Reine „Männerwelten" sind in den modernen Industriestaaten seltener geworden. Man assoziiert Chefetagen, Stammtische, Fußball und nächtliche Werbung im Sportkanal. Theoretisch stehen alle privaten und öffentliche Bereiche sowohl Männern als auch Frauen offen. In der Praxis ist die gleiche Teilhabe jedoch für beide Geschlechter nicht verwirklicht. Eine systematische „Männerforschung", welche die überkommenen Männlichkeitsmuster kritisch analysiert, entwickelte sich in Deutschland seit den 1990er-Jahren. Daneben findet man in Alltag und Medien eine Renaissance alter Rollenbilder.

M 23 | Neue oder alte Rollenbilder?

M 24 | Männertypologie

Einmalig in der bundesdeutschen Männerforschung dürften jedoch die Studien zum Einstellungswandel von Männern sein. Fanden sich hier in den 1970er-Jahren noch überwiegend traditionelle Vorstellungen hinsichtlich der Gestaltung des Geschlechterverhältnisses, sind nach der jüngst vorgelegten Männerstudie von Paul M. Zulehner und Rainer Volz rund ein Fünftel der bundesdeutschen Männer sogenannte „neue Männer". Diese sind partnerschaftlicher in der Beziehung, beteiligen sich deutlich mehr an Haus- und Familienarbeit, sind neue Väter, unterstützen ihre Partnerinnen in ihrer Berufstätigkeit und lehnen Gewalt als Mittel der Konfliktlösung in der Partnerschaft eindeutig ab.

Ein Fünftel der Männer verhält sich jedoch nach wie vor traditionell, sieht den passenden Platz der Frauen im Heim und am Herd – eine Meinung, die allerdings auch rund ein Sechstel der befragten Frauen vertritt. Dazwischen finden sich die pragmatischen und unsicheren Männer, deren zukünftiges Rollenmuster eher noch unklar zu sein scheint.

Vor dem Hintergrund dieser Zahlen zeigt ein Blick auf vorliegende Ergebnisse der kritischen Männerforschung, dass zwei hegemoniale Männerbilder, die auch gut 30 Jahre Frauen- und Männerbewegung nicht schwächen konnten, als zentrale Blockaden einer weiteren geschlechterdemokratischen Ausgestaltung des Geschlechterverhältnisses vonseiten der Männer gesehen werden können: der *Mächtige Mann* und der *Arbeitsmann*. [...]

Um seiner Rolle gerecht zu werden, übt der *Mächtige Mann* aber auch Gewalt gegen sich selbst aus – Gewalt, die sich in einer besonderen Beziehung von Männern zum eigenen Körper äußert und in einem gegenüber Frauen insgesamt schlechteren Gesundheitszustand resultiert. So liegt die Suizidrate von Männern allgemein höher als die von Frauen, infolge eines riskanteren Verhaltens in der Freizeit sind mehr männliche als weibliche Jugendliche von Unfällen betroffen. Männer liegen in der Altersgruppe zwischen 18 und 59 Jahren sowohl beim Tabak- als auch beim Alkoholkonsum vor Frauen. Männer betreiben weniger Körperhygiene und Körperpflege und weisen in der Altersgruppe der 45- bis 65-Jährigen die höchste Todesrate durch Herzinfarkt auf. Hinzu kommt, dass die Berufe mit den meisten Arbeitsunfällen nach wie vor typische Männerberufe sind, dass Berufskrankheiten mit Ausnahme der Hautkrankheiten durchgängig Männer erleiden. So weisen Männer allgemein eine um sechs Jahre kürzere Lebenserwartung als Frauen auf, wobei jedoch nicht alle Männer den Risiken gleichermaßen ausgesetzt sind. Männliche Professoren etwa leben rund neun Jahre länger als ungelernte Arbeiter, sozial benachteiligte Männer weisen mehr als doppelt so oft Herz-Kreislauf-Krankheiten auf als sozial bessergestellte Männer.

Männlichkeit als Negation des Weiblichen drückt sich letztendlich in einer spezifischen *Form* männlicher Emotionalität aus. Männer sind – wie häufig fälschlicherweise unterstellt – keineswegs unemotional, sondern dem *Macht-Mann* wird aus dem gesamten Horizont möglicher Emotionalitätsformen nur ein gewisser Ausschnitt zugestanden.

Männer, welche aus familiären Gründen in Teilzeit arbeiten oder Erziehungsurlaub in Anspruch nehmen wollen, sehen sich noch immer mit massiven Hindernissen konfrontiert. Insbesondere die Einstellungen von Führungskräften sowie vorherrschende Leistungsvorstellungen und Karrieremuster, die sich am *Arbeitsmann* ausrichten, werden als zentrales Hindernis gesehen. Teilzeitmänner gelten als wenig leistungsbereit und loyal, Erziehungsurlauber als „unmännlich". Von daher ist es nicht verwunderlich, dass bei Volkswagen bis zum Zeitpunkt der generellen Arbeitszeitverkürzung kein Mann eine individuelle Reduzierung seiner Arbeitszeit in Erwägung gezogen hatte: „Weniger finanzielle Gründe als schlicht die Unüblichkeit einer Teilzeitbeschäftigung [...] war hierbei ausschlaggebend gewesen." Auch die Hälfte der Männer, die sich bei BMW für ein flexibles Arbeitsmodell interessierten, schreckte davor zurück, dieses in Anspruch zu nehmen. Als Gründe gaben sie vor allem Vorbehalte der Vorgesetzten sowie befürchtete Einbußen an Karrierechancen an.

Die Kehrseite des hohen Stellenwerts der Erwerbsarbeit zeigt sich darin, dass Männer von Erwerbslosigkeit besonders stark betroffen sind, stehen ihnen in dieser Situation doch kaum Alternativen zum *Arbeitsmann* offen.

(Peter Döge, Geschlechterdemokratie als Männlichkeitskritik; in: Aus Politik und Zeitgeschichte 31–32/2000)

M 25 | Was ist Neo-Feminismus?

1. Junge Frauen verstehen sich nicht länger als Opfer. Die neue Frauengeneration will Subjekt sein, nicht Objekt, sie will mitreden und mitentscheiden an jenen Stellen, wo die wichtigen Entscheidungen fallen. Für Frauen sollen die gleichen Erfolgsmaßstäbe gelten wie für Männer: Leistung, nicht Geschlecht.
2. Solange allerdings Frauen in allen wichtigen Gremien dramatisch unterrepräsentiert sind, sollten auch die 25–35-jährigen Frauen für eine Übergangszeit weiterhin auf das Instrument der Quote setzen. Nur wenn es wirklich gleiche Chancen gibt, Leistung und Können zu zeigen, können sich die Besseren durchsetzen. Was im Sport ganz selbstverständlich ist, muss auch für das Geschlechterverhältnis gelten.
3. Der Neo-Feminismus gibt keine Rollenbilder mehr vor. Wirkliche Gleichberechtigung schließt das Recht ein, sich ganz selbstverständlich auch für die traditionellen Lebensformen entscheiden zu können.

4. Die junge Frauengeneration muss zwei Zumutungen akzeptieren. Die erste lautet: Machtchancen müssen ergriffen und ausgefüllt werden, und zwar in der gleichen Weise, wie Männern dies tun. Frau mag die Spielregeln schlecht finden, aber ändern werden sie sich nur, wenn mehr Frauen oben ankommen und den Männern die Last der Machtverwaltung abnehmen. Wenn Frauen mehr als 40 Prozent der Stühle besetzen, können sie die Regeln ändern: vorher nicht.

5. Die zweite Zumutung: Karriere und Erfolg sind nicht alles. Mit dem Machiavelli-für-Frauen-Buch mag man beruflich vorankommen, aber eben nur allein. Frauen müssen ihre individuellen Schwierigkeiten wieder als strukturelles Problem verstehen und anerkennen, dass es auch anderen Frauen so geht. Junge Frauen stehen in der Pflicht, wieder mehr politisches Bewusstsein zu entwickeln. Auch das ist neu am Neo-Feminismus der Generation Berlin.

(Gabriele Bruns, „Was will der Feminismus?“; in: Gewerkschaftliche Monatshefte 12/2000)

M 26

Aufgaben

1. Analysieren und diskutieren Sie Rollenbilder, wie sie in M 23 vorgegeben werden.
2. Erarbeiten Sie anhand von M 24 Ergebnisse der „Männerforschung“.
3. Diskutieren Sie die Frage nach „Gewinnen und Verlusten“ bei einer Veränderung traditioneller Rollenbilder.
4. Erläutern Sie den Begriff Neo-Feminismus, wie ihn Gabriele Bruns in M 25 verwendet. Stimmen Sie den Aussagen 1–5 zu?
5. Das Beklagen einer „kinderlosen Gesellschaft“ ist davon begleitet, dass auch einzelne Frauen eine Rückkehr zu traditionellen Rollenmustern fordern. Dem gegenüber steht die Forderung nach einem neuen Feminismus (M 26). Verfassen Sie einen eigenen Kommentar.

Weitere Informationen zum Thema finden Sie im Internet:

www.bmfsfj.de — Bundesministerium für Familie, Senioren, Frauen und Jugend (mit Suchfunktion)

www.mbwjk.rlp.de — Ministerium für Bildung, Wissenschaft, Jugend und Kultur Rheinland-Pfalz

www.europa.eu.int/comm/employment_social/equ_opp/gms_de.html — Europäische Union zu Gender Mainstreaming

www.undp.org/toppages/gender/genframe.htm — UNO/United Nations Development Programme

www.db-decision.de — Netzwerk Europäische Datenbank für Frauen in Führungspositionen

www.fczb. de — Netzwerk FrauenComputerZentrum Berlin (FCZB)

www.zwd.info/ — Zweiwochendienst Frauen und Politik

4. Werte und Wertewandel: Neue Herausforderungen durch die Gentechnologie

Das vorliegende Kapitel behandelt das Problem des Wandels von Normen und Werten in der Gesellschaft am Beispiel der Herausforderungen für Ethik und Politik durch die aktuelle Entwicklung der humangenetischen Forschung.

- Nach dem Einstieg in *Kapitel 4.1* werden in *Kapitel 4.2* die Herausforderungen durch die Wissenschaft und die sich daraus ergebenden Fragen für die Gesellschaft behandelt.
- *Kapitel 4.3* bietet in Form eines „Materialsteinbruchs" Beiträge zu einzelnen Sachproblemen der biotechnologischen Entwicklung und den damit verbundenen Hoffnungen und Befürchtungen. Die Materialien dienen dazu, entweder einen groben Überblick über die einzelnen Problemlagen zu erarbeiten oder ein Sachproblem exemplarisch zu vertiefen.
- *Kapitel 4.4* dient der Verallgemeinerung des Problems. Hier soll das spezifisch „Neue" und Besondere der ethischen Diskussion um Gentechnologie erarbeitet werden: Führen die neuen Herausforderungen der Wissenschaft zu einer Krise der „Menschenrechtsethik", also zur Problematisierung des Grundkonsenses unserer Gesellschaft? Die durch gentechnologische Forschungen und Praktiken bewirkten neuen Aspekte der ethischen und politischen Diskussion werden exemplarisch anhand der Diskussion um den Schwangerschaftsabbruch beleuchtet.
- In *Kapitel 4.5* wird die Frage gestellt, wie man mit den neuen Herausforderungen umgehen kann: Brauchen wir eine „neue Ethik" zur Bewältigung der aktuellen wissenschaftlichen Voraussetzungen?
- In *Kapitel 4.6* werden aus der Auseinandersetzung mit der Gentechnologie allgemeine Erkenntnisse zum Thema „Werte und Wertewandel" in der Gesellschaft gewonnen.

➤ Normen und Werte in der offenen Gesellschaft

Werte, Wert-Entscheidungen und moralische Normen sind in unserer heutigen offenen und pluralen Gesellschaft nicht verbindlich vorgegeben. Der Konsens der Gesellschaftsmitglieder besteht nicht mehr in vorgefundenen Glaubenspositionen oder festen Menschen- und Weltbildern. Es existieren unterschiedliche Werte, abhängig von *vielfältigen gesellschaftlichen Interessen.* Der Einzelne findet keine verbindlichen Handlungsanweisungen vor, sondern ist gehalten, eigene Wertentscheidungen zu treffen und in einem offenen Diskussionsprozess als Angebot zu formulieren.
Zudem unterliegen Normen und Werte einem *gesellschaftlichen Wandel.* Die Entwicklung einzelner gesellschaftlicher Teilbereiche – wie zum Beispiel der Wissenschaft – führt zu *neuen ethischen Problemen und Herausforderungen für die moralische Urteilsbildung.* Vor diesem Hintergrund müssen *politische Entscheidungen* getroffen werden, die das wissenschaftlich Machbare zum gesellschaftlich Gewollten in Beziehung setzen. Da in einer pluralistischen Gesellschaft Wertentscheidungen nicht mehr für sich beanspruchen können, unhinterfragbar zu sein, müssen *Argumente* für die eigene Position gefunden werden, im Bewusstsein, dass das eigene *Diskussionsangebot* mit anderen konkurriert. Dissens in Bezug auf Normen und Werte ist in einer offenen Gesellschaft normal. Damit unterschiedliche Wertpositionen in der öffentlichen Diskussion und der politischen Entscheidungsfindung überhaupt zur Geltung gebracht werden können, bedarf es allerdings eines Minimalkonsenses über grundlegende Normen des gesellschaftlichen Zusammenlebens. Erst die Anerkennung der *Menschenrechte* ermöglicht ein friedliches Zusammenleben von Menschen ganz unterschiedlicher Wertorientierungen.

➤ Beispiel Gentechnologie

Neue Herausforderungen für Ethik und Politik haben sich in den letzten Jahren insbesondere durch die rasante Entwicklung der Genforschung und der hierdurch möglich gewordenen Anwendungen ergeben. Das Besondere dieser Herausforderungen für Ethik und Politik liegt darin, dass hier ganz grundlegende und bisher als selbstverständlich angenommene Normen (wie zum Beispiel die Menschenwürde und das Recht auf Leben) zur Disposition gestellt sind. Die „neue" ethische Diskussion bewegt sich also nicht mehr im Rahmen eines vorausgesetzten und unproblematischen Konsenses, sondern betrifft diesen selbst im Kern.

4.1 Schöne neue Welt?!

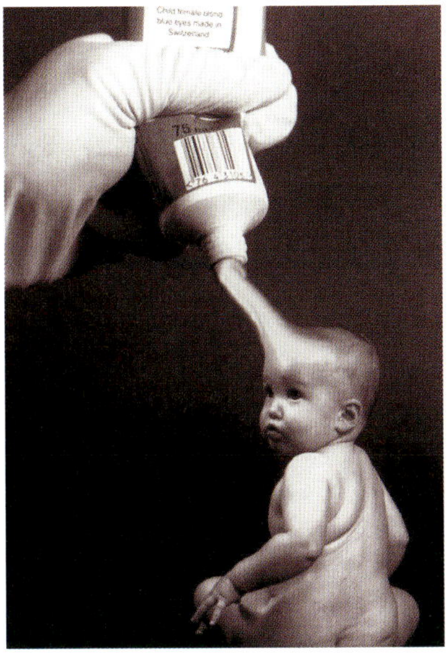

M 1|

Aufgaben

1. Formulieren Sie Ihre Assozationen bei der Betrachtung der Bilder (S. 52 und M 1).
2. Führen Sie ein Brainstorming zum Thema „Genforschung" durch und ordnen Sie die Beiträge nach bestimmten Gesichtspunkten, zum Beispiel: Chancen – Gefahren, Hoffnungen – Ängste.
3. Anregung für fächerübergreifendes Arbeiten: Thematisieren Sie den Zusammenhang von Biotechnologie und der gesellschaftlichen Ordnung in Aldous Huxleys Roman „Brave New World" (deutsch: „Schöne Neue Welt"). Sind wir auf dem Weg zu einer solchen Gesellschaft?

4.2 Neue Herausforderungen durch die Wissenschaft – Neue (?) Fragen für die Gesellschaft

M 2|

Grundlage für alle Anwendungsgebiete der Genforschung ist das sog. „**Humangenomprojekt**"; damit wird die bisher noch nicht gelungene vollständige Entschlüsselung des menschlichen Erbgutes, d. h. des „Bauplanes" des Menschen, bezeichnet.

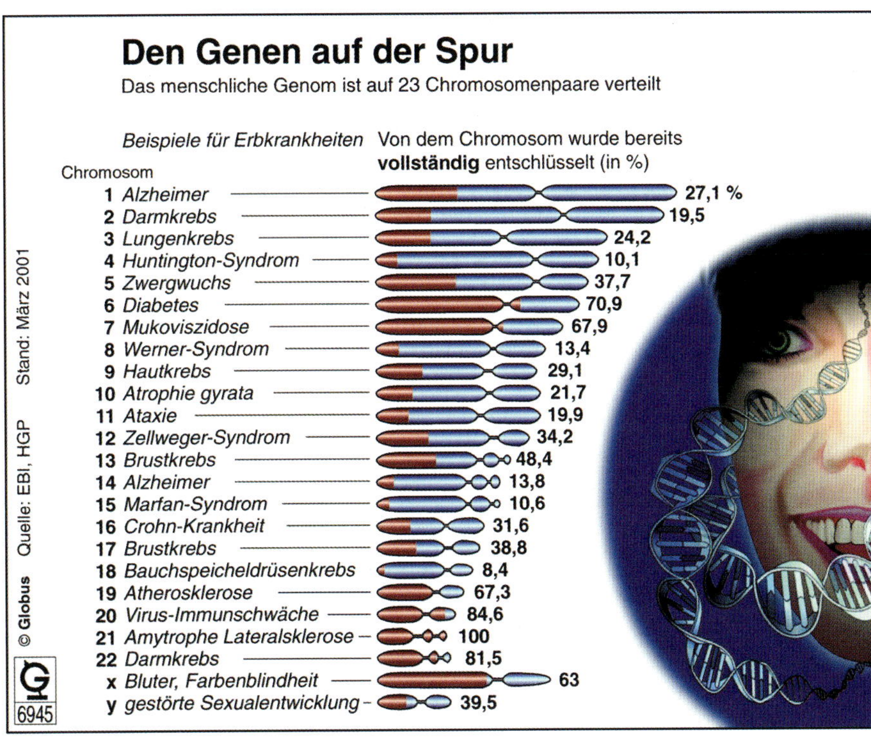

M 3 |

Das Embryo als Ersatzteillager

US-amerikanische Wissenschaftler haben [...] angekündigt, eines Tages würden sie in der Lage sein, aus Embryo-Stammzellen Gewebe und Organe zu züchten – Haut, Knochen, Herzen, Lebern. Kranke Organe sollen dann gegen menschliche Ersatzteile ausgetauscht werden können. [...]

(K.-P. Görlitzer, Organe züchten und Krankes aussondern?; zit. nach: Wochenschau, Jan./Feb. 2000, Ausg. Sek. II: Neue Ethik, S. 19)

US-Arzt plant das Klonen von Menschen

WASHINGTON/MÜNCHEN (dpa) – US-Mediziner Panayiotis Zavos will ab März Menschen klonen. Sein Team habe bereits zehn unfruchtbare Paare für den Versuch ausgewählt [...]. Wo das heftig kritisierte Projekt stattfindet, sagte der Ex-Professor [...] nicht.

(Allgemeine Zeitung Ingelheim, 14.02.2002, S. 1)

„Ich erhalte Morddrohungen“

Die Deutsche Klinik für Fortpflanzungsmedizin in Bad Münder ist für den Start in die vorgeburtliche Gendiagnostik gerüstet. Der STERN sprach mit dem Chef, Dr. Werner Gehring, über dessen Pläne und dessen Feinde.

STERN: Sie planen den Einstieg in die Präimplantations-Diagnostik (PID), das heißt in die genetische Untersuchung von künstlich erzeugten Embryonen. [...]

Wann starten Sie mit der Präimplantations-Diagnostik?

GEHRING: Medizinisch und wissenschaftlich sind wir so weit, dass wir morgen anfangen könnten. Sobald die rechtliche Seite geklärt ist, werden wir einen Antrag für Tests verschiedener monogenetischer Krankheiten stellen [...].

(Stern, Nr. 39/1996, S. 90/92; zit. nach: BfpB, Gentechnik, Bonn 1999, S. 141)

Ufo-Gläubige reklamieren die Geburt des ersten Klonbabys für sich

Amerikanerin soll „genetische Kopie“ ihrer selbst zur Welt gebracht haben

Sekte berichtet von weiteren Schwangerschaften

(Frankfurter Rundschau, 28.12.2002, S. 1)

M 4 | Neue Wege der Wissenschaft – Neue Fragen für Ethik und Politik

- ***Genetische Diagnostik:*** Früherkennung genetisch bedingter Krankheiten und Eigenschaften mit möglichen Konsequenzen für die Zuweisung von Ausbildungs- und Arbeitsplätzen und den Abschluss von Versicherungen
- ***Gentherapie:*** Hier sind die somatische Therapie und die Keimbahntherapie zu unterscheiden. Erstere wird an Körperzellen durchgeführt und betrifft nur die behandelte Person, nicht deren Nachkommen. Letztere erfordert einen Eingriff in die Keimzellen (Ei- oder Samenzellen oder befruchtete Eizellen) und zielt auf Heilung, möglicherweise ,,Höherzüchtung“ der Nachkommen.
- ***„Therapeutisches Klonen“:*** Die Züchtung von Ersatzgeweben/Ersatzorganen aus embryonalen Stammzellen zum Zweck der Transplantation; die Embryonen werden dabei „verbraucht“.
- ***Reproduktives Klonen:*** Künstliche Erzeugung der genetisch identischen Kopie eines Lebewesens/eines Menschen.
- ***Präimplantationsdiagnostik:*** Die Untersuchung von in vitro gezeugten Embryonen auf Krankheiten vor ihrer Einpflanzung in den Mutterleib mit der möglichen Folge der Selektion/Vernichtung kranker Embryonen.
- Mit den Techniken der ***künstlichen Befruchtung*** verbinden sich weitere Möglichkeiten, die rechtliche und ethische Probleme aufwerfen: z. B. die Tiefkühllagerung von Embryonen; der Handel mit diesen; die „Leihmutterschaft“; die „Adoption“ eines Embryos; die Erzeugung von Embryonen mit gleichem Erbgut, die fremdnützig zur Erforschung und Heilung von Krankheiten verwendet werden können.

(B. Sutor/J. Detjen, Politik – Ein Studienbuch zur politischen Bildung, Paderborn 2001, S. 78 f.)

M 5 | Neue (?) Fragen

Wann beginnt menschliches Leben?
Darf ein Embryo verbraucht werden?
Ist eine Stammzelle bereits ein Mensch?
Wird die Bioethik unsere Gesellschaft verändern, wenn ja, wie?

Aufgaben

1. Informieren Sie sich über die biologischen Grundlagen des ,,Humangenomprojekts" und klären Sie wichtige Begriffe aus der Genetik (Beispiele: DNA bzw. DNS, Chromosom, Gen, Genom).
2. Ordnen Sie die Fragen in M 5 den in M 4 genannten Forschungsbereichen zu. Erweitern Sie diesen Katalog der ethisch bedeutsamen Fragen und Probleme anhand von M 4.

4.3 Suche nach Antworten: Konflikte, Erwartungen, Ängste, Argumente

Hinweise zur Erarbeitung: Das Kapitel bietet Materialien zu unterschiedlichen Aspekten der Auseinandersetzung mit den Herausforderungen gentechnologischer Forschungen und Praktiken. Für die Erarbeitung bieten sich dabei zwei verschiedene Vorgehensweisen an:

- *Exemplarisch:* Bearbeiten Sie beispielhaft die Materialien zu einem bestimmten Sachproblem (Beispiel: therapeutisches Klonen, M 10) und beantworten Sie die entsprechenden Fragen (s. S. 128). Ziehen Sie auch zusätzliches Material (aus Zeitungen, Internet etc.) zu Rate.
- *Im Überblick:* Nutzen Sie die Materialien, um sich einen Überblick über die verschiedenen Aspekte des Problems zu verschaffen (s. S. 128, Aufgabe 6).

M 6 | Schwanger sein zwischen Hoffnung und Angst: Frauen in Entscheidungskonflikten

Aussagen von Frauen, die sich für die vorgeburtliche Diagnostik entschieden haben:

- „Für mich stand fest, dass ich alles nur Mögliche tue, um ein gesundes Baby zu bekommen, und dazu gehört auch die Fruchtwasseruntersuchung.“ *(36 Jahre, Altersindikation)*
- „Ehrlich gesagt: Ich habe nicht darüber nachgedacht. Es war einfach selbstverständlich. Alle meine Freundinnen hatten es machen lassen. Und mein Arzt kam überhaupt nicht auf die Idee, ich könnte es nicht wollen. Ich hatte nicht das Gefühl, eine Wahl zu haben.“ *(Renate, 37, Lehrerin, verheiratet)*
- „Für mein Kind täte es mir leid, aber falls wirklich etwas sein sollte, lassen wir einen Abbruch machen. Es ist ja sonst eine Quälerei für das Kind [...]. Man ist ja sonst von den normalen Menschen abgetrennt [...], man ist ja noch jung, 22 Jahre.“ *(22 Jahre, Arzthelferin)*
- „Ich war fest davon überzeugt, die Fruchtwasseruntersuchung nicht machen zu lassen, weil ich sie beim ersten Kind auch nicht habe machen lassen. Aber nachdem ich das Ergebnis des Bluttests gelesen habe [...]. Ich möchte mir keine Vorwürfe machen, wenn das Kind mongoloid geboren würde. Ich möchte nicht den Rest der Schwangerschaft in Unruhe verbringen. Beim ersten Kind habe ich gesagt, ich will ein Kind; beim zweiten sage ich, ich will ein gesundes Kind.“ *(Schwangere, 37 Jahre)*
- „Warum ich eigentlich hier bin, weiß ich auch nicht so direkt. Zur Beruhigung, hat die Frauenärztin gesagt.“ *(35 Jahre, Altersindikation)*
- „Ein Abbruch ist ja sowieso ein Alptraum [...]. Aber ich habe drei gesunde Kinder, die versorgt werden müssen. Wenn ich dann noch ein schwerstbehindertes Kind hätte und versorgen müsste, das wäre nicht zu machen.“ *(37 Jahre, Lehrerin, Altersindikation)*
- „Ich hatte das Gefühl, dann alles getan zu haben, was man in meinem Alter tun sollte, um sicherzugehen, dass mit dem Baby alles okay ist. Natürlich könnte es noch andere Defekte haben, die man auf diese Weise nicht feststellen kann. Aber dafür muss ich mich dann nicht verantwortlich fühlen, denn dagegen kann ich nichts tun.“ *(Heidi, 39, Diplompsychologin)*

(BfpB, Gentechnik, Bonn 1999, S. 56f.)

M 7|

(C. Bretécher, Die Mütter, Reinbek bei Hamburg 1990)

M 8|

James D. Watson, amerikanischer Molekularbiologe, Nobelpreisträger 1962:

Wenn das Humangenomprojekt abgeschlossen sein wird, wird es in unserer Macht stehen, die grundlegenden genetischen Eigenschaften zu erkennen, die uns zu Menschen machen. [...] Ich sehe nur unnötiges Leid durch Gesetze entstehen, die auf der Grundlage der Macht willkürlicher religiöser Eingebungen die Geburt erblich behinderter Kinder erzwingen, obwohl die Eltern es vorziehen würden, solche Schwangerschaften abzubrechen, weil sie hoffen, dass ihr nächstes Kind gesund sein wird. [...]

(zit. nach: B. Sutor/J. Detjen, Politik – Ein Studienbuch zur politischen Bildung, a. a. O., S. 80)

M 9|Gedanken eines noch nicht verhinderten Kranken

Ich leide an Cystischer Fibrose (CF), auch Mukoviszidose genannt. Als ich 1966 geboren wurde, starben die meisten Patienten schon in der Kindheit. Heute können sie immerhin 30 oder 40 Jahre alt werden. Das setzt aber eine rechtzeitig beginnende und konsequent durchgeführte Dauerbehandlung voraus. [...]

Ein für CF positives Ergebnis der nun exakter zu stellenden Pränataldiagnose zieht umso häufiger automatisch eine Abtreibung nach sich, je mehr die Krankheit im wahrsten Sinn als Testfall einer neuen Erbgesundheitsideologie verpönt ist. Was ein letzter Ausweg aus einer individuellen sozialen Notsituation sein kann, droht dabei eine allgemein sanktionierte Methode zur vorsorglichen Tötung „lebensunwerten" Lebens zu werden. Den trotzdem noch existierenden CF-Patienten, von denen es derzeit 6 600 gibt, spricht man auf diese Weise zumindest indirekt das grundgesetzlich garantierte Recht auf Leben ab; die Eltern müssen sich vorhalten lassen, es sei unverantwortlich, dem Kind das Leid und der Gesellschaft obendrein die Kosten seiner medizinischen Behandlung nicht erspart zu haben. Wann werden die Krankenkassen sich weigern, für solche „unnötigen" Behinderungen aufzukommen? Chronisch Kranke haben es schon heute schwer, eine private Lebensversicherung abzuschließen. Und welchen Menschengruppen bescheinigt die Wissenschaft morgen, sie seien mit einem auszurottenden Makel behaftet? Die Diskussion um genetische Einstellungstests für Arbeitnehmer zeigt, welch verhängnisvoller Weg hier beschritten wird.

(T. Malenke, Vom Wunschtraum zum Trauma? Gedanken eines noch nicht verhinderten Kranken; in: J.-P. Stössel, Tüchtig oder tot – Die Entsorgung des Leidens, Freiburg/Basel/Wien 1991, S. 24–28; zit. nach: BfpB, Gentechnik, Bonn 1999, S. 143f.)

M 10 | Stimmen zur Diskussion um das „therapeutische Klonen"

a) Johannes L. Kuppe, Journalist:

Häufig wird die Frage gestellt, ob hier [gemeint ist die Stammzellenforschung] nicht eine Büchse der Pandora geöffnet wird, ob nicht etwas aus dem Ruder laufen kann, was nicht mehr korrigierbar ist. Schreckensvisionen von „Design-Babys" werden entworfen. Von „Vernutzung" menschlichen Lebens zu Forschungs- und Kommerzzwecken ist die Rede.

Richtig ist, dass hier fundamentale Bereiche des menschlichen Lebens berührt werden. Wer aber eine Forschungsrichtung stoppen will, muss stichhaltig darlegen, warum sie nicht gestattet werden darf. Wäre es nicht leichtfertig, die in der neuen Forschungsrichtung sich abzeichnenden Optionen für viele chronisch kranke Mensehen nicht wahrzunehmen?

(Das Parlament, 51. Jhg./Nr. 11 v. 09.03.2001, S. 6)

b) Michael Emmrich, Journalist:

Die Augenwischerei fängt schon beim Begriff an. „Therapeutisches Klonen" klingt nach ärztlicher Behandlung und nach medizinischer Sorge für kranke Menschen. Doch im Kern geht es um etwas ganz anderes. Denn dieses Klonen hat rein gar nichts Therapeutisches an sich. Vielmehr werden menschliche Embryonen durch das Klon-Verfahren erzeugt, kultiviert und nach etwa einer Woche der extrakorporalen Entwicklung zerstört und vernichtet, um die Stammzellen in ihrem Inneren zu ernten. [...]

Also bereits am Anfang steht es mit der Redlichkeit nicht zum Besten. Wenn über das „therapeutische Klonen" gesprochen wird, sollte deshalb klar sein: Es geht zuallererst und im Konkreten um das Vernichten von menschlichen Embryonen.

(Das Parlament, 51. Jhg./Nr. 11 v. 09.03.2001, S. 6)

c) Julian Nida-Rümelin, Philosoph und ehemaliger Staatsminister für Kultur im Bundeskanzleramt:

Ich habe zum therapeutischen Klonen Stellung genommen und mich dabei ausdrücklich gegen die britische Entscheidung gewandt, es bis zum vierzehnten Tag freizugeben. Ich halte die Freigabe für falsch, weil wir damit die Möglichkeit des reproduktiven Klonens eröffnen könnten, also die Schaffung von Menschen mit spezifischer genetischer Ausstattung, und zwar der gleichen wie ein anderer lebender Mensch. Das darf nicht zugelassen werden. [...]

Im therapeutischen Klonen liegen Chancen, aber keiner kann sie heute abschätzen. In Deutschland gibt es Tausende von Nierenleidenden, deren Lebensqualität massiv eingeschränkt ist, weil sie Transplantationen brauchen oder ständig zur Dialyse müssen. Wenn es gelänge, durch therapeutisches Klonen Nieren bereitzustellen, die das Immunsystem des Patienten nicht mehr abstößt, dann müsste man abwägen – zwischen dem Schutz der Embryonen und der Minderung des Leids von etlichen Menschen. Es wäre falsch, dann von vornherein zu glauben, man wisse, welche Entscheidung die richtige ist.

(Der Spiegel, Nr. 4/2001; zit. nach: B. Sutor/J. Detjen, Politik, Paderborn 2002, S. 81)

d) Andreas Sentker, Journalist:

Es geht wie immer um eine Interessenabwägung: um den Schutz werdenden Lebens auf der einen, die Heilung von Schwerkranken auf der anderen Seite. Moralisch rigoros kann in dieser Situation nur urteilen, wer auf dem katholischen Standpunkt beharrt, wonach alles werdende Leben unter allen Bedingungen zu schützen sei. Nur er kann Patienten die Aussicht auf Heilung verweigern, ohne sich in Widersprüche zu verwickeln. Wer anders denkt, wird strengere Bestimmungen kaum begründen können. Schon jetzt erfährt ein Embryo im Mutterleib sehr viel weniger rechtlichen Schutz als sein Pendant im Reagenzglas.

(Die Zeit, Nr. 35/2000; zit. nach: BfpB, Menschliche Embryonen als Ersatzteillager?, Themenbl. im Unterricht, Winter 2000/Nr. 1, S. 3)

e) Jeremy Rifkin, Sozialwissenschaftler:

Das Klonen von Menschen bedeutet den Beginn eines neuen gefährlichen Zeitalters. Diese neue Technologie eröffnet die schreckliche Aussicht auf eine [...] Massenproduktion identischer Menschen. Das Klonen von Menschen stellt uns letztlich vor die Frage, wer Gott spielen darf.

(FAZ v. 18.8.2000; zit. nach: BfpB, Menschliche Embryonen als Ersatzteillager?, Themenbl. im Unterricht, Winter 2000/Nr. 1, S. 3)

f) Jan Ross, Journalist:

Die Idee der Menschenwürde beruht darauf, dass es Rechte des Einzelnen gibt, die nicht um vermeintlich höherer Ziele willen außer Kraft zu setzen sind. Ob und in welchem Umfang Embryonen oder Föten solche Menschenrechte zukommen – darüber besteht in unserer Gesellschaft kein Konsens, wie die unterschiedliche ethische und rechtspolitische Beurteilung der Abtreibung zeigt.

(Die Zeit, Nr. 35/2000; zit. nach: BfpB, Menschliche Embryonen als Ersatzteillager?, Themenbl. im Unterricht, Winter 2000/Nr. 1, S. 3)

Aufgaben

1. Ordnen Sie: Welche individuellen Motive und welche äußeren Einflüsse haben bei der Entscheidung für Pränataldiagnosen (M 6) eine Rolle gespielt? Welche Gründe halten Sie persönlich für nachvollziehbar?
2. Spekulieren Sie über mögliche gesellschaftliche Folgen des im Cartoon (M 7) dargestellten Verhaltens. Halten Sie ein solches Gespräch zwischen Arzt und Patientin in Zukunft für möglich?
3. Was ist mit dem „unnötigen Leid" gemeint, von dem der Biologe Watson in M 8 redet?
4. Zu M 9: Welche gesellschaftlichen Folgen der Pränataldiagnostik befürchtet der Autor? Interpretieren Sie vor diesem Hintergrund auch die Überschrift des Textes.
5. Führen Sie eine Pro- und Contra-Debatte zum Thema „therapeutisches Klonen" (M 10) durch.
6. Erstellen Sie eine Mindmap zum Thema „Neue Herausforderungen durch die Gentechnologie – Suche nach Antworten" (M 4–10).

4.4 Neue Aspekte: Krise der „Menschenrechtsethik"?

M 11 |

Der hier zuvor skizzierte Grundriss einer politischen Ethik gründet in personaler Philosophie, die dem individuellen Menschen eine unantastbare Würde zuerkennt und daraus vorstaatliche Menschenrechte herleitet [...]. Diese Begründung von **Menschenrechtsethik** scheint durch Entwicklungen in Biomedizin und Gentechnik infrage gestellt. Die im Sommer 2000 mit großem publizistischem Aufwand bekannt gemachte Entschlüsselung des menschlichen Genoms hat in Verbindung mit neuen medizin- und gentechnischen Möglichkeiten eine wissenschaftliche, politische und ethische Diskussion ausgelöst, die an die Grundlagen unseres Zusammenleben rührt. [...]

(B. Sutor/J. Detjen, Politik – Ein Studienbuch zur politischen Bildung, Paderborn 2001, S. 78)

➤ Die Rechtslage

M 12 | Aus dem Grundgesetz

Artikel 1, Absatz 1:
Die Würde des Menschen ist unantastbar. Sie zu achten und zu schützen ist Verpflichtung aller staatlichen Gewalt.
Artikel 2, Absatz 2, Satz 1 und 2:
Jeder hat das Recht auf Leben und körperliche Unversehrtheit. Die Freiheit der Person ist unverletzlich.

M 13 | Aus dem Embryonenschutzgesetz (ESchG) vom 13. Dezember 1990

§ 2 Missbräuchliche Verwendung menschlicher Embryonen
(1) Wer einen extrakorporal erzeugten oder einer Frau vor Abschluss seiner Einnistung in der Gebärmutter entnommenen menschlichen Embryo veräußert oder zu einem nicht seiner Erhaltung dienenden Zweck abgibt, erwirbt oder verwendet, wird mit Freiheitsstrafe bis zu drei Jahren oder mit Geldstrafe bestraft.
(2) Ebenso wird bestraft, wer zu einem anderen Zweck als der Herbeiführung einer Schwangerschaft bewirkt, dass sich ein menschlicher Embryo extrakorporal weiterentwickelt.
(3) Der Versuch ist strafbar.
§ 6 Klonen
(1) Wer künstlich bewirkt, dass ein menschlicher Embryo mit der gleichen Erbinformation wie ein anderer Embryo, ein Fötus, ein Mensch oder ein Verstorbener entsteht, wird mit Freiheitsstrafe bis zu fünf Jahren oder mit Geldstrafe bestraft.
(2) Ebenso wird bestraft, wer einen in Absatz 1 bezeichneten Embryo auf eine Frau überträgt.
(3) Der Versuch ist strafbar.

M 14 | Aus dem § 218 StGB (alte und neue Fassung)

(1) In der **alten Fassung des § 218** vor August 1995 war aus „embryopathischen Gründen" ein Schwangerschaftsabbruch bis zur 22. Woche erlaubt, *„wenn nach ärztlicher Erkenntnis dringende Gründe dafür sprechen, dass das Kind in-*

folge einer Erbanlage oder schädlicher Einflüsse vor der Geburt an einer nicht behebbaren Schädigung seines Gesundheitszustands leiden würde, die so schwer wiegt, dass von der Schwangeren die Fortsetzung der Schwangerschaft nicht verlangt werden kann." (§ 218 StGB alte Fass., Abs. 2, Satz 1)

(2) Die ehemalige „embryopathische Indikation" ist in der **Neufassung des § 218** in die „medizinisch-soziale Indikation" eingeschlossen:
„Der mit der Einwilligung der Schwangeren von einem Arzt vorgenommene Schwangerschaftsabbruch ist nicht rechtswidrig, wenn der Abbruch der Schwangerschaft unter Berücksichtigung der gegenwärtigen und zukünftigen Lebensverhältnisse der Schwangeren nach ärztlicher Erkenntnis angezeigt ist, um eine Gefahr für das Leben oder die Gefahr einer schwerwiegenden Beeinträchtigung des körperlichen oder seelischen Gesundheitszustandes der Schwangeren abzuwenden und die Gefahr nicht auf eine andere für sie zumutbare Weise abgewendet werden kann." (§ 218a StGB, Abs. 2)

Aufgaben

1. Erläutern Sie die in M 11 angesprochene „Krise der Menschenrechtsethik" vor dem Hintergrund der bestehenden Rechtslage (M 12–14).
2. Zu M 14: Welche Wertentscheidungen liegen den beiden Formulierungen in den Gesetzestexten zugrunde? Beschreiben Sie die in der Neufassung erfolgte Akzentverschiebung.
3. Auf wessen Betreiben und aus welchen Gründen könnte die Neuformulierung erfolgt sein?

➤ Neue Aspekte: Beispiel Schwangerschaftsabbruch

Historischer Exkurs (M 15 – M 17)

M 15 | Die Debatte um den §218

Im Folgenden soll eine kurze **Chronik der Auseinandersetzung um das Recht des Schwangerschaftsabbruchs und den §218 StGB** gegeben werden. Die politische Diskussion zwischen Gegnern (**„Schutz des ungeborenen Lebens"!**) und Befürwortern des Abbruchs (**„Lebens- und Selbstbestimmungsrecht der Frau"!**) wurde und wird in Gesellschaft und Politik äußerst kontrovers und hart geführt. Die Möglichkeit eines Schwangerschaftsabbruchs nach einem positiven pränataldiagnostischen Befund bedeutet dabei eine neue ethische Herausforderung im Rahmen der „alten" Diskussion.

Ausgangslage: Gemäß § 218 StGB war jeder Schwangerschaftsabbruch mit einer Freiheitsstrafe bis zu zehn Jahren bedroht. Einzige Ausnahme bildete die medizinische Indikation, d. h. falls eine Lebensgefährdung der Frau auf keine andere Weise abzuwenden war. Die Angaben über die Zahl illegaler Abbrüche in den 1950er- und 60er-Jahren sind sehr unterschiedlich (300–800 000). Uneheliche Kinder und ihre Mütter wurden diskriminiert, Verhütungsmittel z. T. verboten, die Anti-Baby-Pille kam erst Ende der 1960er-Jahre auf den Markt. Die Frauenbewegungen der 1960er- und 70er-Jahre kämpften für die Abschaffung des § 218.

1971: In einer Kampagne des „Stern" bekennen sich insgesamt 374 zum Teil prominente Frauen namentlich dazu, abgetrieben zu haben.

1974: Mehr als 300 Ärztinnen und Ärzte bezichtigen sich selbst, „Frauen ohne finanziellen Vorteil zur Abtreibung verholfen zu haben", was mehrere Anklagen nach sich zieht. Im selben Jahr gibt es zum ersten Mal einen Vorstoß der damaligen sozial-liberalen Regierung, eine Fristenlösung einzuführen (Straffreiheit bei Abbrüchen in den ersten drei Schwangerschaftsmonaten).

1975: Das Bundesverfassungsgericht erklärt diese Regelung als unvereinbar mit dem Grundgesetz.

1976: In einer Kompromissform wird § 218 reformiert: Unter bestimmten Voraussetzungen (Indikationen: medizinisch, embryopathisch, kriminologisch, sozial) ist der Abbruch innerhalb festgelegter Fristen straffrei.

1990: Der Einigungsvertrag tritt in Kraft. Der Gesetzgeber wird verpflichtet, eine neue Regelung zu schaffen, die den Schutz des vorgeburtlichen Lebens „besser gewährleistet, als dies in beiden Teilen Deutschlands derzeit der Fall ist." In der DDR gab es eine klare Fristenlösung.

1992, Juni: Nach monatelangen öffentlichen und parlamentarischen Diskussionen und einer abschließenden 16-stündigen Debatte beschließt der Bundestag eine Neuregelung: Das Gesetz sieht eine Fristenlösung (erste zwölf Schwangerschaftswochen) mit Beratungspflicht vor.

August: Auf Antrag der Gegner stoppt das Bundesverfassungsgericht wesentliche Teile des neuen Rechts durch einstweilige Anordnung.

1993: Das Bundesverfassungsgericht billigt in seinem Urteil zur Reform im Kern die Fristenregelung mit einer Pflichtberatung. Schwangerschaftsabbrüche seien im Grunde zwar rechtswidrig, blieben aber innerhalb der ersten zwölf Wochen straffrei, wenn die Frau eine vorschriftsmäßige Beratung nachweise.

1995: Nach einer gescheiterten Abstimmung im Mai 1994 beschließt der Bundestag ein neues Recht des Schwangerschaftsabbruchs. Unter der Voraussetzung einer vorschriftsgemäßen Beratung innerhalb der ersten zwölf Wochen bleibt der Abbruch straffrei.
1996: Der Landtag des Freistaates Bayern verschärft das Bundesrecht. In Bayern sind Frauen dazu verpflichtet, in der Beratung ihre Gründe für einen Schwangerschaftsabbruch zu nennen. Weitere Einschränkungen: Nur Fachärzte für Gynäkologie dürfen Abbrüche vornehmen. Dabei dürfen sie nur 25 % ihres Einkommens aus Schwangerschaftsabbrüchen beziehen.
1997: Das Bundesverfassungsgericht setzt mit einer einstweiligen Anordnung die 25 %-Regel und den Gynäkologenvorbehalt außer Kraft.
1998, Oktober: Das Bundesverfassungsgericht erklärt den bayerischen Sonderweg für verfassungswidrig.
(Autorentext)

M 16 | Verfassungsnormen

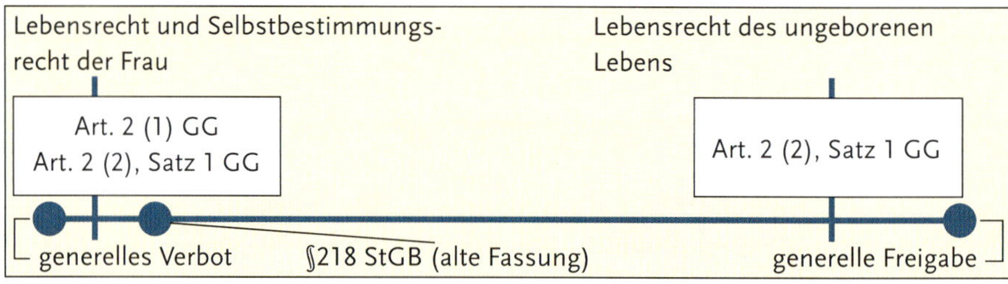

M 17 | Schwangerschaftsabbruch als rechtspolitisches Problem

Die ehemalige Bundesjustizministerin Herta Däubler-Gmelin äußert sich in einem Interview in der „Zeit" zur Pränataldiagnostik (PND) sowie zur Präimplantationsdiagnostik (PID). Hierbei handelt es sich um einen politisch und ethisch stark umstrittenen Sonderfall der PND: Im Reagenzglas künstlich befruchtete Eizellen (Embryonen) werden vor dem Transfer in den weiblichen Körper gendiagnostisch untersucht. Dabei werden nur die Embryonen implantiert, die keine „Chromosomen- und Gendefekte" aufweisen. Die Befürworter argumentieren, hierbei könnten „erblich vorbelasteten Paaren" Leid und ein möglicher Schwangerschaftsabbruch erspart werden.

M 18 | „Selektion ist nicht akzeptabel" – Ein Interview mit Herta Däubler-Gmelin

Die Zeit: Frau Ministerin, obwohl in Sachen Biopolitik derzeit keine Gesetzesvorhaben anstehen, mischen Sie bereits kräftig in der Diskussion mit. Ist das überhaupt Ihre Aufgabe?
Herta Däubler-Gmelin: Selbstverständlich. Übrigens als politisch interessierte Staatsbürgerin und als Bundesministerin der Justiz. Denn da gehört es zu meinen Aufgaben, auf Inhalt und Geltung bestehender Gesetze aufmerksam zu machen und auf der Einhaltung unserer Verfassung zu bestehen. [...]
Die Zeit: Der Mensch existiert für Sie vom Zeitpunkt der

Befruchtung an: Das ist auch die Grundposition der Abtreibungsgegner. Muss Ihre Haltung nicht zwangsläufig auch zu einer neuen Debatte über den Paragraphen 218 führen?

HERTA DÄUBLER-GMELIN: Nein, ich bin zwar der Auffassung, dass die Frage des Schutzes von werdendem menschlichen Leben im Zusammenhang mit der Abtreibungsfrage diskutiert werden muss. Aber ich warne vor den bequemen Parallelen, die ich jetzt immer wieder lese. Die unterschiedlichen Ausgangsprobleme sind einfach da. Zum einen geht man von einer bestehenden Schwangerschaft aus, bei der es Konflikte gibt, und davon, dass gegen den Willen der Schwangeren werdendes Leben nicht geschützt werden kann, durch Strafrecht schon gar nicht. Deshalb hat der Gesetzgeber nach langen und quälenden Diskussionen mit großer Mehrheit und nach mehrfachen Urteilen des Bundesverfassungsgerichtes den staatlichen Strafanspruch während der ersten zwölf Wochen zugunsten einer gesetzlichen Beratungspflicht zurückgenommen. Rechtmäßig ist der Schwangerschaftsabbruch nicht, sondern nur straflos. Und danach ist ein Schwangerschaftsabbruch nur rechtmäßig, wenn eine Indikation, also eine Kollision von Rechtsgütern vorliegt. Es reicht eben nicht, obwohl man das in der Öffentlichkeit hören kann, dass das Ungeborene eine genetische Belastung oder Krankheit hat. Die embryopathische oder eugenische Indikation ist bewusst abgeschafft, es geht immer um Gesundheit oder Leben der Mutter.

DIE ZEIT: Warum lehnen Sie so vehement die Präimplantationsdiagnostik (PID) ab, die genetische Untersuchung und Selektion von Embryonen aus dem Reagenzglas?

HERTA DÄUBLER-GMELIN: Weil hier nicht in einem bestehenden Konflikt geholfen, sondern eine Art künstlicher Schwangerschaft auf Probe erzeugt wird, die dann beendet wird, wenn der Embryo den genetischen Anforderungen nicht entspricht. Ich halte dies für falsch, aus grundsätzlichen Überlegungen heraus, weil es hier entscheidend um Selektion geht, aber auch aus anderen Gründen.

DIE ZEIT: PID ist verboten. Aber es ist möglich, einen in vitro gezeugten Embryo in den Unterleib der Mutter einzusetzen, dann eine Fruchtwasserspiegelung zu machen, die vielleicht zu dem Ergebnis kommt: Dieser Embryo ist geschädigt, also lasst uns jetzt eine Abtreibung nach dem Paragraphen 218 vornehmen. Ist dieser Weg nicht absurd? Warum also nicht gleich eine PID?

HERTA DÄUBLER-GMELIN: Nochmals, eine eugenische Indikation gibt es heute nicht – Gesundheit oder Leben der Mutter müssen entsprechend in Mitleidenschaft gezogen sein. Der Unterschied liegt darin, dass bei PID eine Schwangerschaft auf Probe mit anschließender Selektion im Reagenzglas erzeugt wird, während im anderen Fall in einem existierenden Konflikt nicht bestraft wird. Ich halte eine Schwangerschaft auf Probe nicht für akzeptabel. Schon deshalb nicht, weil ich befürchte, dass gerade das Verhältnis zu Kindern sich verändert. Stellen Sie sich vor, ein Kind erfüllt die genetischen Erwartungen doch nicht oder andere Erwartungen nicht – kann es dann damit rechnen, so akzeptiert zu werden, wie es ist?

DIE ZEIT: Könnten Sie sich eine Indikationenlösung für die PID vorstellen? Also PID nur unter wenigen und strengen Ausnahmen?

HERTA DÄUBLER-GMELIN: Ich halte das persönlich für falsch. Aber ich weiß, wie schwer für genetisch belastete Eltern die Entscheidung sein kann, keine eigenen Kinder zu bekommen und gegebenenfalls ein Kind zu adoptieren.

DIE ZEIT: Ist Ihr Leitmotiv: lieber ein bisschen zu viel Schutz der Menschenwürde als zu wenig?

HERTA DÄUBLER-GMELIN: Zu viel Schutz kann es für die Menschenwürde nicht geben. Aber Sie verstehen mich schon richtig: Ich rate bei solchen Entscheidungen immer zur Vorsicht und zu Verantwortung. Ich glaube, es ist jetzt am dringlichsten, einen Konsens zu erzielen, dass Forschungseingriffe am Menschen nur dem Helfen und Heilen dienen dürfen. Und dass Aspekte wie Standortfragen und Forschungsprestige in diesem Zusammenhang zurückzutreten haben.

DIE ZEIT: Kernverschmelzung, Nidation, Hirntod – Anfang und Ende des Lebens lösen sich dank der Wissenschaft in etwas Prozesshaftes auf. Deshalb fordern einige Ethiker und Verfassungsrechtler einen abgestuften Grundrechtsschutz des Lebens. Ist das mit Ihnen zu machen?

HERTA DÄUBLER-GMELIN: Ich halte es für mehr als problematisch, zu relativieren. Eine Gesellschaft ohne Fixpunkte und eine Relativierung des Prinzips der Menschenwürde – des Grundes aller Grundrechte – kann ich nur ablehnen. [...]

(Die Zeit, Nr. 31 v. 28. Juli 2001)

Aufgaben

1. Zu M 18: Aus welchen Gründen hält Däubler-Gmelin die PID für inakzeptabel?
2. Wie diskutiert Däubler-Gmelin den Zusammenhang zwischen der „historischen" Debatte um Schwangerschaftsabbruch (M 15 bis 17) und der aktuellen Auseinandersetzung über Pränatal- und Präimplantationsdiagnostik? Welche Unterschiede sieht sie?
3. M 16 veranschaulicht den „alten" Konflikt in Bezug auf den Schwangerschaftsabbruch. Erstellen Sie anhand der Ausführungen von Däubler-Gmelin ein vergleichbares Schaubild, das die Konflikte im Zusammenhang mit der PID verdeutlicht.

Dilemma-Methode

Die Dilemma-Methode dient der Ausbildung und Stärkung politisch-moralischer Urteilsfähigkeit. Es geht dabei um die Fähigkeit, sein eigenes Denken – unabhängig von Vorurteilen, Mehrheitsmeinungen und Autoritäten – an moralischen Prinzipien und Idealen auszurichten. Die Schüler werden dabei mit einer Situation konfrontiert, in der mindestens zwei moralische Prinzipien miteinander in Konflikt geraten, und bilden in der Auseinandersetzung ein eigenständiges begründetes Urteil.
Für die Durchführung einer Dilemma-Diskussion ist folgendes Ablaufschema hilfreich:

Zeit (Min.)	Aktivität	Lernziele [Motivationsphase]
0	Das moralische Dilemma erkennen lernen (vortragen, lesen und nacherzählen lassen) und den „Dilemma-Kern" herausarbeiten.	[Unterstützung] 1. Die Schüler werden mit den äußeren Umständen des Dilemmas vertraut gemacht und 2. sie lernen, das (moralische) Dilemma zu erkennen und sich in die Handelnden hineinzuversetzen.
15	Probe-Abstimmung: War das Verhalten der zentralen Person eher richtig oder eher falsch? Pro- und Contra-Gruppen bilden; falls keine etwa gleich starken Gruppen zustande kommen: das Dilemma erneut darstellen und dabei die „schwache" Seite stärker berücksichtigen; evtl. das Dilemma etwas abändern, sodass einige Teilnehmer in das „schwache" Lager wechseln.	[Herausforderung] 3. Sich öffentlich mit einer Meinung zu einer Kontroverse exponieren. 4. Lernen, den Unterschied zwischen Entscheidung unter Druck und druckfreier Meinungsbildung zu verstehen. 5. Die Vielfalt von Meinungen zu einem moralischen Problem anerkennen lernen.
30	In jedem Meinungslager werden kleine Gruppen von 3–4 Schülern/innen gebildet, die Gründe für ihre Meinung zu dem Dilemma austauschen und neue sammeln.	[Unterstützung] 6. Gleichgesinnte als Quelle der Unterstützung sehen lernen. 7. Begründungen als Quelle der Stärkung der eigenen Position sehen lernen.
40	Diskussion von Pro und Contra im Plenum: Die Lehrperson erläutert die Diskussionsregeln; die beiden Meinungslager setzen sich einander gegenüber; aus jedem Lager trägt ein Teilnehmer zunächst nochmals die jeweilige Meinung und einige Gründe hierfür vor. Danach beginnt ein „Schlagabtausch" der Argumente: Nach jedem Beitrag aus einer Gruppe folgt die andere Gruppe; wer gerade gesprochen hat, ruft aus der anderen Gruppe eine Person auf, die sich zu Wort gemeldet hat.	[Herausforderung] 8. Öffentliche Diskussionen über wirkliche moralische Probleme schätzen lernen. 9. Sich Gehör verschaffen lernen; die eigenen Argumente pointiert vortragen lernen. 10. Anderen genau zuhören lernen. 11. Zwischen der Qualität von Argumenten (über die man sich manchmal gewaltig ärgern kann) und von Menschen (die man immer respektieren sollte) zu unterscheiden lernen.

Zeit (Min.)	Aktivität	Lernziele [Motivationsphase]
	Die Lehrperson wirkt in dieser Phase fast ausschließlich als Moderator; sie achtet darauf, dass die Diskussionsregeln eingehalten werden.	
70	Weitere Kleingruppen-Phase: Die Argumente der Gegenseite sollen eingeschätzt werden; welche Argumente der anderen Gruppe sind akzeptabel?	[Unterstützung] 12. Mit Gleichgesinnten beraten, wie weit man Andersdenkenden entgegenkommen kann/soll.
75	Plenum: Von jeder Gruppe berichtet ein Sprecher, welches das beste Argument der Gegenseite ist; evtl. werden die Argumente in eine Rangreihe gebracht.	[Herausforderung und Unterstützung] 13. Gute Argumente auch dann schätzen lernen, wenn sie von der Gegenseite kommen.
80	Schluss-Abstimmung: War das Verhalten der Person in dem Dilemma eher richtig oder eher falsch?	[Herausforderung] 14. Kritik an der eigenen Position zu schätzen wissen. 15. Lernen, dass auch die kontroverse Diskussion über ernsthafte Probleme zur Qualität des Lebens beiträgt.
85	Nachfragen: Wie haben die Beteiligten die Diskussionsstunde empfunden? Als Gewinn? Was war das vermutliche Ziel der Stunde? Was hat man über sich und die Mitschüler gelernt?	[Unterstützung] 16. Sich über die Entwicklung bewusst werden, die man selbst und andere durch die Dilemma-Diskussion erfahren haben.
90	Ende der Dilemma-Stunde.	

(nach: http://www.schule-bw.de/unterricht/faecher/biologie/unterrichtsmaterialien/dilemma/index_html)

Beispiel für eine Dilemma-Situation

Stammzellentherapie

Die in England lebende Familie Hashmis möchte durch künstliche Befruchtung ein weiteres Kind zeugen, mit dessen Stammzellen ein kranker Sohn gerettet werden soll. Die Familie hat bisher vier Kinder. Eines davon, der Sohn Zain, hat „Beta-Thalassämie". Diese Erbkrankheit ist auch mit Medikamenten nicht zu heilen. Ein fünftes Kind war von den Eltern in der Hoffnung gezeugt worden, dass dieses Kind die für eine Heilung von Zain notwendigen Stammzellen oder geeignetes Knochenmark liefern könnte. Ein Test in der zwölften Schwangerschaftswoche ergab, dass das Kind zwar gesund sein würde, aber als Spender für seinen Bruder nicht geeignet ist.
Nachdem die Familie von der Präimplantationsdiagnostik, einem Verfahren, das in Großbritannien erlaubt ist, erfahren hat, sieht sie in einer künstlichen Befruchtung die einzige Chance, das Leben des Sohnes zu retten. Aus den Embryonen soll der ausgewählt und in die Gebärmutter eingepflanzt werden, der in seiner Nabelschnur die passenden Stammzellen bilden wird. Bisher wurde ein Auswahlverfahren nur angewandt, um genetisch kranke Embryonen auszusondern. Die Mutter ist 37 Jahre alt. Man hofft, sechs bis acht Embryonen gewinnen zu können. Ist ein geeigneter Embryo dabei, soll dieser eingepflanzt werden. Die restlichen Embryonen werden tiefgekühlt, bis sie jemand adoptiert. Verlaufen die

Schwangerschaft und die Transplantation der Stammzellen aus der Nabelschnur erfolgreich, liegen die Chancen für eine völlige Heilung bei über 90%. Zurzeit müssen Zain an fünf Tagen in der Woche mittels einer schmerzhaften Prozedur über Nacht zehn Milliliter Desferal injiziert werden.
Das Ehepaar möchte auf diesem Weg seinem Kind helfen und hat inzwischen einen Arzt gefunden, der die künstliche Befruchtung durchführen und den passenden Embryo implantieren will. Dieser hat bei der zuständigen Genehmigungsbehörde der „Human Fertilisation and Embryology Authority" (HFEA) einen entsprechenden Antrag gestellt.

Bewerten Sie die Entscheidung dieses Ehepaares. War Ihrer Meinung nach die Entscheidung eher richtig oder eher falsch? Kreuzen Sie auf folgender Skala an, wie Sie darüber urteilen:

Meiner Meinung nach war die Entscheidung des Ehepaares ...

völlig falsch −3 −2 −1 0 +1 +2 +3 völlig richtig

Wie sicher sind Sie sich Ihrer Meinung? Ich bin ...

völlig unsicher 0 1 2 3 4 5 6 völlig sicher

Was sind die Gründe für Ihre Meinung zur Entscheidung des Ehepaares? Geben Sie bitte mit kurzen Sätzen oder Stichworten so viele Gründe wieder, wie Ihnen einfallen.

(nach: http://www.schule-bw.de/unterricht/faecher/biologie/unterrichtsmaterialien/dilemma/index_html; weitere für diese Methode geeignete Fälle finden Sie unter dieser Adresse.)

Aufgaben

1. Führen Sie eine Dilemma-Diskussion zur oben geschilderten Situation im Kurs durch.
2. Konstruieren Sie selbstständig eine Dilemma-Situation zu einem Thema im Bereich „Gentechnik".

4.5 Neue Ethik (?): Wie können wir mit den Herausforderungen durch die Gentechnologie umgehen?

Mit dem Problem, wie wir mit den Herausforderungen durch die Gentechnologie umgehen können, beschäftigen sich heute viele Wissenschaftler. Oft wird dabei die Frage gestellt, ob unsere „alte" Ethik noch in der Lage sei, Antworten auf die neuen Fragen zu finden (vgl. M 19). Wie können dabei die verschiedenen Perspektiven der Wissenschaft zur Vorbereitung politischer Entscheidungen genutzt werden?

Am 2. Mai 2001 hat die Bundesregierung die **Einrichtung eines Nationalen Ethikrates als Forum des Dialogs über ethische Fragen** beschlossen. Er hat die Aufgabe, sich zu den ethischen Fragen zu äußern, die sich durch Innovationen auf wissenschaftlichem und technischem Gebiet für die Gesellschaft ergeben. Er soll dabei die Perspektiven verschiedener Wissenschaften zusammenführen. Von diesem Ethikrat wird erwartet, dass er Stellungnahmen für politisches und gesetzgeberisches Handeln abgibt. Kritiker halten die Einrichtung dieses Rates allerdings für überflüssig bzw. problematisch, da er – im Gegensatz zur vom Bundestag eingerichteten Enquêtekommission – über keinerlei parlamentarische Legitimation verfügt. Es handele sich lediglich um eine vom Kanzler „handverlesene" Expertenrunde, deren Entscheidungen keinerlei Verbindlichkeit beanspruchen können.

Am 20. Dezember 2001 hat der Ethikrat eine **Stellungnahme zum Problem des Imports embryonaler Stammzellen** veröffentlicht. Nach einer intensiven Diskussion haben sich 15 Mitglieder für einen befristeten und an strenge Regeln gebundenen Import menschlicher Stammzellen entschieden, 10 Mitglieder dagegen für eine vorläufige Ablehnung. Im Gegensatz dazu hat die entsprechende Enquêtekommission den Import mehrheitlich abgelehnt. Im Bundestag fiel Ende Januar 2002 die Entscheidung. Erlaubt wurde die Einfuhr bereits existierender Stammzell-Linien für Forschungsprojekte, für die es keine alternativen Methoden gibt. Die Produktion neuer Stammzellen zu Forschungszwecken wird ausdrücklich abgelehnt.

Vor der Bundestagsentscheidung äußerte sich der Philosoph Jürgen Habermas in einem Interview mit der „Zeit" (M 20a) zum Thema. Seine nicht leicht erschließbare Position ist in zweierlei Hinsicht richtungsweisend:

- zum einen **inhaltlich**, weil sie die Forschung an embryonalen Stammzellen als Tatsache zur Kenntnis nimmt („auf schiefer Ebene"), um sich vorwärtsgerichtet mit den ethischen und gesellschaftlichen Folgen einer „Instrumentalisierung vorpersonalen menschlichen Lebens" auseinanderzusetzen;
- zum anderen **formal**, weil sie mit ihrer „Diskursethik" ein Verfahren für die politische Auseinandersetzung in einer „weltanschaulich pluralistischen Gesellschaft" über grundlegende ethische Fragen anbietet.

M 19 | „Alte Ethik" – „Neue Ethik"

„Was ist das Gute" und „Wie sollen wir handeln?" Das sind die Grundfragen, auf die die Ethik eine Antwort zu geben versucht. Aber [...] ist die „alte" Ethik überhaupt in der Lage, auf die Fragen von heute zu antworten, Fragen, die durch die Manipulierbarkeit des Lebens, vor allem an seinem Anfang und Ende, aufgetaucht sind? Ist noch Verlass auf jenes ungeschriebene Gesetz, von dem die Bibel sagt, dass jeder Mensch es im Lichte der Vernunft in seinem Herzen finden könne, sogar der Ungläubige? [...]

Ist diese Ethik von gestern also nicht hoffnungslos überfordert, wenn sie dem sogenannten Laien begreiflich machen soll, dass Beginn und Ende des Lebens als willkürlich verrückbare biologische Zäsuren zu betrachten sind, je nach angestrebtem Nutzen? Dass, wie die Bioethiker Helga Kuhse und Peter Singer postulieren, Neugeborene keine Personen sind. Sie stützen sich dabei auf den amerikanischen Philosophen Michael Tooley, der in seinem Buch *Abortion and Infanticide* 1983 ausführt, „Person" als Träger von Rechten und Interessen könne nur ein Wesen sein, das auch Wünsche und Erfahrungen haben kann. Wie kann diese verstaubte Ethik begreiflich machen, dass Menschen in zwei Kategorien aufgeteilt werden, in Personen, und eben solche, die nur Menschen sind, um das Wort Un-Person zu vermeiden?

[...] Die Wissenschaften, allen voran die Biowissenschaften, bejahen die Notwendigkeit einer Spezialethik heftig. [...]

Das ethische Dilemma in der zweiten Hälfte des 20. Jahrhunderts begann mit der Spaltung von zwei Grundelementen: dem Atomkern und dem Zellkern der menschlichen Eizelle. Von da an erwies es sich rasch, dass Wissenschaften, die im Namen des Lebens wirken, wie Biologie und Medizin, durch ihre neuen, unerhörten Potenziale sich in bisher nie da gewesener Weise auch gegen das Leben richten können. [...]

Ethik ist immer ein gesellschaftliches Phänomen und das Ergebnis eines evolutiven Prozesses innerhalb einer Gesellschaft. Einseitige Technologieschelte muss daher im Ansatz wenig wirksam bleiben. Ethik als gesellschaftliches Phänomen hängt wesentlich von den Leitbildern einer Gesellschaft und ihrem vorherrschenden Menschenbild ab. Verkürzt könnte man sagen: Jede Gesellschaft bekommt die Ethik, die sie verdient. Die Bioethik macht dabei keine Ausnahme.

(Linus S. Geisler, Dinosaurier-Ethik gegen die schöne neue Welt; zit. nach: FR v. 17.5.1995, S. 12)

M 20a | Auf schiefer Ebene

Vor der Bundestagsdebatte: Ein Gespräch mit Jürgen Habermas über Gefahren der Gentechnik und neue Menschenbilder

Die Zeit: Herr Habermas, in der nächsten Woche will der Bundestag entscheiden, ob deutsche Forscher an embryonalen Stammzellen aus dem Ausland forschen dürfen und wie der Import geregelt wird. Ist das ein Dammbruch?

Jürgen Habermas: Diese Dämme sind längst gebrochen – in anderen europäischen Ländern, den USA und der übrigen Welt. Wir leben nicht mehr auf nationalen Inseln. Statt „Dammbruch" würde ich auch lieber das weniger scharfe Bild der „schiefen Ebene" verwenden, auf der man ins Rutschen kommt, weil kein Halten mehr ist.

Die Zeit: Worin liegen die Gefahren der Gentechnik für Sie: im Heraufkommen einer liberalen Eugenik – oder in den Plänen von posthumanistischen Menschenzüchtern, die den Nachwuchs durch eine konservative Elite programmieren lassen wollen?

Jürgen Habermas: Die sogenannten Posthumanisten beziehen ja aus dem evolutionsbiologischen Jargon eher die Reizworte für grandiose gattungsgeschichtliche Spekulationen. Die sind nicht besser als die geschichtsphilosophischen, von denen sie sich gerade verabschiedet haben. Wer die Gentechnik als Mittel zur Selbstoptimierung der „Gattung" empfiehlt, hantiert mit einem Kollektivsingular, vor dem die Einzelnen zu instrumentalisierbaren Gattungsexemplaren verblassen. Eine eugenische Praxis dieser Art müsste sich über das Selbstbestimmungsrecht der Individuen und über die intersubjektive Verfassung demokratischer Willensbildungsprozesse hinwegsetzen. Deshalb brauchen wir diese narzisstischen Größenfantasien, einstweilen jedenfalls, nicht ernst zu nehmen.

Die Zeit: Was aber sollte man ernst nehmen?

Jürgen Habermas: Ernst nehmen muss man heute schon Handlungsmöglichkeiten, die uns die Fortschritte der Biogenetik und der Gentechnologie in nicht zu ferner Zukunft bescheren könnten. In dem Maße, wie uns diese Entwicklung verheißungsvolle Chancen eröffnet, bisher unheilbare Krankheiten zu behandeln, bietet sie uns vermutlich auch die zweifelhaften Optionen einer verbessernden Eugenik. Im Rahmen liberaler Gesellschaften würden solche Verfahren der genetischen Merkmalsveränderung über den Markt den individuellen Wahlakten der Eltern in die Hände gespielt. *Shopping in the genetic supermarket* ist ein Zukunftsszenario, mit dem sich die einschlägigen bioethischen Diskussionen in den Vereinigten Staaten längst beschäftigen. Wenn wir Zweifel haben, ob wir diese individualisierte Spielart der Eugenik wirklich wollen, sollten wir aufpassen, was die Praktiken, um die es heute geht, zu dieser Entwicklung beitragen.

Die Zeit: Aber müsste nicht vor dem pragmatischen Imperativ des Heilens jeder prinzipielle Einwand verstummen? Auch das Ziel, schwerste Krankheiten zu heilen, ist ein moralisches.

Jürgen Habermas: Wer würde sich Gentherapien für schwere Erbkrankheiten oder bessere Verfahren für Organtransplantationen nicht wünschen? Forschungen, die zu diesem Ziel führen können, verdienen Förderung. Die Diskussion über die Zulässigkeit einer Forschung, die menschliche embryonale Stammzellen „verbraucht", entzündet sich an einem Wertkonflikt. Das Kollektivgut Gesundheit und die Freiheit der Forschung kollidieren mit dem Lebensschutz des Embryos in vitro.

Die Zeit: Was genießt Vorrang?

Jürgen Habermas: Ich fürchte, dass wir durch diese Instrumentalisierung vorpersonalen menschlichen Lebens auf eine abschüssige Ebene geraten.

[...]

Die Zeit: Hat uns die monatelange Diskussion überhaupt weitergebracht, oder handelt es sich um unversöhnliche Positionen? Sind vielleicht Prinzipien im Spiel – der Imperativ des Heilens einerseits, das Unantastbarkeitsangebot andererseits –, die schon als solche nicht zu versöhnen sind?

Jürgen Habermas: Die beiden Prinzipien sind, für sich betrachtet, gut begründet, aber vor ihrer Anwendung gelten solche Prinzipien nur auf den ersten Blick. Im Einzelfall können sie miteinander kollidieren. In der gegebenen Situation stellt sich die Frage, ob die Aussicht auf neue Heilverfahren oder der embryonale Lebensschutz Vorrang beanspruchen kann. Der Ethikrat vertritt in seiner Mehrheit die Position, dass sich aus Grundgesetz und Rechtsprechung keine „allgemein einsichtigen" Gründe für einen absoluten Lebensschutz des Embryos im Frühstadium ergeben. Ich teile die Auffassung, dass es keine weltanschaulich neutrale Beschreibung gibt, die den Achtzeller als Person und damit zum Träger unbedingt zu achtender Grundrechte qualifizieren könnte.

Die Zeit: Aber was dann? Gibt es denn eine Möglichkeit, metaphysische und weltanschauliche Setzungen zu vermeiden, ohne in einen relativistischen Diskurs einzutreten?

Jürgen Habermas: Die vernunftrechtliche Tradition, aus der sich unsere liberalen Verfassungen speisen, hat Ihre Frage mit Ja beantwortet. Danach genießen Recht und Moral auch ohne die Einbettung in den Kontext eines bestimmten Welt- und Menschenbildes allgemeine Verbindlichkeit. Wenn wir uns an diese säkularen Maßstäbe halten, müssen wir uns in einer weltanschaulich pluralistischen Gesellschaft wohl auf die Konzeption eines abgestuften Lebensschutzes für vorpersonales menschliches Lebens einlassen.

Die Zeit: Also ist es doch zulässig, einen Embryo für medizinische Zwecke zu instrumentalisieren?

Jürgen Habermas: Das wäre ein vorschneller Schluss. Auch wenn wir dem vorpersonalen menschlichen Leben nicht von Anbeginn die „Unantastbarkeit" der Menschenwürde nach Grundgesetz Artikel 1 zubilligen, bedeutet das ja noch nicht per se, dass die Forschung die Lizenz zur „freien Verfügung" hat. Die Mehrheit des Ethikrats hat leider die vorhersehbaren Folgeschäden der Eingewöhnung eines instrumentalisierenden Umgangs mit embryonalen Stammzellen nicht weiter in Betracht gezogen. Mir ist diese Praxis unter dem Gesichtspunkt suspekt, dass sie – aus ähnlichen Gründen wie die Verwendung von PID – zum Schrittmacher einer liberalen Eugenik werden kann. [...]

Die Zeit: In Ihrem jüngsten Buch *Die Zukunft der Natur* haben Sie geschrieben, dass es Ihnen um die Unverfügbarkeit des lebensgeschichtlichen Anfangs der einzelnen Person geht. Nur wenn die Herkunft naturwüchsig, also unverfügbar bleibe, könnten sich die Menschen als Freie, Gleiche und Ebenbürtige verstehen.

Jürgen Habermas: Ja, wir dürfen ein so heikles Thema nicht ohne ausgreifende Perspektive behandeln. Nehmen wir einmal an, dass sich Eltern eines Tages genetische Designs aussuchen können, um für ihr geplantes Kind bestimmte Eigenschaften, Dispositionen oder Fähigkeiten pränatal festzulegen. Der Heranwachsende, der von einer solchen Programmierung erfährt, begegnet dann unter Umständen genetisch fixierten Absichten, die er sich nicht als Bestandteil seiner Identität zu eigen machen möchte. Der musikalisch Begabte, der lieber Hochleistungssportler werden möchte, kann seinen Eltern vorwerfen, ihn nicht mit athletischen Fähigkeiten ausgestattet zu haben. Niemand kann Entscheidungen, die unwiderruflich durch das Sozialisationsschicksal einer anderen Person hindurchgreifen, rechtfertigen. Niemand vermag vorauszusehen, was sich im lebensgeschichtlichen Kontext eines anderen als Fluch oder Segen erweisen wird – selbst wenn es sich um „genetische Grundgüter" wie ein gutes Gedächtnis oder Intelligenz handelt. In manchen Kontexten mag einem Kind gar eine leichtere körperliche Behinderung zum Vorteil gereichen. Die Folgen sind unkalkulierbar, weil die Verteilung genetischer Ressourcen Spielräume mitbestimmt, innerhalb derer eine andere Person einmal von ihrer ethischen Freiheit Gebrauch machen wird, um ihr Leben in eigener Regie zu gestalten. In Konfliktfällen würde sich eine programmierte Person nicht mehr als ungeteilte Autorin ihres Lebens verstehen können. Und wenn diese Art von Fremdbestimmung nicht auszuschließen ist, ist auch die grundsätzliche Gleichstellung berührt. Angesichts einer kumulativen Verdichtung vergangener eugenischer Entscheidungen würden sich die Nachgeborenen gegenüber früheren Generationen nicht mehr als ebenbürtig betrachten können.

[...]

Die Zeit: Heißt Instrumentalisierung für Sie, dass der Unterschied zwischen Person und Sache unklar wird? Was wiederum hieße, dass die negativen Folgen der Gentechnik sich zunächst mehr in unseren Einstellungen zeigen – und weniger in den tatsächlichen phänomenalen Effekten des Eingriffs?

Jürgen Habermas: Das ist ganz richtig. Daraus ergibt sich auch für Ihre skeptische Frage eine Konsequenz: Von einer „schiefen Ebene" können wir dann sprechen, wenn die Zulassung von PID und verbrauchender Stammzellenforschung der Eingewöhnung genau jener beiden Einstellungen den Weg bahnt, die sich in der Optimierung und Verdinglichung des vorpersonalen menschlichen Lebens ausdrücken.

Die Zeit: Aber kann man eine Technologie verbieten, um eine philosophische Grundannahme zu retten?

Jürgen Habermas: Meines Wissens ist das Embryonenschutzgesetz, gegen das jetzt die Lobbyisten Sturm laufen, vom demokratisch gewählten Bundestag und nicht im Namen irgendeiner Philosophie beschlossen worden. Die deutsch-platonistische Selbstüberschätzung von Philosophen war mir immer zuwider. Ich plädiere ja nicht für ein Verbot der weiteren Entwicklung von Gentechnologien, sondern nur für eine Kanalisierung, die später vor einem falschen Gebrauch schützt. Wenn man nicht will, dass uns das Wissen, das wir für therapeutische Zwecke haben möchten, auf falsche eugenische Gedanken bringt, muss man sich heute schon darüber klar werden, wie schonend wir allgemein mit vorpersonalem menschlichen Leben umgehen sollten.

[...]

Die Zeit: Die Diskursethik, die Sie vertreten, hat die substanziellen Fragen nach dem richtigen oder nichtverfehlten Leben zurückgestellt und sich stattdessen auf Gerechtigkeitsfragen oder auf die formalen Aspekte des Selbstseinkönnens beschränkt. War es falsch, sich diese Enthaltsamkeit auferlegt zu haben?

Jürgen Habermas: Ja, die eugenische Herausforderung drängt uns heute die ethische Grundfrage, wer wir sind und sein möchten, auf einer anderen Ebene, sozusagen in anthropologischer Allgemeinheit, auf. Sie stellt sich nicht mehr nur im Hinblick auf die persönliche Lebensführung eines Individuums oder hinsichtlich der kulturellen Lebensform einer Nation. Angesichts der Möglichkeit eugenischer Selbstmanipulation müssen wir sagen, wie wir uns als Gattungswesen verstehen wollen.

[...]

Die Zeit: Nehmen wir einmal an, die Gesellschaft einigt sich auf ein Verbot der positiven Eugenik: Ist damit die Gefahr gebannt? Oder hat sich nicht der Horizont des Menschlichen schon durch die bloße Möglichkeit der Genmanipulation verändert? Können wir hinter die damit entfachten Fantasien zurück?

Jürgen Habermas: Der Mensch ist das Wesen, das nicht nicht lernen kann. Ebenso wenig kann er, was er einmal gelernt hat, mit Absicht wieder vergessen. Mit dem Wissen, wie wir über unsere eigene Natur verfügen können, werden wir fortan leben müssen. Das muss aber unser Selbstverständnis als moralisch handelnde Personen nicht verändern. Neu eröffnete Handlungsspielräume zu normieren, heißt nicht, sie wieder zu schließen. Auch Unterlassen ist eine Form des Handelns.

(Die Zeit, 24.01.2002, S. 33)

M 20b

Habermas, Jürgen (* 1929), deutscher Soziologe und Philosoph. Er gilt als wichtigster Vertreters der „zweiten Generation" der Kritischen Theorie der Frankfurter Schule, die er mit sozialwissenschaftlichen Analysen und Theorien weiterentwickelt hat. Neben Methodenfragen der Sozialwissenschaften gilt sein Interesse hauptsächlich historischen Untersuchungen zur Soziologie und politischen Philosophie.

Habermas wurde am 18. Juni 1929 in Düsseldorf geboren. Er studierte Philosophie, Geschichte, Psychologie, deutsche Literatur und Ökonomie in Göttingen, Zürich, Bonn und Marburg.

[...] Bekannt wurde Habermas Ende der 1950er-Jahre durch sein offensives Eintreten für eine Bildungsreform und vor allem durch seine Habilitationsschrift *Der Strukturwandel der Öffentlichkeit* (1962), in der er die Grundlagen eines aufklärerischen und gesellschaftskritischen Denkens und Handelns, das sich den demokratischen Traditionen verpflichtet weiß, anhand von historischen Entwicklungsstudien zur bürgerlichen Gesellschaft des 18. und 19. Jahrhunderts begründete.

Anders als Horkheimer und Adorno sieht Habermas in der Struktur der bürgerlichen Gesellschaft die Möglichkeit ihrer Kritik angelegt. Sie sollte an den Regeln des vernünftigen Gesprächs aller Bürger orientiert sein, deren Zustimmung Voraussetzung aller politischen Entscheidungen sei. Habermas hat sich deshalb immer wieder intensiv mit der Frage nach den Bedingungen und Möglichkeiten des vernunftgeleiteten Diskurses beschäftigt.

Seine wissenschaftlichen und politischen Publikationen machten ihn zum Anreger der Studentenbewegung von 1968.

In seiner vielfach beachteten Studie *Erkenntnis und Interesse* (1968) knüpfte er an die wissenschaftssoziologischen Fragen an, die bereits im Zentrum der erkenntniskritischen Arbeiten von Horkheimer und Adorno gestanden hatten. In diesem Buch postulierte er das interessenabhängige Erkenntnisinteresse der Wissenschaft und jeglichen politischen wie gesellschaftlichen Handelns. Der Diskurs der Wissenschaften ist nach seiner Auffassung dem Wesen nach eine Erscheinung der gesellschaftlichen Öffentlichkeit; rein objektive Erkenntnis kann es nicht geben. Dabei liegt das Hauptaugenmerk auf der „kommunikativen Kompetenz" des Einzelnen und der Gesellschaft als der Kommunikationsgemeinschaft aller Bürger. Diesen Ansatz unterbreitete Habermas insbesondere in seinem Hauptwerk *Theorie des kommunikativen Handelns* (1981).

Für Habermas bildet die Sprache normative gesellschaftliche Grundlagen: Verständlichkeit und Richtigkeit, Wahrheit und Vernunft sind konstitutive Bestandteile einer zielgerichteten Kommunikation, d. h. die Verständigung der Menschen untereinander bestimmt somit ihr Handeln. Die daraus entstehenden sozialen Interaktionen lassen sich durch eine normative Moral ausführen. Individuelle Überzeugungen, Lebenserfahrungen und Wissen der miteinander kommunizierenden wie handelnden Menschen werden durch Austausch und Diskussion im Interesse gemeinsamer Handlungsziele gebündelt.

(Microsoft, Encarta Enzyklopädie 2001)

Aufgaben

1. Inwiefern ist die „alte Ethik“ problematisch geworden (M 19)?
2. Diskutieren Sie die vom Autor angesprochene Trennung der Menschen in solche, die Personen sind, und solche, denen die Eigenschaft der Personalität fehlen soll.
3. Nehmen Sie Stellung zu dem Satz „Jede Gesellschaft bekommt die Ethik, die sie verdient.“
4. Zu M 20a: Gliedern Sie das Interview in mehrere Abschnitte und bearbeiten Sie es schrittweise. Klären Sie mithilfe eines Lexikons unbekannte Begriffe und erläutern Sie ihr Verständnis im Unterrichtsgespräch.
5. Versuchen Sie in einer Skizze das Bild der „schiefen Ebene“ zu veranschaulichen. Klären und erörtern Sie gemeinsam die Formulierungen „liberale Eugenik“, „instrumentalisierbare Gattungsexemplare“, „Kollektivgut Gesundheit“, „abgestufter Lebensschutz für vorpersonales menschliches Leben“, „Kanalisierung, die vor falschem Gebrauch schützt“.
6. Welche gesellschaftlichen Konsequenzen eugenischer Praktiken befürchtet Habermas?
7. Welche der im Interview angesprochenen Normen und Werte können nach Habermas' Auffassung allgemeine Verbindlichkeit für sich in Anspruch nehmen, welche dagegen nicht? Erläutern Sie die Konsequenzen, die sich hieraus für die ethische Diskussion um gentechnische Forschungen ergeben.
8. Beschreiben Sie: Wie geht Jürgen Habermas mit den neuen Herausforderungen durch die Biowissenschaften um?

M 21 | Denkanstoß zum Verhältnis von Technik und Ethik

M 22 | Zur weiteren Diskussion

Moralischer Hörsturz
Oder: Taube Kinder auf Bestellung

Taubheit kann erblich sein. Ein gehörloses amerikanisches Paar, genauer, zwei lesbische Frauen haben sich entschieden, ihr angeborenes Handicap mittels künstlicher Befruchtung durch den Samen eines ebenfalls tauben Spenders fortzupflanzen. Zwei Kinder kamen ohne Gehör zur Welt [...]. Für ihre Eltern ist Taubheit keine Behinderung, sondern Teil einer besonderen Kultur – ihrer eigenen. Normaler Nachwuchs hätte nur gestört. Demnächst: Ein blindes Kind für blinde Eltern? Der bizarre Fall illustriert die Möglichkeit von missbräuchlicher genetischer Selektion. Mit der Abschaffung von „Schicksal“ dank wissenschaftstechnischer Mittel werden sehr alte ethische Grenzen fallen. Mit dem gleichen Egoismus könnte das nächste Ehepaar, dem absehbaren Stand der Forschung folgend, ein elitäres persönliches Züchtungsprogramm – das erste Kind bitte blond, musikalisch und langbeinig – in Auftrag geben.

Auch der geklonte Mensch, die höchste Eitelkeit, ist nicht mehr auszuschließen. Die Dämme brechen. Der Bundestag entscheidet in dieser Woche über das Gesetz zur Einfuhr embryonaler Stammzellen. Der Embryo darf nicht in Deutschland abgetötet worden sein; das verbietet schon das alte Embryonenschutzgesetz. Doch anderswo gilt das Prinzip der unverletzbaren Menschenwürde, das auch das ungeborene Leben betrifft, für die Autoren der neuen Gesetzesvorlage nur bedingt. Die moralische Schizophrenie ist offenkundig: Ein deutscher Forscher, der sich im Ausland an der Gewinnung von embryonalen Stammzellen beteiligte, bliebe straffrei – im Inland nicht.

Das Parlament hat sich tief in bioethischer Haarspalterei verstrickt, um einem Wissenschaftsfortschritt zu huldigen, der sich in pharmazeutische Profite übersetzen soll. Die Bevölkerung ist klüger: Laut einer Umfrage lehnen es 71 Prozent der Deutschen ab, einen Embryo für „einen medizinischen oder wissenschaftlichen Zweck zu verwenden, der nicht dem Leben des Embryos dient“. Viele Abgeordnete sehen das ganz anders. Neben genetischer Taubheit gibt es offenkundig auch den Fall des moralischen Hörsturzes.

(Michael Naumann, in: Die Zeit, Nr. 18 v. 25.04.2002, S. 1)

4.6 Verallgemeinerbare Erkenntnisse

Aus der Auseinandersetzung mit den Herausforderungen der Gentechnologie für Ethik und Politik lassen sich folgende allgemeine Schlüsse ziehen:

❶ *Wertvorstellungen* in einer offenen Gesellschaft sind nicht ein für alle Mal verbindlich vorgegeben, sondern unterliegen einem stetigen Wandel.

❷ Anlass zu Kontroversen geben meist *unterschiedliche Wertprioritäten*. Zwar werden einzelne Wertsetzungen meist von allen an der Diskussion Beteiligten im Kern geteilt, Unterschiede ergeben sich allerdings hinsichtlich der *Abwägung bei Wertekollisionen* in einzelnen Situationen. Eine eindeutig festgelegte Wertehierarchie existiert in einer demokratischen Gesellschaft nicht.

❸ Ethische Kontroversen werden *nicht voraussetzungslos* geführt. Neue Herausforderungen für Politik und Ethik ergeben sich insbesondere durch aktuelle Entwicklungen in Wissenschaft und Technik. Hier entsteht *Handlungsbedarf*, da ansonsten – quasi naturwüchsig – Fakten geschaffen werden. Die ethischen Diskussionen sind dabei immer vor dem Hintergrund bestehender rechtlicher Regelungen und bereits getroffener politischer Entscheidungen zu betrachten. Zu analysieren sind immer auch die Interessen einzelner gesellschaftlicher Gruppierungen, die in den Auseinandersetzungen eine Rolle spielen. Ethische Probleme haben immer verschiedene *Dimensionen* (rechtlich, politisch, historisch, wirtschaftlich), die bei einer Analyse zu berücksichtigen sind.

❹ Im Rahmen ethisch relevanter Diskussionen ist es sinnvoll, die *unterschiedlichen Perspektiven von Experten* (Naturwissenschaftlern, Philosophen, Theologen) in speziellen Diskussionsformen zur Geltung zu bringen, um einen gesellschaftlichen Diskurs zu ermöglichen und politische Entscheidungen vorzubereiten. Ethische Fragen sind dabei für alle Gesellschaftsmitglieder relevant, unabhängig davon, ob diese als „Experten" gelten oder nicht.

❺ Unterschiedliche ethische Positionen sollten *mit Argumenten öffentlich ausgetragen werden*. Sie münden – sofern die Gesetzgeber Handlungsbedarf sehen – in politische Entscheidungen, die in der Regel auf einem Kompromiss beruhen und immer nur vorläufigen Charakter haben. Eine endgültige rechtlich verbindliche Entscheidung kann es nicht geben.

❻ Das Neue und Besondere der durch die gentechnologische Entwicklung angestoßenen aktuellen Diskussion in Ethik und Politik liegt vor allem darin, dass hier *Grundfragen des menschlichen Zusammenlebens* berührt werden. Konnten bisherige Herausforderungen für die moralische Urteilsbildung immer noch im Rahmen eines nicht problematisierten Grundkonsenses debattiert werden, so werden nun diese Grundlagen selbst zum Problem (Menschenwürde!). In diesem Zusammenhang stellt sich auch die Frage nach der *Notwendigkeit einer „neuen Ethik"*.

Weitere Informationen zum Thema *Gentechnik, Ethik* und *Politik* finden Sie im Internet:

www.nationalerethikrat.de Nationaler Ethikrat

III

Grundlagen des Wirtschaftens

Anzeigemotiv aus der Imagekampagne von DaimlerChrysler

Wirtschaftspolitik ist in der sozialen Marktwirtschaft weiterhin und mit immer größerer Akzeptanz ein bedeutsames Thema der Oberstufe. Jeder Mensch ist – ob aktiv oder passiv – in wirtschaftliche Vorgänge einbezogen und von wirtschaftlichen Entscheidungen abhängig. Das Kapitel möchte grundlegende Einsichten in wirtschaftspolitische Zusammenhänge und Probleme ermöglichen. Die Auswahl und Reduktion der wirtschaftswissenschaftlichen Inhalte und Themen folgen einer politischen Fragehaltung. Dabei wird wirtschaftliches Handeln, ob im Betrieb oder auf nationaler und europäischer Ebene, als (politisches) **Entscheidungshandeln** verstanden, dessen Spielräume durch die globalen Rahmenbedingungen und Veränderungen, worauf die Auftaktseite des Kapitels schon hinweist, allerdings erheblich mitbestimmt bzw. vorherbestimmt werden. Das Tempo und die Intensität des Globalisierungsprozesses rechtfertigt es, die daraus resultierenden zentralen Fragestellungen intensiver aufzugreifen.

Der Kapitelaufbau geht induktiv von den naheliegenden, kleinräumigen ökonomischen Strukturen aus und erweitert dann schrittweise den Fragehorizont:

- Das Teilkapitel 1 mit seinen **„Grundbegriffen und Rahmenbedingungen der Markwirtschaft“** versucht, einen Zusammenhang zwischen der Erfahrungswelt der Jugendlichen und der politischen, wirtschaftlichen und sozialen Bedeutsamkeit der Themen herzustellen. Wirtschaftliche Vorgänge und Entscheidungen lassen sich auf wenige regelhafte Grundmuster zurückführen, deren Klärung und Veranschaulichung im Vordergrund stehen. Diese Grundsachverhalte sind unentbehrlich zum Verständnis der Wirtschaftspolitik und können als Verständnisgrundlage für das nachfolgende Kapitel „Herausforderungen der Wirtschaftspolitik“ verstanden und herangezogen werden.
- Das Planspiel bietet einen relativ überschaubaren Zugang zu ökonomischen Fragestellungen und Konfliktlinien auf der **innerbetrieblichen Ebene**. Der Blickwinkel wird dann über den Tarifkonflikt mit seinen überbetrieblich organisierten Interessen auf die **gesamtwirtschaftliche Ebene** erweitert (Teilkapitel 2 und 3).
- Während in Kapitel I die Reformen des Sozialstaates schon thematisiert werden, bilden die Bekämpfung der **Massenarbeitslosigkeit** und der **ökologische Umbau** der Marktwirtschaft als andauernde wirtschaftspolitische Herausforderungen der Bundesrepublik Deutschland die thematischen Schwerpunkte im volkswirtschaftlich geprägten Kapitel IV. Die Perspektive bleibt hier noch auf die **ordnungs- und prozesspolitischen Handlungsfelder nationaler Wirtschaftspolitik** begrenzt.
- Das Kapitel IV/3. beschreibt den ökonomischen Globalisierungsprozess und seine Folgen für den „Wirtschaftsstandort Deutschland“. Weitere **europäische** und **weltwirtschaftliche Fragestellungen** können in den Kapiteln VIII (Handlungsfeld Europa) und IX (Die Sicherung der Welt als Lebensraum – Politische Aufgaben im Zeitalter globaler Probleme) weiterverfolgt werden.

1. Grundbegriffe und Rahmenbedingungen der Marktwirtschaft

Selbstverantwortliches Lernen an Modulen/ Stationenlernen

Man kann nicht darauf verzichten, ein gewisses Maß an wirtschaftskundlichem Wissen zu vermitteln und die unentbehrlichen Fachbegriffe zu klären. Aber im Kern geht es um Einführung in Wirtschafts- und Sozialpolitik. Um dieses Problem zu entschärfen, schlagen wir zur Bearbeitung des Teilkapitels 3.1 die offene Unterrichtsform der **Planarbeit** vor.
Planarbeit ist ein selbstorganisiertes und selbstkontrolliertes Lernen. Der Grundgedanke dieser Unterrichtsform besteht darin, dass Lernende ihren Arbeits- und Lernprozess selbst planen, steuern, darüber berichten und auch selbst überprüfen, d. h. Schüler zu mehr Selbstständigkeit und Verantwortung zu führen. Sie berücksichtigt besonders Unterschiede bei den Lernvoraussetzungen, im Lernverhalten und beim Lern- und Arbeitstempo.
Das Teilkapitel 3.1 eignet sich besonders für diese Methode, weil die Schüler bei der selbstständigen Bearbeitung ihre Grundkenntnisse aus der Sekundarstufe I auffrischen können. Die Begrenzung auf die bereitgestellten Materialien dient auch als Hinführung zu komplexeren Formen wie Facharbeit und Projektarbeit.

Die Durchführung empfiehlt sich in folgenden Schritten:

1. Schritt: Planungsphase
Bei der Planarbeit wird das gesamte Thema – in der Regel das Thema einer Unterrichtsreihe – in einzelnen Modulen (Stationen) angeboten, die in einem **vorgegebenen Zeitraum** selbstständig bearbeitet werden. Der Plan wird üblicherweise in Pflicht- und Wahlmodule untergliedert, bisweilen werden auch freiwillige Zusatzaufgaben gestellt. Über die Reihenfolge der Bearbeitung entscheiden die Schüler selbst. Die Schüler werden durch die Gestaltung und die Arbeitsaufträge der Module unterschiedlich angesprochen und zu einem aktiv-produktiven Lernen veranlasst. Die Ergebnisse werden in einem ordentlich gestalteten Ordner notiert.

2. Schritt: Erarbeitung
Das Prinzip des eigenverantwortlichen Lernens lässt Variationsmöglichkeiten zur Durchführung zu.

- Zum einen ist es denkbar, **in den Unterrichtsstunden** die einzelnen Module (**Stationenlernen**) als Arbeitsgrundlage zu nutzen. Neben der Einzelarbeit lassen sich Sozialformen wie Partnerarbeit und Gruppenarbeit leicht in den Lernprozess integrieren und fördern so die Sozialkompetenz. Die Bearbeitung erfolgt nach einem Zeitplan, der die Schüler anleitet, über einen längeren Zeitraum organisiert zu lernen. Dokumentiert wird die Arbeit auf einem Laufzettel, der einen Überblick über den Arbeitsfortschritt und über eventuelle Schwierigkeiten an einzelnen Stationen bietet. Dieses Verfahren hat den Vorteil, dass Grundwissen erworben und Fachbegriffe geklärt werden, hätte aber den Nachteil, dass das Buchkapitel als ökonomischer Grundkurs vorgeschaltet wäre, ohne Anbindung an die wirtschaftspolitischen Themen.
- Um diese künstliche Trennung zu vermeiden, empfehlen wir eher die eigenständige Bearbeitung des Kapitels in überwiegend **häuslicher Arbeit**. Ob die Aufgaben in Einzel-, Partner- oder Gruppenarbeit gelöst werden, wird der Wahl der Schüler überlassen. Dieses Verfahren erlaubt es, zu einem geeigneten Zeitpunkt im Unterricht auf diese Module zurückzugreifen, damit Grundbegriffe geklärt und Zusammenhänge verdeutlicht werden. Die dargestellte Reihenfolge der Module bedeutet keine zwingende Rei-

henfolge des Einsatzes im Unterricht. In Abhängigkeit von der individuellen Schwerpunktsetzung durch den Lehrenden sind sehr unterschiedliche Abfolgen denkbar. Hierzu einige Anregungen:

- Nach Abschluss des Planspiels könnten die Module 1 und 2 behandelt werden, um die Stellung des Unternehmens im Wirtschaftskreislauf zu zeigen.
- Im Rahmen der Unterrichtsreihe „Arbeitslosigkeit" oder bei der Konjunkturpolitik können die Module 3–5 eingesetzt werden. Das Modul 6 kann sowohl bei der Gesundheitsreform (→ I/3., S. 31 ff.) als auch bei der Globalsteuerung (→ IV/1.4., S. 210) oder beim Wirtschaftstandort Deutschland (S. 255 ff.) herangezogen werden.

Bei der Erstellung des Zeitplans sollte darauf geachtet werden, dass die Bearbeitungszeit für alle Module nicht mehr als vier Wochen umfasst. Werden einzelne Module herausgegriffen, sollte die Aufgabenstellung mindestens eine Woche vor der Behandlung im Unterricht erfolgen, damit selbstständiges Recherchieren und die sinnvolle Nutzung von Informationstechnologien möglich sind.

3. Schritt: Präsentation der Ergebnisse

Nach dem Abgabetermin werden mehrere Schülerpräsentationen durchgeführt. Die Präsentationen können dabei von Kurzreferaten bis zu PowerPoint-Präsentationen reichen.

1.1 Modul 1: Der Wirtschaftskreislauf – ein Abbild der Wirklichkeit?

Um die Vielzahl und die Komplexität wirtschaftlicher Vorgänge in einer Volkswirtschaft zu strukturieren, bedient man sich in der modernen Volkswirtschaftslehre der Idee des **Wirtschaftskreislaufs**. Das folgende stark vereinfachte Modell bietet einen ersten Überblick über das System der Marktwirtschaft. Es zeigt die wichtigsten **Wirtschaftssubjekte** (Haushalte, Betriebe/Unternehmen, Staat), die über **Geld**- und **Güter**ströme miteinander verbunden sind. Auf den verschiedenen Märkten treffen Angebot und Nachfrage der Wirtschaftssubjekte aufeinander. Wie das komplizierte Geflecht zusammenhängt, soll ein alltägliches Beispiel veranschaulichen.

M 1|

Herr Wünsche arbeitet mit vielen Kollegen in der Produktion einer großen Handyfabrik. Sie stellen dem Unternehmen also ihre Arbeitskraft zur Verfügung und beziehen daraus Lohneinkünfte. Das Handyunternehmen hat aber nicht nur Ausgaben für Löhne. Zur Produktion der Handys werden zudem eine Produktionsstätte, Rohstoffe und Maschinen benötigt. Die für die Produktion eines Produktes benötigten Mittel nennt man Produktionsfaktoren. Dazu zählen Arbeit, Natur (Boden) und Kapital. Die privaten Haushalte stellen also neben ihrer Arbeitskraft auch Grundstücke (Boden) und Geld (Kapital) zur Verfügung. So hat Frau Wünsche von ihren Eltern ein Haus geerbt, das sie als Geschäftshaus vermietet. Daraus bezieht sie jährliche Mieteinkünfte, die sie auf einem Sparbuch angelegt hat, wofür sie Zinsen erhält.
Das Handyunternehmen und die privaten Haushalte tauschen die Güter auf dem Markt aus. Herr Wünsche und die anderen Arbeitnehmer liefern ihre Arbeitskraft. Das Unternehmen produziert mit den erworbenen Produktionsfaktoren das Produkt Handy (Konsumgut) und bietet es auf dem Gütermarkt den Haushalten zum Verbrauch an. Dieser Vorgang wird als Güterstrom bezeichnet.

(Autorentext)

M 2|Vereinfachter Wirtschaftskreislauf

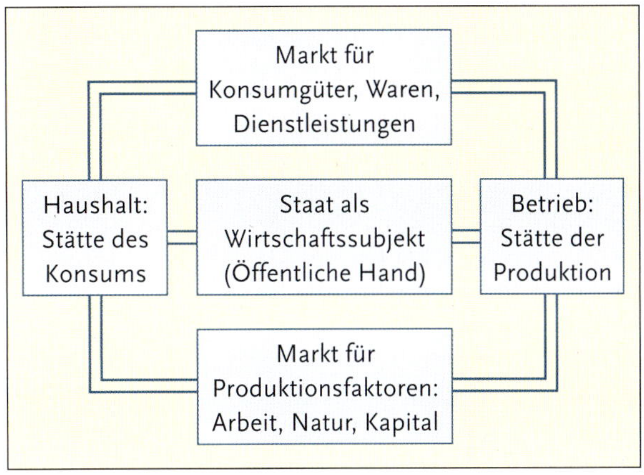

M 3|Produktionsfaktoren

Alle Güter, die zur Deckung des menschlichen Bedarfs dienen, müssen zunächst produziert werden. In der Volkswirtschaft unterscheidet man drei Produktionsfaktoren: Arbeit, Natur (Boden), Kapital.
Unter **Arbeit** versteht man jede Art geistiger und körperlicher Tätigkeit des Menschen, die auf die Erreichung eines wirtschaftlichen Ziels gerichtet ist.
Der Produktionsfaktor **Natur (Boden)** ist volkswirtschaftlich unter drei Aspekten wichtig. Er dient als Wachstumsraum für unsere Nahrungsmittel (Landwirtschaft), er liefert als Fundort Rohstoffe wie Holz, Kohle, Erze, Erdöl und Erdgas und als Standort für die Ansiedlung von Betrieben hat er große Bedeutung.
Der Begriff **Kapital** umfasst alle Güter, die zur Herstellung und zur Bearbeitung weiterer Güter benötigt werden (Maschinen, Werkzeuge, Gebäude, Werkstoffe usw.). Dies wird als Sachkapital bezeichnet. Kapital kann in einer Volkswirtschaft nur durch Sparen gebildet werden. Geld ist aber kein Produktionsfaktor. Erst durch den Kauf von Gütern (Maschinen) wandelt sich Geldkapital um in Sachkapital. Diesen Vorgang nennt man investieren.
Bei Arbeit und Natur spricht man von originären Produktionsfaktoren, während Kapital als abgeleiteter Produktionsfaktor zählt, da er durch die Kombination von Arbeit und Natur gebildet wird.
Wirtschaftswissenschaftler nennen Bildung als weiteren Produktionsfaktor, denn vom Bildungsstand hängt es ab, in welchem Maß der Produktionsfaktor Kapital verbessert werden kann.

(nach: Erich Schmidt Verlag/Zahlenbilder, ergänzt)

Aufgaben

1. Tragen Sie die wirtschaftlichen Beziehungen aus M 1 in das Schaubild (M 2) ein.
2. Kennzeichnen Sie die beiden Wirtschaftssubjekte Haushalte und Unternehmen und grenzen Sie diese voneinander ab.
3. Tragen Sie den Geldstrom mit einer anderen Farbe ein und formulieren Sie einen Merksatz hinsichtlich des Verlaufs von Geld- und Güterstrom.

M 4 | Situationsschilderungen

❶ Das Unternehmen kauft ein Grundstück im Wert von 450 000 €.
❷ Der Arbeitslose bezieht Arbeitslosengeld.
❸ Das Bürogeschäft zahlt dem Finanzamt Steuern.
❹ Der Autofahrer tankt 10 l Benzin zu 13,80 €. Im Preis sind 19 % Mehrwertsteuer enthalten.
❺ Die Abgeordneten des Deutschen Bundestages verordnen sich 5 % Gehaltserhöhung.
❻ Familie Müller baut ein Einfamilienhaus. Hierfür greift sie auf Erspartes und einen Förderkredit des Bundes zurück.
❼ Familie Wünsche erhält Kindergeld und nutzt öffentliche Güter (Kindergarten, Schule).
❽ Firma Delta steht vor dem finanziellen Ruin. Da sie in einem strukturschwachen Gebiet produziert, ist der Erhalt der Arbeitsplätze wichtig, sodass dem Betrieb zur Unterstützung Subventionen zufließen.
❾ Sie buchen einen Urlaub in Tunesien und wohnen dort in einer Ferienwohnung, die 850 € in der Woche kostet.
❿ Der Automobilkonzern importiert Fertigteile aus dem Ausland.
⓫ Herr Wünsche zahlt 500 € auf sein Sparbuch ein.

Aufgaben

1. Überprüfen Sie Ihr Verständnis des Kreislaufmodells durch Zuordnung der konkreten Beispiele zu entsprechenden Geld- und Güterströmen.
   Zeigen Sie auf, welche ökonomischen Transaktionen die Ergänzung des Kreislaufmodells durch weitere Wirtschaftssubjekte erfordert.
2. Beschriften Sie die Geld- und Güterströme mit folgenden Begriffen: Angebot, Nachfrage, Kosten, Erlöse, Einkünfte, Ausgaben, Steuern/Sozialabgaben, Sozialleistungen.
3. Formulieren Sie selbst weitere konkrete ökonomische Fallbeispiele, die von den anderen Kursmitgliedern ins Schaubild eingeordnet werden.
4. Beschreiben Sie die unterschiedlichen Ziele der drei Grundsektoren (Haushalte, Unternehmen, Staat).
5. Diskutieren Sie, inwiefern die Idee des Wirtschaftskreislaufs Arbeitsteilung und Bildung von Märkten voraussetzt.

➤ Wirtschaftskreislauf im Überblick

An der schematischen Darstellung auf Seite 147 kann gezeigt werden, dass es auch in der Wirtschaftsethik um den Zusammenhang von Zielen, Institutionen und Verhaltensweisen geht. Das Schema stellt den Versuch dar, das herkömmliche Bild vom Wirtschaftskreislauf so ins Politische auszuweiten, dass das Gesamtsystem unserer heutigen Wirtschafts- und Sozialordnung einschließlich ihrer Ziele und Aufgabenfelder in einer anschaulichen Zusammenfassung sichtbar wird. Der einfache Güter- und Geldkreislauf ist ergänzt durch die Rahmendaten und den Einfluss der staatlichen Wirtschafts- und Sozialpolitik.

Im Innern erscheint der Staat als Summe aller „öffentlichen Hände“ in seiner Eigenschaft als Nachfrager und Anbieter von Gütern und Dienstleistungen auf beiden Märkten. Die Position in der Mitte soll neben diesen Beziehungen vor allem das wirtschaftliche Gewicht des Staates zum Ausdruck bringen. Es wäre jedoch zu wenig, den Staat allein in diesen Funktionen zu zeigen, wenn das Schema über die wirtschaftswissenschaftliche Betrachtungsweise hinaus die Wirtschaftspolitik einbeziehen soll. Deshalb erscheint von außen der Staat als ordnende und regulierende Entscheidungsinstanz der Gesamtgesellschaft, die der Wirtschaft

einen Rahmen setzt, den Wirtschaftsprozess beeinflusst, die Ergebnisse der primären Verteilung des Sozialprodukts durch eine Umverteilung korrigiert und strukturelle Voraussetzungen des Wirtschaftens schafft.
Das vordergründige Ziel allen Wirtschaftens, die Versorgung der Menschen mit Gütern und Dienstleistungen, wird durch die an den Eckpunkten stehenden makroökonomischen und sozialen Ziele in vier Aufgabenbereiche zerlegt, die als konstitutive Elemente unserer Sozialen Marktwirtschaft gelten. Diese müssen politisch durch Gestaltung von Recht und Institutionen so umgesetzt werden, dass eine erträgliche Balance der in Spannung zueinander stehenden Ziele gewahrt bleibt. Die Unterscheidungen von Ordnungs- und Prozesspolitik und darunter wieder von Wirtschaftsordnung und Arbeits- und Sozialordnung sowie von Konjunkturpolitik und Strukturpolitik sind schematischer Art. In der Realität überschneiden und durchdringen sich die Aufgaben und Maßnahmen.
Die vier Pfeile, die in unserem Schema von den Aufgabenbereichen der Wirtschafts- und Sozialpolitik ausgehen, enden gleichsam im freien Raum. Dadurch soll angedeutet sein, dass Politik den Wirtschaftskreislauf, das Spiel von Angebot und Nachfrage auf freien Märkten, zwar nicht aufhebt, aber einem Bedingungsfeld politisch gesetzter Daten, Grenzen und Auflagen einordnet. (Vgl. Bernhard Sutor, Politik – Ein Studienbuch zur politischen Bildung, Paderborn (Schöningh) 1994, S. 345ff.)

M 5 | Wirtschaftspolitik und Wirtschaftskreislauf

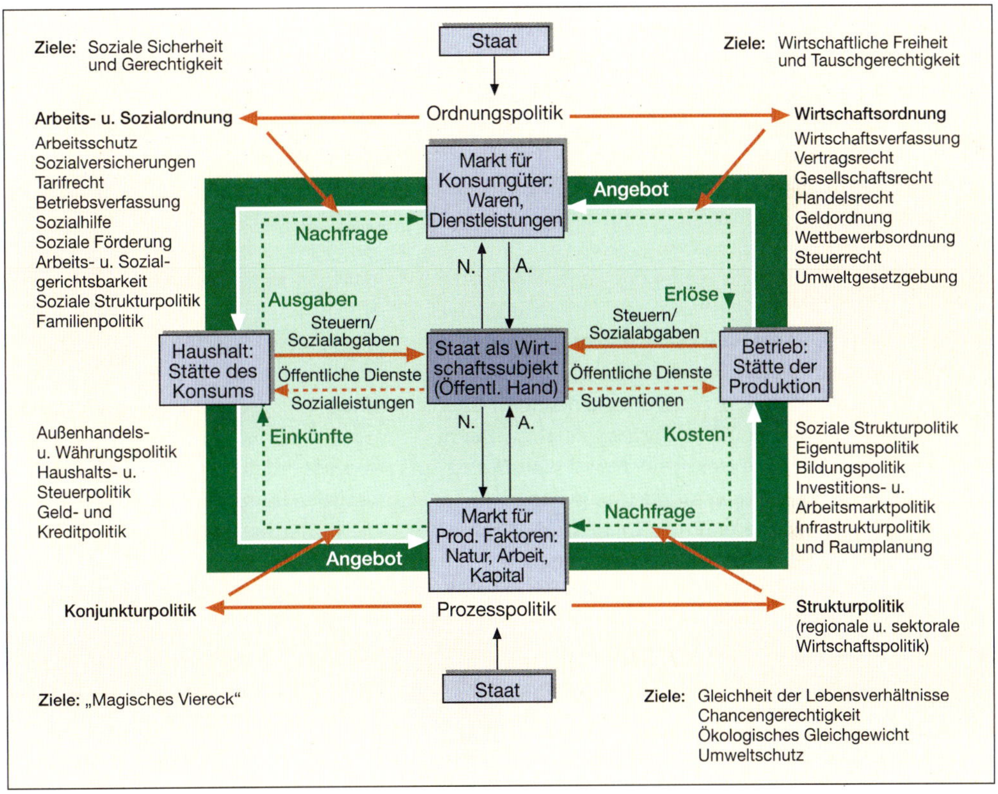

(Bernhard Sutor, Politik – Ein Studienbuch zur politischen Bildung, Paderborn (Schöningh) 1994, S. 347)

Aufgaben

1. Zeichnen Sie den Bankenkreislauf in das Schema ein.
2. Diskutieren Sie, ob in den einzelnen Aufgabenbereichen die Ökologie- und Umweltproblematik hinreichend erkennbar wird. Entwerfen Sie ggf. Verbesserungsvorschläge.
3. Vergleichen Sie die im Schema angedeuteten Ziele der Wirtschafts- und Sozialpolitik mit den Zielen der privaten Haushalte und Unternehmungen. Inwiefern liefert die Diskrepanz zwischen diesen Zielen eine Begründung für das Sozialstaatsprinzip?
4. Suchen Sie für die einzelnen Stichworte, durch die im Schema die Aufgaben der Ordnungs- und Prozesspolitik angedeutet sind, aktuelle Beispiele und Streitfragen. Stellen Sie fest, was davon hier im Buch behandelt wird.

1.2 Wahlmodul: Charakter und Funktion ökonomischer Modelle

Alle Wissenschaften haben charakteristische Erkenntnismethoden. Das „Denken in Modellen" ist eine spezifische Erkenntnisweise der Wirtschaftswissenschaften. Kreislaufmodelle stellen den Versuch dar, komplizierte wirtschaftliche Abläufe vereinfacht und überschaubar darzustellen, um Aussagen über ökonomische Phänomene zu entwickeln.

M 6 |

Ja, es gibt nichts Praktischeres als eine gute Theorie. Jedes Weltbild, jede Analyse folgt einer Theorie oder einem Modell. Anders könnte man die Realität nicht erfassen. Uns fehlte einfach die Handlungsgrundlage. Aber warum? Weil die Welt so „komplex" ist, dass zu ihrem auch nur annähernden Verständnis eine – oft erschreckend – vereinfachte Darstellung nötig ist.

Der Ökonom formuliert, so gut er kann, die Mechanismen, die das Verhältnis zwischen einer Handlung A und einem Ziel B, zu dem jene führen soll, bestimmen. Solange dieses Verhältnis nicht durchleuchtet ist, kann man nicht wissen, warum die Handlung A gar nicht oder nur mit Mühe zu B geführt hat. Wir können den Vorgang dann nicht erklären, das heißt keine Theorie bilden, die eigentlich für die Zukunft bessere Entscheidungen ermöglichen soll.

Es ist deshalb unsinnig, ein Modell zu kritisieren, weil es zu einfach und nicht „realistisch" genug sei. Modelle sind naturgemäß nicht realistisch, und kein Ökonom ist so blind, das nicht zu sehen. Er überlegt sich ja gerade eine Theorie, um jene Phänomene, die zu komplex für unsere Hirne sind, in ihrem Kern zu erfassen; von daher auch die zwingende Notwendigkeit, sich eine vereinfachte „unrealistische" Darstellung dieser Phänomene auszudenken. Nach dieser Methode arbeiteten schon die Wissenschaftler im Mittelalter. Physiker verwenden extrem vereinfachte Modelle von Atomen, Wirtschaftswissenschaftler benutzen nicht weniger vereinfachte Modelle von Märkten.

Daraus lässt sich allerdings nicht ableiten, dass alle Theorien gleichermaßen gültig sind. Es gilt nicht, Modelle zu konstruieren, die so einfach sind, dass sie absurd werden. Oder, um es mit Paul Valery zu sagen: Was einfach ist, ist falsch; was komplex ist, ist nicht brauchbar. Eine Theorie sollte so gestaltet sein, dass darin alle unrichtigen Aspekte eines Phänomens unbeachtet bleiben. Das zu erreichen ist nicht nur eine Wissenschaft, sondern auch eine Kunst. [...]

Ein Beispiel: Wenn wir mit dem Auto von Hamburg nach Aschaffenburg fahren, bedienen wir uns eines Modells: der Landkarte. Wenn es uns darauf ankommt, so schnell wie möglich anzukommen, weil du Freunde besuchen willst, studieren wir die Übersichtskarte, auf der alle Autobahnen eingezeichnet sind, d.h. eine überaus grobe Darstellung der topografischen Wirklichkeit zwischen der Hansestadt und dem Wohnort deiner Freunde.

Trotzdem ist dieses Modell für uns weitaus nützlicher als eine vollständige, detaillierte Landkarte mit allen Bundesstraßen und Gemeindewegen; Letztere hätte nämlich nur eins zur Folge: Wir würden uns verfahren. Hätten wir jedoch Lust und Zeit genug, uns treiben zu lassen und alle Gegenden bis in den kleinsten Winkel zu erkunden, wären wir besser beraten, uns einen ganzen Vorrat an detaillierten Landkarten anzulegen. Wozu erzähle ich dir dieses Beispiel? Ob eine Theorie gut ist, hängt immer davon ab, was sie erklären soll. Weder ihre Komplexität noch ihre absolute Präzision sagen etwas über ihre Brauchbarkeit aus. Insofern verwundert es nicht, dass die Ökonomen niemals einer Meinung zu sein scheinen.

(Andre Fourcans, Die Welt der Wirtschaft, Frankfurt/New York 1999, S. 20ff.)

M 7 |

Alle Theorien und Modelle arbeiten mit bestimmten Annahmen bzw. Restriktionen („wenn ...", oder: „unter der Voraussetzung, dass ..."). Eine Standardannahme ist z. B., dass die nicht explizit im Modell enthaltenen Größen sich nicht verändern [...]. Wenn man beispielsweise den Einfluss von Preiserhöhungen auf das Nachfrageverhalten nach Urlaubsreisen untersuchen will, muss ausgeschlossen sein, dass gleichzeitig eine Einkommenserhöhung die Preiserhöhungen kompensiert. Diese Vorgehensweise, dass man bei mehreren Einflussfaktoren jeweils nur einen verändert (Preiserhöhung), die übrigen aber konstant gehalten werden, fasst man als Bedingung *„unter sonst gleichen Voraussetzungen"* zusammen (lateinisch: ceteris paribus). Zwar bildet ein solches Modell dann nicht die komplette Wirklichkeit ab, in der sich meist mehrere Größen gleichzeitig verändern, doch ermöglicht nur die ceteris-paribus-Betrachtung, den Einfluss einer einzelnen Variablen in einem komplexeren Zusammenhang zu isolieren.

(nach: J. Altmann, Wirtschaftspolitik, Stuttgart 7. Auflage 2000, S. 10f.)

Aufgaben

1. Zeigen Sie mithilfe von M 6 und M 7 am Wirtschaftskreislauf auf, welche Vereinfachungen das Modell enthält.
2. Erläutern Sie den Zwang zur Modellbildung bei der Erklärung wirtschaftlicher Zusammenhänge.
3. Überprüfen Sie anhand der verschiedenen in diesem Kapitel dargestellten Modelle die Nützlichkeit der Modelle für ökonomische Fragestellungen (vgl. auch Kap. II, S. 74 f.).

1.3 Modul 2: Der Markt und Marktpreise – gesteuert durch Nachfrage?

➤ Der Markt als Steuerungsinstrument

Der **Markt** ist der Ort, an dem Waren und Dienste gekauft und verkauft werden. Anschaulich begegnet uns der Markt heute nur noch ausnahmsweise, etwa als Wochen- oder Jahrmarkt. Generell meinen wir heute mit Markt die Institution, die Anbieter und Nachfrager zusammenführt. In einer modernen Volkswirtschaft geschieht das in vielfältiger Weise in allen Dienstleistungs- und Verkaufstätten, aber auch überall dort, wo Tauschgeschäfte über moderne Kommunikationsmittel (z. B. Internet) getätigt werden.

M 8 | Der Markt als Steuerungsinstrument der Wirtschaft

1. Schritt Wir machen zwei Annahmen:	Der Eigenheimbau sinkt.	Der Energieverbrauch steigt.
2. Schritt Wir fragen nach ...	Baugewerbe – Preisgebaren – Investitionen – Beschäftigung – Rohstoffnachfrage (Baumaterialien)	Stromversorger – Preisgebaren – Investitionen – Beschäftigung – Rohstoffnachfrage
3. Schritt Wir fragen nach möglichen Verbindungen beider Entwicklungen zu anderen Märkten.	Grundstücksmarkt	Energiemarkt

Aufgaben

1. Bearbeiten Sie M8 zunächst in Einzelarbeit. Markieren Sie mit + oder – Ihre Vermutungen zur Entwicklung des Marktgeschehens. Tauschen Sie Ihre Ergebnisse mit mindestens zwei weiteren Kursteilnehmern aus.
2. Zwei Thesen: a) Wirtschaftsgesetze sind Naturgesetze und
   b) Wirtschaftsgesetze sind psychologische Gesetze.
   Welcher These würden Sie eher zustimmen? Suchen Sie für beide Thesen Belege.

➤ Markt und Preisbildung

Die Grundfunktion des Marktes ist es, die Wünsche von Nachfragern und Anbietern zu koordinieren. Der Marktpreis übt dabei für die Marktteilnehmer eine wichtige Signalwirkung aus: Der Preis bestimmt Angebot und Nachfrage; Angebot und Nachfrage regeln den Preis.

M 9 | Die Preisbildung am Markt: Entstehung des Warenpreises

(nach: Zahlenbilder 200310, verkürzt)

Die Marktpreise wären mit mathematischer Sicherheit bestimmbar, wenn

- alle Marktteilnehmer die Preise und die Qualität aller Güter überschauen würden **(Markttransparenz)**;
- sich alle Güter vergleichen ließen **(Homogenität)**;
- der Markt für alle Anbieter und Nachfrager zugänglich oder erreichbar wäre;
- es bei den Teilmärkten keine durch z. B. bevorzugte Lagen, unterschiedlichen Service oder Öffnungszeiten verursachten Präferenzen gegenüber der Konkurrenz gäbe.

Ein solch „vollkommener Markt" existiert aber in der Realität nur auf wenigen Märkten, so etwa im Börsenhandel mit Wertpapieren, wo Kursmakler täglich wechselnde Kurse aus Angebot und Nachfrage rechnerisch ermitteln. Unter solchen Bedingungen bildet sich der sogenannte **Gleichgewichtspreis**. Wie das funktioniert, soll das folgende Aktien-Beispiel (M 10) zeigen:

M 10 | Angebot, Nachfrage und mengenmäßiger Umsatz von VW-Aktien

Kurs (€/Stück)	Angebot (Stück)	Nachfrage (Stück)	möglicher Umsatz (Stück)
143	60	120	60
144	65	115	65
145	70	110	70
146	75	105	75
147	80	100	80
148	85	95	85
149	90	90	90
150	95	85	85
151	100	80	80
152	105	75	75
153	110	70	70

M 11 | Angebot-Nachfrageschema VW-Aktie

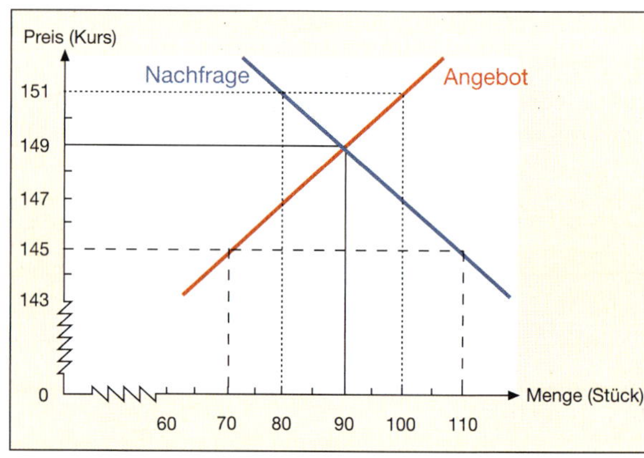

Lesebeispiel:

Zu einem relativ hohen Kurs (Preis) von 151 €/Stück werden 100 Aktien angeboten. Bei diesem Preis werden aber nur 80 Aktien nachgefragt (vgl. Schnittpunkt mit Nachfragekurve). Bei diesem Kurs besteht also ein **Angebotsüberschuss** von 20 Aktien. Bei einem günstigen Aktienkurs von 145 €/Stück steigt das Kaufinteresse, es werden 110 Stück nachgefragt. Zu diesem Kurs sind allerdings die Anbieter nur zum Verkauf von 70 Aktien bereit. Da auch nur 70 Aktien verkauft werden, beträgt der **Nachfrageüberschuss** 40 Aktien.

Aufgaben

1. Berechnen Sie den Angebots- bzw. Nachfrageüberschuss bei einem Aktienkurs von 143 €/Stück und 153 €/Stück (M 10). Ermitteln und begründen Sie den Gleichgewichtspreis für die VW-Aktie.
2. Der Marktpreis soll folgende Funktionen erfüllen: Indikatorfunktion (Änderung in Angebot und Nachfrage anzeigen), Anreizfunktion (stimuliert oder dämpft das Angebot an Gütern), Kostendeckungsfunktion (Anbieter setzt Preise so fest, dass alle Herstellungskosten gedeckt sind), Koordinationsfunktion (Angebot und Nachfrage ins Gleichgewicht bringen), Nutzenfunktion (Lenkung der knappen Güter zum größten Nutzen), demokratische Funktion (Masse der Verbraucher bestimmt, was produziert wird).
   Prüfen Sie, welche Funktionen der Markt und der Marktpreis in den Beispielen erfüllt haben.
3. Erörtern Sie, inwieweit das freie Spiel von Angebot und Nachfrage auf dem Arbeitsmarkt durch Tarifverträge eingeschränkt wird (s. S. 181 ff., Tarifvertragssystem).

1.4 Modul 3: Sozialprodukt und Wachstum: Die volkswirtschaftliche Gesamtrechnung – was wächst hier eigentlich?

Die Leistungsfähigkeit einer Volkswirtschaft wird über die **volkswirtschaftliche Gesamtrechnung** ermittelt. Ähnlich wie bei der Jahresbilanz eines Unternehmens wird dabei für die ganze Volkswirtschaft das **Sozialprodukt** für ein Jahr berechnet. Dies erfolgt auf der Grundlage vieler Berechnungen aus den verschiedensten Bereichen des Wirtschaftsprozesses, die überwiegend vom Statistischen Bundesamt erhoben werden. Als Maßstab dient der Preis, der für das Produkt gezahlt werden muss. Die volkswirtschaftliche Gesamtrechnung ist damit ein umfassendes Instrument zur Wirtschaftsbeobachtung und eine zentrale Informationsquelle für die wirtschaftspolitischen Entscheidungsträger.

M 12a | Leistungen der Wirtschaft 2005

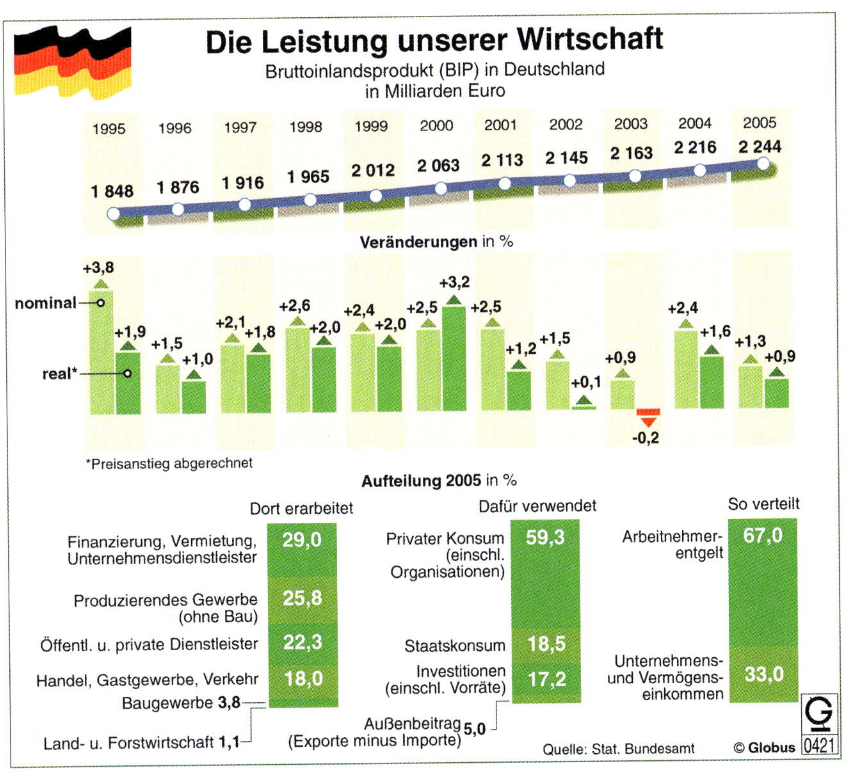

M 12b |

Güter und Dienstleistungen können nur zu laufenden Marktpreisen bewertet werden. Nominale Steigerungen müssen also um die Inflationsrate „bereinigt" werden, um die „reale" Wertentwicklung zu bestimmen.
Aber höhere Preise entsprechen zum Teil auch höheren Qualitäten, stellen in solchen Fällen also eine echte Wertsteigerung dar.

Aufgaben

Bearbeiten Sie das Schaubild M 12a:

1. Im oberen Teil des Schaubildes werden verschiedene Indikatoren für die Wirtschaftsleistung angegeben, die zu unterschiedlichen Aussagen führen. Formulieren Sie für das Kurvendiagramm die Hauptaussage zur Entwicklung der Wirtschaftsleistung (beschreiben Sie, was die Indikatoren anzeigen).
2. Erstellen Sie ein Kurvendiagramm des nominalen Bruttoinlandsprodukts. Vergleichen Sie diese Darstellung mit der Kurve des absoluten BIP und erklären Sie die Unterschiede zur Entwicklung des Wirtschaftswachstums.
3. Erläutern Sie mithilfe von M 12b den Unterschied zwischen dem nominalen und dem realen Bruttoinlandsprodukt. Erörtern Sie: Welche Berechnung ist aussagekräftiger?
4. Erklären Sie, warum ein Prozent Wirtschaftswachstum 2005 in Euro ausgedrückt wesentlich mehr „wert" war als ein Prozent Wachstum im Jahr 1995.

Der untere Teil der Grafik zeigt, dass sich das BIP nach drei verschiedenen Aspekten statistisch erfassen und darstellen lässt:

- Die **Entstehungsrechnung** gibt Aufschluss darüber, welchen Beitrag die einzelnen Wirtschaftsbereiche zum Sozialprodukt geleistet haben.
- Die **Verwendungsrechnung** legt offen, welcher Anteil in den privaten bzw. staatlichen Verbrauch floss und wie viel für Investitionen ausgegeben wurde.
- Die **Verteilungsrechnung** gibt Auskunft, an wen die aus der gesamtwirtschaftlichen Leistung erwachsenen Einnahmen verteilt wurden.

5. Zeigen Sie, an welcher Stelle des Wirtschaftskreislaufs (M 1, S. 145) die verschiedenen Berechnungen des Sozialprodukts vorgenommen wurden.
6. Erläutern Sie, welche Bedeutung der Staat bei der Entstehung des BIP hat, wo und in welchem Maße er bei der Verwendung des BIP auftaucht und welchen Einfluss er auf die Verteilung des Volkseinkommens hat.
7. Die Bedeutung der Wirtschaftssektoren ist unterschiedlich hoch. Prüfen Sie, ob unsere Gesellschaft heute überwiegend eine Dienstleistungsgesellschaft darstellt. Berechnen Sie dazu zunächst, wie hoch der Beitrag des gesamten Dienstleistungssektors ist (→ II/2.1, S. 99).
8. „Je mehr konsumiert wird, umso weniger kann investiert werden. Die Investitionen sind aber der Schlüssel zum Wachstum." Prüfen Sie unter diesem Aspekt die Bedeutung des privaten Verbrauchs, des Staatsverbrauchs und der Investitionen für das BIP. Grenzen Sie dabei die Investitionsarten Bruttoinvestitionen, Ersatzinvestitionen und Erweiterungsinvestitionen voneinander ab (s. S. 195).
9. Formulieren Sie eine politische Leitfrage zur Verteilung der Einkommen (→ II/1.3, Sozialstrukturanalyse unserer Gesellschaft, S. 66 ff.).

➤ Bruttonationaleinkommen – Bruttoinlandsprodukt – Volkseinkommen

Das Sozialprodukt ist ein wichtiger **Wirtschaftsindikator**, d. h. von seinem Wert hängen unternehmerische Planungen und wirtschaftspolitische Entscheidungen des Staates und der Wirtschaftsverbände ab. Deshalb ist die Verlässlichkeit der Daten wichtig. Aber bei der Berechnung stößt man auf zahlreiche Schwierigkeiten:

- Vom Bruttoproduktionswert aller Unternehmen, der in der Regel ihrem Umsatz entspricht, ist, um Doppelzählungen zu vermeiden, der Wert aller Roh- und Betriebsstoffe und Zwischenprodukte abzuziehen, die ins Endprodukt eingegangen sind. Das Ergebnis dieser Subtraktion ist (einschließlich der Mehrwertsteuer) das **Bruttoinlandsprodukt (BIP)**.
- Davon zu unterscheiden ist das **Bruttonationaleinkommen (BNP)**, ältere Bezeichnung: Bruttosozialprodukt (BSP). Im Gegensatz zum geografisch auf das Inland begrenzten Bruttoinlandsprodukt erfasst es die Summe aller Güter und Dienstleistungen, die von Einwohnern mit festem Wohnsitz in der Bundesrepublik produziert werden, gleichgültig ob sie im Ausland oder Inland tätig sind.
- Um den „echten Zugewinn" an Gütern zu ermitteln

muss man den Abnutzungswert der für die Produktion eingesetzten Güter (Maschinen, Gebäude, Transportmittel) abziehen („abschreiben"). Das Ergebnis dieser Subtraktion ergibt das **Nettonationaleinkommen**.

- Das **Volkseinkommen** berechnet sich aus allen in einem bestimmten Zeitraum erzielten Erwerbs- und Vermögenseinkommen (von Selbstständigen und abhängig Erwerbstätigen) vor Steuer- und Sozialabzügen und ohne Transfereinkommen (Renten, Kindergeld, Arbeitslosenhilfe etc.).
- Nicht alle wirtschaftlichen Leistungen werden statistisch erfasst. Unberücksichtigt bleiben die Selbstversorgungswirtschaft im privaten Haushalt, ehrenamtliche Tätigkeiten, aber auch die Schwarzarbeit (Schattenwirtschaft), die eine erhebliche und steigende Bedeutung hat (vgl. M 14).
- Als wichtigster Wirtschaftsindikator gibt die **Wachstumsquote („Wachstum")** die prozentuale Veränderung (Veränderungsrate) des Bruttoinlandsprodukts gegenüber dem Vorjahr an. Seit der Gründung der Bundesrepublik ist die Wachstumsrate im langfristigen Trend rückläufig (vgl. M 13). Bei der Bewertung des jeweiligen Wachstums muss allerdings berücksichtigt werden, dass es sich um einen relativen Wert, bezogen auf das jeweilige Bruttoinlandsprodukt des Vorjahrs, handelt. Bei einem ständig ansteigenden Bruttoinlandsprodukt stellt ein Prozent Wachstum, in absoluten Zahlen (z. B. in Euro) ausgedrückt, also einen immer höheren Wert dar.
- Des Weiteren werden im BIP die Umweltschäden nicht oder fehlerhaft erfasst. Die Vergiftung eines Flusses durch einen Ölunfall wird nicht erfasst, wohl aber die Aufwendung der Feuerwehr oder die Maßnahmen zur Reinigung des Ufers. Damit wird „Wachstum" ausgewiesen, obwohl diese Ausgaben möglicherweise die Verschlechterung der Umweltqualität nicht ausgleichen können.

M 13

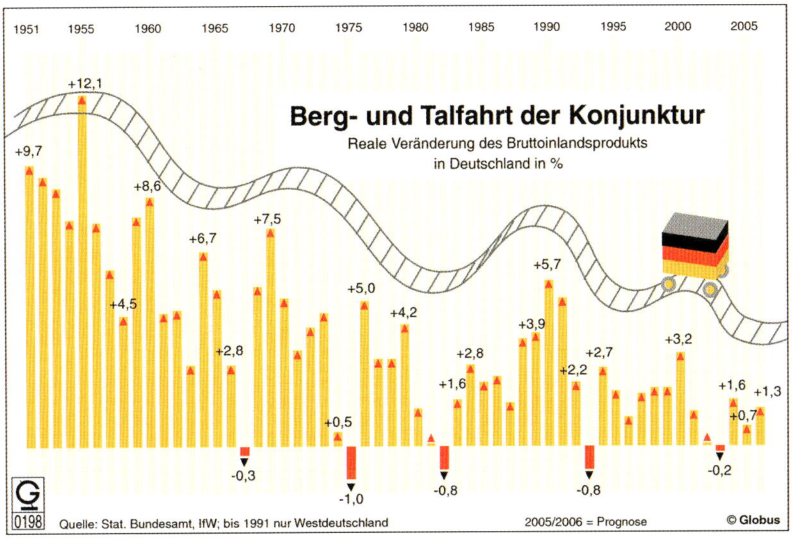

M 14

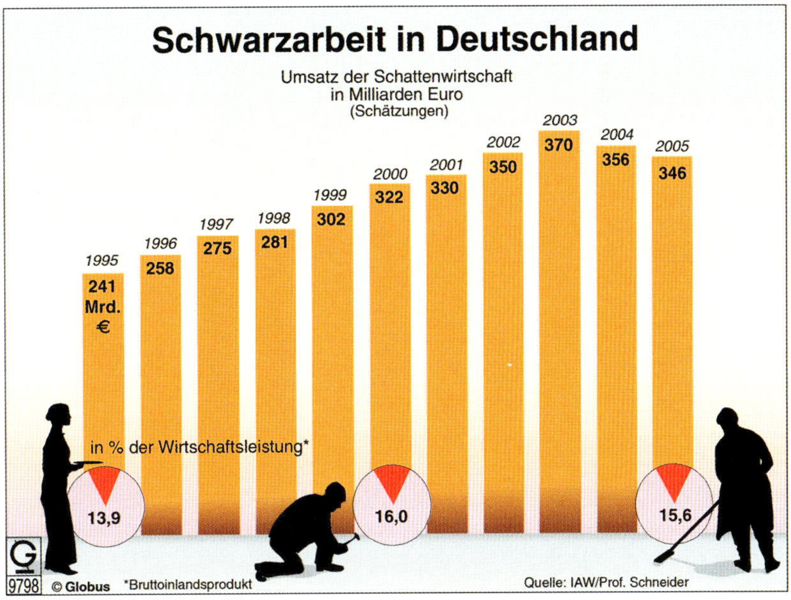

Aufgaben

1. Konkretisieren Sie die im Text genannten Schwachstellen bei der Berechnung des BIP.
2. Beurteilen Sie die Aussagekraft des BIP als Wohlstandsindikator. Nehmen Sie Stellung zur folgenden These: Steigerung des BIP = mehr Wohlstand!

1.5 Modul 4: Konjunktur und Konjunkturzyklus – eine Sache für Magier?

Als Konjunktur bezeichnet man die Gesamtsituation einer Volkswirtschaft, die sich aus der gleichzeitigen Beobachtung verschiedener volkswirtschaftlicher Größen ergibt. Betrachtet man Darstellungen dieser wirtschaftlicher Indikatoren (z. B. Wachstumsrate, Inflationsrate etc.) über einen längeren Zeitraum, fällt auf, dass sie sich nicht linear, sondern wellenartig, „zyklisch" verändern (vgl. M 13). Solche **Konjunkturschwankungen** geben Aufschluss über den jeweiligen „Gesundheitszustand" einer Volkswirtschaft. Aus der langjährigen Beobachtung der Konjunkturzyklen lässt sich ein idealtypischer Ablauf in vier Phasen beschreiben: In der **Aufschwungphase** investieren die Unternehmer, um in Erwartung günstiger Absatz- und Gewinnaussichten ihre Produkte auf den Markt zu bringen. In der **Hochkonjunktur** (Boom) treiben sich Löhne, Preise und Zinsen für Kredite gegenseitig in die Höhe. Die Konjunktur wird überhitzt und kippt schließlich um. Ist der **Scheitelpunkt** überschritten, beginnen Investitions- und Konsumnachfrage zu stagnieren; der **Abschwung (Rezession)** erfasst zunächst Unternehmen an der Grenze der Rentabilität und auf dem Weg in die **Talsohle (Depression)** nach und nach die ganze Volkswirtschaft. Erst wird verstärkt kurzgearbeitet, dann folgen Entlassungen, Betriebsstilllegungen, Konkurse. Die um sich greifende pessimistische Gesamtstimmung schreckt die Unternehmer von riskanten Investitionen ab. Je stärker das psychologische Stimmungstief, desto langwieriger das Durchschreiten der Talsohle. Schließlich setzt sich ein vorsichtiger Optimismus durch. Die aufgrund der gesunkenen Nachfrage niedrigen Zinsen bieten Anreize zu Investitionen.

M 15 | Schema eines Konjunkturverlaufs

(Schaubild bearbeitet)

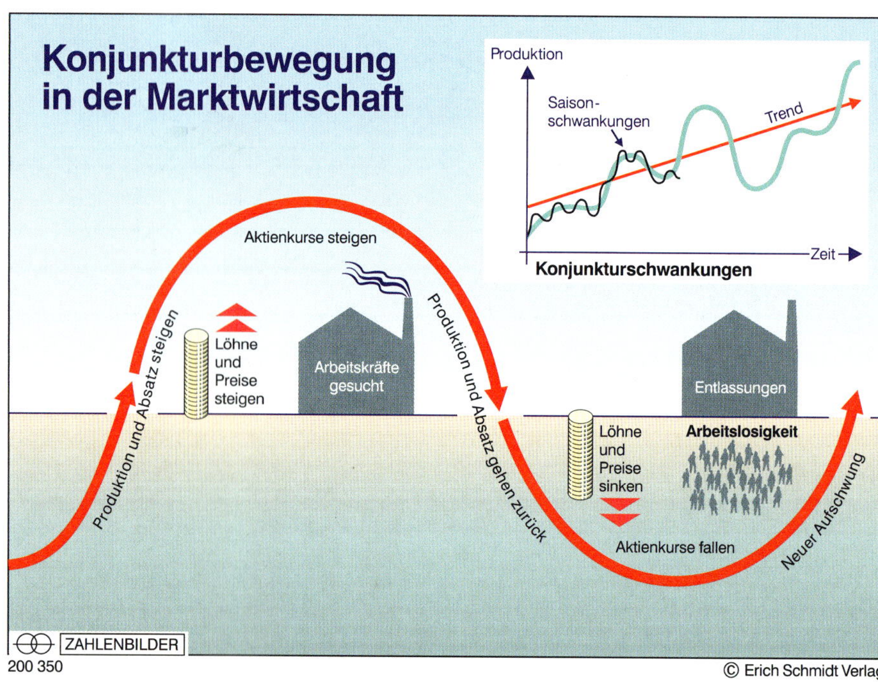

Aufgaben

1. Beschriften Sie das Schema eines klassischen Konjunkturverlaufs mit den im Text enthaltenen Fachbegriffen.
2. Unterscheiden Sie zwischen psychologischen und ökonomischen Faktoren der Konjunkturentwicklung. Bewerten sie den Einfluss psychologischer Faktoren auf wirtschaftliche Entwicklungen/auf die Entwicklung an Börsen. Wie ist ein Börsenzusammenbruch („Crash") psychologisch zu erklären?

1.6 Modul 5: Ziele der Wirtschaftspolitik – messbare Größen?

➤ Stabilitätsgesetz: Das magische Viereck

In der Sozialen Marktwirtschaft hat der Staat die Aufgabe, im Rahmen der Wirtschaftspolitik das Wirtschaftsleben mitzugestalten. Die Ziele der staatlichen Wirtschaftspolitik sind in der Bundesrepublik 1967 im „Gesetz zur Förderung der Stabilität und des Wachstums der Wirtschaft" gesetzlich verankert worden.

Richtschnur staatlichen Handelns ist danach die Herstellung des **gesamtwirtschaftlichen Gleichgewichts**. Im „Stabilitätsgesetz" werden die zur Realisierung des Anspruchs erforderlichen vier klassischen Ziele der staatlichen Wirtschaftspolitik genannt.

M 16 | Das magische Viereck der Wirtschaftspolitik (in Deutschland)

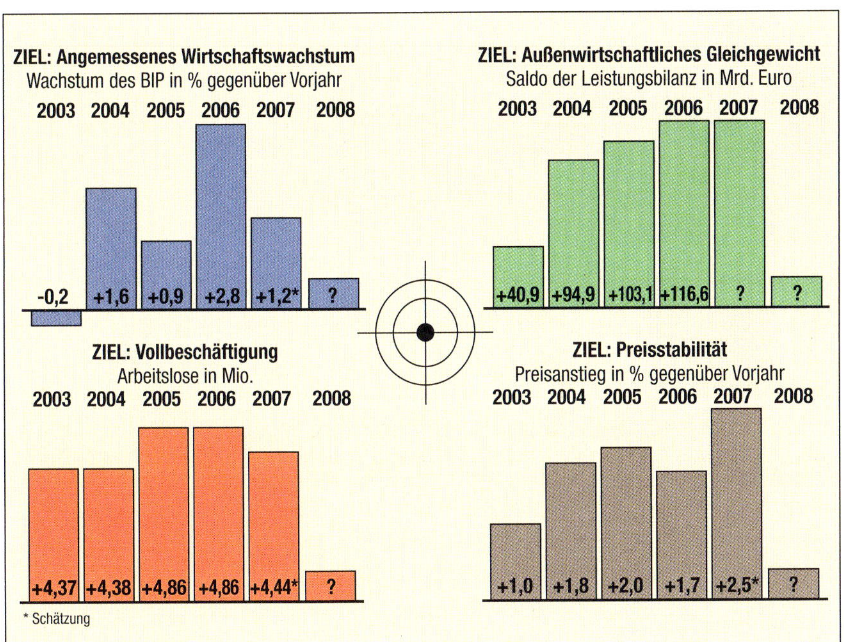

(nach: Statistisches Bundesamt und Deutsche Bundesbank)

§1 Stabilitätsgesetz von 1967: Bund und Länder haben bei ihren wirtschafts- und finanzpolitischen Maßnahmen die Erfordernisse des gesamtwirtschaftlichen Gleichgewichts zu beachten. Die Maßnahmen sind so zu treffen, dass sie im Rahmen der marktwirtschaftlichen Ordnung gleichzeitig zur Stabilität des Preisniveaus, zu einem hohen Beschäftigungsstand und außenwirtschaftlichem Gleichgewicht bei stetigem und angemessenem Wirtschaftswachstum beitragen.

Mit der Einführung der Europäischen Zentralbank (EZB) als Hüterin der Stabilität des Euro ist die Realisierung eines der Ziele der europäischen Verantwortung übertragen worden.

M 17 | Das Indikatorproblem

Die Zielbegriffe des magischen Vierecks enthalten Definitionsprobleme. Der häufig benutzte Begriff Preisstabilität ist ungenau, weil die Marktpreise gerade durch ihr Schwanken die Veränderungen in Angebot und Nachfrage anzeigen sollen. Zutreffender ist es deshalb, von **Geldwertstabilität** zu sprechen. Aber auch der Maßstab dafür ist umstritten. In den frühen Jahren der Bundesrepublik galt eine Preissteigerungsrate um 1 % als Grenze, später eine von 3–4 %. Die Europäische Zentralbank hält heute eine Rate von 2 % für tolerabel. Festgestellt wird die Steigerungsrate durch Ermittlung von Preisindizes für bestimmte Warengruppen, gemessen an einem Basisjahr, dessen Wert gleich 100 gesetzt wird. Als zentraler Wert gilt das Verbraucherpreisniveau, der Preisindex für die Lebenshaltung, der mithilfe eines „Warenkorbs" für unterschiedliche Haushaltstypen und für den Durchschnitt aller privaten Haushalte errechnet wird. Von Zeit zu Zeit muss der Warenkorb neu gewichtet werden, weil sich die Verbrauchergewohnheiten ändern.

Außenwirtschaftliches Gleichgewicht bedeutet Gleichgewicht der Leistungsbilanz im Austausch von Waren und Dienstleistungen sowie von Kapitalübertragungen zwischen In- und Ausland. Die Handelsbilanz, der Saldo von Güterein- und -ausfuhr, stellt davon nur einen Teil dar.

Angemessenes Wirtschaftswachstum meint reale, nicht nur nominale, also nicht durch Geldentwertung bedingte Zunahme des in Geldziffern ausgedrückten Sozialprodukts in einem bestimmten Zeitraum, also ein Mehr an Gütern und Dienstleistungen. Dieses Ziel ist am wenigsten exakt definierbar, weil die Vorstellungen von Angemessenheit unterschiedlich sind und abhängig von übergeordneten Zielen, denen Wachstum dienen kann: allgemeine Wohlstandssteigerung, Ausbau der sozialen Sicherheit, Einkommensumverteilung, Vermeiden sozialer Konflikte, Finanzierung neuer privater und öffentlicher Investitionen, Umweltschutz, Entwicklungshilfe usw. (zur Problematisierung des Begriffs und des Zieles s. S. 267 f.).

Vollbeschäftigung im strengen Wortsinn ist gegeben, wenn in einer Volkswirtschaft alle Arbeitsfähigen und Arbeitswilligen eine zumutbare Beschäftigung finden. Dieser strenge Maßstab wird jedoch im Allgemeinen nicht angelegt. Von den (S. 192, M10) genannten Formen der Arbeitslosigkeit sind die saisonale und die friktionelle Arbeitslosigkeit wirtschaftspolitisch nicht zu beheben. Von Vollbeschäftigung sprechen die Fachleute in der Regel heute schon bei einer Arbeitslosenquote von 2–3 %.

(Bernhard Sutor, Politik – Ein Studienbuch zur politischen Bildung, Paderborn (Schöningh) 2001, S. 312 f.)

➤ Die Messung der Arbeitslosigkeit: Wer ist arbeitslos?

M 18 | Arbeitslosigkeit – eine Frage der Definition?

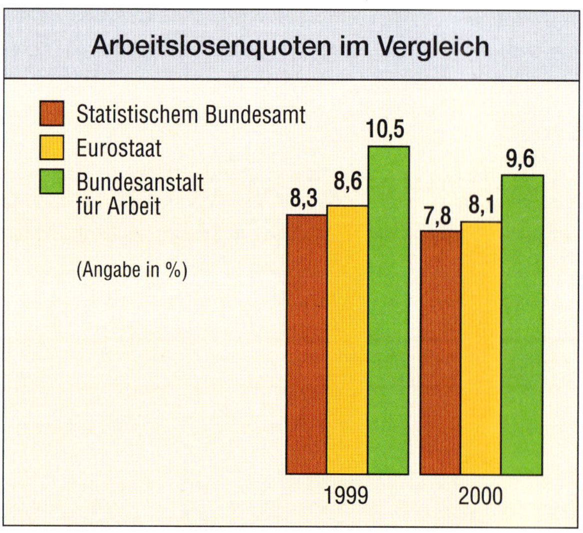

(nach: iwd, Nr. 10 v. 8.3.2001, S. 3; Deutscher Instituts-Verlag)

Eine einheitliche gültige nationale oder internationale Arbeitslosenquote gibt es nicht. Zur Prüfung und Interpretation der empirischen Daten benötigt man deshalb die Kenntnis der Parameter und der Erhebungsmethoden. Die amtlichen Arbeitslosenquoten setzen die Arbeitslosen mit den Erwerbspersonen in Beziehung. Aber schon hier beginnt das Problem. Wer gehört zum Kreis der Erwerbspersonen und wer zählt zu den Arbeitslosen? Denn nicht jeder, der ohne Arbeit ist, ist auch Arbeitsloser. Es werden zwei verschiedene Arbeitslosenquoten verwendet:

1. Registrierte Arbeitslose in Prozent der abhängigen zivilen Erwerbspersonen.
2. Registrierte Arbeitslose in Prozent aller zivilen Erwerbspersonen, die nach folgenden Formeln berechnet werden:

Berechnungsformeln:

1. „Registrierte“ Arbeitslosenquote (in % der abhängigen Erwerbspersonen) $\frac{ALreg}{= AET + ALreg} \times 100$
2. „Registrierte“ Arbeitslosenquote (in % aller Erwerbspersonen) $\frac{ALreg}{= ET + ALreg} \times 100$

ALreg = registrierte Arbeitslose

AET = abhängige Erwerbstätige = sozialversicherungspflichtig Beschäftigte einschl. Auszubildende
+ geringfügig Beschäftigte
+ Beamte ohne Soldaten

ET = alle Erwerbstätigen = abhängige Erwerbstätige (AET)
+ Selbstständige
+ mithelfende Familienangehörige

Seit 2005 erhebt das Statistische Bundesamt im Auftrag der Regierung ein zusätzliches Verfahren zur Berechnung der Arbeitslosigkeit (ILO-Statistik). Erkundigen Sie sich bei der örtlichen Arbeitsagentur.

M 19 | Was die amtliche Statistik nicht erfasst

Zusammenfassend können in der amtlichen Statistik folgende Fehler bei der Erfassung der Arbeitslosigkeit entstehen:

- Nicht als registrierte Arbeitslose werden Arbeitskräfte erfasst, die zum Zwecke **Fort- und Umschulung** (FuU) oder **Weiterbildung** vorübergehend die „Schulbank drücken", obwohl sie lieber einer Erwerbstätigkeit nachgehen würden.

- Personen, die in **Arbeitsbeschaffungsmaßnahmen** weiterbeschäftigt werden, gelten nicht als Arbeitslose.
- **Kurzarbeit** geht nicht in die Quote ein; dadurch werden die Arbeitsmarktverhältnisse tendenziell „beschönigt."
- Als Arbeitslose werden möglicherweise solche Arbeitskräfte erfasst, die vorzeitig in den **Ruhestand** gehen und sich arbeitslos melden, obwohl sie dem Arbeitsmarkt effektiv nicht mehr zur Verfügung stehen.
- Bei der Zahl der registrierten Arbeitslosen unterscheiden die Arbeitsverwaltungen nicht, ob es sich um **Vollzeit- oder Teilzeitarbeitskräfte** handelt.
- Geleistete **Überstunden** bzw. der Abbau betriebsüblicher Überstunden gehen nicht in die Arbeitslosenquote ein.
- Nicht erfasst werden ausländische Arbeitskräfte, die arbeitslos werden und mangels Beschäftigungsmöglichkeiten in der Bundesrepublik zeitweilig in ihr Heimatland zurückkehren **(„exportierte Arbeitslosigkeit")**.
- Darüber hinaus ist darauf hinzuweisen, dass die Arbeitslosenquote nur bedingt Auskunft über die „Anspannung" des Arbeitsmarktes gibt. Hierzu sind zusätzliche Informationen, wie z. B. die Zahl der **offenen Stellen**, erforderlich. Der Ausweis der offenen Stellen ist allerdings mindestens so fehlerhaft wie die Ermittlung der registrierten Arbeitslosen.

(Gerhard Mussel/Jürgen Pätzold, Grundfragen der Wirtschaftspolitik, Vahlen/München, 4. Aufl. 2001, S. 30)

Der wirtschaftspolitische Alltag zeigt, dass die im Stabilitätsgesetz geforderte gleichzeitige Erreichung aller vier Ziele in der Realität kaum zu erfüllen ist, weswegen man auch vom „magischen Viereck" spricht, weil die Zauberkunst eines Magiers erforderlich wäre, um die vier Zielsetzungen, die in einem unauflöslichen Zusammenhang stehen, gleichzeitig konfliktfrei zu verwirklichen. Dies bedeutet aber, dass das gesamtwirtschaftliche Gleichgewicht ständig gefährdet ist.

Während zwischen den Zielen Wachstum und Beschäftigung ein positiver Zusammenhang besteht und sie sich sehr oft ergänzen, gilt das Verhältnis Preisstabilität und Vollbeschäftigung als typischer Zielkonflikt. Ein Mehr an Inflation scheint danach mit einem Weniger an Arbeitslosigkeit verbunden zu sein, d. h. Vollbeschäftigung ist danach nur für den Preis des Geldwertverlustes zu haben.

Das Stabilitätsgesetz setzt keine Rangordnung der anzustrebenden Ziele fest, sondern beschreibt die vier Ziele so, dass grundsätzlich offen bleibt, wann und ab welcher Größenordnung die Ziele als erfüllt gelten können oder nicht. Diese offene Formulierung ist beabsichtigt, damit je nach Situation entschieden werden kann, welche gesamtwirtschaftlichen Ziele jeweils am stärksten gefördert werden sollen.

Mehrere Zielwechsel sind in der Bundesrepublik Deutschland erkennbar. Stand bis Mitte der 1960er-Jahre das Wachstumsziel im Vordergrund, so wurde anschließend die Forderung nach Preisniveaustabilität stärker betont, während seit Mitte der 1970er-Jahre und verstärkt nach der Einheit Deutschlands die Wirtschaftspolitik sich schwerpunktmäßig dem Abbau der Arbeitslosigkeit widmet. Der Stellenwert der wirtschaftspolitischen Ziele kann je nach Interessenstandpunkt politischer Orientierung unterschiedlich ausfallen.

➤ Vom magischen Viereck zum magischen Vieleck

Das Stabilitätsgesetz entstand aus dem Denken der 1970er-Jahre. Der Text M 20 zeigt mit Blick auf die Bewältigung der Zukunftsprobleme die Entwicklung des „magischen Vierecks" zum „magischen Vieleck".

M 20|

In den letzten Jahren hat sich die Diskussion um die wirtschaftspolitischen Ziele weiterentwickelt. Im Zentrum steht die Forderung nach einer umwelt- und sozialverträglichen gesamtwirtschaftlichen Entwicklung. Mit der Betonung der Umweltverträglichkeit soll die Bewahrung der ökologischen Grundlagen menschlichen Lebens stärker Berücksichtigung finden. [...]

Sozialverträglichkeit meint die Vermeidung von einseitigen wirtschaftlichen und sozialen Nachteilen für einzelne Gruppen. Als Beispiel können die unterschiedlichen wirtschaftlichen Auswirkungen des technischen Fortschritts genannt werden:

Während die Produktivitätssteigerung durch technischen Fortschritt über Produktverbilligungen und Einkommenssteigerungen solche Gruppen berücksichtigt, die einen festen Arbeitsplatz haben („Rationalisierungsgewinner"), entstehen Nachteile insbesondere durch Arbeitslosigkeit für solche Arbeitnehmer, deren Arbeitsplätze „wegrationalisiert" werden bzw. deren Qualifikation nicht mehr gefragt ist („Rationalisierungsverlierer").

(Helmut Keim/Heiko Steffens, Wirtschaft Deutschland. Daten – Fakten – Analysen, Köln 2000, S. 293)

Aufgaben

1. Erläutern Sie, welche Ziele im Schaubild M 16 dargestellt sind und wie sie jeweils gemessen werden. Prüfen Sie, welche Ziele des magischen Vierecks Ihrer Meinung nach erreicht, welche verfehlt wurden.
2. Bilden Sie Expertengruppen, die die Bedeutung der Zielgrößen konkretisieren. Stellen Sie Ihre aus Lexika und/oder Internet erworbenen Informationen zu je einer Zielgröße dem Kurs dar. Verdeutlichen Sie die Probleme, die bei der Operationalisierung der Zielbegriffe entstehen.
3. Vergleichen Sie das herkömmliche magische Viereck mit dem vorgeschlagenen „magischen Vieleck“ (M 20). Erörtern Sie, wie Sie heute die Bedeutung der einzelnen Ziele gewichten.
4. Aktualisieren Sie für die folgenden Jahre die Grafik M 16. Benutzen Sie dazu die Internetseite der Süddeutschen Zeitung mit den aktuellen Konjunkturindikatoren unter www.sueddeutsche.de.
5. Prüfen Sie anhand von M 16, ob und inwieweit die möglichen Zielbeziehungen miteinander vereinbar sind. Benutzen Sie dazu auch die Grafik auf S. 191 (M8).
6. Kritiker des Stabilitätsgesetzes fordern, „stetiges Wachstum“ aus dem Zielkatalog zu streichen, weil Wachstum und Wohlfahrt sich zunehmend entkoppeln. Begründen Sie, ob Sie den Vorschlag unterstützen oder ablehnen (→ IV/2.3, S. 233 ff.).
7. Erklären Sie den Unterschied zwischen den beiden Arten der Arbeitslosenquote (M18). Für welche Arbeitslosenquote haben sich die Institute entschieden?
8. Beurteilen Sie mithilfe von M 19 den Aussagewert der Arbeitslosenquote.
9. Erörtern Sie, ob es nicht sinnvoller wäre, die „stille Reserve“ mit in die Berechnung der Arbeitslosenquote einzubeziehen.
10. Erkundigen Sie sich über den Stand der Arbeitslosigkeit in Europa unter www.europa.eu.int.

Weitere Informationen zum Thema finden Sie im Internet:

www.destatis.de	Statistisches Bundesamt
www.sachverstaendigenratwirtschaft.de	Sachverständigenrat zur Begutachtung der gesamtwirtschaftlichen Entwicklung
www.arbeitsagentur.de	Bundesagentur für Arbeit
www.bundesfinanzministerium.de	Bundesfinanzministerium
www.bundesbank.de	Deutsche Bundesbank
www.europa.eu.int	Europäische Union

1.7 Modul 6: Der Streit um Steuern: Steuerparadies Deutschland – nur ein Traum?

M 21 | Schlagzeilen aus Tageszeitungen

„Die Erhöhung der Mehrwertsteuer kostet uns Wachstum.“ (SZ, 15.11.2005)

„Mehrwertsteuererhöhung ökonomisch vertretbar.“ (FAZ)

„Gleicher (Einkommens-)Steuersatz für alle ist unglaublich ungerecht.“ (SZ, 19.8.2005)

„Der Einheitssteuersatz ist gerecht.“ (Die Zeit, 1.9.2005)

Wie die Schlagzeilen belegen, spielt die Steuerpolitik in der wirtschaftspolitischen Diskussion eine erhebliche Rolle. Auch der Bundestagswahlkampf 2005 stand im Zeichen der Debatte. Zum einen ging es um diverse Steuermodelle, die den richtigen Weg zur Vereinfachung des Steuerrechts in Deutschland aufzeigten. Aus parteitaktischen Gründen wurden die Modelle des jeweiligen politischen Gegners durch Kampagnen dem Bürger als „Giftspritze" dargestellt und wurden so nicht in der Realität erprobt. Intensiv wurde über die Erhöhung der Mehrwertsteuer gestritten. Die von der oppositionellen CDU/CSU für notwendig gehaltene Erhöhung wurde von der FDP und der Regierungskoalition (SPD und Grüne) heftig attackiert und strikt abgelehnt. Die neue Regierung einigte sich mit Blick auf das gewaltige Haushaltsloch, das nicht nur durch Einsparungen der Staatsausgaben (Subventionsabbau) zu stopfen sei, auf eine Erhöhung der Mehrwertsteuer.

Steuern sind öffentliche Abgaben, die der Staat ohne spezielle Gegenleistung von natürlichen und juristischen Personen erhebt. Ihrem strengen Zweck nach gelten sie nicht als Umverteilung, weil sie zur Finanzierung öffentlicher Aufgaben dienen sollen, auf deren Erfüllung alle Bürger angewiesen sind. Aber längst sind im Sozialstaat weitere Zwecke hinzugekommen, auch wenn sie unter Fachleuten umstritten sind. Steuern sind auch heute Instrumente der Konjunkturpolitik (→ IV/1.4) und der sozialen Umverteilung. Der Kern des politischen Streits um die Steuern ist die Frage nach der zumutbaren und gerechten Steuerlast.
Hinzu kommt im föderalistischen Staat der Streit um die Verteilung des Steueraufkommens auf Bund, Länder und Gemeinden, denn wer über öffentliche Gelder verfügt, hat Macht, d. h. politische Gestaltungsmöglichkeiten.

➤ Grundinformation: Größenordnung, Steuerarten

M 22|

Vom gesamten Steueraufkommen entfielen 2004 47,8 % auf direkte Steuern und 52,2 % auf indirekte Steuern.

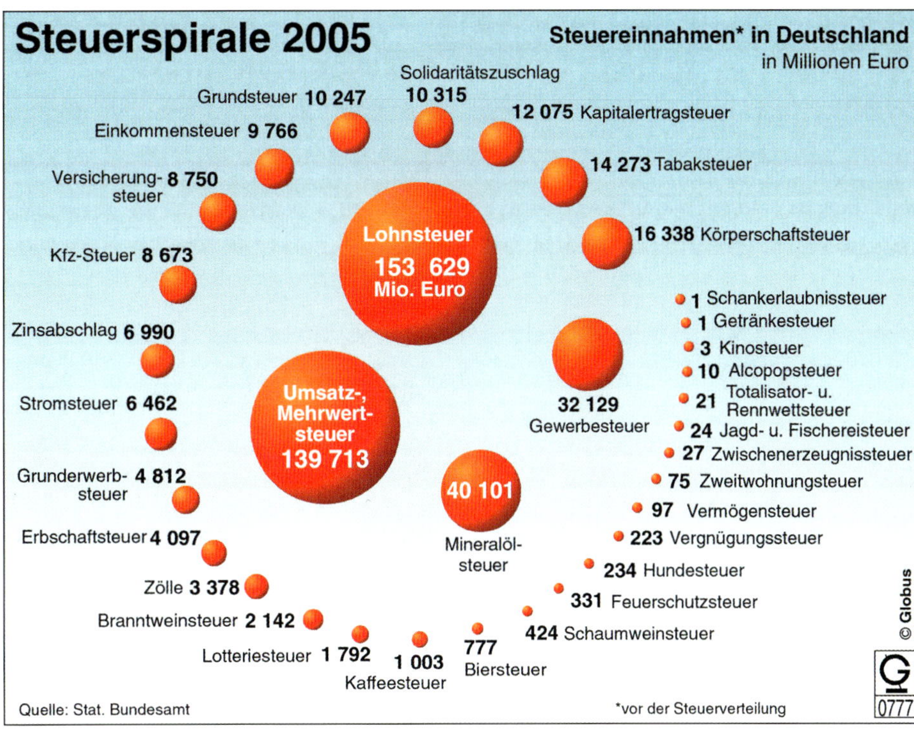

M 23|

Die **direkten Steuern** knüpfen an die Einkommensentstehung an. Sie richten sich somit nach der wirtschaftlichen Leistungsfähigkeit der Steuerpflichtigen: Bürger mit höherem Einkommen (sollen) mehr Steuern zahlen.
Die **indirekten Steuern** – auch Verbrauchssteuern genannt – werden beim Produzenten auf Güter und Dienstleistungen erhoben, also beim Hersteller oder Händler. Sie werden auf den Preis der Produkte und Dienstleistungen aufgeschlagen. Auf diesem Weg bezahlen die Verbraucher die indirekten Steuern. Die persönliche Belastung jedes Einzelnen richtet sich dabei nach dem Verbrauch, nicht nach dem Einkommen. Wer viel konsumiert, zahlt viel Steuern.

(Arbeitsgemeinschaft Jugend und Bildung e.V., Finanzen und Steuern, Info 2005, Wiesbaden 2005, S. 8)

M 24

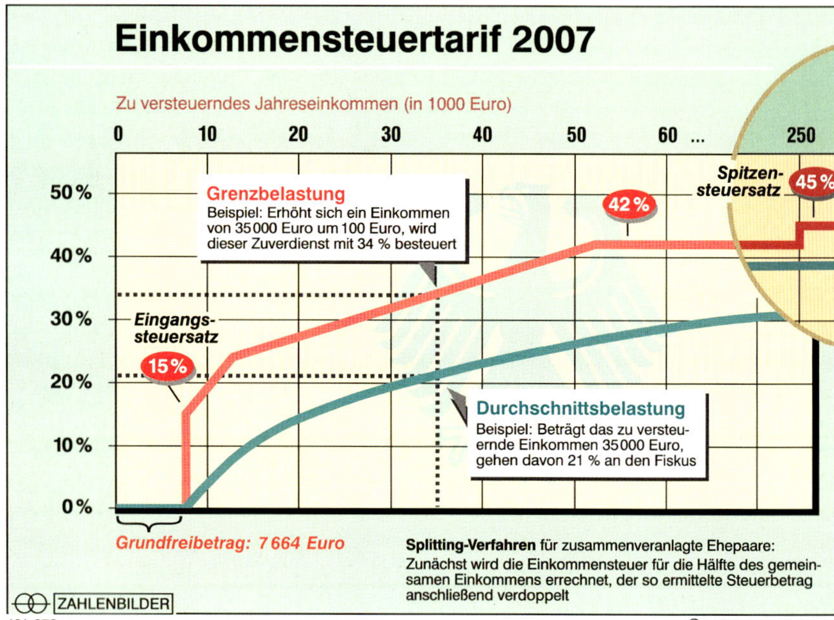

181 272 © Erich Schmidt Verlag

Erläuterungen:

Der **Steuertarif** gilt für Lohn- und Einkommensteuer. Verheiratete werden steuerlich begünstigt; ein Vorteil ergibt sich dann, wenn nur ein Ehegatte arbeitet oder die Einkommen unterschiedlich hoch sind **(„Splitting")**. Für Einkommen und Einkommensteile im Bereich des **Grundfreibetrags** ist keine Einkommensteuer zu zahlen. Damit folgt die Steuergesetzgebung dem Gebot des Bundesverfassungsgerichts, das Existenzminimum steuerfrei zu stellen. Nur der Teil des Einkommens, der über den Grundfreibetrag hinausgeht, unterliegt der Einkommensteuer gemäß dem geltenden Steuertarif. In der **Progressionszone** wird der **Einkommenszuwachs** prozentual immer stärker belastet (Prinzip der Besteuerung des „letzten" Euro).

Deshalb liegt die **Durchschnittsbelastung** des Gesamteinkommens auch deutlich unter der **Grenzbelastung**. Diejenigen Einkommensanteile bei hohen Einkommen, die im Bereich der **Proportionalzone** liegen, sind dem gleichbleibenden **Spitzensteuersatz** von 42 Prozent unterworfen.

(Autorentext)

M 25

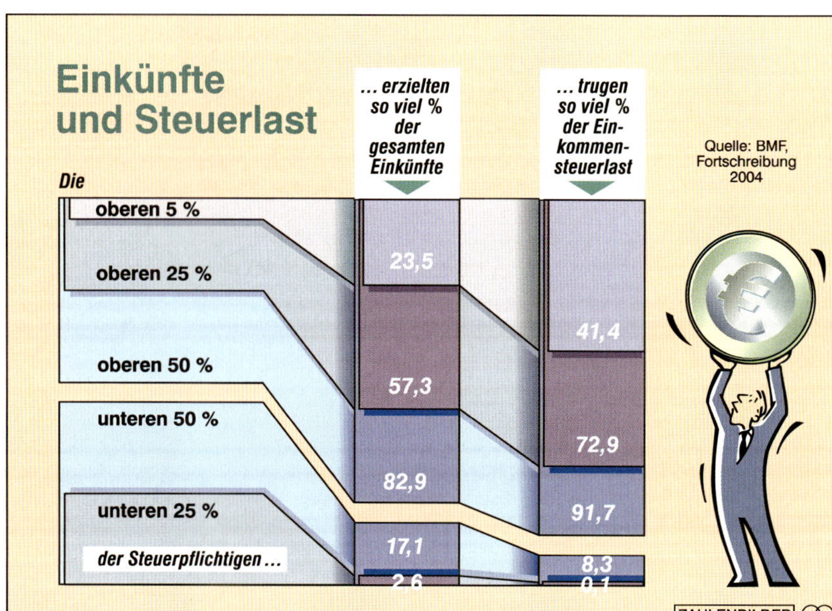

© Erich Schmidt Verlag 181 274

Jahreseinkommen der
- oberen 5 %: über 85 400 €;
- oberen 25 %: ab 46 550 €;
- oberen 50 %: ab 28 200 €;
- unteren 50 %: bis 28 199 €;
- unteren 25 %: bis 12 250 €.

M 26|

Innerhalb der EU ist festgelegt, dass die Mehrwertsteuersätze in einer Spannbreite zwischen 5 % und 25 % liegen müssen.

Steuerpolitische Beschlüsse der „Großen Koalition“:

- Erhöhung des Mehrwertsteuersatzes von 16 % auf 19 % ab 1.1.2007.
- Erhöhung des Spitzensteuersatzes („Reichensteuer“) um drei Prozentpunkte für Bezieher von Jahreseinkommen über 250 000 € (500 000 € Ehepaare).

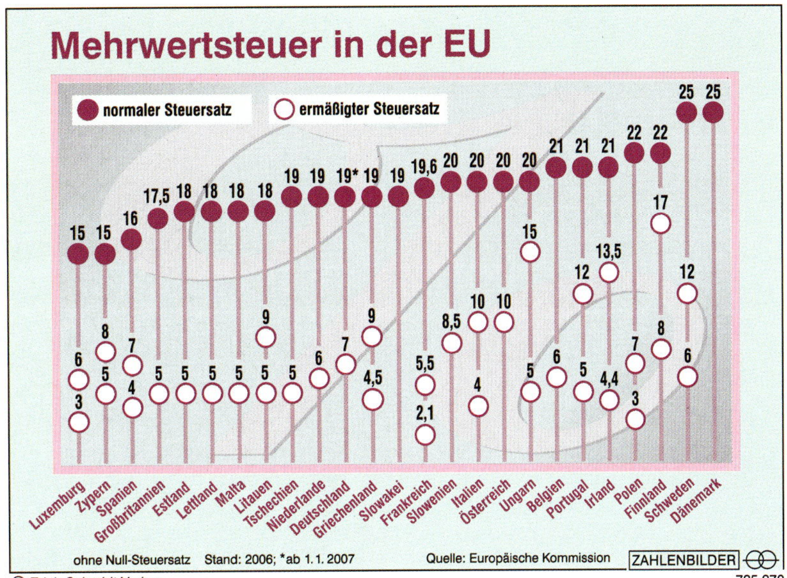

© Erich Schmidt Verlag 725 270

Aufgaben

1. Berechnen Sie (M 22), wie viel Prozent der Steuereinnahmen jeweils die Mehrwertsteuer, die Lohnsteuer, die Einkommensteuer, die Mineralölsteuer und die Körperschaftsteuer in die Staatskasse bringen.
   Ordnen Sie diese Steuerarten den Kategorien „direkte“ und „indirekte“ Steuern (M 23) zu.
2. Erklären Sie die Begriffe Grundfreibetrag, Progressionszone und Proportionalzone (M 24). Welchen Sinn haben diese Regelungen?
3. Zeigen sie am Steuertarif (M 24) die Begünstigung von Ehe und Familie durch das sogenannte „Ehegattengattensplitting“.
4. Stellen Sie grafisch dar, wie Ihrer Ansicht nach die Kurve unter dem Aspekt sozialer Gerechtigkeit verlaufen sollte.
5. Erörtern Sie, ob bei M 25 ein sozialer Umverteilungseffekt erkennbar ist und ob die Verteilung der Steuerlast auf die Einkommensgruppen Ihnen insgesamt gerecht erscheint.
6. Verdeutlichen Sie hinsichtlich der sozialen Umverteilung den grundsätzlichen Unterschied zwischen Mehrwert- und Einkommensteuer.
7. Diskutieren Sie: a) Konsum statt Arbeit besteuern? b) Reichensteuer: notwendiger Beitrag der Besserverdienenden oder unsinnige Neidsteuer?

1.8 Wahlmodul: Steuermodell von Paul Kirchhof

Kernaussagen

- Einheitlicher Steuersatz von 25 % (flat-tax).
- Freibetrag von 8 000 € für jeden.
- Volle Steuerpflicht erst ab einem Einkommen von über 20 000 €.
- Radikaler Abbau von Subventionen.
- Erhalt des Ehegattensplittings.
- Grundsätzlicher Ausschluss von Steuervergünstigungen.

Aufgabe

Beurteilen Sie das Konzept mit Blick auf die Kriterien Einfachheit, Finanzierbarkeit und Gerechtigkeit.

1.9 Modul 7: Die Ordnung der Sozialen Marktwirtschaft

➤ Soziale Marktwirtschaft

M 27

März 1990 in Leipzig: Während einer Wahlkampfveranstaltung von Bundeskanzler Kohl schwenkten Demonstranten die Deutschlandflagge, eine rasche Wirtschaftsunion wurde gefordert.

M 28

Karl Marx:
„Das Sein bestimmt das Bewusstsein."

M 29

die tageszeitung

SAMSTAG 30.JUNI 1990 TAZ ÜBERREGIONAL DM 1.50

DM-Day: Der Schein bestimmt das Bewußtsein

Die letzten chaotischen Tage der DDR / Am Sonntag Warteschlangen für den Empfang des neuen Geldes, am Montag erste Einkäufe auf Westmark-Basis / BRD-Minister lassen Ostberliner Kollegen Romberg abblitzen: Mehr Mittel gibt's nicht / Stationierungskosten der Roten Armee gesichert / Kapitalistische Konzerne halten sich mit Einstieg zurück / DDR-Regierung geht von 430.000 Arbeitslosen bis zum Jahresende aus / Entlassungen verzögert / Wie heiß wird der Herbst?

Aufgaben

1. Beschreiben Sie, was die Bilder zum Ausdruck bringen wollen.
2. Formulieren Sie Leitfragen, die im Rahmen der Sozialen Marktwirtschaft erörternswert sind.

Das Leitbild der Wirtschaftsordnung der Bundesrepublik Deutschland ist die **Soziale Marktwirtschaft**. Der Zusammenbruch der „realsozialistischen" osteuropäischen Länder machte die Marktwirtschaft zu einer alternativlosen Form der Wohlstandserzeugung und des Austausches von Gütern und Dienstleistungen. Was sind die Grundlagen und Bedingungen für den Erfolg und die Anziehungskraft des Konzeptes der Sozialen Marktwirtschaft? Ihre Überlegenheit ist wohl in der Fähigkeit und ihrem Bemühen begründet, die Verbindung von **wirtschaftlicher Freiheit und sozialer Gerechtigkeit** herzustellen. Alfred Müller-Armack, der den Begriff der Sozialen Marktwirtschaft in die Diskussion einführte, stellte stärker als sein Lehrer Eucken den Gedanken der sozialen Gerechtigkeit gleichberechtigt neben den der ökonomischen Freiheit und Effizienz. Er sah die soziale Komponente seines marktwirtschaftlichen Konzepts in erster Linie in der Sicherung eines funktionsfähigen Wettbewerbs auf der Grundlage des Privateigentums

und eines funktionsfähigen Konkurrenz-Preissystems. Wettbewerb als Motor des Wirtschaftens führe zu Leistungssteigerung, zu hohen Wachstumsraten der Volkswirtschaft bei gleichzeitiger Sicherung der Geldwertstabilität und damit zur allgemeinen Steigerung der Realeinkommen sowie zu einer Hebung des Lebensstandards der arbeitenden Bevölkerung; sie garantiere somit die Entfaltung und Freisetzung der vorhandenen Kräfte bei Unternehmern und Arbeitnehmern. Begleitend allerdings müsse der Staat eingreifen, um krasse Eigentums- und Vermögensunterschiede durch Umverteilung (progressive Steuern) einzudämmen, Sozialversicherungssysteme auszubauen und Vermögensbildung zu fördern. Das notwendige Gerüst der Wirtschaftsordnung bleibt die Marktwirtschaft, nur keine sich selbst überlassene liberale Marktwirtschaft, sondern eine bewusst gesteuerte, den Marktmechanismus korrigierende Soziale Marktwirtschaft. Für Müller-Armack bedingen Wirtschafts- und Sozialpolitik einander, denn die Sozialpolitik ist mehr als Umverteilung.
Sie schafft ordnungspolitische und gesellschaftliche Voraussetzungen für gutes Wirtschaften. Ohne wirksamen Rechtsschutz und Interessenvertretung der Arbeitnehmer sowie soziale Sicherung kann die Wirtschaft einer modernen Industriegesellschaft nicht gedeihen.

M 30 | Das Konzept der Sozialen Marktwirtschaft

Das nach dem Zweiten Weltkrieg unter maßgeblicher Beteiligung von Müller-Armack entwickelte Leitbild der Sozialen Marktwirtschaft ist wirklichkeitsnäher und betont sozialpolitische Ziele stärker als der Neo- und Ordoliberalismus. Dieses Leitbild wird als Orientierung für einen „dritten Weg“ verstanden, der zwischen ungezügeltem Liberalismus und wirtschaftslenkendem, von Totalitarismus bedrohtem Sozialismus hindurchführt und auf eine Synthese abzielt zwischen rechtsstaatlich gesicherter, insbesondere wirtschaftlicher Freiheit einerseits und den sozialstaatlichen Idealen sozialer Sicherheit und sozialer Gerechtigkeit andererseits.
Konstitutive Elemente der Ordnung, die es erlauben soll, Freiheit, Fortschritt, Gleichheit, Gerechtigkeit und Sicherheit in der von den Gesellschaftsmitgliedern gewünschten Zielgewichtung zu verwirklichen, sind:

1. Eine *marktwirtschaftliche, freiheitliche Ordnung der Wirtschaft*, wo immer die wirtschaftlichen Ziele durch die Koordinierung der Aktivitäten selbstverantwortlich und frei entscheidender Wirtschaftssubjekte auf wettbewerblich geordneten Märkten ohne Verletzung sozialer Ziele erreicht werden können (Marktwirtschaft). Der marktwirtschaftliche Wettbewerb, der dazu führt, „den wirtschaftlichen Fortschritt allen Menschen, im Besonderen in ihrer Funktion als Verbraucher, zugute kommen zu lassen und alle Vorteile, die nicht unmittelbar aus höherer Leistung resultieren, zur Auflösung zu bringen“, soll „Wohlstand für alle“ schaffen, eine Sozialisierung des Fortschritts bewirken und überdies das persönliche Leistungsstreben wachhalten.
2. Im Bereich der *Ordnung der Märkte* (Marktformen, Marktverfassung, Marktzugang), der Unternehmens- und der Betriebsverfassung eine Verbindung von individualrechtlichen Freiheitsverbürgungen, insbesondere des Rechts auf freie Entfaltung der Persönlichkeit, mit sozialrechtlichen Freiheitsbindungen in der Weise, dass Freiheit und soziale Gerechtigkeit nicht bzw. so wenig wie möglich in Konflikt geraten.
3. Die Errichtung eines vollständigen *Systems sozialen Schutzes* auf der Grundlage einer marktwirtschaftlichen Ordnung.
4. Die Errichtung eines Systems der *wirtschaftspolitischen Gewaltenteilung* (zwischen Gesetzgeber, Regierung und Zentralnotenbank) und des Machtgleichgewichtes im staatlichen Bereich (Aufgabenverteilung zwischen Zentralstaat, Ländern, Kreisen und Gemeinden). Dessen ungeachtet verlangt das Leitbild der Sozialen Marktwirtschaft einen starken Zentralstaat als ordnungspolitische Potenz, die die Wirtschaftsordnung, vor allem die Wettbewerbsordnung, errichtet und ihre Einhaltung garantiert.

Als wesentliche, die Wirtschafts- und Sozialordnung der Bundesrepublik prägende Elemente sind im Bereich der Ordnungsgrundlagen die allgemeine Vertragsfreiheit, das Recht auf Privateigentum auch an Produktionsmitteln, die Gewerbefreiheit, die Freiheit der Berufs- und Arbeitsplatzwahl, die Konsumfreiheit und die Wettbewerbsfreiheit anzusehen, wobei diese Rechte so auszugestalten sind, dass sie weder die Rechte Dritter noch das Sittengesetz verletzen. Sowohl für die Funktionsfähigkeit und Leistungsfähigkeit der Wirtschaft als auch für den sozialen Gehalt der Wirtschaftsordnung kommen der Wettbewerbsordnung, der Geld-, Kredit- und Währungsordnung, der Arbeits- und Sozialordnung und der Finanzverfassung herausragende Bedeutung zu. Die gesetzliche Ausgestaltung dieser Ordnungen wird in sehr hohem Maße den von der ordnungspolitischen Konzeption her geforderten konstitutiven Elementen gerecht.

(Heinz Lampert, Die Soziale Marktwirtschaft in der Bundesrepublik Deutschland – Ursprung/Konzeption/Entwicklung und Probleme; in: Aus Politik und Zeitgeschichte B 17/88 v. 22.4.1988, S. 6)

M 31 | Grundgesetz und Wirtschaftsordnung

Das Grundgesetz ist offen hinsichtlich der Wirtschaftsordnung und lässt dem Gesetzgeber freie Hand, sie umzugestalten, was aber nicht heißt, das Grundgesetz sei in dieser Frage völlig neutral. Diese Offenheit stößt allerdings auf

Grenzen, die durch individuelle Freiheitsrechte gesetzt sind (freie Entfaltung der Persönlichkeit in Art. 2,1 GG, verbunden mit der Vereinigungs- und Berufsfreiheit in Art. 9 und 12 und der Eigentumsgarantie in Art. 14), aus denen die Rechtsprechung des BVerfG einen „angemessenen Spielraum zur Entfaltung der Unternehmerinitiative" ableitet. Andererseits ist auch die wirtschaftliche Handlungsfreiheit des Einzelnen eingeschränkt, der Gebrauch des Eigentums soll „dem Wohle der Allgemeinheit dienen" (Art. 14,2 GG). Enteignungen auf gesetzlicher Grundlage sind mit Entschädigung zum Wohle der Allgemeinheit zulässig (Art. 14,3 GG). Die Überführung von Grundstücken oder Schlüsselindustrien in öffentliches Eigentum ist in bestimmten Fällen grundgesetzkonform, nicht aber eine Sozialisierung aller Produktionsmittel generell. Der Gesetzgeber hat allerdings große Zurückhaltung geübt, was die Exekution solcher Möglichkeiten betrifft.

(Autorentext)

Aufgaben

1. Erläutern Sie die zeitgeschichtlichen Wurzeln des Leitbildes der Sozialen Marktwirtschaft. Schlagen Sie zur Klärung der Sachfrage die Begriffe im Lexikon nach.
2. Stellen Sie den Zusammenhang von Ideen, Zielen und Prinzipien der Sozialen Marktwirtschaft in einem Schaubild dar.
3. Erläutern Sie, wie das Spannungsverhältnis zwischen wirtschaftlicher Freiheit und sozialer Gerechtigkeit minimiert werden soll.
4. Der Text M 30 nennt die Grundlagen der Sozialen Marktwirtschaft und gibt einen Überblick über das Gesamtsystem. Für die Diskussion können Sie sich gezielter und intensiver in den nachfolgenden Abschnitten über die einzelnen Teilordnungen informieren.
5. Stellen Sie mithilfe von M 31 Bestimmungen zusammen, die für die Wirtschaftsordnung bedeutsam sind.

➤ Wettbewerbsordnung

Der Wettbewerb ist ein Grundpfeiler der marktwirtschaftlichen Ordnung. Wettbewerb am freien Markt soll dafür sorgen, dass das Streben der handelnden Akteure nach ihrem eigenen Vorteil zugleich der optimalen Güterversorgung aller Nachfrager dient. Wettbewerb soll Eigeninteresse und Allgemeininteresse ohne staatlichen Zwang miteinander verbinden. Im Gegensatz zu den Ansichten der Altliberalen haben die Ordoliberalen erkannt, dass eine funktionsfähige Wettbewerbsordnung nicht von selbst entsteht und beständig Harmonie erzeugt, sondern dass ein sich selbst überlassener Wettbewerb die Tendenz hat, sich selbst aufzuheben. Die Erfahrung lehrt nämlich, dass das freie Spiel der Kräfte durch die Anbieter empfindlich gestört werden kann. Die Zahl von Unternehmenszusammenschlüssen hat sich in den letzten Jahren stetig erhöht, darunter solche Elefantenhochzeiten wie E. ON mit Ruhrgas, wodurch sich die Markt- und Machtposition führender Unternehmen noch erheblich vergrößert hat. Wenn wenige Unternehmen den Markt beherrschen, können sie die Marktbedingungen diktieren (Vermachtung des Marktes). Deshalb ist zentraler Bestandteil des Konzepts der Sozialen Marktwirtschaft eine politisch zu gestaltende Wettbewerbsordnung, die einerseits die Chancen, durch Leistung zu gewinnen, nicht schmälert, andererseits aber den Missbrauch von Marktmacht verhindert.

M 32 |

M 33 | Ursachen der Konzentration

Bei Zusammenschlüssen ergeben sich unter anderem Kosteneinsparungen durch die bessere Ausnutzung des Maschinenparks. Die Produktionsprozesse sind heute vielfach so kompliziert und vernetzt und kapitalintensiv geworden, dass sie sich nur in größeren Unternehmenseinheiten durchführen lassen. Dies gilt z. B. für den Einsatz von Fließbändern, teuren Produktionsautomaten, computerintegrierten Maschinensystemen oder für die Entwicklung neuer Produkt- und Verfahrenstechnologie.

Wichtiger sind jedoch die markt- und machtbedingten Gründe: Steigerung des Umsatzes und der Verkaufserlöse durch Massenproduktion, die aber nur in größeren Unternehmen möglich ist. Konzentration in diesem Sinne dient also primär der Optimierung/Rationalisierung der Produktionsabläufe und der Minimierung der Produktionskosten. Ein ebenso verbreitetes Konzentrationsmotiv ist das Streben nach Marktmacht. Je mächtiger ein Unternehmen ist, umso eher kann es die Verkaufs- und Einkaufspreise dahingehend beeinflussen, dass ein möglichst hoher Gewinn dabei herauskommt.

Das Machtmotiv kommt allerdings nicht nur im Streben nach Marktmacht zum Ausdruck, sondern auch in der Absicht, andere Unternehmen direkt zu beherrschen, um deren wirtschaftliche Abhängigkeit zugunsten der eigenen Gewinne auszunutzen.

Ein weiteres Konzentrationsmotiv besteht darin, dass mit wachsender Größe die Produktionspalette erweitert und damit das Risiko gegenüber Markt- und Absatzchancen verringert werden kann. Wenn nämlich eines der Produkte einmal schlecht laufen sollte, so geht es dem Mehrprodukt-Unternehmen nicht gleich an die Substanz.

Ebenfalls risikoorientiert sind jene Aktivitäten, die auf die Erweiterung der Finanz- und Investitionskraft gerichtet sind. Großunternehmen besitzen in der Regel eine hohe Kreditwürdigkeit im In- und Ausland, weil sie ihre Risiken stärker streuen können. Notwendig ist die Finanzstärkung, um im internationalen Geschäft gegen andere Konzerne wettbewerbsfähig bleiben zu können.

(Autorentext)

M 34 | Formen der Konzentration (Kartell und Konzern)

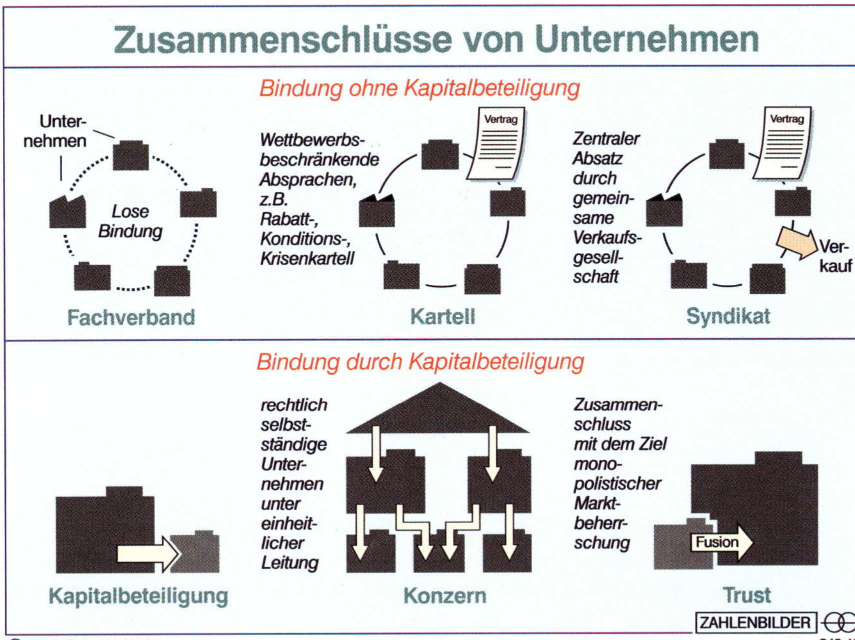

© Erich Schmidt Verlag 210 110

Das wichtigste Instrument zur Sicherung und Förderung des Wettbewerbs in der Bundesrepublik ist das Gesetz gegen Wettbewerbsbeschränkungen (GWB) von 1957. Das in Berlin sitzende Bundeskartellamt soll über die Einhaltung der Bestimmungen wachen. Das GWB soll Beschränkungen des Wettbewerbs entgegenwirken, indem es

- Kartelle und vertikale Preisbindungen untersagt **(Kartellverbot)**;
- den Zusammenschluss von Großunternehmen kontrolliert und in bestimmten Fällen untersagt **(Fusionskontrolle)**;
- den Missbrauch einer marktbeherrschenden Stellung eines Unternehmens (oder weniger großer Unternehmen) kontrolliert und unterbindet **(Missbrauchsaufsicht)**.

Das **Kartellverbot** soll verhindern, dass Unternehmen sich über Preise, Geschäftsbedingungen, Rabattregelungen absprechen und ihr Verhalten am Markt untereinander abstimmen – meist zu Lasten der Verbraucher – und damit den Wettbewerb außer Kraft setzen. Verstöße in Form vertraglich fixierter Absprachen werden mit hohen Geldbußen geahndet; informelle mündliche Abmachungen, sogenannte Frühstücks- oder Telefonkartelle, werden aber nur selten entdeckt und sind schwer zu beweisen. Vielerlei Ausnahmen durchlöchern zudem das Kartellverbot. Rationalisierungs-, Krisen- und Exportkartelle sind unter bestimmten Voraussetzungen und mit Genehmigung des Kartellamtes erlaubt; nicht immer sind sie für den Wettbewerb unschädlich.

Unternehmenszusammenschlüsse (Fusionen) sind nicht generell verboten. Es besteht Anzeigepflicht, wenn durch den Zusammenschluss Marktanteile von 20 % erreicht oder überschritten werden – bei entsprechend hohen Umsatzerlösen (zus. + 500 Mio.) und Beschäftigtenzahlen. Zu untersagen hat das Kartellamt den Zusammenschluss, wenn er zur Beherrschung des Marktes führt, in der Form, dass die beteiligten Unternehmen keinem wesentlichen Wettbewerb mehr ausgesetzt sind oder ihre Wettbewerber deutlich überragen (§22, Abs. 1, Nr. 1 und 2 GWB).
Inzwischen hat die Wettbewerbspolitik der EU an Gewicht gewonnen. Die Europäische Kommission kann Kartelle verbieten, Fusionen und staatliche Beihilfen kontrollieren und bei Übertretungen Strafen verhängen.

M 35 | Fusion E.ON – Ruhrgas

Die Energiekonzerne E.ON und Ruhrgas dürfen zum größten kombinierten Strom- und Gasunternehmen Europas fusionieren. Das hat das Bundeswirtschaftsministerium in Berlin entschieden. Gestern Vormittag unterschrieb Staatssekretär Alfred Tacke die Genehmigung und setzte damit gegenteilige Beschlüsse des Bundeskartellamtes und der Monopolkommission außer Kraft. Die Übernahme von Ruhrgas durch E.ON (früher Veba und Viag) sei gerechtfertigt, weil sie dem „Gemeinwohl" diene, sagte Tacke. Der neue Gigant werde „als deutscher Global Player international zum Wohle der deutschen Volkswirtschaft agieren".
Tacke betonte. dass die Ruhrgas AG nur mit der Finanzkraft von E.ON im Rücken in das internationale Gasgeschäft investieren könne. Bis zu acht Milliarden Euro sollen in den kommenden Jahren unter anderem in den Pipeline-Bau nach Osten gesteckt werden. Ruhrgas ist bereits mit fünf Prozent am größten Gasproduzenten der Welt, der russischen Gasprom, beteiligt. Es geht um strategischen Einfluss, nicht zuletzt bei den Öl- und Gasvorkommen am Kaspischen Meer, von wo die angelsächsischen Konzerne BP und Exxon konkurrierende Pipeline-Projekte in Richtung Mittelmeer favorisieren.
Um die überragende Marktmacht des zukünftigen Konzerns abzumildern, hat das Wirtschaftsministerium mehrere Auflagen verhängt. Dazu gehört, dass E.ON einige Firmenbeteiligungen abgeben muss: beim Wasserkonzern Gelsenwasser, bei Bayerngas, den Bremer Stadtwerken und dem ostdeutschen Gasversorger VNG. [...]
Eine weitere Auflage betrifft den Zwischenhandel mit Gas. E.ON hat sich in der Vereinbarung mit dem Ministerium bereit erklärt, seinen Konkurrenten in den nächsten drei Jahren zusätzlich 75 Milliarden Kilowattstunden Gas zu einem festgelegten Basispreis anzubieten. Das macht etwa fünf Prozent der Menge aus, die Ruhrgas jährlich umsetzt. Trotz dieses begrenzten Umfanges sollen diese „freien Gasmengen" den Wettbewerb in Schwung bringen und auch dazu beitragen, dass die Verbraucherpreise sinken.
Außerdem hat E.ON zugestimmt, dass Gaskunden, die Verträge mit E.ON und Ruhrgas haben, die vereinbarten Mengen reduzieren und sich zusätzlich zu 20 Prozent bei anderen Lieferanten eindecken können. Auch das soll die E.ON-Preise unter Druck bringen.
Der Bundesverband der Verbraucherzentralen sieht das freilich ganz anders. „Die Auflagen sind nicht überzeugend", erklärte Verbraucher-Chefin Edda Müller. Die Bedingungen könnten nichts daran ändern, dass künftig 60 Prozent des deutschen Gasmarktes von einem einzigen Unternehmen beherrscht würden. Die Verbraucherzentralen wollen Beschwerde bei Gericht einlegen, um ihre Beteiligung am Genehmigungsverfahren zu erstreiten. Der Bundesverband war vom Wirtschaftsministerium nicht offiziell zu Rate gezogen worden.

(Hannes Koch, in: TAZ v. 6.7.2002)

Aufgaben

1. Schlagen Sie die Begriffe Kartell, Konzern und Fusion im Lexikon nach.
2. Ordnen Sie die in M 33 angeführten Argumente zum Konzentrationsprozess übergeordneten Gesichtspunkten zu. Welche würden Sie mit Blick auf M 32 eher akzeptieren, welche würden Sie ablehnen?
3. Diskutieren Sie anhand von M 35, ob sich mit dem Hinweis auf gesamtwirtschaftliche Vorteile der genannten Art eine solche Ausnahmegenehmigung rechtfertigen lässt.
4. Diskutieren Sie die Wirksamkeit des Kartellamtes unter dem Aspekt der Globalisierung der Märkte.

2. Betriebe und Unternehmen

2.1 Planspiel: Konflikt bei der Rheinglas AG

Im folgenden Planspiel können durch Nachspielen der Realität grundlegende Einsichten in betriebswirtschaftliche Problembereiche und Zusammenhänge gewonnen werden.

M 1 | Problembeschreibung

Bei den Mitarbeitern der Rheinglas AG herrscht Unruhe. Vor kurzem ist durchgesickert, dass der **Vorstand** des Unternehmens über tiefgreifende Veränderungen nachdenkt. Da ist von der Entlassung von 30 Arbeitern in der Abteilung Hohlglasfertigung (Trinkgläser, Flaschen) die Rede, wo aufgrund des ausländischen Konkurrenzdrucks vor allem aus Asien (geringe Löhne, weniger Umwelt- und Arbeitssicherheitsauflagen) die Auftrags- und Gewinnentwicklung schon seit vier Jahren rückläufig ist (M 3). Verschärfend wirkt sich auch noch der hohe Krankenstand der in der Hohlglasproduktion arbeitenden Beschäftigten aus. Die **Vertrauensleute der Hohlglasfertigung** führen dies allerdings auf die schlechten Arbeitsbedingungen zurück. Sie beklagen die unzureichende Isolation der Schmelzwanne und die mangelhafte Entlüftung der Produktionshalle, was die Temperaturen an den Arbeitsplätzen bis an die Grenze der Belastbarkeit ansteigen lässt. Außerdem verweisen sie auf die hohe Lärmbelastung durch die völlig veralteten Rotationsblas- und Pressblasmaschinen (es wurden schon über 100 Phon gemessen!). Ihre Beschwerden haben die Vertrauensleute bereits an den Betriebsrat weitergeleitet. Die Arbeiter sehen nicht ein, für die durch technische Versäumnisse verursachten Krankheitsausfälle bestraft zu werden, und fordern die Einstellung von Sicherheitsingenieuren zur Überprüfung und Verbesserung der Arbeitsbedingungen (M 4). Der **Betriebsrat** ist aber noch von anderer Seite unter Druck geraten. Schon seit längerer Zeit schwelt es bei den Mitarbeitern der Bildschirmfertigung. In dieser Abteilung werden im Pressverfahren Bildschirme für Personalcomputer hergestellt. Die Auftrags- und Gewinnentwicklung hat sich in den vergangenen Jahren zwar stetig verbessert (M 3). Mit zunehmender ausländischer Konkurrenz ist bei dieser Spezialglasfertigung, die mit hohem technischem Aufwand durchgeführt wird, allerdings in den nächsten Jahren zu rechnen. Zudem bereitet die zunehmende Bedeutung der Flachbildschirme, die ohne Glasbildschirme auskommen, Sorge. Die **Vertrauensleute der Bildschirmfertigung** beklagen, dass die Löhne trotz der wirtschaftlichen Erfolge der letzten Jahre immer noch unter dem in der Branche üblichen Niveau liegen (M 7). Aus ihrer Sicht erscheint es untragbar, dass noch keine Lohnangleichung erfolgt ist, zumal als Folge der günstigen Auftragslage der Druck am Produktionsband (und damit die Produktivität) erheblich erhöht wurde. Die Vertrauensleute verweisen auf die steigende Zahl der Erkrankungen, die durch erhöhten Stress, Hitze und Lärm verursacht wären (M 6). Der Vorstand des Unternehmens hat die Probleme in den Abteilungen längst erkannt. Es werden mehrere Optionen diskutiert:

- Verbesserte Schutzeinrichtungen vor Lärm und Hitze zur Senkung des Krankenstands von 8 % auf 6 % (Investitionsaufwand für beide Abteilungen: 2,5 Mio. €; erhoffter jährlicher Einspareffekt durch geringere Krankheitsausfälle: 0,3 Mio. €).
- Die Erweiterung der Bildschirmproduktion bei gleichzeitiger Modernisierung (v.a. durch den Einsatz von Robotern). Diese Verknüpfung hat den Vorteil, dass keine zusätzlichen teuren Arbeitskräfte eingestellt werden müssen (Investitionsaufwand: 12 Mio. €).
- Eine Modernisierung der Bildschirmproduktion ohne Kapazitätserweiterung zur Einsparung von 40 angelernten Arbeitskräften durch Roboter (Investitionsaufwand: 8 Mio. €; Kosten für Abfindungen/Sozialpläne: ca. 6 Mio. €; jährlicher Einspareffekt durch Senkung der Lohnstückkosten: 1 Mio. €).
- Einstieg in die Kochfelder-Produktion durch den Aufbau einer hochmodernen vollautomatischen Glaskeramik-Produktionsstraße (Investitionsaufwand: 30 Mio. €). Bedarf an Arbeitskräften: 10 Facharbeiter, 15 angelernte Arbeiter.
- Den Bau einer neuen, hochmodernen Schmelzwanne mit doppelter Kapazität für die erweiterte Bildschirmproduktion bzw. die neue Glaskeramik-Produktionsstraße (Investitionsaufwand: 10 Mio. €; jährlicher Einspareffekt durch geringeren Energieaufwand: 0,5 Mio. €).
- Im Falle einer neuen Schmelzwanne: Umstellung von der Ölbefeuerung auf elektrische Energiezufuhr durch das nahe gelegene Kohlekraftwerk. Bei dieser Maßnahme rechnet man mit höherer Qualität bei der Schmelze (Investitionsaufwand: 0,5 Mio. €; jährlicher Einspareffekt: momentan 30 000 €, in Zukunft abhängig von der Preisentwicklung bei den Energielieferanten – steigende Ölpreise beachten!).
- Abbau von 30–50 Arbeitsplätzen in der Hohlglasfertigung durch Einstellen der Flaschenproduktion (Kosten für Abfindungen/Sozialpläne: ca. 6 Mio. €; jährlicher Einspareffekt durch Verlustabbau: ca. 1,5 Mio. €).

- Verlagerung einzelner Produktionsbereiche nach Osteuropa (geringere Lohnkosten und Steuervorteile, aber hohe Anfangsinvestition) oder China (wesentlich geringere Lohnkosten, minimale Standards bei Arbeitssicherheit und Umweltauflagen, Marktnähe der Produktion).

Noch ist alles in der Diskussion, noch sind keine Entscheidungen gefallen. Für Spannung ist also in der nächsten Zeit gesorgt!

M 2 | Rollenkarten

Rollenkarte: Betriebsrat (s. auch S. 178, M 12)

Der Betriebsrat hat vor allem die Aufgabe, die Interessen der Arbeitnehmer gegenüber der Geschäftsleitung zu vertreten. Ihr stützt euch bei eurer Arbeit in erster Linie auf das Betriebsverfassungsgesetz (M 5) und die Rechtsvorschriften zum Arbeitsschutz (M 4). Im Einzelnen kommt es darauf an, die Einhaltung von Gesetzen, Tarifverträgen, Betriebsvereinbarungen zu überwachen; Regelungen der Arbeitszeit, der Pausen, der Lohnzahlung, der Arbeitsplatzgestaltung und des Arbeitsablaufs mitzubestimmen (soziale Mitbestimmung); Beschwerden von Arbeitnehmern beim Arbeitgeber vorzubringen und belegschaftsdienliche Maßnahmen zu beantragen; in besonderen Fällen bei Versetzung oder Kündigung Einspruch einzulegen (personelle Mitwirkung); ein Mitspracherecht wahrzunehmen bei größeren wirtschaftlichen Entscheidungen (wirtschaftliche Mitsprache).

Denkanstöße und Zusatzinformationen:

- Euch ist bekannt, dass viele Mitarbeiter die von der Geschäftsleitung gestellten Gehörschutzmittel (Ohrstöpsel) nicht tragen. Die Einstellung von Sicherheitsingenieuren zur Aufklärung und Kontrolle könnte schnelle Fortschritte bringen.
- In Betrieb geht das Gerücht um, es sollten 50 Arbeiter der Hohlglasfertigung entlassen werden. Sogar von einer Verlagerung der Produktion ins Ausland ist die Rede. Erkundigt euch beim Vorstand!
- Durch die mittelfristig zu erwartende Sättigung des Marktes wird die Konkurrenz zwischen den Bildschirmproduzenten schärfer werden. Die Rheinglas AG muss also darauf achten, dass sie in Qualität und Preis an der Spitze bleibt.
- Die Arbeitslosenquote ist in eurer Region konjunkturbedingt auf 12 Prozent angestiegen. Vor allem älteren Mitarbeitern droht nach ihrer Entlassung die Langzeitarbeitslosigkeit.
- Ihr wisst, dass nicht alle Optionen (Erweiterungen, Modernisierung und Schutzmaßnahmen) gleichzeitig zu verwirklichen sind.

Rollenkarte: Vorstand der Rheinglas AG (s. S. 179, M 14)

Ihr seid dafür verantwortlich, dass der Bestand des Unternehmens auch in Zukunft gesichert ist. Dazu muss die Gewinnentwicklung für die nächsten Jahre im Auge behalten werden. Die Sicherung des Unternehmensbestands bedeutet für euch auch langfristige Sicherung der Arbeitsplätze im harten internationalen Wettbewerb. Die Forderungen der Vertrauensleute haltet ihr zwar in der derzeitigen wirtschaftlichen Situation für überzogen, seid aber jederzeit zu Gesprächen bereit. Nur ein gutes Betriebsklima bringt Motivation und Erfolge.

Denkanstöße und Zusatzinformationen:

- Ihr könnt nicht alle Pläne auf einmal realisieren, da ihr lediglich über kurzfristig einsetzbare Rücklagen von 16 Mio. € verfügt.
- Jede weitere Investition müsste über einen Kredit bei der Stadtbank (Rolle übernimmt Lehrer/in) finanziert werden (Zinsen und Tilgungsraten der Bank beachten!).
- Durch die Sättigung des Bildschirmmarktes müsst ihr in den nächsten Jahren mit verstärkter Konkurrenz rechnen. Dann entscheiden Preis und Qualität! Ein Einstieg in den lukrativen, aber risikoreichen Glaskeramik-Bereich könnte auf Dauer den Rückgang im Bildschirmbereich kompensieren.
- Bei der letzten Aufsichtsratssitzung wurde Kritik an (wegen der geplanten Investitionen) zu niedrigen Gewinnerwartungen des Unternehmens in der nächsten Zeit laut. Der Aktienkurs befindet sich seit einigen Monaten im Abwärtstrend. Ein Abbau von Arbeitsplätzen kommt bei den Anliegern gut an und könnte eine Trendwende herbeiführen.
- Die vom Vorstand eingeführten Ohrstöpsel werden von vielen Mitarbeitern nicht getragen. Die Einstellung eines Sicherheitsingenieurs kostet 100 000 € pro Jahr. Dem Problem könnte aber auch durch zusätzliche kollegiale Kontrolle der Vertrauensleute und Betriebsräte begegnet werden.

Rollenkarte: Vertrauensleute der Hohlglasfertigung

Ihr seid selbst Arbeiter in der Hohlglasfertigung. Eure Kollegen haben euch gewählt, damit ihr die Interessen der Arbeitnehmer dieser Abteilung gegenüber dem Betriebsrat, eurem unmittelbaren Ansprechpartner, vertretet. Ihr erwartet vom Betriebsrat als der Arbeitnehmervertretung des Unternehmens, dass er eure Anliegen dann bei der Geschäftsleitung vorbringt. Ihr solltet aber berücksichtigen, dass der Betriebsrat auch den Arbeitern der Bildschirmproduktion verpflichtet ist, die teilweise andere Interessen haben.

Denkanstöße und Zusatzinformationen:

- Ihr wisst, dass viele Kollegen die vom Vorstand bereitgestellten Ohrstöpsel nicht tragen. Eine Kontrolle der Kollegen durch die Vertrauensleute lehnt ihr aber ab, da eine solche Zusatzaufgabe das Vertrauensverhältnis zu den Mitarbeitern belasten könnte.
- Ihr hofft, dass die in der Hohlglasproduktion abgebauten Arbeitsplätze in der erweiterten Bildschirmproduktion oder der hochmodernen Kochfelder-Glaskeramikproduktion neu geschaffen werden, sodass Entlassungen weitgehend vermieden werden können.
- Der Rückgang bei der Hohlglasproduktion liegt eurer Meinung nach auch an einer falschen Marktstrategie: Der Vorstand hätte längst auf Spezialgläser (z. B. Sektgläser, Kaffeekannen etc.) setzen müssen, anstatt weiter Billiggläser (Flaschen, Konservengläser) produzieren zu lassen.
- Unter den Mitarbeitern wird offen über Arbeitszeitverkürzung ohne Lohnausgleich und flexible Arbeitszeitkonten diskutiert, damit für die nächsten Jahre alle Arbeitsplätze in der Abteilung erhalten bleiben können. Die Schließung der Produktion durch Verlagerung ins kostengünstigere Ausland wäre das weit größere Übel.

Rollenkarte: Vertrauensleute der Bildschirmproduktion

Ihr seid selbst Arbeiter in der Bildschirmproduktion. Eure Kollegen haben euch gewählt, damit ihr die Interessen der Arbeitnehmer dieser Abteilung gegenüber dem Betriebsrat, eurem unmittelbaren Ansprechpartner, vertretet. Ihr erwartet vom Betriebsrat als der Arbeitnehmervertretung des Unternehmens, dass er eure Anliegen dann bei der Geschäftsleitung vorbringt. Ihr solltet aber berücksichtigen, dass der Betriebsrat auch den Arbeitern der Hohlglasproduktion verpflichtet ist, die teilweise andere Interessen haben.

Denkanstöße und Zusatzinformationen:

- Ihr habt bei der Rheinglas AG eine relativ starke Stellung, da die Bildschirmproduktion seit Jahren schwarze Zahlen schreibt.
- Der Konkurrenzdruck auf dem Bildschirmmarkt ist trotzdem größer geworden. Es muss also immer beste Qualität geliefert werden. Eine Verlagerung des Produktionszweiges ins kostengünstigere Ausland muss in jedem Fall verhindert werden.
- Bei der Erweiterung der Bildschirmproduktion seht ihr zwar die Chance, dass die Arbeitsplätze der Kollegen aus der Hohlglasproduktion durch Umschulungen gerettet werden könnten. Bei einem möglichen Rückgang der Nachfrage im Bildschirmbereich könnten aber eure eigenen Arbeitsplätze gefährdet sein.
- Die Löhne der angelernten Mitarbeiter liegen 1 €/Stunde niedriger als bei benachbarten Betrieben, Bei Facharbeitern beträgt die Differenz sogar 2,3 €/Stunde. Außerdem seht ihr nicht ein, dass in der Hohlglasproduktion immer noch mehr verdient wird als in der Bildschirmproduktion.
- Ihr wisst, dass viele Kollegen die vom Vorstand bereitgestellten Ohrstöpsel nicht tragen. Eine Kontrolle der Kollegen durch die Vertrauensleute lehnt ihr aber ab, da eine solche Zusatzaufgabe das Vertrauensverhältnis zu den Mitarbeitern belasten könnte.

M 3 | Die wirtschaftliche Situation der Rheinglas AG

	Hohlglasproduktion				Bildschirmproduktion			
	Vor 4 Jahren	Vor 3 Jahren	Vor 2 Jahren	Vor 1 Jahr	Vor 4 Jahren	Vor 3 Jahren	Vor 2 Jahren	Vor 1 Jahr
Umsatz (Verkauf) in Mio. €	30	29	26	26	25	27	30	31
Gewinn in Mio. €	0,7	0,6	0,3	0,2	0,9	1,1	1,3	1,4
Energiekosten in Mio. €	3,0	2,4	2,3	2,4	3,5	3,9	4,4	4,5
Zahl der Mitarbeiter	230	210	200	200	180	180	180	180

M 4 | Rechtsvorschriften

a) Aus der Gewerbeordnung:

§ 120a: (1) Die Gewerbeunternehmer sind verpflichtet, die Arbeitsräume, Betriebsvorrichtungen, Maschinen und Gerätschaften so einzurichten und zu unterhalten und den Betrieb so zu regeln, dass die Arbeiter gegen Gefahren für Leben und Gesundheit so weit wie möglich geschützt sind, wie es die Natur des Betriebes gestattet.

§ 147: (1) Ordnungswidrig handelt, wer vorsätzlich oder fahrlässig einer vollziehbaren Anordnung [...] zuwiderhandelt [...].

(4) Die Ordnungswidrigkeit kann mit einer Geldbuße bis zu fünftausend Euro [...] geahndet werden.

b) Aus der Arbeitsstättenverordnung:

§ 15 Schutz gegen Lärm: (1) In Arbeitsräumen ist der Schallpegel so niedrig zu halten, wie es nach der Art des Betriebes möglich ist. Der Beurteilungspegel am Arbeitsplatz darf auch unter der Berücksichtigung der von außen einwirkenden Geräusche höchstens betragen:

1. bei überwiegend geistigen Tätigkeiten 55 dB (A) (= Phon),
2. bei einfachen oder überwiegend mechanisierten Bürotätigkeiten und vergleichbaren Tätigkeiten 70 dB (A),
3. bei allen sonstigen Tätigkeiten 85 dB (A); soweit dieser Beurteilungspegel nach der betrieblich möglichen Lärmminderung zumutbarerweise nicht einzuhalten ist, darf er bis zu 5 dB (A) überschritten werden.

c) Aus dem Arbeitssicherheitsgesetz:

§ 1 Grundsatz: Der Arbeitgeber hat nach Maßgabe dieses Gesetzes Betriebsärzte und Fachkräfte für Arbeitssicherheit zu bestellen. Diese sollen ihn beim Arbeitsschutz und bei der Unfallverhütung unterstützen [...].

§ 20 Ordnungswidrigkeiten: (2) Eine Ordnungswidrigkeit im Sinne dieses Gesetzes kann mit einer Geldbuße bis zu 25 000 Euro [...] geahndet werden.

M 5 | Auszüge aus dem Betriebsverfassungsgesetz (zum Betriebsrat)

§ 2: (1) Arbeitgeber und Betriebsrat arbeiten unter Beachtung der geltenden Tarifverträge vertrauensvoll [...] zum Wohl der Arbeitnehmer und des Betriebs zusammen.

§ 87 Mitbestimmungsrechte: (1) Der Betriebsrat hat [...] in folgenden Angelegenheiten mitzubestimmen: [...] 7. Regelungen über die Verhütung von Arbeitsunfällen und Berufskrankheiten sowie über den Gesundheitsschutz im Rahmen der gesetzlichen Vorschriften oder der Unfallverhütungsvorschriften; [...] 11. Festsetzung der Akkord- und Prämiensätze und vergleichbarer leistungsbezogener Entgelte [...].

§ 89 Arbeitsschutz: (1) Der Betriebsrat hat bei der Bekämpfung von Unfall- und Gesundheitsgefahren die für den Arbeitsschutz zuständigen Behörden [...] durch Anregung, Beratung und Auskunft zu unterstützen sowie sich für die Durchführung der Vorschriften über den Arbeitsschutz und die Unfallverhütung im Betrieb einzusetzen [...].

§ 102 Kündigungen: (1) Der Betriebsrat ist vor jeder Kündigung zu hören. Der Arbeitgeber hat ihm die Gründe für die Kündigung mitzuteilen. Eine ohne Anhörung des Betriebsrates ausgesprochene Kündigung ist unwirksam [...].

(3) Der Betriebsrat kann [...] der ordentlichen Kündigung widersprechen, wenn 1. der Arbeitgeber bei der Auswahl des zu kündigenden Arbeitnehmers soziale Gesichtspunkte nicht oder nicht ausreichend berücksichtigt hat, [...] 3. der zu kündigende Arbeitnehmer an einem anderen Arbeitsplatz im selben Betrieb oder in einem anderen Betrieb des Unternehmens weiterbeschäftigt werden kann, 4. die Weiterbeschäftigung des Arbeitnehmers nach zumutbaren Umschulungs- oder Fortbildungsmaßnahmen möglich ist [...].

M 6 |

Das Schaubild rechts zeigt, dass Lärmschwerhörigkeit sowie Haut- und Atemwegserkrankungen zu den häufigsten Berufskrankheiten zählen. Auch bei der Rheinglas AG ist das feststellbar: Die Belastungen durch Lärm sind überdurchschnittlich hoch. Daneben lassen Hitze und unzureichende Belüftung die Häufigkeit von Atemwegserkrankungen und Hautallergien in der Produktion ansteigen. Mit einem Krankenstand von 8 % liegt die Rheinglas AG um ca. 2 % über vergleichbaren Unternehmen. Besserer Arbeitsschutz würde sich lohnen: Die Senkung des Krankenstands um 1 % erspart jährlich ca. 130 000 €! Ein neu eingestellter Sicherheitsingenieur kostet dagegen „nur" 100 000 €.

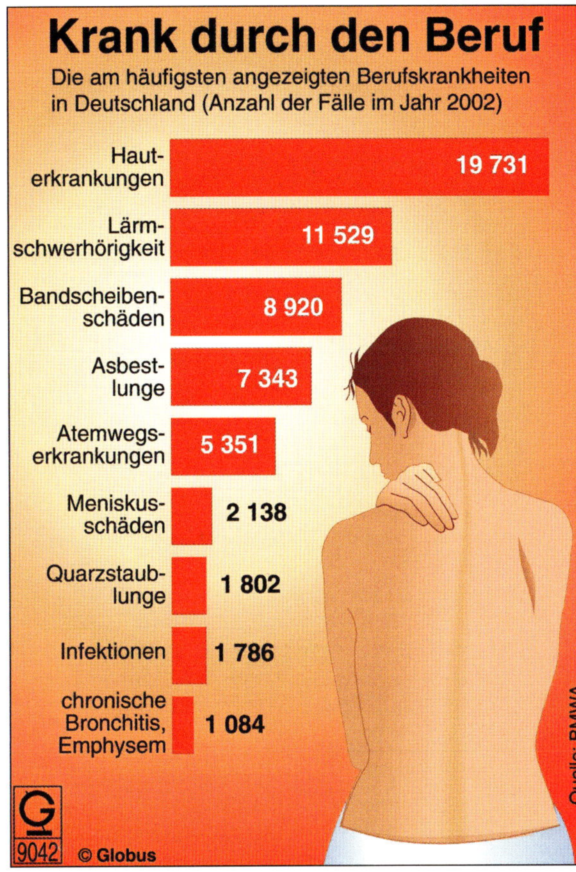

M 7 | Löhne im Vergleich

In der Glasindustrie (Keramik/Feinkeramik) wird vergleichsweise wenig verdient. Bei der Rheinglas AG liegen die Löhne in der Produktion dazu sogar noch niedriger als im Durchschnitt. Das Unternehmen hält sich hart an die tariflichen Mindestlöhne, denn es liegt in einer strukturschwachen Region mit über 12 % Arbeitslosigkeit. Die Arbeiter in der Produktion würden auf dem regionalen Arbeitsmarkt kaum eine besser bezahlte Arbeit finden, zumal es sich bei den meisten Mitarbeitern nicht um hoch qualifizierte Facharbeiter, sondern um angelernte Arbeiter handelt. Der Vorstand hat bei bisherigen Verhandlungen mit dem Betriebsrat immer wieder darauf hingewiesen, dass auch die Lebenshaltungskosten in der Region niedriger als in den Ballungsgebieten sind. Innerhalb der Rheinglas AG gibt es aber noch erhebliche Unterschiede:

	Hohlglasproduktion Rheinglas AG		**Bildschirmproduktion Rheinglas AG**		**Durchschnittlicher Bruttostundenverdienst in der Glas- und Keramikindustrie**	
Qualifikation (Zahl)	Facharbeiter (25)	Angelernte (175)	Facharbeiter (20)	Angelernte (160)	Facharbeiter	Angelernte
Bruttostundenverdienst in €	22,30	8,30	21,60	7,45	23,90	8,45
Akkordzuschlag möglich (in Prozent)	Entfällt	10 – 15	Entfällt	15 – 20	Keine Angaben	Keine Angaben

Zusatzinformation: Der durchschnittliche Bruttostundenverdienst der männlichen Arbeiter im produzierenden Gewerbe betrug im Jahr 2000 nach Angaben des Statistischen Bundesamtes 14,46 €.

M 8a | Rationalisierungsmöglichkeiten

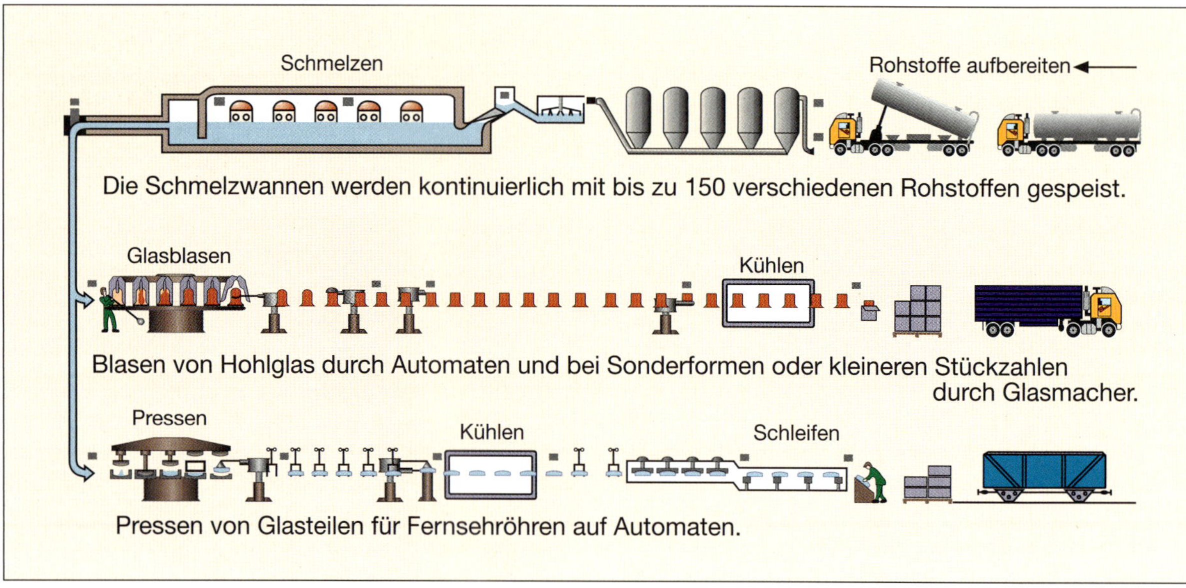

Das Schaubild zeigt Produktionsanlagen für Hohlglas- und Bildschirmfertigung. Bei **Flaschenproduktion** wird flüssiges Glas aus der Schmelzwanne entnommen, zunächst in eine Metallform gepresst, dann maschinell ausgeblasen und schließlich langsam abgekühlt (Pressblasverfahren).

Bei der **Gläserproduktion** wird dagegen der flüssige Glasklumpen in eine rotierende Form gegeben und dabei ausgeblasen (Rotationsblasverfahren).

Sehr viel aufwendiger ist die **Bildschirmproduktion**. Ein großer Glasklumpen wird mit hohem Druck in eine Form gepresst und dann in einer langen „Kühlstraße" (wegen erhöhter Qualitätsanforderungen) vorsichtig abgekühlt. Am Ende werden die Bildschirme geschliffen, kontrolliert und verpackt. Bei der Rheinglas AG werden die glühend heißen Bildschirme noch manuell von der Presse auf das Kühlband gelegt. Diese wegen extremer Hitze sehr harte Arbeit könnte, wie das Schaubild zeigt, auch durch einen Roboter ausgeführt werden. Roboter sind langfristig billiger und arbeiten zuverlässig und ohne Ausfälle.

(Grafik nach: Schott Glas, Mainz)

M 8b |

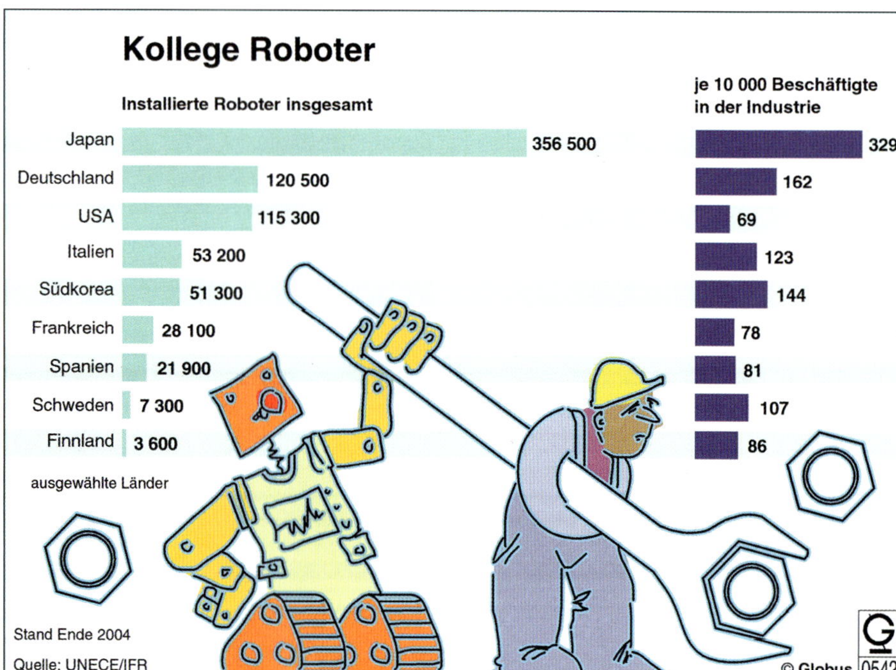

M 9 | Arbeits- und Umweltstandards in China

a) Organisationen, die sich außerhalb des chinesischen Festlands mit der Situation von Arbeitern in China befassen, berichten von deren schweren und weitverbreiteten Problemen. Internationale Standards und auch das chinesische Arbeitsrecht werden missachtet. Erschreckende Arbeitsbedingungen, die eine Gefahr für Gesundheit und Sicherheit darstellen, führen häufig zu schweren Verletzungen und Todesfällen. Arbeiterinnen und Arbeiter werden dazu gezwungen, Überstunden zu leisten – und das oft, ohne dafür bezahlt zu werden. Arbeiter haben unter Umständen nicht die Freiheit, das Betriebsgelände zu verlassen. Dies gilt manchmal auch nach Ende der Arbeit. Zum Teil wird ihnen das Sprechen verboten, und zwar sogar während des Essens. Zu häufige Besuche auf der Toilette können geahndet werden. Verstöße gegen diese Regeln werden mit Entlassung, Geldbußen oder sogar körperlicher Misshandlung geahndet. Wie auch andernorts sind Wanderarbeiter besonders ungeschützt gegen solche Fälle von Missbrauch.

(Autorentext, nach Berichten von Amnesty International)

b) China boomt, und auch für Anleger bieten Firmen, die im chinesischen Markt aktiv sind, eine attraktive Perspektive. Doch angesichts zahlreicher ökologischer, sozialer und ethischer Risiken scheint die Auswahl an nachhaltigen Investments gering. [...] Den rosigen Wirtschaftsaussichten stehen große Probleme gegenüber. So sorgt beispielsweise der enorme Anstieg des Energieverbrauchs für Stromknappheit, er belastet die globalen Energiemärkte und die Umwelt: China ist der zweitgrößte Emittent des klimaschädlichen Kohlendioxids. Großprojekte wie der umstrittene Drei-Schluchten-Staudamm führen zur Zerstörung riesiger Naturgebiete und Zwangsumsiedlung von Millionen Menschen. Niedrige Löhne, oft unter dem gesetzlichen Mindestlohn, und schlechte Arbeitsbedingungen sind die Kehrseite attraktiver Lohnkosten. Zudem gibt es viele Arbeitsunfälle. Für internationale Unternehmen verursacht dies betriebliche Risiken wie niedrige Produktqualität und Produktivität. Zudem erwarten Verbraucher und Öffentlichkeit zunehmend, dass sie ihre gesellschaftliche Verantwortung wahrnehmen. Schlechte Arbeitsbedingungen und geringe Umweltstandards in eigenen Fabriken in China oder bei Zulieferern führen zu Reputationsrisiken und zur Gefahr von Haftungsklagen. [...]

(Susanne Bergius, in: HANDELSBLATT, 13.04.2005)

M 10 | Lukratives Geschäft mit Glaskeramik-Kochfeldern

Die Herstellung von Glaskeramik-Kochfeldern in modernen High-Tech-Produktionsstraßen mit geringem Arbeitskräftebedarf ist zukunftssicher und äußerst lukrativ. Weltweit wollen die Hersteller von Haushaltsgeräten beliefert werden. Der Markt ist angesichts des Wirtschaftsbooms in den menschenreichen Ländern Asiens und Südamerikas noch lange nicht gesättigt. Auch in Nordamerika und Europa eröffnen Innovationen im Kochfeld-Bereich langfristige Absatzchancen. Für Neueinsteiger bietet das Geschäft jedoch erhebliche Risiken. Der globale Markt wird von wenigen weltweit präsenten Unternehmen mit enormem technischen Know-how beherrscht. Sie schreiben seit Jahren schwarze Zahlen und werden neuen Wettbewerbern den Zugang zu den Geräteherstellern nicht leicht machen.

Mit Planspielen Politik erleben

Im Planspiel spielen Schüler politische Entscheidungsprozesse möglichst realitätsnah nach. Bei dieser handlungsorientierten Methode werden neben fachlichen Lernzielen auch grundlegende kommunikative Fertigkeiten und Arbeitsmethoden eingeübt. Planspiele (er)fordern Kooperation der Schüler untereinander. Sie erweitern Methodenkompetenzen und ermöglichen selbstbestimmtes Lernen. Der folgende „Fahrplan" bietet einen Überblick über den Ablauf eines Planspiels. Er kann aber auch als Anleitung zur erfolgreichen Durchführung benutzt werden.

1. Fahrplan für Planspiele

	SCHÜLERAKTIVITÄTEN	LEHRER/IN
1. Stunde Hausaufgabe	**Einführungsphase:** Durchlesen der Situationsbeschreibung, durcharbeiten der Rollenkarten/Materialien.	– teilt ... Material aus ... Spielgruppen ein ... vorhandene Räume zu – klärt Verständnisfragen
2. Stunde	**Strategiebildungsphase** Schüler erörtern gruppenintern (noch kein Kontakt zu anderen Gruppen) ihre Situation, u. a. folgende Fragen: – Was sind unsere Interessen/Ziele? – Wie wollen/können wir sie durchsetzen? – Mit wem wollen wir verhandeln? – Welche Argumente wollen wir vorbringen? – In welcher Situation befinden sich die anderen Gruppen? – Was werden sie voraussichtlich tun?	– beobachtet
3./4. Stunde	**Verhandlungsphase:** Die Gruppen treten miteinander in Kontakt. Sie – verhandeln – verbünden sich – schreiben Briefe/Eingaben – sammeln Unterschriften – verfassen Proteste – erstellen Plakate/eine Wandzeitung – schließen Verträge – geben Interviews – bereiten Reden vor für die ...	– übernimmt Nebenrolle – gibt Ereigniskarten ein
5. Stunde	**Entscheidungsphase:** In einer abschließenden Konferenz (z. B. Betriebsversammlung, Bürgerversammlung, Parlamentssitzung) stellen die Gruppen ihre Positionen vor und diskutieren die getroffenen Entscheidungen.	– moderiert
6. Stunde	**Reflexionsphase:** – spontane Stellungnahme – Erörterung der Realitätsnähe – Beurteilung der getroffenen Entscheidung(en) – Bewertung der Methode („Was wurde gelernt?") – Weiteres Vorgehen?	– moderiert

2. Hinweise für Lehrer(in)/Spielleiter(in)

- Planspiele eignen sich vor allem als motivierender Einstieg in eine Unterrichtreihe. In späteren Unterrichtsphasen kann immer wieder rekonkretisierend auf das im Planspiel Erlebte zurückgegriffen werden. Planspiele sind grundsätzlich ergebnisoffen. Ein Scheitern der Verhandlungen kann für das politische Lernen ebenso genutzt werden wie ein „unrealistisches“ Ergebnis.
- Als Makromethode fordern Planspiele die Schüler in vielfältiger Weise: auf kognitiver, methodischer, sozialkommunikativer und affektiver Ebene (vgl. „Erweiterter Lernbegriff“, S. 176). Vor allem in der **Strategiebildungs-** und **Verhandlungsphase** arbeiten sie eigenverantwortlich. Die Spielleitung sollte sich hier möglichst nicht einmischen.
- In der **Einführungsphase** teilt die Spielleitung die Rollen und Arbeitsräume ein. Während der Strategiebildungsphase, die möglichst schon in unterschiedlichen Räumen stattfinden sollte, schlüpft sie in die Rolle des distanzierten Beobachters. Über die Arbeit der Gruppen in dieser Phase kann sie sich ein Ergebnisprotokoll anfertigen lassen.
- Achten Sie darauf, dass die **Verhandlungsphase** in einer Doppelstunde (am Stück) durchgeführt wird. Mischen Sie sich in das Spielgeschehen nur ein, wenn Sie in Ihrer Nebenrolle (z. B. als Stadtbank bei der Kreditvergabe an die Rheinglas AG) angesprochen werden. Sie können aber über „Ereigniskarten“ das Spiel steuern oder, falls zu schnell ein Ergebnis ausgehandelt wird, zusätzliche Schwierigkeiten einführen.

Beispiele für Ereigniskarten

E 1: Ein Computerunternehmen, das bisher einen beträchtlichen Teil der Bildschirmproduktion abgenommen hat, ist in Konkurs gegangen. Die Rheinglas AG muss mit einem Verkaufsrückgang von von rund 7 % rechnen, wenn nicht kurzfristig ein neuer Abnehmer gefunden wird.

(an Vorstand und Betriebsrat)

E 2: Die Berufsgenossenschaft fordert die sofortige Einstellung von mindestens zwei Sicherheitsingenieuren. Sie hat kürzlich gegen ein in eurem Bundesland ansässiges Unternehmen ein Bußgeld von 20 000 € verhängt, weil trotz mehrfacher Anmahnung die vorgeschriebenen Sicherheitsingenieure nicht eingestellt wurden. Das zuständige Gericht hat das Bußgeld bestätigt.

(über die Bildschirmproduktion an den Betriebsrat, an den Vorstand)

E 3: Die neue Jahresbilanz liegt vor. Die Gewinnentwicklung bei der Hohlglasproduktion konnte dabei erfreulicherweise von 0,2 Mio. € auf 0,4 Mio. € korrigiert werden. Grund: Zwei große Sonderaufträge bei den Trinkgläsern gehobener Qualität.

(an den Vorstand, über den Betriebsrat an die Hohlglasfertigung)

- In der **Entscheidungsphase** kommt die Lerngruppe wieder im Plenum zusammen. Die Spielleitung moderiert die Sitzung (z. B. die Betriebsversammlung der Rheinglas AG), in der Vertreter aller Gruppen Rederecht erhalten. Die Zuhörer können Zwischenfragen stellen.
- Die **Reflexionsphase** im Anschluss an das Planspiel beginnt mit spontanen Stellungnahmen aus der Lerngruppe. Die Spielleitung dokumentiert und strukturiert die Beiträge (an der Tafel) und leitet die Diskussion. Die Schüler sollten spätestens am Ende der Stunde mit Blick auf den „Erweiterten Lernbegriff“ reflektieren, was und wie sie gelernt haben.

Erweiterter Lernbegriff

Inhaltlich-fachliches Lernen	Methodisch-strategisches Lernen	Sozial-kommunikatives Lernen	Affektives Lernen
• Wissen (Fakten, Regeln, Begriffe, Definitionen ...) • Verstehen (Phänomene, Argumente, Erklärungen ...) • Erkennen (Zusammenhänge ...) • Urteilen (Thesen, Themen, Maßnahmen ... beurteilen) etc.	• Exzerpieren • Nachschlagen • Strukturieren • Organisieren • Planen • Entscheiden • Ordnung halten • Visualisieren etc.	• Zuhören • Begründen • Argumentieren • Fragen • Diskutieren • Kooperieren • Integrieren • Gespräche leiten • Präsentieren etc.	• Selbstvertrauen entwickeln • Spaß an einer Methode haben • Identifikation und Engagement entwickeln • Werthaltungen aufbauen etc.

(nach: Heinz Klippert, a.a.O., S. 36)

3. Literatur

Weitere interessante und erprobte Planspiele finden Sie bei:

- Heinz Klippert, Planspiele. Spielvorlagen zum sozialen, politischen und methodischen Lernen in Gruppen, Weinheim und Basel, 4. Auflage 2004

und in den

- Handreichungen zum Lehrplanentwurf Gemeinschaftskunde (PZ-Informationen 5/96 und 6/96).

2.2 Mitbestimmung im Betrieb und Unternehmen: Sind Arbeitnehmerinteressen hinreichend berücksichtigt?

Bei der Wahrnehmung von Arbeitnehmerinteressen gegenüber den Arbeitgebern lassen sich zwei „Schienen" unterscheiden. Die erste „Schiene" ist die überbetriebliche Organisation der Arbeitnehmer in Gewerkschaften im Rahmen der Tarifhoheit (→ III/3., S. 181). Die Mitbestimmung findet als zweite „Schiene" innerhalb der einzelnen Betriebe und Unternehmen statt. Dabei ist zu unterscheiden zwischen der **Mitbestimmung im Betrieb**, die sich im Wesentlichen auf Produktionsabläufe und Arbeitsbedingungen beschränkt, und der **Mitbestimmung im Unternehmen**, wo Arbeitnehmer auch an wirtschaftlichen Entscheidungen mitwirken können.

➤ Mitbestimmung im Betrieb

M 11 | Büro-Ordnung 1853

☛ **Bureau-Ordnung**

Zur Beachtung des Personals

Gottesfurcht, Sauberkeit und Pünktlichkeit sind die Voraussetzung für ein gutes Geschäft. Morgens wird im Hauptbüro das Gebet gesprochen. Das gesamte Personal muss dazu anwesend sein. Die Kleidung muss einfach sein. Das Personal wird sich nicht in hellen Farben bewegen und Strümpfe nur tragen, wenn sie in Ordnung sind. Mäntel und Überschuhe dürfen im Büro nicht getragen werden, ausgenommen Hüte, aber nur bei kaltem Wetter.

Dem Personal steht der Ofen zur Verfügung. Es wird empfohlen, dass jedes Mitglied des Personals täglich bei Kälte 4 Pfund Kohle mitbringt.

Kein Mitglied des Personals darf den Raum ohne Erlaubnis verlassen. Man darf austreten und das Personal darf dafür den Garten unterhalb der zweiten Tür benutzen. Er muss aber in gutem Stand gehalten werden.

Während der Bürostunden darf nicht gesprochen werden.

Die Sucht nach Tabak, Wein oder Alkohol ist eine menschliche Schwäche und dem gesamten Personal verboten.

Das Personal bringt seine eigenen Schreibfedern mit. Ein neuer Anspitzer steht auf Antrag zur Benützung zur Verfügung. Es wird ein Senior bestimmt, der für die Sauberkeit des Haupt-büros und des Privatbüros verantwortlich ist. Alle Jungens und Junioren melden sich bei ihm 40 Minuten vor dem Gebet und bleiben nach Arbeitsschluss zur Verfügung.

Unsere Firma hat die Arbeitsstunden verkürzt. Das Personal braucht jetzt nur noch an den Wochentagen zwischen 7 Uhr vormittags und 7 Uhr nachmittags anwesend zu sein. Der Sonntag dient dem Kirchendienst. Sollte es jedoch erforderlich sein, wird auch am Sonntag gearbeitet.

Nachdem nun die Arbeitsstunden so drastisch vermindert wurden, ist die Einnahme von Nahrung zwischen 11.30 Uhr und Mittag erlaubt. Die Arbeit darf dafür nicht eingestellt werden. Die Eigentümer betonen hiermit noch einmal die Großzügigkeit der neuen Arbeitsgesetze. Sie erwarten aber eine wesentliche Steigerung der Arbeitsleistung zum Ausgleich für diese fast utopischen Bedingungen.

(zit. nach: Wochenschau 1, Januar/Februar 1992)

Betriebsverfassungsgesetz

Die Mitbestimmung im Betrieb ist in Deutschland erst seit der Weimarer Republik gesetzlich festgelegt. Vorher bestimmte der Unternehmer allein die Organisation betrieblicher Abläufe und die Arbeitsbedingungen. Noch heute gibt es viele Länder ohne gesetzliche Regelung der Arbeitszeiten und Arbeitsbedingungen.

In der Bundesrepublik ist die innerbetriebliche Mitbestimmung im Betriebsverfassungsgesetz von 1952 (Neufassungen 1972 und 2001) festgelegt. Für Klein- und Mittelbetriebe, die als Kapitalgesellschaften geführt werden, regelt es zugleich die unternehmerische Mitbestimmung.

M 12

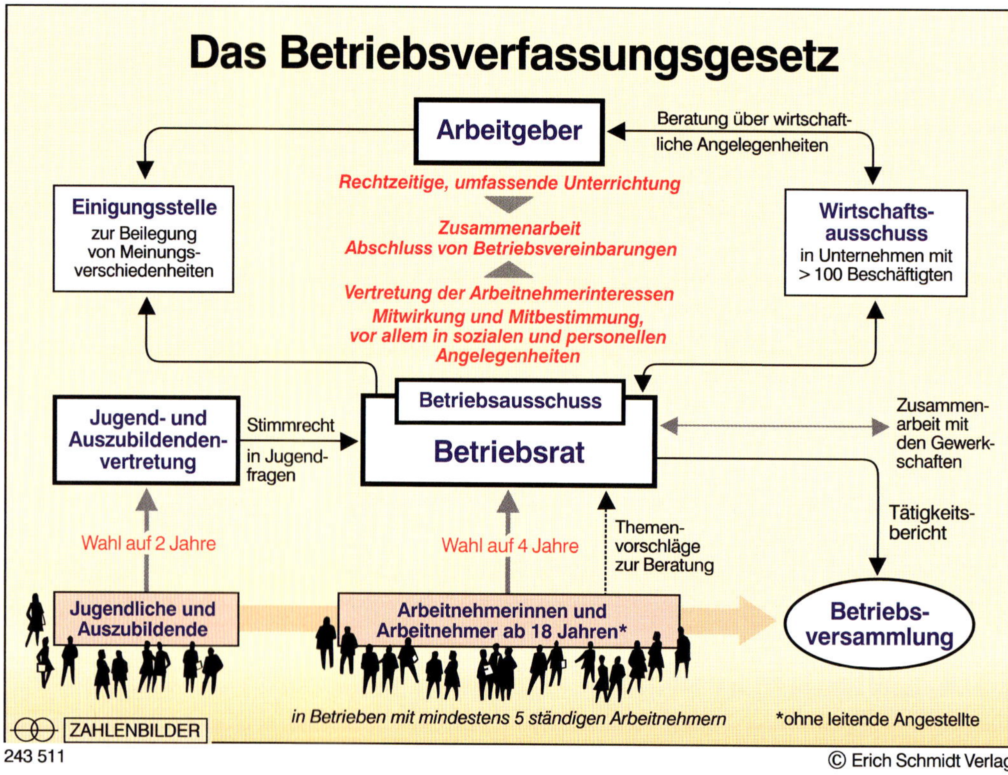

Die heftig umstrittene Reform des Betriebsverfassungsgesetzes vom Frühjahr 2001 hatte zum Ziel, die betriebliche Mitbestimmung den veränderten Bedingungen der Arbeitswelt (Stichworte: *Outsourcing, Globalisierung*) anzupassen. Dazu wurden u.a. die Aufgaben des Betriebsrates (z.B. im Hinblick auf Qualifikation, Beschäftigungssicherung, betrieblichen Umweltschutz und Integration ausländischer Arbeitnehmer) erweitert und die Zahl der (in größeren Betrieben freigestellten) Betriebsräte erhöht. Im Zuge der Gleichberechtigung müssen Frauen und Männer seitdem entsprechend ihrem Anteil an der Belegschaft im Betriebsrat vertreten sein.

Aufgaben

1. Vergleichen Sie die Bureau-Ordnung von 1853 mit den gesetzlichen Bestimmungen im Planspiel (M 4 und M 5).
2. Begründen Sie die Notwendigkeit von gesetzlichen Regelungen in Betrieben. Argumentieren Sie auch mit Art. 1–5 und Art. 14 GG.
3. Analysieren Sie die Rechte des Betriebsrates (Rollenkarte Betriebsrat, s. S. 168). Was bedeutet die Unterscheidung zwischen Mitbestimmung, Mitwirkung und Mitsprache?
4. Ist der Betriebsrat „Gegenspieler“ oder „Partner“ der Geschäftsleitung? Erörtern Sie, ausgehend von Ihren Erfahrungen im Planspiel, Handlungsspielräume und Rolle des Betriebsrats.

Mitbestimmung im Unternehmen

M 13

In modernen Volkswirtschaften ist zu beobachten, dass die Eigentümer- und die Unternehmerfunktion in mittleren und großen Unternehmen immer mehr auseinandertreten. Zwar gibt es im kleineren und mittleren Gewerbe vielfach noch den Eigentümer-Unternehmer, das heißt der Kapitalbesitzer führt zugleich das Unternehmen. Aber immer mehr Mittel- und Großunternehmen werden heute von angestellten Unternehmern (Managern) geführt, während die Eigentumsrechte bei mehreren oder gar bei vielen Anteilseignern liegen (Gesellschafter, Aktionäre). In diesem „Dreiecksverhältnis“ wird deutlich, dass das **Unternehmerinteresse**, sich am Markt zu behaupten und Fortschritte zu machen, keineswegs identisch ist mit dem **Eigentümerinteresse**, möglichst viel Gewinn aus dem Unternehmen zu ziehen (Stichwort: *shareholder value*), ebenso wenig mit dem **Arbeitnehmerinteresse**, Arbeitsplätze zu sichern und einen möglichst hohen Lohn zu erhalten.

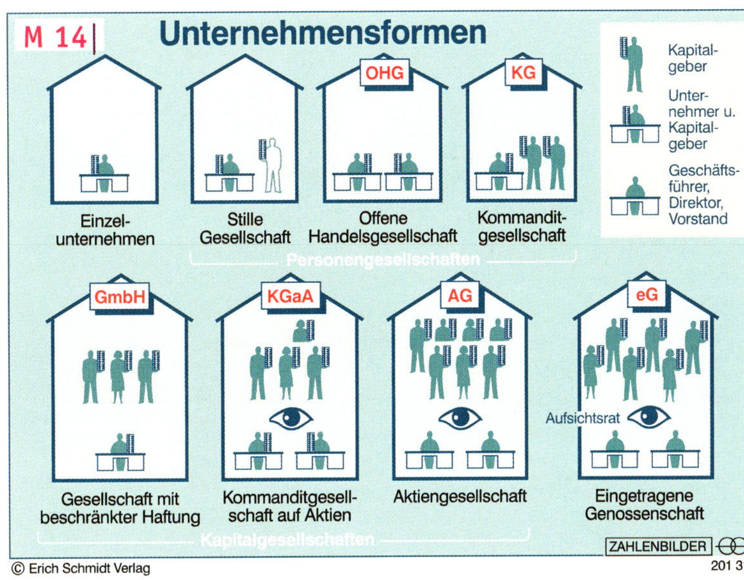

Paritätische Mitbestimmung

Die Wahrnehmung von Arbeitnehmerinteressen im Unternehmen erfolgt über die Mitbestimmung bei unternehmerischen Entscheidungen im **Aufsichtsrat**. Dieses aus Anteilseignern und Arbeitnehmern zusammengesetzte leitende Organ hat die Aufgabe, den Vorstand (Unternehmensleitung) einzusetzen, die unternehmerischen Entscheidungen des Vorstandes zu kontrollieren und allgemeine Richtlinien für das Unternehmen vorzugeben. Die Regelungen über die Besetzung des Aufsichtsrats sind aus geschichtlichen Gründen unterschiedlich. Man muss zwischen drei Formen unterscheiden, wie das Schaubild (M 15) verdeutlicht.

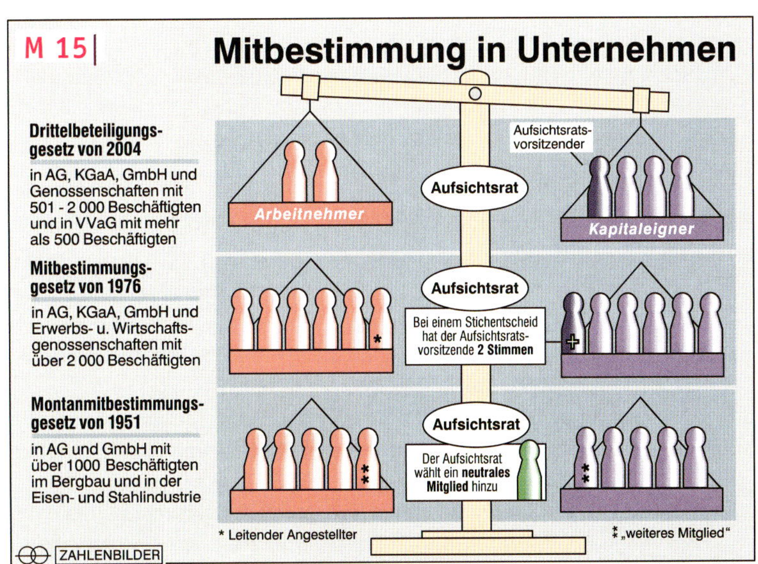

Seit der Gründung der Montanunion im Jahre 1951 gibt es für die Unternehmen des Bergbaus und der Eisen und Stahl erzeugenden Industrie in der BRD eine Regelung, nach der die Anteilseigner und die Arbeitnehmer in den Aufsichtsräten in gleicher Anzahl vertreten sind. Ein sog. neutrales Aufsichtsratsmitglied soll eine Patt-Situation verhindern und die Beschlussfähigkeit des Aufsichtsrats gewährleisten. Eine Urwahl der Arbeitnehmervertreter durch die Belegschaft ist nicht vorgesehen, nur ein eingeschränktes Vorschlagsrecht des Betriebsrats. Ein Arbeitsdirektor ver-tritt die Belange der Arbeitnehmer im Vorstand des Unternehmens. Nach 25 Jahren harter Auseinandersetzungen trat 1976 ein **Mitbestimmungsgesetz** in Kraft, das für alle Unternehmen mit mehr als 2000 Beschäftigten gilt. Die Regelungen sind bis heute zwischen beiden Seiten umstritten.

Die ***Gewerkschaften*** gehen dabei davon aus, dass keine volle paritätische Mitbestimmung festgelegt wurde. Sie sehen in der Parität erst die Voraussetzung für:

- ein neues *Verhältnis zwischen Kapital und Arbeit*: Interessendivergenzen könnten nicht mehr einseitig im Sinne der Kapitaleigner gelöst werden;
- eine *Humanisierung* der Arbeitswelt: die Objektstellung des Arbeitnehmers müsse zur Subjektstellung gewandelt werden;
- *Demokratisierung:* sie dürfe nicht vor den Fabriktoren Halt machen;
- *Machtkontrolle:* Machtkonzentration und überdurchschnittliche Profitraten der Großkonzerne müssten verhindert werden;
- eine neue *Legitimation* der Unternehmensleitungen: nicht mehr vorrangig durch die Kapitaleigentümer, sondern in gleichem Maße durch die Belegschaft.

Die ***Gegner der Parität*** nennen folgende Argumente:

- Mitbestimmung verstoße gegen das *Grundrecht auf Eigentum*;
- eine *falsch verstandene „Demokratisierung* der Wirtschaft" hebe die grundlegenden Prinzipien der Sozialen Marktwirtschaft auf;
- Mitbestimmung *schade der Wirtschaft*: sie lähme unternehmerische Entscheidung und mache das Unternehmen anpassungsunfähig;
- sie hebe das *Gleichgewicht zwischen den Tarifparteien* auf, die Tarifautonomie verliere ihre Grundlage;
- die Mitbestimmung *bringe der Belegschaft keine Vorteile*, der Schutz des Arbeitnehmers sei durch die soziale Gesetzgebung und die Sozialpartnerschaft gewährleistet – sie mache hingegen die *Gewerkschaften zur stärksten Macht im Staat*, die sie zentral gesteuert und ohne öffentliche Kontrolle einsetzen könnten.

Das BVerfG hat am 1. März 1979 die Beschwerde der Arbeitgeber zurückgewiesen, das Mitbestimmungsgesetz verstoße gegen die Eigentumsgarantie des GG und gegen das Prinzip der Gegnerfreiheit im Tarifkonflikt. Das Gericht ist dabei davon ausgegangen, dass das Gesetz keine volle paritätische Mitbestimmung der Arbeitnehmervertreter begründe. Es hat sich ferner an der Prognose des Gesetzgebers orientiert, das Gesetz werde die Kooperation beider Seiten in den Unternehmen fördern.

Hans Schueler kommentierte in der „Zeit" vom 9. 3. 1979:
„1. Das Grundgesetz enthält keine Wirtschaftsverfassung. Es ist deshalb weder auf die Marktwirtschaft noch auf ihr Gegenstück [...] festgelegt. Es überlässt die Ordnung des Wirtschaftslebens der Mehrheitsentscheidung des Wählers [...].
2. Der Satz der Verfassung, wonach ‚Eigentum verpflichtet', gilt umso mehr, je weniger Nutzung und Verfügung darüber allein in der Sphäre des Eigentümers verbleiben. [...] Mit seinem Auto und seinem Kühlschrank und seinem Sparkonto mag jeder tun, was er will. Wer aber zu seinem Eigentum die Arbeitsplätze von mehr als 2000 Menschen zählt, muss sich auch erhebliche, vom Gesetzgeber auferlegte Beschränkungen gefallen lassen [...].
3. Wirtschaftliches Eigentum kann ohne die Mitwirkung der Arbeitnehmer nicht genutzt werden [...]. Das Eigeninteresse des in den Aufsichtsrat eines mitbestimmten Unternehmens entsandten Arbeitnehmers an der Sicherung seines Arbeitsplatzes ist prinzipiell nicht geringer als das des Unternehmers oder Anteileigners [...]."

Aufgaben

1. Analysieren Sie die Unternehmensform des Planspiel-Unternehmens „Rheinglas AG". Prüfen Sie, ob das Planspiel alle Interessen (Unternehmer, Eigentümer, Arbeitnehmer) berücksichtigt hat. Klären Sie mithilfe von M 15, wie sich der Aufsichtsrat der „Rheinglas AG" zusammensetzt.
2. Erläutern Sie an Text und Schaubild (M 15) die Unterschiede zwischen Parität, Fast-Parität und Drittelparität.
3. Von welchen Erwartungen und Befürchtungen gehen die Argumente für und gegen die paritätische Mitbestimmung aus? Welche Argumentationsebenen (Ökonomie, Recht, Politik, Sozialethik) sind unterscheidbar?
4. Setzen Sie sich mit den Argumenten auseinander, die das BVerfG und der Kommentar von H. Schueler für das Mitbestimmungsgesetz von 1976 anführen.

3. Überbetrieblich organisierte Interessen: Der Tarifkonflikt

3.1 Tarifverhandlungen

➤ Die Tarifautonomie

Die Sozialpartner – Arbeitgeber und Arbeitnehmer – haben in der Bundesrepublik Deutschland das Recht, im Rahmen der geltenden Gesetze die Arbeitsbedingungen in eigener Verantwortung auszuhandeln.
Die in Art. 9, Abs. 3 des GG garantierte Koalitionsfreiheit ermöglicht es Arbeitnehmern wie Arbeitgebern, sich in Verbänden und Gewerkschaften zusammenzuschließen, die ihre Interessen vertreten.
Gewerkschaften und Arbeitgeberverbände, meist vertreten oder beraten durch ihre Spitzenorganisationen, können mit aller Härte – in Verhandlungen wie durch Arbeitskampfmaßnahmen – ihre Positionen vertreten, aber sie müssen zu einer Einigung kommen. Eine staatliche Intervention in Form einer Zwangsschlichtung gibt es nicht. Das Tarifvertragsgesetz (von 1949, in der Fassung vom 25.8.1969) verleiht ihnen die Tarifautonomie. Ratschläge, die ihnen die Regierung erteilt, müssen sie nicht befolgen; auch einen gesetzlichen Lohn- und Preisstopp hat es in der Bundesrepublik Deutschland nach Aufhebung der Nachkriegsbeschränkungen nicht gegeben. Zu berücksichtigen ist allerdings, dass die Regierung bei Tarifverhandlungen für den öffentlichen Dienst die Rolle des Arbeitgebers spielen muss: Tarifvereinbarungen für den öffentlichen Dienst hatten zeitweise eine Art Signalwirkung für die übrige Wirtschaft.

M 1 | Wir fordern – Wir bieten

Bei der Aushandlung eines neuen Tarifvertrages geht es meist um mehr als nur um die Frage nach dem gerechten Lohn: In den vergangenen Jahren waren unter anderem folgende Themen/Streitfragen Gegenstand der Tarifverhandlungen:

- die Verkürzung der Wochenarbeitszeit auf 35 Stunden pro Woche mit und ohne Lohnausgleich;
- die Verlängerung der Wochenarbeitszeit auf 40 Stunden pro Woche ohne Lohnausgleich;
- die Anpassung von Löhnen und Gehältern in Ostdeutschland an Westniveau;
- die Lohnfortzahlung im Krankheitsfall;
- zeitlich befristete Beschäftigungsgarantien bei gefährdeten Arbeitsplätzen;
- der Abbau von Überstunden;
- die Flexibilisierung der Arbeitszeit;
- die Bereitstellung von Ausbildungsplätzen.

➤ Kaufkraft- und Kostenargumentation

Vereinfacht lassen sich bei den Tarifverhandlungen für Arbeitgeberverbände und Gewerkschaften unterschiedliche ökonomische Argumentationsketten erkennen:

Gewerkschaftliche Argumentation (Kaufkraftargument)	**Argumentation der Arbeitgeberverbände (Kostenargument)**
Höhere Löhne oder Neueinstellungen stärken die Kaufkraft der Haushalte.	Höhere Löhne/Lohnnebenkosten oder kürzere Arbeitszeiten verstärken den Kostendruck in Betrieben und Unternehmen.
↓	↓
Erhöhung der Gesamtnachfrage	Entlassungen sind nötig, notwendige Investitionen bleiben (im harten internationalen Wettbewerb) aus.
↓	↓
Verbesserte Auftragslage der Betriebe und Unternehmen bringt Investitionen und macht Neueinstellungen möglich.	Gesamtnachfrage sinkt und die Umsatz-/Gewinnsituation verschlechtert sich.
usw.	usw.

Aufgaben

1. Informieren Sie sich über die Themen/Streitfragen aktueller Tarifverhandlungen. Vergleichen Sie die vereinfacht dargestellten Argumentationsketten mit den Argumentationen bei aktuellen Tarifverhandlungen. Verändern Sie gegebenenfalls die Argumentationsketten.
2. Verorten Sie die Argumentationsketten von Arbeitgebern und Gewerkschaften im Wirtschaftskreislauf (s. S. 145, M 2). Wo setzt jeweils die Argumentation an?
3. Unterscheiden Sie bei Tarifverhandlungen zwischen betriebswirtschaftlichen und gesamtwirtschaftlichen Argumenten.
4. Rollenspiel: Führen Sie im Kurs auf der Grundlage Ihrer Recherchen zu aktuellen Tarifkonflikten eine Tarifverhandlung durch.

3.2 Arbeitskampf

➤ Begriffe – Spielregeln – Strategien

M 2 | Ablauf eines Tarifkonflikts

- Streik-Ende, wenn mindestens 25 % der Gewerkschaftsmitglieder in einer neuen Urabstimmung zustimmen
- Streik, wenn mindestens 75 % der Gewerkschaftsmitglieder zustimmen
- Ende der Friedenspflicht, Warnstreiks möglich
- Urabstimmung über Kampfmaßnahmen
- Neuer Tarifabschluss
- Aussperrung als Gegenmaßnahme der Arbeitgeber
- Schlichtung durch Unparteiischen möglich
- Tarifverhandlungen
- Aufnahme neuer Tarifverhandlungen
- Scheitern der Verhandlungen wird erklärt.

Grundsätzlich versuchen die Gewerkschaften während eines Streiks mit minimalem Einsatz die maximale Streikwirkung zu erzielen **(Minimax-Taktik)**, um ihre Streikkasse zu schonen. Durch **Schwerpunktstreiks** bei einzelnen wichtigen Zulieferern könnten zum Beispiel große Teile der Automobilbranche lahmgelegt werden, da dieser Industriezweig heute fast ohne Lagerhaltung (Stichwort: *Just-in-time-Produktion, Warenlager Autobahn*) funktioniert.
Diese Strategie der Gewerkschaft kann aber schnell eine Bumerang-Wirkung erzeugen: Die Arbeitgeber haben nämlich nicht nur das Recht, die Arbeitnehmer (immer auch die nicht in der Gewerkschaft organisierten Arbeitnehmer) eines bestreikten Betriebes auszusperren (**„heiße Aussperrung“**). Durch arbeitskampfbedingte Lieferengpässe kann die Produktion bei nicht direkt bestreikten Unternehmen auch in anderen Branchen und Tarifbezirken zum Stillstand gebracht werden. Das führt zu **„kalten Aussperrungen“**, wobei die Zahl der durch den Arbeitskampf beschäftigungslos gewordenen Arbeitnehmer sich dann schnell um ein Vielfaches erhöht. Eine solche Eskalation würde die Gewerkschaften empfindlich treffen, denn seit der gesetzlichen **Neuregelung des § 116 Arbeitsförderungsgesetzes (1986)** muss die Bundesagentur für Arbeit (BA) kein Arbeitslosengeld mehr an „kalt“ ausgesperrte Arbeitnehmer der gleichen Branche (z. B. Metallindustrie) auch außerhalb des Streikgebiets bezahlen (vgl. M 3). Die Gewerkschaftsstrategie muss seitdem versuchen, den Streik so zu führen, dass nicht der Unmut tausender „kalt“ ausgesperrter Arbeitnehmer, die ohne Unterstützung auskommen müssen, auf die Gewerkschaft zurückfällt. Sie wird also eher Betriebe bestreiken, wo die **Drittwirkung** der Streikmaßnahmen entweder auf ausländische Unternehmen oder auf Unternehmen einer anderen Branche (z. B. Chemie) abzielt (vgl. M 3). Im Streik in der Metall- und Elektroindustrie im Jahr 2002 praktizierte die IG-Metall erstmals eine neue flexible Streikstrategie **(Flexi-Streik)**. Dabei wurden im schnellem Wechsel nadelstichartig verschiedene Betriebe bestreikt, um den Arbeitgebern keinen Anlass und keine Möglichkeit zu den von den Funktionären gefürchteten Aussperrungen zu geben. Angesichts seiner hohen betriebswirtschaftlichen und gesamtwirtschaftlichen Kosten und seiner Auswirkungen auf Nichtbeteiligte wird der Arbeitskampf immer wieder als unzeitgemäßes und überflüssiges „Ritual“ infrage gestellt (M 4).

M 3 | Die Rolle der Bundesagentur für Arbeit im Tarifkonflikt

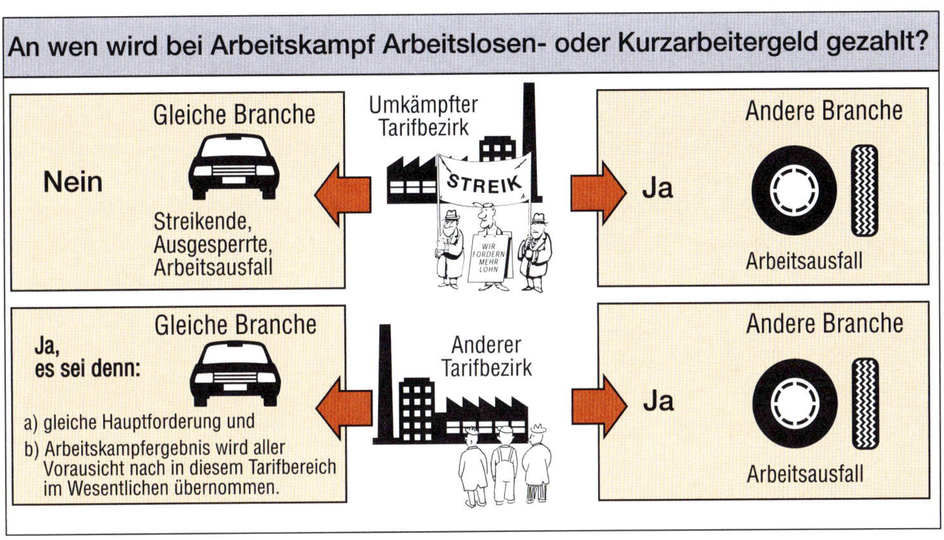

Aufgaben

1. Bringen Sie mithilfe eines aktuellen Arbeitskampfes/Ihrer Vorkenntnisse den Ablauf in M 2 in die richtige Reihenfolge.
2. Der Gesetzgeber regelt den Ablauf des Arbeitskampfes im Tarifrecht. Formulieren Sie geltende Spielregeln für den Arbeitskampf.
3. Diskutieren Sie, ob angesichts der gesetzlichen Regelungen (M 2 und M 3) und der daraus resultierenden Strategien „Waffengleichheit“ zwischen Arbeitgebern und Gewerkschaften im Arbeitskampf besteht. Berücksichtigen Sie dabei auch die Darstellung in der Karikatur M 1 .

3.3 Ausblick: Sozialpartnerschaft – ein Auslaufmodell?

M 4 | Rituale

Nichts Neues aus der Verhaltensforschung

Vor dem Hintergrund hoher Arbeitslosigkeit und einer verschärften Debatte um den „Standort Deutschland" ist das Modell der Sozialpartnerschaft in der Bundesrepublik in die politische Diskussion geraten. Gleichzeitig beklagen die Gewerkschaften Mitgliederverluste, die Arbeitgeberverbände müssen sich mit Austritten und heftiger Kritik aus dem eigenen Lager auseinandersetzen. Ist aus dem einstigen „Vorzeigemodell" der Sozialpartnerschaft unter veränderten gesellschaftlichen und ökonomischen Vorzeichen ein „Auslaufmodell" geworden, wie seine Kritiker behaupten? Oder wird es sich als stabil und reformfähig erweisen?

➤ Kontroverse um den Flächentarifvertrag

Konkret geht es bei der Kontroverse um die Sozialpartnerschaft vor allem um die Zukunft des Flächentarifvertrags. Die Gegner führen an,

- dass der Flächentarifvertrag ein Fremdkörper in der Marktwirtschaft sei;
- dass es sich bei flächendeckenden Absprachen um ein Tarifkartell handelt;
- dass Spielraum bei der Festlegung von Löhnen nur nach oben möglich ist;
- dass dadurch der Arbeitsmarkt nicht in der Lage ist die Arbeitslosigkeit über Angebot und Nachfrage zu regulieren;
- dass die Löhne insgesamt künstlich auf einem zu hohen Niveau gehalten werden, das im internationalen Wettbewerb auf die Dauer nicht bestehen kann;
- dass er nicht zwischen kleinen, mittleren und großen Betrieben unterscheidet;
- dass er kritische betriebliche Situationen (nach dem Prinzip „Friss oder stirb!") nicht flexibel berücksichtigt und damit zu wenig Spielräume für betriebswirtschaftlich notwendige Entscheidungen lässt;
- dass es bereits Betriebe (vor allem in Ostdeutschland) gibt, wo mit Zustimmung des Betriebsrats gegen geltendes Tarifrecht untertariflich bzw. länger gearbeitet wird, um gefährdete Arbeitsplätze zu erhalten;
- dass durch Austritte von Betrieben und Unternehmen aus Arbeitgeberverbänden viele Arbeitnehmer ihre tarifliche Absicherung bereits verloren haben (im Jahr 2000 zählte das Institut für Arbeitsmarkt- und Berufsforschung im Westen nur noch 63, im Osten gar nur noch 45 Prozent in Tarifverträge eingebundene Beschäftigte);
- dass viele Betriebe der neuen Branchen (Stichwort: *New Economy*) eine Tarifbindung meiden;
- dass im sich ausweitenden Niedriglohnsektor (z.B bei 400 €-Mini-Jobs) Tarifabschlüsse keine Rolle mehr spielen.

Die Befürworter des Flächentarifs verweisen dagegen darauf,

- dass sich der Flächentarifvertrag bis heute als Wesenselement der grundgesetzlich verankerten Tarifautonomie bewährt hat;
- dass das herkömmliche Tarifvertragssystem immer noch das prägende Ordnungselement im Tarifkonflikt ist;
- dass sich auch nicht gebundene Betriebe meist an den abgeschlossenen Tarifverträgen orientieren;

- dass er durch seine ausgleichende Wirkung ein Garant für den sozialen Frieden, einem entscheidenden Standortfaktor, war und ist;
- dass er die einzelnen Betriebe von aufreibenden innerbetrieblichen Verteilungskämpfen entlastet;
- dass er beiden Tarifparteien (auch dem Schwächeren) die Chance gibt, ihre Interessen solidarisch durchzusetzen;
- dass er die Tarifpartner verpflichtet, in sozialer Verantwortung für das Ganze zu handeln;
- dass Arbeitnehmer sich unabhängig von der wirtschaftlichen Situation auf die Regelungen eines Tarifvertrags verlassen können;
- dass er Arbeitgebern für die Laufzeit des Tarifvertrags Planungssicherheit und kalkulierbare Rahmenbedingungen bietet;
- dass er vor allem kleinere Betriebe und Unternehmen vor einer Lohnunterbietungskonkurrenz schützt;
- dass ein reformiertes flexibleres Tarifvertragssystem (vgl. M 5) auch in Zukunft Bestand haben wird.

Neben der Abschaffung des Flächentarifvertrags befürchten viele auch die **Aushöhlung der Tarifautonomie durch staatliche Gesetzgebung**. Sie sehen in der Neufassung des § 116 Arbeitsförderungsgesetz (1986, s. S. 183), in der gesetzlichen Kürzung der Lohnfortzahlung im Krankheitsfall (1996) oder bei der Festlegung von Mindestlöhnen (v.a. in der Baubranche) Übergriffe des Staates in den Zuständigkeitsbereich der Tarifpartner mit symbolischer Bedeutung. Dementsprechend hart und kompromisslos wird und wurde auch die politische Auseinandersetzung um solche Neuregelungen geführt.

M 5 | Tarifsystem auf dem Prüfstand

Arbeitgeberverbände und Gewerkschaften sind sich im Grunde einig: Der Flächentarifvertrag hat seinen Zenit bereits seit Längerem überschritten. Das, was lange als „ultima ratio“ in dem stetig schwelenden Konflikt zwischen Arbeitgebern und Arbeitnehmern galt, gerät zusehends von beiden Seiten unter Druck. [...]
Beiden schwebt ein flexibleres und vor allem den wirtschaftlichen Rahmenbedingungen angepassteres System vor Augen. Vorbildcharakter dürften die Tarifsysteme in Nordeuropa haben. Denn diese Länder haben sich schon seit geraumer Zeit von starren Tarifverträgen verabschiedet. Das dort praktizierte Tarifmodell besteht, anders als in Deutschland, aus zwei Verhandlungsrunden.
Der Fixlohn, also eine Art garantierter Mindestlohn, wird im Rahmen von Branchenverhandlungen ausgehandelt. Hinzu kommt jedoch noch ein variabler Lohnbestandteil, der im weiteren Verlauf auf Betriebsebene verhandelt wird. In Dänemark, wo dieses zweistufige Tarifmodell seit rund 20 Jahren praktiziert wird, macht der Garantielohn nur etwa 60 Prozent der Bezüge eines Facharbeiters aus.
Noch flexibler handhabt Schweden die Tarifproblematik. Im Unternehmen selbst wird über Arbeitszeit, Arbeitsorganisationen sowie über das Entgelt verhandelt. Branchenvereinbarungen wie in Dänemark sind hier nur eine Art Auffangbecken, falls es zwischen den Tarifparteien vor Ort in den Betrieben zu keiner Einigung kommen sollte. Hier sind rund ein Viertel der Gesamtverdienste variabel. [...]

(Marcus Dankert, in: FAZ.NET, Aktuell Wirtschaft, 09.05.2002)

Aufgaben

1. Informieren Sie sich bei Arbeitgeberverbänden und Gewerkschaften über ihre Einschätzung des bestehenden Flächentarifsystems. Führen Sie eine Pro-Contra-Debatte zur Zukunft des Flächentarifvertrags durch.
2. Ordnen Sie die oben genannten Argumente verschiedenen Argumentationsebenen (politisch, wirtschaftlich, gesamtwirtschaftlich, verfassungsrechtlich, sozialethisch etc.) zu. Welche Schwerpunkte sind jeweils erkennbar?
3. Erstellen Sie zum dänischen und schwedischen Tarifvertragsmodell (M 5) je ein Schaubild. Erörtern Sie, inwieweit diese Modelle geeignet sind, die Defizite des deutschen Systems auszugleichen.
4. Nehmen Sie aus der Sicht eines Arbeitgebervertreters/Gewerkschaftsfunktionärs/kleinen Betriebs/großen Konzerns Stellung zum Zweistufen-Tarifvertragsmodell (M 5).

Weitere Informationen zum Thema *Tarifkonflikt* finden Sie im Internet:

www.dgb.de	Deutscher Gewerkschaftsbund
www.igmetall.de	Gewerkschaft IG Metall
www.bdi-online.de	Bundesverband der Deutschen Industrie
www.bda-online.de	Bundesverband der Deutschen Arbeitgeberverbände
www.gesamtmetall.de	Arbeitgeberverband Gesamtmetall

IV

Herausforderungen der Wirtschaftspolitik

1. Arbeitslosigkeit – „Kapitalismus ohne Arbeit?“

1.1 Die Arbeitsmarktlage in Deutschland – eine Bestandsaufnahme

„Der zarte Aufschwung geht am Arbeitsmarkt vorbei“ – so oder ähnlich lauten Presseartikel zur aktuellen Arbeitsmarktentwicklung in Deutschland. Die Statistiken zeichnen seit Jahren ein düsteres und beängstigendes Bild zur Entwicklung von Arbeit und Arbeitslosigkeit. Immer mehr Menschen sind von der Beschäftigungskrise betroffen. Mit dem Beitritt der neuen Bundesländer hat sich das Problem Arbeitslosigkeit verschärft und ein neues Gesicht erhalten. Der Übergang vom Plan zum Markt hat zu gravierenden Beschäftigungsproblemen in den neuen Bundesländern geführt, die auch nach über zehn Jahren deutscher Einheit nicht kleiner geworden sind. Das neue Jahrtausend hat zwar begonnen, aber die Probleme sind die alten geblieben und alle Prognosen deuten daraufhin, dass eine Wende am Arbeitsmarkt nicht sichtbar ist. Trotz wachstumsintensiver Konjunkturphasen leben wir mit einem hohen Sockel von etwa fünf Millionen offiziell registrierten Arbeitslosen. Allerdings sagt die offizielle Arbeitsmarktstatistik nur die halbe Wahrheit. Denn mehr als zwei Millionen Menschen werden durch Arbeitsbeschaffungsmaßnahmen abgefedert und damit aus der offiziellen Statistik gehalten. Damit liegt das Beschäftigungsdefizit der deutschen Volkswirtschaft bei etwa sieben Millionen Arbeitsplätzen. Die Angst um den Arbeitsplatz hat inzwischen alle Schichten der Bevölkerung erfasst.

Müssen wir uns damit abfinden, dass die Sockelarbeitslosigkeit eine Dauererscheinung der Sozialen Marktwirtschaft ist?

Die seit den 1970er-Jahren aufkeimende und verstärkt in den 1980er- und mit einem weiteren Schub in den 1990er-Jahren auftretende Beschäftigungskrise stellt sicherlich, wie aktuelle Umfragen belegen, eines der zentralsten und bedrückendsten wirtschaftspolitischen Probleme in Deutschland und in den meisten Staaten der europäischen Union dar. Die einschneidenden Gefahren für unser wirtschaftliches und politisches System sind offensichtlich, weil noch immer Beruf und Erwerbstätigkeit weitgehend den Lebensstandard, die persönlichen Lebenschancen und gesellschaftliche Anerkennung bestimmen. Längere Arbeitslosigkeit – zunehmend auch bei Fachkräften mit hochqualifizierten Abschlüssen – wirkt sich mindernd auf das Selbstbewusstsein und den Leistungswillen aus, wird von vielen Betroffenen als eine Form gesellschaftlicher Ausgrenzung empfunden, ruft Zukunftsängste hervor, die sozialen Sprengstoff für unsere Gesellschaft darstellen und auf Dauer unsere Demokratie gefährden. Entsprechend intensiv werden die Ursachen dieser Fehlentwicklung sowie die Vor- und Nachteile unterschiedlicher Lösungsansätze zur Bekämpfung der Massenarbeitslosigkeit erörtert.

Als Einstieg in die Thematik werden Informationen zur **Entwicklung und Struktur** der Arbeitslosigkeit gegeben. Im Mittelpunkt des Kapitels stehen die unterschiedlichen **Strategien** und **Konzepte** zum Abbau der Arbeitslosigkeit, die die Beteiligten aus Wirtschaft und Politik in der kontroversen Auseinandersetzung anführen. Neben den Tarifpartnern, die die Lohnforderungen aushandeln und über Arbeitszeitmodelle verhandeln, kann die Regierung Einfluss auf die Höhe der Arbeitskosten von Unternehmen nehmen, etwa über die Festlegung der Lohnnebenkosten oder über die Entscheidungen hinsichtlich der Unternehmenssteuern. Als weitere Säule steht die **staatliche Beschäftigungspolitik** auf dem Prüfstand. Dabei stellt sich die Frage, ob ein gesellschaftlicher Grundkonsens für die notwendigen Veränderungen geschaffen werden kann und wie die **Zukunft der Arbeit** aussieht.

Dimensionen der Arbeitslosigkeit

M 1 | Entwicklung der Arbeitslosigkeit in Ost und West

2004
Kurzarbeit: 119 000
Weiterbildung: 350 000
Altersrente: 765 000
ABM: 246 000

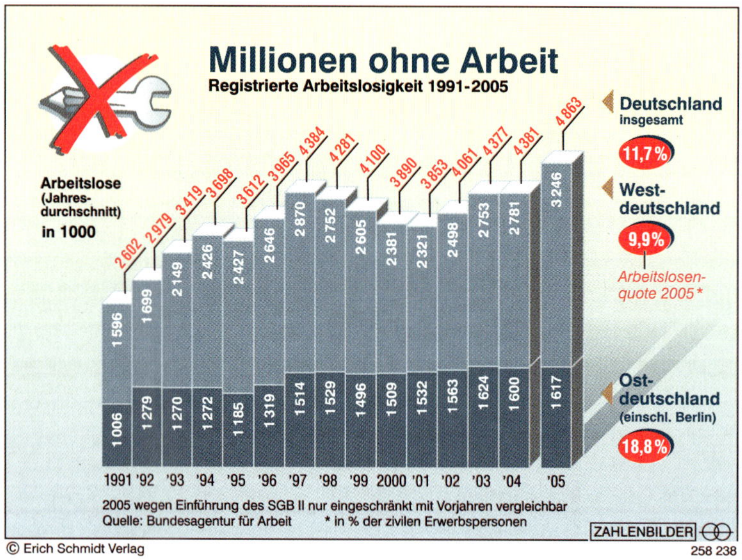

M 2 | Mangelware Arbeitsplätze

(Für den Prognosezeitraum gibt es keine Zahlen zu fehlenden Arbeitsplätzen.)

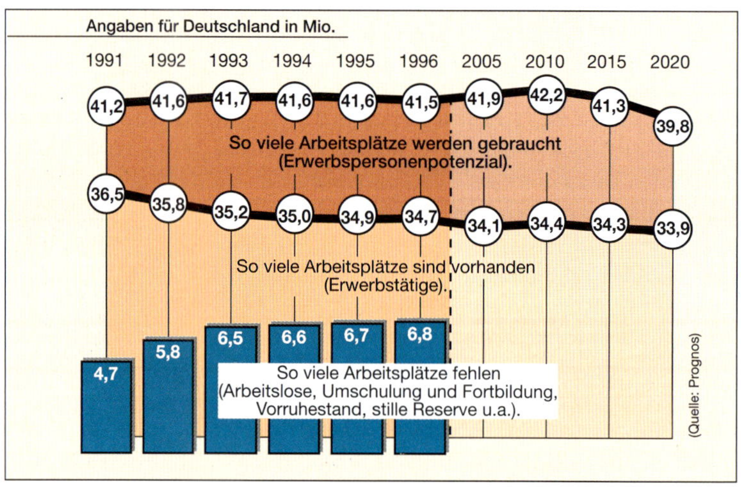

M 3 | „Profil" der Arbeitslosigkeit

M 4 | Dauer der Arbeitslosigkeit

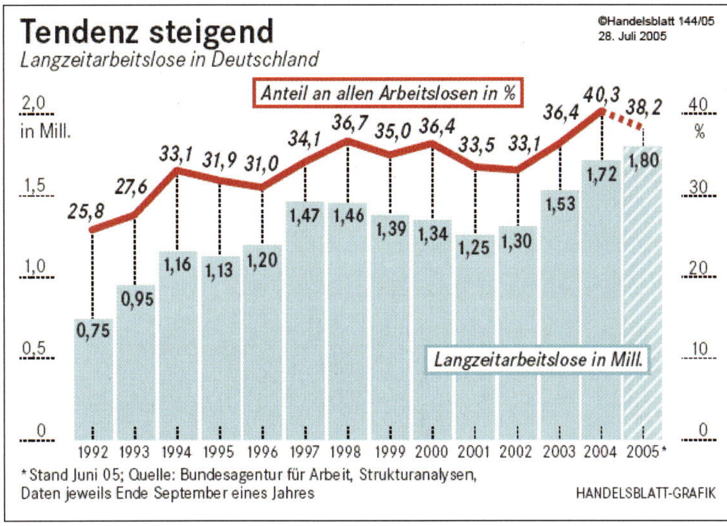

(nach: Handelsblatt, Nr. 144 v. 28.7.2005)

M 5 | Die Milliarden-Kosten der Arbeitslosigkeit

M 5a |

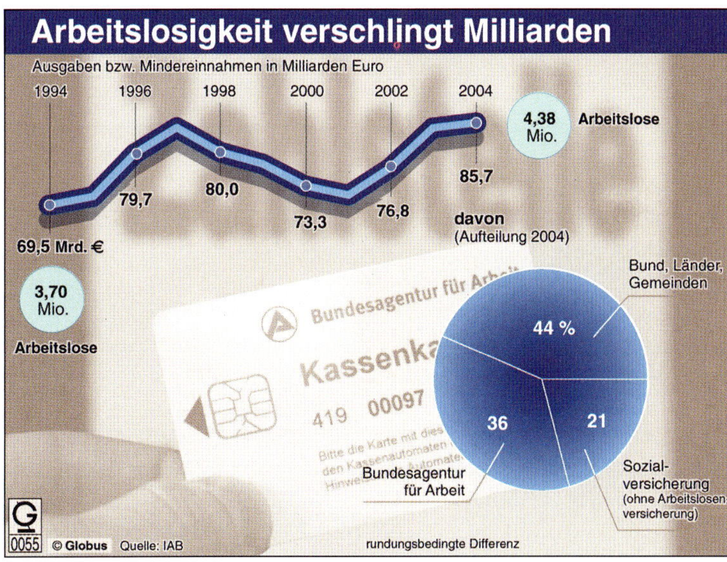

M 5b |

M 6 | Individuelle Erfahrung mit Arbeitslosigkeit

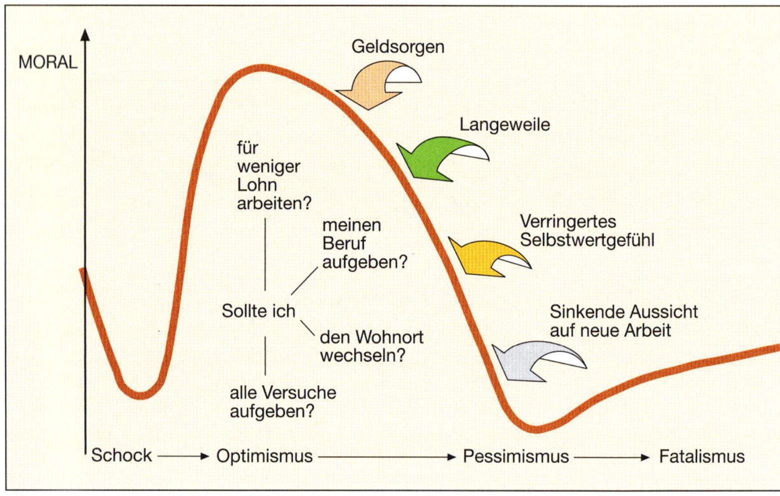

(nach: Überlegungen zu einer vorausschauenden Arbeitsmarktpolitik, Bundesanstalt für Arbeit (Hg.), 1978, S. 209. Primärquelle: Departement of Employment Gazette, April 1976)

... Politische Folgen?

Aufgaben

1. Beschreiben Sie Ausmaß und Entwicklung der Arbeitslosigkeit in Deutschland. Vergleichen Sie alte und neue Bundesländer.
2. Klären Sie mithilfe der Materialien und S. 156 f. folgende Begriffe: abhängige Erwerbspersonen, stille Reserve, Arbeitslosenquote, registrierte Arbeitslose, Kurzarbeit. Warum ist diese Unterscheidung wichtig? (Vgl. Kap. III, S. 156 f.)
3. Erstellen Sie ein Profil des „typischen Arbeitslosen". Welche Zugangs- und welche Verbleibrisiken bestehen für den Eintritt von Arbeitslosigkeit?
4. Überprüfen Sie, ob die Arbeitslosigkeit überwiegend ein Qualifizierungsproblem ist.
5. Erläutern Sie, inwiefern Arbeitslosigkeit sowohl für den einzelnen Betroffenen als auch für die Gesamtgesellschaft ein drückendes Problem darstellt.
6. Informieren Sie sich über den Stand der Arbeitslosigkeit in Europa. Nutzen sie als Quelle www.Europa.eu.int. Vergleichen Sie den Arbeitsmarktbericht der Europäischen Union mit der Gesamtentwicklung in Deutschland.

Projekt

1. Erstellen Sie einen Arbeitsmarktbericht. Zur zusätzlichen Datenerhebung können Sie folgende Internetadressen nutzen: www.statistik-bund.de www.destatis.de www.bma.de
   Folgende Aspekte/Kriterien sollte Ihr Bericht beinhalten:
   - Gesamtzahl der Arbeitslosen
   - Vergleich alte und neue Bundesländer
   - Arbeitslosenquote von Männern, Frauen, Jugendlichen
   - Anzahl der Langzeitarbeitslosen
   - Problemgruppen am Arbeitsmarkt (z. B. ältere Arbeitnehmer, Halbtagsarbeitskräfte, geringfügig Beschäftigte)
   - Dauer der Arbeitslosigkeit
   - Branchen, die besonders betroffen sind.
2. Untersuchen Sie die Arbeitslosigkeit unmittelbar vor Ort. Informieren Sie sich beim regionalen Arbeitsamt und der Stadtverwaltung. Bilden Sie Kleingruppen mit spezifischen Erkundungsaufträgen (s. Arbeitsauftrag P 1). Stellen Sie Ihre Ergebnisse in einer PowerPoint-Präsentation dar. Stellen Sie Gemeinsamkeiten mit bzw. Unterschiede zu der Gesamtentwicklung in Deutschland heraus.

1.2 Ursachen der Arbeitslosigkeit

Die in vielen Industrieländern herrschende Massenarbeitslosigkeit basiert auf mehreren Ursachen. Die Kenntnis und Analyse der verschiedenen Formen von Arbeitslosigkeit (hauptsächlich konjunkturelle und strukturelle Arbeitslosigkeit) sind Voraussetzung zur wirkungsvollen Bekämpfung der Beschäftigungskrise, denn unterschiedliche Arten von Arbeitslosigkeit erfordern jeweils andere beschäftigungspolitische Maßnahmen. Der Blick auf die **wirtschaftliche Entwicklung** der Bundesrepublik gibt Aufschlüsse über den Zusammenhang zwischen Wachstum und Arbeitslosigkeit.

Bis zur Mitte der 1960er-Jahre war Arbeitslosigkeit kein Thema in den Schlagzeilen. Hohe Wachstumsraten und steigende Einkommen sicherten die Vollbeschäftigung. Hunderttausende von „Gastarbeitern“ füllten die Lücken der offenen Stellen.

Seit Beginn der 1970er-Jahre aber änderten sich weltweit die wirtschaftlichen Rahmenbedingungen (Ölkrise, Weltwährungsprobleme, Verschuldung der Entwicklungsländer, Konkurrenz der Schwellenländer) und im empfindlich reagierenden Rahmen der Volkswirtschaft führten die beiden Rezessionen der frühen 1970er- und der beginnenden 1980er-Jahre zu abrupten Ausschlägen der Arbeitslosigkeit in vorher nicht gekannten Ausmaßen. Erst recht ratlos waren Politiker und Wirtschaftsfachleute, als mit der wirtschaftlichen Erholung seit 1983 der Arbeitsmarkt nicht entlastet wurde. Die Arbeitslosigkeit hielt sich hartnäckig auf einem hohen Niveau. Wachstumsflaute, international schärfer gewordene Konkurrenz, Globalisierung der Märkte und die Lasten der deutschen Einheit zwangen in den 1990er-Jahren die Wirtschaft zu einem radikalen Strukturwandel, der die Massenarbeitslosigkeit auf eine neue Höchstmarke von über fünf Millionen anschwellen ließ. Nicht die Angst vor Konjunktureinbrüchen kennzeichnet die heutigen Probleme, sondern dass die Wirkungen, die von der konjunkturellen Erholung ausgehen, überlagert werden von Veränderungen struktureller Art. Wirtschaftswachstum führt nicht mehr zwangsläufig zu mehr Arbeitsplätzen; vielmehr benutzen viele Betriebe die wirtschaftliche Entwicklung zu verstärkten kostensparenden Rationalisierungsmaßnahmen und zur Verlagerung der Arbeitsplätze ins Ausland, um die Wettbewerbsfähigkeit zu erhöhen. Dadurch werden starke Umsatzsteigerungen erzielt, gleichzeitig erfolgen aber keine neuen Einstellungen (s. auch S. 255 ff.).

M 7 | Ursachen der Arbeitslosigkeit

„Gott sei Dank! Die Schuldfrage ist immerhin schon mal geklärt!“
(bearbeitet durch eine Schülergruppe)

M 8 | Entwicklung des Wirtschaftswachstums und der Arbeitslosigkeit

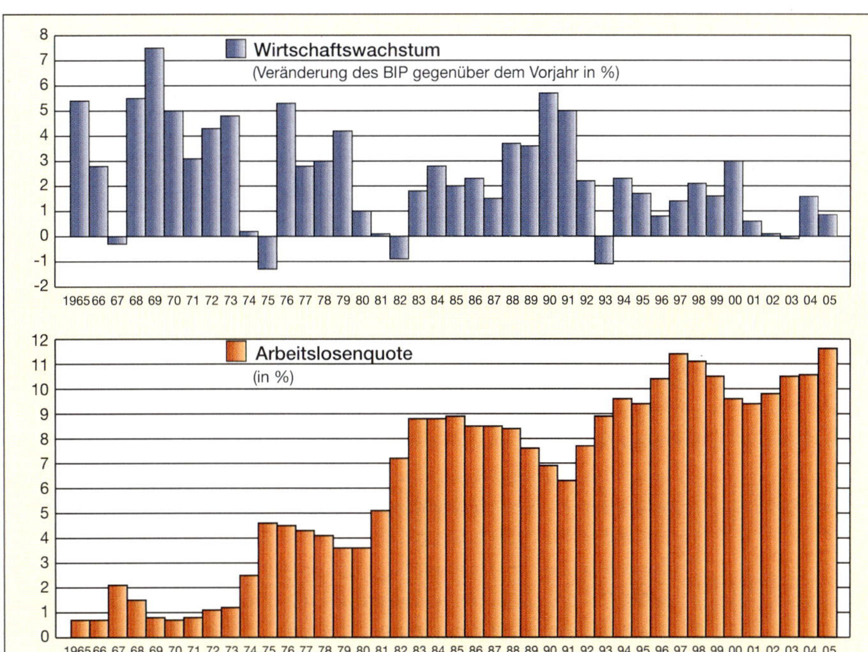

M 9 | Die deutsche Industrielandschaft

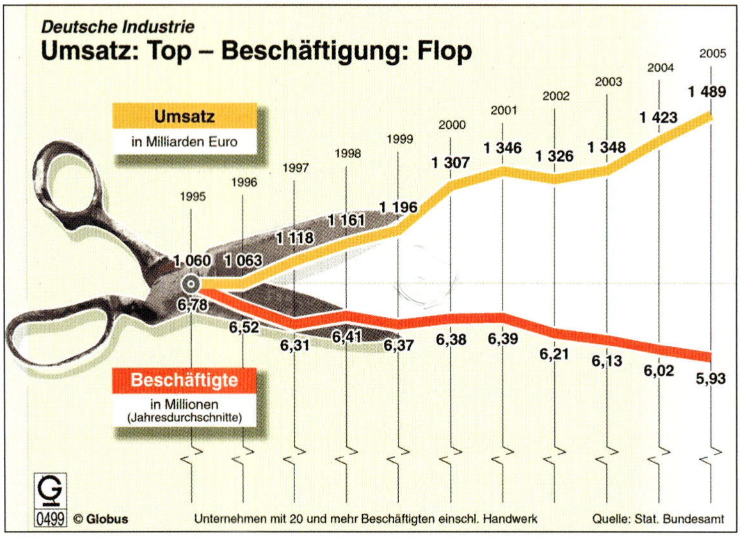

M 10 | Ursachen der Arbeitslosigkeit

Demografische Arbeitslosigkeit	Strukturelle Arbeitslosigkeit	Konjunkturelle Arbeitslosigkeit	Saisonale Arbeitslosigkeit	Friktionelle Arbeitslosigkeit
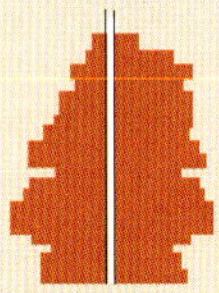	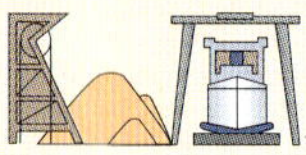	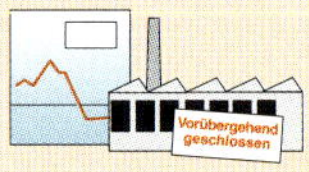	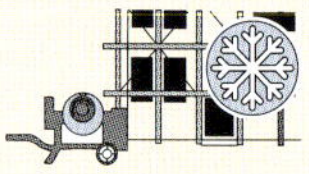	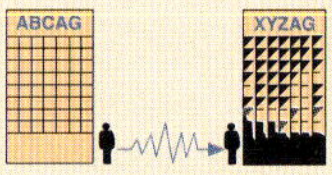
Grund: Anstieg des Erwerbspotenzials durch – geburtenstarke Jahrgänge – Zuwanderung (Aussiedler, Übersiedler) – erhöhte Erwerbsbeteiligung der Frauen	**Grund:** Rascher technologischer Wandel führt zu umfassender Rationalisierung. Neue Produkte (Kunststoffe) verändern die Nachfrage und führen zur Schrumpfung bisher beherrschender Branchen (vgl. Kohle und Stahl). Schlechtes Management und falsche Unternehmenspolitik sind unfähig, sich dem Strukturwandel anzupassen. Unterschiede zwischen den Merkmalsprofilen der Arbeitslosen und den Anforderungsprofilen der offenen Stellen (Problemgruppen).	**Grund:** Sie ist Folge zyklischer Schwankungen des Wirtschaftsgeschehens; d.h. bei Rezession sinken Aufträge und die Nachfrage geht zurück, die Kapazitäten werden nicht mehr voll ausgelastet.	**Grund:** Jahreszeitlich bedingte Ausfallzeiten in bestimmten Gewerbezweigen.	**Grund:** Kurzfristige Übergangsschwierigkeiten, z.B. bei Arbeitsplatzwechsel oder bei räumlicher Verlagerung der Produktion durch Arbeitgeber.

(nach: Erich Schmidt Verlag, Zahlenbilder Nr. 258 200)

Aufgaben

1. Unterstreichen Sie, welche Ursachen der Arbeitslosigkeit in der Karikatur (M 7) Ihnen plausibel erscheinen; streichen Sie, welche Sie für überholt halten; tragen Sie aktuelle Ursachen ein.
2. a) Beschreiben Sie die Wirschaftsentwicklung der Bundesrepublik (M 8) und gliedern Sie Phasen heraus. Erläutern Sie den Zusammenhang zwischen Wachstum und Arbeitslosenquote in den einzelnen Phasen. Ziehen Sie dazu auch den Autorentext heran (Modul 5, S. 157).
   b) Erklären Sie mithilfe von M 10 die Ursachen für diese Entwicklung.
   c) Entwerfen Sie für die einzelnen Phasen eine geeignete Wirtschaftspolitik, um Vollbeschäftigung herzustellen. Diskutieren Sie unter Einbeziehung von M 9 die Eignung Ihrer Vorschläge zur Beseitigung der heutigen Arbeitslosigkeit.

1.3 Kontroversen zur Beschäftigungspolitik

Die anhaltend hohe Massenarbeitslosigkeit lässt immer deutlicher und drängender den Ruf nach überzeugenden Rezepten laut werden. Die Hauptakteure in diesem Kampf sind die Tarifpartner, die Bundesagentur für Arbeit und die Bundesregierung. Die folgenden Abschnitte widmen sich den Versuchen, wie man Einfluss auf das Arbeitsplatzangebot nehmen kann, und untersuchen Chancen und Risiken der einzelnen Konzepte. Allerdings gibt es nicht einen Königsweg zur Beseitigung der Arbeitslosigkeit. Es sind vielmehr viele kleine Schritte notwendig, um die Auswirkungen abzumildern und zu einer Besserung der Arbeitsmarktsituation zu gelangen. Es folgen Informationen zur Lohnpolitik, die nach wie vor im Mittelpunkt der Diskussion um die richtige Beschäftigungspolitik steht. Weitere tarifpolitische Elemente werden unter den Stichworten Arbeitszeitverkürzung und Flexibilisierung angesprochen. Aktuelle Reformvorschläge zur Gestaltung des Arbeitsmarktes mit dem Kombilohn, dem Mindestlohn und den Maßnahmen der Hartz-Kommission zeigen die intensiven Bemühungen der Politik zur Beschäftigungspolitik.

M 11 | Auswahl von Vorschlägen zum Abbau der Arbeitslosigkeit

- Lohnerhöhungen zur Steigerung der Nachfrage
- Flexibilisierung der Arbeitszeit, längere Maschinenlaufzeiten
- Arbeitszeitverlängerung
- Weniger Urlaubstage
- Streichen des Arbeitgeberanteils bei den Sozialversicherungen
- Beschäftigung unter Tariflohn (Niedriglohngruppen)
- Arbeitsbeschaffungsmaßnahmen (ABM) erweitern
- Überstunden abbauen
- Zuwanderung nach Deutschland erschweren
- Senkung der Unternehmenssteuern
- Kürzung des Arbeitslosengeldes als Anreiz zu eigener Berufsausübung
- Verlängerung der Lebensarbeitszeit
- Bessere Qualifizierung der Arbeitskräfte
- Befristete Arbeitsverträge
- Nullrunden
- Unternehmen Zuschüsse zahlen, wenn sie Arbeitslose einstellen
- Verzicht auf Weihnachts- und Urlaubsgeld
- Schwarzarbeit besser bekämpfen

M 12 | Umfrage zum Erhalt von Arbeitsplätzen

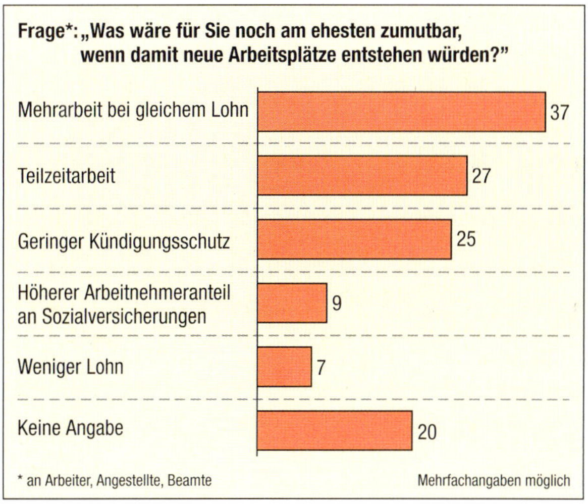

(nach: Die Zeit, 07.04.2004)

Aufgaben

1. Führen Sie eine Umfrage (M 12) im Kurs durch und vergleichen Sie Ihre Ergebnisse.
2. Versetzen Sie sich in die Lage von Arbeitnehmerinnen und Arbeitnehmern: Zu welchen Opfern wären Sie bereit, um Arbeitsplätze zu sichern; welche Empfehlungen lehnen Sie kategorisch ab?
3. Ordnen Sie die zusammengestellten Instrumente (M 11 und M 12) nach von Ihnen gewählten Gesichtspunkten (Bundesagentur für Arbeit; tarifpolitisch, staatlich; unternehmer-/arbeitnehmerfreundlich).
4. Stellen Sie zu aktuellen Vorschlägen mithilfe von Zeitungsberichten, Fotos und Statistiken ein Wandplakat zusammen.

➤ Tarifpolitik und ihre Auswirkungen auf die Arbeitsmarktsituation: Der Streit um die Lohnpolitik

M 13 |

„Kopf hoch, es geht weiter aufwärts!“

Mehr Arbeitsplätze durch Lohnerhöhung oder Lohnsenkung?

Der Lohn hat zwei verschiedene Aspekte. Zum einen ist der Lohn Einkommen für die Arbeitnehmer und zeigt damit an, wie viel Einkommen aus Arbeit die beschäftigten Arbeitnehmer beziehen und für den Konsum verwenden können. Zum anderen ist er Kostenfaktor für die Unternehmen und in dieser Funktion bestimmt er, wie viele Arbeitskräfte die Unternehmen nachfragen. Zwischen diesen beiden Funktionen des Lohns gibt es einen Konflikt, der in den Tarifverhandlungen eine wichtige Rolle spielt. Dabei klaffen die Auffassungen weit auseinander. Die Gewerkschaften operieren mit der Kaufkrafttheorie, die Arbeitgeberverbände argumentieren mit dem Kostenargument (s. S. 182).

M 14a | Position des Deutschen Gewerkschaftsbundes

Der Lebensstandard der Arbeitnehmer verschlechtert sich, die Binnennachfrage ist gering: „Was zählt ist, wie stark die Realeinkommen und damit letztlich die Konsummöglichkeiten langfristig steigen. In dieser Hinsicht war die Entwicklung in den vergangenen Jahren denkbar schlecht, denn der private Konsum hat real kaum zugenommen. Für große Teile der Bevölkerung ist das gleichbedeutend mit einer Abnahme des Lebensstandards“, sagen selbst die Wirtschaftsinstitute in ihrem Herbstgutachten 2005. Wir brauchen deshalb eine spürbare Erhöhung der Arbeitseinkommen.

Da die Unternehmer bisher keine neuen Arbeitsplätze in Deutschland geschaffen haben, obwohl die Gewinne in jüngster Zeit stark geklettert sind, ist es klar, dass gesamtwirtschaftlich gesehen satte Lohnerhöhungen der einzige Weg zur Stabilisierung der derzeitigen konjunkturellen Situation sind.

Ein wichtiger Bestimmungsgrund für das wirtschaftliche Wachstum ist eine genügend starke Ausweitung der binnenwirtschaftlichen Nachfrage. Dabei kommt der Steigerung der Massenkaufkraft eine besondere Bedeutung zu. Wo mehr verdient wird, steigt auch die Nachfrage, vor allem im Bereich der schwachen Konsumnachfrage, die in den letzten Jahren deutlich abgenommen hat. Mehr Inlandsnachfrage bedeutet volle Auftragsbücher, mehr Kapazitätsauslastung, Beschäftigung.

Auf Lohn kann nur verzichtet werden, wenn mehr Leute verdienen, also im Gegenzug neue Arbeitsplätze geschaffen werden, aber dazu sind ja die Unternehmer nicht bereit. So bleibt derzeit nur ein kräftiger Lohnzuwachs. Er muss höher ausfallen als nur ein Inflationsausgleich, damit die Arbeitnehmer an den in den letzten Jahren gestiegenen Gewinnen der Unternehmen gerecht beteiligt werden.

(zusammengestellt aus mehreren Broschüren des DGB und ergänzt)

M 14b | Position der Deutschen Arbeitgeberverbände

Für die Wiederherstellung eines hohen Beschäftigungsstandes trägt die Lohnpolitik entscheidende Verantwortung. Die hohe Arbeitslosigkeit ist maßgeblich darauf zurückzuführen, dass der Reallohnanstieg [...] den Produktivitätsfortschritt weit übertroffen hat. Während sich Reallohn und Produktivität in den früheren Jahren im Gleichschritt entwickelten, hat sich in den 1990er-Jahren eine starke Überhöhung des Reallohnes ergeben, der bis heute in den neuen Bundesländern andauert. Die Tatsache, dass die Vollbeschäftigung in der Bundesrepublik genau zu dem Zeitpunkt verloren ging, als sich das Verhältnis der Personalkosten zur volkswirtschaftlichen Leistungskraft nachhaltig verschoben hat, macht deutlich, dass die Entlohnung des Faktors Arbeit in den vergangenen Jahren eine Höhe erreicht hat, die mit dem Ziel eines hohen Beschäftigungsstandes unvereinbar ist. [...] Um künftig die Wettbewerbsfähigkeit der vorhandenen

Arbeitsplätze zu sichern sowie die verteilungspolitischen Bedingungen für die Investitionen zu verbessern und so die Schaffung zusätzlicher Arbeitsplätze zu ermöglichen, muss die Lohnpolitik auch aus stabilitätspolitischen Erwägungen heraus sich konsequent am gesamtwirtschaftlichen Produktivitätszuwachs orientieren. Deshalb bedarf es für die nächsten Jahren einer Lohnfindung, die den künftigen Produktivitätsspielraum nicht voll ausschöpft.

(zusammengestellt aus mehreren Broschüren der Bundesvereinigung der Arbeitgeberverbände)

M 15 | Der Abstand zwischen Lohn und Leistung

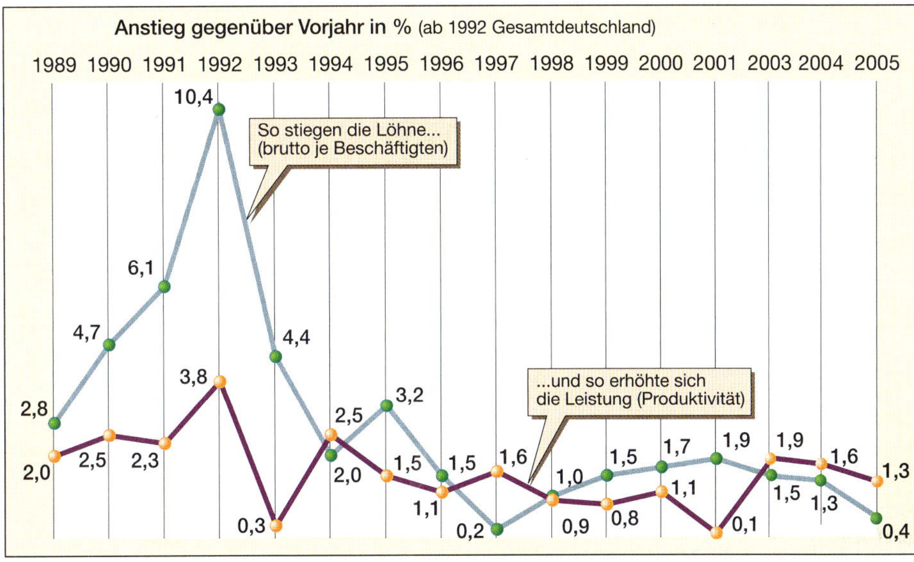

M 16 | Nachfrage- und Kosteneffekt einer Lohnerhöhung von 100 €

Lohnerhöhungen stellen nicht nur Kaufkraft für die privaten Haushalte, sondern auch Kosten für die Unternehmen dar = Doppelfunktion des Lohns):

Bruttolohnerhöhung	**100**
– Steuern	ca. 20
– Arbeitnehmerbeiträge zur gesetzlichen Sozialversicherung	ca. 20
– Sparrate	ca. 10
– Konsumausgaben für importierte Güter und Dienstleistungen	ca. 16
= Inlandsnachfrage	**ca. 34**
Kosteneffekt	
+ Bruttolohnerhöhung	100
+ Arbeitgeberbeiträge zur gesetzlichen Sozialversicherung	ca. 20
= Kosten für die Unternehmen	**ca. 120**

(berechnet nach: Altmann, Wirtschaftspolitik, S. 124f.)

M 17 |

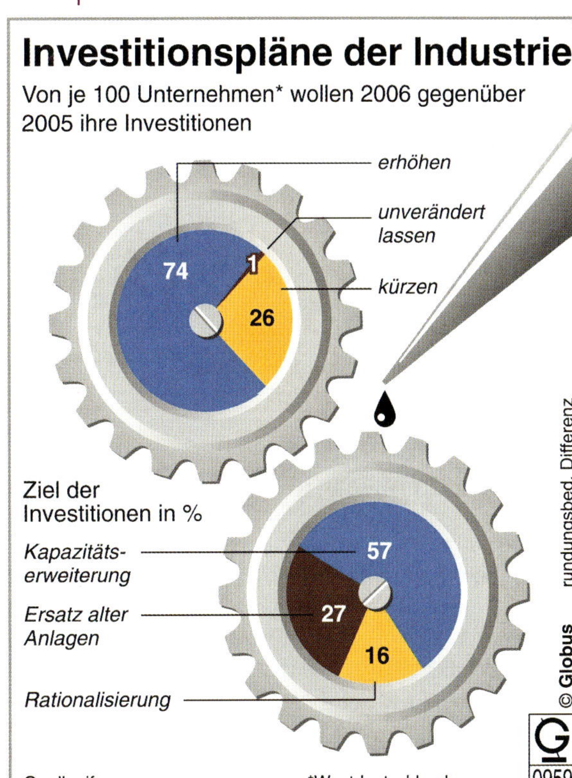

M 18

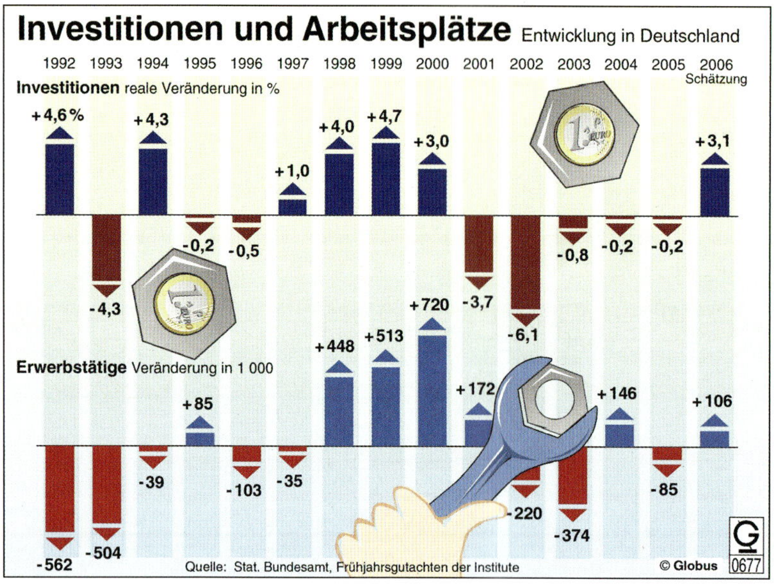

M 19

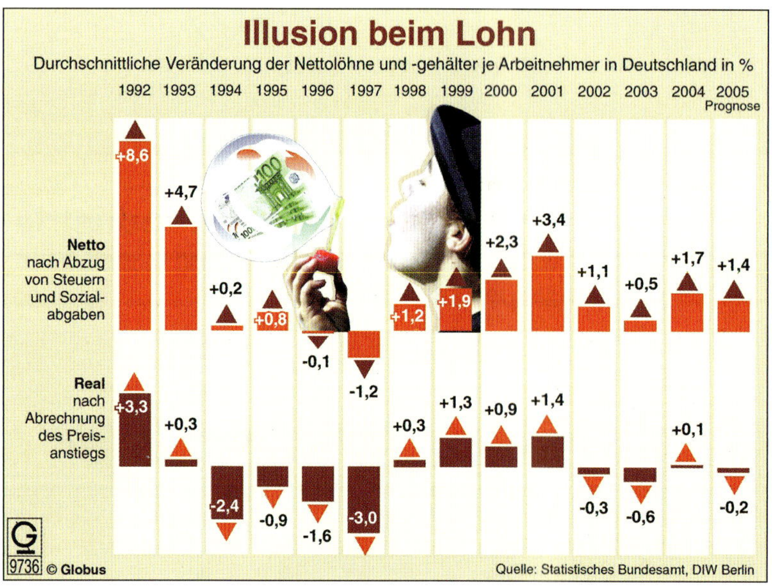

M 20 | Bedeuten mehr Gewinne tatsachlich höhere Investitionen?

Schon heute sind viele Produktionskapazitäten, die mit hohem Investitionsaufwand gebaut wurden, nicht voll ausgelastet. Bei schwindenden Absatzchancen und schrumpfendem Umsatz würden noch mehr Produktionskapazitäten brachgelegt.

Ein Großteil der Gewinne würde stattdessen in Schein-Investitionen fließen, deren Rendite entweder überhaupt nicht von Absatzchancen abhängig ist oder zumindest nicht von inländischen. Das lehrt die Erfahrung der letzten Jahre. Immer größere Teile der Unternehmergewinne werden aus den Betrieben herausgezogen und wandern in Wertpapierdepots oder sonstige Geldanlagemöglichkeiten.

Immer größere Teile von bei uns entstehenden Gewinnen wandern zudem ins Ausland und suchen dort die im Inland fehlenden Absatzchancen.

Bedeuten mehr Investitionen wirklich mehr Arbeitsplätze?

Der Zusammenhang von Investitionen, Produktion und Arbeitsplätzen gilt heute nicht mehr. Wer das Patentrezept der 1960er-Jahre heute anwenden will, um die Arbeitslosigkeit zu überwinden, verschließt die Augen vor dem technischen Wandel und Rationalisierungen; der ist blind für Arbeitsplatzvernichtung und Entlassungen.

Die neuesten Zahlen belegen: Wir schaffen es, bei gleichbleibender Arbeitszeit mit immer weniger Beschäftigten immer mehr zu produzieren. Der schnelle technische Wandel und die modernen Produktionsanlagen machen es möglich. Das ist also die Folge der Investitionen.

(Autorentext)

M 21

NRW-Regierungschef Jürgen Rüttgers äußerte in einem Interview, die These, „niedrige Steuern führten automatisch zu Investitionen und damit zu mehr Arbeitsplätzen", stelle eine „Lebenslüge" dar. Trotz der kontinuierlichen Senkung von Eingangs- und Spitzensteuersatz seit 1998 sei die Zahl der Jobs in seinem Bundesland um über 850 000 zurückgegangen. Auch müsse man „zur Kenntnis nehmen, dass der Lohnkostenanteil in vielen Betrieben nicht mehr die Rolle spielt, die wir ihm lange Zeit zugesprochen haben".

(FAZ, 11.08.2006, S. 10)

Aufgaben

1. Erarbeiten Sie anhand von M 14a und M 14b die unterschiedlichen Argumentationsketten zur Überwindung der Arbeitslosigkeit. Welche Diagnose wird getroffen, wie sieht die Therapie aus?
2. Verdeutlichen und verorten Sie den Wirkungsmechanismus am Wirtschaftskreislauf (→ III, S. 147).
3. Weisen Sie die interessenbezogene Sichtweise an den Schaubildern M 15 – 19 nach; bereiten Sie sich auf eine Pro-Contra-Diskussion vor, indem Sie aus den Materialien Belege suchen, die Ihre Argumentation stützen oder die der Gegenseite einschränken. Wer vertritt eher eine gesamtwirtschaftliche, wer eher eine betriebswirtschaftliche Sichtweise?
4. Diskutieren Sie, ob man in der Tarifstruktur mit Blick auf die Qualifikationsprofile der Arbeitnehmer und die Anforderungsprofile seitens der Unternehmer eine Lohndifferenzierung anstreben sollte.
5. Nehmen Sie zur These von der „Lebenslüge" (M 21) begründet Stellung.

➤ Arbeitszeit: umverteilen, verkürzen, verlängern, flexibilisieren?

Wenn die These vom „jobless growth" zutreffend ist, dass also das absehbare Wirtschaftswachstum, das zunehmend auch an ökologische Grenzen stößt, nicht auch nur annähernd ausreicht, um die hohe Massenarbeitslosigkeit nachhaltig abzubauen, ist eine Verteilung der vorhandenen Arbeit auf mehr Köpfe eine gebotene Bewältigungsstrategie. Seit den 1980er-Jahren werden Strategien zur Umverteilung der Arbeit diskutiert, insbesondere bei den Tarifabschlüssen zur Verkürzung der Wochenarbeitszeit (35-Stunden-Woche). Gibt es weniger Arbeit zu verteilen – oder die gleiche Arbeit auf eine größere Zahl von Arbeitskräften – so müsse die Arbeitszeit verkürzt werden, um allen einen Arbeitsplatz zu sichern. So lautet die einfache Formel, die von Gewerkschaftsseite vertreten wird. Der Widerstand der Arbeitgeber richtete sich gegen die Arbeitszeitverkürzung mit vollem Lohnausgleich. Nicht das zeitliche Volumen, so das Gegenargument, sondern vor allem die Kosten seien verantwortlich für die Beschäftigungslücke. Arbeitszeitverkürzung aber erhöhe die Kosten, selbst wenn sie nicht mit vollem Lohnausgleich, wie die Gewerkschaften dies bisher grundsätzlich forderten, verbunden sei.

Durch die veränderten Rahmenbedingungen seit den 1990er-Jahren (Konkurrenzfähigkeit des Standortes Deutschland, finanzieller Neuaufbau in den neuen Bundesländern, die Finanzierung des Sozialsystems) haben sich die hartnäckigen Fronten aufgeweicht und ihre Stoßrichtung hat sich verlagert hin zur Verteilung und Gestaltung der Arbeitszeit. Unstrittig ist, dass die Arbeitszeitverkürzung nachweislich bestehende Arbeitsplätze gesichert und neue Beschäftigungsmöglichkeiten geschaffen hat. Unter dem Druck der neuen Situation setzt die Gewerkschaft auf die Formel: **Arbeitszeitverkürzung mit Beschäftigungsgarantie.** Angetrieben durch den vielfachen Wunsch ihrer Mitglieder nach individueller Einteilung der Arbeitszeit haben die Gewerkschaften ihre traditionelle Ablehnung der Arbeitszeitflexibilisierung aufgegeben. Vielmehr sehen sie in dem individuellen Aspekt nach mehr Arbeitszeitsouveränität ein wesentliches Kriterium für eine zukunftsweisende Arbeitszeitpolitik.

Der Erfolg der Arbeitszeitpolitik hängt ab von der optimalen Gestaltung der drei Ziele:

- gesellschaftlich: gerechte Verteilung der vorhandenen Arbeit;
- betriebswirtschaftlich: kostengünstige bzw. kostenneutrale Organisation und Gestaltung;
- individuell: Gewinnung individueller Arbeitszeitsouveränität.

Immer häufiger werden deshalb heute die Flächentarifverträge mit sogenannten **„Öffnungsklauseln"** versehen, die es Betrieben erlauben, auf ihre Bedürfnisse zugeschnittene Detailvereinbarungen zu treffen.

Der verstärkte Wandel in den Arbeitszeitstrukturen zu Beginn des neuen Jahrtausends belegt das VW-Modell „5 000 mal 5 000", das neue tarifpolitische Gestaltungselemente enthält, die die Attraktivität des Standortes Deutschland sichern sollen. Anders als bisher wird nicht mehr eine festgelegte Anzahl von Arbeitsstunden pro Woche und Monat unter tariflich fixierten Bedingungen bezahlt. Mit dem in einem Werksvertrag festgelegten Programmentgelt geht der Beschäftigte die Verpflichtung ein, das geforderte Produktionsprogramm in genau festgelegtem Umfang und Qualität durchzuführen und so lange zu arbeiten, bis dieses Produktionsprogramm erfüllt ist. Die Beschäftigten werden damit unmittelbar für die Erreichung der Produktions- und Kostenziele verantwortlich gemacht. Es entsteht ein neues Verhältnis zwischen Arbeitgeber und Arbeitnehmer, das nicht mehr auf der sorgfältigen Trennung zwischen Arbeitgebern und Arbeitnehmern beruht. Die aktuellen Tarifverhandlungen sind gekennzeichnet durch die Forderungen der Unternehmer nach längeren Arbeitszeiten ohne Lohnausgleich. Die unterschiedlichen Arbeitszeitmodelle in der Automobilbranche dokumentieren diese Entwicklung.

M 22

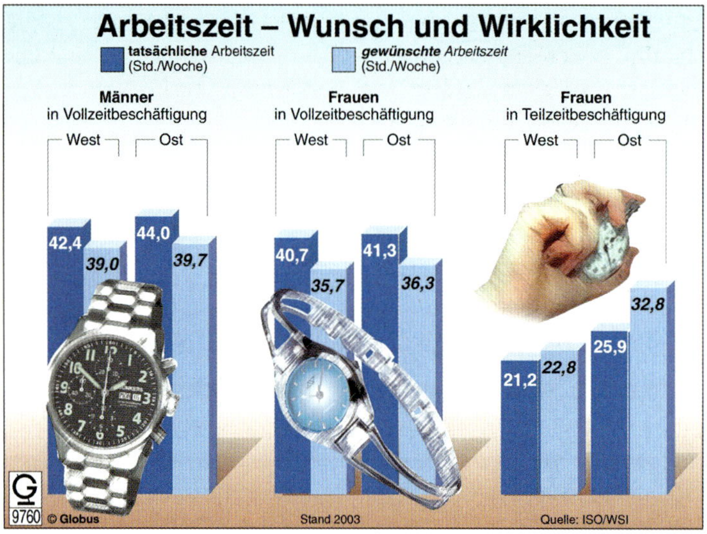

M 23 | Das VW-Tarifmodell „5 000 mal 5 000" – Muster für mehr Flexibilität

Unmittelbar nachdem sich der Volkswagen-Konzern und die IG-Metall auf das Tarifmodell „5 000 mal 5 000" geeinigt hatten, feierten Unternehmer, Gewerkschafter und Politiker den neuen Tarifvertrag als „Riesenerfolg" und „richtungsweisend". Der Tarifabschluss basiere auf dem Grundgedanken „durch tarifvertragliche Regelungen Arbeitslose einzustellen" und sei, so der Gewerkschafter Holger Meine „ein Ergebnis im Interesse der Arbeitslosen und der Beschäftigten".

VW wird zum 1. Oktober kommenden Jahres [2002] zunächst im Werk Wolfsburg 3 500 neue Mitarbeiter, vor allem Arbeitslose für die Produktion eines VW-Minivans einstellen, die nicht dem VW-Haustarif unterliegen, sondern für weit weniger Lohn mit deutlich flexibleren Arbeitszeiten arbeiten werden. Diese neuen VW-Beschäftigten werden einen monatlichen Fixlohn von brutto 2 300,81 € und einen leistungsbezogenen Bonus von 255,65 € monatlich erhalten. Außerdem hat der Konzern weitere 1 500 Jobs für die Fertigung eines Mikrobusses in Hannover in Aussicht gestellt.

Verglichen mit dem Haustarif, nach dem bisher alle VW-Beschäftigten bezahlt werden, liegt das Entgelt deutlich niedriger als die Löhne der traditionellen VW-Arbeitnehmer. Nach eigenen Angaben spart VW mit dem künftigen Modell mehr als 20 Prozent Personalkosten ein. Zwar gab es schon früher und gibt es heute in vielen Betrieben Beschäftigte von Fremdfirmen, sogenannte Leiharbeiter, mit weit niedrigeren Löhnen als die Stammbelegschaft, aber bisher traten die Gewerkschaften für einheitliche Tarife in einem Werk, beziehungsweise sogar einer Branche ein. Doch das genau ist die Botschaft des Kompromisses: Manchmal müssen wir uns nach unten orientieren, um in der Standortkonkurrenz zu Ländern mit niedrigeren Lohnstrukturen zu bestehen.

Der Vertrag, dessen Laufzeit dreieinhalb Jahre beträgt, sieht im Jahresdurchschnitt eine Arbeitszeit von 35 Stunden vor, zu der wöchentlich drei Stunden für Qualifizierung hinzukommen. Von diesen drei Stunden wird die Hälfte bezahlt. Die jahresdurchschnittliche 35-Stunden-Woche ist allerdings hochgradig flexibilisiert. Das bedeutet, dass die Beschäftigten in der einzelnen Woche bis zu 42 Stunden arbeiten – sieben Stunden an sechs Tagen. Anders als bei der bisherigen „Volkswagenwoche" wird der Samstag zu einem normalen Arbeitstag, an dem die neu Eingestellten maximal zehnmal pro Jahr auch zur Spätschicht anrücken müssen. Auf diese Weise kann jeder Beschäftigte bis zu 200 Überstunden auf einem Arbeitszeitkonto ansammeln. Dieses Plus soll später durch Freizeit ausgeglichen werden. Wenn dies nicht möglich ist, können die Überstunden aber ausbezahlt werden: mit einem Zuschlag von 25 Prozent.

Besonderen Wert legt die Unternehmensseite auf das vereinbarte „Programmentgelt", das eine Grundidee des Projekts „5 000 mal 5 000" ist. Bei der neuen VW-Tochter hätten die künftigen Mitarbeiter „ein hohes Maß an Verantwortung für Produktionsstückzahl und Qualität zu tragen", betonte VW-Verhandlungsführer Senn nach der Einigung gestern früh. Im Tarifvertrag wird festgeschrieben, dass die elf Produktionsgruppen in der Wolfsburger Minivanfertigung jeden Tag eine feste Stückzahl fehlerfreier Fahrzeuge abliefern müssen. Dabei ist das tägliche Ende der Arbeitszeit nach Senns Worten „flexibel". Werde das Programm nicht erfüllt, hat der Mitarbeiter wie in der Schule nachzusitzen. Er muss „unmittelbar nach Schichtende die entsprechende Nacharbeit leisten". Nach Angaben von Senn soll das Unternehmen so auch durch kurzfristige Abwesenheit vom Arbeitsplatz nicht mehr belastet werden. Je öfter also die Mitarbeiter tagsüber die Toilette aufsuchen, umso länger müssen sie nach Schichtschluss in der Montagehalle bleiben.

Bei der Entlohnung der 3 500 neuen VW-Beschäftigten hat die IG Metall allerdings nur den VW-Haustarif, nicht aber den niedersächsischen Flächentarif aufgegeben. Die Arbeitslosen, die zum Juli kommenden Jahres eingestellt werden, sollen zunächst drei Monate lang auf Kosten des Arbeitsamts geschult werden. Ab Oktober 2002 werden sie dann von VW eingestellt – zunächst allerdings für sechs Monate zur Probe. Bis Frühjahr 2003 wird die Produktion des Minivans dann nach und nach hochgefahren. Danach will die Auto 5 000 GmbH unbefristete Arbeitsverträge abschließen.

(Autorentext, zusammengestellt auf Grundlage der TAZ v. 29.6.2001, S. 6)

M 24 | Zukunftspaket VW?

Im Zuge der Sanierung von VW haben der VW-Vorstand und die IG Metall eine Einigung erzielt. Mit dem Tarifabschluss werde ein großer Schritt zur Verbesserung der Wettbewerbsfähigkeit möglich, hieß es. Die IG Metall hatte unter anderem einer Arbeitszeitverlängerung ohne Lohnausgleich zugestimmt. Im Gegenzug gab VW verbindliche Zusagen für die langfristige Zukunft der sechs westdeutschen Werke. Die Umsetzung eines Arbeitszeitkorridors (von 28–33 Stunden) soll nun von Werksleitung und Betriebsrat in jedem Werk gesondert vereinbart werden.

(nach: www.freenet.de; ergänzt)

M 25 | Formen der flexiblen Arbeitszeitgestaltung

Modellbezeichnung	Kurzbeschreibung	Besonderheiten
① Schichtarbeit	In der Lage gegenüber der normalen Tagesarbeitszeit versetzte Arbeitszeit, um die Betriebszeiten über 8 Stunden hinaus zu erhöhen, zum Teil auf 24 Stunden täglich. Häufig als 8-Stunden-Schicht, zum Teil auf 24 Stunden täglich. Häufig als 8-Stunden-Schicht, zum Teil mit verlängerter Arbeitszeitdauer, so z. B. als 12-Stunden-Schicht, wie in der Chemischen Industrie teilweise praktiziert.	Wird aufgrund technischer und wirtschaftlicher Notwendigkeit praktiziert. Zur generellen Flexibilisierung der Arbeitszeit nicht einsetzbar.
② Gleitende Arbeitszeit	Freie Wahl von Beginn und Ende der täglichen Arbeitszeit im Rahmen bestimmter Bandbreiten (Gleitzeit: z. B. zwischen 7.00 und 9.00 Uhr Arbeitsbeginn, zwischen 15.30 und 18.30 Uhr Arbeitsende).	Inzwischen in den Verwaltungsbereichen weit verbreitet, in der Produktion nicht ohne Weiteres realisierbar.
③ Arbeitszeit á la carte	Von der Normalarbeitszeit abweichende Verteilung der täglichen Arbeitszeit: z. B. pro Woche 4 x 10 Std. oder 4 x 9 Std. + 1 x 4 Std.	Nur für Arbeitsplätze geeignet, die nicht immer zu den üblichen Arbeitszeiten besetzt sein müssen.
④ Gleitender Übergang in den Ruhestand	Verringerte Arbeitszeit für ältere Mitarbeiter.	
⑤ Job-sharing	Zwei oder mehr Mitarbeiter teilen sich innerhalb einer vorgegebenen Gesamtarbeitszeit ihre Arbeitszeit selbst ein.	Nicht für alle Arbeitsplätze geeignet; Kooperationsbereitschaft der beteiligten Arbeitnehmer erforderlich.
⑥ KAPOVAZ (Kapazitätsorientierte variable Arbeitszeit)	Die monatliche Normalarbeitszeit ist nach Arbeitsanfall variabel einteilbar. Kurzfristige Verteilung der Arbeitszeit normalerweise durch den Arbeitgeber.	Umstritten, insbesondere wegen des vorher nicht exakt festgelegten Arbeitseinsatzes.
⑦ Abbatical (Langzeiturlaub)	Sonderurlaub für mehrere Monate, z. B. zur Weiterbildung.	Wegen der Organisationsproblerne durch die lange Abwesenheit vom Arbeitsplatz nur in Einzelfällen praktizierbar.
⑧ Saisonarbeit	Fixierung der jährlichen Arbeitszeit auf bestimmte Monate (Jahreszeiten).	Nur für Arbeitnehmer realisierbar, die nicht auf eine ständige Beschäftigung angewiesen sind.
⑨ Teilzeitarbeit	Geringere als die tariflich festgelegte Arbeitszeit; hinsichtlich Lage und Dauer der Arbeitszeit sind verschiedene Varianten denkbar.	Durch die Vielfalt der möglichen Varianten in vielen Bereichen und für viele Arbeitnehmer realisierbar.

Neben den Möglichkeiten zur Gestaltung der Arbeitszeiten werden neue Formen der Beschäftigung diskutiert (→ II/2.3, S. 103 ff.):

- Telearbeit und Heimarbeit (zeitliche und räumliche Entkopplung der Arbeit vom Arbeitsort)
- Geringfügige Beschäftigungsverhältnisse („Minijobs"; unter 15 Stunden wöchentlich, 400 € monatlich)
- Freie Mitarbeiter bzw. Werkvertragsarbeitnehmer (Scheinselbstständige)
- Zeitarbeit (befristete Arbeitsverhältnisse, ohne anteiliges Weihnachts- und Urlaubsgeld)
- Befristete Beschäftigungsverhältnisse.

M 26a | Berufe werden Jobs

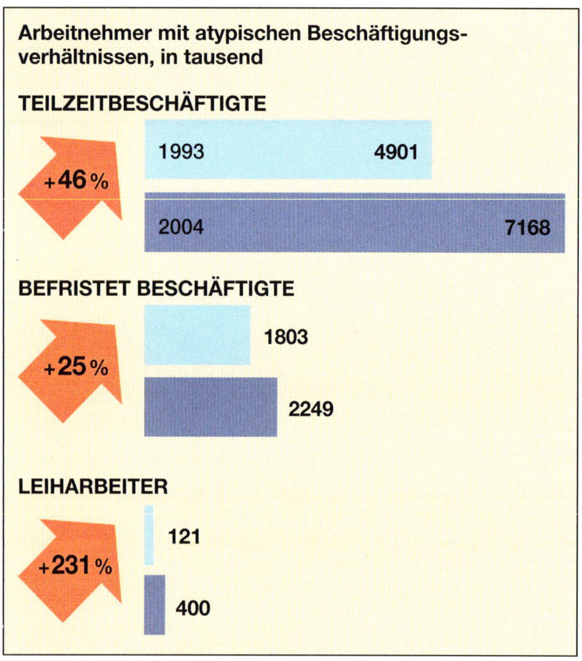

M 26b | Arbeiten auf Zeit

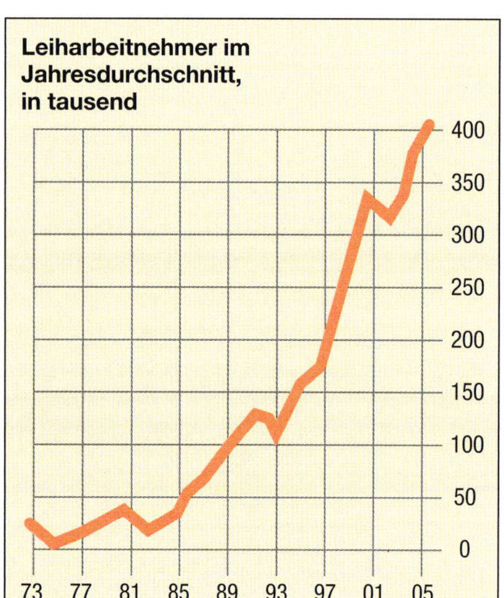

(nach: Spiegel, Nr. 31/2006, S. 47 f.)

M 27 | Auf Nummer unsicher: Generation Praktikum

Für junge Berufseinsteiger hat sich die Arbeitswelt verändert. Während ihre Eltern nach Lehre oder Studium quasi automatisch in ein festes Arbeitsverhältnis rutschten, ist für die Kinder eine gute Ausbildung längst nicht mehr eine Eintrittskarte in ein gesichertes Erwerbsleben. Für jene Hochschulabsolventen, die seit 2001 Examen gemacht haben, sind feste Stellen knapp.

Eine sichere, lebenslange Festanstellung ist für viele Junge heute bestenfalls ein fernes Ziel. Die sogenannten Normalarbeitsverhältnisse, also unbefristete, sozialversicherungspflichtige Arbeitsstellen, deren Anteil 1968 in Westdeutschland noch bei über 75 Prozent lag, sind bis zum Jahr 2002 auf gut 60 Prozent zurückgegangen.

Stattdessen hangeln sich heute immer mehr Berufsanfänger als Praktikanten, Mehrfachjobber oder Honorarkräfte durch die neue Arbeitswelt, mit befristeten Verträgen oder ganz ohne, mit schlechter oder gar keiner Bezahlung, zeitlich stets flexibel und immer mobil.

Sicherheiten bieten diese neue Formen des Arbeitsalltags nicht – im Gegenteil: Sie fördern einen Prozess der Verunsicherung, den Soziologen mit dem Wort „prekär" beschrieben. „Prekär heißt sehr vieles. Prekarität betrifft alle, die kein altes Normalarbeitsverhältnis haben, sondern vertraglich, zeitlich, räumlich flexibel arbeiten", sagt der Münchner Soziologe Ulrich Beck.

„Die Prekarität wird für eine ganze Generation zur Voraussetzung, weil immer mehr junge Menschen überhaupt kein festes Arbeitsverhältnis bekommen." Im neuen Jahrtausend lebt nicht mehr bloß der saisonal beschäftigte Hilfsarbeiter prekär – die Entwicklung hat die gebildete akademische Mittelschicht erreicht. [...] Die Ansprüche, die Politik, Wirtschaft und Gesellschaft heute an die Jungen stellen, sind höchst widersprüchlich: Sie sollen die Renten sichern und sich um ihre eigene Altersvorsorge kümmern, nach dem Uni-Abschluss Studienkredite abtragen, aber auch konsumieren und Familien gründen. So gerät die junge Generation zunehmend unter Druck – denn gleichzeitig sind alle diese Forderungen kaum zu erfüllen.

Und so stricken Jugendliche und Studenten heute an Lebensläufen, die möglichst breitgefächerte Interessen und vielfältige Fähigkeiten aufzeigen. Sie verbringen ein Schuljahr in den USA, studieren nicht nur Volkswirtschaftslehre, sondern nebenbei noch Kunstgeschichte, wechseln den Hochschulort, jobben im Marketingbereich und setzen sich gleichzeitig bei der lokalen Gruppe von Amnesty international ein.

Angespornt werden sie durch Personalverantwortliche, die von den Bewerbern heute nicht nur fachliche Qualifikationen, Praxiserfahrung und Fremdsprachenkenntnisse fordern, sondern auch „soft kills" und „gesellschaftliches

Engagement“. Personalchefs achten immer stärker auf den gesamten Lebenslauf als bloß auf das Abschlusszeugnis. Wenn dann zum Berufseinstieg nur ein Jahresvertrag winkt, wenn ein Umzug nötig ist, erstaunt das erst einmal die wenigsten. [...] Irgendwann aber, wenn nach dem ersten ein zweiter befristeter Vertrag unterschrieben ist, wenn am Studienort immer noch drei Umzugskisten stehen, die darauf warten, nachgeholt zu werden, dorthin, wo das eigentliche Leben beginnen sollte, wenn die Lebenspartnerin zum dritten Mal umgezogen ist, wenn das gemeinsame Nest nur am Wochenende bevölkert ist und die eigenen Eltern nach Enkelkindern fragen, dann setzt Angst ein. Angst, vor lauter Laufen das Ankommen zu verpassen. In diesem Moment erkennen junge Erwachsene, dass Flexibilität nicht nur frei, sondern auch sehr unsicher macht – denn auf der Grundlage von Zeitverträgen lässt sich kein Leben planen.

(Spiegel, Nr. 31/2006, S. 44 ff.)

Aufgaben

1. a) Erläutern Sie die Arbeits- und Organisationskonzepte von VW. Stellen Sie die Eckpunkte des Tarifmodells heraus (Arbeitszeitorganisation, Entlohnung, Qualifizierung, Stellung im Produktionsprozess) und charakterisieren Sie schlagwortartig die getroffene Vereinbarung (M 23).
   b) Verdeutlichen Sie am Wirtschaftskreislauf, wie die Therapie des Modells wirken soll. Wo setzt sie an, welche weiteren Schritte erhofft man sich?
   c) Prüfen Sie, welche Sichtweise der Lohnpolitik sich eher durchgesetzt hat.
2. Entwerfen Sie aus der Sicht der Gewerkschaften bzw. der Arbeitgeberverbände eine Stellungnahme zu den getroffenen Vereinbarungen.
3. Erörtern Sie, ob das VW-Modell „5 000 mal 5 000“ ein Modell für die Zukunft Deutschlands (andere Unternehmen und Branchen) darstellt oder einen Schritt in die falsche Richtung. Beziehen Sie auch das Material zum Beruf der Zukunft (S. 103, M 10) in Ihre Überlegungen mit ein.
4. Diskutieren Sie, ob die Arbeitslosen nicht als dritte Partei an den Tarifverhandlungen teilnehmen sollten/müssten.
5. a) Erläutern und diskutieren Sie die praktizierten Formen der Arbeitszeitverkürzung und der flexiblen Arbeitszeitgestaltung (M 26).
   b) Ergänzen Sie für die neuen „atypischen“ Beschäftigungsverhältnisse die Kurzbeschreibung und Problemstellung.
6. Diskutieren Sie, ob längere oder kürzere Arbeitszeit zu mehr Arbeitsplätzen führt.
7 Beschreiben Sie die Entwicklung in der Arbeitswelt (M 26a/M 26b, M 27).
8. Erörtern Sie, welche Konsequenzen sich aus M 27 für Ihre Berufswahl ergeben (→ III/2.3, S. 103 ff.).

➤ Maßnahmen des Staates zur Bekämpfung der Arbeitslosigkeit

Arbeitsmarktpolitik – ein Fass ohne Boden?

Besonders die gegenwärtig drastisch hohe Arbeitslosigkeit in den neuen Bundesländern, die durch das Zusammenbrechen vieler Industrieunternehmen ausgelöst wurde, verdeutlicht den Handlungsbedarf und die Notwendigkeit einer staatlichen Beschäftigungspolitik. Nach dem **Arbeitsförderungsgesetz** sind die **Bundesagentur für Arbeit** in Nürnberg und die ihr nachgeordneten Arbeitsagenturen zuständig für die Arbeitsmarktpolitik. Die Arbeitsmarktpolitik soll einen möglichst reibungslosen Übergang von der Arbeitslosigkeit in die Beschäftigung gewährleisten und somit eine wichtige Brückenfunktion erfüllen. Während die passive Arbeitspolitik vornehmlich die finanziellen Belastungen von Arbeitslosigkeit durch Lohnersatzleistungen (Arbeitslosengeld) mildert, versucht die aktive Arbeitsmarktpolitik die Beschäftigungsmöglichkeiten durch gezielte Maßnahmen zur Sicherung und Verbesserung der Beschäftigung und der Berufschancen von Arbeitslosen zu steigern. Für ihre umfangreichen Leistungen benötigt sie die Beiträge, die Arbeitnehmer und Arbeitgeber in die Arbeitslosenversicherung einzahlen, und darüber hinaus staatliche Gelder.

➤ Reformen des Arbeitsmarktes

Die Neuordnung des **Niedriglohnsektors** ist das Projekt der Großen Koalition mit dem Ziel, Langzeitarbeitslosen bessere Perspektiven zu eröffnen. Aus der Vielzahl der Mittel sollen die Kontroversen um die bundesweite Einführung des Kombilohnes und des Mindestlohnes sowie die brisanten Vorschläge der Hartz-Kommission dargestellt und die Rezepte auf ihre Wirksamkeit hin untersucht werden. Ursprungsidee der Union ist es, den Markt für niedrig bezahlte einfache Arbeit zu öffnen und dafür den dort Beschäftigten mit sogenannten Kombilöhnen ein Auskommen zu sichern. Die SPD geht unter dem Erwartungsdruck der Gewerkschaften von der Idee aus, niedrig bezahlte Jobs durch Mindestlöhne zurückzudrängen, damit der Lohn das Existenzminimum sichert. Die Maßnahmen werden einerseits als sozialpolitisch notwendig begrüßt; sie stoßen andererseits aber auch auf Ablehnung, und zwar nicht nur wegen der finanziellen Grenzen, sondern einerseits auch, weil sich nachhaltigere Erfolge gerade bei der Bekämpfung der Langzeitarbeitslosigkeit noch nicht erkennbar eingestellt haben, und andererseits aus ordnungspolitischen Gründen, weil Arbeitsbeschaffungsmaßahmen im Rahmen eines zweiten Arbeitsmarktes eine billigere Konkurrenz gegenüber wirtschaftlichen Unternehmen, vor allem Mittelstand und Handwerk, darstellen könnten.

Mindestlohn und/oder Kombilohn – Hoffnungsträger?

M 28

M 29

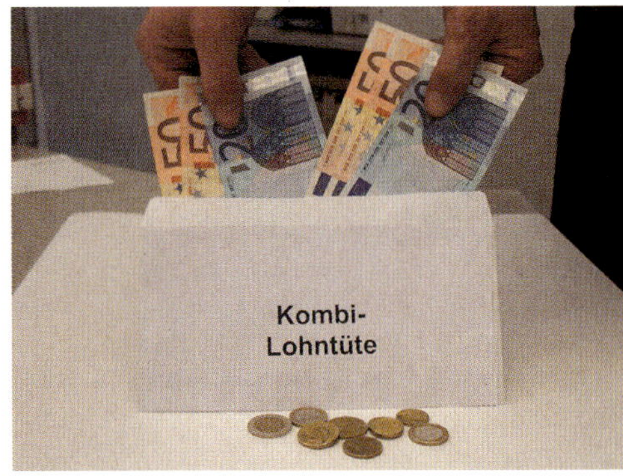

M 30

Erstens der Mindestlohn

Bisher gibt es in Deutschland keine allgemein verbindliche Lohnuntergrenze. Zwar haben Gewerkschaften und Arbeitgeberverbände bestimmte Tariflöhne festgesetzt. Aber erstens gelten diese nur für bestimmte Branchen (siehe Entsendegesetz), zweitens können die Unternehmen ausscheren. Und drittens sind dazwischen manche Tariflöhne so niedrig, dass sie nicht vor einem Leben in Armut schützen. Ein gesetzlicher Mindestlohn dagegen würde für den Einzelhandel genauso gelten wie für Maschinenbauer oder für Leiharbeitsfirmen. Die Gewerkschaften setzen sich seit Kurzem für eine solche Untergrenze von 7,50 Euro pro Stunde ein. Bei einer 38-Stunden-Woche entspräche dies einem Mindestgehalt von 1 230 Euro.

Aber würde die Einführung eines Mindestlohns nicht die Arbeitslosigkeit erhöhen? Theoretisch schon. Schließlich ist jeder Arbeitsplatz von einer bestimmten Lohnhöhe an nicht mehr rentabel. Einfache Tätigkeiten könnten da schon bei geringen Lohnsteigerungen gestrichen werden. In der Praxis ist die Sache allerdings komplizierter. Inzwischen existiert in den meisten mittel- und westeuropäischen Ländern ein gesetzlicher Mindestlohn, ohne dass die Arbeitslosigkeit dadurch nennenswert gestiegen wäre. Dies könnte daran liegen, dass die Unternehmen oftmals Löhne durchsetzen, die weit tiefer liegen als die Rentabilitätsgrenze. Dann lohnt es sich auch bei einer leichten Lohnerhöhung noch, die Mitarbeiter zu beschäftigen. Die Gewinne fallen nur ein wenig kleiner aus.

Zweitens der Kombilohn

Die Idee scheint bestechend: Wenn Arbeit zu teuer geworden ist, muss man sie billiger machen, um so wieder Nachfrage insbesondere für gering Qualifizierte und Langzeitarbeitslose zu schaffen. Dabei bleibt die Lohnhöhe den Verhandlungen zwischen Arbeitgebern und Arbeitnehmern überlassen. Wer zu wenig verdient, erhält vom Staat einen Zuschuss, der ihn ebenfalls über eine bestimmte, gesetzlich festgelegte Grenze hebt. So sollen die betroffenen Problemgruppen zu einer Arbeitsaufnahme auch unterhalb des bestehenden Lohnkorridors motiviert werden. Der Vorteil des Kombilohns liegt auf der Hand: Es kommen keine zusätzlichen Kosten auf die Unternehmen zu, höhere Arbeitslosigkeit ist nicht zu befürchten. Der Nachteil ist allerdings ebenso offensichtlich: Viele Arbeitgeber könnten diese Regelung dazu nutzen, die Löhne weiter zu senken – mit Einverständnis ihrer Beschäftigten, denn der Staat kommt ja für den Verlust auf. Dies würde die Verschuldung der öffentlichen Haushalte noch mehr in die Höhe treiben. De facto gibt es in Deutschland bereits einen Kombilohn. Rund eine Million Erwerbstätige verdienen so wenig, dass sie noch unter Hartz IV-Niveau liegen. Ihnen stockt der Staat schon jetzt das Einkommen auf – einer der Gründe, weshalb die Hartz-Reformen weit teurer kommen als erwartet. Die Politik hat schlicht die Zahl der Geringverdiener unterschätzt.

(Uwe Heuser, in: Die Zeit, 11.05.2006, S. 24)

M 31 | Anreiz zur Arbeit?

	Arbeitslosengeld II je Monat[1]	entspricht einem **Brutto-Stundenlohn**[2]	zum Vergleich: **Tarif-Stundenlöhne** (2005)
Single	**662/ 822 €**	**3,70/ 5,65 €**	Friseurhandwerk (Sachsen) **3,06 €**
Alleinerziehende ein Kind unter 7 Jahre	**1090/ 1310 €**	**4,20/ 6,30 €**	Floristik (Brandenburg) **4,58 €**
Verheirateter Alleinverdiener	**1034/ 1354 €**	**7,10/ 9,80 €**	Einzelhandel (Hamburg) **7,28 €**
Verheirateter Alleinverdiener, zwei Kinder unter 7 Jahre	**1574/ 2014 €**	**4,80/ 9,25 €**	Groß- und Außenhandel (Hamburg) **8,92 €**

[1] ohne/mit befristetem Zuschlag;
[2] bei einer 40-Stunden-Woche unter Berücksichtigung von Kindergeld/-zuschlag, Wohngeld

(nach: Spiegel, Nr. 21/2006, S. 83)

Als **Niedriglohn** gilt ein Verdienst, der niedriger ist als ⅔ des mittleren Lohns. Nach dieser Definition war 2004 ein Monatseinkommen von weniger als 1 800 Euro brutto für eine Vollbeschäftigung ein Niedriglohn. Das entspricht bei einer 40-Stunden-Woche einem Stundenlohn von 9,78 Euro.

M 32 |

Volkswirtschaftlich betrachtet schafft ein Niedriglohnsektor keine neuen Jobs, sondern verschlechtert in der Summe die bestehenden. Langjähriges unfreiwilliges Experimentierfeld ist der Einzelhandel. Hier herrscht – wie in anderen kundennahen Dienstbereichen auch – seit Langem ein breiter „Niedriglohnkorridor“. Stundenlöhne zwischen 4 und 8 Euro brutto für sogenannte „Ungelernte“ sind die Regel.
Auch die Entgelte für Kräfte mit Berufsausbildung sind mit 9 bis 11 Euro brutto verhältnismäßig niedrig. Auf die Zahl der Arbeitsplätze hat das allerdings keine belebende Wirkung. Die Beschäftigung geht dort seit Jahren zurück [...]. Die Begründung ist so einfach wie ernüchternd: Der Kostenvorteil, den die Arbeitgeber durch Senkung der Personalkosten erzielen, wird in den ruinösen Konkurrenzkampf investiert.
Eine Ausweitung des Niedriglohnsektors durch Lohnsubventionen würde diesen Trend verstärken. Die Folge: Noch mehr Menschen würden ihren Arbeitsplatz verlieren, der Konzentrationsprozess würde angeheizt. Statt mit öffentlichen Geldern sinnvolle Arbeitsmarktprojekte und die Qualifizierung von Arbeit Suchenden zu finanzieren, würden Einzelhandelsunternehmen subventioniert, die den Wettbewerb als Preis- und Kostenkonkurrenz betreiben. Die Behauptung, Niedriglöhne seien eine wirksame Hilfe bei der Integration in den ersten Arbeitsmarkt – insbesondere für Langzeitarbeitslose –, hält einer differenzierten Betrachtung nicht stand. Dieser Personenkreis braucht gezielte, individuell abgestimmte Hilfen, um dauerhaft im Erwerbsleben Fuß fassen zu können.

(Margret Mönig-Raane, stellvertretende Vorsitzende der Gewerkschaft Verdi; in: Handelsblatt, 23.7.2001, S. 8)

Mit „Fördern und Fordern“ zu mehr Jobs?

Die von der Bundesregierung eingesetzte Kommission unter dem Vorsitz von VW-Manager Hartz legte 2002 im Rahmen der „Agenda 2010“ einen Reformkatalog zur Bekämpfung der Arbeitslosigkeit vor, der eine Halbierung der Arbeitslosenzahlen bis 2005 anpeilte. Die neue Leitidee „Fördern und Fordern“, also Sicherheiten einlösen – Eigeninitiativen auslösen, setzte sich als Ziel, Arbeitslose schneller und besser in vorhandene Arbeitsplätze zu vermitteln oder ihnen mit staatlicher Unterstützung neue Beschäftigungsmöglichkeiten zu eröffnen. Der Grundsatz von Fördern und Fordern prägt auch die neue Grundsicherung (Arbeitslosengeld II) und ist zugleich ihr sozialpolitisch umstrittenster Zweig.

M 33

(Bild aus dem Stern vom 18.7.2002)

M 34

M 35a | Die Kernpunkte der Reform: ANSPRUCH und …

Personal-Service-Agenturen: Die bei Jobzentren oder Privatvermittlern angesiedelten Personal-Service-Agenturen (PSA) bieten jedem Arbeitslosen eine Beschäftigung als Leiharbeiter an. Diese erhalten während der maximal halbjährigen Probezeit einen Nettolohn in Höhe des Arbeitslosengeldes, bei Übernahme werden sie nach PSA-Tarif bezahlt. Wer eine solche Stelle ausschlägt, muss mit Leistungskürzungen rechnen. Das Modell baut darauf, entleihende Firmen vom Kündigungsschutz zu entlasten, den Beschäftigten aber sozial abzusichern. Daneben setzt es auf einen „Klebeeffekt“: Wenn ein Unternehmen mit einem Leiharbeitnehmer zufrieden ist, wird er aller Erfahrung nach früher oder später in ein reguläres Beschäftigungsverhältnis übernommen. Ziel: 350 000 Jobs pro Jahr.
Jobzentren: Arbeitsämter und Sozialämter werden organisatorisch zu Jobzentren zusammengelegt, deren Aufgabe vorrangig in der effizienten und raschen Vermittlung der Stellensuchenden besteht. Sie sollen die Arbeitslosen motivieren, fördern und fordern. Die Jobzentren sind als Anlaufstelle für alle gedacht, die erwerbsfähig sind und dem Arbeitsmarkt zur Verfügung stehen. Es soll keinen Verschiebebahnhof mehr zwischen Arbeits- und Sozialämtern geben. Ziel: Ein Fallmanager soll nicht mehr als 75 Arbeitslose betreuen statt 400.
Ich-AG: Der Staat bezuschusst drei Jahre lang Existenzgründungen von Arbeitslosen. So will man arbeitslose Schwarzarbeiter durch finanzielle Anreize ermuntern, sich in „Ich-AGs“ oder „Wir-AGs“ als Dienstleister selbstständig zu machen. Die Einnahmen unterliegen bis zu 25 000 Euro im Jahr einer Pauschalsteuer von zehn Prozent und es müssen weniger Sozialabgaben bezahlt werden. Ziel: 500 000 neue Firmen pro Jahr.
Minijobs: Die 325-Euro-Jobs werden zur Bekämpfung der Schwarzarbeit ausgeweitet. Die Verdienstgrenze steigt von 325 auf 400 Euro monatlich. Die Beschäftigten, ob Arbeitnehmer, Hausfrauen oder Schüler bleiben bis zu diesem Betrag grundsätzlich von Steuern und Sozialversicherungsbeiträgen befreit, haben aber auch keinen Anspruch auf Zahlung, etwa bei Krankheit. Der Arbeitgeber zahlt lediglich eine Pauschalabgabe von 25 Prozent auf das Arbeitsentgelt (12 Prozent bei Haushaltsjobs).
Jobfloater: Durch eine Jobfloater genannte verzinsliche Anleihe im Volumen von 20 Milliarden Euro soll das Geld aufgebracht werden, um damit in strukturschwachen Regionen Firmen zinsgünstige Kredite zur Schaffung von einer Million neuer Arbeitsplätze zu geben. Der Arbeitslose bringt also praktisch das Geld für seine neue Stelle mit. Die Anleihe soll auch dazu verwendet werden, Infrastrukturprojekte aus dem Solidarpakt II vorzuziehen. Ziel: 100 000 Förderfälle, das bedeutet einen Gesamtumfang von 10 Milliarden Euro.
Schnellvermittlung: Beschäftigte, denen der Verlust des Arbeitsplatzes droht, müssen dem Jobcenter die Kündigung sofort mitteilen. Damit kann die Kündigungsfrist bereits für Vermittlungsbemühungen genutzt werden, sodass im günstigen Fall Arbeitslosigkeit gar nicht erst eintritt. Die durchschnittliche Arbeitslosigkeit soll so bis zum Jahre 2005 von 33 Wochen auf 22 Wochen sinken. Wer seine Kündigung verspätet meldet, dem werden 10 bis 50 Euro je Tag – abhängig vom Einkommen – bei der Unterstützung gestrichen.
Zumutbarkeit: Neue Zumutbarkeitsregeln sollen dafür sorgen, dass vor allem Ledige und Verheiratete ohne Kinder schneller als bisher einen neuen – auch geringer bezahlten – Job fernab ihres Wohnsitzes annehmen müssen, wollen sie Leistungskürzungen vermeiden. Diese sollen „dosiert“ zur Anwendung kommen. Wer glaubt, eine Stelle sei nicht zumutbar, muss dies darlegen (Umkehr der Beweislast).

Jugendliche: Jugendliche sollen von den Jobzentren gezielt gefördert und vermittelt werden. Kein Jugendlicher, der sich darum bemüht, soll ohne Job oder Ausbildungsstelle bleiben. Dafür muss das Jobzentrum sorgen. Ein neues, über eine Stiftung finanziertes Ausbildungs-Wertpapier soll zusätzliche Ausbildungsplätze ermöglichen. Es garantiert dem Inhaber eine Lehrstelle.

Ältere: Arbeitslose, die älter als 55 Jahre sind, und nicht mehr vermittelt werden wollen, sollen aus der Betreuung durch die Jobzentren herausgenommen werden. Sie erhalten dann auf der Basis bisheriger Versicherungsbeiträge eine monatliche Zahlung, die auch die Sozialbeiträge berücksichtigt. Diese Variante soll stufenweise zurückgeführt werden. Andererseits will man Arbeitslose über 55 zur Aufnahme einer auch schlechter bezahlten Tätigkeit motivieren: Ihnen soll eine Lohnversicherung geringeres Nettoentgelt abmildern.

Arbeitslosengeld und -hilfe: Arbeitslosen- und Sozialhilfe werden zum neuen Arbeitslosengeld II zusammengefasst (s. M 36). Es orientiert sich nicht am früheren Arbeitseinkommen, sondern am Bedarf des Betroffenen, d.h. vorhandenes Vermögen wird ab bestimmter Freigrenzen in Anrechnung gebracht. Möglich ist ab 2005 ein Zusatzverdienst durch Übernahme einfacher, gemeinnütziger Tätigkeiten im öffentlichen Bereich. Mit diesen Ein-Euro-Jobs will man die Arbeitsbereitschaft prüfen und die Arbeitslosen wieder an die Arbeitswelt heranführen.

(Autorentext)

M 35b | ... und WIRKLICHKEIT

Personal-Service-Agenturen: Start April 2003, 23 590 Teilnehmer. Die von Privatunternehmen eröffneten 857 Zeitarbeitsagenturen erwiesen sich als totaler Fehlschlag. 580 Mio. Euro zahlte der Bund in den vergangenen zwei Jahren. Jeder der 26 200 dauerhaft Vermittelten kostete damit 22 000 Euro. Angebliche Vermittler streichen tausende Euro ein. BA lässt Instrument auslaufen.

Ich-AG: Start Januar 2003, 240 508 Teilnehmer. Schon im vergangenen Jahr verschlang die umstrittene Existenzgründerhilfe 500 Mio. Euro mehr als geplant. Mehrausgaben 2004 und 2005 mindestens 1 Mrd. Euro. Die Bilanz der Ich-AG ist ernüchternd. Über die Hälfte der Abbrecher meldet sich später wieder arbeitslos. Millionenschaden durch erschlichene Fördergelder, hohe Mitnahmeeffekte.

Minijobs: Start März 2003, 4,1 Millionen. In einem Jahr rasanter Anstieg auf 7,5 Mio. geringfügig Beschäftigte. Minijobs lösen aber jede Menge unerwünschter Nebenwirkungen aus:

- Arbeitgeber wandeln massenhaft reguläre Stellen in Minijobs um.
- Arbeitsplätze werden kaum mit Arbeitslosen, sondern vor allem mit Studenten, Rentnern oder Nebenbeschäftigten besetzt.

Maximal 100 000 bis 150 000 Menschen hat das „Jobwunder" neue Arbeit gebracht.

Jobfloater: Rund 13 000 neue Jobs (März 2004). Programm existiert in der ursprünglichen Form nicht mehr.

Arbeitslosengeld II: Eine Million mehr ALG II-Empfänger als erwartet. Geschätzte Mehrkosten 2005/2006: 20 Mrd. Euro. Die Kommunen bereichern sich zulasten des Bundes. Mehrzahl ist schwer vermittelbar und belastet die Betreuung der anderen Arbeitslosen in Jobcentern. Die Umsetzung der Reform erfolgt mit vielen Pannen, was zu einer erhöhten Bürokratie führt. Der Umstrukturierungsprozess läuft noch.

Ein-Euro-Jobs: Die Kommunen nutzen in großem Umfang die vom Bund finanzierte Jobregelung für Langzeitarbeitslose. Fast 630 000 Personen waren 2005 in dieser Maßnahme beschäftigt. Kosten 2005 mindestens 0,7 Mrd. Euro.

Kritiker befürchten eine Vernichtung regulärer Arbeitsplätze. Das Einkommen der Ein-Euro-Jobber erreicht ungefähr das der unteren Lohngruppen – ein Verstoß gegen das Abstandsgebot.

(zusammengestellt nach: SPIEGEL vom 23.05.2005, vom 02.01.2006 und Bundesagentur für Arbeit)

M 36 |

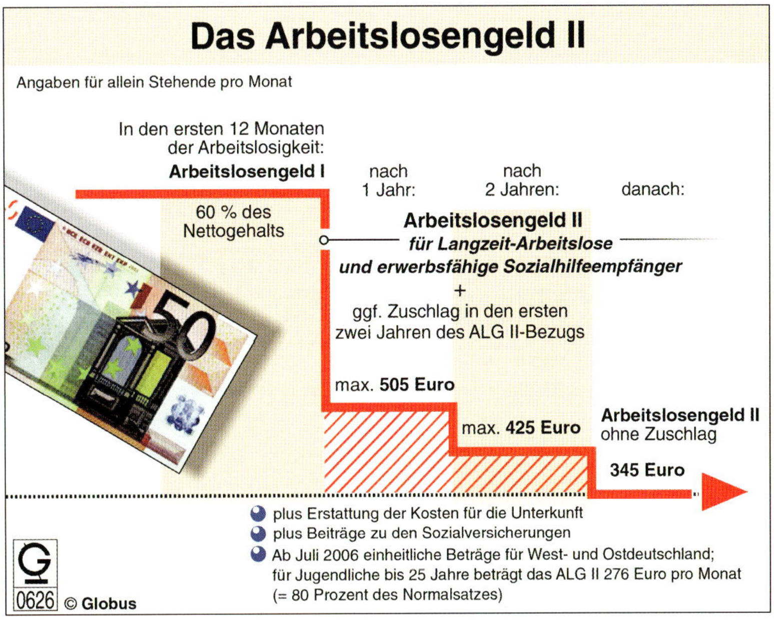

Aufgaben

1. Informieren Sie sich über Aufbau und Organisation der Bundesagentur für Arbeit sowie über Aufgaben, Instrumente und Ausmaß der aufgewendeten Leistungen (www.arbeitsagentur.de und www.bma.de).
2. Beschreiben Sie das Problem, das sich aus der Grafik M 31 ergibt.
3. Arbeiten Sie die Grundidee der Modelle (M 30) heraus. Vergleichen Sie Kombilohn und Mindestlohn nach weiteren Kriterien.
4. Erarbeiten Sie die Argumente gegen die Einführung des Kombilohnes (M 32).
5. Diskutieren Sie: Gesetzlicher Mindestlohn – Förderprogramm für Schwarzarbeit?
6. Stellen Sie heraus, wodurch sich die Arbeitsverhältnisse im „ersten"und „zweiten" Arbeitsmarkt unterscheiden. Prüfen Sie, ob der Begriff „Markt" noch zutrifft (→ III/1., Modul 2, S. 149 f.).
7. Erläutern Sie anhand von M 33 die einzelnen Elemente der Hartz-Reform.
8. Ordnen Sie die einzelnen Regelungen und Maßnahmen von M 35a den beiden Prinzipien „Fördern und Fordern" tabellarisch zu.
9. Untersuchen Sie die einzelnen Instrumente zur Reform des Arbeitsmarktes:
   a) Zeigen Sie die Auswirkungen auf Arbeitnehmer, Betrieb, Arbeitsmarkt, Sozialversicherung, Bundeshaushalt und prüfen Sie die Wirksamkeit der Maßnahmen (M 35b). Ziehen sie auch die Materialien M 26a/M 26b hinzu.
   b) Informieren Sie sich über den aktuellen Stand der Umsetzung der Vorschläge. Welche Reformelemente werden aufgegriffen, welche vernachlässigt? (www.bundesregierung.de)
10. Umreißen Sie die Gefahren, die durch zu niedrige, aber auch durch zu hohe Ersatzeinkommen für Arbeitslose entstehen können. Welche Abstufungen würden Sie befürworten?
11. Diskutieren sie insgesamt Ziele und Grenzen eines „zweiten" Arbeitsmarktes.
12. Nehmen Sie zur These des Plakats (M 34) Stellung unter Berücksichtigung von M 36. (Zur Diskussion über „Hartz IV" unter dem Aspekt der sozialen Gerechtigkeit vergleiche Kap. I, S. 42 ff.; Kap. II, S. 62 und S. 70.)

➤ Ausblick: Kapitalismus ohne Arbeit?

„Die Zukunft der Arbeit bleibt für unsere Gesellschaft ein hochbrisantes Problem. Die Beobachtung des tendenziell abnehmenden Arbeitsvolumens wirft die Frage auf, ob wir unsere Vorstellungen von Arbeit nicht revidieren müssen. Wahrscheinlich müssen wir Arbeit wieder breiter verstehen, als es die moderne Industriegesellschaft tut. Zwar wird weiterhin die bezahlte Erwerbsarbeit ein wichtiger Bestandteil unseres Lebens bleiben, dennoch ist die Tendenz eines Wertewandels feststellbar. Sinnvolle Betätigung kann der Mensch auch und besonders in der Beziehung seiner sozialen Beziehungen, in sozialer Hilfe für andere finden, die auch die kreative, selbstbestimmte Beschäftigung ohne Entgelt (u.a. Selbsthilfegruppen) einschließt. Diese Erkenntnis ist deshalb so wichtig, weil damit eine mögliche Antwort gegeben wird auf die zentrale Frage, wie Demokratie jenseits der Sicherheiten der Arbeitsgesellschaft möglich wird.

Unsicherheit am Arbeitsmarkt trifft längst nicht mehr nur die „unteren Klassen". Sie ist zum Signum unserer Zeit geworden. Der „Beruf fürs Leben" droht auszusterben. Dass damit eine Wertewelt – die Welt der auf Erwerbsarbeit zentrierten Gesellschaft – untergeht, will niemand wahrhaben.

Der Kapitalismus schafft die Arbeit ab. Arbeitslosigkeit ist kein Randschicksal mehr, sie betrifft potenziell alle – und die Demokratie als Lebensform. Aber der globale Kapitalismus, der die Verantwortung für Beschäftigung und Demokratie abstreift, untergräbt auch seine eigene Legitimität. Bevor ein neuer Marx den Westen wachrüttelt, gilt es, längst fällige Ideen und Modelle für einen veränderten Gesellschaftsvertrag aufzugreifen. Die Zukunft der Demokratie jenseits der Arbeitsgesellschaft muss neu begründet werden.

[...] Was als Heilmittel gilt – die Flexibilisierung der Erwerbsarbeit –, hat die Krankheit Arbeitslosigkeit verdeckt und verschleppt, aber nicht geheilt. Im Gegenteil, alles wächst, die Arbeitslosigkeit und die neue Unübersichtlichkeit von Teilzeitarbeit, ungesicherte Beschäftigungsverhältnisse und die noch stille Arbeitsreserve. Mit anderen Worten: Das Volumen der Erwerbsarbeit schwindet rapide. Wir laufen auf einen Kapitalismus ohne Arbeit zu und zwar in allen nachindustriellen Ländern der Welt.

Drei Mythen schirmen die öffentliche Debatte gegen die Einsicht in diese Lage ab. Erstens: Alles ist sowieso viel zu kompliziert – der Undurchschaubarkeits-Mythos; zweitens: Der bevorstehende Aufschwung der Dienstleistungsgesellschaft wird die Arbeitsgesellschaft retten – der Dienstleistungs-Mythos; drittens: Wir müssen nur die Lohnkosten in den Keller fahren, damit sich das Problem der Arbeitslosigkeit in Luft auflöst – der Kosten-Mythos.

Dass alles mit allem zusammenhängt (wenn auch schwach) und insofern undurchschaubar ist, gilt sicher auch für die Entwicklungen des Arbeitsmarktes unter Globalisierungszwang. Dies schließt aber Aussagen über säkulare Trends nicht aus.

Die Nachfrage nach Arbeit sinkt, das Angebot an Arbeit steigt (auch durch Globalisierung). Beide Indikatoren für zunehmende Abnahme der Erwerbsarbeit – Arbeitslosigkeit und Nichtnormarbeit – stehen auf Alarm.

Es geht längst nicht mehr um die Umverteilung von Arbeit, sondern um die Umverteilung von Arbeitslosigkeit – eben auch verdeckt in den neuen Mischformen von Arbeitslosigkeit und Beschäftigung, weil diese offiziell als „(Voll)Beschäftigung“ gelten (befristete, geringfügige, Teilzeit-Arbeit usw.).

Politiker, Institutionen, auch wir selbst denken in der fiktiven Begriffswelt der Vollbeschäftigung. Sogar Bausparkassen, Versicherungen treffen ihre Abschlüsse in der Annahme, dass Menschen, die „beschäftigt“ sind, ein dauerhaftes Einkommen haben. Das sich rapide ausbreitende Weder-Noch – weder arbeitslos noch sicheres Einkommen – passt nicht in diese Stereotype.

Viele glauben, hoffen und beten, dass die Dienstleistungsgesellschaft uns retten möge vor dem bösen Drachen Arbeitslosigkeit. Das ist der Dienstleistungs-Mythos.

Selbst wenn neue Arbeitsplätze entstehen, können diese im Informationszeitalter leicht überallhin verlagert werden.

Die Schlüsselillusion der laufenden Debatte ist allerdings der Kosten-Mythos. Mehr und mehr Menschen werden angesteckt von der oft schon militant eingeklagten Überzeugung, dass nur eine radikale Absenkung der Arbeitskosten und -löhne aus dem Jammertal der Arbeitslosigkeit herausführe. Hier leuchtet der „amerikanische Weg“.

Genau darin zeigt sich das neue Produktivitätsgesetz des globalen Kapitalismus im Informationszeitalter: Immer weniger gut ausgebildete, global austauschbare Menschen können immer mehr Leistungen und Dienste erbringen. Wirtschaftswachstum setzt also nicht mehr den Abbau von Arbeitslosigkeit in Gang, sondern genau umgekehrt den Abbau von Arbeitsplätzen voraus – jobless growth.

Doch niemand täusche sich: Der Nur-noch-Eigentümer-Kapitalismus, der auf nichts als Gewinn zielt und die Beschäftigten, den (Sozial-) Staat und die Demokratie ausgrenzt, hebt seine eigene Legitimität auf. Während die Gewinnspannen global agierender Unternehmer wachsen, entziehen diese den teuren Staaten beides: Arbeitsplätze und Steuerleistungen und bürden die Kosten der Arbeitslosigkeit und der entfalteten Zivilisation den anderen auf. Zwei chronisch Arme – die öffentlichen Hände und die privaten Hände der noch Beschäftigten – sollen allein finanzieren, was gerade auch die Reichen mitgenießen: den „Luxus“ der zweiten Moderne – hoch entwickelte Schulen und Universitäten, funktionierende Verkehrssysteme, Landschaftsschutz, sichere Straßen, die Buntheit des urbanen Lebens.

Wenn der globale Kapitalismus in den hoch entwickelten Ländern den Wertekern der Arbeitsgesellschaft auflöst, zerbricht ein historisches Bündnis zwischen Kapitalismus, Sozialstaat und Demokratie. Die Demokratie ist in Europa und den USA als „Arbeits-Demokratie“ auf die Welt gekommen – in dem Sinne, dass die Demokratie auf der Beteiligung an Erwerbsarbeit beruht. Der Citizen musste so oder so sein Geld verdienen, um die politischen Freiheitsrechte mit Leben zu füllen. Erwerbsarbeit hat stets nicht nur die private, sondern auch die politische Existenz begründet. Es geht also gar nicht „nur“ um Millionen Arbeitslose. Es geht auch nicht nur um den Sozialstaat. Oder um die Verhinderung von Armut. Oder um die Ermöglichung von Gerechtigkeit. Es geht um uns alle. Es geht um die politische Freiheit und Demokratie in Europa.

Die westliche Verbindung von Kapitalismus mit politischen, sozialen und ökonomischen Grundrechten ist nicht etwa eine „soziale Wohltat“, die man, wenn es knapp wird, einsparen kann. Der sozial abgepufferte Kapitalismus ist vielmehr als Antwort auf die Erfahrung des Faschismus und die Herausforderung des Kommunismus erkämpft worden. Er ist eine Tat angewandter Aufklärung. Diese beruht auf der Einsicht, nur Menschen, die eine Wohnung und einen sicheren Arbeitsplatz und damit eine materielle Zukunft haben, sind oder werden Bürger, die sich die Demokratie zu eigen und sie lebendig machen. Die einfache Wahrheit lautet: Ohne materielle Sicherheit keine politische Freiheit. Also keine Demokratie, also Bedrohung aller durch neue und alte totalitäre Regime und Ideologien.

Doch nicht, dass der Kapitalismus mit immer weniger Arbeit immer mehr produziert, sondern dass er die Initiative zu einem neuen Gesellschaftsvertrag blockiert, beraubt ihn seiner Legitimation. Wer heute über Arbeitslosigkeit nachdenkt, darf nicht als Gefangener der alten Begriffe sich im Streit über den „zweiten Arbeitsmarkt“, die „Teilzeitoffensive“, die sogenannten „versicherungsfremden Leistungen“ oder über die Lohnfortzahlungen im Krankheitsfall verirren und verlieren, sondern muss fragen: Wie wird Demokratie jenseits der Sicherheiten der Arbeitsgesellschaft möglich? Was als Ende und Verfall erscheint, muss umgemünzt werden in eine Gründerzeit für neue Ideen und Modelle, die Staat, Wirtschaft und Gesellschaft für das 21. Jahrhundert öffnen.

Dies bedeutet: Wir müssen in die zivile Gesellschaft investieren. Müssen ihr Kompetenzen und Macht delegieren, und zwar in jeder Hinsicht, technologisch (Informationsmedien), ökonomisch (Grundfinanzierung), Ausbildung (Zertifikate, die auch am Arbeitsmarkt gelten). Wie verhalten sich die Werte und Ziele der „Erwerbsgesellschaft" und der „Selbstorganisation der zivilen Gesellschaft" zueinander? Nicht im Sinne eines Entweder-Oder, sondern eines Sowohl-als-auch. Entscheidend dürfte in Zukunft die Durchmischung von formeller Arbeit und freiwilliger Selbstorganisation sein, der Abbau von rechtlichen und Mobilitätsbarrieren zwischen beiden Sektoren, Schaffung von Aus- und Umstiegsmöglichkeiten (im Jahres-, Wochen-, Monatsrhythmus).

Auf diese Weise würde zweierlei ermöglicht: Zum einen würde das Monopol gebrochen, das sinnvolle, anerkannte, öffentliche Tätigkeit mit Erwerbsarbeit gleichsetzt. Der Arbeitsmarkt würde entlastet, Arbeitslosigkeit also abgebaut. Zum anderen würden durch öffentliche Arbeit neue politische Handlungs- und Identitätszentren in der und gegen die fragmentierte Gesellschaft geschaffen. Es entstünden die (materiellen und kulturellen) Grundlagen für einen „solidarischen Individualismus", wie ihn dieses Land [...] historisch noch nicht gekannt hat.

Danach haben Arbeitslose in Zukunft eine neue Option: Sie können entscheiden, ob sie arbeitslos bleiben oder in freiwilligen Selbstorganisationen tätig werden wollen. Dieses Modell bietet Überraschungen. Es könnte – zu Ende gedacht – auf die Abschaffung von Arbeitslosigkeit hinauslaufen, und zwar nicht dadurch, dass neue (Teilzeit-)Arbeit geschaffen wird, sondern dass die Selbstorganisation der Gesellschaft be- und gelebt wird.

Wenn das „amerikanische Modell" auf eine Kombination von Vollbeschäftigung und working poor hinausläuft, dann könnte das „deutsche (europäische) Modell" eine Kombination von Erwerbsarbeit und grundfinanzierter Mitwirkung in der zivilen Gesellschaft zum Ziel haben. Diejenigen, die sich in Selbstorganisationen engagieren, stehen ja nicht mehr „dem Arbeitsmarkt zur Verfügung" und sind in diesem Sinne keine „Arbeitslosen" mehr. Sie sind aktive Bürger, die sich für das Allgemeinwohl engagieren und dafür eine (zeitlich begrenzte) Grundsicherung erhalten.

Das skizzierte Szenario läuft auf ein Plädoyer hinaus: Die unsichtbare Praxis der sozialen Selbsthilfe und politischen Selbstorganisation muss sichtbar gemacht werden. Ihr muss ökonomisches, organisatorisches und politisches Gewicht verliehen werden. Dies wird nur möglich, wenn wir in die zivile Gesellschaft investieren und dadurch sozusagen die Demokratie demokratisieren. Was wir brauchen, ist ein Bürger-Staat-Bündnis für zivile Gesellschaft – notfalls gegen Arbeit und Kapital. Aber dieses Bündnis sollte alle einschließen, denen die Demokratie am Herzen liegt."

(Ulrich Beck, Kapitalismus ohne Arbeit; in: Der SPIEGEL, Nr. 20/1996, S. 140 ff.)

Aufgaben

1. Welches Bild zeichnet der Autor von der Arbeitsgesellschaft? Wie begründet er seinen Standpunkt?
2. Was versteht der Autor unter „Arbeit"?
3. Beschreiben Sie das Verhältnis Arbeitsgesellschaft/Zukunft der Demokratie.
4. Nehmen Sie kritisch zu dieser Position Stellung.

1.4 Konjunkturpolitik: Staatliche Steuerung als Therapie?

➤ Theorien und Konzeptionen der Wirtschaftpolitik

Wirtschaftspolitik lässt sich definieren als „Gesamtheit der Maßnahmen politischer Entscheidungsträger, die darauf abzielen, den Ablauf des wirtschaftlichen Geschehens zu ordnen, zu beeinflussen oder unmittelbar festzulegen" (H. Giersch, Allg. Wirtschaftspolitik, Wiesbaden 1960, S. 14). Als unmittelbarer Entscheidungsträger beeinflusst der Staat allein durch sein ökonomisches Gewicht als öffentliche Hand den Wirtschaftsprozess erheblich. Umstritten ist jedoch, an welchen Ansatzpunkten und mit welchen Instrumenten der Staat steuernd in wirtschaftliche Abläufe eingreifen soll. Damit sind im Wesentlichen die Fragen der Konjunkturpolitik und Strukturpolitik angesprochen. Die Auffassungen differieren zwischen der Forderung nach weitgehendem Rückzug des Staates aus der Prozesspolitik und Beschränkung auf eine stetige Ordnungspolitik einerseits und der Forderung nach einer weitgehenden Einflussnahme auf die Produktionsentscheidungen der Unternehmen durch Gebote und Verbote andererseits.

Im Streit um die Konjunkturpolitik verknüpfen sich ökonomische und politische Fragen sehr eng. Die jeweilige Wirtschaftslage hat in Demokratien eine erhebliche Bedeutung für die politische Stabilität. Die größte Herausforderung für die Wirtschaftspolitik liegt gegenwärtig darin, die Beschäftigungsmöglichkeiten zu verbessern. Weil das „magische Viereck“ hinsichtlich der Vollbeschäftigung eine überdimensionale Verzerrung aufweist, sollen die Streitfragen zur Konjunkturpolitik hieran erörtert werden.

Staatliche Eingriffe in die Wirtschaft sind ein zweischneidiges Schwert. Unternehmer- wie Arbeitnehmerverbände wehren sich vehement, wenn Politiker sich auch nur dem Verdacht aussetzen, an ihre Kompetenzen zu rühren. Staatlicher Dirigismus ist Produzenten und Konsumenten in gleichem Maße verhasst. Andererseits wird der Regierung Schlafmützigkeit und Untätigkeit vorgeworfen, wenn sie eine wirtschaftliche Krise nicht rechtzeitig erkannt und erfolgreich bekämpft hat. Ist der Staat nur gefordert, wenn das Kind in den Brunnen gefallen ist? Da sich die praktische Wirtschaftspolitik in aller Regel an bestimmten Theorien orientiert, sollen im Folgenden die Grundzüge der beiden Theorien vorgestellt werden, die maßgeblichen Einfluss auf die Gestaltung der Wirtschaftsentwicklung der Bundesrepublik hatten und haben.

➤ Keynes – Wundermittel gegen Arbeitslosigkeit?

Wie wir oben (→III/1., Modul 4, S. 154) ausgeführt haben, beeinflussen Konjunkturschwankungen unmittelbar auch die Beschäftigungsentwicklung. Die Phasen des Abschwungs und der Rezession sind gesamtwirtschaftliche Fehlentwicklungen, die konjunkturelle Arbeitslosigkeit verursachen.

Die jahrzehntelang vorherrschende Theorie zur Konjunktursteuerung war die von Keynes, entwickelt unter dem Eindruck der verheerenden Weltwirtschaftskrise von 1929, die alle Industriestaaten erfasste und Millionen von Menschen ihrer Arbeitsplätze beraubte. Nach der klassischen Wirtschaftstheorie hätte nun das Absinken der Löhne die Unternehmen veranlassen müssen, mit geringeren Lohnkosten die Produktion neu anzukurbeln und damit wieder Arbeitskräfte einzustellen. Aber die Krise verstärkte sich und die Massenarbeitslosigkeit hielt an. Warum versagten die Selbstheilungskräfte des Marktes?

Keynes ging davon aus, dass die Höhe der Produktion oder des Volkseinkommens und damit die Beschäftigung in einer Volkswirtschaft von der Höhe der Gesamtnachfrage abhängig ist. Die Gesamtnachfrage setzt sich aus der Nachfrage der privaten Haushalte nach Konsumgütern, aus der Nachfrage der Unternehmen nach Investitionsgütern, aus der Nachfrage des Staates nach Gütern und Dienstleistungen und der Nachfrage des Auslandes nach Exportprodukten zusammen.

Nach seiner Auffassung ist die entscheidende Ursache für eine konjunkturelle Arbeitslosigkeit ein **kurzfristig gesamtwirtschaftlicher Nachfragemangel**. Also komme es darauf an, die Gesamtnachfrage so zu steuern oder eventuell anzuregen, dass Vollbeschäftigung erreicht und erhalten werde **(nachfrageorientierte Globalsteuerung)**.

M 37 | Die Lehre von Keynes

Die Analyse, auf der Keynes seine damals geradezu revolutionäre Theorie aufbaute, ging von folgenden Erkenntnissen aus:

John Maynard Keynes

Wenn in einer Krise mit hoher Arbeitslosigkeit alle Unternehmer die Löhne drastisch herabsetzen, dann sinken auch die Einkommen der privaten Haushalte und die gesamtwirtschaftliche Konsumnachfrage geht zurück. Folglich sehen die Unternehmen keine besseren Absatzchancen für ihre Produkte. Die rückläufige Nachfrage hemmt die Bereitschaft der Unternehmen, neue Arbeitsplätze zu schaffen. Die Krise wird verstärkt. Für Keynes wird somit die gesamtwirtschaftliche Nachfrage zum wichtigsten Bestimmungsgrund für die Beschäftigung. Noch einmal die kritische Situation: Die Konsumnachfrage ist gesunken; eine Erhöhung der Löhne ist nicht möglich, sonst wird die Produktion erst recht unrentabel. Die Investitionsgüternachfrage steigt nicht, solange Absatzchancen sich nicht verbessern, und vom Ausland kommen keine Impulse, weil auch dort Krisenstimmung und Arbeitslosigkeit herrschen. Bleibt nur der Staat. Auch der Staat hat – infolge rückläufiger Steuereinnahmen – in der Krise weniger zur Nachfrage beigetragen. Dies, so Keynes, sei die Wurzel des Übels. Weder die Privathaushalte noch die Unternehmen seien in der Krise imstande, sich weiter zu verschulden. Der Staat müsse dies tun und als Ersatznachfrager in die Lücke treten. Über fiskalpolitische Maßnahmen (Ausgaben- und Einnahmenänderung im Staatshaushalt) könne er eine Belebung der Nachfrage erreichen. Nur wenn dafür vorübergehend Haushaltsdefizite in Kauf genommen werden (deficit spending), kann der Staat durch gezielte Dosierung seiner Investitionen die Initialzündung geben, die letztlich aus der Krise herausführt. Kommt der Aufschwung wieder in Gang, steigen auch die Steuereinnahmen und das Haushaltsdefizit bzw. die Staatsschulden lassen sich wieder tilgen. Zusätzliche staatliche Investitionsausgaben verstärken mittelbar auch die Nachfrage der Unternehmen und der Privathaushalte und führen zu sogenannten Multiplikatoreffekten.

(Autorentext)

Aufgaben

1. Analysieren Sie die Theorie Keynes nach folgenden Kriterien: Strategie, Ursache, Rezept, Träger, Ziel, Ansatz im Wirtschaftskreislauf.
2. Entwickeln Sie ein Schaubild, das die Ursachen der Arbeitslosigkeit und die „Therapie" verdeutlicht.
3. Diskutieren Sie, ob Sie Keynes den Ehrentitel „Retter des Kapitalismus" geben würden.

➤ Antizyklische Globalsteuerung

Unter dem Schock der ersten tiefgreifenden Rezession (1966/67) nach den „Wirtschaftswunderjahren" und der erstmals bedrohlich anwachsenden Arbeitslosigkeit entschloss sich die Regierung der Großen Koalition, die bis dahin geübte staatliche Zurückhaltung aufzugeben und mit der gesetzlichen Fixierung eines konjunktursteuernden Instrumentariums eine aktive Wirtschaftspolitik einzuleiten.
Auf der Grundlage der Theorie von Keynes, aber ohne die Elemente der Sozialen Marktwirtschaft anzutasten, entwickelte der damalige Wirtschaftsminister Karl Schiller eine neue wirtschaftspolitische Konzeption, die ,,antizyklische Globalsteuerung", die ihren rechtlichen Ausdruck im Gesetz zur Förderung der Stabilität und des Wachstums der Wirtschaft (Stabilitätsgesetz) fand.

Antizyklisch heißt diese Politik, weil sie durch Gegensteuern die Ausschläge des Konjunkturzyklus – sowohl nach oben in der hektischen Boomphase, wie auch nach unten in der rasanten Talfahrt – rechtzeitig auffangen, abmildern und den Konjunkturverlauf in eine möglichst stetige Aufwärtsentwicklung steuern sollte. Um die jeweiligen politischen Entscheidungsprozesse abzukürzen, sah das Gesetz einen umfangreichen Kodex von Steuerungsinstrumenten vor, die sich je nach Bedarf abrufen ließen.
Die aktivere Rolle des Staates zielte dabei nicht auf die direkte Einschränkung der freien Entscheidung der einzelnen Wirtschaftssubjekte, sondern strebte eine umfassende und vorbeugende Beeinflussung globaler Größen wie Investitionen, Einkommen und Konsum an.

M 38 | Finanzpolitische Instrumente des Stabilitätsgesetzes

	Wirtschaftslage	
Instrumente	Rezession	Hochkonjunktur
Beeinflussung der öffentlichen Nachfrage (Staat)		
Beeinflussung der privaten Nachfrage		
Beeinflussung der unternehmerischen Nachfrage		

Maßnahmen:
❶ Zusätzliche Ausgaben, finanziert mit Mitteln der Konjunkturausgleichsrücklage;
❷ Beschränkung der Abschreibungsmöglichkeiten und Aussetzung der degressiven Abschreibung;
❸ Erhöhung des Lohn-, Einkommens- und Körperschaftssteuersatzes bis zu zehn Prozent;
❹ Ausgabesperrung bei Bund und Ländern zur Schuldentilgung, Bildung einer Konjunkturausgleichsrücklage;
❺ Kreditaufnahme des Bundes auf dem Geld- und Kapitalmarkt;
❻ Herabsetzung des Lohn-, Einkommens- und Körperschaftssteuersatzes bis zu zehn Prozent;
❼ Investitionsbonus, d.h. von der Einkommens- oder Körperschaftststeuerschuld können bis zu 7,5 % der Anschaffungs- oder Herstellungskosten bestimmter Investitionsgüter abgezogen werden;
❽ Beschränkung der Kreditaufnahmemöglichkeiten der öffentlichen Hand.

Aufgaben

1. Tragen Sie die angegebenen Maßnahmen (M 38) so in die obige Tabelle ein, dass der Wirkungsmechanismus des Stabilitätsgesetzes erkennbar wird. Erläutern Sie am Beispiel der Steuersenkung die mögliche Wirkung der Maßnahme.
2. Erörtern Sie die Schwierigkeiten, geeignete Maßnahmen für eine antizyklische Konjunktursteuerung richtig zu dosieren und sie auch politisch durchzusetzen.
3. Welche konjunkturpolitischen Instrumente halten Sie in der gegenwärtigen Situation für anwendbar?
4. Nehmen Sie Stellung zur Behauptung: „Die antizyklische Globalsteuerung scheiterte an der Unfähigkeit der Politik, Heilungsprozesse mit Schmerzen einzuleiten und durchzuhalten statt mit Narkotika".

➤ Neoliberalismus: Selbstheilungskräfte des Marktes

Das Versagen der Globalsteuerung in den 1980er-Jahren entfachte eine neue wirtschaftspolitische Diskussion. Als Gegenposition zu Keynes plädierte Milton Friedman, der Begründer der Schule der **Monetaristen,** für eine Verstetigung der Geld- und Finanzpolitik anstelle der oft abrupt wechselnden staatlichen Interventionen im Konjunkturverlauf. Zentrales Steuerungsinstrument für die Beeinflussung der Konjunktur ist die Geldmenge. Eine Regulierung der Geldmenge mit dem vorrangigen Ziel der Preisniveaustabilität wirke wesentlich stärker, schneller und zielgenauer auf die Konjunktur als staatliche Eingriffe, die eher destabilisierend wirkten und die Konjunkturschwankungen erst hervorriefen statt zu dämpfen, weil die Wirtschaft mit unerwartet wechselnden Bedingungen (Steuerquote, Zinssätzen, Staatsaufträgen) konfrontiert werde, die ihre Reaktionsfähigkeit auf die Signale des Marktes schwäche. Bei konstanten Rahmenbedingungen und langfristig verlässlicher Finanz- und Wirtschaftspolitik würden die Marktkräfte die nötigen Anpassungen selbst herbeiführen, soziale Probleme wie die Überwindung der Arbeitslosigkeit zu lösen.
Verstetigend wirke auch eine Geldpolitik der europäischen Zentralbank, die vorsehe, das Geldmengenwachstum behutsam innerhalb einer gewissen Bandbreite zu steuern (vgl. S. 215).
Ein Schulbuch fasst die Position der Monetaristen so zusammen:

M 39 | Das monetaristische Konzept

Entscheidende Bestimmungsgröße für Veränderungen des Volkseinkommens sind Veränderungen der Geldmenge. Für die Geldpolitik speziell fordern die Monetaristen eine Regelbindung, nach der die Expansion des Geldvolumens dem realen Wachstum der Wirtschaft angepasst werden soll. Dadurch soll eine Stop-and-go-Politik bei der Geldpolitik vermieden werden. Diese Regel ist eng verknüpft mit der Überzeugung der Monetaristen, dass der private Sektor der Wirtschaft immanent stabil sei und konjunkturelle Störungen nur einer fehlindizierten Wirtschaftspolitik zu verdanken seien.
Daraus resultiert die Forderung, die Konjunkturpolitik auf die Geldpolitik zu beschränken, so wie es Milton Friedman vor Studenten der Harvard Universität ausgedrückt hat: „Die Fiskalpolitik ist sehr wichtig (lange Pause) – nur nicht für die Steuerung der Konjunktur".

(Uwe Taenzer, Grundlagen der Wirtschaftswissenschaften, Teil 3, S. 224)

Milton Friedman

Zu Beginn der 1980er-Jahre geriet die sozialliberale Regierung in eine durch hohe Massenarbeitslosigkeit gekennzeichnete Stabilisierungskrise. Beschäftigungsprogramme der Regierung hatten einen großen Aufwand an Haushaltsmitteln erfordert, ohne ein Anwachsen der Arbeitslosigkeit aufhalten zu können. Die antizyklischen Instrumente waren stumpf geworden, auch weil man erkannte, dass die hohe Arbeitslosigkeit kein konjunkturelles, sondern überwiegend ein strukturelles Problem ist.
Mit dem Regierungswechsel 1982/83 wurde eine wirtschaftspolitische Wende eingeleitet. Die Regierung Kohl rückte im Laufe der 1980er-Jahre von der Globalsteuerung ab und setzte stärker auf die Wirkung einer angebotsorientierten Wirtschaftspolitik, mit dem Ziel, die Rahmenbedingungen für die Unternehmen nachhaltig zu verbessern. Neoliberale Vertreter dieser Variante berufen sich auf das „Say'sche Theorem": Ein zusätzliches Angebot schaffe sich selbst seine Nachfrage und lasse staatliche Maßnahmen zur Nachfragesteuerung überflüssig werden. Durch eine Verbesserung der Gewinnerwartung der Unternehmen werde zusätzlich Nachfrage entstehen, die zu neuen Arbeitsplätzen führt. Dagegen sehen sie in einer staatlich garan-

tierten Vollbeschäftigung und einem stark ausgeweiteten sozialen Netz eine Gefahr, die die Unternehmer wegen der hohen Kosten entmutige, neue Arbeitsplätze zu schaffen. In diesem Konzept werden die Selbstheilungskräfte des Marktes betont, der Staat wird eher als Störfaktor denn als Stabilisator empfunden.

M 40 | Angebotsorientierte Politik

Die angebotsorientierte Politik als eine neoklassisch ausgerichtete Position geht langfristig von der Annahme der Vollbeanspruchung der Produktionsmöglichkeiten bei Vollbeschäftigung aus. Die Möglichkeit einer dauerhaften Nachfragelücke zieht sie nicht in Betracht. Zwar befreit sie den Staat nicht gänzlich von seiner beschäftigungspolitischen Verantwortung. Sie soll sich aber nicht auf die fallweise Steuerung der gesamtwirtschaftlichen Nachfrage erstrecken, die lediglich inflatorische Impulse auslöse, sondern darin bestehen, Wirtschaftswachstum und Beschäftigung durch die Beseitigung angebotsseitiger Störungen mittelfristig zu fördern. Auf diese Weise will sie mehr Arbeitsplätze rentabel machen. Instrumente der Angebotspolitik sind vor allem die generelle Stärkung der Investitionsfähigkeit der Unternehmen, daneben die Erleichterung der Existenzgründung kleinerer und mittlerer Unternehmen, die Förderung von Forschung und Entwicklung, die Erhöhung der Mobilität der Arbeitskräfte. All diese Aktivitäten sollen die Anpassungsfähigkeit der Wirtschaft an ungelöste Angebotsprobleme wie veränderte außenwirtschaftliche Rahmenbedingungen und Anpassungsschwierigkeiten im Strukturwandel erhöhen.

Von der Seite der Finanzpolitik ist die Stetigkeit der Ausgabenentwicklung und vor allem der Abbau der hohen Haushaltsdefizite durch ein unterdurchschnittliches Wachstum der Staatsausgaben Voraussetzung der Angebotspolitik. Einhergehend mit der relativen Ausgabenkürzung empfiehlt der „Sachverständigenrat zur Begutachtung der gesamtwirtschaftlichen Entwicklung“ eine Revision der Ausgabenstruktur in Richtung auf eine Stärkung des investiven Anteils, z. B. durch einen Abbau der Subventionen und eine Privatisierung öffentlicher Leistungen. Zur Flankierung hält er auf der Einnahmenseite Steuererhöhungen bei den direkten Steuern für vertretbar. Vom Abbau des strukturellen Haushaltsdefizites und damit der Höhe der Neuverschuldung erwartet er Zinssenkungen und Investitionsanregungen für die Privatwirtschaft. Die zunehmende private Investitionstätigkeit führt auch zu einer Förderung des Produktivitätswachstums und damit zu einer Kostenentlastung und Stärkung der internationalen Wettbewerbsfähigkeit. Bedenken gegen eine dauerhaft hohe Staatsverschuldung wie in der zweiten Hälfte der 1970er-Jahre erhebt er vor allem aus wachstumspolitischer Sicht aus drei Gründen:

- Anstieg des Anteils der Zinszahlungen an den staatlichen Gesamtausgaben, damit Einengung des privaten Investitionsspielraumes.
- Einschränkung des konjunkturpolitischen Handlungsspielraumes in der Rezession.
- Verdrängung privater Investitionen durch Zinssteigerungen.

Eine Konsolidierung und Umstrukturierung der öffentlichen Haushalte muss mit einer Verringerung der Lohnquote einhergehen. Dazu muss das Wachstum der Reallöhne dauerhaft geringer als das der Arbeitsproduktivität ausfallen. Die damit einhergehende Verbesserung der Gewinnsituation der Unternehmen soll ihre Eigenkapitalbasis stärken und die private Investitionstätigkeit anregen. Im Vordergrund steht bei dieser Betrachtung der Kostenaspekt der Löhne, nicht der Nachfrageaspekt.

(Fritz Rahmeyer, Konzepte der Stabilitätspolitik; in: Verbrauchererziehung – Informationsdienst zur wirtschaftlichen Bildung, Heft 4/1984, S. 23f., hrsg. vom Institut für wirtschafts- und sozialwissenschaftliche Bildung, Münster)

Aufgaben

1. Analysieren Sie die Theorie Friedmans (M 39) nach folgenden Kriterien: Strategie, Ursache, Rezept, Träger, Ziel, Ansatz im Wirtschaftskreislauf.
2. Entwickeln Sie anhand des Textes M 40 ein Schaubild, das die „Therapie“ der Angebotstheorie verdeutlicht.
3. Vergleichen Sie die beiden wirtschaftspolitischen Konzepte (Nachfrage-/Angebotstheorie) hinsichtlich des Stellenwertes der Geld- und Finanzpolitik und der Rolle des Staates.
4. Überprüfen Sie, welchen wirtschaftspolitischen Konzepten die Strategien gegen Arbeitslosigkeit eher zuzuordnen sind.

Projekt

Besorgen Sie sich Parteiprogramme und untersuchen Sie sie nach ihrem wirtschaftspolitischen Konzept.

➤ Die Geldpolitik der Europäischen Zentralbank

Neben dem Staat kann die Zentralnotenbank die Konjunktur durch ihre Maßnahmen beeinflussen. Seit der Einführung der europäischen Währung zum 1.1.1999 ist für den Bereich des Euro-Gebietes die Europäische Zentralbank (EZB) für die Geldpolitik zuständig. Die Deutsche Bundesbank ist Teil des Europäischen Zentralbanksystems (ESZB) geworden. Ihre Aufgabe besteht darin, die geldpolitischen Beschlüsse der Europäischen Zentralbank mit dem vorrangigen Ziel der Geldwertstabilität für die Bundesrepublik Deutschland umzusetzen.
Bevor wir der Frage nachgehen, mit welcher Strategie und mit welchen Instrumenten die Europäische Zentralbank Einfluss auf die wirtschaftliche Entwicklung nehmen kann, ist es notwendig, einige Grundbegriffe und Zusammenhänge zu erläutern, die für das Verständnis der Geldpolitik wichtig sind.

Bankensystem und Geldschöpfung

Im Bankensystem ist eine prinzipielle Unterscheidung zwischen der **Zentralbank**, die im Auftrag des Gesetzgebers als „Hüterin der Währung" fungiert, und den **Geschäftsbanken** und Kreditinstituten zu treffen, die in unterschiedlicher Form (privatrechtlich, öffentlich-rechtlich, genossenschaftlich) die Geldgeschäfte in der Volkswirtschaft vermitteln. Von der Tätigkeit der Geschäftsbanken interessiert in diesem Zusammenhang nur der Vorgang der Kreditvergabe, weil er mit der „Schöpfung" von Geld, nämlich von **Buchgeld**, verbunden ist. Durch die Kreditvergabe der Banken entsteht Buchgeld, weil diese Kredite in der Regel bargeldlos ausgezahlt werden, d. h. auf Konten der Kreditnehmer gutgeschrieben werden, und weil die Banken mehr an Kredit vergeben, als ihre Einlagen betragen.

M 41 | Prozess der Giralgeldschöpfung

Das Grundprinzip dieser Giralgeldschöpfung lässt sich an dem in der Tabelle gezeigten Beispiel verdeutlichen. Ein Kunde zahlt bei seiner Bank A 100 000 € bar auf sein Konto ein. Es entstehen 100 000 € Giralgeld. Die Einlagen dürfen aber von Bank A nicht in voller Höhe als Kredit vergeben werden, weil sie eine Barreserve halten muss, d. h. ein Prozentsatz der Einlagen – auf Erfahrungswerten basierend – muss jederzeit für Barauszahlungen verfügbar sein. Zudem ist die Bank verpflichtet, einen bestimmten Prozentsatz der Einlagen als Mindestreserve bei der Zentralbank zu hinterlegen. Den verbleibenden Rest kann sie nun als Kredit gewähren. Dieser Geldschöpfungsprozess lässt sich nun fortsetzen, sodass man das maximale Ausmaß der Buchgeldschöpfung errechnen kann, wenn der Kreditspielraum voll ausgeschöpft wird und ausschließlich bargeldlos gezahlt wird.

(nach: G. Trauth; in: Sutor, Politik, Paderborn 1987, S. 292)

	Einlagen	Reserven	Gewährte Kredite
Bank A	100 000	20 000	80 000
Bank A oder B	80 000	16 000	64 000
Bank A, B oder C	64 000	12 800	51 200
Bank A, B, C oder D	51 200	10 240	40 960
Bank A, B, C, D, E	40 960	8 192	32 768
usw.	...	...	...
alle Banken	500 000	100 000	400 000

Durch private Kreditschöpfung der Banken können also in diesem Fall aufgrund einer ursprünglichen Einlage von 100 000,– € im Höchstfall 400 000,– € Buchgeld in Form von Krediten neu entstehen, das heißt also, die Geldmenge hat sich verfünffacht, vorausgesetzt, dass alle beteiligten Banken den gleichen Reservesatz – in unserem Falle 20 % – einhalten. Die Reserven erreichen insgesamt wieder die Höhe der ursprünglichen Einlage.

Die Europäische Zentralbank regelt den Geldumlauf und die Kreditversorgung der Wirtschaft. Als „Hüterin der Währung" ist sie bei allen Maßnahmen, die die Geldversorgung des gemeinsamen europäischen Währungsraumes betreffen, unabhängig von Weisungen der EU-Organe und einzelstaatlicher Regierungen. Erst nachrangig ist die EZB zusammen mit den Nationalbanken verpflichtet, die allgemeine Wirtschaftspolitik der EU zu unterstützen.
Für ihre vornehmste Aufgabe, die Sicherung der Geldwertstabilität des Euro, stehen der EZB eine Reihe geldpolitischer Instrumente zur Verfügung, mit denen sie Kreditvolumen und Kreditkosten beeinflussen kann.

M 42 |

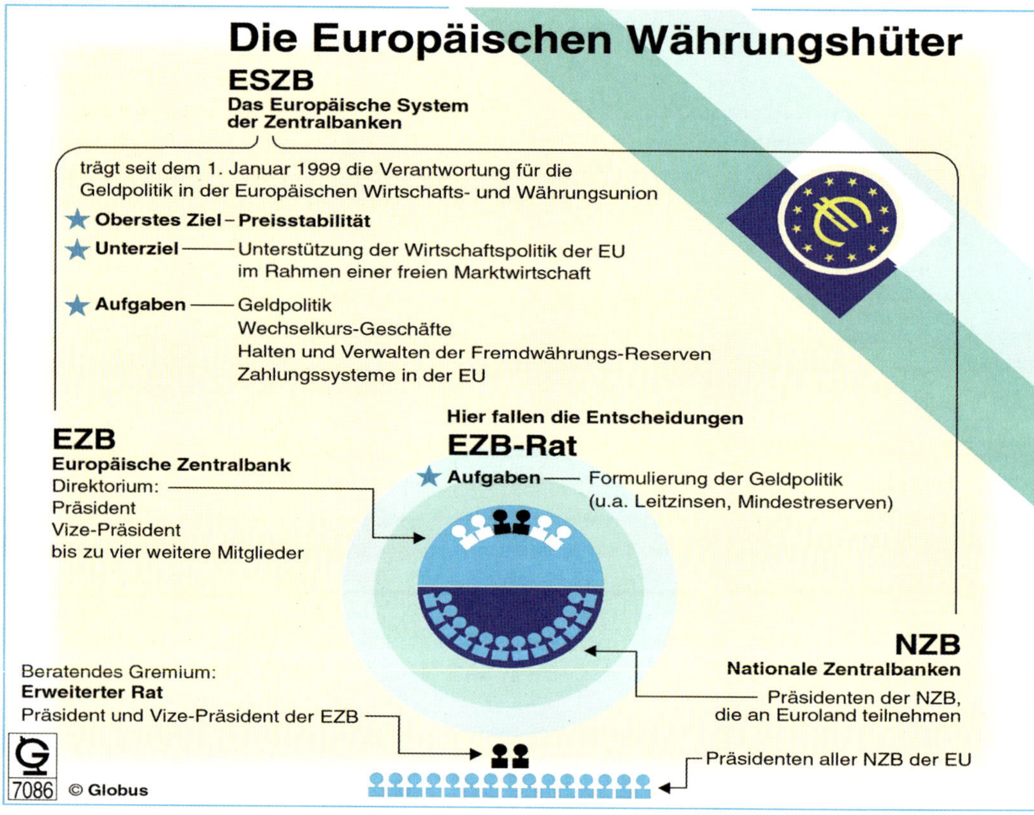

M 43 | Auszug aus dem EU-Vertrag

Art. 105
Das vorrangige Ziel der ESZB ist es, die Preisstabilität zu gewährleisten. Soweit dies ohne Beeinträchtigung des Zieles der Preisstabilität möglich ist, unterstützt das ESZB die allgemeine Wirtschaftspolitik in der Gemeinschaft [...].

Art. 107
Bei der Wahrnehmung ihrer Befugnisse, Aufgaben und Pflichten werden weder die EZB noch eine nationale Zentralbank noch ein Mitglied ihrer Beschlussorgane Weisungen von den Organen oder Einrichtungen der Gemeinschaft, Regierungen oder Mitgliedstaaten oder anderer Stellen einholen oder entgegennehmen. Die Organe und Einrichtungen der Gemeinschaft sowie die Regierungen der Mitgliedstaaten verpflichten sich, diesen Grundsatz zu beachten und nicht zu versuchen, die Mitglieder der Beschlussorgane der EZB oder der nationalen Zentralbanken bei der Wahrnehmung ihrer Aufgaben zu beeinflussen.

Aufgaben

1. Erläutern Sie Möglichkeiten und Grenzen der Giralgeldschöpfung durch die Geschäftsbanken (M 41).
2. Beschreiben Sie Aufgabe und Stellung der EZB (M 42 und M 43). Erläutern Sie das Verhältnis der EZB zu den verschiedenen Institutionen.

EZB – Steuerung der Konjunktur?

Die Geldpolitik der EU zielt darauf, die Geldmenge im Euro-Wirtschaftsraum zu steuern und so den Geldwert einigermaßen stabil zu halten. Dazu hat die EZB eine **Zwei-Säulen-Strategie** entwickelt. Mit der ersten Säule werden Zielvorgaben für das Wachstum der Geldmenge formuliert, während die andere Säule sich im Wesentlichen um eine umfassende Prognose der Inflationsrate bemüht, indem sie ein breites Bündel von Wirtschaftsindikatoren zur Einschätzung zukünftiger Preisrisiken heranzieht. Nach der Definition der EZB ist Preisstabilität nur dann gegeben, wenn der jährliche Preisanstieg unter zwei Prozent liegt.

M 44

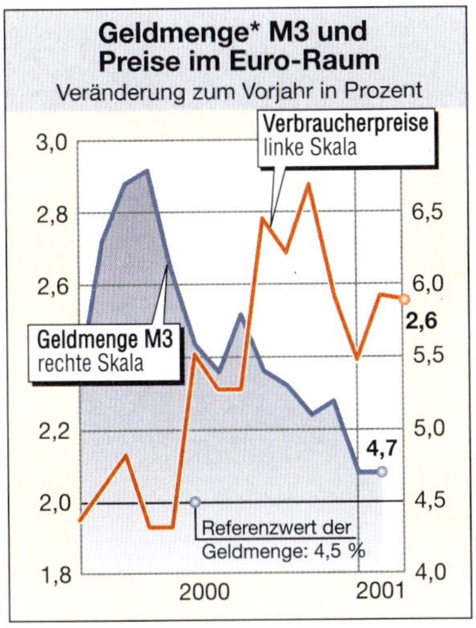

* Geldmengendefinition des Eurosystems:
M 1: Bargeld und täglich fällige Einlagen
M 2: M 1 und sonstige kurzfristige Einlagen (bis zu zwei Jahren)
M 3: M 2 und börsenfähige Papiere
(nach: EZB, Monatsbericht 2/2002)

(Quelle: Thomson Financial Datastream, EZB; nach: Felix Brocker, in: Frankfurter Allgemeine Zeitung v. 26.4.2001, S. 17)

Das Grundproblem der Geldpolitik besteht darin, dass die EZB das Preisniveau nur indirekt steuern kann, weil alle Wirtschaftsakteure in ihren Entscheidungen (im Konsum-, Spar-, Investitionsverhalten) prinzipiell frei sind. Stellt die EZB anhand ihrer Orientierungsdaten Handlungsbedarf fest, so bedient sie sich zur Umsetzung verschiedener geldpolitischer Instrumente:

- Festsetzung von **Mindestreserven**, die die Banken für bestimmte Geschäfte bei der EZB hinterlegen müssen. Durch das Herauf- und Herabsetzen der Mindestreserve hat die EZB ein schnell und massiv wirkendes Instrument, um die Banken mit Liquidität zu versorgen bzw. überschüssige Liquidität abzuschöpfen.
- Festsetzung von **Leitzinsen** für die Geldgeschäfte zwischen Zentralbank und privaten Banken. Die Bedingungen, zu denen Banken bei der Zentralbank Geld leihen oder deponieren können, erweitern oder verengen deren Liquidität für ihre eigenen Kreditgeschäfte. Die Leitzinsen haben **Signalcharakter** für Zinsen im privaten Geldgeschäft.
- Bei den ständigen Fazilitäten (Kreditmöglichkeiten) stellt die **Spitzenrefinanzierungsfazilität** eine Zinsobergrenze für den Tagesgeldsatz dar; andererseits ist dem Absinken des Tagesgeldsatzes durch die **Einlagenfazilität** eine Zinsuntergrenze gesetzt. Die Einlagenfazilität erlaubt es, überschüssige Gelder bei den nationalen Zentralbanken über Nacht anzulegen. Die Zinssätze der ständigen Fazilitäten bilden einen Zinskanal, indem sich die Tagesgelder auf dem Geldmarkt bewegen.
- **Offenmarktpolitik**: Die Zentralbank tritt von sich aus auf dem Geldmarkt auf, indem sie Wertpapiere verkauft oder kauft. Sie kann damit die am Geldmarkt vorhandene Geldmenge verkleinern oder vergrößern.
  Als wichtigstes Instrument zur Beschaffung von Zentralbankgeld gelten dabei die **Hauptrefinanzierungsgeschäfte.** Hier nimmt die Zentralbank für einen begrenzten Zeitraum (meist 14 Tage) Wertpapiere sozusagen in Pension, bevor die Geschäftsbank sie wieder zurücknimmt. Hierfür berechnet die Zentralbank einen Zinssatz, von dem geldpolitische Signale ausgehen.

M 45a

M 45b

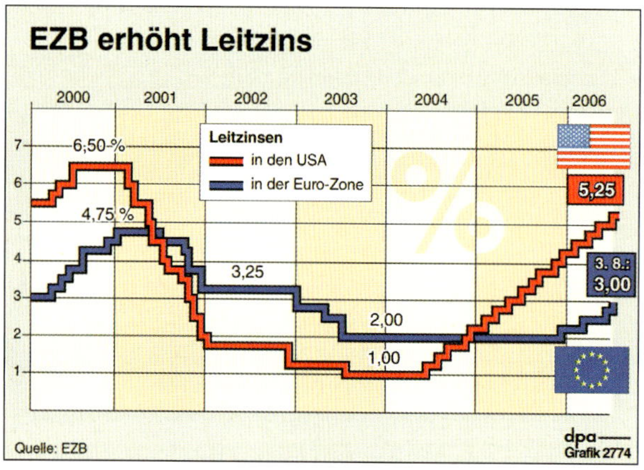

Im Jahr 2006 erfolgten bereits vor dem 3. August zwei Leitzinserhöhungen durch die EZB: am 2. März (2,50 v. H.) und am 8. Juni (2,75 v. H.); eine weitere Erhöhung um 0,25 Prozentpunkte wurde am 6. Oktober vorgenommen (3,25 v.H.).

Experten befürchten, dass neben den hohen Zinsen in den USA insbesondere die steigende Inflationsgefahr in Deutschland zu weiteren Zinserhöhungen im Euro-Raum auch im Jahre 2007 führt. Allein die Erhöhung der Mehrwertsteuer um 3 Prozentpunkte auf dann 19 Prozent zum 1.1.2007 wird das Preisniveau in Deutschland nach Berechnungen des Statistischen Bundesamtes zusätzlich um mindestens einen Prozentpunkt erhöhen, was die EZB zu einem weiteren Drehen an der Zinsschraube zwingt.

Aufgaben

1. Kennzeichnen Sie die geldpolitische Zwei-Säulen-Strategie der EZB.
2. Diskutieren Sie die Zusammenhänge zwischen Geldmenge und Preisentwicklung (M 44).
3. Erläutern Sie, wie die verschiedenen geldpolitischen Instrumente den Geldmarkt beeinflussen können (M 45a). Stellen Sie am Beispiel der Mindestreserve die Wirkungsweise in einem Schaubild dar.
4. Prüfen Sie, ob die prognostizierte Leitzinsentwicklung eingetroffen ist und wie sie von der EZB begründet wird (Internetrecherche).
5. Entwickeln Sie ein Entscheidungsszenario für die EZB: Die inflationären Tendenzen nehmen erheblich zu und die Wachstumsrate tendiert gegen Null.

➤ Die Wirtschafts- und Währungsunion – Katalysator für Europa?

Pünktlich zum 1. Januar 1999 wurde in der Umsetzung der Maastrichter Beschlüsse (s. S. 519) die Geldpolitik, die bisher von den Nationalstaaten bestimmt wurde, vereinheitlicht und europäisiert: vereinheitlicht, weil mit diesem Stichtag die Europäische Zentralbank in Frankfurt am Main (EZB) nach dem Muster der Bundesbank unabhängig die Verantwortung für die Geldwertstabilität der gemeinsamen Euro-Währung übernommen hat; europäisiert, weil elf EU-Länder nach Erfüllung der notwendigen strengen Konvergenzkriterien (Preisstabilität, begrenztes Haushaltsdefizit, niedriges Zinsniveau, Währungsstabilität) bereit waren, unwiderruflich auf ihre Währungssouveränität zu verzichten und der Wirtschafts- und Währungsunion (WWU) beizutreten. Der neue Kapitalmarkt wurde damit zum zweitgrößten der Welt, der Euro neben dem Dollar zur globalen Leitwährung. Außer ökonomischen haben bei diesem Integrationsschritt von Beginn an politische Überlegungen eine Rolle gespielt. Vor allem hoffte man, dass die gemeinsame Währung als Katalysator für eine weitere politische Vertiefung der EU dienen könnte.

M 46

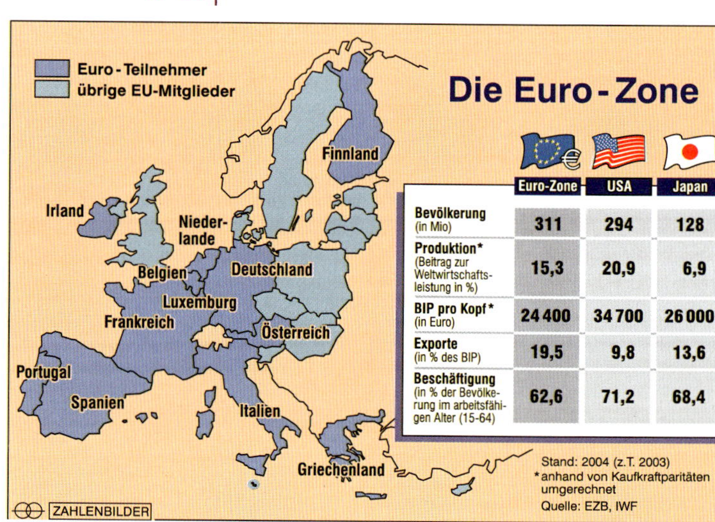

M 47 | Konvergenzkriterien: Voraussetzungen für Teilnahme am Euro

(nach: Europa in Stichworten, hrsg. vom Presse- und Informationsamt der Bundesregierung, Bonn 1999, S. 139)

M 48 | Stabilitätspakt

(nach: imu 9704123 und 9612136)

Die Neuverschuldung bleibt nationale Aufgabe. Die restlichen Konvergenzkriterien werden durch die vergemeinschaftete Geldpolitik der EZB zentral gesichert.

M 49 | Stabilitätspakt in Gefahr?

Der Lehrmeister in Sachen Stabilitätspolitik hat eine Abmahnung erhalten. Mit einer gewissen Häme schaut die Brüsseler EU-Szene in diesen Tagen nach Berlin. Schließlich haben deutsche Politiker Mitte der 1990er-Jahre den Stabilitäts- und Wachstumspakt erfunden, um die künftigen Mitglieder der Währungsunion haushaltspolitisch an die Kandare zu nehmen.
„3,0 Prozent ist 3,0 Prozent" war die Standardformel des damaligen Bundesfinanzministers Theo Waigel – gemünzt auf die Obergrenze für staatliche Neuverschuldung, die bereits im Maastrichter EU-Vertrag von 1992 festgeschrieben war. Mehr noch: Der auf dem Amsterdamer EU-Gipfel 1997 verabschiedete Stabilitätspakt verpflichtet die Staaten, mittelfristig einen ausgeglichenen oder sogar überschüssigen Haushalt vorzulegen.
Ökonomisch macht dieses ehrgeizige Ziel durchaus Sinn: Noch in den 1980er-Jahren hatten die EU-Staaten massiv Schulden aufgenommen, um beispielsweise durch teure Arbeitsmarktprogramme konjunkturelle Schwächen auszugleichen.
Doch die ständig ansteigende Staatsverschuldung hatte zu hohen Zinsen an den Kapitalmärkten geführt und private Investitionen abgewürgt. Um nicht wieder in diese Falle zu geraten, hat sich die EU ein striktes Regelwerk für die Haushaltssanierung verpasst.

(Andreas Oldag, in: SZ, 30.01.2002)

M 50 | Maastricht neu denken

Der Härtetest für den Euro-Stabilitätspakt ist da: Portugal hat als erstes Land sein Haushaltsdefizit weit über die erlaubten drei Prozent hinaus steigen lassen. Wenn man die Glaubwürdigkeit der Währungsgemeinschaft noch retten wolle, müsse man einen noch strikteren Sparkurs fordern und Sanktionen einleiten, heißt es nun bei der EU-Kommisson und den Mitgliedsländern, die besser dastehen. Formal mag das zwar richtig sein, ökonomisch und politisch ist es aber der falsche Weg. [...]
Besser wäre es, den Fall Portugal als Anlass zu nehmen, nicht nur die Maastricht-Kriterien, sondern gleich den ganzen Stabilitätspakt mit seinem mittelfristigen Ziel eines „nahezu ausgeglichenen Haushalts" auf den Prüfstand zu stellen.
Schon bei ihrer Einführung 1996 waren die Kriterien weitgehend unrealistisch. Erfüllt wurden sie weltweit von gerade mal fünf von 192 Staaten – die Weltwirtschaftslokomotive USA war nicht darunter. Es ist weder nachvollziehbar, wie die Zahlen zustande kamen, noch, warum sie so starr sind und konjunkturelle Schwankungen nicht berücksichtigen. Zudem ist völlig uneinsichtig, wieso die Schuldenaufnahme generell so verteufelt wurde. Das oft bemühte Argument, öffentliche Verschuldung senke den Außenwert der Währung, ist empirisch nicht belegbar. Und auch wenn das in der derzeitigen Diskussion verdrängt scheint, gehört die öffentliche Kreditaufnahme zu den gebräuchlichsten Instrumenten der Haushaltspolitik. Vor dem politischen Diktat des Maastricht-Vertrags und lange vor Hans Eichel galt eine sogenannte Normalverschuldung auch in Europa sogar als notwendig. Etwa damit der Staat in konjunkturell schwachen Phasen für den privaten Konsum einspringen konnte. Zudem bietet sie die einzige Chance, spätere Generationen an der Finanzierung etwa von Infrastrukturen zu beteiligen, die zukünftig für eine verbesserte Lebensqualität sorgen. Dass eine Währungsunion Regeln braucht, ist unumstritten. Aber warum müssen diese immer negativ formuliert sein? Der Eurozone wäre viel damit geholfen, wenn es nicht mehr heißen würde: Drückt die Neuverschuldung unter drei Prozent. Sondern: Hebt sie auf mindestens so viel.

(Beate Willms, in: taz, 27.7.2002, S. 11)

Seitdem hält der Druck auf den europäischen Stabilitäts- und Wachstumspakt an. Mit Blick auf die anhaltende Weltwirtschaftskrise und die Folgen des Irak-Krieges wird überlegt, ob bei der Anwendung des Stabilitätspaktes auch „besondere Situationen" berücksichtigt werden sollten.

Aufgaben

1. Erklären Sie die Konvergenzkriterien und erläutern Sie ihre Bedeutung für die EZB-Staaten und für EU-Beitrittskandidaten.
2. a) Erläutern Sie die Grundidee des Stabilitätspaktes (M 48) und erläutern Sie den Ablauf des Defizitverfahrens.
   b) Diskutieren Sie mögliche wirtschaftliche und politische Auswirkungen bei Verfehlung der Kriterien für Deutschland/Portugal und die EU (M 49 und M 50).
   c) Erörtern Sie die Auswirkungen des Kriteriums Haushaltsdefizit auf die Spielräume nationaler Wirtschaftspolitik.
   d) Diskutieren Sie mithilfe von M 50 mögliche Auswege aus dem Konflikt.

Die gelungene Einführung des Euro und der mit der einheitlichen Währung verbundene hohe Integrationsstand von Euroland geben Überlegungen Raum, ob hierin nicht der Beginn eines noch weiteren Zusammenwachsens der Mitglieder gesehen werden kann.

M 51 | Weltmacht Euro(pa)

Die Einführung einer gemeinsamen Währung in elf Mitgliedsländern der Europäischen Union kann als geglückt gelten. [...] Dieser Schritt ist der kühnste in der Geschichte der europäischen Einigung. Er ist die „Krönung" jahrelanger Anstrengungen um Stabilität und wirtschaftlichen Gleichlauf, und er ist der Beginn eines großen politischen Projektes. [...]
Die erbrachte Stabilitätsleistung ist bemerkenswert; der Ausblick darauf, was die Währungsunion nach sich ziehen wird, ist zwangsläufig noch vage. In jedem Fall stellt der Euro eine Zäsur dar, einen Paradigmenwechsel der Europa- und Integrationspolitik. Bis in die jüngste Vergangenheit fand die europäische Einigung ihr Motiv und ihren Antrieb in der deutsch-französischen Aussöhnung und in der zunächst auf Westeuropa beschränkten Friedenswirkung. „Europa" war bisher Chiffre und Programm für ein Friedensprojekt, das alte Gegensätze abtrug und durch partiellen Souveränitätsverzicht gemeinsame Inter-

essenwahrnehmung an die Stelle alter Gleichgewichtspolitik setzte. Dies Projekt war überaus erfolgreich. [...]
Aber Europa wird nicht schon deshalb zur Weltmacht, weil die Abteilung „Euroland" mit einer Währung von „Weltliga-Format" ausgerüstet worden ist. Hinzukommen müssen Handlungswille, Mentalität und eine entsprechende politische Infrastruktur. Das gilt in erster Linie für die Außenpolitik und die Sicherheitspolitik und damit für jene Felder, auf denen die Europäer in den letzten Jahren [...] regelmäßig durch Uneinigkeit oder Kleinmut aufgefallen sind oder allenfalls noch zum Juniorpartner Amerikas taugten. Worum es also in den kommenden Jahren gehen wird, ist die Korrektur des seit dem Vertrag von Maastricht bestehenden Ungleichgewichts zwischen Währungs- und politischer Union.
Hier sind Nachbesserungen ebenso überfällig wie unerlässlich. Aber vermutlich werden sich institutionelle politische Konsequenzen aus der Abgabe geldpolitischer Souveränität an eine supranationale Europäische Zentralbank mehr oder weniger automatisch einstellen. [...]
Es ist schwer, sich vorzustellen, dass ein aus verschiedenen Staaten gebildeter Raum über eine gemeinsame Währung verfügt und damit das wirtschaftliche Wohlergehen seiner Bürger aufs Engste miteinander knüpft, die anderen Attribute staatlicher Souveränität aber auf Dauer seinen Untergliederungen belässt. Das Verhältnis von Gemeinschaft und europäischer Staatenvielfalt wird neu austariert werden, nicht abschließend, sondern als steter politisch-konstitutioneller Prozess.

(Klaus-Dieter Frankenberger, in: Frankfurter Allgemeine Zeitung v. 9.1.1999)

Aufgabe

Wie sieht der Autor die Entwicklung des Verhältnisses Währungsunion/politische Union?
Nehmen Sie zu seiner Position begründet Stellung (→ VIII, s. S. 524 ff.).

1.5 Der Aufschwung Ost – Die Herausforderung der Wirtschaftspolitik des vereinigten Deutschland

Die wirtschaftlichen und sozialen Probleme, die sich durch den Umbruch von der Plan- zur Marktwirtschaft in den neuen Bundesländern ergeben haben, stellen bis heute eine gewaltige Herausforderung für die Wirtschaftspolitik dar.
Mit der Ankopplung der aus der Zentralverwaltungswirtschaft entlassenen, krisengeschüttelten DDR-Wirtschaft an die Soziale Marktwirtschaft verbanden sich in der Bevölkerung Zuversicht und Hoffnung auf ein rasches Gelingen der Reform. Doch die alten Unternehmen der DDR erwiesen sich im internationalen Wettbewerb als nicht überlebensfähig. Der dramatische Zusammenbruch von Industrie, Handel und Gewerbe in der DDR führte zu einer Massenarbeitslosigkeit, dem Sorgenkind des Vereinigungsprozesses. Über diese mit dem Umbauprozess auftretenden Schwierigkeiten täuschten sich fast alle, sodass der Strukturbruch sich bis heute langwierig und kostspielig hinzieht.
Welche Hindernisse beeinträchtigen den Aufbau Ost? Dazu ist zunächst ein Blick auf das ehemalige Wirtschaftssystem der DDR notwendig.

➤ Erfahrungen der Zentralverwaltungswirtschaft der DDR

Unter der Leitfrage: „Warum wurde in der DDR-Wirtschaft wertvolle Substanz unökonomisch verwendet und zum Teil verschleudert?" sollen zentrale Probleme dieses Systems erklärt werden.

M 52|

Die ideologische Begründung ist in der marxschen Politökonomie zu finden, genauer in der sog. **Arbeitswertlehre.** Marx (→ VI/3.2, S. 407 f.) hat sie nicht selbst entwickelt, sondern in den Lehren damaliger Wirtschaftstheoretiker vorgefunden. Es handelt sich um eine Theorie, die den Wert der Wirtschaftsgüter nicht von der Nachfrage am Markt abhängig sieht (subjektive Werttheorie), sondern diesen Wert objektiv gegeben sieht in der für die Herstellung aufgewendeten Arbeit (objektive Werttheorie). Marx präzisierte: Der Wert der Güter hängt ab von der „gesellschaftlich notwendigen Arbeit", das heißt von der nach dem Stand der Produktivkräfte durchschnittlich notwendigen Arbeit. Diese Theorie kam seiner philosophischen Überzeugung entgegen, wonach der Mensch sich in der Arbeit im Laufe der Geschichte gleichsam erst selbst als gesellschaftliches Wesen hervorbringt. Arbeit wird deshalb zum „ersten Bedürfnis" des sozialistischen Menschen und zum zentralen Wert einer sozialistischen Gesellschaft. Das objektive Wertgesetz, das Marx angeblich entdeckt hat, hilft „dem sozialistischen Staat, den sozialistischen Betrieben und Wirtschaftseinheiten zu entscheiden, was für die Gesellschaft gut und vorteilhaft ist" (FDJ-Lehrbuch Politische Ökonomie 1984, S. 230).

Damit wird ein Markt unnötig. Die Preise der Güter bilden sich nicht nach Angebot und Nachfrage, sondern werden von der Planbehörde aufgrund der Berechnung des notwendigen Arbeitsaufwandes festgesetzt. Der Preis ist nicht mehr Indikator für die Knappheit eines Gutes, sondern eine willkürlich veränderbare Rechengröße in den Wirtschaftsplänen. Nicht die am Markt in Nachfrage sichtbar werdenden Wünsche von Konsumenten lenken die Produktionsentscheidungen, sondern politische Prioritäten der herrschenden Partei.

Das grundsätzliche Problem, das sich ergibt, wenn der Preis in seiner Funktion als Knappheitsindikator aufgehoben wird, lässt sich an vielen Phänomenen der DDR-Wirtschaft in unterschiedlichen Bereichen beobachten:

- **Verdeckte Arbeitslosigkeit:** In der DDR durfte es keine Arbeitslosen geben. Aber die Betriebe erfuhren, abgeschottet vom Weltmarkt, nicht den Druck, ihre Arbeitsproduktivität zu steigern. „Wenn die Exportaufträge ausbleiben, spielen die Leute Karten", hieß es 1984 in einem Bericht über Zeiss-Jena. In der Landwirtschaft der DDR waren 1988 noch 10,8 % aller Erwerbstätigen beschäftigt, davon mehr als die Hälfte mit Planungsaufgaben; in der Bundesrepublik Deutschland waren es 4,9 %. Dennoch lagen die Hektarerträge und andere Messzahlen im Westen erheblich über denen der DDR.
- **Vernachlässigung des „Kapitalstocks":** Die Produktionsanlagen der DDR waren durchweg überaltert und wurden schwer vernachlässigt, weil der Rentabilitätsdruck für den Einsatz von Kapital fehlte, der vom Marktpreis ausgeht. Zum Zeitpunkt der Wiedervereinigung betrug der Produktivitätsrückstand der DDR-Industrie gegenüber der Bundesrepublik im Schnitt 50 %, obwohl der Energieverbrauch in der DDR zugleich um 30 bis 50 % höher lag. Die Herstellung einer hochwertigen Kamera kostete in der DDR etwa DM 1000,-; sie konnte im Westen aber nur für DM 400,– abgesetzt werden.
- **Vergeudung von Ressourcen:** Extrem niedrige Mieten führten zum Verfall der alten Wohnsubstanz. Der niedrige Brotpreis führte zur Verfütterung von Brot an das Vieh, weil es billiger war als Viehfutter. Die zentrale Versorgung der neuen Wohnsiedlungen mit Energie und Wasser erfolgte mit pauschaler Abrechnung, zum Teil ohne die Möglichkeit, den Verbrauch individuell zu messen. Die Verbraucher hatten weder Anlass noch auch häufig überhaupt die Möglichkeit zum Sparen. Die zahlreichen Beispiele für unkontrollierte Verseuchung von Luft, Wasser und Boden in vielen Regionen der DDR sind inzwischen bekannt geworden. Man behandelte die Natur wie im Frühkapitalismus als freies Gut: Sie hatte keinen Preis, der zur Schonung zwang.

Die bisherigen Hinweise beschränken sich auf die ökonomischen Probleme. Man muss aber zur Bewertung des Systems auch den Zusammenhang zwischen **Wirtschaftsordnung** und **politischer Ordnung** beachten:

- Wenn der Staat direkt oder indirekt der einzige Arbeitgeber, Verteiler von Wohnungen, von Berufs- und Karrierechancen ist, gibt es faktisch keine freie Wahl von Ausbildung, Beruf und Arbeitsplatz und jeder soziale Protest ist zugleich ein politischer, weil er sich gegen die Regierung richtet. Das trifft zu, völlig unabhängig davon, ob es sich, wie in der DDR, um eine ideologisch begründete Monopolherrschaft einer Partei handelt.
- Wenn der Staat über die Festsetzung von Mengen und Preisen Produktion und Verteilung lenkt, lenkt er nicht nur die Wirtschaft, sondern zum erheblichen Teil auch das kulturelle Leben: z. B. über Papierkontingente für Zeitungen und Bücher, über Zuteilung oder Verweigerung von Baumaterial für private und öffentliche Bauten, vom Gartenhäuschen bis zur Kirche.

(B. Sutor, Politik – Ein Studienbuch ..., Paderborn 1994, S. 256)

Aufgaben

1. Vergleichen und erörtern Sie die Funktionen des Preises in der Markt- und in der Zentralverwaltungswirtschaft. Zeigen Sie am Wirtschaftskreislauf (S. 147) die Unterschiede auf.
2. Formulieren Sie in eigenen Worten die Mängel und Strukturfehler der Zentralverwaltungswirtschaft.
3. Diskutieren Sie, welche Probleme sich aus dieser Ausgangslage für die wirtschaftliche Entwicklung in den neuen Bundesländern ergeben.

➤ Die strukturpolitische Diskussion um den Neuaufbau in den neuen Bundesländern

Unter **Strukturpolitik** versteht man die politische Beeinflussung wirtschaftlicher Strukturen, etwa:

- der Infrastruktur (Verkehrswege, Kommunikationsnetz, öffentliche Einrichtungen);
- der Regionalstruktur (räumliche Verteilung der Produktionsstätten und Arbeitsplätze);
- der Produktions- und Beschäftigungsstruktur (Anteil der einzelnen Sektoren am Sozialprodukt und an Arbeitsplätzen).

Das Hauptinstrument staatlicher Strukturpolitik sind Subventionen (finanzielle Unterstützungsleistungen) in Form direkter Finanzhilfen und in Form von Steuerbegünstigungen. In der sektoralen Strukturpolitik kann man nach der Zielsetzung der Hilfen unterscheiden zwischen:

- Erhaltungs- und Anpassungssubventionen (z. B. für Bergbau, Stahl- und Werftindustrie, für Landwirtschaft, für die Bundesbahn). Dabei ist es schwer, die Grenze zwischen bloßer Erhaltung und wirksamer Anpassung zu finden.
- Entwicklungssubventionen (Förderung neuer Techniken, z. B. in der Energieversorgung und im Umweltschutz).

In der regionalen Strukturpolitik geht es um die Stärkung der Wirtschaftskraft und um die Schaffung von Arbeitsplätzen in benachteiligten Regionen (früher z. B. Förderung der „Zonenrandgebiete“, Regionalprogramme).

Zentrales Ziel des Umstrukturierungs- und Erneuerungsprozesses in den neuen Bundesländern ist es, ein ausgewogenes Verhältnis zwischen Wirtschaftssektoren und Wirtschaftsregionen herzustellen, um die Lebensverhältnisse der Bevölkerung insgesamt zu verbessern und allzu große Unterschiede auszugleichen. Damit rücken beim Neuaufbau in den neuen Bundesländern stärker strukturpolitische als konjunkturpolitische Fragen in den Vordergrund. Dabei stellt sich die Frage, was Bund, Länder und Gemeinden tun können, um annähernd gleiche Lebensverhältnisse in ganz Deutschland herzustellen? Wie weit kann, darf, soll man diesen Prozess den Marktkräften überlassen?

Beim Aufholprozess war unumstritten, dass die Erneuerung der Infrastruktur im umfassenden Sinn eine öffentliche Aufgabe ist. Verkehrs- und Kommunikationswege, unabdingbare Voraussetzungen für eine moderne Wirtschaft, mussten aufgebaut werden.

Bildungseinrichtungen, Justiz und Verwaltung sowie deren rechtliche Grundlagen mussten so rasch wie möglich verändert werden. Die strukturpolitischen Streitfragen resultierten aus dem Zusammenbruch der ostdeutschen Wirtschaft, der die Arbeitslosenzahlen dramatisch ansteigen ließ. Nur durch Überbrückungshilfen, wie z. B. Arbeitsbeschaffungsmaßnahmen, konnte die Perspektivlosigkeit der Menschen noch etwas gemildert werden. Als der vor allem auch von westlichen Politikern erwartete und in Aussicht gestellte rasche Aufschwung auf sich warten ließ, entfachte sich ein Streit um die angemessene Politik der Treuhandanstalt. Ihr war die Aufgabe übertragen, die mehr als 10 000 bis dahin „Volkseigenen Betriebe“ möglichst bald zu privatisieren. Aber privatisieren lässt sich nur, was ökonomisch sanierungsfähig scheint und sich in absehbarer Zeit am Markt als rentabel zu behaupten verspricht. Angesichts der wirtschaftlichen Lage in den neuen Bundesländern stellte sich die Frage, ob man nicht stärker als bisher zu einer staatlichen Industriepolitik übergehen sollte, um überhaupt ein gewisses Maß an Großindustrie (Werften, Bergbau, Chemie, Maschinenbau) zu erhalten. Dies hieße die Umkehr der Reihenfolge, nämlich erst sanieren auf staatliche Kosten und erst später privatisieren. Bei einigen Großprojekten ist man diesen Weg gegangen (Jenoptik, Leuna).

M 53 | Was der Osten wirklich braucht

Nie werde ich meine Freudentränen über die friedliche Öffnung der Berliner Mauer vergessen. Sie war gefallen dank der Gesinnung der Demonstranten, dank der Vorarbeit der polnischen Solidarnosc, dank der friedlichen Vernunft Gorbatschows und auch der kommunistischen Führungen in Budapest, in Prag und in Ost-Berlin. Heute, anderthalb Jahrzehnte später, bin ich traurig über die unbefriedigenden wirtschaftlichen Zustände in Ostdeutschland. [...]

Allerdings kann ich ihre Ängste gut verstehen, auch den Zorn, der sich seit langen Jahren aufgestaut hat. Denn seit 1995 ist der wirtschaftliche Aufholprozess in den ostdeutschen Ländern zum Stillstand gekommen. Die Arbeitslosigkeit ist doppelt so hoch wie im Westen, die Wertschöpfung liegt bei weniger als zwei Dritteln. Zwar haben inzwischen viele ein Auto und fast alle ein Telefon. Aber viele der Jüngeren, die zu Hause keine Arbeit gefunden haben, sind in den Westen abgewandert. Die Zurückgebliebenen leiden seelisch unter der anscheinend ausweglosen Arbeitslosigkeit.

Von den leichtfertigen Versprechungen des Jahres 1990 sind nicht allzu viele wahr geworden, nicht die wirtschaftlich „blühenden Landschaften“, auch nicht die Westlöhne. Die tiefgreifende Enttäuschung war unvermeidlich; sie hat sich in den vergangenen acht Jahren immer mehr aufgestaut. Viele im Osten fühlen sich vom Westen getäuscht, bevormundet und herabgesetzt. [...]

Man war seit Generationen gewöhnt, dass Regierung und Staatspartei für alles sorgen. Wenn jetzt der Staat seine Leistungen einschränken muss und dabei versäumt, verständlich zu erklären und zu begründen, was geschehen muss, welche Wirkungen eintreten, aber ebenso, welche Ängste unbegründet sind, dann sollte die Regierung über die propagandistischen Erfolge von ehrlich Empörten, von opportunistischen Demagogen und von ökonomischen Wunderheilern nicht erstaunt sein.

Ebenso wichtig ist die Ehrlichkeit, Fehler und Versäumnisse einzugestehen. Nicht „der Kapitalismus" hat die ostdeutsche Industrie brotlos gemacht, sondern der Kardinalfehler, 1990 die bislang staatlich festgesetzten Preise und Löhne von einer Mark Ost auf eine DM West umzustellen.

Die Privatisierung der alten Staatsunternehmen der DDR war prinzipiell richtig; falsch waren die Methode und das Tempo. Es war einem Bürger der DDR finanziell unmöglich, einen der „volkseigenen" Betriebe zu übernehmen; deshalb gerieten fast alle in die Hände kapitalkräftiger westdeutscher Firmen und Unternehmer – und damit weitgehend in die Hände westdeutscher Manager. Auch diese letztere Entwicklung ist nicht rückgängig zu machen, wohl aber kann sie im Laufe von ein bis zwei Jahrzehnten überwunden werden, soweit die westdeutschen Eigentümer jüngere Menschen im Osten zu Managern ausbilden und heranziehen. Dass die Privatisierung durch die Treuhand die Staatsschuld um rund 400 Milliarden vermehrt hat, ist freilich nicht mehr zu ändern.

Ein anderer Fehler der Wendezeit, der wesentlich zur heutigen wirtschaftlichen Misere beigetragen hat, war die Übertragung von über 80 000 Paragrafen westdeutscher Gesetze und Rechtsverordnungen (dazu kamen noch unzählbare weitere Tausende von anderen Vorschriften), die den Bürgern der DDR ohne Übergangsfristen, ohne Anpassung an die dortigen Umstände einfach übergestülpt worden sind. [...] Viel schlimmer aber war die Erstickung der persönlichen Initiative der Bürger. Wer als Ostdeutscher im Osten eine eigene Firma aufmachen wollte, der brauchte und braucht auch heute noch viel mehr Mut und mehr intelligente Wendigkeit als ein Westdeutscher, der in der geltenden Rechts- und Bürokratielandschaft aufgewachsen ist und damit umzugehen weiß. Deshalb fehlt es im Osten an selbstständigen Gewerbetreibenden und an mittelständischen Unternehmen. Es ist aber der Mittelstand und nicht die Großindustrie, von dem die Mehrzahl der neuen Arbeitsplätze erwartet werden muss. Deshalb ist es nötig, den Osten für mindestens 15, besser für 25 Jahre von einer großen Zahl einengender Vorschriften zu befreien. Und das ist auch möglich!

Prinzipiell gut und zweckmäßig war, dass die alte Bundesrepublik in großem Maßstab zunächst den Aufholprozess der ehemaligen DDR finanziert hat und heute den dortigen Lebensstandard weiterhin finanziert. Gegenwärtig liegt der Saldo aller Übertragungen öffentlicher Finanzmittel jährlich zwischen 80 und 90 Milliarden Euro (Saldo bedeutet: Die in Ostdeutschland erhobenen Steuern und Sozialabgaben sind abgezogen). Dies ist eine große Leistung der westdeutschen Steuer- und Beitragszahler. Sie wird bisher in Ostdeutschland kaum anerkannt und gewürdigt, leider auch kaum von den ostdeutschen Rentnern.

Die Kaufkraft der heutigen Renten in Ostdeutschland liegt wesentlich höher als jemals in der alten DDR; sie liegt weit über der Kaufkraft aller Renten in allen anderen ehemals kommunistisch regierten Staaten. Auch dieses Beispiel muss auf den Bürgerversammlungen im Osten deutlich erklärt und erläutert werden: Der US-amerikanische Militärhaushalt macht jährlich etwa vier Prozent des amerikanischen Sozialprodukts aus – aber diese vier Prozent haben den Status einer militärischen Supermacht ermöglicht. Die alljährlichen westdeutschen Finanzübertragungen nach Ostdeutschland machen ebenfalls vier Prozent des deutschen Sozialproduktes aus! Dieser Vergleich verdeutlicht das Ausmaß der Transferleistungen. Der Osten muss anerkennen: eine ungeheure Leistung!

Die Agenda 2010 inklusive Hartz IV zielt auf den gesamten deutschen Arbeitsmarkt, nicht etwa speziell auf den Osten. Sie ist nur ein kleiner Ausschnitt aus der großen Liste der dringend notwendigen Erneuerungen. Kein Politiker, egal welcher Partei, hat bisher ernsthaft versucht, den Aufholprozess der ostdeutschen Wirtschaft zu beschleunigen. Schon seit Kohls Zeiten ist keineswegs damit zu rechnen, dass ein allgemeiner wirtschaftlicher Aufschwung in Deutschland auch zum Aufholen der ostdeutschen Wirtschaft oder gar zum Einholen des großen westdeutschen Vorsprungs führen würde. Wenn nichts speziell zugunsten des Ostens geschehen sollte, so wird man im Jahre 2020 feststellen, weitere 15 Jahre nach der Vereinigung, dass es zwar auch im Osten vorangegangen ist, dass aber von Aufholen keine Rede sein kann.

Deshalb brauchen wir für die Wirtschaft im Osten eine besondere, allein den Osten begünstigende wirtschaftspolitische Anstrengung. Dafür stehen mindestens drei Vorschläge zur Verfügung – nicht etwa zur Auswahl, sondern zur gleichzeitigen Verwirklichung.

Erstens: Der Osten hat die Beseitigung einer Vielzahl von behindernden Paragrafen und Genehmigungsinstanzen nötig. Die ostdeutschen Landtage brauchen Spielraum für Deregulierung, damit sich ein gewerblicher Mittelstand entwickeln kann. Dafür müssen durch Grundgesetz und Bundesgesetz die sechs ostdeutschen Landtage ermächtigt werden, durch Landesgesetzgebung vom bisher geltenden Bundesrecht abzuweichen – so im Bau- und Planungsrecht, im Arbeitsrecht, im Wirtschaftsrecht und so weiter; detaillierte Vorarbeiten dafür liegen seit Jahr und Tag auf den Tischen der Wirtschaftsminister.

Zweitens: Jede Wertschöpfung im Osten braucht eine deutlich spürbare Mehrwertsteuer-Präferenz, zum Beispiel bis zum Jahre 2020 nur den halben Steuersatz. Vor einem Dutzend Jahren haben Karl Schiller und Tyll Necker diesen Vorschlag gemacht. Er ist immer noch vernünftig, zweckmäßig und einfach.

Drittens: Der Vorschlag, alle bisherige Wirtschaftsförderung im Osten künftig stark auf regionale Schwerpunkte – „Wachstumskerne" – zu konzentrieren, ist dagegen erst seit einem halben Jahr auf dem Tisch. Er ist der wichtigste Teil eines ganzen Pakets, das der „Kurskorrektur des Aufbaus Ost" dient. Die Urheber, an ihrer Spitze Klaus von Dohnanyi und Edgar Most, sind die besten Fachleute, die der Kanzler finden könnte. Er sollte ihren Ratschlägen folgen.

Alle diese Vorschläge werden vielerlei Argwohn, Kritik und Ablehnung provozieren. Die politische Klasse unseres Vaterlandes beginnt das Vertrauen zu verspielen, das die Bürger früher in sie gesetzt haben. Aber immer noch ist sich die große Mehrzahl der Politiker in den beiden großen Volksparteien ihrer Verantwortung bewusst. Die Verantwortungsbewussten stehen zu den Gesetzen, die sie im Bundestag und im Bundesrat beschlossen haben.

(Helmut Schmidt, in: Die Zeit, Nr. 36/26.08.2004)

M 54 | Neuer Sündenfall?

Eine neue Zauberformel geistert seit einiger Zeit durch die wirtschaftspolitische Diskussion: die Erhaltung industrieller Kerne. Gemeint ist damit, der Staat solle durch gezielte Förderprogramme historisch gewachsene, aber durch Anpassungskrisen gefährdete Industriestandorte in den jungen Bundesländern vor dem Untergang bewahren. Gedacht wird dabei vor allem an langfristige Hilfsaktionen zugunsten regional konzentrierter Industriebranchen wie etwa des Schiffbaus in Mecklenburg-Vorpommem, der Chemie in Sachsen-Anhalt, der Stahlindustrie in Brandenburg oder des Maschinenbaus in Sachsen und Thüringen. [...] Wenn sich für sie trotz der laufenden Sanierungsbemühungen keine Interessenten finden, dann spricht eigentlich nichts mehr dafür, dass sie jemals wieder lebensfähig werden. Es kommt dann die Stunde der Wahrheit mit der politischen Frage, ob eine steuerfinanzierte Notsituation in einen Dauerzustand übergehen darf. Nach Förderung von Industriekernen zu rufen heißt letztlich, diese Frage mit einem klaren Ja zu beantworten. Man muss indes kein marktwirtschaftlicher Purist sein, um zu erkennen, dass dieser Weg in eine Sackgasse führt. [...]

Aus finanzpolitischer Sicht wäre eine dauerhafte Förderung von Industriekernen in den neuen Bundesländern kaum tragbar. Kann sich der Staat noch das Alimentieren kleiner, dahinsiechender Randbranchen leisten, so würde die massive Unterstützung einer Reihe großer Industriezweige in Ostdeutschland alle denkbaren fiskalischen Möglichkeiten sprengen. [...]

Aus wettbewerbspolitischer Sicht schließlich wäre eine dauerhafte Subventionierung von Industriekernen eine in Deutschland neue Dimension des Sündenfalls: Im Unterschied zu einer generellen Regionalförderung, etwa durch Zulagen oder Sonderabschreibungen für jede Art von Investitionen in den neuen Ländern, lässt sich eine branchenspezifische Förderung auch beim besten Willen nicht als Ausgleich allgemeiner Standortnachteile rechtfertigen. Sie ist ganz offensichtlich eine gezielte Wettbewerbsverzerrung zugunsten bestimmter, manchmal sogar namentlich bekannter Anbieter, die der Staat zu vertreten hat.

(Karl-Heinz Paque, „Faule Kerne"; in: DIE WOCHE v. 11.3.1993)

M 55 | Aufbau Ost – Eine Bilanz des ersten Jahrzehnts

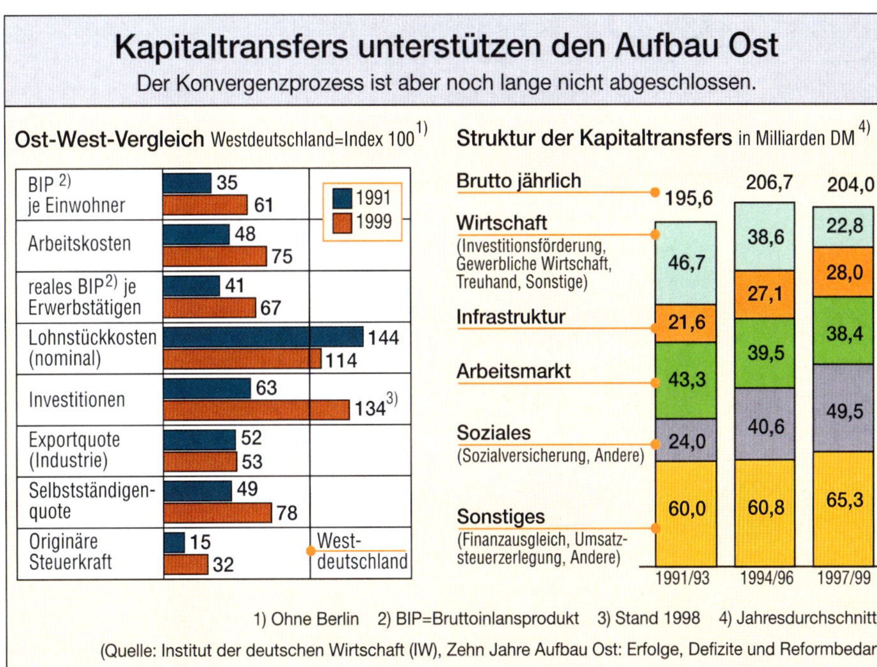

(nach: F. Brocker, in: Frankfurter Allgemeine Zeitung v. 28.9.2000)

M 56a | Bundesländer-Ranking: Das Saarland startet durch

Bewertung der wirtschaftlichen Entwicklung im Zeitraum 2003 bis 2005, Deutschland = 100 (Dynamik-Ranking)						
		Hierzu steuerte die Entwicklung des/der ... so viele Punkte bei				
		Wohlstands	Arbeitmarkts	Standort-faktoren	staatlichen und wirt-schatlichen Strukturen	Unter-nehmens-performance
Saarland	124,6	43,7	28,5	30,8	15,5	6,0
Bayern	112,6	33,1	28,6	28,4	16,8	5,7
Thüringen	105,5	28,3	25,0	31,9	13,8	6,5
Baden-Württemberg	104,0	27,9	26,7	28,0	16,4	5,1
Sachsen-Anhalt	102,7	31,9	23,3	29,3	13,7	4,4
Sachsen	102,2	28,0	22,9	33,3	12,5	5,6
Rheinland-Pfalz	102,1	24,6	27,5	27,7	16,8	5,6
Schleswig-Holstein	99,3	25,8	24,6	31,5	13,8	3,6
Mecklenburg-Vorpommern	98,8	21,9	23,3	32,7	14,3	6,7
Hamburg	97,5	19,5	26,8	31,6	17,3	2,3
Nordrhein-Westfalen	94,8	24,1	21,7	28,5	15,5	5,0
Nieder-sachsen	94,7	21,6	22,4	31,3	14,8	4,6
Hessen	91,6	21,2	21,1	26,1	17,3	5,9
Berlin	91,5	9,0	32,0	33,4	13,8	3,3
Brandenburg	91,3	14,5	29,2	29,5	14,1	4,0
Bremen	86,7	24,8	16,4	26,1	13,6	5,8

Indikatoren Wohstandsentwicklung: z. B. Veränderung des realen Bruttoinlandsprodukts; Arbeitsmarktentwicklung: z. B. Veränderung der Erwerbstätigenzahl; Entwicklung der Standortfaktoren: z. B. Veränderung der Arbeitskosten, der Gewerbesteuersätze und der Patentanmeldungen je 100 000 Einwohner; Entwicklung der staatlichen und wirtschaftlichen Strukturen: z. B. Veränderung der Staatsschulden, der Unternehmensinsolvenzen und der Straftaten je 100 000 Einwohner; Entwicklung der Unternehmensperformance: z. B. Veränderung der Umsatzrendite nach Steuern.

(nach: IWD, Wochenbericht 40/2006)

M 56b| Bundesländer-Ranking

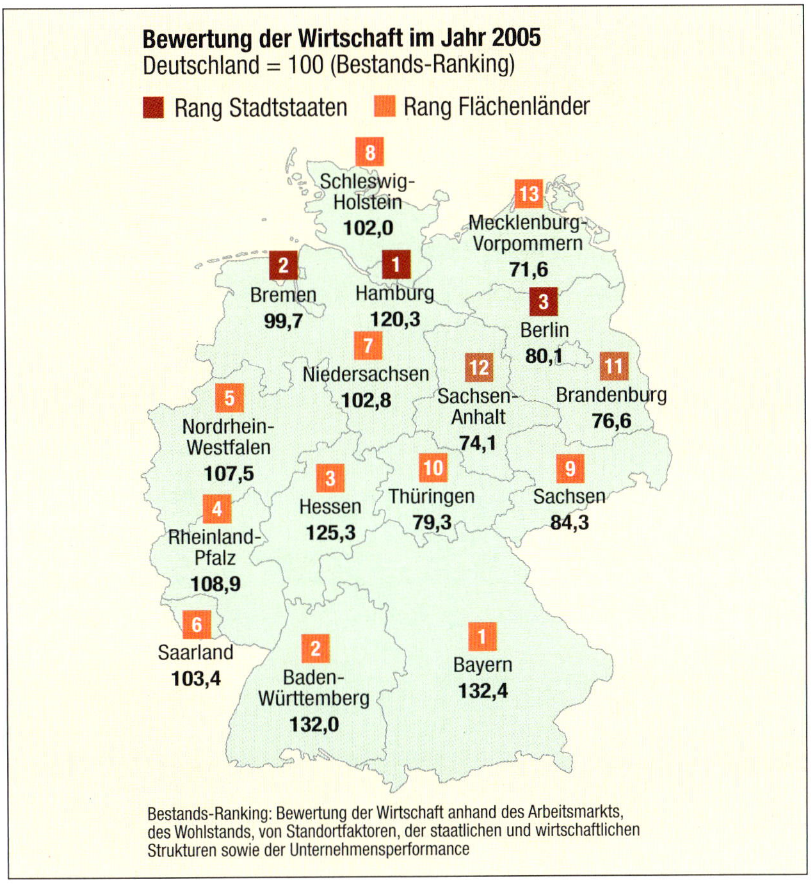

(nach: IWD, Wochenbericht 40/2006)

Aufgaben

1. a) Wie beschreibt der Autor in M 53 die wirtschaftliche Lage der neuen Bundesländer, welche Ursachen führt er für die Schwierigkeiten im Reformprozess an, welche Lösungsvorschläge unterbreitet er.
   b) Vergleichen Sie seinen Standpunkt zur Industriepolitik mit Paque (M 54).
2. Stellen Sie fest, welche strukturpolitischen Maßnahmen zur Förderung des Wachstums und der Beschäftigung angewandt werden. Inwieweit sind die Forderungen Helmut Schmidts (M 53) erfüllt?
3. Informieren Sie sich über die gegenwärtige Wirtschaftslage in den neuen Bundesländern (Daten zur Produktion, Investitionsfähigkeit, Beschäftigung, Wirtschaftskraft).
4. Diskutieren Sie mit Blick auf M 56a und M 56b, wie viel staatliche Industriepolitik wir in den neuen Bundesländern noch brauchen.

Weitere Informationen finden Sie im Internet:

www.bundesbank.de	Deutsche Bundesbank
www.ecb.int	Europäische Zentralbank
www.europarl.de	Europäisches Parlament
www.bundesregierung.de	Bundesregierung (Presse- und Informationsamt)
www.bmwi.de	Bundeswirtschaftsministerium
www.bundesfinanzministerium.de	Bundesfinanzministerium
www.arbeitsagentur.de	Bundesagentur für Arbeit
www.bda-online.de	Bundesvereinigung der Deutschen Arbeitgeberveründe
www.diht.de	Deutscher Industrie- und Handelstag (DIHT)
www.dgb.de	Deutscher Gewerkschaftsbund

2. Ökologischer Umbau der Marktwirtschaft: Ökonomie oder Ökologie?

M 1 | Umwelt als Werbeargument

Anzeige in DIE ZEIT, Nr. 22/24.11.2006

Programme von Parteien oder Werbebroschüren der Industrie erwecken zuweilen den Eindruck, dass die Frage „Ökonomie oder Ökologie?" sich heute in der Bundesrepublik nicht mehr stellt. Die „Ökologische Soziale Marktwirtschaft", Anfang der 1980er-Jahre von den GRÜNEN in die politische Diskussion gebracht, ist längst Konsens geworden. Politik und Wirtschaft beschwören ihr Bemühen, *Ökologie und Ökonomie* in Einklang zu bringen. Die Wirtschaftswissenschaft hat die Teildisziplin „Umweltökonomie" eingerichtet, wobei diese Bezeichnung die Vermutung nahelegt, dass der frühere Gegensatz überwindbar ist. Gestritten wird scheinbar nur noch über den richtigen Weg und die besseren Instrumente. Wendet man sich von den Titeln, Festtagsreden und Hochglanzbroschüren ab und richtet den Blick auf politische Alltagsprobleme, wird man allerdings schnell ernüchtert feststellen, dass die Formel *„Entweder Ökonomie oder Ökologie!"* ihre Relevanz nicht verloren hat. Beim Flughafenausbau, beim Braunkohleabbau, beim Bau neuer Autobahnen oder bei der Diskussion um die sogenannte „Grüne Gentechnologie" scheinen nach wie vor ökologische und ökonomische Interessen und Perspektiven unvereinbar. Im globalen Kontext wird vermehrt die Frage gestellt, wie viel teure Umweltstandards sich die Bundesrepublik im internationalen Wettbewerb noch leisten kann.

Geht man von der ursprünglichen Bedeutung der beiden Begriffe aus, liegen sie nicht weit auseinander: Beide werden vom griechischen Wort „oikos" (Haus) her gebildet. *Ökonomie* befasst sich mit dem Haushalten angesichts knapper Güter, zu denen heute unumstritten auch die Umweltgüter (Luft, Wasser, Boden) gezählt werden. *Ökologie* im weiteren Sinne untersucht das Verhältnis der Lebewesen zu ihrer Umwelt, wobei der wirtschaftende Mensch eine entscheidende Rolle spielt.

Stehen nun Ökonomie und Ökologie zwangsläufig in einem Gegensatz? Oder handelt es sich um zwei verschiedene Perspektiven mit letztlich gleicher Zielsetzung? Müssen wir (existenzielle) Risiken als Preis für wirtschaftlichen Fortschritt in Kauf nehmen? Oder sollte sich die Ökonomie in den Dienst der Ökologie stellen? Zu diesen Fragen liefert dieses Teilkapitel Beiträge, wobei aspekthaft der Schwerpunkt auf das Umweltgut *Luft* gesetzt wird. Von hier aus lassen sich Bezüge zu den wichtigen globalen Sachproblemen *Treibhauseffekt* und *Verbrauch fossiler Ressourcen*, die im Kapitel IX („Die Sicherung der Welt als Lebensraum") aufgegriffen werden, herstellen. Der Stellenwert der anderen Umweltgüter Boden und Wasser als unverzichtbare Bestandteile eines funktionierenden Ökosystems soll damit nicht relativiert werden.

- Der Abschnitt 2.1 liefert unter dem leitenden Aspekt des „geschlossenen ökologischen Systems" Grundbegriffe und Grundinformationen zur Umweltökonomie.
- Der Abschnitt 2.2 versucht am Beispiel des Umweltgutes Luft eine ökonomischen Bewertung des „Ist-Zustandes" der Luftverschmutzung in Deutschland. Trotz methodischer Schwierigkeiten lässt die ökologische Schadensbilanz weitreichende wirtschaftspolitische Schlussfolgerungen („ökologische Schuldenfalle") zu.
- Der Abschnitt 2.3 problematisiert mit der „Allmende-Klemme" das grundlegende Dilemma ökonomischen Handelns bei frei verfügbaren, aber begrenzten Umweltgütern. Aus diesem Dilemma ergibt sich die Frage nach **politischen Handlungsalternativen**: Was ist umweltpolitisch möglich?
- Im Abschnitt 2.3 werden exemplarisch drei verschiedene **Instrumente der Umweltpolitik** vorgestellt und nach den Kategorien Effizienz, Praktikabilität, Zumutbarkeit und ökonomische Verträglichkeit untersucht. Die jeweiligen Instrumente stehen stellvertretend für eine „Epoche" der Umweltpolitik in Deutschland:
  ① Die Auflage von Grenzwerten zur Reinhaltung der Luft (Bundesimmissionsschutzgesetz bzw. Technische Anleitung Luft) als restriktive ordnungsrechtliche Auflage der 1980er-Jahre.
  ② Die Diskussion um die Ausgestaltung einer „Öko-Steuer" zur marktwirtschaftlichen „Um-Steuerung" in den 1990er-Jahren
  ③ Umweltlizenzen als neues Lenkungsinstrument der Gegenwart.

2.1 Wirtschaften im geschlossenen ökologischen System

Das ökonomische System ist ein offenes System. Es steht mit seiner politischen, sozialen und ökologischen Umwelt in einer Wechselbeziehung. Aus seiner ökologischen Umwelt entnimmt das ökonomische System Rohstoffe und Energie. Indem es gleichzeitig umgewandelte Energie und Materie in Form von Abwärme, Schadstoffen, Abfall und Abwasser in die Natur zurückgibt, braucht und verbraucht es die Umweltgüter Boden, Wasser und Luft. Das ökonomische System ist auf diesen Austausch angewiesen um sich zu erhalten, sich weiterzuentwickeln und zu überleben. Die Volkswirtschaftslehre hat diesen Zusammenhang von ökonomischem und ökologischem System schon lange erkannt, ging jedoch davon aus, dass die Umweltgüter in unbegrenztem Umfang verfügbar wären. Umweltverbrauch war deshalb fast zum Nulltarif möglich: Die Umweltgüter (Luft, Wasser, Boden) haben als **freie Güter** keinen angemessenen Preis.

M 2 | Wirtschaft als offenes System

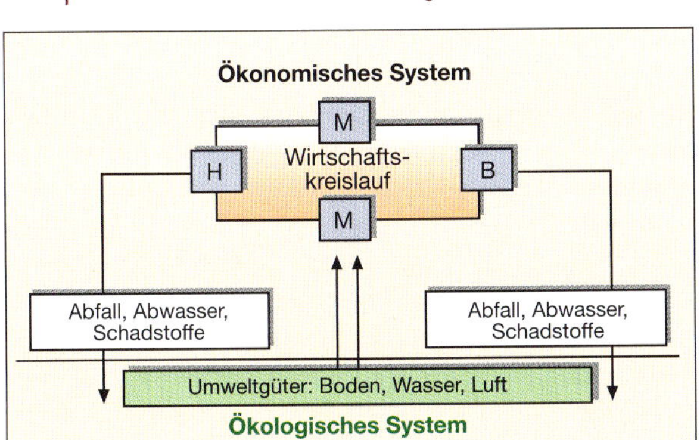

Seit den 1970er-Jahren setzt sich in der Volkswirtschaft eine veränderte Sichtweise durch. Der Bericht des *Club of Rome* zur Lage der Menschheit (1973) hatte das Bewusstsein für die Begrenztheit der Ressourcen und die Grenzen der Belastbarkeit des ökologischen Systems geschärft (→ IX, S. 551 ff., S. 574). Die Erde wird seitdem als geschlossenes ökologisches System betrachtet, das lediglich von der Sonne mit externer Energie versorgt wird („Raumschiff Erde"). Innerhalb dieses geschlossenen Systems sind Umweltgüter knappe Güter, mit deren Verbrauch sorgsam umgegangen werden muss. Abfälle werden dabei zu Wertstoffen, die erneut dem Wirtschaftskreislauf zugeführt werden müssen (*Recycling*). Die Überlebensfähigkeit des ökonomischen Systems hängt nach dieser Sichtweise davon ab, ob es gelingt, die wirtschaftliche Entwicklung so voranzutreiben, dass der Umweltverbrauch zunehmend geringer wird und das ökologische System sich ausreichend erholen kann. Dieses Prinzip der **nachhaltigen Entwicklung** (*sustainable development*) ist nicht neu. Es wurde bereits im 19. Jahrhundert von der Forstwirtschaft formuliert und als ökonomisch notwendig anerkannt. Nach neueren Computersimulationen geht ein wissenschaftliches Team um Dennis L. Meadows davon aus, dass eine nachhaltige Entwicklung heute bereits nicht mehr möglich sei (M 4). Diese sehr pessimistische Sichtweise ist allerdings wissenschaftlich umstritten.

M 3 | Wirtschaften im geschlossenen ökologischen System

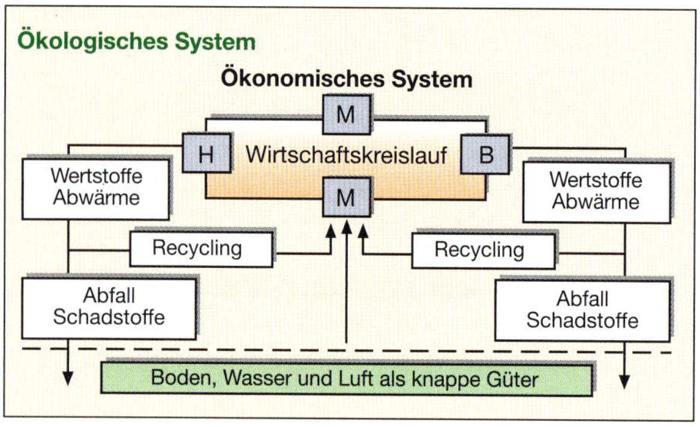

M 4 | Für eine dauerhaft tragbare Entwicklung zu spät

Der Begriff von den „Grenzen des Wachstums" wurde 1972 geprägt. Bis dahin hatte man generell angenommen, das industrielle Wachstum werde weltweit andauern, bis schließlich jedes Land seine Bevölkerung in den Genuss eines hohen Lebensstandards gebracht haben würde. Bei unserem zweijährigen Forschungsprojekt für den Club of Rome entstand das Computermodell „World 3", das die Interaktionen zwischen fast 200 wesentlichen Variablen verfolgt, um Szenarien oder Bilder davon zu schaffen, wie die Welt sich bis Ende 2100 entwickeln könnte. Durch die Arbeit mit diesem Modell gelangten wir zu folgenden Erkenntnissen:

1. Falls die gegenwärtigen Trends in Bezug auf die Weltbevölkerung, die Industrialisierung, die Umweltverschmutzung und die Ausplünderung der natürlichen Rohstoffe unverändert weiterlaufen wie bisher, werden während der nächsten 100 Jahre die Grenzen des Wachstums auf diesem Planeten erreicht sein. Die höchstwahrscheinliche Folge ist ein ziemlich abruptes und unkontrollierbares Absinken sowohl der Bevölkerung als auch der industriellen Kapazität.
2. Es ist möglich, diese Wachstumstrends zu ändern und einen Zustand ökologischer und ökonomischer Stabilität zu erreichen, der sich bis weit in die Zukunft hinein aufrechterhalten lässt.
3. Falls die Menschheit sich entschließt, dieses zweite Ziel anzustreben, sind die Erfolgschancen umso größer, je früher mit den Bemühungen in diese Richtung begonnen wird. [...]

Inzwischen habe ich eine dritte Forschungsphase am World 3 abgeschlossen [...]. Auf der Grundlage dieser Arbeiten komme ich zu dem Ergebnis, dass sich angesichts der vorherrschenden politischen, ökonomischen und kulturellen Wertvorstellungen ein Zusammenbruch – ein nicht zu kontrollierendes Absinken der Weltbevölkerung und der industriellen Tätigkeit – nicht mehr vermeiden lässt. Mit anderen Worten: Nach meiner Überzeugung ist es für eine dauerhaft tragbare Entwicklung zu spät [...]. Ich möchte in diesem Aufsatz darauf hinweisen, dass die Vorstellung einer dauerhaft tragbaren Entwicklung heute nicht mehr zu halten ist, jedenfalls nicht in dem Sinne, in dem dieser Begriff gemeinhin verstanden wird. Die heute am weitesten verbreitete Definition wurde in dem Bericht „Our Common Future" der Brundtland-Kommission geprägt. Sie charakterisiert das Konzept der dauerhaft tragbaren Entwicklung als den Weg, „um alle Bedürfnisse der Gegenwart zu erfüllen, ohne die Möglichkeiten künftiger Generationen zu beeinträchtigen, die eigenen Bedürfnisse zu befriedigen".

Rein abstrakt stellt diese dauerhaft tragbare Entwicklung ein lockendes Ziel dar. Solange sie aber keine konkreten, sachlich gut begründeten Vorstellungen über die Tragfähigkeit des Erdballs zugrunde legt, bleibt sie ein hohler Begriff, der keine brauchbare Planungsbasis bietet. Mehr noch: Die in ihr implizit enthaltene Voraussetzung, sie sei in der gegenwärtigen Politik begründet, bedeutet eine Ablenkung von zwei Schlüsselfragen zum Kollaps:

1. Was sind die höchstwahrscheinlich auslösenden Momente für einen Zusammenbruch?
2. Wie weit reichen die wahrscheinlichen demografischen und/oder wirtschaftlichen Niedergangserscheinungen und wie bald ist mit ihnen zu rechnen?

Erst wenn es hinsichtlich dieser zwei Fragen zu einem Konsens kommt, wird es überhaupt möglich sein, damit zu beginnen, aktuell Maßnahmen zu erwägen und in Angriff zu nehmen, um das Ausmaß und die Folgen des Niedergangs zu mindern und die langfristigen Optionen unserer Spezies zu erkennen.

(Dennis L. Meadows, Der Kaiser ist längst nackt – Für eine dauerhaft tragbare weitere Wirtschaftsentwicklung ist es zu spät; in: SZ v. 13.11.1999)

Die veränderte Sichtweise vom Wirtschaften im geschlossenen ökologischen System wirkt sich auch auf die traditionelle **volkswirtschaftliche Gesamtrechnung** aus. Wird traditionell argumentiert, je höher das Bruttonationaleinkommen (= Bruttosozialprodukt), desto größer sei die Leistungsfähigkeit der Wirtschaft und damit der Wohlstand eines Volkes, so wird heute die Gleichsetzung von Wachstumsrate und Wohlstandsmehrung kritisiert. Die folgenden Beispiele zeigen, warum die rein quantitative Berechnung des Bruttonationaleinkommens nicht als Wohlstandsindikator geeignet ist:

„Das enorme Anwachsen der Automobilflotte in der Bundesrepublik hat zu einem verstärkten Ausbau der Straßen und Parkplätze geführt. Die riesigen Kosten der damit verbundenen Bodenversiegelung gehen positiv in die Berechnung des Bruttosozialprodukts ein. Der Schadstoffausstoß

durch das erhöhte Verkehrsaufkommen schädigt die Gesundheit der Menschen, zerstört Gebäude und Natur. Ambulante und stationäre Behandlungen, Medikamente und Kuren, Restaurationsarbeiten an beschädigten Denkmälern und Gebäuden, ja sogar die Kalkbehandlung des vom sauren Regen bedrohten Waldes wird im Bruttosozialprodukt mitberücksichtigt, obwohl die Lebensqualität in einer zerstörten Umwelt sinkt.
Schließlich haben die Verkehrsunfälle drastisch zugenommen. Das Abschleppen der Kraftfahrzeuge, die Bergung von Verkehrstoten und -verletzten sowie deren Pflege im Krankenhaus, die notwendigen Arzneimittel, die Beerdigung der Verkehrstoten, einschließlich der Kranz- und Blumenspenden, gehen als bewertete Leistungen in das Bruttosozialprodukt ein. Zynisch formuliert steigt das Sozialprodukt umso stärker, je mehr Verkehrsunfälle auftreten; dagegen dürfte die soziale Wohlfahrt sinken."

(nach: Uwe Taenzer, Ökonomie 2, Stuttgart 1985, S. 100)

Wissenschaftliche Untersuchungen verweisen darauf, dass die **defensiven Kosten**, d.h. die Ausgaben zur Behebung der negativen Folgen des wirtschaftlichen Wachstums, einen immer größeren Anteil am Bruttonationaleinkommen ausmachen. Die Kritiker einer rein **quantitativen Berechnung** des Nationaleinkommens fordern deshalb die Berücksichtigung der defensiven Kosten und eine positive Bewertung von umweltschonendem Wirtschaften in einem **Ökosozialprodukt**. Eine volkswirtschaftliche Berechnung nach qualitativen Gesichtspunkten stößt allerdings auf erhebliche methodische Probleme und hat sich in Wirtschaft, Politik und Öffentlichkeit als Wirtschaftsindikator noch nicht durchsetzen können. Immerhin gibt es seit 1990 ein vom Statistischen Bundesamt vorgelegtes Konzept einer **Umweltökonomischen Gesamtrechnung (UGR)**.

Aufgaben

1. Stellen Sie fest, zu welchen abschließenden Erkenntnissen die Meadows-Studie von 1999 (M 4) gelangt. Formulieren Sie vor dem Hintergrund verschiedener Zukunftsszenarien Aufgaben von Politik.
2. Informieren Sie sich beim Statistischen Bundesamt über die aktuelle volkswirtschaftliche Gesamtrechnung. Inwiefern berücksichtigt sie das Ökosozialprodukt?

2.2 Luftverschmutzung in der Bundesrepublik Deutschland – Versuch einer Schadensbilanz

➤ Ursachen und Verursacher

M 5

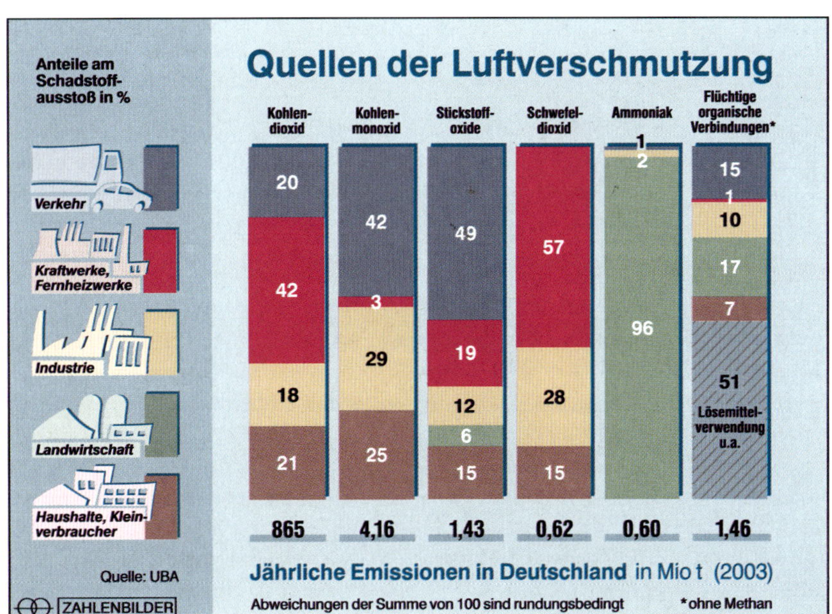

126 296
© Erich Schmidt Verlag

Aufgaben

1. Unterscheiden Sie zwischen Ursachen und Verursachern der Luftverschmutzung (M 5).
2. Informieren Sie sich (im Biologie- oder/und Chemieunterricht) über Folgen der Emission der in M 5 genannten Schadstoffe.
3. Erstellen Sie mithilfe von M 8 und M 9 eine Liste der von der Luftverschmutzung Betroffenen

➤ Die Kosten der Luftverschmutzung

M 6

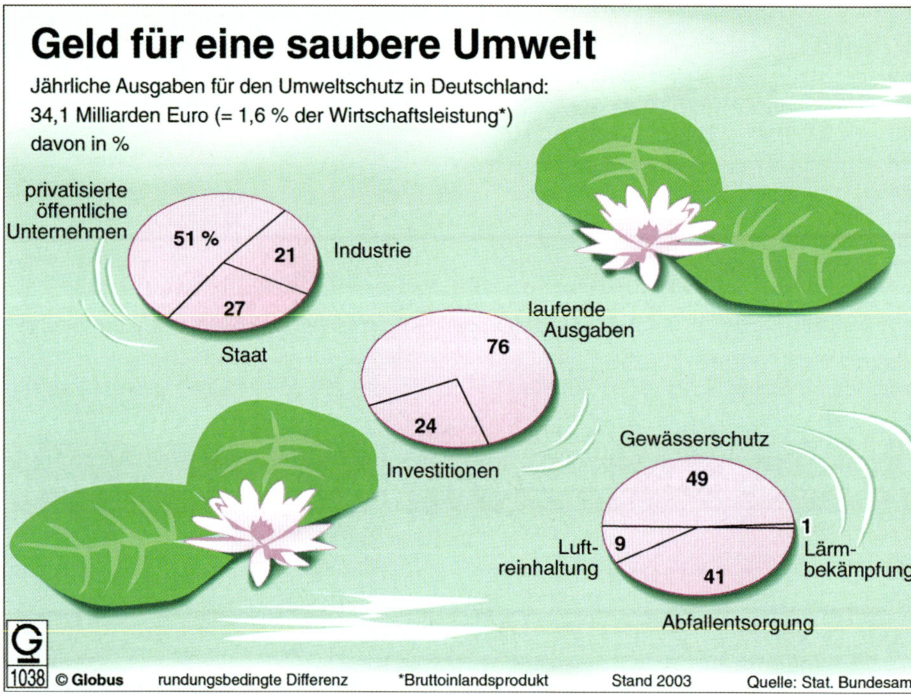

M 7

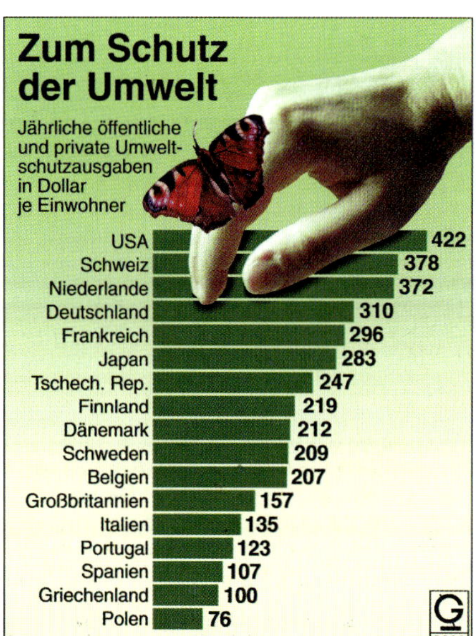

Aus den vorstehenden Materialien ergeben sich folgende Fragen:

- Waren/sind die Ausgaben für den Umweltschutz in der Bundesrepublik zu hoch oder zu niedrig?
- Sind die entstehenden finanziellen Belastungen zwischen öffentlicher Hand, Industrie und Haushalten gerecht und ökonomisch vernünftig verteilt?

Um in der Beantwortung dieser Fragen weiterzukommen, sollte man zunächst den tatsächlichen „*ökonomischen Wert*" der Umweltbelastung feststellen. Dafür reicht die Ermittlung von Schadstoffmengen, Ursachen und Verursachern nicht aus. Als Erster hat sich der Wirtschaftswissenschaftler Lutz Wicke bei seinen Untersuchungen Mitte der 1980er-Jahre bemüht, den ökonomischen „Wert" von „Umweltverbrauch" zu messen. In seiner **ökologischen Schadensbilanz** hat er versucht, die jährlichen Kosten, die aus der Umweltzerstörung für die Bundesrepublik entstehen, zu ermitteln.

M 8 | Die ökologische Schadensbilanz für Deutschland 1992

Schadenspositionen	Schadenskosten 1984 (alte Bundesländer, nach *Wicke* 1986)	Schadenskosten 1992 (alte Bundesländer)	Schadensschätzung 1992 (neue Bundesländer)	Schadenskosten Deutschland (z. T. geschätzt 1992)
1. *Luftverschmutzung* (Preise 1984)	rd. 48 Mrd. DM[1]	über 25 Mrd. DM	über 12 Mrd. DM	über 37 Mrd. DM
– Gesundheitsschäden	über 2,3–5,8	ca. 5,4	über 2,7	über 8,1
– Materialschäden	über 2,3	ca. 2,8	über 1,4	über 4,2
– Waldschäden	über 5,8–8,8	über 5,5	über 2,8	über 8,3
2. *Gewässerverschmutzung*	über 17,6 Mrd. DM	rd. 10 Mrd. DM	über 12,5 Mrd. DM	über 22,5 Mrd. DM
darunter: Kosten der Trink- und Brauchwasserversorgung	über 9,0	1,7		
3. *Bodenbelastung*	über 5,2 Mrd. DM	ca. 50,5 Mrd. DM	über 36,7 Mrd. DM	über 87,2 Mrd. DM
Schadens-, Ausweich-, Vermeidungs- sowie Planungs- und Überwachungskosten (Preise 1988) bei:		(28,3–72,4)		
– Art- und Biotopschädigung		4,0–4,3		
– Abbau von Rohstoffen		0,2–0,7		
– Nahrungsmittelproduktion		2,6–3,9		
– Abfallablagerung und Altlasten		14,0–47,5		
– Grundwasser		3,9–6,7		
4. *Lärm*	über 32,7 Mrd. DM	29,5 Mrd. DM	5 Mrd. DM	34,5 Mrd. DM
darunter: Zahlungsbereitschaft zur Vermeidung von (Preise 1989):				
– Straßenverkehrslärm		12,8		
– Schienenlärm		5,3		
– Fluglärm		0,4		
– Industrie- und Gewerbelärm		5,2		
Kosten des Lärms am Arbeitsplatz		1,8–2,8		
5. *Kosten unterlassenen Naturschutzes*	über 1,0 Mrd. DM	3,4 Mrd. DM	1,7 Mrd. DM	5,1 Mrd. DM
6. *Vermeidungskosten globaler und länderübergreifender Umweltschäden*		(15 Mrd. DM)	(2 Mrd. DM)	17 Mrd. DM
– Kosten CO-Minderung/-Reduzierung				über 15
– West-Ost-Umkooperation				1
– Beitrag Tropenwaldrettung				1
Gesamtschadenskosten	über 103,5 Mrd. DM	über 133,4 Mrd. DM	über 69,9 Mrd. DM	über 203,3 Mrd. DM
Anteil am jeweiligen Bruttosozialprodukt	5,8 %	4,9 %	28,9 %	6,8 %
7. *Übergreifende Umweltbelastungskosten:*				
– Freizeit und Erholung		9,2 Mrd. DM		
– Psychosoziale Kosten		40 – 65 Mrd. DM		
– Zahlungsbereitschaft für verbesserte Umweltqualität		40 – 94,4 Mrd. DM		
– Volkswirtschaftliche Umweltschutzaufwendungen (Preise 1988)		32 Mrd. DM		

[1] Bei den einzeln aufgeführten Schadenspositionen fehlen eine Reihe sehr wichtiger Schadenskomponenten, wie z. B. im Bereich Gesundheit die luftverschmutzungsbedingten Herz- und Kreislauferkrankungen. Außerdem sind die allermeisten immateriellen Schäden, wie die Beeinträchtigung des menschlichen Wohlbefindens und die Schadenspositionen „Verminderung des Existenz- und Vermächtniswertes einer intakten Umwelt", darin nicht enthalten. Auf diese groben Unterschätzungen ist die Diskrepanz zwischen dem Gesamtwert der Einzelpositionen und den 48 Mrd. DM erfragten Schäden zurückzuführen. Auch diese 48 Mrd. DM stellen die absolute Untergrenze des Schadens dar, da die „Zahlungsbereitschaft" für bessere Luft- und nicht die wesentlich höhere „Entschädigungsforderung für schlechtere Luft" erfragt worden ist.

(nach: Lutz Wicke, Umweltökonomie, 4. Auflage München 1993, S. 113 f.)

M 9 | Zahlungsbereitschaft für Ferienluft

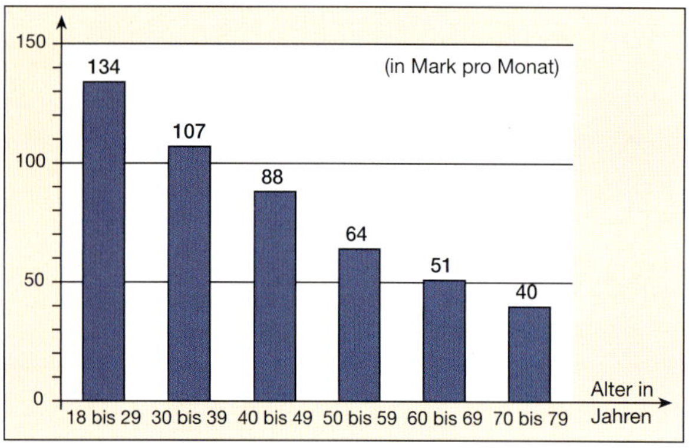

(H. Schulz, Der monetäre Wert besserer Luft, Frankfurt/Bern und New York 1985, S. 239; nach: Lutz Wicke, a.a.O., S. 73)

Nach den Ermittlungen von Lutz Wicke (M 8) lagen die „rechenbaren" Umweltschäden in der Bundesrepublik für das Jahr 1992 bei über 203 Mrd. DM (104 Mrd. €). Die einschränkende Formulierung „rechenbar" verweist schon auf die enormen methodischen Schwierigkeiten einer Quantifizierung ökologischer Schäden. Das lässt sich am Schadensposten „Atemwegserkrankungen" beispielhaft verdeutlichen:
Zunächst müssen die Kosten von stationärer und ambulanter Behandlung in diesem Bereich erfasst werden. Darüber hinaus müsste berechnet werden, welchen „Wert" nicht behandelte Schädigungen ausmachen und welche Folgekosten sich aus den Erkrankungen (z. B. Arbeitsausfälle, Schadenersatzforderungen etc.) ergeben. Nach weiteren Berechnungen müsste schließlich ermittelt werden, welcher Anteil der Atemwegserkrankungen tatsächlich durch Luftverschmutzung verursacht wurde. Die hier angestellten Überlegungen verdeutlichen nicht nur die Komplexität der Schadensberechnung. Sie zeigen auch, dass über weite Strecken nur eine Abschätzung der ökonomischen Kosten möglich ist. Methodisch angreifbar sind natürlich auch die Zahlungsbereitschaftsanalysen (*willingness-to-pay*), die auf eine *subjektive monetäre Bewertung* von Natur- und Lebensqualitätsverlusten aus Sicht der betroffenen Bürger abzielen (M 9). Schließlich muss davon ausgegangen werden, dass die Kenntnisse über ökologische Folgen von Schadensprozessen, über Auswirkungen von Zerstörung auf komplexe Ökosysteme auf lokaler, regionaler und globaler Ebene so lückenhaft sind, dass eine umfassende Bewertung von Schäden kaum möglich ist.
Vieles spricht aber dafür, dass die tatsächliche Schadensbilanz weit über den von Wicke sehr vorsichtig kalkulierten Zahlen liegt. Berechnungen des Umwelt- und Prognose-Instituts Heidelberg legten die jährlichen Öko-Kosten auf 243 Mrd. € fest. Andere jüngere Schadensbilanzen mit modifizierten methodischen Annahmen und Berechnungsverfahren liegen sogar bei bis zu 500 Mrd. € im Jahr. Solche Zahlen werden gestützt durch ökologische Schadensbilanzen beim Straßenverkehr (M 10). Neben der methodischen Problematik muss in der Beurteilung von Schadensbilanzen auch ihr politischer Stellenwert berücksichtigt werden: Experten weisen darauf hin, dass sich aus jährlich anhäufenden Umweltschäden eine wachsende ökonomische Verschuldung ergibt, die von den nachfolgenden Generationen mit Zins und Zinseszins zu tragen sein wird. Im schlimmsten Fall entwickle sich daraus eine **ökologische Schuldenfalle**, aus der es auch wirtschaftlich kein Entrinnen mehr gebe.

„Der wesentliche Stellenwert derartiger umfassender, auf Verdichtung von komplexen Sachverhalten abzielender Berechnungen ist politischer Art. Sie können ein hohes Maß an Aufmerksamkeit mit Aufforderungscharakter zur raschen und verstärkten Aktion in der Politik und der medialen Öffentlichkeit auf sich ziehen. In einer griffigen Zahl kann jetzt das ganze Ausmaß der Umweltkrise zusammengefasst werden, und das in einer Sprache, die von allen in einer Wirtschafts- und Konsumgesellschaft am besten verstanden wird und die Vergleiche mit der dominierenden Größe in Politik und Öffentlichkeit überhaupt, dem BSP, erlaubt."

(Christian Leipert, Die volkswirtschaftlichen Kosten der Umweltbelastung; in: Beilage zum Parlament 10/1991, S. 33)

M 10 | Kosten des KFZ-Verkehrs

Das heutige Verkehrsystem in Deutschland verursacht etwa 150 Milliarden Euro an Gesundheits- und Umweltkosten. Dies belegt die Anfang Oktober 2004 veröffentlichte Studie der Forschungsinstitute IWW und Infras zu den externen Kosten des Verkehrs. Dabei handelt es sich um Gesundheits- und Umweltschäden, deren Kosten nicht von den Verursachern bezahlt werden, sondern von der Allgemeinheit, etwa über Krankenkassenbeiträge und Steuern.
Für die EU ohne Beitrittsländer betragen die Gesundheits- und Umweltkosten des Verkehrs laut Studie 650 Mrd. Euro. Damit vernichten sie über 7 Prozent des Bruttoinlandproduktes (BIP) der EU. Mit Staukosten summiert sich die Wertvernichtung auf 10 Prozent. Die Folgekosten des Verkehrs sind im Zeitraum von 1995 bis 2000 um 12 Prozent gestiegen, was die Autoren der Studie auf das Wachstum des Straßen- und Flugverkehrs zurückführen. Der größte Kostentreiber ist der Straßenverkehr: 83 Prozent der Gesundheits- und Umweltkosten des Verkehrs gehen auf das Konto des Straßenverkehrs, 14 Prozent verursacht der Luftverkehr und 2 Prozent der Schienenverkehr. Von den für Deutschland errechneten Folgekosten

des Verkehrs von 150 Mrd. Euro entfallen 130 Mrd. auf den Straßenverkehr.
Im Einzelnen bedeutet dies: Während im Schienengüterverkehr pro 1000 Tonnenkilometer (beförderte Tonnen mal Entfernung) durchschnittlich nur 17,90 Euro anfallen, kosten LKW 87,80 Euro bei gleicher Verkehrsleistung. Im Personenverkehr fallen bei den Bahnen 22,90 Euro pro 1000 Personenkilometer (beförderte Personen mal Entfernung) im Durchschnitt an, PKW schlagen dagegen mit 76 Euro volkswirtschaftlich zu Buche. Die Kosten, die der Verkehr auf die Gesellschaft abwälzt, setzen sich nach den Ergebnissen der Studie vor allem aus Umwelt- und Gesundheitsschäden durch den Klimawandel (30 Prozent), durch Luftverschmutzung (27 Prozent) sowie Unfallkosten (24 Prozent) zusammen.

(http://www.bund.net/verkehr/themen/themen 32/themen_143.htm; 01.05.2006)

M 11 | Mit bestem Dank zurück

„Ich jedenfalls verleih' nie wieder etwas!"

Aufgaben

1. Untersuchen und bewerten Sie die Entwicklung der Schadensbilanz (M 8) zwischen 1984 und 1992. Berücksichtigen Sie bei den verschiedenen Schadenspositionen auch die unterschiedliche Bevölkerungszahl in den alten und neuen Bundesländern.
2. Führen Sie in Ihrem Kurs/Ihrer Jahrgangsstufe eine Umfrage zur Zahlungsbereitschaft für „Ferienluft" durch. Vergleichen Sie Ihre Ergebnisse mit M 9 und erörtern Sie die methodische Problematik von Zahlungsbereitschaftsanalysen.
3. Diskutieren Sie den (politischen) Wert von Schadensbilanzen angesichts der methodischen Schwierigkeiten. Erörtern Sie den aktuellen Benzinpreis vor dem Hintergrund der externen Kosten des Straßenverkehrs (M 10). Inwiefern signalisieren die Preise den wirklichen „Wert" von Umweltgütern?
4. Erläutern Sie ausgehend von der Karikatur M 11 das Problem der „ökologischen Schuldenfalle".
5. Erörtern Sie, inwiefern es ökonomisch geboten ist, ökologisch zu wirtschaften.

2.3 Prinzipien und Instrumente der Umweltpolitik: Was ist umweltpolitisch möglich?

M 12 | Das ökologisch-ökonomische Dilemma oder „Allmende-Klemme"

Stellen Sie sich eine Weide vor, die für jedermann zugänglich ist, und mehrere Hirten, die ihr Vieh auf dieser regelmäßig weiden lassen. Weidet nicht zu viel Vieh, so wächst immer genügend Gras nach. Jeder Hirte der Hirtengemeinschaft hat in diesem Falle einen dauerhaften Vorteil, da er sein Vieh auch in Zukunft regelmäßig auf die Weide schicken kann. Nun überlegt sich ein Hirte: „Wenn ich ein oder zwei meiner Schafe noch zusätzlich zu meinen bisherigen auf die Weide treibe, vergrößere ich meinen Gewinn." Er hätte auf jeden Fall kurzfristig seinen individuellen Nutzen, und den eventuellen Schaden durch eine Überweidung und damit Zerstörung der Wiese würden langfristig alle, d. h. also die Gemeinschaft der Hirten tragen. Was ist, wenn viele Hirten so dächten? Es wäre einerseits immer wahrscheinlicher, dass die Weide zugrunde geht. Andererseits wäre derjenige Hirte, der dann nicht zusätzliches Vieh auf die Weide treibt, der Dumme, da er

später auf keinen Fall für seine Zurückhaltung belohnt wird, sondern vielmehr den Schaden durch die zerstörte Weide mitzutragen hätte.
Diese Situation, dass der Einzelne hier geradezu verführt wird, auch etwas zur schnelleren Zerstörung des Gemeingutes beizutragen, nennt der amerikanische Biologe Hardin die „Tragödie des Gemeinwesens“ – in Deutschland wurde daraus der häufig angeführte Begriff der „Allmende-Klemme“.
Sicherlich fällt es Ihnen leicht, Beispiele aus Ihrem Alltag zu finden, in denen die „Allmende-Klemme“ in unterschiedlichsten Ausformungen lauert. Immer wieder findet man, wo frei zugängliches, regenerierbares Gemeingut (hier „Allmende“ genannt) nicht kontrolliert genutzt wird, einerseits „Schmarotzer“, die sich einen individuellen Vorteil auf Kosten der Gemeinschaft verschaffen wollen, und andererseits (vielleicht aggressiv werdendere) Leidtragende. Die Problematik der „Allmende-Klemme“ wurde aber in der Neuzeit immer kritischer, weil die Allmende-Probleme globaler wurden: Im Mittelalter war es vielleicht nur die Weide, heute sind noch Treibhauseffekt und Ozonloch hinzugekommen.
Gibt es Auswege aus der „Allmende-Klemme“ im Kleinen, im Alltäglichen? Gibt es Lösungen im globalen Rahmen? Die Leidtragenden werden wahrscheinlich nach einer Kontrolle der „Allmende“ verlangen. Wie soll aber eine solche Kontrolle funktionieren?

(Bertram Scholz, Die „Allmende-Klemme“ – Kooperatives Handeln im Umweltschutz; in: Gegenwartskunde 2/1997, S. 218ff.)

Projekt

1. Sie können die „Allmende-Klemme“ in einem Rollenspiel handlungsorientiert nachspielen. Eine Spielanleitung und Materialien finden sich in der Zeitschrift „Politik und Unterricht“, Heft 11/1995, herausgegeben von der Landeszentrale für politische Bildung Baden-Württemberg, S. 7 ff. („Das Fischerspiel“).
2. Sie können nach Beispielen für „Allmende-Klemmen“ aus Ihrem (Schul-)Alltag suchen, Lösungsansätze erörtern und deren Übertragbarkeit auf die regionalen und globalen ökologischen Herausforderungen diskutieren (→ IV/2.4, S. 236 ff. und IX, S. 572 ff.).

M 13 | Was tun?

„Um mitzuhelfen, die drohende Erwärmung der Erdatmosphäre zu vermeiden, sollten wir unseren Kühlschrank täglich mindestens eine Stunde geöffnet lassen.“

M 14 | Umweltpolitik muss sich an folgenden Prinzipien orientieren

1 Verursacherprinzip
Der Grundgedanke ist, dass derjenige die Kosten der Vermeidung oder Beseitigung einer Umweltbelastung tragen soll, der für ihre Entstehung verantwortlich ist. Wer schädigt, zahlt dafür.

2 Kooperationsprinzip
Umweltschutz ist eine gemeinsame Aufgabe, zu der alle Gruppen ihren Beitrag leisten müssen. Dazu bedarf es einer umfassenden Kooperationsbereitschaft zwischen Wirtschaft, Staat und Bürgern. Dieses Prinzip setzt auf eine einvernehmliche Durchsetzung umweltpolitischer Ziele (Einsicht vor Zwang).

3 Gemeinlastprinzip
Weil die Erhaltung der Umwelt im Interesse aller liegt, soll die Gemeinschaft für die Kosten des Umweltschutzes und der Schädigungen aufkommen. Umweltpolitische Maßnahmen werden aus öffentlichen Mitteln finanziert.

4 Vorsorgeprinzip
Die Grundannahme dieses Prinzips ist, dass es in der Regel billiger ist, Umweltschäden von vornherein zu vermeiden, als sie nachträglich wieder zu beseitigen. Die Natur soll so genutzt werden, dass Umweltschäden erst gar nicht entstehen.

5 Nachhaltigkeitsprinzip
Von einer erneuerbaren Ressource darf nicht mehr genutzt werden, als sich in der gleichen Zeit regeneriert. Es dürfen nicht mehr Stoffe in die Umwelt entlassen werden, als dort aufgenommen werden.

Chancen/Risiken
- Verantwortlichkeit für umweltbewusstes Handeln geht verloren.
- Technologische Innovationen könnten blockiert werden.
- Anreiz für umwelttechnologische Innovationen.
- Verantwortungsbewusstsein für umweltgerechtes Handeln wird gefördert.
- Einzelpersonen (v.a. auch sozial Schwächere) werden kaum überfordert.
- Internationale Wettbewerbsfähigkeit ist gefährdet.
- Kosten für Umweltzerstörung können vermieden werden.
- Langfristige Schädigungskosten könnten vermieden werden.
- Einzelpersonen (v.a. sozial Schwächere) und Betriebe könnten überfordert werden.
- Unabsehbare Belastung für öffentliche Haushalte entstehen.
- Unverbindliche Kompromisse statt notwendige „schmerzhafte" politische Entscheidungen.
- Ressourcen stehen dauerhaft zur Verfügung.

M 15 | Instrumente der Umweltpolitik

Ordnungsrechtliche Normen	Marktwirtschaftliche Instrumente
• Ge- und Verbote, Auflagen, z. B. nach dem Bundesemissionsschutzgesetz, Abfallbeseitigungsgesetz, Wasserhaushaltsgesetz, Bundes-Naturschutzgesetz, Waschmittelgesetz, Chemikalien-, Pflanzenschutz-, Düngemittelgesetz, Benzin-Bleigesetz, Atomgesetz, jeweils nebst Durchführungsverordnungen u. a. m. • Umweltverträglichkeitsprüfungen und andere Zulassungs- und Genehmigungsverfahren.	• Öko-Auditing (Erwerb eines für die Image-Werbung des geprüften Unternehmens einsetzbaren Zertifikats). • Verteuerung der Nutzung von Umweltressourcen in Form von: – Lenkungsabgaben mit Ermäßigung oder Befreiung, wenn der Schadstoffausstoß vermindert oder ganz vermieden wird; – Finanzierungsabgaben mit steuerähnlicher Funktion, bestimmt zur Finanzierung eines bestimmten Umweltschutzvorhabens (z. B. Altlastenabgabe für Altlastensanierungsprogramm); – Öko-Steuern: Verknüpfung der Lenkungs- und Finanzierungsfunktionen (z. B. erhöhte Energiesteuer); – Umweltlizenzen oder -zertifikate; – Ausweitung des Umwelthaftungsrechts.

Aufgaben

1. Ordnen Sie die aufgelisteten Chancen und Risiken den vier Prinzipien der Umweltpolitik zu (M 14).
2. Verdeutlichen Sie die Prinzipien an konkreten Beispielen (z. B. Müllentsorgung, Luftverschmutzung durch den Straßenverkehr, Umweltverträglichkeitsprüfungen, Absichtserklärungen der Industrie zur freiwilligen Schadstoffreduzierung, Dosenpfand, Öko-Audits etc.).
3. Erörtern Sie, welche Prinzipien den Instrumenten der Umweltpolitik (M 15) zugrunde liegen.
4. Diskutieren Sie, welche Instrumente/Prinzipien als Ausweg aus der Allmende-Klemme (M 12) geeignet sind.

2.4 Auf dem Weg zur ökologischen Marktwirtschaft: Reglementierung oder Markt?

In den 1980er-Jahren hatte die Kontroverse um die angemessenen Instrumente beim Umbau der Marktwirtschaft begonnen. Gegner und Kritiker einer marktwirtschaftlichen Ordnung behaupteten damals, diese sei in der Umweltfrage prinzipiell an ihre Grenzen gestoßen. Markt bedeute ungehemmtes Wachstum und profitorientierte Ausbeutung der Natur. Dem müsste durch ordnungsrechtliche Maßnahmen, durch Auflagen und Verbote, entgegengewirkt werden. Manche sprachen sogar von der Unvermeidbarkeit einer „Öko-Diktatur". In der praktischen Umweltpolitik wurden seither tatsächlich häufig traditionelle ordnungsrechtliche Instrumente eingesetzt. Eine Flut von Gesetzen und Verordnungen prägt unser Umweltrecht. Es erscheint zwar „gerecht", indem es von allen Beteiligten die gleiche Auflagenerfüllung verlangt, ist jedoch ökonomisch sehr teuer. Befürworter der marktwirtschaftlichen Instrumente schließen staatliche Auflagen und Verbote zum Schutz der Umwelt nicht grundsätzlich aus. Sie glauben jedoch, eher mithilfe des Marktes die Umweltproblematik lösen zu können. Dieser Ansicht liegt die Idee zugrunde, den Verbrauch und die Belastung von Naturkosten in die Preise eingehen zu lassen, um ökonomische Anreize für umweltschonendes Verhalten zu erzeugen. Die Politik marktwirtschaftlicher Steuerung durch z. B. Subvention alternativer Energien, Ökosteuer, Umweltlizenzen gewinnt seit den 1990er-Jahren bis heute an Bedeutung.

M 16 | Preise müssen die ökologische Wahrheit sagen

Die Umweltpolitik schreitet von der Nachsorge zur Vorsorge voran. Das ist heute Konsens. Aber was heißt Vorsorge? In konventioneller Juristen-Denke heißt Vorsorge das Vordringen der staatlichen Regelung in die Frühstadien der Produktion. Recyclinggerechtes Produzieren soll durch detaillierte Verbote und Gebote über die Stoffzusammensetzung erzwungen werden. Und die Schadstoffvermeidung wird durch Kompositionsvorschriften an die Entwicklungslabors erzwungen. Entsprechend komplizierter und zeitraubender werden die Genehmigungsverfahren. Ein Alptraum, finde ich. Und ziemlich unrealistisch. In wie vielen Ländern der Erde sind derartige Vorschriften überhaupt durchsetzbar? Und was hilft es der Umwelt, wenn es ein paar bürokratische grüne Inseln gibt? Aber haben wir Alternativen? Ja, es gibt sie. Wir müssen dafür sorgen, dass die Preise die ökologische Wahrheit sagen. [...]Was heißt das? Der Verbrauch von Natur muss etwas kosten. Nicht so sehr dadurch, dass es bürokratisch mühsam ist, an den Naturverbrauch heranzukommen, wie das bei Genehmigungsverfahren der Fall ist. Eher dadurch, dass Landversiegelung, Energie, Rohstoffe, Wasser einen ökologischen Preis bekommen. Dann hat derjenige den ökonomischen Vorteil, der mit diesen wertvollen Gütern besonders sparsam umgeht. Darin entwickelt sich das rohstoffsparende (und nicht nur das recyclingfreundliche!) Produzieren wie von selbst. Dann wird Altmetall, Glas, Plastik und Altpapier zum realen Wertstoff. Dann kommt das Flächenrecycling endlich in Gang. Und dann macht der Markt auch der Energieverschwendung ein Ende.

(Ernst U. von Weizsäcker, in: Frankfurter Rundschau, 31.3.1992, S. 6)

➤ Gesetzliche Auflagen: Wer nicht mitmacht, scheidet aus!

Die Großfeuerungsanlagenverordnung von 1983 und die Technische Anleitung zur Reinhaltung der Luft (TA-Luft) von 1986 haben die Luftreinhaltung in der Bundesrepublik nachhaltig geprägt. Die Großfeuerungsanlagenverordnung unterwirft alle mit fossilen Brennstoffen (Kohle, Öl, Gas) befeuerten Kraftwerke scharfen Emissionsbegrenzungen. Altanlagen durften nur noch für eine Übergangszeit ohne die erforderlichen technischen Neuerungen betrieben werden. Seitdem hat die Elektrizitätsindustrie in der Bundesrepublik ein aufwendiges Programm zur Emissionsverringerung abgewickelt.

„Die Kraftwerke mussten nicht nur mit einfachen Filtern, sondern mit einer kompletten chemischen Fabrik ausgestattet werden. Die Rauchgasentschwefelungsanlage eines 300-MW-Blocks eines Braunkohlekraftwerkes ist mit ungefähr 60 m so hoch wie ein 20-stöckiges Hochhaus. Sie wiegt betriebsbereit etwa 10 000 Tonnen und benötigt die Fläche eines halben Fußballfeldes. Eine solche Anlage filtert bis zu 95 % des Schwefeldioxids aus den Abgasen.“

(Informationen zur politischen Bildung, Heft 219/1988, S. 11)

Die TA-Luft verpflichtet fast die *gesamte Industrie*, insbesondere Staub-, Schwefeldioxid- und Stickoxidemissionen deutlich zu reduzieren. Von diesem Gesetz waren ca. 50 000 industrielle Anlagen (z. B. Hochöfen, Stahlwerke, Bleihütten, Kokereien, Zementwerke, Chemieanlagen, Mineralölraffinerien) betroffen. Die Erfolge dieser restriktiven Regelungen können sich sehen lassen: Der Schadstoffausstoß von Kraftwerken und Industrie wurde bei weiterhin hohem Energie- und Rohstoffbedarf zum Teil auf einstellige Prozentwerte reduziert. Nach einer Übergangszeit mit umstrittenen Ausnahmeregelungen wurden zahlreiche Altanlagen, deren Modernisierung sich nicht mehr lohnte, stillgelegt. Die Luftverunreinigung konnte wesentlich verringert werden. Die Filteranlagen sind weltweit auf modernstem technologischen Stand. Sie werden inzwischen auch an Industriebetriebe anderer Industrieländer verkauft. Die Industrie für Umwelttechnologie erhielt Aufträge in Milliardenhöhe.
Trotz dieser unbestreitbaren Erfolge kritisieren Gegner ordnungsrechtlicher Umweltpolitik deren ökonomische Nebenwirkungen. Außerdem verweisen sie darauf, dass die Politik bei der Festlegung von Normen und Grenzwerten auf die Beratung durch Experten der Industrie angewiesen ist. In den USA wurde versucht, die Auflagenpolitik durch marktwirtschaftliche Elemente zu flexibilisieren. In die Diskussion ist diese Politik flexibler Auflagen unter der Bezeichnung „Glockenpolitik“ eingegangen.

M 17 | Entwicklung natürlicher Produktionsfaktoren

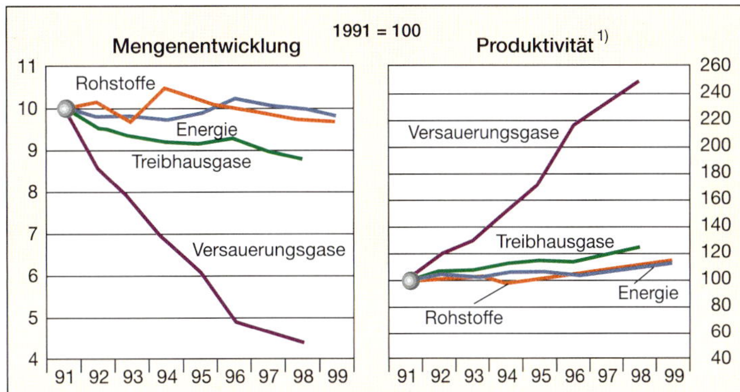

1) Bruttoinlandsprodukt (in Preisen von 1995) je Produktionsfaktor

(nach: Statistisches Bundesamt, Zahlenkompass 2001, S. 90)

M 18 | Kostengünstiger Umweltschutz

„Reine Umweltschützer“ werden sagen: Was kümmert mich, was Umweltschutz kostet; Hauptsache, er wird durchgesetzt und damit die Umwelt verbessert. Aber dies ist ein Trugschluss. Dazu ein Beispiel aus der Mineralölwirtschaft: Die Entschwefelungsanlage einer modernen Raffinerie filtert heute mit zwei Reaktoren etwa 95 % des Schwefeldioxids aus den Abgasen heraus. Will man den Entschwefelungsgrad um 1 % auf 96 % steigern, steigen die Baukosten für einen dritten Reaktor um 20 %. Nun lässt sich mit einer zusätzlich nachgeschalteten Reinigungsanlage die Umweltentlastung noch weiter auf 98,5 % Entschwefelung verbessern. Damit aber verdoppeln sich bereits die Baukosten für die Umweltschutzanlage. Soll die Raffinerie aufgrund staatlicher Anordnung gar einen Reinigungsgrad von 99,5 % erreichen, muss schließlich sogar mit den dreifachen Investitionskosten gerechnet werden. Das heißt: Um bei einer einzelnen Anlage zusätzlich 4,5 % Schwefeldioxid aus den Abgasen herauszuholen, könnte man mit dem gleichen Geld dafür sorgen, drei andere Anlagen überhaupt erst einmal zu 95 % zu entschwefeln und damit im Extremfall insgesamt die 30fache Menge an Schwefeldioxid aus den Abgasen zu entfernen. Wenn man diesen Kostensachverhalt aber nicht berücksichtigt, tut man nicht nur zu wenig für die Umweltverbesserung, sondern lädt die betroffenen Unternehmen dazu ein, sich auf die „wirtschaftliche Unvertretbarkeit“ oder die Unverhältnismäßigkeit einer nachträglichen Anordnung zu berufen, weil Umweltschutz dann wirklich – unnötig – viel teurer ist, als er sein müsste. (Berechtigter) Widerstand oder langwierige Rechtsstreitigkeiten bis zu

den nächsten Gerichtsinstanzen wären dann oft das Ergebnis, und das bedeutet zumindest temporäres Nichtstun und keine Entlastung der Umwelt.
Die möglichen Kostenersparnisse durch flexiblere, marktwirtschaftliche Lösungen im Umweltsektor sind gewaltig: Der Rat von Sachverständigen für Umweltfragen hat 1974 errechnet, dass eine Abwasserabgabe, die zu einer durchschnittlichen Reinigung der kommunalen Abwässer von 75 % führt, um ein Drittel billiger ist als eine Umweltauflage, bei der nach dem Rasenmäherprinzip jeder Kläranlage per Auflage ein 75 %iger Reinigungsgrad vorgeschrieben ist. [...]
Mit marktwirtschaftlichen Lösungen kann man [...] auch die kostengünstigsten Umweltschutzmaßnahmen anregen. Erst dadurch können viele Umweltschutzmaßnahmen in der (wirtschaftspolitischen) Realität durchgesetzt werden. Außerdem spart die Volkswirtschaft Kosten in Milliardenhöhe oder für die gleichen Mittel kann wesentlich mehr Umweltschutz realisiert bzw. können ggf. dadurch Milliardenschäden (siehe Waldsterben) vermieden werden. Anders ausgedrückt:
Wer mehr Markt im Umweltschutz aus ökologischen Gründen fordert und durchsetzt, realisiert dann auch einen ökonomischeren, d.h. effizienteren Umweltschutz und schafft dadurch gleichzeitig bessere Voraussetzungen für mehr Umweltschutz!

(Lutz Wicke, in: Aus Politik und Zeitgeschichte, B 32 v. 10. August 1985; zit. nach: Informationen zur politischen Bildung, Heft 219/1988, S. 32)

M 19 | Flexible Auflagen

Als Beispiel soll ein Unternehmen herangezogen werden, das mit zwei Betrieben unterschiedlicher Umweltreinheit produziert: Anlage 1 emittiere jährlich 800 t, Anlage 2 insgesamt 400 t SO_2. Durch die Verfügung der Regierung werde die Schadstoffmenge um ein Viertel gesenkt, worauf sich das Gesamtunternehmen einzurichten hat. Welche Politik steht dem Unternehmen offen? Es könnte beide Anlagen um 25 % sauberer machen, was annahmegemäß sehr kostspielig ist, weil die Kosten für die weitere Schadstoffminderung bei Anlage 2 sehr hoch sind. Mit weniger Geld ließe sich dagegen die Neuanlage 1 erheblich sauberer machen.
Die „Glockenpolitik" löst das Dilemma wie folgt: Beide Betriebe stehen unter einer „ideellen" Glocke; sie werden also als eine Gesamtheit betrachtet. Der Unternehmer kann entscheiden, wie er die Auflage kostengünstigst erfüllt. Annahmegemäß erledigt er das durch Investition in Anlage 1, wo er nicht nur auf 600 t (von ursprünglich 800 t), sondern mit wenig Geld auf 500 t zurückgeht. In seiner Altanlage 2 macht er gar nichts, sodass diese weiterhin 400 t emittiert. Das Gesamtergebnis liegt mit 900 t genau innerhalb der Auflage, 25 % weniger Schadstoffausstoß zu haben. Denn vor der Grenzwertverschärfung hatte das Unternehmen 1200 t Schadstoffe produziert.

(Peter Czada, Wirtschaftspolitik, 1988, S. 123ff.)

M 20 | Glockenpolitik

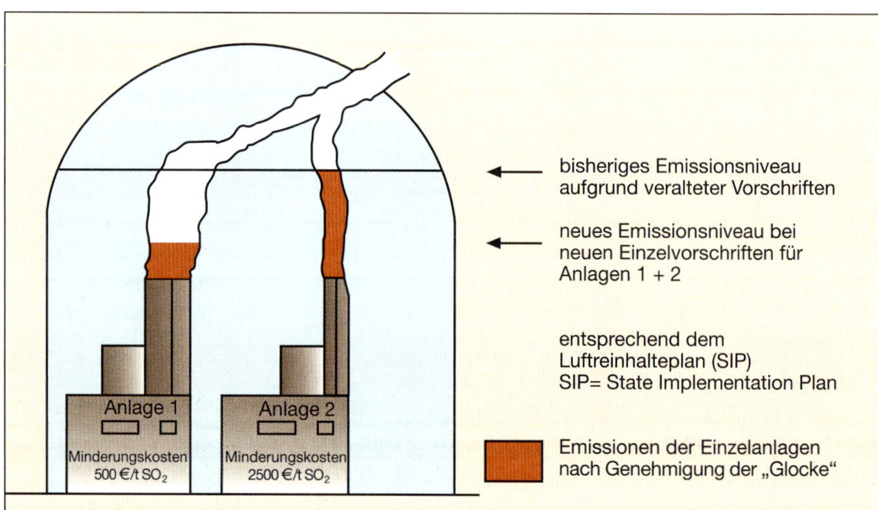

Da Anlage 1 mit den (deutlich) niedrigeren spezifischen Vermeidungskosten die neuen gesetzlichen Anforderungen übertrifft und damit die eigentlich vorgeschriebene Emissionsminderung von Anlage 2 mehr als „übernimmt", darf Letztere das bisherige Emissionsniveau beibehalten. Aus der Glocke entweichen maximal gleich viel – oder je nach Vorschrift der Glockenpolitik – sogar weniger Tonnen SO_2 (Überkompensation).

(Nach: Environmental Protection Agency. Emission Reduction Banking. Publ. NO BA-1 15, Washington/D.C. 1980, S. 11. Zit. nach: L. Wicke, Instrumente der Umweltpolitik; in: Wirtschaftswissenschaftliches Studium, Feb. 1984, S. 81)

Aufgaben

1. Zeigen Sie Erfolge der restriktiven Auflagenpolitik auf (M 17). Inwiefern kann von einer umweltschonenden „Entkoppelung" der Produktionsfaktoren gesprochen werden?
2. Unterscheiden Sie zwischen beabsichtigten umweltpolitischen Wirkungen und positiven/negativen ökonomischen Nebenwirkungen der Auflagenpolitik (Autorentext/M 17).
3. Erläutern und veranschaulichen Sie das von Lutz Wicke in M 18 beschriebene „Rasenmäherprinzip".
4. Untersuchen Sie, inwiefern die „Glockenpolitik" geeignet ist, die politischen und ökonomischen Defizite der Auflagenpolitik zu beheben.
5. Umwelt kennt bekanntlich keine Grenzen. Überlegen Sie, wie mithilfe der „Glockenpolitik" der Gesamtschadstoffausstoß bundesdeutscher und ukrainischer Kraftwerke kostengünstig reduziert werden könnte.
6. Recherche: Die Idee der „Glockenpolitik" wurde auch beim Ausstieg aus der Atomenergie und beim Emissionshandel in der EU (s. S. 242 ff.) berücksichtigt. Informieren Sie sich über die betreffenden Regelungen. Beachten Sie dabei Vereinbarungen zur Laufzeit der Atomkraftwerke.

Die Öko-Steuer: Mit Steuern steuern?

Umweltsteuern versuchen das Verhalten von Unternehmen und Verbrauchern über den Preis für Umweltgüter zu steuern. Umweltgerechtes Verhalten soll sich lohnen und belohnt werden. Preislösungen sind marktwirtschaftliche Instrumente. Sie schreiben nicht vor, sondern bieten ökonomische Anreize.

Über die Notwendigkeit von Umweltsteuern als umweltpolitisches Lenkungsinstrument herrschte seit Anfang der 1990er-Jahre ein parteienübergreifender Konsens. Dennoch führte die Ökologische Steuerreform der rot-grünen Bundesregierung 1999 zu heftigen innenpolitischen Auseinandersetzungen. Teilen der Opposition ging die Besteuerung der Energie zu weit. Es gelang ihnen, mit Kampagnen gegen „Abzockerei" die Regierung erheblich unter Druck zu setzen. Die Umweltverbände sprachen dagegen von unzureichenden Schritten in die richtige Richtung und wurden dabei von Mitgliedern der Regierungsfraktionen unterstützt. Im Einzelnen führen Kritiker der Ökologischen Steuerreform an, dass

- bei sinkenden Ölpreisen die Lenkungswirkung der Steuererhöhung abgeschwächt wird bzw. verloren geht;
- sich die Regierung bei zusätzlich zur Öko-Steuer steigenden Ölpreisen dem populistischen Vorwurf der „Abzockerei" – vor allem durch Automobil-Verbände und die Opposition – ausgesetzt sieht;
- in der Bevölkerung die Akzeptanz für eine schmerzhafte Verteuerung der Benzin- und Dieselpreise fehlt;
- nicht konsequent die CO_2-Emission besteuert wird, z. B. beim Stromverbrauch (nicht nur Strom aus Kohlekraftwerken, sondern auch emissionsarmer Atomstrom wird teurer);
- energieintensive Wirtschaftszweige (z. B. Chemische Industrie oder Metallindustrie) durch großzügige Ausnahmeregelungen verschont werden;
- die stufenweise Anhebung der Öko-Steuer zu halbherzig vorgenommen wurde, da sich eine spürbare Lenkungswirkung bei den Benzinpreisen erst ab 2,50 €/Liter entfalte;
- es sich in Wirklichkeit um eine „Rentensteuer" handelt, da die Steuereinnahmen nicht vorwiegend zur Förderung „grüner" Projekte eingesetzt werden;
- die erhoffte Absenkung der Rentenversicherungsbeiträge nicht erreicht werden konnte und lediglich Beitragserhöhungen verhindert wurden;
- sozial Schwächere und Familien durch die Steuererhöhungen unverhältnismäßig mehr belastet würden als Reiche, die sich die höheren Preise leisten können;
- die Industrie am Standort Deutschland durch den nationalen Alleingang der Bundesregierung bei der Energiesteuer verschlechterten Wettbewerbsbedingungen ausgeliefert ist.

M 21 | Struktur und Ziele der Ökologischen Steuerreform

Mit der Ökologischen Steuerreform (1999 – 2003) beabsichtigt die Bundesregierung eine Belastung des **Faktors Umwelt** (durch eine stufenweise Anhebung der Energiesteuern) bei gleichzeitiger Entlastung des **Faktors Arbeit** (durch Absenkung der Lohnnebenkosten). Die Ökologische Steuerreform ist damit insgesamt aufkommensneutral, da die Einnahmen durch Steuererhöhungen vollständig dem Steuerzahler (durch Absenkung der Rentenversicherungsbeiträge auf unter 20 %) zurückgegeben werden. Nur ein kleiner Teil dient der direkten Förderung erneuerbarer Energien.

Damit verfolgt die Ökologische Steuerreform eine doppelte Zielsetzung:

1. Die Bekämpfung der Arbeitslosigkeit und die Sicherung von Arbeitsplätzen durch geringere Lohnnebenkosten (ökonomische Dividende).

2. Einen geringeren Umweltverbrauch, vor allem die Reduktion der CO_2-Emissionen durch Einsparungen bzw. Substitution emissionsintensiver Energie: z. B. emissionsarme Energie wie Wasserkraft und Wind statt Stein- und Braunkohle (ökologische Dividende).

(Umwelt- und Prognose-Institut Heidelberg (Hg.), UPI-Bericht 9: Öko-Steuern als marktwirtschaftliches Instrument im Umweltschutz – Vorschläge für eine Ökologische Steuerreform, Heidelberg [3]1998; www.upi-institut.de/upi9.htm; 15.12.2000)

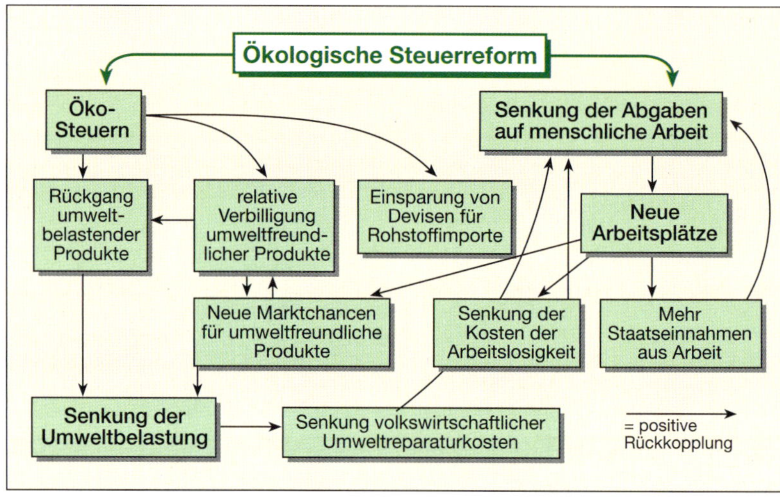

M 22

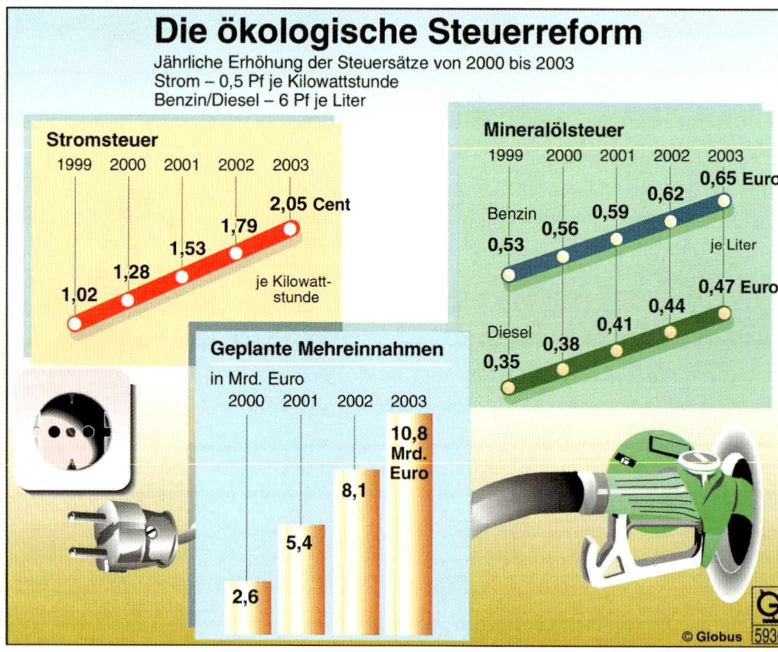

M 23 | „Zwei Fliegen mit einer Klappe"

M 24 | Eine Zwischenbilanz: Die Öko-Steuer steuert

Kein lärmender Autokorso vor dem Kanzleramt, keine Schleichfahrtdemo rund ums Finanzministerium, unerwartet gelassen geht die Nation in die dritte Runde der Ökosteuer-Reform. Die Hoffnung der Union auf ein Wiederaufflammen der „Benzin-Wut" ist geplatzt. Dass die Mineralölsteuer pro Liter zum Jahresanfang erneut [...] gestiegen ist, haben viele Bürger noch nicht realisiert. Die Bundesregierung hat Glück gehabt: Seit Monaten fällt der Rohölpreis, und parallel klettert die Kaufkraft des Euro. [...]

Im Sinne des Erfinders ist dies nicht. Eine Ökosteuer, die der Bürger nicht spürt, verdient ihren Namen nicht. Von einer umweltpolitisch motivierten Abgabe sollen Impulse für ein verändertes Verhalten ausgehen. Auf höhere Preise für Benzin, Heizöl oder Strom, so will es die Theorie, reagieren die Verbraucher mit eingeschränktem Konsum und entlasten damit die Umwelt. Die Praxis gestaltet sich schwieriger. Wie kompliziert es tatsächlich ist, über Steuern zu steuern, zeigen die vergangenen Monate. Die Explosion der Rohölpreise bei gleichzeitiger Schwäche des Euro drohte im Herbst das Instrument zu diskreditieren. Union und FDP lasteten die massive Teuerung bei Heizöl und Sprit pauschal der Ökosteuer an. Die Opposition trieb die Koalition so lange in die Enge, bis diese selbst zur Demontage der Ökosteuer anhob [...].

Solche Pannen ließen sich bei offensiverem Umgang der Politik mit der Ökosteuer vermeiden. Diese ist weit besser als ihr Ruf. Der Vorwurf der konservativen Opposition, hier werde lediglich abkassiert, um beliebige Löcher im öffentlichen Haushalt zu stopfen, lässt sich nicht halten. Auch der grundsätzliche Einwand vieler Umweltschützer, die rot-grüne Koalition gehe viel zu zögerlich vor, war voreilig. Obgleich die Preissignale beim Sprit mit jährlichen Aufschlägen von sieben Pfennig einschließlich Mehrwertsteuer eher moderat ausfielen, gibt es deutliche Hinweise darauf, dass die gewünschten Lenkungseffekte eingetreten sind. So führt der Mineralölkonzern Esso den niedrigeren Absatz von Ottokraftstoff ausdrücklich auf „veränderte Fahrgewohnheiten infolge der intensiven Steuerdiskussion" zurück. Auf der Habenseite zu verbuchen ist ferner, dass der öffentliche Nahverkehr mehr Fahrgäste meldet. Voll durchgeschlagen hat der Kerngedanke der Ökosteuer beim Autokauf. Die Hersteller werben inzwischen gezielt mit der Energieeffizienz ihrer neuen Modelle. Opel beispielsweise bringt die Argumente für einen Spardiesel auf den kurzen Nenner: „Opel statt Opec". Insgesamt sank der Verbrauch von Benzin und Super im vergangenen Jahr um über vier Prozent. Dies lag freilich nicht allein daran, dass die Autofahrer das Gaspedal weniger stark durchdrückten. Immer mehr Bürger steigen auf Selbstzünder um; weswegen der Verkauf von Dieselkraftstoff um knapp zwei Prozent zulegte. Ökologen dürfte diese Ausweichreaktion wegen der schlechteren Umweltbilanz der Selbstzünder allerdings nicht schmecken. Weniger gesundheitsgefährdende Diesel-Motoren sind bereits entwickelt. Sollte sich die bessere, aber kostspieligere Technik nicht hinreichend schnell durchsetzen, ist der Staat gefragt.

Die Mehrheit der Bevölkerung steht der Ökosteuer immer noch skeptisch gegenüber, dies legen Umfragen nahe. Unter der veränderten Randbedingung erneut in die Höhe schießender Rohölpreise dürfte die Grundsatzdiskussion um diese Abgaben eine Neuauflage erleben. SPD und Grüne sollten deshalb heute vorsorgen, dass die Debatte über die richtigen Punkte entflammt. An den Grundsatz, den Verbrauch knapper Ressourcen zu verteuern, um parallel den Faktor Arbeit zu entlasten, darf nicht gerührt werden. Der Versuchung, die Ökosteuer-Milliarden in verstärktem Umfang zur Förderung „grüner" Projekte auszugeben, sollte die Politik widerstehen. Für die Akzeptanz dieser Abgaben ist es von entscheidender Bedeutung, dass das abgeschöpfte Geld erfahrbar und kalkulierbar an anderer Stelle an die Bürger zurückfließt.

(Peter Ziller, in: Frankfurter Rundschau v. 3.1.2001)

M 25 |

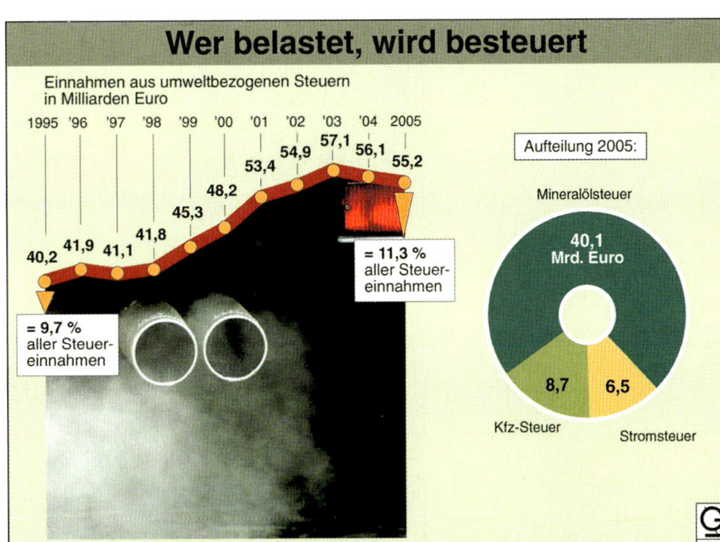

Aufgaben

1. Unterscheiden Sie zwischen ökonomischer, ökologischer und politischer Kritik an der Ökologischen Steuerreform. An welcher „Dividende" setzt die jeweilige Kritik an der Öko-Steuer an? Ordnen Sie zu: Welche Kritikpunkte stammen von der damaligen Opposition, welche von Umweltverbänden, welche aus dem eigenen Lager?
2. Entkräften/Differenzieren Sie einzelne Kritikpunkte mithilfe von M 24. Zeigen Sie anhand der journalistischen Zwischenbilanz, inwiefern die Öko-Steuer besser als ihr Ruf sein soll. Berücksichtigen Sie auch die externen Kosten des Autoverkehrs (M 10, S. 232 f.).
3. Diskutieren Sie die konkrete Ausgestaltung und die prinzipielle Notwendigkeit der Ökologischen Steuerreform. Erörtern Sie im Kurs die Zumutbarkeit eines Benzinpreises von 2,50 € / Liter. Berechnen Sie mögliche Einspareffekte durch ein 3-Liter-Auto.
4. Internet-Recherche: Informieren Sie sich über die Weiterführung der Öko-Steuer über das Jahr 2003 hinaus. Berücksichtigen Sie die Stellungnahmen der Verbände (z. B. ADAC und BUND). Erstellen Sie entsprechend dem Kommentar von Ziller (M 24) eine aktuelle Zwischen-/Schlussbilanz oder einen „Nachruf" zur Öko-Steuer.

➤ Umweltlizenzen: Darf/soll Umwelt vermarktet werden?

„*Preislösungen*" wie Umweltsteuern können dann sinnvoll sein, wenn sie Verhaltensänderungen zugunsten der Umwelt bewirken, ohne Betriebe und Verbraucher zu überfordern. Wird die betriebliche Kostenlast zu hoch, könnten notwendige Investitionen ausbleiben; die Mehrkosten würden auf die Verbraucher abgewälzt werden; dem zunehmenden Preisdruck wären Klein- und Mittelbetriebe weniger gewachsen als große Unternehmen. Umweltlizenzen oder Umweltzertifikate stellen marktwirtschaftliche Lenkungsinstrumente dar, die solche Risiken zu vermeiden suchen. Sie setzen aber nicht am Preis, sondern an der Menge der verfügbaren Umweltgüter an. Die Anhänger von Umweltlizenzen sehen in der „*Mengenlösung*" das umweltpolitische Instrument der Zukunft. Das **UN-Klimaprotokoll von Kyoto** (1997, s. S. 574) sah einen solchen Handel mit Emissionsrechten zur Senkung der CO_2-Emissionen ausdrücklich vor. Seit 2005 setzen die Mitgliedstaaten der Europäischen Union dieses umweltökonomische Instrument auf der Basis einer EU-Richtlinie zur Senkung des CO_2-Ausstoßes in nationalen Allokationsplänen (M 26, M 28) um.

M 26

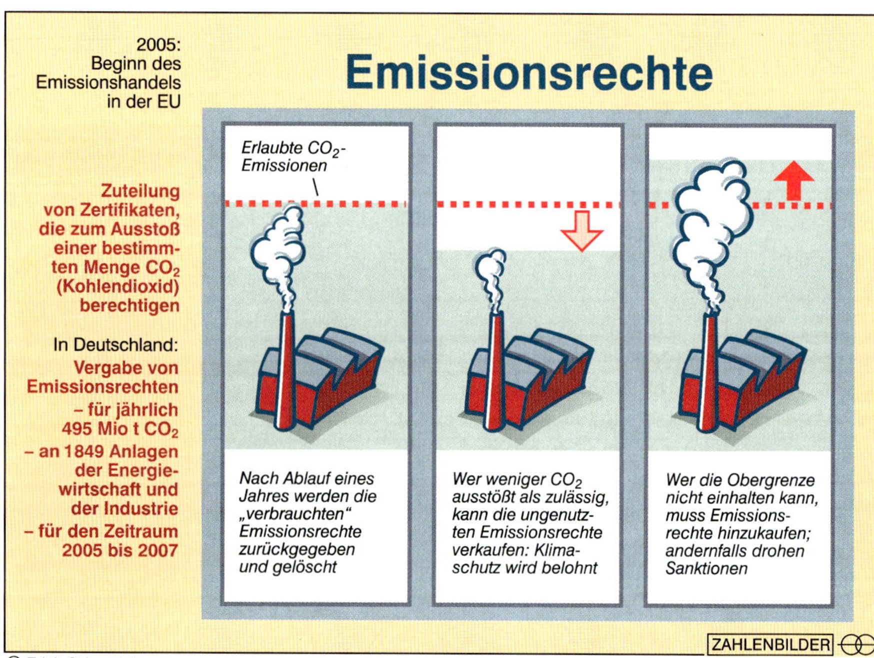

Umweltlizenzen oder -zertifikate berechtigen ihren Inhaber, die Umwelt mit einer bestimmten Schadstoffmenge, die nach den bestehenden Normen noch zulässig ist, zu belasten. Anders ausgedrückt: Die Umweltnutzungsrechte in der gerade noch gesetzlich erlaubten Gesamtmenge werden an die Nutzer, sprich: die Emittenten, in einer bestimmten Region verteilt oder verkauft. Die steuernde Wirkung geht von zwei Variablen aus:

- Umweltlizenzen können innerhalb einer Region auf andere Emittenten übertragen werden. Das Unternehmen A kann also, wenn es ihm gelungen ist, seine Schadstoffe zu reduzieren, seine Anrechte an ein anderes, z. B. neu gegründetes Unternehmen verkaufen; es erzielt dabei einen Preis, der einen Anreiz zum Einsparen von Umweltlasten schafft.
- Je nach technischem Fortschritt (z. B. von Filteranlagen) werden jährlich die Umweltlizenzen von staatlicher Seite „abgewertet" bzw. es werden Umweltlizenzen vom Markt genommen. Dadurch kann nur noch eine z. B. 5 % geringere Menge Schadstoffe emittiert werden; der Umweltverbrauch sinkt. Wer den technischen Neuerungen nachhinkt, wird unter Druck gesetzt, sie zur Schonung der Umwelt zu nutzen. Wer Umstellungsschwierigkeiten hat, kann notfalls für eine Übergangszeit von anderen Unternehmen Lizenzen kaufen. Der Verkaufswert ist allerdings durch die Verknappung gestiegen. Der Verkäufer kann Gewinne erzielen.

Eine Politik, bei der mit dem Umweltverbrauch gehandelt wird, stößt häufig auf emotionale Barrieren. „Da handeln die Kapitalisten mit unserer Umwelt!", lautet der Haupteinwand. Bei einer Ablehnung der „Vermarktung der Umwelt" sollte allerdings bedacht werden, dass die Umweltgüter faktisch schon heute vermarktet werden – allerdings fast zum Nulltarif. Marktwirtschaftliche Instrumente versuchen immerhin, die Umwelt mit einem angemessenen ökonomischen Wert zu versehen. Außerdem zielen gerade Mengenlösungen auf eine kontinuierliche Verringerung des Umweltverbrauchs ab; sie wollen dem maßlosen Umgang mit den vorhandenen Ressourcen Grenzen setzen.

Bundesumweltlizenz

Diese Lizenz berechtigt zur

Verbrennung von 10 Litern bleifreiem Benzin

im Zeitraum

vom 01.01.2011 bis 31.12.2012

Die Lizenz kann verkauft werden.
Sie ist nicht personengebunden.

Der Bundesumweltminister

M 27 | Umweltzertifikate im Autoverkehr

Für den Verkehrsbereich wurde folgendes Zertifikatsmodell vorgeschlagen: Um den CO_2-Ausstoß durch den motorisierten Individualverkehr zu begrenzen, könnten für das Gebiet der Bundesrepublik Deutschland (oder die EU) „Bürgerlizenzen" ausgegeben werden. Sie geben den Bürgern das Recht, kostenlos eine bestimmte CO_2-Menge – beispielsweise auf der Basis eines Mittelklassewagens – für etwa 5 000 km Fahrleistung zu emittieren. Der Wert könnte auf einer intelligenten Chip-Karte gespeichert und müsste mit dem Bordcomputer des Fahrzeuges, der eine Verbindung zum Abgassystem besitzt, bei Betrieb eingeführt werden. Ist die Karte vor Ablauf eines Jahres entwertet, so muss sie – will man weiterhin den PKW benutzen – „aufgefüllt" (bzw. eine neue gekauft) werden. Der Preis würde sich nach Angebot und Nachfrage einstellen. Zum Ende des Jahres würde der Preis stark ansteigen, sodass die Emissionslizenz einer Rohstoffaktie vergleichbar wäre [...]. Langfristig würde sich der Preis auf einem Niveau einpendeln, das den Vermeidungs- oder Alternativkosten der PKW-Nutzung entspricht. Gewerbliche Nutzer sollten die Lizenzen von Anfang an käuflich erwerben. Das Lizenz-System würde bei allen PKW-Nutzern einen Suchprozess nach effizienteren Fahrzeugsystemen für bestimmte Transportzwecke auslösen und beispielsweise den Trend zu stärkeren Motoren mit höherer CO_2-Emission bremsen bzw. die Entwicklung CO_2-armer Antriebsarten forcieren. Die Fahrten würden auf ihre Dringlichkeit hin hinterfragt und die Nutzung alternativer Verkehrsmittel (Fahrrad, ...) gefördert.

(U. Blum/F. Leibbrand, Emissionsorientierte Wegekostenberechnung mittels Umweltzertifikaten, Internationales Verkehrswesen 43, 1993; zit. nach: J. Pätzold/G. Mussel, Umweltpolitik, 1996, S. 86)

M 28 | Nationaler Allokationsplan

Die Energieversorger und Industrieunternehmen müssen in den nächsten Jahren den Ausstoß von Kohlendioxid weiter reduzieren und dürfen insgesamt maximal 495,5 Mio. Tonnen CO_2 pro Jahr emittieren – ca. 3 % weniger als in den Jahren 2000 bis 2002. Das sieht der Entwurf für die Zuteilung von CO_2-Zertifikaten an die beteiligten Unternehmen für die Jahre 2008 bis 2012 vor, den das Bundesumweltministerium gestern veröffentlicht hat. Bundesumweltminister Sigmar Gabriel: „Damit wird Deutschland auch künftig seiner Vorreiterrolle beim Klimaschutz gerecht. Wir verstärken die Anreize für Investitionen in hocheffiziente und klimafreundliche Kraftwerke. Das kommt nicht nur dem Klima zugute, sondern gibt auch der Wirtschaft Impulse und schafft zukunftssichere Arbeitsplätze. Der Emissionshandel ist ein marktwirtschaftliches Instrument und ermöglicht es den Unternehmen, CO_2-Minderungen dort vorzunehmen, wo es am kostengünstigsten ist."

Mit dem Nationalen Allokationsplan (Zuteilungsplan) werden die CO_2-Emissionsziele für die zweite Handelsperiode des europäischen Emissionshandelssystems festgelegt. Der Plan beinhaltet Emissionsobergrenzen für alle Sektoren (Energie, Industrie, Verkehr, Haushalte, Gewerbe/Handel/Dienstleistungen) und enthält auch die Regeln für die Zuteilung der Emissionszertifikate an die teilnehmenden Unternehmen. Ein beteiligtes Unternehmen kann CO_2 nur ausstoßen, wenn es die Zertifikate dafür besitzt. Emittiert eine Anlage mehr CO_2, müssen Zertifikate dazugekauft werden; wird weniger Kohlendioxid ausgestoßen, können diese verkauft werden. [...]

Mit dem Zuteilungsplan für 2008–2012 wird eine differenzierte Behandlung von Industrie- und Energieanlagen eingeführt. Die Energieversorger erhalten gegenüber ihren bisherigen CO_2-Emissionen um 15 % weniger kostenlose Zertifikate. [...] Die in den Emissionshandel einbezogene Industrie muss ihre CO_2-Emissionen um lediglich 1,25 % mindern. Damit wird der Tatsache Rechnung getragen, dass viele dieser Unternehmen im internationalen Wettbewerb stehen und somit durch eventuellen Zukauf von Zertifikaten entstehende Zusatzkosten nur schwer in ihre Produktpreise überwälzen können. [...] Ein starker Anreiz zur Stilllegung bzw. zum Ersatz wird bei besonders ineffizienten Braun- und Steinkohlekraftwerken geschaffen. Die Zuteilungen dieser Anlagen werden durch Anwendung der sogenannten Malusregel zusätzlich um 15 % gekürzt. Diese Regel wird erstmals 2008 angewandt. [...] Besonders günstig gestellt wird die Stromerzeugung in Kraft-Wärme-Koppelungsanlagen (KWK). Für diese Anlagen wird – anders als sonst im Energiesektor – die gleiche moderate Kürzung wie für Industrieanlagen (1,25 %) angewandt. Es wird also eine annähernde Vollausstattung mit kostenlosen Zertifikaten hergestellt. Damit werden die Nutzung und der weitere Ausbau der klimafreundlichen KWK-Anlagen in Deutschland wirksam unterstützt. Alle kleinen Anlagen in Industrie und Energieerzeugung (CO_2-Emissionen unter 25 000 t im Jahr) bekommen sogar eine komplette Vollausstattung, orientiert an den durchschnittlichen Emissionen der Jahre 2000 bis 2005.

(http://www.bmu.de/pressemitteilungen; 14.04.2006)

Aufgaben

1. Überprüfen Sie, inwieweit Mengenlösungen die ökonomischen und bürokratischen Risiken von Preislösungen verringern.
2. Erörtern Sie den Einsatz von Umweltlizenzen im regionalen, nationalen und internationalen Rahmen. Diskutieren Sie die Zulässigkeit einer „Vermarktung der Umwelt".
3. **Projekt**: Formulieren Sie „Spielregeln" für den Umgang mit Umweltlizenzen. Verteilen Sie in Ihrem Kurs Umweltlizenzen (vgl. M 27) und verringern Sie schrittweise ihre Anzahl. Beobachten und diskutieren Sie (mögliche) Verhaltensweisen der Mitspieler. Recherchieren im Internet Pläne der Bundesregierung zur Einführung von Lizenzen im Straßenverkehr.
4. Zeigen Sie anhand des Nationalen Allokationsplanes (M 28) auf, wie die Bundesregierung mithilfe von Mengenlösungen differenziert umweltpolitisch zu lenken versucht.
5. **Internet-Recherche:** Ermitteln Sie die Stellungnahmen von Umweltverbänden und der Europäischen Kommission zum Nationalen Allokationsplan zur Senkung der CO_2-Emissionen.

Weitere Informationen zum Thema finden Sie im Internet:

www.bmu.de	Bundesministerium für Umwelt, Naturschutz und Reaktorsicherheit
www.bfn.de	Bundesamt für Naturschutz (mit wertvollen Links)
www.bund.net	Bund für Umwelt und Naturschutz in Deutschland (BUND)
www.greenpeace.de	Greenpeace Deutschland
www.upi-institut.de	Umwelt- und Prognose-Institut Heidelberg (mit wertvollen Links)
www.adac.de	Allgemeiner Deutscher Automobil Club
http://www.destatis.de	Statistisches Bundesamt
http://www.foes.de	Förderverein Ökologische Steuerreform (mit Unterrichtsmaterial zu marktwirtschaftlichen Instrumenten)

3. Wirtschaftspolitik im Zeichen der Globalisierung

3.1 Globalisierung – mehr als Weltwirtschaft?

M 1|

Blick in den mit Bildschirmen gespickten Börsensaal der New York Stock Exchange: Wallstreet – Wer regiert die Welt?

M 2|

Fabrikhalle in China – Massenproduktion zu Niedriglöhnen

Aufgaben

1. Welche Eindrücke/Gefühle vermitteln Ihnen die Auftaktseite (S. 141) und die Bilder (M 1, M 2) zur Globalisierung?
2. Formulieren Sie schlagwortartig die Stellung der Akteure im Globalisierungsprozess.
3. Nennen Sie Auswirkungen der Globalisierung im alltäglichen Leben.
4. Welche Themen im Zusammenhang mit der Globalisierung finden sich aktuell in den Medien?
5. Führen Sie im Kurs eine Abstimmung durch: Mehr Chancen oder mehr Risiken durch die Globalisierung?

Der Prozess der Globalisierung stellt eine der zentralen Herausforderungen des 21. Jahrhunderts dar. Unter dem schillernden Begriff Globalisierung versteht man allgemein den Prozess der Vermehrung, Verdichtung und Beschleunigung grenzüberschreitender ökonomischer Austauschvorgänge. Zwar sind die Tendenzen der internationalen wirtschaftlichen Verflechtung schon seit der Entwicklung des Kapitalismus zu beobachten, aber das Zusammenwachsen von Märkten für Güter, Dienstleistungen und Kapital hat seit den 1990er-Jahren eine erhebliche Beschleunigung (Turbo-Kapitalismus) erfahren. Als wesentliche Ursachen der Globalisierung gelten der technische Fortschritt in nahezu allen Bereichen, insbesondere in den Kommunikations- und Transporttechniken, sowie politische Entscheidungen zur Liberalisierung des Welthandels, die es Wirtschaft und Finanzmärkten ermöglichen, immer stärker über nationale Grenzen hinweg und jenseits einzelstaatlicher Regelung zu operieren. Diese Entwicklung zur **Entgrenzung** der Welt bleibt aber nicht nur auf das Ökonomische beschränkt, sondern betrifft fast alle Lebensbereiche. Mit dem Austausch von Waren und Dienstleistungen rund um den Globus, mit den modernen Kommunikationsmitteln, mit globalen Migrationsbewegungen und Tourismus werden kulturelle Güter transportiert, werden Wertvorstellungen, Konsummuster und Lebensstile verbreitet und vermischt. Die Welt wird zum „globalen Dorf“.

Im Vordergrund dieses Kapitels steht die ökonomische Seite der Globalisierung. Wir konzentrieren uns dabei auf die wichtigsten **Erscheinungsformen der Entgrenzung** der Märkte (M 3 – M 7). Als treibende Kräfte werden dabei die multinational operierenden Konzerne (Global Player) mit ihrem Interesse an günstigen Produktionsbedingungen und der Tendenz zu Megafusionen betrachtet (M 8 – M 12). Mit dem weltweiten Wettlauf um Investitionen in Produktionsstätten entsteht ein internationaler Konkurrenzdruck unter Staaten, der die Diskussion um die wirtschaftliche Macht der Global Players wie auch die Debatte um die zukünftige Bedeutung des **Wirtschaftsstandortes Deutschland** entfacht.

Erscheinungsformen der Globalisierung: Globalisierung – ein weltweites Phänomen?

M 3 |

Heute hängt unser aller Leben an der Weltwirtschaft: Wo ist das gewachsen, was Sie heute früh gegessen und getrunken haben; woher kommt das Öl, das Ihr Flugzeug oder Auto hergetrieben hat? Also muss ich von Weltwirtschaft reden, wenn ich die ökonomischen Probleme mit Blick auf die Zukunft behandeln will.

(Carl Friedrich von Weizsäcker)

M 4 | Entwicklung des Welthandels

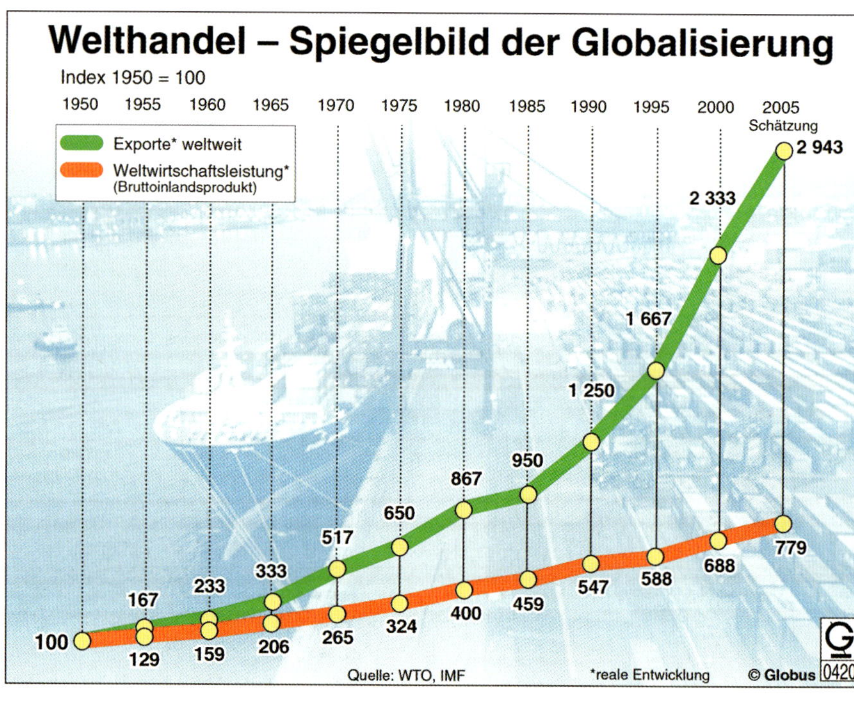

M 5 |

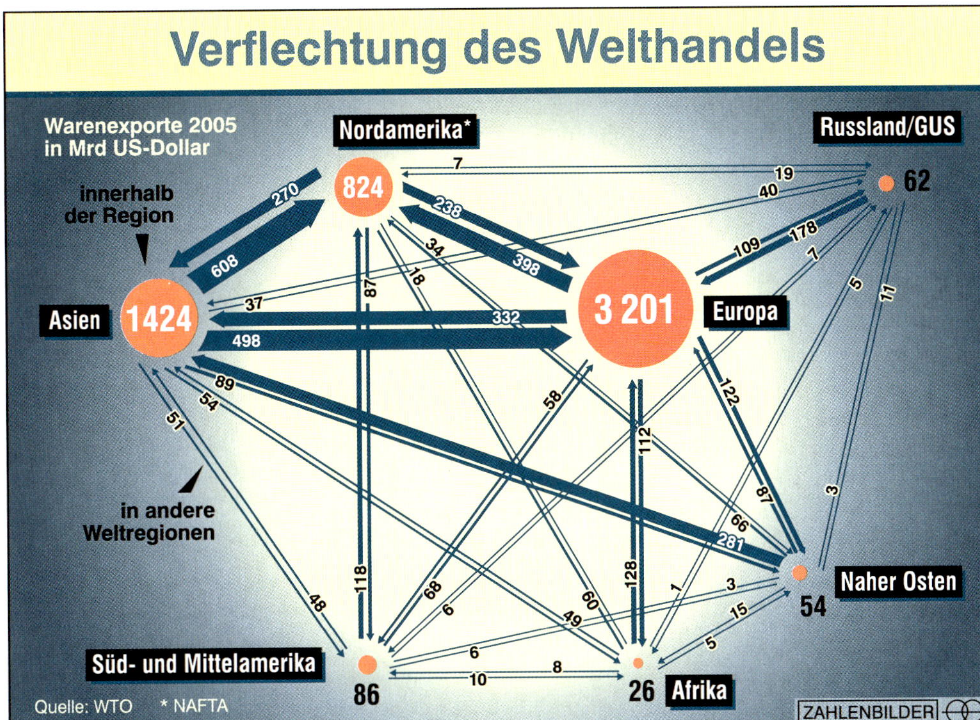

681 133

M 6 | Auslandsdirektinvestitionen: Herkunfts- und Zielländer

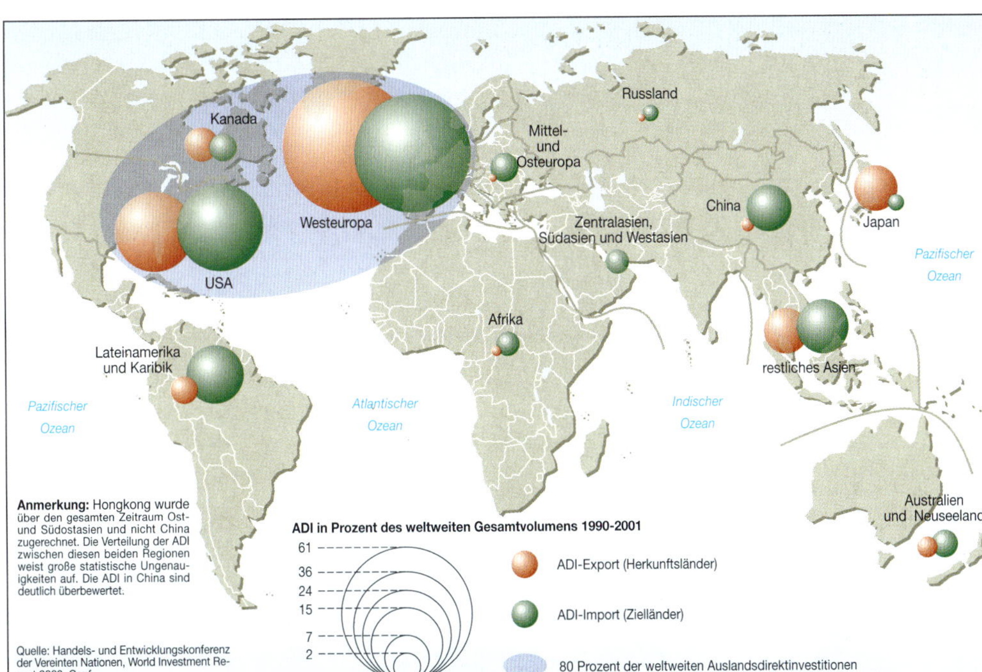

(Le Monde Diplomatique, Atlas der Globalisierung, taz Verlags- und Vertriebs GmbH, Berlin 2003, S. 26)

Als Direktinvestitionen bezeichnet man Kapitalanlagen im Ausland, die mit der Absicht erfolgen, unmittelbaren Einfluss auf die Geschäftstätigkeit des kapitalempfangenden Unternehmens zu erlangen oder zu stärken. Formen dieser Aktivitäten können die Gründung bzw. die Beteiligung an Unternehmen, Produktionsstätten oder Vertriebsnetzen wie auch der Aufbau von Tochterunternehmen durch multinationale Konzerne sein.

M 7 | Entwicklung der Finanzmärkte

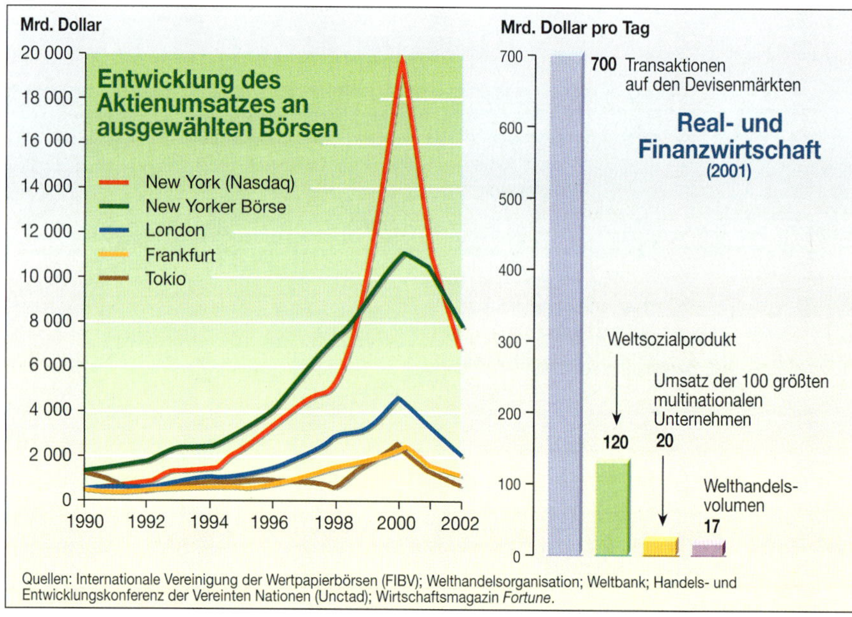

(Le Monde Diplomatique, Atlas der Globalisierung, taz Verlags- und Vertriebs GmbH, Berlin 2003, S. 33)

Als neues und gefährliches Element gilt die rasante Zunahme der von den Gütermärkten losgelösten internationalen Finanztransaktionen.
Auf Devisenmärkten wird mit Währungen gehandelt. Der Währungskurs ist der Preis für ein ausländisches Zahlungsmittel. Durch Auf- oder Abwertung der Währung kann auf die volkswirtschaftliche Entwicklung Einfluss genommen werden. Ein Großteil der Finanztransaktionen aber sind spekulative Gelder, die ständig den jeweils besseren Gewinnerwartungen nach den Börsen- und Devisenkursen folgen. Dabei wird versucht, durch Umtauschen von Währungen Gewinne zu erzielen. Pro Tag wandern aus diesem Grund ca. zwei Billionen € in der Welt herum. Aber Börsenkurse drücken Erwartungen aus, ihnen stehen nicht unbedingt Realitäten gegenüber und die Erwartungen können leicht enttäuscht werden. Devisenspekulationen sind politisch gefährlicher, weil sie Währungen von Ländern ruinieren können und damit über Wohl und Wehe ganzer Volkswirtschaften und letztlich der Weltwirtschaft entscheiden.

M 8 | Unternehmensfusionen

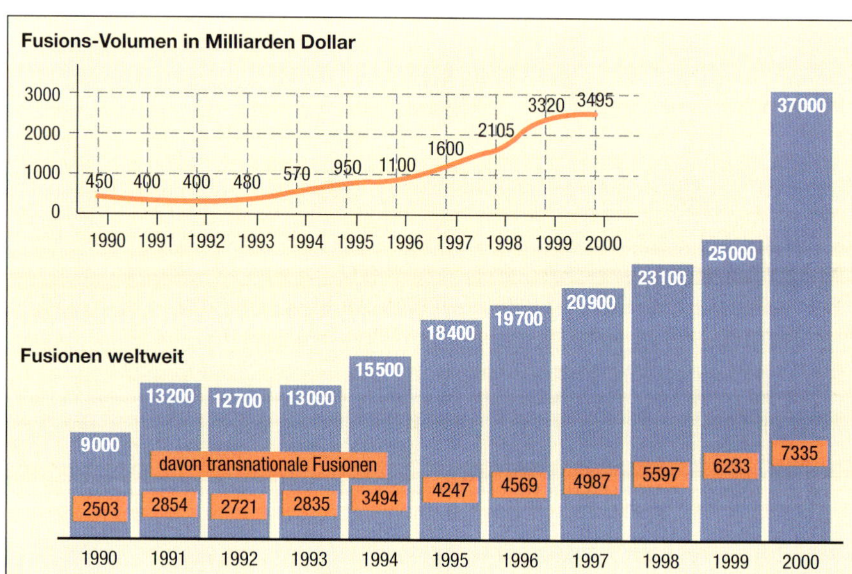

(nach: IWD, Wochenbericht 35/2001)

M 9

Aufgaben

1. Prüfen Sie, ob die Materialien den Trend zur Globalisierung bestätigen.
2. Erörtern Sie, ob der Begriff Regionalisierung bzw. Triadisierung die gegenwärtige Lage nicht präziser kennzeichnet.
3. Zeigen Sie anhand der Materialien auf, welche Probleme und Herausforderungen sich für den Globalisierungsprozess ergeben.

3.2 Globalisierung: Schreckensvision oder Zukunftsperspektive?

Globalisierung ist ein Schlagwort, das bei vielen Deutschen immer noch Ängste und Sorgen auslöst. Es dient oft zur Pauschalerklärung für Probleme wie Arbeitslosigkeit und Gefährdung unserer sozialen Sicherungssysteme. Wirtschaftler neigen eher zu positiver Bewertung des Prozesses, weil größere Märkte die Vorteile der Arbeitsteilung für alle Teilnehmer verstärken können. Als Antreiber und Träger des Prozesses gelten die internationalen Konzerne, deren Zielsetzung heißt: Märkte sichern, Kosten sparen, Kapazitäten auslasten, Gewinne sichern. Sie stützen sich dabei auf ein Netzwerk wechselseitig abhängiger und geografisch verteilter Zentren, die auf gemeinsamen Strategien und Normen basieren. Allerdings werfen Kritiker ihnen vor, sie benutzten den Prozess der Globalisierung, um Unternehmungen schlanker zu machen, durch Entlassungen und durch Verlegung von Produktionsstätten in Billiglohnländer mit niedrigen Sozialleistungen ihre Gewinne zu erhöhen und sich der Kontrolle durch die Politik ihres Landes zu entziehen. Dieser Turbokapitalismus zerstöre die Grundlagen seiner Existenz, nämlich den funktionsfähigen Staat und die demokratische Stabilität.

Angesichts dieser kontroversen Einschätzung ist genauer nach der Rolle der transnationalen Unternehmungen im Globalisierungsprozess und deren Bewertung zu fragen.

➤ Unternehmen unter Globalisierungsdruck

M 10 | Unternehmensgröße

Ein Beispiel für die enorme wirtschaftliche Bedeutung der „Global Players“ ist, dass die 200 größten unter ihnen im Jahre 2002 knapp 25 % zum gesamten Bruttoinlandsprodukt der Erde beitrugen.

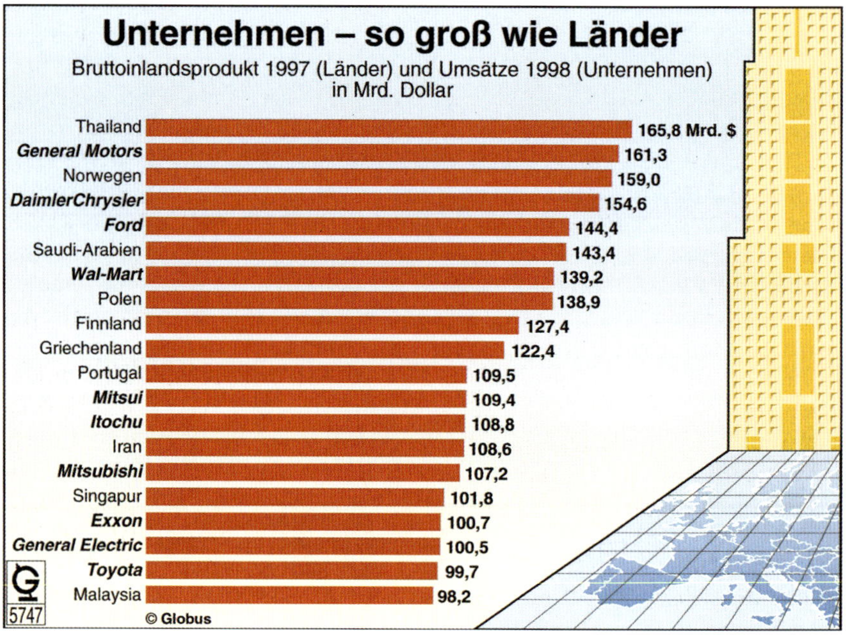

Deutsche Firmen im Ausland – das Beispiel VW

M 11 | Produktionsstandorte von VW

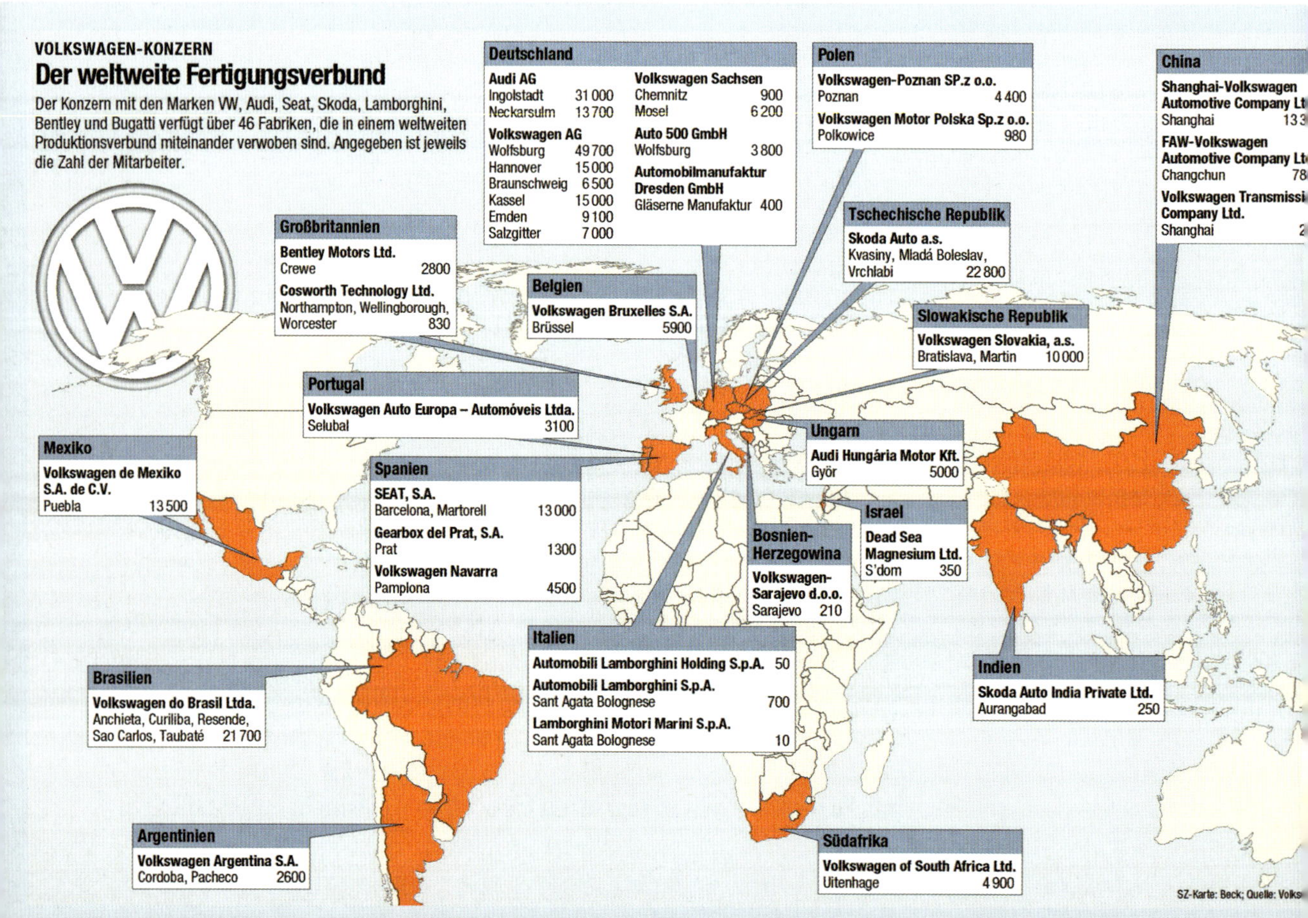

(SZ, 05.11.2004)

M 12 | Produktionsnetzwerk von VW

Was in den Endmontagehallen deutscher Automobilfirmen wie VW zusammengeschraubt und zusammengeschweißt wird, stammt nur zu einem Teil aus eigener Produktion. Rund 70 % des Wertes eines Autos entstehen bei sogenannten Zulieferern. Sie fertigen zum Beispiel Achsen, Scheinwerfer, Zündkerzen, Schiebedächer, Klimaanlagen, Sitze, Reifen und Scheibenwischer. Sie liefern auch ganze Module wie etwa Bremssysteme, die dann vom Autohersteller mit den von ihm produzierten Bauteilen – oft nur noch das Blechkleid und der Motor eines Autos – zum fertigen PKW zusammengefügt werden. Auch im Dienstleistungsbereich arbeiten Menschen für die Autoproduktion. Ingenieurbüros und Speditionen zum Beispiel. VW kümmert sich vorwiegend um Planung und Marketing. Um von VW als Zulieferer ausgewählt zu werden, muss ein Unternehmen hohe Qualität zum niedrigen Preis liefern und es muss seinen Service völlig auf den Kunden abstellen. Die Zulieferer müssen ihre Werke in der Nähe des Autoproduzenten errichten, um schnell und flexibel „just in time" liefern zu können. Schließlich müssen sie in ihre eigene Forschung und Entwicklung investieren. Diese Anforderungen gelten in Mexiko ebenso wie anderswo, denn auch in Mexiko produzieren die Unternehmen für den Weltmarkt.
Bislang wird die Forschung und Entwicklung in den Zentralen der Zulieferer oder Automobilhersteller selbst betrieben. Hier lassen sie sich leichter koordinieren und kontrollieren, und die Mitarbeiter verfügen über mehr Erfahrung. Auch bei VW legt man Wert darauf, dass alle in Mexiko vorgenommenen Änderungen von Technologie oder Design durch die Wolfsburger Zentrale genehmigt werden müssen. Dennoch gibt es erste Ansätze zu internationalisieren. An der Entwicklung des Beetle waren mexikanische Ingenieure beteiligt. Auch viele der in Mexiko ansässigen VW-Zulieferer bestätigen, an neuen Entwicklungen für VW beteiligt zu sein.

(zusammengestellt nach verschiedenen Quellen)

M 13 | Gründe für Produktionsverlagerung

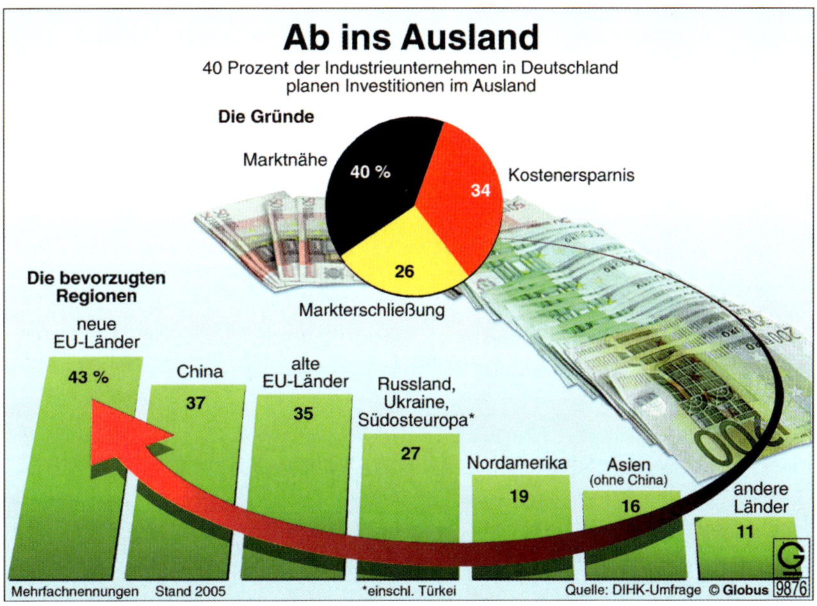

M 14 | Entwicklung zur Basar-Ökonomie?

Deutsche Erzeugnisse sind von hoher Qualität und werden in aller Welt geschätzt – so lautet die bekannte Begründung dafür, dass die Bundesrepublik zu den führenden Exportnationen gehört. Doch da, wo „Made in Germany" draufsteht, ist nicht nur deutsche Wertarbeit drin. Ein immer größerer Teil der Fertigungsschritte wird von Zulieferfirmen und externen Dienstleistern erledigt. Durch das Outsourcing sparen die Unternehmer Kosten und bleiben international wettbewerbsfähig. Zunehmend sitzen die Lieferanten dabei aber im Ausland. Bestimmte Güter werden also importiert, um nach einer kurzen Weiterverarbeitung sogleich wieder in den Export zu gehen. Die deutschen Warenexporte bestehen mittlerweile zu gut zwei Fünfteln aus importierten Vorleistungen oder Fertigerzeugnissen, die in der Bundesrepublik nur Zwischenstation machen. Im Zuge dieser Entwicklung fürchtet der Münchner Ökonom Sinn, dass die Bundesrepublik peu à peu zur reinen Handelsdrehscheibe degeneriert. Auf die Spitze getrieben hieße das: Die Industrie schleust bald nur noch Produkte durch, stellt aber nichts mehr selbst her. Dadurch ginge die inländische Wertschöpfung, also der Anteil der Löhne und Kapitaleinkommen am Wert der Fertigwaren, stark zurück, und tausende von Arbeitsplätzen würden über kurz oder lang überflüssig. Schuld an dem Dilemma seien letztlich die hohen Arbeitskosten. Deutschland entwickelt sich allmählich in die Richtung einer Basar-Ökonomie, die die Weltmärkte mit den Waren bedient, die wir im billigen Ausland produzieren lassen.

(zusammengestellt nach verschiedenen Quellen)

M 15 | Deutsche Exporte

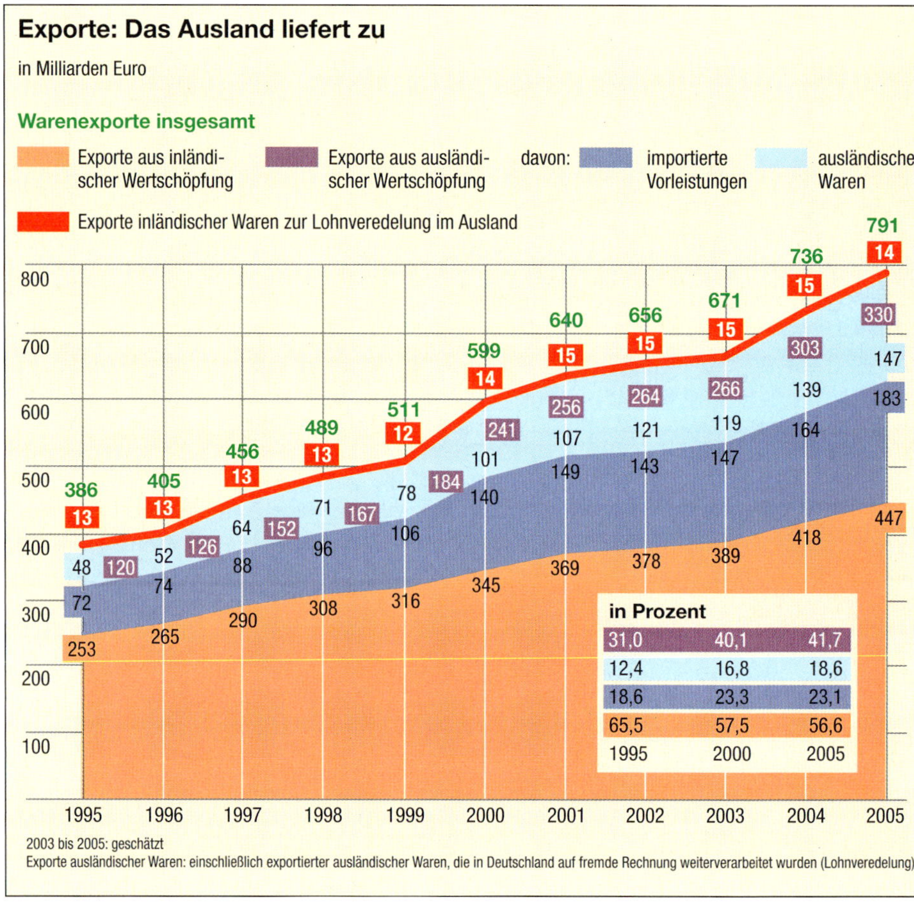

(nach: IWD, Wochenbericht 27/2006)

M 16 | Sinn = Unsinn?

Während also der Importanteil an den Exporten gestiegen ist, konnten gleichzeitig die gesamten Exporte gesteigert werden. Das Statistische Bundesamt stellt zur Saldierung dieser Effekte fest: „Auch wenn man davon ausgeht, dass sich der gestiegene Importanteil der Exporte im Zeitraum von 1995 bis 2002 dämpfend auf das Bruttoinlandsprodukt ausgewirkt hat, wurde dies überkompensiert von der positiven Wirkung der stark gestiegenen Exportnachfrage nach inländischen Produkten."

Sinn übersieht mit seiner empirielosen Hypothesenbildung auch die wachsenden Verflechtungen mit den Ländern Osteuropas. Während Teile der Produktion per Importe aus diesen Ländern bezogen werden, nehmen die Exporte aus Deutschland dorthin deutlich stärker zu. So liefert Audi aus Deutschland Vorleistungen an das Motorenwerk in der Stadt Györ in Ungarn. Zur Außenhandelsbilanz gehört auch der rege Austausch von Know-how (Ingenieurleistungen, Management etc.). Insgesamt entstehen zwischen den neuen Produktionsstätten in Osteuropa und den alten Standorten produktive Netzwerke, die Sinn mit seiner Deutschlandfixierung nicht berücksichtigt.

(Rudolf Hickel, Kommentar für die „Blätter für deutsche und internationale Politik", 12/2004)

➤ Unternehmen – ohne Moral?

Zahlreiche Unternehmen melden Rekordgewinne, streichen zu Hause aber Stellen und bauen neue Fabriken in Osteuropa. Das widerspricht auf den ersten Blick nicht nur dem deutschen Sinn für soziale Gerechtigkeit, sondern auch der Pflicht, das Land aus der Krise zu führen. Politiker warfen den Unternehmen fehlenden Patriotismus vor. Die sogenannte „Heuschreckendebatte" prangerte vor allem solche Anleger an, die durch Aufkauf und Sanierung auf kurzfristige Gewinnmaximierung (z. B. durch Wiederverkauf der Unternehmen) aus sind. Bei diesem Streit geht es um die Verantwortung der Unternehmen auf einem globalisierten Markt.

M 17a

Allianz-Hauptversammlung

M 17b

M 18

Ist Anstand eine ökonomische Tugend? Nein, sagt der Ökonom. Und da nun diese Gesellschaft sich der Logik des ökonomischen Denkens unterworfen hat, herrscht, vom Aufschrei der Betroffenen abgesehen, eine erstaunliche Ruhe, wenn der Chef des Unternehmens X oder des Konzerns Y der Öffentlichkeit mit stolzgeschwellter Brust verkündet, man habe einen sensationellen Gewinn erzielt, und im gleichen Atemzug ebenso stolzgeschwellt wissen lässt, man werde tausende von Mitarbeitern entlassen. Die sich häufenden Siegesmeldungen der Bosse bedeuten, wie jeder wissen kann, die Niederlage zahlloser beruflicher Biografien. Wenn ein Unternehmen Verluste macht, lautet die Antwort: Entlassungen. Wenn ein Unternehmen Gewinn erzielt, lautet die Antwort neuerdings erst recht: Entlassungen.

Wie soll man das nennen, wenn nicht Wahnsinn? Dessen Methode besteht darin, den Gewinn um jeden Preis zu steigern, und sie ist insofern vernünftig, als sie ökonomisch ist. Der Gewinn dient der Befriedigung der Aktionäre und der finanziellen Bevorratung für schwierige Zeiten. Die Reduzierung der Belegschaft dient der Steigerung der Produktivität. Dies sei, so sagt der Ökonom, angesichts des wachsenden globalen Konkurrenzdrucks zwingend geboten. Und wir, die Nichtökonomen, nehmen diese Weisheit zur Kenntnis, je nach Interessenlage beflissen oder beklommen.

Es ist an der Zeit, von Anstand zu reden. Der Chef eines Unternehmens trägt für jene, die von ihm abhängen, Verantwortung. Seine Aufgabe besteht nicht allein darin, Effizienz und Kurswert zu steigern und im Falle des Erfolgs die Prämie zu kassieren, im Falle des Misserfolgs die Abfindung. Er hat ebenso die Aufgabe, das Schicksal der ihm

Anbefohlenen zu bedenken und das Gemeinwohl im Auge zu behalten. Anständig ist es, für den erzielten Gewinn jenen zu danken, die ihn erarbeitet haben, sie daran teilhaben zu lassen und ihn in neue Arbeitsplätze zu investieren. Unanständig ist es, die Verkündung des Gewinns mit der Androhung weiterer Grausamkeiten zu verknüpfen.
Selbst wenn Anstand keine ökonomische Tugend sein mag, so ist er doch die Tugend, auf der unser aller Zusammenleben beruht. Sie wächst nicht von selbst nach. Sie bedarf des gelebten Vorbilds durch die Elite, gerade der ökonomischen. Die aber hat sich dramatisch verändert. Der [...] Unternehmerpatriarch [...] hatte immerhin das Eigeninteresse, in der Stadt geachtet und vielleicht sogar geliebt zu sein. Massenentlassungen ohne Not hätte er gescheut.
Diesen Unternehmer, man darf es nicht vergessen, gibt es noch. Geliebt wird er selten, geachtet schon. Inzwischen aber sind wir Nichtökonomen – ernüchtert durch das haarsträubende Gebaren gewisser Wirtschaftslenker – durchaus so weit, die Wiederkehr des alten Patriarchen zu ersehnen. Der neue Typus nämlich, den der amerikanische Soziologe Christopher Lasch in seinem Buch „Die blinde Elite“ beschrieben hat, ist bedenkenlos fixiert aufs ökonomische Kalkül. Gestählt in den Ausbildungslagern der Business Schools, ist er ein Ministrant des Kapitals. Von Grund auf heimatlos, fühlt er sich in der weiten Welt zu Hause, in den klimatisierten Arealen der Abflughallen, Hotelzimmer und Vorstandsetagen, und wo immer er sich befindet, agiert er weltumspannend. Anständigkeit mag er im privaten Umgang für erstrebenswert halten, im Job ist sie ihm keine handlungsleitende Tugend mehr. Er arbeitet im zeitlich und sachlich begrenzten Auftrag, den er auf Gedeih und Verderb erfüllen muss. Ein Verantwortungsgefühl für die Kommunität einer Stadt, einer Region, eines Landes wird er nicht empfinden, es kann erst gar nicht entstehen.
„Eigentum verpflichtet. Sein Gebrauch soll zugleich dem Wohle der Allgemeinheit dienen.“ So lautet Artikel 14 des Grundgesetzes. Das ist kein Gebot, für dessen Einhaltung Polizisten sorgen könnten. Dass es Beachtung findet, ist die Sache aller, zuvörderst der Elite. Es schadet dem Gemeinwohl, wenn Unternehmer ausschließlich das Partikularinteresse der Eigner verfolgen und die Rationalisierungskosten einem Staat aufladen, der zusehends verarmt. Noch hält das soziale Netz, aber die Maschen sind größer, die Fäden dünner geworden. Es müsste aber auch ein ökonomisches Kalkül sein, die Folgen in Rechnung zu ziehen, die es haben wird, wenn sich das ökonomische Kalkül absolut setzt. Man muss nicht brennende Vorstädte abwarten, um endlich zu erkennen, dass erfolgreiches Wirtschaften eine gedeihliche Gesellschaft benötigt. Schon jetzt sind die Anzeichen psychischer und sozialer Verwahrlosung erschreckend sichtbar, und es wäre, wenn die Entwicklung anhält, auf Dauer sinnlos, sich in eingezäunten Bezirken zu verschanzen.

(Ulrich Greiner, in: Die Zeit v. 01.12.2005)

Aufgaben

1. Vergleichen Sie den Umsatz der größten Unternehmen der Welt mit dem Bruttoinlandsprodukt der ausgewählten Staaten. Zeigen Sie stichwortartig Probleme auf, die durch dieses Kräfteverhältnis entstehen (M 10).
2. Erklären Sie am Beispiel VW, inwieweit der Globalisierungsprozess die ganze Welt zu einem Produktionsstandort gemacht hat. Grenzen Sie dabei die Begriffe „outsourcing“ und „offshoring“ gegeneinander ab (M 11 – M 12).
3. Analysieren Sie die Unternehmensstrategie „Global Player“, indem Sie
   a) die Motive für die Produktionsverlagerung ins Ausland nennen (M 13) und
   b) die Auswirkungen auf Mitarbeiter, Unternehmensidentität, Kunden und Rolle der Nationalstaaten zusammenstellen.
4. Erläutern Sie mit eigenen Worten den Begriff „Basar-Ökonomie“ (M 14).
5. Bewerten Sie Sinns These von der Basar-Ökonomie (M 15, M 16).
6. Formulieren Sie das Spannungsverhältnis, das durch M 17a und M 17b sichtbar wird.
7. In unserer Gesellschaft differieren die „Bilder“, die sich die Individuen vom Unternehmer machen. Welches „Bild“ eines Unternehmers zeichnet der Autor in M 18? Welcher Wandel ist feststellbar? Entspricht dieses Bild Ihren Vorstellungen?
8. Diskutieren Sie, ob die Unternehmer heute noch ihrer gesellschaftlichen Verantwortung gerecht werden.

Die deutsche Wirtschaft unter Globalisierungsdruck?

Die Globalisierungsdebatte wird in Deutschland häufig in Form der Standortdebatte geführt. Dabei wird die Frage gestellt, welche Chancen und Gefahren der Standort Deutschland heute und in der Zukunft birgt. In der Diskussion um die Attraktivität und Wettbewerbsfähigkeit des Standorts Deutschland stehen sich zwei kontroverse Lager gegenüber. Während die Unternehmerseite die Schwäche des Standorts beklagt, in der Absicht, ihren Forderungen nach mehr Wettbewerb, weniger Sozialstaat und Steuersenkung mehr Nachdruck zu verleihen, betont die Arbeiternehmerseite die Stellung Deutschlands als Exportweltmeister, was als Beleg benutzt wird, um zu zeigen, dass trotz der Kosten für den Sozialstaat die Wettbewerbsfähigkeit nicht leidet.

M 19 | Arbeitskosten

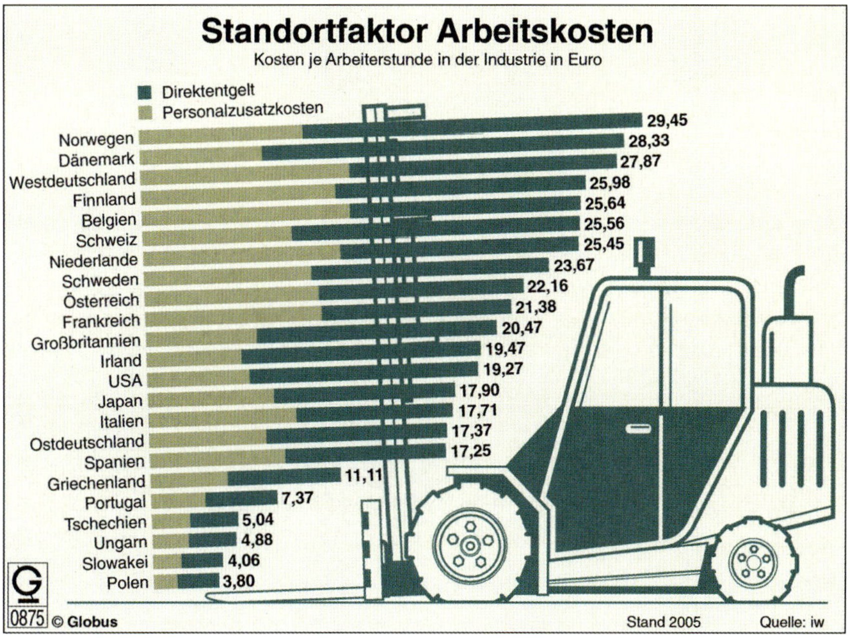

M 20 | Lohnnebenkosten

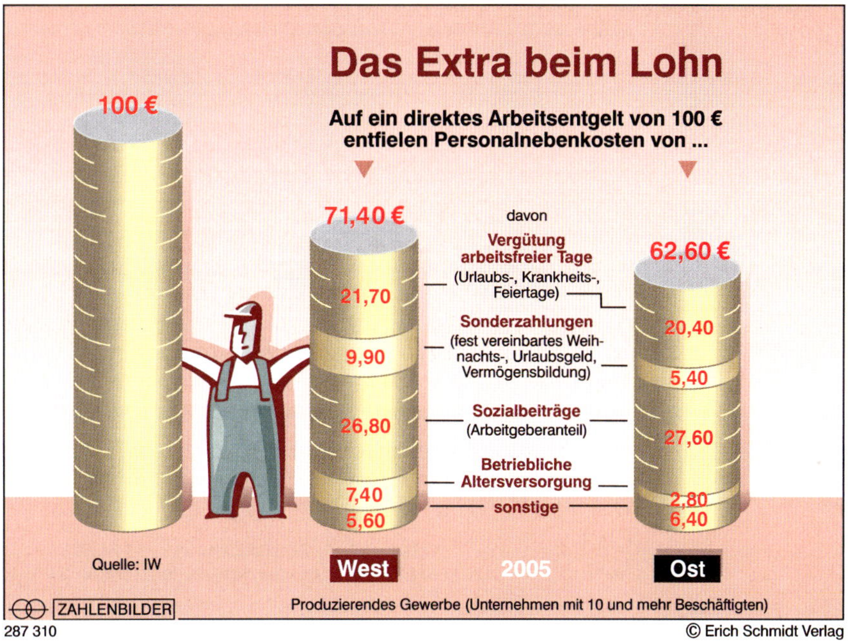

M 21 |

Lohnstückkosten
im Verarbeitenden Gewerbe, 2004
indexierte Werte: Deutschland = 100

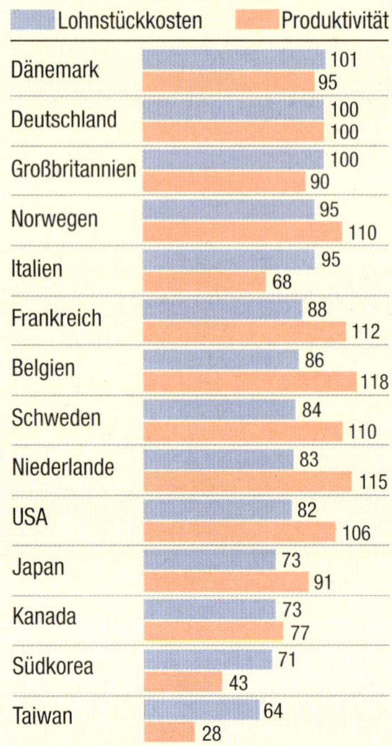

Lohnstückkosten: Verhältnis von Arbeitskosten je Beschäftigten in Preisen und Wechselkursen von 2004 zur Produktivität;
Produktivität: Bruttowertschöpfung zu Herstellungskosten je Erwerbstätigenstunde in Preisen und Wechselkursen von 2004, in den USA, Japan, Südkorea und Taiwan Bruttowertschöpfung zu Marktpreisen. (nach: IW)

M 22 | Tarifliche Arbeitszeiten

Durchschnittlich tarifvertraglich vereinbarte Wochenarbeitszeiten 2003 (in Stunden)

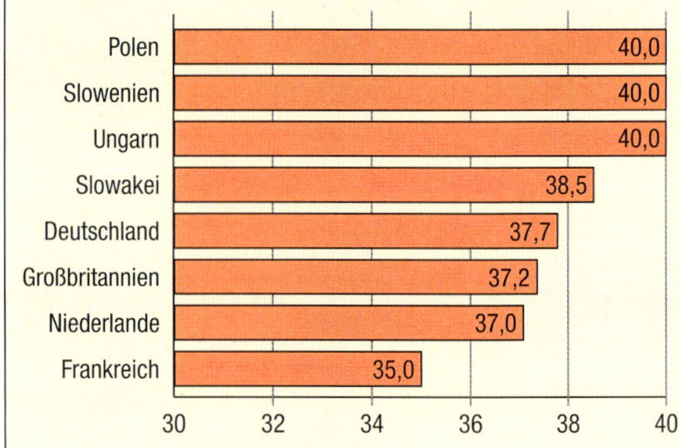

(nach: European Industrial Relations Observatory/EIRO)

M 23 | Unternehmenssteuern

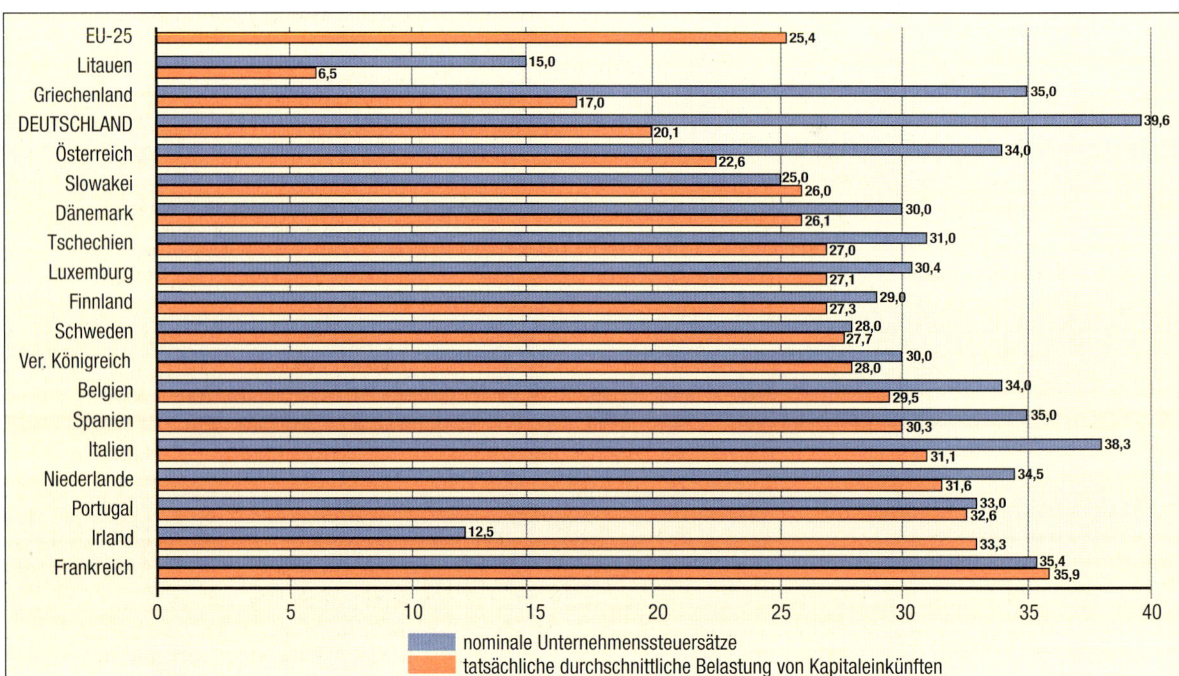

(nach: Wochenschau II, Nr. 6/Nov.-Dez. 2005)

M 24 | Direktinvestitionen

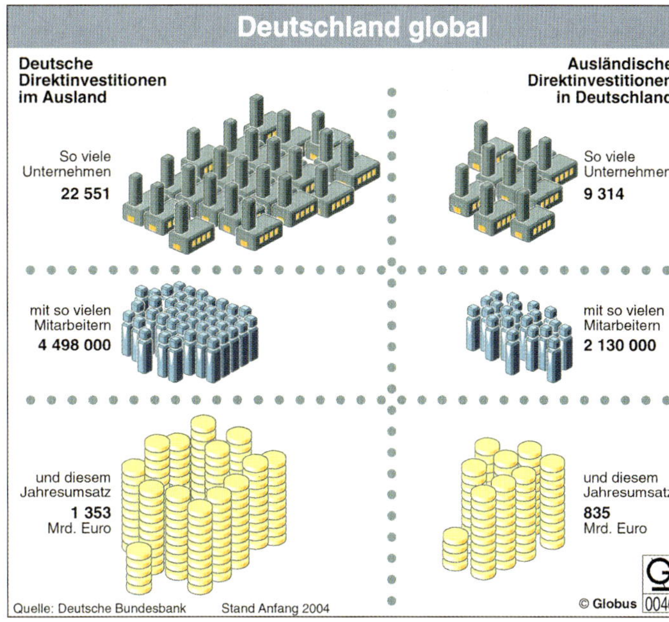

M 25 | Standortfaktoren

Standort: Was für die Unternehmen zählt[1]

Auf einer Skala von 1 = sehr wichtig bis 5 = eher unwichtig bewerteten die befragten Wirtschaftsförderungsgesellschaften diese Standortfaktoren für Unternehmen im Schnitt wie folgt:

Standortfaktor	Bewertung
Kosten	
Arbeitskosten	1,7
Gewerbemieten	2,2
Grundstückspreise	2,3
Baukosten	2,6
Ver- und Entsorgungsgebühren	2,7
Höhe des Gewerbesteuerhebesatzes	2,8
Abgabenpolitik der Gemeinde	2,8
Infrastruktur	
Ausbau und Erhalt des Straßennetzes	1,5
Verfügbarkeit von Gewerbeflächen	1,7
Parkraum für Kunden- und Lieferverkehr	2,2
Überregionale Verkehrsanbindung	
- Luft	2,3
- Schiene	2,5
- Wasser	3,4
Öffentliches Personennahverkehrsnetz	2,6
Agglomerationsfaktoren	
Nähe zu Absatzmärkten/Kunden	1,7
Nähe zu Beschaffungsmärkten/Zulieferern	2,0
Nähe zu Dienstleistern (z.B. Handwerker)	2,2
Aus- u. Weiterbildungsangebot, Humankapital	
Verfügbarkeit von qualifizierten Arbeitskräften	1,3
Hochschulen und Forschungseinrichtungen	2,1
Ausstattung mit Schulen/Berufsschulen	2,3
Weiterbildungsangebote	2,5
Standortattraktivität für Mitarbeiter	
Wohnraumangebot	2,3
Naherholungsgebiete, landschaftliche Attraktivität	2,5
Kulturelles Angebot	2,6
Günstige Wohnungsmieten	2,6
Kooperation mit Behörden	
Zusammenarbeit zwischen Unternehmen und Behörden aller Ebenen	1,6
Wirtschaftsförderung	1,8
Standortmarketing	2,2
Nähe zu öffentlichen Einrichtungen	2,6

[1]Befragung von 103 Wirtschaftsförderungsgesellschaften durch die Institut der deutschen Wirtschaft Köln Consult im Mai 2003

(nach: IWD, Wochenbericht 33/2003)

Aufgaben

1. Erstellen Sie eine persönliche Rangfolge der Standortfaktoren (M 25) für eine Standortentscheidung. Begründen Sie Ihre Einschätzung.
2. Führen Sie im Kurs ein Pro-Contra-Debatte (s. Methodenschulung, S. 508 ff.) zur Frage der „Standortqualität" der Bundesrepublik Deutschland im internationalen Wettbewerb durch. Gewichten und bewerten Sie die Materialien (M 19 – M 25) hinsichtlich ihrer Aussagekraft für die Wettbewerbsfähigkeit der deutschen Wirtschaft. Ziehen Sie gegebenenfalls noch weitere Standortfaktoren heran. Verschaffen Sie sich Klarheit über die in den Materialien verwendeten Begriffe.
3. Stellen Sie zeichnerisch das Verhältnis von Politik und Wirtschaft im globalisierten Zeitalter dar. Begründen Sie Ihre Darstellungsweise.

V

Politisches System – Politische Prozesse

Die Giebelseite des Berliner Reichstags erhielt erst 1916, mitten im Ersten Weltkrieg, die Zueignung „DEM DEUTSCHEN VOLKE". Kaiser Wilhelm II., der dem Parlamentarismus äußerst distanziert gegenüberstand, wollte mit dieser Geste dem Parlament in schwieriger Zeit sein Entgegenkommen signalisieren.
Die Installation des Künstlers Hans Haacke in einem Innenhof des Reichstags setzt einen bewussten Kontrast: Sie verweist angesichts von 16 Millionen Bewohnern mit Migrationshintergrund darauf, dass Politik nicht nur „DEM DEUTSCHEN VOLKE" dienen muss, sondern „DER BEVÖLKERUNG" *(→ V/4.2: Zuwanderungsgesetz).*
(Wer mag, kann unter www.derbevoelkerung.de dem Biotop beim Wachsen zusehen.)

Einführung: Politik als Norm, Inhalt und Prozess – Eine Collage

Kapitel V befasst sich mit dem politischen System der Bundesrepublik Deutschland und den hier ablaufenden politischen Prozessen. Der Zugriff über eine Collage ist insofern „politisch", als er sich an den Kategorien des Politischen (s. S. 12 ff.) und an den auf S. 13 vorgestellten drei Dimensionen des Politikbegriffes orientiert.
In inhaltlicher Hinsicht sollen sich durch diesen Einstieg Denkanstöße und Motivation für eine genauere Analyse der angesprochenen Probleme ergeben; die Zuordnung zu den unterschiedlichen Politikbereichen (‚polity', ‚policy' und ‚politics') veranschaulicht die Notwendigkeit einer differenzierten Analyse politischer Prozesse.

M1 |

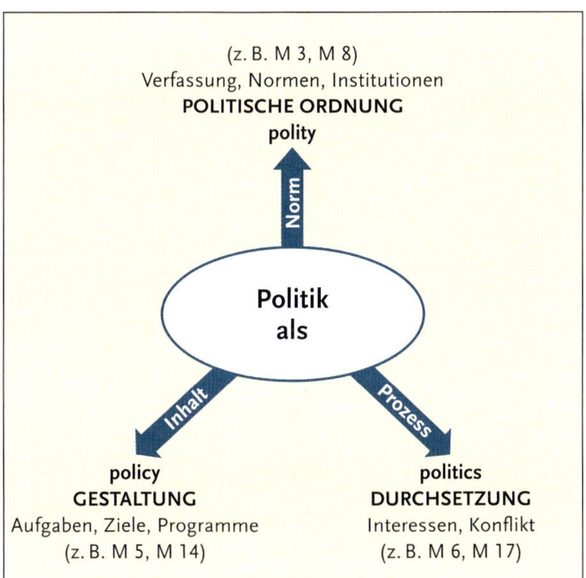

Die Collage selbst bietet verschiedene Möglichkeiten zur *methodischen Reflexion;* so ist es z. B. möglich, die Teile der Collage einer *kategorialen Analyse* zu unterwerfen:

- Welche Bedeutung hat ‚symbolische' Politik?
- Welche Rolle spielt ‚populistisches' Verhalten?
- Welche ‚Erwartungen' werden an Politik, an Politiker gestellt?
- Wie ist es um ‚Möglichkeiten' und ‚Kompetenz' zur Lösung politischer Aufgaben bestellt?
- Welche ‚Interessen' sind erkennbar, welche ‚Konflikte'?
- Welche ‚Ziele' setzt sich Politik, wie ernst werden diese genommen?
- Welche ‚Erwartungen', ‚Defizite', ‚Wege aus der Krise' sind erkennbar?

Da die einzelnen Teile der Collage aus Zeitungen stammen, lässt sich auch ein *medienkritischer Akzent* setzen:

- Wie begegnet uns Politik in den Medien?
- Wie wird das Problem der Auswahl gelöst?
- Welche Themen/Inhalte werden breit und ausführlich behandelt, welche vernachlässigt?

Durch die Verknüpfung (*Vernetzung*) inhaltlicher, methodischer und prozessualer Aspekte des Politischen wird die Collage zu einer Art Knoten, der nach einer Vertiefung in den einzelnen Kapiteln des Buches verlangt. Insofern lässt sich aus dieser Collage eine *Gliederung für einzelne Unterrichtseinheiten erarbeiten.*
Der problemorientierte Ansatz dieser Collage soll nicht als Beleg für eine verbreitete Politikverdrossenheit missverstanden werden und eine *‚Verantwortungsverweigerung'* (Friedrich Schorlemmer) legitimieren. Sie soll vielmehr helfen, dass dort, wo Politik als *‚Zumutung'* empfunden wird, diese angenommen und als *‚Herausforderung'* verstanden wird.
Die Materialien können weiterhin verwendet werden für eine *Reflexion* über Politik ganz allgemein, so z. B.

- über das Verhältnis von Politik und Sprache;
- über Fragen von Transparenz und Öffentlichkeit sowie die Rolle von ‚Strippenziehern' und ‚spin-doctors';
- über die Bedeutung der Medien;
- über Inszenierung von Politik – Politik als ‚Theater';
- über das ‚kompetitive' Element von Politik – Politik als ‚Wettstreit';
- über die normative Seite von Politik – Politik als Kampf um eine gute Ordnung.

Natürlich kann die Collage auch mithilfe eines üblichen Aufgabenpakets bearbeitet werden (s. S. 260).

Aufgaben

1. Suchen Sie in Zeitungsartikeln nach Belegen für die These von der ‚Machtvergessenheit‘ bzw. ‚Machtversessenheit‘ der Politiker (s. S. 354, M 10).
2. Suchen Sie auch nach Beispielen für ‚symbolische‘ bzw. ‚populistische‘ Politik (s. S. 401 f., M 28 und S. 263 f., M 5).
3. Stellen Sie Selbsteinschätzung und Fremdeinschätzung von Politikern einander gegenüber.
4. Diskutieren Sie – auch im Rückblick auf Kapitel IV – die These Ulrich Becks vom ‚Kapitalismus ohne Arbeit‘ (s. S. 206 ff.) und die Folgen für das politische System.
5. Berechnen Sie eine Sitzverteilung für den rheinland-pfälzischen Landtag aufgrund des Wahlergebnisses vom 26. März 2006, bei der gemäß dem Anteil der Nichtwähler eine entsprechende Anzahl der 101 Parlamentssitze unbesetzt bleibt (M 3, S. 262 f.).
6. Erörtern Sie: (Inwieweit) gelang es 2002 der „Hartz-Kommission“ (→ IV, S. 204 f., M 35), bei der Erarbeitung und Durchsetzung von Maßnahmen zur Bekämpfung der Arbeitslosigkeit die vom ehemaligen Bundespräsidenten Herzog in M 12 (S. 267 f.) kritisierten Rituale zu durchbrechen?
7. Diskutieren Sie:
   a) (Inwieweit) herrscht Konsens in Politik und Gesellschaft über die von Ernst Ulrich von Weizsäcker formulierten längerfristigen Ziele (M 14, S. 268) von Politik?
   b) Erkennen Sie Fortschritte bei der Realisierung dieser Ziele?
   c) Stimmen Sie in Ihrem Kurs dieser Zielsetzung zu oder werden von Mitschülern andere Prioritäten genannt?
8. Zur Reflexion von Sprache und Politik:
   a) Suchen Sie nach Beispielsätzen, die nach dem Muster, das Erhard Eppler in M 15 (S. 269) beschreibt, formuliert sind.
   b) M 16 (S. 270) zeigt, wie durch diplomatische Sprache machtpolitische und/oder ideologische Gegensätze neutralisiert werden können. Verdeutlichen Sie dies an weiteren ‚Formelkompromissen‘ (z. B. anhand der UN-Resolution 1441, S. 490 f.).

M 2 | Fünf Ringe der Vernebelung

Hat nicht die SPD im Wahlkampf 2005 den Zustand Deutschlands in hellen Farben gemalt, weshalb neue Zumutungen für die Wähler überflüssig seien, zum Beispiel eine höhere Mehrwertsteuer? Nach der Wahl wurde die Mehrwertsteuer mit Zustimmung der SPD um drei Prozentpunkte angehoben. Hat nicht Angela Merkel von der CDU im selben Wahlkampf versprochen, dass die Lohnnebenkosten sinken? Nun sollen die Beiträge für die Krankenkassen steigen.

Wird nicht auch der deutsche Wähler am Morgen, am Abend und in der Nacht belogen? Schon der Wahlkampf 2002 zog einen Lügenausschuss nach sich, weil die damalige Bundesregierung im Verdacht stand, die Haushaltslage beschönigt zu haben. Vizekanzler Franz Müntefering hat kürzlich gejammert, es sei „unfair“, die Regierungsarbeit an den Wahlkampfaussagen zu messen. Das klang so, als fordere jemand Absolution für seine Lügen.

Als Journalist in Berlin steht man Tag für Tag in einem breiten Strom mehr oder minder wahrer Aussagen von Politikern. Aber hin und wieder schwimmt ein Satz vorbei, der einen aufmerken lässt, der einen fast verstört, weil er deutlich macht, dass Politik auf einem eigenen Planeten stattfindet. So ein Satz floss am Mittwoch vergangener Woche aus dem Mund von Angela Merkel. Am Vormittag hatte der Bundestag dem Einsatz der Marine vor der Küste des Libanon zugestimmt. Mittags hielt Merkel eine Rede vor dem Bundeswehrverband. Sie sagte zu den Soldaten, in der Vorbereitung dieses Einsatzes habe der Verteidigungsminister „bewusst die Risiken nicht unter den Teppich gekehrt“.

Es ist ein Satz, nach dem man gern die Zeit anhalten und zurückspulen würde. Hat sie das wirklich gesagt? Mit welcher Betonung? Und man würde gern sofort den Finger heben und fragen: Frau Bundeskanzlerin, wie meinen Sie das?

Dieser Satz kann einem doch nur einfallen, wenn es eine Option ist, die Risiken von Soldaten, also Tod oder Verstümmelung, zu verheimlichen. Ein solcher Satz kann nur von einem Planeten kommen, auf dem das „Unter-den-Teppich-kehren“ fast der Normalfall ist, auf dem man sich eine Ehrlichkeit, die angesichts der furchtbaren Risiken selbstverständlich sein müsste, als Pluspunkt anrechnet.

Es ist nur ein Satz. Aber es ist auch ein Indiz, das sich in ein größeres Bild fügt. In der politischen Kommunikation ist Wahrhaftigkeit eher die Ausnahme. Auf dem Weg der Worte vom Planeten der Politiker zum Wähler gibt es fünf Ringe der Vernebelung. Sie sorgen dafür, dass niemand erkennen kann, was Politiker wirklich wollen und können.

- Der erste Ring liegt um jeden einzelnen Akteur. Es ist das vernebelte, das diffuse Ich des Politikers. Es gibt in Berlin beliebte Fragen der Art: Wer ist Angela Merkel wirklich? Was will Franz Müntefering in der Tiefe seines Herzens? Es sind sinnlose Fragen, weil sie niemand beantworten kann, womöglich nicht einmal die Genannten selbst. Der Politikbetrieb verlangt Beweglichkeit und Undeutlichkeit. Wer nicht nur rasch austauschbare Meinungen hat, sondern Überzeugungen, steht da wie eine Zielscheibe für die Rivalen. [...]
- Der zweite Ring der Vernebelung ist die Berliner Unter-drei-Welt. Sie entsteht in den unzähligen Hintergrundgesprächen zwischen Politikern und Journalisten, von denen der Leser nichts erfahren darf. Diese Gespräche werden nach einem internen Code mit der Bemerkung „unter drei“ eingeleitet. Das ist die höchste Geheimhaltungsstufe. Im besten und seltensten Fall bekommt man dabei als Zuhörer Einblick in den Maschinenraum der Politik. Wenn es nicht um aufgerüschte Banalitäten geht, geht es um Gehässigkeiten gegen die Rivalen der eigenen Partei. Diese Unter-drei-Welt ist von so atemberaubender Machtgier und Hetzlust beherrscht, dass ein Großteil der Fotos, auf denen sich Politiker lächelnd die Hand schütteln, zur Lüge wird. [...]

- Der dritte Ring ist der offene Markt. Dazu gehört alles, was die Politiker öffentlich sagen. In diesem Ring wird das alte Problem der Sprachphilosophie, welchen Zusammenhang es von Worten und Wirklichkeit geben kann, ganz einfach beantwortet: Es gibt keinen Zusammenhang. Die Worte schwirren bindungslos durch den Äther, sie sind aus der Luft gegriffen und durch Abklopfen und Absichern für einen Sekundenzweck hergerichtet. Haben sie den erfüllt, sollen sie zerfallen in ihre Buchstaben, aus denen dann neue Leerformeln gebildet werden. Großmeister dieser Disziplin sind die Generalsekretäre der Parteien und Leute wie Ludwig Stiegler, die mal für Angela Merkel schreien und mal gegen sie, je nach Sekundenlage.
  Wie sehr sich das Land an die Vernebelungen des dritten Rings gewöhnt hat, erkennt man daran, was passiert, wenn unvermutet ein klarer, nicht abgeklopfter Satz auftaucht. Finanzminister Peer Steinbrück hat kürzlich gesagt, es sei bedenkenswert, für die Altersvorsorge auch mal auf einen Urlaub zu verzichten. So viel Offenheit und Wirklichkeitsbezug ist nicht vorgesehen. Der Satz wurde skandalisiert und mit dem Stempel „kostet Wählerstimmen“ versehen. Er wird nicht mehr auftauchen.
  Der Störenfried des dritten Rings ist der Archivar. Er sammelt all die Worte, die für das Vergessen bestimmt sind, und seine Dossiers quellen über vor falschen Versprechungen, verlogenen Freundlichkeiten und vorgetäuschten Positionierungen. Nun hat Franz Müntefering gleichsam den Archivar gescholten, weil er derzeit Dossiers vorlegt, in denen die Aussagen des Wahlkampfs mit der Politik danach verglichen werden. „Unfair“ wäre das allerdings nur, wenn der Wahlkampf ein sportliches Spielchen wäre, losgelöst von den Zeiten einer „wahren“ Politik. Tatsächlich müsste der Wahlkampf die wichtigste Zeit der Demokratie sein. Hier soll sich der Bürger gescheit machen, damit er eine Entscheidung über die Politik der nächsten Jahre fällen kann.
  Lacht da jemand? Nicht zu Unrecht, so weit sind wir schon. Man kann sich den Wahlkampf nicht mehr auch nur annähernd als Zeit der Verklarung vorstellen. Es ist das Gegenteil, es wird verdammt oder beschönigt, jedenfalls übertrieben oder gelogen. Da wir in Deutschland einen permanenten Wahlkampf haben, klärt sich nie etwas. Wir leben im Dauernebel, weil irgendein Ministerpräsident immer um seine Wiederwahl ringt. [...]
- Der vierte Ring der Vernebelung sind die Journalisten, die in ihren Artikeln und Sendungen dazu neigen, Sätze und Szenen des politischen Betriebs zu hysterisieren und damit das Geschehen zu dramatisieren. In der Zuspitzung liegt allemal die bessere Überschrift und der knackigere Artikel. So kommt es in ihren Berichten zu einer seltsamen Mischung aus Übertreibung und Verschweigen. Die politische Wirklichkeit, soweit erkennbar, ist zugleich besser und schlimmer, als sie in vielen Berichten aufscheint. Es gibt tatsächlich noch einen Raum für eine ernsthafte Sachpolitik. Der Machtkampf aber ist weit hässlicher als dargestellt.

- Im fünften Ring sitzen die Wähler. Für die Wähler gilt der berühmteste Satz des Sprach- und Erkenntnisphilosophen Ludwig Wittgenstein nicht mehr: „Die Welt ist alles, was der Fall ist." Der Wähler hat daraus gemacht: „Die Welt ist alles, was mir in den Kram passt." Viele Bürger sind nur noch bereit, Teilwirklichkeiten wahrzunehmen. Den Rest lassen sie im Nebel. So wäre Angela Merkel im Wahlkampf 2005 beinahe gescheitert, weil sie gesagt hat, dass ihre Politik auch wehtun wird. Aber Politik in diesen Zeiten muss wehtun, wenn sie erfolgreich sein will. Es geht darum, den Schmerz gerecht und wirksam zu verteilen. [...] Man wählt im Prinzip eine Schmerzvermeidungspartei, oder man wählt gar nicht mehr.

Was tun?

Wer mehr Klarheit in der Politik will, muss den permanenten Wahlkampf beenden. Solange alle immerzu um die Macht ringen, ist niemand verantwortlich für das, was passiert oder unterbleibt. Jeder weist auf den anderen und sagt: Der oder die verhindert, dass ich meine großartigen Ideen umsetzen kann.

Deshalb braucht das reformbehäbige Deutschland zwei richtig große Reformen. Der Föderalismus sollte weiter gestrafft werden, damit ein Bundeskanzler auch im Störfeuer von Ministerpräsidenten regieren kann. Ein reines Mehrheitswahlrecht sollte das Verhältniswahlrecht ersetzen. Damit hätte eine Volkspartei für vier, fünf Jahre relativ viel Macht. [...] Der Wähler könnte in dieser Zeit erkennen, ob das Spitzenpersonal zu seinen Wahlkampfworten steht und ob es in der Lage ist, für einige Zeit befreit von Macht- und Wahlkämpfen, eine gute Sachpolitik zu machen. Wer seine Macht missbraucht oder nicht gebraucht, wird beim nächsten Mal abgewählt.

(Dirk Kurbjuweit, Die vernebelte Republik; in: Der Spiegel, Nr. 39/2006, S. 34 f.)

M 3 | Ergebnis der Wahlen zum rheinland-pfälzischen Landtag

a) Stimmenverteilung

	Landtagswahl 2001				Landtagswahl 2006					
	Wahlkreisstimmen		Landesstimmen		Wahlkreisstimmen			Landesstimmen		
	Anzahl	%	Anzahl	%	Anzahl	%	Diff.	Anzahl	%	Diff.
Wahlberechtigte	3 025 090		3 025 090		3 075 707			3 075 707		
Wähler	1 879 960	62,1	1 879 960	62,1	1 791 136	58,2	–3,9	1 791 136	58,2	–3,9
Ungültige Stimmen	62 040	3,3	46 114	2,5	58 810	3,3	0,0	38 105	2,1	–0,4
Gültige Stimmen	1 817 920	96,7	1 833 846	97,5	1 732 326	96,7	0,0	1 753 031	97,9	0,4
Davon										
SPD	789 660	43,3	820 610	44,7	750 390	43,3	0,0	799 216	45,6	0,9
CDU	723 214	39,8	647 238	35,3	668 610	38,6	–1,2	574 464	32,8	–2,5
FDP	134 729	7,4	143 427	7,8	134 709	7,8	0,4	140 824	8,0	0,2
GRÜNE	92 702	5,1	95 567	5,2	86 255	5,0	–0,1	81 456	4,6	–0,6
Sonstige	77 615	4,2	127 004	6,9	92 362	6,9	2,7	157 071	8,9	2,0

b) Sitzverteilung im Landtag

	Landtagswahl 2001			Landtagswahl 2006			
	Direkt-mandate	Listen-mandate	Gesamt-mandate	Direkt-mandate	Listen-mandate	Gesamtmandate	
	Anzahl	Anzahl	Anzahl	Anzahl	Anzahl	Anzahl	Diff.
SPD	30	19	49	33	20	53	+ 4
CDU	21	17	38	18	20	38	0
FDP	0	8	8	0	10	10	+ 2
GRÜNE	0	6	6	0	0	0	– 6
Gesamt	51	50	101	51	50	101	0

c) Sitzverteilung im Landtag 2006

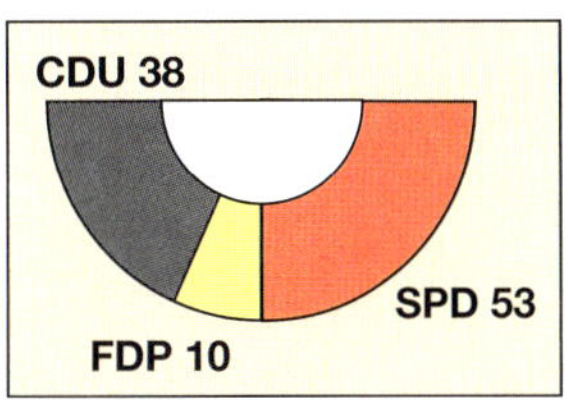

d) Das „andere Wahlergebnis" 2006 (Ergebnis in %, Bezugsgröße: alle Wahlberechtigten)

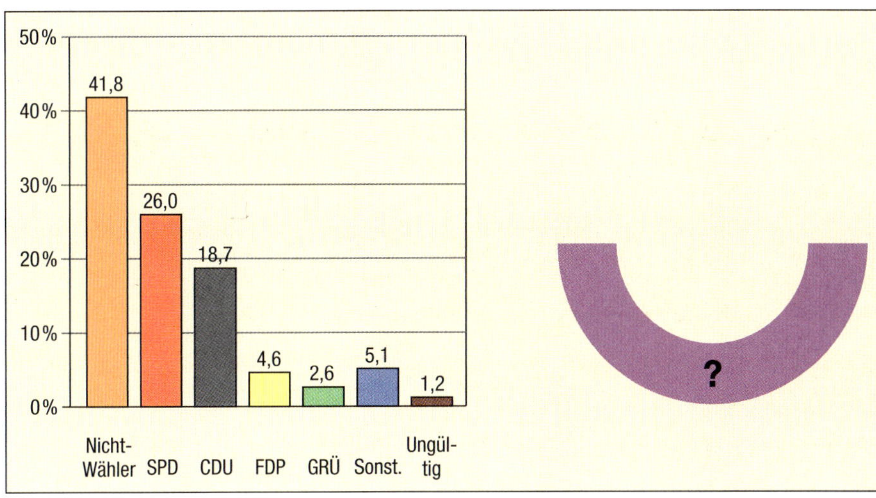

M 4 | Die Parteien: ‚machtversessen – machtvergessen'?

➜ M 10, S. 354

M 5 | Der Bauch des Volkes

[...] Der Populismus ist vielmehr eine Herrschaftstechnik, mittels deren sich Politiker im scharfen demokratischen Konkurrenzkampf gegen andere Politiker zu behaupten versuchen.

Populistische Politiker schauen dem Volk aufs Maul, sagt man. Aber weil das Maul dem Kopf ja noch recht nahe ist, legen sie lieber das Ohr an seinen Bauch. Karriere machen sie, indem sie dessen Geräuschen Worte verleihen und öffentliche Resonanz.

Die Politik wird in diesen Zeiten zu einem eigentümlichen Vexierspiel. Die Politiker tun zwar noch immer so, als lösten sie ununterbrochen große Probleme, obwohl alle Insider wissen, dass die korporative Verflechtung der Gruppeninteressen, die Zwänge eines globalen Kapitalismus und die Entscheidungsvorgaben suprastaatlicher Agenturen kaum noch irgendeinen Bewegungsspielraum gewähren.

Aber hinter ihrer demonstrativen Geschäftigkeit steht vor allem der blanke Zwang, jene vagabundierenden Motive wieder einzufangen, jenen Treibsand auf die Waagschale der eigenen Partei zu leiten, damit sich diese am Sonntag der Wahl zu ihren Gunsten neigt.

[...]

Jedem verantwortlichen Aktivbürger, der sich öffentlich äußert, und erst recht jedem verantwortlichen Politiker, der für eine Sache um öffentliche Aufmerksamkeit wirbt, wären drei Dinge zuzumuten: erstens, dass er alle in zumutbarer Zeit beschaffbaren Informationen in der strittigen Sache zur Kenntnis nimmt; zweitens, dass er entgegenstehende Motive und Argumente im Lichte unparteiischer Prinzipien prüft und die Folgewirkungen seines Vorschlags auf alle Betroffenen kalkuliert; und drittens, dass seine öffentlichen Äußerungen nicht kurzfristiger Opportunität entspringen, sondern an Prinzipien orientiert sind, zu denen er sich auch noch morgen bekennen kann.

In der Kampagne gegen die Aussiedler wurden alle drei Prinzipien verletzt. [Man] hätte wissen können (oder wusste es gar), dass die Aussiedler wegen ihres niedrigen Durchschnittsalters keineswegs unsere Rentenkasse belasten, dass selbst die älteren unter ihnen nur zum Teil einen Rentenanspruch haben und überdies ihre Beschäftigungsquote überdurchschnittlich hoch ist. Und weiterhin hätte [...] [man] reflektieren müssen, dass die vordringliche Konsequenz einer Kritik am ethnischen Fremdenrecht der Deutschen nicht die Ausbürgerung der Aussiedler, sondern die Einbürgerung der hier seit Langem lebenden Ausländer sein müsste.

Und schließlich hätte [...] [man] prüfen müssen, ob [...] [man] langfristig in einer politischen Kultur leben will, in der eine von Ressentiments diktierte Verdrängungskonkurrenz von Minderheiten zur Normalität wird.

[...]

(Helmut Dubiel, in: Der Spiegel, Nr. 18/1996. S. 89f.)

M 6 | Aufgerufen zur Abstimmung

M 7 | Sitzverteilung

M 8 | ‚Ich bin mein Geld wert'

Der ehemalige Arbeitsminister Norbert Blüm (CDU) über Kritik an Parteien und Politikern:

[...] Bei uns gehört die allgemeine Politikerbeschimpfung inzwischen zum amüsanten Zeitvertreib. Und selbst wenn auf einer Party die Stimmung in Langeweile zu kippen droht, reden über Politiker hält wach und gibt dem Small Talk wieder Stoff für schöne sektglasbewaffnete Süffisanz.

Warum auch nicht. Schließlich hat die Demokratie auch einen unbestreitbaren Unterhaltungswert. Attacke, Konfrontation, Konflikt gehören zum demokratischen Geschäft. Macht wird mit der Zustimmung der Wähler gewonnen und nicht von Gottes Gnaden verliehen – Gott sei Dank!

Ich bin eines von den Objekten der allgemeinen Volksbelustigung: ein Politiker. Ich beschwere mich nicht. Meinen Job habe ich mir selber ausgesucht. Aber ich entschuldige mich auch nicht, Politiker, gar Berufspolitiker zu sein. Mit Demutsgesten kann ich nicht dienen.
Ich bin mein Geld wert. Ich würde es auch für weniger machen. Aber warum denn? So nützlich wie jeder Sparkassendirektor und ein mittelmäßiger Bundesliga-Fußballspieler bin ich auch.
Meine Normalschicht endet in der Regel mit der üblichen Spätschicht, und viel später als die Frühschicht beginne ich auch nicht. Meine 35-Stunden-Woche erreiche ich gewöhnlich zwischen Dienstag und Mittwoch. Ich schätze die 35-Stunden-Woche so sehr, dass ich bequem zwei von der Sorte in einer Woche unterbringe.
Warum soll ich dem Gemüsemann dankbar sein, dass ich mit meinem Geld meinen Salat bei ihm kaufe. Er erhält sein Geld vom Kunden, ich vom Steuerzahler. Der ist mein Kunde, und wenn unseren Kunden die Ware nicht mehr gefällt, verliert der Gemüsemann sein Geschäft und ich mein Amt. [...]
Ich gehöre sogar einer Partei an. Gott sei bei uns. Denn immer, wenn es schwierig wird, erfasst die deutsche Seele eine waberige Sehnsucht nach parteiloser Neutralität. Aber es gibt ihn leider nicht, den parteilosen Standpunkt. Wir sind immer an einen Standort gebunden und sehen alles durch eine Perspektive beschränkt. Wir sind deshalb immer allein oder im Haufen Partei.
Parteien bündeln die Meinungsvielfalt, ermöglichen den Wettbewerb der Alternativen, sind lebenswichtig für die Demokratie. Und diese Parteien sind nun zum Brennpunkt der Politikerverachtung geworden. Sicher, sie sind zu fett geworden, nehmen sich zu wichtig, haben sich eingeigelt. Aber so schlimm, wie sie gemacht werden, sind sie auch wieder nicht.
Unsere Bundesrepublik wäre ohne Parteien nicht zu dem geworden, was sie ist – ein freiheitlicher und sozialer Rechtsstaat. Sie ist die beste Republik, die wir in unserer nicht immer glücklichen Geschichte auf die Beine gebracht haben. Und diese Bundesrepublik haben die viel gescholtenen etablierten Parteien mitgeschaffen.
(Der SPIEGEL, Nr. 26/1992, S. 20)

M 9 | Erbarmen mit den Politikern – Eine Handreichung

[...] Es ist deshalb an der Zeit, vom Elend der Politiker zu sprechen, statt sie zu beschimpfen. Dieses Elend ist existenzieller Natur. Um es mit einem gewissen Pathos auszudrücken: Der Eintritt in die Politik ist der Abschied vom Leben, der Kuss des Todes.
Das Erste, was am Dasein dieser Gezeichneten auffällt, ist die unerhörte Langeweile, der sie sich aussetzen. Politik als Beruf ist das Reich des Immergleichen, der erbarmungslosen Wiederholung. Wer jemals das Unglück gehabt hat, an einer Sitzung teilzunehmen, der kennt die Lähmung, die selbst den Gutwilligsten ergreift, wenn er gezwungen ist, den umständlichen, jeder Überraschung baren Ausführungen, Einlassungen, Erörterungen und Bedenken zuzuhören, die bei solchen Anlässen vorgebracht werden. Nun besteht aber die Haupttätigkeit eines Politikers zweifellos darin, dass er an Sitzungen teilnimmt. Alles sitzt. Gremien sitzen, Fraktionen sitzen, Ausschüsse, Unterausschüsse, Räte, Kuratorien, Präsidien, Vorstände, Städte-, Kreis-, Land- und Wirtschaftstage, Verbände, Kammern, Kommissionen, Gesprächsrunden, Diskussionsrunden, Elefantenrunden. Ein Berufspolitiker bringt mithin Jahre, möglicherweise sogar Jahrzehnte seines Lebens mit Sitzungen zu. Die Folgen können nicht ausbleiben.
Zweitens: Es genügt, einen Blick in das Büro oder auch nur in das Schließfach eines Abgeordneten zu werfen, um zu ermessen, womit er den größten Teil seiner verbleibenden Zeit beschäftigt ist: mit der Lektüre einer nie versiegenden Flut von ‚Unterlagen', Akten, Rundschreiben, Eingaben, Vorlagen, Anträgen, Gutachten, Schriftsätzen, Anfragen, Entschließungen, Richtlinien, Bulletins, Dossiers, Resolutionen, Protokollen, Umfrageergebnissen, Haushaltsplänen, Grundsatzprogrammen, Untersuchungsberichten, Gesetzentwürfen, Positionspapieren ... Nur wer mit der entsetzlichen Prosa vertraut ist, in der solche Schriftstücke abgefasst sind, weiß, was das bedeutet. [...]
Drittens: Nicht nur entgeht dem Politiker vieles, er darf auch nichts äußern: Es ist ihm allenfalls im engsten Kreis erlaubt mitzuteilen, was er denkt, wenn er denkt. Andererseits darf er auch nicht schweigen. Vielmehr verlangt man von ihm, dass er fortwährend redet. Das Nichtssagende dieser Reden ist unter solchen Umständen kein Mangel, sondern ein Vorzug. [...]
Viertens: Die permanente Werbung für die eigene Person ist vielleicht die peinlichste Zumutung, der ein Mensch sich aussetzen kann. Es gehört zu den Berufspflichten des Politikers, sich die albernsten Kopfbedeckungen, vom Tirolerhütchen bis zum Indianerschmuck, aufzusetzen, Säuglinge und Elefanten zu tätscheln, Bierfässer anzuzapfen, an den ödesten Karnevalssitzungen und den widerwärtigsten Talkshows teilzunehmen. Keine Putzfrau ließe sich auf diese Weise erniedrigen. Stoische Selbstverleugnung, zwanghaftes Grinsen und plumpe Anbiederung gehören zum selbstverständlichen Pensum eines Wahlkämpfers. [...]
(Hans Magnus Enzensberger, in: zickzack, Suhrkamp 1997)

Deutschland – eine Stimmungs-Demokratie?

M 10a zeigt Umfrageergebnisse aus der Schlussphase des Bundestagswahlkampfes 2005, die z. T. beträchtlich von dem tatsächlichen Wahlergebnis abwichen. Wahlforscher gaben dem Wähler die „Schuld" und sprachen von einem „Last-Minute-Swing" zulasten der CDU und zugunsten der FDP, die sich vehement gegen die Mehrwertsteuererhöhung ausgesprochen hatte. Bereits 2002 hatte offenbar ein kurzfristiger Stimmungsumschwung die Wahl entschieden: Damals hatten die Wähler das Krisenmanagement der Bundesregierung beim Elbehochwasser als „Stunde der Exekutive" verstanden und Bundeskanzler Schröder erneut zur Mehrheit verholfen.

M 10 | Waterloo der Wahlforscher

Auch wenn der Kampf um die Macht in Berlin erst begonnen hat, die Verlierer der Bundestagswahl stehen fest: die Umfrage-Institute. Die Meinungsforscher haben das tatsächliche Votum der Wähler nicht vorausgesehen. FOCUS hat die letzten Umfrage-Ergebnisse der fünf Institute vor der Wahl miteinander verglichen (siehe Grafik). Im Vergleich wird deutlich: Insbesondere haben die Auguren das Abschneiden der Union und der Liberalen falsch prognostiziert. Wahlen, so versucht Emnid-Geschäftsführer Klaus-Peter Schöppner das Debakel der Demoskopen zu erklären, seien eben nicht mehr „Entscheidungen über die politische Zukunft", sondern degenerierten zu „zufälligen Momentaufnahmen". **„Sehr zufrieden"** zeigte sich dagegen Matthias Jung, Sprecher der Forschungsgruppe Wahlen, mit der letzten Umfrage seines Hauses. Die Umfrage von Allensbach jedoch, die am 17. September noch Schwarz-Gelb prophezeit hatte, werfe „Fragen auf". Offenbar, so der Forsa-Sprecher, sei Allensbach mit seinen persönlichen Interviews (statt Telefonabfragen) „zu langsam" gewesen. Otto Wiesheu (CSU), Wirtschaftsminister in Bayern, zum Waterloo der Wahlforscher: Was Umfragen wert sind, hat sich am Wahlabend gezeigt – alles Schrott, alles für die Katz.

(nach: FOCUS WAHL-SPEZIAL, 20.09.2006, S. 6)

Karl-Rudolf Korte (Politikwissenschaftler) äußerte sich über Prognosen vor der Landtagswahl in Rheinland-Pfalz am 26.3.2006.

„**Frage:** Kann man Umfragen nach dem demoskopischen Desaster der Bundestagswahl noch Glauben schenken?
Korte: Umfragen sind sehr präzise Momentaufnahmen. Sie haben aber ein baldiges Verfallsdatum. Daraus zum jetzigen Zeitpunkt eine Prognose abzuleiten, wie die Wahl ausgeht, verbietet sich nach den Erfahrungen der vergangenen Jahre. Der Wahlkampf ist ein Marathonlauf mit Foto-Finish. Die Wähler sind Schnäppchenjäger und extrem situativ ausgerichtet."

(Allgemeine Zeitung Mainz, 09.03.2006, S. 4)

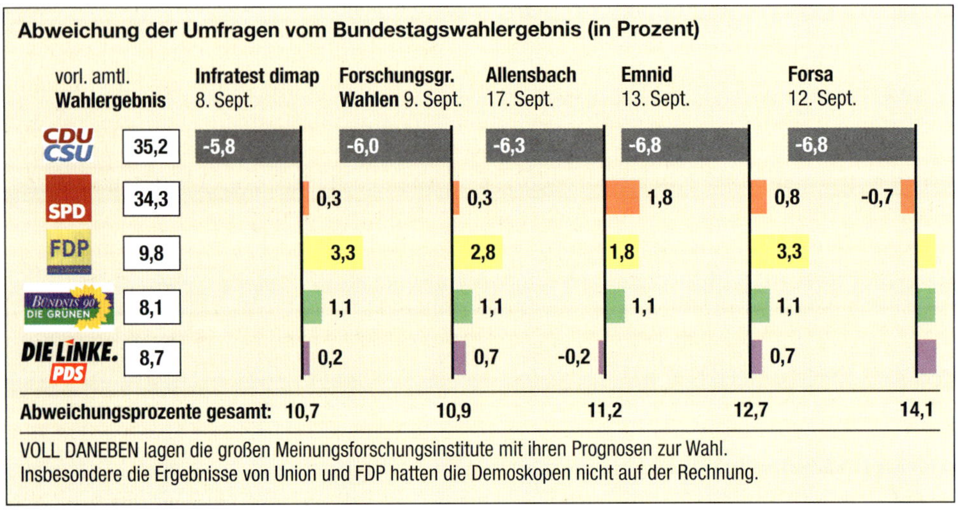

a) Fünf Verlierer der Wahl 2005

(nach: FOCUS WAHL-SPEZIAL, 20.09.2006)

b) Ergebnisse der Wahl-Umfragen vor der Bundestagswahl 2005 (in Prozent)

	CDU/CSU	SPD	GRÜNE	FDP	Linkspartei
ZDF Forschungsgruppe Wahlen (9.9.)	41	34	7	7	8
ARD Infratest dimap (8.9.)	41	34	7	6,5	8,5
Emnid (8.9.)	42	33	7	7	9
Forsa (7.9.)	42	34	7	6	8
Allensbach (7.9.)	41,5	32,7	7,2	7,0	8,9

(nach: Mitteldeutsche Zeitung, 10.09.2005)

M 11|

Eine interessante Erklärung für das Wählerverhalten bietet die frühere Chefin des Demoskopischen Instituts Allensbach, Elisabeth Noelle-Neumann, mit ihrer These von der „Schweigespirale“:

Diesem Modell liegen die (sozial-)psychologischen Erkenntnisse zugrunde, dass der Mensch nach sozialer Anerkennung strebt und sich vor sozialen Sanktionen und sozialer Isolation fürchtet. Demzufolge versucht der Einzelne, zwischen Pro und Contra zu einem öffentlich diskutierten Thema mit einem „quasi-statistischen Organ“ nach der Häufigkeit abzuschätzen. Er entscheidet sich, um nicht isoliert zu werden oder zu erscheinen, für die häufiger auftretende Meinung. Gleichzeitig erscheint ihm diese, weil andere ebenso wie er verfahren, immer häufiger und selbstbewusster. So entsteht im Verlauf einer Spiralbewegung die „herrschende Meinung“. („Mit einer kürzeren Formel kann man öffentliche Meinung als herrschende Meinung umschreiben.“) Wer ihr zuwiderhandelt, gerät in Isolation, verliert an Unterstützung oder Popularität. Wer diesen Prozess aufhalten, ändern oder gar umkehren will, darf sich zunächst einmal vor Missbilligung seitens der Mehrheit nicht fürchten. Eine Voraussetzung für das Ende der Schweigespirale sei somit, dass die Überzeugung der auf einen harten Kern reduzierten Minderheit „so stark ist, dass sie zu einer Anpassung, einem Meinungswechsel oder auch nur zu dem von der öffentlichen Meinung geforderten Schweigen, dem Verzicht auf Widerspruch nicht bereit“ ist.

„Das Konzept der Schweigespirale lenkt besonders auf die Fragen hin: Welche Themen werden der öffentlichen Meinung durch die Massenmedien gesetzt (agenda setting function), welche werden als dringlich dargestellt? Welchen Personen, welchen Argumenten wird Prestige verliehen, insbesondere das Prestige, die Zukunft für sich zu haben? Wie kompakt, wie einhellig erscheinen diese Themen, ihre Dringlichkeit, ihre Zukunftschancen?“

(E. Noelle-Neumann, Die Schweigespirale, München 1980, S. 302, 317, 328)

M 12|‚Berliner Rede' des ehemaligen Bundespräsidenten Roman Herzog

Es ist ja nicht so, als ob wir nicht wüssten, dass wir Wirtschaft und Gesellschaft dringend modernisieren müssen. [...] Ich behaupte: Wir haben kein Erkenntnisproblem, sondern ein Umsetzungsproblem [...]. Dabei leisten wir uns auch noch den Luxus, so zu tun, als hätten wir zur Erneuerung beliebig viel Zeit: Ob Steuern, Renten, Gesundheit, Bildung, selbst Medien, denen billige Schlagzeilen oft wichtiger sind als saubere Information, die Fachleute, die sich oft zu gut dafür sind, in klaren Sätzen zu sagen, ‚was Sache ist'.

Stattdessen gefallen wir uns in Angstszenarien. Kaum eine neue Entdeckung, bei der nicht zuerst nach den Risiken und Gefahren, keineswegs aber nach den Chancen gefragt wird.

Kaum eine Anstrengung zur Reform, die nicht sofort als ‚Anschlag auf den Sozialstaat' unter Verdacht gerät [...]. Solche Debatten führen nicht mehr zu Entscheidungen, sondern sie münden in Rituale, die immer wieder nach dem gleichen Muster ablaufen, nach einer Art Sieben-Stufen-Programm:

1. Am Anfang steht ein Vorschlag, der irgendeiner Interessengruppe Opfer abverlangen würde.
2. Die Medien melden eine Welle ‚kollektiver Empörung'.
3. Spätestens jetzt springen die politischen Parteien auf das Thema auf, die einen dafür, die anderen dagegen.
4. Die nächste Phase produziert einen Wirrwarr von Alternativvorschlägen und Aktionismen aller Art, bis hin zu Massendemonstrationen, Unterschriftensammlungen und zweifelhaften Blitzumfragen.
5. Es folgt allgemeine Unübersichtlichkeit, die Bürger werden verunsichert.
6. Nunmehr erschallen von allen Seiten Appelle zur ‚Besonnenheit'.
7. Am Ende steht meist die Vertagung des Problems. Der Status quo setzt sich durch. Alle warten auf das nächste Thema [...].

Wir streiten uns um die unwichtigen Dinge, um den wichtigen nicht ins Auge sehen zu müssen. Wissenschaftliche und politische Scheingefechte werden so lange geführt, bis der Bürger restlos verwirrt ist [...]. Ich vermisse bei unseren Eliten in Politik, Wirtschaft, Medien und gesellschaftlichen Gruppen die Fähigkeit und den Willen, das als richtig Erkannte auch durchzustehen [...].

(zit. nach: Welt am Sonntag, 24.4.1997)

M 13 |

→ Vgl. auch: „Kapitalismus ohne Arbeit" (S. 206 ff.)

M 14 | „Wie werden wir die nächsten hundert Jahre überleben?"

Diese Frage beantworteten in der Wochenzeitung DIE ZEIT mehrere deutsche Wissenschaftler. Hier der Beitrag des Umweltwissenschaftlers Ernst Ulrich von Weizsäcker:

Jede Einzelantwort wäre anmaßender Unsinn. Die Menschheit braucht ein Paket von Antworten. Dazu müssen nach meiner Meinung mindestens gehören:

① Rechtsstaatsprinzipien, und das weltweit;
② UN-geleitete Rüstungskontrolle;
③ Religionen, die sich nicht über das Recht und den Frieden stellen;
④ nachhaltige Technologie, nachhaltige Wirtschaft, nachhaltiger Konsum.

Im Einzelnen:

① Der Markt ist heute global, das Recht blieb weitgehend national. Der Markt erdrückt den sozialen Ausgleich und vielerorts die Justiz. Das „Recht des Stärkeren" obsiegt. Damit gerät die freiheitliche Marktwirtschaft in eine Glaubwürdigkeitskrise. Sie muss um ihrer selbst willen weltweit geltende rechtsförmige Regeln ersinnen oder akzeptieren. Diese müssen auch dem sozialen Ausgleich dienen und von Respekt vor Kulturen und Religionen getragen sein.

② Die militärische Souveränität von Einzelstaaten ist ein Relikt früherer Jahrhunderte und früherer Militärtechnologie. Sie ist heute nicht mehr zu rechtfertigen, auch dann, wenn sie in Verfassungen mancher Staaten noch verankert ist. Sie muss durch übernationale Regeln und Institutionen, möglichst die (reformierten) UN eingeschränkt werden. Auch Rüstung und Rüstungsforschung müssen internationale Kontrollen dulden.

③ Die Religionen der Welt stammen aus Jahrhunderten, in denen schwierige Überlebenskämpfe vorherrschten. Sie sicherten Durchhaltevermögen, Moral, Demut, Solidarität, oft auch Stammesidentität. Ob sich die Religion über das Recht und den Frieden stellte, war früher nachrangig. Heute ist das durch keine theologische Weisheit mehr zu rechtfertigen. Der „Heilige Krieg" ist zum Verbrechen geworden – aber natürlich nicht der entschlossene Einsatz für Gerechtigkeit und für das Recht der Schwächeren.

④ Die Technikentwicklung war seit Jahrhunderten durch Expansion, Raubbau und die Überwindung moralischer Schranken gekennzeichnet. Der Markt belohnt zudem Geschwindigkeit, also Bedenkenlosigkeit. Natur und Klima sind heute stark gefährdet. Es ist möglich und es wird zwingend, Techniken zu entwickeln, die mit den knappen natürlichen Ressourcen gut zehnmal so effizient umgehen wie die heutigen. Die Anreizsysteme und die Kultur müssen sich so ändern, dass dies auch geschieht.

(Die Zeit, Nr. 34/17.8.2006)

M 15 | Politik und Sprache

Der frühere Bundestagsabgeordnete und Entwicklungshilfeminister Erhard Eppler analysierte eingehend die Sprache seiner ehemaligen Berufskollegen. Er erfand einen Satz, wie er uns alltäglich in öffentlichen Stellungnahmen von Kabinettsmitgliedern und Parteisprechern begegnet, und untersuchte die Sprache.

„Ich gehe davon aus, dass die Entwicklung der Lage die Lösung der Probleme erleichtert, aber auch eine Herausforderung darstellt, denn die unverzichtbare (unabdingbare) Voraussetzung für die Akzeptanz unserer Politik ist es, dass wir dem Bürger nicht in die Tasche greifen, sondern uns durch gezielte Maßnahmen als Partei des Aufschwungs profilieren."

... profilieren
Es geht um den Gegensatz zwischen sachbezogener (Fleiß-) Arbeit und um ein Handeln, das nur um die eigene Person (Eitelkeit) kreist, um den Unterschied zwischen dem Erscheinungsbild und dem, was ist.

... Aufschwung ...
Positive Konnotation: Es geht aufwärts; „den Aufschwung wählen". Mit dem Begriff wird versucht, etwas, was sich politischem Handeln größtenteils entzieht, als Ergebnis solchen Handelns darzustellen.

... Maßnahmen ...
Ein moralisch indifferenter Begriff, der alles und damit nichts aussagt: „Maßnahmen" können Freiheit beschränken oder erweitern, Menschen retten oder umbringen.

... gezielt ...
Haben Politiker es nötig, dauernd zu betonen, dass sie nicht „ziellos" handeln?

... dem Bürger in die Tasche greifen ...
Erweckt die Assoziation, Politik sei ein „krimineller Akt".

... Akzeptanz ...
Eigentlich geht es – aktiv – um „Zustimmung". ,,Akzeptanz" ist „passiv" und negiert, dass es in der Politik um das Ringen um Alternativen und nicht um ,,Sachgesetzlichkeiten" geht, die akzeptiert werden müssen.

... unverzichtbar ...
Klingt kompromisslos: Die Wehrpflicht, die Autobahntrasse, das 13. Schuljahr seien „unverzichtbar" – Imponiervokabel!

Ich gehe davon aus ...
Verwischt die Grenze zwischen Wissen und Vermuten; Politiker leben vom Nimbus der ,,Insider-Informationen" und vermeiden „differenzierende" Verben wie: ich weiß, ich vermute, ich hoffe... Die Redewendung „ich gehe davon aus" erlaubt es, ein bisschen wissender zu erscheinen, als man ist.

... Herausforderung ...
Hausforderung erinnert an ein Duell: Roosevelt fühlte sich durch Hitler herausgefordert. Der Begriff dramatisiert: Challange and response. Doch heute gibt es eine Inflation, wenn Politiker mit dem Begriff nur andeuten wollen, dass ihnen eine Sache wichtig ist.

... Entwicklung ...
Der Begriff klingt seriös und optimistisch. Im 18. Jahrhundert sah man in der Geschichte einen Ablauf, der sich analog zu Prozessen in der Natur vollzieht: wie ein Blatt sich aus der Knospe entwickelt. Mit dem Wort Entwicklung assoziieren wir die Vorstellung des Natürlichen, Organischen, Notwendigen, Vernünftigen, wohl auch des Fortschritts aus eigenem Ansatz.

Der Begriff „Entwicklungsländer" zeigt, dass das Wort heute „ausgehöhlt (sei) bis auf ein leeres Plus", wobei in dem Plus die Ideologie stecke. Zudem „entlastet" der Begriff: Entwicklung der Arbeitslosigkeit, des Ozonlochs, des Müllaufkommens lässt uns als Objekte eines Geschehens erscheinen, wo wir dessen Subjekte sind.

... Lage (Situation) ...
Der Begriff „Lage" ist blass und vieldeutig: Er wird verwendet in der Musik, im Weinbau und beim Militär. Er hat etwas „Objektives"; mit einer „Lage" muss man sich meistens abfinden: „Die ungeklärte Entsorgungslage unserer Atomkraftwerke", die ,,Waldschadenslage", die ,,Drogensituation", die „Abwassersituation". Der Begriff verwischt die Grenze zwischen dem, was als unabänderlich hinzunehmen, und dem, was zu ändern ist.

... Probleme lösen ...
Pseudomathematische Sprache: hier das Problem, dort die Lösung! Verwischung der Grenzen zwischen Wissenschaft und Politik.

(Autorentext nach: Erhard Eppler, Kavalleriepferde beim Hornsignal, Frankfurt 1993, S. 179 ff.)

M 16 | Henry Kissinger: Formelkompromisse in der Diplomatie

Wer, wie Erhard Eppler, die Politikersprache in kritischer Absicht entlarvt, hat die besondere Bedeutung von Sprache im Rahmen politischer Kommunikation im Sinn. Allerdings darf man nicht den positiven Aspekt verkennen, den vage Formulierungen haben können. Gerade wenn man wegen des Fortbestehens von Meinungsunterschieden keine Einigung erzielen kann, versucht man durch sprachliche Kompromisse (v. a. in der Diplomatie) einerseits das Fortbestehen von Meinungsunterschieden zu verschleiern und zugleich neue Handlungsspielräume zu eröffnen.

Ein Beispiel verdeutlicht, wie durch solche „Formelkompromisse" die Entwicklung politischer Beziehungen zwischen Staaten überhaupt erst möglich wurde.

Als der damalige Außenminister der USA, Henry Kissinger, 1971 in Peking Geheimgespräche über die Aufnahme diplomatischer Beziehungen zwischen Washington und Peking führte, stand einer Normalisierung zwischen den beiden Staaten die Existenz des mit den USA verbündeten antikommunistischen Inselstaates Taiwan (Nationalchina) entgegen; ein Staat, den Peking bis heute (2007) für eine abtrünnige Provinz hält. Die USA dagegen unterstützen das antikommunistische Taiwan. In seinen Memoiren berichet Kissinger:

„Wie nicht anders zu erwarten, war Taiwan das schwierigste Problem. Wir brauchten eine Formel, mit der die Einheit Chinas anerkannt wurde, ohne die Ansprüche Pekings oder Taiwans zu unterstützen. Schließlich formulierte ich die amerikanische Haltung so: ‚Die Vereinigten Staaten erkennen an, dass alle Chinesen beiderseits der Straße von Taiwan auf dem Standpunkt stehen, es gebe nur ein China. Die Regierung der Vereinigten Staaten stellt diese Haltung nicht infrage.' Ich glaube, nichts von dem, was ich getan oder gesagt habe, hat Tschou (chin. Ministerpräsident) mehr beeindruckt als diese zweideutige Formel, mit der beide Seiten fast zehn Jahre haben leben können."

(Zitat nach: DER SPIEGEL, Nr. 42/1979, S. 89)

M 17 | Politik – alles nur Theater?

Die folgende Rede wurde von Peter Müller am Sonntag, dem 24. März 2002, also zwei Tage nach der umstrittenen Abstimmung im Bundesrat, bei der Veranstaltung „Politik und Theater – Darstellungskunst auf der politischen Bühne" im Staatstheater Saarbrücken gehalten.

Der saarländische Ministerpräsident Peter Müller kommentiert das Protestverhalten der Union in der Bundesratsdebatte über das Zuwanderungsgesetz (vgl. M 18, S. 326f.: „Eklat im Bundesrat"):

Politik und Theater – wenn ein Politiker eingeladen wird, über dieses Thema hier im Theater nachzudenken, dann geht es ja wohl nicht um das Thema, wie die Politik im Theater dargestellt wird. Es geht dann wohl eher um das Thema der Theatralisierung der Politik als einer möglicherweise zwingenden Konsequenz unserer Medien- und Inszenierungsgesellschaft. Es geht um die Frage: Degeneriert die Politik nicht zur Inszenierung? […]

Politik als Staatsschauspiel, war das nicht am Freitag so? Na ja – der Freitag hat vielleicht auch Unterschiede gezeigt zwischen dem Theater und der Politik. Am Freitag gab es mindestens zwei Drehbücher, nicht eines, und vielleicht besteht Politik manchmal auch in der Auseinandersetzung darüber, welches Drehbuch sich am Ende durchsetzt und nach welchem Drehbuch verfahren wird.

Und es gibt einen zweiten Unterschied. Am Ende der Vorstellung im Theater steht der Denkanstoß, steht die Reflexion, steht die Emotion. Am Ende der Vorstellung in der Politik steht ein Gesetz, eine Rechtsverordnung, eine Entscheidung, mehr Geld oder weniger Geld, für die Kultur, für die Bildung, für die Polizei, für den Bergbau. Die Unmittelbarkeit der Veränderung der Wirklichkeit ist möglicherweise in der Politik etwas höher als im Theater. Möglicherweise manchmal dann auch weniger nachhaltig.

Politik, das ist also doch schon etwas anderes als Theater. Aber trotzdem erhebt sich die Frage: Wird in der Politik nicht Theater gespielt. Oft Theater gespielt, viel Theater gespielt? Dominiert die Inszenierung nicht den Inhalt? Geht es nicht um vorgetäuschte Wirklichkeit statt Realität, da die Realität häufig nicht medien- und damit auch nicht wählerwirksam ist? […]

Meine Grundthese heißt: Politik steht vor einer doppelten Herausforderung. Auf der einen Seite muss Politik die Wirklichkeit nach den eigenen Überzeugungen gestalten, nach dem, was man als die Wahrheit, als das Richtige zu erkennen glaubt. Politik steht aber auch vor der Herausforderung, Mehrheiten im demokratischen Prozess zu erringen oder zu erhalten, um diese Gestaltung durchführen zu können. Beide Herausforderungen sind nicht zwingend korrelierend. Sie können auch einander widersprechen. Es kann ein Spannungsverhältnis entstehen, verkürzt gesagt: ein Spannungsverhältnis zwischen Wahrheit und Mehrheit. Politik hat deshalb, wenn Sie es positiv formulieren wollen, das Ziel der Versöhnung von Wahrheit, dem, was man subjektiv als Wahrheit erachtet, und Mehrheit. Politik hat das Ziel, die Mehrheit von der subjektiven Wahrheit zu überzeugen. Um dieses zu erreichen, braucht sie Aufmerksamkeit, und Aufmerksamkeit wird auch durch theaterische Darstellung erreicht.

Sie können es auch negativ ausdrücken. Politik steht möglicherweise manchmal vor der Herausforderung, auf die Dokumentation von Wahrheit zu verzichten, um die Mehrheit nicht zu gefährden. Die Frage ist nun, ob und inwieweit die Inszenierung von Politik, das Theater in der Politik, dazu ein legitimes Mittel ist.

Erste Frage: Sind Politiker Schauspieler? Ja! Natürlich sind Politiker Schauspieler. Diese Feststellung ist kein Werturteil, denn die Tatsache, dass Politiker Schauspieler sind, kann sehr wohl positiv wie auch negativ sein. Sie ist so lange positiv, wie es dem Politiker wie einem Schauspieler darum geht, Kontakt aufzunehmen zu seinem Publikum, den Wählerinnen und Wählern, um die Wünsche des Publikums zu erkennen und sich mit ihnen auseinanderzusetzen. Politik hat die Aufgabe, wie Martin Luther es gesagt hat, dem „Volk aufs Maul" zu schauen. Negativ wird die Fähigkeit oder die Forderung, sich auf das Publikum einzulassen, eigentlich erst in dem Moment, in dem der Politiker schauspielerische Elemente einsetzt, um von seinen Inhalten und von seinen Überzeugungen abzulenken. Negativ wird die schauspielerische Tätigkeit des Politikers dann, wenn er jedem zu Gefallen sein will, ohne deutlich zu machen, wofür er wirklich einsteht. So richtig der Satz ist, dass Politik die Aufgabe hat, dem „Volk aufs Maul" zu schauen, so schlimm wäre es, wenn der Politiker seine Rolle darin sähe, dem Volk immer und überall „nach dem Munde" zu reden. [...] Gleichzeitig muss der Politiker aber auch in seinem Markt bestehen: Das ist der Wählermarkt, in dem er bestrebt ist, seine Marktanteile zu halten und auszubauen. Damit bewegt der Politiker sich auf einem schmalen Grat. Er muss sich selbst treu bleiben, und er muss andere von sich überzeugen. [...]

Und damit komme ich zur zweiten Frage: Ist Politik Theater? Antwort: ja! Politik ist Theater. Aber auch da sage ich: Das ist weder gut noch schlecht. Das ist gut, solange das politische Theater ein Beitrag dazu ist, Aufmerksamkeit zu erreichen für die vertretenen Inhalte und die vertretenen Konzepte. Es ist schlecht, wenn dadurch von den vertretenen Inhalten und den Konzepten abgelenkt werden soll. Ohne Theater werden sie keine erfolgreiche Politik in dieser Gesellschaft gestalten können. Wir leben in einer Kommunikationsgesellschaft und diese Kommunikationsgesellschaft folgt klaren Kategorien. Ich will sie zitieren, so wie sie der Kommunikationsphilosoph Vilém Flusser definiert hat. Erste Kategorie, erster Hauptsatz: „Was nicht kommuniziert wird, ist nicht, und je mehr es kommuniziert wird, desto mehr ist es." Zweiter Hauptsatz: „Alles, was kommuniziert wird, ist etwas wert, und je mehr es kommuniziert wird, desto wertvoller ist es." Dritter Hauptsatz, problematisch: „Wer kommunizieren will, darf wenig informieren."

Wenn es richtig ist, dass sie in dieser Gesellschaft auf Kommunikation angewiesen sind, dann müssen sie auf Mittel zurückgreifen, die zur Kommunikation führen. Dann müssen sie Nachrichten produzieren – und ohne Theater keine Nachricht. Und je mehr Theater, umso größer die Chance, dass eine Nachricht entsteht. Das müssen sie wissen, und damit müssen sie umgehen. Deshalb ist es klar, dass Politik auch Inszenierung entwickelt. Deshalb ist es klar, dass sie mit Blick auf Ereignisse Drehbücher schreiben.

Um auf den Freitag im Bundesrat zurückzukommen: Natürlich haben wir, die meiner Partei angehörigen Ministerpräsidenten, in der Nacht vom Donnerstag auf Freitag zusammengesessen. Und natürlich haben wir über die Frage geredet: Was passiert morgen? Und eben nicht nur über die Frage geredet: Was passiert morgen in der Sache, welche sachlichen Veränderungen können wir möglicherweise beim Zuwanderungsgesetz erreichen? Wir haben auch über die Frage geredet: Was passiert bei der Abstimmung, wie ist die Abstimmung zu werten, was passiert, wenn bei einem bestimmten Abstimmungsverhalten eine bestimmte Reaktion des Bundesratspräsidenten eintritt? Und Sie wissen ja, es gab da leichte Auseinandersetzungen. Und als vor dem Hintergrund einer unterschiedlichen Stimmabgabe eines einzelnen Bundeslandes – da sagte einer Ja und ein anderer Nein – dann der Bundesratspräsident nach mehrfachem Nachfragen erklärte, die Stimmen seien gültig als Ja zu werten, und zwar alle, da gab es also – in der Zeitung stand: Tumulte. Ob das schon Tumulte waren, weiß ich auch wieder nicht. Von Tumult habe ich andere Vorstellungen.

Aber richtig ist, es gab ein Maß an Aufgeregtheit, das in dem ehrwürdigen Gremium Bundesrat durchaus ungewöhnlich war. Das war kein Zufall. Die dort geäußerte Empörung hinsichtlich der Feststellung des Bundesratspräsidenten entstand nicht spontan. Die Empörung haben wir verabredet. Und ich sage, das war Theater, aber es war legitimes Theater. Warum war es legitim? Weil die dort zum Ausdruck gebrachte Empörung einen ehrlichen Hintergrund hatte.

Als wir hörten, [...] dass die Absicht bestehe, [die] Entscheidung für gültig zu erklären, [...] gab es Empörung. Da war ehrliche Empörung. Diese Empörung muss mitgeteilt werden. Das war in einem kleinen Zimmerchen in einer großen Parteizentrale, da war kein Journalist dabei. Also müssen sie diese Empörung dokumentieren. Das haben wir dann gemacht. (FAZ, 28.3.2002)

Bundesrat ist Kult

1. Parteien und demokratische Willensbildung

1.1 Grundinformation: Politische Parteien

➤ Verfassungsrechtliche Stellung und politische Funktion der Parteien

Politische Parteien sind die wichtigsten Organisationen für die politische Integration des Volkes in einer demokratisch verfassten Gesellschaft; dem trägt unsere Verfassung Rechnung. Das Grundgesetz versteht die politischen Parteien als aus dem gesellschaftlichen Bereich hervorgehende Vereinigungen, die in besonderer Weise am politischen Prozess mitwirken, jedoch kein Monopol haben, den Willensbildungsprozess des Volkes zu bestimmen (Art. 21 GG). Diese *Mitwirkungsfunktion der politischen Parteien* lässt sich in verschiedene Teilfunktionen aufgliedern:

- *Personalrekrutierung:* Parteien wählen Personen aus und präsentieren sie bei Wahlen zur Besetzung politischer Ämter.
- *Interessenartikulation:* Parteien formulieren öffentlich Erwartungen und Forderungen gesellschaftlicher Gruppen und Kräfte an das politische System.
- *Programmfunktion:* Parteien integrieren unterschiedliche Interessen in eine Gesamtvorstellung von Politik, in ein politisches Programm, für das sie um Zustimmung und um Mehrheiten werben.
- *Partizipationsfunktion:* Parteien stellen eine Verbindung her zwischen Bürgern und politischem System; sie ermöglichen politische Beteiligung von Einzelnen und Gruppen mit Aussicht auf Erfolg.
- *Legitimationsfunktion:* Indem Parteien die Verbindung herstellen zwischen Bürgern, gesellschaftlichen Gruppen und dem politischen System, tragen sie zur Verankerung der politischen Ordnung im Bewusstsein der Bürger und bei den gesellschaftlichen Kräften bei.

Aus dem Charakter der Parteien nach Art. 21 GG ergeben sich:

Rechte	*und*	**Pflichten**
Gründungsfreiheit	⟷	Innerparteiliche Demokratie (s. S. 275 ff.)
Betätigungsfreiheit	⟷	Rechenschaftspflicht über die Herkunft der Mittel (s. S. 277 f.)
Mehrparteienprinzip	⟷	Verfassungskonformität

M 1 | Aus zwei Entscheidungen des Bundesverfassungsgerichtes

In der Demokratie von heute haben die Parteien allein die Möglichkeit, die Wähler zu politisch aktionsfähigen Gruppen zusammenzuschließen. Sie erscheinen als das Sprachrohr, dessen sich das mündig gewordene Volk bedient, um sich artikuliert äußern und politische Entscheidungen fällen zu können. [...] Heute ist jede Demokratie zwangsläufig ein Parteienstaat, da eine Verfassung, welche alle Inhaber oberster Gesetzgebungs- und Regierungsgewalt aus Wahlen des Volkes oder Wahlen oder sonstigen Bestimmungsbefugnissen volksgewählter Staatsorgane hervorgehen lässt, nicht zum Leben erweckt und nicht am Leben erhalten werden kann, wenn sich nicht frei aus der Gesellschaft irgendwelche Gruppen bilden, die ihre Häupter als Bewerber um die verschiedenen Wahlämter (Parlamentsmitglieder, Präsidenten, Minister u. dgl.) präsentieren. [...]

(BVerfGE 1, 223f.)

Die Parteien wirken an der politischen Willensbildung des Volkes mit. Sie haben aber kein Monopol, die Willensbildung des Volkes zu beeinflussen. Neben ihnen wirken auch die einzelnen Bürger und vor allem Verbände, Gruppen und Vereine auf den Prozess der Meinungs- und Willensbildung ein.

(BVerfGE 20,114)

➤ Geschichte und System der Parteien

Die Geschichte der politischen Parteien ist eng verknüpft mit der Entwicklung des Parlamentarismus und der neuzeitlichen Demokratie:

„Die politischen Parteien im heutigen Sinn entwickelten sich mit dem Parlamentarismus in England nach der „Glorreichen Revolution“ (Whigs und Tories), wenn ihnen auch noch die feste organisatorische Bindung fehlte. Den eigentlichen Anstoß für die Bildung von Parteiorganisationen gab die Demokratisierung des Wahlrechts im Laufe des 19. Jahrhunderts. Um genügend Wähler mobilisieren zu können, waren die Parteien gezwungen, sich als Massenorganisation zu etablieren. Die Organisationsform der Massenpartei war besonders typisch für die Labour Party, die die Liberalen im 20. Jahrhundert fast ganz verdrängte. In Frankreich gab es Parteigruppen schon in den repräsentativen Versammlungen der Revolution von 1789 (Jakobiner, Girondisten). Die Wahl des Präsidenten und die vielfältigen Möglichkeiten, Parteianhängern Ämter zu verschaffen (Patronageparteien), waren in den USA die parteibildenden Faktoren.
In Deutschland entstanden die ersten Parteien nach der Revolution von 1848. Es bildeten sich dabei vier politische Hauptrichtungen: die konservativen Parteien, die bürgerlichen Liberalen, das katholische Zentrum, die Sozialdemokratie, von der sich 1919 die Kommunistische Partei abspaltete. Ihre heutige Bedeutung erreichten die Parteien jedoch erst mit der vollen Parlamentarisierung und der Einführung des allgemeinen, gleichen Wahlrechts 1918, wenn sie auch in der Weimarer Verfassung nicht positiv erwähnt wurden.“

(Ackermann/Landfried/Wagner/Wehling, Politik – Ein einführendes Studienbuch, Hamburg 1980, S. 55)

Die Entwicklung des Parteiensystems in der Bundesrepublik Deutschland war zunächst lange Zeit durch einen Trend zum Zweiparteiensystem mit einer ‚dritten Kraft‘ (CDU/CSU, SPD, FDP) gekennzeichnet, nachdem im ersten Bundestag noch zwölf Parteien vertreten waren. Zu diesem Konzentrationsprozess trugen verschiedene Gründe bei:

- Die Einführung der 5 %-Klausel erschwerte den kleineren Parteien den Zugang zum Parlament.
- Durch Urteil des Bundesverfassungsgerichts wurden Parteien, die nicht auf dem Boden des Grundgesetzes standen, verboten (Art. 21 Abs. 2 GG).
- Da sich im Gegensatz zur Weimarer Republik die Wirtschafts-, Sozial- und Staatsordnung der Bundesrepublik Deutschland relativ schnell stabilisierte, gab es für die Bildung neuer Parteien wenig Ansatzpunkte.
- Zunächst die CDU/CSU und später auch die SPD entwickelten sich zu Volksparteien, die ein breites Spektrum von Interessen und Gruppen integrierten und repräsentierten.

Die genannten Gründe haben bisher grundlegende Veränderungen des Parteiensystems schon im Ansatz verhindert, zumal rechts- und linksextreme Gruppen keine Basis in der Bevölkerung fanden.
Neben den beiden großen Volksparteien konnten sich in den letzten Jahren FDP, Bündnis 90/DIE GRÜNEN und die PDS bzw. Die Linke jenseits der 5 %-Hürde stabilisieren. Im Bund wie in einigen Ländern ergab sich aus dieser neuen Konstellation die Alternative Große Koalition oder Drei-Parteien-Bündnis, weil weder für Rot-Grün noch Schwarz-Gelb eine Mehrheit möglich war.

➤ Stichwort: Volksparteien

M 2|

Volkspartei:
- sozial unterschiedliche Mitgliederschaft;
- Wähler aus zahlreichen und verschiedenen sozialen Gruppen;
- weltanschaulich-programmatische Pluralität.

Aufgaben

1. Erklären und belegen Sie die einleitend gemachten Aussagen über verfassungsrechtliche Stellung und politische Funktion der Parteien an den in M 1 dokumentierten Rechtsgrundlagen.
2. Informieren Sie sich über die Parteienstruktur und über das politische Verhalten der Parteien in der Weimarer Republik. Erörtern Sie, inwieweit ‚Lehren' aus dieser Zeit gezogen wurden.

Projekt

Analysieren Sie für die politischen Parteien Parteiprogramm, Aufbau und Mitgliederstruktur.
Internet-Recherche: www.bundeswahlleiter.de als Ausgangspunkt sowie die Web-Seiten der Parteien.

➤ Parteiverbot und Verfassungswidrigkeit

Im Grundgesetz ist nach den Erfahrungen aus der Weimarer Republik Vorsorge getroffen worden zum Schutz der politischen Ordnung gegen deren ‚Überwindung'. Als äußerstes Mittel zur Abwehr verfassungswidriger Aktivitäten bzw. Parteien ermöglicht das Grundgesetz in Art. 18 die *Verwirkung von Grundrechten* und in Art. 21 (2) ein *Parteiverbot.*
Für ein Parteiverbot gelten folgende Verfahrensregeln (§§ 43 ff. BVerfGG):

- Antragsberechtigt sind Bundestag, Bundesrat, Bundesregierung oder – wenn die Partei auf das Gebiet eines Landes beschränkt ist – die Landesregierung.
- Die Entscheidung trifft das Bundesverfassungsgericht; das Urteil hat Gesetzeskraft.
- Die Feststellung der Verfassungswidrigkeit durch das Bundesverfassungsgericht hat die Auflösung der Partei und das Verbot, Ersatzorganisationen zu schaffen, zur Folge.

In der Geschichte der Bundesrepublik hat es bisher zwei Parteiverbote gegeben: 1952 gegen die *Sozialistische Reichspartei (SRP)* und 1956 gegen die *Kommunistische Partei (KPD).*
Die Überwachung gegen die Verfassung gerichteter Aktivitäten obliegt den Innenministern des Bundes und der Länder, die regelmäßig Verfassungsschutzberichte erstellen. Das *Konzept der ‚wehrhaften' oder ‚streitbaren Demokratie'* lässt den Staatsorganen und Behörden einen Ermessensspielraum für den Verbotsantrag (Opportunitätsprinzip), will die politische Auseinandersetzung mit extremen Gruppierungen ermöglichen.
Bundesregierung, Bundestag und Bundesrat haben am 30. Januar 2001 ein Verbotsverfahren gegen die NPD beantragt. Die entsprechende Antragsschrift wurde dem Bundesverfassungsgericht vorgelegt und füllte drei Aktenordner mit 152 Anlagen als Beweismaterial. In dem Verbotsantrag wurden die folgenden **„prägenden Wesensmerkmale" der NPD** aufgelistet und durch entsprechende Quellen und Zitate belegt:

- Ablehnung des Grundgesetzes
- Feindschaft gegenüber Demokratie und Rechtsstaat
- Missachtung und Abqualifizierung der Menschenwürde und der Grundrechte
- Ideologische Intoleranz gegenüber Andersdenkenden und Fremden
- totalitäre Partei-Programmatik
- Wesensverwandtschaft mit dem Nationalsozialismus
- Antisemitismus
- Friedensfeindlichkeit, Revisionismus
- aktiv kämpferisches Verhalten und Gewaltbereitschaft.

Im Frühjahr 2002 wurde bekannt, dass V-Leute des Bundes und der Länder zu Funktionären innerhalb der NPD aufgestiegen waren, und es wurde die Frage diskutiert, ob es durch diese Beamten zu einer ‚Radikalisierung' der NPD gekommen sei. Das Bundesverfassungsgericht verlangte genauere Auskünfte, was das Verfahren verzögerte.
Am 13.3.2003 stellte das Bundesverfassungsgericht das Verfahren mit der Begründung ein, dass die intensive Beobachtung der NPD durch V-Leute ein „nicht behebbares Verfahrenshindernis" darstelle. Über die Verfassungsfeindlichkeit der NPD äußerte sich das Gericht nicht.

Aufgaben

1. Informieren Sie sich (z. B. im Verfassungsschutzbericht des Bundes bzw. der Länder) über die rechtsextreme Szene.
2. Verfolgen Sie die weitere Diskussion um die NPD. Diskutieren Sie grundsätzlich (Pro- und Contra-Argumentation): Was spricht für den juristischen Weg (Verbotsantrag beim Bundesverfassungsgericht), was für eine ‚politische' Auseinandersetzung mit radikalen Parteien?

1.2 Innerparteiliche Demokratie

Die Forderung des Grundgesetzes nach innerparteilicher Demokratie als Ordnungsprinzip wird im Abschnitt ‚Innere Ordnung' des Parteiengesetzes (§§ 6–16 PartG) näher ausgeführt.

➤ Prinzipien innerparteilicher Demokratie

Dies sind demnach:
- Souveränität der Mitgliederversammlung
- Mehrheitsprinzip
- Grundrechte, besonders das Recht auf freie Meinungsäußerung und auf Chancengleichheit für die Mitglieder
- Geheime Wahlen, Möglichkeit geheimer Abstimmungen
- Delegationsprinzip (M 3)
- Annuitätsprinzip
- Wählbarkeit
- Rechenschaftsbericht, -pflicht
- Schiedsgerichtsbarkeit

Die Prinzipien innerparteilicher Demokratie gelten zunächst für die Organisation der Parteien; sie haben bestimmte Gliederungen, Organe und Verfahrensweisen zur Folge (M 3).

M 3 | Schema der Gliederungen und Organe der Parteien

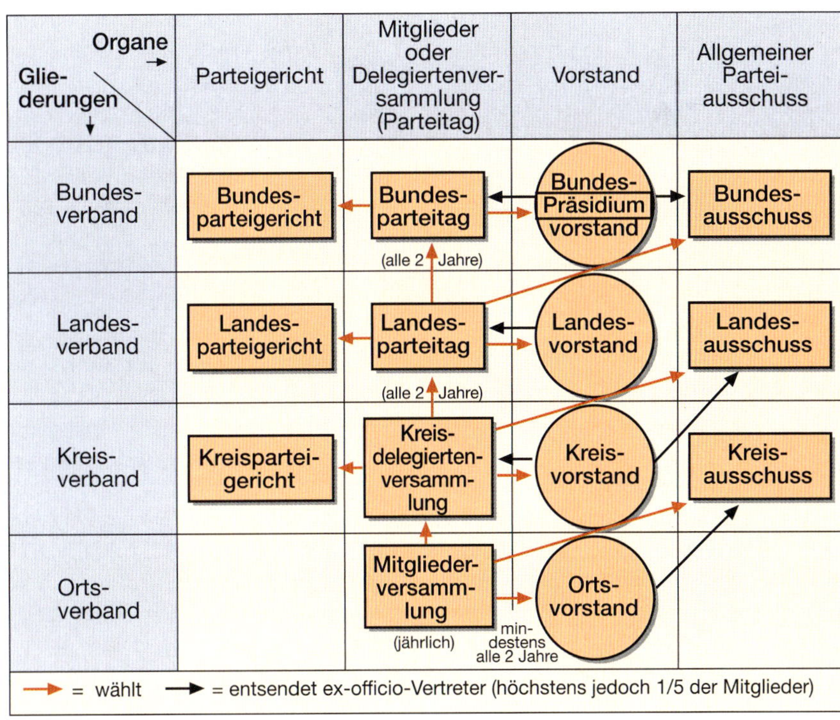

(nach: Bodo Zeuner, Innerparteiliche Demokratie, Colloquium Verlag/Berlin 1970, S. 53, ergänzt)

➤ Probleme innerparteilicher Willensbildung

Innerparteiliche Demokratie als Ordnungsprinzip gilt aber auch in einem funktionalen Sinn als Kennzeichen der Willensbildungs- und Entscheidungsprozesse in einer Partei. Bei der Verwirklichung ergeben sich hier verschiedene Problemkreise:
- Wie kann das Verhältnis ‚Basis-Führung' im Sinne innerparteilicher Demokratie gestaltet werden?
- Inwieweit sind die Mandatsträger einer Partei (Fraktions- und Regierungsmitglieder) an Parteiprogramm und Parteitagsbeschlüsse gebunden?
- Inwieweit kann eine Richtungsänderung in der Zielsetzung einer Partei von der Parteibasis initiiert und durchgesetzt werden?

Zur letztgenannten Frage lassen sich unterschiedliche Tendenzen feststellen:

– Beim Godesberger Programm der SPD (1959) und den Freiburger Thesen der FDP (1971) ging die Initiative von der Parteiführung aus und fand auf den Parteitagen eine

Mehrheit bei den Delegierten; an der ‚Basis' setzte sich die Richtungsänderung erst nach und nach durch.

– Beim Positionswechsel der SPD in sicherheitspolitischen Fragen zwischen 1979 und 1983 wurde der Willensbildungsprozess von Teilen der Führungsspitze im Verein mit der Basis getragen und vollzog sich schrittweise in Beschlüssen von Bezirks- und Landesparteitagen.

– Den Vorgang der Annäherung der SPD an die Koalitionsposition in der Asylfrage in den 1990er-Jahren beschreibt die Karikatur (M 4). Sie verdeutlicht zugleich die Trägheit der Parteiorganisation, die dem Parteichef viel Energie abverlangt, wenn er einen neuen Kurs steuern will.

M 4|

Politisches Wendemanöver

M 5|

Das Parteiengesetz betont die Mitwirkung der Mitglieder an der Willensbildung der Partei, wobei es auf den Schutz der innerparteilichen Minderheiten abhebt. Parteiausschlussverfahren, über die Schiedsgerichte entscheiden, sind nur rechtswirksam, wenn ein Mitglied ‚vorsätzlich gegen die Satzung oder erheblich gegen Grundsätze oder Ordnung der Partei verstößt und ihr damit schweren Schaden zufügt' (§10 Abs. 4 PartG). [...]

Ungeachtet aller gesetzlichen Vorkehrungen sind die Einflussmöglichkeiten des einfachen Parteimitgliedes verhältnismäßig beschränkt. Das liegt einmal an der Teilnahmslosigkeit und Gleichgültigkeit vieler Parteimitglieder (‚Karteileichen'), zum anderen an den Versuchen der Parteibürokratie, sich von der ‚Basis' abzukapseln, und drittens schließlich an den unverzichtbaren Sachzwängen einer modernen und großen Parteidemokratie, die eben auch entschiedene Führung und schnelle Entscheidungen benötigt. [...]

Sicherlich, die Notwendigkeit hauptamtlicher Funktionäre, der Informationsvorsprung der Parteispitze und die immer mehr um sich greifende Spezialisierung der Politik bewirken eine gewisse Verselbstständigung des Parteiapparates. Jedoch darf der innerparteiliche Willensbildungsprozess keineswegs ausschließlich von oben nach unten verlaufen. Ämterhäufung und (damit verbunden) Machtballung stellen schwerwiegende Probleme für jede Partei der Bundesrepublik Deutschland dar. Eine Verbesserung des innerparteilichen Meinungsaustausches ist zum Abbau verhärteter Parteistruktur genauso vonnöten wie eine stärkere Mobilisierung der Mitglieder.

Innerparteiliche Demokratie bedeutet schließlich auch, dass die einzelnen parteiinternen Gruppen ihre Kontroversen weitgehend öffentlich kundtun. Vielfach herrscht in den Parteien (und auch bei der Wählerschaft) der Glaube vor, das offene Austragen von innerparteilichen Konflikten beweise die Schwäche, Unglaubwürdigkeit und mangelnde Einmütigkeit einer Partei. Eine Partei, die Meinungsverschiedenheiten nicht von oben vertuscht, gilt häufig als ‚zerstritten' und ‚uneins'. Dies kann im Extremfall tatsächlich so sein, wenn die unterschiedlichen Positionen derart weit auseinanderliegen, dass sich eine Übereinstimmung in Grundpositionen nicht mehr erreichen lässt. Flügelkämpfe dürfen nicht ein Ausmaß annehmen, dass sie die Energien der Politiker binden und innere Auseinandersetzungen die programmatischen Vorstellungen der Partei überlagern. In der Regel jedoch befruchten innerparteiliche Differenzen die politische Diskussion. Es vermag daher auch ein Zeichen von Stärke und Dynamik zu sein, wenn eine Partei sie duldet und sie nicht mit dem beliebten Ruf nach ‚Geschlossenheit' abwürgt.

(Eckehard Jesse, in: Informationen zur politischen Bildung, Nr. 171/1977, S. 22 f.)

M 6|‚Ein zeitloses Problem'

[...] Ein Kieler Genosse hat sich empört, dass wir das einkommensabhängige Kindergeld, obwohl ein Parteitag der SPD es vor vier Jahren beschlossen hat, jetzt nicht durchgesetzt haben. Die Empörung nutzt ja nicht, lieber Norbert, wir hatten nicht allein die Stimmen, weder im Bundestag noch erst recht nicht im Bundesrat, um das zu verwirklichen. Der Kampf geht ja noch weiter. Das Gleiche gilt für die Ergänzungsabgabe. Dein Rezept, dass wir für Gesetze eintreten und dafür stimmen und uns dann, wie ich annehmen muss, hinterher überstimmen lassen von einer gemeinsamen Mehrheit des allergrößten Teils der FDP, der ganzen CDU und der ganzen CSU, führt zu chaotischen Ergebnissen. Du musst die Koalition nach der zweiten oder dritten derartigen Abstimmung aufgeben. Es ist doch völlig unmöglich, dass die die Regierung führende Partei bei Gesetzgebungsbeschlüssen unterliegt. Das ist Gesinnungspolitik, aber keine Politik, mit der du eine Koalition aufrechterhalten kannst. [...]

(Helmut Schmidt als Bundeskanzler vor der Funktionärskonferenz der SPD in Bad Godesberg im Oktober 1981; zit. nach: FAZ, 5.10.1981, S. 7)

Aufgaben

1. Erörtern Sie, inwieweit die in M 5 und M 6 entfalteten Probleme funktionsbedingt sind und wie sie ggf. gemildert werden könnten.
2. Diskutieren Sie, ob die Vorstellung eines ausschließlich von unten nach oben ablaufenden Entscheidungsprozesses dem Prinzip innerparteilicher Demokratie gerecht wird:
3. **Vorschlag für ein Referat:** Erstellen Sie für die Ordnungsprinzipien ‚innerparteiliche Demokratie', ‚Führerprinzip' und ‚demokratischer Zentralismus' je ein Schaubild und grenzen Sie diese gegeneinander ab.

1.3 Parteien in der Krise

➤ Parteienfinanzierung

In der Geschichte der Bundesrepublik Deutschland hat sich die Parteienfinanzierung immer wieder als schwieriges, zu Kritik Anlass gebendes Feld erwiesen.

Bundesverfassungsgerichtsurteile und ...

1958: Verbot der unbegrenzten steuerlichen Abzugsfähigkeit von Spenden.

1966: Verbot der Finanzierung der Aufgaben nach Art. 21 GG aus Steuermitteln.

1986: Begrenzung der steuerlichen Abzugsfähigkeit von Spenden.

1992: Bundesverfassungsgericht erklärt wesentliche Punkte der Parteienfinanzierung für verfassungswidrig:

- Die Gesamtsumme der staatlichen Mittel darf die Summe der ‚selbst erwirtschafteten Einnahmen' nicht übersteigen (relative Obergrenze);
- die staatlichen Zuwendungen dürfen in den nächsten Jahren nicht erhöht werden (absolute Obergrenze);
- der Chancenausgleich ist nicht geeignet, die Unterschiede zwischen den Parteien auszugleichen;
- Spenden sind nur bis zur Höhe von 60 000 DM (ca. 30 000 €) steuerlich abzugsfähig, Spenden von Unternehmen sind überhaupt nicht mehr abzugsfähig;
- Für Spenden über 20 000 DM (ca. 10 000 €) muss die Herkunft offengelegt werden;
- Der Sockelbetrag entfällt.

... Reform des Parteiengesetzes

Im Zusammenhang mit dem Abschlussbericht des Bundestagsausschusses zur Aufklärung der CDU-Spendenaffäre und nach der Aufdeckung eines Skandals in der Kölner SPD mit fingierten Spendenquittungen verständigten sich die politischen Parteien im Bundestag am 19. April 2002 auf eine Reform des Parteiengesetzes. „Tugend soll erzwungen werden", titelte die Koblenzer Rhein-Zeitung. Die beschlossene Reform sieht folgende Veränderungen vor:

M 7 |

Vom 1. Juli 2002 können falsche Angaben über die Herkunft oder die Verwendung von Spenden von der Bundes- bis zur Bezirksebene mit Haftstrafen von bis zu drei Jahren oder mit Geldstrafen geahndet werden. Durch eine frühzeitige Selbstanzeige kann eine Strafverfolgung vermieden werden. Barspenden sind nur bis zu einer Höhe von 1 000 Euro erlaubt. Ab einer Summe von 10 000 Euro müssen Spenden – wie bisher – mit Namen und Adressen im Rechenschaftsbericht angegeben werden. Beträge über 50 000 Euro sind sofort zu veröffentlichen.
Von Unternehmen, die zu mehr als 25 Prozent in öffentlichem Besitz sind, dürfen keine Spenden angenommen worden. Zuwendungen von Berufsverbänden werden erschwert. Auch Spenden, „die erkennbar in Erwartung oder als Gegenleistung eines bestimmten wirtschaftlichen oder politischen Vorteils" fließen, sind nicht gestattet.
Die Parteien müssen Besitzanteile an Medien (ab 20 Prozent) sowie Firmenbeteiligungen offenlegen. Bei Verstößen drohen Sanktionen bis zu 10 Prozent des Verkehrswerts.

(Rhein-Zeitung, 20.4.2002)

M 8

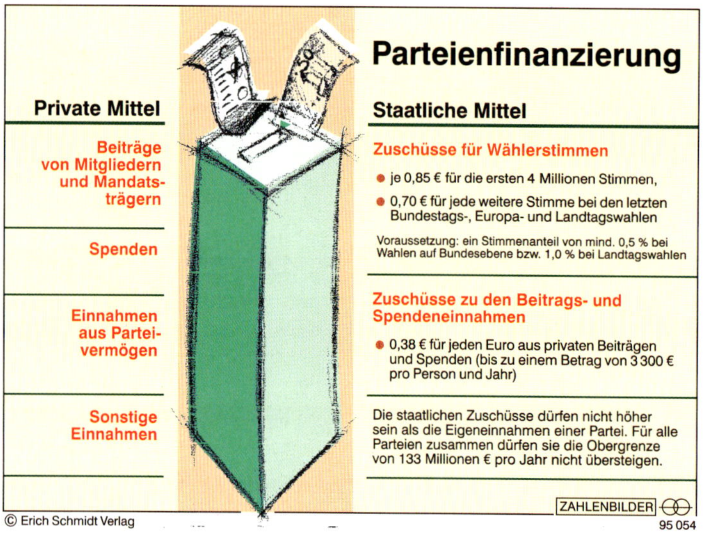

M 9

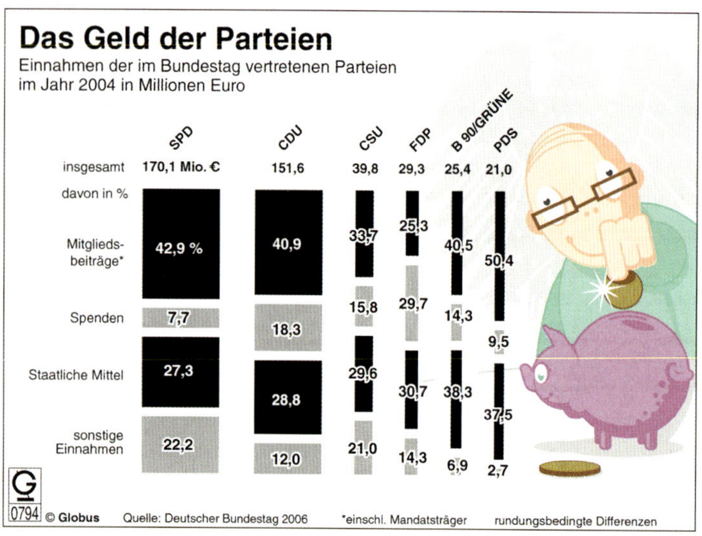

M 10

Ein Kommentar zur Situation der Parteienfinanzierung in den 1980er-Jahren entwickelt Kriterien für eine Beurteilung des Problems:

[...] Unter diesen Gesichtspunkten betrachtet, muss der Versuch, das Finanzleben der Parteien gesetzlich und steuerlich so zu ordnen, dass legale Korrektheit und demokratische Kultur sich miteinander verbinden, als gescheitert betrachtet werden. Drei Ziele bestimmen die offiziellen Regeln: Transparenz, (relative) Chancengleichheit und Sauberkeit der Parteienfinanzierung. Die Gleichheit kann wohl, so muss man das sarkastisch sehen, am ehesten darin als hergestellt betrachtet werden, dass alle etablierten Parteien Dreck am Stecken haben und ein gemeinsames Interesse daran besteht, aufgedeckte Umgehungsmanöver nicht an die große Glocke zu hängen [...].

Wenn man also ein Musterbeispiel für ein Syndrom aus Legalität, Halblegalität und Illegalität, aus demokratischem Pathos und windiger Geschäftstüchtigkeit sucht – das System der Parteifinanzierung bietet es in klassischer Schönheit. Dass es die Parteien selbst sind, die dieses System sowohl geschaffen haben als auch missbrauchen, begründet einen permanenten Infektionsherd für die demokratische Glaubwürdigkeit.

Aber nicht nur die fortgesetzte Bedrohung der Moral, sondern auch die mit den Kosten wachsende politische Ineffektivität des Parteiensystems spricht für die Korruptionsgefahr im Sinne der politischen Kultur. Die Ausweitung des Finanz- und Kostenaufwandes beschleunigt nämlich zwei gefährliche Prozesse. Zum einen verführt sie dazu, vor dem Wettbewerb substanzieller politischer Ideen auszuweichen in die Materialschlacht letztlich verdummender Massenpropaganda: je mehr Plakate, desto weniger dahinter. Die zweifellos verbesserte personelle und intellektuelle Ausstattung der Parteizentralen kann diesen politischen Verkitschungs-Prozess nicht ausgleichen. Zum anderen aber koppeln sich die Parteien mit der diffusen Verselbstständigung ihres Finanzaufkommens um ein Weiteres von den Bürgern ab – was sich übrigens auch in der geringen Beitragsehrlichkeit selbst der eingeschriebenen Mitglieder widerspiegelt [...].

(Robert Leicht, Trübe Finanzquellen der Parteien; in: Süddeutsche Zeitung, 2.9.1981)

Aufgaben

1. Vergleichen Sie die Zusammensetzung der Einnahmen der verschiedenen Parteien (M 8/M 9).
2. Setzen Sie sich mit dem Kommentar Robert Leichts (M 10) auseinander. Was kritisiert er, wovor warnt er, welche Lösungen bietet er an?
3. Diskutieren Sie, inwieweit die jetzt geltende Regelung (M 7, Reform aus dem Jahr 2002 bzw. Part G vom 28.6.2006) den Zielen Robert Leichts und dem BVerfG-Urteil von 1992 gerecht wird.

1.4 Parteiendemokratie in der Krise?

M 11 | Vier Kritikpunkte

Die Kritik an den politischen Parteien lässt sich auf vier Hauptpunkte zurückführen:

- Das Volk komme nicht zu Wort, sondern werde durch die politischen Parteien ersetzt, die aber ihrerseits ihrer Funktion als Sprachrohr des Volkes nicht gerecht würden. Frage also: „Entmündigen die Parteien das Volk"?
- Die Parteien versagten vor der Lösung dringender Gemeinschaftsaufgaben. Frage also: „Haben die Parteien ein Defizit an Problemlösungskompetenz oder besteht gar parteilich bedingtes „Staatsversagen"?
- Die Parteien höhlten den verfassungsrechtlichen Grundsatz der Gewaltenteilung aus; das habe schädliche Rückwirkungen auf die Funktionsfähigkeit des ganzen Systems. Frage also: „Stellen sich die Parteien als Monopolmächte dar"?
- In den Parteien dominiere das Eigeninteresse an Macht, Posten und Geld. Frage also: „Beuten die Parteien den Staat aus"?

(Hans Herbert von Arnim, Demokratie ohne Volk, München 1993, S. 91)

M 12 | Zwei Positionen

Ermöglicht die parteienstaatliche Ausgestaltung unserer politischen Ordnung in bestmöglichem Maße Beteiligung der Bürger, sachgerechte Entscheidungen, Handlungsfähigkeit und Minderheitenschutz?

a) von Arnim:
In der Demokratie, in der das Volk Ausgangspunkt und Bezugspunkt aller öffentlichen Gewalt zu sein hat, geben letztlich zwei Kriterien die Beurteilungsmaßstäbe ab: der Grad der möglichen Selbstbestimmung der Bürger, und zwar aller Bürger, und die inhaltliche Richtigkeit der Ergebnisse. Direktdemokratische Entscheidungen erlauben aber einen höheren Grad an Bürgermitwirkung als Entscheidungen von Repräsentanten. Der Bürger hat mehr Möglichkeiten, auf den Inhalt der Entscheidung einzuwirken, als bei Entscheidungen durch Repräsentanten. Deshalb sind Volksentscheide, am Maßstab der Bürgermitwirkung gemessen, den Entscheidungen durch Repräsentanten grundsätzlich vorzuziehen. Deshalb ist auch die Wahl des Bürgermeisters oder eines Staatspräsidenten direkt durch das Volk der indirekten, durch die Volksvertretung vermittelten Wahl grundsätzlich vorzuziehen. Direktdemokratische Entscheidungen haben einen demokratischen „Mehrwert".
Allerdings ist die Selbstentscheidung des Volkes nicht der alleinige Grundwert in der Demokratie. Daneben tritt, wie schon erwähnt, auch die inhaltliche Richtigkeitserwartung. Geboten ist also ein Vergleich nicht nur anhand des Kriteriums „Intensität der Bürgermitwirkung", sondern auch anhand des zu erwartenden Maßes an inhaltlicher Richtigkeit. Demokratie ist nicht nur Entscheidung durch das Volk, sondern auch Entscheidung für das Volk. Gegen Volksbegehren und Volksentscheid könnte deshalb als schlüssiger Einwand nur die Behauptung vorgebracht werden, durch sie würde die politische Willensbildung qualitativ verschlechtert. Gegen die Direktwahl der Bürgermeister könnte schlüssig nur eingewandt werden, dadurch würden weniger geeignete Personen an die Spitze der Gemeinde gewählt oder auf andere Weise der Ablauf und die Ergebnisse der gemeindlichen Willensbildung verschlechtert.
Angesichts des feststehenden höheren Grades an demokratischer Mitwirkung, die Direktentscheidungen des Volkes verschaffen, trifft den Gegner allerdings eine gesteigerte Beweislast hinsichtlich des behaupteten geringeren Grades an inhaltlicher Richtigkeit. Besteht Unentschiedenheit in Bezug auf die zu erwartende inhaltliche Richtigkeit, so muss die eindeutig größere Mitwirkungskomponente direktdemokratischer Entscheidungsverfahren grundsätzlich für sie den Ausschlag geben. Es gilt also eine Art verfassungstheoretische Vermutung für den Einbau direktdemokratischer Institutionen (eine Feststellung, deren kommunalpolitische Brisanz kaum überschätzt werden kann). Diese, wie mir scheint, in einer Demokratie an sich selbstverständliche Feststellung wird in der Praxis dennoch alles andere als selbstverständlich angesehen – die tatsächliche Argumentationslage in der Bundesrepublik ist sogar regelmäßig eine umgekehrte. Vielleicht hängt dies auch damit zusammen, dass Demokratie, auch auf kommunaler Ebene, in Deutschland nicht von unten erkämpft, sondern von oben „gewährt" worden ist; vielleicht auch damit, dass unmittelbare Volksrechte geeignet sind, den Einfluss der Repräsentanten (einschließlich der Parteien) zu schmälern, diese aber ihrerseits – zusammen mit den kommunalen Spitzenverbänden, die in der Praxis ja die Verbände der Repräsentanten sind – zentralen Einfluss auf die öffentliche Diskussion haben.

(Hans Herbert von Arnim, Demokratie ohne Volk, München 1993)

b) Scheer:
Die Forderung nach mehr unmittelbarer Bürgerbeteiligung, Mit- und Selbstbestimmung steht auf der Tagesordnung einer aktiver und mobiler gewordenen Gesellschaft. Mit deren allgemeiner Demokratisierung werden die Parteien aber nicht sekundär.
Eine Aktivbürgerschaft kann nicht aufgrund ihres größeren Engagements, ihres vermeintlich oder tatsächlich größeren

Bewusstseins für sich in Anspruch nehmen, für die anderen zu sprechen. Jede Demokratisierung kann nur innerhalb gesamtgesellschaftlicher Struktur- und Rahmenbedingungen stattfinden. Eine völlige Dezentralisierung mit vollständiger demokratischer Autonomie ist aber demokratisch nicht vertretbar.

Hier beginnt die vorrangige Aufgabe von Parteien, die gesamtgesellschaftlichen Struktur- und Rahmenbedingungen zu gestalten, die Prioritäten im ökologisch, ökonomisch, zeitlich und bewusstseinsmäßig begrenzten Handlungsspielraum zu setzen und die Alternativen abzuwägen, die sich der Reichweite und der Legitimation einer räumlich und zahlenmäßig begrenzten Aktivbürgerschaft und damit den Möglichkeiten direkter Demokratie entziehen: von der allgemeinen Gesetzgebung bis zur Währungs- und Außenpolitik.

Parteien sind kein Mittel direkter und unmittelbarer Demokratie, sondern mit ihrem Handlungsbezug auf die parlamentarische Ebene und hierüber auf die staatliche Ebene ein Mittel indirekter, mittelbarer Demokratie. Als parlamentarische Parteien vertreten sie nicht nur die Aktivbürgerschaft, sondern ebenso die politisch Inaktiven, die das gleiche Recht auf Interessen- und Bedürfnisberücksichtigung haben. Parteien zielen auf zentral zu fällende Entscheidungen. Für diesen Bereich sind Parteien die einzige demokratische aktive Beteiligungsmöglichkeit des Bürgers.

Die Renaissance einer direkten Demokratie in Verbindung mit der Ablehnung einer repräsentativen Parteiendemokratie reduziert die politische Beteiligung auf die Anlässe, für die sich eine Aktivbürgerschaft mobilisieren lässt. Sie führt zur Spaltung der Bürgerschaft in aktive und passive, in Eliten und Mitläufer [...].

Es gilt nicht, die Notwendigkeit der Formen direkter Demokratie infrage zu stellen, sehr wohl aber ihre eingeschränkte politische Reichweite zu erkennen und den politischen Theorien entgegenzutreten, die sie als einen Ersatz für die Parteiendemokratie betrachten. Mehr direkte Demokratie ist nötig, um eine Gesellschaft, die den Lebensbereich jedes Einzelnen erfasst und berücksichtigt, zu bauen. Mehr Parteiendemokratie und der Parlamentarismus sind nötig, um der Krisengefahr des Wohlfahrtsstaates und darüber hinaus der Menschheit begegnen zu können. Ohne mehr unmittelbare Demokratie ist der Schritt nicht zu vollziehen, der über materiellen Lebensstandard auch zu mehr Lebensqualität führt. Hierzu zählt die Demokratisierung der gesellschaftlichen Lebensbereiche, am Arbeitsplatz, im Wohnbereich u.a.m. Ohne leistungsfähige Parteiendemokratie überlassen wir die Lösung der Zukunftsfragen allein privatkapitalistischen und bürokratischen Mächten, die die Parteien an den Rand des Geschehens drücken, wo sie als einflusslose Wählerinitiativen für diese oder jene politische Linie vor sich hin vegetieren würden. Die Gefahr, dass die Parteiendemokratie ins politische Abseits geraten könnte, ist unverkennbar. Da aber eine demokratische Zukunft ohne Parteien nicht mehr denkbar ist, gilt es, vor allem mit demokratischem Realismus für die Zukunft dieser Parteiendemokratie zu arbeiten.

(Hermann Scheer, Parteien kontra Bürger, München 1979, S. 214ff.)

Aufgaben

1. Welche Kritikpunkte werden in den beiden Texten (M 12) entfaltet?
2. Welchen Reformbedarf melden die Autoren an?
3. Welche Rolle spielt die vorgetragene Kritik in aktuellen Diskussionen?
4. Skizzieren Sie die Diskussionsbeiträge, die der frühere Bundespräsident Richard von Weizsäcker (M 10, S. 354) bzw. der ehemalige Arbeitsminister Norbert Blüm (M 8, S. 264 f.) zu dieser Debatte beigetragen haben.

2. Wahlen und politischer Willensbildungsprozess

2.1 Grundinformation: Wahlen

➤ Grundfunktionen von Wahlen

Die Erscheinungsformen der Wahlkämpfe haben sich in den letzten Jahren stark verändert: Das Inhaltsverzeichnis einer Aufsatzsammlung, die im Wahljahr 2002 erschien (Wahlkämpfe – Betrachtungen über ein demokratisches Ritual, es., 2002), nennt folgende *Aspekte,* die für moderne *Wahlkämpfe* prägend und kennzeichnend sind:

- Rituelle Inzenierung eines „demokratischen Mythos"
- Modernisierung von Wahlkämpfen und Modernisierung von Demokratie
- Professionalisierung, Kampagnen-Management und Inszenierung
- Wahlkämpfe im „Showformat"
- Amerikanisierung.

Trotz dieser neuen Tendenzen in Wahlkämpfen erfüllen die Wahlen selbst nach wie vor drei grundlegende traditionelle Funktionen:

- *Integration der Meinungen:* Wahlen sind Mittel und Form demokratischer Herrschaftsbestellung, in der sich durch die Auswahl von Personen und Programmen politische Meinungen zum Zwecke politischer Willensbildung integrieren.
- *Legitimation von Herrschaft:* Wahlen sind mehr als eine bloße Bestellungstechnik; durch die Wahl legitimieren die Wähler bestimmte Personen zur Ausübung bestimmter Herrschaftsfunktionen.
- *Repräsentation des Volkes:* Die Gewählten repräsentieren die Wähler; sie sind berechtigt, im Namen der Wähler verbindliche politische Entscheidungen zu treffen.

➤ Merkmale demokratischer Wahlen

Um als demokratisch gelten zu können, müssen Wahlen nach bestimmten *Wahlrechtsgrundsätzen* ausgestattet sein:

> „Die Abgeordneten des deutschen Bundestages werden in allgemeiner, unmittelbarer, freier, gleicher und geheimer Wahl gewählt." (Art. 38 Grundgesetz)

Aus diesen Wahlrechtsgrundsätzen lassen sich *die Merkmale demokratischer Wahlen* im Sinne des Grundgesetzes so bestimmen:

- *Freiheit der Auswahl:* Der Wähler muss eine Entscheidung zwischen mehreren Wahlvorschlägen treffen können. Wahl bedeutet immer Auswahl. Zugleich muss der Bürger eine ausreichende Informationsbasis für die Auswahl besitzen, müssen Informations-, Meinungs- und Pressefreiheit gewährleistet sein.
- *Konkurrenz:* Die Freiheit auszuwählen hat nur dann einen Sinn, wenn konkurrierende unterschiedliche Angebote zur Wahl anstehen. Das setzt die autonome Willensbildung in Parteien voraus.
- *Chancengleichheit:* Für die Parteien, die sich zur Wahl stellen, müssen annähernd gleiche Wettbewerbschancen gegeben sein.
- *Kontrolle von Herrschaft* durch Entscheidung auf Zeit: Nur wenn Wahlen in regelmäßigen, nicht zu weit auseinanderliegenden Abständen stattfinden, Wahlen also Entscheidungen auf Zeit sind, sind sie ein wesentliches Mittel, Herrschaft zu kontrollieren und die Möglichkeit des Machtmissbrauchs einzuschränken.

Wahlsysteme

Als Verfahren, aus der Wahlentscheidung der Bürger die gewählten Repräsentanten des Volkes zu ermitteln, bieten sich zwei Wahlsysteme an:

	Verhältniswahl	Mehrheitswahl
Wahlgebiet/Wahleinheit	Das gesamte Wahlgebiet ist die Wahleinheit.	Wahlkreise, in die das Wahlgebiet eingeteilt ist und deren Zahl der Zahl der zu vergebenden Parlamentssitze entspricht.
Auswahl zwischen	Wahllisten der Parteien	Personen, die im jeweiligen Wahlkreis kandidieren
Zuteilung der Mandate	Jede Partei erhält so viele Sitze, wie es ihrem prozentualen Stimmenanteil entspricht.	In jeden Wahlkreis ist die Person gewählt, die – die meisten Stimmen erhält (relatives Mehrheitswahlrecht); – die Mehrheit der Stimmen erhält, ggf. Stichwahl (absolutes Mehrheitswahlrecht).
Parlament	Die Gewählten einer Liste/Partei bilden im Parlament eine Fraktion.	

Kriterien für die Beurteilung der Wahlsysteme können (nach Woyke/Steffens, ‚Stichwort Wahlen', Opladen 1978, S. 26) folgende politische Ziele sein, die mit dem Wahlsystem erreicht werden sollten:

- einfache Regierungsbildung und Stetigkeit der Regierung;
- angemessene Vertretung der Opposition;
- Verbindung von Wählern und Abgeordneten;
- Verständlichkeit des Wahlrechts, Beteiligung der Wähler;
- Chance zum Machtwechsel;
- gerechte Vertretung verschiedener gesellschaftlicher Gruppen;
- Chancen für neue Parteien.

Je nachdem, für welches Wahlsystem man sich entscheidet, sind die Auswirkungen – das Verhältnis zwischen prozentualen Stimmenanteilen und der Sitzverteilung – ganz unterschiedlich.

Zwei Beispiele:

M 1 | Mehrheitswahlrecht

a) Relatives Mehrheitswahlrecht (Beispiel Großbritannien)

Jahr		Konservative	Labour	Liberale (ab 1983: SDP)
1983	Stimmen Sitze	43,5 % 397	28,3 % 209	26 % 23
1997	Stimmen Sitze	31 % 163	45 % 419	17 % 45
2001	Stimmen Sitze	31,7 % 166	40,7 % 413	18,3 % 52
2005	Stimmen Sitze	32,3 % 197	35,2 % 356	22,0 % 62

Kommentar zu den britischen Unterhauswahlen 1997, die zu einem erdrutschartigen Erfolg der Labour Party führten:
Die britische Wahlnacht – ein Polit-Thriller: [...] Eine ungeheure Dynamik in den Folgen also; doch die Schubkräfte in den Ursachen waren viel geringer: Eine Verschiebung von nur 10,5 Prozent der Wähler zugunsten der Labour Party löste diesen Erdrutsch im Unterhaus aus, der Tony Blairs Partei die größte Mehrheit aller Zeiten, den Konser-

vativen jedoch mehr als eine Halbierung ihrer Parlamentsfraktion brachte. Die Liberalen gar erfreuen sich fast einer Verdopplung ihrer Mandate, obwohl sie Prozentpunkte an Stimmen verloren; trotzdem bleiben sie auch im neuen Parlament gewaltig unterpräsentiert.

(Nomos, Kleine Ursache – große Wirkung; in: Die ZEIT, 9.05.1997, S. 2)

Bei einer Wahlbeteiligung von 61,3 % erzielte Labour im Jahr 2005 35,2 % der Stimmen; damit gaben etwa 25% der britischen Wahlberechtigten ihre Stimme der alten und neuen Regierungspartei, die im Unterhaus über 356 der 656 Sitze – und damit über 55 % der Mandate – verfügte.

b) Absolutes Mehrheitswahlrecht (Beispiel Frankreich) Ergebnis des 2. Wahlganges bei der Parlamentswahl vom 16.6.2002

	„Rechtes Lager"	davon UMP[1]	„Linkes Lager"	davon Parti Socialiste
Stimmen	30,5 %	28 %	26 %	20,5 %
Sitze	399	369	178	141

[1] UMP: „Union pour la majorité présidentielle" (Union für die Präsidentenmehrheit)

M 2 | Verhältniswahlrecht in der Weimarer Republik

Reichstagswahl vom 14. September 1930

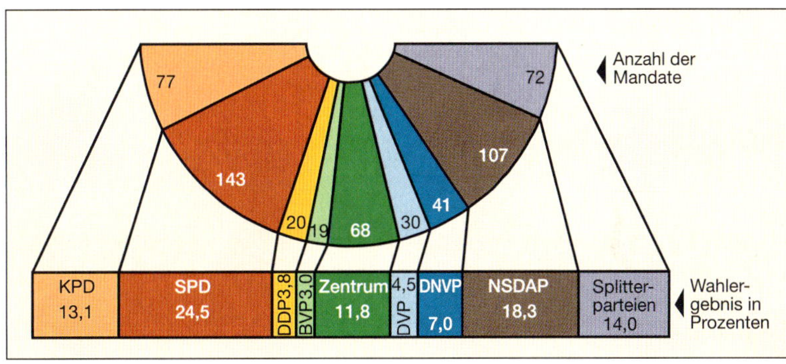

➤ Das Wahlsystem der Bundesrepublik Deutschland

Das Wahlsystem der Bundesrepublik Deutschland versucht Schwächen des Verhältniswahlrechts und des Mehrheitswahlrechts auszugleichen, indem es Elemente beider Wahlsysteme verbindet; es heißt *personalisiertes Verhältniswahlrecht*.

Seine Ausprägung basiert auf den Erfahrungen der Weimarer Republik, deren reines Verhältniswahlrecht bei der Existenz extremer Parteien und vielen Klein- und Kleinstparteien zu einer Zersplitterung der politischen Kräfte im Reichstag führte und keine tragfähigen politischen Mehrheiten schuf.

- Unser Wahlsystem modifiziert die *Verhältniswahl* so, dass der Einzug von Splitterparteien ins Parlament verhindert und die Regierungsbildung erleichtert wird. Die wahlkreisbezogene Personenwahl stärkt die Bindung zwischen Wählern und Abgeordneten.
- *Die 5 %-Klausel:* Bei der Sitzverteilung werden seit 1953 nur Parteien berücksichtigt, die mindestens 5 % der abgegebenen gültigen Zweitstimmen erhalten haben oder in mindestens drei Wahlkreisen ein Direktmandat errungen haben; auf der letztgenannten Grundlage zog 1994 die PDS mit vier gewonnenen Direktmandaten bei einem Stimmenanteil von 4,4 % mit 30 Abgeordneten in den Bundestag ein. Weil bei den Bundestagswahlen 2002 die PDS nur zwei Wahlkreise gewann, war sie – bei einem Zweitstimmenanteil von 4,0 % – nur mit diesen beiden Direktmandaten im 15. Bundestag vertreten.

Kritiker wenden ein, die Sperrklausel enthalte ein Moment der Willkür (D. Sternberger) und verhindere die Entstehung neuer Parteien.

- Die *Zuteilung der Sitze* erfolgte früher nach dem d'Hondtschen Höchstzahlenverfahren und seit 1987 nach dem *Niemeyerschen Verfahren:* Das erstere begünstigte etwas die starken Parteien, das jetzige etwas mehr die schwächeren Parteien.
- Bei der Wahl kann die Stimme für die *Landesliste (Zweitstimme)* einer anderen Partei gegeben werden als die für den *Direktkandidaten (Erststimme)*. Diese Möglichkeit lässt die personenbezogene Wahl des Wahlkreisabgeordneten zu und kann zur Wahl einer Koalition genutzt werden: *Stimmen-Splitting*.
- Gewinnt eine Partei in einem oder in mehreren Bundesländern mehr Direktmandate, als ihr nach dem Zweitstimmenanteil Mandate zustehen, so behält sie diese als *Überhangmandate*. 2005 erhielt die SPD neun und die CDU sieben Überhangmandate; die Zahl der Sitze erhöhte sich um 16 auf 614.

Im Herbst 1996 hatte der Bundestag beschlossen, ab der 15. Legislaturperiode – also ab dem Jahr 2002 – das Parlament von 656 auf 598 Abgeordnete zu verkleinern. Dementsprechend wurde die Zahl der Wahlkreise von 328 auf 299 reduziert.

Aus Anlass der Verkleinerung des Bundestags hatte sich die Wahlkreiskommission des Bundestags auch mit der Größe und dem Zuschnitt der Bundestagswahlkreise zu befassen. Laut Bundeswahlgesetz soll die Bevölkerungszahl eines Wahlkreises nicht von der durchschnittlichen Bevölkerungszahl der Wahlkreise um mehr als 25 Prozent nach oben oder unten abweichen; beträgt die Abweichung mehr als 33,3 Prozent, ist eine Neuabgrenzung vorzunehmen, so ein Urteil des Bundesverfassungsgerichtes.

Die Verkleinerung des Bundestages und die Angleichung der Größe der Wahlkreise führte erstmals bei den Bundestagswahlen des Jahres 2002 zu deutlichen Veränderungen der Wahlkreise, bei der sich auch die Mobilität der Bevölkerung – insbesondere eine Ost-West-Wanderung sowie der Zuzug in die starken Wirtschaftsregionen Süddeutschlands – widerspiegelt.

M 3|

M 4|

© Erich Schmidt Verlag

M 5| „Etwas ist faul an unserem Wahlrecht"

Wenige Wochen nach den Bundestagswahlen 2005 schrieb der ehemalige Richter am Bundesverfassungsgericht, Hans-Joachim Jentsch, in einem Gastbeitrag für eine Tageszeitung:

Dass etwas faul ist an unserem Wahlrecht, wird deutlich, wenn man dieser Tage nach Berlin blickt. Seit dem Wahltag ist ein ganzer Monat verstrichen und auf dem Tisch liegen allein die Namen derjenigen, die Minister werden sollen, und der Entschluss von Union und SPD, in den nächsten Wochen über ein Regierungsprogramm zu verhandeln.

Bei diesen Verhandlungen werden die Wahlprogramme von Union und SPD nur noch Verhandlungsmasse sein. Da sie sich in vielen Positionen widersprechen, werden die Koaliationäre für die Regierung ein weitgehend neues Programm aushandeln müssen. Das wird eine Vereinbarung der Parteien sein, denn Koalitionsvereinbarungen werden von ihnen getroffen. Für die Umsetzung dieses Programms bedarf die Regierung zwar der Unterstützung der Abgeordneten, die sie in aller Regel auch erhält. Die Abgeordneten vernachlässigen damit aber ebenfalls das Parteiprogramm, dessentwegen sie gewählt wurden. Der Programmauftrag des Wählers

reicht also nur bis zur Koalitionsvereinbarung. Die Wahl, „fundamentaler Ausdruck der Volkssouveränität" und „Grundakt demokratischer Legitimation", wird so im Nachhinein erheblich entwertet.
Müssen wir als Wähler das hinnehmen? Dass es auch anders geht, machen uns die Briten vor: Am 5. Mai haben sie ihr Unterhaus gewählt. Am nächsten Vormittag stand das Wahlergebnis fest und nachmittags die Regierung. Zur Regierung berufen war die Labour Party. Mit ihrem Programm hat sie zwar nur 35,6 Prozent der Wählerstimmen erhalten, aber die Mehrheit der Abgeordneten. Klare Verhältnisse, denn jeder Wähler wusste am Tage nach der Wahl, welches Parteiprogramm nun Regierungsprogramm ist. Aber auch demokratische Verhältnisse, denn jeder gewählte Abgeordnete hat in seinem Wahlkreis die Mehrheit der Stimmen bekommen.
In Deutschland hätten unter solchen Bedingungen sowohl die Union mit 35,2 Prozent als auch die SPD mit 34,2 Prozent der Stimmen die Mehrheit der Mandate erringen können. Aber wir kennen ein solches reines Mehrheitswahlrecht nicht. [...]
Demzufolge müssen sich nach der Bundestagswahl üblicherweise mehrere Parteien zusammentun und eine Koalition bilden. Da im neuen Bundestag nicht alle Parteien koalitionswillig sind, wird diesmal die Große Koalition angestrebt. [...]
Das mag der deutschen Sehnsucht nach Konsens entgegenkommen. Denn Entscheidungen erscheinen bei uns umso richtiger, je größer die Mehrheit ist. Große Mehrheiten bedeuten aber in der Wirklichkeit häufig, den kleinsten gemeinsamen Nenner zu finden und die eingebrachten Positionen zu verwässern. Diese Merkmale werden mit ziemlicher Sicherheit auch die künftige Berliner Regierungspolitik auszeichnen, und viele Unions- und SPD-Wähler werden sich fragen, wo denn das Programm geblieben ist, dessentwegen sie ihre Partei gewählt haben.
Ein Wahlrecht, das die Wähler derart entmündigt, gehört geändert. (Allgemeine Zeitung Mainz, 22.10.2005, S. 2)

2.2 Wahlkampf – Wählerverhalten – Wahlergebnis – Regierungsbildung

➤ Grundinformation: Wahlkampf

Wahlkampf, das Werben der Parteien um Stimmabgabe und Stimme des Wählers, hat vornehmlich zwei Funktionen:

- Die *Mobilisierung der eigenen Anhänger:*
  Jede Partei versucht, ihre Wähler und Anhänger zu aktivieren (Stammwähler) und sie mit Argumenten zu versehen, damit sie bei Nachbarn, Freunden, Arbeitskollegen für die eigene Partei Stimmen werben.
- Die *Gewinnung neuer und unentschlossener Wähler:*
  Jede Partei versucht, zusätzliche Wähler zu gewinnen: Wähler, die bisher eine andere Partei gewählt haben (Wechselwähler), die sich noch nicht entschieden haben (Unentschlossene), die erstmals wählen (Jungwähler, Erstwähler) oder die bisher nicht gewählt haben (Nichtwähler).

M 6a | Übersicht zur Bedeutung unterschiedlicher Wahlkampfaktivitäten

Mittel	Hauptziele	Beteiligungschancen für Mitglieder und Wähler
Plakatierung	– Demonstration politischer Präsenz nach außen – Verstärkung vorhandener Einstellungen durch Slogans, Symbolik, Personen	– Mitgliedermobilisierung zum „Kleben" der Plakate – keine inhaltliche Beteiligung
Kundgebung/ Parteiveranstaltung	– öffentliche Selbstdarstellung der Parteien – Präsentation der Spitzenakteure	– Mitgliedermobilisierung durch Angebot des Besuchs der Veranstaltung – Reaktionen des Wählers auf Akklamation beschränkt

Mittel	Hauptziele	Beteiligungschancen für Mitglieder und Wähler
Werbebroschüren	– flächendeckende Präsentation parteipolitischer Leistungsbilanzen – Möglichkeit differenzierter Sachinformation – Sympathiewerbung	– Bürger als Konsument politischer Werbung ohne Beteiligungschance – Mitgliedermobilisierung als Verteiler
Straßenwahlkampf	– Demonstration politischer Präsenz – direkte Bürgeransprache – personale Sympathiewerbung	– Mitgliedermobilisierung durch personelle Präsenz an den Info-Tischen – Möglichkeit unmittelbarer Politiker-Bürger-Aussprache
Anzeigenkampagne	– Kurzinformation mit hohem Verbreitungsgrad – Möglichkeit kurzfristiger Reaktionen – Kandidatenvorstellung	– zumeist zentral geplant, keine Beteiligungschance
Podiumsdiskussionen/ Diskussionsveranstaltungen Sonderformen – Hausbesuche – Videoeinsatz	– direkter Vergleich politischer und personeller Alternativen – direkte Sachinformationen – direkter Bürger-Politiker-Kontakt – Sympathiewerbung – Multiplikatoreneffekt	– Möglichkeit der Zwischenfrage oder Diskussionsbeiträge durch Plenum teilweise gegeben – im bescheidenen Rahmen möglich (Mitglieder als Verteiler, Briefkastenaktionen usw.)
TV-Werbespots	– professionelle Werbemaßnahme nach dem Vorbild der Produktwerbung (Mischung von Kurzinfo und Sympathiewerbung)	– gute Chance, zwischen einzelnen TV-Sendungen ein Millionenpublikum zu erreichen
Internet-Auftritte der Parteien	– zeitgemäße Präsentation, insbesondere für junge Wähler	– direkte und zentrale, stets aktuelle Ansprache der Internet-Nutzer
TV-Duelle im Fernsehen	– umfassende Präsentation der Spitzen-Kandidaten; Meta-Kommunikation über das Ereignis: „Wer war Sieger?“ – Personalisierung und Emotionalisierung; Einbindung der Familie	– Einschaltquoten wie bei sportlichen Großereignissen ermöglichen es den Kandidaten, sich umfassend selbst darzustellen.

(Werner Simon/Franz-Josef Witsch-Rothmund, Der Wahlkampf der Parteien; in: Ulrich Sarcinelli (Hg.), Wahlen und Wahlkampf in Rheinland-Pfalz, Opladen 1984, S. 132, gekürzt bzw. ergänzt)

Die Fernsehduelle vor den Wahlen sind immer auch Wettbewerbe darüber, wer die „Ware“ Politik am besten verkaufen kann. Freilich, der „Verkäufer“ oder die „Verkäuferin“ werden letztlich doch daran gemessen, wie viel Substanz und Glaubwürdigkeit er oder sie vermitteln können.

Zur Wahlkampfstrategie der Parteien gehört, dass sie ihre Wahlkampfaktivitäten in typische Phasen einteilen (Einstimmungsphase, Vorwahlkampf, Hauptwahlkampf) und dass sie sich für die Schlussphase noch eine Steigerung vorbehalten (z. B. Schlussplakat, evtl. auch als Überkleber). Die Übersicht M 6b (s. S. 287) dokumentiert die Wahlkampfplanung der CDU im Jahr 2005.

M 6b| Nach der überraschenden Ankündigung von Neuwahlen mussten die Parteien innerhalb weniger Wochen quasi aus dem Stand heraus einen Wahlkampf organisieren. In einer Kreisvorsitzendenkonferenz informierte die CDU-Führung, wobei die dort vorgelegten Materialien einen Eindruck von der Vorläufigkeit aller Planungen für diesen Wahlkampf zeigen.

Zeitplanung

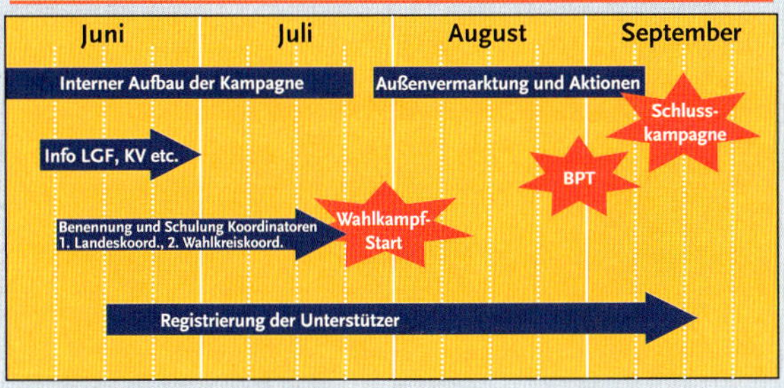

Termin- und Zeitübersicht/Rahmendaten

17. Juni:	Kreisvorsitzendenkonferenz
ab 18. Juni:	Aufstellung der Wahlkreisbewerber
20. Juni:	Sitzung des Bundesvorstands
1. Juli:	*voraussichtl. Vertrauensfrage des Bundeskanzlers*
2./3. Juli:	Aktionswochenende
6. Juli:	Aussiedlerbeauftragtenkonferenz
11. Juli:	Beschluss Regierungsprogramm (Vorstände CDU und CSU)
22. Juli:	*voraussichtl. Entscheidung des Bundespräsidenten über Ausrufung von Neuwahlen*
August:	*Kernzeit Sommerferien*
15. August:	Beginn Rednereinsätze; Ende der Einreichungsfrist für Kreiswahlvorschläge und Landeslisten
15. August:	*Weltjugendtag in Köln (bis 21. August)*
28. August:	Außerordentlicher CDU-Parteitag in Dortmund
16. September:	voraussichtl. Wahlkampfabschluss in Berlin/München
18. September:	voraussichtl. Bundestagswahl

Demoskopische Ausgangslage günstig für die Union

- Regierung hat hingeworfen. Rot-Grün ist gescheitert. SPD zerstritten.
- Klar ausgeprägte Wechselstimmung. Wunsch nach stabiler Regierung und geordneten Verhältnissen.
- Deutliche Führung in der Sonntagsfrage: Union 20 Prozentpunkte vor SPD!
- Klarer Kompetenzvorsprung in (fast) allen Politikfeldern.
- Vorsprung von Frau Dr. Merkel als Kanzlerkandidatin.
- Menschen erwarten vom Wechsel wirtschaftliche Besserung.
- Menschen erwarten von der Union Geschlossenheit und Handlungsfähigkeit!

Strategische Ausrichtung der Parteien

SPD
- Schwarze Republik
- CDU als Partei sozialer Kälte
- Personalisierung

CDU
- Rot-Grün ist gescheitert
- Arbeit – Wachstum – Freiheit
- Verlässlichkeit
- Unser Gegner ist SPD, nicht Grüne

BÜNDNIS 90 DIE GRÜNEN
- „Grüne Themen"
- Fischer
- Auf Grün kommt es an!

FDP Die Liberalen
- Großer Wurf
- Wachstum
- Bürgerrechte

Strategie und Maßnahmen der CDU Deutschlands zur Vorbereitung der Bundestagswahl!

Kreisvorsitzendenkonferenz
Berlin, 17. Juni 2005

CDU

Grundanlage des Wahlkampfes

- Unzufriedenheit → Angriffswahlkampf (4 Bilanzzahlen); Ernst der Lage herausarbeiten, aber kein Nachtreten
- Ökonomische und soziale Krise → Themen- und Kompetenzwahlkampf Arbeit und Wirtschaft, Positivstrategie: Wir haben einen Plan
- Erfahrung 2002 → Kein reiner Effizienzwahlkampf, emotionale Komponente
- Kernbotschaft → Rot-Grün ist gescheitert; Sozial ist, was Arbeit schafft; Damit es wieder aufwärts geht!

Aktivitäten: Zehn Dinge, die jeder sofort tun kann

1. Schreiben Sie eine E-Mail an fünf Freunde: Werde Unterstützer!
2. Werbung für das Unterstützer-Team: Verlinken Sie unseren Button mit ihrer (CDU-)Homepage.
3. Schreiben Sie einen Leserbrief.
4. Sagen Sie Ihre Meinung im Radio oder im Internet. Machen Sie mit bei Online-Umfragen.
5. Unterstützen Sie Ihre CDU vor Ort im Wahlkampf.
6. Fordern Sie für Ihren privaten Direkt-Wahlkampf Material an.
7. Zeigen Sie Flagge: Stellen Sie ein Plakat in Ihren Vorgarten.
8. Schicken Sie uns ein Foto für eine Sympathie-Anzeige (Testimonial).
9. Organisieren Sie eine „Wechsel-Party".
10. Fordern Sie Briefwahlunterlagen an.

➤ Analyse politischer Reden im Wahlkampf

M 7|

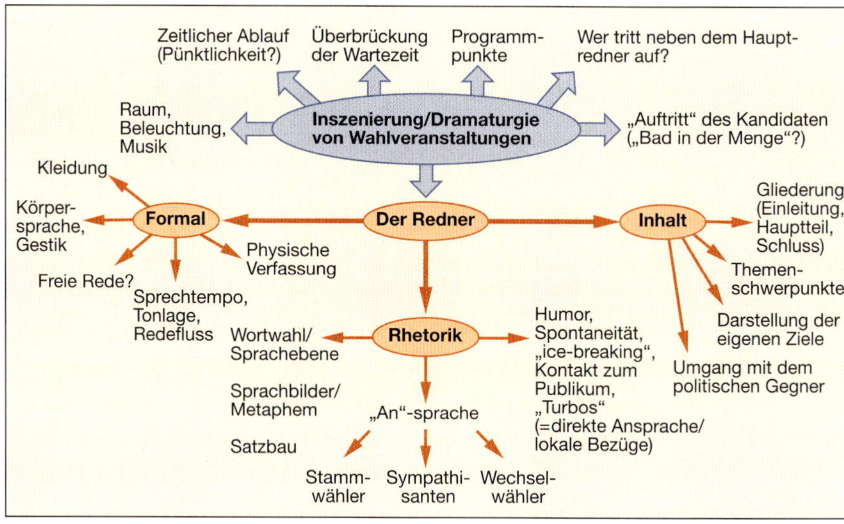

➤ Wahlslogans als zeitgeschichtliche Zeugnisse: 1949 – 2005

Die Journalistin Monika Toman-Banke hat die Wahlslogans seit 1949 untersucht und die Atmosphäre beschrieben, in der die Wahlkämpfe stattfanden. Das Interesse an einer Analyse von Wahlslogans skizzierte sie folgendermaßen:

„[...] der Slogan (ist) in der Einschätzung der Wahlkämpfer ein Synonym für das, worüber im Wahlkampf kommuniziert wird. Und eine wichtige Rolle spielt der Wahlslogan auch als zeitgeschichtliches Zeugnis. So kann er zu einem Symbol seiner Zeit werden, wenn er das, was die Parteien und/oder die Öffentlichkeit bewegt, im Sinne der Realitätsverdichtung zusammenfasst und in kurzer Form wiedergibt. Er kann aber auch zu einem Symptom seiner Zeit werden, wenn dies den Parteien nicht mehr gelingt. Dann ist er Indiz für politisches Unvermögen.
Auch wenn sie weiterhin umstritten bleiben und über ihr Gefallen und Nichtgefallen diskutiert wird, haben Wahlslogans mehr zu bieten, als ihnen zugetraut wird. Sie sind besser als ihr Ruf.“

(Monika Toman-Banke, Die Wahlslogans von 1949-1994; in: Aus Politik und Zeitgeschichte 51-32/1994, S. 47–55)

M 8|Überblick über die Bundestagswahlen 1949 – 2005

Innenpolitische Grundlegung und Westintegration (1949 – 1965)

Die Frühphase der Bundesrepublik war geprägt von den Folgen des durch die NS-Herrschaft verursachten politisch-moralischen und militärisch-materiellen Zusammenbruchs in Deutschland.

In den ersten Wahlkämpfen ging es den Parteien um den Aufbau der Grundlagen einer parlamentarischen Demokratie bzw. einer funktionierenden Wirtschaftsordnung sowie um die Selbstbehauptung der Westdeutschen vor dem sowjetischen Machtanspruch.
Die CDU/CSU setzte in der Koalition mit der FDP auf „Soziale Marktwirtschaft“ und Westintegration (Europäische Einigung/NATO-Beitritt), während die SPD bis zu ihrem Godesberger Parteitag 1958 sozialistische und gesamtdeutsche Positionen vertrat.
Wiederaufbau, Wachstum und Wirtschaftswunder bildeten bald die materielle Grundlage für die Ausgestaltung einer zeitgemäßen Sozialgesetzgebung (Beispiel: Einführung der dynamischen Rente).

Beispiele:

CDU: *Das ganze Deutschland soll es sein (1949) – Alle Wege des Marxismus führen nach Moskau (1953) – Wohlstand für alle – Keine Experimente (1957)*

SPD: *Unser Ziel ist der Sozialismus (1949) – Wähle links, wo das Herz schlägt (1953) – Keine Wehrpflicht (1957)*

FDP: *Altbürger – Flüchtlinge! Nicht gegeneinander – sondern Miteinander (1949)*

Gesellschaft im Wandel und Entspannungspolitik (1965 – 1989)

Nach Godesberg näherten sich die Parteien stark aneinander an, wie sich 1965 in fast wortgleichen Slogans *Unsere Sicherheit* (CDU) bzw. *Sicher ist sicher* (SPD) sowie 1966 bei der Bildung der ersten Großen Koalition zeigte. In der ersten Rezession (1967) wurden die Instrumente zur antizyklischen Globalsteuerung entwickelt. Seit 1968/1969 (Studentenunruhen bzw. Bildung der sozialliberalen Koalition) gingen die Parteien wieder stärker auf Konfrontationskurs.

Beispiele:

CDU: *Sicher in die 70er-Jahre (1969)*
SPD: *Wir schaffen das moderne Deutschland (1969)*
FDP: *Wir schaffen die alten Zöpfe ab (1969).*

Proteste gegen das Establishment und die Bildung der APO (Außerparlamentarische Opposition) forderten einen neuen Politikstil, der auf Transparenz, Emanzipation und Partizipation setzte. Innen- und außenpolitische Konflikte prägten die Zeit der Kanzler Brandt, Schmidt und Kohl; die Parteien suchten sich durch eingängige Slogans zu profilieren.

Beispiele:

CDU: *Aus Liebe zu Deutschland: Freiheit statt Sozialismus (1976) – Arbeitslosigkeit, Schulden, Pleiten: Nicht wieder SPD (1983) – Weiter so Deutschland (1987)*
SPD: *Damit Sie auch morgen in Frieden leben können (1969) – Der bessere Mann muss Kanzler bleiben: Helmut Schmidt (1976) – Im deutschen Interesse (1983)*
FDP: *Vorfahrt für Vernunft. FDP (1972) – Freiheit braucht Mut (1983) – Zukunft durch Leistung (1987)*
GRÜNE: *Ökologisch sozial basisdemokratisch gewaltfrei: Die Grünen (1983)*

Wahlen im wiedervereinigten Deutschland (1990–2002)

Kurz nach dem „Tag der Einheit" (3.10.1990) fanden die ersten gesamtdeutschen Wahlen zum Bundestag statt, die vom Thema Wiedervereinigung geprägt waren.
CDU: *Ja zu Deutschland – Ja zur Zukunft. Gemeinsam schaffen wir's*
Im Wahljahr 1994 zeigte sich im Hinblick auf die Gestaltung der deutschen Einheit eine gewisse Ernüchterung: Die Folgen der Währungsunion, Solidaritätszuschlag, eine Rezession mit hoher Arbeitslosigkeit und das Ausbleiben „blühender Landschaften" im Osten führten im Regierungslager zu Stimmenverlusten. (CDU: *Damit es weiter aufwärts geht* – FDP: *Diesmal geht's um alles*)
Gleichwohl gelang der SPD (*Freu' dich auf den Wechsel, Deutschland*) nicht der angestrebte Wahlerfolg.
Erst vier Jahre später wurden die Sozialdemokraten mit dem neuen Kanzlerkandidaten Gerhard Schröder (*Deutschland braucht einen neuen Kanzler*) stärkste Partei und konnten gemeinsam mit den Grünen (*Grün ist der Wechsel – Neue Mehrheiten nur mit uns*) die CDU mit Helmut Kohl, dem „Kanzler der Einheit" (*Sicherheit statt Risiko für Deutschland*), nach 16-jähriger Amtszeit in die Opposition schicken.
Bei den Wahlen 2002 konnte sich das rot-grüne Regierungsbündnis knapp behaupten: Die Themen „Flutwelle im Osten" und „Irakkrieg" sowie höhere Sympathiewerte gaben den Ausschlag zugunsten von Kanzler Schröder: Dem Gegenkandidaten der CDU/CSU, dem bayerischen Ministerpräsidenten Edmund Stoiber (*Stoiber. kantig, echt, erfolgreich*) gelang es nicht, eine Wechselstimmung in der Wählerschaft zu erzeugen.

Weitere Beispiele:

CDU: *CDU: Freiheit, Wohlstand, Sicherheit (1990) – Sicher in die Zukunft (1994) – Sicherheit statt Risiko für Deutschland (1998) – Zeit für Taten, Leistungen und Sicherheit (2002)*
SPD: *Die Politik der Mitte: Erneuerung, Verantwortung, Zusammenhalt. Schröder wählen (2002)*
FDP: *Genscher wählen. FDP wählen (1990) – Es sind Ihre Steuern, es ist Ihre Wahl (1998) – Mit 18% FDP kommt Deutschland wieder nach vorn (2002)*
GRÜNE: *Bündnis 90/Die Grünen: Grün wirkt. Zweitstimme ist Joschka-Stimme: außen Minister – innen grün*
PDS: *Die linke Kraft – PDS*

2005: Vorzeitige Neuwahl nach Vertrauensfrage – Wahlergebnis erzwingt Große Koalition

Nach einer Serie von Niederlagen in Landtagswahlen, die im Mai 2005 mit der Abwahl der SPD in NRW einen Höhepunkt erreichte, sah Bundeskanzler Schröder wegen der Mehrheitsverhältnisse im Bundesrat „die politische Grundlage für die Fortsetzung (seiner) Arbeit infrage gestellt." Obwohl Rot-Grün im Bundestag noch über eine Mehrheit verfügte, führte der Bundeskanzler über ein gescheitertes Vertrauensvotum Neuwahlen gemäß Art. 68 GG herbei. (Über die verfassungsrechtliche Problematik s. S. 344 f.)
Der Einzug der Linkspartei mit 54 Sitzen führte dazu, dass weder Rot-Grün noch Schwarz-Gelb über eine Mehrheit verfügten; es kam zur Bildung der Großen Koalition.

Beispiele:

CDU: *Mehr Wachstum – mehr Arbeit*
CSU: *Deutschlands Chancen – Wachstum, Arbeit, Sicherheit*
SPD: *Wer Arbeit schaffen will, braucht Mut für Reformen*
Wer Frieden will, muss standhaft sein
FDP: *Mehr FDP, weniger Bürokratie*
GRÜNE: *Ja zu Grün. Neue Arbeit ist nicht schwarz*
LINKSPARTEI: *Die Linke. PDS – bundesweit wählbar*

➤ Wahlplakate von 1949 bis heute – Ein fächerverbindender Anstoß

Neben Wahlslogans eignen sich auch Wahlplakate als zeitgeschichtliche Dokumente zur Analyse und Bewertung von Wahlkämpfen.

Der Handreichung zur Jahrgangsstufe 12 des Lehrplans in Rheinland-Pfalz (Handreichung zum Lehrplanentwurf Gemeinschaftskunde in der Jahrgangsstufe 12, Bad Kreuzach 1996, S. 117–124) ist ein großes Faltblatt der Bundeszentrale für politische Bildung (Bonn) beigelegt, das 96 (!) Wahlplakate aus der Zeit von 1949–1990 enthält, darunter auch das Plakat der CDU aus dem Jahr 1976 (M 9a).

Dieses Plakat war richtungsweisend für die Wahlkampagnen der nachfolgenden Jahre: Es sollten neue Wählerschichten – Jungwähler! – angesprochen und das Profil der CDU verändert werden: Die Partei präsentierte sich unkonventionell und aufgeschlossen; die Scheu, moderne Methoden der Werbebranche („sex sells") anzuwenden, war endgültig überwunden.

In den Bundestagswahlkämpfen seit 1998 mit dem medienversierten Kanzler Gerhard Schröder spielte in den Wahlkampfstrategien die Personalisierung eine herausragende Rolle: Dabei sollen politische Inhalte mit der Person des Kandidaten identifiziert werden.

Das vorliegende Wahlplakat (M 9b) aus dem Jahr 2002 zeigt ein Beispiel für die „Privatisierung" des Wahlkampfs: Der Kanzler setzte gezielt seine private Seite für eine Imagekampagne ein und umwarb die Gruppen der Wählerinnen, indem er die Vereinbarkeit von Beruf und Familie propagierte. Mit dem Plakat kokettierte der Kanzler zugleich mit einem seiner Defizite – in einer frühren Äußerung hatte er Frauen- und Familienpolitik als „Gedöns" bezeichnet – und zeigt sich lernbereit.

Auch sein Rivale im Bundestagswahlkampf 2002, Edmund Stoiber, gab sich familienfreundlich: Bilder mit seinen Enkeln sowie eine eigene Kampagne seiner Frau Frau Karin mit Einblicken in das Familienleben sollten dem Kandidaten eine „weichere" Seite zuschreiben.

Beide Kampagnen zielten also darauf, durch private Akzente bestimmte Defizite auszugleichen.

Der Bundestagswahlkampf 2005 war davon geprägt, dass zum ersten Mal eine Frau als Kanzlerkandidatin auftrat. Anders als 2002, als Schröder mit der Parole „Ich oder der" im Wahlkampf gegen Edmund Stoiber polarisierte, vermied er 2005 eine Strategie des „Ich oder sie"; vielleicht wollten seine Wahlkampfmanager verhindern, dass durch einen Gender-Bezug Wählerinnen verschreckt würden.

M 9a

M 9b

Aufgaben

1. Analysieren und interpretieren Sie aktuelle Wahlplakate mithilfe der Anleitung für eine Bildinterpretation (Methodenschulung, s. S. 428 ff.).
2. **Projekt:** In Zusammenarbeit mit den Fächern Bildende Kunst bzw. Geschichte können Sie sich über die Analyse der 96 Wahlplakate des Faltblattes sowie der Slogans (s. S. 288 f.) ein Stück (Demokratie-)Geschichte der Bundesrepublik erarbeiten.
3. Ergänzend kann die Software (CD-Rom) der Arbeitshilfe „Grafstat" der Bundeszentrale für politische Bildung eingesetzt werden.
4. Falls im zeitlichen Rahmen möglich, können der Besuch und die Analyse von Wahlkampfveranstaltungen (z. B. als Unterrichtsprojekt) durchgeführt werden.

Wählerverhalten

Eine Bewertung des Wahlkampfes in der Bundesrepublik Deutschland sollte das Wählerverhalten bzw. die wesentlichen Faktoren, die die Entscheidung des Wählers bestimmen, mitbedenken. Den Sozialwissenschaften stehen verschiedene *Methoden der Wahlforschung* zur Verfügung, die in aller Regel miteinander kombiniert angewendet werden, um verlässliche Aussagen über *Bestimmungsfaktoren des Wählerverhaltens* zu gewinnen:

- Auswertung der *repräsentativen Wahlstatistik*: In ausgewählten, typischen Stimmbezirken werden die Stimmzettel nach Geschlecht und Altersgruppen getrennt abgegeben und ausgezählt.
- *Sozialstatistische Wahlanalyse*: In bestimmten Wahlkreisen wird geprüft, wie sich die Sozialstruktur auf den Stimmenanteil der Parteien auswirkt.
- *Meinungsforschung*: Eine repräsentative Stichprobe von Wahlberechtigten wird nach den Gründen ihrer Wahlentscheidung befragt.

Wertewandel und Wandel der Sozialstruktur (→ II/1.5, S. 81 ff., Soziale Milieus) haben Einfluss auf das Wählerverhalten, was sich in einer unbeständigeren Parteibindung bzw. einem Anstieg der Wechselwähler zeigt.

Konfliktlinien im Parteiensystem der Bundesrepublik

Eine besondere Methode der Erforschung des Wählerverhaltens ist die Untersuchung von soziokulturellen Konfliktlinien (cleavages[1]).

M 10a|

Die Ära der ersten drei Jahrzehnte der Bundesrepublik war geprägt durch die zunehmende Konzentration der Wählerschaft auf die drei Traditionsparteien CDU/CSU, SPD und FDP und eine bis an die Grenze der Erstarrung reichende Stabilität des individuellen Wahlverhaltens. Diese Konzentrationsphase erreichte Mitte der 1970er-Jahre ihren Höhepunkt: Noch bei der Bundestagswahl 1976 konnten die Traditionsparteien 99 Prozent aller gültigen Stimmen auf sich vereinen.

Seither sind die deutschen Wähler immer unbeständiger geworden. Ihre Parteibindungen, insbesondere zu den großen Volksparteien, werden schwächer, und die Bereitschaft zur Wahl neuer Parteien, auch an den Rändern des Parteiensystems, nimmt zu. [...]

Noch Mitte der 1970er-Jahre waren etwa 80 Prozent aller Wähler Stammwähler, die stets für dieselbe Partei votierten. Diese Wählergruppe ist inzwischen auf etwa 50 Prozent geschrumpft. Umgekehrt heißt das, dass nicht mehr nur 20 Prozent, sondern etwa die Hälfte der Wählerschaft grundsätzlich zum Wechsel der Wahlentscheidung bereit ist. Die Wechselwähler sind kaum durch politische Loyalitäten gebunden, sondern entscheiden sich aufgrund der aktuellen politischen Tagesfragen und der wahrgenommenen Problemlösungskompetenzen der politischen Parteien und ihrer Kandidaten. [...]

Die Wechselbereitschaft eines zunehmenden Teils der Wählerschaft ist nicht gleichzusetzen mit der Annahme, dass die traditionellen politischen Konfliktlinien ihre Bedeutung verloren haben. [...]

(Wilhelm Bürklin, Wählerverhalten und Wählerwanderungen; in: Das Parlament, Nr. 3/4 v. 13./20.1.1995, S. 12)

M 10b|

Im Gegensatz zur Weimarer Republik war die nationale Konfliktlinie (cleavage Zentrum vs. Peripherie) in den Nachkriegsjahrzehnten gewissermaßen suspendiert. [...] Auch die agrarisch-industrielle Konfliktlinie (cleavage Stadt vs. Land) hatte nach der Mobilität als Kriegsfolge im Wirtschaftswunderland Bundesrepublik an Sprengkraft verloren. Prägend bleiben dagegen die Konfliktlinien zwischen Arbeitnehmer- und gewerkschaftlichen Interessen sowie bürgerlich-mittelständisch-freiberuflichen Interessen (cleavage Arbeit vs. Kapital) einerseits und zwischen religiös-kirchlich-konfessionell gebundenen sowie nichtreligiösen, liberalen, kirchlich ungebundenen Gruppen bzw. Wählern oder Parteianhängern (cleavage religiös vs. säkular) andererseits. Da sich diese beiden Konfliktlinien nicht völlig überlagern, sondern kreuzen (crosscutting cleavages), entstand daraus in den 1950er- und 60er-Jahren ein Parteiensystem, dessen Anhängerschaft sich aus vier verschiedenen Stammgruppen rekrutierte.

Die treuesten Stammwähler der Parteien entstammten genauso wie die aktiven Parteimitglieder und -funktionäre klar beschreibbaren sozialen Gruppen: die SPD gewerkschaftlich orientierten Gruppen, die nicht kirchlich gebunden waren; die CDU/CSU kirchlich gebundenen Gruppen, die dem Mittelstand entstammten (mit einigen

[1] Unter cleavages verstehen Politikwissenschaftler ‚sozialstrukturelle Konfliktlagen', die folgendermaßen gekennzeichnet sind:
- historisch angelegte Konflikte im sozialökonomischen bzw. sozialkulturellen Bereich;
- dauerhaft politisiert;
- längerfristig die politischen Konflikte prägend.

deutlichen Bindungen zur katholischen Arbeitnehmerschaft); die FDP kirchlich ungebundenem, bürgerlichem alten Mittelstand; die noch existierende kleine Zentrumspartei repräsentierte typologisch das vierte Segment aus katholischer Arbeitnehmerschaft.

Im Laufe der 1960er-Jahre wirkten sich zunehmend Wandlungstendenzen in der Sozialstruktur auf die Rekrutierungsbasis der Parteien aus. Kirchliche Bindungen traten in der Bevölkerung genauso zurück wie Gegensätze zwischen den beiden großen Konfessionen. Der Dienstleistungssektor stieg weiter an und drängte den Primärbereich der Landwirtschaft in eine marginale Rolle, während der sekundäre Sektor der Industrie nur geringfügig zurückging, sich intern aber einschneidend nach Branchen, Produktpaletten und Größenverhältnissen veränderte. Im Zusammenhang damit wandelte sich die Berufsstruktur. [...]

Im Laufe der 1960er-Jahre hatten sich die Konfliktlinien mehr und mehr überlagert, sodass zu Zeiten der sozialliberalen Koalition (1969–1982) ein arbeitnehmerorientiertes, nicht religiöses, aufstiegsorientiertes, dem neuen Mittelstand verbundenes Lager – eben das sozialliberale – einem katholisch geprägten, dem alten Mittelstand und der Unternehmerschaft nahestehenden konservativen Lager gegenüberstand. Die beiden alten Konfliktlinien (Kapital vs. Arbeit und religiös vs. säkular) waren zu einem Rechts-Links-Gegensatz verschmolzen. [...]

Außerhalb dieser beiden Lager war politisches Niemandsland, sodass die drei im Bundestag vertretenen Parteien (einschließlich CSU) in den 1970er-Jahren 98 – 99 Prozent der Stimmen bei Bundestagswahlen auf sich vereinigen konnten.

Diese scheinbar so stabile Lage veränderte sich in den 1980er-Jahren drastisch. Bereits in den 1970er-Jahren hatten Studentenbewegung, Bürgerinitiativbewegung, neue soziale Bewegungen für Frauen, Frieden und Umwelt Bewegung in die Politik gebracht. Ein Wertewandel weg von den alten materiellen Werten (rechts-links-cleavage) hin zu neuen postmaterialistischen Werten (cleavage materialistische, ‚alte' Politik vs. postmaterialistische, ‚neue' Politik) kündigte sich an. Auf diese Weise entwickelte sich seit den 1970er-Jahren eine neue Konfliktlinie quer zur traditionellen Rechts-Links-Achse. [...]

(Ulrich von Alemann, Parteien und Gesellschaft in der Bundesrepublik; in: Alf Mintzel/Heinrich Oberreuter (Hg.), Parteien in der Bundesrepublik Deutschland, Opladen 1992, S. 95 – 98)

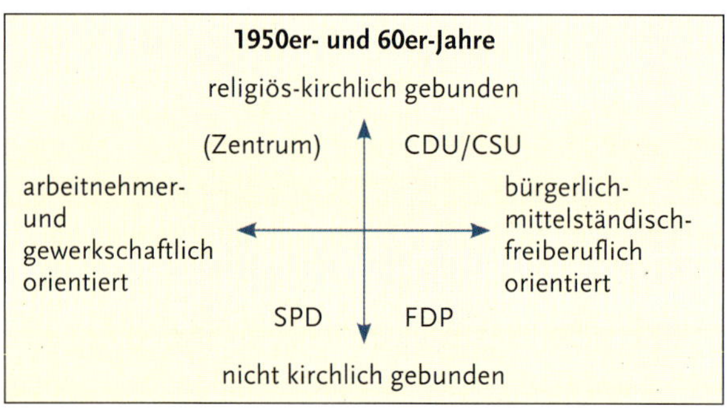

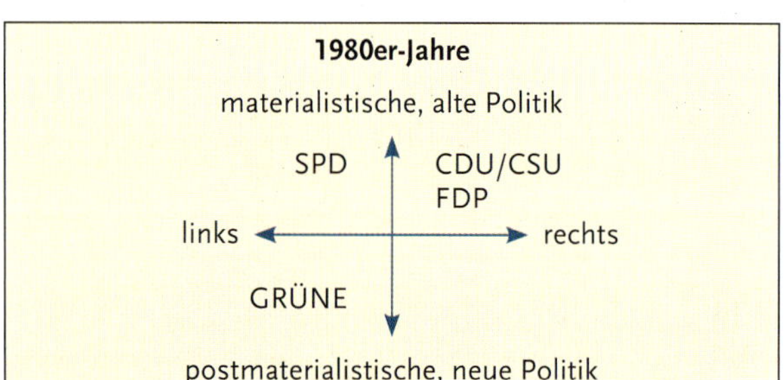

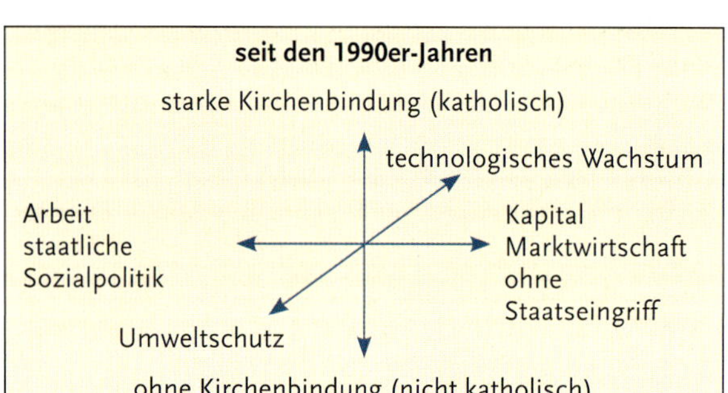

M 11a

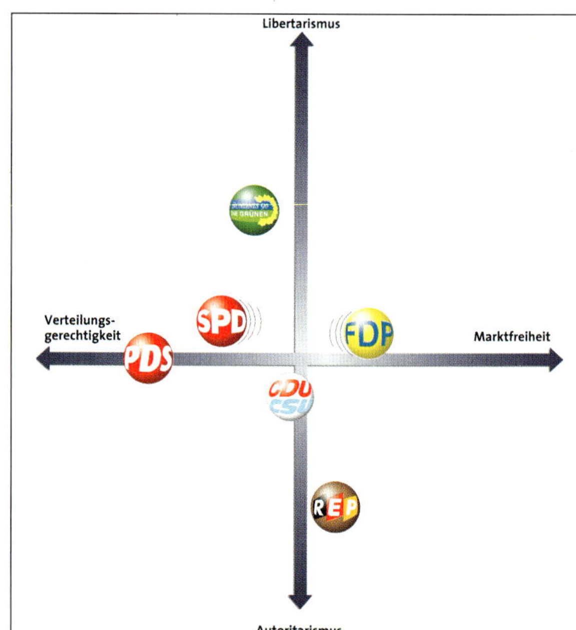

Anhänger der Parteien im Koordinatensystem der Werte (in Anlehnung an Richard Stöss).

„Libertarismus" ist eine anglizistische Chiffre für allerlei linksliberale Anliegen – für Sorgen um die Demokratie, die politische Kultur, die Gleichberechtigung, die Umwelt et cetera. Die Wähler von SPD und FDP haben ihre Positionen gegenüber 1994 etwas verschoben.

(nach: Die Zeit, 12.02.2004, S. 5; Grafik von Gabi Arns)

M 11b

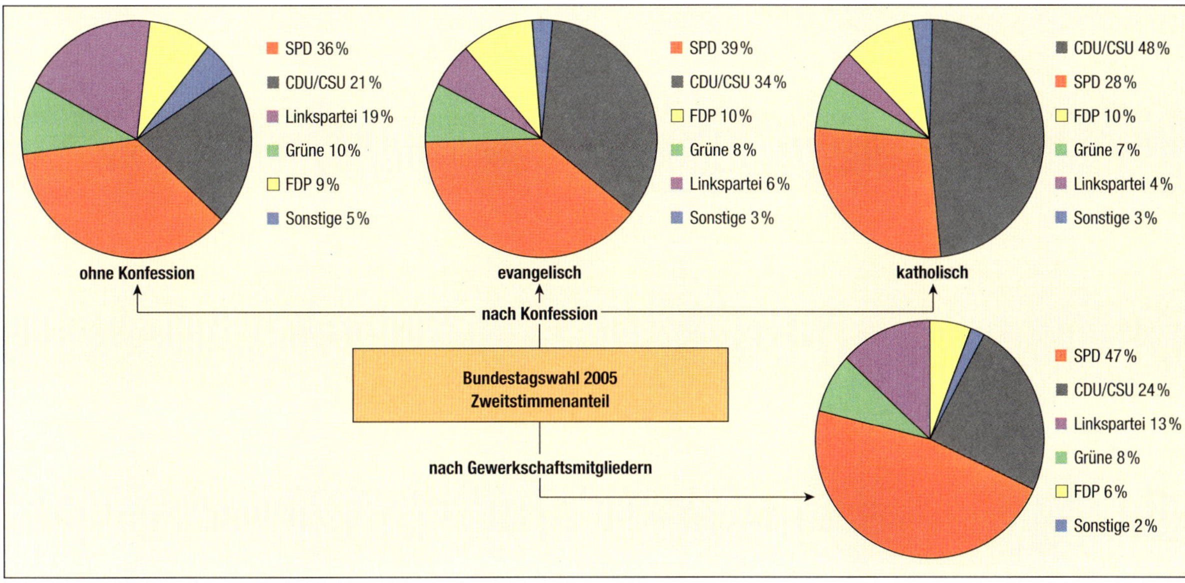

(nach: www.bundeswahlleiter.de bzw. gwp 1/2006, S. 13 ff.)

Aufgaben

1. Inwieweit bestätigen die in den Kreisdiagrammen dargestellten Ergebnisse die Untersuchungen zu Konfliktlinien (cleavages) im Parteiensystem (M 10b)?
2. Besorgen Sie sich aus der Internetseite des Bundeswahlleiters weitere Daten, z. B. zum Wählerverhalten nach Geschlecht und nach Altergruppen, und vergleichen Sie diese Zahlen mit dem Gesamtergebnis.
3. Diskutieren Sie: Ein besonders hoher Anteil von Wählern aus einer bestimmte Bevölkerungsgruppe (z. B. Gewerkschaftsmitglieder, Angehörige einer Konfessions- oder Altersschicht) verleitet die Parteien zur „Klientel-Politik“; damit verlieren Sie das „Allgemeinwohl“ aus dem Auge.

➤ Wahlen im wiedervereinigten Deutschland: Mobilität und Wechselbereitschaft

M 12

Im Hinblick auf die Bundestagswahlen 2002 skizzierte der Politikwissenschaftler Rainer-Olaf Schultze ganz neue Konfliktlinien im wiedervereinigten Deutschland:

Im Blick auf die Wahlentscheidung bei der Bundestagswahl vom September 2002 lässt sich aus den geschilderten Befunden, zusammen mit unseren systematischen Überlegungen, mit einiger Plausibilität folgern:

(1) Die Wählerschaft besteht gesamtdeutsch aus *zwei Elektoraten* – auf der Basis von *gleichartigen* wie *unterschiedlichen Konfliktlinien*. Im Osten spielt der ökologische Cleavage keine Rolle und die traditionellen Cleavages, die konfessionelle Konfliktlinie wie der Konflikt zwischen Kapital und Arbeit, werden zugleich fragmentiert und überlagert durch die fortdauernden Wirkungen der DDR-Erfahrungen wie der Vereinigungsfolgen, die sich wechselseitig verstärken. Es gibt in den neuen Ländern ganz offensichtlich einen internen *Nord-Süd-Konflikt*, vor allem aber mittlerweile einen verfestigten *Zentrum-Peripherie-Konflikt zwischen Ost und West*, der sich auch in den offenkundigen und in den letzten Jahren eher wachsenden Mentalitäts- und Einstellungsunterschieden manifestiert. Die zwei Elektorate dürften mittelfristig stabil sein.

(2) Die Wählerschaften sind heute von größerer Volatilität[1] und *Wechselbereitschaft* gekennzeichnet als früher. Allerdings sind der quantitative Wandel und die qualitative Auflösung der traditionellen Milieus geringer als allge-

[1] volatil: hier im Sinne von flüchtig, schwankend

mein unterstellt. Annahmen, die von einer Wechselbereitschaft von der Hälfte der Wähler ausgehen, überschätzen beides um ein Vielfaches, die Wechselbereitschaft wie den tatsächlichen Wechsel.

(3) Die *Mobilität* ist bei den sog. Nebenwahlen, also auch Landtagswahlen, deutlich höher, nicht zuletzt im Verhältnis zwischen *Bundes- und Landtagswahlen*. Dabei ist der Wechsel zwischen Wahl und Nicht-Wahl oder auch zwischen Wahl und *Protestwahl* von neuen Anbietern, insbesondere auch von rechtspopulistischen und rechtsextremistischen Parteien, größer als der Wechsel zwischen den etablierten Parteien.

(4) Da die Volatilität in den neuen Ländern aufgrund fehlender – oder besser: aufgrund geringerer *Parteiidentifikationen* deutlich größer ist als im Westen, sind dort auch die Anfechtungen und die Erfolgschancen von *Protestparteien* wie von *Rechtsparteien* außerhalb des Verfassungsbogens größer.

(5) Die insgesamt in West wie Ost höhere Volatilität in der Wählerschaft entspringt nicht zuletzt den *Integrations- und Mobilisierungsproblemen der Volksparteien*; und sie geht einher mit der Medialisierung und Personalisierung der Politik, sodass den Kandidaten-Alternativen, vor allem aber deren Medienvermittlung wachsende Bedeutung für das Wählerverhalten zukommt.

(6) In den Wahlentscheidungen geht es damit zunehmend um die Bestätigung oder *Abwahl von Regierungen* und um die Übertragung von Handlungsvollmacht – oder um es neuhochdeutsch zu formulieren: Es geht um *momentum* und um *performance*. Die Bundestagswahl wird gewinnen, wer das Meinungsklima dynamisch für sich zu nützen versteht. Siegeszuversicht und Siegesaussichten dürften dabei – ähnlich wie im Wahljahr 1998 von der Niedersachsenwahl – nachhaltig von dem Ergebnis der Landtagswahl in Sachsen-Anhalt bestimmt werden. Und die nächste Bundesregierung wird stellen, wer Leistungen wie Fehlleistungen am einsichtigsten zu präsentieren und zu erklären, wer sein Leistungsangebot näherungsweise mit den Leistungserwartungen der Wählerschaft zur Deckung zu bringen vermag.

(zit. nach: Der Bürger im Staat, Heft 1/2, 2002, S. 25)

➤ Wahlergebnis

Während in den ersten Bundestag 1949 noch zwölf Parteien einzogen, waren nach den Wahlen von 1961 bis 1980 nur noch vier Parteien (CDU/CSU, SPD und FDP) im Bundestag vertreten. Zur Konzentration des Parteiensystems trug die 5-Prozent-Sperrklausel des Bundeswahlgesetzes bei. Letztlich ausschlaggebend war aber die Bindung der Wähler an die großen Parteien CDU/CSU und SPD (die seit den 1980er-Jahren abnimmt). Erst 1983 gelangte mit den Grünen eine neue Partei in den Bundestag. Im Zuge der deutschen Vereinigung glichen sich die parteipolitischen Strukturen in Ostdeutschland an die Westdeutschlands an. Eine Ausnahme stellt hier die PDS (Nachfolgerin der früheren DDR-Staatspartei SED) dar, die bei den Wahlen 2005 erstmals gemeinsam mit der WASG als Die Linke. PDS um Wählerstimmen warb.

1949–1969 wurde der Bundeskanzler von der CDU gestellt. Nach dem Bruch ihres Regierungsbündnisses mit der FDP 1966 ging die CDU/CSU eine Große Koalition mit der SPD ein. Die Wahlergebnisse 1969 ermöglichten es der SPD, mit der FDP zusammen zu regieren und erstmals den Bundeskanzler zu stellen. Die sozialliberale Koalition hielt bis zum Herbst 1982. Anschließend regierte das Bündnis aus CDU/CSU und FDP bis zur Wahl im Herbst 1998. Danach bildete sich erstmals eine rot-grüne Regierungskoalition, die im Herbst 2005 von einer neuen Großen Koalition abgelöst wurde.

M 13

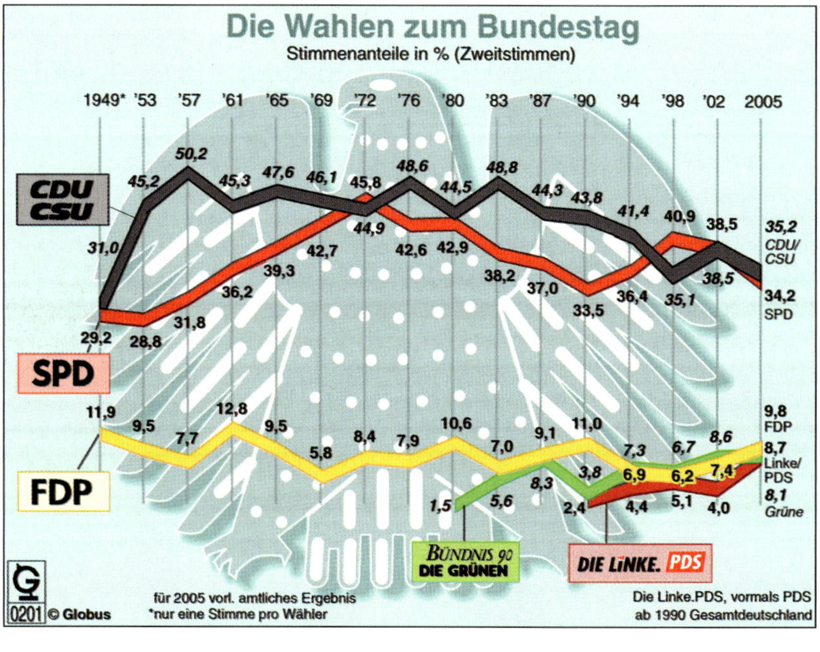

➤ Regierungsbildung

Die formalen Regeln für die Regierungsbildung enthält das Grundgesetz (vgl. Art. 62–64, 67 und 68). Den politischen Prozess der Regierungsbildung, der sich innerhalb dieses formalen Rahmens abspielt, kann und will die Verfassung nicht beschreiben; er ist weitgehend informeller Art.

Politische Schritte zur Regierungsbildung

- Parteitage entscheiden vor Wahlen über Wahlprogramme und evtl. Koalitionsaussagen, wählen ggf. einen ‚Kanzlerkandidaten'.
- Partei- und Fraktionsführungen verhandeln nach den Wahlen auf der Grundlage der neuen Mehrheitsverhältnisse über die personelle Zusammensetzung der Regierung und beschließen in einem **Koalitionsvertrag** ein Sachprogramm für die Legislaturperiode.
- Ist die Einigung von Fraktionen (und ggf. Parteiflügeln) auf Personen und Programm einer neuen Regierung gelungen, teilen die Fraktionsvorsitzenden dies dem Bundespräsidenten informell mit, damit er gemäß Art. 63 (1) GG mit Aussicht auf Erfolg seinen Vorschlag zur Kanzlerwahl machen kann.
- Bei klaren Mehrheitsverhältnissen entspricht der Bundespräsident den Vorstellungen der künftigen Koalitionspartner; „politisch" käme er ins Spiel, wenn das Wahlergebnis *kein* eindeutiges Mehrheitsbild ergibt (Art. 63 GG).
- Nach der Kanzlerwahl und der Ernennung der Bundesminister berät das neue Bundeskabinett über die Regierungserklärung, die der Bundeskanzler im Bundestag abgibt.

M 14 | Regierung und Opposition seit 1949

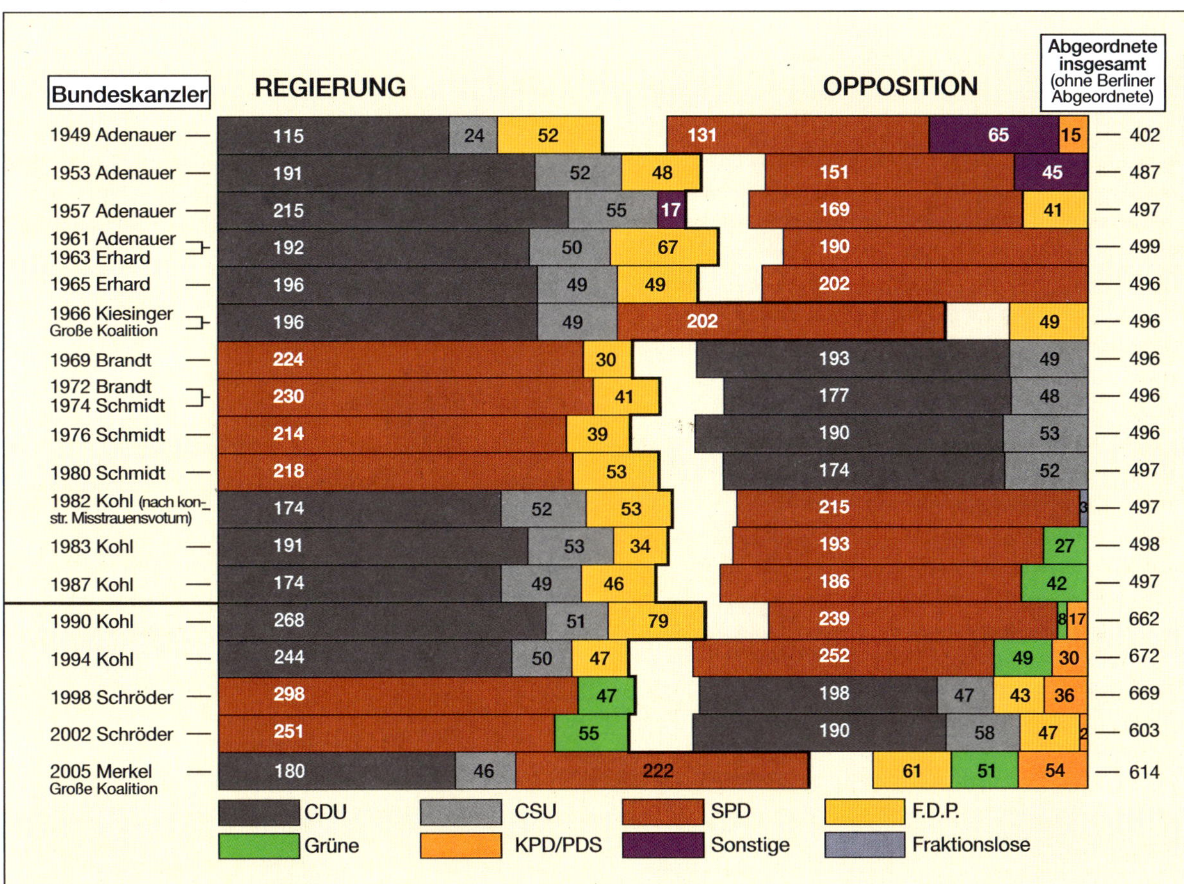

3. Regierungssystem der Bundesrepublik Deutschland

Das Regierungssystem der Bundesrepublik Deutschland ist dadurch gekennzeichnet, dass
- das Demokratieprinzip (Art. 20 GG) zur *repräsentativen Demokratie* ausgestaltet ist;
- Repräsentation im Sinne der *Konkurrenztheorie* der Demokratie als partielle, d.h. Herrschaft begrenzende Repräsentation verstanden wird und
- Herrschaft *gewaltenteilig* ausgeübt wird.

➤ Parlamentarisch-repräsentative Demokratie

„Der Sinn des repräsentativen Systems liegt vor allem darin, das demokratische Prinzip der Volkssouveränität mit den Lebensbedingungen der modernen Massengesellschaft in Einklang zu bringen. Zwar sollen die Bürger mit der Mehrheit ihrer Stimmen die wesentlichen Weichenstellungen im politischen Gemeinwesen selbst vornehmen können. Aber das kann nicht mehr durch allsonntägliche Abstimmungen auf der Gemeindewiese geschehen. Dazu sind wir zu viele; und dafür sind die Verhältnisse zu kompliziert. Auch müssen die Verantwortlichkeiten klar sein; eine große anonyme Masse kann nicht Träger von Verantwortung sein.
Deshalb haben wir das repräsentative System. Dazu gehören die auf Zeit gewählten Abgeordneten. Sie sollen die Bevölkerung repräsentieren, sie also bei den Entscheidungen vertreten, d.h. Gesetze beschließen, Regierungen wählen und Maßnahmen der Verwaltung kontrollieren.
Das Grundgesetz orientiert sich weitgehend am Gedanken der repräsentativen Demokratie."

(Richard v. Weizsäcker, Parteien müssen den Vertrauensverlust wettmachen – Das Grundgesetz hat sich weitgehend am repräsentativen Prinzip orientiert; in: Hartmut Klatt (Hg.), Der Bundestag im Verfassungsgefüge der Bundesrepublik Deutschland – Beiträge zum dreißigjährigen Bestehen des deutschen Bundestages, Bonn 1980, S. 145)

„Eine Republik, worunter ich eine Regierung verstehe, in der die Idee der Vertretung des Volkes verwirklicht ist, eröffnet bessere Aussichten; von ihr lässt sich das Heilmittel erhoffen, das wir suchen. [...] Die Auswirkung [...] besteht einerseits darin, dass die öffentliche Meinung geläutert und erweitert wird, indem sie den Filter einer ausgewählten Gruppe von Staatsbürgern passiert, deren Einsicht die Gewähr bietet, dass sie die wahren Interessen ihres Landes erkennen, und deren Patriotismus und Gerechtigkeitsliebe die Annahme zulässt, dass sie diese wahren Interessen nicht augenblicklichen Vorteilen opfern werden. Auf diese Weise kann es geschehen, dass die Stimme des Volkes dort, wo sie aus dem Mund der Volksvertreter spricht, eher dem Wohl der Allgemeinheit dient als dort, wo das Volk selbst zusammentritt, um seinen Willen kundzutun. [...]"

(The Federalist papers, Nr. 10, Autor: James Madison; zit. nach: Oberndörfer/Jäger, Klassiker der Staatsphilosophie II, Stuttgart 1971, S. 57–62)

M 1

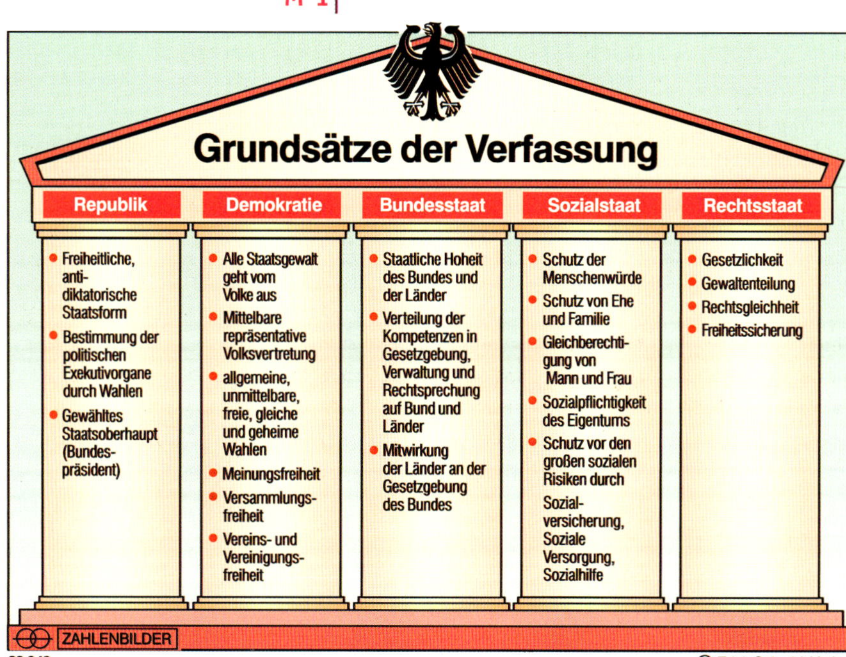

M 2|

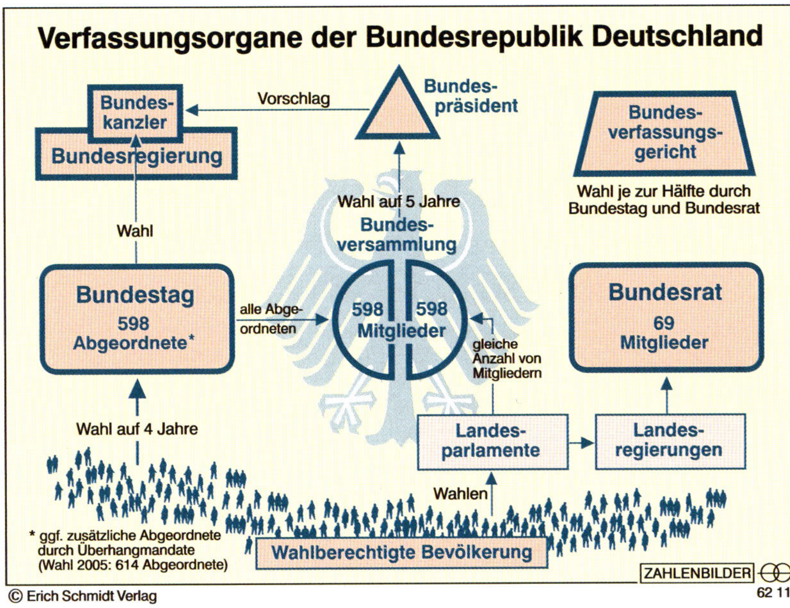

© Erich Schmidt Verlag

➤ Gewaltenverschränkung – ‚Checks and balances'

In den westlichen Demokratien haben sich verschiedene Formen der Machtverschränkung entwickelt, die auf dem Prinzip der Gewaltenteilung beruhen:

- *temporale* Gewaltenteilung: Staatsämter werden nur auf Zeit vergeben;
- *vertikale* Gewaltenteilung: Föderalismus (s. S. 333 ff.);
- *vitale* Gewaltenteilung: Regierung und Regierungsfraktion(en) gegenüber der Opposition (M 3);
- *‚vierte'* Gewalt: Kontrollfunktion der Medien.

Kennzeichnend für das politische System der Bundesrepublik Deutschland ist nicht eine Gewaltenteilung im Sinne der Trennung der Teilgewalten, sondern eine starke Gewaltenverschränkung, ein System von ‚Checks and balances', von wechselseitiger Kontrolle und Einflussnahme. Die klassischen Funktionen des Regierens können einzelnen Institutionen nicht mehr eindeutig zugeordnet werden; Gewaltenteilung als Gestaltungsprinzip bleibt jedoch erhalten (M 3).
Eine Darstellung der Tätigkeit von Regierung und Parlament als den wichtigsten Trägern des politischen Prozesses darf sich nicht darauf konzentrieren, ‚Regierungsakte' der Exekutive und die Gesetzgebung der Legislative isoliert voneinander zu betrachten (institutioneller Ansatz).
Es ist vielmehr nach den spezifisch politischen Funktionen und den ihnen zugrunde liegenden politischen Strukturen innerhalb des zentralen politischen Systems zu fragen (funktionaler Ansatz, s. M 3/M 4).

M 3|

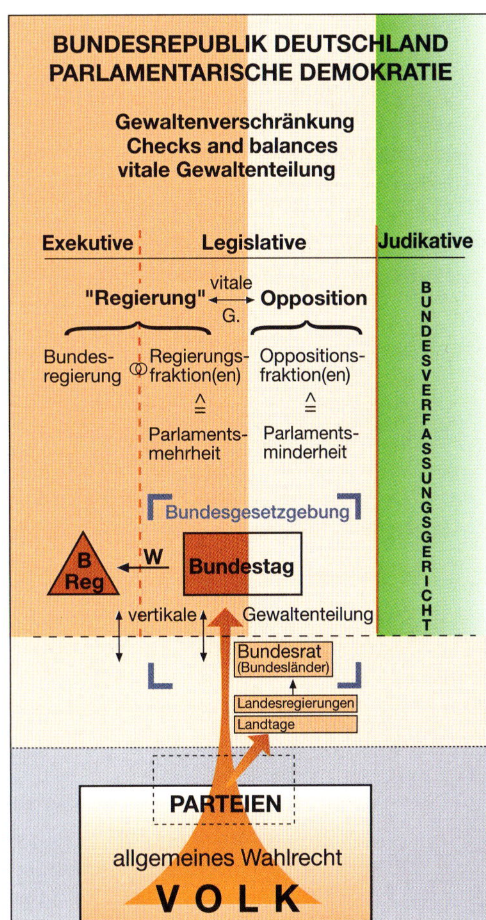

„Charles de Montesquieu (1689–1755) erlangte seine Wirkung vor allem durch die Übertragung des aufklärerischen Gedankenguts auf die Gesellschaftsordnung und deren Basis, das Recht.

Montesquieus ‚Persische Briefe' (1721) prangern die Zustände in seiner französischen Heimat indirekt an. Wie Voltaire hält er die englische Gesellschaft für nachahmenswert.

Sein Hauptwerk ‚De l'esprit des lois' (Vom Geist der Gesetze, 1748) orientiert sich besonders an englischen Vorbildern, vor allem an Locke.

Ansatzpunkt ist der Vergleich der Rahmenbedingungen einer Gesellschaft mit deren rechtlicher Ausstattung. Montesquieu geht vom Naturrechtsgedanken aus. [...]

Gut ist eine Staatsform, wenn sie gemäßigt ist, denn nur dann garantiert sie Freiheit. Der Freiheit dient auch eine Beschränkung der Macht durch die Macht, die Gewaltenteilung in:

- gesetzgebende Gewalt: soll die Exekutive kontrollieren und besteht aus zwei Kammern, ein kontrollierendes Oberhaus (frz. corps des nobles) und ein gesetzgebendes Unterhaus;
- vollziehende Gewalt mit Vetorecht gegen die Legislative;
- richterliche Gewalt, die strikt von der Exekutive zu trennen ist."

(Franz Wiedmann, dtv-Atlas zur Philosophie, München (dtv 3329), S. 131)

Regierungssystem und politischer Entscheidungsprozess

Eine Darstellung des Regierungssystems der Bundesrepublik Deutschland mithilfe des klassischen Prinzips der Gewaltenteilung (vgl. M 2) erfasst die Staatsorgane formal-statisch und ordnet diesen Institutionen bestimmte Funktionen des Regierens zu. Der *politische Prozess* im System kann damit nur unzulänglich beschrieben werden. Dies versucht in seiner Weise das Schaubild M 4

M 4

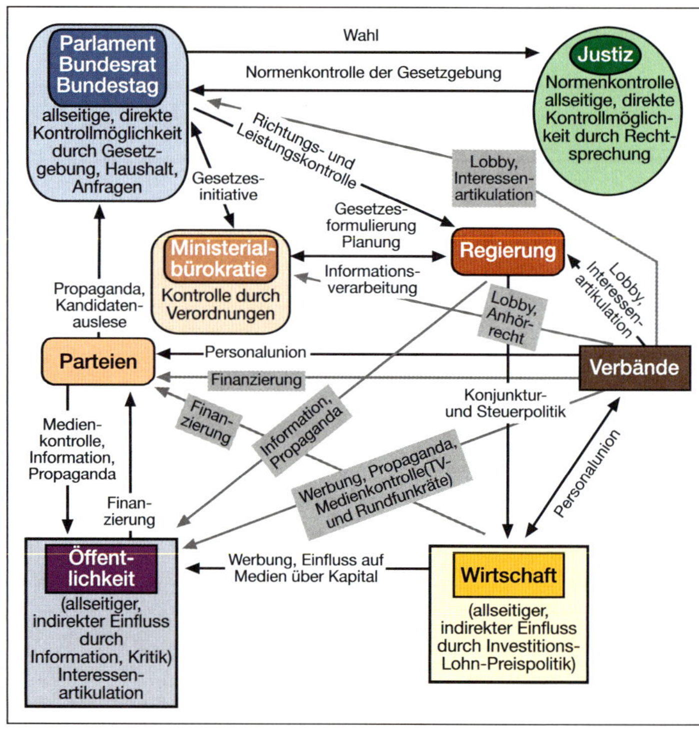

(nach: Paul Noack, Was ist Politik?, © 1978 Droemer Knaur, München, S. 191)

Aufgaben

1. Erläutern Sie Aufbau, Zusammensetzung und Funktion der Staatsorgane mithilfe des vorgegebenen Rasters:

Staatsorgan	
GG-Artikel	
Wahl	
Amtsbefugnis	
Kontrolle	

2. Vergleichen Sie Intention und Aussage der voranstehenden Schemata (M 2, 3 und 4) miteinander und erläutern Sie den Unterschied zwischen informellen und formellen Prozessen im Regierungssystem.
3. Sozialwissenschaftliche Modelle bilden nicht die Wirklichkeit ab; sie bilden einen Bezugsrahmen und bieten ein begriffliches Instrumentarium zur Analyse komplexer Wirklichkeit unter bestimmten Aspekten. Untersuchen Sie diesen Sachverhalt durch Vergleich unterschiedlicher Modelle, die das Buch zur Analyse des politischen Prozesses enthält.

4. Politisches Entscheiden: Gesetzgebungsprozess

„Das Ingangsetzen und Steuern des Entscheidungsprozesses ist politisch relevantes Tun; wer auch immer es vermag, ‚regiert'."

(Thomas Ellwein, Einführung in die Regierungs- und Verwaltungslehre, Stuttgart 1966, S. 145)

Der Gesetzgebungsprozess ist zur Herausarbeitung der typischen Merkmale und Strukturen des Regierungsprozesses besonders geeignet, weil

- alle Staatsorgane daran in für sie typischer Weise beteiligt sind;
- alle relevanten gesellschaftlichen Gruppen versuchen, darauf Einfluss zu nehmen;
- festgestellt werden kann, wo im Rahmen eines institutionalisierten Verfahrens politischer Handlungsspielraum bleibt und wie er ausgenutzt wird.

▸ In diesem Teilkapitel findet sich zunächst eine **Einführung in die Regierungslehre**. Bezogen auf den Terminkalender der Bundeskanzlerin werden die herausragenden Regierungsfunktionen erläutert. Ein Blick auf die Politikstile der deutschen Regierungschefs (s. S. 308 f.) zeigt auf, dass die Kanzler der Bundesrepublik Deutschland seit 1949 innerhalb des unveränderten verfassungsrechtlichen Rahmens jeweils zu einer spezifischen Ausprägung ihrer eigenen Regierungspraxis gelangten. Vertiefend ließe sich in einem zeitgeschichtlichen Aufriss darlegen, dass für den ersten Regierungschef Konrad Adenauer das *Kanzlerprinzip*, für Willy Brandt eher das *Ressortprinzip* und für Helmut Schmidt das *Kabinettsprinzip* prägend war.

▸ Im Weiteren wird am Beispiel *Zuwanderungsgesetz* der **politische Entscheidungsprozess** in seinem typischen Phasenverlauf dargestellt. Dabei gilt es zunächst, sich einen Überblick über das Sachproblem zu verschaffen, um danach den eigentlichen komplexen und konfliktträchtigen Entscheidungsprozess zu beleuchten, wobei zwischen ‚politischer' und formeller Entscheidung differenziert wird.

Das *Fallbeispiel Zuwanderungsgesetz* ist besonders geeignet, weil

- es sich um eine *zentrale gesellschaftspolitische Entscheidung* handelt, die jahrelang debattiert wurde und von der *alle Bürger betroffen* sind;
- *alle Verfassungsorgane* (einschließlich Bundesverfassungsgericht) in den Prozess einbezogen sind und
- weil das Fallbeispiel darüber Auskunft gibt, inwieweit Gesellschaft und Politik in Deutschland in der Lage sind, ihre *Zukunftsfähigkeit* unter Beweis zu stellen.

Die Ergebnisse der Analyse des Ringens um ein Zuwanderungsgesetz können abschließend im Rahmen eines **Transfers** auf ein weiteres Fallbeispiel angewendet werden (z. B. Streit um die Gesundheitsreform; → I/3., S. 31 ff.).

4.1 Was ist „ Regieren"? – Regierungsfunktionen

Regieren umfasst die spezifisch politische Ausübung von Staatsgewalt in folgenden Teilbereichen:

- *Akte der auswärtigen Gewalt* (z. B. Abschluss von völkerrechtlichen Verträgen oder Regierungsabkommen);
- *Akte der inneren Staatsführung* (z. B. Richtlinienkompetenz, Haushaltsgesetz, Organisationsgewalt, Antrag auf Parteiverbot, Steuer- und Rentenreform, Maßnahmen zur Bewältigung der Folgen von Naturkatastrophen);
- *Einwirkungen von Regierung und Parlament aufeinander* (Misstrauensvotum, Vertrauensfrage, Parlamentsauflösung, Ausübung der Gesetzesinitiative).

Der komplexe Regierungsprozess erschließt sich nicht allein durch eine Analyse verfassungsmäßiger Institutionen und Kompetenzen. Die Frage nach verfassungsmäßigen Strukturen muss erweitert werden um die Suche nach spezifisch politischen Funktionen von staatlichen und gesellschaftlichen Gruppen und Kräften, die auf den Regierungsprozess einwirken. Der Aufdeckung solcher politischer Funktionen dient das Aufspüren von **Nervenbahnen** im zentralen politischen System (nerves of government), die sehr oft informellen Charakter haben.

➤ Führen

Zum Rüstzeug der Regierenden gehören unterschiedliche Regierungsfunktionen: Führen ist die politischste Regierungsfunktion: „**Wer führt, setzt Ziele, bestimmt die Mittel und setzt sie ein**" (Thomas Ellwein).

Die starke Stellung, mit der das Grundgesetz den Bundeskanzler ausgestattet hat, erleichtert ihm die Wahrnehmung der Führungsaufgaben.

M 1

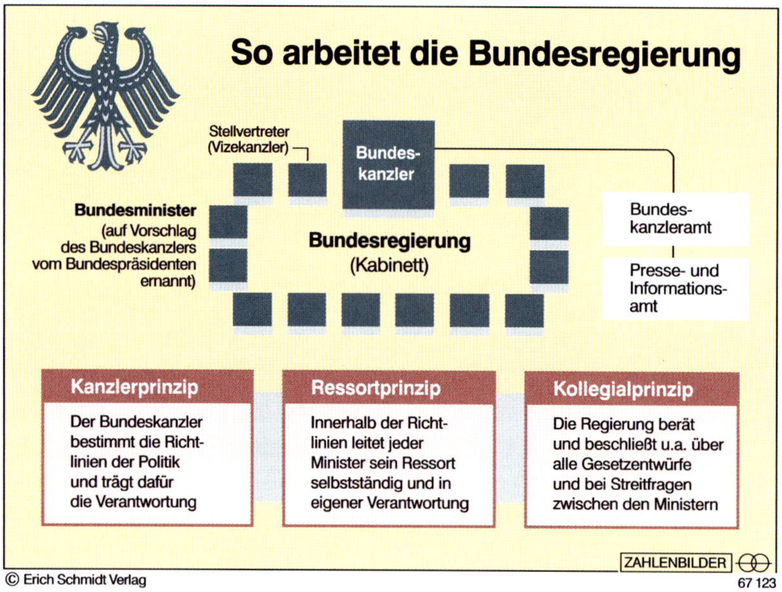

➤ Planen

langfristig ↓ kurzfristig	
langfristig	• Wertorientierte Grundsatzentscheidung der Partei
	• Langzeitprogramm einer Regierungspartei
	• Wahlplattform
	• Koalitionsvereinbarungen
	• Regierungerklärung
kurzfristig	• Gesetzentwürfe

Planen gehört ebenfalls zu den wichtigen Regierungsfunktionen; für den Regierungsprozess ist es notwendig zu wissen, wer auf die Formulierung der Regierungsvorhaben Einfluss nimmt.

Da zukünftige Entwicklungen nur teilweise vorhersehbar sind, ist politische Planung nur bedingt möglich. Politische Führung verlangt auch die Flexibilität, sich auf immer neue, veränderte politische Situationen einzustellen. Gleichwohl ist ein zukunftsorientierter Entwurf zum Regieren notwendig, um der politischen Betätigung eine Perspektive zu geben. Je längerfristig jedoch Planungen angestellt werden, desto unbestimmter, allgemeine politische Ziele beschreibend, müssen sie sein.

Die konkrete Planung der Regierungspolitik einer Legislaturperiode beginnt – nach Meinungs- und Informationsaustausch mit Mehrheitsparteien, Kabinett, Koalition und Fraktionen unter Berücksichtigung zu erwartender Zustimmung oder Ablehnung – im Bundeskanzleramt, für Ressortfragen auch in den einzelnen Ministerien.

M 2

Inhaltliche Schwerpunkte in der ersten Regierungserklärung von Bundeskanzlerin Angela Merkel am 30. November 2005

Föderalismusreform
Verabschiedung vor der Sommerpause 2006; Abbau zustimmungspflichtiger Gesetze; erweiterte Kompetenzen für Ländergesetzgebung.

Wachstumsprogramm und Haushaltssanierung
Bis 2009 Wachstumsimpulse im Umfang von 25 Mrd. € beim Bund und 12 Mrd. € bei Ländern und Gemeinden. Durch Mehrwertsteuererhöhung und Streichung von Steuervergünstigungen soll die Staatsverschuldung auf 3 % begrenzt werden.

Umwelt
Bis Mitte 2006: Eckpunkte für ein Umweltgesetzbuch; Fertigstellung bis 2009. Fortschreibung des Emissionshandels für die Jahre 2008–2012. Konzept für die Suche nach einem nuklearen Endlager.

Elterngeld
Ab 1.1.2007 soll das Elterngeld das Erziehungsgeld ersetzen; für ein Jahr soll es 67 % des Nettoeinkommens – bei einem Höchstbetrag von 1 800 € – geben.

Gesundheit
Geplant: bis Sommer 2006 grundsätzliche Einigung; Inkrafttreten Anfang 2007; Ziel: finanzierbares, effizienteres System; Konflikt um Grundmodell: Prämie vs. Bürgerversicherung.

Unternehmenssteuern
Absenkung der Steuersätze; Inkrafttreten 1.1.2008; Kosten: 10–22 Mrd. €.

Kombilohn/Mindestlohn
Ziel: mit Lohnzuschüssen neue Beschäftigung für Langzeitarbeitslose; Methode strittig (Union gegen Mindestlohn, SPD gegen Kombilohn).

(Sich) informieren

Um regieren zu können, muss man sich informieren. In der Informationsbeschaffung kann man geradezu eine Form der Regierungstechnik sehen. Der Zusammenhang zwischen Regieren und Informationsbeschaffung zeigt sich darin, dass politische Richtlinien oft nur Reaktionen auf bestimmte politische Situationen sind, über deren Bedeutung man informiert ist und die deshalb politisch beeinflusst werden sollen. Der Terminkalender der Bundeskanzlerin (M 4, S. 307) zeigt wichtige Informationsquellen, die sie in die Lage versetzen zu regieren.

- Die Bearbeitung von Vermerken und Vorlagen aus den einzelnen Ressorts erlaubt ihr nach der Geschäftsordnung der Bundesregierung Einblick in die Tätigkeit der Ministerien.
- In Gesprächsterminen mit ihren Mitarbeitern erhält sie einen Überblick über die Berichterstattung in den Medien. Dies vermittelt eine Vorstellung, was in der in- und ausländischen Öffentlichkeit diskutiert wird.

Der Regierung steht zur Informationsbeschaffung das Presse- und Informationsamt (PIA) zur Verfügung, das daneben eine zweite, für die Regierung nicht minder wichtige Funktion ausübt: Es hat die Tätigkeit der Regierung gegenüber der Öffentlichkeit ‚zu verkaufen', d.h. möglichst werbewirksam im Hinblick auf kommende Wahlen über die Arbeit der Bundesregierung zu berichten. Damit ist das PIA Ohr und Sprachrohr der Regierung.
Informationen aus dem Ausland erhält die Regierung auch durch den unmittelbar dem Kanzleramt unterstellten Bundesnachrichtendienst (BND). Da der Chef des Bundeskanzleramts zugleich die Tätigkeit der drei Geheimdienste überwacht (neben dem BND sind dies der dem Bundesinnenminister unterstellte Bundesverfassungsschutz und der dem Verteidigungsminister unterstehende Militärische Abschirmdienst/MAD), ist das Kanzleramt Zentrum nicht nur offener, sondern auch geheimer Informationen aus dem In- und Ausland.

Koordinieren

„Regieren heißt auch Aufgaben und Apparate koordinieren" (Thomas Ellwein). Ein hoher Anteil der politischen Aufgaben kann nicht von einem Ministerium oder vom Bundeskanzler allein bewältigt werden. Damit wird die Koordination von Regierungsvorhaben zu einer wichtigen politischen Aufgabe, bei der der politische Wille der Kabinettsmitglieder, der Koalition, der Mehrheitsfraktionen, der Opposition und der Öffentlichkeit zu beachten sind. Dem Bundeskanzler steht mit der Organisationsgewalt, die ihm aus Art. 64 GG erwächst, ein wichtiges Koordinationsinstrument zur Verfügung. Danach legt er den Geschäftsbereich der einzelnen Bundesminister in Grundzügen fest. Freilich kann der Kanzler diese Gewalt nicht unpolitisch ausüben, d.h. nicht ohne Rücksicht auf die Machtverhältnisse in der Regierung, der Koalition und bei der Parlamentsmehrheit.

Entscheiden

Alle Regierungsfunktionen zielen auf Entscheiden: „Es regiert, wer Entscheidungsmöglichkeiten kennt und unter ihnen auswählt" (Thomas Ellwein). Entscheidungsprozesse in einer parlamentarischen Demokratie lassen sich besonders gut bei der Gesetzgebungsarbeit aufzeigen. Man würde das Politische am Regierungsprozess verkennen, wenn man im formellen Beschluss des Bundestages den eigentlichen Regierungsakt sehen würde (vgl. dazu das Beispiel zum Thema „Zuwanderungsgesetz"). Andererseits wäre es auch unzutreffend, Regierungsentscheidungen als einsame Beschlüsse des Kanzlers anzusehen, denen die Mehrheitsfraktionen notgedrungen zustimmen müssen. Der Bundeskanzler hat jedoch – ausgestattet mit der Richtlinienkompetenz und der Autorität des Koalitionsführers – besondere Möglichkeiten, auf den Willensbildungs- und Entscheidungsprozess Einfluss zu nehmen.

Verfassungsrechtliche Stellung des Bundeskanzlers

- Wahl des Kanzlers in der Regel durch absolute Mehrheit; so ist er nur sehr schwer zu stürzen (konstruktives Misstrauensvotum).
- Vertrauensfrage; auch in Verbindung mit einer politischen Richtungsentscheidung wie bei der Entscheidung zum Einsatz der Bundeswehr in Afghanistan.
- Keine Konkurrenz durch den Bundespräsidenten, dessen *politische* Einflussmöglichkeiten weitgehend auf Krisensituationen beschränkt sind.
- Richtlinienkompetenz nach Art. 65 GG und § 1 GOBReg; dazu gehören insbesondere Auswahl der Bundesminister, Informationsrecht des Bundeskanzlers, Aufsicht über die Einheitlichkeit der Geschäftsführung in der Bundesregierung, Organisationsgewalt.

Der eminent **politische Charakter des Regierens** wird dadurch deutlich, dass Regierungsakte in aller Regel nicht auf einsamen Entschlüssen basierende Entscheidungen des Regierungschefs sind, sondern das Ergebnis von Informationen und Beratung mit vielfältigen am politischen Prozess beteiligten Kräften darstellen. Dabei bedeutet Regieren oft auch das Durchsetzen und Vertreten bereits zuvor getroffener Entscheidungen.

Analyse einer politischen Rede – Schwerpunkt Rhetorik

Hier: Analyse der Regierungserklärung von Bundeskanzlerin Angela Merkel vom 30.11.2005

Zu Beginn der Legislaturperiode verkündete die Kanzlerin am 30. November 2005 das Regierungsprogramm ihrer Koalition in einer Rede vor dem Bundestag. Eine Analyse dieser Regierungserklärung gibt Aufschluss über das politische Konzept der kommenden Jahre (Überblick über die wichtigsten Aufgaben in M 2, S. 300; vollständiger Text als Broschüre oder als Internet-Datei unter www.bundeskanzlerin.de). Regierungserklärungen werden übrigens auch während der Legislaturperiode abgegeben – zu grundsätzlichen wie zu aktuellen Fragestellungen und Problemen.

- **Machtpolitischer Kontext**
  Nach Wahlen analysieren die im Bundestag vertretenen Parteien, welche Koalitionsmöglichkeiten sich aus den Mehrheitsverhältnissen ergeben.
  Nach den Wahlen 2005 (vgl. M 14, S. 295) gab es weder eine Mehrheit für die bisher regierende rot-grüne Koalition noch für ein Bündnis von CDU/CSU und FDP, die sich im Wahlkampf für eine Ablösung der Regierung Schröder ausgesprochen hatten. Ein rot-rot-grünes Bündnis schied aus, weil sich die SPD nicht mit ihrem Ex-Vorsitzenden Oskar Lafontaine, der jetzt die Linkspartei anführt, einlassen wollte; eine Ampel-Koalition (rot-gelb-grün) schied wegen der Weigerung der FDP ebenso aus wie eine „Jamaika-Koalition" (Nationalflagge mit den Farben schwarz-gelb-grün) aus CDU/CSU, FDP und Grünen. So fanden sich CDU/CSU und SPD in einer Großen Koalition zusammen.
- **Inhaltliche Übereinstimmungen**
  In schwierigen Verhandlungen suchten die Koalitionsspitzen – ausgehend von ihren unterschiedlichen Partei- und Wahlprogrammen – nach gemeinsamen Zielsetzungen; noch im Wahlkampf hatten die künftigen Partner massiv mit sehr unterschiedlichen Konzepten um Wählerstimmen geworben. Streitpunkte waren z. B. eine von der Union geforderte 2%-Mehrwertsteuer-Erhöhung, die die SPD als „unsoziale Merkel-Steuer" abgelehnt hatte; oder der Streit um die Gesundheitsreform, wobei die SPD eine „Bürgerversicherung", die Union ein „Prämienmodell" gefordert hatte.
- **Koalitionskompromisse**
  Das Regierungsbündnis wurde in einem Koalitionsvertrag besiegelt; die neue Bundeskanzlerin verkündete nach ihrer Wahl in einer Regierungserklärung das Programm der Großen Koalition.
- **Rhetorik (Lehre von der wirkungsvollen Gestaltung einer Rede)**
  Das Internetmagazin für Sprache und Rhetorik (www.institut1.de) untersuchte nach fünf Kriterien die erste Regierungserklärung von Angela Merkel:

Rhetorische Kriterien und Erläuterungen	
Authentizität	Redet der Redner in eigener Sprache? Enthält die Rede Ich-Botschaften? Passt die Rede zum Redner? Ist die Rede echt mit der Folge der Glaubwürdigkeit?
Position	Wird die Rede der Rolle und Funktion des Redners gerecht? Hat der Redner erforderliche Reflexionen geleistet? Ist die Rede angemessen? Wird der Redner der Situation gerecht?
Komplexinhalt	Sind Meta-Botschaften enthalten, Inhalte, die über, ober- oder außerhalb der Rede liegen? Wird effizient kommuniziert, also auf Inhalte geachtet und gleichzeitig eine Meta-Position aktiviert?

Rhetorische Kriterien und Erläuterungen	
Temperatur	Besteht Stimmigkeit zwischen Redner, Publikum und Situation? Ist die Rede im richtigen Grade engagiert? Ist die Rede unterkühlt, überhitzt oder wohltemperiert? Besteht ein hinreichender Wechsel zwischen Anspannung und Entspannung?
Farbe	Ist die Rede verwaschen oder deutlich? Ist die Rede spröde oder bildhaft? Werden Stilmittel gekonnt angewandt? Leistet die Rede einen Beitrag zur Entwicklung der Redekunst?

Mit diesen fünf Kriterien werden dann verschiedene Auszüge aus der Regierungserklärung analysiert.

Redeauszug 1: Wer hätte gedacht?

„Wer hätte noch vor einigen Wochen und Monaten gedacht, dass heute eine Große Koalition antritt, um unser Land gemeinsam in die Zukunft zu führen?
(Dr. Gregor Gysi – DIE LINKE: Wir!)
Wer hätte gedacht, dass SPD und Union so viel Verbindendes entdecken, dass sie ein dichtes Programm für vier Jahre vorlegen?
(Heiterkeit und Beifall bei der CDU/CSU und der SPD, Lachen bei Abgeordneten der LINKEN und des BÜNDNIS 90/DIE GRÜNEN, Claudia Roth – BÜNDNIS 90/DIE GRÜNEN: Die Wähler nicht!)
Wer hätte gedacht, dass mein Koalitionspartner von einem Parteivorsitzenden aus Brandenburg angeführt wird? Wer hätte gedacht, dass das höchste Regierungsamt schon in diesem Jahr einer Frau übertragen wird? Wer hätte das alles gedacht?
(Beifall bei der CDU/CSU sowie bei Abgeordneten der SPD)
Das alles ist für viele von uns eine Überraschung und ich sage: manches davon auch für mich. Aber es ist nicht die größte Überraschung meines Lebens. Die größte Überraschung meines Lebens ist die Freiheit. Mit vielem habe ich gerechnet, aber nicht mit dem Geschenk der Freiheit vor meinem Rentenalter.
(Beifall bei der CDU/CSU und der SPD sowie bei Abgeordneten der FDP und des BÜNDNIS 90/DIE GRÜNEN)
Alle Wege vor 1989 endeten an einer Mauer, die nur wenige Meter von diesem Platz entfernt unser Land für alle Zeit zu zerschneiden schien. Wenn Sie schon einmal in Ihrem Leben so positiv überrascht wurden, dann halten Sie vieles für möglich. Dabei möchte ich bleiben.
(Beifall bei der CDU/CSU sowie bei Abgeordneten der SPD)“

Redeauszug 2: Situation und Möglichkeiten

„Eine große Koalition zweier unterschiedlicher Volksparteien eröffnet die ganz unerwartete Möglichkeit zu fragen, was wir gemeinsam besser machen können – ohne uns dabei dauernd mit Schuldigkeiten aufzuhalten, ohne dauernd mit dem Finger auf den anderen zu zeigen und zu fragen, welchen Missstand der andere – natürlich ganz allein – herbeigeführt hat. Denn eines ist klar: Wir alle, ob wir es zugeben oder nicht, tragen Verantwortung dafür, dass wir heute die Möglichkeiten unseres Landes noch nicht voll ausschöpfen: Unser Wachstum kommt seit Jahren nicht mehr richtig in Schwung, die Verschuldung ist in erschreckende Höhen gestiegen, der Aufholprozess der neuen Bundesländer ist seit Jahren gestoppt und ohne den Automobilsektor wäre Deutschland nicht mehr ein solches Hightech-Land, wie ich mir das wünsche. PISA zeigt, dass wir an vielen Stellen nicht mehr einfach sagen können: Wir sind eine Bildungsnation. Den rapiden Wandel der Ar-

Angela Merkel

beitswelt haben wir noch nicht bewältigt. Deutschland ist nicht hinreichend auf die demografischen Veränderungen vorbereitet. Auch auf die Bedrohungen neuer Art und die fließenden Grenzen zwischen innerer und äußerer Sicherheit haben wir noch keine umfassenden Antworten gefunden."

Rhetorische Kritik Auszug 1: Wer hätte gedacht?	
Authentizität	„Die größte Überraschung meines Lebens ist die Freiheit", eine hochwertige Ich-Botschaft, steht hier im Kern des Vortrags.
Position	Die Einkleidung der Aussage „eine große Koalition tritt an" in eine rhetorische Frage überzeugt.
Komplexinhalt	Es gibt Möglichkeiten auch dann, wenn man sie noch nicht sieht; die Erfahrung positiver Überraschungen bildet die Grundlage für Optimismus.
Temperatur	Die Temperatur von Aussagen und Vortrag stimmt; das Gleichgewicht von Geschichte, Situation und Perspektive wurde gefunden.
Farbe	Die Passage enthält eine sehr gelungene Kette rhetorischer Fragen. Die Kunst liegt in der Qualität dieser Fragen.

Rhetorische Kritik Auszug 2: Situation und Möglichkeiten	
Authentizität	Das persönliche Programm der Rednerin wird deutlich vorgetragen.
Position	Sie vermag ihre Funktionen als Bundeskanzlerin, Parteivorsitzende und vormalige Wahlkämpferin in der Situation der Regierungserklärung überzeugend zu verbinden.
Komplexinhalt	Die Tatsache, dass nicht alle Lösungen vorhandener Probleme in der Koalitionsvereinbarung enthalten sind, wird in adäquater Sprache mitgeteilt.
Temperatur	Der Notwendigkeit einer komplexen Problembeschreibung genügt die Rednerin mit angemessener Sachlichkeit.
Farbe	Obgleich die Farbe Grau dominieren muss, bildet die Aussage „Wir sind eine Bildungsnation" einen guten Kontrast.

Aufgaben

1. Untersuchen Sie, inwieweit sich aus den Partei- und Wahlprogrammen der Koalitionspartner Gemeinsamkeiten für ein Regierungsbündnis ergeben.
2. Beziehen Sie diese Analyse genauer auf die sieben Schwerpunkte (vgl. M 2, S. 300), die die Kanzlerin in ihrer Regierungserklärung angesprochen hat.
3. Unterscheiden Sie:
   a) Wo gibt es inhaltliche Übereinstimmung?
   b) Wo formulierten die Partner neue inhaltliche Kompromisse?
   c) Wo gaben sie sich mit Formelkompromissen (vgl. M 16, S. 270) zufrieden?
   d) Wo benannten sie offen einen Dissens, der noch in weiteren Verhandlungen ausgeräumt werden soll?
4. Untersuchen Sie anhand der oben eingeführten rhetorischen Kriterien einen weiteren Auszug aus der Regierungserklärung der Bundeskanzlerin (Redeauszug 3, S. 305).

Redeauszug 3: Ein Vizekanzler

„Deutschland ist das Land der Ideen, wie der Bundespräsident sagt. Zu einem Land der Ideen gehört nach meiner Auffassung eine Regierung der Taten. Und diese unsere Bundesregierung hat sich viele Taten vorgenommen.
(Beifall bei der CDU/CSU sowie bei Abgeordneten der SPD)
Ein Vizekanzler einer früheren Großen Koalition und späterer Bundeskanzler hat einmal gesagt: Mehr Demokratie wagen.
(Beifall bei Abgeordneten der SPD)
Ich weiß, dass dieser Satz viele, zum Teil sehr heftige Diskussionen ausgelöst hat. Aber ganz offensichtlich hat er den Ton der damaligen Zeit getroffen. Ich sage persönlich: Gerade in den Ohren der Menschen jenseits der Mauer klang er wie Musik. Gestatten Sie mir, diesen Satz heute zu ergänzen und uns zuzurufen: Lassen Sie uns mehr Freiheit wagen!
(Beifall bei der CDU/CSU und der SPD sowie bei Abgeordneten der FDP)
Lassen Sie uns die Wachstumsbremsen lösen! Lassen Sie uns uns selbst befreien von Bürokratie und altbackenen Verordnungen! Viele unserer europäischen Nachbarn zeigen uns doch, was möglich ist. Deutschland kann das, was andere können, auch; davon bin ich zutiefst überzeugt."

Aufgaben

5. Überprüfen Sie anhand der Berichterstattung in den Medien, welche Vorhaben der Koalition mittlerweile realisiert wurden.

6. Jenseits einer reinen Textanalyse entwickelte der Sprachwissenschaftler Uwe Pörksen („Was ist eine gute Regierungserklärung", Bonn 2004) allgemeingültige Kriterien für das, was er eine „glaubwürdige Regierungserklärung" nennt. Untersuchen Sie – es kann sich dabei auch um einen aktuelleren Text handeln –, wie glaubwürdig diese Regierungserklärung ist.

Was ist eine glaubwürdige Regierungserklärung?

- Sie ist glaubwürdig, wenn sie auf die Situation antwortet. Sie versteht deren Frage und ist eine Antwort auf diese bestimmte geschichtliche Situation.
- Sie hat die Chance der Glaubwürdigkeit, wenn sie eine entschiedene These hat und die Konturen der Person, der Position des Redenden erkennbar macht.
- Sie gewinnt umso mehr an Glaubwürdigkeit, je konkreter sie ist – in der Sache wie in der Sprache –, je genauer ihr Blick für die Situation wie für das Publikum zum Ausdruck kommt.
- Sie wird glaubwürdig, wenn sie die eigene Auffassung mit Parallelen in Gegenwart und Geschichte vergleicht – wenn sie, was Sache ist, durch Erfahrung und Weltkenntnis einzuordnen vermag.
- Eine Kursänderung wird erst ganz überzeugend, wenn sie den Gegner beim Namen nennt und die gegnerische Auffassung plastisch werden lässt, stark macht und – widerlegt. Den Gegner herausfordern.
- Sie gewinnt Vertrauen, wenn sie nicht nur den Verstand, sondern auch die Gefühle der Zuhörer erobert und zu Herzen geht.
- Eine Regierungserklärung überzeugt, wenn sie aus der Beweisführung mutig und klar den zwingenden Schluss zieht.

M 3 | „Große Koalition als Regierung des kleinen Nenners"

So charakterisiert der Berliner Politikwissenschaftler Wolfgang Merkel knapp ein Jahr nach Amtsantritt das Regieren von Bundeskanzlerin Angela Merkel:

Deutschlands Wirtschafts-, Sozial- und Bildungspolitik erhält schlechte Zensuren: das Wachstum zu gering, die Verschuldung zu hoch, die Bildung im Hintertreffen, das teure Gesundheitssystem leistungsschwach, der Sozialversicherungsmodus anachronistisch und die hohe Arbeitslosigkeit unverändert. Unter allen OECD-Staaten habe sich Deutschland in den vergangenen zwei Jahrzehnten als besonders reformresistent erwiesen. Das Land des Wirtschaftswunders wurde zum „sick man of Europe".

So kann es nicht verwundern, dass Angela Merkel als Führerin der Opposition 2005 im Bundestag versprach, die Blockaden aufzubrechen und endlich „durchzuregieren". [...] Auch Gerhard Schröder versuchte das. Die Bilanz seiner Regierung war dennoch bescheiden. Wie lässt sich diese anhaltende Reformschwäche erklären?

Schon seit Langem werden dem politischen System Deutschlands besonders hohe institutionelle Hürden für einen Politikwechsel bescheinigt. Die Verfahren der Entscheidungsfindung sind tatsächlich komplizierter als im britischen Westminster-Modell, den Einkammersystemen in Skandinavien oder Ländern mit Einparteienregierungen wie (häufig) in Spanien. Die Bundesrepublik hat engere konstitutionelle Schranken, mehr Nebenregierungen und dichtere checks and balances als die meisten westeuropäischen Regierungssysteme: Eigensinnige Bundesländer, ein parteipolitisierter Bundesrat, das mächtige Bundesverfassungsgericht, einflussreiche Interessenverbände und die EU haben sich zu einer dichtgestaffelten Phalanx interventionslüsterner Vetospieler formiert.

Zudem leidet der bundesdeutsche Föderalismus an der Krankheit Dauerwahlkampf. Da Landtagswahlen als Stimmungsbarometer für den Bund gelten und über die Zusammensetzung des Bundesrats auch die Machtverhältnisse in der Bundesgesetzgebung beeinflussen, verkürzt sich der ohnehin schon begrenzte zeitliche Gestaltungshorizont noch einmal – ein Standortnachteil, den sich kein anderes OECD-Land leistet.

Verdichten sich politische Probleme und gibt es keine klaren Regierungsmehrheiten, formieren sich in vielen parlamentarischen Regierungssystemen große Koalitionen. In Deutschland gab es sie auf Bundesebene bisher nur einmal, von 1966 bis 1969. Von den Notstandsgesetzen, der konzertierten Aktion, der großen Finanzreform bis zur Vorbereitung des ersten richtungspolitischen Regierungswechsels der Republik gilt diese Koalition als Erfolg. Kann auch die zweite große Koalition einen ähnlichen Erfolg haben? Dafür müssten drei Bedingungen erfüllt sein: gemeinsame programmatische Schnittmengen in den großen Reformfragen, Einbindung oder Neutralisierung der Vetospieler und eine handlungsstarke Regierungsspitze.

Die Koalitionsvereinbarung hebt fünf Politikfelder als besonders reformbedürftig hervor: Familienpolitik, Föderalismus, Gesundheit, Staatsverschuldung, Arbeitsmarkt. Betrachtet man die allgemeinen Reformziele unabhängig von den programmatisch-strategischen Präzisierungen ihrer Verwirklichung, ergibt sich mehr Übereinstimmung, als SPD und CDU in ihren Wahlkämpfen glauben machen möchten. Die Gemeinsamkeiten nehmen allerdings mit der Präzisierung der Ziele und mit der Konkretisierung ihrer Umsetzung ab. [...]

Auch wenn die große Koalition aus der Not geboren wurde, besitzt sie gegenüber kleinen Koalitionen den Vorteil, den Bundesrat als wichtigsten potenziellen Vetospieler gegen die Regierungspolitik ausgeschaltet zu haben. Nun muss verhindert werden, dass sich dieses Vetopotenzial innerhalb der Koalition entfaltet: Es ist Führung gefordert. Was dürfen wir hier von Bundeskanzlerin Angela Merkel erwarten? Das Grundgesetz sagt: „Der Bundeskanzler bestimmt die Richtlinien der Politik und trägt dafür die Verantwortung" (Art. 65). Der Kanzler hat also zunächst eine starke Stellung. Das Kanzlerprinzip wird aber durch das Kabinetts- und Ressortprinzip eingehegt. Seine magische Überhöhung ist aus dem Grundgesetz nicht abzuleiten, sondern galt allenfalls für den autoritären Regierungsstil Adenauers. In einer großen Koalition ist die Richtlinienkompetenz durch die noch stärkere Bedeutung des Kabinetts- und Ressortprinzips sowie das informelle Gremium der Partei- und Fraktionsvorsitzenden weiter eingeengt. Ein autoritärer Durchgriff steht Angela Merkel nicht zur Verfügung. Durchregieren geht an Buchstaben und Wirklichkeit des Grundgesetzes vorbei. Dafür bedürfte es neben den – fehlenden – verfassungsrechtlichen Bedingungen auch eines erheblichen Charismas der Regierungschefin. Selbst wenn man Charisma weniger emphatisch als Max Weber definiert und schlicht als die unbestrittene Autorität der Kanzlerin interpretiert, lassen sich dafür keine Ansätze erkennen. Die Unionsministerpräsidenten sind nicht die „treue Gefolgschaft" der Kanzlerin. Bei Konflikten wird nicht einmal Angela Merkels Rolle als Prima inter pares anerkannt.

Wenn Dezisionisinus wie Charisma fehlen, bleibt nur noch Machiavellis virtù. Es muss nicht der mit einer außergewöhnlichen Tüchtigkeit begabte Gründungsheros und Ordnungsstifter, der einsame uomo virtuoso, sein. Und natürlich kann der Fürst heute auch eine Frau sein. Allerdings muss sie in der Lage sein, der blinden Fortuna die Zufälligkeit, das Schicksalhafte zu nehmen. Darin entscheidet sich die subjektive Tüchtigkeit der Politikerin gegenüber den objektiven Bedingungen und dem geschichtlichen Zufall. Lassen wir Machavellis Rat zur List und Tücke beiseite, obgleich auch diese in demokratischen

Herrschaftsformen zum politischen Repertoire des Wettbewerbs und der Elitenzirkulation gehören. Denn es sind vor allem der Mut und die Einsicht in die Gelegenheit (occasione), das in der jeweiligen Situation Gebotene zu erkennen und konsequent auszuführen, die Machiavelli beschwört. Auch rät der Florentiner, die notwendigen Grausamkeiten am Anfang einer Herrschaft zu begehen. Was für den Fürsten galt, gilt in einer Demokratie mit Wahlen und kurzen Zeithorizonten noch viel mehr.

(FAS, 24.09.2006, S. 15)

Aufgaben

1. Identifizieren Sie die „dichtgestaffelte Phalanx interventionslüsterner Vetospieler“ (Zeile 31 f.) und untersuchen Sie – unter dem Aspekt Legitimation – verfassungsrechtliche bzw. politische Grundlagen für deren Verhalten.
2. Der Autor formuliert in Zeile 50–54 „drei Bedingungen“ für den Erfolg der zweiten Großen Koalition. Inwieweit sind diese Bedingungen erfüllt?
3. Fünf Politikfelder (Zeile 55–57) gelten als besonders reformbedürftig. Wo zeigen sich Fortschritte seit der Regierungsbildung im Herbst 2005, wo bleiben die Ergebnisse hinter den Erwartungen zurück?

M 4 | Auszug aus dem Terminkalender der Bundeskanzlerin Angela Merkel (28. Mai bis 2. Juni 2006)

Sonntag, 28. Mai	14.00 Uhr	Trauerfeier für den verstorbenen Präsidenten des Zentralrates der Juden in Deutschland, Dr. Paul Spiegel
	20.00 Uhr	Koalitionsausschuss
Montag, 29. Mai	09.00 Uhr	CDU-Präsidium
	11.00 Uhr	CDU-Bundesvorstand
	15.30 Uhr	Grundsteinlegung für ein Versuchskraftwerk in Spremberg
	18.30 Uhr	CDU-Regionalkonferenz Hessen und Thüringen
Dienstag, 30. Mai	10.00 Uhr	Festakt zum 100. Jubiläum des staatlichen Naturschutztages
	13.40 Uhr	Videokonferenz mit dem US-Präsidenten
	14.30 Uhr	Fototermin mit Stipendiaten der Alexander von Humboldt-Stiftung
	15.00 Uhr	CDU/CSU-Bundestagsfraktion
	18.00 Uhr	Gespräch mit dem Kuratoriumsvorsitzenden der Helmut und Loki Schmidt-Stiftung
	18.45 Uhr	Gespräch mit einem Vorsitzenden eines Unternehmensvorstands
	19.30 Uhr	Telefonat mit dem schwedischen Ministerpräsidenten
	20.30 Uhr	Teilnahme an der „Media Night 2006“ der CDU Deutschlands
Mittwoch, 31. Mai	07.45 Uhr	Lagebesprechung
	09.15 Uhr	Gespräch mit Herrn Minister Müntefering
	09.30 Uhr	Kabinett
	12:30 Uhr	Gespräch mit ehemaligem libanesischen Ministerpräsidenten
	16.00 Uhr	Festveranstaltung der Deutschen Forschungsgemeinschaft
	19.00 Uhr	Abendveranstaltung der CDU/CSU-Bundestagsfraktion
Donnerstag, 1. Juni	08.00 Uhr	Sitzung des Deutschen Bundestages
	12.00 Uhr	Gespräch mit dem Präsidenten des World Economic Forum
	13.00 Uhr	Telefonat mit rumänischem Ministerpräsidenten
	14.00 Uhr	Wirtschaftstag des CDU-Wirtschaftsrates
	15.30 Uhr	WM-Talk mit Reinhold Beckmann und Johannes B. Kerner
	17.00 Uhr	Eröffnung der „Berliner Begegnung“/11. Internationale Begegnung des Gebetsfrühstückskreises
	18.15 Uhr	Aufzeichnung einer Videobotschaft für eine Kinderkrebsklinik
	18.40 Uhr	Gespräch mit dem Präsidenten des Bundesverfassungsgerichts
	19.00 Uhr	Abendessen mit Richtern des Bundesverfassungsgerichts
Freitag, 2. Juni	08.30 Uhr	Lagebesprechung
	09.30 Uhr	Fan-Projekt DFB
	10.45 Uhr	Eröffnung der ständigen Ausstellung zur deutschen Geschichte im Deutschen Historischen Museum
	13.00 Uhr	Mittagessen mit jordanischem König
	15.00 Uhr	Gespräch mit britischem Schatzkanzler

Politiklexikon: Deutsche Bundeskanzler – Amtszeit und Politikstile

1949 – 1963

Konrad Adenauer (1876–1967) war von 1917–1933 Oberbürgermeister von Köln; er wurde von den Nazis abgesetzt und war zeitweise in Haft. Nach 1945 Chef der CDU in der britischen Besatzungszone und Vorsitzender des Parlamentarischen Rats (1948/49). Sept. 1949 Wahl zum Kanzler und Bildung einer bürgerlichen Koalition aus CDU/CSU, FDP und DP. Nach seiner knappen Wahl – eine Stimme Mehrheit – festigte A. seine Position und entwickelte die CDU zu einer überkonfessionellen Volkspartei. Am Ende seiner Kanzlerschaft litt seine Autorität: Konflikt um seine Kandidatur für das Amt des Bundespräsidenten (1959) sowie „Spiegel-Affäre"(1962). Nach Stimmeneinbußen und Verlust der absoluten Mehrheit bei der Wahl 1961 Rücktritt zur Mitte der Legislaturperiode gemäß Koalitionsabsprache mit der FDP. Adenauer, bei Amtsantritt bereits 73 Jahre alt, bestimmte die politischen Anfänge der Bundesrepublik: Ausbau zur „Kanzlerdemokratie" durch konsequente Wahrnehmung der Richtlinienkompetenz nach Art. 65 GG.; Politik der Westbindung (europ. Einigung/NATO) und des wirtschaftlichen Aufbaus (Soziale Marktwirtschaft). Starke Stellung durch Personalunion von Partei- und Regierungschef.

1963 – 1966

Ludwig Erhard (1897–1977) genoss als Wirtschaftsminister (seit 1949) hohes Ansehen. Als „Vater des Wirtschaftswunders" bewies er 1965 seine Zugkraft als „Wahllokomotive", als die Union ihren Stimmenanteil um 2,2% auf 47,6% steigerte. Der Wirtschaftsfachmann scheiterte an der ersten wirtschaftlichen Rezession der Nachkriegszeit, als der Koalitionspartner FDP Steuererhöhungen ablehnte und die schwarz-gelbe Koalition zerbrach. Erhard war sehr populär als Fachmann für Wirtschaftsfragen; er galt aber als „unpolitisch". Der „Kanzler ohne Hausmacht" wurde erst kurz vor seinem Scheitern CDU-Parteichef. Man attestierte ihm „fehlende Härte" und „Führungsschwäche". Für den Politikwissenschaftler Karlheinz Niclauß ist E. ein Beispiel dafür, dass ein Regierungschef „durch sein öffentliches Prestige [...] nicht in jedem Fall auch professionelle Reputation" gewinnt.

1966 – 1969

Kurt-Georg Kiesinger (1904 –1988) war vor seiner Kanzlerschaft Ministerpräsident von Baden-Württemberg. Als Regierungschef der 1. Großen Koalition setzte er keine besonderen Akzente und gilt als Übergangskanzler. Seine hohe Kompromissbereitschaft trug K. die Bezeichnung „wandelnder Vermittlungsausschuss" ein. Sehr effizient arbeitete das Beratungsgremium der Großen Koalition im „Kreßbronner Kreis", wo Kanzler und Vizekanzler Willy Brandt (SPD) gemeinsam mit den beiden Fraktionschefs der Koalition, Rainer Barzel und Helmut Schmidt, sowie einigen wenigen Ministern die Arbeit der Regierung geräuschlos koordinierten.

1969 – 1974

Willy Brandt (1913–1992) verließ während der Nazi-Zeit Deutschland und verbrachte die Emigration in Norwegen. Von 1957–1966 war er Regierender Bürgermeister von Berlin. Als Kanzlerkandidat der SPD unterlag er 1961 bzw. 1965 den Kanzlern Adenauer bzw. Erhard. In der Großen Koalition (1966–1969) war Brandt Außenminister und Vizekanzler. Nach einem knappen Wahlsieg wurde er im Herbst 1969 Kanzler einer sozialliberalen Koalition. Beflügelt durch eine gesellschaftliche Aufbruchstimmung, entfacht von den „Achtundsechzigern", setzte die neue Regierung Akzente bei „Inneren Reformen" (berühmt ist das Brandt-Wort: „Wir wollen mehr Demokratie wagen") und in der Ost- und Deutschland-Politik, was 1971 zur Verleihung des Friedensnobelpreises an B. führte. Brandts Kanzlerschaft war „kein Musterbeispiel für eine Kanzlerdemokratie reinsten Wassers" (E. Jesse, Die Kanzler der Bundespublik, GWP 2/2006, S.189); damit steht er im Gegensatz zur durchgreifenden und dominanten Rolle von Bundeskanzler Adenauer. Unter Brandt eskalierten Konflikte zwischen seinen Ministern und die Liberalität des Kanzler erschien politischen Beobachtern als Führungsschwäche. Der Rücktritt im Zusammenhang mit der Agentenaffäre Guillaume gilt heute eher als Anlass denn als Ursache des Endes seiner Kanzlerschaft. Seitens seiner Partei hatte er wenig Probleme, zumal der Kanzler auch SPD-Chef war.

1974 – 1982

Helmut Schmidt (* 1918)
wurde nach dem Rücktritt Brandts sein Nachfolger. Zuvor hatte sich S. als Bundestagsabgeordneter („Schmidt-Schnauze"), Hamburger Innensenator, SPD-Fraktionschef in der Großen Koalition sowie als Verteidigungs-, Wirtschafts- und Finanzminister profiliert. Seine Amtszeit war bestimmt von den Auswirkungen mehrerer Weltwirtschaftskrisen – Schmidt galt als „Weltökonom" – sowie von Terroranschlägen der RAF in Deutschland. Schmidt war im Gegensatz zu seinem Vorgänger kein Freund langatmiger Diskussionen im Kabinett; er zeigte Entschlusskraft und überzeugte durch ein effizientes Krisenmanagement. S. fand Anerkennung auch außerhalb seiner Partei; da er als einziger Kanzler zu keiner Zeit Parteivorsitzender war, fehlte ihm oft die Unterstützung aus den eigenen Reihen. Auch die Tatsache, dass er sich im Gegensatz zu Brandt mehr als Verantwortungs- denn als Gesinnungsethiker verstand, verschärfte Konflikte mit der SPD, vor allem in der Sicherheitspolitik, insbesondere bei der Debatte um den NATO-Doppelbeschluss.

1982 – 1998

Helmut Kohl (* 1930)
war insgesamt 16 Jahre Kanzler; damit übertraf seine Amtszeit die aller seiner Vorgänger. Seine politische Karriere begann früh: 1963 CDU-Fraktionschef und 1969 Ministerpräsident in Rheinland-Pfalz. Als Kanzlerkandidat verfehlte er 1976 mit 48,6% der Stimmen nur knapp die absolute Mehrheit und wurde Fraktionschef der CDU-Opposition. 1982 löste er mit den Stimmen der FDP Helmut Schmidt durch ein konstruktives Misstrauensvotum ab, nachdem die sozialliberale Koalition auseinandergebrochen war. Höhepunkt der Kanzlerschaft war die deutsche Einheit, die Kohl durch geschickte Diplomatie beförderte. Die letzten Jahre seiner Kanzlerschaft litten unter einem „Reformstau", z. T. verursacht durch eine fehlende Mehrheit seiner Partei im Bundesrat. Kohl war durch 25-jährigen Parteivorsitz tief mit der CDU verbunden. Er gilt als Machtpolitiker mit einem Gespür für Stimmungen im (Partei-) Volk; auf die (ver-)öffentlich(t)e Meinung achtete er weniger. Kohl sah sich als „Generalisten" und stützte seine Macht auf ein enges Netzwerk in der Partei und auf „Männerfreundschaften". Damit war sein Regierungsstil mehr informell und weniger institutionell. Kritiker warfen K. vor, dass er Probleme „aussitze"; andererseits überzeugte er durch seine Fähigkeit, gegensätzliche Positionen zu integrieren – ein Talent, das ihm half, die deutsche Einheit zu vollenden.

1998 – 2005

Gerhard Schröder (* 1944)
ist bislang der einzige Kanzler, dem es gelang, aus der Opposition heraus durch einen Erfolg bei Bundestagswahlen Regierungschef zu werden; Vorgänger Kohl konnte 1998 nicht vom „Kanzlerbonus" profitieren. Vor dem Einzug ins Kanzleramt war S. von 1990 bis 1998 Ministerpräsident von Niedersachsen. Gemeinsam mit Außenminster und Vizekanzler Joschka Fischer setzte S. in der rot-grünen Koalition neue Akzente: in der Innenpolitik z. B. Atomausstieg und „Ökosteuer"; außenpolitisch Übernahme militärischer Verantwortung. Schröders Wahlerfolge beruhten auf einer professionellen Wahlkampfführung und einer umfassenden Medienpräsenz („Medienkanzler"). Er suchte für seine SPD neue Wähler in der „neuen Mitte" und stand für „Innovationen", was rasch zu Konflikten mit dem SPD-Vorsitzenden Lafontaine – der „soziale Gerechtigkeit" einforderte – und mit traditionellen Wählerschichten führte. Der Konflikt um die Agenda 2010 (Hartz IV-Gesetze) führte die SPD in ein Stimmungstief, aus dem sich S. 2005 durch vorzeitige Wahlen befreien wollte. Sein Führungsstil war geprägt durch die Verlagerung von Entscheidungsprozessen in eine Vielzahl von Kommissionen, Beiräten und Bündnissen, was Konsens stiften sollte, aber zulasten parlamentarischer Auseinandersetzungen ging. Manchen galt S. als zu zögerlich („Politik der ruhigen Hand"), andere kritisierten ihn als „Basta"-Kanzler.

seit 2005

Angela Merkel (* 1954)
engagierte sich 1989 bei der Wende in der DDR zunächst beim „Demokratischen Aufbruch", stieß dann zur CDU und wurde unter Kohl Ministerin (1991 – 1998) und danach Generalsekretärin (1998). Als Fraktions- und Parteichefin der CDU (ab 2002) kümmerte sich M. um die Aufklärung der CDU-Spendenaffäre ihres Vorgängers. 2002 überließ sie noch CSU-Chef Stoiber die Kanzlerkandidatur, bevor sie 2005 selbst antrat und als erste Frau Regierungschefin wurde. Merkels Regierungsstil unterscheidet sich vom Medienkanzler Schröder: Beobachter verweisen auf ihre Ausbildung zur Physikerin und behaupten, dass M. auch in der Politik Prozesse genau beobachte, analysiere und zum angemessenen Zeitpunkt entscheide. Ihr „pragmatischer, sachbezogener und nüchterner Arbeitsstil" sei auf „Kooperation ausgerichtet, nicht auf Konflikt" (E. Jesse). Von manchen Aufgeregtheiten und Inszenierungen der rot-günen Regierung unterscheidet sie sich durch eine „Politik der kleinen Schritte". Der Erfolg ihrer Koalition hängt von ihrer Führungs- und ihrer Durchsetzungskraft (auch gegenüber innerparteilichen Rivalen) ab.

Aufgaben

1. In einem „Politiklexikon“ sind notgedrungen die Informationen recht knapp zusammengefasst. Der Gebrauchswert hängt davon ab, ob auch in dieser dichten Form wesentliche Inhalte zu Stichworten bzw. Personen enthalten sind. Bewerten Sie die biografischen Angaben zu den acht Kanzlern (ziehen Sie ggf. ein umfangreicheres Nachschlagwerk zu Rate). Wird der Text den beschriebenen Persönlichkeiten gerecht?
2. Vergleichen Sie: Durch welche Ämter in Kommune, Land oder Bund bereiten sich die Politiker auf das Bundeskanzleramt vor?
3. Versuchen Sie, eine vergleichende Gegenüberstellung (Synopse) der Regierungsstile der acht Kanzler zu formulieren. Stellen Sie dabei fest, in welchem Umfang sie von der „Richtlinienkompetenz“ Gebrauch machten, und ermitteln Sie den Kontext (z. B. Mehrheitsverhältnisse oder Koalitionszusammenhänge).

4.2 Phasen des politischen Entscheidungsprozesses

➤ Fallbeispiel: Streit um ein Zuwanderungsgesetz

Ausgangspunkt 2006: Deutschland – (war) ein Zuwanderungsland!?

Bis nach der Jahrtausendwende stritten die politisch Verantwortlichen, ***ob*** Deutschland ein Zuwanderungsland sei, während tatsächlich Millionen von Migranten in unser Land kamen. Kontrovers und sehr prinzipiell wurden einerseits Forderungen nach einem „*Zuwanderungsbegrenzungsgesetz*“ bzw. nach einer deutschen „Leitkultur“ und andererseits die Vision einer „Multikulti-Gesellschaft“ diskutiert; konkrete Probleme der Zuwanderung wie etwa die Bildungschancen von Schülern mit Migrationshintergrund oder Voraussetzungen für eine Einbürgerung von Zuwanderern wurden vernächlässigt und werden erst seit dem „PISA-Schock“ intensiver erörtert. Heute scheint die Frage, ob wir ein Zuwanderungsland seien, entschieden – in der Realität gehen die Zuwanderungszahlen sogar zurück – sodass DIE ZEIT provokativ titelte: Wir ***waren*** ein Zuwanderungsland.

Mehr und mehr – und eigentlich zu spät – befassen sich die Deutschen angesichts von 16 Millionen Einwohnern mit Migrationshintergrund mit den **Folgen** der Einwanderung und entwickeln Perspektiven, wie sich die Gesellschaft in Deutschland angesichts starker demografischer Veränderungen entwickeln soll.

Der Streit um das Zuwanderungsgesetz zeigt die für unsere parlamentarische Demokratie typischen Phasen politischen Entscheidens – bis hin zu einem Urteil des Bundesverfassungsgerichts und der danach folgenden Neuauflage des Gesetzgebungsprozesses in Bundestag und Bundesrat. Das Fallbeispiel zeigt aber auch, dass politische Probleme häufig nicht mit der Verabschiedung eines Gesetzes erledigt sind, sondern nur einen Ausgangspunkt darstellen, um neue Akzente einer umfassenderen Problematik – wie z. B. die Regelung der Einbürgerung von Zuwanderern– politisch zu gestalten. Diesen Wandel in der Einschätzung machte Bundesinnenminister Schäuble deutlich, als er in einem Interview in der SZ am 22. Juli 2006 im Zuwanderungsgesetz „kraftvolle Integrationsideen“ vermisste und eine Initiative der Großen Koalition für ein „*Zuwanderungs- und Integrationsergänzungsgesetz*“ forderte.

M 5 | Streiflichter 2006: Deutschland zwischen Auswanderungstrend, Integration und Einbürgerung

Experte: Politik verschläft Auswanderungstrend

„Deutsche Spitzenkräfte wandern zunehmend ab und ausländische Spitzenkräfte machen immer deutlicher einen Bogen um dieses Land.“ So bringt der Migrationsexperte Bade die Lage auf den Punkt.

(tagesschau.de, 03.07.2006)

Mehr Bundesbürger als je zuvor wandern aus. Immer mehr Deutsche verlassen Deutschland: Wie das Statistische Bundesamt in Wiesbaden am Donnerstag mitteilte, verlegten 2005 knapp 145 000 deutsche Staatsbürger ihren Wohnsitz ins Ausland.

Das war langfristig betrachtet die höchste registrierte Abwanderung seit 1950, zudem ergab sich erstmals seit 1968

ein Wanderungsverlust von knapp 17 000 Bundesbürgern. Als Hauptgrund nannten die Statistiker rückläufige Zuzüge von Aussiedlern. 2005 zogen demnach 128 000 Deutsche nach Deutschland, weitaus weniger als in den Jahren zuvor. Rechnet man Ausländer dazu, ergibt sich für 2005 allerdings ein sogenannter Wanderungsüberschuss von 79 000 Personen. Der noch vorläufigen Statistik zufolge zogen 2005 insgesamt 707 000 Menschen nach Deutschland, 628 000 zogen fort. Bei den Ausländern ergibt sich demnach ein Zuwanderungsplus von knapp 96 000. Allerdings sank die Zahl der ausländischen Zuwanderer im Vergleich zu 2004 um vier Prozent auf 579 000. Erstmals seit der Wiedervereinigung sei hier die 600 000-Grenze unterschritten, teilte das Statistik-Amt mit. Die Zahl der Fortzüge von Ausländern sank demnach um zwölf Prozent auf 483 600.
Das Wiesbadener Bundesamt betonte, dass die Statistik keine Rückschlüsse auf den Hintergrund der Fortzüge zulasse. So sei es nicht möglich, zwischen dauerhafter Auswanderung oder einer befristeten Tätigkeit im Ausland zu unterscheiden. Auch werde nicht unterschieden, ob es sich bei den Betroffenen um Aussiedler, Eingebürgerte oder Deutsche ohne Migrationshintergrund handele.

(Handelsblatt, 16.07.2006, S. 4)

Aus den Einbürgerungstests

a) Baden-Württemberg (Gesprächsleitfaden)

6) Wie stehen Sie zu der Aussage, dass die Frau ihrem Ehemann gehorchen soll und dass dieser sie schlagen darf, wenn sie ihm nicht gehorsam ist?
14) Was halten Sie davon, dass Eltern ihre Kinder zwangsweise verheiraten? [...]
22) Sie erfahren, dass Leute aus Ihrer Nachbarschaft oder aus Ihrem Freundes- oder Bekanntenkreis einen terroristischen Anschlag begangen haben oder planen? [...] Was tun Sie?
28) Ihre Tochter bewirbt sich um eine Stelle in Deutschland. Sie bekommt jedoch ein ablehnendes Schreiben. Später erfahren Sie, dass eine Schwarzafrikanerin aus Somalia die Stelle bekommen hat. Wie verhalten Sie sich?

(Südwestpresse, 24.03.2006)

b) Hessen (Testaufgaben, Entwurf)

3) Nennen Sie drei deutsche Mittelgebirge.
10) Welche Versammlung tagte im Jahr 1848 in der Frankfurter Paulskirche?
19) Was geschah am 8. Mai 1945?
25) Was verstehen Sie unter dem deutschen Wirtschaftswunder?
29) Nennen Sie die Bundesländer, die heute auf dem Gebiet der ehemaligen DDR existieren?
37) Unsere Verfassung garantiert Grundrechte. Nennen Sie vier.
46) Nicht immer sind Eltern mit dem Verhalten ihrer Kinder einverstanden. Welche Erziehungsmaßnahmen sind erlaubt, welche verboten?
52) Unter welchen Umständen können in der Bundesrepublik Deutschland politische Parteien und Vereine verboten werden?

(zit. nach: Die Welt, 16.03.2006, S. 10)

Zahlen zur Einbürgerung

Im Jahr 2004 eingebürgerte Ausländer und deren bisherige Staatsangehörigkeit:
Insgesamt 127 153 Einbürgerungen, davon:
Türkei 44 465 (35,0 %); Polen 7 499 (5,9 %); Iran 6 362 (5,0 %); Russland 4 381 (3,4 %); Afghanistan 4 077 (3,2 %); Ukraine 3 844 (3,0 %); Marokko 3 820 (3,0 %); Irak 3 564 (2,8 %); Serbien und Montenegro 3 539 (2,8 %); Israel 3 164 (2,5 %); Sonstige 42 438 (33,4 %)

(nach: FAZ, 04.03.2006, S. 3)

Das Eckpunktepapier der Innenminister der Bundesländer

Die öffentliche und die nichtöffentliche Diskussion hatte als vorläufigen Zielpunkt das Treffen der Länder-Innenminister am 5. und 6. Mai 2006 in Garmisch-Partenkirchen, wo länderübergreifende, also bundeseinheitliche Richtlinien für die Einbürgerung verabschiedet werden sollten. Dies geschah. Das Ergebnis – ein Eckpunktepapier – wurde unabhängig von allen Kritikpunkten im Detail als ein Kompromiss zwischen den politischen Lagern interpretiert. Die Unionsseite verzichtete auf Gesinnungstest (Baden-Württemberg) und Wissensquiz (Hessen), die SPD-Seite akzeptierte Pflichtkurse, Einbürgerungsgespräch und generelle Erschwerung der Bedingungen.
Hier die Eckpunkte der Innenminister:
Die IMK [Innenminister-Konferenz] hält es für erforderlich, dass in Zukunft für die Einbürgerung bundesweit grundsätzlich folgende gleiche Standards gelten sollen:

a) Regelmäßig rechtmäßiger Daueraufenthalt von acht Jahren.
b) Beherrschen der deutschen Sprache, orientiert am Sprachniveau B 1 des gemeinsamen europäischen Sprachrahmens, was durch einen schriftlichen und mündlichen Sprachtest nachzuweisen ist.

c) Höhere Anforderungen an die Rechtstreue: Die bisherigen Bagatellgrenzen, innerhalb derer Straftaten die Einbürgerung nicht hindern, sind unverhältnismäßig hoch. Um die Rechtstreue des Einbürgerungsbewerbers sicherzustellen, soll in der Regel künftig bereits eine Verurteilung zu einer Geldstrafe von 90 Tagessätzen die Einbürgerung ausschließen. Dabei sollen kleinere Strafen kumuliert werden können.

d) Für Einbürgerungswillige werden in allen Ländern Einbürgerungskurse mit bundeseinheitlichen Standards und Inhalten angeboten und in eigener Verantwortung durchgeführt, in denen staatsbürgerliches Grundwissen sowie die Grundsätze und Werte unserer Verfassung vermittelt werden. Die geforderten Kenntnisse müssen insbesondere in den Themenfeldern Demokratie, Konfliktlösungen in der demokratischen Gesellschaft, Rechtsstaat, Sozialstaat, Verantwortung des Einzelnen für das Gemeinwohl, Teilhabe an der politischen Gestaltung, Gleichberechtigung von Mann und Frau, Grundrechte sowie Staatssymbole erworben werden. Die Kurse sind in der Regel von den Einbürgerungswilligen zu finanzieren.

e) Loyalitätserklärung und Bekenntnis zu unserer freiheitlichen demokratischen Grundordnung – wie im geltenden Recht vorgesehen – mit der Möglichkeit der Überprüfung von Zweifelsfällen in einem Einbürgerungsgespräch. Ausschluss verfassungsfeindlicher Bestrebungen: Über die bereits gesetzlich vorgeschriebene Regelanfrage beim Verfassungsschutz hinaus soll der Einbürgerungsbewerber selbst zu Mitgliedschaften oder Unterstützungshandlungen in extremistischen oder extremistisch beeinflussten Organisationen befragt werden.

f) Die Einbürgerung soll in einem feierlichen Rahmen vollzogen werden. Sie soll durch Eid oder feierliches staatsbürgerliches Bekenntnis dokumentiert werden. Dadurch wird die Verbindlichkeit der getroffenen Entscheidung hervorgehoben.

Bundesinnenminister Schäuble in einer Regierungserklärung vom 28.9.2006 zur Berliner Islam-Konferenz

In Deutschland leben heute zwischen 3,2 und 3,5 Millionen Muslime. Die meisten von ihnen sind vor Jahrzehnten mit ihren Traditionen und Gewohnheiten, mit ihrer Religion und mit ihrer Kultur in dieses Land gekommen. Viele von ihnen haben, wie der Regisseur Fatih Akin es beschrieben hat, „vergessen, zurückzukehren". Der Islam ist Teil Deutschlands und Teil Europas, er ist Teil unserer Gegenwart und er ist Teil unserer Zukunft. Muslime sind in Deutschland willkommen. Sie sollen ihre Talente entfalten und sie sollen unser Land mit weiter voranbringen.

Um Perspektiven für die gemeinsame Zukunft zu schaffen, müssen wir versuchen, die Probleme zu lösen, die das Zusammenleben mit Muslimen in unserem Land belasten: Religionsunterricht in Koranschulen und an staatlichen Schulen, Kopftuch, Imamausbildung, die Rolle der Frauen und Mädchen, das Schächten – um nur ein paar Stichworte zu nennen. Nicht nur der Bundesregierung bereitet die hohe Arbeitslosigkeit insbesondere der Muslime der zweiten und dritten Generation, häufig als Folge eines zu niedrigen Qualifikationsniveaus, Sorge. Neben solchen Alltagsproblemen führt der islamistische Terror zu Ängsten und Argwohn in der Bevölkerung.

[...] Wir haben uns vorgenommen, Vereinbarungen zu wichtigen Fragen des Zusammenlebens zu erarbeiten. Das werden keine Vereinbarungen mit einer Verbindlichkeit in juristischem Sinne sein können. Aber als ergebnisoffener und zielgerichteter Prozess soll die Konferenz darauf hinarbeiten, einen gemeinsamen Willen herzustellen, der es Bund, Ländern und Kommunen ermöglicht, gemeinsam mit Muslimen zu handeln.

Wir werden auf zwei Ebenen tagen: zum einen in der Form des Plenums, das wir gestern eröffnet haben; zum anderen in drei Arbeitsgruppen und einem Gesprächskreis, in dem Vertreter von Bund, Ländern und Kommunen mit Vertretern der organisierten wie auch der nicht organisierten Muslime zur Sacharbeit zusammenkommen werden.

Aufgaben

1. Diskutieren Sie: Welche veränderte politische Einstellung verbirgt sich hinter der Forderung nach einem „Zuwanderungsbegrenzungsgesetz" bzw. nach einem „Zuwanderungs- und Integrationsergänzungsgesetz"?
2. Vergleichen Sie die Auszüge aus den beiden Einbürgerungstests und unterscheiden Sie zwischen Wissens- und Gesinnungsfragen.
3. Analysieren Sie im Vergleich dazu das Eckpunktepapier der Innenminister.
4. Bestimmen Sie das Zahlenverhältnis zwischen Zuwanderung und Einbürgerung (M 5, S. 310 f.).
5. Im Zusammenhang mit der Migrations- und Integrationspolitik ist die Rede von einer „Ära neuer Sachlichkeit". Suchen Sie nach Belegen für diese These und nennen Sie Gründe, was zu diesem Wandel der Einstellungen beigetragen haben mag. Untersuchen Sie dabei auch die veränderte Wahrnehmung von Problemlagen (z. B. demografische Entwicklung oder Sicherheitslage) sowie veränderte politische Mehrheitsverhältnisse.

M 6 | Das Sachproblem

Deutschland im Wechsel von		
Zuwanderung	**und**	**Auswanderung**
	19. Jahrhundert	5,5 Mio. Deutsche wandern – vor allem wegen der Hungersnöte in Mitteleuropa – in die USA aus.
Arbeitskräftemangel in Bergbau und Industrie führt zur Zuwanderung insbesondere polnischer Arbeitskräfte *(1912: 270000 Polen arbeiten im Ruhrgebiet)*; außerdem Zuzug ausländischer Wanderarbeiter.	Bismarckreich ab 1871 Industrialisierung/ Wirtschaftsaufschwung	
	Diktatur de Nationalsozialismus 1933 bis 1945	Emigration von politisch und rassisch Verfolgten
Zuwanderung von Vertrieben aus den osteuropäischen Ländern	Nachkriegszeit/Arbeitslosigkeit und Flüchtlingswelle	Auswanderungswelle
Anwerbung von Gastarbeitern a) zunächst aus Italien, Spanien und Griechenland (1961: 500 000); b) danach vor allem auch aus Jugoslawien und aus der Türkei.	1950er-Jahre: Wirtschaftswunder 	
Zwischen 1955 und 1963 werden ca. 14 Mio. Ausländer angeworben,		von denen 11 Mio. freiwillig in ihre Heimat zurückkehren.
Anwerbestopp	1973: Ölkrise/ steigende Arbeitslosigkeit; Rationalisierung der industriellen Produktion	
Verstärkte Zuwanderung aus dem ehemaligen Ostblock, von Asylsuchenden, deutschen Spätaussiedlern sowie jüdischen Emigranten	1990er Jahre: Ende des Ost-West-Konflikts; regionale Konflikte Globalisierung	Abwanderung von Spezialisten
„Greencard" (begrenzte Zuwanderung von Spezialisten)	2000	„Rentnerkolonien"

M 7 | Zuwanderungsgründe

a)

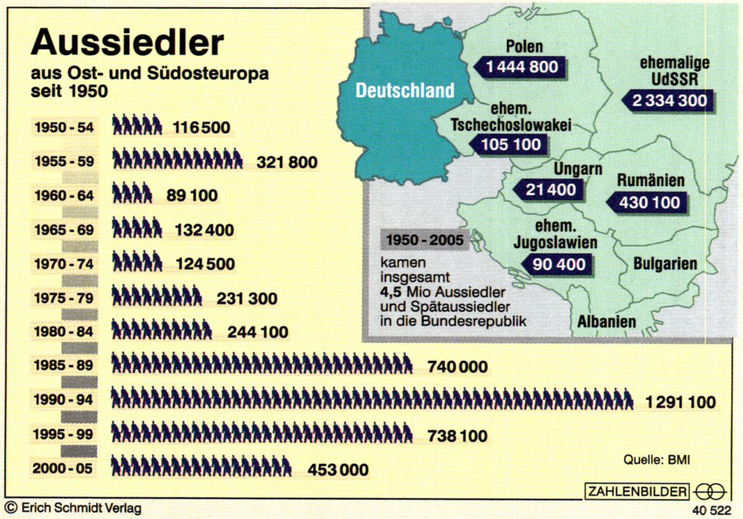

Deutschstämmige Aussiedler: rechtlich-politische Gründe

b)

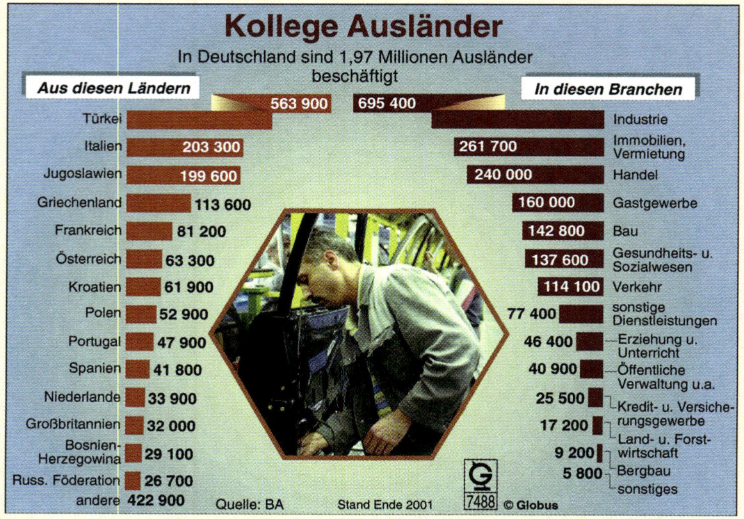

Aspekt Arbeitsmarkt: ökonomische Gründe

Asylbewerber: humanitäre Gründe

c)

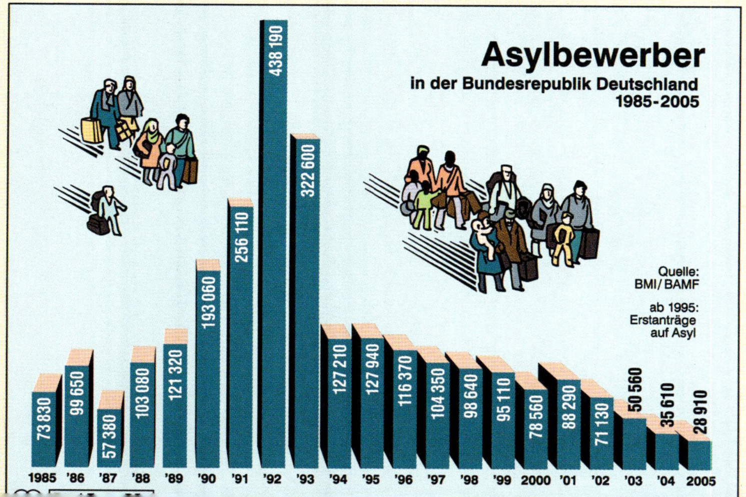

Aspekt Bevölkerungsstruktur: demografische Gründe

d)

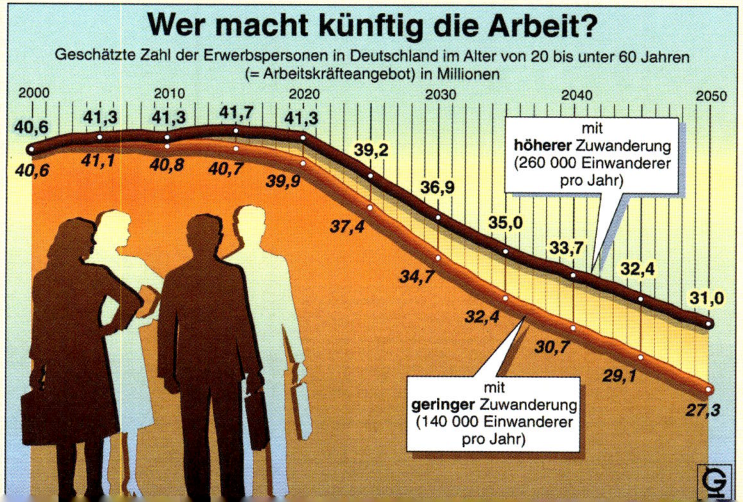

M 8 | Ausländer in Deutschland

M 8a |

M 8b | Ausländer und Gesamtbevölkerung der Bundesrepublik Deutschland 1991 – 2003

Jahr	Gesamtbevölkerung	Ausländische Bevölkerung[1]	Ausländeranteil in % v. H.	Veränderung der ausl. Bev. in v. Hd.[2]
1991[3]	80.274.600	5.882.267	7,3	–
1992	80.974.600	6.495.792	8,0	+10,4
1993	81.338.100	6.878.117	8,5	+ 5,9
1994	81.538.600	6.990.510	8,6	+ 1,6
1995	81.817.500	7.173.866	8,8	+ 2,6
1996	82.012.200	7.314.046	8,9	+ 2,0
1997	82.057.400	7.365.833	9.0	+ 0,7
1998	82.037.000	7.319.593	8,9	– 0,6
1999	82.163.500	7.343.591	8,9	+ 0,3
2000	82.259.500	7.296.817	8,9	– 0,6
2001	82.440.400	7.318.628	8,9	+ 0,3
2002	82.536.700	7.335.592	8,9	+ 0,2
2003	82.531.700	7.334.765	8,9	– 0,01

[1] Stichtag: 31.12., Ausländerzentralregister.
[2] Jährliche Veränderung, d. h. Bezug auf das Vorjahr.
[3] Zahlen ab dem 31.12. 1991 für den Gebietsstand seit dem 03.10.1990.

(nach: Statistisches Bundesamt und Migrationsbericht der Bundesregierung 2004)

M 8c |

Aufgaben

1. Analysieren Sie mithilfe von M 6 – M 8 das Sachproblem.
2. Verwenden Sie bei Ihrer Analyse auch M 4 – M 11 aus Kapitel II (1.1, S. 55 ff.).

➤ Ein Phasenmodell politischen Entscheidens

Mit Ellwein unterscheiden wir vier Phasen im politischen Entscheidungsprozess:
1. Phase: Entschluss zur Regelung
2. Phase: Ermittlung der Regelungsmöglichkeiten
3. Phase: Politische Entscheidung
4. Phase: Formelle Entscheidung

Diese Schritte zu unterscheiden, hilft uns, den komplizierten Ablauf politischen Entscheidens zu beschreiben, zu analysieren und – damit erst – ihn zu verstehen. In diesem Sinne dient uns das Phasen-Modell als analytisches Instrument, um eine komplexere Wirklichkeit zu erschließen.

Bei politisch bedeutsamen Gesetzgebungsvorhaben wird das Nacheinander der ‚Schritte' deutlich relativiert. Die vier ‚Schritte' stehen nämlich in einem engen inneren Zusammenhang:

- Der förmliche Entschluss zur Regelung wird in aller Regel dann gefasst, wenn Grundzüge einer Regelungsmöglichkeit sich bereits abzeichnen oder gar beschlossen sind.
- Die politische Entscheidung geht mit der Ermittlung der Regelungsmöglichkeiten Hand in Hand, d.h. sie fällt bei der Suche nach der konkreten Lösung des Problems oft schrittweise als Akt der Auswahl einzelner Regelungselemente.
- Die formelle Entscheidung und die politische Entscheidung sind zwei Seiten einer Medaille, weil formelle und informelle Vorgänge ineinander verschränkt sind.

Ist die angestrebte Regelung nicht zumutbar und mehrheitsfähig, kann der Entscheidungsprozess zum Erliegen kommen, in eine frühere Phase zurückgeworfen werden oder es kann das Vorhaben endgültig scheitern. Eine 5. Phase – verfassungsrechtliche Prüfung und ggf. erneute politische Entscheidung – kann sich anschließen, wenn die überstimmte Minderheit oder vom Gesetz Betroffene sich in ihren Rechten verletzt sehen und die verfassungsgerichtliche Überprüfung in Gang setzen.

M 9 | Phasenmodell

Phasen des politischen Prozesses	Zeittafel	Entscheidungsträger		Kategorien des Politischen	
1. Phase: Entschluss zur Regelung		Bundes-regierung	Parteiprogramme Koalitionsabsprache Regierungserklärung	Problem/Konflikt Aufgabe Funktionszusammenhang	**Urteilsprägende Wertkategorien**
2. Phase: Ermittlung der Regelungs-möglichkeiten		Ministerium	Ministerialbürokratie Parteien, Verbände, Kirchen, Medien	Beteiligte/Betroffene Interessen Interpretationen/ Inszenierungen	Gerechtigkeit Zumutbarkeit Verantwortbarkeit
3. Phase: Politische Willensbildung		Koalition Fraktion(en)	Bundesregierung selten: Entwurf quer durch die Fraktionen	Institutionen Machtverhältnisse Zielkonflikte/ Verfassungskonformität Durchsetzungsmöglichkeiten	
4. Phase: ... und Entscheidung		Bundestag Bundesrat Bundespräsident		Koalitionsmöglichkeiten Blick auf Wahlen, Öffentlichkeit mediale Präsenz	
5. Phase: Verfassungs-rechtliche Prüfung		Bundes-verfassungs-gericht	Landesregierung(en) Abgeordnete Fraktion(en)	Prozeduren Rechtslage Verfassungskonformität	Wirksamkeit
6. Phase: Neue politische Entscheidungen (3. und 4. Phase)		Koalition Fraktionen Bundestag Bundesrat Bundespräsident		wie 3. und 4. Phase	

➤ 1. Phase: Entschluss zur Regelung

Politisch ist in dieser 1. Phase der Entschluss zur Aufnahme eines Problems in den innerhalb der Legislaturperiode zu verwirklichenden Prioritäten-Katalog. Dafür sind drei Gesichtspunkte ausschlaggebend:

- das eigene politische Wollen (Werthorizont, politische Zielvorstellung);
- die Durchsetzungschancen (koalitionspolitischer Zusammenhang – Mehrheitsverhältnisse in Bundestag und Bundesrat);
- die erwartete Resonanz bei den Wählern (Blick auf Wahlen).

Im Regelfall reift der ‚Entschluss zur Regelung' schrittweise heran. Über Parteiprogramm, Wahlaussage und Koalitionsvereinbarung konkretisiert er sich in der Regierungserklärung. Bei unserem Beispiel wurde er nach dem Regierungswechsel 1998 unter dem Eindruck einer breiten öffentlichen Diskussion über Zuwanderung bzw. über den Bedarf an ausländischen Arbeitskräften (‚Greencard'-Diskussion) gefasst.

M 10a | Ausgangspositionen der im Bundestag vertretenen Parteien (Stand Sommer 2001)

Notwendigkeit der Einwanderung	
Die Grünen:	Deutschland kann sich aus wirtschaftlichen, politischen und humanitären Gründen nicht abschotten.
CDU/CSU:	Begrenzung statt Erweiterung der Zuwanderung – Deutschland ist kein klassisches Einwanderungsland.
FDP:	Einwanderung trägt zur Lösung demografischer Probleme bei, bis andere Lösungen gefunden werden.
PDS:	Einwanderer sind ein dauerhafter Bestandteil der deutschen Gesellschaft.
SPD:	Zuwanderung ist notwendig, muss aber gesteuert werden.
Steuerung der Zuwanderung	
Die Grünen:	Quotenregelung nur für Zuwanderung aus wirtschaftlichen Gründen.
CDU/CSU:	Zuwanderung von hochqualifizierten Ausländern ist nötig, damit Deutschland konkurrenzfähig bleibt.
FDP:	Auswahl der Zuwanderer nachqualifikation, Bedarf und familiärer Situation – keine Beschränkung für Hochqualifizierte.
PDS:	Einwanderung darf sich nicht nur an den Interessen der Wirtschaft orientieren.
SPD:	Ähnlich wie bei CDU/CSU – bis 2010 sollen nur Hochqualifizierte aufgenommen werden.
Asylrecht	
Die Grünen:	Asyl auch bei nichtstaatlicher und geschlechtsspezifischer Verfolgung.
CDU/CSU:	Begrenzung des Asylverfahrens auf ein Jahr – schnellere Abschiebung abgelehnter Bewerber.
FDP:	Anrechnung von Asylanten auf die Zahl der Einwanderer.
PDS:	Ersatz des Ausländer- und Asylrechts durch einheitliches neues Flüchtlings- und Einwanderungsrecht.
SPD:	Straffung des Asylverfahrens.
Integration	
Die Grünen:	Multikulturelle Demokratie – gleichberechtigter Zugang zum Arbeitsmarkt und zu Qualifizierungsmaßnahmen zur beruflichen Bildung.
CDU/CSU:	Bekenntnis der Ausländer zur Verfassung: Absage an multikulturelle Gesellschaft – deutsche Staatsbürgerschaft erst nach erfolgreicher Integration – Verpflichtung zu Integrationskursen.
FDP:	Verpflichtende Sprach- und Integrationskurse, deren Kosten der Zuwanderer zu tragen hat.
PDS:	Multikulturelle Gesellschaft – weitgehende rechtliche Gleichstellung von Einwanderern – Legalisierung illegaler Einwanderer.
SPD:	Bekenntnis der Ausländer zum Grundgesetz und zu europäischen Werten – Ausländer und Deutche müssen zur Integration beitragen – Vereinfachung des Aufenthaltsrechts.

M 10b | Die Positionen von Gewerkschaften und Arbeitgeberverbänden

Aussagen zu Zuwanderung und Integration
Arbeitskräftebedarf, Sozialsystemsicherung und Integrationsbedarf

Die Gewerkschaften

Die Gewerkschaften [...] sind der Auffassung, dass die Einwanderungspolitik sowohl die Folgen der Erweiterung der EU als auch die Situation auf dem heimischen Arbeitsmarkt berücksichtigen muss.
Das deutsche Ausländerrecht ist auf Abwehr von Zuwanderung ausgerichtet und entspricht nicht den Anforderungen einer globalisierten Weltwirtschaft. [...] Jetzt muss das Ausländerrecht den Zielen einer Einwanderungsgesellschaft angepasst werden.
Die Gewerkschaften sind der Überzeugung, dass Deutschland mittel- und langfristig Einwanderung benötigt, auch wenn wir damit nicht die negative Bevölkerungsentwicklung aufhalten können. Einwanderung trägt aber mit dazu bei, die Systeme der sozialen Sicherheit zu stabilisieren. [...] Einwanderung ist nicht zum Nulltarif zu haben. Die Maßnahmen zur Integration dürfen nicht entsprechend der Haushaltslage eingeschränkt werden. [...] Einwanderung ist nicht ohne Akzeptanz in der Bevölkerung durchsetzbar.

(Heinz Putzhammer, DGB-Vorstand, Mitglied der Kommission Zuwanderung; zit. nach: Einblick, Heft 2/2001, S. 7)

Arbeitgeberposition

Die sich aufbauende Arbeitskräftelücke kann allenfalls zum Teil durch eine Zunahme der Erwerbstätigkeit in Deutschland geschlossen werden. [...] Ziel muss es sein, Einwanderung so zu gestalten, dass sie sich in stabiler Erwerbstätigkeit in Deutschland niederschlägt. Zugleich muss es gelingen, die Arbeitsmarktintegration bereits bei uns lebender und mit dauerhaftem Aufenthaltsrecht ausgestatteter Ausländer zu verbessern. Demgegenüber muss die derzeit dominierende ungesteuerte Zuwanderung nach Deutschland eingedämmt werden. Nach wie vor werden insbesondere die mit dem individuellen Asylanspruch des Grundgesetzes verbundenen Verfahrensgarantien zur Einwanderung [...] missbraucht. Dies ist mit hohen sozialen Kosten verbunden und reduziert die Spielräume, Zuwanderung entsprechend den ökonomischen Bedürfnissen zu ermöglichen. [...]

(Gesamtkonzeption des Bundesverbandes der Deutschen Arbeitgeberverbände für eine gesteuerte Zuwanderung; s. BDA-online)

Die Ermittlung der Regelungsmöglichkeiten ist im Wesentlichen ein politischer Vorgang und wurde aufgrund einer Initiative der Regierungskoalition im Konsensverfahren in der parteiübergreifenden Süssmuth-Kommission vorgenommen.
Parallel zur Süssmuth-Kommission erarbeitete die CDU-Opposition unter dem saarländischen Ministerpräsidenten Peter Müller ein eigenes Konzept.
Zum einen muss geklärt werden, ob sachlich denkbare und politisch gewollte Regelungen mit der Verfassung vereinbar sind. Zum anderen muss der Kabinettsentwurf mit Fraktions- und Parteispitzen abgestimmt werden. Ein weiteres zentrales Problem in dieser Phase ist die Berücksichtigung der Interessen von Verbänden. Dabei gilt es, die Sachkompetenz der Verbände nutzbar zu machen, zugleich aber deren Einfluss zu kanalisieren und transparent zu halten und so zu verhindern, dass Partikularinteressen Grundlage einer allgemein verbindlichen Regelung werden.

M 10c | Das Netz

Türen öffnen, Einfluss nehmen: Wie Polit- und Medienprofis im Auftrag der Wirtschaft die Berliner Republik formen.

[...] Mit einem Netzwerk aus lebens- und politikerfahrenen Partnern führt der 58-Jährige [Hans-Erich Bilges] die Beratungsgesellschaft WMP Eurocom. Sie verschafft Zugang zu den oberen 500 des Landes. Ihr Geschäft beschreibt Bilges als „Beratung für Public-Affairs" [...].
Vielleicht 100 Public-Affairs-Berater wie Bilges haben sich in den vergangenen Jahren in Berlin etabliert; oft sind es ehemalige Politiker wie Siegmar Mosdorf (SPD), der Staatssekretär im Bundeswirtschaftsministerium war, oder Axel Wallrabenstein, der langjährige Bundesgeschäftsführer der Jungen Union. Ihre Kunden sind Konzernchefs, die ein dringendes Anliegen haben. Etwa eine Ministererlaubnis. Die Übernahme eines Energieversorgers. Oder die Blockade einer geplanten EU-Richtlinie.
Nicht dass die Konzerne und ihre Berater versuchen, einen Minister zu kaufen. Geld spielt keine Rolle. Stattdessen redet man miteinander in kleinen Runden, was banal klingt, aber gewaltige Auswirkungen haben kann. Sollen nur Lebensversicherungen in der Riester-Rente gefördert werden? Oder auch Aktienfonds? Ein Public-Affairs-Berater erreichte: beide. Und eröffnete den Banken einen Milliardenmarkt. Die Berater machen sich einen Zeitgeist zunutze, demzufolge es effizient ist, Entscheidungen im Zwiegespräch mit Politikern zu fällen – und nicht in de-

mokratisch gewählten Gremien. Wenn so etwas einer Organisation wie Greenpeace gelingt, jubelt die Öffentlichkeit. Und bei Public-Affairs-Beratern? Sie verändern die Berliner Republik. Und mit ihr das ganze Land.

„Unser Netzwerk wächst fast metastasenartig", sagt Bilges, dessen Unternehmen exemplarisch für die neue Branche steht und der „eine Viertelmillion Euro Jahressalär" verlangt, bevor er den Telefonhörer in die Hand nimmt. Doch ist der Vertrag einmal geschlossen, beginnt für seine Kunden eine Reise ins Innere der politischen Hauptstadt.

Wie für Lord John Browne, den Chef des weltweit zweitgrößten Mineralölkonzerns BP. Um die Position seines Konzerns zu stärken, beteiligte sich der Manager vor einem Jahr an einem politisch sensiblen Deal, bei dem der deutsche Markt für Erdöl und Erdgas neu aufgeteilt werden sollte. Dazu wollte BP vom Energieriesen E.on die Firma Aral übernehmen, um ein Viertel der deutschen Tankstellen zu kontrollieren. E.on interessierte sich für die BP-Anteile an der Essener Ruhrgas AG. Mit der Übernahme des Gaskonzerns wollte sich E.on langfristige Lieferverträge sichern. Doch das Kartellamt verbot den Deal Mitte Januar 2002.

Spätestens jetzt brauchte BP einen direkten Draht in die deutsche Politik – und WMP Eurocom hatte alles vorbereitet, als Lord Browne am 21. Februar dieses Jahres zum Lunch ins Adlon am Pariser Platz kam. „Mit allen politisch Beteiligten", sagt Bilges, habe er in dieser Zeit Gespräche organisiert: mit Fraktionsvorsitzenden, mit Ausschussvorsitzenden und mit Ministerialbeamten.

Dann steht Bilges auf und holt seinen Terminkalender aus dem Schreibtisch:

8.00 Uhr: Interview Lord Browne mit dem Nachrichtenmagazin *Der Spiegel.*

11.30 Uhr: Porträt Lord Browne mit *Welt am Sonntag.*

12.00 Uhr: Lunch mit der politischen Elite. Dinner-Speach von Lord Browne. Zuvor hatte der Bundestagsabgeordnete und Wirtschaftsminister a. D., Günter Rexrodt, für den nötigen Druck in den Medien gesorgt. In der *Welt am Sonntag* schrieb er am 23. Januar: „Ein Zusammenschluss von E.on und Ruhrgas sei durchaus richtig." Fünf Tage später titelte die *Financial Times Deutschland: Ex-Wirtschaftsminister Rexrodt befürwortet Übernahme von Ruhrgas durch E.on.* Was Rexrodt zu erwähnen vergaß, war sein persönliches Interesse. Der Abgeordnete ist im Nebenberuf Finanzvorstand von WMP Eurocom, die von BP bezahlt wurde. „Das ist ein wirklich ärgerlicher Verstoß gegen die politische Hygiene", wetterte der *FTD*-Chefredakteur Christoph Keese später im Berliner *Tagesspiegel.* Dass seriöser Journalismus unter solchen Praktiken leidet, dementiert Bilges. „Wir verkaufen keine PR-Storys, sondern journalistische Geschichten. Redaktionen fragen sogar häufig, ob wir eine Idee für sie haben."

Bilges spricht so offen über sein Tun, weil es ihm ein Anliegen ist, seine „Arbeit zu entmystifizieren".

Public-Affairs-Berater verkaufen ihren Dienst gern als Sieg der Zivilgesellschaft über den politischen Apparat. Wenn nicht nur die Beamten und die Parlamentarier über Gesetze entscheiden, sondern gesellschaftliche Gruppen ihre Interessen direkt einbringen können, dann sei das ein Mehr an Demokratie. Doch niemand hat die Vertreter dieser Zivilgesellschaft gewählt. Niemand kontrolliert sie. Wer das meiste Geld hat und wer die professionellsten Strategen beschäftigt, hat die größten Chancen, seinen Interessen Gehör zu verschaffen.

Die Stärke der Interessenvertreter erklärt sich aus der Schwäche des politischen Systems. Es ist die Schwäche, mit einer komplexer gewordenen Welt und den widersprüchlichen Interessen in der Gesellschaft fertig zu werden. Die Hartz-Kommission war das prominenteste Beispiel: Kanzler Schröder beauftragte nicht das Bundesministerium für Arbeit, die Bundesanstalt für Arbeit in Nürnberg zu reformieren, sondern externe Fachleute um den Personalvorstand des Volkswagen-Konzerns, Peter Hartz. Den Fachbeamten traute Schröder ebenso wenig wie dem Parlament. Auch das Kabinett hatte nichts zu sagen.

Am Mittwoch, den 14. August, verteilte der Kanzler dann in der Kabinettssitzung erste ,,Arbeitsaufträge" an seine Minister, um die Hartz-Vorschläge „Eins zu Eins umzusetzen".

Erst zwei Tage später, am 16. August, bekam die Bundesregierung den detaillierten Bericht der Kommission überhaupt zu sehen.

So benahm sich die Regierung der zentralen Aufgabe, für die sie gewählt ist – die an sie herangetragenen Informationen zu bewerten und Verantwortung zu übernehmen. Erst [...] später beginnt die Politik, die Hartz-Vorschläge umzuformulieren, doch ihr früheres „Eins zu Eins"-Versprechen verfolgt sie noch immer. Michael Greven, Politikwissenschaftler an der Hamburger Universität, bezeichnet das als „Informalisierung von Politik", die er seit Jahren beobachtet. Entscheidungen – und sei es nur über einzelne Formulierungen – fallen außerhalb von Parlamenten und Ministerien, und gern wird auch die Verantwortung dafür delegiert.

(C. Gammalin/G. Hamann, in: Die Zeit, 2002)

M 10d | Die erfolgreichsten Verbände in Deutschland

2004 erstellten das Marktforschungsinstitut forum! und die Deutsche Gesellschaft für Qualität (DGQ) auf Basis einer Befragung von 501 repräsentativ ausgewählten Spitzenvertretern der deutschen Verbandslandschaft ein Gesamtranking der erfolgreichsten Verbände (Kriterien waren dabei Einfluss, Image, Mitgliederzufriedenheit).

Platz	Verband
1	Allg. Dt. Automobilclub (ADAC)
2	Verband d. Automobilindustrie (VDA)
3	Bundesverband d. dt. Industrie (BDI)
4	Greenpeace Deutschland
5	Verband Deutscher Ingenieure (VDI)
6	Bundesärztekammer
7	Verband d. Chem. Industrie (VCl)
8	World Wildlife Fund Dtl. (WWF)
9	Bundesvereinigung d. Deutschen Arbeitgeberverbände (BDA)
10	Bund f. Umwelt u. Naturschutz (BUND)
11	Verband dt. Maschinen- und Anlagenbau (VDMA)
12	Bundesverband dt. Banken (BDB)
13	Dt. Spark.- und Giroverband (DSGV)
14	Deutscher Bauernverband
15	Hartmannbund (Krankenhausärzte)
16	Bundesverb. d. Deutschen Groß- und Außenhandels (BGA)
17	Deutscher Industrie- und Handelskammertag (DIHK)
20	Bund der Steuerzahler
22	Zentralverb. d. Dt. Handwerks (ZDH)
23	Hauptverb. d. Dt. Einzelhandels (HDE)
26	Bundesrechtsanwaltskammer
28	Deutscher Fußballbund (DFB)
33	IG Metall
36	Dt. Gewerkschaftsbund (DGB)

(Capital, Nr. 22 v. 14.10.2004)

➤ 2. Phase: Ermittlung der Regelungsmöglichkeiten

M 11|

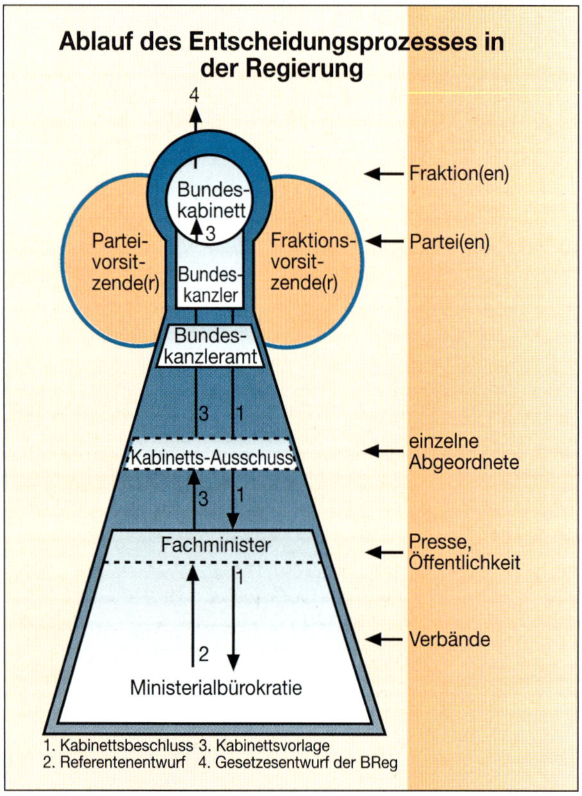

M 12|Interessenverbände und politischer Willensbildungsprozess

Mittel zur Wahrnehmung der Verbandsinteressen im politischen Willensbildungsprozess:

- gegenüber den politischen Parteien:
  - Mitgliedschaft von Verbandsmitgliedern in politischen Parteien
  - Bereitstellen von ‚Wählermassen‘
  - materielle (finanzielle) Wahlhilfe
  - immaterielle Wahlhilfe (z. B. Aufruf)
  - Spenden an Parteien zur allgemeinen Parteifinanzierung
- gegenüber dem Parlament:
  - Verbandsmitglieder und Verbandsfunktionäre als Abgeordnete
  - Lobbyismus – Vorsprache bei Abgeordneten
  - Hearings
- gegenüber der Regierung:
  - Vorsprache und Gutachtenerstellung bei Ministerialbürokratie
  - Kontakte mit Regierungschef und Ministern

M 13|

„...irgendetwas unklar?“ (Karikatur bearbeitet)

➤ 3. Phase: Politische Entscheidung

M 14|Zeittafel zum Gesetzgebungsverfahren für das Zuwanderungsgesetz

1. Januar 2000	Zu Jahresbeginn tritt das neue Staatsangehörigkeitsrecht in Kraft. Ergänzung des Abstammungsprinzips um das Geburtsrecht. In Deutschland geborene Kinder ausländischer Eltern, von denen mindestens ein Elternteil seit wenigstens acht Jahren dauerhaft und rechtmäßig in Deutschland lebt und eine Aufenthaltsberechtigung hat oder seit mindestens drei Jahren eine unbefristete Aufenthaftserlaubnis besitzt, werden deutsche Staatsbürger.
23. Februar 2000	Fachleute warnen vor einem akuten Arbeitskräftemangel in der Informationstechnologiebranche. Auf der CeBit 2000 in Hannover spricht Bundeskanzler Schröder zum ersten Mal von einer „Greencard“.
7. bis 13. März 2000	Der CDU-Spitzenkandidat für die Landtagswahl in Nordrhein-Westfalen, Rüttgers, stößt mit seiner Äußerung: „Statt Inder an die Computer müssen unsere Kinder an die Computer“ auf heftige Kritik.
22. Juni 2000	Der stellvertretende Fraktionsvorsitzende der CDU/CSU, Bosbach, plädiert in einem Papier dafür, den ungeregelten Zustrom unerwünschter und sozial belastender Ausländer zu unterbinden. Er empfiehlt, Möglichkeiten für die Zuwanderung von qualifizierten, integrationsfähigen und -willigen Ausländern zu schaffen.
1. August 2000	Die Greencard-Verordnung der Bundesregierung tritt in Kraft. Sie regelt die Arbeitsaufnahme und den Aufenthalt von bis zu 20 000 ausländischen IT-Spezialisten in Deutschland.
12. September 2000	Die von Bundesinnenminister Schily einberufene Zuwanderungskommission konstituiert sich unter dem Vorsitz von Rita Süssmuth. 21 Mitglieder der überparteilichen Sachverständigenkommission sollen praktische Lösungsvorschläge und Empfehlungen für eine neue Ausländer- und Zuwanderungspolitik erarbeiten.
10. Oktober 2000	Der Fraktionsvorsitzende der Union im Bundestag, Friedrich Merz, kündigt an, die CDU wolle in den kommenden Wahlkämpfen das Thema Einwanderung und Integration stärker herausstellen, und fordert, dass sich Ausländer an die deutsche Leitkultur anpassen.

November 2000	Präsidium und Vorstand der CDU verabschieden einstimmig ihr Papier zur Zuwanderung. Darin heißt es, es müsse vorurteilsfrei auch über eine Reform des Asylrechts diskutiert werden. Die Grünen legen ein Positionspapier zur Einwanderung vor, das sich gegen die Festlegung einer Gesamtquote bei der Zuwanderung wendet und stattdessen die Beibehaltung des individuellen Asylrechts und eine flexible neue Regelung für Einwanderer aus ökonomischen Gründen verlangt. Die CSU verlangt die Abschaffung des individuellen Grundrechts auf Asyl und als Ersatz die institutionelle Garantie der Asylgewährung.
12. Dezember 2000	Die Ausländerbeauftragte der Bundesregierung stellt ihr Konzept für eine Integrationsgesetzgebung vor. In den Eckpunkten werden der Erwerb deutscher Sprachkenntnisse und die Anerkennung der deutschen Rechtsordnung von den Einwanderern gefordert.
3. Mai bis 8. Mai 2001	Der CDU-Bundesvorstand beschließt ein umfassendes Zuwanderungskonzept. Kriterien zur Steuerung der Zuwanderung sollen die Aufnahmebereitschaft der ansässigen Bevölkerung, das nationale Interesse der Bundesrepublik und die Integrationsbereitschaft der Einwandernden sein. Das Konzept wird von SPD und Bündnis 90/Die Grünen positiv aufgenommen.
4. Juli 2001	Die Unabhängige Kommission „Zuwanderung" unter Vorsitz von Rita Süssmuth legt ihren Bericht „Zuwanderung gestalten – Integration fördern" vor. In diesem Gesamtkonzept zur künftigen Gestaltung der deutschen Migrations- und Asylpolitik werden ein Zuwanderungs- und Integrationsgesetz und eine Vereinfachung des übrigen Ausländerrechts empfohlen.
3. August 2001	Bundesinnenminister Otto Schily legt den Entwurf eines Gesetzes zur Steuerung und Begrenzung der Zuwanderung sowie zur Regelung des Aufenthalts und der Integration von Ausländern und Bürgern der EU vor. Kernstück ist eine umfassende Neuregelung des Ausländerrechts. Das geltende Ausländergesetz wird durch ein neues Gesetz über den Aufenthalt, die Erwerbstätigkeit und die Integration von Ausländern im Bundesgebiet (Aufenthaltsgesetz) ersetzt. Die Integration von Ausländern ist in dem Entwurf erstmals als gesetzliche Aufgabe formuliert.
23. August 2001	Der saarländische Ministerpräsident Peter Müller, Vorsitzender der CDU-Zuwanderungskommission, der bayerische Staatsminister des Innern, Dr. Günther Beckstein und der stellvertretende Vorsitzende der CDU/CSU-Bundestagsfraktion, Wolfgang Bosbach, erklären, die CDU könne dem derzeitigen Gesetzentwurf zur Zuwanderung nicht zustimmen. Nach Auffassung der Union bestehe noch erheblicher Klärungsbedarf; zudem müsse „das Ziel der Begrenzung und Steuerung der Zuwanderung" auch tatsächlich im Gesetzentwurf umgesetzt sein.
7. November 2001	Das Bundeskabinett beschließt den von Bundesminister Otto Schily vorgelegten Regierungsentwurf für ein „Gesetz zur Steuerung und Begrenzung der Zuwanderung".
20. Dezember 2001	Erste Beratung des Gesetzentwurfs im Bundesrat.
25. Januar 2002	Der für innenpolitische Fragen zuständige stellvertretende CDU-Fraktionsvorsitzende Bosbach legt einen 16-Punkte-Katalog vor, in dem die CDU/CSU-Fraktion Änderungen des Gesetzentwurfes fordert.
26. Februar 2002	SPD und Bündnis 90/Die Grünen nehmen 18 von 91 Änderungsanträgen der CDU/CSU-Fraktion vollständig oder in modifizierter Form sowie acht vom Bundesrat formulierte Änderungen in den Gesetzentwurf zur Zuwanderung auf. Mit dem Kompromiss hofft die Regierungskoalition, eine Mehrheit im Bundesrat für das Gesetz zu erreichen.
1. März 2002	Der Bundestag stimmt dem Gesetzentwurf zu. SPD, Grüne und einige CDU-Abweichler stimmen dafür, CDU/CSU und PDS dagegen.

22. März 2002	Der Bundesrat stimmt über das Gesetz ab. Als das Votum Brandenburgs aufgerufen wird, stimmt Innenminister Schönbohm mit Nein, Ministerpräsident Stolpe mit Ja. Bundesratspräsident Wowereit wertet dies als Zustimmung des Landes. Es kommt zum Eklat. Die Ministerpräsidenten der CDU und der CSU sprechen von einem Verfassungsbruch. Edmund Stoiber kündigt an, auf Bundespräsident Rau einwirken zu wollen, dieses Gesetz nicht zu unterzeichnen.
20. Juni 2002	Bundespräsident Rau unterzeichnet das Einwanderungsgesetz. Er hält es aber für wünschenswert, das Bundesverfassungsgericht über die Rechtmäßigkeit der Umstände des Bundesratsvotums entscheiden zu lassen. Die CDU kündigt an, in jedem Fall zu klagen und im Falle eines Wahlsieges eine Gesetzesänderung zu erwirken.
18. Dezember 2002	Das Bundesverfassungsgericht erklärt das Zuwanderungsgesetz für ungültig, weil die Abstimmung im Bundesrat verfassungswidrig war.
9. Januar 2003	Die FDP kündigt an, dass sie nach Absprache mit den vier Koalitionspartnern in den Bundesländern, in denen sie an der Regierung beteiligt ist, einen eigenen Gesetzentwurf zur Zuwanderung vorlegen will.
13. März 2003	Der Bundestag berät in 1. Lesung den von Bundesminister Schily erneut vorgelegten Gesetzentwurf; die Union kündigt Widerstand an.
20. Juni 2003	Der Bundesrat lehnt den Gesetzentwurf, der von der rot-grünen Bundesregierung ohne inhaltliche Veränderungen vorgelegt worden war, ab.
2. Juli 2003	Die Bundesregierung ruft den Vermittlungsausschuss an.
10. Oktober 2003	Im Vermittlungsausschuss kommt es zu keiner Einigung. Regierung und Opposition setzen eine Arbeitsgruppe ein, die einen Kompromissvorschlag erarbeiten soll.
25. Mai 2003	Bei einem Sondierungsgespräch mit den Vorsitzenden aller Parteien gelingt Bundeskanzler Schröder der Durchbruch; dabei macht die rot-grüne Regierungskoalition der Union Zugeständnisse.
1. Juli 2004	Parteiübergreifende Zustimmung im Bundestag.
9. Juli 2004	Zustimmung des Bundesrates.
30. Juli 2004	Ausfertigung des Gesetzes durch den Bundespräsidenten.
1. Januar 2005	Inkrafttreten des Zuwanderungsgesetzes (Einzelheiten der Regelungen sehr übersichtlich unter www.aufenthaltstitel.de).
16. September 2005	Die rot-grüne Koalition verfehlt bei den Bundestagswahlen die Mehrheit; es kommt zur Bildung einer Großen Koalition. Neuer Bundesinnenminister wird Wolfgang Schäuble von der CDU.
Frühjahr 2006	Debatte über Einbürgerungstests (s. S. 311).
6. Mai 2006	Eckpunkte-Papier der Innenminister für eine bundeseinheitliche Regelung für die Einbürgerung (s. S. 311 f.).
14. Juli 2006	Integrationsgipfel im Bundeskanzleramt. Angela Merkel: „Wir wollen, dass ihr bei uns zu Hause seid."
27. September 2006	Bundesinnenminister Schäuble beginnt mit der ersten Sitzung der Berliner Islam-Konferenz einen offiziellen Dialog mit Vertretern muslimischer Gemeinden; in seiner Eröffnungsansprache sagt er: „Der Islam ist Teil Deutschlands."
20.11.2006	Die Innenminister von Bund und Ländern vereinbaren, dass in Deutschland geduldete Ausländer – vor allem Kriegsflüchtlinge und nicht anerkannte Asylbewerber – ein Bleiberecht erhalten, sofern sie seit acht Jahren (Familien mit Kindern seit sechs Jahren) in Deutschland leben und einen Arbeits- bzw. Ausbildungsplatz nachweisen können. Für die Betroffenen gilt ab sofort ein Abschiebestopp.

➤ 4. Phase: Formelle Entscheidung

M 15|

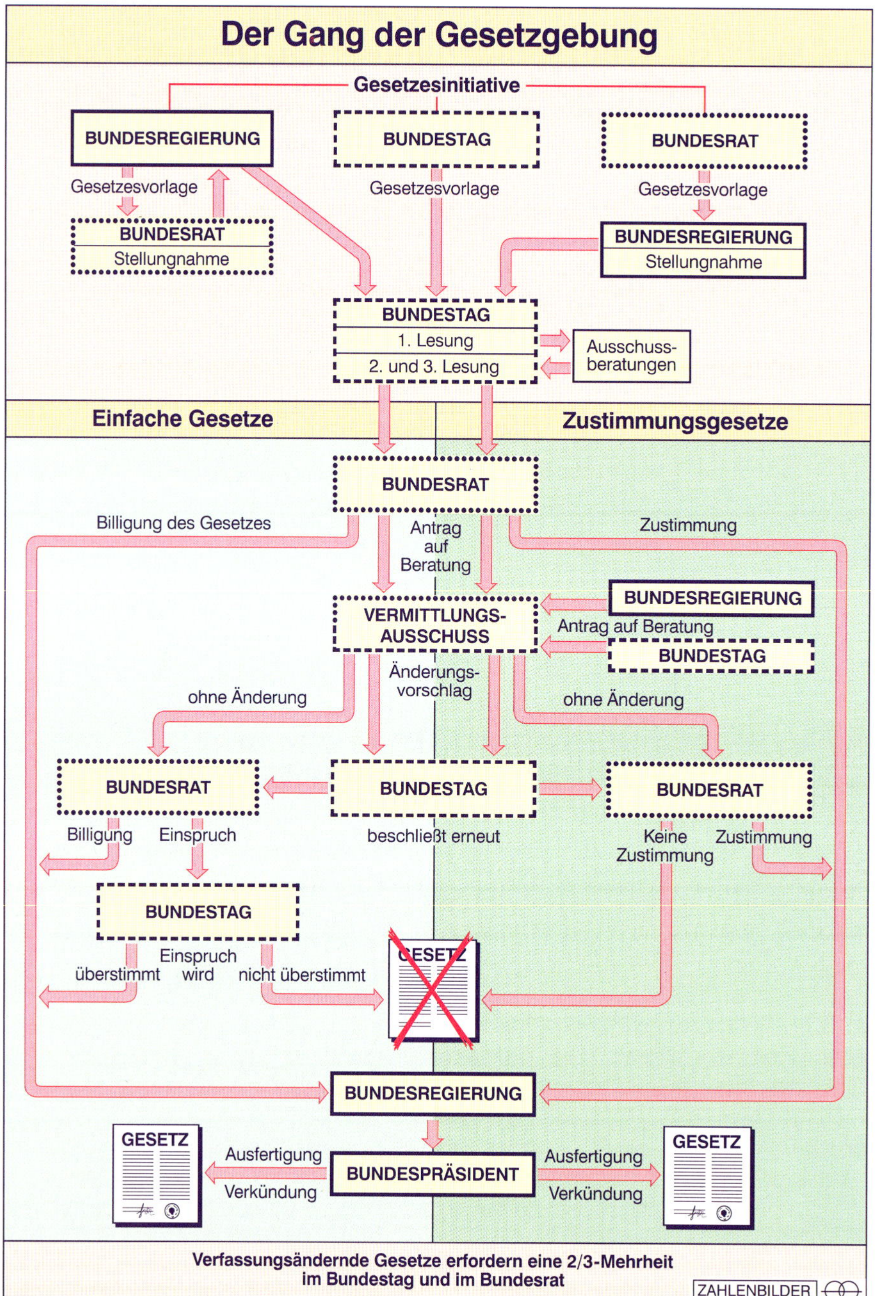

© Erich Schmidt Verlag

M 16|Gesetz zur Steuerung und Begrenzung der Zuwanderung und der Integration von Unionsbürgern und Ausländern vom 20. Juni 2002

Zusammenfassung

§ 1 Zweck des Gesetzes: (1) Das Gesetz dient der Steuerung und Begrenzung des Zugangs von Ausländern in die Bundesrepublik Deutschland. Es ermöglicht und gestaltet Zuwanderung unter Berücksichtigung der Integrationsfähigkeit sowie der wirtschaftlichen und arbeitsmarktpolitischen Interessen der Bundesrepublik Deutschland. Das Gesetz dient zugleich der Erfüllung der humanitären Verpflichtungen der Bundesrepublik Deutschland. Es regelt hierzu die Einreise, den Aufenthalt, die Erwerbstätigkeit und die Förderung der Integration von Ausländern:

Arbeitsmigration:
- Vorrang der Beschäftigung und Qualifizierung deutscher Arbeitsloser und von Ausländern, die bereits in Deutschland leben
- Prüfung der Auswirkungen auf den Arbeitsmarkt vor der Beschäftigung von Ausländern
- Steuerung der Zuwanderung von nicht hochqualifizierten Arbeitnehmern durch ein Punktesystem: Aufnahme von Zuwanderern in einem Auswahlsystem (Kriterien: Qualifikation, Sprachkenntnisse, Beziehungen zu Deutschland u. a.)
- Festlegung einer Höchstzahl von Zuwanderern nach dem Punktesystem
- Erteilung der Arbeitserlaubnis zusammen mit der Aufenthaltsgenehmigung
- Erteilung der Erlaubnis für einen Daueraufenthalt nur für Hochqualifizierte

Zuwanderung von Selbstständigen:
- Voraussetzung: „übergeordnetes wirtschaftliches Interesse Deutschlands“ oder „besondere regionale Bedürfnisse“
- Bedingungen: Investition von mindestens 1 Million Euro und Schaffung von mindestens 10 Arbeitsplätzen
- Sicherung des Unternehmens durch vorhandenes Eigenkapital oder durch Kreditzusagen

Familiennachzug:
- Berechtigung zur Einwanderung von Kindern bis zu 18 Jahren zusammen mit den Eltern
- Möglichkeit des Nachzugs von Kindern im Alter von bis zu zwölf Jahren (bisher 16 Jahre) der in Deutschland lebenden Ausländer
- Bedingungen für den Nachzug von Kindern zwischen 12 und 18 Jahren: ausreichende Kenntnisse der deutschen Sprache, mindestens ein Elternteil anerkannter Asylberechtigter oder politisch Verfolgter oder Hochqualifizierter

Aufnahme aus humanitären Gründen:
- Garantierter Abschiebeschutz für Opfer nichtstaatlicher und geschlechtsspezifischer Verfolgung; Abschaffung der (bisherigen) bloßen „Duldung‘
- Auszahlung des vollen Sozialhilfesatzes für humanitäre Flüchtlinge
- Maßstab: Genfer Flüchtlingskonvention

Asyl:
- Abschaffung des unbefristeten Aufenthaltsrechts; stattdessen: (zunächst) dreijähriges Aufenthaltsrecht für anerkannte Asylbewerber, danach: Überprüfung der Aufenthaltsberechtigung
- Absenkung der finanziellen Leistungen für die gesamte Dauer des Asylverfahrens
- Beschleunigung und Verschärfung des Asylverfahrens
- Leistungskürzungen bei Missbrauch der Aufenthaltsdauer

Ausreisepflicht:
- Strikte Durchsetzung der Abschiebung von Personen, die nicht aufenthaltsberechtigt sind
- Möglichkeit der Einschränkung der Bewegungsfreiheit und der Aufenthaltspflicht in speziellen Ausreiseeinrichtungen
- Förderung der freiwilligen Ausreise

Integration:
- Festlegung eines Mindestrahmens für staatliche Integrationsangebote (Sprachkurse, Einführung in Recht, Kultur und Geschichte Deutschlands usw.)
- Aufteilung der Kosten für die Integrationsmaßnahmen zwischen Bund und Ländern
- Beteiligung der Ausländer an den Integrationskosten (Berücksichtigung der finanziellen Leistungsfähigkeit).

(nach: Bundesgesetzblatt I 2002/38, S. 1046-2000 und Süddeutsche Zeitung vom 23./24. März 2002, S. 5)

Aufgaben

1. Arbeiten Sie die Zeittafel M 14 (S. 321 ff.) in das Phasenschema M 9 (S. 316) ein und strukturieren Sie den Entscheidungsprozess. Skizzieren Sie zunächst den formalen Ablauf der Entscheidung.
2. Unterscheiden Sie anschließend zwischen formellen und informellen Abläufen.
3. Verdeutlichen Sie während der Bearbeitung des Fallbeispiels die fallspezifische Ausprägung des Entscheidungsablaufs.
4. Erkennen und verdeutlichen Sie kontroverse Positionen – auch innerhalb der Parteien – und ergänzen Sie die Karikatur M 13 (S. 321).
5. Unterscheiden Sie zwischen der Ausgangsposition der Konfliktpartner (M 10a/b, S. 317 f.) und der tatsächlichen gesetzlichen Regelung (M 16, S. 324 f.).
6. Diskutieren Sie die ‚Brauchbarkeit‘ dieses Phasenmodells unter dem Aspekt der Problematik Modell – Wirklichkeit.

➤ Der Bundesrat – Interessensvertretung der Länder oder verlängerter Arm der Opposition?

Nachdem sich die rot-grüne Koalition in vielen Konsensrunden (M 14), in die auch die Opposition eingebunden war („Süssmuth-Kommission"), um eine allgemein akzeptable Regelung bemüht hatte und auch ein Teil der oppositionellen Änderungswünsche in den Gesetzentwurf eingearbeitet worden war, hofften Regierung und Mehrheitsfraktionen auf eine breite Zustimmung.

Im Bundestag gab es dann jedoch nur eine knappe Mehrheit für das Gesetz; im Bundesrat kam es zum Eklat (M 18).

Das Verhalten der CDU-Ministerpräsidenten erläuterte einige Tage später der saarländische Ministerpräsident Peter Müller (M 17, S. 270 f.).

M 17|

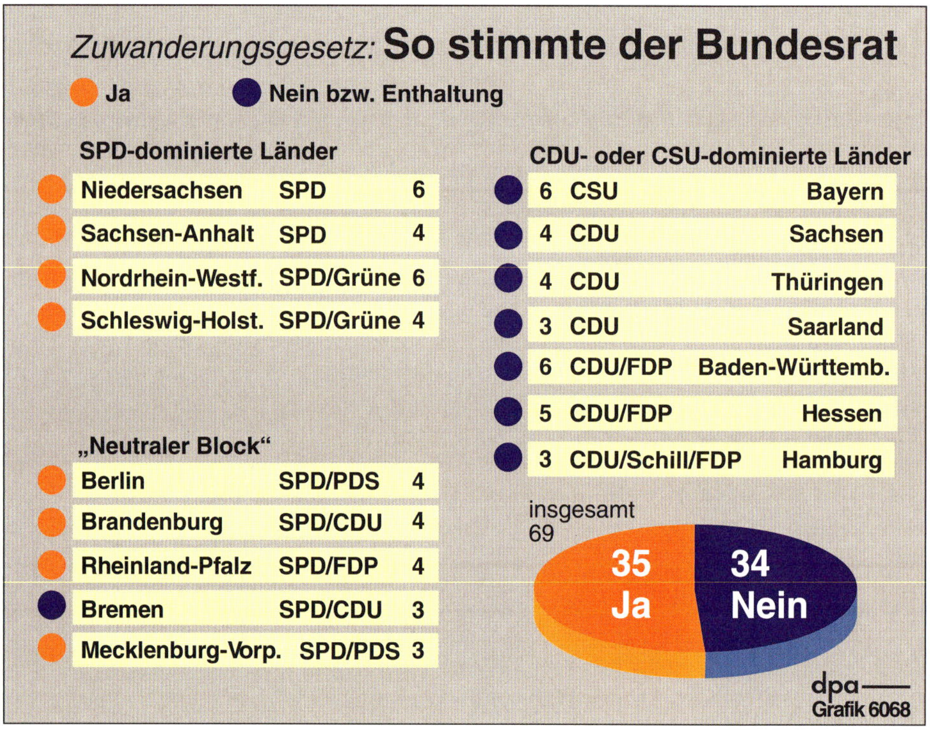

M 18|Eklat im Bundesrat

Bei der Abstimmung über das Zuwanderungsgesetz am 22. März 2002 im Bundesrat kam es zu tumultartigen Szenen. Nachstehend eine Dokumentation (leicht gekürzt) der entscheidenden Passagen nach dem vom Bundesrat veröffentlichten stenografischen Bericht:

Zunächst stimmte der Bundesrat über die Einberufung des Vermittlungssausschusses ab. Für die vorliegenden Anträge des Saarlands (grundlegende Überarbeitung) und von Rheinland-Pfalz (Änderungen in wenigen Punkten) gab es keine Mehrheit. Dann folgte die Abstimmung über das Gesetz.

Präsident Klaus Wowereit: Wir kommen dann zur Frage der Zustimmung. [...] Ich bitte den Schriftführer, die Länder aufzurufen.

Manfred Weiß [Bayern], Schriftführer:
Baden-Württemberg: Enthaltung
Bayern: Nein
Berlin: Ja
Brandenburg:
Alwin Ziel [Sozialminister/SPD]: Ja!
Jörg Schönbohm [Innenminister/CDU]: Nein!

Wowereit: Damit stelle ich fest, dass das Land Brandenburg nicht einheitlich abgestimmt hat. Ich verweise auf Artikel 51 Absatz 3 Satz 2 Grundgesetz. Danach können Stimmen eines Landes nur einheitlich abgegeben werden. Ich frage Herrn Ministerpräsidenten Stolpe, wie das Land Brandenburg abstimmt.

Manfred Stolpe [Brandenburg]: Als Ministerpräsident des Landes Brandenburg erkläre ich hiermit Ja.

Jörg Schönbohm: Sie kennen meine Auffassung, Herr Präsident!

Wowereit: Damit stelle ich fest, dass das Land Brandenburg mit Ja abgestimmt hat.

Peter Müller [Saarland]: Das ist unmöglich!

Roland Koch [Hessen]: Das geht wohl gar nicht!

Weitere Zurufe: Verfassungsbruch! – Das gibt es doch nicht!

Wowereit: Herr Ministerpräsident Stolpe hat für Brandenburg erklärt, dass er, dass das Land Brandenburg mit Ja abstimmt. Das ist nicht –

Roland Koch [Hessen]: Herr Schönbohm hat widersprochen! Nein, das geht nicht, Herr Präsident!

Wowereit: Das ist so. Dann geht es weiter in der –

Peter Müller [Saarland]: Selbst Sie sind an die Verfassung gebunden, Herr Präsident!

Roland Koch [Hessen]: Nein, das geht nicht!

Weiterer Zuruf: Völlig unmöglich! Sie kennen die Verfassung nicht!

Wowereit: Dann geht es weiter – Dann geht es weiter in der Abstimmung.

Peter Müller [Saarland]: Nein!

Roland Koch [Hessen]: Nein, Herr Präsident! Sie brechen das Recht!

Wowereit: Nein!

Roland Koch [Hessen]: Herr Präsident, nein!

Wowereit: Ich habe bei der zweiten Frage gefragt, ob Herr Ministerpräsident Stolpe für Brandenburg eine Erklärung abgibt. Das hat er gemacht. Und –

Peter Müller [Saarland]: Auch Sie sind an das Grundgesetz gebunden, Herr Präsident!

Roland Koch [Hessen]: Das geht nicht! Nein, Herr Präsident, nein!

Wowereit: Und jetzt ist festgestellt –

Peter Müller [Saarland]: Das Grundgesetz gilt auch für Sie!

Wowereit: Es ist festgestellt –

Roland Koch [Hessen]: Jawohl! Das ist ja unglaublich! Das ist glatter Rechtsbruch!

Wowereit: Ich kann –

Roland Koch [Hessen]: Das ist unglaublich!

Wowereit: Ja, Herr – Bitte sehr –

Roland Koch [Hessen]: Herr Präsident, unterbrechen Sie, damit wir das beraten! Das gibt es nicht!

Wowereit: Bitte sehr, Herr Koch, ich bitte Sie, sich auch zu mäßigen.

Roland Koch [Hessen]: Nein, ich mäßige mich nicht! Da ist offensichtlich und gewollt das Recht gebrochen! Das geht nicht!

Weitere Zurufe: Ein vorbereiteter Rechtsbruch! Rechtsbeugung!

Wowereit: Also nochmal –

Roland Koch [Hessen]: Wenn Herr Schönbohm eben geschwiegen hätte, mag das sein! Aber er hat gesagt: Ich nicht! Es sind vier Stimmen! Sie sind unterschiedlich abgegeben, und das haben Sie zur Kenntnis zu nehmen!

Wowereit: Ich kann – Ich kann auch –

Peter Müller [Saarland]: Unterbrechen Sie die Sitzung, dass diese Frage geklärt wird! Das geht so nicht!

Roland Koch [Hessen]: Das ist ja wohl das Letzte!

Wowereit: Ich kann auch Herrn Ministerpräsidenten Stolpe nochmal fragen, ob das Land noch Klärungsbedarf hat.

Roland Koch [Hessen]: Das Land hat keinen Klärungsbedarf! Sie manipulieren eine Entscheidung des Bundesrates! Was fällt Ihnen ein?

Zuruf: Verfassungsbrecher!

Roland Koch [Hessen]: Herr Präsident, nein!

Weitere lebhafte Zurufe

Wowereit: Herr Ministerpräsident Stolpe.

Stolpes erneute Erklärung

Manfred Stolpe [Brandenburg]: Als Ministerpräsident des Landes Brandenburg erkläre ich hiermit Ja.

Roland Koch [Hessen]: So! Und was sagt Herr Schönbohm?

Wowereit: So, dann ist das so festgestellt. Ich bitte fortzufahren in der Abstimmung.

Zuruf: Unerhört!

Dr. Bernhard Vogel [Thüringen]: Ich bitte um das Wort zur Geschäftsordnung!

Wowereit: Sie können sich anschließend, nach der Abstimmung, zur Geschäftsordnung melden. Wir sind jetzt in der Abstimmung.

Manfred Weiß [Bayern], Schriftführer:

Bremen:	Enthaltung
Hamburg:	Enthaltung
Hessen:	Enthaltung
Mecklenburg-Vorpommern:	Ja
Niedersachsen:	Ja
Nordrhein-Westfalen:	Ja
Rheinland-Pfalz:	Ja
Saarland:	Nein
Sachsen:	Nein
Sachsen-Anhalt:	Ja
Schleswig-Holstein:	Ja
Thüringen:	Nein

Präsident Klaus Wowereit: Das ist die Mehrheit.
Der Bundesrat hat dem Gesetz zugestimmt.
Jetzt rufe ich Herrn Ministerpräsident Vogel zur Geschäftsordnung auf.

Roland Koch [Hessen]: Eiskalter Rechtsbruch! Eiskalt!

Edmund Stoiber [Bayern]: Das hat Konsequenzen!

Nach der Abstimmung im Bundesrat kündigten die CDU- und CSU-regierten Länder an, dass sie beim Bundesverfassungsgericht eine Organklage einreichen wollten: Die Zustimmung in der Länderkammer sei nicht verfassungsgemäß zustande gekommen. Vor dem Verfahren in Karlsruhe hatte allerdings der Bundespräsident zu entscheiden, ob er die Gesetzesvorlage unterzeichnet.

M 19 | Salomonischer Rau

Johannes Rau traf eine „salomonische" Entscheidung: Trotz eigener Zweifel an der Rechtmäßigkeit des Abstimmungsverfahrens im Bundesrat unterzeichnete er das Gesetz. In einer eigenen Erklärung kritisierte er das Verhalten der verantwortlichen Politiker: Brandenburgs Ministerpräsident Stolpe (SPD) und sein Innenminister Schönbohm (CDU) erhalten eine „Ohrfeige"; die Opposition – der bayrische Ministerpräsident Stoiber – wird ermuntert, den Weg zum Bundesverfassungsgericht zwecks endgültiger Klärung zu gehen, und der Bundeskanzler freut sich, weil er wenige Wochen vor den Bundestagswahlen die Unterschrift unter sein Gesetz erhält.

(Autorentext)

„Zunächst gab's einen Backenstreich – sodann auch ein Geschenk zugleich ..."

5. Phase: Verfassungsrechtliche Prüfung

Das Bundesverfassungsgericht erklärt am 18. Dezember 2002 das Zuwanderungsgesetz für ungültig, weil die Abstimmung im Bundesrat am 22. März 2002 verfassungswidrig war. Zum Inhalt des Gesetzes nahm das Gericht nicht Stellung.

6. Phase: Neue politische Entscheidung

Nach dem Scheitern des Zuwanderungsgesetzes vor dem Bundesverfassungsgericht einigten sich nach zähen Verhandlungen Regierung und Opposition auf einen Kompromiss. Nach einem Spitzengespräch von Kanzler Schröder mit den Parteichefs von CDU und CSU, Merkel und Stoiber, stimmten am 1. bzw. 9. Juli 2004 Bundestag und Bundesrat dem Gesetzentwurf zu, der am 1. Januar 2005 in Kraft trat. Inhaltlich musste die Koalition der Opposition – vor allem in Sicherheitsfragen – entgegenkommen; die TAZ titelte am 27.05.2004 nach dem Spitzengespräch im Kanzleramt: „Rot-Grün angeschwärzt".

4.3 Reflexion: Probleme des Regierens am Beispiel Gesetzgebung

Zum Prozesscharakter politischen Entscheidens

Die Beschäftigung mit dem Entstehen des Gesetzes macht den Prozesscharakter politischen Entscheidens deutlich. Bei wichtigen, sachlich schwierigen und politisch kontroversen Gesetzesvorlagen müssen Phasen des Entscheidungsprozesses mehrmals durchlaufen werden, kann sogar das Scheitern des Vorhabens drohen.

➤ Politische Gesichtspunkte im Entscheidungsprozess

Wir haben in der Analyse des Gesetzgebungsverfahrens eine Reihe von Gesichtspunkten herausgearbeitet, die jeweils das Politische in den einzelnen Phasen ausmachen:

- Aufnahme in die Prioritätenliste des Regierungsprogramms,
- Abhängigkeit von Wert- und Weltanschauungsfragen,
- Mehrheitsaussichten in Bundestag und Bundesrat,
- Rücksicht auf Partikularinteressen,
- Wirkung in der Öffentlichkeit (Presse, Hörfunk, Fernsehen),
- Rücksicht auf Wahlen,
- in bestimmten Fällen auch Rücksicht auf das Ausland; Entscheidungen der EU.

Teils ziehen sich diese Gesichtspunkte durch das gesamte Verfahren, teils ist ihre Zuordnung zu einzelnen Phasen abhängig von der Gesetzesmaterie. In einer verfassungspolitisch unsicheren Situation müssen Regierung und Regierungsfraktion dabei stets abwägen, ob sie den Bedenken der Opposition nicht durch Kompromisse entgegenkommen und damit eine breitere Basis für eine Lösung schaffen. Sonst besteht die Gefahr, dass die überstimmte Minderheit den Weg der verfassungsgerichtlichen Überprüfung des Gesetzes geht.

Umgekehrt hat die Opposition abzuwägen, ob ihr Zustimmung oder Verweigerung einen höheren Ansehensgewinn bringt; unterliegt sie im Machtkampf der Regierungskoalition, wie beim Streit um die Steuerreform 2000, so droht Ansehensverlust.

➤ Politischer Prozess und gesellschaftliches Normenbewusstsein

Ob mit dem Abschluss eines Gesetzgebungsverfahrens tatsächlich auch das zu lösende Problem bewältigt wurde, stellt sich zuweilen erst im Nachhinein heraus. Der Streit um das Zuwanderungsgesetz führte zu vielen Kompromissen, die nicht zwangsläufig der künftigen Regelung der Zuwanderungsproblematik dienen.

Lord Ralf Dahrendorf, ein bekannter deutscher Soziologe, der mittlerweile die britische Staatsbürgerschaft besitzt und Mitglied des Londoner Oberhauses ist, meldete sich im Spätsommer 2002 mit einer „Außenansicht“ zu Wort.

M 20 | Außenansicht

Etwas Merkwürdiges passiert in den europäischen Wahlkämpfen dieses Jahres. In Frankreich, Deutschland, Holland und Schweden wurde das für die meisten Menschen vordringlichste Thema – die Einwanderung – entweder totgeschwiegen oder übertrieben aufgeblasen. Die etablierten Parteien scheinen beinahe so etwas wie ein ungeschriebenes Abkommen zu haben, die Bedeutung der Einwanderung herunterzuspielen.

„Wir müssen dieses sensible Thema aus dem Wahlkampf heraushalten“, schien die vorherrschende Meinung zu sein, so als ob die Zeit der intensivsten politischen Bewusstseinsbildung rund um die Wahlen herum nicht für die Diskussion kontroverser Themen genutzt werden sollte. [...]

Für diejenigen, denen der liberale und aufgeklärte politische Diskurs am Herzen liegt, ist es höchste Zeit – und eigentlich schon fast zu spät –, ihre Sache klar darzulegen. Es müssen einige unangenehme Wahrheiten über die Migration ins Gedächtnis gerufen und notwendige Konsequenzen daraus gezogen werden. Im Folgenden finden sich fünf solcher Wahrheiten oder wenigstens fünf Themen, die zur Diskussion anstehen.

Erstens: Auswandern ist kein Spaß. In der Regel verlassen Menschen ihre Heimat nicht aus einer Laune heraus oder aus purer Abenteuerlust. Vielmehr möchten sie der Hoffnungslosigkeit entfliehen, wie es viele Europäer im 19. und 20. Jahrhundert getan haben, als sie ihre Heimat vornehmlich in Richtung Amerika verließen. Ungeachtet ob Migranten vor politischer Unterdrückung oder wirtschaftlicher Not fliehen, ist es wichtig zu verstehen, dass der Preis, den sie dafür bereit sind zu zahlen, ebenso hoch ist wie der Druck, das Heimatland zu verlassen.

Zweitens ist die Einwanderung ein großes Kompliment an jene Länder, die von Einwanderern als ihr endgültiges Zielland ausgewählt werden. Die Antwort auf die Frage: „Wo gehen wir hin, wenn wir hier weg müssen?“, ist meistens nicht China oder irgendein Land in Afrika. Ebenso wenig sind die Länder Lateinamerikas noch attraktive Ziele.

Länder, die Einwanderer magisch anziehen, sind meistens reich und frei. Kanada wurde für viele zu einem solchen Traumland, aber auch europäische Länder gehören dazu. So wie einst die USA, sollten Einwanderungsländer stolz – und ein wenig demütig – angesichts ihrer Anziehungskraft sein.

Drittens: Es ist irreführend zu behaupten, dass ein gewisses Maß an Einwanderung gebraucht wird, um High-Tech-Jobs oder andere höhere Posten besetzen zu können. Ein paar indische Computerspezialisten sind ein schlechter Grund für die Erteilung ständiger Aufenthaltsgenehmigungen, wenn auch nur deshalb, weil solche Einwanderer wahrscheinlich immer eine winzige Minderheit unter den Neuzugängen bleiben. Reiche Länder brauchen heute Einwanderer, um jene Jobs besetzen zu können, die Adair Turner in seinem Buch „Just Capital" als „High-Touch-Jobs" bezeichnet. Die meisten Menschen in den reichen Ländern wollen sich ihre Finger nicht mehr schmutzig machen. Ob es die Arbeit in einer Restaurantküche oder in der Altenpflege ist, die Baumwollernte oder die Arbeit am Bau – die Menschen in den reichen Ländern möchten Dienstleistungen konsumieren, die sie nicht mehr selbst erbringen wollen. Es mag nicht gerade edel sein, den Einwanderern diese „Drecksarbeit" zu überlassen, aber für sie bieten solche Jobs auch die Hoffnung, weiter nach oben zu kommen, da sie mit ihrer Arbeit zum Funktionieren entwickelter Volkswirtschaften und Gesellschaften beitragen.

Viertens hat noch niemand sämtliche Auswirkungen der demografischen und der damit verbundenen sozialen Veränderungen von heute zur Gänze durchdacht. Es ist jedoch eine Tatsache, dass der Wohlfahrtsstaat in entwickelten Ländern ohne Immigration nicht mehr finanzierbar sein wird. Das ist ein unangenehmes Faktum. Einwanderer für die Bereitstellung von Dienstleistungen heranzuziehen, ohne ihnen die entsprechenden Sozialleistungen zukommen zu lassen, ist moralisch fragwürdig. Es gibt sicher Möglichkeiten, die zukünftige Situation zu entschärfen, aber ohne Einwanderung werden die Sozialleistungen in ganz Europa innerhalb einer Generation massiv gekürzt werden.

Fünftens: Einwanderung kann entweder als ein Schritt in Richtung vollständiger Integration von Migranten betrachtet werden oder als eine Übergangsphase im Leben dieser Menschen. Beide Möglichkeiten sollten ein Angebot sein, wobei aber sehr viel für Letzteres spricht. Italiener (und später Türken), die in Nordeuropa arbeiteten und später mit ausreichend finanziellen Mitteln nach Hause zurückkehrten, um dort kleine Firmen zu gründen, leisteten einen zweifachen Beitrag: Sie halfen zunächst ihren Gastländern und anschließend ihren Heimatländern. [...]

Aus diesen unangenehmen Wahrheiten über die Einwanderung sind viele Konsequenzen zu ziehen, nicht zuletzt die Notwendigkeit, eine rationalere Debatte darüber zu führen.

(SZ, 20.9.2002)

M 21 | „Gefährliche Ausländer"

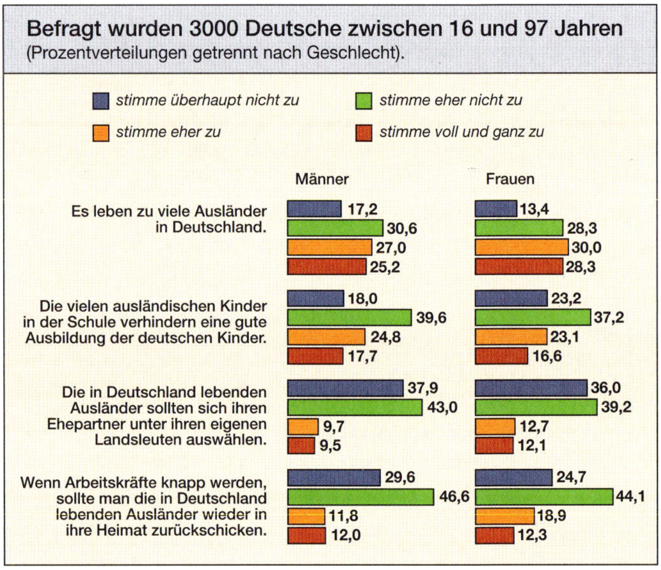

(nach: Die Zeit, Nr. 46 v. 7.11.2002, S. 10)

Aufgaben

1. Diskutieren Sie die Überschrift zu M 21 („Gefährliche Ausländer").
2. Stellen Sie einen Zusammenhang her zwischen der (Außen-)Ansicht Dahrendorfs (M 20) und der Umfrage (M 21).

4.4 Transfer

Das hier vorgestellte Phasenmodell lässt sich auf andere Fallbeispiele anwenden. Besonders geeignet erscheint der Streit um die Gesundheitsreform (→ I/3., S. 31 ff.).

Ausgehend von dem Bericht der Schweizer Tageszeitung „Neue Züricher Zeitung" (M 22), in dem die politischen Konflikte beim deutschen Nachbarn betont nüchtern dargestellt werden, kann man sich anhand der Karikaturen (M 23) näher mit dem Sachproblem, das zu lösen ist, und den politischen Konflikten befassen. Die Internet-Seiten der Massenmedien, der Regierung, der Parteien und der Verbände bieten reichhaltiges Material.

M 22 | Berlin im Bann einer verkorksten Reform

Die Große Koalition bessert in der Gesundheitspolitik nach

Die deutschen Regierungsparteien haben sich in der Nacht zum Donnerstag auf Korrekturen an der Gesundheitsreform verständigt. Trotzdem wirkt Merkel nach dem langen Tauziehen angeschlagen.
Was die deutsche Bundeskanzlerin Merkel im Sommer noch als Durchbruch bezeichnet hatte, ist im Herbst bereits ein Sanierungsfall. Die Spitzen der Großen Koalition korrigierten in der Nacht auf Donnerstag Beschlüsse, die sie im Juli in einer anderen Nachtsitzung gefasst hatten. Um zwei Uhr morgens verkündeten Merkel sowie die Vorsitzenden von SPD und CSU, Beck und Stoiber, nach siebenstündigen Beratungen einige Änderungen an der Gesundheitsreform. So soll deren Herzstück – ein Fonds zum zentralen Einzug der Krankenkassenprämien – erst im Januar 2009 eingeführt werden. Die Verschiebung um ein Jahr kommt den wohlhabenden Bundesländern im Süden entgegen, die durch den Fonds Mehrbelastungen für ihre gesetzlichen Krankenkassen in Höhe von bis zu 1,7 Milliarden Euro fürchten.

Zugeständnisse an die Länder

Die Bundesländer erreichten noch eine weitere Konzession zu ihren Gunsten. Der bayerische Ministerpräsident Stoiber erklärte, die Verluste, die finanzstarke Kassen (meist in den reicheren südlichen Bundesländern) durch die Reform hinnehmen müssten, würden über einen längeren Zeitraum verteilt. Die dadurch entstehenden Mindereinnahmen bei den anderen Kassen sollen durch Steuermittel ausgeglichen werden. Damit wichen die Unionsparteien erneut von dem zuletzt eisern verteidigten Prinzip ab, die Finanzierung des Gesundheitssystems aus Steuern möglichst zu begrenzen. Schon Bundeskanzlerin Merkel hatte kürzlich angekündigt, man werde mehr Haushaltsmittel zur Verfügung stellen. Die Akteure der Großen Koalition haben beim Jonglieren mit den Milliarden des Gesundheitswesens Beschlüsse gefasst, deren finanzielle Auswirkungen sie zunächst nicht überblickten. Die Lücken, die sich in den Detailberatungen auftaten, müssen nun mit Steuergeldern gestopft werden. Weil die Länder Zugeständnisse erzwangen, fiel es auch den Sozialdemokraten in der Nacht auf Donnerstag leicht, sich in einem für sie wichtigen Punkt durchzusetzen. Ihr Anliegen war stets, die Eigenverantwortung der Versicherten möglichst zu beschränken, und so plafonierten sie eine neu einzuführende Zusatzprämie bei einem Prozent des Einkommens. Vor allem solch komplizierte Regeln und die undurchschaubaren Finanzströme des Fonds trugen der Reform den Ruf ein, ein bürokratisches Monster zu sein.

Folgewirkungen des Konflikts

Der Dauerstreit um die Gesundheitsreform, der auch mit der jüngsten Nachtsitzung wohl noch nicht ausgestanden ist, hat seine Spuren bei der Kanzlerin hinterlassen. Parteifreunde beklagen, dass sich Merkel angesichts der scharfen Kritik auch in den eigenen Reihen in eine Wagenburg zurückgezogen habe. Redet man mit Personen in Merkels Umfeld, fällt auf, wie sehr sich die Stimmung verändert hat. Die Zuversicht des Sommers ist einem angestrengten Ton gewichen. Weil das von Merkel zunächst als größte Reform ihrer Regierungszeit gefeierte Gesetzesvorhaben immer mehr aus dem Ruder lief, wurden andere Themen an den Rand gedrängt. Deutschland übernimmt in Kürze die EU-Ratspräsidentschaft und hatte ursprünglich versprochen, das ganze Gewicht einer europäischen Führungsmacht zur Lösung der Verfassungskrise einzusetzen. Bis heute kreist Berlin jedoch ganz um die Innenpolitik.
Die Bundeskanzlerin spürt in diesen Wochen zum ersten Mal die ganze Last ihres Amtes, und sie erfährt die Grenzen ihrer Macht. Die Ministerpräsidenten von CDU und CSU erteilten ihr eine Lektion, dass auch auf die eigene Partei kein Verlass ist, wenn es um viel Geld geht. Die Ministerpräsidenten haben Merkel bei der Gesundheitsreform immer wieder Knüppel zwischen die Beine geworfen und wurden hierfür ausgiebig getadelt. Es hieß, die Regierungschefs hätten nur die eigenen Wahlchancen im Blick. Mindestens für Stoiber trifft dies wohl zu, denn die CSU reagiert nervös auf Umfragen, wonach sie in Bayern weniger als 50 Prozent Zustimmung erhält.
Anderseits wirkt das System der gesetzlichen Krankenversicherung wie ein kleiner föderaler Finanzausgleich, und daher ist es legitim, dass die Länder ihre Interessen wahren. So erklärte Stoiber, die nächtliche Einigung stehe unter dem Vorbehalt, dass erst die endgültigen Gesetzestexte vorliegen.

(Neue Züricher Zeitung, 06.10.2006, S. 1)

Berlin, 06.10.2006, 2.15 Uhr: Nach gut sechsstündigen Vehandlungen präsentieren SPD-Chef Kurt Beck, Bundeskanzlerin Angela Merkel (CDU) und CSU-Chef Edmund Stoiber (von links) den Gesundheitskompromiss der Großen Koalition – die eine sichtlich mehr, der andere weniger zufrieden.

M 23

Alles klar? (Allgemeine Zeitung Mainz, 06.10.2006)

(Mitteldeutsche Zeitung, 06.10.2006)

(FAZ, 06.10.2006)

(Neues Deutschland, 06.10.2006)

(TAZ, 06.10.2006)

(Berliner Zeitung, 06.10.2006)

5. Deutschland nach der Förderalismusreform – eine „entfesselte Republik“?

Nach den Erfahrungen mit dem zentralistischen Unrechtsstaat der Nationalsozialisten erfolgte 1948/49 die Gründung der Bundesrepublik aus den Ländern heraus: Die Abgeordneten des *Parlamentarischen Rats* wurden entsprechend der Größe von den Landtagen der elf westdeutschen Bundesländer entsandt. Um den föderativen Charakter des neuen Staates zu betonen, verzichtete man auf die Einberufung einer *Verfassungsgebenden Nationalversammlung* und auf eine Legitimierung des Grundgesetzes durch eine Volksabstimmung. Die neue Verfassung wurde ratifiziert durch Einzelabstimmungen in den Landtagen der elf Bundesländer. Dieses Vorgehen sollte zugleich den provisorischen Charakter der neuen politischen Ordnung im geteilten Deutschland zum Ausdruck bringen.

Die Etablierung einer starken vertikalen Gewaltenteilung und die Betonung des *Subsidiaritätsprinzips* („Staatliche Aufgaben sollen im Interesse der Freiheit von den unteren Einheiten wahrgenommen werden.“) gehörten somit zu den leitenden Prinzipien der neuen politischen Ordnung in der Bundesrepublik Deutschland.

Nicht nur die Ministerpräsidenten, sondern auch die westlichen Siegermächte – allen voran Frankreich – legten insbesondere im Bereich der Gesetzgebung besonderen Wert auf eine föderalistische Ausprägung des neuen Staates:

„Art. 30 GG: Die Ausübung der staatlichen Befugnisse und die Erfüllung der staatlichen Aufgaben ist Sache der Länder, soweit dieses Grundgesetz keine andere Regelung trifft oder zulässt.
Art 70 GG: Die Länder haben das Recht der Gesetzgebung, soweit dieses Grundgesetz nicht dem Bunde Gesetzgebungsbefugnisse verleiht. Die Abgrenzung der Zuständigkeit zwischen Bund und Ländern bemisst sich nach den Vorschriften dieses Grundgesetzes über die ausschließliche und die konkurrierende Gesetzgebung.“

Seit Inkrafttreten des Grundgesetzes wurde die Gesetzgebungskompetenz der einzelnen Länder immer mehr in den Hintergrund gedrängt: Mit Hinweis auf den Art. 72 des Grundgesetzes, der im Bereich der konkurrierenden Gesetzgebung dem Bund die Gesetzgebungskompetenz verleiht, wenn es um „die Herstellung gleichwertiger Lebensverhältnisse“ bzw. um „die Wahrung der Rechts- oder Wirtschaftseinheit im gesamtstaatlichen Interesse“ geht, wurden in immer mehr Bereichen Bundesgesetze verabschiedet.

Der Verlust der eigenen Gesetzgebungskompetenz der Länder wurde aber gleichsam kompensiert, weil sie über den Bundesrat viel stärker an der Gesetzgebung des Bundes beteiligt wurden: Etwa die Hälfte der seit 1949 verabschiedeten Bundesgesetze sind Zustimmungsgesetze, die ohne eine Mehrheit in der Länderkammer nicht in Kraft treten konnten.

Eine politische spannende Konstellation ergibt sich nun, wenn die Partei der Bundestags-Opposition in der Länderkammer über eine Mehrheit verfügt: So gelang es 1997/98 SPD-Chef Oskar Lafontaine, der zugleich als saarländischer Ministerpräsident eine Mehrheit SPD-regierter Bundesländer anführte, eine Steuerreform von Bundeskanzler Helmut Kohl, für die der Kanzler im Bundestag eine Mehrheit hatte, in der Länderkammer zu blockieren.

Vergleichbares geschah im Jahr 2003, als eine CDU/CSU-Mehrheit im Bundesrat die Hartz IV-Gesetze der rot-grünen Koalition in der Länderkammer blockierte. Erst in einer dramatischen Nachtsitzung am 19. Dezember 2003 kam es im Vermittlungsausschuss zu einem Kompromiss, der das Gesetzeswerk – wie Fachleute meinten – „verkomplizierte“ und „verstümmelte“, sodass sehr rasch „Reformen der Reform“ notwendig wurden.

Auch der Streit um das Abstimmungsverfahren über das Zuwanderungsgesetz (vgl. M 18, S.326 f.), der schließlich vor dem Bundesverfassungsgericht landete, intensivierte die Diskussion in Medien, Wissenschaft und Politik über die Frage, ob die föderalistischen Strukturen und die damit verbundenen Verfahrensregeln und Zuständigkeiten überhaupt noch zeitgemäß seien.

Diese Frage stellt sich umso mehr, als durch die Gesetzgebungskompetenz in der EU (vgl. S. 358 ff.) eine veränderte verfassungspolitische Lage entstanden ist.

Noch in der Regierungszeit von Rot-Grün erarbeitete eine Kommission einen Vorschlag für eine Föderalismusreform, die dann aber im Vorfeld der Bundestagswahl 2005 scheiterte. Weitgehend unverändert passierte im Juni/Juli 2006 das Reformwerk die parlamentarischen Hürden von Bundestag und Bundesrat, weil das Vorhaben jetzt – die „umfassendste Grundgesetzänderung seit Bestehen der Bundesrepublik“ – von einer breiten Mehrheit der Großen Koalition getragen wurde.

M 1 | Der Einfluss der Länder im Gesetzgebungsverfahren des Bundes

(nach: FAZ, 20.07.2006)

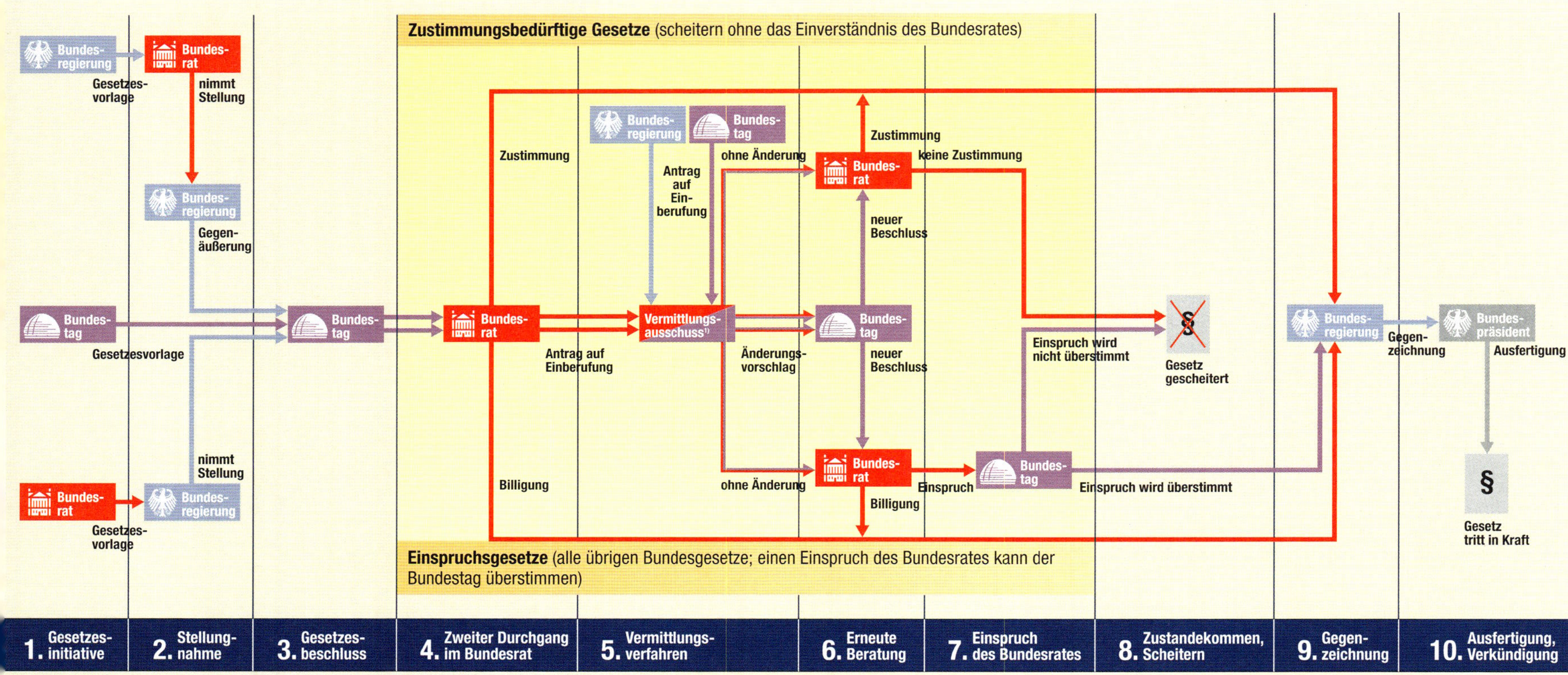

1) Vermittlungsausschuss: 16 Bundestagsabgeordnete sowie 16 Mitglieder des Bundesrates, die ebenfalls in ihren Entscheidungen frei sind.

1. Das **Initiativrecht** für Gesetzesvorlagen beim Bundestag liegt bei der Bundesregierung, dem Bundestag selbst (mindestens fünf Prozent der Mitglieder) oder dem Bundesrat.

2. Gesetzesentwürfe der Bundesregierung werden zunächst im **Bundesrat** in einem ersten Durchgang behandelt. Der Bundesrat kann Stellung nehmen; die Bundesregierung soll dazu ihre Auffassung darlegen.

3. Der Gesetzentwurf wird im **Bundestag** in drei Lesungen beraten; nach der dritten Lesung folgt die Schlussabstimmung.

4. Alle vom Bundestag beschlossenen Gesetze werden dem Bundesrat zugeleitet. Der **Zustimmung** bedarf ein Gesetz, wenn es das Grundgesetz vorsieht. Ziel der **Föderalismusreform** ist es, die Zahl zustimmungsbedürftiger Gesetze deutlich zu senken (s. M 2, S. 335).

5. Der **Vermittlungsausschuss** kann durch den Bundesrat einberufen werden oder – wenn der Bundesrat einem zustimmungsbedürftigen Gesetz nicht zustimmt – auch durch Bundestag und Bundesregierung.

6. Schlägt der Vermittlungsausschuss eine **Gesetzesänderung** vor, muss der Bundestag einen neuen Beschluss fassen, der an den Bundesrat geht. Schlägt der Vermittlungsausschuss **keine Gesetzesänderung** vor, muss der Bundesrat zustimmen/billigen oder Einspruch einlegen/die Zustimmung verweigern.

7. Der Bundestag kann einen **Bundesrats-Einspruch** mit absoluter Mehrheit **überstimmen**. Bei Einspruch des Bundesrates mit Zwei-Drittel-Mehrheit bedarf es im Bundestag ebenfalls einer solchen Mehrheit, um ihn zu überstimmen.

8. **Zustimmungsbedürftige Gesetze** scheitern, wenn der Bundesrat nach Vermittlungsverfahren nicht zustimmt. **Einspruchsgesetze** scheitern, wenn der Bundestag den Einspruch nicht überstimmt.

9. Das Gesetz wird vom **Bundeskanzler** und dem zuständigen **Minister** gegengezeichnet und dem Bundespräsidenten zur Ausfertigung zugeleitet.

10. Nach Ausfertigung und Verkündigung im Bundesgesetzblatt tritt das **Gesetz in Kraft**. Der **Bundespräsident** hat das Recht zur Prüfung, ob es nach den Vorschriften des Grundgesetzes zustande gekommen ist.

Die Grundgesetzänderung wurde als der erste bedeutsame Erfolg der Großen Koalition herausgestellt. In der schärferen Trennung der Kompetenzen von Bund und Ländern, die zu einer Halbierung der zustimmungspflichtigen Gesetze führt, sahen politische Kommentatoren die Chance, Gesetzgebungsprozesse effizienter zu gestalten und langfristige Verhandlungen im Vermittlungsausschuss – mit oft fragwürdigen Kompromissen – zu verringern.

M 2 | Was sich ändert: Die Neuordnung der Kompetenzen

A Verlagerung auf die Länder durch Auflösung der Rahmengesetzgebung des Bundes und Neuordnung der konkurrierenden Gesetzgebung:
- Strafvollzug
- Versammlungsrecht
- Heimrecht
- Ladenschlussrecht
- Gaststättenrecht
- Spielhallen/Schaustellung von Personen
- Messen, Ausstellungen, Märkte
- Teile des Wohnungswesens
- landwirtschaftlicher Grundstücksverkehr und Pachtwesen
- Flurbereinigung
- Siedlungs- und Heimstättenwesen
- Sport-, Freizeit- und sogenannter sozialer Lärm
- Besoldung, Versorgung, Laufbahnrecht der Landesbeamten und Richter
- Großteil des Hochschulrechts mit Ausnahme der Hochschulzulassung und -abschlüsse
- allgemeine Rechtsverhältnisse der Presse.

B Verlagerung auf den Bund:
- Abwehr von Gefahren des internationalen Terrorismus durch das Bundeskriminalamt, wenn eine länderübergreifene Gefahr vorliegt
- Waffen- und Sprengstoffrecht
- Versorgung der Kriegsbeschädigten
- Erzeugung und Nutzung der Kernenergie, Errichtung und Betrieb von Anlagen, Schutz gegen Gefahren, Beseitigung radioaktiver Stoffe
- Melde- und Ausweiswesen
- Schutz deutschen Kulturgutes gegen Abwanderung in das Ausland.

C Konkurrierende Gesetzgebung: Die Länder haben das Recht zur Gesetzgebung, soweit der Bund von seiner Zuständigkeit nicht Gebrauch macht. Aus der früheren Rahmengesetzgebung wurden in die konkurrierende Gesetzgebung überführt:
- umweltbezogene Materien, inbesondere Naturschutz, Landschaftspflege, Wasserhaushalt
- aus dem Dienstrecht im Hinblick auf die Personalhoheit der Länder lediglich Statusrechte und -pflichten der Landesbeamten und Landesrichter
- aus dem Hochschulwesen im Hinblick auf die Kulturhoheit der Länder lediglich Hochschulzulassung und Hochschulabschlüsse. Die konkurrierende Gesetzgebung zu Hochschulzulassung/-abschlüssen und umweltbezogenen Materien wird mit Abweichungsbefugnissen der Länder versehen: Hat der Bund von seiner Zuständigkeit Gebrauch gemacht, können die Länder durch Gesetz hiervon abweichende Regelungen treffen.

D Finanzverfassung:
- Abbau von Mischfinanzierungstatbeständen
- Verschärfung der Voraussetzungen für Finanzhilfen
- Stärkung regionaler Steuerautonomie
- Regelung der Lastentragung von Bund und Ländern bei Sanktionen der Europäischen Gemeinschaft und bei der Verletzung supranationaler und völkerrechtlicher Verpflichtungen im Grundgesetz.

(nach: FAZ, 20.07.2006)

Zugleich eröffnen sich den Ländern durch die Auflösung der Rahmengesetzgebung des Bundes sowie die Neuordnung der konkurrierenden Gesetzgebung neue politische Gestaltungsmöglichkeiten in den einzelnen Bundesländern (z. B. beim Strafvollzug, beim Ladenschluss oder beim Besoldungs- und Versorgungsrecht für Beamte).
Andererseits wurden im Zuge der Entflechtung Zuständigkeiten auf den Bund übertragen, so z. B. der Bereich Abwehr von Gefahren des internationalen Terrors oder Aufgaben aus dem Bereich der Erzeugung und Nutzung von Kernenergie.
Kritiker bemängelten, dass es noch keine Reform der Finanzverfassung von Bund und Ländern gegeben habe; dieses Vorhaben soll in einem zweiten Reformabschnitt verwirklicht werden. Auch der weitgehende Rückzug des Bundes aus dem Bildungsbereich stieß auf Vorbehalte.
Auch müsse die Zukunft zeigen, ob die z. T. recht komplizierten Regelungen – etwa im Bereich der konkurrierenden Gesetzgebung, wo die Rechte der Länder gestärkt wurden – praktikabel seien.

M 3 | Brauchen wir mehr Zentralismus? Pro- und Contra-Argumentation

a) Ja, meint ZEIT-Mitarbeiter Bernd Ulrich: „Die Bundesländer blockieren entschiedenes Regieren."

- Der Streit um die Föderalismusreform hatte absurde Züge: Die Länder lassen sich erst nach ausdauernder Abwehrschlacht vom Bund Gelder für die Hochschulen aufzwingen, die diese dringend brauchen.
- Länderchefs verweigern im Bundesrat ihre Zustimmung zur Mehrwertsteuererhöhung, die sie in ihren Parteigremien befürworteten und die sie in ihren verschuldeten Ländern brauchen.
- Durch einen Wust von Mitspracherechten der Länder auf EU-Ebene wird in Brüssel die deutsche Verhandlungsposition geschwächt.
- Auch nach Verabschiedung der Föderalismusreform kann die Blockadepolitik im Bundesrat fortgesetzt werden; dies verzögert und verunstaltet notwendige Reformen und führt zur Auflösung politischer Verantwortung. Versteht sich der Bundesrat (überparteilich) als Gegenparlament zum Bundestag, wird seine innere Struktur (NRW: 18 Mio. Einw. – 6 Sitze; Saarland: 1 Mio. Einw. – 3 Sitze) zum „Demokratieproblem".
- Der Föderalismus ist zu einem Anreizsystem geworden für „Quertreiberei, Wichtigtuerei und Eitelkeit" der Ministerpräsidenten (Exekutiv-Föderalismus, der „weniger die Länder, geschweige denn die Länderparlamente, als deren Ministerpräsidenten" stärkt).
- Der Bund ist die politische Ebene mit der höchsten demokratischen Legitimation und öffentlichen Aufmerksamkeit. „Wer vermeiden will, dass die Bundesebene – die schon wegen der EU unvermeidlich operative Macht einbüßt – ausgehöhlt wird, der muss den Einfluss der Länder vermindern."

b) Nein, sagt ZEIT-Mitarbeiter Matthias Krupa: „Die Bundesländer garantieren eine bürgernahe Demokratie."

- Der Widerspruch zwischen Zentralmacht und Partikulargewalten ist in Deutschland konstitutiv gewesen für die Verfassung von Reich, Bund und Republik; die Balance zwischen Einheit und Vielfalt hat sich historisch bewährt.
- Es ist eine Tatsache: Die Bewohner Deutschlands hängen an ihren regionalen Identitäten, „an Weißwürsten und Wattwürmern, und eben auch an den staatlichen Einheiten, die dazu gehören".
- Tatsache ist, dass der Bund seit 1949 zunehmend Kompetenzen zulasten der Länder übernommen hat; bestimmend war dabei „der fragwürdige Glaube an die Instrumente der zentralen Steuerung und Planung". Die Länder wurden so in vielerlei Hinsicht zu „Verwaltungsbezirken erniedrigt".
- Die Folgen des Bedeutungsverlustes der Länderparlamente und der rückläufigen Wahlbeteiligung bei Landtagswahlen sind verstärkt Einmischungsversuche der Ministerpräsidenten in Bundes- oder gar EU-Angelegenheiten.
- Im Hinblick auf die EU gilt: Wer beklagt, dass die Brüsseler Zentrale und Bürokratie immer mächtiger werden, sollte bedenken: „Zentralismus kann man nicht mit Zentralismus bekämpfen".
- Von einem Wettbewerb um bessere Ideen, leistungsfähigere Hochschulen oder um Betreuungskonzepte von Arbeitslosen kann Deutschland nur profitieren; der zweite Teil der Föderalismusreform – die Modernisierung der Finanzverfassung – sollte den Ländern dazu mehr Gestaltungsspielräume verschaffen. „Der Leitwert in einem freiheitlichen Gemeinwesen heißt Vielfalt. Wo immer es möglich ist, 16 Lösungsansätze auszuprobieren, da ist die Chance, die beste Lösung zu finden, 16-mal größer als bei einer Einheitslösung" (Ex-Bundespräsident Roman Herzog).

(DIE ZEIT, 22.06.2006)

Aufgaben

1. Untersuchen Sie anhand der Berichterstattung in den Medien, inwieweit sich in der Praxis des Gesetzgebungsverfahrens die Erwartungen an die Föderalismusreform erfüllt haben.
2. Diskutieren Sie die Pro- und Contra-Argumentation: Welche Aspekte erscheinen Ihnen besonders schlüssig und sollten bei weiteren Reformanstrengungen beachtet werden?
3. Während vor der Reform „die Einheitlichkeit der Lebensverhältnisse" (Art. 72, Abs. II) einer unterschiedlichen Entwicklung der Länder eine verfassungsrechtliche Grenze setzte, könnten sich nunmehr „ärmere" und „reichere" weiter auseinanderentwickeln, z. B. im Bereich von Forschung und Bildung. Inwieweit zeigen sich nach Inkrafttreten der Reform solche Tendenzen?
4. Die Frage, ob die Bundesrepublik 16 Länder brauche, die sich in Größe und wirtschaftlicher Leistungsfähigkeit stark unterscheiden, blieb bei der Reform ausgespart. Diskutieren Sie!

6. Der Bundespräsident – Staatsnotar oder politische Instanz?

Das Zitat:

„Das Fragenstellen ist das schärfste Schwert, das der Bundespräsident hat. Denn Fragen kann man nicht verbieten."
(Bundespräsident Roman Herzog vor Offizieren der Führungsakademie der Bundeswehr)
(Allgemeine Zeitung Mainz, 12.12.1996, S. 2)

„Ich will zuhören, damit niemand ungehört bleibt. Ich will Gesprächsfäden neu knüpfen, wo sie abgerissen sind, zwischen Ost und West, zwischen Jung und Alt!"
(Johannes Rau in seiner Antrittsrede als Bundespräsident am 1.7.1999)

„Wenn ein Bundespräsident nicht eine eigene politische Agenda verfolgt, dann ignoriert er seinen Amtseid."
(Horst Köhler)
(DIE ZEIT, 01.03.2007, S. 5)

M 1 | Die Personen:

① Theodor Heuss 1949 – 1959
② Heinrich Lübke 1959 – 1969
③ Gustav Heinemann 1969 – 1974
④ Walter Scheel 1974 – 1979
⑤ Karl Carstens 1979 – 1984
⑥ Richard v. Weizsäcker 1984 – 1994
⑦ Roman Herzog 1994 – 1999
⑧ Johannes Rau 1999 – 2004
⑨ Horst Köhler seit 2004

M 2|

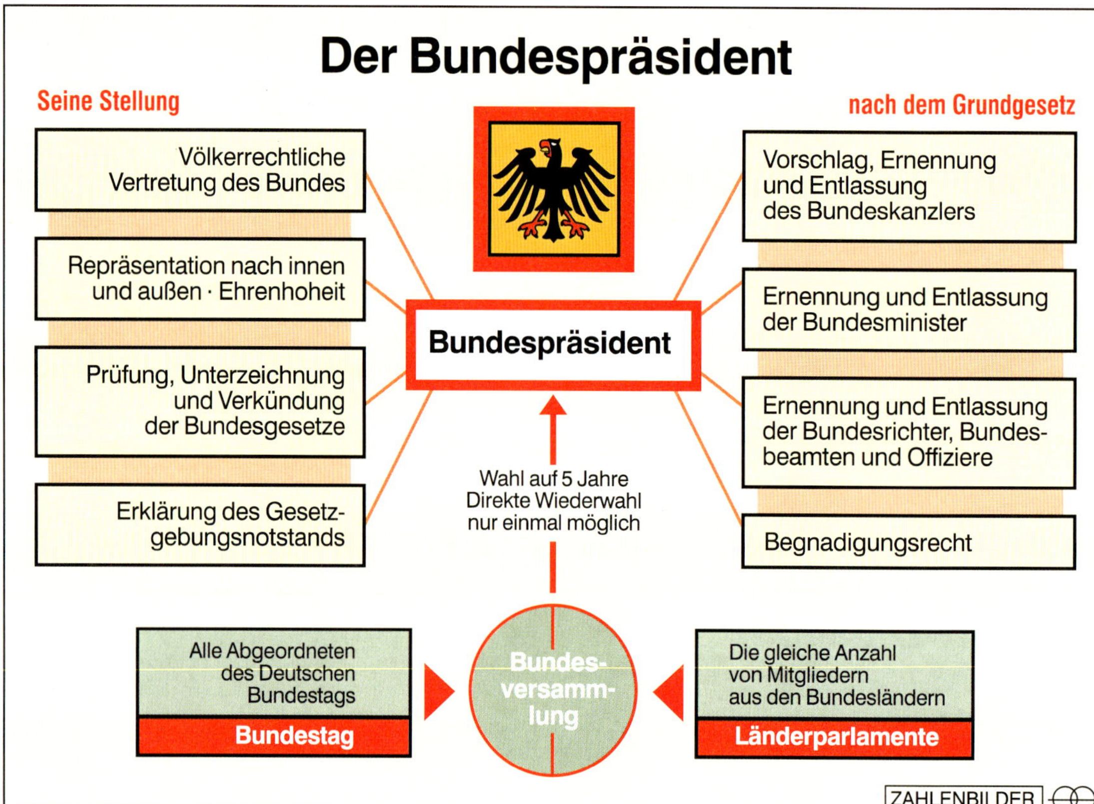

67 100

Das Amt des Staatsoberhauptes ist nach den Erfahrungen mit dem letzten Reichspräsidenten der Weimarer Republik mit weniger Macht ausgestattet worden. Insbesondere hat der Bundespräsident keine politischen Initiativrechte; gleichwohl gibt es eine Reihe von Situationen, in denen er politisch gestaltend wirken kann:

- **Mitwirkung im Gesetzgebungsverfahren:**
  Es gibt Beispiele, dass ein Bundespräsident nach formaler und materialer Prüfung eines Gesetzes mit der Unterschrift gezögert hat (z. B. Änderungsgesetz zum § 218 StGB in der 1. Fassung – Fristenlösung 1974, Wehrdienstnovelle 1976 oder Zuwanderungsgesetz 2002).
- **Wahl des Bundeskanzlers:**
  Erreicht ein Kandidat für das Amt des Bundeskanzlers nicht die absolute Stimmenmehrheit (Art. 63 Abs. 4 GG), sondern verfügt er nur über eine relative Mehrheit, so hat der Bundespräsident zu entscheiden, ob er den betreffenden Politiker gleichwohl zum Bundeskanzler ernennt oder ob er durch Auflösung des Bundestags und Anberaumung einer neuen Bundestagswahl den Bürgern die politische Entscheidung über die Neubesetzung dieser Verfassungsorgane wieder überträgt.
- **Schwierige politische Situationen:**
  In schwierigen politischen Situationen und bei bestimmten politischen Themen (Wahlkämpfe, Ausländerfeindlichkeit) – besonders dann, wenn das politische Klima stark emotionalisiert ist – kann und soll der Bundespräsident durch öffentliche Ansprachen mäßigend und ausgleichend auf die Situation einwirken.
  Dabei beruht die Wirkung seines Handelns vor allem auf dem öffentlichen Respekt vor dem Amt und dem Ansehen der Person des Bundespräsidenten, der sich aus dem politischen Tagesstreit ja gerade heraushält.
- **Das Amt des Bundespräsidenten ist jedoch nicht unpolitisch:**
  Bemerkenswert ist in diesem Zusammenhang, dass den Koalitionswechseln der Jahre 1969 und 1982 jeweils die Wahl eines Bundespräsidenten gegen den Willen der führenden Regierungspartei vorausging; man sprach von ‚einem Stück Machtwechsel' bzw. von einer ‚Tendenzwende'.

Die bisherigen Bundespräsidenten haben in verschiedenem Maße versucht, über die repräsentativen und integrativen Funktionen hinausgehend politischen Handlungsspielraum (Mitträger der Regierungsgewalt, politisches Machtgewicht) zu erlangen.

Aufgaben

1. Erstellen Sie eine Synopse über Stellung und Funktion des Bundespräsidenten und des Reichspräsidenten der Weimarer Republik anhand folgender Kategorien:
   - Legitimation (Wahl);
   - Stellung gegenüber Regierungschef und Parlament;
   - Funktion und Rechte im Gesetzgebungsprozess, bei Regierungskrisen, bei Parlamentsauflösung, im Rahmen der Notstandsregelungen.
2. Suchen Sie – ausgehend von der Rolle des Reichspräsidenten in der Weimarer Republik – nach Gründen für die veränderte Stellung des Bundespräsidenten.
3. Vergleichen Sie den Terminkalender des Bundespräsidenten mit dem der Bundeskanzlerin (M 4, S. 307).
4. Erkennen Sie die „politische Agenda" (Zitat, S. 337) von Bundespräsident Köhler und sich daraus ergebende Konflikte.

M 3 | Terminkalender von Bundespräsident Horst Köhler (27. März bis 2. April 2006)

Montag, 27. März	10.00 Uhr	Gespräch mit Antje Vollmer
	12.30 Uhr	Ehrenessen 80. Geburtstag Erich Loest
	14.30 Uhr	Besprechung Rede Seniorentag
	15.45 Uhr	Besprechung Afrikareise (Reden)
	17.00 Uhr	Filmvorführung „Lost Children", anschließend Diskussion mit Studenten der Universität Berlin
Dienstag, 28. März	11.00 Uhr	Staatspräsident Carlo Azeglio Ciampi (Italien) – Empfang mit militärischen Ehren, anschließend Gespräch
	14.00 Uhr	Gespräch mit OECD-Generalsekretär Angel Gurria
	19.30 Uhr	Staatspräsident Carlo Azeglio Ciampi (Italien) – Staatsbankett
Mittwoch, 29. März	13.00 Uhr	Gespräch mit Bundestagspräsident Dr. Norbert Lammert
	16.00 Uhr	Aufzeichnung TV-Talk Deutsche Welle zur Afrikareise
	20.00 Uhr	Festliches Abendessen, Einladung von Staatspräsident Carlo Azeglio Ciampi
Donnerstag, 30. März	09.30 Uhr	Besprechung Afrikareise (Organisatorisches)
	13.00 Uhr	Abteilungsleiter-Runde
	17.00 Uhr	Redaktionsbesuch Badisches Tagblatt, Baden-Baden
	19.00 Uhr	Benefizkonzert in Baden-Württemberg, Festspielhaus Baden-Baden
Freitag, 31. März	10.00 Uhr	Expertengespräch „Was macht Arbeit aus?"
	14.30 Uhr	Besprechung Regionalbesuch Sachsen
Samstag, 1. April	Terminfrei	
Sonntag, 2. April	Ganztägig	Beginn Afrikareise

7. Das Bundesverfassungsgericht: Machen Richter Politik?

➤ Organisation und Befugnisse

Der Bundestag – durch einen Wahlmännerausschuss – und der Bundesrat wählen je zur Hälfte die Mitglieder des ersten und zweiten Senats sowie – im Wechsel – die Präsidentin/den Präsidenten und die oder den Stellvertreter(in).

M 1

Das Bundesverfassungsgericht entscheidet

auf Antrag	über	Erläuterung/Beispiel
BTag, BReg, LReg	Verwirkung von Grundrechten	–
BTag, BRat BReg (LReg)	Verfassungswidrigkeit von politischen Parteien	1952: SRP-Verbot 1956: KPD-Verbot Seit 2001: Verfahren gegen die NPD; 2003 eingestellt
Abgeordnete Wahlberechtigte Fraktionen	Wahlprüfung; Mandatsprüfung	NPD-Klage 1969
BTag, BRat	Präsidentenklage	–
BTag	Richteranklage	Gegen Bundesrichter
BPräs, BTag BRat, BReg Ständiger Ausschuss	Organstreitigkeiten zwischen obersten Bundesorganen	1994: Out of area-Einsätze der Bundeswehr 2002: Streit im Bundesrat um das Zuwanderungsgesetz (s. S. 328)

auf Antrag	über	Erläuterung/Beispiel
BReg, LReg	Bund-Länder-Streitigkeiten	Mehrere Verfahren zum Länderfinanzausgleich; zuletzt 2001
BReg, LReg, ⅓ d. Mitgl. d. BTages	abstrakte Normenkontrolle	Verfassungsmäßigkeit eines Gesetzes (z. B. § 218; vgl. M 15, S. 129 f.)
Gericht	konkrete Normenkontrolle	Überprüfung der Verfassungsmäßigkeit eines Gesetzes aufgrund eines Antrages des Gerichts, das das Gesetz anwendet
Jedermann	Verfassungsbeschwerde	1983: Volkszählungsurteil 1995: Kruzifix-Entscheidung

Das BVerfG entscheidet mit der (einfachen) Mehrheit der Mitglieder des Senats. Nur bei der Verwirkung von Grundrechten und beim Parteiverbot ist eine ⅔-Mehrheit der Mitglieder des Senats erforderlich.

➤ Stichwort: Verfassungsauslegung

Bei der Verfassungsinterpretation unterscheidet man zwischen

- der doktrinellen (wissenschaftlichen) Auslegung, vorgenommen von Rechtswissenschaftlern, z. B. in Verfassungskommentaren und
- der authentischen Auslegung, vorgenommen vom Gesetzgeber oder vom Bundesverfassungsgericht.

Rechtlich bindend ist nur die authentische Verfassungsinterpretation. Die Verfassungsinterpretation unterliegt rechtlichen Regeln. In einem Verfassungskommentar werden diese Regeln so umschrieben:

„Eine einzelne Verfassungsbestimmung kann nicht isoliert betrachtet und allein aus sich heraus ausgelegt werden. Sie steht in einem Sinnzusammenhang mit den übrigen Vorschriften der Verfassung, die eine innere Einheit darstellt. Aus dem Gesamtinhalt der Verfassung ergeben sich gewisse verfassungsrechtliche Grundsätze und Grundentscheidungen, denen die einzelne Verfassungsbestimmung untergeordnet ist [...]. Jede Verfassungsbestimmung muss so ausgelegt werden, dass sie mit den elementaren Verfassunggrundsätzen und Grundentscheidungen des Verfassungsgesetzgebers vereinbar ist [...]. Maßgebend für die Auslegung einer Verfassungsvorschrift ist der in dieser zum Ausdruck kommende objektivierte Wille des Verfassungsgebers, so wie er sich aus dem Wortlaut der Verfassungsbestimmung und dem Sinnzusammenhang ergibt, in den diese hineingestellt ist [...]. Jede verfassungskonforme Auslegung findet ihre Grenzen dort, wo sie mit dem Wortlaut und dem klar erkennbaren Willen des Gesetzgebers in Widerspruch treten würde [...]. Der Staat spricht nicht in den persönlichen Äußerungen der an der Entstehung des Gesetzes Beteiligten, sondern nur im Gesetz selbst. Der Wille des Gesetzgebers fällt zusammen mit dem Willen des Gesetzes."

(Schmidt-Bleibtreu/Klein, Kommentar zum Grundgesetz für die Bundesrepublik Deutschland, 7. Aufl. Neuwied und Berlin 1990, S. 127 und 129)

Aufgaben

1. In diesem Lehrbuch werden an verschiedenen Stellen Entscheidungen des Bundesverfassungsgerichts erwähnt, z. B. Streit um das Zuwanderungsgesetz (S. 328) oder Auflösung des Bundestages nach der Vertrauensfrage im Sommer 2005 (S. 345). In diesen Fällen griff das höchste deutsche Gericht erkennbar in politische Entscheidungsprozesse ein. Ist es angemessen oder gar geboten, dass Richter „Politik machen", und wie passt dies zum Prinzip der Gewaltenteilung?
2. Vor dem BVerfG scheiterte 2003 das Verfahren zum Verbot der NPD.
   a) Informieren Sie sich über die Hintergründe.
   b) Diskutieren Sie: Sollten Parteien mit verfassungsfeindlichem Programm durch das BVerfG verboten werden oder halten Sie eine politische Auseinandersetzung für angemessener (Pro- und Contra-Argumentation)?
3. Informieren Sie sich auf der Internet-Seite des BVerfGs über Fälle, die aktuell verhandelt werden und die politische Relevanz haben.

8. Grundlagen und Probleme parlamentarischer Regierungsweise

Mit Uwe Thaysen unterscheiden wir fünf Parlamentsfunktionen, deren Wahrnehmung von den Abgeordneten selbst, von der Bevölkerung und von der Politikwissenschaft unterschiedlich eingeschätzt wird.

M 1 |

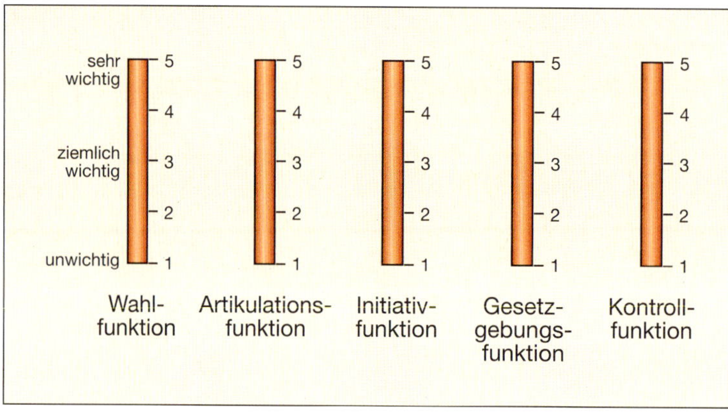

Aufgaben

1. Markieren Sie in den fünf Säulen auf einer Skala von 1 – 5, welche Bedeutung Sie den Parlamentsfunktionen beimessen.
2. Führen Sie eine Befragung zum gleichen Thema durch.
3. Diskutieren Sie mögliche Gründe für die unterschiedliche Wahrnehmung.

8.1 Parlamentarisches Regierungssystem – ein System von „Checks and balances"

Die Darstellung des Gewaltenteilungsprinzips innerhalb der verfassungsmäßigen Ordnung der Bundesrepublik Deutschland zeigte, dass man die Funktion des Parlaments nur unzureichend mit dem Begriff Legislative umschreiben kann, weil einerseits das Parlament nicht allein für die Gesetzgebung verantwortlich ist und andererseits weitere Aufgaben von Bundestag und Bundesrat wahrgenommen werden. Das politische Prinzip der Gewaltenteilung ist nicht als strikte Gewaltentrennung, sondern als System wechselseitiger Kontrolle und Einflussnahme (Checks and balances) ausgebildet.

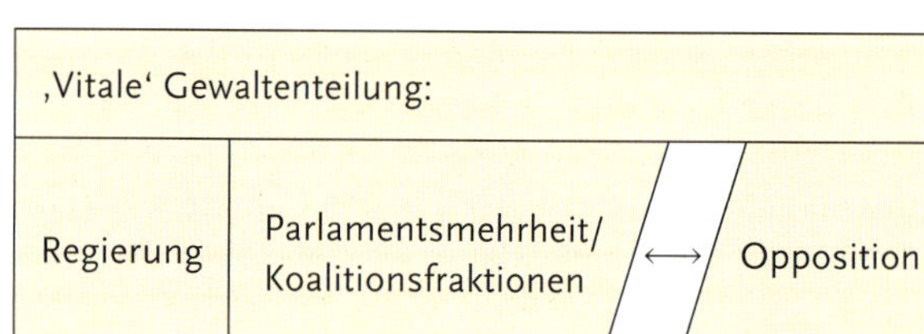

Der Opposition steht die Parlamentsmehrheit und die in der Koalition mit den Mehrheitsfraktionen verbundene Regierung gegenüber.

M 2

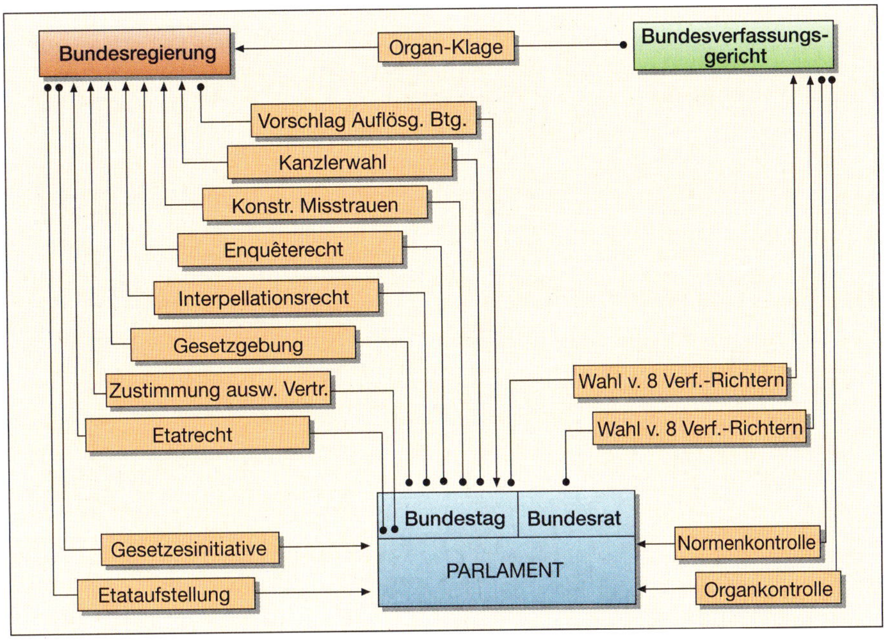

„Es ist die Aufgabe der Opposition, die Regierung abzuschminken, während die Vorstellung läuft.“
(Jacques Chirac)

8.2 Zur Wahrnehmung der Parlamentsfunktionen

➤ Die Wahlfunktion: Ist der Bundestag Garant handlungsfähiger Regierungen?

Die Wahl des Regierungschefs durch das Parlament ist ein typisches Merkmal für ein parlamentarisch-repräsentatives Regierungssystem. Diese Wahlfunktion kann so in den Vordergrund treten, dass bei Bundestagswahlen die Abgeordneten quasi in die Funktion von Wahlmännern für eine Kanzlerwahl mit plebiszitärem Charakter geraten. Dies kann für die Bundestagswahlen von 1953, 1957, 1965, 1972, 1980, 1983, 1987, 1990, 1994 und 2003 angenommen werden, wobei jeweils der Wahlsieg der Regierungsparteien als Zustimmung zur Politik von Adenauer, Erhard, Brandt, Schmidt, Kohl und Schröder gewertet wurde. Der *plebiszitäre Charakter* der Bundestagswahlen wurde 1998 besonders deutlich, als es erstmals in der Geschichte der Bundesrepublik dem Kanzlerkandidaten der Opposition, Gerhard Schröder, gelang, die regierende Koalition von CDU/CSU und FDP unter Kanzler Helmut Kohl abzulösen. Mit dem Slogan ‚Deutschland braucht einen neuen Kanzler‘ trat der Herausforderer des bisherigen Regierungschefs an und errang, zusammen mit dem Koalitionspartner Bündnis 90/Die Grünen, die Kanzlermehrheit im Parlament.

Die *nicht auf den Anfang* der Legislaturperiode beschränkte Wahlfunktion sichert politische Stabilität bei Regierungskrisen:

- 1972 verlor die sozialliberale Regierungskoalition ihre knappe Mehrheit im Bundestag. Der Oppositionsführer Rainer Barzel scheiterte am 27.4.1972 mit dem konstruktiven Misstrauensvotum; er hatte gleichfalls keine Mehrheit im Parlament. Es bestand eine Patt-Situation. Nachdem anschließend der regierende Bundeskanzler Willy Brandt bei der Abstimmung über die Vertrauensfrage keine Mehrheit bekam, löste der Bundespräsident das Parlament auf. Die Neuwahlen vom 19.11.1972 brachten klare Mehrheitsverhältnisse zugunsten der sozialliberalen Koalition.
- 1982 zerbrach das Regierungsbündnis aus SPD und FDP, das bei den Bundestagswahlen von 1980 unter Kanzler Helmut Schmidt mit eindeutiger Mehrheit bestätigt worden war. Eine neue Mehrheit aus CDU/CSU und FDP wählte durch ein konstruktives Misstrauensvotum Helmut Kohl zum neuen Bundeskanzler. Der neue Kanzler suchte eine Bestätigung durch den Wähler und stellte – verfassungsrechtlich nicht unumstritten – die Vertrauensfrage, was nach negativem Ausgang Neuwahlen ermöglichte.

M 3 | Vertrauensfrage und Konstruktives Misstrauensvotum

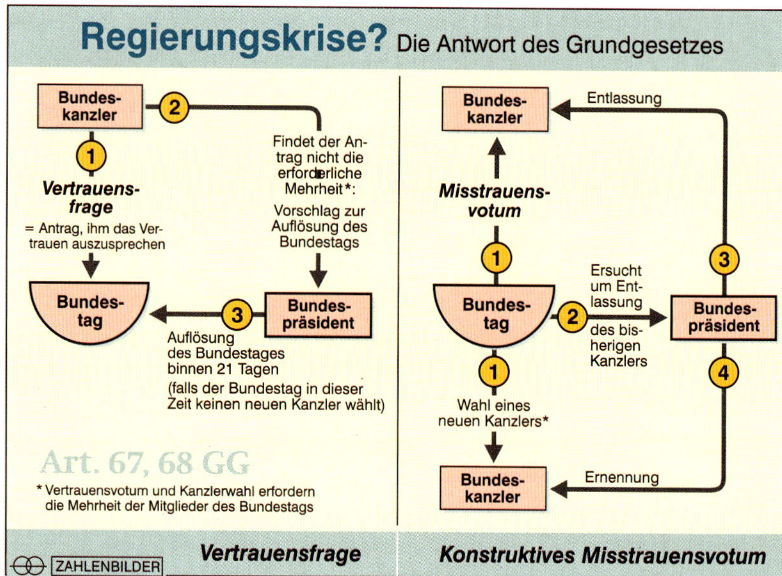

67 115 © Erich Schmidt Verlag

- Anders war die Situation im Jahr 2005: Nach der verlorenen Landtagswahl in Nordrhein-Westfalen sah sich die Regierung Schröder im Stimmungstief, zumal jetzt im Bundesrat eine 2/3-Mehrheit der unionsgeführten Länder drohte. Obwohl die rot-grüne Koalition im Bundestag über eine bequeme Mehrheit verfügte, stellte der Kanzler die Vertrauensfrage, um vorzeitige Bundestagswahlen herbeizuführen. Das Verfahren galt verfassungsrechtlich als umstritten, zumal die Koalition kurz vor Abstimmung über die Vertrauensfrage noch mit klarer Mehrheit eine Reihe von Gesetzentwürfen durch den Bundestag brachte.

M 4 | Der Weg zu den Neuwahlen

22. Mai: SPD-Chef Franz Müntefering und Bundeskanzler Gerhard Schröder kündigen noch am Abend der Niederlage in Nordrhein-Westfalen eine vorgezogene Bundestagswahl an.

23. Mai: Bundeskanzler Schröder spricht mit Bundespräsident Horst Köhler über die verfassungsrechtlichen Voraussetzungen für eine Auflösung des Bundestags.

30. Mai: Die Präsidien von CDU und CSU bestimmen CDU-Chefin Angela Merkel einstimmig zur ersten Kanzlerkandidatin in Deutschland.

9. Juni: Schröder teilt nach einem Gespräch mit Köhler mit, er werde die Vertrauensfrage am 1. Juli nicht mit einem Sachthema oder einer Gesetzesvorlage verbinden.

10. Juni: Die Spitzen von PDS und linker Wahlalternative WASG vereinbaren ein Bündnis. PDS-Spitzenkandidat ist Gregor Gysi. Der frühere SPD-Chef Oskar Lafontaine ist Nummer eins der WASG-Liste in Nordrhein-Westfalen.

27. Juni: Bundeskanzler Schröder beantragt bei Bundestagspräsident Wolfgang Thierse die Vertrauensfrage gemäß Artikel 68 Grundgesetz.

28. Juni: Müntefering schlägt der SPD-Fraktion vor, dass sich die SPD-Abgeordneten bei der Vertrauensfrage der Stimme enthalten sollen.

30. Juni: Der Kanzler unterrichtet die Spitzen der Koalitionsparteien SPD und Grüne.

1. Juli: Bei der Abstimmung im Bundestag erreicht Bundeskanzler Schröder das von ihm gewünschte Ergebnis über seine Vertrauensfrage – die erforderliche Kanzlermehrheit von 301 Stimmen wird klar verfehlt. Nur 151 von 595 Abgeordneten sprechen ihm das Vertrauen aus, 296 stimmen mit Nein, 148 enthalten sich der Stimme. Schröder schlägt Bundespräsident Horst Köhler die Auflösung des Bundestags und vorgezogene Neuwahlen vor.

„Kabinettstückchen"

4.–11. Juli: SPD, Grüne und Union verabschieden ihre Wahlprogramme. SPD: Festhalten an Reformen mit sozialen Akzenten. Grüne: erstmals Schwerpunkte Wirtschaft und Soziales. CDU/CSU: Vorrang für Arbeit.
5. Juli: Schröder lehnt eine Koalition mit dem Linksbündnis aus PDS und WASG ab. Seit dem 17. Juli heißt die PDS „Die Linkspartei".
11. Juli: Bundespräsident Köhler schickt der Bundesregierung einen Fragenkatalog zur Vertrauensfrage und zur angestrebten Neuwahl. Über die Antwort zwei Tage später werden keine Angaben gemacht.
21. Juli: Bundespräsident Köhler löst den Bundestag auf und setzt die Bundestagswahl für den 18. September an.
1. August: Nach der SPD-Abgeordneten Jelena Hoffmann reicht auch der Grünen-Parlamentarier Werner Schulz in Karlsruhe Organklage gegen die Auflösung des Bundestags ein.
9. August: Das Bundesverfassungsgericht verhandelt über die Klagen zur Neuwahl des Bundestags.
25. August: Das Bundesverfassungsgericht weist die Klagen der Abgeordneten Schulz und Hoffmann gegen die Auflösung des Bundestags und die vorgezogene Neuwahl ab.
18. September: Bundestagswahl 2005

Aufgaben

1. Bei der Analyse von M 4 stellen Sie fest, das fast alle Verfassungsorgane daran mitgewirkt haben, dass es zu vorgezogenen Neuwahlen kam. Wie groß waren dabei die Meinungsunterschiede?
2. In der Debatte um die vorzeitige Auflösung des Bundestags wurde auch eine Verfassungsänderung erörtert. Diskutieren Sie: Sollte das Grundgesetz so geändert werden, dass es in Zukunft ein „Selbstauflösungsrecht" des Bundestags gibt? Welche Mehrheiten sollten ggf. erforderlich sein (einfache, absolute, 2/3- oder gar 3/4-Mehrheit)?

- Mehrfach stellten die Regierungschefs im Parlament die Vertrauensfrage, um sich der fortdauernden Unterstützung durch die Regierungsfraktionen zu versichern. Zuletzt geschah dies im November 2001, als Bundeskanzler Schröder die Abstimmung über den Bundeswehr-Einsatz in Afghanistan mit der Vertrauensfrage gemäß Art 68 GG verband. In diesem Fall dient die Vertrauensfrage auch dazu, die Koalitionsfraktionen zu disziplinieren, und natürlich ist hier ein positiver Ausgang erwünscht.

➤ Die Artikulationsfunktion: Repräsentiert und diskutiert der Bundestag die Interessen der Bevölkerung?

M 5a|

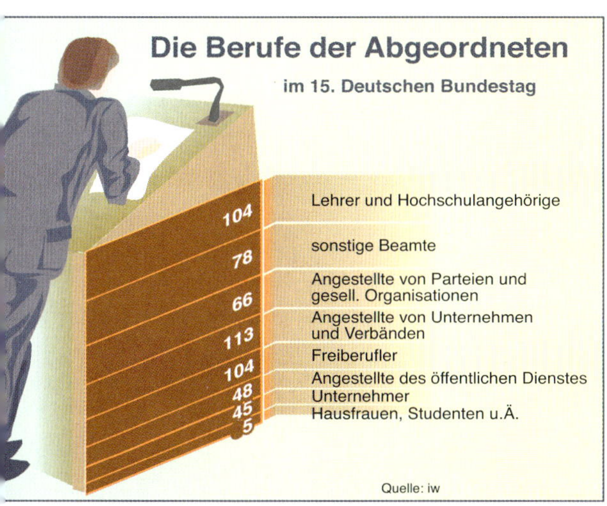

(aktualisiert nach Globus 5512; entsprechende Angaben zum 16. Bundestag nicht verfügbar)

M 5b|Sozial- und Berufsstruktur der Abgeordneten des 16. Bundestages

Philipp Mißfelder ist 26 Jahre alt, hat nach dem Abitur ein Jahr bei der Bundeswehr gedient und studiert derzeit in Berlin Geschichte. Seit dem 18. September 2005 ist er dank seiner Platzierung auf der nordrheinwestfälischen Landesliste der CDU Bundestagsabgeordneter. Der Nachwuchspolitiker aus dem Ruhrgebiet passt zum sozialstrukturellen Trend der deutschen Parlamentarier: Der angehende Akademiker, der noch keinen Beruf erlernt und ausgeübt hat, aber schon Bundesvorsitzender der Schülerunion war und seit dem Jahr 2002 Bundesvorsitzender der Jungen Union ist, gehört zur Gruppe der Berufspolitiker, der größten Berufsgruppe im 16. Bundestag. Der Großteil dieser Gruppe besteht aus Parlamentariern mit legislativem oder exekutivem Hintergrund – sei es aus den Kommunen, den Ländern oder dem Bund. 346 von 614 Abgeordneten im neuen Bundestag gehören zur Gruppe

„Abgeordnete, administrativ entscheidende Berufe“. Dies macht auch deutlich, dass unter ihnen zahlreiche Beamte sind. Sie machen etwa ein Drittel des Parlaments aus. Die Liste der Berufspolitiker ließe sich noch verlängern, etwa durch die Abgeordnetengruppe aus dem „Rechts- und Vollstreckungswesen“ mit 58 Abgeordneten. Der Hauptteil dieser Gruppe sind wohl Rechtsanwälte, die diese Tätigkeit seit Jahren nicht mehr hauptberuflich ausüben. Auffallend ist im Vergleich zur letzten Wahl, dass statt 63 nur noch 34 Parlamentarier sagen, sie seien Lehrer. Und nur noch zwei Prozent aller Abgeordneten, nämlich 12, kommen als einstige Arbeiter aus der Chemie-, Metall-, Druck- und Ernährungsbranche.

(Majid Sattar, in: FAZ v. 18.10.2005, S. 7)

M 5c | Der 16. Deutsche Bundestag in Zahlen

a) 142 der 614 Abgeordneten sind neu, ungefähr genauso viele Abgeordnete kamen 2002 neu ins Parlament, sodass knapp die Hälfte der Abgeordneten seit 2002 ausgetauscht wurde.

b) Das Durchschnittsalter im Deutschen Bundestag beträgt 49,3 Jahre. Am stärksten vertreten sind im Parlament die Jahrgänge 1946 bis 1950. Der älteste Abgeordnete ist als Jahrgang 1932 Otto Schily (SPD, bis 2005 Innenminister), die jüngste Abgeordnete ist Anna Lührmann (Bündnis 90/DIE GRÜNEN), die 1983 geboren wurde.

c) Der Anteil der weiblichen Bundestagsabgeordneten beträgt 31,8 Prozent, dies entspricht 194 Abgeordneten (15. Bundestag: 32,5 Prozent). Besonders hoch ist der Anteil bei den Grünen mit 29 Frauen von 51 Abgeordneten, bei den Linken sind es 26 von 54 Abgeordneten. Der Frauenanteil bei der CSU beträgt nur 15 Prozent, auch unter den CDU-Abgeordneten sind nur 21 Prozent weiblich; SPD: 36 Prozent, FDP: ca. 25 Prozent.

d) Über 80 Prozent der Abgeordneten verfügen über eine Hochschulbildung.

e) Von Oktober 2005 bis zu den Parlamentsferien (Juli 2006) hat der 16. Bundestag 44 Plenarsitzungen abgehalten und 91 Gesetze beschlossen. In dieser Zeit wurden 209 Gesetzesvorhaben eingebracht, 60 davon kamen aus der Mitte des Bundestages.

(nach: Kürschners Volkshandbuch, Deutscher Bundestag – 16 Wahlperiode, 102./105. Auflage, Rheinbreitbach/NDV 2006/2007)

➤ Die Initiativfunktion: Ist der Bundestag Beweger oder Bremser der Politik?

Eine Erörterung der Initiativfunktion des Bundestages setzt die Kenntnis seiner Struktur und Arbeitsweise voraus; die beiden Übersichten M 6 und M 7 zeigen den Bundestag als ‚arbeitsteiliges Fraktionenparlament‘.

M 6 | Das arbeitsteilige Fraktionenparlament

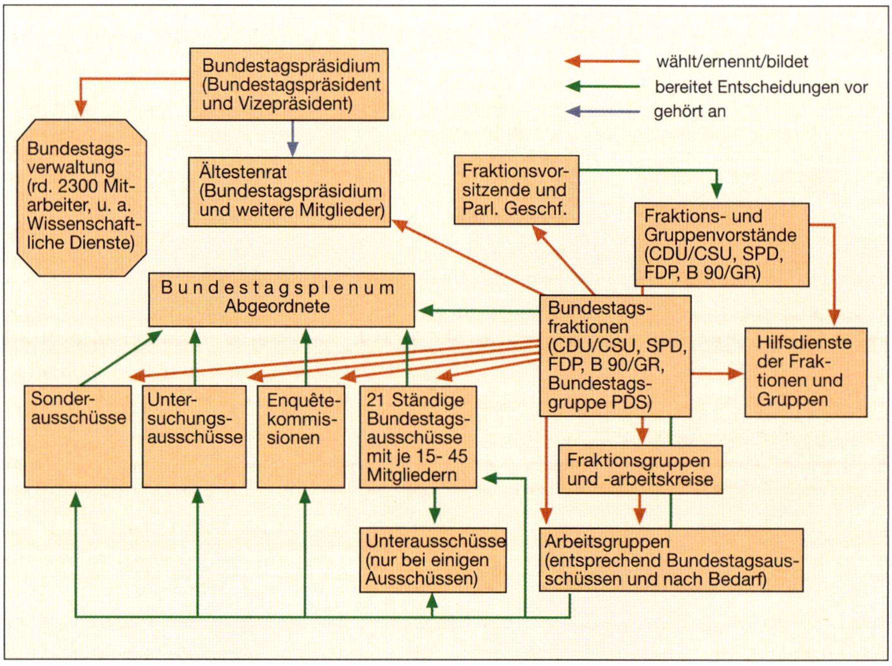

(nach: Wolfgang Rudzio, Das politische System der Bundesrepublik Deutschland, Leske+Budrich (Opladen) 1991, S. 238, ergänzt)

M 7

Die ständigen Ausschüsse des 16. Bundestags

Ausschussmitglieder ▼ ■ = Ausschussvorsitz (im Folgenden **fett**)

Ausschuss	Mitglieder	CDU/CSU	SPD	FDP	Linke	Grüne
Ausschuss für Wahlprüfung, Immunität und Geschäftsordnung	13	**5**	5	1	1	1
Petitionsausschuss	25	9	9	3	**2**	2
Auswärtiger Ausschuss	36	**13**	13	4	3	3
Innenausschuss	36	13	**13**	4	3	3
Sportausschuss	13	5	**5**	1	1	1
Rechtsausschuss	31	**11**	11	3	3	3
Finanzausschuss	36	**13**	13	4	3	3
Haushaltsausschuss	41	15	15	**4**	4	3
Ausschuss für Wirtschaft und Technologie	36	13	**13**	4	3	3
Ausschuss für Ernährung, Landwirtschaft und Verbraucherschutz	31	11	11	3	3	**3**
Ausschuss für Arbeit und Soziales	36	**13**	13	4	3	3
Verteidigungsausschuss	30	11	**11**	3	3	2
Ausschuss für Familie, Senioren, Frauen und Jugend	31	11	**11**	3	3	3
Ausschuss für Gesundheit	31	11	11	3	**3**	3
Ausschuss für Verkehr, Bau und Stadtentwicklung	36	**13**	13	4	3	3
Ausschuss für Umwelt, Naturschutz und Reaktorsicherheit	31	11	**11**	3	3	3
Ausschuss für Menschenrechte und humanitäre Hilfe	16	6	**6**	2	1	1
Ausschuss für Bildung, Forschung und Technikfolgenabschätzung	31	11	**11**	3	3	3
Ausschuss für wirtschaftliche Zusammenarbeit und Entwicklung	22	8	8	2	2	**2**
Ausschuss für Tourismus	13	**6**	6	2	1	1
Ausschuss für die Angelegenheiten der Europäischen Union	33	**12**	12	3	3	3
Ausschuss für Kultur und Medien	20	7	7	**2**	2	2

ZAHLENBILDER

 64 113

Der 2005 gewählte 16. Bundestag setzte 22 ständige Ausschüsse ein. Die Besetzung der Ausschüsse richtet sich nach der Stärke der Fraktionen. Als fachlich abgegrenzte Beratungsorgane befassen sich die Ausschüsse mit den ihnen überwiesenen Vorlagen und Fragen, berichten dem Plenum über ihre Beratungsergebnisse und legen ihm Empfehlungen zur Beschlussfassung vor.
Zudem tagt seit dem 31. März 2006 ein parlamentarischer Untersuchungsausschuss, der Aktivitäten des deutschen Auslandsgeheimdienstes BND untersuchen soll.

➤ Die Gesetzgebungsfunktion: Ist der Bundestag Gesetzgeber oder Abstimmungsautomat?

Das bisher dargestellte Verhältnis zwischen Regierung, Mehrheitsfraktion(en) und Opposition spiegelt sich auch im Bereich der Gesetzgebung. Kanzler und Kabinett sind darauf angewiesen, dass durch Gesetzgebung ihr Regierungsprogramm in politische Wirklichkeit umgesetzt wird. Die Regierung, die um eine Mehrheit für ihre Vorlagen bemüht ist, muss es zulassen, dass es bei der Beratung in den Ausschüssen zu einer Art ‚parlamentarischer Mitregierung' als Preis für eine spätere Zustimmung kommt. Inhalt und Charakter der Gesetzgebung machen diese in der heutigen Situation zu einer ganz wesentlichen Regierungsfunktion:

„Das Gesetz, das nicht mehr Selbstschutz der bürgerlichen Gesellschaft vor dem monarchischen Staat, sondern Mittel einer auf Zeit von der Gesellschaft gewählten Regierung ist, ihr politisches Programm zu verwirklichen, wird wesentlich von der Regierung diktiert. Parteistruktur macht das Parlament dabei zur Hilfstruppe der Regierung."

(D. Grimm, Aktuelle Tendenzen in der Aufteilung gesetzgeberischer Funktionen, ZPart 1/1970, S. 459)

Eine parlamentarische Mitregierung ergibt sich insbesondere durch die Beteiligung der Länder im Bundesrat an der Gesetzgebung des Bundes, wobei der Bund zunehmend im Bereich der konkurrierenden Gesetzgebung mit Hinweis auf die ‚Wahrung der Rechts- und Wirtschaftseinheit' bzw. die ‚Wahrung der Einheitlichkeit der Lebensverhältnisse' (vgl. Art. 72 GG) in die Gesetzgebungskompetenz der Bundesländer eingegriffen hat. Diese Machteinbuße der Länder wurde allerdings zumindest teilweise ausgeglichen durch eine erweiterte Mitsprache der Länder bei der Gesetzgebung des Bundes (Zustimmungsgesetze, s. S. 335).

➤ Die Kontrollfunktion: Ist der Bundestag wachsamer Wächter oder paktierender Partner der Regierung?

Gibt es trotz der geschilderten Parteistruktur im Verhältnis zwischen Regierung und Parlament eine wirksame Kontrolle durch den Bundestag?
Wo Kontrolle nicht im Sinne negativer Sanktionen angewendet wird, nimmt auch die Mehrheitsfraktion Kontrollrechte wahr. Die unterschiedliche Wahrnehmung der Kontrolle im Parlament schildert Thaysen so:

„Während die Mehrheit durch möglichst verborgene Kontrolle möglicher öffentlicher Kritik an der Regierung zuvorzukommen und damit möglichen Einbußen ihrer eigenen Machtposition vorzubeugen und diesbezügliche Kritik möglichst unwirksam zu halten versucht, ist die Opposition bemüht, möglichst öffentlich und laut durchschlagend und unmittelbar zu kritisieren, mit dem Ziel, die Regierung abzulösen.“

(U. Thaysen, Parlamentarisches Regierungssystem der Bundesrepublik Deutschland, Opladen 1976, S. 65)

Bei der Wahrnehmung des Interpellationsrechts wird die unterschiedliche Motivation der Kontrolle deutlich:

- Große Anfragen, legitimiert als Form der Richtungskontrolle, werden von der Opposition zuweilen zum Anlass für einen Generalangriff oder eine Abrechnung mit der Regierung benutzt, während die Redner der Mehrheit eine Erfolgsbilanz ‚ihrer‘ Regierung vortragen.
- Bei Kleinen Anfragen, die im Zeichen der Sach- und Leistungskontrolle stehen, wird ebenfalls eine unterschiedliche Taktik erkennbar, wo es um Hinweise auf Missstände oder fehlende gesetzliche Regelung geht.

M 8 | Dekalog der parlamentarischen Kontrollrechte (nach Thaysen)

❶ Konstruktives Misstrauensvotum und Verweigerung des Vertrauens	Art. 67 GG Art. 68 GG	→ absolute Mehrheit
❷ Garantien des freien Mandats (Rederecht, Indemnität, Immunität)	Art. 38 GG Art. 46 GG	→ jeder Abgeordnete
❸ Öffentlichkeit der Verhandlungen des Bundestages – Recht der Herbeirufung von Ministern durch jedes Mitglied des Bundestages – Große und Kleine Anfrage – Schriftl. gestellte Frage, mdl. beantwortet Schriftl. gestellte Frage, schriftl. beantwortet – Fragestunde (mdl. gestellte Frage, mdl. beantwortet) – Zwischenfrage – Hearing	Art. 42 GG	 → jeder Abgeordnete → Fraktion (mindestens 5 % der Abgeordneten) → jeder Abgeordnete (zwei Fragen pro Sitzungswoche) → jeder Abgeordnete → 1/4 der Abgeordneten
❹ Budgetrecht: Haushalts- und Finanzkontrolle	Art. 110 GG Art. 114 GG	→ Bundestagsmehrheit
❺ Parlamentarische Mitregierung durch Gesetzgebung	Art. 76 GG	→ Bundestagsmehrheit
❻ Enquête-Kommission zur Vorbereitung von Entscheidungen		→ 1/4 der Abgeordneten
❼ Petitionswesen	Art. 17 GG	→ Plenum
❽ Wehrbeauftragter	Art. 45b GG	→ Plenum
❾ Untersuchungsausschüsse	Art. 44 GG	→ 1/4 der Abgeordneten
❿ Staatsanklage	Art. 61 GG	→ 2/3 der Abgeordneten

Exkursion/Experten-Interview

Hier: Kursfahrt nach Berlin/Praktikum im Bundestag/Expertengespräch mit einem Bundestagsabgeordneten

Rahmenthema: Parlamentarismus, insbesondere Gesetzgebung und parlamentarische Kontrollrechte

Politikunterricht in der Oberstufe der Gymnasien wird oft ergänzt durch Projekte, Exkursionen und Vorhaben an außerschulischen Lernorten. Als Beispiel wird hier eine Exkursion, eine Fahrt nach Berlin, behandelt, die von allen Teilnehmern des Kurses oder von einzelnen Schülerinnen und Schülern, die ein Praktikum im Bundestag absolvieren, durchgeführt wird. Planung, Vorbereitung und Durchführung einer solchen **EXKURSION** bieten vielfältige Möglichkeiten, die Eigenständigkeit der Kursteilnehmer zu schulen und zu entwickeln und handlungsorientierte Lernprozesse in realen Situationen zu ermöglichen. Die folgenden Hinweise sollen es der Schülergruppe ermöglichen, selbst in hohem Umfang Verantwortung für Planung und Durchführung dieses Vorhabens zu übernehmen, was freilich voraussetzt, dass die begleitende Lehrkraft Raum für selbstständiges und eigenverantwortliches Engagement der Schüler lässt.

Organistorische Vorbereitung

Die Kursteilnehmer übernehmen Verantwortung bei der Vorbereitung der Exkursion:

- Auswahl des Verkehrsmittels für die Fahrt nach Berlin; alternative Angebote; Kostenkalkulation
- Auswahl der Unterkunft nach Kriterien wie Kosten, Komfort, Leistungen, Erreichbarkeit/zentrale Lage
- Auswahl eines Kooperationspartners (z. B. Einladung durch den örtlichen Bundestagsabgeordneten – in diesem Fall besteht die Möglichkeit, dass ein Teil der Fahrtkosten von der Bundestagsverwaltung erstattet wird.)
- Kontakt zu weiteren Einrichtungen, die besucht werden sollen und wo Informationsgespräche geplant werden
- Genehmigungsverfahren an der eigenen Schule (u. a. Vorlage eines Antrags bei der Schulleitung und beim Elternbeirat; Begründung des Antrages mit Kostenkalkulation und Programm für die Fahrt)

Inhaltliche Vorbereitung

- Vorbereitende Info-Veranstaltung in der Schule, z. B. mit dem örtlichen Abgeordneten, den man in Berlin besuchen will. Dabei: Erarbeitung eines Fragenkatalogs für das Gespräch
- Verständigung über inhaltliche Schwerpunkte der Exkursion (Besuche/Besichtigungen, kulturelles Programm, Museen, Theater); Vereinbarung eines Termins für einen ,,Stadtspaziergang"
- Bestellen von Theaterkarten und Fahrkarten für Busse, U- und S-Bahn
- Klärung von Einzelfragen in der Unterkunft (z. B. Essenszeiten, Größe der Zimmer und Bettenzahl, Zimmereinteilung)
- Schriftliche Fassung des Programms mit Terminangaben
- Regelung finanzieller Angelegenheiten (z. B. Einrichtung eines Kontos, Übernahme von Verantwortung bei der Kassenführung, Kostenkalkulation, Vorbereitung einer Endabrechnung nach Abschluss der Fahrt)

Durchführung der Exkursion

- Besuch im Bundestag, Teilnahme an einer Parlamentsdebatte, Gespräch mit dem Abgeordneten, Teilnahme an besonderem Programm wie z. B. Planspiel „Parlamentarische Demokratie spielerisch erfahren" (Über verschiedene Themen für ein Planspiel informiert der Besucherdienst des Bundestages.), Besichtigung der Reichstagskuppel bzw. der verschiedenen Kunstwerke im Reichstagsgebäude

- Weitere Besuche, z. B. in Ministerien, BStU, Informationsgespräche
- Stadtrundfahrt, Stadtspaziergänge (Allein die Mitarbeiter von „stattreisen" bieten mehr als 70 Führungen zu unterschiedlichen Themen an.)
- Besuch von Museen und Ausstellungen

Nachbereitung
- Dokumentation der Fahrt, z. B. für die Jahresschrift der Schule/Schülerzeitung
- Durchführung einer eigenen Auswertung/Evaluation, z. B. mittels Fragebogen
- Finanzielle Bilanz mit Rechnungsprüfung
- Feed-back an die Kooperationspartner in Berlin, Festigung der Kontakte zur Schule

Ein **PRAKTIKUM** im Büro eines Bundestagsabgeordneten bietet eine besondere Möglichkeit, sich mit dem politischen Geschehen in der Hauptstadt vertraut zu machen; für manche Schülerinnen und Schüler bietet sich dabei auch die Gelegenheit, den Aufenthalt im Büro eines Abgeordneten oder in einem Ministerium als berufsorientierende Veranstaltung zu gestalten.
Verena G., Kristina G. und Caroline S. sind Schülerinnen eines Gymnasiums in Rheinland-Pfalz und interessieren sich lebhaft für Politik. Vom 16. bis 21. Januar 2006 hatten sie die Gelegenheit, im Büro des Bundestagsabgeordneten aus ihrem Wahlkreis, Klaus Hagemann, ein Praktikum zu absolvieren. Ihre Erfahrungen für künftige Praktikanten fassen sie so zusammen:

Vorbereitung
- Terminabsprache und persönliches Vorstellungsgespräch beim Abgeordneten
- Beurlaubung durch die Schule regeln
- Unterkunft in Berlin suchen; das Büro des Abgeordneten war behilflich.
- Ausweis beantragen für Mittagessen im Kasino des Bundestages

Tätigkeiten der Praktikanten
- Vertrautwerden mit dem Tagesablauf und den Terminen des Abgeordneten
- Kennenlernen und Zusammenarbeit mit den Mitarbeitern im Büro, Assistenten und ausländische Praktikanten
- Übernahme von Aufgaben wie Telefondienst, tägliches Erstellen einer Pressemappe, erste Durchsicht von Petitionen mit Vorschlägen für eine Beantwortung, Übersetzungsarbeiten, Auswertung eines Berichts über politische Jugendarbeit u. a.
- Teilnahme an Plenar- und Ausschusssitzungen des Bundestages
- Teilnahme an Abendveranstaltungen, z. B. in der Landesvertretung
- Teilnahme an Preisverleihung
- Nutzung der Bibliothek des Bundestages für eigene Recherchen

Caroline beim Petitionenlesen im Abgeordnetenbüro von Klaus Hagemann im Paul-Löbe-Haus

Die drei Praktikantinnen führten anschließend mit ihrem Bundestagsabgeordneten ein Interview. Bei dieser **EXPERTENBEFRAGUNG** ging es um Themen, die zuvor im Sozialkunde-/Politikunterricht erörtert worden waren und bei denen Klärungsbedarf bestand. Die Schülerinnen bereiteten die Fragen und das Interview organisatorisch und inhaltlich intensiv vor:

- Die Gruppe sammelte zunächst Fragen, von denen man annahm, dass der Experte zu einer weiteren Klärung beitragen und als Fachmann mit hoher Kompetenz antworten kann. Dabei wurde unterschieden zwischen Fragen zur Person, zu Institutionen sowie zu Sachfragen und Problemen, die im Unterricht nicht abschließend geklärt worden waren; z. B.: Stellung des Abgeordneten/Gewissensfreiheit, parlamentarische Kontrollrechte des Bundestages (Dekalog, S. 348, M 8).
- Die Schülerinnen machten sich vertraut mit den einschlägigen Bestimmungen des Grundgesetzes (z. B. Art. 38 GG).
- Im Bundestagshandbuch bzw. auf der Internetseite des Abgeordneten suchten sie Informationen zu Person und Biografie des Gesprächspartners.
- Danach ging es um die Struktur eines Fragebogens: Absprachen über Fragetechnik, über einen einleitenden Vorspann, über offene und problemorientierte, über engere und weitere Fragestellungen.
- Die Gruppe bereitete sich darauf vor, im Gespräch nicht nur Informationen und allgemeine Kenntnisse, sondern auch Meinungen und Wertungen des Abgeordneten zu politischen Fragestellungen zu bekommen; daher unterschieden die Schülerinnen in ihrem Fragebogen zwischen Informationen und Wertungen.
- Nach der inhaltlichen Planung ging es an die organisatorische Vorbereitung: Festlegung von Ort, Zeitpunkt und Dauer des Gesprächs; Aufgabenverteilung (wer stellt Fragen zu welchen Themen, wer protokolliert?).
- Danach wurde der Gesprächspartner über die Themenbereiche informiert, damit er sich ggf. vorbereiten kann.
- Für die Befragung selbst vereinbarte man Spielregeln: So soll das Ergebnis der Befragung vor Veröffentlichung vom Experten gegengelesen und damit „autorisiert" werden. Außerdem nahm man eine Rollenverteilung (Gesprächsleiter, Frager, Protokoll) vor. Dabei bereiteten sich die Praktikantinnen auch darauf vor, ggf. Nachfragen zu formulieren.
- Die Gruppe bereitete sich darauf vor, nach Rückkehr in den Unterricht das Ergebnis der Befragung im Kurs vorzustellen.
- Abschließend sollen im Kurs der sachliche Ertrag und die angewendete Methode reflektiert werden.

M 9 | Interview mit Klaus Hagemann, MdB

Mit Klaus Hagemann führten die drei Schülerinnen ein Interview, um Genaueres über Aufgaben, Zeitplanung und politisches Selbstverständnis ihres Abgeordneten zu erfahren.

Frage: Herr Hagemann, seit wann sind Sie Mitglied des Bundestages?

Klaus Hagemann, MdB: Seit 1994 gehöre ich dem Deutschen Bundestag an. Zuvor war ich hauptamtlicher Bürgermeister der Stadt Osthofen und konnte so Erfahrungen in der Kommunalpolitik sammeln.

Frage: Hat sich durch den Umzug von Bonn nach Berlin etwas in Ihrer Abgeordnetentätigkeit verändert?

H.: Von Bonn aus gab es für mich dank der überschaubaren Entfernung nach Rheinhessen oftmals die Möglichkeit, Abendtermine im Wahlkreis auch in Sitzungswochen des Bundestages wahrzunehmen. Verändert haben sich aber auch die Medienlandschaft und die Schar an Lobbyisten. Beides ist vielfältiger und streitbarer geworden.

Frage: In welchen Arbeitskreisen Ihrer Fraktion bzw. in welchen Parlamentsausschüssen arbeiten Sie mit?

H.: Ich gehöre den Arbeitsgruppen Haushalt, Petitionen sowie Bildung und Forschung der SPD-Fraktion an. Neben dem Haushalts- und Petitionsausschuss arbeite ich im EU-Unterausschuss des Haushaltsausschusses. Des Weiteren engagiere ich mich in der deutsch-französischen Parlamentariergruppe.

Frage: Können Sie angeben, wie hoch der zeitliche Aufwand für einzelne Aufgaben in einer Sitzungswoche in Berlin ist, und was antworten Sie Kritikern, die sagen: „Das Parlament ist manchmal voller und manchmal leerer, aber immer voller Lehrer"?

H.: Der Bundestag ist ein Arbeitsparlament. Die eigentliche Sach- und Detailarbeit findet in den Ausschüssen statt, die leider nicht im Fokus der öffentlichen Berichterstattung stehen. Besonders der Haushaltsausschuss nimmt viel Zeit in Anspruch. Während der Haushaltsberatungen sind 15-Stunden-Tage keine Seltenheit. Die Zeit außerhalb des Plenums nutze ich unter anderem zu Gesprächen mit Fachleuten und Interessengruppen aus meinem Arbeitsbereich, zur Abstimmung mit Kollegen und Ministerien sowie zu zahlreichen Diskussionen mit Besuchergruppen aus meinem Wahlkreis.

Frage: Wie sieht Ihre Arbeit in sitzungsfreien Wochen in Ihrem Wahlkreis aus?

H.: In Wahlkreiswochen stehen Informationsgespräche mit Bürgerinnen und Bürgern sowie Besuche bei Betrieben, Verbänden, Vereinen und Schulen im Vordergrund. Dabei geht es mir darum, zu sehen, wie die in Berlin angestoßenen Gesetzesinitiativen in der Praxis umgesetzt werden. Zudem besuche ich Projekte aus meinem Wahlkreis, die ich in Mainz und Berlin vorantreiben möchte, um gemeinsame Initiativen abzustimmen. Daneben biete ich regelmäßige Sprechstunden für Bürgerinnen und Bürger an, um diese bei Problemen mit Behörden und staatlichen Stellen zu unterstützen.

Frage: Im Politikunterricht haben wir über den Artikel 38 des Grundgesetzes diskutiert: „Die Abgeordneten (sind) nur ihrem Gewissen unterworfen". Wie frei ist ein Abgeordneter wirklich?

H.: Nur ein kleiner Teil der Entscheidungen umfasst sogenannte Gewissensfragen. Diese umfassen Themen wie „Leben und Tod" oder „Krieg und Frieden", also konkret beispielsweise Auslandseinsätze der Bundeswehr oder ethische Fragen im Bereich der Gentechnik. Demgegenüber gibt es zu strittigen Sachfragen, wie aktuell z. B. der Gesundheitsreform, eine eingehende Diskussion innerhalb der Fraktion. Die unterlegene Minderheit schließt sich aus Gründen der innerparteilichen Demokratie in der Regel der Fraktionsmehrheit bei Abstimmungen im Bundestag an. Ein abweichendes Votum eines Fraktionsmitgliedes ist allerdings grundsätzlich auch in diesen Fragen möglich.

Frage: Sie waren zur Zeit von Kanzler Kohl in einer Oppositionsfraktion und stützen seit 1998 die Regierungskoalition. Wie sind die Unterschiede und stimmt es, was ihr Fraktionschef Müntefering einmal sagte: „Opposition ist Mist!"

H.: Die Regierungsmehrheit hat die Chance, ihre Konzepte in die Tat umzusetzen. Das ist häufig anstrengend(er), aber in der Tat auch befriedigender als in der Opposition lediglich Kritik an der Regierungspolitik üben zu können.

Frage: Den Parlamentariern stehen ja ganz unterschiedliche Kontrollrechte zur Verfügung, von der Kleinen Anfrage bis zum Untersuchungsausschuss. Wie effizient nimmt eigentlich der Bundestag seine Kontrollfunktion wahr?

H.: Die Statistiken des Deutschen Bundestages belegen, dass Kontrollmöglichkeiten wie mündliche oder schriftliche Fragen an die Bundesregierung, Große oder Kleine Anfragen immer häufiger gerade von der Opposition genutzt werden. Als Haushälter hat man mit dem Instrument der qualifizierten Sperre von Haushaltsmitteln übrigens eine besonders wirksame Eingriffsmöglichkeit. In der täglichen Praxis genügt als Mitglied einer Regierungsfraktion aber oftmals auch schon ein Anruf oder ein Brief, um etwas zu bewegen.

Frage: Sie wenden viel Zeit auf, um Besuchergruppen aus Ihrem Wahlkreis im Reichstagsgebäude zu empfangen. Welche Erfahrungen machen Sie dabei?

H.: Ausgesprochen positive: Dadurch erhalte ich viele Informationen von der Basis zu konkreten Problemen im Wahlkreis. Der persönliche Kontakt hier in Berlin erweitert auch die Vertrauensbasis im Wahlkreis.

Frage: Speziell zu den Praktikanten, die Sie nach Berlin einladen: Wie viele haben bisher in Ihrem Büro ein Praktikum absolviert und was macht in Ihren Augen dieses Angebot an Jugendliche so interessant?

H.: Mittlerweile haben fast 500 Jugendliche, die auch aus unseren europäischen Nachbarländern kommen, dieses Angebot genutzt. Für viele ist es spannend, einmal eine Woche Politik hautnah von der Ausschussberatung bis zur Fraktionssitzung und die Debatten im Plenum live im Bundestag zu erleben und sich einen eigenen Eindruck zu verschaffen.

Frage: Zum Schluss ein Blick in die Zukunft: Was ist für Sie die wichtigste Aufgabe, die im nächsten Jahrzehnt gelöst werden muss?

H.: Wir müssen mehr Mittel für Investitionen in Bildung und Forschung mobilisieren, damit Deutschland im Zeitalter der Globalisierung weltweit führend bleibt.

Praktikantin: Herr Hagemann, wir danken Ihnen für dieses Gespräch.

Aufgaben

1. Vergleichen Sie die Angaben im Interview mit der Grafik, in der der Wochenplan von Abgeordneten dargestellt ist (S. 355, M 12); unterscheiden Sie dabei nach Sitzungswoche und sitzungsfreier Woche sowie nach Terminen von Abgeordneten aus dem Regierungslager bzw. den Oppositionsfraktionen.
2. Entwerfen Sie einen eigenen Fragebogen und führen Sie ein Expertengespräch durch. So kann man in Berlin ergänzend zu einem Interview mit einem Politiker auch ein Gespräch in einem Ministerium mit einem Fachbeamten – etwa zur Frage des NPD-Verbots oder zu Aspekten der Entwicklungshilfe – führen und dabei Unterschiede in der Argumentation analysieren. Experten für ein Interview können auch Zeitzeugen und damit auch Lehrkräfte sein, wenn es etwa um den Fall der Mauer, die Friedensbewegung oder die 68er-Studentenunruhen geht.

8.3 Parlamentarismuskritik und Reformvorschläge

Die Geschichte der Bundesrepublik ist auch eine Geschichte von Kontroversen um die Ausgestaltung des Demokratieprinzips in einer parlamentarischen Demokratie. Auf große Resonanz stieß die Parteienkritik des damaligen Bundespräsidenten Richard von Weizsäcker.

➤ Die Parteien: ‚machtversessen – machtvergessen'?

M 10 | Richard von Weizsäcker

Er kritisierte 1992 als Bundespräsident die Parteien:

[Im] Parteiengesetz [...] ist nicht mehr von einer bloßen Mitwirkung ‚bei der politischen Willensbildung des Volkes' die Rede, sondern nun wird daraus die Mitwirkung ‚auf allen Gebieten des öffentlichen Lebens', ‚indem sie', wie es weiter heißt, ‚insbesondere auf die Gestaltung der öffentlichen Meinung Einfluß nehmen'. Was heißt eigentlich hier Einfluß nehmen? Ist Mitwirken bei und Einfluß nehmen auf dasselbe? Ist dies so vom Grundgesetz gewollt?

Der Einfluß der Parteien geht ohnehin über den politischen Willen, von dem allein die Verfassung redet, weit hinaus. Die Parteien wirken an der Bildung des gesamten gesellschaftlichen Lebens aktiv mit. Sie durchziehen die ganze Struktur unserer Gesellschaft [...].

Der Einfluß [geht] weit über den öffentlichen, staatlichen Bereich hinaus. Er reicht direkt oder indirekt in die Medien und bei der Richterwahl in die Justiz, aber auch in die Kultur und den Sport, in kirchliche Gremien und Universitäten. Es geht darum, sich an der Bildung der Meinungen im kleinen und im großen zu beteiligen und den Zuspruch umfassend vorzubereiten und auszubauen, den man bei der nächsten Wahl gerne finden möchte.

Wenn das Parteiengesetz die Parteien legitimiert, auf die Gestaltung der öffentlichen Meinung Einfluß zu nehmen, dann fördert es damit – ob gewollt oder nicht – eine Entwicklung, die zu einem Mißstand geworden ist [...].

Die Parteien haben sich zu einem ungeschriebenen sechsten Verfassungsorgan entwickelt, das auf die anderen fünf einen immer weitergehenden, zum Teil völlig beherrschenden Einfluß entwickelt hat. Ich rede noch nicht darüber, welches Ausmaß ihres Einflusses notwendig und wünschenswert ist und wie die Gesellschaft auf sie reagiert. Was ich hier nur meine, ist dies: Die fünf Organe, von denen unser Grundgesetz spricht, müssen sich nach klaren Verfassungsrichtlinien orientieren. Damit werden Ausmaß und Kontrolle ihrer Machtbefugnisse bestimmt. Vergleichbare Vorschriften gibt es aber für die mächtigste Institution in unserem staatlich-gesellschaftlichen Leben, nämlich die Parteien, nicht [...].

Nach meiner Überzeugung ist unser Parteienstaat [...] machtversessen auf den Wahlsieg und machtvergessen bei der Wahrnehmung der inhaltlichen und konzeptionellen politischen Führungsaufgabe [...].

(DIE ZEIT, Nr. 26/1992, S. 3f.; aus lizenzrechtlichen Gründen ist dieser Text nicht in reformierter Rechtschreibung gedruckt.)

Die Kritik des früheren Bundespräsidenten zielt in die gleiche Richtung wie die ‚Interfraktionelle Initiative Parlamentsreform', in der fast 200 Abgeordnete des Bundestags aus allen Fraktionen Reformvorschläge erarbeiteten. Eine herausragende Rolle spielte dabei die frühere Vizepräsidentin des Bundestages, Hildegard Hamm-Brücher, die den Einfluss der Fraktionen (als verlängerter Arm der Regierung bzw. der Parteiführung der Koalitionspartner) begrenzen und das Parlament als Ganzes in seiner Kontrollfunktion gegenüber der Exekutive stärken wollte.

Von den Vorschlägen dieser Gruppe zur Veränderung der Geschäftsordnung des Bundestages hat die Mehrheit des Plenums bisher nur wenige Ideen (z. B. zur Flexibilisierung der Redeordnung) aufgenommen; eine Stärkung der Kontrollfunktion des Bundestages ließe sich durch Übernahme der Vorschläge realisieren.

M 11 | Interfraktionelle Intitiative Parlamentsreform

Vorschläge *zur Stärkung des politischen Gewichts des Parlaments* gegenüber der Exekutive:

- Einführung einer regelmäßigen Kabinettsberichterstattung (Regierungsbefragung)
- Auskunftspflicht der Bundesregierung über die Ausführung der Beschlüsse des Bundestages

Vorschläge zur *offeneren und lebendigeren Gestaltung* der Debatten:

- Ermöglichung von Grundsatzdebatten einmal im Halbjahr über grundsätzliche politische und/oder gesellschaftliche Probleme mit offenen Wortmeldungen

Vorschläge zur *Verbesserung der Mitwirkungsrechte* des einzelnen Abgeordneten, u. a. durch:

- Aufhebung der bisherigen Begrenzung der Rededauer und der Auflage, Erklärungen zuvor schriftlich vorzulegen
- Einladung der Antragsteller zu den Beratungen über ihre Anträge.

(nach: Rudolf Hocevar, Neue Initiativen zur Verfassungs- und Parlamentsreform in der BRD; in: Zeitschrift für Parlamentsfragen 3/1988, S. 437)

➤ Der „leere“ Bundestag

Zuweilen ist auch das nur mäßig besetzte Plenum des Bundestages Anlass für Kritik; die Darstellung des Arbeitspensums einer/eines Abgeordneten zeigt, dass die Teilnahme an Parlamentssitzungen nur gut ein Viertel der Zeit beansprucht.

M 12|

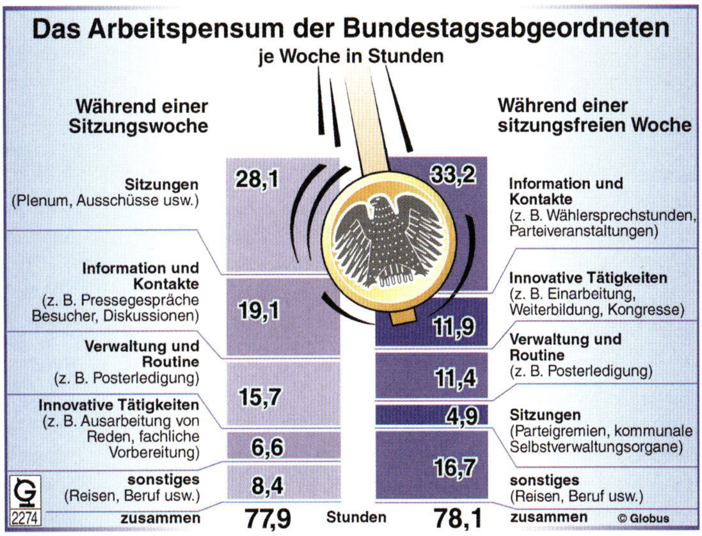

Plenarsaal des Bundestags, hier voll besetzt

➤ Stärkere Bürgerbeteiligung durch Plebiszite

Schließlich wird – besonders nach dem Engagement von DDR-Bürgerrechtlern im Herbst 1989 (→ VI/1. und VII, S. 467 ff.) – ein Diskussionsfaden der 1970er- und 80er-Jahre wieder aufgegriffen und die Einführung unmittelbarer Formen demokratischer Beteiligung (z. B. Volksabstimmungen) gefordert.

M 13 | PRO und CONTRA

a) PRO

Mit dem Ruf ‚Wir sind das Volk‘ haben die Bürgerinnen und Bürger selbst den Zusammenbruch des totalitären Herrschaftssystems in der ehemaligen DDR herbeigeführt und damit die Vereinigung der beiden deutschen Staaten ermöglicht. Doch bei der weiteren Gestaltung der staatlichen Vereinigung musste das Volk sehr rasch wieder von der politischen Bühne abtreten und sich in die Rolle des ohnmächtigen Zuschauers drängen lassen. [...] Doch auch im Westen klagten und klagen immer mehr Bürgerinnen und Bürger über einen Mangel an echten demokratischen Mitwirkungsmöglichkeiten.

Dieses Problem wird dadurch noch verschärft, dass die Politik heute immer öfter vor weitreichenden Entscheidungen steht, deren Konsequenzen – etwa bei der gentechnischen Züchtung neuer Arten, der Freisetzung radioaktiver Substanzen oder dem globalen Experiment der Klimaerwärmung – oftmals erst nach Generationen sichtbar werden. Dann aber ist es für eine Korrektur oder Rücknahme solcher Entscheidungen zu spät. Sie sind irreversibel.

Herkömmliche Willensbildungsverfahren werden der Dimension und Bedeutung derartiger Entscheidungen vielfach nicht mehr gerecht. [...] Immer mehr Menschen wollen, gerade bei solch wichtigen Fragen, mitreden und mitentscheiden [...].

Als 1949 das Grundgesetz verabschiedet wurde, waren gerade erst vier Jahre seit dem Untergang des Dritten Reiches vergangen. Zweifel an der Demokratiefähigkeit der Deutschen, die sich ja die Demokratie nicht erkämpft, sondern sie weitgehend von den Siegermächten geschenkt bekommen hatten, waren damals verbreitet und verständlich. [...] Heute aber, nach 40 Jahren demokratischer Entwicklung, wird die Beschränkung auf den repräsentativen Parlamentarismus der gewachsenen demokratischen Kultur und dem zunehmenden Bedürfnis der Bürgerinnen und Bürger nach Teilhabe nicht mehr gerecht. Der vom ‚Kuratorium für einen demokratisch verfassten Bund deutscher Länder' 1991 vorgelegte Verfassungsentwurf eröffnet deshalb den Bürgerinnen und Bürgern [...] auf Bundesebene die Möglichkeit zu Volksbegehren und Volksentscheid. Anders als bei Wahlen, bei denen vielfältige Sachthemen und Personalentscheidungen ineinander verwoben sind, können so die Bürgerinnen und Bürger auch in politischen Sachfragen unmittelbar und verbindlich entscheiden. Damit soll auch dem Gefühl politischer Ohnmacht und der daraus resultierenden Resignation und Militanz entgegengewirkt sowie die Legitimation und Akzeptanz politischer Entscheidungen erhöht werden.

Dabei kann die Volksgesetzgebung die parlamentarische Gesetzgebung nicht ersetzen, sondern bestenfalls ergänzen.

(Bernd Guggenberger/Ulrich K. Preuß/Wolfgang Ullmann, Eine Verfassung für Deutschland, München/Wien 1991, S. 67-69)

b) CONTRA

Es ist nicht notwendig, aber auch nicht zweckmäßig und nicht wünschenswert, das durch das Grundgesetz errichtete System der parlamentarischen Demokratie durch erweiterte Möglichkeiten unmittelbarer Bürgerbeteiligung zu ergänzen.

Der ausschlaggebende Grund für diese verfassungspolitische Beurteilung ist, dass eine derartige Verfassungsänderung die Gefahr mit sich bringt, die den Kern der parlamentarischen Demokratie bildende Vermittlungsaufgabe und Entscheidungsaufgabe der gewählten Volksvertretung, der parlamentarisch verantwortlichen Regierung und der politischen Parteien zu beeinträchtigen. Das System der parlamentarischen Demokratie würde nicht verstärkt, sondern geschwächt.

Die ins Auge gefassten erweiterten Möglichkeiten unmittelbarer Bürgerbeteiligung sind im Regelfall auf der Ebene des Bundes nicht geeignet, die von ihnen verschiedentlich erwarteten Vorteile zu erreichen. Eine etwa bestehende ‚Politikverdrossenheit' könnte nicht abgebaut, die gesuchte Akzeptanz und Integrationsfähigkeit politischer Entscheidungen kann nicht erwartet werden. Denn die in Betracht kommenden Verfahren ‚unmittelbarer Bürgerbeteiligung' stellen in Wahrheit nur außerparlamentarische Aktionsmöglichkeiten der politischen Parteien dar; sie sind eine der Richtigkeitsgewähr parlamentarischer Verfahren entbehrende, andere Form der mittelbaren Demokratie.

Die Beurteilung der Enquête-Kommission Verfassungsreform (Schlussbericht, Dezember 1976) – mit der die wohlbegründete Entscheidung des Parlamentarischen Rates bestätigt wurde – ist heute so richtig wie damals: Volksbefragung, Volksbegehren, Volksentscheid und andere Formen der Volksinitiative sind ‚keine geeigneten Instrumente [...] die Legitimation und Handlungsfähigkeit der repräsentativ-parlamentarischen Demokratie zu verstärken. Es besteht vielmehr die Gefahr, dass sie die Bedeutung des Parlaments verringern und die Funktions- und Integrationsfähigkeit der freiheitlichen demokratischen Grundordnung der Bundesrepublik insgesamt beeinträchtigen'.

(Prof. Dr. Badura, Stellungnahme für die Gemeinsame Verfassungskommission, Juni 1992)

Erstellen einer Conclusio

Diese Methode dient der Erschließung kontroverser Texte und der Einübung einer eigenständigen differenzierten Urteilsbildung auf der Grundlage entgegengesetzter Positionen.

Wählen Sie dabei die folgende Schrittfolge:

① Pro-Position (THESE)
Fassen Sie den ersten Text thesenartig zusammen. Unterscheiden Sie zwischen der *zentralen Aussage* und *nachgeordneten Aspekten*. Beachten Sie auch die verschiedenen Argumentationsebenen (z. B. politisch, moralisch-ethisch, historisch, ökonomisch).

② Contra-Position (ANTITHESE)
Fassen Sie nun den zweiten Text wie oben beschrieben thesenartig zusammen und stellen Sie die einzelnen Thesen/Aspekte/Argumentationsebenen vergleichend gegenüber.

③ Fazit (CONCLUSIO)
Formulieren Sie eine eigene Conclusio. Dabei sollten Sie die zuvor aufgeführten Thesen *gewichten* und *bewerten* sowie mit weiteren Argumenten untermauern. Wie Ihr eigenes Urteil ausfällt, bleibt Ihnen überlassen: Es kann sich mehr auf die Pro- oder mehr auf die Contra-Seite beziehen. Sie können aber auch eine ganz eigene Position entwerfen. Achten Sie in jedem Fall darauf, dass Sie nicht zu einem ausweichenden „Sowohl-als-auch-Urteil" kommen.

Übungsbeispiel

Als Vorlage für dieses Übungsbeispiel dienen die kontroversen Standpunkte zur stärkeren Bürgerbeteiligung durch Plebiszite (M 13, S. 355 f.). Sie können die fehlenden Aspekte zu These und Antithese ergänzen und die Conclusio ausformulieren.

Pro ⟷	**Contra**
1. Die positiven Erfahrungen der Bürgerrechtsbewegung in der ehemaligen DDR rechtfertigen eine Ausweitung der Mitwirkungsmöglichkeiten der Bürger.	1. Das im GG festgeschriebene System der parlamentarischen Demokratie hat sich bewährt und sollte nicht verändert werden.
2. Aspekt: Trag- und Reichweite heutiger politischer Entscheidungen ...	2. Aspekt: Risiken ...
3. Aspekt: Historische Erfahrungen ...	3. Aspekt: Akzeptanz und Integrationsfähigkeit politischer Entscheidungen...
4. ...	4. ...
5. ...	5. ...

Conclusio

1. Mehr als ein halbes Jahrhundert nach Ende der NS-Diktatur und nach den positiven Demokratie-Erfahrungen bei der Wende in der DDR ist es legitim, über die Ausweitung unmittelbarer Bürgerbeteiligung neu nachzudenken; dabei ist allerdings eine differenzierte Betrachtung notwendig ...
2. Aspekt: Bewertung historischer Erfahrungen: NS-Zeit; DDR ...
3. Aspekt: Erfahrungen europäischer Nachbarn (z. B. Schweiz) ...
4. Aspekt: Legitimation/politische Kultur ...
5. Aspekt: Funktionsfähigkeit des politischen Systems ...

Eigentliche Conclusio (abschließendes Urteil): Trotz ... komme ich zu dem Schluss ..., weil ...

Weitere geeignete Texte für eine Conclusio finden sich im Lehrbuch u.a. zu folgenden Themen: Reform der Sozialsysteme (→ I, S. 42 ff.), Gentechnologie (→ II, S. 122 ff.), Tarifkonflikt (→ III, S. 181 ff.).

9. Entscheidungsprozesse auf europäischer Ebene

➤ Grundinformation: Europäische Institutionen

M 1

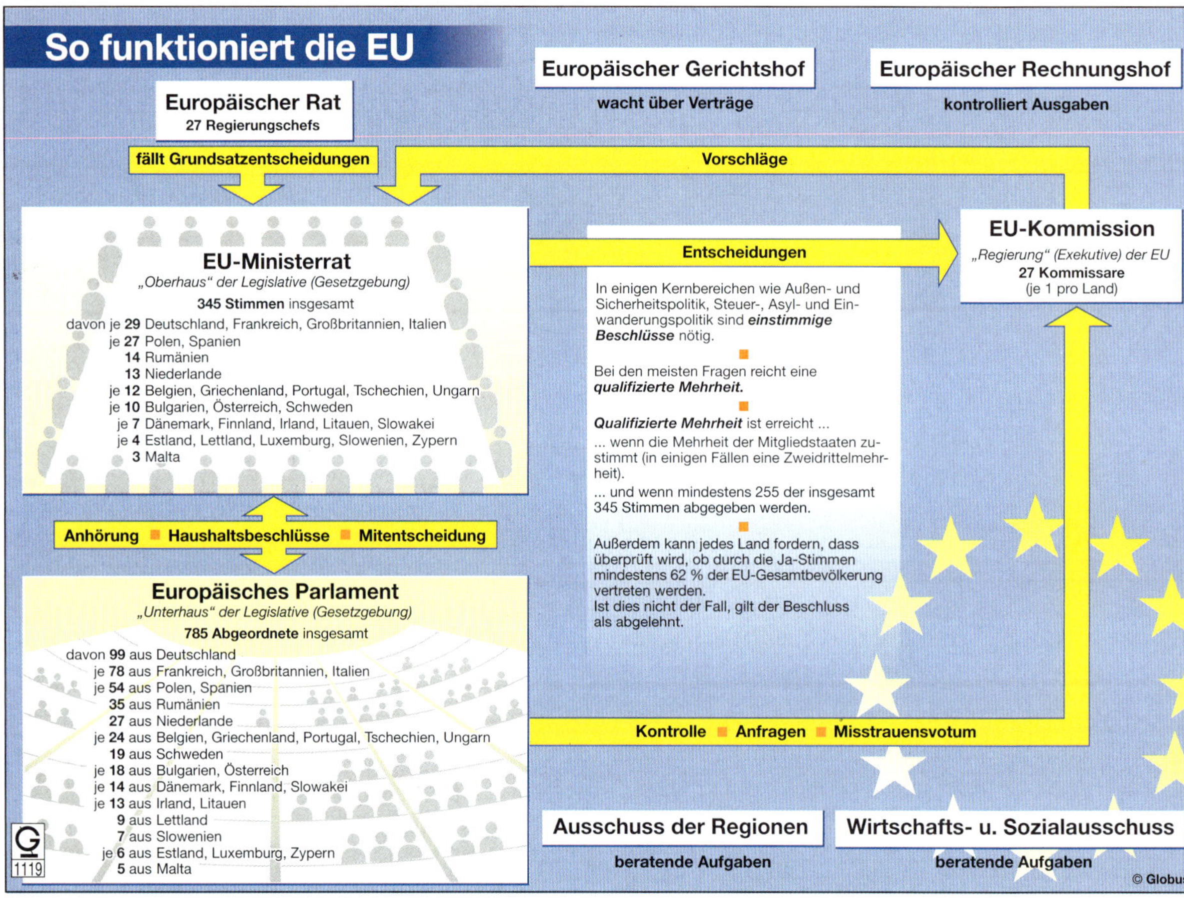

Der Europäische Rat:
Jährlich mehrmals stattfindende Sitzungen der Staats- und Regierungschefs der EU-Staaten („Europäische Gipfeltreffen"). Er berät Grundsatzfragen der europäischen und internationalen Politik und sucht die politische Koordination zwischen den Mitgliedstaaten zu verbessern.

Der Rat der EU (Ministerrat):
Entscheidungsinstanz, „Legislative" der Gemeinschaft; er erlässt Richtlinien und Verordnungen besonders im Bereich der Wirtschafts- und Finanzpolitik. Der Ministerrat ist das eigentliche Machtzentrum in der Gemeinschaft, aber bisher oft weniger ein Gemeinschaftsorgan als ein Instrument der nationalen Regierungen. Seine Mitglieder sind nicht der Gemeinschaft, sondern ihren jeweiligen Regierungen gegenüber verantwortlich. Je nach Politikbereich wird im Rat einstimmig, mit einfacher oder qualifizierter Mehrheit entschieden. Die Präsidentschaft im Rat wechselt alle sechs Monate (s. M 2).

Die Europäische Kommission:
„Regierungsinstanz"; sie besitzt das Vorschlagsrecht für die Beratungen und Beschlüsse des Ministerrats; von ihr müssen alle (gesetzlichen) Initiativen ausgehen. Sie ist das eigentliche Gemeinschaftsorgan. Ob und wann der Ministerrat über die Vorschläge der Kommission berät und entscheidet, ist jedoch nicht vorgeschrieben. So kann die Kommission auf die im Ministerrat wirksamen nationalen

Interessen und Vorbehalte nur Einfluss nehmen, indem sie entweder öffentlich für die politischen Zielsetzungen der Gemeinschaft wirbt und/oder ihre Vorschläge und Initiativen so zu „Paketen“ zusammenfasst, dass darin für jedes Mitgliedsland wenigstens ein deutlicher Vorteil enthalten ist, der ihm die Zustimmung zum ganzen „Paket“ erleichtert. Die Regierungen der Mitgliedstaaten schlagen die Mitglieder der Kommission (Präsident und Kommissare) vor; zur Ernennung bedarf es der Zustimmung des Europäischen Parlaments. Der Kommissionspräsident nimmt an den Gipfeltreffen teil. In der Kommission verfügt er über eine „Richtlinienkompetenz“ (s. M 3).

M 2

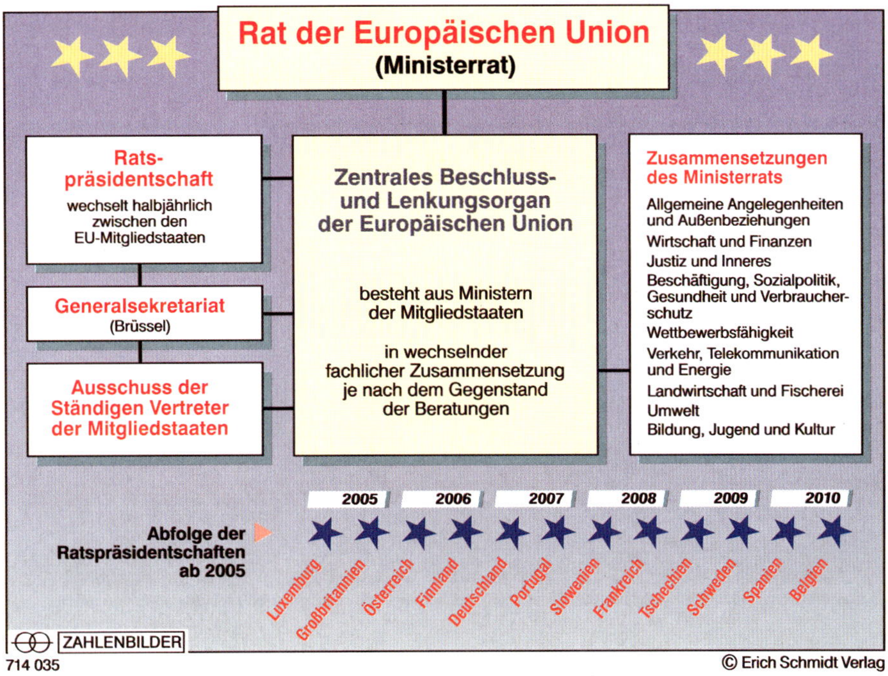

M 3

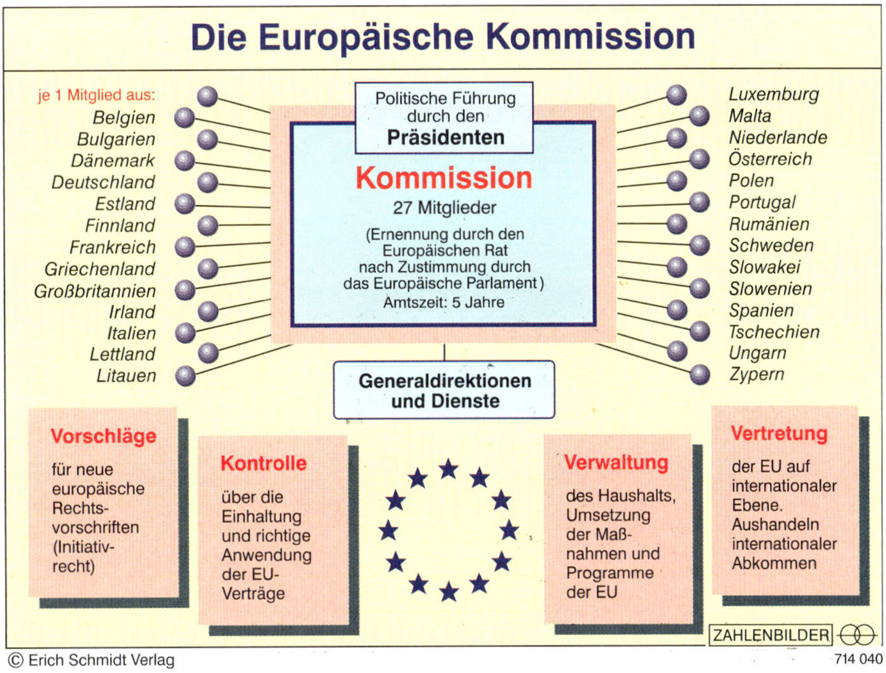

Das Europäische Parlament (EP):
Bis 1979 aus Delegierten der nationalen Parlamente zusammengesetzt, hat trotz der bisherigen sechs Direktwahlen (1979, 1984, 1989, 1994, 1999, 2004) nur einen vergleichsweise begrenzten Einfluss. Die parlamentarischen Funktionen (Wahlfunktion, Initiativfunktion, Kontrollfunktion, Budgetrecht, Ratifizierung von Verträgen) können vom EP nur eingeschränkt wahrgenommen werden, da ihm wesentliche Befugnisse fehlen. Allerdings wurden die Möglichkeiten im Rahmen der Gesetzgebung (Mitentscheidungsverfahren) seit 1986 in den Verträgen von Maastricht, Amsterdam und Nizza schrittweise erweitert. Darüber hinaus verfügt es mit dem Misstrauensvotum über eine scharfe Waffe: Das EP kann der Kommission das Misstrauen aussprechen und sie insgesamt (nicht einzelne Mitglieder) zum Rücktritt zwingen.

Der Europäische Gerichtshof (EuGH):
Judikative; er entscheidet beispielsweise aufgrund einer Klage (eines Mitgliedslands, eines Unternehmens, eines EU-Bürgers oder auch eines Staatsangehörigen eines Drittstaats), ob im Einzelfall gegen geltendes Gemeinschaftsrecht verstoßen wurde. Er entscheidet aber auch endgültig, wie strittige Texte in den Verträgen zu verstehen sind. Der EuGH gestaltet also Recht fort und bewahrt es zugleich. Seine Urteile sind unanfechtbar. Neben diesen Urteilen trifft der Gerichtshof immer häufiger „Vorabentscheidungen", d.h.: Wenn ein nationales Gericht in einem Prozess eine Klärung des Europarechts für entscheidend hält, kann es dem EuGH diese Frage zur (Vorab)Entscheidung vorlegen.

M 4a

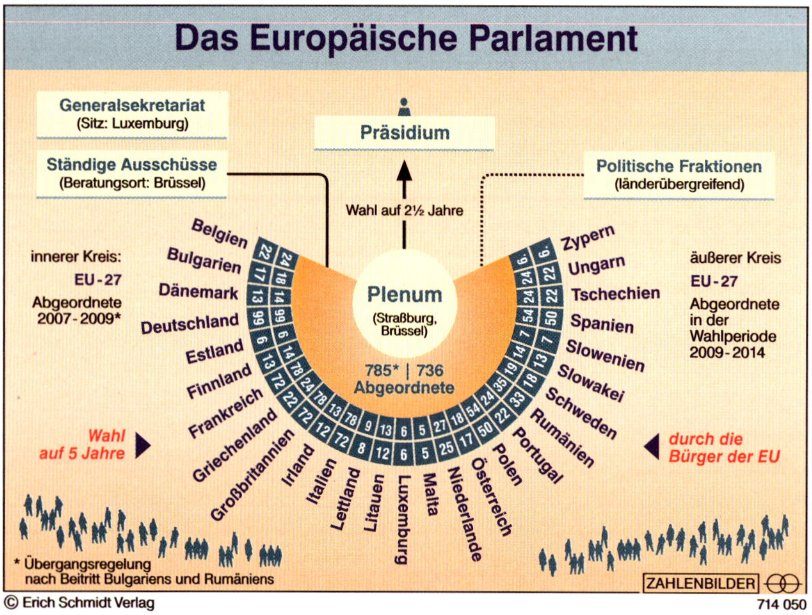

© Erich Schmidt Verlag 714 050

M 4b

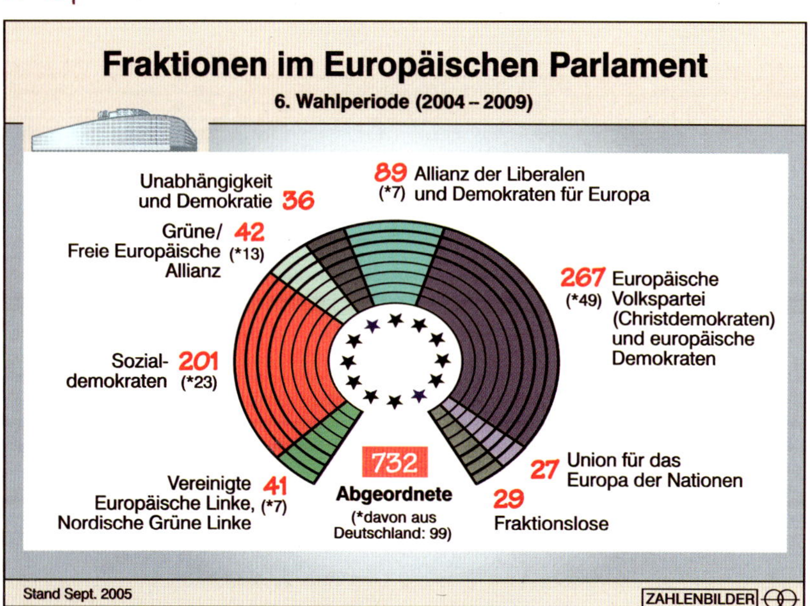

© Erich Schmidt Verlag 714 051

Aufgaben

1. Erstellen Sie aus der Übersicht über die europäischen Institutionen (M 1) ein Puzzle, das Sie den Kursmitgliedern zum Zusammensetzen vorlegen.
2. Analysieren Sie die Interessen, die in den vier Institutionen (Kommission, Rat, EP, EuGH) repräsentiert werden. Bewerten Sie ihre Stellung und Bedeutung im Vergleich zu entsprechenden Institutionen auf nationalstaatlicher Ebene.
3. Untersuchen Sie genauer, auf welche Weise Interessen der europäischen Bürger, der nationalen Regierungen bzw. der supranationalen europäischen Institutionen gewahrt werden.
4. Suchen Sie anhand der Materialien 1–5 und der Autorentexte nach Möglichkeiten des Parlaments, die Kommission/den Rat zu kontrollieren bzw. unter Druck zu setzen. Beachten Sie dabei auch die Abstimmungsverfahren im Rat (M 5).

➤ Gesetzgebung in der Europäischen Union: Warum ist das Verfahren (gemäß Art. 251) so kompliziert?

Im Zuge des Zusammenwachsens der EU kommt es vereinbarungsgemäß zu einer Angleichung politischer und rechtlicher Normen. Gemeinsame Vorschriften z. B. über Wirtschafts- und Verkehrspolitik, Verbraucherschutz, Natur- und Umweltschutz, zum Wettbewerbsrecht oder zur Agrarpolitik kennzeichnen den fortlaufenden Integrationsprozess der Mitgliedstaaten der EU.
Die Formulierung dieser Normen ist – wie in der Politik der Einzelstaaten – Ergebnis eines „politischen Prozesses", bei dem allerdings die Beteiligten (Bürger, Interessensverbände, Parteien, Regierungen und europäische Institutionen) in einer spezifischen Form zusammenwirken, die sich von den Verfahren in den Nationalstaaten unterscheidet. Der Wille der Europäer zur weiteren Integration einerseits und das Verfolgen nationalstaatlicher Interessen andererseits führen zu einem besonderen System der „**Checks and balances**", einer wechselseitigen Kontrolle und Einflussnahme.

M 5|

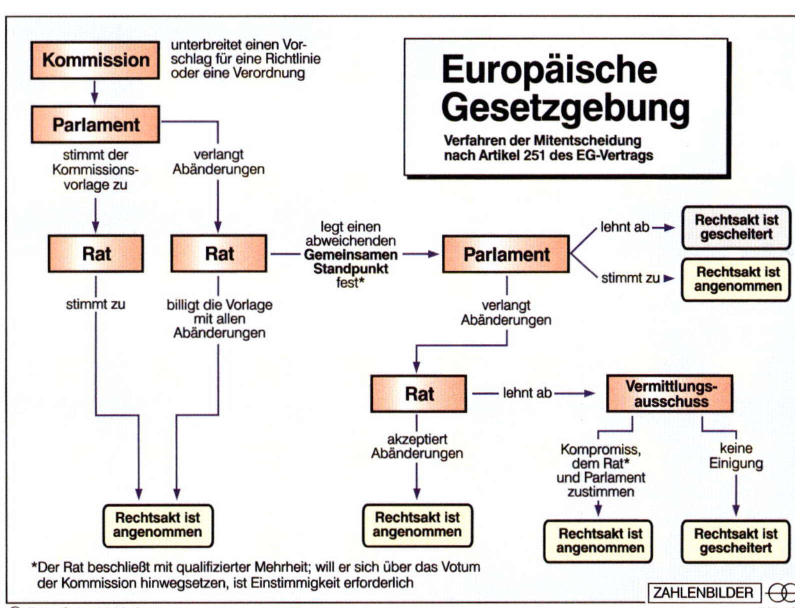

Das **Initiativrecht** liegt bei der Europäischen Kommission: Sie unterbreitet dem EP und dem Rat einen Richtlinienvorschlag. Im Rahmen des **Mitentscheidungsverfahrens** berät das EP den Richtlinienvorschlag in einer 1. Lesung und reicht diesen – gegebenenfalls mit Änderungen – an den Rat weiter. Das Gesetzgebungsverfahren ist abgeschlossen, falls der Rat sämtliche Änderungsvorschläge billigt oder wenn das EP keine Änderungsvorschläge macht. **Bei Dissens zwischen Rat und EP** kommt es zu einer 2. Lesung und zur Suche nach einem Kompromiss: Dabei formuliert der Rat mit der Mehrheit seiner Mitglieder einen „**gemeinsamen Standpunkt**", der anschließend dem EP vorgelegt wird. Billigt das EP innerhalb von drei Monaten diese Vorlage, so ist sie beschlossen. Falls aber das EP den „gemeinsamen Standpunkt" mit absoluter Mehrheit ablehnt, ist das Gesetz gescheitert. Für den Fall, dass das EP die Vorlage des Rates ändert, erfolgt eine 2. Lesung im Rat, der innerhalb von drei Monaten zu entscheiden hat.

Die Vorlage wird Gesetz, falls der Rat die Änderungswünsche des EP billigt. Dabei genügt im Rat eine qualifizierte Mehrheit, wenn die Kommission keine Einwände gegen die Änderungsvorschläge des EP erhoben hat. Liegen jedoch Einwände der Kommission vor, so ist Einstimmigkeit im Rat erforderlich.

Schon der erste Blick auf das Schema M5 macht deutlich, dass es auf europäischer Ebene vergleichbare Institutionen gibt, dass aber Zuständigkeiten und Funktionen anders geregelt sind als in den einzelnen Mitgliedstaaten: Die EU ist kein Nationalstaat, in dem sich ein „Souverän" – ein politisch handlungsfähiges Volk – in einem konstitutiven Akt Repräsentativorgane geschaffen hat.
Politische Prozesse auf europäischer Ebene sind dadurch geprägt, dass Innen- und Rechtspolitik – ähnlich wie die Außenpolitik – in traditioneller Weise zu den klassischen Kernbereichen nationalstaatlicher Souveränität gehören: Die Staaten bzw. die Regierungen sind nur zögernd bereit, Hoheitsrechte aus der Hand zu geben.
In der Praxis zeigt sich dies in der starken Stellung des Europäischen Rates bzw. des Ministerrates und in den spezifischen Entscheidungsverfahren (Mitentscheidung nach Art 251 des EG-Vertrages, Anhörung, Zustimmung).

M 6 | Vermittlungsausschuss angerufen

EU streitet über Tabak-Richtlinie: Europaparlament und Ministerrat uneins bei Inhaltsstoffen

Die geplante neue Richtlinie zur Herstellung und Verpackung von Tabakwaren kommt in den EU-Vermittlungsausschuss. Bundesgesundheitsministerin Andrea Fischer erklärte am Donnerstag nach einem Treffen der europäischen Gesundheitsminister in Brüssel, vermutlich werde es erst im Februar eine Einigung geben. Der Ministerrat sei „ziemlich verärgert" über das Ergebnis der Sitzung des Europaparlaments vom Mittwoch. Man habe nicht mehr damit gerechnet, dass die Abgeordneten in zweiter Lesung noch wesentliche Korrekturen an der Vorlage anbringen würden. Nach Auffassung Fischers hat das Parlament den Richtlinienvorschlag wieder deutlich abgeschwächt.
Die Richtlinie „Herstellung, Aufmachung und Verkauf von Tabakerzeugnissen" regelt die Höchstgrenzen für Teer (10 Milligramm) und Nikotin (1 Milligramm) in Tabakwaren und schreibt größere Warnhinweise auf den Verpackungen vor. Hier gibt es keine wesentlichen Differenzen zwischen Ministerrat und Abgeordneten. Allerdings will das Parlament Begriffe wie „light" oder „mild" wieder zulassen, wenn sie traditioneller Bestandteil des Markennamens sind. Die Minister wollen solche Bezeichnungen generell untersagen. Härter als die Minister wiederum will das Parlament beim Verbot von Zusatzstoffen vorgehen. Ammoniak soll ganz verbannt werden, weil es die Sucht fördern soll. Die Minister halten das nach Angaben eines Ratssprechers für nicht bewiesen.
Im Prinzip einig sind sich Parlament und Ministerrat, dass die schärferen Regeln auch für Exportzigaretten gelten sollen. In dieser Frage ist allerdings die Bundesregierung zerstritten: Die Gesundheitsministerin ist dafür, der Wirtschaftsminister ist dagegen. Deutschland wird sich deshalb beim abschließenden Votum über die Tabakrichtlinie der Stimme enthalten.

(Cornelia Bolesch, in: Süddeutsche Zeitung v. 16.12.2000)

M 7 | Exportverbot für starke Zigaretten in Sicht

Der Europäische Gerichtshof will der Tabakindustrie verbieten, die Risiken des Zigarettenkonsums herunterzuspielen.

Im Streit um schärfere Vorschriften gegen den Zigarettenkonsum hat die Europäische Kommission einen wichtigen Zwischenerfolg errungen. Der Rechtsgutachter beim Europäischen Gerichtshof (EuGH) in Luxemburg, Leendert Geelhoed, sprach sich am Dienstag dafür aus, die 2001 verabschiedete Tabak-Richtlinie für rechtmäßig zu erklären. Sie sieht größere Warnhinweise und schärfere Grenzwerte auch für Export-Zigaretten vor. Neben den klagenden britischen Herstellern hatte sich auch Deutschland gegen die Richtlinie ausgesprochen. Das abschließende Urteil wird für Anfang kommenden Jahres erwartet. Der EuGH ist nicht an die Vorgaben des Generalanwalts gebunden, folgt seinen Empfehlungen aber in den meisten Fällen.
Die Europäische Kommission versucht seit Jahren, den Handel und die Werbung für Tabakerzeugnisse zu beschränken. Eine erste Richtlinie, die ein völliges Werbeverbot vorsah, kam im Oktober 2000 auf Klage Deutschlands vor dem EuGH zu Fall.
Die entschärfte Nachfolge-Richtlinie legt als Schadstoff-Obergrenzen für Zigaretten jeweils zehn Milligramm Teer und Kohlenmonoxid sowie ein Milligramm Nikotin fest. Die Grenzwerte sollen innerhalb der Europäischen Union (EU) ab Anfang 2004 gelten und ab 2007 auch für den Export.
In der Werbung werden Begriffe wie „mild" und „leicht" verboten, „die den Eindruck erwecken, ein bestimmtes Tabakerzeugnis sei weniger schädlich als ein anderes". Die Warnhinweise auf Zigarettenschachteln sollen auf der Frontseite etwa ein Drittel, auf der Rückseite nahezu die Hälfte der Fläche umfassen.
Gegen die Umsetzung der Richtlinie in Großbritannien klagten die britischen Hersteller British American Tobacco (BAT) und Imperial Tobacco: Der Gesundheitsschutz gehöre nicht zu den Aufgaben der EU, argumentieren die Konzerne. Nach Ansicht Generalanwalt Geelhoeds kann sich die EU-Kommission aber auf die Harmonisierung des Handels stützen. Denn nationale Grenzwerte und

Werbevorschriften würden zu Handelshemmnissen innerhalb der EU führen.
Vor dem EuGH wurden die Hersteller von Deutschland unterstützt. Die Bundesregierung fürchtet insbesondere durch das Herstellungs- und Exportverbot für starke Zigaretten Nachteile für die europäische Zigarettenindustrie.
Generalanwalt Geelhoed folgte dagegen der Ansicht der EU-Kommission, die Exportbeschränkung sei notwendig, um Wiedereinfuhren zu verhindern. Ein Schwarzmarkt sei besonders unter Jugendlichen wahrscheinlich. Nach Zahlen der Zigarettenindustrie in Berlin und Brüssel sind in Deutschland gut 12000, in der gesamten Europäischen Union knapp 1,4 Millionen Arbeitnehmer in der Tabakverarbeitung beschäftigt.

(Süddeutsche-Zeitung v. 10.09.2002)

M 8 | Verbraucherschutz wird in Berlin nur ergänzt

Ob bei Biopatenten, beim elektronischen Handel, ob bei Altautos oder beim Handel mit Emissionen – Richtlinien aus Brüssel beherrschen viele neue deutsche Gesetze. „Der Einfluss europäischer Richtlinien auf die deutsche Gesetzgebung kann gar nicht überschätzt werden“, ist Hartmut Nassauer, Europa-Abgeordneter der Europäischen Volkspartei (FVP), überzeugt.

Richtlinien sind europäische Bestimmungen, welche die Mitgliedstaaten in nationales Recht umsetzen müssen. „Im Bereich des Binnenmarktes, beim Verbraucherschutz, beim Umweltschutz und bei neuen Technologien findet die Gesetzgebung auf europäischer Ebene statt und wird dann allenfalls national ergänzt“, bilanziert Nassauer, der für die CDU im Europaparlament sitzt. Die Brüsseler Vorgaben prägen etwa 70 Prozent aller wirtschaftlich bedeutsamen deutschen Gesetze und das in der Regel, ohne Aufsehen zu erregen.
Die Ursachen fehlender Anschaulichkeit der EU-Gesetzgebung – Nassauer spricht von „Mauern des Unverständnisses“ – sind vielfältig. „Brüssel ist weit weg, es gibt Sprachbarrieren und die Prozeduren sind sehr viel komplizierter als auf nationaler Ebene.“ Die dortigen Entscheidungsprozesse müssen auf unterschiedliche politische Traditionen Rücksicht nehmen, „und das macht die Verfahren schwerfällig.“
Doch auch den Medien gelinge es nicht immer, die tatsächliche Bedeutung der Brüsseler Gesetze zu vermitteln. „Ich lese häufiger, dass der Bundestag dieses oder jenes Gesetz verabschiedet hat, ohne den geringsten Hinweis, dass er damit eine europäische Richtlinie umsetzt“, kritisiert Nassauer. „Nicht zuletzt deswegen ist im Bewusstsein der Bevölkerung vielfach noch nicht angekommen, dass die bedeutsamen Richtungsentscheidungen in aller Regel auf europäischer Ebene getroffen werden.“
Anderes gilt hingegen für die unmittelbar Betroffenen. „Die Wirtschaftsverbände sind über alles, was sich hier abspielt, ausgezeichnet informiert“, findet der EU-Politiker. Und: „Es gibt in Brüssel viel mehr Lobbyisten als in Berlin. Die Landwirte etwa, wie alle anderen Wirtschaftsverbände auch, wissen ganz genau, was sich hier in ihrem Politikfeld abspielt.“
Zur mangelnden Transparenz gesellt sich häufig eine ungezähmte Regelungswut der Europäischen Kommission, die als einziges Gremium neue Richtlinien anstoßen kann. Diese sollen aber nach den Gemeinschaftsverträgen nur den Mindeststandard festlegen, der im europäischen Binnenmarkt unumgänglich ist. „Doch tatsächlich sind oft sehr viel mehr Einzelheiten geregelt, als es das Subsidiaritätsprinzip zuließe“, beklagt Nassauer.
Ein besonders augenfälliges Beispiel, bei dem die Kommission den ihr gezogenen Rahmen überschritten hat, ist eine Richtlinie, mit der die EU Tabakwerbung generell verbieten wollte.
„Die Kommission hatte ein gesundheitspolitisches Ziel verfolgt, sie wollte das Rauchen eindämmen. Nur deshalb ist sie auf den Gedanken verfallen, Tabakwerbung zu verbieten.“

(Stephan Hütig, in: FAZ v. 22.7.2002)

Aufgaben

1. Ordnen Sie die Materialien zur Kontroverse um die Tabak-Richtlinie (M 6, M 7) in den zeitlichen Ablauf des Gesetzgebungsprozesses ein. Unterscheiden Sie Phasen und Konfliktlinien.
2. Nehmen Sie Stellung zur Kritik des EU-Abgeordneten Nassauer am europäischen Gesetzgebungsverfahren (M 8). Beurteilen Sie Verlauf und Ergebnis des Streits um die Tabak-Richtlinie.
3. Vergleichen Sie den Tabak-Konflikt auf europäischer Ebene mit einem Konflikt auf nationalstaatlicher Ebene (Beispiel: Zuwanderungsgesetz, S. 310 ff.).
4. Planspiel: Spielen Sie den europäischen Gesetzgebungsprozess am Sachproblem „Energiesteuer“ durch. Eine Spielvorlage enthält die Handreichung zum Lehrplan (Jahrgangsstufe 13).
5. Exkursion: Nehmen Sie mit der/dem EU-Abgeordneten Ihres Wahlkreises Kontakt auf und führen Sie ein Interview über seine Arbeit und die Erfolge des Europäischen Parlaments durch. Organisieren Sie einen Besuch der Europäischen Institutionen in Brüssel.

VI

Politische Ordnung und politische Theorie

Thomas Hobbes: Leviathan (vgl. M 4c, S. 371)

Politische Urteilsfähigkeit gehört zur zentralen Zielsetzung **politischer Bildung**. Sie setzt umfassende *Kenntnisse* von Strukturen, Normen und Funktionen des Politischen voraus. Politische Bildung verlangt zudem nach der Fähigkeit, das politische Geschehen umfassend und differenziert zu *analysieren* und zu durchschauen.

Urteilsfähigkeit verlangt nach Maßstäben, nach Normen, die es erlauben, politische Ziele und politisches Handeln einzuordnen und zu beurteilen.

Die eigene Urteilsbildung wird dabei umso stärker, je breiter der Betrachter ein eigenes Selbstverständnis entwickelt, das es ihm erlaubt, die Unübersichtlichkeit und die Komplexität des Politischen zu durchschauen und zu reflektieren.

- In diesem Lehrbuch finden sich an mehreren Stellen Elemente einer Theorie der Politik (→ I/1., M 2, S. 12 f.: kategorialer Ansatz und M 3 a, S. 13: Dimensionen des Politikbegriffs; ferner → V, S. 259–271, wo im Rahmen einer Collage unterschiedliche Erscheinungsformen der Politik vorgestellt werden).
- Kapitel VI enthält einen Überblick über die Klassiker des politischen Denkens und anschließend den Nachweis, dass in die konkrete Ausgestaltung des Grundgesetzes Elemente dieser abendländischen Politiktradition eingeflossen sind.
- Die Begegnung mit Carlo Schmid, einem unserer Verfassungsväter, verdeutlicht, dass die Umsetzung politischer Konzepte nicht zuletzt von einem überzeugenden Engagement handelnder Personen abhängt.
- Die Entfaltung von Phasen und Konstellationen deutscher Demokratiegeschichte erwächst aus der Überzeugung, dass sich Politik nicht im luftleeren Raum abspielt, sondern stets auf eine Verortung in einem zeitlichen Kontext angewiesen ist.

1. Demokratische Tradition im Herbst 1989 – Plakate und Bilder

M 1a | Demokratiebewegung im Herbst 1989

Forderungen und Parolen bei den Montagsdemonstrationen in Leipzig und bei einer Kundgebung in Ostberlin am 4.11.1989:

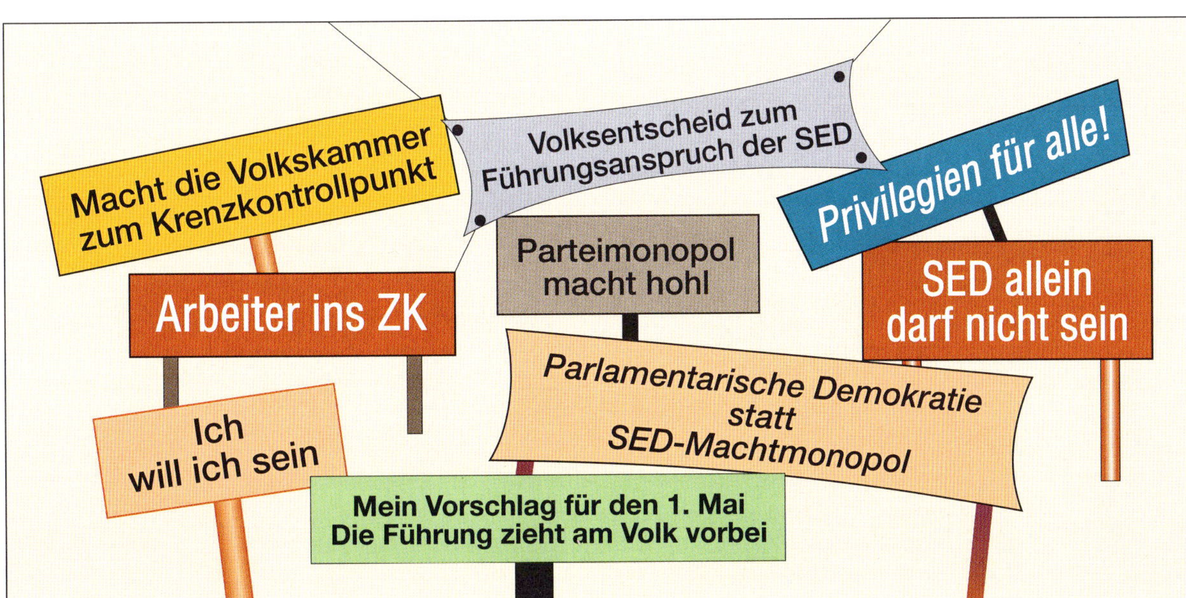

M 1b | Demonstrationen im Oktober/November 1989

Die „Wende“ in der DDR bezog ihre Dynamik zunächst aus den demokratischen Parolen („Wir sind das Volk“) und Forderungen, in denen sich Kritik und Widerspruch gegen Praxis und Theorie des DDR-Herrschaftssystems äußerten.
Es traten dann nationalstaatliche Forderungen („Wir sind ein Volk“) hinzu, die zur deutschen Einheit am 3.10.1990 führten.
Parolen und Forderungen des Herbstes 1989 lassen sich auf Ideen der abendländischen Politiktradition (Vorstellungen, Ziele und Maßstäbe) beziehen bzw. spiegeln diese wider.

M 1c |

Aufgabe

Analysieren Sie Spruchbänder und Parolen und stellen Sie Zusammenhänge her zu den Ideen und Theorien der Klassiker des politischen Denkens:
- Montesquieu: Gewaltenteilung/Rechtsstaatsprinzip
- Rousseau: Volkssouveränität; (rationale) Legitimation von Herrschaft
- Locke: Toleranzprinzip und Mehrheitsregel
- Kant: Sittliche Autonomie des Menschen begründet Grund- und Menschenrechte
- Marx: Aufhebung von Entfremdung und Ausbeutung.

2. Demokratisches Selbstverständnis: Entstehung – Ausprägung – Entwicklung

2.1 Historisch-ideengeschichtliche Bezüge – Europäische Denktradition

In der Geschichte der Menschheit sind auf die Frage, wie und nach welchen Prinzipien das politische Zusammenleben der Menschen gestaltet werden soll, höchst unterschiedliche Antworten gegeben worden.
Die Beschäftigung mit den Klassikern politischen Denkens ergibt, dass die Antwort, die jeweils gegeben wird, abhängig ist vom Blickwinkel, unter dem die Frage „Wie ist politische Ordnung möglich? – Wie soll sie gestaltet werden?“ gestellt wird.
Dabei ist die Frage vom jeweiligen zeitbezogenen geistesgeschichtlichen Vorverständnis (Menschenbild und Denkweise) ebenso geprägt wie von den zeitgebundenen situativen Bedingungen (politische und wirtschaftliche Verhältnisse, biografische Einflüsse).

➤ Überblick und Anregung: Klassiker des politischen Denkens

Als Anregung für mögliche Fragestellungen und intensivere Beschäftigung folgt hier ein Überblick über die wichtigsten Autoren. Es ist der Versuch gemacht, jeweils eine grundlegende Fragestellung und die Antwort darauf mit wenigen Stichworten anzugeben. Die Details der geschichtlich-politischen Zusammenhänge können dabei ebenso wenig erkennbar werden wie die Systematik der Theorien. Der Überblick will also die genauere Lektüre nicht ersetzen, sondern anregen. Dabei wird es nötig sein, die zu analysierenden Texte, etwa mithilfe des Geschichtsbuches, auf den jeweiligen historischen Kontext zu beziehen.

M 1|

Platon (427–347 v. Chr.):
Das Ziel der Staatskunst ist Gerechtigkeit. Sie besteht in der harmonischen Ordnung (der Seele und der Gesellschaft) durch den Staatsmann und Philosophen, der, von der *Idee des Guten* geleitet, das Rechte erkennt und tut.

Aristoteles (384–322 v. Chr.):
Was ist der Sinn des gemeinschaftlichen Lebens in der Polis und wie soll es geordnet sein? Der Mensch bedarf zu seinem Glück des Lebens in der Polis. Politik ist die *Praxis*, die eine *gute Ordnung* der Polis verwirklichen soll. Eine gute Ordnung vermeidet die Extreme.

Thomas von Aquin (1225–1274):
Nach welchen Prinzipien ist die irdische menschliche Gesellschaft zu ordnen?
Die menschliche Person bedarf zu ihrer Entfaltung der Hilfe der Gesellschaft, diese wiederum einer leitenden Kraft, die die vielen Sonderinteressen auf das *Gemeinwohl* (bonum commune) hinlenkt und ihm unterordnet.

Machiavelli (1467–1527):
Muss sich die Politik immer nach moralischen Normen richten?
Der Staatsmann, der sich in der Politik nur nach der Moral richtet, kann sich in der Welt, wie sie nun einmal ist, nicht behaupten, sondern verstößt gegen die *Staatsräson*: Erwerb und Erhaltung der Macht.

John Locke (1632–1704) und Charles de Montesquieu (1689–1755):
Wie können die natürlichen Rechte der Menschen, besonders Freiheit und Eigentum, gegen die Übergriffe mächtiger Träger der Staatsgewalt geschützt werden?

Locke: Die Unterordnung der Bürger unter die Inhaber politischer Ämter beruht auf vertraglicher Vereinbarung und hat den Zweck, *Freiheit und Eigentum* der Bürger zu schützen. Die Bürger behalten das Recht, die Träger der (legislativen und exekutiven) Gewalt abzuberufen und neu zu bestellen.

Montesquieu: Freiheit ist nur gewährleistet, wo es eine *Pluralität von Machtträgern* und ein Gleichgewicht sozialer Gruppen gibt. Daher soll die legislative Gewalt von der exekutiven und diese von der judikativen getrennt sein, sodass alle drei sich gegenseitig im Zaum halten.

Jean-Jacques Rousseau (1712–1778):
„Wie findet man eine Gesellschaftsform, die mit der ganzen gemeinsamen Kraft die Person und das Vermögen jedes Gesellschaftsgliedes verteidigt und schützt und in der jeder Einzelne, obgleich er sich mit allen vereint, dennoch nur sich selbst gehorcht und so frei bleibt wie vorher!" (Contrat Social I 6)
„Jeder von uns stellt gemeinschaftlich seine Person und seine ganze Kraft unter die oberste Leitung des *allgemeinen Willens*, und wir nehmen jedes Mitglied als untrennbaren Teil des Ganzen auf." (ebda.)
Dieser Gesellschaftsvertrag überführt die Individuen des Naturzustandes in eine kollektive Existenz, in der allein die politische Einheit und Gleichheit aller die Freiheit garantieren soll. Es bedarf dazu keiner Gewaltenteilung und keiner institutionell gesicherten Freiheitsrechte; sie wären sogar schädlich, da sie den Gemeinwillen durch individuelle und gruppenspezifische Interessen verunreinigen würden.

Immanuel Kant (1724–1804):
Wie ist angesichts der „ungeselligen Geselligkeit" des Menschen „das größte Problem für die Menschengattung" zu lösen: die „Erreichung einer allgemeinen, das Recht verwaltenden *bürgerlichen Gesellschaft*"? (in: Idee zu einer allgemeinen Geschichte in weltbürgerlicher Absicht)
Bürgerliche Gesellschaft wäre ein Zustand, in dem der Mensch zu Freiheit, Gleichheit und wirtschaftlicher Selbstständigkeit gelangt. Er ist nur in Annäherung zu erreichen, denn „aus so krummen Holze, als woraus der Mensch gemacht ist, kann nichts ganz gerade gezimmert werden".

Karl Marx (1818–1883):
Wie kann die Entfremdung des Menschen, seine Ausbeutung und Versklavung in der industriellen Gesellschaft aufgehoben werden?
„Die positive Aufhebung des Privateigentums, als die Aneignung des menschlichen Lebens, ist daher die positive *Aufhebung aller Entfremdung*, also die Rückkehr des Menschen aus Religion, Familie, Staat etc. in sein menschliches, d.h. gesellschaftliches Dasein." (Ökonomisch-philosophische Manuskripte III)

Fazit und Leitmotiv:
Philosophische Kritik der Zustände als Verpflichtung zum Umdenken, als Ansatz der Reform: Das ist der Ursprung aller wissenschaftlichen Politik seit der sokratisch-platonischen Frage nach der Polis; denn die Aufgabe des Philosophen ist es, in der Reflexion auf das Gute Ziele des politischen Handelns als richtig zu begründen oder als unrichtig zu verwerfen, und hierin stimmt er mit der wahren, das heißt auf das menschenwürdige Leben bezogenen Politik überein!

(Hans Maier, in: Klassiker des politischen Denkens, Bd. 1, 4. Aufl. 1972, S. XI)

Dem können auch wir uns nicht entziehen; daher hat ein Zugriff auf die Frage nach der politischen Ordnung, der sich zunächst – zumindest exemplarisch – mit Klassikern des politischen Denkens beschäftigt, den Vorzug, dass er uns

- hilft, Kategorien zu erfassen, zu verstehen und anzuwenden, die für politische Ordnung wesentlich und unverzichtbar sind;
- die Wechselwirkung zwischen geschichtlicher Situation und menschlichem Denken bewusst macht;
- anregt, früher gegebene Antworten daraufhin zu prüfen, inwieweit sie noch wichtig sind für das Finden unserer eigenen Antwort;
- ermöglicht, die ideengeschichtliche „Verortung" unserer heutigen Fragestellung vorzunehmen und so deren Zeitbezogenheit zu erkennen.

Auf diese Weise gewinnen wir Abstand von unserem eigenen Vorverständnis (Aspekt: **Ideologiekritik**) und machen uns bewusst, wie unsere Fragestellung und damit Grundzüge unseres Selbstverständnisses in geschichtlichen Erfahrungen verwurzelt sind (Aspekt: **Identitätsstiftung**).
Einen ersten Überblick über das neuzeitlich-abendländische Denken über Politik und politische Ordnung vermittelt der folgende Auszug aus dem dtv-Atlas zur Philosophie:

M 2|

Als geistige histor. Epoche bezeichnet man v.a. das 17. und 18. Jh. als **Aufklärung**. Eine klassische **Definition** von Aufklärung gibt I. Kant (1783):

„Aufklärung ist der Ausgang des Menschen aus seiner selbst verschuldeten Unmündigkeit. Unmündigkeit ist das Unvermögen, sich seines Verstandes ohne Leitung eines anderen zu bedienen."

Aufklärung ist also bestimmt durch den Gebrauch der *Vernunft* und die eigenständige Leistung des denkenden *Individuums*. Charakteristisch für die Aufklärung ist somit ferner eine Distanz zu Tradition und Autorität, die Hochschätzung der Freiheit und die positive Bewertung der Fähigkeit zu einer vernünftigen Lösung aller Fragen.
Diese Neubegründung wird in zwei Richtungen versucht:
1) Der **Rationalismus** (v.a. in Frankreich und Deutschland): Seine Hauptvertreter behaupten die Möglichkeit, aus reinen Prinzipien des *Denkens* den Aufbau der Wirklichkeit zu erkennen. Die log. Ordnung der Welt ermöglicht es, sie deduktiv zu erfassen. Vorbild ist die Methode der Mathematik, aus wenigen, sicheren Axiomen zu schließen.
Die Wirklichkeit besteht aus zwei (Descartes), einer (Spinoza) oder vielen (Leibnitz) Substanzen und ist von Gott vollkommen eingerichtet.

2) Der **Empirismus** (v.a. in Großbritannien, später auch in Frankreich z.T. als Materialismus): Von Fr. Bacon über Hobbes, Locke, Berkeley bis Hume sieht er die Grundlage der Erkenntnis in der (Sinnes-)*Erfahrung*. Wirklich sind nur einzelne Gegenstände und Phänomene. Der richtige Vernunftgebrauch kann diese ordnen und induktive Schlüsse aus ihnen ziehen.

Die Wirksamkeit dieses Ansatzes liegt v.a. in der Entstehung der Naturwissenschaft, aber auch in der Betonung des Einzelnen in der Rechts- und Staatsphilosophie.

Viele Philosophen der Aufklärung weisen bed. Leistungen auch auf anderen Gebieten auf, als Mathematiker, Physiker, Politiker oder Diplomaten.

Die Skepsis gegen Überlieferung und Autorität führt zu einer kritischen Haltung gegen die **Religion**:

Die Prüfung durch die Vernunft versucht, den „Aberglauben" aus ihr auszuscheiden und durch eine rationalere Frömmigkeit zu ersetzen. Besonderes Anliegen der Aufklärer ist die *Toleranz* unter Religionsgemeinschaften. Eine typische Erscheinung ist der *Deismus*:

Gott hat die Welt perfekt erschaffen, greift aber danach nicht mehr in sie ein.

Der Einsatz der Mathematik und die Methode der Beobachtung führen zum Durchbruch in der **Naturwissenschaft**. Bedeutendstes Beispiel ist Newton:

Seine Mechanik (1687) ist umfassende quantitative Naturerklärung, die streng kausal und ohne unnötige Hypothesen funktioniert.

In die Zeit fällt eine Fülle von wissenschaftlichen Entdeckungen. Der Fortschritt in der Bewältigung der Natur begründet in der Aufklärung z.T. einen *Fortschrittsglauben*.

Gesellschaftlich ist das Zeitalter bestimmt durch den Aufstieg des *Bürgertums*, begünstigt durch wirtschaftl. Entwicklungen. Dieser Prozess wird begleitet vom *Liberalismus*: Als Wirtschaftstheorie fordert er freies Gewerbe und Handel.

Seine Devise:

„Laissez faire, laissez passer." (Lasst machen, lasst gehen.)

Dazu kommt die philosoph. Fundierung der Rechte des Einzelnen gegenüber dem Staat und dem Mitbürger.

In England entstehen wichtige Rechtstexte, die diese Freiheiten garantieren: z.B. ‚Habeas-Corpus-Akte' (1679) und ‚Declaration of Rights' (1689).

Wichtige Ergebnisse in der Rechtsphilosophie sind neue Formulierungen von *Naturrecht und Menschenrechten*, z.B. ‚Virginia Bill of Rights' (USA 1776):

„Alle Menschen sind von Natur aus frei ... und besitzen ... angeborene Rechte, nämlich das Recht auf Leben und Freiheit, dazu die Möglichkeit, Eigentum zu erwerben und zu behalten sowie Glück und Sicherheit anzustreben und zu erreichen."

Für die Organisation des **Staates** hat das Denken der Aufklärung tiefgreifende Folgen. Die Philosophie formuliert wichtige Prinzipien:

- Vertragstheorie: Die Herrschaft ist als Vertrag zwischen Volk und Regierung anzusehen.
- Volkssouveränität: Die Staatsgewalt liegt beim Volk.
- Gewaltenteilung: Um Machtmissbrauch auszuschließen, soll die Gewalt in versch. (sich gegenseitig) kontrollierende Organe aufgeteilt sein. Der klass. Ausdruck dieser Forderung findet sich bei Locke und Montesquieu.
- die Forderung nach demokrat. Beteiligung aller an der Macht.

Die Durchsetzung gelingt auf versch. Wegen. In England setzt sich die *konstitutionelle Monarchie* durch (Königreich bei demokrat. Rechten, die durch verfassungsartige Texte garantiert sind). Auf dem Kontinent ergibt sich der *„aufgeklärte Absolutismus"* nach dem Prinzip:

„Nichts durch das Volk, alles für das Volk."

In Frankreich versucht die *Revolution* von 1789 die Verwirklichung der neuen Ideen über den Staat und die Rechte seiner Bürger.

(dtv-Atlas Philosophie, a.a.O., S. 102 f.)

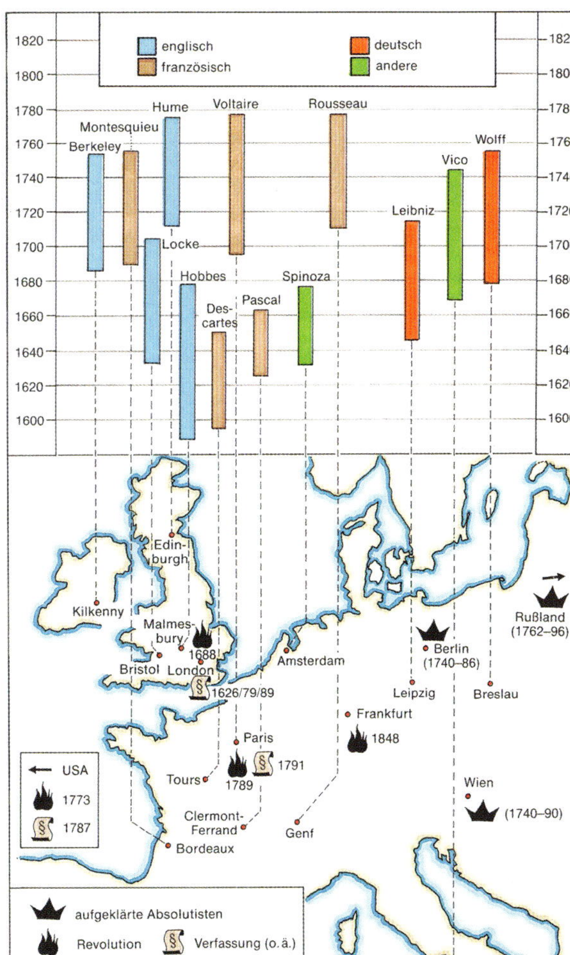

(P. Kunzmann/F.-P. Burkard/F. Wiedmann, dtv-Atlas Philosophie; grafische Gestaltung der Abbildungen: Axel Weiß; © für die Abbildungen: 1991 Deutscher Taschenbuch Verlag, München)

➤ Hobbes – Rousseau – Locke

Die nachfolgende Beschäftigung mit drei Klassikern vermittelt zugleich verschiedene Vorgehensweisen einer Auseinandersetzung:

dargebotenes Material	Aufgabenstellung
❶ „Vertragstexte“ für zwei Theoretiker	spontanes Entscheiden und Begründen
Hobbes ❷ Stichwortartige Zusammenfassung nach leitenden Aspekten	❸ am Textauszug Hobbes belegen ❹ Titelbild des Buches von Hobbes interpretieren
Rousseau ❺ Beschreibung der Theorie durch einen Politikwissenschaftler	Anlegen einer Zusammenfassung entsprechend 2
Locke ❸ Textauszug Locke Ergebnisse der eigenen Beschäftigung	❻ Textanalyse anhand von Leitfragen ❼ einen „Vertrag“ wie 1 formulieren

M 3 | Entwürfe für einen Gesellschaftsvertrag

Gesellschaftsvertrag A

§ 1: Ich unterstelle mich, unter der Bedingungen, dass alle anderen es auch tun, unter die oberste Leitung des allgemeinen Willens.
§ 2: Jedes Mitglied ist untrennbarer Teil des Ganzen.
§ 3: Jeder bleibt in der neuen Gesellschaftsform so frei wie zuvor und gehorcht nur sich selbst.

Datum Unterschrift

Gesellschaftsvertrag B

§ 1: Ich unterstelle mich aus freiem Willen, unter der Bedingung, dass alle anderen es auch tun, einem Herrscher.
§ 2: Der Herrscher verfügt über eine unbegrenzte Amtsgewalt.
§ 3: Der Herrscher hat die Aufgabe, für den inneren und äußeren Frieden zu sorgen.

Datum Unterschrift

Aufgaben

1. Würden Sie einen der beiden Gesellschaftsverträge unterschreiben?
2. Klären Sie im Gespräch Chancen und Risiken jedes Vertrages.

M 4a | Hobbes

Thomas Hobbes (1588–1679), berühmter englischer Staatstheoretiker, Gegner der puritanischen Revolution und der Republik Cromwells, zur Zeit von dessen Herrschaft in der Emigration in Frankreich, Befürworter der Stuart-Restauration von 1660.
Sein Hauptwerk, der „Leviathan“, 1651 geschrieben, vergleicht im Titel den Staat mit dem Menschen verschlingenden Ungeheuer aus dem Alten Testament; er will damit zum Ausdruck bringen, dass die Menschen sich zu einer unkündbaren und umfassenden Einheit zusammenschließen müssen, wenn sie aus dem Naturzustand herauskommen und zum Frieden finden wollen. Zeitgeschichtlicher Hintergrund sind die schrecklichen englischen Religionskriege.

Zeit	Denkweise	Menschenbild	Politische Ordnung
1628 Petition of rights **1629–1640** Suspendierung des Parlaments **1642–1660** Puritanische Revolution **1650–1658** Diktatur Oliver Cromwells **1660** Restauration der Stuart-Herrschaft **1660–1685** Karl II. Stuart	Naturwissenschaftlich-mechanistisches Denken	Die Menschen sind von Natur aus weder friedlich (homo homini lupus) noch vernünftig: Kampf eines jeden gegen jeden anderen (bellum omnium contra omnes).	• Ordnung durch Zwang • Herrschaftsvertrag als Unterwerfungsvertrag • absolute Herrschaft • Leviathan • Gehorsamspflicht, solange der Leviathan seine Schutzfunktion (äußere und innere Sicherheit) erfüllt

M 4b | Hobbes' Bedeutung

Zusammenfassend lässt sich über Hobbes' Bedeutung, der von vielen als der größte politische Theoretiker der englischsprachigen Welt bezeichnet wird, Folgendes sagen:

1. Der geschichtliche Ausgangspunkt von Hobbes ist der Versuch, eine Einigung seines von Religionskriegen zerrissenen Staates, England, zu erreichen. Dieses Ziel vor Augen, ist Hobbes zum Begründer des aufgeklärten Absolutismus geworden. Denn in dem autoritärsten Staat kennt das Individuum seine größte Vervollkommnung.
2. Um dies zu erreichen, setzt er den Staat, den er als einen künstlichen Gott begreift, als ein Wesen, das ebenso unerschütterlich wie inhaltslos vorhanden ist, als einen allumfassenden Regulator des sozialen Lebens ein.
3. Dieser Staat, der über den Gesetzen steht, ist zwiegesichtig: Er versucht, den Schutz des Individuums zu gewährleisten, indem er dessen persönliche Freiheit negiert.
4. Dennoch ist der Gedankengang von Hobbes im Grunde individualistisch. Denn sein absoluter Staatsbegriff wird gerechtfertigt durch das Glück, das Wohlergehen des Einzelnen. Dieser individualistische Grund kann daher später auch gegen den absoluten Staat gewendet werden.
5. Der absolute Staat als Garant von Frieden und Sicherheit ist die Folge eines pessimistischen Menschenbildes. Der Urtrieb des Menschen ist der Totschlag oder, wie Hobbes es im Leviathan ausdrückt: „Der reine Naturzustand, das heißt der Zustand der absoluten Freiheit, in dem es weder Oberherrschaft noch Untertanen gibt, ist eine Anarchie oder ein Zustand des Krieges." Von dieser Anschauung werden später konservative Staatsvorstellungen abgeleitet, die auf einen starken Staat abzielen.
6. Die Methode von Hobbes ist rein rationalistisch; er sieht den Menschen als einen Mechanismus an, der beherrschbar ist, wenn sein Funktionieren erkannt wird. Hobbes betrachtet das Erscheinen seines Werkes im Jahre 1642 als das Gründungsdatum der modernen Politikwissenschaft.

(Paul Noack, Was ist Politik?, München (Droemer Knaur) 1973, S. 41)

(Ausschnitt, vollständiges Titelblatt s. S. 364)

M 4c | Das Titelbild des Leviathan

[...] Der ersten englischen Ausgabe wurde ein Titelblatt gegeben, das in der Kürze des allegorischen Bildes zu fassen suchte, was Hobbes unter Herrscher, Staat und Königtum verstand. Für den Entwurf dieses Titelblattes hatte Hobbes einen überragenden Stecher gewinnen können. Wenzeslaus Hollar aus Prag [...].

Hollar hatte Schwieriges zu meistern und fand zu einer Lösung, die lakonischer nicht sein könnte: Als Gestirn steigt der Leviathan hinter den Hügeln auf, mit Schwert und Bischofsstab regiert er das Land. Allein, es ist nicht das alttestamentarische Ungeheuer, dessen Schrecklichkeit der zürnende Gott seinem stolzen Knecht Hiob beschrieb; Hobbes' Leviathan trägt ein menschliches Antlitz mit auffällig individuellen Zügen – oft wollte man darin die Gesichtszüge von Karl I., von Cromwell, ja von Hobbes selbst erkennen. Der Leib dieses Herrschers wird von winzigen Menschenkörpern geformt: Es sind die Stände, seine Untertanen. Man sieht sie vom Rücken; sie bleiben ohne Gesicht, doch nicht ohne Gestalt. In feinster Präzision gibt der Stecher sie als einzelne Figuren wieder. Als Menge, nicht als Masse blicken sie zum Herrscher auf. Dieser, so Hobbes, sei die Seele, welche den ganzen Körper belebe und in Bewegung setze.

(Hans Jakob Meier, in: FAZ v. 14.5.1997)

M 4d | Hobbes: Der Leviathan

Der große Leviathan (so nennen wir den Staat) ist ein Kunstwerk oder ein künstlicher Mensch – obgleich an Umfang und Kraft weit größer als der natürliche Mensch, welcher dadurch geschützt und glücklich gemacht werden soll. Bei dem Leviathan ist derjenige, welcher die höchste Gewalt besitzt, gleichsam die Seele, welche den ganzen Körper belebt und in Bewegung setzt: Die Obrigkeiten und Beamten stellen die künstlichen Glieder vor; die von der höchsten Gewalt abhängenden Belohnungen und Bestrafungen, wodurch jeder Einzelne zur Erfüllung seiner Obliegenheiten angehalten wird, vertreten die Stelle der Nerven; das Vermögen einzelner Personen ist hier die Kraft, so wie das Glück des Volkes das allgemeine Geschäft; die Staatsmänner, von welchen die nötigen Kenntnisse erwartet werden, sind das Gedächtnis; Billigkeit und Recht eine künstliche Vernunft; Einigkeit ist gesunder, Aufruhr hingegen kranker Zustand und Bürgerkrieg der Tod. Die Verträge endlich, welche die Teile dieses Staatskörpers verbinden, sind jenem bei Erschaffung der Welt von Gott gebrauchtem Machtworte gleich: Es werde oder lasst uns Menschen machen [...].

Die Absicht und Ursache, warum die Menschen bei allem

ihrem natürlichen Hange zur Freiheit und Herrschaft sich dennoch entschließen konnten, sich gewissen Anforderungen, welche die bürgerliche Gesellschaft erfordert, zu unterwerfen, lag in dem Verlangen, sich selbst zu erhalten und ein bequemeres Leben zu führen; oder mit anderen Worten, aus dem elenden Zustande eines Krieges aller gegen alle gerettet zu werden. Dieser Zustand ist aber notwendig wegen der menschlichen Leidenschaften mit der natürlichen Freiheit so lange verbunden, als keine Gewalt da ist, welche die Leidenschaften durch Furcht vor Strafe gehörig einschränken kann und auf Einhaltung der natürlichen Gesetze und der Verträge dringt. Alles was die natürlichen Gesetze fordern, wie z. B. Gerechtigkeit, Billigkeit und kurz, andern das zu tun, was wir wünschen, dass es uns von andern geschehe, ist, wenn die Furcht vor einer Zwangsmacht wegfällt, den natürlichen Leidenschaften, dem Zorne, Stolze und den Begierden aller Art gänzlich zuwider.

Gesetze und Verträge können an und für sich den Zustand des Krieges aller gegen alle nicht aufheben; denn sie bestehen in Worten, und bloße Worte können keine Furcht erregen; daher fördern sie die Sicherheit der Menschen allein und ohne Hilfe der Waffen gar nicht. Hat man sich vor keiner allgemeinen Macht zu fürchten, so können Gesetze, welche alsdann jemand nur deshalb beobachtet, weil er sieht, dass sie von andern beobachtet werden, ebenso wenig verpflichten als hindern, dass ein jeder es für erlaubt halte, so viel als möglich durch Stärke und Klugheit für seine Sicherheit zu sorgen [...].

Um aber eine allgemeine Macht zu gründen, unter deren Schutz gegen auswärtige und innere Feinde die Menschen bei dem ruhigen Genusse der Früchte ihres Fleißes und der Erde ihren Unterhalt finden können, ist der einzig mögliche Weg hierzu der: dass jedweder alle seine Macht oder Kraft einem oder mehreren Menschen übertrage, wodurch der Willen aller gleichsam in einen Punkt vereinigt wird; sodass dieser eine Mensch oder diese eine Gesellschaft eines jeden Einzelnen Stellvertreter werde und ein jeder die Handlungen jener so betrachte, als habe er sie selbst getan, weil sie sich dem Willen und Urteile jener freiwillig unterworfen haben. Dies fasst aber noch etwas mehr in sich als Übereinstimmung und Eintracht, denn es ist eine wahre Vereinigung in eine Person und beruht auf dem Vertrage eines jeden mit einem jeden, wie wenn ein jeder zu einem jeden sagte: „Ich übergebe mein Recht, mich selbst zu beherrschen, diesem Menschen oder dieser Gesellschaft unter der Bedingung, dass du ebenfalls dein Recht über dich ihm oder ihr abtretest." Auf diese Weise werden alle Einzelnen eine Person und heißen Staat oder Gemeinwesen. So entsteht der große Leviathan oder, wenn man lieber will, der sterbliche Gott, dem wir unter dem ewigen Gotte allein Frieden und Schutz zu verdanken haben. Dieses von allen und jedem übertragene Recht bringt eine so große Macht und Gewalt hervor, dass durch sie die Gemüter aller zum Frieden unter sich gern geneigt gemacht und zur Verbündung gegen auswärtige Feinde leicht bewogen werden. Dies macht das Wesen eines Staates aus, dessen Definition folgende ist:

Staat ist eine Person, deren Handlungen eine große Menge Menschen, kraft der gegenseitigen Verträge eines jeden mit einem jeden, als ihre eigenen ansehen, damit dieselben nach ihrem Gutdünken die Macht aller zum Frieden und zur gemeinschaftlichen Verteidigung anwenden [...].

(Leviathan, Introd. II; zit. nach: Möbus, Politische Theorien II, S. 296/298)

M 5 | Rousseau

Sein Grundmotiv drängt sich schon in den ersten Sätzen des *Gesellschaftsvertrages* in den Vordergrund: „Der Mensch ist frei geboren und trotzdem überall in Ketten. Er glaubt, Herr über die anderen zu sein, und niemand ist in Wahrheit mehr Sklave. Wie ist diese Veränderung vor sich gegangen? Das weiß ich nicht. Was kann sie rechtfertigen? Diese Frage glaube ich lösen zu können." Wonach er fragt, ist: Wie ist es zu rechtfertigen, dass der Mensch sich in der Gesellschaft selbst bindet? Und was er will, ist, die Basis einer neuen Politik zu schaffen. Um an diese Basis heranzukommen, bedient er sich eines altbekannten Mittels, des Gesellschaftsvertrages. Doch dieser Vertrag ist bei ihm weder ein Vertrag zwischen Individuen, die sich gegenseitig schützen wollen, noch ein Kontrakt zwischen Individuum und Souverän. Mit diesem Vertrag, so wie ihn Rousseau sieht, verbindet sich jeder mit jedem.

Damit löst Rousseau das große Problem, das die liberalen Theoretiker bisher weder zu lösen vermochten noch lösen wollten: wie nämlich Gleichheit und Freiheit miteinander zu verbinden seien. Denn: Wenn jeder Bürger frei in seinen Lebensäußerungen ist, stellt sich automatisch Ungleichheit in seinen Lebensumständen ein. Will man aber, dass alle gleich sein sollen, muss die Freiheit des Einzelnen beschnitten werden. Es ist dies eine Frage, an der die politische Theorie bis heute herumlaboriert. [...]

Indem sich bei Rousseau jeder an jeden ausliefert, liefert er sich keinem Einzelnen aus. So ist jeder an jeden gebunden, ohne jemandem als Person untertan zu sein. Das theoretisch Geniale an dieser Konstruktion ist, dass damit die Freiheit des Einzelnen gerettet ist, aber ebenso der Gehorsam, den er dem Ganzen schuldet. Dieser Gehorsam wird nun dem *allgemeinen Willen* (volonté générale) des Volkes zugetragen. [...]

Es ist also von diesem neuen Souverän, dem *allgemeinen Willen* des Volkes, zu sagen: Seine Macht ist 1. nicht übertragbar, 2. unteilbar, 3. unfehlbar, 4. absolut.

In der Absolutheit des *allgemeinen Willens* liegt die Fragwürdigkeit der Konstruktion. Wenn Hobbes – mit anderer Ableitung – die Begründung des absoluten Staates gegeben hatte, so wird nun die höchste Instanz einfach ausgewechselt, der Anspruch des Absoluten bleibt. Denn an die

Stelle der Souveränität des Monarchen tritt die des Volkes (Volkssouveränität). Und dieser Staat ist noch allmächtiger, noch totaler als bei Hobbes, niemand kann sich ihm entziehen. [...]
Denn bei ihm werden die Freiheitsrechte des Individuums einfach fallen gelassen; der Bürger geht mit seinem Willen ganz in den allgemeinen Willen ein, und wer sich gegen den allgemeinen Willen stellt, stellt sich damit absolut gegen den Staat, den er im Namen des Volkes repräsentiert. Rousseau selbst ist sich freilich der Widersprüchlichkeit zwischen Wirklichkeit und Konstruktion bewusst geworden. Er ist sich darüber im Klaren, dass zwischen Idee und Wirklichkeit eine tiefe Kluft liegt, dass er menschliche Harmonie annimmt, wo doch der Widerstreit der Interessen herrscht. Also greift er zu Hilfskonstruktionen, die einen neuen Menschen schaffen sollen. Erst wenn der geschaffen ist, stimmt auch die Theorie. Auch darin ist Rousseau ein Vorläufer moderner Ideologie, deren Verwirklichung nicht von einem Menschen ausgeht, wie er – positiv oder negativ – geworden ist, sondern vom Menschen eines neuen Typs. Um ihn zu schaffen, greift er, wie schon Platon, zu den Mitteln der Erziehungsdiktatur.

(Paul Noack, Was ist Politik?, München (Droemer Knaur) 1973, S. 52–54, Auszug)

Aufgaben

1. Belegen Sie an Bild (M 4c) und Text (M 4b) die Kennzeichnung der politischen Theorie von Hobbes in M 4a.
2. Analysieren Sie das Titelblatt (S. 364 bzw. 371) genauer, insbesondere auch die linke und rechte Seite der unteren Hälfte.
3. Fassen Sie Rousseaus Theorie (M 5) – nach vorstehendem Beispiel bei Hobbes (M 4b) – zusammen.

Zwischenbilanz

Thomas Hobbes (1588–1679) und *Jean-Jacques Rousseau (1712–1778)* stehen mit am Beginn neuzeitlicher abendländischer Denktradition und haben heutiges politisches Denken wesentlich mitgeprägt. Ihnen ist gemeinsam die Suche nach rationaler anstelle von traditionaler Begründung politischer Herrschaft, die Vorstellung, dass politische Ordnung nur dann legitim sein könne, wenn sie in irgendeiner Weise auf der Zustimmung der Menschen beruht. Dennoch haben sie in ihren Vertragstheorien sehr unterschiedliche politische Ordnungen entworfen und begründet, weil ihre Zeit, ihr Menschenbild und ihre Denkweisen verschieden waren.
So eindeutig die Ordnungskonzepte von Hobbes und Rousseau zunächst scheinen, so verschieden werden sie heute interpretiert:
Hobbes gilt den einen als Theoretiker des Absolutismus und als Anwalt totalitärer Herrschaft, in der alle Lebensbereiche dem Willen und den Interessen des absoluten Herrschers unterworfen sind; andere (etwa Guggenberger) sehen in seiner politischen Theorie „das Grundmuster aller neuzeitlich-revolutionären Infragestellung von Herrschaft", weil die Legitimität des Leviathan rein funktional begründet ist und jedes Versagen des Staates hinsichtlich der Schutzfunktion den Einzelnen von seiner Gehorsamspflicht entbindet.
Rousseau gilt den einen mit Blick auf die Prinzipien Volkssouveränität und Selbstbestimmung als Mitbegründer heutiger Demokratievorstellung, den anderen wegen der Verknüpfung dieser Prinzipien mit einem apriorischen Gemeinwohl als Wegbereiter totalitärer Diktatur.

Aufgaben

1. Erarbeiten Sie anhand des Textes M 6 (S. 374) Lockes Antwort auf die Grundfrage „Wie ist politische Ordnung möglich?", indem Sie
   a) Naturzustand und Menschenbild im Sinne Lockes kennzeichnen;
   b) die Prinzipien für politische Ordnung, die er daraus folgert, nennen und im Sinne des Autors begründen;
   c) das Konzept Lockes in einem Schaubild veranschaulichen.
2. Vergleichen Sie das Konzept Lockes mit dem von Hobbes hinsichtlich
   – Naturzustand,
   – Menschenbild,
   – Prinzipien für politische Ordnung.
3. Formulieren Sie für Locke den Gesellschaftsvertrag (s. S. 370).

M 6 | Locke

Es ist ein Zustand vollkommener Freiheit, innerhalb der Grenzen des Naturgesetzes seine Handlungen zu lenken und über seinen Besitz und seine Person zu verfügen, wie es einem am besten scheint – ohne jemandes Erlaubnis einzuholen und ohne von dem Willen eines anderen abhängig zu sein. Es ist überdies ein Zustand der Gleichheit, in dem alle Macht und Rechtsprechung wechselseitig sind, da niemand mehr besitzt als ein anderer: Ist doch nichts offensichtlicher, als dass Lebewesen von gleicher Art und gleichem Rang, die unterschiedslos zum Genuss derselben Vorteile der Natur und zum Gebrauch der gleichen Fähigkeit geboren sind, auch gleich gestellt leben sollen, ohne Unterordnung oder Unterwerfung. [...]

Ist dies zwar ein Zustand der Freiheit, so ist es doch nicht ein Zustand der Zügellosigkeit. Obwohl der Mensch in diesem Zustand die unkontrollierbare Freiheit besitzt, über seine Person und seinen Besitz zu verfügen, hat er doch nicht die Freiheit, sich selbst oder irgendein in seinem Besitz befindliches Lebewesen zu zerstören, es sei denn, ein edlerer Zweck als die bloße Erhaltung erfordere es. Im Naturzustand herrscht ein natürliches Gesetz, das für alle verbindlich ist. Die Vernunft aber, welcher dieses Gesetz entspringt, lehrt alle Menschen, wenn sie sie nur um Rat fragen wollen, dass niemand einem anderen, da alle gleich und unabhängig sind, an seinem Leben, seiner Gesundheit, seiner Freiheit oder seinem Besitz Schaden zufügen soll. [...]

Wenn der Mensch im Naturzustand [...] der absolute Herr seiner eigenen Person und seiner Besitztümer ist, dem Größten gleich und niemandem untertan, warum sollte er auf seine Freiheit verzichten? Warum sollte er seine Selbstständigkeit aufgeben und sich der Herrschaft und dem Zwang einer anderen Gewalt unterwerfen? Die Antwort liegt auf der Hand: Obwohl er nämlich im Naturzustand ein solches Recht hat, so ist doch die Freude an diesem Recht eher ungewiss, da er fortwährend den Übergriffen anderer ausgesetzt ist. Denn da jeder in gleichem Maße König ist wie er, da alle Menschen gleich sind und der größere Teil von ihnen nicht genau die Gerechtigkeit und die Billigkeit beachtet, so ist die Freude an seinem Eigentum, das er in diesem Zustand besitzt, sehr ungewiss und sehr unsicher. Das lässt ihn bereitwillig einen Zustand aufgeben, der bei aller Freiheit voll von Furcht und ständiger Gefahr ist. Und nicht grundlos trachtet er danach und ist dazu bereit, sich mit anderen zu einer Gesellschaft [...] zu vereinigen zum gegenseitigen Schutz ihres Lebens, ihrer Freiheiten und ihres Vermögens, was ich unter der allgemeinen Bezeichnung Eigentum zusammenfasse.

So ist der Anfang und die tatsächliche Begründung einer politischen Gesellschaft nichts anderes als die Übereinkunft einer der Mehrheitsbildung fähigen Zahl freier Menschen, sich zu vereinigen und sich einer solchen Gesellschaft einzugliedern. Dies und einzig dies gab oder vermochte den Anfang zu geben für jede rechtmäßige Regierung der Welt.

Bei der Schwäche der menschlichen Natur, die stets bereit ist, nach der Macht zu greifen, würde es [...] eine sehr große Versuchung sein, wenn dieselben Personen, die die Macht haben, Gesetze zu geben, auch noch die Macht in die Hand bekämen, diese Gesetze zu vollstrecken. Dadurch könnten sie sich selbst von dem Gehorsam gegen die Gesetze, die sie geben, ausschließen und das Gesetz in seiner Gestaltung wie in seiner Vollstreckung ihrem eigenen persönlichen Urteil anpassen. Schließlich würde es dazu kommen, dass sie von den übrigen Mitgliedern der Gemeinschaft gesonderte Interessen verfolgen würden, die dem Zweck der Gesellschaft und Regierung zuwiderlaufen.

Deshalb wird in wohlgeordneten Staaten, in denen das Wohl des Ganzen gebührend berücksichtigt wird, die Legislative in die Hände mehrerer Personen gelegt, die nach einer ordnungsgemäßen Versammlung selbst oder mit anderen gemeinsam die Macht haben, Gesetze zu geben, die sich aber, sobald dies geschehen ist, wieder trennen und selbst jenen Gesetzen unterworfen sind, die sie geschaffen haben. Dies ist eine neue und starke Verpflichtung für sie, darauf bedacht zu sein, dass sie ihre Gesetze zum öffentlichen Wohl erlassen.

Da aber die Gesetze, die auf einmal und in kurzer Zeit geschaffen werden, eine immerwährende und dauernde Kraft haben und beständig vollstreckt oder befolgt werden sollen, ist es notwendig, dass eine ständige Gewalt vorhanden ist, die auf die Vollziehung der erlassenen und in Kraft bleibenden Gesetze achten soll.

Die Legislative (ist) nur eine Gewalt, die treuhänderisch zu bestimmten Zwecken handelt. Es verbleibt dem Volk, [...] die Legislative abzuberufen oder zu ändern, wenn es der Ansicht ist, dass die Legislative dem in sie gesetzten Vertrauen zuwiderhandelt. Denn da alle Gewalt, die im Vertrauen auf einen bestimmten Zweck übertragen wird, durch diesen Zweck begrenzt ist, so muss, wenn dieser Zweck vernachlässigt oder ihm zuwidergehandelt wird, dieses Vertrauen notwendigerweise verwirkt sein und die Gewalt in die Hände derjenigen zurückfallen, die sie erteilt haben und die sie nun von Neuem vergeben können, wie sie es für ihre Sicherheit und ihren Schutz am besten halten.

(John Locke, The Second Treatise of Government (Auszüge); zit. nach: Politik und Unterricht, Sonderheft 1984 der Landeszentrale Baden-Württemberg, S. 21 ff.)

➤ Demokratie und freiheitlicher Verfassungsstaat

Erfahrungen aus der Geschichte und die von den Klassikern politischen Denkens geprägten Prinzipien und Gestaltungselemente sind als „**regulative Ideen**" in die *Grundfrage politischer Ordnung* eingegangen:

→ *Wie ist politische Ordnung in Freiheit möglich?*

Die nachfolgend genannten Ideen bestimmen als Aspekte und Antwortelemente bereits unsere Frage mit:

- die Idee der wertgebundenen Ordnung (Platon, Aristoteles);
- die Idee der Menschenwürde (Stoa, christliches Naturrecht, Kant);
- die Idee der Rechtsstaatlichkeit und der Menschenrechte (Locke);
- die Idee der Volkssouveränität und der politischen Beteiligung aller Bürger (Bodin, Hobbes, Rousseau);
- die Idee der Herrschaftskontrolle durch Gewaltenteilung (Locke, Montesquieu, The Federalist);
- die Idee der Sozialstaatlichkeit und der sozialen Grundrechte (Lassalle, katholische Soziallehre, protestantische Sozialethik).

In diesem Verständnis lautet die grundlegende Antwort auf die oben zitierte Frage: **Demokratie** und **freiheitlicher Verfassungsstaat**.

M 7|

Zum Begriff und zur ideengeschichtlichen Einordnung unseres Demokratieverständnisses:

Das griechische Wort „Demokratie" heißt auf deutsch: „Volksherrschaft". Dieses Wort kann verschiedene Bedeutungen haben, je nachdem, was man unter „Volk" bzw. unter „Herrschaft" versteht. „Volk" kann insbesondere heißen: 1. die nichtadelige Bevölkerung im Gegensatz zum Adel, 2. Volk als Klasse im Gegensatz zu Adel und Bürgertum, 3. die Gesamtheit der Bevölkerung bzw. der Vollbürger eines Staates. Unter „Herrschaft" kann man verstehen, dass das Volk (in einer der drei eben festgestellten Bedeutungen) entweder die letztlich ausschlaggebende Instanz ist, also über die Grundsätze und Grundlinien der Politik entscheidet, oder dass es selbst die politischen Tagesgeschäfte führt. Herrschaft im Sinne des Besitzes der letztlich ausschlaggebenden Macht nannte die europäische Staatsphilosophie „ius maiestatis"; Herrschaft im Sinne der Wahrnehmung der politischen Tagesaufgaben nannte sie „ius regni". Man kann diese beiden Begriffe mit „Souveränitätsrecht" bzw. „Regierungsrecht" übersetzen. Da also das Wort „Demokratie" mehrere Bedeutungen hat, [...] lässt sich nur unter Berufung auf den Wortsinn nicht behaupten, dass die freiheitlich-rechtsstaatliche Demokratie die eigentliche sei und sie allein diesen Namen verdiene. Vielmehr kann man alle politischen Formen, welche einer der möglichen Kombinationen der drei Begriffe von Volk mit den zwei Begriffen von Herrschaft entsprechen, legitimerweise als Demokratie bezeichnen. Das bedeutet, dass es nicht unsachgemäß ist, z. B. auch die „Diktatur des Proletariats" im Sinne einer unmittelbaren Herrschaft des Volkes als Klasse „Demokratie" zu nennen. Daraus wiederum ergibt sich, dass der freiheitliche Verfassungsstaat nicht aus dem Begriff der Demokratie abzuleiten ist, sondern in anderen Momenten begründet sein muss. Demokratie [...] ist zwar eine unentbehrliche Voraussetzung der politischen Freiheit, diese ist jedoch nicht eine notwendige Folge von Demokratie. [...] Freiheitlichkeit und Verfassungsbindung politischer Macht [...] beruhen vielmehr auf einer Vorentscheidung für Freiheit und Recht, die, wenn sie politisch erfüllt werden soll, bestimmte Ordnungselemente erfordert und andere ausschließt. Am Anfang stehen die Tatsachen, dass jedem einzelnen Menschen ein ursprüngliches Verlangen nach Freiheit, Recht und Frieden innewohnt, und dass sich diese Werte unmittelbar und objektiv aus dem Prinzip der Menschenwürde herleiten. Auf welche Weise und bis zu welchem Grade sie sich dann unter den tatsächlichen Gegebenheiten menschlichen Zusammenlebens verwirklichen lassen, das ist die Grundfrage der Politik überhaupt. Es geht um das Problem: „Wie kann Herrschaft, die um des Friedens willen notwendig ist, so eingerichtet und ausgeübt werden, dass sie nicht nur die Freiheit und die Rechte des Einzelnen möglichst wenig beeinträchtigt, sondern aus dieser Freiheit hervorgeht und auf diesen Rechten fußt?"

Das Bemühen, dieses Problem zu lösen, macht den zentralen Inhalt der europäischen politischen Theorie von der Antike bis zur Neuzeit aus und führte zur Entwicklung des freiheitlichen Verfassungsstaates, in dem alle Bürger die gleichen politischen Rechte besitzen. Das Element dieses republikanischen Staates ist das Prinzip der Volkssouveränität, nach welchem die Kompetenz für die Stiftung der politischen Ordnung sowie die politische Willensbildung bei der Bevölkerung als Gesamtheit liegen. Dieser Grundsatz der Volkssouveränität ergibt sich notwendigerweise aus der Allgemeinheit des menschlichen Anspruchs auf Freiheit und Recht. Auch die Volkssouveränität gehört mithin nicht zu jeder Spielart von Demokratie, sondern nur zu derjenigen, in der Volk als „gesamte Bevölkerung" verstanden wird. [...] Der freiheitliche Verfassungsstaat erfüllt daher sein Konzept in dem Maße, in dem er demokratisiert wird. So erklärt es sich, dass er in dem historischen Augenblick, in dem mit ihm Ernst gemacht wurde, nämlich im Zeitalter der Französischen Revolution, den Namen Demokratie erhielt, nachdem er [... zuvor] vorzugsweise Republik genannt worden war.

(Hans Buchheim, Der demokratische Verfassungsstaat und das Problem der Demokratisierung der Gesellschaft, hrsg. von der Landeszentrale für politische Bildung Rheinland-Pfalz, Mainz 1975, S. 1–3)

M 8 | Wichtige Bezugspunkte unseres politischen Selbstverständnisses

„Regulative Ideen" (Ergebnis und Ausgangspunkt)
- Menschenrechte und Grundrechte
- Rechtsstaatlichkeit und Verfassungsstaat
- Volkssouveränität und Partizipation
- Herrschaftskontrolle durch Gewaltenteilung
- liberales Repräsentativsystem
- Sozialstaatlichkeit und soziale Grundrechte

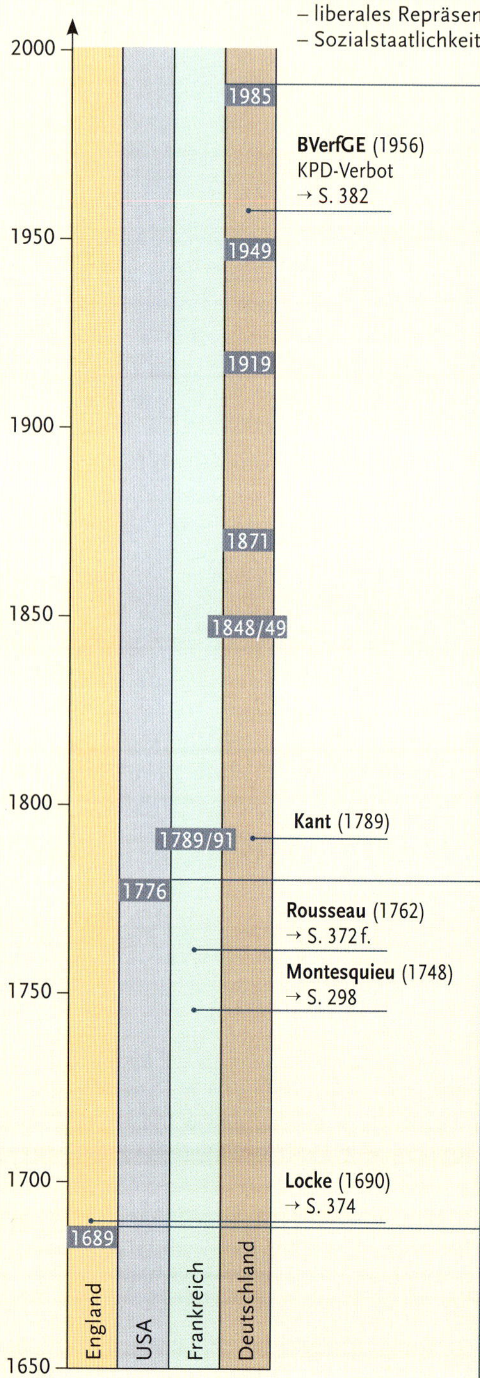

BVerfGE (Brokdorf-Urteil): „Kräfteparallelogramm"

„An diesem Prozess sind die Bürger in unterschiedlichem Maße beteiligt. Große Verbände, finanzstarke Geldgeber oder Massenmedien können beträchtliche Einflüsse ausüben, während sich der Staatsbürger eher als ohnmächtig erlebt. In einer Gesellschaft, in welcher der direkte Zugang zu den Medien und die Chance, sich zu äußern, auf wenige beschränkt ist, verbleibt dem Einzelnen neben seiner organisierten Mitwirkung in Parteien und Verbänden im Allgemeinen nur eine kollektive Einflussnahme durch Inanspruchnahme der Versammlungsfreiheit für Demonstrationen. Die ungehinderte Ausübung des Freiheitsrechts wirkt nicht nur dem Bewusstsein politischer Ohnmacht und gefährlichen Tendenzen zur Staatsverdrossenheit entgegen. Sie liegt letztlich auch deshalb im wohlverstandenen Gemeinwohlinteresse, weil sich im Kräfteparallelogramm der politischen Willensbildung im Allgemeinen erst dann eine relativ richtige Resultante herausbilden kann, wenn alle Vektoren einigermaßen entwickelt sind."

Amerikanische Unabhängigkeitserklärung

„Wir halten folgende Wahrheiten für unbedingt einleuchtend: Alle Menschen sind gleich geschaffen. Sie sind vom Schöpfer mit bestimmten unveräußerlichen Rechten begabt. Dazu gehören das Recht auf Leben, Freiheit und das Streben nach Glück. Um diese Rechte zu sichern, sind unter den Menschen Regierungen eingesetzt, diese wieder leiten ihre Machtvollkommenheit her von der Zustimmung der Regierten. Wann immer eine Regierungsform diese Zwecke gefährdet, ist es das Recht des Volkes, sie zu ändern oder abzuschaffen und eine neue Regierung einzusetzen."

John Locke: „Vertragsherrschaft"

„Jeder Mensch ist gleich. Da aber der größte Teil kein getreuer Beobachter der Gerechtigkeit und des Rechts ist, ist die Freude an dem Eigentum, das er in diesem Land besitzt, überaus unsicher. Das macht ihn willens, diese Situation aufzugeben, die, wie frei auch immer, voll Furcht und beständiger Gefahren ist.
Es ist daher nicht grundlos, wenn er einen Ausweg sucht und bereit ist, sich mit anderen zusammenzutun, um sich ihr Leben, ihre Freiheit und ihre materiellen Güter [...] gegenseitig zu bewahren [...]. Im Naturzustand [d. h. in der Vereinzelung] fehlen ihnen viele Möglichkeiten dazu. Das erste und grundlegende Gesetz aller Staaten ist die Einrichtung der legislativen Gewalt. Die legislative Gewalt ist nicht nur die höchste Gewalt des Staates, sie ist auch heilig und unabänderlich in den Händen, in welche die Gemeinschaft sie einmal gelegt hat. [...] so verbleibt dennoch dem Volk die höchste Gewalt, die Legislative zu entfernen oder zu ändern, wenn es findet, dass die Legislative dem in sie gesetzten Vertrauen zuwiderhandelt. [...] und die Gewalt fällt an das Volk zurück, das ein Recht hat, seine ursprüngliche Freiheit wieder an sich zu nehmen und durch Einrichtung einer neuen Legislative für seine eigene Wohlfahrt und Sicherheit zu sorgen."

2.2 Von der politischen Theorie zur Verfassung

➤ Ausgestaltung des Grundgesetzes: Antworten auf Fragen der Politiktradition

Die Orientierung an Elementen der oben beschriebenen abendländischen Politiktradition für die Verfassungswirklichkeit der Bundesrepublik wurde vor der Ausformulierung des Grundgesetzes debattiert. Ehe der Parlamentarische Rat vom 1.9.1948 bis zum 8.5.1949 das Grundgesetz erarbeitete, tagte vom 10.–23.8.1948 im Schloss Herrenchiemsee ein „Verfassungskonvent", in dem die „regulativen Ideen" (s. o.) und ihre Umsetzung in den Verfassungstext erörtert wurden.
Eine herausragende Rolle spielte bei diesen 13-tägigen Beratungen der Völkerrechtler und spätere Bundestagsvizepräsident Professor Dr. Carlo Schmid, der in einem Fernsehinterview des ZDF („Zeugen des Jahrhunderts") über **Fragen und Maßstäbe** reflektierte, denen sich die Verfassungsgeber stellten:

- Wie entsteht der neue Staat?
  Durch die Länder **oder** als „Gesamtakt" des Volkes?
  ➜ Idee der Volkssouveränität und der politischen Beteiligung der Bürger.
- Wie wird das Verhältnis von Bund und Ländern geregelt?
  Starke Bundeskompetenzen **oder** der Bund als „Kostgänger" der Länder?
  ➜ Vertikale Gewaltenteilung.
- Welchen Stellenwert bekommen die Grundrechte?
  Programmcharakter **oder** *„einklagbare* Rechte" – einschließlich der sozialen Grundrechte?
  ➜ Idee der wertgebundenen Ordnung.
  ➜ Idee der Sozialstaatlichkeit und der sozialen Grundrechte.
- Wie wird das Verhältnis des Individuums zum Staat definiert (Diskussion um Todesstrafe, Kriegsdienstverweigerung, Berufsfreiheit)?
  Liegt das „Primäre" bei der Menschenwürde und den Freiheitsrechten **oder** bei der Aktivität des Staates/beim Regieren?
  ➜ Idee der Rechtsstaatlichkeit und der Menschenrechte.
- Welche Kompetenzen erhält das Verfassungsgericht?
  Sind Exekutive und Legislative in ihren Funktionen weitgehend unabhängig **oder** verankert man eine umfassende Organ- und Normenkontrolle durch ein Verfassungsgericht?
- Wie wird die Stellung des Staatspräsidenten/des Kanzlers – auch aus den Erfahrungen mit „Weimar" – definiert?
  „Ersatzkaiser" **oder** parlamentarische Kontrolle der Exekutive?
  ➜ Idee der Herrschaftskontrolle durch Gewaltenteilung.

Aufgabe

Untersuchen Sie, für welche Alternativen sich die Mitglieder des Parlamentarischen Rates im Grundgesetz jeweils entschieden.

➤ Carlo Schmid – eine Mindmap

Der Text „Carlo Schmid – zur Person" (M 9), der anlässlich des 100. Geburtstages von Carlo Schmid von dem Hochschullehrer und früheren SPD-Politiker Peter Glotz verfasst wurde, lässt sich in einer **Mindmap** zusammenfassen.

M 9 | Carlo Schmid – zur Person

Jetzt verklingen die Lobgesänge anlässlich des 100. Geburtstags wieder. Carlo Schmid, der erste und letzte Humanist, der in die engste Führung der deutschen Sozialdemokratie vorgestoßen war, wird wieder vom Vertiko geräumt. Ein großer Durchsetzer war er nicht, aber ein faszinierendes Beispiel für den Machtwillen der Nachkriegs-SPD.
Carlo Schmid, Sohn einer französischen Mutter und eines württembergischen Vaters, ein melancholischer Bildungsbürger mit anfallsartig auftretendem Handlungstrieb, hat ganze Generationen von Lehrern, Ingenieuren, Abteilungsleitern und Abitur-Ehefrauen für die SPD gewonnen. [...] Man muss sich die Bandbreite vorstellen: der abgefallene Leninist Wehner, der Westemigrant Willy Brandt, der Weltkriegsoffizier Helmut Schmidt, aufgestiegene Handwerker wie Wilhelm Kaisen – und eben hochfliegend Ju-

gendbewegte wie Schmid oder Waldemar von Knoeringen. Die Freiräume sind längst geschrumpft. Schmid war ein Adept Stefan Georges, ein genauer Kenner Dantes, Machiavellis, Hölderlins, ein guter Bekannter Ernst Jüngers, Bewunderer Heideggers, ein Geistesaristokrat, der mühelos die Wendung von den „edlen Jünglingen" über die Lippen brachte, und das in der noch halbproletarischen SPD der späten Vierziger- und frühen Fünfzigerjahre.
Die (autoritär geführte) Arbeiterpartei akzeptierte den Paradiesvogel. Die (demokratisch korrekte) Angestelltenkultur nach der Revolte von 1968 stieß ihn ab.
Schon der kometenhafte Aufstieg des Tübinger Völkerrechtsdozenten und späteren Kriegsverwaltungsrats in Lille in der SPD war ein erstaunlicher Vorgang.
[...]
Er amtierte schon vor seiner Wahl zum Landesvorsitzenden der SPD Württemberg-Hohenzollerns als solcher; und auf dem Parteitag, auf dem er für den (Bundes-)Vorstand kandidierte, 1947 in Nürnberg, wurde er mit 335 von 344 Stimmen als Drittbester gewählt.
Dabei kam er weder aus dem KZ noch aus der Emigration. Schmid war zwar ein unbezweifelbarer Gegner der Nazis gewesen, hatte mit den Verschwörern vom 20. Juli 1944 Kontakte gehabt und bewahrte manchen, der in die Fänge der NS-Justiz geraten war, geschickt vor dem Schlimmsten. Aber wie jeder, der in diesem System überleben wollte, hatte er sich arrangieren müssen. Über „Stallgeruch" verfügte der griechische und lateinische Zitate verströmende Bonvivant auch nicht. Er hatte Dante-Abende veranstaltet, keine Ortsvereinssitzungen. Dass ihm der Eintritt in eine Partei schwerfiel, verbarg er nicht. Gelegentlich sprach er von der „Drecklinie der politischen Parteien".
Trotzdem verkündete der Mann, der Schmid das Parteibuch überreichte, der ehemalige Reichstagsabgeordnete Fritz Ulrich, während dieser Zeremonie stolz: „Der so viel umworbene, geistreiche und hochbegabte Carlo Schmid ist einer der Unsrigen, ist Mitstreiter für den demokratischen und humanitären Sozialismus geworden." Damals, vor einem halben Jahrhundert, stieß das sozialdemokratische Biotop das Fremde nicht ab. Gut, an die Spitze der Partei kam der Außenseiter auch damals nicht. Seine größte Wirkung entfaltete er in den allerersten Jahren seiner Mitgliedschaft in der SPD als Fraktionsführer und Vorsitzender des Hauptausschusses im Parlamentarischen Rat. Da war der brillante Jurist und hochgebildete Kenner der politischen Theorie in seinem Element. Mit seinem Kampf um den „fragmentarischen", um den „provisorischen" Charakter des Grundgesetzes hat er die deutsche Politik bis ins Jahr der Wiedervereinigung, 1990, beeinflusst.

Carlo Schmid 1896 – 1979

Leben und Zeit

Bismarckreich	*1896	frz. Mutter, württembg. Vater
1. Weltkrieg	1914–1918	
Weimarer Republik	1919	Völkerrechtsdozent in Tübingen
3. Reich 2. Weltkrieg Militärregierung	1933 1939– 1945	Kriegsverwaltungsrat Lille/Nazigegner
Bundesrepublik	1949	
___		___
___		___
___		___
Deutschland	† 1979	

Charakter/Persönlichkeit

- „Humanist" in der SPD-Führung
- kein „Durchsetzer"
- „melancholischer Bildungsbürger"
- „Paradiesvogel"
- ___
- ___

Milieus

- als Geistesaristokrat in der „halbproletarischen SPD"; ohne „Stallgeruch"
- ___
- ___

Vorbilder/Lehrer

- „Adept" Stefan Georges
- Kenner von Dante, Macchiavelli, Hölderlin
- Bekannter von
- ___

„Geistesaristokratie"

Weggefährten

- Herbert Wehner (der „abgefallene Leninist")
- Willy Brandt (...)
- ___
- ___

Politische Ziele/Leistungen

- Kampf um provisorischen Charakter des GG
- „wirkungsmächtiger" Verfassungsvater
- „Hintertür" (Alternative) zu ...
- ___

Nachkriegszeit: große Bandbreite im „sozialdemokratischen Biotop"

Schmid war einer der wirkungsmächtigsten Väter jener Verfassung, die noch im Geschichtsbruch der Vereinigung so heilig erschien, dass die Enkel sie nicht zu verändern wagten. [...]
Der frankophone Europäer mit dem Drang zu einer großen Koalition musste sich zuerst dem lodernden Rigorismus des national gestimmten Kurt Schumacher, später der eisernen Strategie Herbert Wehners unterordnen.
Sein Einlenken gegenüber dem Vorsitzenden Schumacher war nicht Feigheit, sondern geradezu unausweichliche Taktik. Schumachers durch fast zwölf Jahre KZ-Haft untermauerter Machtanspruch war in jenen Jahren unwiderstehlich. Schmid hätte jeden Einfluss verloren, wenn er sich nachdrücklicher widersetzt hätte. In Hunderten Gesprächen, ob mit den Besatzungsmächten, dem Kanzler Adenauer und seinen Beratern oder den eigenen Genossen, konnte er seiner Partei eine Hintertür offenhalten und den neuen Kurs, den Brandt dann Anfang der Sechzigerjahre einschlug, vorbereiten.
Schmid hat sich den Einfluss verschafft, den einer von seiner Statur in der Sozialdemokratie jener Jahre erobern konnte. Viel mehr war nicht drin. So geriet er auf die berühmte Planstelle des Vorzeige-Intellektuellen.
[...]
Die „Mischlingsnatur aus Geist und Sinnlichkeit“ (Petra Weber) geriet langsam aus der Mode. [...] Das endete schließlich auf dem Parteitag in Hannover 1973, mit der viel beschriebenen tragikomischen Szene seiner Abwahl aus dem Parteivorstand: „Ich heiße Carlo Schmid“, sagte der alte Herr mit der Löwenmähne bei seiner Vorstellung, „bin 77 Jahre alt, also nicht mehr jusofähig, im Übrigen eine Zeitlang im Bundestag und auch sonst in der Partei tätig gewesen.“ Das Understatement half nicht. Schmid wurde abgewählt.
[...]
Schmid starb 1979, hochgeehrt, mit 83 und ohne Illusionen. Der Lebensgefährtin der letzten Jahre diktierte er die Abschiedsworte: „Er genoss die Freuden und ertrug das Ungemach.“

(Peter Glotz, Glanzvoller Außenseiter; in: Der Spiegel 52/1996, S. 42 f.)

Aufgaben

1. Vervollständigen Sie nach Lektüre des Textes von Peter Glotz (M 9) das Mindmap-Schema.
2. Vorschlag für ein Referat: Erstellen Sie in gleicher Weise eine Mindmap für weitere Personen der Zeitgeschichte.

2.3 Grundinformation: Politische Ordnung des Grundgesetzes

➤ Verfassungsprinzipien und „demokratischer Dekalog“

Aus den Bestimmungen des Grundgesetzes in Art. 1, 20, 28 (1) und 79 (3) lassen sich folgende Merkmale des Selbstverständnisses unserer politischen Ordnung entnehmen:

- Die **Würde des Menschen** und die sich daraus herleitenden Menschenrechte haben als Grundlage jeder menschlichen Gemeinschaft vorstaatlichen Charakter; sie haben als anthropologische Annahmen und Aussagen vorpolitischen Charakter und binden als Werte zugleich alle Politik (**wertgebundene politische Ordnung**).
- Als **Grundprinzipien** für die Ausgestaltung der politischen Ordnung gelten:
  - die **republikanische Staatsform**
  - das **Demokratieprinzip**
  - das **Rechtsstaatsprinzip**
  - das **Sozialstaatsprinzip**
  - das **Bundesstaatsprinzip**.
- Diese Merkmale der politischen Ordnung sind die zentralen Elemente unseres politischen Selbstverständnisses, sind Gestaltungsprinzipien des politischen Zusammenlebens und sind als Prinzipien der Veränderung durch Politik entzogen: **Grundnormen des Grundgesetzes als Minimalkonsens**; sie dürfen auch durch verfassungsändernde Gesetze nicht berührt werden (Art. 79 [3] GG).
- Als **Verfassungsprinzipien** kennzeichnen sie die politische Ordnung der Bundesrepublik Deutschland als **demokratischen und sozialen Bundesstaat**.

Diese konstitutiven Elemente unseres politischen Selbstverständnisses sind **inhaltlich** näher bestimmt und in einem **Minimalkatalog** festgelegt durch ein Urteil des Bundesverfassungsgerichts (s. S. 380).

Freiheitlich-demokratische Grundordnung

„So lässt sich die freiheitliche demokratische Grundordnung als eine Ordnung bestimmen, die unter Ausschluss jeglicher Gewalt- und Willkürherrschaft eine rechtsstaatliche Herrschaftsordnung auf der Grundlage der Selbstbestimmung des Volkes nach dem Willen der jeweiligen Mehrheit und der Freiheit und Gleichheit darstellt.
Zu den grundlegenden Prinzipien dieser Ordnung sind mindestens zu rechnen:

- die Achtung vor den im Grundgesetz konkretisierten Menschenrechten, vor allem vor dem Recht der Persönlichkeit auf Leben und freie Entfaltung,
- die Volkssouveränität,
- die Gewaltenteilung,
- die Verantwortlichkeit der Regierung,
- die Gesetzmäßigkeit der Verwaltung,
- die Unabhängigkeit der Gerichte,
- das Mehrparteienprinzip und
- die Chancengleichheit für alle politischen Parteien mit dem Recht auf verfassungsmäßige Bildung und Ausübung einer Opposition.“

(BVerGE 2,12 f.)

Menschenwürde ...

Artikel 1 GG:
„Die Würde des Menschen ist unantastbar. Sie zu achten und zu schützen ist Verpflichtung aller staatlichen Gewalt.“

Art. 1 GG macht die Menschenwürde zur **„Staatsfundamentalnorm“** (Grundgesetz-Kommentar von Maunz-Dürig-Herzog) unserer verfassungsmäßigen Ordnung. Die Formulierung von Art. 1 GG macht deutlich, dass Menschenwürde vorstaatliches Recht ist. Da sie nicht vom Staat verliehen ist, kann sie auch nicht entzogen werden. Sie entspricht dem Eigenwert des Menschen und ist ihm auch ohne Bezug zu Staat, Gesellschaft oder Politik eigen.
Die Verfassungsgerichtsbarkeit hat diese Auffassung unterstrichen:

„Der Mensch als Person ist Träger höchster geistig-sittlicher Werte und verkörpert einen sittlichen Eigenwert, der unverlierbar und auch jedem Anspruch der Gemeinschaft, insbesondere allen rechtlichen und politischen Zugriffen des Staates und der Gesellschaft gegenüber eigenständig und unantastbar ist. Würde der menschlichen Persönlichkeit ist dieser innere und zugleich soziale Wert- und Achtungsanspruch, der dem Menschen um dessentwillen zukommt.“

(Bay. VerfGH; zit. nach: EvStL, Stichwort Menschenwürde“, Sp. 1554)

Menschenwürde wird nicht staatsrechtlich begründet, sondern anthropologisch:

- Stoa: Naturrecht
- Thomas von Aquin: christliches Naturrecht
- Immanuel Kant: sittliche Autonomie des Menschen.

... und Grundrechte

Wir verstehen die Grundrechte in erster Linie als verbriefte und geschützte Rechte des Einzelnen gegenüber anderen und gegenüber staatlicher Gewalt. Das folgende Zitat eröffnet einen zweiten Aspekt:

„Das Menschenbild des Grundgesetzes ist nicht das eines isolierten souveränen Individuums; das Grundgesetz hat vielmehr die Spannung Individuum – Gemeinschaft im Sinne der Gemeinschaftsbezogenheit und Gemeinschaftsgebundenheit der Person entschieden, ohne dabei dessen Eigenwert anzutasten.“

(BVerfGE, 4,7,15 f.)

Insofern ermöglichen Grundrechte die Selbstverwirklichung aller erst dann, wenn diese Rechte nicht nur als subjektive Abwehrrechte, sondern zugleich auch als Elemente der Gestaltung der objektiven Ordnung verstanden werden.
Der *Doppelcharakter der Grundrechte* kann an Art. 5 GG verdeutlicht werden. Das Grundrecht der freien Meinungsäußerung ermöglicht einerseits dem Individuum die Teilnahme am politischen Willensbildungsprozess. Es sichert Mitwirkungsmöglichkeiten und zugleich den Einzelnen gegenüber staatlichen Machtansprüchen. Im Hinblick auf das Zusammenleben in der Gemeinschaft gibt Art. 5 GG andererseits Auskunft über einen wesentlichen Grundzug dieser Gesellschaft, indem eine (positive) Aussage über den politischen Willensbildungsprozess und die (negative) Abgrenzung staatlicher Kompetenz in diesem Bereich fixiert wurden.

Aufgabe

Analysieren Sie den Grundrechtskatalog in Art. 2–19 GG und ordnen Sie die Grundrechte den Kategorien zu: Freiheitsrechte, Unverletzlichkeitsrechte, soziale Rechte, Menschenrechte, Bürgerrechte.

Rechtsstaatlichkeit

Das Grundgesetz nennt unseren Staat fast nur beiläufig „Rechtsstaat" (Art. 28,1), normiert jedoch insgesamt die Elemente der Rechtsstaatlichkeit sehr streng. Es gibt also keine in der Verfassung auffindbare Kurzformel für Rechtsstaat. Es handelt sich vielmehr um einen geschichtlich gewordenen Begriff, der aufgrund bestimmter Erfahrungen mit immer weiteren Elementen angereichert wurde.

Elemente des Rechtsstaates

In der Fachliteratur werden meist folgende Elemente des Rechtsstaates genannt:

- **Gewaltentrennung**: Die staatliche Gewalt wird durch besondere, d. h. voneinander getrennte Organe der Gesetzgebung, der vollziehenden Gewalt und der Rechtsprechung ausgeübt.
- **Bindung aller staatlichen Organe an die Verfassung**: Die gesetzgebende Gewalt ist an die verfassungsmäßige Ordnung gebunden, d. h. die Rechtmäßigkeit eines Gesetzes hängt nicht nur von seinem – formalen – Zustandekommen ab, sondern auch von seiner inhaltlichen Vereinbarkeit mit dem Grundgesetz; die vollziehende Gewalt und die Rechtsprechung sind an Gesetz und Recht gebunden.
- **Gesetzmäßigkeit der Verwaltung**: Alle Eingriffe der vollziehenden Gewalt in Rechte des Bürgers müssen in einem Gesetz begründet sein (Vorbehalt des Gesetzes); die Voraussetzungen von Eingriffen müssen im Gesetz klar und erkennbar umschrieben sein, die Mittel des Eingriffs müssen geeignet sein und dürfen den Einzelnen nicht übermäßig belasten; staatliche Machtäußerung wird so für den Einzelnen vorhersehbar und berechenbar.
- **Richterliche Kontrolle**: Gegen alle Akte der staatlichen Gewalt steht jedermann der Rechtsweg offen („Rechtswegestaat"); die Richter sind unabhängig und weisungsungebunden; es gelten „prozessuale Grundrechte" (Art. 101–104 GG).
- **Garantie von Grundrechten**: Der Grundrechtskatalog in den Artikeln 1 bis 19 GG ist die Basis unseres Rechtsstaatsverständnisses.
- Anerkennung eines **Widerstandsrechts**: Das Widerstandsrecht besteht gegenüber jedem, der es unternimmt, die verfassungsmäßige Ordnung zu stürzen (Art. 20 (4) GG).
- **Grenzen der Verfassungsänderung**: Der Artikel 79 (3) GG schließt aus, dass durch Grundgesetzänderungen die fundamentalen Prinzipien der Art. 1 und 20 GG berührt werden.

Pluralistische Demokratie

Schließlich ergibt sich als Merkmal unseres Demokratieverständnisses, dass unsere politische Ordnung sich als **pluralistische Demokratie** versteht.

Pluralismus als Prinzip unseres politischen Selbstverständnisses ist dadurch gekennzeichnet, dass er

„[...] kein einheitliches, für alle verbindliches Weltbild oder gesellschaftliches Entwicklungsziel vorschreibt, sondern die Vielfalt der Auffassungen und Interessen als legitim betrachtet;

- Gemeinwohl nicht als eine feststehende, rational ermittelbare Größe begreift, sondern als eine regulative Idee, die zwar im Verhalten der politisch Handelnden den Zusammenhalt sicherstellen soll, aber mit unterschiedlichen Inhalten zu füllen ist, die Gegenstand des Ringens der pluralen Kräfte sind;
- die Gesellschaft durch ein ständiges Spannungsfeld von legitimen Konflikten und einem notwendigen Konsens gekennzeichnet sieht, der sich im Idealfall auf einige Mindestinhalte des Zusammenlebens und auf die wichtigsten verfassungs- und verfahrensmäßigen Grundsätze erstreckt;
- folglich nicht vom Ideal eines einheitlichen Volkswillens ausgeht, sondern die politische Konkurrenz um Machtanteile als ein notwendiges und erwünschtes Charakteristikum von Demokratie betrachtet."

(Klaus Dieter Böger/Hans Kremendahl, Informationen zur politischen Bildung, Heft 192, S. 21)

Die pluralistische Grundlage der Demokratie in der Bundesrepublik Deutschland hat das Bundesverfassungsgericht im KPD-Verbotsurteil von 1956 so zusammengefasst:

„Diese freiheitliche demokratische Ordnung nimmt die bestehenden, historisch gewordenen staatlichen und gesellschaftlichen Verhältnisse und die Denk- und Verhaltensweisen der Menschen zunächst als gegeben hin. Sie sanktioniert sie weder schlechthin, noch lehnt sie sie grundsätzlich und im Ganzen ab; sie geht vielmehr davon aus, dass sie verbesserungsfähig und -bedürftig sind. Damit ist eine nie endende, sich immer wieder in neuen Formen und unter neuen Aspekten stellende Aufgabe gegeben; sie muss in Anpassung an die sich wandelnden Tatbestände und Fragen des sozialen und politischen Lebens durch stets erneute Willensentschließungen gelöst werden.

Die freiheitliche Demokratie lehnt die Auffassung ab, dass die geschichtliche Entwicklung durch ein wissenschaftlich erkanntes Endziel determiniert sei und dass folglich auch die einzelnen Gemeinschaftsentscheidungen als Schritte zur Verwirklichung eines solchen Endzieles inhaltlich von diesem her bestimmt werden könnten. Vielmehr gestalten die Menschen selbst ihre Entwicklung durch Gemeinschaftsentscheidungen, die immer nur in größter Freiheit zu treffen sind. Das ermöglicht und erfordert aber, dass jedes Glied der Gemeinschaft freier Mitgestalter bei den Gemeinschaftsentscheidungen ist. Freiheit der Mitbestimmung ist nur möglich, wenn die Gemeinschaftsentscheidungen – praktisch Mehrheitsentscheidungen – inhaltlich jedem das größtmögliche Maß an Freiheit lassen, mindestens aber ihm stets zumutbar bleiben. Anstelle eines vermeintlich vollkommenen Ausgleichs in ferner Zukunft wird ein relativer ständiger Ausgleich schon in der Gegenwart erstrebt. Wenn als ein leitendes Prinzip aller staatlichen Maßnahmen der Fortschritt zu sozialer Gerechtigkeit aufgestellt wird, eine Forderung, die im Grundgesetz mit seiner starken Betonung des Sozialstaats noch einen besonderen Akzent erhalten hat, so ist auch das ein der konkreten Ausgestaltung in hohem Maße fähiges und bedürftiges Prinzip. Was jeweils praktisch zu geschehen hat, wird also in ständiger Auseinandersetzung aller an der Gestaltung des sozialen Lebens beteiligten Menschen und Gruppen ermittelt. Dieses Ringen spitzt sich zu einem Kampf um die politische Macht im Staat zu. Aber es erschöpft sich nicht darin. Im Ringen um die Macht spielt sich gleichzeitig ein Prozess der Klärung und Wandlung dieser Vorstellungen ab. Die schließlich erreichten Entscheidungen werden gewiss stets mehr den Wünschen und Interessen der einen oder anderen Gruppe oder sozialen Schicht entsprechen; die Tendenz der Ordnung und die in ihr angelegte Möglichkeit der freien Auseinandersetzung zwischen allen realen und geistigen Kräften wirkt aber – wie noch dargelegt werden wird – in Richtung auf Ausgleich und Schonung der Interessen aller. Das Gesamtwohl wird eben nicht von vornherein gleich gesetzt mit den Interessen oder Wünschen einer bestimmten Klasse; annähernd gleichmäßige Förderung des Wohles aller Bürger und annähernd gleichmäßige Verteilung der Lasten wird grundsätzlich erstrebt. Es besteht das Ideal der sozialen Demokratie in den Formen des Rechtsstaates."

(BVerfGE 5, 85, 197f.)

Aufgaben

1. Zeigen Sie, dass unterschiedliche Kennzeichnungen der politischen Ordnung der Bundesrepublik Deutschland verschiedene Aspekte unseres politischen Selbstverständnisses widerspiegeln: freiheitliche Demokratie, demokratischer Verfassungsstaat.
2. Stellen Sie die Elemente der „streitbaren" oder „abwehrbereiten Demokratie" zusammen: Art. 9 (2), 18, 21 (2) und 33 Grundgesetz.
3. Verschaffen Sie sich einen Überblick über die politische Ideengeschichte mithilfe von Geschichtsbüchern und von Nachschlagewerken.
4. Stellen Sie die Verbindung zu den „regulativen Ideen" her (M 8, S. 376).

Erkundung im Buch

Suchen Sie mithilfe des Inhaltsverzeichnisses und des Registers geeignete Materialien, um einige der nachfolgenden Thesen (M 10) zu überprüfen:

M 10

Sozialwissenschaftliche Untersuchungen haben folgende **Defizite** festgestellt:

- Schwache Interessen spielen im pluralistischen Meinungsspektrum kaum eine Rolle, lassen sich nur ungenügend organisieren und haben kaum Durchsetzungsmöglichkeiten (Beispiel: Kinder, psychisch Kranke).
- Langfristige Interessen ziehen im pluralistischen Konkurrenzkampf – soweit sie überhaupt bekannt sind – regelmäßig den Kürzeren (Beispiel: Umwelt- und Energieerhaltungsinteressen gegenüber Arbeitsplatzinteresse).
- Neue Interessen haben es sehr schwer, in die relevante Gruppe zu berücksichtigender Interessen aufgenommen zu werden (Beispiel: das neu erwachte Interesse für Fußgänger oder Stadterhaltung).
- Allgemeine, übergreifende Interessen, die „eigentlich" jeder hat, lassen sich gegenüber spezielleren Interessen nur sehr schwer vertreten (Beispiel: Verbraucherinteressen oder das Interesse an Volksgesundheit).

Die empirische Bestandsaufnahme kommt also zu dem Schluss, dass in pluralistisch strukturierten Gesellschaften

- längst nicht alle Interessen vertreten werden,
- weil nicht alle organisierbar sind;
- die organisierbaren Interessen nicht alle konfliktfähig sind
- und schließlich die konfliktfähigen nicht alle chancengleich und gleich mächtig sind.

So ist ganz offensichtlich ein kurzfristiges, spezielles und etabliertes Interesse (z. B. Lohnforderungen von Müllwerkern und Fluglotsen) leichter zu organisieren, konfliktfähiger und damit stärker als ein langfristiges, noch nicht etabliertes und allgemeines Interesse (wie z. B. Erhaltung der natürlichen Umwelt), falls es überhaupt vertreten wird. Diese Unterschiede führen dazu, dass im Pluralismus ganz bestimmte Interessen eher und stärker berücksichtigt werden als andere.

Für die am pluralistischen Interessenkonflikt und -ausgleich beteiligten Gruppen ist das Maß ihrer Konfliktfähigkeit von entscheidender Bedeutung. Diese wiederum beruht auf zwei Faktoren, nämlich

- der Organisationsfähigkeit, die dann hoch ist, wenn sich die betreffende Gruppe leicht abgrenzen lässt und wenn sie zudem noch ein Spezialinteresse verfolgt, sowie dem
- Sanktions- und Drohpotenzial einer Gruppe. Dieses richtet sich danach, ob eine Interessengruppe bestimmte Sanktionen androhen kann, die dann auch von ihren Mitgliedern befolgt werden, falls es zum Konflikt kommt. So ist es offensichtlich, dass die angedrohte Leistungsverweigerung (z. B. bei Lohn- oder Investitionsstreik) einen größeren Droheffekt hat als die unwahrscheinliche und zum größten Teil sogar unmögliche Kaufweigerung aller Verbraucher. Auch ökonomisch begründete Macht, der Machtvorsprung des Kapitaleigners gegenüber dem Lohnabhängigen bei Auseinandersetzungen, wird hier als Problem gesehen.

Damit wird der Pluralismus auch zu einem Klassen- und Schichtenproblem, denn offensichtlich werden in einem solchen Modell die Interessen derjenigen, die die entscheidenden Posten besetzen und sich zu artikulieren verstehen, eher und stärker vertreten als die Interessen unterprivilegierter und wenig gebildeter Schichten. Empirische Untersuchungen zeigen, dass in pluralistischen Gesellschaftsordnungen bestimmte Interessen auf Kosten anderer bevorzugt berücksichtigt und auch befriedigt werden. In Wirklichkeit ist der Pluralismus also ein (bevorzugender) Minderheiten-, nämlich ein Mittel- und Oberschichtenpluralismus. Die große Mehrheit dagegen verfügt im pluralistischen Spiel nicht über die richtigen Karten. Schattschneider hat diese Kritik in einem bekannten Zitat zusammengefasst: „The flaw in the pluralist heaven is that the heavenly chorus sings with a strong uper-class accent. Probably about 90 per cent of the people cannot get into the pressure system."
Kritische Pluralismusanalysen heben auch hervor, dass Interessengruppen, wenn sie wirklich die Interessen ihrer Mitglieder vertreten wollen, selbst demokratisch strukturiert sein sollten. Wenn dies nicht der Fall ist, handelt es sich allenfalls um einen Interessenpluralismus von Eliten. Die Frage, ob diese Verbandseliten die Interessen der Mitglieder vertreten, ist dann höchst ungeklärt und zweifelhaft.

(Böhret/Jann/Junkers/Kronenwett, Innenpolitik und politische Theorie – Ein Studienbuch, Opladen 3. Aufl. 1988, S. 175–177)

2.4 Entwicklung der Demokratie in der Bundesrepublik: Phasen und Konstellationen

Der frühere Bundespräsident Richard von Weizsäcker veröffentlichte im Jahr 2001 ein Buch, in dem er die deutsche Nachkriegsgeschichte von ihren tiefen Zäsuren her beschreibt. Von Weizsäcker verdeutlicht, dass Deutschland seit dem Zweiten Weltkrieg eine eigene Demokratiegeschichte hat, die freilich im Laufe der Zeit eine unterschiedliche Ausprägung erfahren hat. Es lässt sich aufzeigen, dass zu verschiedenen Zeiten das politische System in der Lage war, auftauchende Aufgaben und Probleme zu lösen und zugleich andere nicht bewältigte.

Nicht gelöste Aufgaben und Mentalitätsumbrüche haben im Hinblick auf die Erwartungen an die Politik bestimmte Phasen und Konstellationen hervorgebracht.
Die folgenden Materialien zu sechs Phasen können Ausgangspunkt einer näheren Betrachtung sein.
Im Rahmen eines Projekts lässt sich ein umfassenderer Einblick in die politische Nachkriegsgeschichte erarbeiten: Die Tabelle zeigt auf, dass sich mit zusätzlichen Materialien und „Schlüsseltexten", die, wie die Slogans der politischen Parteien, teilweise in diesem Buch abgedruckt sind, sowie mit der Analyse von zeitgenössischen Spielfilmen oder mit einem Besuch im Bonner Haus der Geschichte der Bundesrepublik ein umfassender Einblick in die Zeitgeschichte erarbeiten lässt.

Slogan	Phase	Demokratieerfahrung Demokratievorstellung	Schlüsseltexte	Spielfilm als Zeitdokument
Keine Experimente (Wahlslogan der CDU, 1957)	1950er- und Anfang der 60er-Jahre	Wehrhafte Demokratie, Abwehrbereite Demokratie	• Carlo Schmid, in: Parlamentarischer Rat, Plenum, 2. Sitzung 1948 (s. S. 389) • SRP/KPD-Urteile des BVerfG	Wolfgang Staudte: Rosen für den Staatsanwalt (1959)
Alle reden vom Wetter. Wir nicht. („entliehener" Werbeslogan der Deutschen Bundesbahn, Plakat des Sozialistischen Deutschen Studentenbunds)	1960er-Jahre	„Unzufriedene Republik", Konzept einer Rätedemokratie	• J. Agnoli: Die Entlarvung des Systems, 1967 (M 16, S. 390 f.)	May Spils: Zur Sache Schätzchen (1968)
Mehr Demokratie wagen (Regierungserklärung von W. Brandt v. 28.10.1969)	1970er-Jahre	Demokratisierung der Gesellschaft, Emanzipatorische Demokratie	• Regierungserklärung Brandts, 1969 (M 18, S. 391 f.)	Volker Schlöndorf: Die verlorene Ehre der Katharina Blum (1977)
In der Zeit der Not ist der Mittelweg der Tod. (Graffito)	1980er-Jahre	Basisdemokratie, Grenzen der Mehrheitsdemokratie	• Grundsatzprogramm der Grünen, 1983 (M 19, S. 392 f.) • B. Guggenberger: An den Grenzen der Mehrheitsdemokratie, 1982 (M 21, S. 393 f.)	Margarethe von Trotta: Die bleierne Zeit (1981)
Stell dir vor, es ist Demokratie und keiner macht mit. (entfremdete Parole der Friedensbewegung der 1980er-Jahre: „Stell dir vor, es ist Krieg und keiner geht hin.")	1990er-Jahre	Zuschauerdemokratie, Demokratie als Zumutung	• H. M. Enzensberger: Erbarmen mit den Politikern, 1997 (M 9, S. 265) • F. Schorlemmer: Die Krise der Politik als Krise des Menschen, 1993 (M 25, S. 396 f.)	Peter Timm: Go, Trabi go (1990) Helmut Dietl: Rossini (1990) Wolfgang Becker: Good bye Lenin (2003) (dazu: Filmheft bei der BZ f. Polit. Bildung; www.bpb.de/publikationen)
Wir wollen nicht alles anders, aber vieles besser machen. (Gerhard Schröder nach der gewonnenen Bundestagswahl 1998)	vor und nach der Jahrhundertwende	Stimmungsdemokratie, Politik als Inszenierung, Infotainment	Politik – alles nur Theater? (M 17, S. 270 f.)	Florian Henckel von Donnersmarck: Das Leben der Anderen (2005) (dazu Filmheft bei der BZ f. Polit. Bildung; s. auch Methodenschulung S. 385 ff.)

Spielfilmanalyse

Beispiel: Der Spielfilm „Das Leben der Anderen"

(Deutschland 2005, Regie: Florian Henckel von Donnersmarck; 2007 prämiert mit dem Oscar für den besten ausländischen Film)

Die Stasi überwacht die Wohnung des Schriftstellers Georg Dreyman und seiner Lebensgefährtin Maria-Christa Sieland. Der Leiter des Überwachungsvorganges, Hauptmann Gerd Wiesler, erfüllt anfangs gewissenhaft seinen Auftrag, doch zunehmend berührt ihn das künsterlerische wie private Leben seiner Opfer. Als er erfährt, dass seinem Auftrag keine politischen, sondern private Zwecke zugrunde liegen, zweifelt er an seiner Mission und hält Erkenntnisse seiner Überwachungstätigkeit zurück. Die Geschichte nimmt einen dramatischen Verlauf, als Dreyman für einen „Spiegel"-Redakteur einen kritischen Artikel verfasst; die Veröffentlichung in Westdeutschland beunruhigt die Machthaber in der DDR. Die Identifikation von Dreyman als Verfasser des „Spiegel"-Artikels misslingt, weil Wiesler das Beweisstück, eine Schreibmaschine, entfernt hat. Zwei Jahre nach dem Fall der Mauer erfährt Dreyman von der Überwachungsaktion gegen ihn; er erfährt in den Unterlagen des BStU auch die Identität des Mannes, der ihn überwachte und zugleich schützte.

Filme im Unterricht: Spielfilm – Dokumentarfilm – „Doku-Drama"

Das Betrachten von Spielfilmen zu aktuellen oder zeitgeschichtlichen Themen kann zur intensiveren Auseinandersetzung mit Themen der politischen Bildung anregen. Die Tabelle auf S. 384 enthält Vorschläge, welche Spielfilme geeignet sind, das Bild der Bundesrepublik in verschiedenen Phasen der Demokratie-Entwicklung anschaulicher zu vermitteln. Freilich ist zu bedenken, dass Spielfilme nicht in erster Linie für Zwecke der politischen Bildung gedreht werden, sondern eigenen filmästhetischen und dramaturgischen Gesetzmäßigkeiten unterliegen: Regisseur von Donnersmarck betonte, dass er keinen politischen Film, sondern spannende Unterhaltung machen wollte. Gleichwohl bemühte er sich bei dem Film, der im Kontext zu politischen Ereignissen steht, um eine Balance zwischen Fiktion und Realität. Ein Spielfilm braucht eine überzeugende Handlung, soll spannend und/oder unterhaltsam sein und lebt von der Schauspielkunst der Akteure, dem Ideenreichtum der Inszenierung sowie von technischer Perfektion. Politische oder (zeit-)geschichtliche Dokumentationen dagegen sind ein anderes Genre und haben insbesondere, wenn sie auf authentisches Filmmaterial zurückgreifen können, Quellencharakter. Heinrich Breloer verdanken wir mit dem „Doku-Drama" eine neue und besondere Filmgattung, bei der er versucht, in Spielfilmszenen möglichst authentisch reale Ereignisse nachzuerzählen. Der Film „Todesspiel", der die Ereignisse und Entscheidungen um die Entführung und Ermordung des Arbeitgeberpräsidenten Hans Martin Schleyer im Herbst 1977 minutiös nachzeichnet, ist ein gelungenes Beispiel für dieses neue Genre und unterscheidet sich von einem traditionellen Spielfilm, wie etwa „Die bleierne Zeit" von Volker Schlöndorf, in dem weniger dokumentiert, sondern filmisch engagiert eine eigene Sicht der Filmautoren zum „Deutschen Herbst" 1977 geboten wird.

Wer also mit Spielfilmen im Politikunterricht arbeitet, muss sich bewusst sein, dass es sich dabei um ein Kunstwerk handelt, das eigenen Gesetzmäßigkeiten folgt. Im Unterricht braucht man daher ein eigenes methodisches Repertoire zur Spielfilmanalyse. Die Bundeszentrale für Politische Bildung (bpb) stellt seit einigen Jahren Filmhefte für ausgewählte Filme zur Verfügung. Vergriffene Hefte sind im Internet unter www.bpb.de abrufbar. Auch für den Film „Das Leben der Anderen" hat die bpb ein geeignetes Filmheft vorgestellt.

Bei der Analyse eines Filmes im Unterricht sind folgende Aspekte besonders zu beachten:

- Es empfiehlt sich, in einem methodenorientierten Unterricht die Spielfilmanalyse systematisch und reflektiert einzuüben. Ausgangspunkt ist die Kenntnis der wichtigsten Elemente der Filmsprache.
  Mithilfe des Filmheftes der bpb kann man sich einen Überblick über die unterschiedlichen Ausdrucksformen der Filmsprache verschaffen, sofern diese für das Verständnis und die Erhellung der Problemstellung des Films relevant sind. So kann man etwa nach der *Lichtführung* fragen: Wieslers Abhörzentrale umgibt stets kaltes, Dreymans Wohnung stets warmes Licht. Eine besondere Rolle spielt die *Musik:* Die „Sonate vom guten Menschen" spiegelt im Film die Stimmungs- und Gefühlsebene der Hauptdarsteller treffend wider: Nach dem Tod des Freundes drücken sich Dreymans Wut und Trauer über die Sonate aus, seine Entwicklung zum Dissidenten ist akustisch vorgezeichnet. Und auch bei Wiesler wird die Wandlung zum „guten Menschen" nachvollziehbar, als er in seiner Abhörzentrale der Sonate lauscht.
  Auf weitere Elemente der Filmsprache und künstlerische Ausdrucksformen sei hier nur verwiesen:
  - Kameraeinstellungen
  - Farben
  - Geräusche
  - Schnitt
  - Off-Text
  - Dialoge
- Inhaltlich muss man sich dann mit der Problemstellung des Films genauer auseinandersetzen; auch hier bietet das Heft der bpb wichtige Anregungen, z. B. wenn über das spannungsgeladene kulturpolitische Klima in der DDR der 1980er-Jahre berichtet und die Repression durch die Staatssicherheit thematisiert wird. Ergänzend sollte hier einschlägiges Material zur Geschichte und zum politischen System der DDR zu Hilfe genommen werden; auch die Befragung von Zeitzeugen/Experten – z. B. im Rahmen von Autorenlesungen – oder fachübergreifendes Lernen z. B. mit Deutsch und/oder Musik sind möglich, wenn etwa „Die Stasi-Ballade" von Wolf Biermann einbezogen wird.
- Durch ein aufwendiges Bühnenbild und Kulissen vermittelt der Film den Eindruck von Authentizität: Kleidung, Wohnungseinrichtungen, Straßenbilder mitsamt den Fahrzeugen erwecken die DDR der 1980er-Jahre zum Leben.
- Die vertiefende Problemanalyse erlaubt eine genauere Betrachtung einzelner Filmausschnitte, sogenannter „Schlüsselszenen". Verwiesen sei etwa auf die Begegnung des Stasi-Offiziers mit der Nachbarin des Abhöropfers: Weil diese Frau die Verwanzung der

Wohnung beobachtet hatte, droht ihr die Stasi, der Tochter die Studienberechtigung zu entziehen. Auch die Szene, bei der in der Stasi-Schule Witze erzählt werden, ist erhellend: Ein Untergebener wird für einen Witz strafversetzt, die Bonzen dürfen sich Witze gegen das System, sogar in einer aggressiveren Art, erlauben. Auch Theorie und Praxis der Verhörmethoden in Gefängnissen werden anschaulich dargeboten. Sinnvoll ist auch eine Typisierung der Protagonisten im Film: Werden Personen der Zeitgeschichte oder austauschbare Charaktermasken dargestellt? Werden die Akteure in ihrer Individualität gezeigt und entwickelt oder erscheinen sie „klischeehaft"? Da Spielfilme immer selektiv und perspektivisch vorgehen, ist auch zu fragen nach dem „Zeitgeist" der Entstehungszeit des Films. Interessant kann die Reaktion des breiten Publikums, von Kritikern oder von Zeitzeugen – insbesondere von ehemaligen Tätern und Opfern – sein. Auch der Umstand, dass zum Zeitpunkt, als der Film in die Kinos kam, über Gedenkstätten in der DDR gestritten wurde und ehemalige Stasi-Offiziere sich als „Opfer" darstellten, gehört zum Kontext der Filmanalyse.

- Schließlich kann der Film sowohl die Förderung ästhetischer Lernprozesse fördern wie auch kritische Impulse setzen: Wenn nämlich erkannt wird, dass Filme oft emotional bzw. suggestiv sind, gelingt es, „die Wirkungsmächtigkeit von Filmen zu entmythologisieren" (Dietmar von Reeken) und eine eigene Urteilsfähigkeit im Umgang mit Medien zu entwickeln.

„Das Leben der Anderen" erhielt 2006 als bester Film den Deutschen Filmpreis in Gold sowie sechs weitere Auszeichnungen. Die Kritik lobte die eindrucksvolle Darstellung des Lebens in einer Gesellschaft, die durch die Repression der Stasi geprägt war. Kritiker bemängelten, dass die Balance zwischen Fiktion und Realität in dem Film nicht voll gelungen sei: Die Wandlung des „bösen" Stasi-Offiziers zum „guten" Menschen unter Einfluss der „Sonate vom guten Menschen" habe geradezu „märchenhafte" Züge.

Vier Stimmen zum Film:

„Dieser Film [...] wird das Bild der DDR verändern. „Das Leben der Anderen" ist die erste künstlerisch überzeugende Darstellung der menschenzerstörenden Konsequenz einer Machtgestaltung in den speziellen Ausformungen der DDR"
(Lutz Rathenow, Schriftsteller und DDR-Dissident; Forum PU/DVPB in Bayern, 2/2006, S. 549)

„Das ist Kino; das Leben ist meist anders [...]. Ich bin im Osten aufgewachsen und kenne den Druck der Staatsicherheit."
(Jens Bullerjahn, Finanzminister in Sachsen-Anhalt; DIE ZEIT, 11.5.2006, S. 6)

„Dieser Stasi-Mann ist mindestens so einsam wie seine Opfer in der Einzelzelle und unvergleichlich schlechter dran, als die Schauspielerin und ihr Schriftsteller, die er mit seinen Untergebenen rund um die Uhr abhören und beschatten muss."
(Wolf Biermann, Liedermacher; SZ, 16.5.2006, S. 2)

„Der Film erzeugt ein falsches Geschichtsbild, verhöhnt die SED-Opfer und zeigt eine Sehnsucht nach unpolitischen Märchen."
(Günter Jeschonnek, Regisseur, als Mitglied einer DDR-Oppositionsgruppe Zielobjekt der Stasi; SZ, 16.5.2006, S. 2)

➤ Einführung (zu 2.4)

M 11

Als der Parlamentarische Rat im Jahre 1948 in Bonn am Rhein die Verfassung der zweiten deutschen Republik (West) entwarf, war ihm nicht nur das Nazireich vor Augen, sondern auch die Weimarer Republik mit ihrer fragilen Ökonomie, ihrer hauchdünnen Mittelschicht, die der Polarisierung nichts entgegensetzen konnte. Man beriet in einer historisch einmaligen Situation. Nie zuvor hatte in einer Gesellschaft eine derartige Tabula rasa geherrscht, selten ein so hohes Maß an faktischer **Gleichheit** der Bürger. Und nie zuvor konnte man mit einer Verfassung die Feinmechanik einer Gesellschaft so gründlich beeinflussen.

Gleichheit. Die Deutschen nach dem Krieg waren ein nivelliertes Volk. Die Idee der Gleichheit hat sich aus Nationalsozialismus und Trümmern in den modernen Sozialstaat hinübergerettet.

Die Väter des Grundgesetzes haben ganze Arbeit geleistet. Nicht nur, dass sie Paragrafen formulierten, die in ihrem liberalen Geist geradezu sensationell waren, wie etwa die Passage über das politische Asyl. Gemeinsam mit anderen gesellschaftlichen Kräften – und weit über die Verfassung hinaus – schuf man damals ein fein gesponnenes, wohl austariertes Netz an Mitbestimmungsrechten, Kontroll- und Korrektivinstanzen, dessen Sinn und Zweck vor allem Konfliktkontrolle war, Umverteilung, Abfederung sozialer Ungleichheiten, Kontrolle der Kontrolleure und so fort. Resultat war eine politische und ökonomische Prosperitätsmaschine, eine Musterdemokratie, die auf der Welt ihresgleichen suchte und innerhalb zweier Jahrzehnte eine moderne Mittelklassegesellschaft ganz neuen Typs schuf. Wirtschaftswunder nannte man das damals, aber es war natürlich alles andere als ein Wunder. Eine effektive Verwaltungsdemokratie mit eindeutig staatsplanerischen Zügen bügelte die demokratischen Defizite der Deutschen West aus. Kapitalistische Dynamik entfaltete sich auf einer quasi sozialistischen Grundlage. Nehmen wir, als kurzes Beispiel nur, die Wohnungsbaupolitik: Ende der Fünfziger- bis Mitte der Sechzigerjahre pumpte der westdeutsche Staat mittels einer waschechten Zwangsanleihe dreißig Milliarden Mark in den Wohnungsbau. Ergebnis: Die Ware Wohnen blieb unnatürlich billig, bis weit in die Achtzigerjahre hinein. Das **Modell Deutschland**, das aus dieser Prosperität entstand, bezog seinen Treibstoff aus lauter historischen Anomalien.

Modell Deutschland. Dreißig Jahre lang lief im Westteil der Republik ein Programm zur „Vermittelklassizierung". Der Preis dafür: die geschlossene Gesellschaft.

Da war der Verdrängungswille der Kriegsgeneration, die ihre Schuldgefühle in jenem Fleiß kompensierte, der der Wirtschaft erst ihre Schubkraft verlieh. Da war eine de facto nicht vorhandene, also auch nicht riskante Außenpolitik – die Bundesrepublik Deutschland blieb ja drei Jahrzehnte lang tatsächlich ein Vasall der USA. Und es gab eine schöne, glatte **Mauer**, die obendrein den Vorteil hatte, dass sie von den anderen errichtet worden war, weshalb man sich ihretwegen kein schlechtes Gewissen machen musste darüber. [...]

Mauer. Die Mauer beschützte die Westdeutschen vor der Armut und der Melancholie des Ostens. Sie war ein Instrument zur Ausgrenzung des östlichen Elements in der deutschen Kultur

Jede Gesellschaft verfügt über ein bestimmtes, in langen historischen Erfahrungen erlerntes Wertset, das gleichzeitig ihre Konflikte reguliert. Jede Gesellschaft hat auch eine innere Utopie, deren Konfiguration ihr nicht immer ganz bewusst ist. Der Konsens der späten Westrepublik lässt sich mit der Formel „Wertewandel plus Wachstum" beschreiben. [...]

(Matthias Horx, Trendbüro: Trendbuch 1, Düsseldorf 1996, S. 212 ff.)

➤ 1. Phase: „Keine Experimente"

Themen wie Wiederaufbau und Wirtschaftswunder, Westintegration und Wiederbewaffnung bestimmen zunächst die Innenpolitik der Bundesrepublik. Bei aller Auseinandersetzung auch um Richtungen politischer Entwicklung gibt es jedoch mit Blick auf das Demokratieverständnis für mehr als ein Jahrzehnt einen weitreichenden Konsens für eine „streitbare" Demokratie, abwehrbereit gegenüber Rechts- und Linksextremismus und antitotalitär.

Carlo Schmid zur wehrhaften Demokratie:
„Also: Soll man sich auch künftig so verhalten, wie man sich zur Weimarer Republik – zum Beispiel den Nationalsozialisten gegenüber – verhalten hat? Auch diese Frage wird in diesem Hohen Hause beraten und entschieden werden müssen. Ich für meinen Teil bin der Meinung, dass es nicht zum Begriff der Demokratie gehört, dass sie sich selber die Voraussetzungen für ihre Beseitigung schafft. Ja, ich möchte weiter gehen. Ich möchte sagen: Demokratie ist nur dort mehr als ein Produkt bloßer Zweckmäßigkeitsentscheidungen, wo man den Mut hat, an sie als etwas für die Würde des Menschen Notwendiges zu glauben. Wenn man aber diesen Mut hat, dann muss man auch den Mut zur Intoleranz denen gegenüber aufbringen, die die Demokratie gebrauchen wollen, um sie umzubringen."

(Carlo Schmid, in: Parlamentarischer Rat/Plenum, 2. Sitzung 1948, S. 13/14)

M 12 | Streitbare Demokratie

In Fortführung des im SRP-Urteil ausgesprochenen Grundsatzes, das Grundgesetz sei eine wertgebundene Verfassung, heißt es im KPD-Urteil von 1956, dass Einschränkungen einer ungebundenen Freiheit zulässig seien. Zum Zwecke der Verteidigung der freiheitlichen demokratischen Grundordnung müssen Einschränkungen der politischen Betätigungsfreiheit der Gegner hingenommen werden. Das Grundgesetz habe sich bemüht, zwischen dem Prinzip der Toleranz und dem Bekenntnis zu unantastbaren Grundwerten einen Kompromiss zu finden, dessen Folge Einschränkungen der ungebundenen Freiheit sein können.

Für die Politikwissenschaft hat Ernst Fraenkel diesen Gedanken später mit den Worten formuliert: „Die pluralistische Theorie des Gemeinwohls bestreitet keineswegs, dass es weite Gebiete des staatlichen und gesellschaftlichen Lebens gibt, über deren Ordnung ein consensus omnium (eine Übereinstimmung aller) vorliegt; ja sie betont mit Nachdruck, dass auf Dauer ein Staat nicht lebensfähig ist, in dem weder über ein Minimum fundamentaler noch über zahlreiche detaillierte Fragen der Wirtschaft, Gesellschaft und Politik eine weitgehende Übereinstimmung besteht."

Damit ist gesagt, dass es zwar ein Minimum von Einschränkungen der Freiheitsrechte geben muss, um ein rücksichtsvolles Zusammenleben zu ermöglichen, dass aber bei einer Verteidigung der Freiheit die Freiheit selbst nicht zu weit eingeschränkt werden dürfe.

Ergänzend hat das Bundesverfassungsgericht im Urteil gegen die KPD 1956 darauf hingewiesen, dass das Bekenntnis zu einer streitbaren Demokratie bestimmend für das Denken des Parlamentarischen Rats gewesen ist.

(Hans-Helmuth Knütter, in: Informationen zur politischen Bildung, Heft 165/Demokratie, Neudruck 1992, S. 29)

Dieser Konsens wird gefördert durch eine Politik des sozialen Ausgleichs. Eine Sozialanalyse der Gesetzgebung der 1950er-Jahre ergibt folgendes Bild:

- Wiederaufbauphase aus der Trümmerlandschaft des Zweiten Weltkriegs mit einer Privilegierung des Eigentums. Beispiele: Begünstigung des Mittelstandes, Steuerpolitik der Investitionsanreize und der mittelständischen Existenzsicherung, Wohnungsbauförderung.
- Parallel zum wirtschaftlichen Aufschwung soziale Ausgleichs- und Einbindungsmaßnahmen. Beispiele: 1950 Kriegsopferversorgung, 1951 Montan-Mitbestimmung (→ III/1.2), 1952 Lastenausgleich (mildert Schäden und Verluste, die durch Zerstörung und Vertreibung in der Kriegs- und Nachkriegszeit entstanden sind), 1953 Vertriebene (regelt Rechtsstellung und Eingliederung der Vertriebenen und Flüchtlinge), 1956 Sozialer Wohnungsbau (für Bezieher niedriger Einkommen, kinderreiche Familien, Vertriebene und Kriegsopfer), 1957 Rentenreform sowie Altershilfe für Landwirte, 1959 Wohngeld sowie Jugendarbeitsschutz und Sozialhilfe, 1961 Vermögensbildung.

M 13 |

[...] Wir haben es geschafft: Das neue Auto steht vor der Tür. Alle Nachbarn liegen im Fenster und können sehen, wie wir für eine kleine Wochenendfahrt rüsten. Jawohl, wir leisten uns etwas, wir wollen etwas haben vom Leben: Dafür arbeiten wir schließlich alle beide, mein Mann im Werk und ich als Sekretärin wieder in meiner alten Firma.

(nach: Praxis Geschichte 6/1996, S. 23)

Erst zu Beginn der 1960er-Jahre zeichnet sich eine ernste Krisensituation ab. Im ‚Haus der Geschichte der Bundesrepublik Deutschland' in Bonn ist dieser Umbruch zur „unzufriedenen Republik“ in einem der Thementexte für den Ausstellungsteil 60er-Jahre schlagwortartig so beschrieben:

M 14 | Unzufriedene Republik – A Discontented Republic

„Die Lage war noch nie so ernst!“
Adenauer entgleitet die politische Führung.
Fehler und Pannen mehren sich.
Immer mehr Bundesbürger fragen:
„Brauchen wir eine neue Regierung?“
Marktwirtschaft und Planwirtschaft,
NATO und Warschauer Pakt
prägen die Wirklichkeit in West und Ost.
Das politische Klima ist frostig – Kalter Krieg.
Mit dem Bau der Berliner Mauer
verfliegt die Hoffnung
auf eine rasche Wiedervereinigung.
Fehler und Versäumnisse werden offenkundig.
Der alte Kanzler Adenauer
gibt auf neue Fragen keine Antworten.
Eine Krise folgt der anderen:
Ärger um die Bundespräsidentenwahl,
Verluste der CDU bei der Bundestagswahl,
Fehlgriffe in der „Spiegel“-Affäre.
Die SPD-Opposition gewinnt Profil.
Die eigene Partei zwingt Adenauer zum Rücktritt,
Wirtschaftsminister Ludwig Erhard wird Nachfolger.
Eine Epoche deutscher Nachkriegsgeschichte endet.

➤ 2. Phase: „Alle reden vom Wetter. Wir nicht.“

Mit Witz und Originalität protestieren Studenten gegen das Establishment: Die Köpfe von Marx, Engels und Lenin karikieren einen Werbeslogan der Deutschen Bundesbahn.

Neben Krisen und Affären fordern die Große Koalition der Jahre 1966-1969 – demokratietheoretisch umstritten, weil die Opposition im Parlament nicht einmal mehr über 10 % der Sitze verfügt – und die Verabschiedung der Notstandsgesetze 1968 die Auseinandersetzung um „Demokratie“. Der Streit um den Einsatz der Bundeswehr auch bei innerem Notstand polarisiert und bringt vor allem Teile der Jugend in eine Gegnerschaft zu den Etablierten. Das politische System wird als spätkapitalistisch, scheindemokratisch, ja undemokratisch „entlarvt“, ein Rätesystem gefordert.

M 15 | Das „verunsicherte Establishment“

[...] Bei den Münchner Auseinandersetzungen ging es um Grundfragen sozialdemokratischer Politik, ich habe sie damals in zugespitzter Form so gestellt: Haben wir trotz Vollbeschäftigung, starker Gewerkschaften und umfassender Sozialgesetzgebung noch immer eine Klassengesellschaft, die nur durch Klassenkampf verändert werden kann? Ist unser Staat wirklich eine Agentur des Monopolkapitals, die zerschlagen werden muss? Ist die Vollsozialisierung der Produktionsmittel wirklich das Wundermittel, das alle gesellschaftlichen Widersprüche beseitigt? Bezieht sich der Freiheitsbegriff nur auf das Kollektiv der Arbeiterklasse oder auf das einzelne Individuum? Ist ein dogmatischer Marxismus mit seinem erkenntnistheoretischen und politischen Absolutheitsanspruch wirklich der Weg zur besseren Lebensqualität? Sind Kompromiss, Pluralismus und parlamentarische Demokratie wirklich Fäulniserscheinungen des Spätkapitalismus? [...]

(Hans-Joachim Vogel, Nachsichten – Meine Bonner und Berliner Jahre, München 1996, S. 14)

M 16 | Die „Entlarvung des Systems“

Das Repräsentationsprinzip – der Keim des Parlamentarismus – wurde als Verfassungsnorm erdacht, gewollt und verwirklicht mit einer genauen repressiven Aufgabe, die schon von Anfang an einen Befriedungscharakter trug. Es galt, friedlich aber wirksam die Mehrheit der Bevölkerung von den Machtzentren des Staates fern zu halten. Zugleich bot zwar nicht das liberale Repräsentationsprinzip, gewiss aber die parlamentarisch ebenso denkbare Form der imperativen Vertretung von Reform- und Umwälzungsansprüchen abhängiger Massen diesen die Möglichkeit, den Basis-Konflikt auf die staatliche Ebene zu übertragen und den Klassenkampf mit den Mitteln des politischen Staates auszufechten. [...]
Fraglos ist das Parlament als „Legislative“ und als Körperschaft, in der Volksinteressen gesetzgeberisch Ausdruck finden sollten, gegenüber der „Exekutive“ bis zur Bedeutungslosigkeit herabgesunken. Es ist nicht mehr in der Lage, selbstständig Entscheidungen zu treffen, da es als Ganzes nicht mehr an den konkreten Vorbereitungen der Gesetze und an der Aufarbeitung des Materials beteiligt wird. [...]
Und genau das ist für eine erfolgreiche Herrschaftsmethode unerlässlich; dass ein Teil der politischen und ge-

sellschaftlichen Oligarchien sichtbar im Parlament tätig (also dem Schein nach öffentlich kontrollierbar), sichtbar vom Volke gewählt (damit zum Herrschaftsakt demokratisch legitimiert) und sichtbar Träger von Macht (und in der Lage, moralisch verpflichtende Wählerwünsche durchzusetzen) ist. Wäre dem anders, würde die Bevölkerung sich gar nicht auf das parlamentarische Spiel einlassen, und sie würde die Wahlen nicht mehr als den wesentlichen Ausdruck ihrer politischen Freiheit betrachten. [...]

(J. Agnoli, Die Transformation der Demokratie, Berlin 1967, S. 59ff.)

M 17 | Die „System-Alternative"

[...] Das Rätesystem als Inbegriff einer politisch-sozialen Ordnung ist:

A. eine Form radikaler direkter Demokratie.

B. In seiner praktischen Anwendung bedingt es den Übergang zu sozialistischen Eigentums- und Wirtschaftsformen.

C. In Verbindung mit der sozialistischen Zielsetzung erhält es oftmals einen betont klassenkämpferischen Charakter und wird nicht selten mit der Idee einer „Diktatur des Proletariats" verknüpft.

Zu A: Die klassische Form der **direkten Demokratie** besteht darin, dass das Volk, d.h. die Gesamtheit der erwachsenen und politisch mitwirkungsberechtigten Bürger eines Gemeinwesens keinen Herrscher über sich duldet, sondern alle gemeinsamen Angelegenheiten in der allgemeinen Volksversammlung unmittelbar selber regelt. [...] Eine andere Möglichkeit, die Grundsätze der direkten Demokratie zu bewahren, besteht darin, die Rechtsprechungs-, Gesetzgebungs-, Regierungs- und Verwaltungsbefugnisse zwar zu delegieren, die Delegierten aber strengster Kontrolle durch das Volk zu unterwerfen. Dies versucht das Rätesystem, und zwar durch folgende Praktiken und Institutionen.

1. Alle leitenden Positionen werden durch Wahl besetzt.
2. Die Urwähler treten als geschlossene Wahlkörper auf der untersten Ebene des gesellschaftlichen Lebens in Aktion und bilden ihren politischen Willen in den Versammlungen dieser Urwahlkörper.
3. Die Urwähler fällen eine möglichst große Zahl der erforderlichen Entscheidungen selbst und überlassen so wenig wie möglich ihren gewählten Vertretern.
4. Die gewählten Vertreter sind in ihren Entscheidungen nicht frei, sondern an Mandate ihrer Wähler gebunden.
5. Sie unterliegen der dauernden Kontrolle durch die Urwähler, müssen ihnen laufend Rechenschaft geben und können jederzeit durch sie abberufen werden.
6. Die gewählten Vertreter sollen möglichst ehrenamtlich tätig sein, auf keinen Fall jedoch ein erheblich höheres Einkommen beziehen als ihre Wähler.
7. Dieser Gedanke wird bis zu der Forderung nach der sozialen Homogenität von Wählern und Gewählten zugespitzt, d.h. die gewählten Vertreter sollen möglichst derselben sozialen Schicht angehören wie die Wähler.

Zu B: Da auch die Wirtschaftsleitung zu den leitenden Funktionen der Gesellschaft gehört, müssen die Grundsätze des Rätesystems ebenfalls auf sie angewendet werden, d.h. Wirtschaftspolitik und Wirtschaftsleitung werden strenger, unmittelbarer demokratischer Kontrolle durch das Volk bzw. im Betrieb durch die dort tätigen Arbeitnehmer unterworfen. Da in einem Wirtschaftssystem des Privateigentums die Wirtschaftsleitung den (privaten) Eigentümern der Produktionsmittel von Rechts wegen als Befugnis zusteht, würde das Rätesystem ihre faktische Enteignung und eine bestimmte Form von Sozialisierung der Produktionsmittel (nämlich ihre Überführung in sog. „Arbeiterselbstverwaltung") bedeuten.

Zu C: Insofern das Rätesystem sich gegen die Innehabung von bisher nicht demokratisch gewählten und nur unzulänglich demokratisch kontrollierten gesellschaftlichen Führungspositionen richtet (Bürokratie, Wirtschaftsleitung), führen seine Vertreter, zumindest vor ihrem endgültigen Siege und vor der Verwirklichung des Rätesystems, einen Klassenkampf gegen mangelhaft kontrollierte Berufspolitiker, Bürokraten und Kapitalisten. Gewisse Verfechter des Rätesystems leiten nun aus der Tatsache und den Erfordernissen dieses Klassenkampfes die Notwendigkeit ab, für eine Übergangszeit Kapitalisten und sonstige Spitzenfunktionäre des alten Herrschaftssystems vom Wahlrecht auszuschließen und ihnen auch sonst die vollen bürgerlichen Rechte vorzuenthalten.

(Peter von Oertzen, Freiheitliche demokratische Grundordnung und Rätesystem; in: Politische Bildung 2/1969, H. 1, S. 18–20)

➤ 3. Phase „Mehr Demokratie wagen"

1969

M 18 | Willy Brandt: Mehr Demokratie wagen

Unser Volk braucht wie jedes andere seine innere Ordnung. In den Siebzigerjahren werden wir aber in diesem Lande nur so viel Ordnung haben, wie wir an Mitverantwortung ermutigen. Solche demokratische Ordnung braucht außerordentliche Geduld im Zuhören und außerordentliche Anstrengung, sich gegenseitig zu verstehen. Wir wollen mehr Demokratie wagen. Wir werden unsere

Arbeitsweise öffnen und dem kritischen Bedürfnis nach Information Genüge tun. Wir werden darauf hinwirken, dass nicht nur durch Anhörungen im Bundestag, sondern auch durch ständige Fühlungnahme mit den repräsentativen Gruppen unseres Volkes und durch eine umfassende Unterrichtung über die Regierungspolitik jeder Bürger die Möglichkeit erhält, an der Reform von Staat und Gesellschaft mitzuwirken. Wir wenden uns an die im Frieden nachgewachsenen Generationen, die nicht mit den Hypotheken der Älteren belastet sind und belastet werden dürfen; jene jungen Menschen, die uns beim Wort nehmen wollen – und sollen. Diese jungen Menschen müssen aber verstehen, dass auch sie gegenüber Staat und Gesellschaft Verpflichtungen haben.
Wir werden dem Hohen Hause ein Gesetz unterbreiten, wodurch das aktive Wahlalter von 21 auf 18, das passive von 25 auf 21 Jahre herabgesetzt wird. Wir werden auch die Volljährigkeitsgrenze überprüfen.
Mitbestimmung, Mitverantwortung in den verschiedenen Bereichen unserer Gesellschaft wird eine bewegende Kraft der kommenden Jahre sein. Wir können nicht die perfekte Demokratie schaffen. Wir wollen eine Gesellschaft, die mehr Freiheit bietet und mehr Mitverantwortung fordert.

(Aus der Regierungserklärung Willy Brandts [Bundeskanzler 1969-1974] v. 28.10.1969; zit. nach: Begegnungen und Einsichten – Die Jahre 1960–1975, Hamburg 1976)

„Wir stehen nicht am Ende unserer Demokratie, wir fangen erst richtig an." und „Keine Angst vor Experimenten." – Willy Brandts leitmotivische Sätze während der Aussprache über seine Regierungserklärung sind die Antwort der aus der Bundestagswahl 1969 hervorgegangenen sozialliberalen Koalition auf die Anfrage an die Demokratie der 68er-Bewegung. Brandts erste Regierungsjahre sind zwar stärker von der neuen Ost- und Deutschlandpolitik bestimmt, gleichwohl beginnt auch der Versuch einer ‚Reform von oben', einer ‚Demokratisierung der Gesellschaft'.
Charakteristische Reformgesetze: 1970 Lohnfortzahlung im Krankheitsfall (Arbeiter werden den Angestellten gleichgestellt), 1971 Bafög, 1972 Betriebsverfassung und Rentenreform, 1973 Gleichstellung von Zivildienst und Wehrdienst (rechtlich und materiell), 1975 Volljährigkeit sowie aktives und passives Wahlrecht mit 18 Jahren, Strafrechtsreform, 1976 Paritätische unternehmerische Mitbestimmung in Großunternehmen und Reform des § 218 StGB, 1977 Reform des Ehe- und Familienrechts, 1980 Elterliche Sorge statt elterliche Gewalt.
Die Reformen kommen nur langsam voran; zeitgleich entstehen Bürgerinitiativen sowie alternative und ‚bunte' Bewegungen, oft wegen einzelner Großvorhaben. Demokratietheoretisch werden **basisdemokratische Forderungen** laut, wie sie später im Grundsatzprogramm der Grünen, die sich zunächst als außerparlamentarischen Opposition verstehen, exemplarisch zusammengefasst sind.

M 19 | Grundsatzproramm: Die Grünen

Wir halten es für notwendig, die Aktivitäten außerhalb des Parlaments durch die Arbeit in den Kommunal- und Landesparlamenten sowie im Bundestag zu ergänzen. Wir wollen dort unseren politischen Alternativen Öffentlichkeit und Geltung verschaffen, Wir werden damit den Bürger- und Basisinitiativen eine weitere Möglichkeit zur Durchsetzung ihrer Anliegen und Ideen eröffnen. [...] Unsere Politik wird von langfristigen Zukunftsaspekten geleitet und orientiert sich an vier Grundsätzen: Sie ist ökologisch, sozial, basisdemokratisch und gewaltfrei.

Basisdemokratisch
Basisdemokratische Politik bedeutet verstärkte Verwirklichung dezentraler, direkter Demokratie. Wir gehen davon aus, dass der Entscheidung der Basis prinzipiell Vorrang eingeräumt werden muss. Überschaubare, dezentrale Basiseinheiten (Ortsebene, Kreisebene) erhalten weitgehende Autonomie und Selbstverwaltungsrechte zugestanden. [...]

Gewaltfrei
Wir streben eine gewaltfreie Gesellschaft an, in der die Unterdrückung von Menschen durch den Menschen und Gewalt von Menschen gegen Menschen aufgehoben ist. Unser oberster Grundsatz lautet: Humane Ziele können nicht mit inhumanen Mitteln erreicht werden. Gewaltfreiheit gilt uneingeschränkt und ohne Ausnahme zwischen allen Menschen, also ebenso innerhalb sozialer Gruppen und der Gesellschaft als Ganzem als auch zwischen Volksgruppen und Völkern. Das Prinzip der Gewaltfreiheit berührt nicht das fundamentale Recht auf Notwehr und schließt sozialen Widerstand in seinen mannigfachen Varianten ein, [...] bedeutet also nicht die Passivität der Betroffenen. Der Grundsatz der Gewaltfreiheit bedeutet vielmehr, dass zur Verteidigung lebenserhaltender Interessen von Menschen gegenüber einer sich verselbstständigenden Herrschaftsordnung unter Umständen auch Widerstand gegen staatliche Maßnahmen nicht nur legitim, sondern auch erforderlich sein kann (z. B. Sitzstreiks, Wegesperren, Behinderung von Fahrzeugen). [...]

Demokratisierung von Staat und Verwaltung
Die Überbürokratisierung einer hierarchischen Verwaltung mit all ihren Nebenwirkungen unterbindet die Eigeninitiative der Bürger. Die Undurchschaubarkeit, hinter der sich wirtschaftliche und politische Einzelinteressen verbergen, wird zu einer Gefahr für die Demokratie. Die GRÜNEN fordern deshalb:

- Die Verfilzung zwischen Parlamenten, Regierungen, Bürokratien und der Wirtschaft durch Beraterverträge, Zuwendungen, Aufsichtsratsitze ist zu unterbinden.
- Den Aufbau demokratisch kontrollierter, bürgernaher

Selbstverwaltung anstelle zunehmender Monopolisierung wirtschaftlicher Macht und ständig wachsender zentraler Verwaltungsapparate.

- Konsequente Dezentralisierung und Vereinfachung der Verwaltung.
- Die Verwaltungs- und Selbstbestimmungsrechte und der Anteil an Finanzmitteln für Länder, Regionen, Kreise, Kommunen und Stadtteile sind zu stärken.
- Rückhaltlose, rechtzeitige und verständliche Information des Bürgers über alle Verwaltungsmaßnahmen.
- Initiativen und Verbände müssen das Recht haben, in ihrem Bereich von Verwaltungen und Parlamenten gehört zu werden und Informationen zu erhalten. Außerdem sollten sie das Klagerecht gegen Vewaltungsmaßnahmen, auch über Ländergrenzen hinweg, erhalten.
- Die unübersehbare Flut des Beiratsunwesens ohne Bürgernähe und klar definierte Zuständigkeit ist durch die Schaffung von Beratungs- und Entscheidungsgremien (Wirtschafts- und Sozialräte) auf allen Ebenen zusammenzufassen und zu ersetzen. Diese Gremien müssen überall (Kommune, Landkreis, Bezirk, Land und Bund) bei volkswirtschaftlich wichtigen Planungen und Entscheidungen gehört werden. Sie haben Entscheidungen zu treffen über die öffentliche Investitionspolitik und sind im Zusammenwirken mit dem jeweiligen politischen Gremium für den wirtschaftlichen Bereich des Haushalts zuständig.
- Aufhebung der 5 %-Klausel.
- Volksbegehren und Volksentscheid zur Stärkung der direkten Demokratie.

(Die GRÜNEN – Das Bundesprogramm, Bonn 2/1983, Auszüge)

➤ 4. Phase: „In der Zeit der Not ist der Mittelweg der Tod"

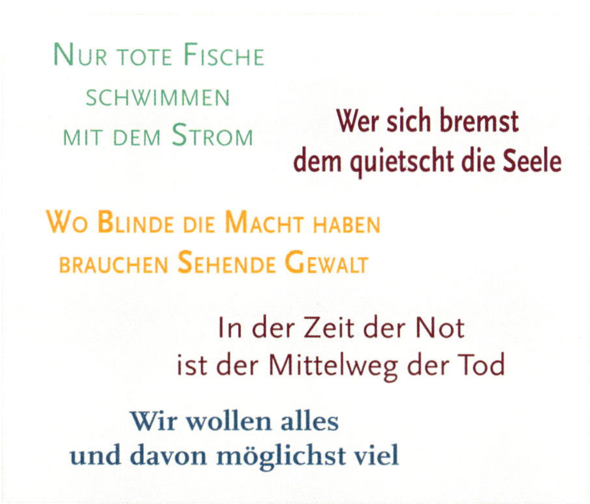

M 20 | Jugendprotest und grün-alternative Basisbewegung

Die Frage nach der Legitimität parlamentarisch-demokratischer Politik

Ende der Siebzigerjahre kam es zu einer allmählichen Umgestaltung des innenpolitischen Klimas, der Formen politischen Handelns und ansatzweise der politischen Kräfteverhältnisse. Die Ölkrisen 1973 und 1978, chronische Arbeitslosigkeit mit relativ hohen Inflationsraten, Umweltskandale und zuletzt die atomare Nachrüstung führten zu einem rapiden Abklingen des Zukunftsoptimismus und einer latenten Verweigerungshaltung gegenüber Großtechnologie und Reformglauben. Insbesondere Teile der Jugend zweifeln immer stärker an den Problemlösungskapazitäten der etablierten Kräfte und ziehen sich in verschiedene Formen alternativer Lebensweise zurück. In Zusammenhang mit zunehmend entmutigenden Erfahrungen mit der Staatsgewalt, in Zusammenhang mit Demonstrationen und Hausbesetzungen schwanken viele zwischen Resignation und Gewaltbereitschaft. Mit zunehmender Verbreitung und Stärkung von Umweltschutzbewegung und Friedensbewegung gewinnen diese an politischer Kraft und stellen teilweise nicht nur das staatliche Gewaltmonopol, sondern auch die verfassungsrechtlich fundierte Form politischer Willensbildung infrage. [...]

(Rainer Kohlhaas, Formen und Probleme der Demokratie, Freiburg/Würzburg (Verlag Ploetz) 1984, S. 17)

M 21 | An den Grenzen der Mehrheitsdemokratie

a) Pro

Wir nähern uns in vielen von der Politik mitzuentscheidenden Fortschrittsfeldern politischen Pattsituationen, bei der Kernenergie nicht weniger als bei der modernen Waffentechnologie und den neuen Medien, bei der Umweltchemie nicht anders als bei der Gentechnologie, bei Flughafenplanungen nicht anders als bei großflächigen Stadtsanierungsvorhaben. Auch wo keine Steine fliegen und keine Fensterscheiben bersten – die Zweifel an der Weisheit der Regierenden sitzen tief, die Folge- und Gehorsamsbereitschaft aufseiten der Herrschaftsunterworfenen schwindet. Die Befürwortung von Gewalt nimmt zu. Wir haben – unter dem Dach der einen – längst zwei Gesellschaften, die miteinander immer weniger zu tun haben, vielfach nicht mehr dieselbe Sprache sprechen, die die Wirklichkeit an jeweils anderen Maßstäben bemessen und in jeweils anderen Kategorien auslegen, die von gänzlich unvereinbaren Sehnsüchten, Erwartungen und Aspirationen umgetrieben werden.

Es gibt kaum ein öffentliches Problem, ein politisches Vorhaben von einigem Rang, zu dem sich nicht Bürger auf dem Weg über die „Bürgerinitiative" zu Worte melden. Mittlerweile sind mehr Bürger in Initiativen tätig, als alle im Bundestag vertretenen Parteien, zusammengenommen, Mitglieder aufweisen. Erstaunlich ist die Tatsache schon, dass viele Bürger ihre Meinung, ihre Interessen und Besorgnisse nicht mehr auf der Parteischiene, über Abgeordnete und Parteigremien, in den politischen Prozess einbringen, sondern sich unmittelbar und selbst aktiv artikulieren – auf einem Weg, den die Funktionslogik der repräsentativen Parteiendemokratie keineswegs untersagt, der jedoch als „Regel-Ausnahme-Fall" eher quer zu ihr liegt. Viele haben die Mitwirkung in Bürgerinitiativen als das ganz Andere der herkömmlichen Parteiarbeit erlebt, bei vielen hat sich der soziale Lerneffekt so ausgewirkt, dass sie für die Parteiarbeit aufseiten der „Etablierten" „verloren" sind.

Unser Parteien- und Regierungssystem war und ist hervorragend geeignet, Gruppenkonflikte und Verteilungskämpfe zu dämpfen und zu schlichten. Dies erfordert nämlich keinen weitreichenden Konsens, wohl aber eine annähernde Konfliktfreiheit im Grundsätzlichen. Tiefgreifende Wertkonflikte sind auf der Basis dieses Systems jedoch kaum auszufechten. Wird um die Überzeugung in den letzten Dingen und nicht mehr nur um Geld, Macht, Einfluss und Privilegien gerungen, so könnten die Grenzen seiner Integrationsfähigkeit sehr schnell erreicht sein. Der Parteienstaat ist vor allem deshalb in wachsendem Maße mit dem Problem des Entzuges von Zustimmung konfrontiert, weil die Politik an neuen Kriterien gemessen wird, für die weder die Wirtschafts- noch die Staatsordnung primär die Legitimationsgrundlage abgeben. Die Erfahrung, dass man auch „in Freiheit ... demokratisch" und sogar wohlstandsgesegnet in die Katastrophe schlittern kann, dass die politischen und institutionellen Grund- und Menschenrechtsgarantien noch längst nicht die bedrohlichen Schatten neuzivilisatorischer Inhumanität, ja des gattungsweiten Rückfalls in die Barbarei zu bannen vermögen, diese Erfahrung hat im ideenpolitischen Einzugsbereich der neuen sozialen Bewegungen eine Verunsicherung des demokratischen Verfassungsbewusstseins entstehen lassen. [...]

Mit den belastbaren Gemeinsamkeiten einer gelebten politischen Kultur ist es gewiss nicht weit her. Im Zeichen der Säkularisierung und Positivierung sozialer Normen leben wir wohl eher von Restbeständen. Die kulturellen, historisch gewachsenen Besonderheiten verschwinden auf dem Wege zur Welteinheitskultur. Die weltweite Dynamik von Wirtschaft, Wissenschaft und Technik hat einen alles überwabernden uniformen Zivilisationskonsens heraufgeführt, uns eine „Ökumene der Ideologien" beschert, welche die Ausbildung jener kulturellen „Besonderung" gerade verhindert, die die Voraussetzung für regionale wie nationale „Identität" darstellt. Schrumpfen aber die Gemeinsamkeiten, verliert eine Gemeinschaft ihre Identität, so liegt es nahe, dass sich ihre Mitglieder einen Ausgleich in neuen Bindungen suchen. Die verlorene Besonderung im Großen wird so durch die kleinere Besonderung mit gleichartig Betroffenen kompensiert: „Wir Bauern von Wyhl!", „Wir Bewohner des Frankfurter Westends!", „Frauen gegen Atomraketen!". Vieles spricht dafür, dass sich die isolierten Widersetzlichkeiten und die Verweigerungen des Einzelfalls zur organisierten Systemopposition gegen die herrschende Mehrheit bündeln und aufsummieren. [...]

Was man unter Berufung auf die Mehrheit von gestern heute politisch veranlassen und ins Werk setzen darf und was nicht – ohne erneut (in Neuwahlen) den Souverän zu fragen –, ist eine nur politisch, also mit Blick auf die jeweils aktuellen Gesamtumstände entscheidbare Frage. Als politisches Brecheisen eignet sich die Mehrheitsberufung jedoch nicht. Sie ist ein Instrument, das einer sensiblen Hand bedarf, soll es nicht mehr Schaden als Nutzen bringen. Im Fall des Falles, also dort, wo die Bewahrung des inneren Friedens gefährdet erscheint, ist die alleinige Berufung auf den Satz „Mehrheit ist Mehrheit" ein demokratiepolitischer Sprengsatz (wenn vielleicht auch mit Zeitzünderwirkung). Die Mehrheitsregel wird dort ad absurdum geführt, wo gerade die einseitige Berufung auf sie das ihr zugrunde liegende verfahrenspolitische Ziel selbst, den Erhalt des Bürgerfriedens einer Rechtsgemeinschaft, aufs Spiel setzt. Wenn über das Verfahren selbst keine Einheit mehr gestiftet werden kann, dann ist zur Vermeidung von Schlimmerem zunächst die inhaltliche Begründung aufgerufen, unter Umständen auch die Einbeziehung alternativer Entscheidungsmuster wie Konsens, Proporz, vertragsähnliche Vereinbarungen zur Berücksichtigung dissentierender Minderheiten, die einer „offenen" Gesellschaft nicht minder gut zu Gesicht stehen wie die „ungebremste" Herrschaft der Stimmenmehrheit. [...]

(Bernd Guggenberger, An den Grenzen der Mehrheitsdemokratie; in: FAZ, 30.10.1982)

b) ... und Contra

Die entscheidende Frage ist nicht die nach der Abschaffung, sondern die nach der Qualität der Herrschaft. Willy Strzelewicz hat das Naheliegende wiederholt herausgearbeitet: Autorität ist nicht geschwunden, sondern der Autoritätstyp hat sich gewandelt. Es handelt sich seither nicht mehr um auf Unterwerfung beruhende Herrschaftsautorität (wie man sie in Anlehnung an die Begrifflichkeit Max Webers bezeichnen könnte), sondern um Auftragsautorität (Willy Strzelewicz). Auftragsautorität, weil die Regierenden im Auftrag der Regierten in ihre Ämter kommen, rechenschaftspflichtig sind und ihre Autorität durch die am Auftrag zu messende und im Rahmen der allgemein verbindlichen Normen zu erbringende Leistung auszuweisen haben.

Kennzeichnend für die Verfahrensweise sind der Kompromiss und die ihm zugrunde liegenden Prämissen: Auftragserteilung in der allgemeinen Wahl durch Mehrheitsentscheidung bedeutet, dass sich die Minderheit nur deswegen und unter der Voraussetzung einordnet, dass die jeweilige Mehrheit nicht berechtigt ist, der Minderheit die Chance zu nehmen, selbst Mehrheit zu werden. Folglich kommt es auf eine ziemlich präzise zu bestimmende Qualität politischer Willensbildung an. Sie muss auf den Prinzipien legitimer Vielfalt und nichtdiskriminierender Konkurrenz beruhen; sie muss, mit einem Wort, auch kontroversen und oppositionellen Kräften die Wettbewerbs- und Mitwirkungschance gewährleisten, was sich im Fortbestand öffentlicher Kritik- und Meinungsfreiheit und in der Garantie politisch wichtiger Grundrechtsbereiche ausdrückt. Die Legitimität der Mehrheitsentscheidung folgt nicht aus sich selbst, sondern aus der vorausgesetzten politischen Gleichberechtigung aller Staatsbürger. Auftragsautorität setzt die Freiheit der Einzelnen voraus, weil nur so Rechenschaftsforderung, Kritik und Abberufung der Regierungen möglich ist. Den oft grundsätzlich vermuteten Gegensatz zwischen Autorität – oder Herrschaft – und Freiheit gibt es in diesem Falle nicht, es sei denn, man verwechselt Freiheit mit asozialer Willkür. Die Legitimitätsbasis der Menschenrechtsidee, freiheitliche Ordnung überhaupt geht vielmehr von der kunstvollen gegenseitigen Begrenzung der allen gleichermaßen zustehenden Freiheitsrechte und Freiheitsräume aus. Nur eine derartige Begrenzung kann den gegen Übermächtigung geschützten Freiheitsbereich des Individuums gewährleisten. Freiheitsrecht weist auf den universalen und geordneten Geltungsanspruch hin, denn anders verlöre der Begriff Recht jede Bedeutung. Es bedarf daher einer Durchsetzungsmacht, die bekanntlich auch das Monopol legitimer Gewaltanwendung – eben zum Zweck der Rechtsdurchsetzung – verwaltet.

Legitim ist sie in der Demokratie nur – so können wir annehmen –, wenn die Verfahren der Auftragserteilung und Besetzung der Entscheidungspositionen dieser Durchsetzungsmacht jedem die gleiche Mitwirkungschance eröffnen.

(Heinrich Oberreuter, Abgesang auf einen Verfassungstyp? Aktuelle Herausforderungen und Missverständnisse der parlamentarischen Demokratie; zit. nach: Politik und Zeitgeschichte, B 2/83, S. 19–31/Auszüge)

Stichwort: Widerstandsrecht

M 22a

Schon manche Protestbewegung hat sich zur Rechtfertigung gewalttätiger Aktionen auf das von der Verfassung verbürgte Widerstandsrecht berufen – stets zu Unrecht. Zwar wurde 1968 das bis dahin ungeschriebene Widerstandsrecht im Grundgesetz positiviert: „Gegen jeden, der es unternimmt, diese Ordnung zu beseitigen, haben alle Deutschen das Recht zum Widerstand, wenn andere Abhilfe nicht möglich ist". Ganz offenkundig aber begründet diese Regelung keine Rechtfertigung gewalttätiger Aktionen. Der Staatsrechtler Prof. Helmut Ridder sagt dazu: „[...] dass die von Protestbewegungen in das Widerstandsrecht des Art. 20 Abs. 4 gesetzten Erwartungen auch juristisch falsch sind, liegt auf der Hand, da solche Aktionen unter ‚intakter' Gerichtsbarkeit usw. stattfinden; über den politischen Illusionismus dieser Erwartungen braucht kein Wort verloren zu werden." Auf einem anderen Blatt steht, was überhaupt mit dem „legalisierten" Widerstandsrecht im Grundgesetz gewonnen sei, also in welchen Fällen es zum Zuge kommen soll.

(Allgemeine Zeitung Mainz, 04.03.1997, S. 2)

M 22b

➜ S. 376, M 8 (Brokdorf-Urteil)

M 23

Brokdorf 1981: KKW-Gegner greifen die Sperren der Polizei an.

Gorleben 1997

M 24 | Die Machtprobe um den Castor: Gorleben – und was nun?

Etwa hundert Castor-Kästen reisen jedes Jahr durch die Bundesrepublik, und kein Hahn kräht danach. Der Sixpack mit der Versandadresse Gorleben indes hält die Republik in Atem. Was ist das Besondere an diesen Containern? Technisch ist der Transport unnötig und strahlenbiologisch unbedeutend. Unnötig: Für die Behälter hätte man ebenso gut Aufbewahrungshallen in Kraftwerksnähe errichten können. Unbedeutend: Hätten die Demonstranten statt der versuchten Blockade sämtliche Zigarettenautomaten im Wendland demontiert, dann wäre wirkungsvollere Gefahrenabwehr im Interesse der Gesundheit geleistet worden.

Aber den streitenden Teilnehmern der Prozession geht es ums Prinzip – und um taktische Vorteile. Mit den provozierenden Transporten nach Gorleben, wo seit nunmehr zwanzig Jahren gegen Atomanlagen Widerstand geleistet wird, zwingt die Industrie die Bundesregierung zu einem starken Engagement. Der Hintergrund: Sie strebt eine „standortunabhängige Genehmigung" für den Europäischen Druckwasserreaktor an, das Kernkraftwerk der nächsten Generation. So erhielt die Anti-AKW-Bewegung ein willkommenes Symbol, eine mobile Kaaba, zu der man mit Kind und Kegel pilgern kann. Taktisches Kalkül der Gegenaktionen: Sie sollen so teuer werden, dass die Politik die Transporte beendet – und was immer die Industrie mit dem Müll anstellen will, ihre Absichten sollen durchkreuzt werden – bis dahin, dass die Gerichte den atomrechtlichen „Entsorgungsnachweis" nicht mehr akzeptieren und bestehende Genehmigungen für Kernkraftwerke widerrufen werden könnten.

Zu einer solchen Ermattungsstrategie ist nur eine Fundamentalbewegung fähig. Und in der Tat: Dies ist die einzige Protestbewegung, der ein Generationenwechsel gelungen ist; sie ist zugleich die einzige, der die Veränderungen seit 1989 nichts anhaben konnten – nicht einmal die Massenarbeitslosigkeit. Die Bewegung ist so vital, weil sie Seelennot artikuliert, nämlich die Angst vor einer Verseuchung der Welt. Diese Angst ist nicht lächerlich oder böswillig, sondern ein Drama für jeden, den sie befällt.

Sie verleitet auch moderate Menschen, die ansonsten mit beiden Beinen in dieser Gesellschaft stehen, die Verbindlichkeit parlamentarisch beschlossener Gesetze infrage zu stellen. Der zivile Ungehorsam gegen den Castor-Transport ist ja nicht, wie einst bei der Apo, als Signal an die Mehrheit zu verstehen, sondern er zielt dezidiert auf das Verhindern mehrheitlich beschlossener Politik. Und da wird es kritisch.

Es kann nicht richtig sein, dass sich jemand nur zum Betroffenen zu erklären braucht, damit er Mehrheitsregel und Gewaltmonopol außer Kraft setzen darf. Das gilt für Kernkraftgegner ebenso wie für Lebensschützer und Rechtsradikale, die bei Gelegenheit auch jene fadenscheinige Rhetorik der Toleranz pflegen, die jedem Mitbewegten freistellt, ob er legal oder militant handeln will.

Eine Demokratie ist nur dann stabil, wenn die meisten Mitbürger das politische System für überwiegend gerecht und vernünftig halten. Wenn es um Grundsätzliches mit Langzeitwirkung geht, muss deshalb ein Konsens gesucht werden, der über parlamentarische oder demoskopische 51 Prozent hinausreicht.

Man mag argumentieren, auf diese Weise würde die Mehrheit zur Gefangenen der Minderheit. Das stimmt. In einer Demokratie ist die Mehrheit hin und wieder die Gefangene der Minderheit.

In manchen Fällen verlangt das sogar die Verfassung, in anderen ist es keine Frage des Staatsrechts, sondern der Staatskunst. Die technische Weltgestaltung durch Kernenergie ist ein solcher Fall. [...]

(Gero von Randow, in: Die Zeit, 07.03.1997, S. 1)

➜ S. 401 f., Stichwort: Symbolische Politik

5. Phase: Deutschland – eine Zuschauerdemokratie?

M 25 |

[...] Neben der überall zu beobachtenden Politikverdrossenheit, dem Zerbröseln der Institutionen und der (Selbst-)Demontage der politisch handelnden Personen liegt ein bewusster oder unbewusster Grund für die Abstinenz einer großen Mehrheit von Bürgern gegenüber Politik darin, dass sie glauben, die Probleme würden allmählich so groß und so komplex, dass sie nicht mehr lösbar seien. Dafür möchte man nicht verantwortlich sein – weder vor

sich selbst noch vor der Öffentlichkeit. Die resignative ‚Ethik der sauberen Hände' durch Nichtstun, verbunden mit dem blanken Finger beim Zeigen auf die, die etwas tun und häufig versagen, scheint in Mode zu kommen. Der Verantwortungsverweigerung zu vieler entspricht ein Verantwortungsgefühl zu weniger, die meinen, sich einer Pflicht nicht entziehen zu können. Dabei ahnen oder wissen sie, dass sie sich überfordern und dass sie vielfach ihren Prinzipien zuwiderhandeln (müssen). Das Tempo der Zeit und das allgegenwärtige Mikrofon führen zum Sprechen vor dem Denken. Der politisch Handelnde scheint gezwungen zu sein, gewissenlos zu werden. Wenn er sich kompromisslos verhält, kann er praktisch am Handeln nicht mehr teilnehmen und wird marginalisiert: Nur wer etwas und wer sich durchsetzen kann, bleibt auf der Bühne. Der sensible und nachdenkliche, zögerliche und abwägende Politikertyp besteht in der Härte der Auseinandersetzungen immer weniger. Ist einer zu wenig entschlossen und machtbewusst, sagt man, er habe ‚Angst vor der Macht' und er müsse sie doch wollen. Ist einer bereit, Verantwortung zu übernehmen und stellt sich der Macht in ihrer ganzen Ambivalenz ohne erkennbare Skrupel, bekommt er flugs das Etikett des Machthungrigen angeheftet. Was Politiker in der Öffentlichkeit auch tun – es gibt ausreichend Stoff für jede publizistische Vermarktung: je skandalträchtiger, desto besser. Umso mehr kann sich der Nichthandelnde am wahren Gesicht oder am Versagen der Handelnden ergötzen. Das führt wiederum zu einer noch größeren Verweigerung vieler, im Prinzip interessierter Bürger, sich aufs politische Geschäft einzulassen. Das eigene Geschäft zu machen, wird zum Lebensinhalt.

Zur Person: Friedrich Schorlemmer, geb. 1944; Studium der Theologie in Halle; von 1978–1992 Dozent am Evangelischen Predigerseminar und Prediger an der Schlosskirche in Wittenberg; seit Anfang der 1970er-Jahre engagiert in der Friedens- und Umweltbewegung der DDR; 1989 Auszeichnung mit der Carl-von-Ossietzky-Medaille der Internationalen Liga für Menschenrechte; seit Mai 1990 SPD-Frak-tionsvorsitzender im Stadtparlament von Wittenberg; seit März 1992 Studienleiter an der Evangelischen Akademie Sachsen-Anhalt; Mitglied der Deutschen UNESCO-Kommission und des PEN; Träger des Friedenspreises des Deutschen Buchhandels 1993.

Politik wird schließlich auch immer häufiger als ‚Geschäft' betrieben oder von außen als solches betrachtet. Für den Verzicht auf alles Private, für den Dauerstress, für Erfolglosigkeit, Undankbarkeit und Vereinsamung meinen viele, viel zu viele Politiker, sich Entlastung und zusätzliche Vergütung beschaffen zu müssen. Staatliche Zuwendung wird auf allen erdenklichen Wegen erschlichen, Politik mehr und mehr als Selbstbedienungsladen (miss-)verstanden.

Inzwischen wächst in der Bevölkerung der ambivalente Wunsch nach immer weniger Staat, um eigene Interessen besser durchsetzen zu können, und gleichzeitig nach mehr Staat, verbunden mit der Sehnsucht nach einem entschlossenen, wenn nicht diktatorischen Zupacken und Durchgreifen einer ‚Führungspersönlichkeit'; noch nicht nach einem ‚Führer'. Nicht diese oder jene Personengruppe denkt oder fühlt so; das tiefe Ambivalenzgefühl teilen tagesstimmungsbedingt viele ganz unterschiedlich vorgeprägte Bürgerinnen miteinander. [...]"

(Friedrich Schorlemmer, Die Krise der Politik als Krise des Menschen; in: Beilage „Parlament" 31/1993, S. 33)

6. Phase Deutschland – eine Stimmungsdemokratie?

Zum Ende der 16-jährigen Kanzlerschaft von Helmut Kohl war 1998 zunehmend die Rede von „Stagnation" und „Reformstau". Eine im Wahlvolk verbreitet Wechselstimmung führte im Herbst zur Abwahl der Koalition von CDU/CSU und FDP und zur Bildung einer rot-grünen Bundesregierung unter Bundeskanzler Gerhard Schröder und Vizekanzler Joschka Fischer. Die neue Koalition – versiert im Umgang mit den Medien und in der Selbstdarstellung – stilisierte die neue Partnerschaft als „Rot-grünes Projekt": Die Sozialdemokraten versuchten die Verknüpfung von „Innovation" und „sozialer Gerechtigkeit" insbesondere mit Konzepten, die die Sozialsysteme zukunftsfähig machen und die Massenarbeitslosigkeit zurückführen sollten; die Grünen legten mit Ökosteuer und Atomausstieg Wert auf besondere Akzente in der Umweltpolitik. Der Regierungskoalition gelang die Umsetzung ihrer Ziele nur zum Teil. Einerseits gab es nicht selten handwerkliche Fehler im Gesetzgebungsprozess, was öfters zu Nachbesserungen führte. Andererseits mangelte es beim Wähler an der Bereitschaft, notwenige Reformen mitzutragen. Als etwa im Zuge einer Gesundheitsreform eine „Praxisgebühr" eingeführt wurde, hagelte es in den Medien Proteste und die Zustimmung für die Koalition nahm rapide ab, was sich in Landtagswahlergebnissen niederschlug.

Die Grafik M 26 (S. 398) zeigt, wie über all die „sieben turbulenten Jahre" von Rot-Grün die Stimmung – in Abhängigkeit von einzelnen Reformvorhaben – schwankte.

M 26

Sieben turbulente Jahre

Die rot-grüne Regierung kippte erst Gesetze der Kohl-Regierung und ging dann ihren eigenen Reformweg. Die Wähler folgten ihr dabei immer seltener

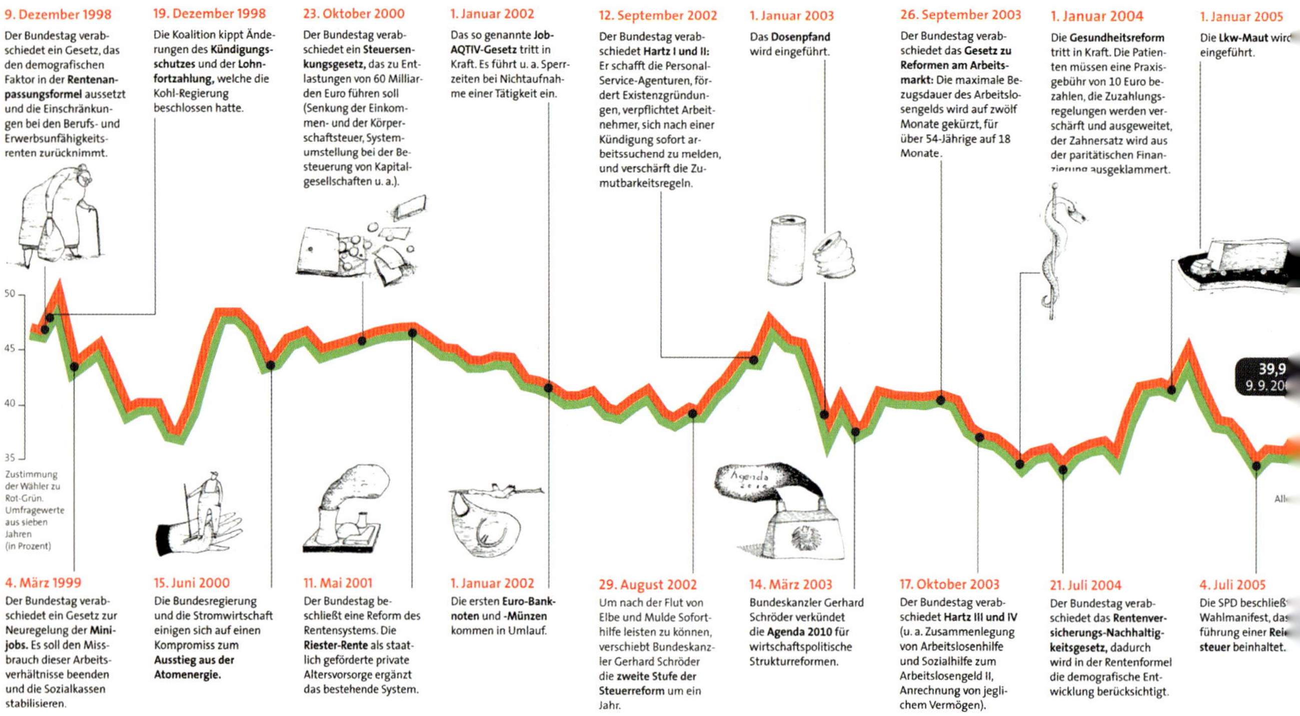

(zusammengestellt von Sebastian Ramspeck, in: Die Zeit, Nr. 38/15.09.2005, S. 29; Illustration: Martin Burgdorff)

Aufgaben

1. Die Grafik enthält nur einen Teil der Reformvorhaben der rot-grünen Regierung. Ergänzen Sie die Grafik, insbesondere mit weiteren Beispielen, die in diesem Lehrbuch behandelt sind (z. B. Einrichtung eines Nationalen Ethikrates und Diskussion über Gentechnologie, S. 122 ff.; Ökosteuer, S. 239 ff.; Zuwanderungsgesetz, S. 310 ff.).
2. Die „sieben turbulenten Jahre" brachten auch Neuorientierung deutscher Außen- und Sicherheitspolitik. Ordnen Sie diese Einschnitte (z. B. Bundeswehreinsätze im Rahmen von UNO-, EU- oder NATO-Missionen; s. S. 501 ff.) der Grafik zu.

Vielen Beobachtern gilt das Fernsehen – neben den Tages- und Wochenzeitungen – als „Leitmedium der Demokratie". Der Bürger ist auf eine umfassende, aktuelle und seriöse Berichterstattung angewiesen, wenn er sich als „citoyen" kompetent und urteilsfähig an politischen Willensbildungsprozessen beteiligen will. Die zunehmende Vermischung von politischer Information mit „Unterhaltung" (Infotainment) begegnet uns zunehmend in Talkshows, die zuweilen emotionalisieren, dramatisieren oder gar hysterisieren. Ein Mitarbeiter der „Frankfurter Allgemeinen Sonntagszeitung" hat sich je zwei Sendungen von „Christiansen" (ARD) bzw. von „Berlin Mitte" mit Maybritt Illner (ZDF) genauer angeschaut und den Wahrheitsgehalt von Behauptungen der Diskussionsteilnehmer, deren Beiträge meist Stimmungen im Wahlvolk ansprechen sollten, einmal genauer untersucht:

M 27a

Laurenz Meyer
damals Generalsekretär der CDU
in „Sabine Christiansen" vom 18. Januar 2004:

„Es ist eindeutig so, dass in den fünf Jahren, die Rot-Grün an der Macht ist, die Schwarzarbeit von rund 11 Prozent auf 17,5 Prozent gestiegen ist."

Ach ja, eindeutig? Eher ist das eindeutig übertrieben. 1998, als Rot-Grün an die Macht kam, lag der Anteil der Schattenwirtschaft am Bruttoinlandsprodukt schon bei 14,8 Prozent, im Jahr 2002 waren es 16,49 Prozent. Die Werte für 2003 dürften die Schwelle von 17 Prozent allerdings tatsächlich überschritten haben.

Georg Milbradt
Ministerpräsident von Sachsen (CDU)
in „Berlin Mitte" vom 29. Januar 2004:

„Die Steuerliteratur ist zu 50 Prozent auf Deutsch geschrieben."

Ein alter Talkshow-Klassiker. Genauso hätte Milbradt behaupten können, dass 68 Prozent der Steuerliteratur auf Deutsch erschienen seien. Oder 17 Prozent auf Japanisch. Gezählt hat das natürlich nie jemand, es wäre auch völlig unmöglich. Aber gerade deshalb ist die willkürliche Zahl von 50 Prozent ja so beliebt und wird in diesem Zusammenhang immer wieder genannt.

Guido Westerwelle
FDP-Vorsitzender
in „Berlin Mitte" vom 29. Januar 2004:

„In der Bundesagentur für Arbeit mit ihren 90 000 Mitarbeitern sind zehn Prozent davon für die eigentliche Vermittlungstätigkeit zuständig."

Das sind aus Sicht von Westerwelle natürlich viel zu viele Leute, von denen die wenigsten etwas Sinnvolles tun. Tatsächlich arbeiten bei der Bundesagentur sogar noch mehr Menschen, nämlich 93 093 (Stichtag 15.12.2003). Von denen sind allerdings auch 12 348 als Vermittler tätig, was einem Anteil von 13,3 Prozent entspricht. Fairerweise könnte man aber noch die Leute hinzurechnen, die den Vermittlern zuarbeiten, etwa Sachbearbeiter oder Sekretärinnen. Dann erhöht sich die Zahl auf rund 28 000, was einem Anteil von 30 Prozent entspricht.

Walter Hirrlinger
Präsident des Sozialverbandes VdK
in „Berlin Mitte" vom 22. Januar 2004:

„Die Hälfte der männlichen Rentner hat 1 000 Euro im Monat, und die Frauen haben im Schnitt 650 Euro im Monat."

Als VdK-Präsident ist Hirrlinger natürlich darum bemüht, die Rentner möglichst arm zu rechnen. Erstaunlich also, dass er die Rentnerinnen eher reicher gemacht hat: In den neuen Ländern beträgt die Durchschnittsrente für Frauen tatsächlich 650 Euro (präzise: 655 Euro), in den alten Ländern sind es aber nur 479 Euro.

Laurenz Meyer
damals Generalsekretär der CDU
in „Sabine Christiansen" vom 18. Januar 2004:

„Ein Drittel der neuen Minjobs sind im Bereich der Gaststättengewerbe angesiedelt."

Leider schon wieder ziemlich weit daneben. Nach der jüngsten Erhebung sind es nämlich gerade mal 9,75 Prozent. Die Café- und Restaurant-Dichte ist halt nicht überall so hoch wie in Berlin Mitte.

Ulla Schmidt
Bundesgesundheitsministerin (SPD)
in „Berlin Mitte" vom 22. Januar 2004:

„Wir haben im Arzneimittelsektor 4 000 Tonnen Arzneimittelmüll."

Die Ministerin meint wahrscheinlich, wie viele Tonnen verschriebene Arzneimittel in Deutschland jedes Jahr auf dem Müll landen. Gesicherte Zahlen gibt es nicht, allenfalls Schätzungen – selbst die „Bundesvereinigung Deutscher Apothekerverbände" (ABDA) ist ratlos.

(FAS, 08.02.2004, S. 49)

... und noch mehr Fachleute: Maybrit Illner in ihrer Gesprächsrunde „Berlin Mitte" am 22. Januar 2004

M 27b|

Wir Bürger haben die Politiker in den Bundestag gewählt, nicht aber in die Talkshows. Ihre Aufgaben liegen im Parlament, diese heißen Gesetzgebung und Kontrolle der Bundesregierung. [...]
Unser Staat ist als parlamentarische Demokratie verfasst. Es sind vor allen anderen leider die Politiker selbst, die entgegen dem Geist des Grundgesetzes unseren Staat zu einer Fernseh-Demokratie umfunktionieren.

(Helmut Schmidt und Rainer Barzel, in: FAZ v. 11.05.2005)

M 27c|

2.5 Politische Streitkultur

➤ Streit – ein Element von Freiheit

In den vergangenen fünf Jahrzehnten hat sich in Deutschland in den leidenschaftlichen Debatten um kontroverse Themen ein Bewusstsein entwickelt, dass politischer Streit auf Elemente einer politischen Kultur angewiesen ist. Als beispielhafte Stationen dieser Debatten können angesehen werden:

1950er-Jahre:	Wiederbewaffnung
1960er-Jahre	Notstandsgesetze
1970er-Jahre	Nutzung der Kernenergie
1980er-Jahre	Nachrüstungsdebatte
1990er-Jahre:	Änderung des Asylrechts
Jahrhundertwende:	Zuwanderungsdebatte

„Tugenden der Demokratiefähigkeit"
Gedanken bei der Lektüre von Christian Graf von Krockow, Gewalt für den Frieden, München 1983, S. 53ff.:

- **Toleranz**

Dem Wortsinn nach meint Toleranz zunächst das „Dulden" anderer Anschauungen; darüber hinaus jedoch Vielfalt – eine Vielfalt, die reicher macht, weil der Andersdenkende mir, so wie ich ihm, zu neuen Einsichten verhelfen kann. Toleranz zielt also auf Freiheit zur Vielfalt und ermöglicht Offenheit für das Kommende.

- **Kompromissbereitschaft**

Der Kompromiss ist in Deutschland ausgesprochen unpopulär. Kompromiss – für viele immer noch der faule Kompromiss, der Verrat an Prinzipien. Kompromissfähigkeit rangiert bei allzu vielen an der Grenze zur Charakterschwäche. Eine positive Beschreibung des Wesens des Kompromisses stammt von Theodor Wilhelm: „Wo Kompromisse geschlossen werden", sagt er, „wird das Subjekt in Abhängigkeit gebracht. Abhängigkeit von anderen Menschen, die das Subjekt in seiner Willkür einschränken. Die Selbstherrlichkeit des Ichs wird ganz entschieden eingeschränkt." So weit das Zitat. Kompromissfähigkeit schafft also die Anerkennung des anderen in seinem Anderssein. Deswegen verlangt sie auch danach, dass der Kompromiss nicht als Ärgernis oder als allenfalls taktische Maßnahme auf Zeit gesehen wird, die man abwirft, sobald man die Macht dazu hat und es ohne Nachteile für einen möglich erscheint.

- **Mäßigung**

Sie ist eng mit Kompromissbereitschaft und Toleranz verwandt und in den westlichen Demokratien das Ergebnis eines langen geschichtlichen Prozesses. Hierzu gehört etwa, dass Mehrheiten ihre Macht nicht rücksichtslos ausspielen, wobei sie möglicherweise streng legal vorgehen und besten Gewissens Minderheiten in den Widerstand treiben. Mehrheitsentscheidungen müssen für die unterlegene Minderheit zumutbar sein.

- **Konfliktfähigkeit**

„Konflikt ist ein Grundelement der Freiheit", so Ralf Dahrendorf. Konflikte gehören zum Alltag einer Demokratie und sind notwendig, weil sie für Veränderungsmöglichkeiten und Reformfähigkeit sorgen. Sie bewahren unsere

Gesellschaft vor Erstarrung und spiegeln vielfältige, einander zum Teil widersprechende Interessen wider. In Deutschland beobachten wir hingegen eine tief verwurzelte Konfliktscheu: Parteien gelten als stark, wenn sie Einigkeit demonstrieren, und als schwach, wenn es Flügel gibt und auf Parteitagen kontrovers diskutiert wird. In einer offenen Gesellschaft können die auf unterschiedlichen Anschauungen und Interessen beruhenden Konflikte dann produktiv statt destruktiv ausgetragen werden, wenn allgemeine Verfahrensregeln, die Verfassung und Rechtsstaat anbieten, beachtet werden. Insofern ist

- **Sensibilität für Spielregeln**

eine wichtige Ergänzung der Konfliktfähigkeit. Prinzipiell müssen alle Interessen und Auffassungen zum Zuge kommen und dürfen nicht vorweg ausgeschlossen werden. Andernfalls besteht die Gefahr, dass sich Teile der Gesellschaft auf Dauer nicht mehr an die Spielregeln halten. Die Folgen wären dann Resignation oder Aufbegehren. Freiheitsfeindliche Ordnungen zeichnen sich übrigens u.a. auch dadurch aus, dass sie die Bedeutung formaler Spielregeln gegenüber den Inhalten und Zielen für unwichtig halten. In einer offenen und liberalen Gesellschaft dagegen sollte man das Wort der früheren Herausgeberin der „Zeit", der Gräfin Dönhoff (1909–2002), bedenken: „Nicht das Ziel ist das entscheidende, sondern die Mittel, mit denen man es zu erreichen trachtet."

- **Vertrauen und Misstrauen**

Westliche Gesellschaften leben von einer Dialektik von Vertrauen und Misstrauen. Weil Macht zu Machtmissbrauch werden kann, gibt es Gewaltenteilung als System wechselseitiger Kontrolle und Einflussnahme. Gewaltenteilung ist insofern auf der einen Seite Ausdruck eines institutionalisierten Misstrauens. Aber andererseits kommt kein Gemeinwesen ohne eine wenigstens gewisse Vorgabe von Vertrauen aus: Wer nur dem Volk, den „Bewegten draußen im Lande" die Wahrheit, die Weisheit, den Durchblick, die Güte unterstellt, andererseits aber „denen da oben" in allen etablierten Parteien, ob links oder rechts, Arglist, Verblendung, Unfähigkeit oder gar Verrat an lebenswichtigen Prinzipien unterstellt, macht politisches Miteinander unmöglich.

„Ein Gespräch setzt voraus, dass der andere Recht haben könnte."
(Hans-Georg Gadamer, Philosoph, 1900–2002)

➤ Stichwort: Symbolische Politik

M 28

a) September 1949 im Hotel Petersberg bei Bonn: Das berühmte „Teppich-Foto" zeigt Bundeskanzler Konrad Adenauer bei seinem Antrittsbesuch bei den Hohen Kommissaren, von denen er das Besatzungsstatut entgegennehmen soll. Die Hohen Kommissare stehen auf einem Teppich; als ein Protokollbeamter Adenauer einen Platz außerhalb des Teppichs zuweist, betritt dieser wie selbstverständlich den Teppich und zeigt so seinen Anspruch auf Gleichbehandlung und Gleichberechtigung.

b) Dezember 1970 in Warschau: Mit seinem Kniefall am Denkmal für die Opfer im Warschauer Getto zeigt Bundeskanzler Willy Brandt seine Erschütterung über die deutschen NS-Verbrechen.

c) Protest gegen die NATO-Nachrüstung vor dem Raketenlager in Mutlangen, 2.9.1983

d) September 1984 vor der Gedenkstätte an die Schlachten des Ersten Weltkrieges bei Verdun: Bundeskanzler Helmut Kohl und der französische Staatspräsident François Mitterrand demonstrieren mit einem Händedruck die deutsch-französische Aussöhnung und Freundschaft.

M 29 | Politische Symbole und symbolische Politik

Der Brockhaus meint, ein Beispiel des Symbols sei der Kuss. Das wäre wohl einleuchtend, hätte er Breschnew oder einen der anderen professionellen Politküsser im Sinn, für die er etwas anderes kaum sein könnte. Es geht auch anders. Ein Kuss, der seinen Namen verdient, verweist auf nichts anderes. Er ist die Sache selbst. Der Brockhaus hat immer eine klare Definition. Der Kuss ist die „Berührung eines Menschen mit den Lippen zum Zeichen der Verehrung, Liebe, Freundschaft.“ Es gibt also die Verwechslung von Tat und Zeichen, von der die symbolische Inszenierung lebt, die Vertauschung von Wirklichkeit und Schein auch in der anderen Richtung. Die Sache selbst erscheint als ihr eigener Schein.

Der Begriff Symbol ist geläufig, doch schwer zu fassen. Fließende Übergänge nach allen Seiten, vielfältige Anwendungen, die kaum zur Deckung gelangen.

Der öffentlich exekutierte Mord am Ehepaar Ceaucescu im Dezember 1989 [in Rumänien] zum Beispiel. Der Mord war real, in seiner Unwiderruflichkeit unüberbietbar real. Vollzogen wurde er als Symbol. Es ging den Übergangsherrschern um nichts anderes als eine unmissverstehbare symbolische Inszenierung. Die Liquidation seiner Repräsentanten sollte die Warnung bekräftigen, für das alte System werde es keine Wiederkehr geben. Während der schonungslose Kampf der Securitate gegen die neuen Verhältnisse ungebrochen wütete, wurde ihr und allen, die es betreffen mochte, eine drastische symbolische Botschaft oktroyiert. Es ist alles vergebens. Der Tod des Regimes ist so unwiderruflich wie die Hinrichtung seines Repräsentanten. [...]

Als Joseph Beuys aus Anlass der Dokumenta 1987 die ersten von 10 000 Eichen pflanzte, war das eine Realhandlung, die als Symbol wirkte. Ein einziger Baum oder zwei wären nicht mehr als der Hinweis gewesen, dass es gelte, Bäume zu pflanzen, und dass Kunst und Leben nicht zweierlei sind.

10 000 Eichen, das war ein doppeltes Symbol und eine tätliche Veränderung der Wirklichkeit in einem. Ironische Symbolik enthielt die Wahl der Eiche, die doch der Stammbaum der Deutschen sein sollte, während diese drauf und dran waren, ihrem Wald den Garaus zu machen. Symbolisch war die Aktion als Verweis auf das, was Not tat und auf die Aufgabe von Kunst in dieser Zeit. Real war sie, indem sie über den symbolischen Verweis hinaus selbst schon unternahm, was sie herausfordern wollte. Die Realhandlung selbst wäre ein Stück substanzieller Wirklichkeit gewesen, ohne sonst etwas sein zu müssen. Sie wurde zur Symbolhandlung durch den demonstrativen Akt und den Kontext, in dem einer sie formte, der die Aufmerksamkeit zu mobilisieren vermochte, die zur Tat hinzutreten musste, um ihren symbolischen Überschuss hervortreten zu lassen.

Symbol ist eine Sache oder Handlung nicht an sich, sondern durch das Sprachspiel und den Handlungszusammenhang, die sie dazu machen. Symbol ist kein Ding, sondern eine lebendige, soziale Relation, die aufleben und erlöschen kann, je nach dem Wandel der sozialen Lebensform, in der sie sich entfaltet. [...]

(Thomas Meyer, Die Inszenierung des Scheins – Essay-Montage, Frankfurt/M. (es NF 666) 1992, S. 50 ff.)

Aufgaben

1. Untersuchen Sie den „Symbolgehalt“ der vier Situationen (M 28).
2. Suchen Sie für „symbolische Politik“ „von oben“ bzw. „von unten“ weitere Beispiele. Sammeln Sie, analysieren Sie, dokumentieren Sie Ihre Ergebnisse.

3. Politik und Politikverständnis

3.1 Grundtypen politischen Denkens – oder: Von den drei Wurzeln der Politik

Der Heidelberger Politikwissenschaftler Dolf Sternberger (1907–1989) hat in seiner Schlussvorlesung im Sommer 1972 versucht, Problemstellungen und Betrachtungsweisen in der politischen Theorie auf Grundtypen zu reduzieren, denen man die einzelnen Denker zuordnen kann. Wir zitieren daraus:

M 1 | Von den drei Wurzeln der Politik

Wir haben es in unserer Welt und Sprache nicht mit einem einzigen Begriff des Politischen, nicht mit einem einzigen Bedeutungsstrang, einer einzigen Tradition der Theorie, einer einzigen Klasse von Phänomenen zu tun, sondern mit deren dreien. Politik erwächst nach Begriff und Erscheinung aus drei getrennten Wurzeln: der aristotelischen oder anthropologischen, der machiavellistischen oder dämonologischen, der augustinischen – auch leninistischen – oder eschatologischen.
Aus der ersten resultiert die Lehre vom Staat und der Staatsverfassung und von der Politik als derjenigen gemeinschaftlichen Tätigkeit, die auf ‚Glückseligkeit‘ in der organisierten menschlichen Gesellschaft gerichtet ist. Aus der zweiten resultiert die Lehre von den Kunstmitteln der Herrschaft, ihrer Gewinnung und Erhaltung einschließlich der Mittel der Gewalt und des Krieges. Aus der dritten Wurzel erwachsen die Lehren von der großen Veränderung und ihrer Vorbereitung […].
Wir nennen die erste Wurzel die aristotelische deswegen, weil kein Autor der Antike oder der Moderne das Politische mit solcher Genauigkeit und solcher Entschiedenheit als den Bezirk der gemeinsamen Lebensordnung bestimmt hat wie eben Aristoteles […]. Niccolo Machiavelli aber hat in seinem Buch über den „Fürsten“ (‚Il Principe‘) die moderne Theorie des Politischen exemplarisch ausgesprochen – ohne übrigens das Wort ‚politisch‘ zu gebrauchen –, nämlich als Technik des subjektiven Machtstrebens im Streit mit allen Arten von Widerständen, als Lehre von den kriegerischen und diplomatischen, kühnen und listigen, grausamen und milden Mitteln zu dem einen Zweck der Herrschaft.
Die beiden Denker und die beiden Bücher handeln von durchaus verschiedenen Gegenständen. Aristoteles handelt vom Staat, Machiavelli vom Herrscher. Aristoteles handelt von der Verfassung, Machiavelli von der Macht. Aristoteles handelt von Institutionen und von Gesetzen, Machiavelli von Unternehmungen und Verfahrensweisen. Aristoteles handelt von dem einen großen Zweck des menschlichen Zusammenlebens, Machiavelli von den Mitteln der Herrschaft über Menschen. Und doch heißen diese verschiedenen Gegenstände in unserem heutigen Sprachgebrauch gleichermaßen ‚politisch‘; das ist sehr verwirrend, und um uns in dieser Verwirrung zurechtzufinden, darum unterscheiden wir die aristotelische und die machiavellistische Wurzel des Politischen.
Ihnen beiden haben wir ein nicht minder wirkungsmächtiges Werk der abendländischen Geistesgeschichte gegen-

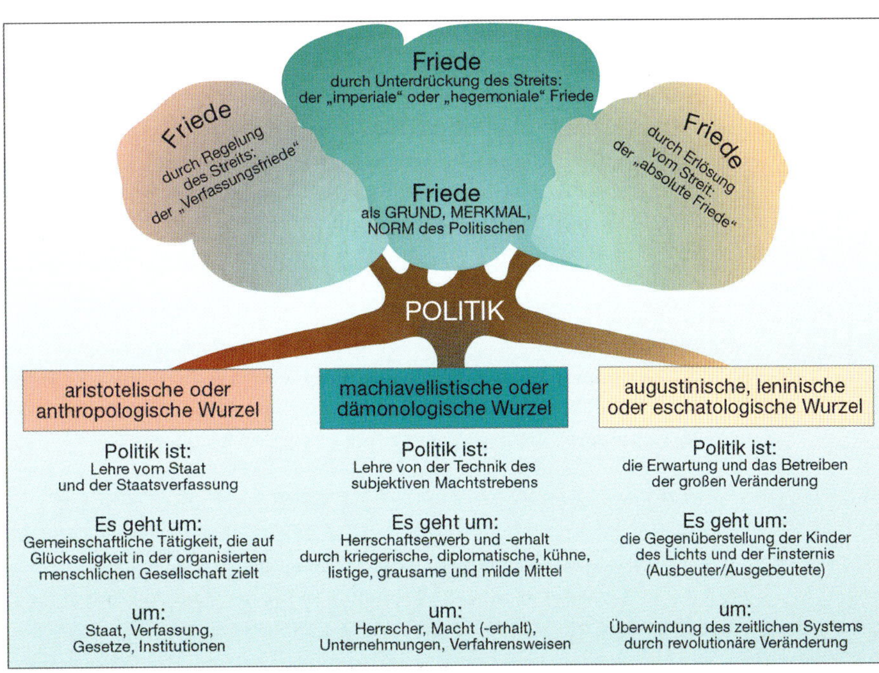

über – und an die Seite gestellt, nämlich den ‚Gottesstaat‘ des Kirchenvaters Augustin [...]. Bei Augustin zuerst finden wir die Theorie von den zwei Klassen, den Kindern des Lichts und den Kindern der Finsternis, den Nachfolgern Abels und den Nachfolgern Kains. Ausdrücklich sprach er von den ‚zwei menschlichen Genossenschaften (oder: Staaten), deren eine vorherbestimmt ist, in Ewigkeit mit Gott zu herrschen, während die andere mit dem Teufel die ewige Strafe auf sich zu nehmen hat‘ (Gottesstaat XV. 1). [...]

Auch diese eschatologischen Motive sind in den heute verbreiteten Begriff der Politik eingegangen. Sie geistern überall dort nach, wo Politik als Erwartung und Betreibung der großen Veränderung, Entlarvung des Staates, Denunziation der ‚Herrschenden‘ als böse, Warnung vor Beteiligung, Zwei-Klassen-Theorie in säkularer Gestalt – der bösen Ausbeuter und der guten Ausgebeuteten –, als Überwindung des zeitlichen ‚Systems‘ und Anbruch eines ‚Reiches der Freiheit‘ aufgefasst und praktiziert wird. Wobei die Unterschiede zwischen christlicher und leninistischer Endzeithoffnung und -verwirklichung auf der Hand liegen [...]. Ein solcher Begriff des Politischen hat mit dem machiavellistischen nur die Tendenz der Entlarvung, mit dem aristotelischen gar nichts gemein. Er wächst aus einer dritten Wurzel, die wiederum von den beiden vorigen scharf zu unterscheiden ist. [...]

Ein Versuch der Versöhnung, freilich ohne große Hoffnung, kann mithilfe der Hypothese gemacht werden, das Merkmal des Politischen sei der Friede. Es zeigt sich dann, dass den drei Begriffen, Traditionen und Bereichen, die da allesamt unter dem Namen der Politik figurieren, auch dreierlei Arten von Frieden zugehören: der Friede durch Regelung des Streits, der der aristotelischen Politik entspricht, der Friede durch Unterdrückung des Streits, der die machiavellistische Politik kennzeichnet, und der Friede durch Erlösung vom Streit, wie er als leitende Vision aller eschatologischen Politik innewohnt, der christlichen wie der säkularen [...]. Die drei Arten von Frieden kommen so wenig miteinander überein wie die drei Begriffe des Politischen. Der Verfassungsfriede ist nicht der imperiale oder hegemoniale Friede, und keiner von beiden ist der absolute Friede [...].

Zum Streit zwischen den drei Konzepten führt Sternberger aus:

1) So hören wir die machiavellistische Kritik sagen: Alles ist Interesse, Kampf um Macht; Vereinbarung ist nur ein Waffenstillstand. Der Staat ist aus Eroberung entstanden [...], nicht aus dem Bedürfnis des Zusammenschlusses [...], wie Platon meint, und er ist kein Gebilde der Natur, wie ihm Aristoteles erwidert [...].

2) Und die eschatologische Kritik stimmt ein. Wie wir es von Augustin gehört haben: Kain wurde der Staatengründer, am Anfang steht der Brudermörder. Oder von Karl Marx und Friedrich Engels: ‚Die moderne Staatsgewalt ist nur ein Ausschuss, der die gemeinsamen Geschäfte der ganzen Bourgeoisie-Klasse verwaltet‘ [...].

Der Friede wird erst kommen, [...] nämlich der absolute Friede oder die Aufhebung der gesellschaftlichen Widersprüche, was dasselbe ist.

3) Was hat der Aristoteliker, was hat die ‚anthropologische‘ Politik darauf zu erwidern? Gegen den fröhlichen Machiavellisten wie gegen den ingrimmigen Eschatologiker führt er das historische Argument ins Feld: Wie auch immer es bei der faktischen Entstehung von Staaten zugegangen sein mag – auch der auf lauter Fluch errichtete Staat wird gezwungen, mit der Zeit eine Art von Recht und Gesittung zu entwickeln! (Jakob Burckhardt) [...]. Vielleicht lässt sich dieses historische Argument in einem Satz zusammenfassen: Der einzige geschichtlich erkennbar gesicherte Friedensbereich ist gerade derjenige des Staates – ob wir an die griechische Polis, an das mittelalterliche Regnum mit seinem Landfrieden denken oder an den modernen Verfassungsstaat mit seiner geregelten Gesetzgebung, seiner unabhängigen Gerichtsbarkeit, seinem Wettstreit der Parteien, seinem kanalisierten Interessenkompromiss, seiner immer weitergreifenden gesellschaftlichen Beteiligung an den Entscheidungsprozessen – und freilich auch mit seiner Zwangsgewalt [...].

(zit. nach: FAZ v. 28.9.1972; vgl. Dolf Sternberger, Drei Wurzeln der Politik, 2 Bde., Frankfurt/Main 1978)

Aufgaben

1. Formulieren Sie die Grundgedanken der hier unterschiedenen drei Theorien mit eigenen Worten.
2. Charakterisieren Sie die drei Positionen, indem Sie die Bedeutung ihrer Schlüsselbegriffe umschreiben (Politik, Staat, Macht, Herrschaft, Gewalt, Interesse, Streit, Friede, Verfassung).
3. Formulieren Sie die gegenseitige Kritik der drei Positionen mit eigenen Worten.
4. Diskutieren Sie, welche der drei Positionen durch die politische Praxis – der inneren Politik, der internationalen Politik – eher bestätigt wird.
5. Welche unterschiedlichen Mittel und welche Chancen sehen Sie aus den drei Positionen, den zwischenstaatlichen Frieden in der heutigen Welt zu sichern?
6. Ordnen Sie Hobbes, Rousseau und Locke (S. 370 ff.) den Grundtypen politischen Denkens zu. Begründen Sie.

M 2 | Reflexion: Der Zerfall des Zivilen

Wer „undeutsch" aussieht, ist in Deutschland seines Lebens nicht mehr sicher. Staat und Gesellschaft müssen alle Gegenkräfte mobilisieren – sonst steht das Überleben der Demokratie auf dem Spiel.

Sagen wir es, wie es ist: In keinem anderen zivilisierten Land der Welt müssen Menschen anderer Hautfarbe oder Herkunft gegenwärtig um ihr Leben fürchten, wenn sie am helllichten Tage eine Straße oder nachts um zehn einen Park durchqueren. Niemand, der weiß ist, kann sich vorstellen, wie Nichtweiße seit den glorreichen Tagen des Mauerfalls in Deutschland leben: als Vogelfreie, als Jagdwild ethnischer Säuberer.

Der Zufall wollte es, dass ich in diesen Tagen durch Südafrika reiste. In Kapstadt traf ich eine Bekannte aus Berlin, die einen südafrikanischen Schauspieler geheiratet hatte. Nachdem einige ihrer Freunde in Berlin und Brandenburg ermordet oder zu Krüppeln geschlagen worden waren – Namen, die ich nicht kannte, „Fälle", die bestenfalls drei Zeilen wert gewesen waren – emigrierten sie in das Land der ehemaligen Apartheid und fühlen sich dort mit ihren Kindern sicher. Wissen die Deutschen eigentlich, was in ihrem Land geschieht? [...] Dass beispielsweise in Brandenburg kein Tag mehr vergeht, ohne dass Ausländer oder auch Deutsche physischen Angriffen ausgesetzt sind, schien lange Zeit nur dann eine Nachricht wert zu sein, wenn es Angriffe mit tödlichem Ausgang waren.

Aber man muss gar nicht auf die, von lokalen Behörden geduldeten, „befreiten Zonen" der Neonazis oder auf die Gewalttaten der Hooligans hinweisen, um Anlässe für ein neues Nachdenken über den zivilen Konsens zu finden. Als Mitglied einer Initiative „Courage gegen Fremdenhass" hatte ich öfter Gelegenheit, mir Berichte von Schülern aus Berliner Randbezirken anzuhören. Die Erzählungen waren so dramatisch, dass ich mich manchmal fragte, ob die Schüler und die Erwachsenen in zwei parallelen Welten leben, die kaum etwas voneinander wissen. Ich hörte von einer Vergewaltigung in der S-Bahn, die unter den geduldig vorbeisehenden Augen der Fahrgäste vonstatten ging und nie in die Schlagzeilen fand. Von Überfällen durch Naziskins während des Unterrichts, die der Schulleiter verschwieg, um den Ruf seiner Schule nicht zu ruinieren. Von Schlägereien im Schulhof, in die kein Lehrer eingreift und bei denen der Angreifer erst mit dem Treten aufhört, wenn der Unterlegene keine Regung mehr zeigt. Schließlich davon, dass ein guter Teil der Schüler nur noch mit Messern und Schlagringen bewaffnet zur Schule geht, um auf dem Hinweg oder Rückweg für die Überfälle von verfeindeten – nicht selten türkischen – Schülergangs gerüstet zu sein. [...]

Es ist wahr: Die Bürger haben einen Anspruch darauf, dass die Garanten der zivilen Gesellschaft – eine unabhängige Justiz, eine demokratisch kontrollierte Polizei, eine freie Presse – ihre Aufgaben erfüllen. Aber diese Institutionen sind haltlos, seelenlos, am Ende auch machtlos, wenn ihnen der Souverän nichts abverlangt. Die Meinung, dass der Staat für die Pflichten einer zivilen Gesellschaft zuständig sei, der Bürger für deren Rechte und Annehmlichkeiten, leistet einer Selbstentmündigung des Bürgers Vorschub. Wenn Menschen, weil sie ‚undeutsch' sind oder so aussehen, ihres Lebens nicht mehr sicher sind, steht das absolute Minimum einer demokratischen Gesellschaft auf dem Spiel. Alles kommt darauf an, dass beide, der Staat und die zivile Gesellschaft, ihre Kräfte mobilisieren, um solche existenzbedrohenden Anschläge auf die Gemeinschaft abzuwehren. Erst danach, wenn die Gewalttäter in Gewahrsam sind, soll man sich den Kopf darüber zerbrechen, dass es sich um fehlgeleitete Kinder handelt, dass sie womöglich ganz andere Feinde meinen, dass Jugendgefängnisse sich bisher nicht als der geeignete Ort für eine Resozialisation erwiesen haben.

Wenn es aber so ist, dass die zivilen Grundregeln sich nicht von selber verstehen, wie und von wem werden sie gelehrt und aktiviert? Wo erfahren Heranwachsende und Erwachsene, auf welche Weise – und warum überhaupt – man einem bedrohten Mitmenschen helfen kann und soll? Wenn uns Toleranz und Empathie, wenn uns die viel beschworene Zivilcourage nicht als unveränderliche Wesensmerkmale in die Wiege gelegt sind, wo und von wem, mithilfe welcher Beispiele und Vorbilder werden sie entwickelt? Trifft die Annahme noch zu, dass der soziale Konsens von den Eltern an die Kinder weitergeben wird – angesichts einer wachsenden Zahl von sich auflösenden Familien, von alleinerziehenden, häufig überforderten Müttern und Vätern?

Was die visuellen Medien betrifft, so werden nicht einmal ihre frechsten Interessenvertreter behaupten, sie würden ihre Programme an den Zielen einer zivilen Gesellschaft ausrichten. Die Verkäuflichkeit der Sendungen – und die zu erwartende Einschaltquote – ist längst zum wichtigsten Maßstab der Programmmacher geworden. Unstreitig haben Gewaltszenen einen „besonders hohen Emotionswert", wie die Fachleute das nennen. Da wiederum die Wirkung von Gewaltszenen einem Suchtprinzip gehorcht, muss die Häufigkeit und Brutalität solcher Szenen ständig gesteigert werden. Eltern von Heranwachsenden können bezeugen, dass ihre Kinder einem Wettbewerb von Scheußlichkeiten ausgesetzt sind, dem mit individuellen Verboten nicht beizukommen ist. Zwölfjährige wollen einander beweisen, dass sie einen Horrorfilm wie *Scream* – ein Opus, in dem liebevoll gezeigt wird, wie zwei halbirre Achtzehnjährige ihre Mitschüler abschlachten, abmessern, ausweiden – ertragen können, ohne kotzen zu müssen. Es bildet sich eine Hierarchie im Aushalten von Bestialität: Weil mein bester Freund und dessen Freunde diesen – jugendverbotenen – Film längst gesehen und sich nicht übergeben haben, muss ich ihn auch sehen; sonst werde ich in der Gruppe nicht ernst genommen!

Auch die Macher der Nachrichtensendungen haben den Verführungswert von Gewalt entdeckt und für den Kampf um die Zuschauerquote in Dienst genommen. Warum sonst werden Livebilder von einem erfolgreichen Überfall auf ein Asylantenheim, vom tödlichen Unfall einer Skirennfahrerin, vom Todessprung eines Menschen aus einem brennenden Haus zehn-, zwanzig- und dreißigmal am Tag über den Bildschirm geschickt? Es wird längst hingenommen, dass die Sender die Todessekunden und Todesqualen von Menschen als Lock- und Werbemittel für ihre Sendungen einsetzen.

Seit Jahrzehnten findet eine lächerliche Diskussion darüber statt, ob die Bombardierung mit Gewaltszenen jugendlichen Zuschauern schade – von den Erwachsenen ist gar nicht erst die Rede, als wären sie über die Gefahr der Desensibilisierung und Verrohung kraft Alter erhaben. Triumphierend machen die Gewaltverkäufer geltend, dass wissenschaftliche Beweise einer ursächlichen Verknüpfung zwischen angeschauter und anschließend ausgeübter Gewalt fehlen. Ein solcher, jeden Zweifel ausschließender Beweis wird auch in Zukunft ebenso wenig erbracht werden wie der Nachweis, dass die Klimaveränderungen von Menschen gemacht seien. [...]

Ich plädiere für eine Abschaffung jedes Religionsunterrichts an den öffentlichen Schulen – wohlgemerkt auch des neu geplanten islamischen – und für dessen Ersetzung durch ein neues Pflichtfach. Nennen wir es: „Kulturgeschichte der Menschheit“ oder, weniger pathetisch, „Zivilkunde“. In diesem Fach würden die Schüler über den historischen Beitrag verschiedener Kulturen und Religionen (nicht nur der christlichen) zur Zivilisation des Menschengeschlechtes kritisch unterrichtet werden. Die Schüler würden etwas über die Wege und Umwege erfahren, die die Menschengeschichte genommen hat, bis die „zivile Religion“ der Bürgergesellschaft erstritten war. Aber dies wäre nicht genug. Selbstverständlich kann man zivile Tugenden auch praktisch trainieren, indem man – etwa in Rollenspielen – durchspielt, wie man im Schulhof, im Bus, in der U-Bahn der wachsenden Zahl von Analphabeten der zivilen Gesellschaft energisch und erfolgreich entgegentreten kann.

Eine heroische Legende besagt, der Kapitalismus sei aus dem Kalten Krieg als Sieger hervorgegangen. Ich sage lieber, dass er übrig geblieben ist. Aber dieses Ergebnis hat nicht nur Vorteile. Mit dem Mauerfall ist einem System, das ganz auf Wettbewerb setzt und angewiesen ist, der wichtigste Konkurrent abhanden gekommen. Im Nachhinein sieht es so aus, als seien viele der ethischen und sozialen Gegensteuerungen, die der Kapitalismus zur Überraschung seiner Gegner hervorbrachte, dem Wettbewerb mit dem untüchtigen Gegenmodell zu verdanken. Deshalb ist der Witz, die einzigen Länder, die etwas vom Sozialismus gehabt hätten, seien die kapitalistischen gewesen, nicht nur zum Lachen. Fest steht jedenfalls, dass das übrig gebliebene Modell seine ethischen und moralischen Vorgaben nun aus sich selbst hervorbringen muss. Dabei rede ich nicht jenen das Wort, die behaupten, es sei die unsichtbare Hand des Marktes selber, die am Ende Gerechtigkeit zwischen den Sozialpartnern herstelle und eine zivile Gesellschaft produziere. Kein Satz ist durch die Entwicklung der letzten zehn Jahre so blamiert worden wie diese These.

In Wirklichkeit stellt der globalisierte Markt, solange er sich selbst überlassen bleibt, weltweit die Bedingungen her, die Friedrich Engels in seiner Schrift über die Lage der Arbeiterklasse in England angeprangert hat. Außerhalb Europas herrscht 19. Jahrhundert, der 12- und 16-Stunden-Tag für Pfennige, Kinderarbeit, Menschenhandel, Arbeit unter sklavenähnlichen Bedingungen. Die Ethik einer Gesellschaft kommt nicht aus dem Markt, sie muss ihm abgerungen werden.

Die Annahme, die Kinder des elektronischen Zeitalters würden die Regeln des zivilen Zusammenlebens per Mausklick lernen, ist absurd. Doch Zehnjährige zur Einhaltung dieser Regeln zu ermutigen, könnte eine vergleichsweise einfache Angelegenheit sein. Viel wichtiger und ungemütlicher ist die Frage, wie die Erwachsenen – Eltern und Erzieher, Lehrer und Politiker – zu diesen Regeln erzogen werden können.

(Peter Schneider, in: Die Zeit, Nr. 3/2001)

Aufgaben

1. Nennen und erläutern Sie Elemente einer „Zivilgesellschaft“, wie sie im Text entfaltet werden.
2. Verorten Sie diese an zwei Beispielen in der abendländischen Politiktradition.
3. Wer oder was ‚bedroht‘ die Zivilgesellschaft?
4. Diskutieren Sie die im Text enthaltenen Vorschläge zur Stärkung und Sicherung der Zivilgesellschaft.
5. Ergänzen Sie dies durch eigene Vorschläge.
6. Der Text enthält die Behauptung, derzufolge ethische und soziale „Gegensteuerungen“ des Kapitalismus dem Wettbewerb mit dem „untüchtigen Gegenmodell“ des Sozialismus entstammen. Nennen und diskutieren Sie mögliche Belege für diese These.

3.2 Grundinformation: Marxismus

Im Rahmen dieses Teilkapitels legen wir den Schwerpunkt auf den Marxismus als wissenschaftlichen Erklärungsansatz für die Gesellschaft und deren Entwicklung, versuchen aber darüber hinaus die Intention des ganzen marxistisch-leninistischen Lehrgebäudes in Grundzügen darzustellen. Die Materialien bieten die Möglichkeit, die marxistische Perspektive in den Themenfeldern Gesellschaft (dichotomisches Modell), Wirtschaft (Politökonomie), politische Ordnung (Parteitheorie) und internationale Beziehungen (Revolutionstheorie und friedliche Koexistenz) aufzugreifen und mit zusätzlichen Materialien eingehender zu bearbeiten.
Karl Marx (1818–1883) und Friedrich Engels (1820–1895) gelten als die Begründer der „Theorie des wissenschaftlichen Sozialismus", die den Anspruch erhebt, sozialistische Zielvorstellungen und die politische Praxis sozialistischer und kommunistischer Parteien durch eine umfassende Analyse der „Bewegungsgesetze" der gesellschaftlichen und ökonomischen Entwicklung wissenschaftlich zu begründen.

M 3 | Bewegungsgesetze der kapitalistischen Gesellschaft (Karl Marx)

„Die Philosophen haben bisher nur die Welt interpretiert; von jetzt an kommt es darauf an, die Welt zu verändern."
Der Physiker beobachtet Naturprozesse entweder dort, wo sie in der prägnantesten Form und von störenden Einflüssen mindest getrübt erscheinen, oder, wo möglich, macht er Experimente unter Bedingungen, welche den reinen Vorgang des Prozesses sichern. Was ich in diesem Werk zu erforschen habe, ist die kapitalistische Produktionsweise und die ihr entsprechenden Produktions- und Verkehrsverhältnisse. Ihre klassische Stätte ist bis jetzt England. Dies ist der Grund, warum es zur Hauptillustration meiner theoretischen Entwicklung dient. Sollte jedoch der deutsche Leser pharisäisch die Achseln zucken über die Zustände der englischen Industrie- und Ackerbauarbeiter oder sich optimistisch dabei beruhigen, dass in Deutschland die Sachen noch lange nicht so schlimm stehn, so muss ich ihm zurufen: De te fabula narratur! An und für sich handelt es sich nicht um den höheren oder niedrigeren Entwicklungsgrad der gesellschaftlichen Antagonismen, welche aus den Naturgesetzen der kapitalistischen Produktion entspringen. Es handelt sich um diese Gesetze selbst, um diese mit eherner Notwendigkeit wirkenden und sich durchsetzenden Tendenzen. Das industriell entwickeltere Land zeigt dem minder entwickelten nur das Bild der eignen Zukunft. [...]
In England ist der Umwälzungsprozess mit Händen greifbar. Auf einem gewissen Höhepunkt muss er auf den Kontinent rückschlagen. Dort wird er sich in brutaleren oder humaneren Formen bewegen, je nach dem Entwicklungsgrad der Arbeiterklasse selbst. Von höheren Motiven abgesehen, gebietet also den jetzt herrschenden Klassen ihr eigenstes Interesse die Wegräumung aller gesetzlich kontrollierbaren Hindernisse, welche die Entwicklung der Arbeiterklasse hemmen. Ich habe deswegen u.a. der Geschichte, dem Inhalt und den Resultaten der englischen Fabrikgesetzgebung einen so ausführlichen Platz in diesem Bande eingeräumt. Eine Nation soll und kann von der andern lernen. Auch wenn eine Gesellschaft dem Naturgesetz ihrer Bewegung auf die Spur gekommen ist – und es ist der letzte Endzweck dieses Werks, das ökonomische Bewegungsgesetz der modernen Gesellschaft zu enthüllen –, kann sie naturgemäße Entwicklungsphasen weder überspringen noch wegdekretieren. Aber sie kann die Geburtswehen abkürzen und mildern. (Karl Marx, aus dem Vorwort zu ‚Das Kapital')

M 4 | Geschichte als Geschichte von Klassenkämpfen

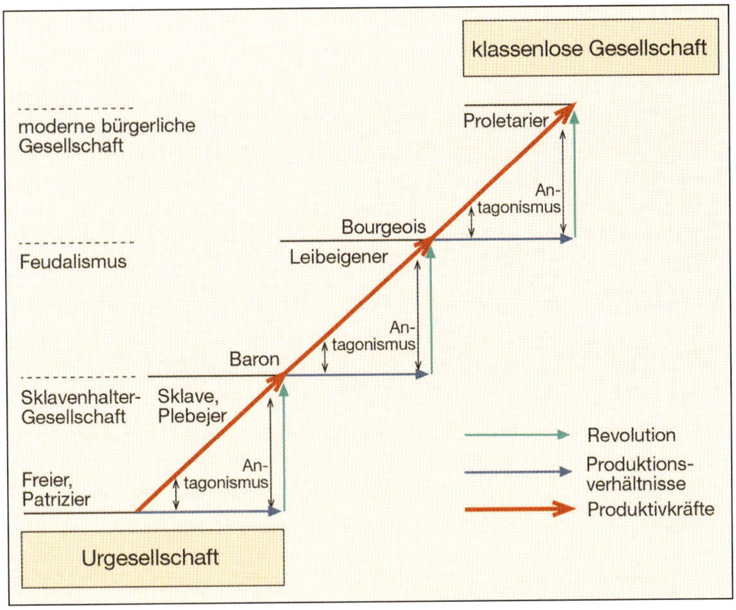

(P. Kunzmann/F.-P. Burkard/F. Wiedmann, dtv-Atlas Philosophie; grafische Gestaltung der Abbildungen: Axel Weiß; © für die Abbildungen: 1991 Deutscher Taschenbuch Verlag, München)

M 5 | Grundgedanken von Marx

(1) Die Geschichte wird interpretiert als die Geschichte von Klassenkämpfen.

(2) Die Geschichte hat mehrere Epochen durchlaufen, in denen die Klassenkampfsituation jeweils eine andere war. Zu unterscheiden sind: die Epoche der Sklaverei, die Feudalzeit und die Epoche der Bourgeoisie.

(3) In dieser bisher letzten, gegenwärtigen Epoche haben sich die Klassengegensätze vereinfacht: Nur zwei Klassen, Bourgeoisie und Proletariat, stehen einander gegenüber. Kennzeichnend für Marx' feines Geschichtsverständnis ist, dass die Bourgeoisie für ihn nicht einfach ein „Buhmann" ist. Ihre Stellung wird vielmehr relativiert: Sie hat selbst ihre Zeit gehabt; sie hat in Bezug auf das Feudalzeitalter revolutionär gewirkt, und sie lebt weiterhin davon, „sämtliche gesellschaftlichen Verhältnisse fortwährend zu revolutionieren". „Veränderung" und „Revolution" betrachtet also auch Marx keineswegs als Tätigkeiten, die etwa dem Proletariat vorbehalten seien.

(4) Marx interpretiert die Wirtschaftsgeschichte als einen Konflikt zwischen den „Produktionsverhältnissen" und den „Produktivkräften". Die Produktionsverhältnisse sind die gegebenen rechtlichen und sozialen Ordnungen, die Produktivkräfte dagegen die lebendige Initiative der Menschen, die Neues schaffen wollen. In diesem Sinne wurden zunächst die Produktivkräfte der Bourgeoisie durch die Produktionsverhältnisse des Feudalzeitalters gehemmt; diese mussten daher gesprengt werden. Und nun zeigt sich das gleiche Verhältnis auf der nächsten Stufe: Die bourgeoisen Produktionsverhältnisse hemmen wiederum die Produktivkräfte und diese Produktivkräfte werden repräsentiert durch den Proletarier, den Industriearbeiter, der seine Arbeitskraft wie eine Ware verkaufen muss.

(5) Die zunächst vereinzelten Proletarier solidarisieren sich allmählich zu einer Klasse, und das heißt: zur politischen Partei (aus welcher marxschen Gleichsetzung der sowjetische Marxismus seine Rechtfertigung beziehen wird).

(6) Durch die Krise der Bourgeoisie und die Erstarkung des Proletariats kommt es schließlich zur Revolution: Das Proletariat „begründet seine Herrschaft", wie Marx im Manifest noch zurückhaltend sagt; später, in der Kritik des Gothaer Programms, heißt es dann: „revolutionäre Diktatur des Proletariats".

(7) Diese Diktatur des Proletariats ist eine unerfreuliche, aber unvermeidbare „Übergangsperiode", denn es liegt auf der Hand, dass die Zustände der kapitalistischen Gesellschaft nicht von heute auf morgen verschwinden können.
Daher besteht die kommunistische Gesellschaft aus zwei Phasen – einer Übergangsphase (die man später „sozialistische" Gesellschaft nennen wird) und der zweiten Phase der eigentlichen kommunistischen Gesellschaft, in der dann das Prinzip gilt: „Jeder nach seinen Fähigkeiten, jedem nach seinen Bedürfnissen!"
Wir sehen: In der marxschen Lehre finden sich bereits alle wichtigen Motive des späteren ausgebauten Marxismus beisammen.

(Helmut Seiffert, Einführung in die Wissenschaftstheorie, Band 2, München 10. Aufl. 1996 [seit der 8. Aufl. 1983 überarbeitet und erweitert], S. 298 f.)

Das Endziel der Geschichte: die klassenlose Gesellschaft

Die Gesellschaft ist nach der Überwindung der Reste der Klassenstruktur in ihrer Endphase der kommunistischen Gesellschaft gekennzeichnet durch:

- Vergesellschaftung der Produktionsmittel
- Aufhebung der Entfremdung
- Überwindung der Klassenstruktur der Gesellschaft
- Absterben des Staates
- den „neuen" Menschen.

Von Marx zu Lenin: Revolutions- und Parteitheorie

Lenin (1870–1924) hat zu Beginn des 20. Jahrhunderts die marxistische Theorie entscheidend ergänzt und erweitert:

- Durch die imperialistische Ausbeutung der Kolonien sei der Kapitalismus in ein neues, höchstes und letztes Stadium des Imperialismus getreten; gleichwohl führten die umfassenden Akkumulationsprozesse zu einer unvermeidlichen Selbstauflösung des Kapitalismus in den westlichen Industriestaaten (‚**Imperialismustheorie**').
- Die Arbeiterklasse könne und müsse – im noch feudalen Russland im Verein mit den Bauern – die geschichtlich unvermeidbare Entwicklung beschleunigen und die Revolution in jedem einzelnen Land gezielt herbeiführen (‚**Revolutionstheorie**').
- Dabei komme der kommunistischen Partei, die aus einer kleinen Gruppe von Berufsrevolutionären mit besonders entwickeltem Bewusstsein besteht, die Führungsrolle als „Avantgarde des Proletariats" zu (‚**Parteitheorie**').

M 6|

	Revolution bei Marx	Revolutionstheorie Lenins
Voraussetzungen:	ökonomische und soziale Voraussetzungen: – Kapitalismus auf einer hohen wirtschaftlichen Stufe – Industrieproletariat stellt die Mehrheit der Bevölkerung oder hat zumindest bedeutendes Ausmaß.	revolutionäre Situation: – Selbstauflösungsprozesse im Imperialismus; Krise der herrschenden Klasse – Verschärfung der Gegensätze zwischen herrschender Klasse und den unterdrückten Massen – Fähigkeit der revolutionären Klasse, das alte System zu beseitigen
Ort:	gleichzeitiger Sieg der Revolution in mehreren kapitalistischen Ländern = Weltrevolution	„Die Ungleichmäßigkeit der ökonomischen und politischen Entwicklung ist ein unbedingtes Gesetz des Kapitalismus. Hieraus folgt, dass der Sieg des Sozialismus ursprünglich in wenigen oder sogar in einem einzeln genommenen kapitalistischen Lande möglich ist." (1915, Werke 21, S. 345)
Träger:	Industrieproletariat – Avantgarde der Arbeiterklasse – demokratische Organisation	„Ein siegreicher Kämpfer für den Demokratismus kann das Proletariat nur unter der Bedingung werden, dass sich die Masse der Bauernschaft seinem revolutionären Kampf anschließt [...]. Es gibt kein anderes Mittel als die revolutionär-demokratische Diktatur des Proletariats und der Bauernschaft." (1905, Werke 9, S. 47 f.)
Verlauf und Mittel:	friedlich, solange keine gewaltsamen Hindernisse seitens der gesellschaftlichen Machthaber in den Weg gelegt werden	„Ohne revolutionäre Theorie kann es auch keine revolutionäre Bewegung geben [...]. Wir müssen die politische Erziehung der Arbeiterklasse, die Entwicklung ihres politischen Bewusstseins aktiv in Angriff nehmen [...]. Und nun behaupte ich: 1. Keine einzige revolutionäre Bewegung kann ohne eine stabile und die Kontinuität wahrende Führerorganisation Bestand haben; 2. je breiter die Masse ist, die spontan in den Kampf hineingezogen wird, die die Grundlage der Bewegung bildet und an ihr teilnimmt, umso dringender ist die Notwendigkeit einer solchen Organisation und umso fester muss diese Organisation sein (denn umso leichter wird es für allerhand Demagogen sein, die unentwickelten Schichten der Masse mitzureißen); 3. eine solche Organisation muss hauptsächlich aus Leuten bestehen, die sich berufsmäßig mit revolutionärer Tätigkeit befassen; 4. je mehr wir die Mitgliedschaft einer solchen Organisation einengen, und zwar so weit, dass sich an der Organisation nur diejenigen Mitglieder beteiligen, die sich berufsmäßig mit revolutionärer Tätigkeit befassen und in der Kunst des Kampfes gegen die politische Polizei berufsmäßig geschult sind, umso schwieriger wird es in einem autokratischen Lande sein, eine solche Organisation „zu schnappen", und 5. umso breiter wird der Kreis der Personen aus der Arbeiterklasse und aus den übrigen Gesellschaftsklassen sein, die die Möglichkeit haben werden, an der Bewegung teilzunehmen und sich in ihr aktiv zu betätigen. [...]" (W. I. Lenin, Was tun? Brennende Fragen unserer Bewegung; in: LW [= W. I. Lenin, Werke], Bd. 5, Berlin [Ost] 1959, S. 480–483)
Ergebnis:	Diktatur des Proletariats als kurze Übergangsperiode, dann Kommunismus (Assoziation = freie Entwicklung aller)	

Das Basis-Überbau-Modell: Das Sein bestimmt das Bewusstsein

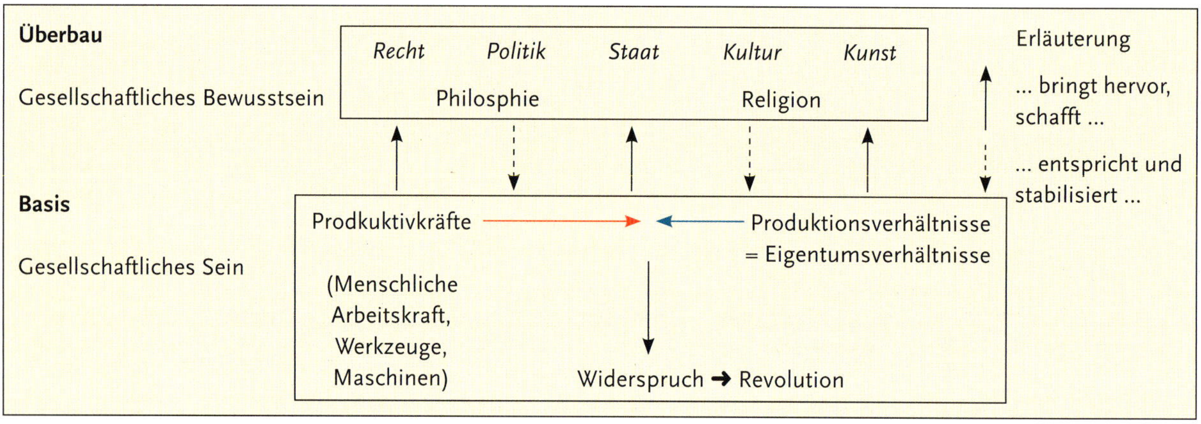

Dialektik und Histomat (= Historischer Materialismus)

Bei Hegel bedeutet „Dialektik" in der Geschichte etwa: Die Geschichte besteht in einer Abfolge von drei Zeitaltern, die die Glieder eines dialektischen Dreischrittes darstellen; dieser Dreischritt ist gleichzeitig der des „Geistes" als subjektiver, objektiver und absoluter Geist.

Bei Marx hingegen bilden nicht unmittelbar die Geschichtsepochen selbst die Schritte der dialektischen Bewegung. Sondern: Die jeweiligen gesellschaftlich-ökonomischen Konflikte jeder Epoche werden in gewisser Weise parallel gesehen und erst die Eigenart und die Ergebnisse dieser jeweils analogen Auseinandersetzungen stellen die Dialektik der Geschichte dar.

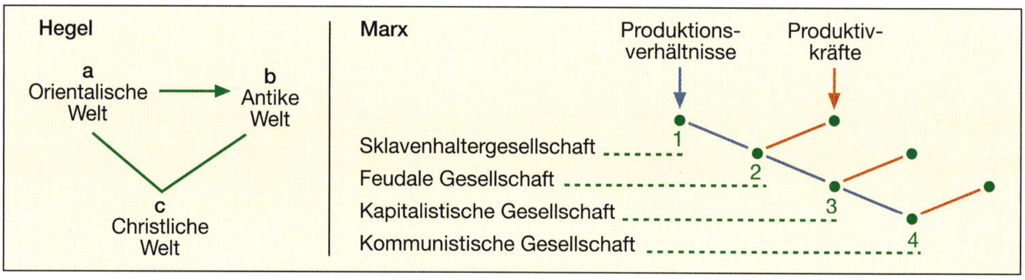

(Seiffert, a. a. O., S. 301)

Die Politökonomie: Die sozioökonomischen Widersprüche im Kapitalismus

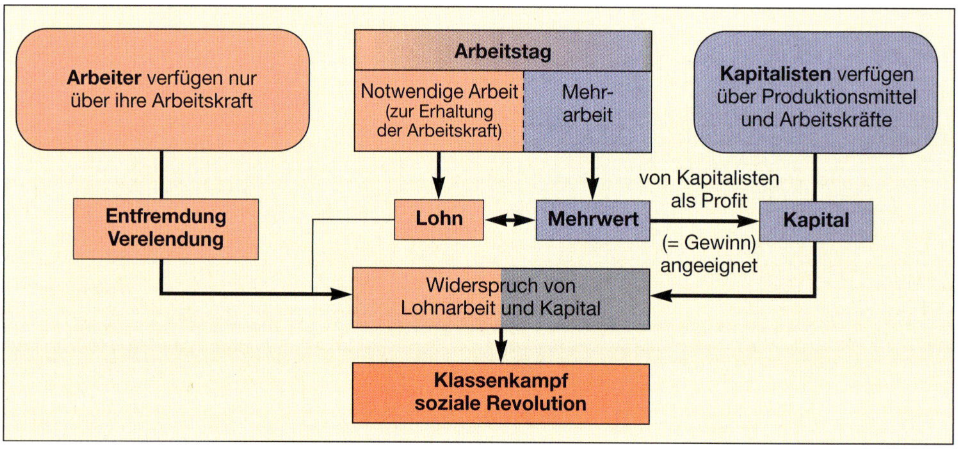

Aufgaben

1. Formulieren Sie mithilfe der Texte und Schaubilder die Grundannahmen des Marxismus-Leninismus.
2. Untersuchen Sie, welche Rolle diese Theorie in den politischen Diskussionen und Konzepten des 20. Jahrhunderts (z. B. in der Innenpolitik der DDR) hatte.

3.3 40 Jahre DDR – ein zeitgeschichtlicher Rückblick

Projekte

1. Erstellen Sie eine gegliederte Zeitleiste zur Geschichte der DDR unter Verwendung einschlägiger Geschichtsbücher.
2. „Wurzeln eines anderen Staatsverständnisses“ – ein Rückblick auf Politikgestaltung und Lebenswirklichkeit in der DDR unter Einbeziehung von Erich Loests Roman „Nikolaikirche“ (Georg Mohr, in: Handreichung zum Lehrplan Gemeinschaftskunde, PZ-Information 12/2001, Bad Kreuznach 2001, S. 91 – 121).
3. **Bildende Kunst als „Zeitzeuge“ – Vorschlag für ein fächerverbindendes Projekt** (s. Bildercollage M 7):
   a) Fünfmal Auftragskunst der DDR, wobei die zu unterschiedlichen Zeiten in Auftrag gegebenen Werke „Lebenswirklichkeit“ je anders interpretieren.
   Interpretieren Sie die Bilder. Orientieren Sie sich dabei an der Methodenschulung auf S. 412 f.
   b) Entwickeln Sie mit bzw. in dem Fach Bildende Kunst ein Projekt, das Kunst als „Zeitzeugen“ heranzieht. Als Anregung ist empfohlen: Handreichung zum Lehrplanentwurf Gemeinschaftskunde [...] in der Jahrgangsstufe 12 (PZ-Information 5/1996, Bad Kreuznach 1996, S. 109 – 116).

M 7|

a) 1958
Otto Schutzmeister: Brigade des Baggers 431 im VEB Braunkohlewerk Nachterstedt

b) 1964
Fritz Skade: Mutti kommt heim, Öl auf Holz, 110 x 115 cm (Gewerkschaftlicher Dachverband FDGB i.L. Berlin)

c) 1975/77
Sighard Gille: Brigadefeier – Gerüstbauer, Öl auf Leinwand, 169 x 150 cm und 169 x 78 cm (Staatliche Museen zu Berlin, Nationalgalerie)

Interpretation eines Werkes der Bildenden Kunst

d) 1988
Christoph Wetzel: Eine alltägliche Geschichte, Öl auf Hartfaser, 145 x 200 cm (Maxhütte Unterwellenborn GmbH i.L.)

Im Folgenden finden Sie ein Interpretationsbeispiel für ein Werk der Bildenden Kunst (M 7d), konzipiert vom Fachbereich Bildende Kunst für ein fächerübergreifendes Projekt BK-Sk.
(Carmen Schubert, „Kunst als Zeitzeuge" – Bildende Kunst in der DDR bis zur Wende; in: Handreichungen zum Lehrplanentwurf Gemeinschaftskunde [...] in der Jahrgangsstufe 12, Bad Kreuznach 1996, S. 109–116).

Beispiel für eine Werkinterpretation

Das folgende Interpretationsbeispiel ist eindeutig der Auftragskunst zuzuordnen.

Werkdatum: Christoph Wetzel: Eine alltägliche Geschichte, 1988, Öl auf Hartfaser, 145 x 200 cm, Maxhütte Unterwellenborn

Werkthema: Berufstätigkeit der Frau

Werkgestaltung: Das Bild ist zweigeteilt, links der Arbeits-, rechts der häusliche Bereich.
Arbeitsbereich: Die junge Frau sitzt mit gelösten Haaren und weißem Arbeitskittel auf der Steuerbühne des Walzwerkes, den Schalthebel fest in der Hand; ihre Konzentration gilt ganz dem Arbeitsplatz.
Relativ viel Raum nimmt die Darstellung des Walzwerkes ein. Die Maschinen sind naturgetreu in harmonischen Farben dargestellt, bis hin zum leuchtenden Rot/Grün des glühenden Eisens.

Häuslicher Bereich: Die junge Frau steht hervorgehoben durch einen dunkelbraunen Hintergrund im „goldenen Schnitt" des Bildes und bürstet die Haare ihrer älteren Tochter, während die jüngere schon fertig gekleidet und mit geschultertem Ranzen geduldig wartet .
Die Frau wirkt gepflegt und schaut den Betrachter freundlich-kritisch an. Sie trägt braune Jeans, der Oberkörper ist nur mit einem bestickten Unterhemd bekleidet. Modische Ohrringe und eine goldene Kette symbolisieren Wohlstand. Lediglich ihre großen Hände lassen auf Werktätigkeit schließen.
Eine Zeitung, ein Glas mit Strohhalm und eine Kinderzeichnung runden die häusliche Atmosphäre ab. Der Einblick in den Wohnbereich wird mit einem Porträt der Frau als Heldin der Arbeit abgeschlossen.
Schutzhelm und Arbeitsjacke verbinden symbolisch die beiden Bildhälften.
Aus der harmonischen Farbgebung vom hellen Ocker über Orange/Rot zu dunklen Brauntönen sticht das Zitronengelb des Helms hervor

Interpretation: Die Doppelrolle der Frau wird heroisiert. Von Überlastung keine Spur. Sie hat Zeit für die Kinder, verdient genug, um sich modische Extras leisten zu können, und erscheint gepflegt, ruhig und selbstbewusst. Tatkräftig (die Hände) meistert sie anscheinend spielend ihren Tag.
Als Allegorie der Arbeit im weißen Kittel mit offenen Haaren sitzt sie am Schalthebel des Walzwerkes. Ihr Porträt als Heldin der Arbeit steht für Anerkennung und Würdigung ihrer Arbeit vonseiten des Staates.
Die Rolle des Vaters wird nicht diskutiert.

Allgemeine Aussage: Das Bild wurde zur 100. Wettbewerbsausstellung der VEB Maxhütte Unterwellenborn am 30.9.1988 ausgestellt. Die Organisatoren nannten ihre Ausstellung „Max braucht Kunst". Seit 1972 wurden diese Ausstellungen mehr oder weniger in privater Initiative, aber mit betrieblicher Unterstützung und staatlicher Duldung organisiert. Es gab jedoch zunehmend Skepsis und Verständnislosigkeit vonseiten der Vertreter der SED: „Max braucht keine Kunst, sondern Arbeitskräfte" (siehe Interpretation). Die Ausstellungen ließen immer mehr Künstler von Rang und Namen vermissen; z.T. herrschte eine prinzipielle Ablehnung gegenüber der Auftragskunst. Man wollte sich nicht länger dazu missbrauchen lassen, eine bereits bankrotte Ideologie weiter mit didaktischem Anschauungsmaterial zu beliefern.

Literatur:

Edwin Kratschmer, „Wettbewerb Max braucht Kunst" (1995); in: Monika Flacke (Hg.), Auftragskunst der DDR 1949–1990, Verlag Klinkhardt & Biermann, München/Berlin, S. 360–367

Elisabeth von Hagenow, Ikonographische Anmerkungen (1995); in: Auftragskunst der DDR 1949–1990, a. a. O., S. 367 f.

Zwischen ideologischem Anspruch und Wirklichkeit im DDR-Alltag: Der real existierende Sozialismus

Das Selbstverständnis des Staates DDR als „sozialistische Demokratie“ und die Abgrenzungspolitik der DDR-Führung gegen westliche Einflüsse hatten auch innenpolitische Folgen: Das System erstarrte zu einem **„politbürokratischen Zentralismus“**.

M 8 | Der demokratische Zentralismus der SED

Die marxistisch-leninistische Partei ist die bewusste Vorhut der Arbeiterklasse. Das heißt, sie muss eine Arbeiterpartei sein, die in erster Linie die besten Elemente der Arbeiterklasse in ihren Reihen zählt, die ständig ihr Klassenbewusstsein erhöhen. Die Partei kann ihre führende Rolle als Vorhut des Proletariats nur erfüllen, wenn sie die marxistisch-leninistische Theorie beherrscht, die ihr die Einsicht in die gesellschaftlichen Entwicklungsgesetze vermittelt. Daher ist die erste Aufgabe zur Entwicklung der SED zu einer Partei neuen Typs die ideologisch-politische Erziehung der Parteimitglieder und besonders der Funktionäre im Geiste des Marxismus-Leninismus [...].

Die marxistisch-leninistische Partei beruht auf dem Grundsatz des demokratischen Zentralismus:

Dies bedeutet die strengste Einhaltung des Prinzips der Wählbarkeit der Leitungen und Funktionäre und der Rechnungslegung der Gewählten vor den Mitgliedern. Auf dieser innerparteilichen Demokratie beruht die straffe Parteidisziplin, die dem sozialistischen Bewusstsein der Mitglieder entspringt. Die Parteibeschlüsse haben ausnahmslos für alle Parteimitglieder Gültigkeit, insbesondere auch für die in Parlamenten, Regierungen, Verwaltungsorganen und in den Leitungen der Massenorganisationen tätigen Parteimitglieder. Demokratischer Zentralismus bedeutet die Entfaltung der Kritik und Selbstkritik in der Partei, die Kontrolle der konsequenten Durchführung der Beschlüsse durch die Leitungen und die Mitglieder. Die Duldung von Fraktionen und Gruppierungen innerhalb der Partei ist unvereinbar mit ihrem marxistisch-leninistischen Charakter. Die marxistisch-leninistische Partei wird durch den Kampf gegen den Opportunismus gestärkt. Die Arbeiterklasse ist keine nach außen abgeschlossene Klasse. Der Geist des Opportunismus wird ständig durch bürgerliche Kräfte in sie hineingetragen und ruft dadurch Unsicherheit und Schwankungen in ihren Reihen hervor. Deshalb ist der schonungslose Kampf gegen alle opportunistischen Einflüsse die unerlässliche Voraussetzung für die Stärkung der Kampfkraft der Partei. Höchste Klassenwachsamkeit ist unbedingte Pflicht eines jeden Parteimitgliedes [...].

(Protokoll der ersten Parteikonferenz der SED, Berlin 1949; zit. nach: Die KPD/SED an der Macht, Köln 1963, S. 444f.)

Die inneren Widersprüche zeigten sich besonders deutlich in den Fehleinschätzungen der Staats- und Parteiführung der DDR über die tatsächlichen gesellschaftlichen Widersprüche und die politischen Verhältnisse im Jahr 1989.

Aufgaben

1. Inwiefern spiegeln die Gemälde M 7 Grundideen des Marxismus (S. 407 ff.)?
2. Erklären Sie das Konzept des „demokratischen Zentralismus“ aus Lenins Parteitheorie (u. a. M 6, M 8).
3. Beschreiben Sie den Konflikt von Anspruch und Wirklichkeit in Verbindung mit dem Ende der DDR.

Hinweis!

In Kapitel VII wird im Rahmen des Ost-West-Konfliktes (ab S. 442) Folgendes behandelt:

- die deutsche Teilung, einschließlich Mauerbau (S. 449 ff.);
- die Entspannungspolitik – „Wandel durch Annäherung“ (S. 459 ff.);
- die Wiedervereinigung (S. 467 ff.).

VII

Frieden und Sicherheit als Aufgabe der internationalen Politik

Einführung

➤ Der 11. September 2001 als zeitgeschichtlicher Einschnitt

Der Anschlag vom 11. September 2001 auf das World Trade Center in New York markiert für die westliche Welt einen zeitgeschichtlichen Einschnitt. Die Anschläge galten wirtschaftlichen, militärischen und politischen Symbolen der USA als größter westlicher Macht.

① Das **World Trade Center** stand für den ‚globalen Kapitalismus'.
② Das **Pentagon** ist die Schaltstelle der größten Militärmacht der Erde.
③ Das **Weiße Haus** repräsentiert die stärkste Weltmacht.

Der Einschnitt gilt für das ganze Feld der internationalen Beziehungen und speziell für die Außen- und Sicherheitspolitik der Bundesrepublik Deutschland:

- Die mit Abstand größte Militärmacht der Erde wird auf eigenem Territorium als verwundbar vorgeführt.
- Erstmals seit Gründung der NATO im Jahr 1949 wird nach dem Anschlag der Bündnisfall festgestellt: Die USA proklamieren den „Krieg gegen den Terror" (‚war against terror') als weltweite Mission.
- Neben der Heranziehung von NATO und UNO organisieren die USA ein weltweites Netz zur Terror-Bekämpfung. Die Einsatzorte zu bestimmen, behalten sich die USA vor.
- Die Trennung von Krieg und Frieden verschwimmt; private Gewalt höhlt das staatliche Gewaltmonopol aus.
- Deutschland übernimmt im Rahmen der Anti-Terror-Allianz erstmals seit Ende des Zweiten Weltkrieges militärische Verantwortung in einem Kriegseinsatz – zudem noch außerhalb des euro-atlantischen Raums (s. S. 501 ff.).
- Wie sich europäische Staaten in das von den USA propagierte Freund-Feind-Schema („Koalition der Willigen" gegen „Achse des Bösen") einordnen, wird kurzfristig zur Wahl(en) entscheidenden innenpolitischen Frage in diesen Staaten. Die Frage nach einer eigenen weltpolitischen Position Europas bleibt offen.
- Bürgerinnen und Bürger in Europa und in den USA sehen sich in ihrem Sicherheitsgefühl beeinträchtigt. Zugunsten der „Sicherheit" werden bisher als unantastbar geltende Freiheitsgarantien abgebaut und damit rechtspolitische Eckpfeiler zur Disposition gestellt.
- Die von der Bush-Administration intendierte militärische und ideologische Polarisierung im „Krieg gegen den Terror" wird von Gegnern aufgegriffen und gegen die USA und ihre Verbündeten verwendet.
- Dabei wird medial und propagandistisch genutzt, dass „westliche Werte" wie Demokratie und individuelle Freiheitsrechte auch zur Legitimation militärischer Interventionen herangezogen werden, bei denen Ziele, Vorgehen und Ergebnisse diesem Maßstab nicht gerecht werden. Die Aufdeckung von Folter und Menschenrechtsverletzungen unter US-amerikanischer Besatzung im Irak wirken dabei verstärkend.
- Die europäischen Staaten diskutieren – nicht ausschließlich unter dem Sicherheitsaspekt – offener ihre Realität als Migrationsgesellschaften und setzen entsprechende Themen auf die Agenda.
- Wirtschaftliche und politische Interessen sind eng verflochten, auch innerhalb der politischen Elite zentraler Akteure wie den USA und Russland. Handlungsleitende Wirtschaftsinteressen werden im Zusammenhang mit dem Irak-Krieg stark kritisiert. Insbesondere in Verbindung mit dem Entstehen neuer Wirtschaftsmächte ist ein von den USA und Europa geprägter politischer Unilateralismus unwahrscheinlich. Ein Primat der Politik kann allgemein nicht vorausgesetzt werden.
- Wissenschaftler, Journalisten und Politiker versuchen – oft schlagwortartig und umstritten – bereits Deutungen der Weltlage des 21. Jahrhunderts und sehen Bestätigung in aktuellen politischen Ereignissen. So analysiert z. B. der britische Historiker Timothy Garton Ash den Libanon-Konflikt 2006 unter dem Titel: „Welcome to the world's new multipolar disorder".

Das vorstehende Beispiel ist typisch für einen aktuellen Unterricht im Feld der internationalen Politik. Zur Zeit der bipolaren Weltstruktur ließen sich fast alle Konflikte, unabhängig von ihrem tatsächlichen Hintergrund, problemlos in das Ost-West-Raster einordnen und entsprechend analysieren. Die Entwicklungsrisiken und die Lösungsstrategien waren nahezu berechenbar. Seit dem Zerfall der Ost-West-Machtbalance fehlen wesentliche stabilisierende Elemente: Die Staaten selbst verlieren als Akteure an Gewicht; sie zeigen Desinteresse an der Problemlösung oder werden durch regionale Usurpatoren *(Warlords)* paralysiert. Andererseits erweisen sich vermehrt nichtstaatliche Organisationen als Handelnde der internationalen Politik. Für den Sozialkundeunterricht ist es eine Möglichkeit wie auch eine pädagogische Notwendigkeit, sich Konflikten zu widmen, die sich aktuell zuspitzen und in ihrer Problemstruktur relativ offen sind.

Die mitgebrachten **Emotionen** fordern eine (pädagogische) Reaktion, die Aktualität fördert die Motivation. Die **Fakten** sind nur vorläufig zu sichern, zumal gerade in internationalen Konflikten die **Medienvermittlung** als politisches Instrument eingesetzt wird (vgl. Methodenschulungen S. 421 ff. und S. 428 ff.). Kontroverse **Deutungen** ohne Anspruch auf endgültige Lösungen stehen im Raum.
Die angebotenen Materialien schöpfen aus dem fachtypischen Spektrum Journalismus, Politik und Wissenschaft. Sie bieten erstens visuelles Material an, um die Emotionen anzusprechen, und zweitens kontroverse Deutungen unterschiedlicher logischer Struktur, um den Konflikt ansatzweise fachlich angemessen fassen zu können. Entsprechende Fakten sind aus anderen Quellen leicht zu beschaffen. In dem umfassenderen Analyseraster ‚Kategorien der internationalen Politik' (S. 419) wird ein Instrument zu einer vertieften Analyse bereitgestellt.

M 1 | Vier Spiegel-Titel

➜ Siehe Seite 415.

M 2 | Unterirdische Schätze, irdische Konflikte

➜ Siehe Seite 556, M 10.

M 3 | E. Eppler: Weder Krieg noch Frieden

Im 20. Jahrhundert feierte staatliche Gewalt schauerliche Triumphe. In zwei Weltkriegen wurden ganze Generationen verheizt. Der Staatsterror der Totalitarismen verkehrte das staatliche Gewaltmonopol in ein Mordmonopol. Im Kalten Krieg stand die Welt mehr als einmal vor der Selbstvernichtung. Am 11. September 2001 haben 19 Selbstmörder, nur mit Messern bewaffnet, vier zivile Verkehrsflugzeuge zu Bomben umfunktioniert, tausende Zivilisten ermordet und die unbestrittene Supermacht gedemütigt. Sie waren Teil eines privat finanzierten Netzwerkes. Ihr mutmaßlicher Auftraggeber war durch Drogenhandel noch reicher geworden, als er ohnehin gewesen war. [...]
Wo die Gewalt sich privatisiert, verliert eine Unterscheidung ihren Sinn, die lange unentbehrlich war: die zwischen Krieg und Frieden.
Überall auf der Welt häufen sich Vorkommnisse und Zustände, die weder Frieden noch Krieg sind. Der Völkermord in Ruanda war sicher nicht „Frieden", aber war er Krieg? Im Nahen Osten herrscht wahrhaftig kein Friede, aber dem Krieg der Armeen weichen die arabischen Staaten aus. Dass er ihn mit seiner technisch überlegenen Armee gewinnen könnte, nützt Sharon nichts.
Als der SPIEGEL den ägyptischen Präsidenten Mubarak fragte, ob es, wenn der Friedensprozess zwischen Israelis und Palästinensern scheitere, Krieg gebe, war die Antwort: „Nicht Krieg, aber schreckliche Gewalt." Genauso ist es gekommen: Gewalt als Rache für Gewalt. Rache für die Rache. Wie in grauer Vorzeit.
Können Staaten gegen Privatleute Krieg führen? Warum privatisiert sich die Gewalt? Dafür gibt es sehr banale Gründe: die Waffentechnik, der Waffenmarkt. Noch im Ersten Weltkrieg brauchte man mehrere Männer, um ein Maschinengewehr zu bedienen. Jetzt kann ein Elfjähriger seine Kameraden, ein Querulant seine Regierung damit abknallen. Und wer harte Währung hat, bekommt, was er will.
Weniger banal: Noch nie war eine Zivilisation so verwundbar wie unsere. Je größer die Städte, die Atomkraftwerke, die Chemiefabriken, die Hochhäuser, die Schiffe und Flugzeuge, desto gewaltiger die Wirkungen privatisierter Gewalt. Wenn einmal Hass und Fanatismus den Selbstmord intelligenter Täter zur Regel machen, sichern wir uns wohl immer nur gegen die Wiederholung des letzten Attentats, nicht gegen das nächste, das andere. [...]
Wer den Krieg gegen den Terrorismus ausruft – und auch über den -Ismus ließe sich streiten –, kann Geheimdienste verstärken und vor allem vernetzen, enttarnte Hintermänner jagen – notfalls mit militärischen Kommandounternehmen –, Sicherheitsgesetze verschärfen. Vor allem kann er – wie in der Uno geschehen – die Regierungen der Erde zum Kampf gegen den Terror verpflichten. Das alles ist richtig, nötig, und im Übrigen auch nicht wenig.
Aber wenn wir den Begriff „Krieg" noch so dehnen, dass er jede chaotische Gewalt, auch den heimtückischen, anonymen Terror abdeckt, erschweren wir uns wichtige Einsichten. Zum Beispiel: Die Furcht vor einem Krieg, der auch nur von ferne den Weltkriegen ähnelt, ist in Europa unbegründet. Die Generation der Schüler von heute wird nach menschlichem Ermessen nicht in den Krieg ziehen, weder mit 18 noch mit 38 Jahren. Sie wird aber mit den Risiken privatisierter Gewalt leben müssen.
Wo privatisierte Gewalt Zustände schafft, die weder Krieg noch Frieden sind, verwischt sich der Unterschied zwischen Militär und Polizei. Für Interventionen werden Verbände gebraucht, die als beides ausgebildet sind. Die Frage nach dem gerechten Krieg tritt zurück hinter der nach legitimer Gewalt. Wie und von wem wird sie legitimiert? Wir werden erkennen, dass das Ende des staatlichen Gewaltmonopols ein Rückschritt um Jahrhunderte wäre. Wir müssen es mit Zähnen und Klauen verteidigen und durch ein internationales Gewaltmonopol ergänzen. Der demokratische Rechtsstaat ist die einzige Methode, private und staatliche Gewalt dem Recht zu unterwerfen. Er lässt sich nicht, auch nicht teilweise, privatisieren.

(Erhard Eppler, in: Der Spiegel, 8.10.2001)

M 4 | E.-O. Czempiel: Kluge Macht

➜ Siehe Seite 478 f.

M 5 | Jan Ross und Bernd Ulrich: Die neueste Weltordnung

Eigentlich müsste man es in den Köpfen knacken und rattern hören, so rasant verändert sich in diesen Wochen unser Bild von der Welt. Eine Art Weltbürgerkriegsstimmung zwischen dem radikalen Islam und dem Westen ist der dramatischste Ausdruck einer neuen, außer Kontrolle geratenen Wirklichkeit. Doch den Gefallen tut uns die Lage nicht, dass sie so einfach zu entschlüsseln wäre – „wir" gegen „die", zwei Lager wie damals im Konflikt mit dem Ostblock, gefährlich, aber übersichtlich. Freund und Feind sind nicht mehr so leicht zu unterscheiden. Was ist Russland in diesem historischen Augenblick? Ein Verbündeter, vielleicht die letzte Hoffnung, Iran von der Atombombe abzubringen? Eine unheimliche Halbdiktatur und ein Risiko für unsere Energieversorgung, wie Putins Drohung gezeigt hat, der Ukraine den Gashahn zuzudrehen? Was sind China und Indien – Stützen der Weltordnung von morgen oder unzuverlässige Zweckalliierte, die bei nächster Gelegenheit wieder Sonderdeals mit den Mullahs von Teheran abschließen werden, um sich das Öl für ihren Wirtschaftsboom zu sichern? [...] Es gibt keinen Kompass und keine Landkarte für diesen Globus mehr. Im Grunde versuchen wir seit 1989, seit dem Ende des Kalten Krieges, uns einen Reim auf die gewandelten Verhältnisse zu machen. [...] Es war vor nicht einmal zwanzig Jahren, als Francis Fukuyama das „end of history" verkündete: Die liberale Demokratie hat gesiegt, es gibt keine Systemalternativen mehr, sondern höchstens noch Rückzugsgefechte der Gegner. Europa und Amerika als Endstufen des historischen Fortschritts, Russland und China irgendwie auf dem Weg der Reform, am Rande des Weltgeschehens ein paar Schmutzecken wie Irak oder Libyen: Das war die Philosophie des westlichen Hochgefühls im Augenblick des Triumphs über den Kommunismus. 1993 kam der Gegenentwurf, Samuel Huntingtons „clash of civilizations". Die Geschichte war weitergegangen, auf dem Balkan kämpften Orthodoxe gegen Katholiken, Christen gegen Muslime. Huntington malte eine Zukunft aus, in der der Westen mitnichten Fukuyamas siegreiche Universalzivilisation war, sondern eine Kultur unter mehreren, womöglich weniger vital als die islamische oder die chinesische. [...] Interessanterweise ist Huntington nicht der Klassiker des 11. September 2001 geworden. Es hatte da schon nicht mehr die Krise des Westens Konjunktur, sondern das Gegenteil: die Allmacht Amerikas. Unter Clinton war das die soft power gewesen, MacDonald's und Hollywood in allen Ländern, das Internet, die Globalisierung, die zugleich Amerikanisierung war. Unter Bush, nach 9/11, kam die hard power zurück, und darüber wölbte sich der ganz große Ideenhimmel: Weltmacht plus Weltmission, die Vereinigten Staaten als globaler Demokratie-Exporteur, als revolutionäre Kraft, beginnend mit der „Transformation" des Nahen und Mittleren Ostens. [...] Und jetzt, drei Jahre, ein Paradigma und eine Epoche weiter? Wahrheitsbruchstücke aus den Theorien von gestern haben sich erhalten. Von amerikanischer Allmacht wird so schnell niemand mehr reden, aber die USA sind noch immer die stärkste Kraft auf dem Globus. [...] Trotzdem hat die Wirklichkeit noch einmal zugelegt – an Tempo, an Vieldeutigkeit, an Bedrohlichkeit. Vielleicht begreifen wir erst jetzt, was Globalisierung tatsächlich bedeutet: Die Welt wird eng. Ein paar Karikaturen, die in Dänemark schon halb vergessen scheinen, können in Beirut oder Jakarta einen Aufstand entfachen. [...] Huntington hatte Recht mit seiner Relativierung des Westens, nur hat das im Falle Asiens gar nicht so viel mit Kultur und Zivilisation zu tun. Das Öl und das Gas, das die neuen Kolosse kaufen, gibt ihnen Einfluss – der Westen braucht sie in jeder Sanktionsfront, um einen energiereichen Schurkenstaat zu isolieren, und die Schurken umwerben die Neuen, um sich dem westlichen Druck zu entwinden. Die Welt ist tatsächlich, mit Präsident Chiracs Lieblingsformel zu reden, „multipolar" geworden [...]. Die Zeit ist vorbei, als Europa und die Vereinigten Staaten der Dreh- und Angelpunkt der Weltpolitik waren, als alle Fäden bei uns zusammenliefen und einzeln zurück an die Peripherie, nach Lateinamerika, zu den Golfstaaten, nach Asien. Jetzt ist ein Netz daraus geworden, jeder kann sich mit jedem verbinden und verbünden. [...] Die Relativierung westlichen Einflusses hat natürlich Folgen auf dem Felde der Ethik. Schließlich war die Mission des Westens nicht nur deswegen außerordentlich erfolgreich, weil sie über so gute Argumente verfügte. Es handelt sich seit eh und je um machtverstärkte Moral. Lässt aber der wirtschaftliche und militärische Einfluss nach und bildet der Westen nicht mehr den einzigen dicken Knoten im globalen Netz, so stellen sich bald auch neue Fragen an seine Normen. Kann der moralische Unilateralismus des Westens in einer multipolaren Welt bestand haben? Verschärft wird diese Frage durch zwei weitere folgenreiche Entwicklungen. Weltöffentlichkeit gibt es schon länger; neu ist, dass fast alle daran partizipieren, auch der Süden, auch die Armen. Und die nehmen am globalen Informations- und Bilderfluss nicht mehr nur als Konsumenten teil, sondern – zweiter Faktor – mehr und mehr auch als politische Subjekte. [...] Einen Krieg wie gegen den Irak, ohne ausreichende Legitimation, hätten die USA keinem anderen Land der Welt durchgehen lassen. Und die anderen wissen das auch. Um auf das aktuell Brisanteste zu kommen: Warum hat der Westen, unterstützt von Russland und geduldet von China, darüber zu befinden, wer eine Atombombe haben darf? Wie kommt etwa Jacques Chirac dazu, mitten hinein in den Atomkonflikt mit Iran zu erklären: Ihr dürft die Bombe nicht einmal

besitzen, wir nehmen uns sogar das Recht auf ihren Ersteinsatz heraus – und zwar gegen euch!
Wer in den vergangenen zwanzig Jahren etwa die globalen Klimaverhandlungen beobachtet hat, fragte sich mehr als einmal, wieso es sich ein Westler erlauben kann, auch in Zukunft zehn- bis zwanzigmal so viel Kohlendioxyd auszustoßen wie ein Afrikaner oder ein Südamerikaner. Gleiches gilt für den Widerspruch, dass die westlichen Länder ihre Märkte nach wie vor durch Zölle für Produkte aus den sogenannten Entwicklungsländern dichtmachen und zugleich von denen da unten freien Handel fordern. [...]
Man muss schon sehr viel Macht haben, um solche doppelten Standards global durchsetzen zu können. Da der Westen darüber nicht mehr verfügt, muss er sich etwas anderes überlegen, wenn er die Weltöffentlichkeit nicht dauerhaft gegen sich aufbringen will. Natürlich wäre es utopisch, zu versuchen, mit zügiger globaler Umverteilung die Unterschiede zwischen Arm und Reich zu nivellieren. Und natürlich müssen die westlichen Staaten darauf bestehen, dass auch in puncto Atomwaffen Demokratien, Parademokratien und Despotien nicht völlig gleich behandelt werden können. Dennoch müsste der Westen eine Art Fairness-Offensive starten, ein Programm zur Milderung der doppelten Standards. [...] Der Westen muss normativ anspruchsvoll bleiben, materiell bescheidener werden und seine Präpotenz à la Bush oder Chirac abbauen. Denn in einer Welt, in der jeder jederzeit jeden hören kann, ist es kaum mehr möglich, hier anders zu reden als dort, nach innen anders als nach außen. Es gibt medial kein innen und außen mehr. Das eigene Wort, die eigene Norm gelten überall. Oder nirgends. Der Westen ist nicht mehr Endpunkt der Geschichte, er ist mittendrin. Er könnte auch Geschichte werden.

(Die Zeit, 9.2.2006, S. 1)

Die unterrichtliche Beschäftigung mit dem Anschlag macht ein mehrdimensionale Vorgehen notwendig (Kapitel VII ist analog zu dieser Schrittfolge gegliedert):

- Die **Situation** entspricht dem Konflikttyp des „Bürgerkriegs in der Weltgesellschaft" oder dem Muster der „neuen Weltunordnung".
- **Zeitgeschichtlich** sind die Wurzeln und Hintergründe des Konflikts in Bündnisstrukturen und Militärpotenzialen des Ost-West-Macht- und Ideologienkonflikts zu suchen.
- **Machtpolitisch** steht es an, nach dem Verschwinden der traditionellen Bi-Polarität des Ost-West-Konflikts die Entwicklung einer Multipolarität zu beleuchten und die Frage nach der verbliebenen Supermacht zu stellen, nach deren Handlungsfreiheit und Verantwortung, aber auch Verletzbarkeit.

Diese Dimensionen finden sich auch in dem umfassenderen **Analyseraster „Kategorien der internationalen Politik":**

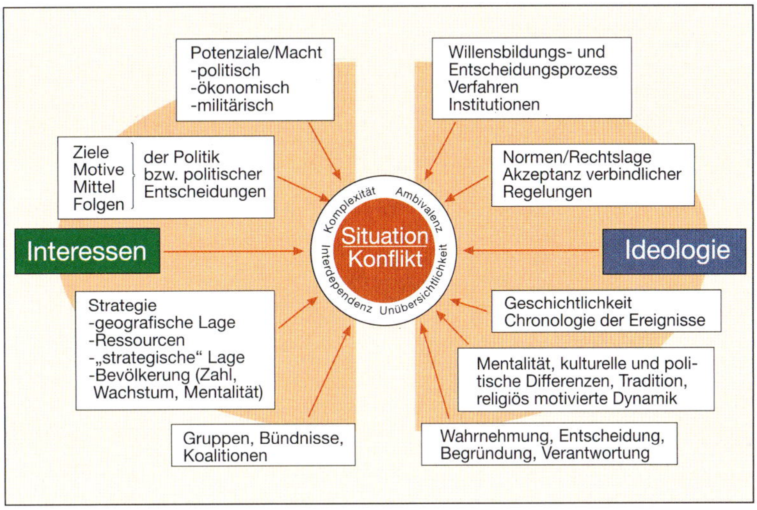

Aufgaben

Aufgaben zu einer vorläufigen Erschließung:

1. Welche spontanen Empfindungen, Assoziationen lösen die Bilder auf S. 415 aus? (Methodenschulung „Bildinterpretation", s. S. 428 ff.)
2. Wie reagierten Schüler, Familie, Freunde auf die Ereignisse (Befragung)?
3. Welche Intentionen verfolgen die Bilder und Zeitschriftentitel?
4. Inwiefern ist der 11. September 2001 ein zeitgeschichtlicher Einschnitt? Beziehen Sie zu einer tiefer gehenden Analyse die Folgekapitel ein.
5. Formulieren Sie anhand von M 2 Zusammenhänge zwischen Rohstoffvorkommen und internationalen Konflikten. Welche Interessen entstehen seitens politischer und wirtschaftlicher Mächte?
6. Analysieren Sie den Irak-Krieg als medienvermitteltes Ereignis (Methodenschulung, s. S. 421 ff.).

Frieden und Sicherheit als Aufgabe der internationalen Politik

Die ständige Herausforderung für Politik lautet:
Wie kann unter den Bedingungen der internationalen Politik Frieden politisch gestiftet und gesichert werden?
Die Vorbeugung gegen die organisierte internationale Gewalt der Staaten und die Gestaltung des Friedens wurden traditionell als vorrangige Aufgaben der internationalen Politik gesehen. Staaten bauten militärische Potenziale auf, errichteten Gleichgewichtssysteme (Wiener Kongress), schlossen Bündnisverträge (entente cordiale), knüpften ein Netz internationaler Abkommen (SALT, MBFR) und schafften überstaatliches Recht (Haager Landkriegsordnung) sowie friedenstiftende Institutionen (UNO, Internationaler Strafgerichtshof).
Die internationale Politik war schon vor dem 11. September 2001 nicht mehr nur auf institutionelles staatliches Handeln beschränkt. Seit dem Zerfall der bipolaren Weltstruktur, dem Aufbrechen bisher verdrängter substaatlicher Konflikte und dem Erstarken neuer nichtstaatlicher Akteure verloren die Staaten und traditionellen Institutionen erheblich an Steuerungskapazität. Bisherige Handlungs- und Analysemuster verloren dabei ihre Gültigkeit.
Nun kommt es darauf an, das komplexe Zweck-Mittel-Gefüge der internationalen Politik neu zu justieren. Die vormals klare Trennung zwischen Innen- und Außenpolitik ist einer Vermischung der Akteure und der Prozessmuster gewichen. Der Wandel von der Staatenwelt zur Gesellschaftswelt erzeugt eine zunehmende Komplexität des Gegenstandes. Alle wissenschaftlichen Erklärungsmodelle haben noch den Charakter des Vorläufigen und der unterrichtliche Zugriff fordert eine stärkere didaktische Offenheit, verbunden mit der Bereitschaft, das Vorläufige als das unter den gegebenen Umständen Mögliche zu akzeptieren.

Dieser Herausforderung versucht das folgende Kapitel gerecht zu werden.

- Die systematische Beschäftigung mit der internationalen Politik in diesem Kapitel soll mit einer Beschreibung **aktueller internationaler Konflikte** beginnen, die seit Ende des Kalten Krieges unter dem Etikett „Neue Unübersichtlichkeit" subsummiert werden. Über eine typisierende Betrachtung des Nahost-Konflikts sollen dabei analytische Raster gewonnen werden, die einen erklärenden Zugriff auf andere Konflikte ermöglichen (→ VII/1.).
- Durch einen **Rückblick auf die Epoche des Kalten Krieges** (Internationale Sicherheit im Schatten des Ost-West-Konfliktes) werden wesentliche Wurzeln heutiger Konflikte freigelegt, insbesondere überkommene Denkschemata, Feindbilder und Rüstungspotenziale, die die Beziehungen zwischen den Staaten bis heute mit prägen. In diesen zeitgeschichtlichen Durchgang wird die Entwicklung Deutschlands in der Phase des Kalten Krieges bis zur Wiedervereinigung integriert (→ VII/2.).
- Im dritten Schritt (Gestaltung des Friedens) sollen **Theorien zur Entfaltung des Friedens und Konzepte von Sicherheits- und Friedenspolitik** betrachtet werden. Darauf aufbauend können Systeme und Institutionen bilateraler und multilateraler Sicherheitspolitik kritisch hinterfragt, Veränderungen unter dem Motiv „Von der Staatenwelt zur Weltgesellschaft" betrachtet sowie prozessuale und institutionelle Möglichkeiten weltweiter Konfliktprävention diskutiert werden (→ VII/3.).

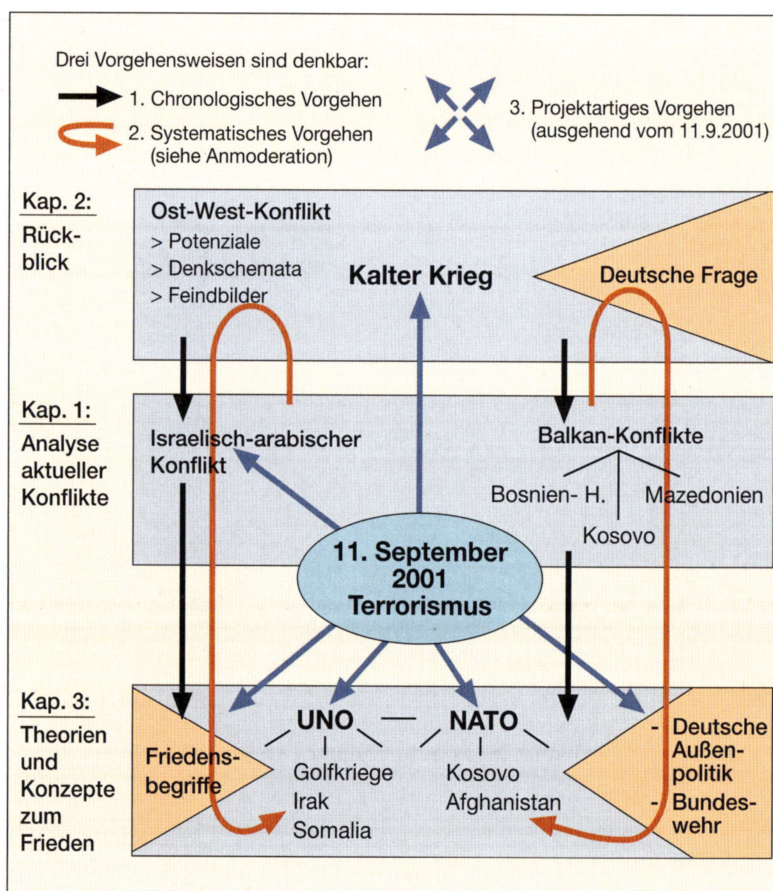

Analyse internationaler Konflikte als medienvermittelte Ereignisse

Beispiel Irak-Krieg 2003/04

Internationale Konflikte sind medienvermittelt. Außen- und Sicherheitspolitik sind Politikfelder, in denen Bürgerinnen und Bürger am wenigsten auf eigene Erfahrungen zurückgreifen können. Bei der Konfliktanalyse muss einbezogen werden, ob und wie stark versucht wird, Meinungen und Parteinahmen zu lenken.

Besonders mit Bildern wird Einfluss auf öffentliche Meinung genommen. Ein nicht durch Bilder „skandalisierter" Konflikt droht in Vergessenheit zu geraten. Die Auswahl der Bilder muss daher besonders kritisch betrachtet werden. Mit den gewählten Ausschnitten geht oft eine Parteinahme des Betrachters einher, welche die Meinungsbildung in der noch offenen Situation entscheidend beeinflusst.

Von Folterungen in irakischen Militärgefängnissen seitens der amerikanischen Besatzer berichtete Amnesty International schon Mitte 2003 und Anfang 2004. Aber erst als Bilder veröffentlicht wurden, erhielten die Ereignisse eine weltpolitische Relevanz. Der Widerspruch zwischen dem als Mission deklarierten „ war against terror" zur Verteidigung demokratischer Werte und den Vorfällen in den Gefängnissen wurde zum wichtigen Bewertungskriterium des gesamten Irak-Kriegs.

Im Rahmen internationaler Konflikte finden sich einzelne Bilder, die eine lange Nachwirkung haben und als „Ikone" (ursprünglich Kultbild der Ostkirche) unser Bild von diesem Konflikt prägen, so z. B. für das Ende des Zweiten Weltkrieges das Foto von einem russischen Soldaten, der die Sowjetflagge auf dem Berliner Reichstagsgebäudes hisst. Da sich heute Bilder in Sekunden verbreiten lassen und die Partizipation am globalen Bilderfluss steigt, wird überall in der Welt der Versuch unternommen, mit Bildern Meinungen im aktuellen Konflikt zu beeinflussen und zu steuern. Die kaum steuerbare private Verbreitung über das Internet spielt dabei eine besondere Rolle.

Seitens der Politik wird teilweise aktiv versucht, Meinungen und Parteinahmen im eigenen Land und in der Weltöffenlichkeit medial zu steuern. Entscheidend ist, wem es gelingt, den Interpretationsrahmen eines Konflikts zu bestimmen. Da verschiedene Seiten dies versuchen, ist es nicht sicher, welche Interpretation sich durchsetzt. Gerade im Irak-Krieg gelang es langfristig nicht, die Sichtweise der Bush-Regierung wirksam werden zu lassen. Die UNO vermittelte parallel, dass die als Kriegsgrund angeführten Massenvernichtungswaffen des Iraks nicht auffindbar waren; dies war Basis für eine Gegenöffentlichkeit. Die von der amerikanischen Regierung intendierte Polarisierung von „Freund und Feind" griff bei den europäischen Medien nicht. Eine Untersuchung belegt: Während die Zuschauer des amerikanischen Senders ABC in der Berichterstattung zu 36,1 Prozent Opferbilder von Irakern gezeigt bekamen, waren es in der Berichterstattung der ARD 67,5 Prozent (vgl. Sandra Kegel, Im Irak findet jeder zu seiner Wahrheit; in: FAZ v. 14.04.2003, S. 42).

Erster Schritt: Analyse des Umgangs von Medien mit ihrer eigenen Rolle im Konfliktgeschehen

M 1

Saddam lässt Kriegsgefangene hinrichten.

(Bildzeitung v. 26.3.2003, Titelseite)

Ließ Saddam sie hinrichten?

(Überschrift auf S. 2 der gleichen Ausgabe)

M 2 | In eigener Sache

Krieg bedeutet Ausnahmezustand, auch für Journalisten. Mehr noch als zu anderen Zeiten verfolgen diejenigen, die Journalisten mit Informationen versorgen, während eines Krieges eigene Interessen. Die Süddeutsche Zeitung bemüht sich, bei ihrer Berichterstattung ihre Quellen möglichst genau zu benennen, damit sich die Leser ein eigenes Urteil bilden können. Weil viele Informationen jedoch der Militärzensur unterliegen, kann die Wahrheit über den Krieg naturgemäß nur unvollständig wiedergegeben werden.

(SZ v. 27.3.2003)

M 3 | Zur Aufgabe der Medien in internationalen Konflikten

Im Gegensatz zu 1990/91 entscheidet die US-Regierung 2003 im Irak-Krieg 500 von ihr autorisierte Reporter in die Armee „einzubetten", um den Vorstoß life zu dokumentieren und zu unterstützen. Die Angriffe finden zur besten – US-amerikanischen – Sendezeit statt. Vor allem das Fernsehen wird offen ins politisch-strategische Kalkül einbezogen. Auf der anderen Seite wird in einigen Sendern und Printmedien gerade aus diesem Anlass die Rolle der Medien in einem solchen Krieg kritisch kommentiert.
In den USA verzeichnen Intellektuelle wie z. B. Judith Butler, Professorin für Rhetorik und Literaturwissenschaft in Berkley, einen „neuen Skeptizismus hinsichtlich des Werts abweichender Meinungen" seit dem 11. September. Opponierende Stimmen fänden schwer Medienkanäle, würden als strategisch und politisch naiv beiseite gewischt. Die „Schock- und Ehrfurcht-Strategie" der US-Regierung und des Militärs werde durch die Medien unterstützt, indem diese Gewalt als „virtuelles Spektakel" zeigten". Es gibt keine wichtigere Aufgabe, als die Befangenheit zu durchbrechen, vor der die kritische Analyse in dieser Zeit erstarrt."

(nach: FR v. 28.3.2003)

Die drei Materialien aus der Anfangsphase des Irak-Kriegs (Beginn 21.3.2003) zeigen in M 1 einen manipulativen Umgang mit der Wahrheit: Ein „Aufmacher" auf der Titelseite stellt etwas als Faktum dar, das offenbar noch nicht gesichert ist, da es auf der Folgeseite mit Fragezeichen versehen wird. In M 2 weist eine seriöse Zeitung auf die problematische Rolle der Medien und ihrer Informationsquellen in Kriegszeiten ausdrücklich hin.
Wie M 3 zeigt, formuliert die Zeitung den Anspruch, gerade in Zeiten, in denen kritische Analyse behindert wird, dieser zur Geltung zu verhelfen.

Zweiter Schritt: Kritische Analyse von Bildern und ihrer Verbreitung (s. auch Methodenschulung, S. 428 ff.)

M 4 | Soldat zwischen GIs im Irak-Krieg 2003

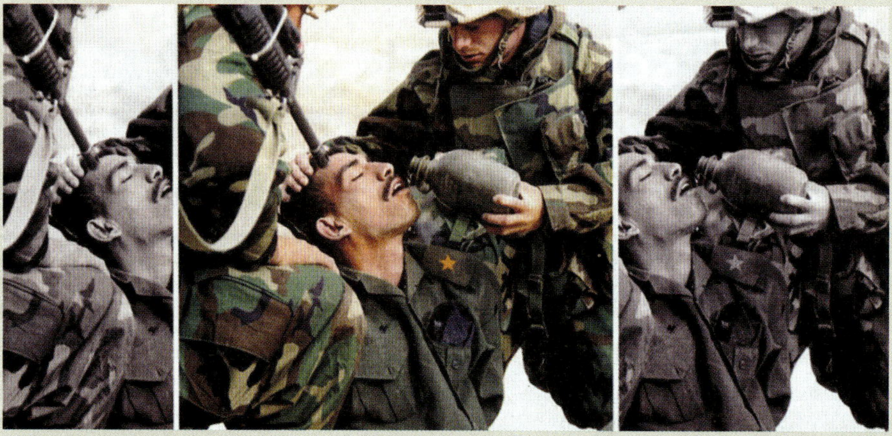

(AP-Photo/Itsuso Inoyoue; Montage: Ursula Dahmen/Der Tagesspiegel, „Bilder, die lügen", Stiftung Haus der Geschichte der Bundesrepublik Deutschland, Bonn)

Je nach Bildausschnitt wertet der Betrachter die Szene: Reduziert man auf den linken Bildausschnitt, entsteht der Eindruck einer brutalen Szene, bei der ein Soldat einem Kriegsopfer den Kopf niederhält und dem bereits am Boden liegenden Gegner das Maschinengewehr an die Schläfen setzt. Reduziert man auf den rechten Bildausschnitt, rührt eine menschliche Geste, bei der ein US-Soldat den verdurstenden Gegner mit Wasser aus seiner Feldflasche versorgt. Das mittlere Bild zeigt, dass der Soldat sowohl durch eine Waffe in Schach gehalten wird als auch zu Trinken erhält.

M 5a | Folterbilder als „Ikonen" des Irak-Kriegs

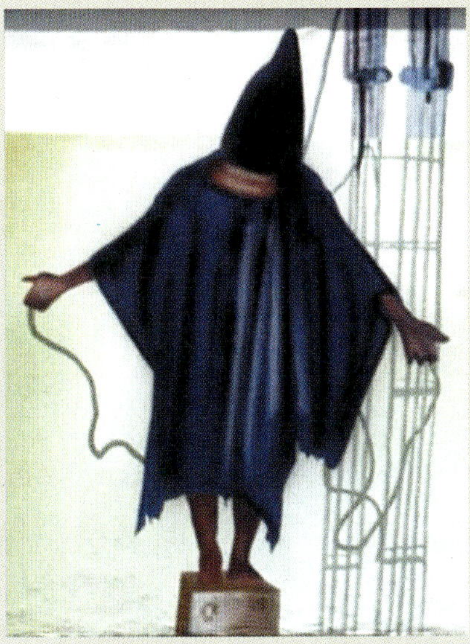

M 5b |

Das Folteropfer in der Position des Gekreuzigten gehört zu den am meisten verbreiteten Bildern unter den entsprechenden Aufnahmen. Die Bildbearbeitung, welche diese „Ikone" mit der Ikone Freiheitsstatue verbindet, soll beißende Kritik an der Selbstdarstellung der USA als „Freiheitsbringer" im Kriegsgebiet üben.

M 6 | „Ohne Bilder kein Skandal"

Amnesty hatte in zwei ausführlichen Reports, die am 23. Juli 2003 und am 18. März 2004 veröffentlicht wurden, auf die Zustände in den Kerkern der Besatzer im Irak deutlich hingewiesen. Sie enthielten Aussagen über Folterungen von Gefangenen durch Elektroschocks, Schlafentzug, Schläge oder Fesselung der Geschlechtsteile. Dass solche Praktiken keine Ausnahmefälle waren, bestätigte unter anderem ein früherer US-Marinesoldat im Februar 2004 während der Anhörung zum Tod eines Irakers im Gefangenenlager Camp Whitehorse in der Nähe von Nassiriya. Im Juni 2003 hatte dort ein US-Marinereservist den Häftling Sa'doun Hattab, einen ehemaligen Offiziellen der Baath-Partei, zu Tode geprügelt. [...] Tatsächlich haben die meisten Medien mit der Berichterstattung so lange gewartet, bis ihnen das von den Folterern selbst erstellte Bildmaterial angeboten wurde. Die angeklagten amerikanischen Soldaten Charles A. Graner und Lynndie England, der inzwischen zu acht Jahren Haft verurteilte Feldwebel Ivan Fredrick und andere Militärangehörige haben mit dem Einsatz moderner digitaler Technik dafür gesorgt, dass ihre Bilder multimedial verwertbar sind: im Fernsehen als sogenannte „Einspieler", um Beiträge aufzupeppen, in Zeitungen und Zeitschriften als vermeintlich lukrative Aufmacher und im Internet in Form von „Slideshows" oder Videoclips. Was können Menschenrechtsorganisationen wie Amnesty International mit ihren Berichten über unvorstellbare

Grausamkeiten schon dagegenhalten? Wohl nicht viel, wie das Beispiel Irak zeigt. Für die fundierten schriftlichen Aussagen der Geschundenen hatte sich fast ein Jahr lang kaum jemand interessiert, auf die Bilder der Folterer stürzten sich alle – sofort.

(Horst Müller, „Ohne Bilder kein Skandal"; in: FAZ.NET v. 30.10.2004, Ausdruck vom 25.5.2006)

Dritter Schritt: Analyse der Funktionalisierung von Medien im kriegerischen Konflikt

Im Irak-Krieg fanden alle Versuche der Funktionalisierung statt.

Embedding	Ca. 600 autorisierte Reporter werden in die US-Armee „eingebettet", um die Vorstöße life zu dokumentieren und zu unterstützen. Die kooperativen Fernsehsender erhalten dadurch die wertvollen Exklusivbilder.
Life-Übertragung	Angriffe werden zu Hauptsendeszeiten platziert.
Gewaltdarstellung als virtuelles Spektakel	Nur zu geringen Anteilen werden Opfer gezeigt und wenn, dann vorwiegend die der Gegnerseite. Das Bildmaterial zeigt vor allem Waffen und Geschosse.
Zensur	Kritiker sollen keine Stimme in den Medien erhalten. Geschieht dies doch, werden die Personen und die Medien, die ihnen Raum geben, als gefährliche Nestbeschmutzer oder Naive dargestellt.
Framing	Themen werden in einen bestimmten Interpretationszusammenhang gesetzt, statt direkte Aussagen zu treffen.
Priming	Ausgewählte wiederkehrende Themen werden in den Vordergrund gerückt.
Zentralisierung der Information	Ein spezielles Informationsbüro der US-Regierung wird gegründet („Office of Global Communications"), als einziger Ort der politischen und militärischen Nachrichtenweitergabe.
„Al-Dschazira-Effekt"	So wie es dem arabischen Sender Al-Dschazira im Irak-Krieg gelang, versuchen gegnerische Parteien mit ihren eigenen Bildern und Medien einen alternativen Interpretationsrahmen vorzugeben.

Vierter Schritt: Analyse der Aktionen sogennannter Medienaktivisten

M 7|

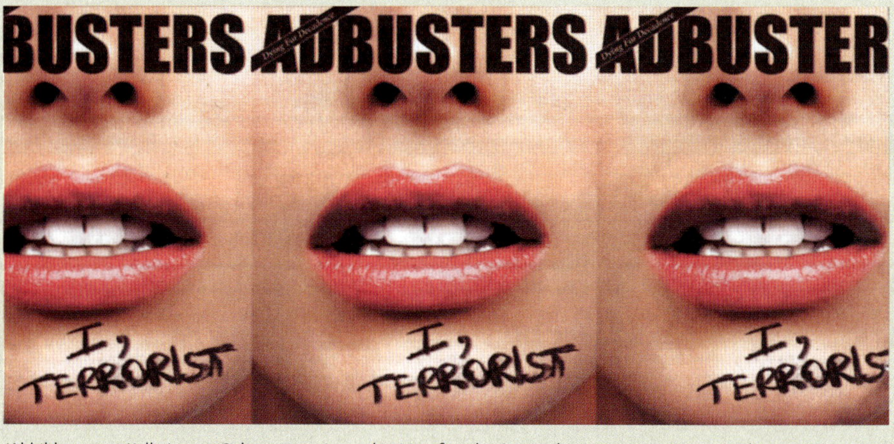

(Abbildung aus: Kalle Lasn, „Culture Jamming – das Manifest der Antiwerbung", orange-press, Freiburg 2005)

„Der dritte Weltkrieg wird ein Informationsbürgerkrieg sein, der nicht zwischen militärischer und ziviler Beteiligung unterscheidet." (Marshall McLuham)

Die Bewegung der „Adbusters" (ad: advertisement, Werbung; to bust: auffliegen lassen) betrachtet sich als loses globales Netzwerk von Medienaktivisten, welche die Sprache der Bilder der Werbeindustrie benutzen, um deren Botschaft komplett umzukehren mit dem Ziel, Manipulation zu entlarven und sich „aus der Übermacht von Medien und Konsumsucht zu befreien". Dabei richten sich die – verbotenen – Aktionen vor allem gegen die „Marke Amerika": „Wir werden die Moden und die Stars von Brand America TM weniger cool machen, ihre Ikonen, Zeichen und Spektakel. Wir werden die Produktion der Bilder ‚jammen', bis es eines Tages zu einem abrupten Stillstand kommt." (Zitate von: Kalle Lasn, s. Quellenangabe zu M 7). Immer häufiger finden sich solche Produkte auch in der deutschen Szene.
Das benutzte Foto (M 7) könnte einer Kosmetik-Werbung entstammen, das perfekte Model-Gesicht wird von den Adbusters verfremdet mit dem „Selbstbekenntnis" als Terroristin. Dies führt beim Betrachter zu Irritation bezüglich der verbreiteten Meinung, man könne Terroristen an bestimmten äußeren Merkmalen erkennen. Eine Kritik am „war against terrorism" mit dem Generalverdacht gegenüber arabisch aussehenden Männern als potenzielle Terroristen ist beinhaltet.

M 8 | Vergessene Kriege

1. Analyse internationaler Konflikte

1.1 Fallbeispiel Nahost-Konflikt

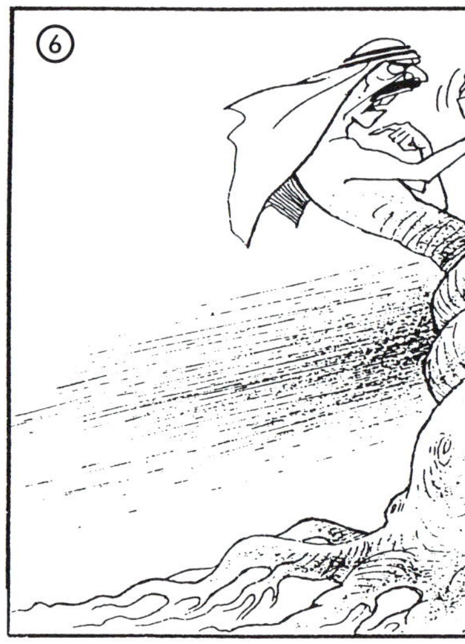

➤ Jahrhundert-Konflikt Nahost

8

9

11

Analyse bildlicher Darstellungen als Medium der politischen Kommunikation

In der heutigen Zeit des Bilderbooms ist eine kritische Auseinandersetzung mit bildhaften Darstellungen besonders notwendig, denn Bilder haben eine ambivalente Wirkung. Einerseits profitiert die Rezeption von Bildern von Wahrnehmungsautomatismen; sie hat den Vorteil, schnell und einfach zu sein. Andererseits werden Bilder leicht unkritisch mit der Realität gleichgesetzt, was sie in besonderem Maß ideologisch instrumentalisierbar werden lässt. Im Gedächtnis bleiben Bilder eher haften als Sprache. Das Bildmedium verändert Einstellungen besonders stark. Die Wahrnehmung geschieht spontan, eine bewusste Reflexion muss erst aktiviert werden. Bezogen auf die Fotografie entwickelte die amerikanische Publizistin Susan Sontag die kritische Einschätzung, heute werde ein gesellschaftlicher Wandel durch den Wandel der Bilder ersetzt. Fotografien seien eine Abbildung der Oberfläche, die keine politische oder moralische Erkenntnis vermitteln könne. Selbst wenn Leid abgebildet werde, werde es durch die Fotografie ästhetisch neutralisiert und „alltäglich". Unzufriedenheit werde besänftigt, indem ein Duplikat der Wirklichkeit erzeugt und damit verfügbar gemacht werde. Umgekehrt ist das, was nicht abgebildet wird, in der Öffentlichkeit nicht präsent und wird politisch nicht wahrgenommen.
Die historische Funktion der Bildenden Kunst, Herrscherbilder zu schaffen, die der Legitimation dienten, besteht heute nicht mehr. (Die Kunst in der DDR kann vor diesem Hintergrund gesehen werden; s. S. 411 ff.). Die Bilder der modernen Medien führen aber den Zusammenhang von politischer Macht und ihrer bildlichen Darstellung fort, z. B. in Werbekampagnen und Imagepflege. Gezielte Akte symbolischer Politik (s. S. 401 f.) werden durch Fotografien festgehalten, über die Medien verbreitet. Die Bilder prägen die politische Einschätzung von Ereignissen und Epochen.
Wir leben in einer Zeit, in der die Wahrnehmung in erster Linie durch Bilder geprägt ist. Dies gilt auch für den politischen Bereich. Bilder – vor allem Fotografien – erwecken stärker als andere Formen der Vermittlung den Eindruck, die Wirklichkeit unmittelbar abzubilden. Zudem sprechen sie unsere emotionale, affektive Seite an. Da oft, anders als bei einem Text, durch ein Bild ein flüchtiger Eindruck entsteht, der scheinbar „für sich selbst spricht", also keinen Kommentar zu erfordern scheint, ist eine schrittweise kritische Analyse besonders wichtig: Die Sprache des Bildes muss gelesen und gedeutet werden.

Erster Schritt: Assoziativer Zugang

Blitzlicht, Brainstorming, Ausschneiden und Weitermalen des Bildes, Hinzufügen von Sprechblasen ...

- Wie wirkt das Bild auf mich?
- Was fällt mir dazu ein?

Zweiter Schritt: Beschreibung

- Welches sind die Bildgegenstände, -motive?
- Was steht wofür? Welche Symbolbedeutung haben die Bildgegenstände?
- Was hat das Bild zum Thema, in welchem Zusammenhang steht es?
- Welcher Moment ist abgebildet? Aus welchem Blickwinkel?

Dritter Schritt: Interpretation

- In welchen politischen Zusammenhang gehört das Bild?
- Welche Dimension des Problems wird gezeigt, welche nicht?
- Was bedeuten enthaltene Symbole im Problemzusammenhang?
- Welcher Ausschnitt der Wirklichkeit wird gezeigt? Warum wird dieser ausgewählt?
- Welche Rolle spielt die ästhetische Dimension der Darstellung?

Vierter Schritt: Ermittlung eines Gesamturteils

Bildüberschriften erfinden, Texte zuordnen, Musik/Bild/Ton kombinieren, Kontrastbilder suchen ...

- Worin besteht die Bildaussage insgesamt?
- Vor welchem politischen, ethischen, ideologischen Hintergrund steht die Aussage?
- Welche Absicht verfolgt die Darstellung? (politisch? emotional? künstlerisch? kommerziell?)

Fünfter Schritt: Stellungnahme
- Welchen Wert hat das Bild für die Interpretation des politischen Gegenstands?
- Trifft die Darstellung die eigene Einschätzung?
- Ermöglicht sie kritische Distanz?
- Was trägt sie zur Urteilsbildung in der Sache bei?

Beispiel

Für Bild 9 aus der Collage: „Jahrhundert-Konflikt Nahost" könnte eine solche Analyse folgendermaßen aussehen:

Erster Schritt: Assoziationen
Der ungewöhnliche Leichenzug zeigt eine Mischung aus Trauer, Wut und politischem Protest. Die Darstellung weckt Mitgefühl, aber auch Befremden. Der Betrachter hat den Eindruck, als würde ihm das tote Kind gezeigt.

Zweiter Schritt: Beschreibung
Man sieht einen Zug von Menschen, der nicht zu enden scheint; im Hintergrund ist keine Einzelperson mehr zu erkennen, sondern nur noch die Masse. Der Zug besteht nur aus Männern. Genau in der Bildmitte ragt eine Person heraus, die auf den Schultern einer anderen getragen wird: Der Mann hebt ein offenbar totes Baby in die Höhe, das in ein Tuch gewickelt ist; Kopf und Arm des Kindes sind nicht bedeckt. Die Menge führt Flaggen mit sich. Am rechten und linken Bildrand sind zwei weiße Fahrzeuge zu sehen. Die Gesichter zeigen vor allem Entrüstung; einige der Männer rufen etwas, andere sind stumm; in der vorderen Reihe recken die Männer die Hände in die Luft. Es hat den Anschein, dass bei der Szene eine gewisse Lautstärke herrscht. Die Symbole, die mitgeführt werden, lassen erkennen, dass es sich um Palästinenser handelt; Flaggen sind zu sehen, das tote Kind ist in das bekannte „Palästinensertuch" und die palästinensische Fahne eingehüllt.
Das Bild (Agentur Reuters, entnommen der Titelseite der größten spanischen Tageszeitung El País vom 24.07.2002) zeigt einen Leichenzug in Gaza, bei dem – wie aus dem Leitartikel hervorgeht – ca. 100 000 Personen teilnahmen. Das Kind, ein zwei Monate altes Baby, wurde bei einem israelischen Anschlag getötet, bei dem 15 Personen starben, darunter 9 Kinder. Der Anschlag sollte einem Führer der radikalen Hamas gelten, er war unter den Toten. Premierminister Scharon wird zitiert: Die Operation sei „einer der größten Erfolge im Kampf gegen den Terrorismus" gewesen. Der Anschlag und diese Aussage wurden von den USA, der EU und der UNO verurteilt.
Der Blickwinkel ist so gewählt, dass der Betrachter scheinbar der Menschenmenge gegenübersteht; das Kind wird in die Kamera gehalten.

Dritter Schritt: 3. Interpretation
Das Bild gehört in eine Phase der erneuten Radikalisierung im Nahost-Konflikt. Die Palästinenser gehen in ihrer autonomen Zone Gaza, in der sie die Bevölkerungsmehrheit darstellen, auf die Straße. Die Dimension der Ungerechtigkeit der israelischen Militärmacht wird gezeigt – ein unschuldiges Kind wurde umgebracht. Das Bild zeigt nicht den toten Hamas-Führer, dem der israelische Anschlag gegolten hat. Der Zug ist zugleich Trauerzug und politische Demonstration. Das Kind wird, indem es in die Nationalflagge gehüllt wird, als Opfer in dem als ungleich betrachteten Kampf der israelischen Staatsmacht gegen die Palästinenser und ihre Autonomiebestrebungen gezeigt.
Die Darstellung hat durch den Bildaufbau auch eine ästhetische Dimension. Der bewegte Zug wird optisch einen Moment aufgehalten; durch die zentrale Perspektive und die verschiedenen Bildebenen wird dem Betrachter „der Spiegel vorgehalten".

Vierter Schritt: Gesamturteil

Die Bildaussage ist eine Momentaufnahme aus dem „Jahrhundert-Konflikt", die Palästinenser sind in der Opferrolle gezeigt. Der Betrachter gewinnt aber auch den Eindruck, dass die Betroffenen nicht bereit sind „stillzuhalten", sondern auf den Vorfall antworten werden. Auf dem Bild sind jedoch weder Uniformen noch Waffen zu sehen. Zudem sind viele der Männer in dem Moment der Aufnahme stumm.
Die ethische Dimension des Konflikts wird deutlich: Aufgrund fehlender politischer Lösungen sterben Unschuldige.
Die Absicht der Darstellung ist sicherlich auch eine Solidarisierung mit den gezeigten Menschen. Der Mann in der Mitte könnte der Vater des Kindes sein. Unabhängig von der politischen Position des Einzelnen gibt es ein Mitgefühl mit den Eltern und Verwandten. Es ist eine Besonderheit, die emotionale Seite des Konflikts so hervorzuheben. (Das Reuters-Bild wurde vielfach gekauft.) Es macht klar, dass der Gewalt ein Ende gesetzt werden muss.

Fünfter Schritt: Stellungnahme

Kritische Distanz zu halten, ist in diesem Fall schwierig. Trotzdem stellt sich die Frage: Wird das tote Kind im politischen Kampf instrumentalisiert?
Wichtig ist, dass hier ein bestimmter Ausschnitt der Realität gezeigt wird. Die Bildcollage insgesamt soll ein differenzierteres Bild liefern.

Bildnachweise zur Collage:

① *Israelische Panzer in Stellung vor Beit Dschallah im Westjordanland, April 2002*
(dpa)

② *Palästinensischer Selbstmordanschlag in Jerusalem, 12.04.2002*
(dpa)

③ *Ehud Olmert vor einem Bild von Ariel Scharon, seinem Vorgänger im Amt des israelischen Ministerpräsidenten, 27.02.2006*
(dpa)

④ *Israelischer Soldat betet an der Klagemauer, ohne Datum*
(caro, Berlin)

⑤ *Ministerpräsident Rabin, Präsident Clinton, PLO-Chef Arafat in Washington, 13.09.1993*
(dpa)

⑥ *„Wir waren schon immer hier."*
(Zeichnung v. Fritz Behrendt [1990]; in: Rolf Tophoven, Der israelisch-arabische Konflikt, Bonn 1996)

⑦ *Israelischer Posten patroulliert bei einer Trennungsmauer zu den palästinensischen Autonomiegebieten im Westjordanland, August 2002*
(dpa)

⑧ *Aufmarsch von Hamas-Kämpfern bei der Beerdigung von Scheich Jassin in Gaza am 22.03.2004*
(AP)

⑨ *Beerdigungszug in Gaza, 23.07.2002*
(Reuters, in: El País v. 24.07.2002)

⑩ *Koranlesende Frauen in Jerusalem, ohne Datum*
(dpa)

⑪ *PLO-Generalsekretär Abbas (am Kopf des Tisches) mit Palästinenserführern in Ramallah, 14.11.2004: „Wir fühlen uns wie verlorene Kinder."*
(dpa)

Jahrhundert-Konflikt Nahost

Der Nahost-Konflikt, der immer wieder Anlass zu Kriegen und blutigen Zusammenstößen in der Region bot, ist hundert Jahre alt. Die Zeitleiste orientiert sich an den Kategorien zur Erschließung eines internationalen Konflikts und dokumentiert den Verlauf.

Aufgaben

zu Collage und Zeitleiste:

1. a) Bearbeiten Sie die Collage entsprechend der Methodenschulung „Analyse bildlicher Darstellungen“ (s. S. 428 ff.).
b) Stellen Sie am Ende der Unterrichtseinheit eine eigene Collage zum Nahost-Konflikt zusammen.

2. a) Stellen Sie die Dimensionen und Ebenen des Konflikts anhand der Bilder zusammen.
b) Versuchen Sie zu verdeutlichen, warum der Konflikt so schwer zu lösen ist.

3. a) Teilen Sie anhand der Zeitleiste S. 432 ff. Phasen des Konflikts ein.
b) Ordnen Sie die Überschriften: „Annäherung, Hoffnung mit Dämpfern, Kriegsjahre, Rollende Panzer und fliegende Steine, Ernüchterung“ zu.
c) Erstellen Sie mittels der Zeitleiste eine Fieberkurve des Nahost-Konflikts. (Wann herrschen militärische Lösungen vor, wann gibt es konstruktive politische Ansätze?)
d) Arbeiten Sie Akteure, Interessen, Ziele der Beteiligten heraus.

4. Zeigen Sie anhand der Karten die territoriale Entwicklung des Konflikts. Benutzen Sie zur Bearbeitung auch geografische Karten.

Projekt

Sozialkunde/Erdkunde/Religion: Erstellen Sie wahlweise Dossiers zu den Themen: „Ressource Wasser im Nahost-Konflikt“, „Israelische Siedlungspolitik“, „Zankapfel Jerusalem“ (ziehen Sie heran: Israel – Naher Osten, Multiplikatorenpaket der Landeszentrale für politische Bildung Rheinland-Pfalz, Mainz 1998). Zur Erstellung eines Dossiers vgl. Methodenschulung S. 441.

Zeitleiste Nahost-Konflikt

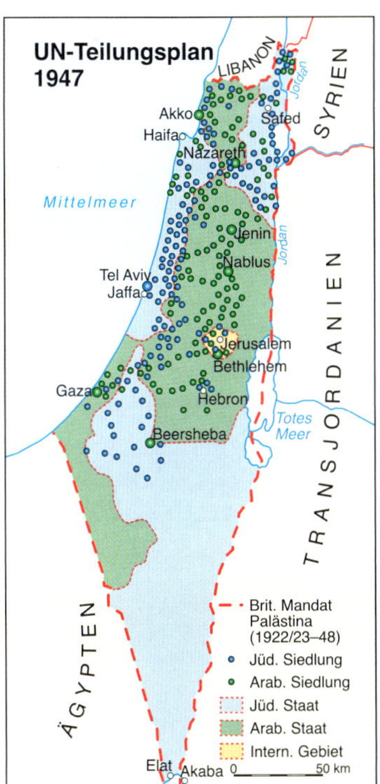

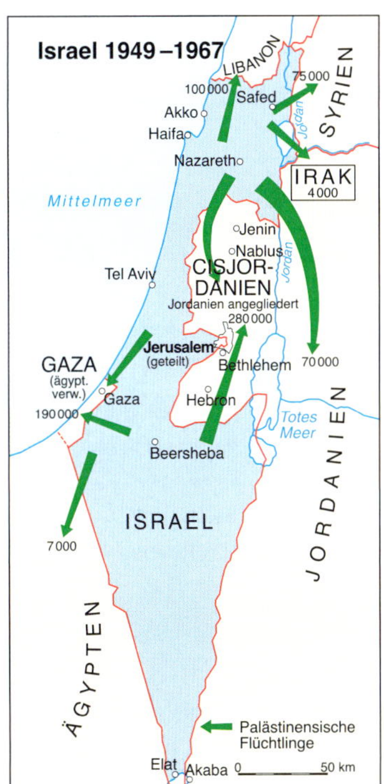

1882–1903: Erste Einwanderungswelle nach Palästina (v. a. aus Russland), weitere folgen: 1904–14 (v. a. Russland, Polen), 1919–23 (Russland), 1924–32 (Polen), 1933–39 (Deutschland).

1897: Theodor Herzl beruft den ersten Zionistenkongress in Basel ein; Ziel der zionistischen Weltorganisation: Schaffung einer nationalen Heimstätte in Palästina.

1917: Der Sieg der Briten beendet die 400-jährige osmanische Herrschaft. Die britische Regierung sichert dem jüdischen Volk Unterstützung für die Errichtung einer nationalen Heimstätte zu (Balfour-Deklaration), verspricht gleichzeitig dem arabischen Herrscher über Mekka ein großarabisches Reich (einschließlich Palästina).

1947: UN-Teilungsplan.

1948: Ende des britischen Palästina-Mandats; Ben-Gurion ruft in Tel Aviv den Staat Israel aus.

1948/49: Unabhängigkeitskrieg: Israel wehrt den Angriff der arabischen Nachbarstaaten Ägypten, Irak, Syrien, Libanon und Transjordanien erfolgreich ab. Etwa 700 000 Palästinenser flüchten.

1956: Unter Staatspräsident Nasser verstaatlicht Ägypten den Suezkanal. Israel erobert zusammen mit Großbritannien und Frankreich im sog. Suezkrieg die Sinai-Halbinsel, zieht sich auf Druck der UNO und der USA wieder zurück.

1964: Gründung der palästinensischen Befreiungsorganisation PLO.

1967: Im „Sechstagekrieg" besetzt Israel den Gaza-Streifen, die Halbinsel Sinai, das Westjordanland, Ost-Jerusalem und die Golanhöhen. Die UN-Resolution 242 fordert den Rückzug Israels aus den besetzten Gebieten und eine gerechte Lösung der Palästinenserfrage.

1973: Während des jüdischen Fests Yom-Kippur greifen Syrien und Ägypten Israel an. Im folgenden Krieg nehmen die USA für Israel, die UdSSR für die Araber Partei.

1974: Arabische Staaten erklären die PLO zur einzigen legitimen Vertreterin des palästinensischen Volkes.

1974: Rede Arafats als PLO-Führer vor der UNO.

1978: Unterzeichnung der Camp-David-Vereinbarungen, die als Grundlage für einen umfassenden Frieden im Nahen Osten und als Vorschlag für eine palästinensische Selbstverwaltung dienen sollen.

1979: Israel und Ägypten schließen einen Separatfrieden. Begin und Sadat erhalten den Friedensnobelpreis.

1982: Israel marschiert in den Libanon ein mit dem Ziel der Zerschlagung der PLO; Evakuierung der PLO nach Tunis.

1987: Beginn des ersten Intifada-Aufstands der Palästinenser in den besetzten Gebieten.

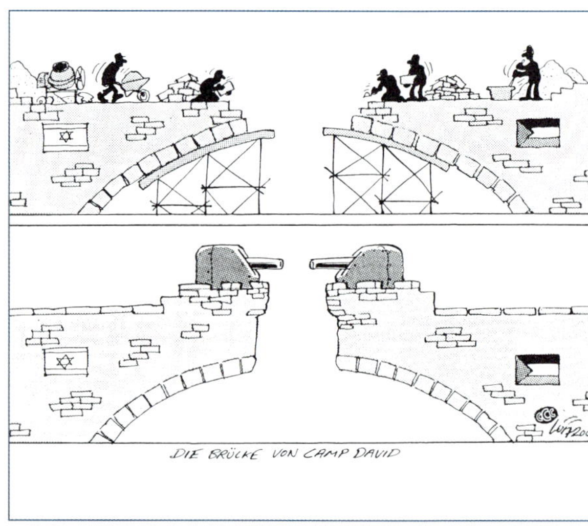

Die Brücke von Camp David

„Für den Anfang doch gar nicht übel, oder?"

1988: Der Palästinensische Nationalrat beschließt eine Staatsgründung nach dem Prinzip „Land gegen Frieden“: Die Koexistenz zweier Staaten wird anerkannt, wenn der Rückzug Israels aus den besetzten Gebieten erfolgt.

1990/91: Im Golfkrieg besiegt die Golfallianz den irakischen Herrscher Saddam Hussein.

1991: Israel, Jordanien, Syrien, der Libanon und Vertreter der PLO treffen sich unter der Schirmherrschaft von USA und UdSSR in Madrid zur Nahost-Friedenskonferenz.

1993: Nach geheimen Vorverhandlungen unterzeichnen PLO-Führer Arafat und der israelische Ministerpräsident Rabin das Gaza-Jericho-Abkommen (Oslo I): gegenseitige Anerkennung, Zeitplan für den israelischen Abzug, jedoch keine Festlegung von Endzielen in Bezug auf den Status Jerusalems, Palästinenserstaat, israelische Siedlungen in den besetzten Gebieten.

1994: Die palästinensischen Gebiete erhalten Teilautonomie; Rückkehr Arafats nach Gaza; König Hussein von Jordanien und der israelische Ministerpräsident Rabin unterzeichnen einen Friedensvertrag. Rabin, Peres und Arafat erhalten den Friedensnobelpreis.

1995: In Washington unterzeichnen Rabin und Arafat das Abkommen über die West-Bank und den Gaza-Streifen (Oslo II); Ausweitung der palästinensischen Selbstverwaltung auf das Westjordanland.

November: Tödliches Attentat auf den israelischen Ministerpräsidenten Rabin, verübt von einem radikalen jüdischen Studenten.

1996, Januar: Wahl Arafats zum Vorsitzenden des Autonomierats; Zunahme von Terroranschlägen fundamentalistischer Araber gegen Israel. Unter dem israelischen Ministerpräsidenten Netanyahu (Likud) gerät der Friedensprozess ins Stocken: Aufhebung des seit 1992 geltenden Baustopps für jüdische Siedlungen in den palästinensischen Autonomiegebieten.

1998/1999: Abkommen von Wye 1; Abkommen von Scharm-el-Scheich.

2000: Nahost-Konferenz unter Vermittlung des US-Präsidenten Clinton in Camp David: Verhandlungen zwischen Israels Ministerpräsident Barak (Arbeitspartei) und dem Leiter der palästinensischen Autonomiebehörde Arafat bleiben ergebnislos, Hauptstreitpunkt ist der künftige Status Jerusalems.

Mai: Nach 18-jähriger Besatzung zieht sich Israel gemäß UN-Resolution aus der sog. Sicherheitszone im Südlibanon zurück; dafür soll die libanesische Regierung die Hizbollah entwaffnen (Resolution 1559). Die UN, die seit 1978 in der Zone Beobachtungsposten unterhalten, legen die Grenzen neu fest.

Hintergrund:
Islamistische Palästinenserorganisationen

Im bewaffneten palästinensischen Widerstand gegen die israelische Besatzung nahmen die islamistischen (Untergrund-)Organisationen Hamas, Islamischer Dschihad und Hizbollah 2002 eine gewichtige Rolle ein. Da ihnen Verbindungen zur Terrororganisation Al-Qaida von Osama bin Laden nachgesagt wurden, rechtfertigte die israelische Regierung ihr Vorgehen gegen die Palästinenser als Teil des Kampfes gegen den Terrorismus.

Hamas: Entstanden als Zweig der sozial tätigen ägyptischen Moslemischen Bruderschaft, radikalisierte sich Hamas während des ersten Aufstands (Intifada) der Palästinenser ab 1987. Ihren Hauptsitz hat Hamas im Gaza-Streifen.

Islamischer Dschihad: Die 1987 gegründete radikale Gruppe (dschihad = arab.: heiliger Krieg) operiert vor allem von Syrien aus.

Ziele: Hamas und Dschihad versuchen, die mit dem Osloer Abkommen von 1993 eingeleitete Verständigung durch Terroranschläge in Israel zu sabotieren. Ihr Ziel ist ein eigener islamischer Staat auf dem Territorium des historischen Palästina.

Hizbollah: „Die Partei Gottes“, deren Name Bezug auf den Koran nimmt. Heute zumeist Bezeichnung einer von Iran unterstützten militanten, reformistischen, schiitischen Gruppe im Libanon. Eine als H. bezeichnete Gruppe existierte allerdings schon während der iranischen Revolution 1979. In der neuen Islamischen Republik Iran betätigte sie sich als paramilitärische Kontrollgruppe zur Einhaltung von Recht und Ordnung. Im Libanon entstand die H. während des israelischen Einmarschs 1982 als militante, antiwestlich und antizionistisch eingestellte Organisation, ausgebildet und finanziert von den iranischen Revolutionsgarden. Seit 1992 partizipiert sie regelmäßig an den Parlamentswahlen. (Im Frühjahr 2005 wurde das schiitische Bündnis von H. und Amal mit 35 Sitzen von 128 zweitstärkste Fraktion im libanesischen Parlament.) Die H. bekämpft Israel mit militärischen Mitteln, besonders in der von Israel beanspruchten „Sicherheitszone“ im Südlibanon. Nachdem auf Parlamentsbeschluss Israel im Frühjahr 2000 seine Truppen aus der Zone zurückzog, übernahm die H. die Kontrolle über das Gebiet.

September: Der Besuchs Scharons als Vorsitzender der oppositionellen Likud-Partei auf dem Jerusalemer Tempelberg löst Gewalttätigkeiten aus: Beginn der zweiten Intifada (Al-Aksa-Intifada).

Oktober: Der Konflikt zwischen Israel und den Palästinensern eskaliert nach dem Mord an zwei israelischen Soldaten im Polizeihauptquartier der autonomen Stadt Ramallah. Das israelische Militär zerstört die Polizeistation mit Raketen und beschießt Gaza. Die radikal-islamische Hamas droht mit Vergeltung und „heiligem Krieg".

Dezember: US-Präsident Clinton legt Grundzüge für ein Friedensabkommen vor: Israel soll seinen Anspruch auf Ostjerusalem aufgeben, ein künftiger Staat Palästina soll 95 Prozent des Westjordanlands und den gesamten Gaza-Streifen umfassen, dafür sollen nicht alle Flüchtlinge Rückkehrrecht erhalten.

2001, Februar: Scharon wird israelischer Ministerpräsident (große Koalition).

April: Palästinensische Selbstmordattentate und israelische Vergeltungsaktionen führen zu verhärteten Fronten. Israelische Truppen besetzen Teile des Gaza-Streifens.

11. September: Al-Qaida-Anschläge auf World-Trade-Center und Pentagon.

03. Oktober: US-Präsident George W. Bush kündigt eine neue Nahost-Initiative an.

17. Oktober: Nach der Ermordung des israelischen Tourismusministers kündigt Scharon eine „neue Ära" an: militärischer Vorstoß in die Autonomiegebiete, Hausarrest für Arafat in Ramallah. Nach wiederholten Selbstmordanschlägen lässt Scharon Häuser von Palästinenserführern in Gaza-Stadt beschießen.

2002, März: Mit der größten Militäroffensive im Westjordanland seit 1967 antwortet Israel auf eine Anschlagwelle.

Juni: Bush fordert in einer Grundsatzrede die Absetzung Arafats und Neuwahlen als Vorbedingungen für die Gründung eines „provisorischen" Palästinenserstaates. Israel errichtet eine Sperranlage („Schutzwall") entlang der Grenze zum Westjordanland und um Jerusalem.

2003, Februar: Besetzung des nördlichen Gaza-Streifens durch Israel.

7. März: Arafat designiert den als gemäßigt geltenden Machmud Abbas zum Ministerpräsidenten der Autonomiebehörde, das palästinensische Parlament stimmt zu.

14. März: Bush stellt die „Road Map" des Nahost-Quartetts (USA, Russland, UN, EU) vor: „Zwei Staaten für zwei Völker", endgültiges Friedensabkommen bis 2005. Der Grenzverlauf eines autonomen Palästinenserstaats bleibt offen.

Djihad = „heiliger Krieg"?

„Djihad bezeichnet in der islamischen Welt primär ein ethisches Prinzip, eine Art moralischer Wiederaufrüstung. Die meisten Muslime verstehen darunter Engagement für eine gute Sache. Jede positive Anstrengung wird als Djihad bezeichnet, vor allem, wenn damit Entbehrungen verbunden sind [...]. Wörtlich bedeutet ‚Djihad' zunächst ‚Anstrengung' und ‚Kampf'. Mit dem Großen Djihad wird ein Akt der Selbstüberwindung, eine Art der Selbstläuterung (djihad bi-n-nafs) bezeichnet.
Ein Mensch, der Djihad ausübt, heißt Mudjahid. Das Gegenstück bilden die Qa'idin (‚die, die im Haus sitzen bleiben'), also die Drückeberger. Nur unter ganz bestimmten Umständen wird der Begriff Kleiner Djihad auf den Kampf mit Waffen angewendet. Doch dazu müssen bestimmte Bedingungen erfüllt sein: Voraussetzung dafür ist immer, dass Gläubige (das schließt Juden und Christen mit ein) an der Ausübung ihrer Religion gehindert werden. Das heißt, nicht jeder Krieg, nicht einmal jeder Verteidigungskrieg, darf als Djihad bezeichnet werden, sondern nur, wenn er nachweislich gegen Menschen geführt wird, die aktiv gegen Religion vorgehen. Das Ziel der genauen Definition konnte sich allerdings nicht immer behaupten, da religiöse und politische Interessen sich oft schwer trennen lassen."

(Michael Pohly/Khalid Durán, Osama bin Laden und der internationale Terrorismus, München 2001, S. 18 f.)

Friedens-„Fahrplan" für Nahost

Die „Roadmap" des Quartetts USA, UNO, EU und Russland

Phase 1

- Israelis und Palästinenser schließen Sicherheitsabkommen. Rückzug Israels aus autonomen Gebieten, Siedlungsstopp, Lockerung von Zwangsmaßnahmen.

Phase 2 – Dezember 2003

- Errichtung eines palästinensischen Staates mit provisorischen Grenzen

Phase 3 – bis 2005

- Bis 2005 Abschluss der Endstatus-Verhandlungen, Rückkehr zu den Grenzen von 1967, (UN-Resolutionen), „gerechte" Lösung der Flüchtlingsfrage.
- Israel nimmt Friedensverhandlungen mit Syrien und Libanon auf.
- Geberkonferenz zum langfristigen Wiederaufbau und zur Stabilisierung Palästinas.

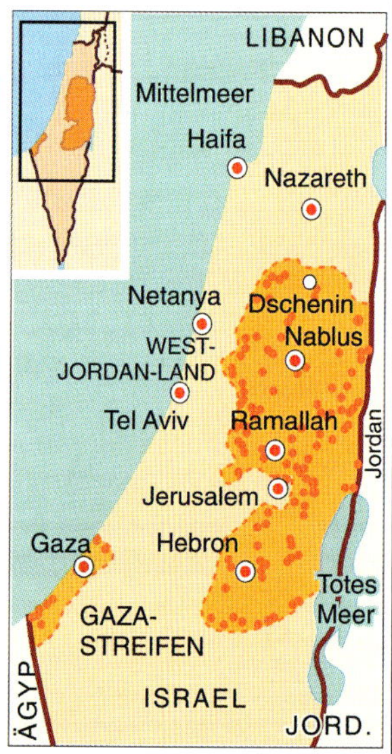

- Palästinensische Gebiete – zur Zeit von Israel besetzt
- Jüdische Siedlungen (ca. 200.000 Siedler)

Quelle: APA

dpa · Grafik 8064

21. März: USA beginnen Irak-Krieg.

Dezember: Scharon kündigt „einseitige Schritte“ an, wenn Verhandlungen ausbleiben: Teilrückzug aus besetzten Gebieten bei Beschleunigung des Ausbaus der Sperranlagen auf der von Israel festgelegten Linie.

2004: Die israelische Regierung tötet gezielt „Staatsfeinde“ wie den geistlichen Gründer und Führer der Hamas, Scheich Jassin. Der Hamas-Führer al-Azis, der in Reaktion darauf zum Krieg aller arabischen Staaten gegen Israel aufgerufen hatte, wird ebenfalls getötet; militärische Großaktionen Israels.

9. Juli: Der Internationale Gerichtshof in Den Haag verurteilt den Bau der israelischen Grenzmauer als Verletzung des Völkerrechts.

11. November: Jassir Arafat verstirbt im Alter von 75 Jahren und wird in Gaza bestattet.

2005, August: Israel lässt alle 21 jüdischen Siedlungen im Gaza-Streifen und vier weitere im Westjordanland durch die Armee räumen – gegen Widerstand der Siedler; ca. 8000 Personen werden umgesiedelt.

2006, Januar: Die radikale Hamas gewinnt die Parlamentswahlen in Palästina (76 Sitze) gegen die bisher vorherrschende Fatah (43 Sitze). Sie stellt neben den Fatah-Truppen von Präsident Abbas eigene Truppen auf. EU und USA fordern von der Hamas Gewaltverzicht und die Anerkennung des Existenzrechts Israels als Voraussetzung für die Fortsetzung von Friedensgesprächen.

Februar: Israel bricht alle Kontakte zu den Palästinensern ab und friert die Transfers palästinensischer Steuer- und Zolleinnahmen ein.

März: Auf Einladung der russischen Regierung besuchen Hamas-Vertreter Moskau.

28. März: Die 2006 von Scharon gegründete Kadima wird stärkste Partei (28 von 120 Sitzen). Ministerpräsident Ehud Olmert, seit Dezember bereits Stellvertreter des im Koma liegenden Scharon, kündigt die Fortsetzung von dessen Politik an: endgültigen Grenzziehung zwischen Israel und den Palästinensergebieten, Zusammenziehen israelischer Siedlungsblöcke im Westjordanland („Konvergenzplan“); dabei würden wasserreiche Regionen der Westbank annektiert.

April: Ein Selbstmordanschlag in Tel Aviv ist der blutigste seit eineinhalb Jahren; Hamas bezeichnet den Terrorakt als legitime Antwort auf die israelische Politik. Israel warnt vor einer „Achse des Terrors“ von Hamas, Syrien und Iran. Um Druck auf die Hamas auszuüben, setzt die EU ihre Hilfsgelder für die palästinensische Autonomiebehörde aus.

24. Juni: Nach wiederholtem Raketenbeschuss der israelischen Stadt Sderot dringt Israel in Gaza ein und verbringt

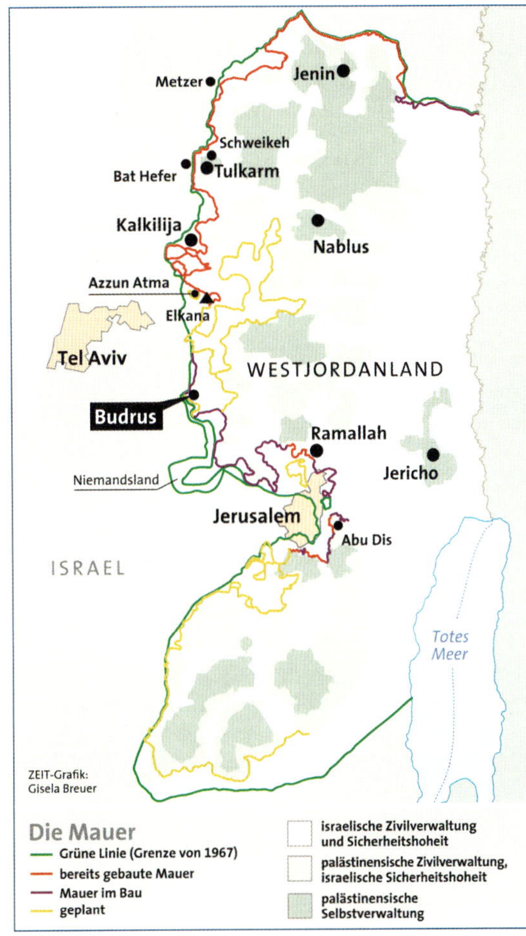

(Grafik: Gisela Breuer; in: DIE ZEIT, 01.05.2005)

Registrierte Flüchtlinge bis zum 31. März 2006:	
Jordanien	1835704
Libanon	405425
Syrien	434896
West-Bank	705207
Gaza-Streifen	993818
Gesamtzahl	**4375050**

(nach: UNRWA/The United Nations Relief and Works Agency for Palestine Refugees in the Near East) zwei mutmaßliche Hamas-Mitglieder nach Israel. Militante aus Gaza reagieren mit der Entführung eines israelischen Soldaten jenseits der Grenze; israelische Vergeltungsangriffe auf Gaza folgen.

12. Juli: Von Norden her ergänzt die Hizbollah die Entführungsstrategie: Nachdem Ende Mai in Reaktion auf die gezielte Tötung zweier Führer des Islamischen Dschihad durch Israel Raketenangriffe auf eine israelische Militärbasis erfolgt waren, greifen Hizbollah-Kämpfer israelische Soldaten einer Grenzpatrouille an, töten acht von ihnen und entführen zwei. Mit der Geiselnahme sollen mehrere Hundert arabische Häftlinge in Israel freigepresst werden. Israel reagiert mit Luft- und Artillerieangriffen und betritt auf der Suche nach den Entführten zum ersten Mal seit der Räumung Libanons 2000 wieder libanesischen Boden. Am Mittag landen die ersten Katjuscha-Raketen in Israel.

Juli, August: Libanon-Krieg und Krise im Gaza-Streifen.

November: Israelis und Palästinenser vereinbaren eine Waffenruhe für Gaza.

Dezember: Gipfeltreffen von Olmert und Abbas: Israel zeigt sich bereit, Mobilitätshindernisse abzubauen und den Palästinensern wieder die ihnen zustehenden Steuereinnahmen zu überweisen. Gemeinsame Kommissionen sollen eingerichtet werden.

2007, Februar: Unter der Schirmherrschaft von König Abdullah von Saudi-Arabien Versöhnungstreffen von Fatah- und Hamas-Führern in Mekka: Unterzeichnung eines Planes zur palästinensischen Regierungsbildung; Hamas spricht nicht die Anerkennung Israels aus, sichert jedoch zu, bestehende Friedensvereinbarungen mit Israel zu respektieren. USA und Nahostquartett verstärken ihr Engagement, das zu einer Rückkehr zur Road Map führen soll.

Israel und Palästina: Unterschiedliche Lebensbedingungen

„Während die Menschen in Israel eine Pro-Kopf-Wirtschaftsleistung von knapp 20 000 Dollar pro Jahr erbringen, kommen die Palästinenser im Westjordanland auf nur 600 Dollar. Die Mehrheit der Palästinenser lebt unterhalb der Armutsgrenze – in Israel sind es rund 18 Prozent der Bevölkerung. Nur jeder zweite Palästinenser in den besetzten Gebieten hat einen Arbeitsplatz. In Israel sind elf Prozent der Bevölkerung ohne Arbeitsplatz. Nicht ohne Auswirkungen auf die Wirtschaft Israels ist die Zweite Intifada (2000–2005) geblieben: Erst seit 2003 wächst sie wieder leicht."

(Das Parlament, Nr. 32/33 v. 08./15.08.2005, S. 6)

M 1a | Analyseraster für internationale Konflikte: Vertikale Hierarchisierung von Konfliktebenen

Beispiel Nahost-Konfliktzentrum		
Ebene	**Institutionelle Akteure**	**NGOs (Nichtregierungsorganisationen)**
Internationale/ Supranationale Ebene	UNO, EU, Weltsicherheitsrat + Deutschland (= Nahost-Kontaktgruppe), Arabische Liga	Organisation der Islamischen Konferenz, Jüdischer Weltkongress (WJC), Internationale Hilfsorganisationen, Al-Qaida …
Nationale Ebene (A): Großmächte	USA, Russland (?), China (?)	jüdische Organisationen in den USA, jüdische Siedlerbewegungen in USA und Europa
Nationale Ebene (B): engerer Kreis	Israel, Syrien, Jordanien, Ägypten, Libanon, Palästinensische Autonomiebehörde (?)	Moslembruderschaften, Flüchtlingsorganisationen, Organisationen der Friedensbewegung (z. B. Peace Now) …
Nationale Ebene (C): Region	Türkei, Iran, Saudi-Arabien, Irak …	Mudjaheddin, schiitische Organisationen, PKK (Kurdische Arbeiterpartei), Hizbollah …
Innerstaatliche bzw. Subnationale Ebene	Israelische Ministerien, Verwaltungseinrichtungen, Armee, Palästinenserselbstverwaltung in Ramallah und Gaza, polit. Parteien	jüdische Organisationen, Hamas, Fatah, …

M 1b | Strukturschema zur Konfliktregion Naher und Mittlerer Osten: Kategorien und Konfliktpotenziale

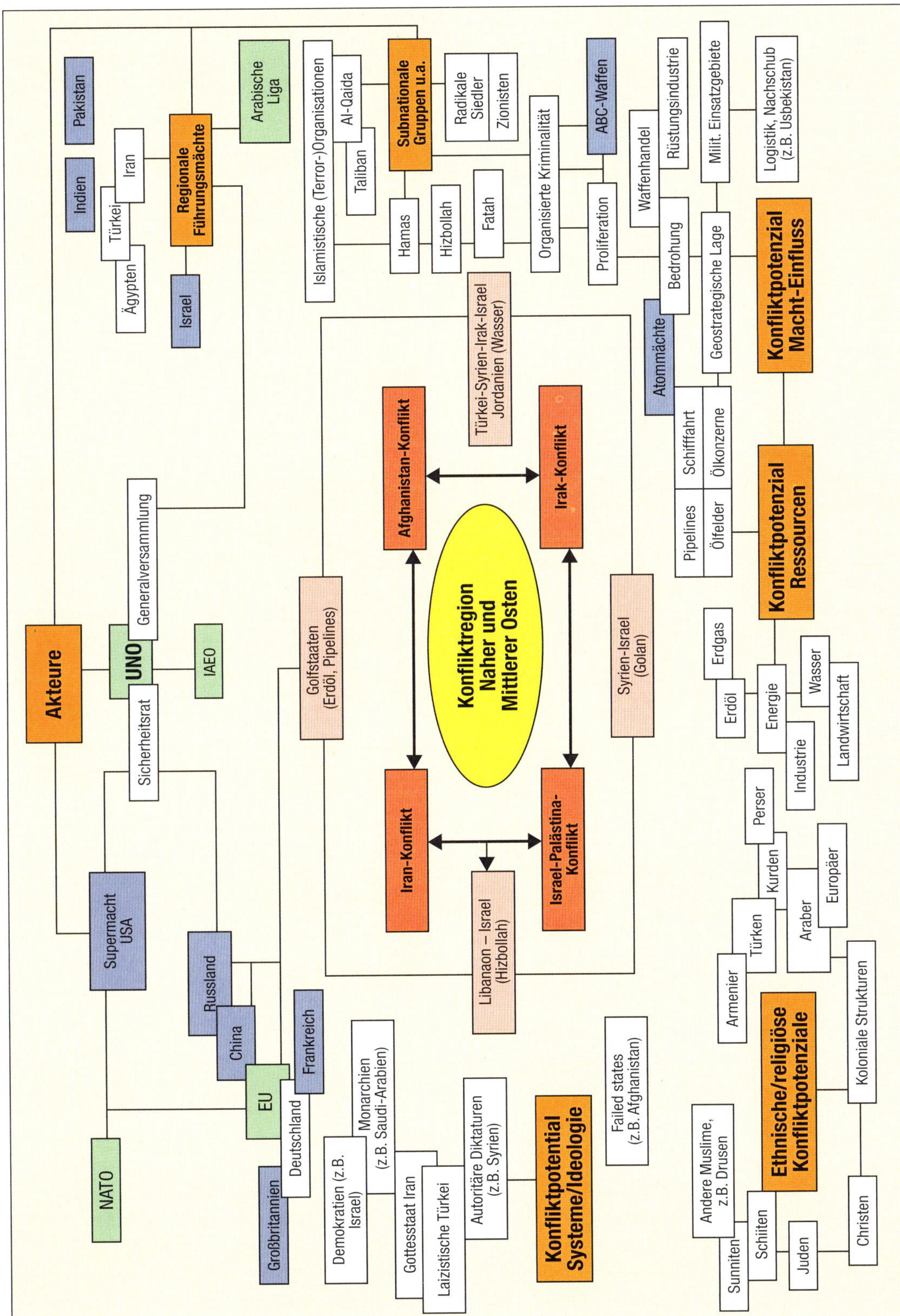

(von einem SK-Leistungskurs erstelltes Schaubild, 2006)

Friedensprozess: Ausblick

M 2 | Nahost außer Kontrolle?

Blickt man auf die explodierende Situation im Nahen Osten, so sticht ins Auge, dass die USA praktisch nichts unternehmen können, ohne die Dinge noch zu verschlimmern. Insgesamt gesehen befinden sich die Feinde der Vereinigten Staaten und ihres israelischen Bündnispartners seit Monaten in der Offensive. In der Frage der Weiterverbreitung von Atomwaffen bestimmt der Iran das Tempo. Die Internationale Atomenergiebehörde (IAEO), die USA und die Europäer haben reagiert, aber in der Sache nichts erreicht. Amerikaner und Israelis reden über einen Militärangriff auf den Iran, doch dabei handelt es sich um bloßes Getöse, denn die amerikanische Regierung fürchtet die Folgen für die Region. Die Palästinenser lösten die Gaza-Krise aus, als sie George W. Bush in Sachen Demokratie beim Wort nahmen; indem sie die Hamas an die Macht wählten, provozierten sie israelische, amerikanische (und europäische) Versuche, das Wahlergebnis zu unterdrücken und die gewählte Regierung zu stürzen. Schließlich griffen palästinensische Extremisten, die Israel bereits regelmäßig mit selbst gebastelten Raketen beschossen, eine Stellung der israelischen Armee an und nahmen einen Soldaten gefangen. Israel fiel keine bessere Antwort ein, als die halbe Infrastruktur des Gaza-Streifens zu zerstören und die Versorgungslinien seiner Bevölkerung zu blockieren – ein groß angelegter Versuch, die Zivilbevölkerung einzuschüchtern. Es folgte ein Angriff der Hizbollah aus dem Libanon, die zwei weitere israelische Soldaten gefangen nahm. Jetzt bombardiert Israel Libanon und entsendet Streitkräfte in das Nachbarland, was nichts dazu beiträgt, die Gefangenen frei zu bekommen. Robert Malley von der *International Crisis Group* konstatiert, dass die Bush-Regierung „sich selbst in eine Eck manövriert hat, in der sie keine der Parteien, die diese Entwicklung vorantreiben – weder Hizbollah noch Hamas, Syrien oder den Iran –, beeinflussen kann. Zur Mäßigung zu raten oder Maßnahmen zu verurteilen, erscheint ziemlich dürftig, wenn man bedenkt, welchen Einfluss die Vereinigten Staaten eigentlich zur Geltung bringen müssten." Genau darum geht es aber. Die Vereinigten Staaten haben in dieser Region eben deshalb jeglichen Einfluss verloren, weil sie bereits demonstriert haben, dass die Macht, über die sie verfügen sollten, entweder erschöpft ist oder niemals existierte. Unter dem Einfluss von Hardlinern, die an militärische Einschüchterung glaubten, hat die Bush-Administration von Anfang an auf ihre vermeintlich einschüchternde Militärmacht gesetzt – erst gegen die Taliban-Regierung und deren Bauern-Soldaten in Afghanistan, dann gegen Saddam Husseins ausgezehrte und motivationslose Armee, schließlich in diversen *Special-Forces-Einsätzen* gegen radikal-islamistische Banden und Nationalisten in Afghanistan und Irak. [...] Warum nimmt in beiden Ländern das Maß der Kontrolle, die Amerika (und in Afghanistan auch die NATO) auszuüben vermögen, eher ab als zu? In Israel möchten manche Militärführer jetzt „den Libanon dorthin zurücktreiben, wo er vor 30 Jahren stand", und anscheinend haben sie bereits damit begonnen. Das bedeutet: Zurück zu Bruder-, Fraktions- und Sektenkrieg, israelischer Invasion und Besatzung, vergeblichen Versuchen, das Land mithilfe von Stellvertreter-Milizen und Söldnern zu kontrollieren – und am Ende: „Sieg" der Hizbollah und Rückzug der „geschlagenen" Israelis. Kein besonders glanzvoller Vorgang, der zu einer Wiederholung einlüde. Die neue Situation gefährdet die Regierung des Libanon, welcher zwangsläufig auch Vertreter der Hizbollah angehören (deren Verankerung in der Bevölkerung und des syrischen Einflusses wegen). Wenn diese Regierung zu Fall gebracht wird, erhält Syrien die Chance, seine Vormachtstellung im Libanon wiederherzustellen (und damit zugleich weiteren UN-Aktivitäten gegen die Mörder des libanesischen Ex-Präsidenten Rafik Hariri zu entgehen). Die Hizbollah hat ihre Raketenangriffe auf Israel gleich wieder aufgenommen, aber jetzt mit verbesserten Raketen. Kein ermutigendes Resultat der israelischen Entscheidung, den Libanon und Syrien für das verantwortlich zu machen, was die Hizbollah tut. Der Gewaltausbruch bedroht auch Ehud Olmerts eigene Regierung, deren Vorgehen im Gaza-Streifen und dann im Libanon potenziell unkontrollierbare Folgewirkungen freigesetzt hat. Schon mobilisiert Israel Reservisten. Die Zerstörung der bestehenden Regierung der palästinensischen Selbstverwaltungsbehörde – deren Minister und Abgeordnete sich jetzt zur Hälfte in israelischen Gefängnissen befinden – erschien Jerusalem und Washington noch vor Monatsfrist, als es so aussah, als gäbe es mit den Palästinensern noch etwas zu verhandeln, ein erstrebenswertes Ziel. Jetzt wird die Verwirklichung dieses Ziels eine palästinensische Bevölkerung (die fast ebenso groß ist wie die israelische selbst) ins Chaos stürzen, für deren Überleben und öffentliche Ordnung Israel, immer noch Besatzungsmacht, rechtlich die Verantwortung trägt – eine Verantwortung, die dem Land niemand abnehmen wird. Dies weitet die Zone des Zusammenbruchs und der Anarchie in der Region aus. Mittlerweile hat die U.S. Army eine neue militärische Dienstvorschrift über den Umgang mit Aufständen wie im Irak erlassen. Verfasst hat sie General David Petraeus, ehemals Chef der 101. Luftlandedivision und einer der fähigsten Befehlshaber im Irak, gemeinsam mit dem Militärhistoriker Conrad Crane. Herkömmliche Armeen müssen umlernen und viel von dem vergessen, was gegenwärtig herrschende

Lehre ist. Unter den Bedingungen eines Aufstandes sollten die Operationen des Militärs auf den Wiederaufbau einer Gesellschaft zielen. Ein Krieg gegen Aufständische, sagt das Handbuch, dauert per definitionem lange, erfordert festen politischen Willen, äußerste Geduld sowie großen Zeit- und Ressourcen-Aufwand. Der Schlüssel zum Erfolg liegt im Verständnis des (politischen) Kontexts. Der Verlust der moralischen Legitimität bedeutet, den Krieg zu verlieren. Die Franzosen, lesen wir, verloren den Algerienkrieg, weil sie folterten. Je mehr Gewicht auf den Schutz der eigenen Streitkräfte gelegt wird, so lesen wir weiter, desto weniger Sicherheit gibt es. Eine Aktion, bei der fünf Aufständische getötet werden, erweist sich als kontraproduktiv, wenn sie „kollateral“ 50 neue hervorbringt. Die Autoren warnen vor der Taktik, auf Provokationen mit vermehrter Gewalt zu reagieren. Gute Ratschläge, durch die Bank. Vor drei Jahren wäre ein solcher Ratgeber höchst nützlich gewesen. Doch jetzt kommt er wahrscheinlich zu spät.

(William Pfaff, Nahost außer Kontrolle; in: Blätter für deutsche und internationale Politik, Heft 8/2006)

M 3|Stimmen

a) Joschka Fischer

Ariel Scharon (verband) die Strategie der Trennung, wie sie sein Amtsvorgänger entwickelt hatte, mit einem dritten Grundsatz, nämlich dass Israel mit Arafat keinen Partner auf der palästinensischen Seite habe und deshalb einseitig agieren und dauerhafte Fakten schaffen müsse. Trennung durch massive Grenzsicherung und Teilrückzug einerseits, keine Verhandlungen über den Endstatus, sondern eine Politik der einseitigen Schritte, um die für Israel akzeptablen Grenzen zu schaffen, andererseits.

[...]

Aber Israel kann sich nicht wirklich von den Palästinensern trennen, und insofern bleibt die Zukunft eines palästinensischen Staates eine der ganz zentralen Fragen für die Sicherheit und Interessen Israels, die nicht ausgeklammert werden kann. Ein de facto palästinensischer Staat als sogenannter failing state, das heißt von Israel militärisch aufgegebene, zerstückelte, miteinander kaum verbundene und nicht wirklich lebensfähige palästinensische Territorien, die in Radikalisierung und Chaos zu versinken drohen, ist ein Albtraum für die Sicherheit Israels und seine langfristigen Interessen. [...] Iran, der Irak, Syrien, Ägypten, die Arabische Halbinsel, der Dschihad-Terrorismus – die gesamte Region rutscht mehr und mehr in eine hochgefährliche Schräglage.

Israels Interesse muss sein, sich von diesem negativen Trend in der arabisch-islamischen Welt so schnell wie möglich abzukoppeln, und auch dafür sind Fortschritte mit den Palästinensern unverzichtbar.

(Joschka Fischer, ehem. Bundesaußenminister; in: Die Zeit v. 12.01.2006)

b) Mkhaimar Abusada

Nachdem die Hamas (bei den Parlamentswahlen in Palästina) von der dramatischen Abfuhr für die Fatah profitiert hat, wird sie nun daran gemessen, wie sie mit ihrer neu errungenen Autorität umgeht.

[...]

Wird es der Hamas gelingen, Korruption und Unfähigkeit zu eliminieren und Dienstleistungen auf gerechter und effizienter Basis zur Verfügung zu stellen? Wie wird sich ihr Wahlsieg auf die Auslandshilfe für Palästina auswirken, die den Großteil des nationalen Budgets ausmacht?

[...]

Interessanterweise allerdings verfolgte die Wahlplattform der Hamas zwei unterschiedliche Ansätze im Hinblick auf einen palästinensischen Staat. Einerseits stimmte die Hamas zum ersten Mal der Gründung eines palästinensischen Staates im Westjordanland und Gaza mit einer Hauptstadt Ostjerusalem zu. Auf der anderen Seite wiederholt die Plattform die Weigerung der Hamas, auch nur einen Zentimeter des historischen Palästina aufzugeben.

[...]

Die Palästinenser haben sich in unbekannte Gewässer vorgewagt. Scharenweise stürmten sie zu den Urnen, um bei einer Wahl ihre Stimme abzugeben, die der ehemalige US-Präsident Carter als ehrlich, fair und gewaltlos bezeichnete. Sie wählten eine Partei, die sich nach einem Jahrzehnt der Gewalt und Gesetzlosigkeit für „Reform und Wandel“ aussprach. Und die Palästinenser teilten die Sichtweise der Hamas, wonach die auf Grundlage der Verträge von Oslo stattfindenden Verhandlungen nicht dazu angetan sind, den Palästinensern zur Durchsetzung ihrer Rechte und politischen Ambitionen zu verhelfen.

[...]

Die Zukunft der Palästinenser steht auf dem Spiel – von der Israels und des Nahen Osten ganz zu schweigen – und niemand kann sagen, ob die Hamas, dieser Aufgabe gewachsen ist.

(„Das Hamas-Erdbeben“, Mkhaimar Abusada, Professor für Politikwissenschaft an der Univ. Gaza; in: Project Syndicate, Jan. 2006; übers. v. H. Klinger-Groier)

c) Vision für den Frieden

These 100: Das neue Friedenslager muss einen Friedensplan formulieren, der auf den folgenden Prinzipien beruht:

a) Die Besatzung muss aufhören. Ein unabhängiger und lebensfähiger palästinensischer Staat wird neben Israel errichtet.
b) Die Grüne Linie wird die Grenze zwischen dem Staat Israel und dem Staat Palästina sein. Begrenzter Landaustausch wird nur durch gegenseitiges Einvernehmen möglich sein, der durch freie Verhandlungen im Verhältnis von 1:1 erreicht wird.
c) Alle israelischen Siedler werden aus dem Gebiet des

Staates Palästina evakuiert, und die Siedlungen werden den Flüchtlingen zur Verfügung gestellt.

d) Die Grenze der beiden Staaten wird nach Übereinkunft durch gemeinsame Abkommen für Waren und Menschen offen sein.

e) Jerusalem wird die Hauptstadt beider Staaten sein. West-Jerusalem wird die Hauptstadt Israels und Ost-Jerusalem die Hauptstadt Palästinas sein. Der Staat Palästina wird die vollständige Souveränität über Ost-Jerusalem, einschließlich des Haram Al-Sharif (Tempelberg) haben. Der Staat Israel wird die volle Souveränität über West-Jerusalem haben, einschließlich der Klagemauer und dem jüdischen Viertel in der Altstadt. Die beiden Staaten werden ein Abkommen über die Einheit der Stadt auf Verwaltungsebene erreichen.

f) Israel wird im Prinzip das Rückkehrrecht der palästinensischen Flüchtlinge als ein unveräußerliches Menschenrecht anerkennen und moralische Verantwortung für seinen Teil bei der Schaffung des Problems übernehmen. Ein Wahrheitsfindungs- und Versöhnungskomitee wird die historischen Fakten in objektiver Weise nachweisen. Die Lösung des Problems wird durch ein Abkommen erreicht, das sich nach gerechten, fairen und praktischen Erwägungen ausrichtet und auch Rückkehr auf das Gebiet des palästinensischen Staates, Rückkehr einer begrenzten und abgestimmten Zahl auf das Gebiet von Israel, Zahlungen von Kompensation und Ansiedlung in anderen Ländern einschließt.

g) Die Wasserressourcen werden gemeinsam kontrolliert und durch ein Abkommen gleich und fair geteilt.

h) Ein Sicherheitspakt zwischen den beiden Staaten wird die Sicherheit von beiden garantieren und die besonderen Sicherheitsbedürfnisse von beiden berücksichtigen. Das Abkommen wird durch die internationale Gemeinschaft unterstützt und durch internationale Garantien bestätigt.

i) Israel und Palästina werden mit anderen Staaten der Region zusammenarbeiten, um eine regionale Gemeinschaft nach dem Vorbild der Europäischen Union zu errichten.

j) Die ganze Region wird von Massenvernichtungswaffen frei gemacht.

These 101: Das Unterzeichnen des Friedensabkommens und seine ehrliche Erfüllung in gutem Glauben werden zum Ende des historischen Konfliktes führen und zur Versöhnung zwischen den beiden Völkern, wenn sie sich auf Gleichheit, gegenseitige Achtung und Bemühung um größtmögliche Zusammenarbeit gründet.

(Uri Avnery, Protagonist der israelischen Friedensbewegung Gush Shalom; 101 Thesen gegen die Wahrheit, Berlin 2004)

Aufgaben

1. Erläutern Sie die Einschätzung William Pfaffs (M 2), indem Sie auf der Basis des Artikels Chancen und Risiken einer Nahost-Lösung gegenüberstellen.
2. Diskutieren Sie ausgehend von der aktuellen Lage im Nahost-Konflikt, ob die Einschätzung Bestand hat.
3. Welche Akteure können positiv auf den Friedensprozess einwirken?
4. Bearbeiten Sie arbeitsteilig das Strukturschema (M 1b): Konkretisieren Sie die enthaltenen Schwerpunkte mithilfe der Zeitleiste sowie durch aktuelle politische Beispiele. Inwiefern verändert sich das Schema, wenn subnationale Gruppen Regierungsbeteiligung erlangen?
5. Sollte es eine eigenständige deutsche und/oder europäische Nahost-Politik geben? Recherchieren Sie bereits vorhandene Ansätze hierzu. Führen Sie zu diesem Thema in Ihrem Kurs eine politische Diskussion, die historische, wirtschaftliche, kulturelle und ethische Gesichtspunkte einbezieht.
6. Stellen Sie anhand der Stimmen (M 3) Bedingungen zusammen, die für einen Frieden erfüllt sein müssten. Verfassen Sie ein eigenes Statement als Ausblick bzw. Vision zum Nahost-Konflikt.

Erstellen eines Dossiers

Ein Dossier (französisch für Aktendeckel) ist eine Sammlung von Dokumenten zu einem bestimmten Thema. Meist werden die Schriftstücke in einer festen Hülle zusammengefasst. Dossiers können sich auf öffentliche Angelegenheiten beziehen, z. B. die Beziehungen zu einem bestimmten Staat, die Wirtschaftsentwicklung oder die Funktionsfähigkeit einer Einrichtung. Zum Dossier gehören dann neben den Quellen (also den zugrunde liegenden Unterlagen) auch die Berichterstattung sowie der Abschlussbericht. Der Begriff Dossier wird auch für eine Kategorie von Zeitungsartikeln verwendet, in denen Informationen aus Akten aufbereitet sind.

Im Sozialkundeunterricht kann das Anfertigen eines Dossiers verschiedene Funktionen haben:

① Zur unterrichtlichen Aufarbeitung eines aktuellen emotionsbesetzten Themas: Die Schüler sammeln z. B. 14 Tage lang aus Tages- und Wochenzeitungen Nachrichten und Kommentare, klären dabei selbstständig die zugrunde liegenden Sachverhalte und erfahren die Mechanismen und Zyklen der Skandalisierung eines Themas – „... bis jemand eine andre Sau durchs Dorf treibt" (Beispiele aus dem Jahr 2006 wären „Gammelfleisch", „Unfall der Magnetschwebebahn" oder „Konflikt um das Papstzitat über den Islam"). Die Auswertung erfolgt, abhängig vom Verlauf des Skandals, in einer Unterrichtsreihe oder durch Abgabe der Dossiers und individuelle Benotung.

② Als Vorbereitung auf ein neues Unterrichtsthema: Die Schüler sammeln Informationen und Beurteilungen aus politischen Tages- und Wochenzeitungen, Magazinen und audiovisuellen Quellen. Je nach Thema können auch ältere Materialien bis hin zu (Schul-)Büchern zugelassen werden. Die Recherche kann sich auf ganze Lehrplanthemen beziehen. Empfehlenswerter sind aber Fallstudien, die als Einstieg in ein größeres Thema genutzt werden können; z. B.: „Der Konflikt um die Gesundheitsreform" für das Thema „Politische Willensbildung" oder „Die Libanonmission" als Einstieg in das Thema „Deutsche Außen- und Sicherheitspolitik".

③ Als individualisierte Lernaufgabe zur Leistungsdifferenzierung oder um eine außerplanmäßige (Zusatz-)Leistung zu ermöglichen, z. B. bei längerer Krankheit eines Schülers oder in Zusammenhang mit einem Auslandsaufenthalt.

Verfahren und Form:

- **Sammlung** aktueller Zeitungs- und Zeitschriftenartikel über einen begrenzten Zeitraum. Eine Ergänzung durch wenige grundlegende Texte aus anderen oder älteren Quellen ist bei bestimmten Themen zu erlauben. Grafiken, Tabellen, Karikaturen sind unbedingt einzubeziehen. Auf Seriosität der Quellen muss geachtet werden. Sie sind korrekt zu bibliografieren.
- **Bearbeitung** der Materialien: Aufkleben auf Papier oder Karton. Sinnerschließende Bearbeitung durch grafische Hervorhebungen im Text (s. Beispieltext S. 89 f.), durch Randnotizen und/oder durch knappe Zusammenfassungen (Summaries) am Ende jedes Textes oder einer Sinneinheit. Es können auch eigene Materialien erstellt werden (Beispiel: S. 437, M 1b).
- **Anlage des Dossiers:** Entwicklung einer analytisch sinnvollen Gliederung, die dem Dossier voranzustellen ist. Ordnen der bearbeiteten Materialien gemäß der Gliederung. Eine chronologische Anordnung ist möglichst zu vermeiden. Eine Orientierung an politischen Kategorien (→ I/1., S. 12 f.) ist sinnvoll. Summaries am Ende jedes Gliederungspunktes (ggf. auch schon am Ende langer oder schwieriger Texte).
- **Bewertungskriterien** sind, angepasst an das entsprechende Vorhaben, vorher festzulegen. Die Gewichtung kann folgendermaßen aussehen: Gliederung des Dossiers (20 %), Qualität und Vielfalt der benutzten Quellen (30 %), Qualität der Bearbeitung (35 %). Optische Gestaltung, Schriftbild und handwerkliche Sauberkeit (15 %).

Aufgaben

1. Erstellen Sie ein Dossier zu einem (internationalen) Konflikt: z. B. Afghanistan, Irak, Iran, Nordkorea, Kaschmir, Taiwan, Tschetschenien, Sudan, Kongo, Liberia, Elfenbeinküste.
2. Benutzen Sie dabei zusätzlich die Schemata und Analyseraster (S. 419 und S. 436 f.) zur Erschließung des Sachverhaltes.

2. Internationale Sicherheit im Schatten des Ost-West-Konfliktes

In einem zeitgeschichtlichen Überblick sollen ideologische Hintergründe und machtpolitische Grundstrukturen des Ost-West-Konfliktes bis 1945 beleuchtet werden. *Die Entwicklung der „Deutschen Frage“ und der Weg von der Spaltung zur Wiedervereinigung wird nicht mehr als eigenes Thema behandelt, sondern in den Rahmen der internationalen Beziehungen seit 1945 gestellt.* Viele Erinnerungen an die deutsch-deutsche Geschichte einschließlich ihrer Monumente (z. B. Berliner Mauer) lassen sich heute nur noch aus der machtpolitischen Bedrohung zwischen Ost und West erklären. Andere noch bis heute wirkenden mentalen Friktionen (z. B. Rolle der SED-Nachfolgepartei „Die Linke.PDS“) erklären sich aus den ideologisch aufgeladenen Feindbildern des „Kalten Krieges“.
Mit dieser Einordnung der Deutschen Frage wird einmal der geringen Entscheidungsfreiheit der deutschen Teilstaaten bis in die 1960er-Jahre Rechnung getragen, dann aber auch der aktiveren Rolle Deutschlands im internationalen Konzert der Entspannungspolitik und ihrer entscheidenden Rolle bei der Überwindung der Spaltung Europas 1989/90. Eine eigene Darstellung der Deutschen Frage scheint (frei nach dem ehemaligen Bundespräsidenten Richard v. Weizsäcker) insbesondere deshalb verzichtbar, weil „das Brandenburger Tor offen und damit die Deutsche Frage abgeschlossen“ ist.
Die macht- und sicherheitspolitische Entwicklung sowie der Rollenwandel Deutschlands vom Objekt zum Akteur der internationalen Politik von 1945 bis zur Überwindung der Spaltung Europas soll im Überblick und an ausgewählten Themen vertieft sichtbar gemacht werden.
(Die Deutsche Frage im engeren Sinne betreffende Passagen sind mit den Nationalfarben gekennzeichnet.)

2.1 Der Macht- und Ideologienkonflikt zwischen Ost und West: Überblick und Entwicklung bis 1945

➤ Die Grundkonstellation der Internationalen Beziehungen 1917–1945–1989

Das Kapitel knüpft bei den Nachwirkungen imperialistischer Politik am Ende des 19. und zu Beginn des 20. Jahrhunderts an und zeigt die Grundkonstellation der internationalen Beziehungen der Folgezeit in einem orientierenden Längsschnitt durch das Aufblenden von drei Zeitaufnahmen auf.

- **1917,** weil in diesem Epochenjahr der ideologische Konflikt entsteht und das Ende der europäischen Vorherrschaft eingeleitet wird;
- **1945,** weil die Blockbildung als charakteristisches Merkmal der Nachkriegsordnung hier ihren Ausgangspunkt hat.
- **1989/90,** weil der deutliche Umbruch in Ostmitteleuropa und im Ost-West-Verhältnis mit dem Ende der Teilung Deutschlands und Europas das Ende dieser Nachkriegsordnung belegt.

M 1 |

1917

1945

1989

Aufgabe

Beschreiben Sie die Darstellung der politischen Lage auf den drei Bildern (M 1, S.442 f.). Achten Sie auf Personen und Symbolik. Stellen Sie Gemeinsamkeiten und Unterschiede zusammen.

➤ Der Ost-West-Konflikt bis 1945

Prägend für die internationalen Beziehungen im 20. Jahrhundert ist der Ost-West-Gegensatz mit seinen weitreichenden, durchdringenden Auswirkungen auf die anderen Felder der internationalen Politik, wobei der politisch-militärischen Konfrontation ein Macht- und Ideologienkonflikt zwischen Ost und West zugrunde liegt.

Die Entstehung des Konflikts 1917

Seit 1917 stehen sich zwei Ordnungskonzepte mit globalem Geltungsanspruch unversöhnlich gegenüber:

- ein bürgerlich-liberales Konzept, repräsentiert durch den amerikanischen Präsidenten Wilson und
- ein revolutionäres sozialistisch-kommunistisches Konzept, das von Lenin politisch umgesetzt wurde.

1917: Februarrevolution in Russland, Abdankung des Zaren; Eintritt der führenden Wirtschaftsmacht USA in den Ersten Weltkrieg; russische Oktoberrevolution (Rätedemokratie, Sozialisierung des Bodens).
1918: Vierzehn-Punkte-Erklärung Wilsons (Grundlagen für Weltfriedensordnung).

Die latente Phase 1917–1933

Der 1917 entstandene Konflikt kommt in den folgenden Jahren nicht zum Ausbruch, da einerseits die USA trotz weltweiter wirtschaftlicher Interessen sich zu einem politisch-militärischen Isolationismus bekennen (Nichtbeitritt zum Völkerbund), die Sowjetunion andererseits sich zunächst der innenpolitischen Konsolidierung widmet; sie schwankt in der Folgezeit zwischen der Hoffnung auf Weltrevolution (Komintern) und Schritten, auf diplomatischem Weg aus der Isolierung herauszufinden (Rapallo).
ab 1917: Phase des Kriegskommunismus in Russland bis 1921.
1918: Friedensvertrag von Brest-Litowsk, Verzichtfrieden Russlands gegenüber Deutschland.
1919: Gründung der Dritten Internationale (Komintern) zur Organisation der Weltrevolution;
Versailler Friedensvertrag, Deutschland scheidet als Großmacht aus;
Pariser Vorortverträge, Errichtung von Kleinstaaten (Cordon sanitaire) zum Schutz vor Bolschewismus (westliche Sicht);
Gründung des Völkerbundes mit den Aufgaben kollektive Friedenssicherung und allgemeine Abrüstung; zunächst nur Siegerstaaten (GB, F, I und Japan) vertreten, kein Beitritt der USA.
1922: Vertrag von Rapallo (Aufnahme diplomatischer Beziehungen zwischen der Sowjetunion und Deutschland auf der Grundlage der Gleichberechtigung).
ab 1924: Innenpolitische Machtkämpfe nach dem Tod Lenins enden mit dem Aufstieg Stalins; Stalins Konzept der Politik des Sozialismus in einem Land (Sowjetunion) setzt sich gegen Trotzkis Konzept der permanenten (weltweiten) Revolution durch.

ab 1929: Beginn der Weltwirtschaftskrise, USA bleiben weiterhin führende Wirtschaftsmacht (New Deal); Nichtangriffspakte der Sowjetunion.

Die Phase der Überlagerung 1933–1945

Die Phase der Überlagerung, deren genauer zeitlicher Beginn schwer zu fassen ist, ist weniger von ideologischen Konflikten als vielmehr von machtpolitischen Auseinandersetzungen gekennzeichnet. Den expansionistischen Mächten (Deutschland, Japan und auch Italien) stehen jene Staaten gegenüber, die in dieser Phase nicht zuletzt aus innenpolitischen Gründen an der Erhaltung des Status quo interessiert sind (Großbritannien, Frankreich, USA und – zumindest bis zum Hitler-Stalin-Pakt – die Sowjetunion).
Die nationalsozialistische Expansion führt zur Anti-Hitler-Koalition, einem Zweckbündnis ideologisch sich diametral gegenüberstehender Partner.

1933: Machtergreifung Hitlers; Aufnahme diplomatischer Beziehungen der Sowjetunion mit den USA.
1934: Eintritt der Sowjetunion in den Völkerbund.
1935: Beschluss des VII. Komintern-Kongresses zur Eindämmung der faschistischen Bedrohung.
1939: Hitler-Stalin-Pakt, Nichtangriffspakt und Aufteilung der Interessensphären in Ostmitteleuropa;
Angriff Deutschlands auf Polen, Beginn des Zweiten Weltkrieges.
1941: Pacht-Leih-Gesetz ermöglicht uneingeschränkte Lieferungen kriegswichtiger Güter der USA zunächst an England, dann auch an die Sowjetunion;
Angriff Hitlers auf die Sowjetunion führt zur Bildung der Anti-Hitler-Koalition, gemeinsame Strategie zur Vernichtung Hitlers: Atlantik-Charta.
8.5.1945: Bedingungslose Kapitulation Deutschlands.

M 2 | Entstehung und Phasen des Ost-West-Gegensatzes 1917–1945

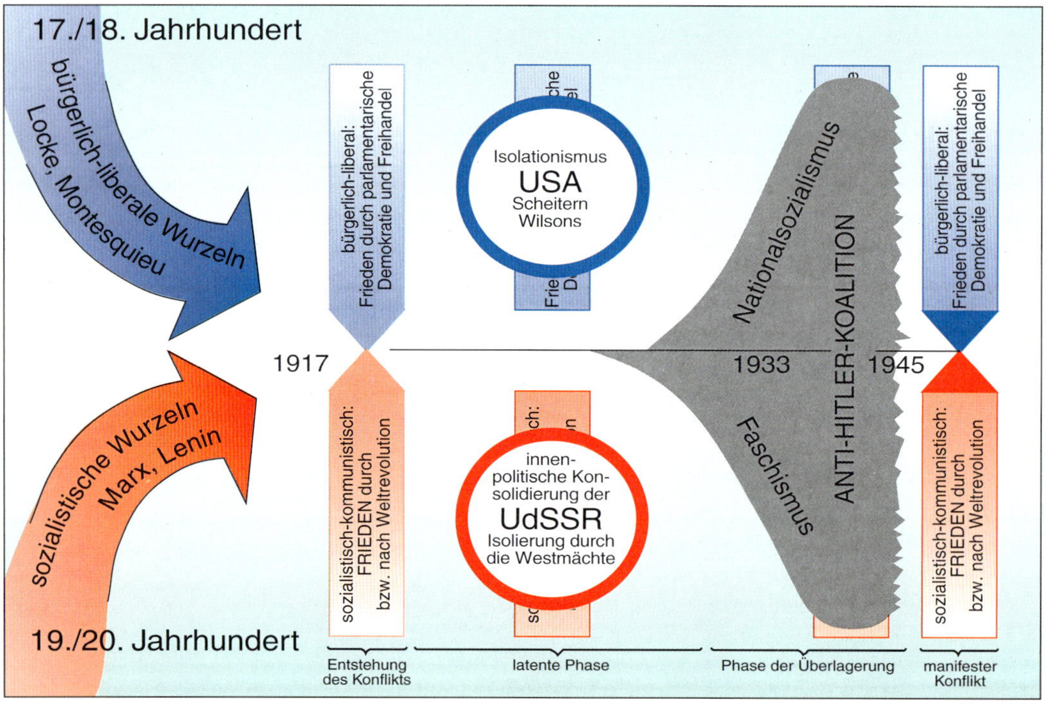

Aufgaben

1. Beschreiben und erklären Sie mithilfe der Erläuterungen zum Schaubild (M 2) und der Zeittafel die Interpretation des Ost-West-Gegensatzes als Macht- und Ideologien-Konflikt. Belegen und begründen Sie die gewählte grafische Veranschaulichung.
2. Schreiben Sie nach der Bearbeitung des folgenden Kapitels das Schaubild bis in die Gegenwart fort.

➤ Deutschland als Objekt der Siegermächte

M 3 | Der 8. Mai 1945

Der 8. Mai war ein Tag der Befreiung. Er hat uns alle befreit von dem menschenverachtenden System der nationalsozialistischen Gewaltherrschaft.
Niemand wird um dieser Befreiung willen vergessen, welche schweren Leiden für viele Menschen mit dem 8. Mai erst begannen und danach folgten. Aber wir dürfen nicht im Ende des Krieges die Ursache für Flucht, Vertreibung und Unfreiheit sehen. Sie liegt vielmehr in seinem Anfang und im Beginn jener Gewaltherrschaft, die zum Krieg führte. Wir dürfen den 8. Mai 1945 nicht vom 30. Januar 1933 trennen.

(Bundespräsident Richard v. Weizsäcker am 8. Mai 1985 in seiner großen Rede anlässlich des 40. Jahrestages des Kriegsendes)

Es gab nach der bedingungslosen Kapitulation vom 8. Mai 1945 keine deutschen Behörden mehr; die Staatsgewalt wurde von den vier Siegermächten USA, Sowjetunion, Großbritannien und Frankreich als Siegerrecht ausgeübt.
Staatsrechtliche Grundlagen für die Militärregierung der Siegermächte waren in der Kapitulationsurkunde, in der „Erklärung in Anbetracht der Niederlage Deutschlands“ und in den Beschlüssen der Potsdamer Konferenz (M 4) niedergelegt.
Ursache für die Politik der Sieger, Deutschland bis zur bedingungslosen Kapitulation zu bekämpfen, war die verbrecherische Naziherrschaft. Mit Hitler war am 30. Januar 1933 ein Parteiführer an die Macht gekommen, der sich und Deutschland mit seinen Zielen in einen schroffen Gegensatz zu Tradition und politischer Kultur der westlichen Zivilisation brachte. Als sich Russen und Amerikaner am 25. April 1945 auf der zerstörten Elbbrücke bei Torgau die Hände reichten, gab es zwischen den Westmächten und der Sowjetunion bereits Spannungen, vor allem wegen der Polenfrage. Churchill schlug deshalb dem neuen amerikanischen Präsidenten vor, sich auf die vereinbarten Zonen erst zurückzuziehen, wenn einvernehmliche Regelungen gefunden wären. Doch Truman lehnt die „Politik der Faustpfänder“ ab.

M 4a | Potsdamer Konferenz (17.07.–02.08.1945)

Die drei Siegermächte USA, Sowjetunion und Großbritannien einigen sich auf eine Reihe von Grundsätzen für die einheitliche Behandlung Deutschlands während der Besatzungszeit. Die Übereinkunft enthält politische und wirtschaftliche Grundsätze, die während der Periode der Kontrolle eine Behandlung von Deutschland als Einheit gewährleisten sollten. Vor allem die folgenden Maßnahmen sollten diese einheitliche Behandlung sicherstellen:

- **Demilitarisierung:** völlige militärische Abrüstung, auch Abbau der Rüstungsfabriken.
- **Denazifizierung:** Auflösung aller NS-Organisationen, Abschaffung von typischen NS-Gesetzen, Bestrafung von Kriegsverbrechern, individuelle Entnazifizierung, Verbot von Propaganda.
- **Dezentralisierung:** Politische Verwaltung soll von der örtlichen Selbstverwaltung ausgehen; für ganz Deutschland soll es nur eine zentrale Verwaltung unter alliierter Kontrolle, aber keine deutsche Regierung geben.
- **Demokratisierung:** Umgestaltung Deutschlands auf demokratischer Grundlage als Voraussetzung einer friedlichen Mitarbeit in internationalen Organisationen.
- Die oberste Gewalt lag bei den vier Oberbefehlshabern, von denen jeder in seiner Besatzungszone und alle gemeinsam als Mitglieder des **Alliierten Kontrollrates** für ganz Deutschland zuständig waren.

M 4b | Deutschland nach der Potsdamer Konferenz

Aufgaben

1. Recherchieren Sie in Zeitungs- und Zeitschriftenarchiven des Jahres 1985 kontroverse Stellungnahmen zu dieser international beachteten Rede des damaligen Bundespräsidenten (M 3). Beziehen Sie auch Leserbriefe mit ein. (Diese Rede ist als Video in vielen öffentlichen Bildstellen verfügbar.)
2. Untersuchen Sie, inwieweit im Potsdamer Abkommen (M 4a) Begriffe benutzt wurden, bei denen von vornherein klar war, dass sie von den Unterzeichnern unterschiedlich verstanden wurden.

2.2 Der Kalte Krieg 1949 – 1989

➤ Gründe und Verlauf

Mit wachsendem Abstand von den Ereignissen hat sich in der **zeitgeschichtlichen Forschung** inzwischen die Einsicht weitgehend durchgesetzt, dass man den Kalten Krieg nicht verstehen kann, wenn man den Blick einseitig auf die eine oder die andere Seite richtet.

Methodisch arbeitet man zur Erklärung derartiger politischer Prozesse nicht mehr mit dem Schema von Ursache und Wirkung, sondern mit dem der **Interaktion**. Die Ereignisse und Entwicklungen werden gedeutet als Ergebnisse wechselseitig bedingter Handlungen. Für diese lassen sich zwar objektivierbare Faktoren (der Lage, des wirtschaftlichen und militärischen Potenzials, des politischen Systems, der Ideologie) ausmachen. Aber bestimmend für die jeweiligen Entscheidungen der Akteure ist ihre **Perzeption**, ihre Auffassung der Möglichkeiten und vor allem der Absichten der anderen Seite. Mithilfe dieses Erklärungsansatzes lässt sich heute über die Gründe des Kalten Krieges etwa Folgendes sagen:

- Zwischen den westlichen Demokratien mit der Vormacht USA und der Sowjetunion bestand trotz der Kriegskoalition gegen Deutschland (und Japan) ein fundamentaler Gegensatz in Ideologie, politischem und wirtschaftlichem System.
- Das dadurch bedingte Misstrauen führte zu ganz unterschiedlicher Definition der jeweiligen Interessen, zu machtpolitischer und schließlich auch zu rüstungspolitischer Konkurrenz. [...]"

(Bernhard Sutor/Joachim Detjen, Politik – Ein Studienbuch zur politischen Bildung, Paderborn 2001, S. 401)

Die manifeste Phase des Konflikts setzte mit Ende des Zweiten Weltkrieges ein und dauerte bei unterschiedlicher Ausprägung (Prozessmuster → VII/3.1, M 4, S. 475) bis 1989/90 an. Bereits die Atlantik-Charta und die Stellungnahme Stalins dazu, dass „die praktische Anwendung dieser Prinzipien notwendigerweise an die Umstände, Bedürfnisse und historischen Eigenarten der bestimmten Länder angepasst werden muss", machten die unterschiedlichen Vorstellungen deutlich. Die Friedensvorstellung Roosevelts („Eine Welt") sowie in ihrer Konsequenz die Bildung der UNO (Weltschiedsrichter USA) und die Vorstellung Stalins von einer Friedenssicherung durch Hegemonie (Annexion, Satellitenstaaten, Sowjetisierung Osteuropas) prallten aufeinander.

Bereits am 5.3.1946 sprach der ehemalige britische Premierminister Winston Churchill in Fulton (USA) von einem „Eisernen Vorhang", der sich „von Stettin an der Ostsee bis nach Triest an der Adria [...] über den Kontinent gesenkt" habe. Als Gegenreaktion verkündete der US-Präsident H. Truman (Truman-Doktrin) bereits im Februar 1947 seine Eindämmungspolitik (Containment-Politik, M 7). Die Sowjetunion setzte ihre „Zwei-Lager-Theorie" dagegen (M 8).

M 5 | „Fieberkurve" der amerikanisch-sowjetischen Beziehungen 1945 – 1968

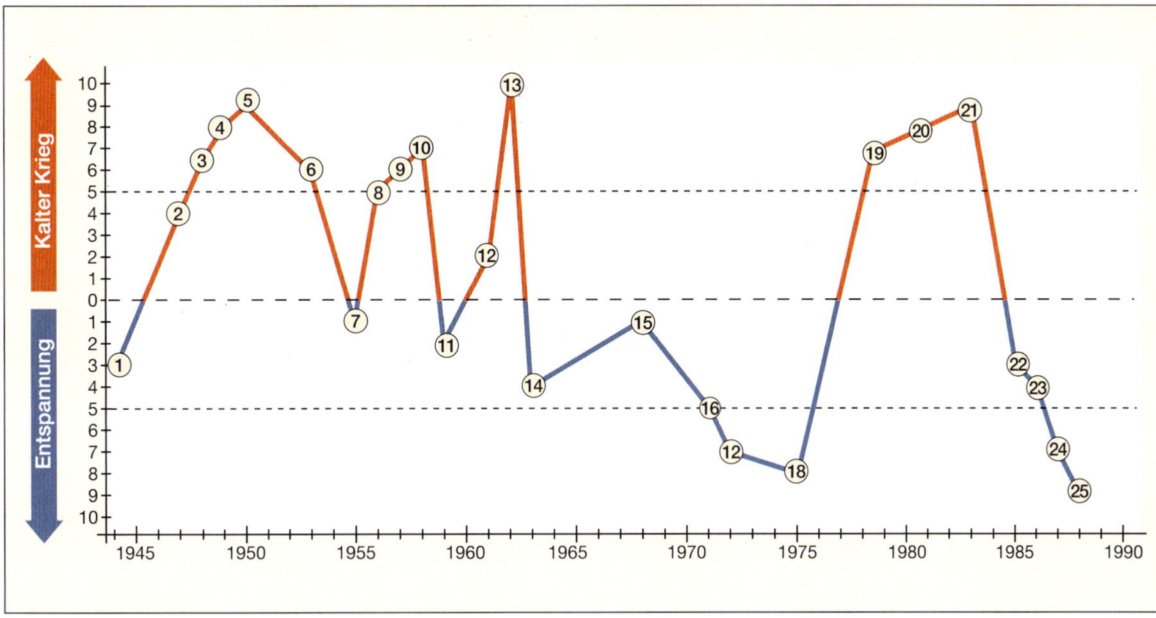

Höhe- und Tiefpunkte im Verhältnis von USA und UdSSR

① 1945 Ende des Krieges in Europa und Asien; Gründung der UNO
② 1947 Truman-Doktrin und Marshall-Plan
③ 1948 Kommunistischer Umsturz in der ČSSR; Beginn der sowjetischen Blockade Berlins
④ 1949 Gründung der NATO; kommunistische Staatsgründung in China und der DDR
⑤ 1950 Ausbruch des Korea-Krieges
⑥ 1953 Tod Stalins; Waffenstillstand in Korea
⑦ 1955 Genfer Gipfelkonferenz der vier Siegermächte
⑧ 1956 „Doppelkrise" von Ungarn und Suez
⑨ 1957 Sowjetischer Sputnik
⑩ 1958 Sowjetisches Berlin-Ultimatum
⑪ 1959 Gipfeltreffen in Camp David
⑫ 1961 Bau der Berliner Mauer
⑬ 1962 Kuba-Krise
⑭ 1963 Vertrag über Stopp von Atomtests und „heißen Draht"
⑮ 1968 Kernwaffensperrvertrag; Ende des „Prager Frühlings"
⑯ 1971 Berlin-Abkommen
⑰ 1972 SALT I -Vertrag; Kodex über weltpolitische Zurückhaltung
⑱ 1975 Schlussakte der KSZE in Helsinki
⑲ 1979 Nato-Doppelbeschluss; sowjetische Besetzung Afghanistans
⑳ 1981 Kriegsrecht in Polen; amerikanische Handelssanktionen gegen UdSSR
㉑ 1983 Abbruch aller Rüstungskontrollverhandlungen in Genf
㉒ 1985 Gipfeltreffen in Genf
㉓ 1986 Gipfeltreffen in Reykjavik
㉔ 1987 Einigung in Genf über Abbau der Mittelstreckenraketen; Unterzeichnung des INF-Vertrages beim Gipfeltreffen in Washington
㉕ 1988 Gipfeltreffen in Moskau; Fortsetzung des sowjetischen Rückzugs aus Afghanistan; Waffenstillstandsabkommen für Iran/Irak, Angola/Namibia; überwachter Abbau von Mittelstreckenraketen in Europa

Bewegung und Schärfe der Konfrontation und der Detente (Entspannung) werden von Jahr zu Jahr an markanten Ereignissen verdeutlicht. Dabei stehen die amerikanisch-sowjetischen Beziehungen im Mittelpunkt.

(nach: Hans Wassmund, Die Supermächte und die Weltpolitik, C. H. Beck'sche Verlagsbuchhandlung, München 1989)

M 6|

Low-Karikatur von 1952: Stalins stählerner Schnauzbart verdeckt halb Europa, die Germania wird zersägt, John Bull schnallt den Riemen enger und Eisenhower kommandiert seine Verbündeten.

M 7|Truman-Doktrin und Containment-Politik

Um die friedliche, ungezwungene Entwicklung der Nationen sicherzustellen, haben die Vereinigten Staaten sich an führender Stelle an der Errichtung der Vereinten Nationen beteiligt. Die Vereinten Nationen sollen dauernde Freiheit und Unabhängigkeit für alle ihre Mitgliedstaaten ermöglichen. Wir werden unser Ziel jedoch nicht verwirklichen, wenn wir nicht bereit sind, den freien Völkern zu helfen, ihre freien Einrichtungen und ihre nationale Integrität gegenüber aggressiven Bewegungen zu erhalten, die ihnen totalitäre Regimes aufzwingen wollen. Das ist nichts weiter als ein offenes Zugeständnis der Ansicht, dass totalitäre Regimes, die freien Völkern durch direkte oder indirekte Aggression aufgezwungen werden, die Grundlagen des internationalen Friedens und damit die Sicherheit der Vereinigten Staaten untergraben.
In einer Anzahl von Ländern waren den Völkern kürzlich gegen ihren Willen totalitäre Regimes aufgezwungen worden. Die Regierung der Vereinigten Staaten hat mehrfach gegen Zwang und Einschüchterung bei der Verletzung des Jalta-Abkommens in Polen, Rumänien und Bulgarien protestiert. Und weiter muss ich feststellen, dass in einer Anzahl anderer Staaten ähnliche Entwicklungen stattgefunden haben.

(12.3.1947, Europa-Archiv, S. 819 f.)

M 8|Zwei-Lager-Thorie

Das sowjetische Gegenstück zur Containment-Politik, die Lehre von den „zwei Lagern“, wurde in der Erklärung zur internationalen Lage vom 27.9.1947 (Kominform-Gründung) entwickelt. Dort heißt es, es seien zwei Lager entstanden:
[...] das imperialistische, antidemokratische Lager, dessen Hauptziel die Weltherrschaft des amerikanischen Imperialismus und die Zerschlagung der Demokratie ist, und das antiimperialistische und demokratische Lager, dessen Hauptziel die Untergrabung des Imperialismus, die Festigung der Demokratie und die Liquidierung der Überreste des Faschismus ist. Der Kampf der beiden einander entgegengesetzten Lager – des imperialistischen und des antiimperialistischen – erfolgt zu einem Zeitpunkt einer weiteren Zuspitzung der allgemeinen Krise des Kapitalismus, der Schwächung seiner Kräfte und der Stärkung der Kräfte des Sozialismus und der Demokratie. Aus diesem Grunde legen das imperialistische Lager und seine führende Kraft, die USA, eine besonders aggressive Aktivität an den Tag. Diese Aktivität äußert sich gleichzeitig in allen Richtungen: in militärisch-strategischen Maßnahmen, wirtschaftlicher Expansion und ideologischem Kampf. Der Truman-Marshall-Plan [...] ist lediglich der europäische Bestandteil des Gesamtplanes einer expansionistischen Weltpolitik, die die USA in allen Welteilen betreiben.

(Keesings Archiv der Gegenwart 16/17 (1946/47), S. 1208)

Aufgaben

1. Stellen Sie aus M 7 und 8 die ideologischen und machtpolitischen Positionen der Kontrahenten dar. Hinterfragen Sie dabei die sprachliche Fassade nach versteckten Absichten.
2. Beschreiben Sie die Beziehungen zwischen den Weltmächten USA und Sowjetunion in den einzelnen Phasen des Ost-West-Konfliktes. Ergänzen Sie die Zeittafel und Grafik M 5 bis heute.

➤ Deutschland im Ost-West-Konflikt (1948 – 1960)

Nach dem Zerfall der Siegerkoalition des Zweiten Weltkrieges blieben die Teile Deutschlands abhängig von den Interessen der Besatzungsmächte. An der Nahtstelle zwischen den beiden feindlichen Blöcken stieg die Bedeutung Deutschlands, die Machtinteressen der Blöcke erzwangen die Teilung und förderten die politische und ökonomische Integration in die neu entstandenen Militärblöcke. Damit wurde die „Deutsche Frage" zum Katalysator oder zum Gradmesser der Entwicklung des Ost-West-Konfliktes.

Seit Gründung der Bundesrepublik und der DDR 1949 gab es für 40 Jahre eine unterschiedliche Legitimationsgrundlage für die beiden deutschen Staaten:

Die Legitimität der politischen Ordnung in der Bundesrepublik Deutschland beruht auf dem in freien Wahlen ausgeübten Selbstbestimmungsrecht der Bevölkerung der Bundesrepublik Deutschland. Sie entspricht damit den aus westlicher Politiktradition erwachsenden Grundlagen für eine parlamentarisch-repräsentative Demokratie.

Die Partei- und Staatsführung der DDR begründete zwischen 1949 und 1989 ihre Legitimation mit der historischen Mission der Arbeiterklasse und der Führung der marxistisch-leninistischen Partei, einer Avantgarde, die in der Phase der Diktatur des Proletariats die Grundlage für den Aufbau einer klassenlosen Gesellschaft schaffen sollte (s. S. 407 ff.).

Auch wegen dieser ideologischen Abgrenzung des demokratischen Deutschland von dem Vasallen Moskaus wurden Wiedervereinigungsofferten wie die umstrittenen ‚Stalinnoten von 1952' ungeprüft verworfen.

Nicht nur die 1949 vollzogene staatliche Spaltung, sondern auch die Frage der 1945 abgetretenen Ostgebiete beherrschte den innenpolitischen Dialog der Bundesrepublik. Unterschiedlichste Versöhnungsbemühungen stritten mit eher verdeckt operierenden revisionistischen Positionen und vergifteten mehr die innenpolitische Atmosphäre, als dass sie die Wiedervereinigung gefördert hätten (vgl. Wahlplakate, S. 290).

Erst seit der Westintegration der BRD (1955) erhielt der westdeutsche Staat allmählich eigene Gestaltungsmöglichkeiten und damit Verantwortung für das Schicksal der Nation. Bis Anfang der 1960er-Jahre hoffte die deutsche Regierung auf eine ‚Politik der Stärke', ein ‚roll back' der UdSSR durch die Atommacht USA, um im Windschatten der USA die nationale Einheit ohne eigene Bemühungen zu erhalten. Die USA unterstützten den Alleinvertretungsanspruch der BRD auf der internationalen Bühne. Mit dieser sog. ‚Hallstein-Doktrin' wurde seit 1957 versucht, die internationale Anerkennung der DDR und damit die Festschreibung der Teilung Deutschlands zu verhindern.

Stationen der Spaltung Deutschlands

3.5.1946: Der US-Oberbefehlshaber General Clay stoppt Reparationslieferungen an andere Besatzungszonen, weil Lebensmittellieferungen aus der Ostzone ausbleiben.

30.5.1946: Aus Furcht vor weiteren Ernährungsschwierigkeiten stimmen im Kontrollrat die Westmächte dem sowjetischen Antrag zu, die Freizügigkeit zwischen Westzonen und Ostzone aufzuheben.

6.9.1946: Rede des amerikanischen Außenministers Byrnes in Stuttgart: Die USA wollen sich in Europa engagieren und über eine Gesundung Deutschlands zu einer Gesundung Europas beitragen; wenn man Deutschland nicht als wirtschaftliche Einheit behandeln kann, muss das Industrie-Niveau im Westen erhöht werden; die Deutschen sollen die Hauptverantwortung für ihre eigenen Angelegenheiten bekommen und die Möglichkeit erhalten, auf einen ehrenvollen Platz unter den Nationen zurückzukehren.

19.9.1946: Churchill-Rede in Zürich: Auf der Grundlage einer deutsch-französischen Partnerschaft soll man die „Vereinigten Staaten von Europa" schaffen.

1.1.1947: Bizone = vereinigtes Wirtschaftsgebiet der amerikanischen und britischen Zone mit gemeinsamen Gremien.

12.3.1947: Truman-Doktrin: Die USA bieten den vom Kommunismus bedrohten Staaten (hier Griechenland und Türkei) Hilfe an; sie wollen eine weitere kommunistische Expansion nicht dulden.

5.6.1947: Ankündigung des Marshall-Planes: US-Finanzhilfe zum Wiederaufbau Europas; das Angebot geht auch an die osteuropäischen Staaten, die auf Drängen der SU ablehnen.

20.3.1948: Der Kontrollrat wird arbeitsunfähig, nachdem der sowjetische Vertreter nicht mehr teilnimmt.

Mai 1948: „Volksrat“ in der sowjetischen Zone zur Ausarbeitung einer Verfassung.
März und Juni 1948: Die Londoner Sechs-Mächte-Konferenz (USA – GB – F – Benelux-Länder) verabschiedet die Londoner Empfehlungen (= Frankfurter Dokumente) zur Bildung eines westdeutschen Staates.
Juni 1948: Nach der Währungsreform in den Westzonen und in Westberlin beginnt die Blockade Westberlins durch die Sowjets (bis Mai 1949).
21.9.1949: Nach In-Kraft-Treten des Grundgesetzes (23.5. 1949), Bundestagswahlen (14.8.1949), Kanzlerwahl (15.9. 1949) und Regierungsbildung (20.9.1949) tritt das Besatzungsstatut in Kraft.
7.10.1949: Gründung der DDR; der „Volksrat“ erklärt sich zur „Volkskammer“.
1952/53: Stalinnoten: Angebot der UdSSR an die BRD zur Wiedervereinigung unter Verzicht auf Westintegration.
5.5.1955: Pariser Verträge – Westintegration und Souveränität der BRD.
9.5.1955: Beitritt der BRD zur NATO und infolgedessen später der DDR zum Warschauer Pakt (27.1.1956).
25.3.1957: Gründung der EWG;
Alleinvertretungsanspruch der BRD für alle Deutschen wurde international durchgesetzt (‚Hallstein-Doktrin‘).

Aufgaben

1. Außenpolitisch waren die Abtretung der Ostgebiete, die Überwindung der staatlichen Spaltung, die Westintegration und die Wiederbewaffnung leidenschaftlich umstrittene Themen. Ermitteln Sie die damalige Haltung der deutschen Politiker zu diesen Themen (Geschichtsbuch).
2. Prüfen Sie Inhalt und Wirksamkeit der „Hallstein-Doktrin“ als Versuch, im Zuge der internationalen Konsolidierung zweier deutscher Staaten die „Deutsche Frage“ im Sinne der Bundesrepublik offenzuhalten.

➤ Politik der Abschreckung zwischen den USA und der UdSSR

Mit der Zündung der ersten Atombombe 1945 gewannen die USA für das folgende Jahrzehnt einen uneinholbaren militärischen Vorsprung vor der Sowjetunion. Durch die Weiterentwicklung von Trägersystemen (Langstreckenbomber, Raketen) und Atomwaffen (H-Bombe seit 1952) behaupteten die USA diese Überlegenheit, obwohl sie seit Ende des Korea-Krieges 1952 ihre konventionellen Streitkräfte erheblich reduzierten. Es wurde ein weltweites Stützpunktsystem aufgebaut und im Mittelmeer, im Indischen Ozean und im Fernen Osten wurden ständige Flottenverbände stationiert. Rheinland-Pfalz wurde bereits Mitte der 1950er-Jahre zum ‚Flugzeugträger der NATO‘ ausgebaut. Bitburg, Spangdahlem, Hahn, Sembach und vor allem Ramstein standen für diese Politik. Das militärstrategische Konzept der **‚Massiven Vergeltung‘**, welches auf jeden konventionellen Angriff mit einem atomaren Gegenschlag antworten wollte, bildete das Rückgrat für eine **‚Politik der Stärke‘**, die zwischen **‚Eindämmung‘** und **‚Roll Back‘**-Träumen gegenüber der Sowjetunion schwankte. Grenzen dieses Konzeptes zeigten sich in der DDR 1953 und in Ungarn 1956, wo die USA trotz militärischer Überlegenheit die Interessen der UdSSR respektierten und den Atomkrieg vermieden.

Mit der Entwicklung der sowjetischen Atomwaffen (1949 und 1953) und Trägersysteme in der zweiten Hälfte der 1950er-Jahre löste sich die strategische Überlegenheit der USA auf und die konventionelle Stärke der Armeen des Warschauer Paktes wurde als Bedrohung der amerikanischen Vormachtstellung empfunden. Als im Oktober 1957 die UdSSR mit dem „Sputnik“ ihre Fähigkeit bewies, vor den USA einen Satelliten in das Weltall zu schießen, war der Traum Amerikas, unverletzlich zu sein, ernsthaft bedroht. Die Stationierung sowjetischer Raketen auf Kuba (1962) demonstrierte das politische und militärische Patt zwischen den Großmächten nachdrücklich. Das nun beginnende Wettrüsten (M 9) verlagerte den ideologischen Konflikt in Richtung militärische Bedrohung und bezog allmählich die gleichzeitig ihre Unabhängigkeit anstrebenden Kolonialgebiete in diesen Konflikt mit ein (M 10).

Mit der Entwicklung treffgenauer Interkontinentalraketen – die Sowjetunion hatte bereits 1958 mit dem ‚Sputnik‘ die USA ‚schockiert‘ – und einer großen Zahl einsatzfähiger Atomsprengköpfe erreichten beide Supermächte Anfang der 1960er-Jahre das **„atomare Patt“** (M 9). Beide waren in der Lage, den Gegner auf seinem Territorium anzugreifen („strategische Bedrohung“). Die Atomwaffen verloren ihren Nimbus, ihren Besitzer allmächtig und unverwundbar zu machen. (Forts. S. 457)

M 9 | Die Weltmächte USA und UdSSR um 1960

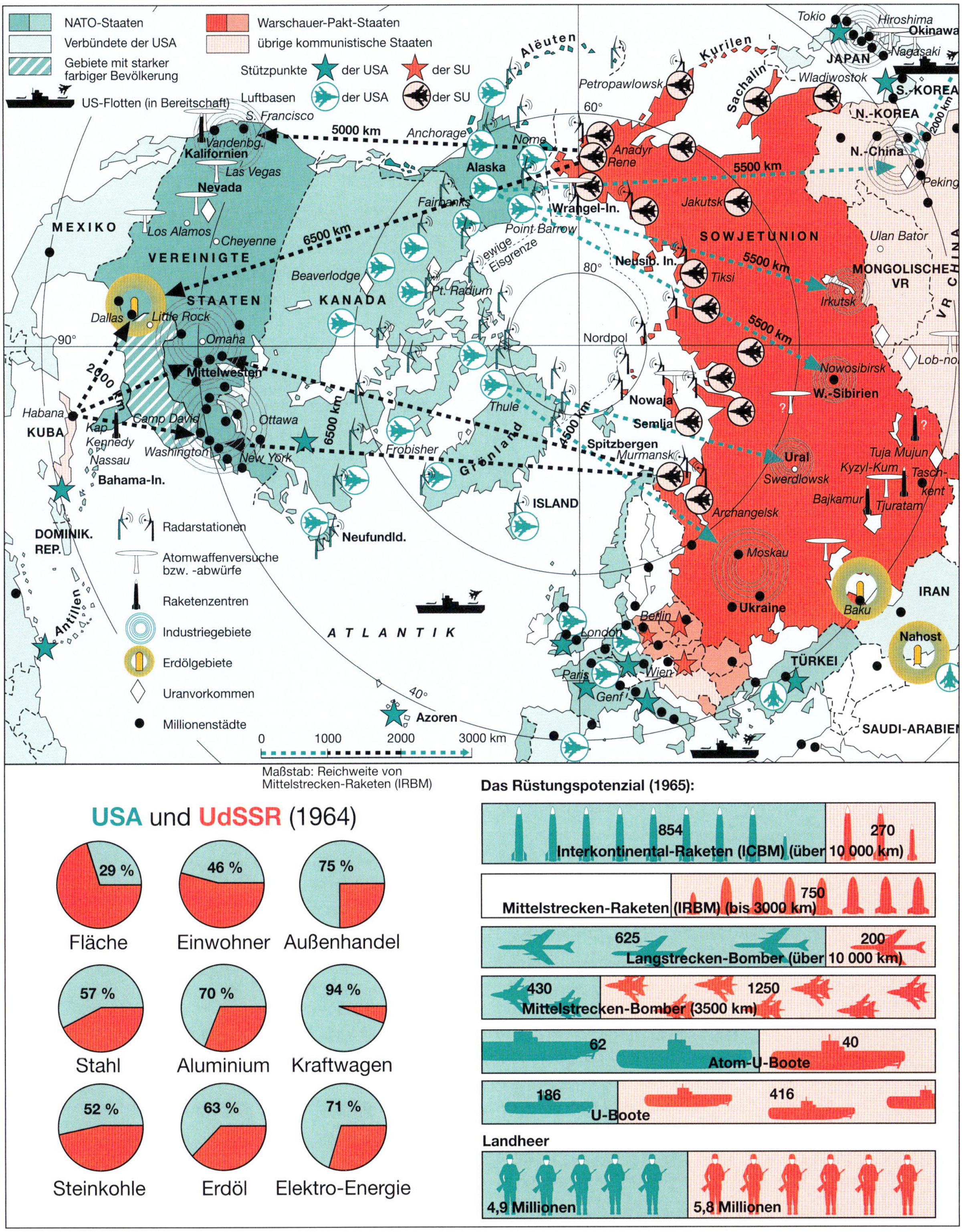

(Hermann Kinder/Werner Hilgemann/Manfred Hergt, dtv-Atlas Weltgeschichte, Bd. 2; grafische Gestaltung der Abbildungen: Harald und Ruth Bukor, Werner Wildermuth; © für die Abbildungen: 1966, 1991, 2005 Deutscher Taschenbuch Verlag, München)

M 10 | Konfliktebenen und -formen

Oberste Ebene:
(Abgeleiteter) militärischer Konflikt mit sehr hoher Spannung wird als eigentlicher Konflikt wahrgenommen und bestimmt weitgehend die Ost-West-Bipolarität (Abgrenzung, gegenseitige Destabilisierung, Rüstungswettlauf, Drohpolitik, Feindbilder); Kriegsgefahr, da Sicherheit primär durch die Androhung gegenseitiger Vernichtung angestrebt wird: Entwicklung und Stationierung riesiger Waffenarsenale, „Rüstungswahnsinn“, „Overkill-Capability“, „Gleichgewicht des Schreckens“.

Mittlere Ebene:
Politisch-ökonomischer Konflikt, wachsendes Sicherheitsbedürfnis beider Blöcke strebt nach Festigung und Ausweitung der eigenen Machtbasis (politisch, ökonomisch) durch Sicherung und Ausdehnung der eigenen Einflusssphären mit der Entwicklung von Bündnis- und Paktsystemen und „Wettlauf“ um Einfluss in der Dritten Welt.

Unterste Ebene:
Ideologischer Konflikt zwischen den Ordnungsmodellen Sozialismus und Liberalismus als primäre Konfliktebene; nur geringe Spannung, da sozialistische Systeme in westlichen Staaten unattraktiv bleiben und keine ernsthafte Bedrohung westlicher politischer Systeme darstellen.
Das kommunistische Ziel einer „Weltrevolution“ bleibt zunächst auf Länder der Dritten Welt beschränkt (Kuba, Jemen, Angola, Vietnam u.a.).

Aufgaben

1. Schildern Sie die waffentechnischen Entwicklungen zur Zeit des ersten Rüstungswettlaufs (M 9).
2. Bestimmen Sie das Kriterium für die Hierarchie der Konfliktebenen. Ordnen Sie nach anderen Kriterien, wie Kausalität, Bedrohlichkeit, ... (M 10).

Fall A: Mauerbau in Berlin 1961

Drohgebärden der Weltmächte im Kalten Krieg: Amerikanische und sowjetische Panzer stehen sich im August 1961 in Berlin an der Friedrichstraße gegenüber.

M 11 | Eine Episode

Am Donnerstag zogen Sowjetpanzer auf. Und die Situation am Freitag, dem 27. Oktober, nahm sich für amerikanische Rundfunkhörer in einer CBS-Reportage so aus: „Der Kalte Krieg hat heute Abend eine neue Dimension erreicht. Amerikanische und russische Kampftruppen gingen, zum ersten Mal in der Geschichte, gegeneinander in Stellung. Bis jetzt war der Ost-West-Konflikt von Stellvertretern ausgetragen worden, von Deutschen und von anderen. Aber heute Abend gingen die Supermächte auf Konfrontation: zehn russische Panzer gegenüber sechs amerikanischen Pattons, kaum 80 Meter voneinander entfernt, am Übergang Friedrichstraße.“
Die Szene war gespenstisch und, obwohl jeweils hunderte von Neugierigen auf beiden Seiten zuschauten, brandgefährlich. „Mich durchfuhr ein Stich, als die Panzer anrollten“, erinnerte sich Sydney Gruson von der New York Times noch Jahre später. „Clay spielte ein höchst riskantes Spiel. Jederzeit konnte ein Malheur passieren.“
Clay berichtete dem Präsidenten, an der Grenze sei eine Pattsituation entstanden und vermutlich würden sich die Russen bald zurückziehen – nach Clays Meinung bluffeten die Sowjets wieder einmal.
In diesem Augenblick wurde ihm ein Zettel mit der Nachricht gereicht, dass 20 weitere Sowjetpanzer auf den Checkpoint Charlie zurollten. „Hier gibt es nur eine Ände-

rung, Mr. President", sagte Clay. „Weitere 20 Sowjetpanzer rollen an. Da sieht man, dass sie gut rechnen können."
„Wie meinen Sie das?", fragte Kennedy. „Nun, wir selbst haben 30 Tanks in Berlin", sagte Clay, „also haben sie 20 weitere Panzer herbeigeholt, sodass einer auf jeden der unseren kommt. Das ist ein weiteres Indiz dafür, dass sie nichts unternehmen werden."
Kennedy: „Ich sehe, dass ihr da drüben nicht eure Nerven verloren habt." Clay: „Mr. President, wir machen uns keine Sorgen wegen unserer Nerven, wir machen uns Sorgen wegen der Nerven in Washington."
Am Tag darauf zogen sich die sowjetischen Panzer kurz nach 10.30 Uhr ohne Aufhebens zurück – wie es Clay in der Nacht vorausgesagt hatte. 30 Minuten später zogen die Amerikaner ab. Die Konfrontation hatte 16 Stunden gedauert.

(Peter Wyden, Die Mauer war unser Schicksal, Berlin/Rowohlt 1995, S. 118 f.; aus dem Amerikanischen übers. v. Udo Rennert)

Fall B: Die Kuba-Krise 1962

Kuba-Seeblockade 1962: US-Zerstörer (vorn), US-Flugzeug, sowjetischer Frachter

M 12a|

Seit Mitte Oktober 1962: Die Amerikaner haben durch Luftaufnahmen die Sicherheit gewonnen, dass in Kuba Raketenstellungen gebaut werden. Als mögliche Gegenmaßnahmen werden Luftangriffe oder Blockade genannt. In seiner Rede am 22. Oktober legt sich der amerikanische Präsident der Öffentlichkeit gegenüber fest:
„[...] Diese rasche Umwandlung Kubas in einen wichtigen strategischen Stützpunkt – durch das Vorhandensein dieser großen, weit reichenden und eindeutig offensiven Waffen zur Massenvernichtung – stellt eine ausdrückliche Bedrohung des Friedens und der Sicherheit aller amerikanischen Staaten [...] dar."
James Reston berichtet „mit höchster amtlicher Billigung", dass „Schiffe, die weitere Offensivwaffen nach Kuba bringen, entweder umkehren oder sich einer Durchsuchung und Beschlagnahme fügen oder kämpfen müssen. Wenn sie versuchen, die Blockade zu durchbrechen, wird ihnen ein Warnschuss vor den Bug gefeuert werden; ergeben sie sich dann immer noch nicht, werden sie angegriffen".
Seit 21. Oktober 1962: Die auf der ganzen Welt stationierten amerikanischen Truppen sind in Alarmbereitschaft versetzt, die B-52-Bomberstaffeln mit Atombomben in der Luft.
Zuvor sind der sowjetische Botschafter Dobrynin über den Schritt und seine Gründe unterrichtet und die NATO-Partner verständigt worden.
23. Oktober 1962: Auch die sowjetischen Streitkräfte werden in Alarmbereitschaft versetzt. Das amerikanische Vorgehen wird als „Akt der Piraterie" bezeichnet. Der amerikanische Präsident legt den Beginn der Seeblockade auf den 24. Oktober, 9.00 Uhr Ostküstenzeit (15 Uhr MEZ), fest. Die Blockadezone wird von 800 auf 500 Seemeilen verringert, um den Weg der Schiffe bis an die Blockadegrenze zu verlängern und damit der sowjetischen Regierung mehr Spielraum für Entscheidungen zu geben.
Zu dieser Zeit befinden sich mehrere Schiffe auf dem Weg nach Kuba, vermutlich auch solche mit Raketenwaffen. Auch sowjetische Kriegsschiffe werden im Krisengebiet gesehen. Der Zeitpunkt des Zusammenstoßes kann errechnet werden.
24. Oktober 1962: Etwa eine Viertelstunde vor dem errechneten Zusammenstoß meldet die amerikanische Aufklärung, dass einige sowjetische Schiffe beigedreht haben, andere weiterfahren. Der Tanker „Bukarest" wird durch die Blockadegrenze ebenso durchgelassen wie ein Passagierschiff der DDR; dagegen wird ein libanesischer Frachter durchsucht.
26. Oktober 1962: Chruschtschow schlägt in einem Schreiben an den Präsidenten vor, die Sowjetunion werde die Raketen auf Kuba demontieren, falls die Vereinigten Staaten ihre Raketen aus der Türkei abziehen. Der amerikanische Präsident antwortet: „Wie ich Ihrem Schreiben entnehme, sind die Kernpunkte Ihrer Vorschläge, die im Allgemeinen annehmbar erscheinen, die folgenden:
1. Sie würden sich bereitfinden, diese Waffensysteme auf Kuba unter angemessener Beobachtung und Überwachung der Vereinten Nationen zu entfernen, und sich unter geeigneten Garantien verpflichten, die weitere Einfuhr solcher Waffen nach Kuba einzustellen.
2. Wir wären unsererseits bereit, nach Ausarbeitung entsprechender Vorkehrungen durch die Vereinten Nationen für die Durchführung und weitere Beachtung dieser Absprachen

a) alsbald die gegenwärtig wirksamen Quarantänemaßnahmen aufzuheben und
b) Sicherheiten gegen eine Invasion Kubas zu geben."
Allerdings unterstreicht Kennedy, dass die „Vorbedingung in der Einstellung der Arbeiten an den Raketenbasen auf Kuba besteht oder in Maßnahmen, um solche Waffen unbrauchbar zu machen, und zwar mit wirksamen internationalen Garantien. Die Aufrechterhaltung dieser Bedrohung oder ein Hinausziehen dieser Diskussion über Kuba durch Verknüpfung dieser Probleme mit den umfassenden Fragen der europäischen und der Weltsicherheit würde ohne Frage zu einer Verschärfung der Kuba-Krise und zu einer ernsten Gefährdung des Weltfriedens führen."
Kennedy geht nicht auf die Gegenforderung Chruschtschows ein.
28. Oktober 1962: Radio Moskau bringt eine Botschaft Chruschtschows an den amerikanischen Präsidenten: „Ich habe großes Verständnis für Ihre Besorgnis und die Besorgnis des amerikanischen Volkes angesichts des Umstandes, dass die Waffen, die Sie offensiv nennen, tatsächlich gefährlich sind [...].
Die sowjetische Regierung hat ergänzend zu früher schon erteilten Anweisungen über die Einstellung der Arbeiten an den Anlagen zur Stationierung von Waffen jetzt schon die Anordnung getroffen, jene Rüstungen, die Sie als offensiv bezeichnen, zu demontieren, zu verladen und in die Sowjetunion zurückzuführen."
Der amerikanische Präsident begrüßt Chruschtschows „staatsmännische Entscheidung" in seiner Antwort. Er fügt hinzu, die Blockade Kubas werde abgebrochen, sobald die Vereinten Nationen „die notwendigen Schritte" unternommen hätten. Castro erklärt dazu, die amerikanischen Garantien reichten ihm nicht aus.
30. Oktober 1962: Der Generalsekretär der Vereinten Nationen, U. Thant, besucht Kuba und überzeugt sich davon, dass der Abbau der Raketenstellungen schon begonnen hat.
11. November 1962: Ein amerikanischer Regierungssprecher teilt mit, dass sich auf Kuba keine sowjetischen Raketen mehr befinden.
7. Januar 1963: Das Thema Kuba-Krise wird auf gemeinsamen Antrag der Vereinigten Staaten und der Sowjetunion von der Tagesordnung des Sicherheitsrates gestrichen.
10. Juni 1963: Präsident Kennedy kündigt in einer Rede eine Veränderung der Außenpolitik der Vereinigten Staaten an und spricht dabei von einer „Strategie des Friedens". Er erklärte, in der Sowjetunion hätten „konstruktive Veränderungen" stattgefunden, die „Lösungen in Reichweite bringen könnten, die heute noch jenseits unserer Möglichkeiten zu liegen scheinen". Er meint, „dass unsere Probleme von Menschen gemacht sind und also von Menschen gelöst werden können". (Vgl. S. 461, M 19.)
(zusammengestellt nach verschiedenen Quellen)

M 12b

Ein damaliger Student der Politikwissenschaft in Frankfurt/Main, erinnert sich:
Die Spannung an diesem 22., 23., 24. Oktober stieg in dem Maße, wie der sowjetische Konvoi aus 18 Frachtern, zahlreichen U-Booten und Kriegsschiffen sich der Absperrkette der US-Kriegsmarine näherte – unaufhaltsam, unausweichlich das Aufeinanderprallen! Würde der sowjetische Konvoi stoppen? Würde die US-Armada andernfalls das Feuer eröffnen oder zurückweichen? Konnte überhaupt noch eine der beiden Seiten „klein beigeben" und das Gesicht verlieren im Kräftemessen und Muskelspiel des Kalten Kriegs? In der Vorlesung von Prof. Carlo Schmid über „Außenpolitik" kein anderes Thema, danach beim Essen in einer kleinen Wirtsstube in Frankfurt-Bockenheim erst recht nicht, auch nicht im Radio – Fragen, Bedrückung, Angst: Würden die Amerikaner ...? Konnten die Sowjets jetzt überhaupt noch ...? Würde ein Schlagabtausch im Atlantik vor Kuba das Pulverfass Erde zünden? „Kinder, lasst euer Geld stecken, noch ein paar Stunden, dann brauchen wir alle kein Geld mehr!" Der Wirt schickte uns weg; auf dem Weg ins Studentenheim immer wieder ängstliche Blicke über den Himmel, ob da nicht schon ein Atomblitz zuckte und wir uns – wie auf der Penne gelernt – flach auf den Bürgersteig werfen würden, an eine Hauswand gepresst, die Kollegmappe als Schutz gegen Hitze, Strahlung und Druckwelle über den Kopf gezogen.
(J. Schreiber)

Aufgaben

1. Gestalten Sie den Ablauf der Kuba-Krise als Folge kurzer täglicher Rundfunknachrichten oder als Schlagzeilen einer Tageszeitung.
2. Beschreiben Sie die Verhaltensweisen der Konfliktparteien. Beziehen Sie die Episode (M 11) im Rahmen der Ereignisse beim Mauerbau in Berlin mit ein.
3. Wenden Sie die Erkenntnisse aus der Spieltheorie auf die beiden Fälle an (Methodenschulung, s. S. 455 f.).

Simulationsspiele und Spieltheorie

a) Chicken Game

Das Spiel beruht auf folgendem Sachverhalt: Zwei Akteure fahren in Autos aufeinander zu. Derjenige, der zuerst ausweicht, ist chicken (Feigling), verliert also an sozialem Prestige. Drei Möglichkeiten bieten sich für jeden der beiden Mitspieler, die in diesem Falle ohne Kommunikationsmöglichkeiten während der Aktion sind:

① Sie scheren als Erster aus.
② Sie fahren aufeinander los.
③ Sie scheren gleichzeitig und rechtzeitig aus.

Das Spiel lässt erkennen, wie teuer es werden kann, wenn beide ihren Gewinn (Prestige) zu maximieren suchen. Die Schwierigkeit für jeden besteht darin, zu wissen, wie weit der Gegner seine Drohung wahr macht.

b) Gefangenen-Dilemma

Das Gefangenen-Dilemma beruht auf folgender Ausgangslage, die ebenfalls durchaus auf Mitspieler im Weltmaßstab angewandt werden könnte. Zwei Angeklagte haben eine schwere Straftat begangen. Sie werden getrennt verhört. Sie haben folgende Möglichkeiten:

① Wenn beide schweigen, bekommen sie jeweils ein Jahr Gefängnis wegen Landstreicherei.
② Wenn beide gestehen, bekommen sie jeweils fünf Jahre Zuchthaus.
③ Wenn einer gesteht, der andere aber schweigt, bekommt der Geständige keine Strafe, der andere dagegen zehn Jahre Zuchthaus.

Das Problem ist, dass keiner vom anderen weiß, wie er reagiert. Bei voller Kooperation (Schweigen) wird der höchste Nutzen für beide erreicht. Kooperiert aber einer der beiden nicht – er spricht –, ist der Nutzen für ihn zwar nicht maximal, aber beträchtlich höher, als wenn er schweigt, der andere dagegen spricht. Reden beide, kommen sie mit fünf Jahren Zuchthaus davon. Das Dilemma, in dem sich die Spieler befinden, besteht in Folgendem: Wenn jeder der beiden, ohne auf den anderen Rücksicht zu nehmen, die allein für ihn optimale Lösung wählt, dann werden sie jeweils eine Wahl treffen, die sich für beide negativ auswirkt.

c) Oberst Blotto

Der Matrix liegt folgende Situation zugrunde: Ein Oberst namens Blotto soll mit vier Kompanien drei Pässe besetzen. Er weiß, dass der Gegner drei Kompanien zur Verfügung hat, weiß jedoch nicht, wo diese stationiert sind. Er kann also mit vier Kompanien einen Pass angreifen (4.0.0); er kann aber auch seine Kräfte verteilen (die folgenden drei senkrechten Strategien). Sein Gegner hat die Möglichkeit 3.0.0 und die folgenden waagerechten Strategien. Die Besetzung eines Passes wird mit + 3 bewertet; dies gilt ebenfalls für den Sieg über die Truppen des Gegners (+ 3). Dabei wird angenommen, dass derjenige siegt, der die meisten Truppen an einem Pass konzentriert hat. Bei gleicher Truppenstärke bleibt der Pass unbesetzt (0). Wählt nun Blotto 4.0.0, der Gegner 3.0.0, dann stoßen die Verbände mit 1/3 Wahrscheinlichkeit aufeinander: Blotto besiegt den Gegner und besetzt den Pass (+ 6). Mit 2/3 Wahrscheinlichkeit stoßen sie nicht aufeinander und besetzen je einen Pass (+ 3 – 3 = 0). Um den Gesamtwert der Möglichkeiten zu errechnen, werden die Einzelwerte mit der Wahrscheinlichkeit ihres Eintretens gewichtet. Es ergibt sich dann: 1/3 x 6 + 2/3 x 0 = 2. Wählt aber Blottos Gegner 2.1.0, dann stößt Blotto mit je 1/3 Wahrscheinlichkeit auf zwei Kompanien, eine oder keine. Dann wird je nach dem Aufeinandertreffen in den ersten beiden Fällen ein

		Blottos Gegner (3. 0. 0)	Blottos Gegner (2. 1. 0)	Blottos Gegner (1. 1. 1)
Blotto	(4. 0. 0)	2	1	0
Blotto	(3. 1. 0)	1	2	3
Blotto	(2. 2. 0)	–1	4	9
Blotto	(2. 1. 1)	0	1	6

Pass erobert, ein anderer nach wie vor von den gegnerischen Truppen gehalten (+ 6 – 3); im zweiten Fall wird ein Pass kampflos besetzt (+ 3), dagegen bleiben die beiden anderen unter der Kontrolle des Gegners (– 6). Es ergibt sich die Auszählung: 2/3 × 3 + 1/3 × (– 3) = 1 (usw.). Wenn das Spiel weitergespielt wird, ergibt sich, dass die Entscheidung vom Verhalten des Gegners abhängt und davon, ob Blotto das geringste Risiko eingeht (3.1.0) oder ob er den größten Erfolg will (2.2.0).

Die Spieltheorie

Die Spieltheorie, die Mitte der 1940er-Jahre von amerikanischen Forschern wie J. von Neumann und Oskar Morgenstern entwickelt und später von amerikanischen Forschern wie Martin Shubik und Anatol Rapoport weitergeführt wurde, ist ein Teil der Entscheidungstheorie (*decision-making theory*). Sie versucht, Entscheidungssituationen als ein Spiel zu begreifen, das nach rationalen, festen, jedenfalls erkennbaren Regeln vor sich geht. [...]
Der Ablauf eines Spieles ist geregelt, wenn jeder Spieler für eine bestimmte Situation eine *Strategie* („Eine Strategie [...] kann als umfassender Aktionsplan definiert werden, der Instruktionen darüber enthält, was in jedem denkbaren Falle zu tun ist.") festgelegt hat, wenn er also weiß, wie er auf einen bestimmten Zug seines Gegners antworten will. Allgemeine Voraussetzung eines Spieles ist:

a) dass der Spieler rational handelt, das heißt, er versucht, den größtmöglichen Nutzen für die eigene Person (Partei) zu erreichen;
b) dass die Spieler unter Berücksichtigung aller verfügbaren – das heißt nicht: aller möglichen – Informationen handeln;
c) dass sie ein autonomes, von außen ungestörtes Spiel spielen;
d) dass während des Spiels die Spielregeln unverändert bleiben.

Ziel der Spieltheorie ist es also nicht, realitätsgerechte Voraussetzungen für politisches Handeln zu schaffen, sondern die Logik eines Konflikts durchzuspielen.

Kritik

Die Spieltheorie dient also dazu, auf hohem Abstraktionsniveau die Reaktionen von Akteuren der Politik in gleichsam keimfreiem Raum sichtbar werden zu lassen. Sie ist – wohl mit Recht – statisch genannt worden, da das Moment der Zeit und damit der möglichen Wandlung (Rückkopplung) keine Möglichkeit der Entfaltung fände. Einleuchtend ist auch der Hinweis, dass solche Spiele nur dann gespielt werden können, wenn die Mitspieler sich einer spieltechnischen Rationalität unterwerfen, die charakteristisch ist für die Spieltheorie, jedoch gerade in der Politik selbst nicht gegeben ist. Zudem haben Spieltheoretiker darauf aufmerksam gemacht, wie schwierig es ist, das Element der Sprache in den Spielablauf einzufügen, sind doch in Verhandlungen bestimmte sprachliche Äußerungen Spielzügen gleichzusetzen.
Dennoch: Auch dann, wenn man den praktischen Wert der Spieltheorie nicht überschätzt, bietet sie zumindest die Chance, Entscheidungssituationen gleichsam in Reinkultur zu *züchten*.

(nach: Paul Noack, Was ist Politik? Eine Einführung in ihre Wissenschaft, München und Zürich 1978, S. 102–105)

Aufgaben

1. Stellen Sie die Spielalternativen in je einer Grafik dar.
2. Übertragen Sie die Erkenntnisse auf Stationen des Ost-West-Konfliktes und auf aktuelle internationale Konflikte.
3. Diskutieren Sie die Grenzen dieser Theorien aus der Sicht eines Beteiligten.

(Forts. von S. 450) In der Kuba-Krise 1962 befanden sich die Supermächte USA und Sowjetunion mit ihren Verbündeten am Rand der atomaren Selbstvernichtung. Beide zögerten um politischer Ziele willen, die atomare Zerstörung der Erde voranzutreiben.

Der **„Schock der Kuba-Krise"** erzwang eine neue Politik:

a) Die USA realisierten seit dem „Sputnik-Schock" von 1958, dass die Sowjetunion mit ihren Interkontinentalraketen auch das Territorium der USA mit Atomwaffen angreifen konnte. Erstmalig entstand in den USA die Furcht, verwundbar zu sein, die schließlich im Bewusstsein aller Bürger am 11.9.2001 Gewissheit wurde (s. S. 415 ff.)

b) Die Sowjetunion akzeptierte, dass ihr ideologisches Ziel einer weltweiten proletarischen Revolution nicht ohne den Preis eines Atomkrieges zu verwirklichen war.

Die Einsicht, dass fortan Sicherheit nicht mehr bloß durch Waffen, sondern letztlich nur durch Politik zu erreichen und zu erhalten war, setzte sich durch.

In beiden Lagern wurde das außenpolitische Konzept den veränderten militärischen Gegebenheiten angepasst (M 14). Das östliche Konzept der „friedlichen Koexistenz" verzichtete ausdrücklich auf das Mittel militärischer Auseinandersetzung, ließ aber auch weiterhin internationalen ideologischen Klassenkampf zu.

Im Westen signalisierte Amerika mit seiner „Strategie des Friedens" einen Verzicht auf bisherige „Roll-Back-Optionen". Das deutsche Konzept des „Wandels durch Annäherung" (M 19, S. 461 ff.) setzte diese diplomatische Strategie in Mitteleuropa fort.

Seit dem Harmel-Bericht 1967 wurde diese Einsicht als **Zwei-Säulen-Theorie** unter dem Slogan **„Verteidigung + Entspannung = Sicherheit"** offizielle Politik des Westens.

Säule I: Verteidigung durch Abschreckung

Aus der Doktrin der „Massiven Vergeltung", die militärische **Abschreckung** allein auf den Besitz von *strategischen Nuklearwaffen* gestützt hatte, entwickelte die NATO das Konzept der „Flexible Response". Es geht von einem differenzierten Potenzial vieler Waffenarten aus, die erst in einer optimalen Mixtur flexible, vom Gegner nicht kalkulierbare Einsatzmöglichkeiten eröffnen und so *glaubwürdige* Abschreckung garantieren:

a) *strategische Atomwaffen*, die das Territorium der anderen Großmacht bedrohen (u. a. auf Interkontinentalraketen, U-Booten und Bombern);

b) *taktische Atomwaffen* begrenzter Reichweite (Kurzstreckenraketen, Artillerie und Cruise Missiles) und

c) *konventionelle Waffen* (vgl. M 9).

Die strategischen Atomwaffen wurden neu bewertet. Beide Großmächte besitzen die Fähigkeit, den Gegner durch strategische Waffen mehrmals zu vernichten (‚Overkill-Fähigkeit'). Um die abschreckende Wirkung (Glaubwürdigkeit) der Atomwaffen dauerhaft zu sichern, haben beide Seiten eine unverwundbare atomare **Zweitschlagkapazität** aufgebaut, die selbst im Falle eines atomaren Erstschlags gegen das eigene Territorium die anschließende Zerstörung des Gegners sicherstellt. Deshalb hieß die neue Logik der Abschreckung: **„Wer zuerst schießt, stirbt als Zweiter!"**

Die Entwicklung von Anti-Raketen-Raketen oder anderer, z. B. weltraumgestützter Raketenabwehreinrichtungen würde diese Stabilität gefährden.

Deshalb wurde 1972 im ABM-Vertrag zwischen UdSSR und USA darauf verzichtet, entsprechende Abwehrsysteme zu entwickeln und zu installieren. Zwischenzeitliche Bestrebungen der amerikanischen Regierung, ihr eigenes Territorium unverwundbar zu machen – „Star Wars-Konzept" der 1980er-Jahre und NMD (National Missile Defense) seit Ende der 1990er-Jahre oder Stationierungspläne in Osteuropa seit 2006 – stellen diese strategische Balance grundsätzlich infrage. Ein Verzicht auf den ABM-Vertrag von 1972 wird immer wieder angestrebt. Befürchtungen, dass damit der „Schirm der nuklearen Abschreckung" zerstört werde, verhinderten bisher eine entsprechende Entscheidung.

Um unterhalb der nuklearen Ebene die politische Wirksamkeit (Schutz, Drohung) der eigenen Militärmacht zu sichern, entwickelten die Staaten wirksame und gefährliche konventionelle Waffen und Trägersysteme (Bomben, Minen und andere elektronische Waffen) und modernisierten bestehende Waffenpotenziale. Beide Bündnissysteme erhöhten stetig ihre Anstrengungen, einen vermeintlichen militärischen Rückstand aufzuholen. Ein beispielloses Wettrüsten lief ab, das zwar die strategische Balance zwischen den Großmächten mittelfristig sicherte, dessen Kosten aber zunehmend die Staatshaushalte der Beteiligten belasteten (M 15).

M 13

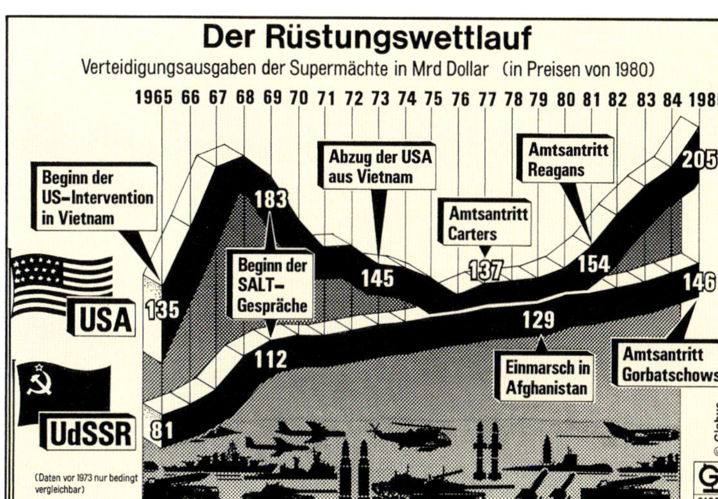

M 14 | Rüstungskontrolle

Rüstungskontrollpolitik (arms control)

Begleitet wurde der Rüstungswettlauf von intensiven, langwierigen **Rüstungskontrollverhandlungen**, die in eine Kette von Rüstungskontrollabkommen mündeten.

Ziele dieser Politik waren:

- Abbau des Kriegsrisikos aus Versehen
- Erhalt der „strategischen Balance"
- Erringung politischer Vorteile.

Mittel waren:

- Bilaterale und multilaterale Verträge (M 17)
- Vertrauensbildung durch Offenlegung der Potenziale und vereinbarte Inspektionen
- Verzicht auf strategische Vorteile.

„Rüstungskontrolle erweist sich als mühsames, schwergängiges Geschäft im Spannungsfeld von Interessenwahrnehmung und Vorteilssuche einerseits und Risikobegrenzung und Verständigungsbereitschaft andererseits, mit Fort- und Rückschritten in den Feldern – und dies oft nebeneinander. Charakteristisch: mehrjährige Verhandlungen ohne oder mit bescheidenem Ergebnis; Verträge, die unterschrieben, aber nicht ratifiziert werden, an die sich beide Seiten gleichwohl halten; Verträge, die beiden Seiten ihre Aufrüstungsprogramme ‚belassen', die zum ‚Füllen' von Lücken ermutigen. Nach dem Abschluss einer Serie punktueller Begrenzungsverträge, die zur Risikominderung und als Vorbeugung gegen waffentechnische Durchbrüche gedacht waren, begannen 1969 die Verhandlungen um die eigentlichen Waffenpotenziale.

Verhandelt wird auf zunächst zwei, später drei Ebenen: SALT, MBFR und INF (M 17).

Eine Zeit lang hatte es – durch den Abschluss der bilateralen SALT I- und SALT II-Verträge den Anschein, als werde durch eine Selbstbeschränkung der Supermächte auf dem Gebiet offensiver strategischer Waffen eine Verlangsamung des Rüstungswettlaufs erreicht. Seit Mitte der Siebzigerjahre begann dann ein erneuter Rüstungswettlauf. Sowohl die amerikanische „Neutronenbombe" wie die „Cruise Missiles" (niedrig fliegende, selbststeuernde Marschflugkörper) sollten das westliche System der „flexible response" (abgestufte Abschreckung) stützen.

Die Stationierung von auf Europa gerichteten modernen Mittelstreckenraketen (SS 20) durch die Sowjetunion führte zum Nachrüstungs-Beschluss der NATO (1979), verbunden mit erheblichen inneren Widerständen in deren europäischen Mitgliedstaaten.

Dahinter steht die Angst, dass mit der Umschaltung von der Entspannungspolitik der Siebzigerjahre auf eine Ära der Konfrontation der Supermächte (Afghanistan-Einmarsch der UdSSR 1979) die Kriegsgefahr für Europa weiter gesteigert werde."

(Paul Noack, Was ist Politik, a. a. O., S. 266 f.)

M 15 |

Karikatur von 1977

M 16 |

„Die Gegenseite hat unseren Abrüstungsvorschlag angenommen. Was haben wir da falsch gemacht?"

M 17 | Rüstungskontrollabkommen

- Verbesserung des Krisenmanagements durch die Errichtung einer unmittelbaren Nachrichtenverbindung zwischen Moskau und Washington („Heißer Draht", Juni 1963), Verbesserung September 1971 (Satellit).
- Einstellung von Kernwaffenversuchen in der Atmosphäre, im Weltraum und unter Wasser („Test-Stopp-Abkommen", August 1963).
- Abkommen über die friedliche Erforschung und Nutzung des Weltraumes einschließlich des Mondes und anderer Himmelskörper (Januar 1967).
- Respektierung Lateinamerikas als atomwaffenfreie Zone (Februar 1967).
- Abkommen über jede mögliche Hilfeleistung an Astronauten im Falle eines Unglücks und über die Bergung von Weltraumprojekten (Dezember 1967).
- Ratifizierung eines Konsularvertrages zwischen der Sowjetunion und den Vereinigten Staaten (Juni 1968).

- Unterzeichnung eines auf der Siebzehn-Mächte-Abrüstungskonferenz in Genf erarbeiteten amerikanisch-sowjetischen Vertragsentwurfs über die Nichtweitergabe (Non-Proliferation) von Kernwaffen (Juli 1968).
- Vertrag über das Verbot der Stationierung von Atomwaffen und anderen Massenvernichtungswaffen auf dem Meeresboden (Meeresbodenvertrag, 11. Februar 1971).
- Konvention über das Verbot der Entwicklung, Produktion und Lagerung bakteriologischer und toxischer Waffen (10. April 1972).
- **Ab 1969 SALT** (Strategic Arms Limitation Talks) über strategische Offensivwaffen und Abwehrsysteme zwischen USA und UdSSR:
  1972 SALT I: Begrenzung strategischer Offensiv- und Defensivwaffen, ABM (Anti-Ballistic-Missiles);
  1979 SALT II: Begrenzung strategischer Waffen.
- Seit 1982 START (Strategic Arms Reduction Talks): 1991 Vertrag zur Reduzierung der strategischen Waffen um 35 %.
- Ab 1973 MBFR (Mutual Balanced Forces Reduction) über konventionelle Waffen in Europa zwischen NATO und Warschauer Pakt:
  1990 VKSE-Vertrag zur konventionellen Abrüstung.
- **Ab 1982 INF** (Intermediate Range Nuclear Forces):
  1987 Vertrag zur Abrüstung aller Mittelstreckenraketen.

(zusammengestellt nach verschiedenen Quellen)

Aufgaben

1. a) Stellen Sie die Wirkungsweise des Abschreckungskonzeptes grafisch dar. Erklären Sie, inwiefern der Verzicht auf strategische Abwehrwaffen unverzichtbares Element der nuklearen Abschreckung ist.
   b) Prüfen Sie die amerikanischen Pläne (seit 2006), Raketenabwehrsysteme in Polen und Tschechien zu installieren.
   c) Recherchieren Sie, welche Elemente (Stützpunkte, Waffen, Armeen usw.) des Abschreckungssystems aus dem „Kalten Krieg" heute noch vorhanden und wirksam sind.
2. a) Beschreiben Sie den Wandel des westlichen Sicherheitskonzepts von den 1950er- zu den 1970er-Jahren.
   b) Stellen Sie die Wechselbeziehung zwischen militärischen Entwicklungen und sicherheitspolitischen Konzepten dar.
3. a) Welchen qualitativen Fortschritt bringt der INF-Vertrag?
   b) Untersuchen Sie den Stand der konventionellen Rüstung in Europa.

➤ Die „Entspannungspolitik" (1962 – 1989/91)

Die nukleare Abschreckungspolitik und der damit verbundene Rüstungswettlauf bestimmten das öffentliche Bewusstsein in den Staaten des westlichen Bündnisses. Der ideologische Ost-West-Konflikt wurde innenpolitisch aufgeladen und die Feindbilder gepflegt. Spätestens seit der Kuba-Krise traten Risiken und materielle wie immaterielle „Kosten" der Abschreckungspolitik ins Bewusstsein vieler Bürger und Politiker. Bereits die seit Anfang der 1960er-Jahre eher unter Spezialisten begonnenen Rüstungskontrollverhandlungen (M 17) brachten erste „Aufweichungen im Bewusstsein der Bürger".

M 18

„Es wird hier dauernd vom Frieden gesprochen – meine Herren, der Friede bin ich!"

Deutschlandpolitik

An den Frontlinien des Kalten Krieges, insbesondere in Deutschland, waren die Bedrohungsängste am stärksten und die ideologischen Verhärtungen belasteten jede zukunftsorientierte Diskussion.

Die Deutschen in der Bundesrepublik und in der DDR hatten erfahren, dass sich im Zuge des Kalten Krieges die Spaltung vertieft hatte. Die gewaltsame Niederschlagung des Aufstandes am 17. Juni 1953 hatte zur Festigung der Diktatur in der DDR geführt.

Seit dem Korea-Krieg waren die Beziehungen zwischen den Großmächten in ideologischer Konfrontation und Wettrüsten vereist. Für die verfassungsmäßig gebotene Politik der **„Wahrung der Einheit der Nation“** (GG, Präambel) schienen in dieser weltpolitischen Situation die Voraussetzungen zu fehlen.

13.8.1961: Bau der Mauer in Berlin.

1962: Konrad Adenauer (1949–1963) bietet dem sowjetischen Ministerpräsidenten Nikita Chruschtschow einen zehnjährigen Burgfrieden in der Deutschlandfrage an, in der der Status quo unverändert bleiben sollte.

März 1966: Ludwig Erhard (1963–1966) legt die sogenannte „Friedensnote“ vor, in der die Bundesregierung die Bereitschaft erklärt, dem östlichen Sicherheitsbedürfnis durch Vereinbarung über einen Gewaltverzicht entgegenzukommen.

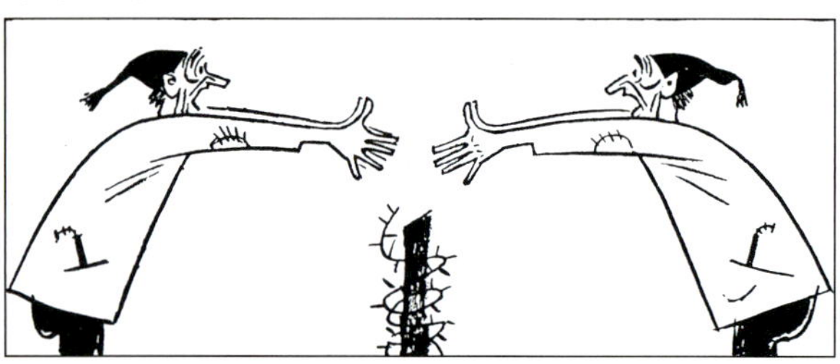

1945: „Bruder!“

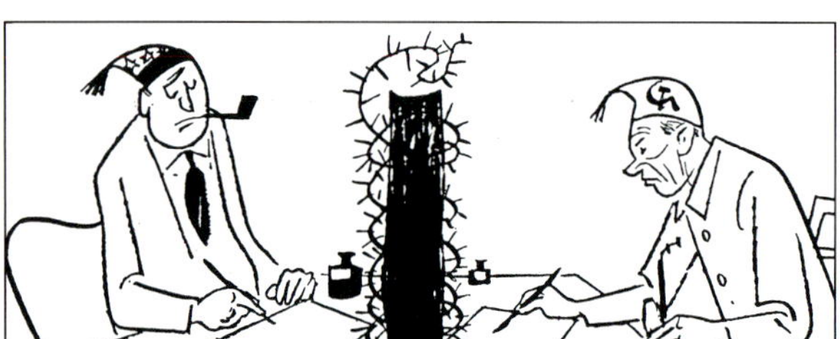

1955: „Mein lieber Vetter!“

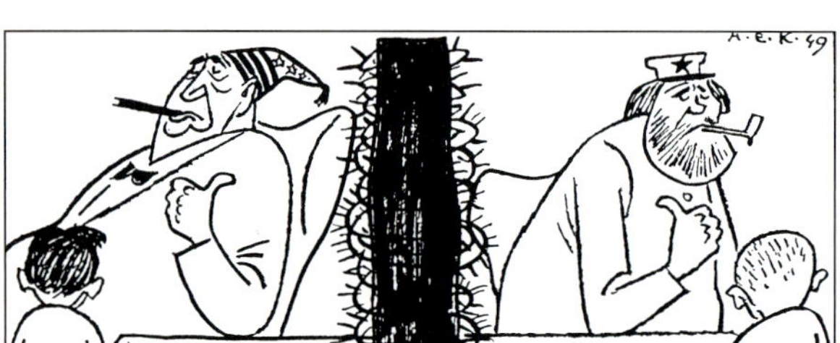

1965: „Ach ja – wir haben irgendso einen entfernten Verwandten im Ausland!“

Januar 1967: Kurt-Georg Kiesinger (1966–1969) intensiviert die Kontakte zu den osteuropäischen Staaten.

„Deutschlandpolitik in der Sackgasse“

Nicht nur für diejenigen, die nicht mit einer zeitlich absehbaren Änderung des sowjetischen Herrschaftssystems rechneten, hatte die Politik des Abwartens und des Festhaltens an Rechtsstandpunkten unter den veränderten weltpolitischen Bedingungen der 1960er-Jahre Nachteile:

- Es wurde zunehmend schwieriger, den Alleinvertretungsanspruch der Bundesrepublik Deutschland zu begründen und durchzusetzen.
  Die Hallstein-Doktrin zwang die Bundesrepublik, mit jedem Staat die diplomatischen Beziehungen abzubrechen, der die DDR politisch anerkannte. Mit den Ländern der Dritten Welt war es zu einer Art Handel gekommen: Nichtanerkennung der DDR gegen Wirtschaftshilfe der Bundesrepublik Deutschland. Der Beitritt zur UNO wurde von der BRD abgelehnt, weil man sonst auch die DDR aufgenommen hätte.
- Die politische Weltkonjunktur stand – ausgehend vom Status quo – auf Entspannungskurs (erste Erfolge in der Abrüstungsfrage: Atomteststopp-Abkommen, Respektierung der Einflusssphären in Berlin bzw. in Kuba). Das deutsche Beharren auf Rechtsstandpunkten wurde von den Verbündeten mehr und mehr als Störung empfunden. „Querelles allemandes“ wurden in der Diplomatie zum Synonym für eine immer weniger verständliche Politik, die Deutschland der Wiedervereinigung nicht näher brachte, ihren internationalen Handlungsspielraum aber spürbar einengte.
- Der Bau der Berliner Mauer am 13. August 1961 markierte einen wichtigen Einschnitt in der deutschen Nachkriegsgeschichte: Die Westmächte gaben zu verstehen, dass sie keinen Anlass sahen, an der entstandenen Situation etwas zu ändern, solange ihre Rechte und Interessen in West-Berlin unangetastet blieben.
- Auch innenpolitisch verlor die bisherige Deutschlandpolitik an Zustimmung. In Schulbüchern durften die Grenzen zur DDR und die neue Ostgrenze an Oder und Neiße immer noch nicht wie Staatsgrenzen gezeichnet werden. Selbst auf der abendlichen TV-Wetterkarte fehlten die Grenzen Deutschlands und aller Nachbarstaaten, um ja keiner versteckten Anerkennung der DDR oder der Westgrenze Polens verdächtigt zu werden. In den Schulen war es verboten, den östlichen Nachbarstaat DDR zu nennen. Nur „DDR“ galt als akzeptabel.
- Darüber hinaus griffen besonders im geteilten Deutschland die Folgen des Kalten Krieges sichtbar ins Alltagsleben ein. Militärmanöver auf allen Straßen und in der Luft, Schikanen an den Zufahrtswegen nach Berlin und wöchentliche Meldungen über Tote an Mauer und Stacheldraht ließen insbesondere die Deutschen aufhorchen, als der US-Präsident 1963 eine „Strategie des Friedens“ verkündete.

Voraussetzung für den Erfolg der weltpolitisch sich anbahnenden „Detente“ (Entspannung) war eine Regelung der Beziehungen zwischen den Staaten Mitteleuropas. Nicht nur die wechselseitige militärische Bedrohung der Militärblöcke, sondern auch die Weigerung der Bundesrepublik, die Gebietsabtretungen im Osten sowie die Existenz eines zweiten deutschen Staates anzuerkennen, erzeugten Ängste bei den östlichen Nachbarn und Spannungen zwischen den Nachbarstaaten.
Mit dem Wahlsieg der sozialliberalen Koalition 1969 wurde das Konzept des **„Wandels durch Annäherung“** Leitbild der Ost- und Deutschlandpolitik. Der Berliner Pressesprecher und spätere Unterhändler bei den Vertragsverhandlungen, Egon Bahr, hatte dieses Konzept bereits während einer Tagung der Evangelische Akademie Tutzing am 15.7.1963 erläutert (M 19).

M 19 | Egon Bahr: Wandel durch Annäherung

Die amerikanische Strategie des Friedens lässt sich durch die Formel definieren, dass die kommunistische Herrschaft nicht beseitigt, sondern verändert werden soll. [...] Die erste Folgerung, die sich aus einer Übertragung der Strategie des Friedens auf Deutschland ergibt, ist, dass die Politik des Alles oder Nichts ausscheidet. Entweder freie Wahlen oder gar nicht, entweder gesamtdeutsche Entscheidungsfreiheit oder ein hartes Nein, entweder Wahlen als erster Schritt oder Ablehnung – das alles ist nicht nur hoffnungslos antiquiert und unwirklich, sondern in einer Strategie des Friedens auch sinnlos. Heute ist klar, dass die Wiedervereinigung nicht ein einmaliger Akt ist, der durch einen historischen Beschluss an einem historischen Tag auf einer historischen Konferenz ins Werk gesetzt wird, sondern ein Prozess mit vielen Schritten und vielen Stationen. Wenn es richtig ist, was Kennedy sagte, dass man auch die Interessen der anderen Seite anerkennen und berücksichtigen müsse, so ist es sicher für die Sowjetunion unmöglich, sich die Zone (Abkürzung für Sowjetzone = DDR) zum Zwecke einer Verstärkung des westlichen Potenzials entreißen zu lassen. Die Zone muss mit Zustimmung der Sowjets transformiert werden. Wenn wir so weit wären, hätten wir einen großen Schritt zur Wiedervereinigung getan. [...]
Die Erfahrungen des Jahres 1953 haben dem Kreml gezeigt, wie gefährlich es in seinem Sinne ist, wenn in der deutschen Zone Erleichterungen für die Menschen gewährt werden. Denn gerade weil es sich um den Teil eines gespaltenen Volkes handelt, schlagen anders als etwa in Polen oder in der Sowjetunion soziale und wirtschaftliche Forderungen sofort um in politische und nationale. Das Gefälle zur Bundesrepublik ist da. Und es ist durch die 18-jährige kommunistische Herrschaft nicht zu beseitigen gewesen. Aus der Forderung nach geringeren Normen ist am 16. Juni 1953 auf dem Wege von der Stalinallee bis zum Hause der Ministerien die Forderung nach freien Wahlen geworden. Die Zügel glitten dem Ulbricht-Regime aus der Hand und konnten nur von den sowjetischen Panzern wieder aufgenommen werden. Das Ergebnis war eine Befestigung der Stellung Ulbrichts. [...]
Ich sehe nur den schmalen Weg der Erleichterung für die Menschen in so homöopathischen Dosen, dass sich daraus nicht die Gefahr eines revolutionären Umschwunges ergibt, die das sowjetische Eingreifen aus sowjetischem Interesse so zwangsläufig auslösen würde. Die Bundesregierung hat in ihrer letzten Regierungserklärung gesagt, sie sei bereit, über vieles mit sich reden zu lassen, wenn unsere Brüder in der Zone sich einrichten können, wie sie wollten. Überlegungen der Menschlichkeit spielen hier für uns eine größere Rolle als nationale Überlegungen. Als einen Diskussionsbeitrag in diesem Rahmen möchte ich meine Ausführungen verstanden wissen. Wir haben gesagt, dass die Mauer ein Zeichen der Schwäche ist. Man könnte auch sagen, sie war ein Zeichen der Angst und des Selbsterhaltungstriebes der kommunistischen Regimes. Die Frage ist, ob es nicht Möglichkeiten gibt, diese durchaus berechtigten Sorgen dem Regime graduell so weit zu nehmen, dass auch die Auflockerung der Grenzen und der Mauer praktikabel wird, weil das Risiko erträglich ist. Das ist eine Politik, die man auf eine Formel bringen könnte: Wandel durch Annäherung.
Ich bin fest davon überzeugt, dass wir Selbstbewusstsein genug haben können, um eine solche Politik ohne Illusion zu verfolgen, die sich außerdem nahtlos in das westliche Konzept der Strategie des Friedens einpasst, denn sonst müssten wir auf Wunder warten, und das ist keine Politik.

(H.v. Siegler [Hg.], Wiedervereinigung und Sicherheit Deutschlands, Bd. I: 1944–1963, Bonn, 6. erw. Aufl. 1976, S. 336f.)

Aufgaben

1. Texterschließung: gemäß der Methodenschulung auf S. 480ff.
2. Ordnen Sie dieses Konzept (M 19) in die Entspannungspolitik ein, die in den Jahren vor Konzipierung dieser Vorstellungen von den Großmächten betrieben wurde. Welche Aussagen entdecken Sie zu dem bereits bekannten Zielkonflikt „Deutsche Frage – Internationale Sicherheit“? Welche Auffassung vertritt Bahr über Ursachen bzw. über die Beseitigung internationaler Spannungen?
3. Versuchen Sie, unterschiedliche Akzente in einer veränderten Priorität politischer Werte zu entdecken (Selbstbestimmungsrecht, nationale Einheit). Bedenken Sie dabei, dass Priorität nicht das Aufgeben anderer Ziele bedeuten muss, sondern u. U. nur deren zeitliche Verschiebung.

Die neue Ost- und Deutschlandpolitik

Meilensteine der Entspannungspolitik in Europa wurden die Verträge der Bundesrepublik Deutschland mit ihren östlichen Nachbarstaaten (M 21).
Im ersten Schritt ging die sozialliberale Regierung faktisch von der Existenz zweier deutscher Staaten aus und bot der DDR Verhandlungen zur Verbesserung der Beziehungen an. Im März 1970 traf sich Brandt mit dem damaligen Ministerpräsidenten der DDR Stoph in Erfurt, im Mai in Kassel. Ein **Grundlagenvertrag** zwischen Bundesrepublik und DDR konnte jedoch erst nach einer „Denkpause" ausgehandelt werden, nachdem die Bundesrepublik den Moskauer und den Warschauer Vertrag ratifiziert hatte und die vier Mächte ein Berlin-Abkommen erreicht hatten. Weil die verschiedenen Vertragspartner ein unterschiedliches Interesse am Zustandekommen der Vereinbarungen hatten, traten die Verträge und Abkommen Zug um Zug in Kraft; zwischen der Ratifizierung der Ostverträge und dem In-Kraft-Setzen des Berlin-Abkommens wurde ein „Junktim" vereinbart.

M 20 |

	Innerdeutsche Vereinbarungen	Vereinbarungen der vier Siegermächte	Ostverträge der Bundesrepublik Deutschland
1969	DDR-Entwurf		
1970	Erfurt Kassel	Berlin Verhandlungen ab 26.3.1970	Moskauer Vertrag 12.8.1970 Warschauer Vertrag 1970
1971	„Denkpause"	Abschluss Berlin-Abkommen 3.9.1971	
	Innerdeutsches Transitabkommen 17.12.1971		
1972	Innerdeutsche Verhandlungen Grundlagenvertrag 21.12.1972	Berlin-Abkommen tritt in Kraft 3.6. 1972	Ratifizierung der Ostverträge 17.5.1972
1973			Vertrag mit der ČSSR 31.12.1973

M 21 | Die Ostverträge

Moskauer Vertrag 12.8.1970
Warschauer Vertrag 7.12.1970
Vertrag mit der ČSSR 31.12.1973

- Zum Zweck der Entspannung, der Normalisierung friedlicher Beziehungen gehen die Vertragspartner vom Status quo (der „wirklichen Lage") aus.
- Die Vertragspartner erklären Gewaltverzicht gemäß der UN-Charta.
- Die bestehenden Grenzen sind unverletzlich und werden respektiert; es werden keine gegenseitigen Gebietsansprüche erhoben.
- Der jeweilige Vertag „berührt nicht" früher abgeschlossene Verträge.
- Weitere Schritte zur Normalisierung werden in Aussicht gestellt.
- Absichtserklärungen zur Entwicklung des wirtschaftlichen, wissenschaftlichen und kulturellen Ausstauschs und zur Förderung des Planes der KSZE werden veröffentlicht.

Der Grundlagenvertrag vom 21.12.1972

- Zwischen der Bundesrepublik Deutschland und der DDR werden normale Beziehungen auf der Basis der Gleichberechtigung aufgenommen.
- Beide Seiten erklären, dass kein Staat den anderen international vertreten kann.
- Sie werden „Ständige Vertretungen“ austauschen.
- Folgeverträge werden zu folgenden Themen abgeschlossen: Grenzmarkierung, Handelsfragen, Familienzusammenführung, Reiseerleichterungen, UN-Mitgliedschaft, Rechte der vier Mächte, Ausdehnung von Abkommen auf Berlin, Arbeitsmöglichkeiten von Journalisten.

Die Ostpolitik der sozialliberalen Koalition und insbesondere der Grundlagenvertrag waren zu Beginn der 1970er-Jahre in der Bundesrepublik heftig umstritten.
Dreh- und Angelpunkt war das Wiedervereinigungsgebot im Schlusssatz der Präambel des Grundgesetzes:
„Das gesamte deutsche Volk bleibt aufgefordert, in freier Selbstbestimmung die Einheit und Freiheit Deutschlands zu vollenden.“
Deshalb formulierte die Bundesregierung zu allen Verträgen in einem „Brief zur deutschen Einheit“ ihren politischen Vorbehalt bezüglich des Selbstbestimmungsrechts des deutschen Volkes und seiner Einheit. In einer Entscheidung vom 31.7.1973 entschied das BVerfG, dass die Vertragspolitik ein möglicher Weg zur Wiedergewinnung der staatlichen Einheit gewesen sei.

M 22 | Im deutschen Graben

Aufgaben

1. Zeigen Sie am Beispiel der Entstehung der Ostverträge, wie ein Junktim Befürchtungen beider Seiten abbauen kann, ohne die Qualität der Vertragsinhalte zu beschädigen.
2. Übertragen Sie diese „gradualistische“ Vertragsstrategie auf einen aktuellen verhärteten Konflikt.
3. Prüfen Sie getrennt die Bedeutung der Ostverträge für (a) die internationale Entspannung und (b) das Ziel einer deutschen Wiedervereinigung.

➤ Der KSZE-Prozess

Alle europäischen Staaten sowie zusätzlich die USA und Kanada (als NATO-Partner) in einen gesamteuropäischen Dialog über Sicherheit und Zusammenarbeit in Europa einzubinden und vertrauensbildende Maßnahmen zu ermöglichen und zu vereinbaren, war jenseits der Rüstungskontrolle die zweite Ebene des Entspannungsprozesses. Auch hier waren unterschiedliche Ausgangspunkte zwischen West und Ost zu überwinden. Insbesondere die Anerkennung der deutschen Grenzen in den Ostverträgen (M 21) machte erst den Weg für ein gesamteuropäisches Vertragswerk frei.
Anfang 1973 kamen die Gespräche der „Konferenz über Sicherheit und Zusammenarbeit in Europa“ (KSZE) in Helsinki in Gang, 1975 wurde die **KSZE-Schlussakte** (M 23) von 35 Staaten unterschrieben. Sie war kein völkerrechtlicher Vertrag, sondern eine politische Absichtserklärung, jedoch mit hoher Bindungswirkung und mit Folgen für die Innenpolitik der osteuropäischen Staaten.

M 23

Die „drei Körbe" der Konferenz über Sicherheit und Zusammenarbeit in Europa

- Achtung der Souveränität
- Keine Androhung oder Anwendung von Gewalt
- Unverletzlichkeit der Grenzen
- Territoriale Integrität der Staaten
- Friedliche Regelung von Streitfällen
- Nichteinmischung in innere Angelegenheiten
- Achtung der Menschenrechte und Grundfreiheiten
- Gleichberechtigung und Selbstbestimmungsrecht der Völker
- Erfüllung völkerrechtlicher Verpflichtungen

Korb 1:
Fragen der Sicherheit in Europa

- Zusammenarbeit in den Bereichen der Wirtschaft, der Wissenschaft und der Technik sowie der Umwelt

Korb 2:
Zusammenarbeit in Wirtschaft, Wissenschaft, Technik und Umweltschutz

- Kontakte und Begegnungen für Familien
- Familienzusammen-führung
- Eheschließung zwischen Bürgern verschiedener Staaten
- Reisen aus persönlichen oder beruflichen Gründen
- Verbesserungen für den Tourismus
- Begegnungen der Jugend
- Sport
- Austausch von Informa-tion
- Bessere Arbeitsbedingungen für Journalisten
- Kulturelle Zusammen-arbeit
- Zusammenarbeit im Bereich Bildung

Korb 3:
Zusammenarbeit in humanitären und anderen Bereichen

KSZE – Wirkungen in Osteuropa

1977 entstand in Prag die Gruppe „Charta 77", eine Menschen- und Bürgerrechtsbewegung, die sich ausdrücklich auf die Schlussakte von Helsinki berief.

Auch in der Sowjetunion und den anderen Staaten des Warschauer Paktes beriefen sich Dissidenten (Sacharow, Solschenizyn) immer wieder auf die Schlussakte. Es kam aber auch mehrfach zur Ausweisung westlicher Journalisten, die mit Berufung auf die Prinzipien des Korbes 1 vorgenommen wurden.

Vier KSZE-Folgetreffen thematisierten jeweils öffentlich die Lage der Menschenrechte und stärkten damit die „Helsinki-Gruppen" in Osteuropa.

Im Rückblick steht fest, dass die KSZE-Schlussakte die Machtstrukturen innerhalb der Ostblockstaaten geschwächt und die Entstehung von handlungsfähigen Gegeneliten möglich gemacht hat (→ 2.3).

Aufgaben

1. Erörtern Sie, welche Inhalte der „Körbe" (M 23) jeweils im Interesse des Westens bzw. des Ostens liegen.
2. Untersuchen Sie die Wirkungen der Schlussakte – auch für die Deutsche Frage.
3. Versuchen Sie zusammenfassend zu beschreiben, wie sich die sicherheitspolitischen Säulen „Verteidigung" bzw. „Entspannung" (S. 457 ff.) in den zweieinhalb Jahrzehnten seit der Kuba-Krise entwickelt haben.

2.3 Die Überwindung des Ost-West-Konfliktes seit 1989

➤ Die Auflösung der Blockkonfrontation

Das Jahr 1989 markiert den Beginn epochaler Veränderungen in den Strukturen der Weltpolitik. Der jahrzehntelang die internationale Politik bestimmende Gegensatz zwischen der westlichen Welt unter Führung der USA und der östlichen Welt unter Führung der Sowjetunion ging zu Ende: Entschärft durch erste Abrüstungserfolge (1987) und die sowjetische Reformpolitik unter Gorbatschow, wurde dem Ost-West-Konflikt durch den Niedergang der kommunistischen Regime in Ost- und Mitteleuropa 1989/90 und den Zerfall der Sowjetunion 1991 die politische Grundlage entzogen. Durch die Überwindung der politischen Spaltung Europas und der Teilung Deutschlands wandelten sich die sicherheitspolitischen Rahmenbedingungen grundlegend, sodass alte Strukturen neu überdacht und vielfach gänzlich neu formuliert werden mussten.
Bei der Konferenz in Paris 1990 erklärten Warschauer Pakt und NATO feierlich in der „Charta für Europa" (M 24) das Ende des Kalten Krieges. Gleichzeitig wurde aus der Konferenz eine Organisation mit festen Institutionen zur Konfliktvorbeugung und -beilegung (OSZE). Mit ihren begrenzten Eingriffsrechten bei Normverletzungen durch Mitgliedstaaten hat sie sich im Balkankonflikt als neutraler Vermittler bereits Verdienste erworben.

8.12.1987: INF-Vertrag (Vertrag über Abbau der Mittelstreckenraketen).
5.6.1990: Londoner Erklärung der NATO (Gewaltverzicht).
2.8.1991: Der UN-Sicherheitsrat (Mitglieder u.a. USA und SU) verurteilt **einstimmig** die Invasion des Irak in Kuwait (Beginn der Golfkrise).
12.9.1990: Abschluss des „2+4-Vertrages" – Friedensvertrag für Deutschland (M 34).
3.10.1990: Herstellung der deutschen Einheit.
21.11.1990: Charta von Paris für ein neues Europa – KSZE-Staaten beschließen Wertegemeinschaft (M 24).
1.4.1991: Auflösung des Warschauer Paktes.
31.7.1991: USA und SU unterzeichnen START-Vertrag zur Verringerung atomarer Langstreckenraketen.
17.1.1991: Golfkrieg (alliierte Streitmacht unter Oberkommando der USA greift mit politischer und militärischer Duldung der SU den Irak an).
25.12.1991: Auflösung der Sowjetunion, Bildung der Gemeinschaft Unabhängiger Staaten (GUS).
20.12.1991: NATO-Kooperationsrat (sicherheitspolitische Zusammenarbeit und gemeinsame Konfliktverhinderung von NATO und Reformstaaten Mittel- und Osteuropas).
10.1.1994: NATO-Länder billigen „Partnerschaft für den Frieden" (sicherheitspolitische Zusammenarbeit mit osteuropäischen Staaten).
26.6.1994: Iraelisch-palästinensisches Autonomieabkommen unter Schirmherrschaft der USA und Russlands.
21.11.1995: Abkommen von Dayton (Friedensvertrag für Bosnien vereinbart).
14.12.1995: Bosnischer Friedensvertrag in Paris unterzeichnet (Friedenstruppe IFOR von NATO und Russland sichert den Frieden; Bundeswehr nimmt erstmals an einem Kampfeinsatz teil).
27.5.1997: Sicherheitsvertrag der NATO mit Russland, Bildung des NATO-Russland-Rates (M 27).
16.3.1999: Washingtoner Gipfel – Aufnahme von Polen, Ungarn und Tschechien in die NATO.
2002: Aufnahme Russlands in die weltweite Anti-Terror-Koalition der USA.

M 24 | Charta von Paris (Auszüge)

Wir, die Staats- und Regierungschefs der Teilnehmerstaaten der Konferenz über Sicherheit und Zusammenarbeit in Europa, sind in einer Zeit tiefgreifenden Wandels und historischer Erwartungen in Paris zusammengetreten.
Das Zeitalter der Konfrontation und der Teilung Europas ist zu Ende gegangen. Wir erklären, dass sich unsere Beziehungen künftig auf Achtung und Zusammenarbeit gründen werden. Europa befreit sich vom Erbe der Vergangenheit. Durch den Mut von Männern und Frauen, die Willensstärke der Völker und die Kraft der Ideen der Schlussakte von Helsinki bricht in Europa ein neues Zeitalter der Demokratie, des Friedens und der Einheit an.
Nun ist die Zeit gekommen, in der sich die jahrzehntelang gehegten Hoffnungen und Erwartungen unserer Völker erfüllen: unerschütterliches Bekenntnis zu einer auf Menschenrechten und Grundfreiheiten beruhenden Demokratie, Wohlstand durch wirtschaftliche Freiheit und soziale Gerechtigkeit und gleiche Sicherheit für alle unsere Länder. Die zehn Prinzipien der Schlussakte werden uns in diese im Zeichen hoher Aufgaben stehende Zukunft leiten. [...]

(Charta für ein neues Europa – Erklärung des Gipfeltreffens der „Helsinki"-Staaten in Paris am 21. November 1990)

M 25 | OSZE vor neuen Herausforderungen

[...] Mit der Verabschiedung der „Charta von Paris" im November 1990 hat die KSZE [...] neue Aufgaben übernommen. Dazu gehören die politische Krisenbewältigung und Konfliktprävention, die Förderung der Demokratisierung und der Schutz der Minderheitenrechte, [...] Erkundungs-

und Überwachungsmissionen sowie ein differenzierter Mechanismus zur Streitschlichtung und zum Krisenmanagement. [...] Ihr Versagen im Balkan-Konflikt zeigt jedoch, dass es bisher unter ihren Mitgliedern – trotz [...] der Fähigkeit, Entscheidungen auch gegen den Willen des betroffenen Staates treffen zu können – keinen Konsens darüber gibt, wann die Verletzung der OSZE-Prinzipien durch einen Staat die übrigen Mitglieder zu gemeinsamen Aktionen gegenüber dem Regelverletzer verpflichtet. Die OSZE wird weiter geschwächt durch die Konkurrenz mit dem Europarat bei der Gewährleistung der Menschenrechte, mit der EU und der NATO auf dem Gebiet des Konfliktmanagements sowie bei der An- und Einbindung der mittelosteuropäischen Staaten und Russlands in eine stabile europäische Sicherheitsordnung. Dies ist deshalb zu bedauern, weil die OSZE die einzige Institution ist, der alle europäischen Staaten, aber auch die USA, Kanada und Russland sowie die übrigen Mitglieder des ehemaligen Sowjetreiches angehören. Es ist jedoch gerade ihr Problem, dass die Mitgliedschaft nach der Auflösung der Sowjetunion auf 53 Staaten angewachsen ist, die häufig – man denke an Luxemburg, Island und Turkmenistan – wenig politisch und kulturell gemeinsam haben. Es fehlen zum einen ein Mindestmaß übereinstimmender Werte, auf das eine gemeinsame Politik gegründet werden könnte, und zum anderen verbindliche rechtliche Normen, auf die sich eine gemeinsame Aktion stützen könnte. Wenn es nicht zu einer Fortentwicklung der OSZE zur Werte- und Sicherheitsgemeinschaft kommt – [...] durch eine Schrumpfung ihrer Mitgliederzahl oder die Bildung einer europäischen Kerngruppe [...] –, dann wird sie zum Fossil des idealistischen politischen Aufbruchs nach dem Ende des Kalten Krieges. [...] Die in ihr angelegten ordnungspolitischen Aufgaben werden dann von ihren dynamischeren Schwestern EU, NATO und Europarat übernommen.

(Karl Kaiser/Hans-Peter Schwarz (Hg.), Weltpolitik im neuen Jahrhundert, Bundeszentrale für politische Bildung, Bonn 2000, S. 551f.)

M 26

© Erich Schmidt Verlag
711 212

M 27 | Grundakte über die Beziehung zwischen Russland und der NATO (Auszug)

Russland und die NATO betrachten sich nicht als Feinde. Sie teilen das Ziel, die Spuren früherer Konfrontation und Rivalität zu überwinden und das gegenseitige Vertrauen und die Zusammenarbeit zu stärken.

I. Prinzipien

Gemeinsame Verpflichtung auf die Grundsätze:

- gleiche Partnerschaft
- Anerkennung der vitalen Rolle, die Demokratie, politischer Pluralismus, Rechtsstaatlichkeit, Achtung der Menschenrechte und der bürgerlichen Freiheiten sowie die Entwicklung freier Marktwirtschaften für die Entwicklung einer gemeinsamen, wachsenden und umfassenden Sicherheit spielen
- Verzicht auf Gewalt
- Achtung der Souveränität, Unabhängigkeit und territorialen Integrität aller Staaten
- Konfliktverhütung und Beilegung von Streitigkeiten mit friedlichen Mitteln

II. Der Ständige Gemeinsame NATO-Russland-Rat

- Tagung zweimal jährlich auf der Ebene der Außen- und der Verteidigungsminister
- Ziel: Konsultation, Kooperation und gemeinsame Entscheidungen und Aktionen

III. Bereiche der Konsultation und Kooperation

- Sicherheit im euro-atlantischen Bereich
- Konfliktverhütung inklusive Krisenmanagement und Konfliktlösung
- gemeinsame Operationen einschließlich Friedensmissionen
- Rüstungskontrolle, atomare Sicherheit
- Verhinderung der Ausbreitung von ABC-Waffen
- Konversion der Rüstungsindustrie; Bekämpfung des Terrorismus und des Drogenhandels

IV. Politisch-militärische Angelegenheiten

- keine Absicht der NATO, Atomwaffen auf dem Gebiet der neuen Mitglieder zu stationieren
- Überarbeitung des KSE-Vertrags: bedeutende Verringerung der Rüstung

Anlässlich der Vertragsunterzeichnung am 27.5.1997 in Paris teilt der russische Präsident Boris Jelzin mit, dass „jetzt alle gegen die NATO-Staaten gerichteten russischen Atomwaffen entfernt werden".

Aufgaben

1. Informieren Sie sich über aktuelle OSZE-Einsätze. Diskutieren Sie ausgehend von M 26 die Zukunft der OSZE.
2. Beschreiben Sie die Beziehungen zwischen den Weltmächten USA und Sowjetunion/Russland in den einzelnen Phasen des Kalten Krieges.
3. Welche Veränderungen belegen das Ende des Ost-West-Konflikts?
4. Prüfen Sie, auf welchen Ebenen (M 10, S. 452) die neuen Formen der Zusammenarbeit stattfinden.

➤ Perestojka in der DDR – Revolutionäre Umgestaltung im Herbst 1989

November 1989: „Wir sind das Volk"

WIR SIND DAS VOLK. „Es ist wahr: Wir werden aus Objekten zu Subjekten des politischen Handelns. Wir können stolz sein." (Friedrich Schorlemmer, Mitbegründer des Demokratischen Aufbruchs, s. S. 397.)

Am 7. Oktober 1999 wollte die DDR-Führung mit großem Aufwand den 40. Jahrestag ihrer Staatsgründung feiern und bereitete diesen Tag mit erheblichem progagandistischen Aufwand vor.
Zugleich hielt sie am eigenen Machtmonopol fest, obwohl sich bei den osteuropäischen Nachbarn wahrhaft revolutionäre Veränderungen abzeichneten: Im Spätsommer 1989 diskutierte das Moskauer Parlament über die Einführung des Streikrechts, in Warschau wurde der katholische Repräsentant der Solidarnosc Ministerpräsident und in Budapest löste sich die kommunistische Partei selbst auf; die Ungarn debattierten über Neutralität sowie den Austritt aus dem Warschauer Pakt und proklamierten am Jahrestag des Volksaufstandes von 1956 eine Republik nach westeuropäischen Muster.
Möglich wurde all dies durch die Politik der **Perestrojka** (Umgestaltung) von Staats- und Parteichef Gorbatschow in der Sowjetunion, der auch die bis dahin geltende Breschnew-Doktrin von der begrenzten Souveränität der Mitgliedstaaten des Warschauer Paktes aufgab. SED-Chef Honecker hatte dieser Entwicklung nur noch einen Kinderreim entgegenzusetzen (M 28).

M 28

Sein fehlendes Verständnis für die Entwicklung formulierte Kurt Hager, SED-Politbüromitglied, noch im Juli 1989 wie folgt: „Der Sozialismus ist die erste Gesellschaftsformation in der Geschichte, die es dem Menschen gestattet, Mensch zu sein."
Wenige Tage nach Abschluss der 40-Jahr-Feiern in der DDR, bei denen Gorbatschow gemahnt hatte: „Wer zu spät kommt, den straft das Leben", wurde Erich Honecker – als Ausdruck der Ratlosigkeit der SED-Führung – von seinen Staats- und Parteiämtern abgelöst. Auch sein Nachfolger Egon Krenz (Partei- und Politbürochef vom 18.10. bis zum 3.12.1989) stand bald mit dem Rücken zur Wand, als er aufgefordert wurde, Demokratie zu realisieren (M 29).
Die demokratische Aufbruchstimmung wurde am 4.11.1989 von dem DDR-Schriftsteller Stefan Heym bei einer Massendemonstration auf dem Berliner Alexanderplatz in Worte gefasst:

> „Es ist, als habe einer die Fenster aufgestoßen, nach Jahren der geistigen, wirtschaftlichen und politischen Stagnation, nach Dumpfheit und Mief, Phrasengewäsch, bürokratischer Willkür und Blindheit."

M 29 | Parolen bei Demonstrationen in Ostberlin und Leipzig im Oktober/November 1989

Stell dir vor, es ist Sozialismus und keiner geht weg.

Eure Politik war und ist zum Davonlaufen.

**Wir sind das Volk.
Wir bleiben hier.**

Visafrei bis Hawaii.

Auf die Dauer ohne Mauer.

Lieber häufig übermüdet, als ständig überwacht.

Wer die Wahl fälscht, hat die Qual.

Macht die Volkskammer zum Krenz-Kontrollpunkt.

Rücktritt ist Fortschritt.

Privilegien für alle.

Es geht nicht mehr um Bananen, jetzt geht's um die Wurst.

Jetzt oder nie – Demokratie.

Demokratie in ihrem Lauf hält auch kein Ochs und Esel auf.

Oktoberrevolution 1989

M 30 | Chronik des Zerfalls

a) Die Ausreisewelle

8.8.1989: Die Ständige Vertretung der Bundesrepublik in Ostberlin wird wegen Überfüllung durch Flüchtlinge geschlossen.
Aug./Sept. 1989: DDR-Bürger erzwingen durch Besetzung der westdeutschen Botschaften in Budapest, Warschau und Prag ihre Ausreise in die Bundesrepublik.
Sept. 1989: Nach Abbau der Grenzsperren zwischen Ungarn und Österreich kommt es zu einer ersten Massenflucht von DDR-Bürgern.
Anfang Okt. 1989: Mehr als 10 000 DDR-Bürger, die in den Botschaften von Warschau und Prag Zuflucht gesucht hatten, dürfen in einer ersten Ausreisewelle über die DDR in die Bundesrepublik ausreisen, ab Mitte Oktober direkt aus der UdSSR in die Bundesrepublik.
9.11.1989: Nach Öffnung der Grenzen ist eine direkte Ausreise von Übersiedlern in die Bundesrepublik möglich.

b) Der innere Zerfall

Unter der Parole „Wir sind das Volk – Wir bleiben hier" wuchs parallel – und gleichsam als Alternative – zur Ausreisewelle aus der DDR der Massenprotest in der DDR. Im „Neuen Forum", im „Demokratischen Aufbruch" und in kirchlichen Gruppen wurden Forderungen nach einer umfassenden Reform des politischen und gesellschaftlichen Systems der DDR gestellt.
Die Partei- und Staatsführung, die noch bis zum 9.10.1989 mit Polizeigewalt gegen friedliche Demonstranten vorgegangen war, geriet unter Zugzwang.

Seit Sommer 1989 fanden die sog. Montagsdemonstrationen in Leipzig und verschiedenen Städten der DDR statt.
9.10.1989: Feiern anlässlich des 40. Jahrestages der Staatsgründung der DDR.
8./9.10.1989: Gewaltsames Vorgehen Ostberliner Polizeiorgane gegen Demonstranten; vor 70 000 Demonstranten fordern Bürgerrechtler (u.a. Kurt Masur) die DDR-Führung zum „offenen Dialog" auf.
18.10.1989: Rücktritt des bisherigen Partei- und Staatschefs Erich Honecker sowie weiterer führender SED-Funktionäre; Egon Krenz wird Nachfolger als Staats- und Parteichef.
7.11.1989: Rücktritt der Regierung der DDR.
8.11.1989: Rücktritt des alten und Neuwahl des Politbüros durch das Zentralkomitee der SED.
9.11.1989: **Öffnung der Mauer in Berlin**; Volksfeststimmung; faktisches Ende der Teilung.
22.11.1989: SED, Blockparteien, Kirchen und Oppositionsgruppen verständigen sich in Gesprächen am „Runden Tisch" und vereinbaren für den 6. Mai 1990 freie Wahlen.
1.12.1989: Die Volkskammer **streicht** nach einer Viertelstunde Debatte **den SED-Führungsanspruch aus Art. 1 der DDR-Verfassung**; damit verliert die DDR den Charakter des sozialistischen Staates.
3.12.1989: Rücktritt von Honecker-Nachfolger Egon Kreuz; Verlagerung des Machtzentrums von der Partei (Generalsekretär, Politbüro, ZK) auf staatliche Organe (Ministerpräsident, Regierung, Volkskammer).
8./15.12.1989: Die SED wählt Gregor Gysi zum neuen Parteichef und verzichtet in einem neuen Statut auf ihren traditionellen Führungsanspruch; Umbenennung in PDS (Partei des Demokratischen Sozialismus).

➤ Die Wiedervereinigung 1990: Einheit mit Geburtsfehlern?

Auf den Machtzerfall in der DDR, das Anschwellen der Zahl der Übersiedler aus der DDR in die BRD (Nov. 1989: 133 400) und erste Rufe nach Vereinigung der beiden deutschen Staaten reagierte die Regierung der Bundesrepublik am 28.11. mit einem „10-Punkte-Plan für das demokratische Deutschland", der vertragliche Bindungen der beiden Staaten, den Aufbau „konföderaler Strukturen" sowie als Fernziel die „staatliche Einheit" vorsah.
Versuche der Allparteien-Regierung Modrow, gemeinsam mit dem „Zentralen Runden Tisch" aus Bürgerrechtlern, gesellschaftlichen Gruppen und Parteien den Umbau der DDR in einen lebensfähigen demokratischen Staat voranzutreiben, wurden von der Regierung der Bundesrepublik wenig gestützt.
Durch die laufende Aufdeckung von neuen Machenschaften der SED (Stasi-Akten) sowie den anhaltenden wirtschaftlichen Niedergang, besonders infolge des Wegbrechens der Ostmärkte für Produkte der DDR, schwand die Chance einer Konsolidierung der DDR.
Die Parteien, die sich am 18. März zur ersten freien Volkskammerwahl präsentierten, unterschieden sich nur noch in der Geschwindigkeit, mit der sie die Wiedervereinigung realisieren wollten. Das überraschende Wahlergebnis (der Sieg der CDU mit 40,9 % und die vernichtende Niederlage der Bürgerrechtler mit 2,9 %) unterstützte die Tendenz zur Selbstaufgabe der DDR. Die Abwanderung in die BRD, insbesondere von Spezialisten in Dienstleistungsberufen, schwächte die DDR zusätzlich.
Die Masse der DDR-Bürger drängte beide Regierungen zum Abschluss einer Wirtschafts- und Währungsunion: „Kommt die DM, bleiben wir, kommt sie nicht, gehen wir zu ihr!" war ein symptomatischer Slogan bei Demonstrationen im Frühjahr 1990.
Die Regierungen der DDR und BRD schlossen einen Staatsvertrag zur Wirtschafts-, Währungs- und Sozialunion ab, der am 1.7. zum Anschluss der DDR an das Währungsgebiet der DM und zur Angleichung von Löhnen, Mieten, Renten und Schulden im Verhältnis 1:1 führte. Damit verlor das Wirtschaftsgebiet DDR den Rest an Konkurrenzfähigkeit und der Niedergang der DDR-Wirtschaft beschleunigte sich.
Der Wunsch der Bürgerrechtler, ihren Entwurf für eine neue Verfassung der DDR zur Grundlage für eine gleichberechtigte Vereinigung der beiden deutschen Staaten gemäß Art. 146 GG (Volksabstimmung über eine gemeinsame Verfassung) zu machen, wurde von der Volkskammer verworfen und in der Bundesrepublik nur von der Opposition unterstützt (M 13, S. 355 f.). Die Volkskammer-Mehrheit setzte am 23.8. den „Anschluss" der DDR an die Bundesrepublik gemäß Art 23 GG („Beitritt zum Geltungsbereich des Grundgesetzes") durch. Am 31.8. wurde der Einigungsvertrag zwischen den beiden Staaten unterzeichnet.
Nachdem die beiden deutschen Staaten am 21.6.1990 auf jegliche Gebietsansprüche an Polen verzichtet hatten, besiegelten die Regierungen der beiden deutschen Staaten und der vier Siegermächte des Zweiten Weltkrieges am 12.9. im „2 + 4-Vertrag" (M 34) die volle Souveränität des vereinigten Deutschlands und das Erlöschen der alliierten Verantwortung für Deutschland. Damit endete formell der Zweite Weltkrieg.
Am 3.10.1990 erfolgte die Vereinigung der beiden deutschen Staaten zur Bundesrepublik Deutschland.

M 31 | Stationen der Wiedervereinigung

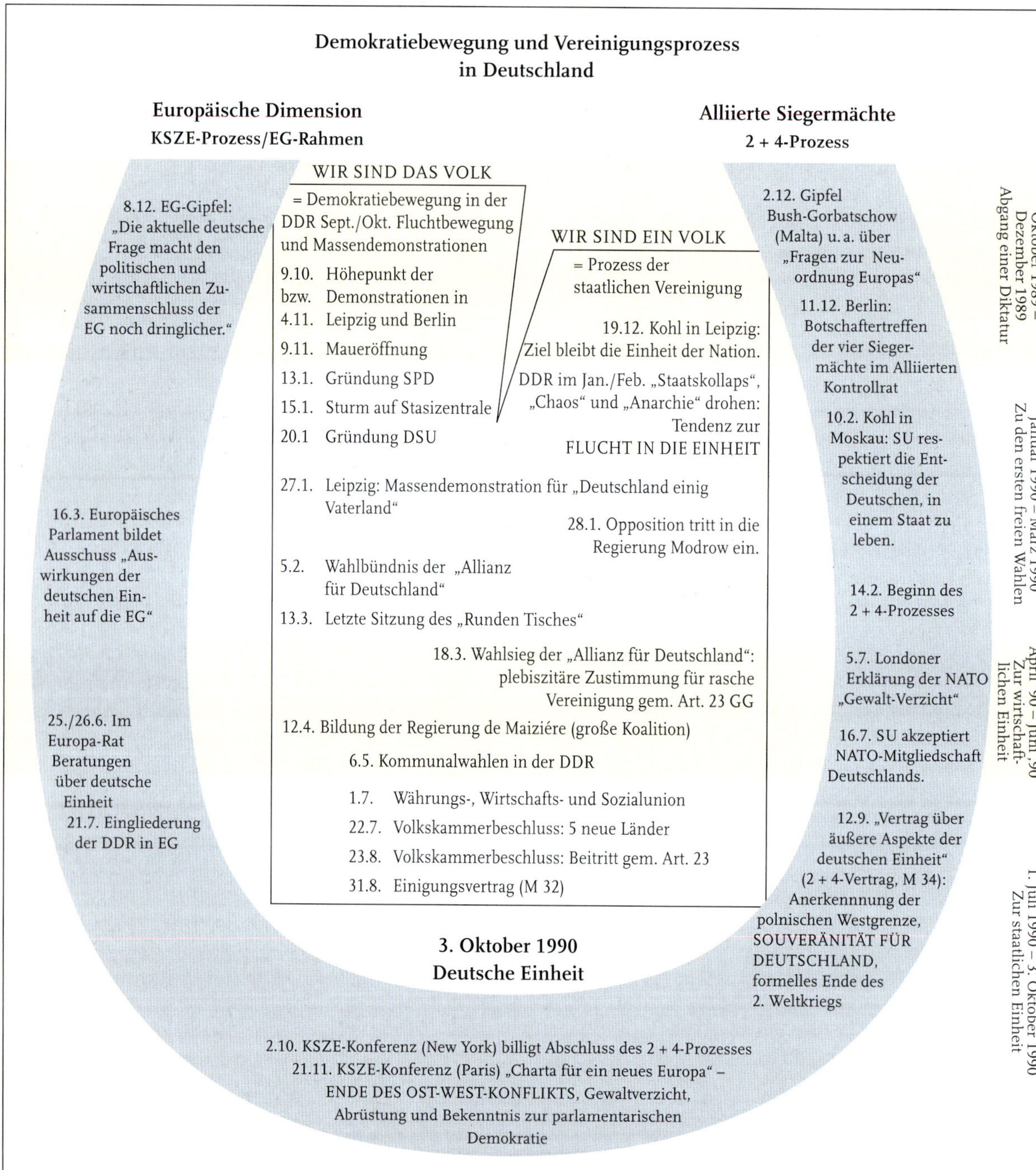

M 32 | Der Einigungsvertrag mit der DDR für den Beitritt zur Bundesrepublik Deutschland

Die Bundesrepublik Deutschland und die Deutsche Demokratische Republik – entschlossen, die Einheit Deutschlands in Frieden und Freiheit als gleichberechtigtes Glied der Völkergemeinschaft in freier Selbstbestimmung zu vollenden, ausgehend von dem Wunsch der Menschen in beiden Teilen Deutschlands, gemeinsam in Frieden und Freiheit in einem rechtsstaatlich geordneten, demokratischen und sozialen Bundesstaat zu leben, in dankbarem Respekt vor denen, die auf friedliche Weise der Freiheit zum Durchbruch verholfen haben, die an der Aufgabe der Herstellung der Einheit Deutschlands unbeirrt festgehalten haben und sie vollenden, im Bewusstsein der Kontinuität deutscher Geschichte und eingedenk der sich daraus ergebenden besonderen Verantwortung für eine demokratische Entwicklung in Deutschland, die der Achtung der Menschenrechte und dem Frieden verpflichtet bleibt, in dem Bestreben, durch die deutsche Einheit einen Beitrag zur Einigung Europas und zum Ausbau einer europäischen Friedensordnung zu leisten, in der Grenzen nicht mehr trennen und die allen europäischen Völkern ein vertrauensvolles Zusammenleben gewährleistet, in dem Bewusstsein, dass die Unverletzlichkeit der Grenzen und der territorialen Integrität und Souveränität aller Staaten in Europa in ihren Grenzen eine grundlegende Bedingung für den Frieden ist – sind übereingekommen, einen Vertrag über die Herstellung der Einheit Deutschlands mit den nachfolgenden Bestimmungen zu schließen:

Kapitel I – Wirkung des Beitritts

Artikel. 1 – Länder

(1) Mit dem Wirksamwerden des Beitritts der Deutschen Demokratischen Republik zur Bundesrepublik Deutschland gemäß Artikel 23 des Grundgesetzes am 3. Oktober 1990 werden die Länder Brandenburg, Mecklenburg-Vorpommern, Sachsen, Sachsen-Anhalt und Thüringen Länder der Bundesrepublik Deutschland [...] die 23 Bezirke von Berlin bilden das Land Berlin.

Artikel 2 – Hauptstadt

Hauptstadt Deutschlands ist Berlin. Die Frage des Sitzes von Parlament und Regierung wird nach der Herstellung der Einheit Deutschlands entschieden.

Kapitel II – Grundgesetz

Artikel 3 – In-Kraft-Treten des Grundgesetzes

Mit dem Wirksamwerden des Beitritts tritt das Grundgesetz für die Bundesrepublik Deutschland vom 23. Mai 1949 in der Fassung vom 21. Dezember 1983 (BGB1. I, S. 1481) in den Ländern Brandenburg, Mecklenburg-Vorpommern, Sachsen, Sachsen-Anhalt und Thüringen sowie in dem Teil des Landes Berlin, in dem es bisher nicht galt, mit den sich aus Artikel 4 ergebenden Änderungen in Kraft, soweit in diesem Vertrag nichts anderes bestimmt ist.

Artikel 4 – Beitrittsbedingte Änderungen des Grundgesetzes

Das Grundgesetz für die Bundesrepublik Deutschland wird wie folgt geändert:

1. Die Präambel wird wie folgt gefasst: „Im Bewusstsein seiner Verantwortung vor Gott und den Menschen, von dem Willen beseelt, als gleichberechtigtes Glied in einem vereinten Europa dem Frieden der Welt zu dienen, hat sich das Deutsche Volk kraft seiner verfassungsgebenden Gewalt dieses Grundgesetz gegeben.
Die Deutschen in den Ländern Baden-Württemberg, Bayern, Berlin, Brandenburg, Bremen, Hamburg, Hessen, Mecklenburg-Vorpommern, Niedersachsen, Nordrhein-Westfalen, Rheinland-Pfalz, Saarland, Sachsen, Sachsen-Anhalt, Schleswig-Holstein und Thüringen haben in freier Selbstbestimmung die Einheit und Freiheit Deutschlands vollendet. Damit gilt dieses Grundgesetz für das gesamte Deutsche Volk."

M 33

Der damalige Außenminister Genscher über den Beitrag der Siegermächte am Zustandekommen des 2+4-Vertrages:

„Genscher dankte den Vereinigten Staaten für die Unterstützung bei den Zwei-plus-vier-Gesprächen, Frankreich für das bis in die letzten Stunden erwiesene Verständnis, Großbritannien für die „Mitarbeit" und der Sowjetunion für den „wesentlichen Beitrag" zur Einigung."

(FAZ, 14.09.1990)

F. Mitterand, G. Bush, H.-D. Genscher, H. Kohl, M. Thatcher, M. Gorbatschow

M 34

 58 310

Aufgaben

1. Stellen Sie entscheidende Stationen für den Zusammenbruch der SED-Herrschaft in der DDR zusammen.
2. Begründen Sie, warum die Vision vieler Bürgerrechtler von einer selbstständigen demokratischen DDR im ersten Halbjahr 1990 an Wirksamkeit verlor.
3. Recherchieren Sie, inwieweit der 2+4-Vertrag als Friedensvertrag formell den Zweiten Weltkrieg beendete.
4. Erläutern Sie die Bewertung der Beiträge der Siegermächte am Zustandekommen des Vertrags durch den deutschen Außenminister.
5. Die Entscheidung, den Beitritt der DDR gemäß Art. 23 und nicht durch eine Volksabstimmung über eine gemeinsame Verfassung gemäß Art. 146 durchzuführen, wird von Kritikern als „Geburtsfehler der Wiedervereinigung“ gesehen.

3. Frieden als Ziel und Aufgabe internationaler Politik

Frieden ist ein zentrales Ziel von Politik. Darüber herrscht in der Wissenschaft und in der praktischen Politik Konsens und auch in den meisten Denktraditionen und Ideologien der Vergangenheit und Gegenwart hat der „Frieden" einen zentralen Stellenwert. Über das, was Frieden ist, gehen die Vorstellungen jedoch weit auseinander. Zuweilen sind die Positionen so unversöhnlich, dass sie selbst dazu beitragen, Kriege auszulösen. Wie können internationale Konflikte eingestuft werden und welche Konfliktursachen lassen sich benennen? Kontrovers geht es auch zu, wenn nach den Mitteln gefragt wird, mit denen Frieden gesichert oder wiederhergestellt werden darf und soll. Welche und wie viel Gewalt ist zulässig, wenn es um Frieden geht? Welche Akteure sind im internationalen Raum, wo es kein innerstaatlichen Verhältnissen entsprechendes Gewaltmonopol gibt, zuständig und legitimiert zu handeln?

In der bestehenden „Weltunordnung" (F. Mitterrand) mit ihren unzähligen, zum Teil von der Weltöffentlichkeit kaum wahrgenommenen Bürgerkriegen, mit Terrorismus und Weiterverbreitung von Massenvernichtungswaffen (Proliferation) sowie zwischenstaatlichen Konfliktpotenzialen mit unabsehbaren Risiken bleibt Frieden trotz seiner inhaltlichen Unbestimmtheit ein herausragendes politisches Ziel, weil das Bemühen um (mehr) Frieden für Menschen (und die Menschheit als Ganzes) existenzielle Bedeutung hat. Frieden wird hier also als Aufgabe, als immer neue Herausforderung für politisches Handeln verstanden.

Dieses Teilkapitel bietet drei verschieden Perspektiven zur Thematik:

- Bei der ersten **„theoretischen Perspektive"** geht es um die Schwierigkeit und Notwendigkeit einer Klärung des Begriffs „Frieden". Außerdem geht es um die seit Ende des Ost-West-Konfliktes immer wieder diskutierte Frage, ob militärische Interventionen ein legitimes und vernünftiges Mittel einer auf Frieden gerichteten Politik sein können.
- Bei der **„sicherheitspolitischen Perspektive"** geht es um das Bemühen der „operativen Politik", im Rahmen internationaler Institutionen etwas für den Frieden zu tun. Mit der UNO und der NATO werden zwei sehr unterschiedliche kollektive Bündnissysteme betrachtet, die weltweit, vor allem auch im europäischen Raum, eine wichtige Rolle spielen. Beide Institutionen erleben seit 1990 abhängig von politischen Konstellationen, Situationen und Ereignissen einen Bedeutungswandel mit offener Zukunft. An einigen Stationen sollen dieser Wandel nachgezeichnet und die Grenzen und Möglichkeiten kollektiver Sicherheitssysteme in der unipolaren Welt problematisiert werden. Ergänzend dazu können OSZE (S. 465 ff.) und GASP (S. 532 ff.) als weitere europäische Sicherheitsstrukturen herangezogen werden.
- Die **„außenpolitische Perspektive"** stellt den Lernprozess dar, den die deutsche Außenpolitik seit Ende des Kalten Krieges bei der Beteiligung an militärischen (Kampf-)Einsätzen „out of area" als Antwort auf die an Deutschland gestellten internationalen Erwartungen vollzogen hat. Es handelt sich dabei um eine aufgrund der historischen Vorbelastungen spezifisch deutsche Entwicklung, die zum gegenwärtigen Zeitpunkt als noch nicht abgeschlossen betrachtet werden muss. Auch die Bundeswehr steht angesichts neuer Aufgaben als Wehrpflichtigenarmee auf dem Prüfstand (s. Methodenschulung „Pro-Contra-Debatte", S. 508 ff.).

3.1 Friedensbegriffe in der Diskussion

M 1 | Was ist Frieden?

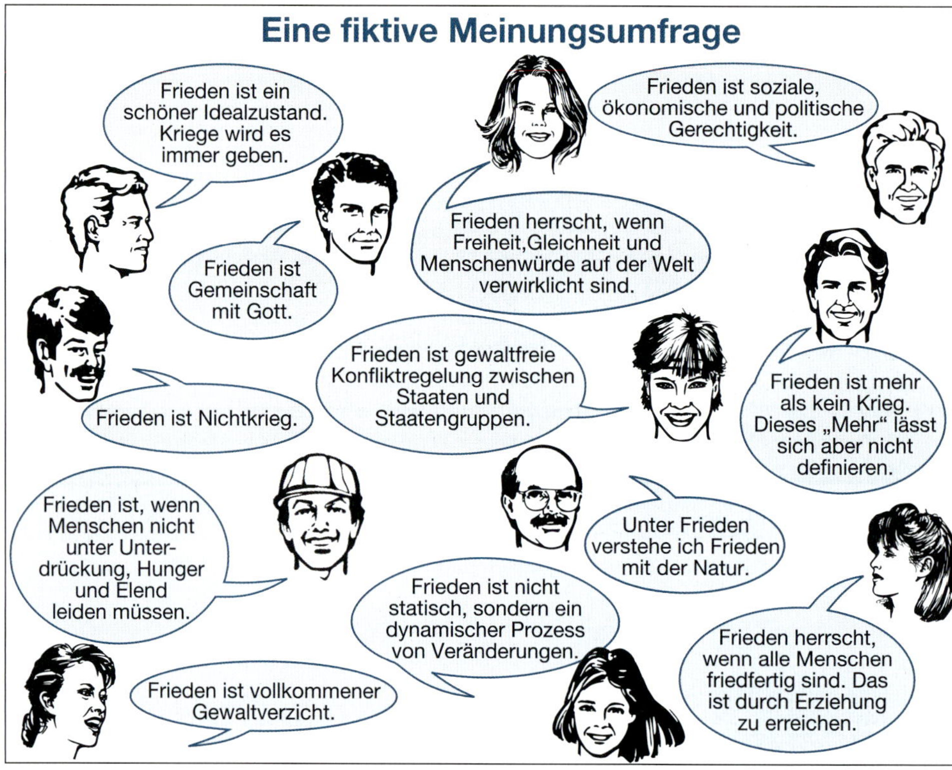

(ISB (Hrsg.), Handreichung für den Sozialkundeunterricht am Gymnasium, Donauwörth 1993, S. 131)

M 2 | Friedensbegriffe

Friede ist ...
a) Regelung des Streits
b) Unterdrückung des Streits
c) Erlösung vom Streit.
(→ VI/3., S. 403 f.)

M 3 | Formen der Gewalt

Gewalt liegt dann vor, wenn Menschen so beeinflusst werden, dass ihre aktuelle körperliche und geistige Verwirklichung geringer ist als ihre potenzielle Verwirklichung.

Diese Aussage mag mehr Probleme aufwerfen als lösen. Es wird jedoch deutlich werden, warum wir den eng gefassten Begriff von Gewalt ablehnen, demzufolge Gewalt eine bloße physische Beschädigung oder ein Angriff auf Leib und Leben ist. [...]

Gewalt wird [...] definiert als die Ursache für den Unterschied zwischen dem Potenziellen und dem Aktuellen, zwischen dem, was hätte sein können, und dem, was ist. Gewalt ist das, was den Abstand zwischen dem Potenziellen und dem Aktuellen vergrößert oder die Verringerung dieses Abstands erschwert. Wenn das Aktuelle nicht vermeidbar ist, liegt keine Gewalt vor. Eine Lebenserwartung von nur dreißig Jahren war in der Steinzeit kein Ausdruck von Gewalt, aber dieselbe Lebenserwartung heute (ob aufgrund von Kriegen, sozialer Ungerechtigkeit oder beidem) wäre nach unserer Definition als Gewalt zu bezeichnen.

Außer diesen Typen von **indirekter Gewalt** gibt es auch die **direkte Gewalt**, die die Möglichkeiten der Verwirklichung nicht nur unterdrückt, sondern diese sogar zerstört.

Eine weitere Unterscheidung ist die zwischen **physischer** und **psychischer** Gewalt. Mit physischer Gewalt fügt man Menschen physischen Schmerz zu; ihre extremste Form ist das Töten. Die Gewalt, die gegen die Psyche gerichtet ist, umfasst u.a. Manipulation, Gehirnwäsche, Indoktrination verschiedenster Art, Drohungen usw., also alle Techniken, die auf die Verminderung der geistigen Möglichkeiten abzielen.

Den Typ von Gewalt, bei dem es einen Akteur gibt, bezeichnen wir als **direkte** (personale) Gewalt, die Gewalt ohne einen direkten Akteur als **strukturelle** oder **indirekte Gewalt**. In beiden Fällen können Individuen im doppelten Sinne der Wörter getötet, geschlagen oder verletzt werden und durch den strategischen Einsatz von Zuckerbrot und

Peitsche manipuliert werden. Aber während diese Konsequenzen im ersten Fall auf konkrete Personen als Akteure zurückzuführen sind, ist das im zweiten Fall unmöglich geworden: Hier tritt niemand in Erscheinung, der einem anderen direkt Schaden zufügen könnte; die Gewalt ist in das System eingebaut und äußert sich in ungleichen Machtverhältnissen und folglich in ungleichen Lebenschancen.

(Rolf Lehmann (Hrsg.), Erziehung zum Frieden, Evangelischer Gemeindedienst für Württemberg, Stuttgart o. J., S. 80 f.)

M 4 |

Prozessmuster / Austrag	Feindschaft		Macht	Koexistenz	Kooperation / Harmonisation	Integration
Modus	direkt	Gewalt	indirekt	Kompromiss	Anpassung	Recht
Mittel	Krieg	militär. Drohung	Druck	Konferenz	Hilfe	Wahlen
	Blockade	Boykott	Ausbeutung Ökonomische Drohung	Verhandlung		Abstimmung
Instrument	Militär	Militär	wirtschaftl. Stärke	Diplomatie	Beschlüsse	Verfassung
		Wirtschaft			Mehrheitsbeschlüsse	

(E. O. Czempiel, in: Beilage Parlament Nr. 20/1974)

Das Heidelberger Institut für Internationale Konfliktforschung (HIIK) widmet sich der Erforschung, Auswertung und Dokumentation innerstaatlicher und internationaler politischer Konflikte. In seinem jährlich erstellten **Konfliktbarometer** kategorisiert das Institut Konflikte und gibt Hinweise auf ihre Entwicklung und (friedliche) Regelung. Dem Konfliktbarometer liegen Definitionen zugrunde, die für die Analyse und Bewertung internationaler Konflikte sowie angemessener Maßnahmen hilfreich sein können.

M 5 | Definitionen

Konflikt

Konflikte sind Interessengegensätze (Positionsdifferenzen) um nationale Werte von einiger Dauer und Reichweite zwischen mindestens zwei Parteien (organisierte Gruppen, Staaten, Staatengruppen, Staatenorganisationen), die entschlossen sind, sie zu ihren Gunsten zu entscheiden.

Konfliktgegenstände

Das Konfliktbarometer unterscheidet zwischen folgenden Konfliktgegenständen, wobei bis zu drei Konfliktgegenstände pro Konflikt angegeben werden können:

- Territorium, Grenze, Wasser
- Kolonialbesitz/nationale Unabhängigkeit
- ethnische, religiöse, regionale Autonomie
- Ideologie, System
- nationale Macht
- internationale Macht, geostrategische Lage
- Ressourcen
- Sonstige

Konfliktintensitäten

Gewaltgrad	Intensitäts-gruppierung	Intensitäts-level	Intensitäts-bezeichnung	Definition
nicht gewaltsam	niedrig	1	Latenter Konflikt	Eine Positionsdifferenz um definierbare Werte von rationaler Bedeutung ist dann ein latenter Konflikt, wenn darauf bezogene Forderungen von einer Partei artikuliert und von der anderen Seite wahrgenommen werden.
		2	Manifester Konflikt	Ein manifester Konflikt beinhaltet den Einsatz von Mitteln, welche im Vorfeld gewaltsamer Handlungen liegen. Dies umfasst beispielsweise verbalen Druck, die offensichtliche Androhung von Gewalt oder das Verhängen von ökonomischen Zwangsmaßnahmen.
gewaltsam	mittel	3	Krise	Eine Krise ist ein Spannungszustand, in dem mindestens eine der Parteien vereinzelte Gewalt anwendet.
	hoch	4	Ernste Krise	Als ernste Krise wird ein Konflikt bezeichnet, wenn wiederholt und organisiert Gewalt eingesetzt wird.
		5	Krieg	Kriege sind Formen gewaltsamen Konfliktaustrags, in denen mit einer gewissen Kontinuität organisiert und systematisch Gewalt eingesetzt wird. Die Konfliktparteien setzen, gemessen an der Situation, Mittel in großem Umfang ein. Das Ausmaß der Zerstörung ist nachhaltig.

(http://www.hiik.de/de/konfliktbarometer.htm)

M 6 | Konfliktbarometer

Laufende inner- und zwischenstaatliche Konflikte hoher Intensität 1945 bis 2005

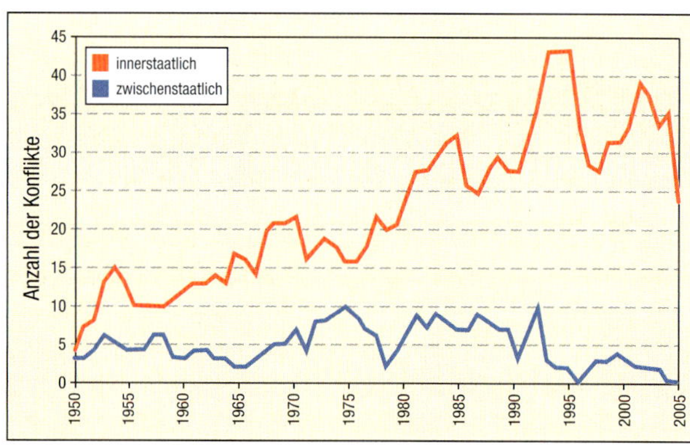

(Heidelberger Institut für Internationale Konfliktforschung, Konfliktbarometer 2005, S. 3; www.hiik.de/de/index_d.htm)

Aufgaben

1. Führen Sie in Ihrem Kurs eine Befragung zum Thema „Was ist Frieden?“ durch. Ordnen Sie die unterschiedlichen Friedensvorstellungen den Materialien 1–5 zu.
2. Experiment: Stellen Sie den Begriff Frieden in einem Standbild dar oder führen Sie ein szenisches Spiel zum Begriff Frieden auf.
3. Definieren Sie die Begriffe „negativer Frieden“, „positiver Frieden“ und „Frieden als Prozess“. Vergleichen und diskutieren Sie ihre Reichweite, praktische Verwendbarkeit und Wünschbarkeit.
4. Überlegen Sie, welcher Friedensbegriff in der öffentlichen Diskussion/in der Politik zugrunde liegt, wenn von „Friedenssicherung“ oder „Friedensverträgen“ die Rede ist.
5. Analysieren Sie internationale Konflikte mithilfe der Kategorien des HIIK (M 5). Erweitern Sie Ihre Analyse (auch zu anderen Konflikten) mithilfe einer Recherche im aktuellsten Konfliktbarometer unter http://www.hiik de/de/konfliktbarometer.htm.
6. Formulieren Sie ausgehend von M 6 Befunde zur gegenwärtigen internationalen Sicherheit. Vergleichen Sie Ihre Ergebnisse mit den Einschätzungen auf S. 417 ff.

➤ Internationale Politik zwischen Pazifismus und Bellizismus: Krieg als Fortsetzung der Politik mit anderen Mitteln?

Die Bilder von grausamen Kriegsszenen aus Europa, Afghanistan, dem Nahen Osten und der Golfregion oder von ersten Kampfeinsätzen der NATO außerhalb des Bündnisgebietes („out of area") auf dem Balkan in den 1990er-Jahren (s. S. 497 ff.) haben die Debatte über die Legitimität und Notwendigkeit militärischer Maßnahmen „als nichts anderes als eine Fortsetzung des politischen Verkehrs mit Einmischung anderer Mittel" (General v. Clausewitz, 1780–1831) neu entfacht. In der Bundesrepublik entbrannte damals innerhalb der Friedensbewegung und den ihr nahestehenden Persönlichkeiten eine leidenschaftliche Kontroverse um die Frage, ob man zum Schutz Unschuldiger auch mit Gewalt gegen Aggressoren vorzugehen verpflichtet sei (M 8). Gleichzeitig meldeten kritische Stimmen Einwände gegen einen voreiligen „Interventionismus" an. Zweifel an militärischen Interventionen zum Erreichen politischer Ziele wurden durch den Irak-Konflikt und das Eingreifen in Afghanistan zusätzlich genährt (M 9). Kann Politik auf die „eiserne Faust" verzichten? Wie kann sie auf innerstaatliche Konflikte Einfluss nehmen, um humanitäre Katastrophen abzuwenden oder eigene vitale Interessen in einer Region wahrzunehmen.

M 7 | Hägars Abenteuer

M 8 | Clausewitz in Cockpit

Pazifisten und „Bellizisten" (wie auch gewendete Friedensfreunde neuerdings heißen) verachten gleichermaßen Clausewitz. Dieser preußische Offizier, den alle zitieren und niemand liest, hat uns eine ebenso simple wie profunde Einsicht vererbt: Politik und Gewalt ergeben ein untrennbares Gewebe. Wer sich bloß auf die Glacéhandschuhe der Diplomatie verlässt, ohne dass dahinter eine gepanzerte Faust steckt, wird – muss – scheitern. Scheitern muss aber auch, wer nur mit Bomben wirft und keine politische Strategie mit langem Atem vorweisen kann.
Was das mit Ex-Jugoslawien zu tun hat? Auf westlicher Seite haben Politik und Gewalt drei Jahre lang wie verfeindete Verwandte gelebt. Die Folgen waren furchtbar: Hunderttausende von Toten und Vertriebenen; NATO und UN haben sich lächerlich gemacht; Bonn, Paris, London und Washington haben sich in wechselnden Kombinationen verhalten, als wären sie nicht Partner, sondern Gegner. Amerika hat durch Rhetorik geglänzt; die EU, die den Balkankrieg am Anfang arrogant für sich reklamiert hatte, musste sich als Papiertiger decouvrieren, mitsamt ihren Owens und Bildts.
Und warum? Weil sie alle ihren Clausewitz vergessen wollten. Weil sie wähnten – oder genauer: vorgaben –, allein mit guten Worten gegen stählerne Waffen vorgehen zu können. Wahrscheinlich haben sie sehr gut begriffen, dass Diplomatie nicht funktioniert, wenn auf der anderen Seite Menschen um Existenzielles kämpfen: um Land und Macht, um Glauben und Selbstbehauptung. Der Westen hat drei Jahre lang Sarajewo verraten, dazu Muslimen-Enklaven wie Zepa, Gorazde und Srebrenica. Aber auch sich selbst hat der Westen verraten: indem er hehre Ziele sofort fallen ließ, wenn es galt, die entsprechenden Mittel aufzubieten.
Seit einer Woche bombt die NATO; tagtäglich vermeldet das Bündnis mit einigem Stolz, wie oft und wie akkurat. Vergessen sind auf einmal all die Vorwände: Man könne die Serben-Artillerie nicht aufspüren, geschweige denn treffen. Wenn die NATO aus der Luft zuschlüge, gerieten ihre UN-Soldaten am Boden ins Kreuzfeuer und müssten schmählich abziehen. [...]
Ohne Zweifel: Es war richtig, dass der Westen endlich (viel zu spät) die beiden Seiten der clausewitzschen Medaille – Politik und Gewalt – zusammengefügt hat, statt darauf zu warten, dass Karadzic und Milosevic der friedensgefäl-

ligen Erleuchtung anheimfallen. Gewaltbereitschaft, zumal langfristige, hilft der Einsicht in solchen Fällen besser auf den Weg als das therapeutische Gespräch. Dennoch: Wer in den Krieg einsteigt, muss wissen, wie er wieder aussteigen kann. Das heißt, Bomben müssen nicht bloß Geschütze zertrümmern, sondern einen politischen Weg freischlagen. Am Ende dieses Weges muss eine Vision der Gerechtigkeit auftauchen – eine Lösung, mit der alle halbwegs leben können. Die Aufteilung Bosniens zwischen Serbien und Kroatien wird der Gerechtigkeit kaum dienen, die massenhafte ethnische Säuberung in umgekehrter Richtung auch nicht. Kurzum: Die alten Dilemmas bleiben bestehen. Und deshalb wünscht man sich kein zweites Somalia: den plötzlichen Einstieg als Vorspiel zum schändlichen Ausstieg.

(Josef Joffe, in: Süddeutsche Zeitung v. 06.09.1995, S. 4)

M 9 | Kluge Macht

Wer in der Außenpolitik heute Erfolg haben will, darf sich nicht an der von gestern orientieren. Unter den postindustriellen Bedingungen der „Zweiten Moderne" (Ulrich Beck) haben die noch in der Prämoderne entwickelten Anleitungen der Außenpolitik ihre Bedeutung verloren. Alles muss neu gedacht werden. Macht kommt nicht mehr aus den Kanonenrohren, sondern aus dem Computer. Wohlstand hat nichts mit der Größe des Territoriums und seiner Erweiterung zu tun, sondern mit Ausbildung und Innovationsfähigkeit. Die das internationale System einst kennzeichnende Ungewissheit hat einer Informationsfülle Platz gemacht, die die Unsicherheit verringert. Die Souveränität der Staaten in Europa ist nur noch eine rechtliche Fiktion; funktional sind sie von der Interdependenz so ineinandergeschoben worden, dass die Bedeutung territorialer Abgrenzungen verschwimmt. Die Regierungen haben in den gesellschaftlichen Akteuren eine derartige Konkurrenz bekommen, dass dem Begriff der Internationalen Politik eine neue Bedeutung gegeben werden muss.

Aus der Staatenwelt ist die Gesellschaftswelt geworden. In ihr dominieren die Bedürfnisse der Gesellschaften und ihre Anforderungen an die politischen Systeme. Deswegen ist die Welt von Bürgerkriegen gezeichnet, während der Krieg weitgehend verschwunden ist. Die Gesellschaften wenden Gewalt an, um sich einer Herrschaft zu entledigen, die sie nicht mehr akzeptieren. Sie lassen sich aber von ihrer Herrschaft für die Gewaltanwendung nach außen nur noch dann einnehmen, wenn es um die Verteidigung geht, an der sie interessiert sind. Zu kostspieligen Expeditionen zugunsten partikularer Macht oder Gewinninteressen sind sie nicht mehr zu motivieren.

Diese Gesellschaftswelt ist in Europa deutlich, in Euro-Atlantik sichtbar und in der anderen Welt schon erkennbar ausgeprägt. Die Grade differieren, aber der Prozess ist in Gang. Damit ist die Welt nicht besser, aber sie ist anders geworden. Auf dieser Basis kann kluge Politik sie durchaus besser machen.

Wo die Interdependenz herrscht, muss die Außenpolitik zu Strategien greifen, die in der Innenpolitik angewendet werden. Militärische Gewalt kann noch zerstören, aber sie hat in der Gesellschaftswelt ihre politische Gestaltungskraft verloren. Gesellschaftlichen Konsens kann man nicht erschießen. Die USA haben es in Vietnam, die Russen in Afghanistan erfahren. Die NATO hat es in Bosnien-Herzegowina und erneut im Kosovo gelernt. Jedenfalls hätten sie es lernen können, statt immer wieder unverdrossen denselben Fehler zu begehen. Die veränderten Bedingungen der Gesellschaftswelt verlangen neue Strategien der auswärtigen Politik. Sie müssen der Gewalt vorbeugen, statt ihr immer wieder mit Gegengewalt und immer zu spät entgegenzutreten. Kluge Macht beseitigt die Ursachen der Gewalt, die in den Strukturen und in den Prozessen stecken. Sie weiß, wie gefährlich die Interaktion ist und dass man überlegene strategische Kompetenz besitzen (also erst mal erwerben) muss, wenn man über die eigene Aktion die komplexe Interaktion steuern will. Dazu ist Führung erforderlich, aber intelligent muss sie sein. Macht will heute ganz anders wahrgenommen werden als noch vor fünfzig Jahren; wenn sie der Gewalt nur noch eine Reservefunktion für den Notfall der Verteidigung zuweist, ist sie keineswegs hilflos geworden. Im Gegenteil. Sie verfügt über die klassische Beziehungsmacht und zusätzlich über zwei neue Machtformen, die noch sehr viel wirksamer sind. Strukturelle Macht, verharmlosend oft „sanfte Macht" genannt, kann mit den Strukturen die Voraussetzungen beeinflussen, aus denen Außenpolitik überhaupt erst hervorgeht. Konsensmacht, Governance, multipliziert ihre Erfolgschancen, indem sie Kooperation koordiniert.

Auch Bürgerkriegen gegenüber ist kluge Macht keineswegs machtlos. Rechtzeitige politische Intervention kann möglicherweise ihre Entstehung verhindern, den Umschlag in die gewaltsame Austragung hinauszögern [...]. Zu diesen Erscheinungen gehören auch der Terrorismus, das organisierte Verbrechen, die Umweltverschmutzung. Dennoch bleibt es auch im 21. Jahrhundert die Hauptaufgabe der Außenpolitik zu verhindern, dass die „Geißel der Menschheit", der Krieg, wiederkehrt. Seine Chancen stehen schlecht, aber sie sind keinesfalls verschwunden. Gelingt es, sie endgültig zu beseitigen, können mehr als viertausend Jahre geschichtlicher Erfahrung der Menschheit zu den Akten gelegt werden. Kluge Macht kann diesen Prozess erfolgreich vorantreiben. Die veränderten Lebensbedingungen in der Gesellschaftswelt haben eine Kriegsursache, die Ungewissheit des internationalen Systems, sozusagen von selbst beseitigt. Sie lässt sich aber wieder heraufbeschwören, wenn Verteidigungspotenziale überdimensioniert und Verteidigungsallianzen ausgedehnt werden. Die zweite Gewaltursache, autoritäre Herrschaftssysteme, will aktiv bearbeitet werden. Um diese Systeme zu demokratisieren, muss man sich einmischen. Das ist im alten Verständnis von Souveränität und Völkerrecht verboten, im neuen geradezu geboten. Die Interdependenz stellt die Möglichkeiten dazu bereit. Abhängigkeiten lassen sich zur Einmischung ausnutzen, wechselseitige Abhängigkeiten noch mehr. Gesellschaftliche Akteure sind überall präsent und willkommen. Wer sie darüber aufklärt, dass die von ihnen aufgebauten Handlungszusammenhänge auch die Demokratisierung des Gastlandes fördern, verstärkt ihren Einfluss. Deren wirtschaftliches Komplement, die liberale Marktwirtschaft, wird durch die Interaktion wirtschaftlicher Akteure sozusagen von selbst erzeugt. Weil die gesellschaftliche Zustimmung zur Politik die entscheidende Größe geworden ist, wird sie zur entscheidenden Voraussetzung erfolgreicher Außenpolitik. Erzwingen lässt sich der Konsens nicht, erkaufen manchmal, erzeugen oftmals. Dazu muss man die Gesellschaften und ihre Regierungen an den Entscheidungen beteiligen. Die Verfahren des Multilateralismus bieten sich allgemein dafür an; wo hohe Grade der Interdependenz herrschen, lässt sich Governance einsetzen, die dem Regierungshandeln nachempfundende gemeinsame Kontrolle von Handlungsergebnissen. Multilateralisierung bietet ein Erfolgsrezept auch für die Bearbeitung internationaler Konflikte, sogar der Bürgerkriege [...].

Übersichtlichkeit, Kommunikation, Interdependenz, Marktwirtschaft und Demokratie kennzeichnen – zunächst zwischen den Industriestaaten, deren Zahl sich aber ausweitet – eine Welt, in der es noch Kontrahenten und Gegner gibt, aber keine Feinde. Es gibt Konflikte. Ihre Zahl wird sogar zunehmen, weil sich die Anlässe vermehren. Aber sie drücken nur noch Positionsdifferenzen aus, stellen die Existenz des anderen nicht infrage. Damit entfällt die Voraussetzung des Krieges, jedenfalls könnte sie entfallen [...].

(E.O. Czempiel, Kluge Macht, München 1999, S. 244 ff.)

Aufgaben

1. Analysieren und interpretieren Sie die Texte M 8 und M 9 mithilfe des hermeneutischen Verfahrens (s. Methodenschulung „Kritische Textanalyse“, S. 480 ff.).
2. Verdeutlichen sie die Position Czempiels zur Außenpolitik im 21. Jahrhundert. Welcher Friedensbegriff liegt seiner Argumentation zugrunde?
3. Führen Sie in Ihrem Kurs eine Pro-Contra-Debatte zum Thema „Krieg als Mittel der Politik?!“ durch. Nutzen Sie die Materialien 7–9 als Argumentationsgrundlage.

Kritische Textanalyse

Kritische Textanalyse, wie sie hier verstanden wird, gibt sich nicht mit oberflächlichem, „naivem" Textverstehen mittels formaler Instrumente (z. B. Markieren und Strukturieren oder das Umsetzen von Texten in Thesen; vgl. Methodenschulung S. 87 ff.) zufrieden. Sie nutzt vielmehr Einsichten der wissenschaftlichen Hermeneutik zur Erkenntniserweiterung und kritischen Reflexion des eigenen Textverständnisses.

Hermeneutik (von griechisch „hermeneuein": deuten, interpretieren) ist die Lehre vom interpretativen Verstehen. Sie geht von der Uneindeutigkeit und prinzipiellen Unabgeschlossenheit des Textverstehens aus, zumal sich in Texten immer mehr Sinnschichten zeigen, als auf den ersten Blick erkennbar sind. Man kann sich interpretatorisch einem Text nur nähern, ihn jedoch niemals „absolut" verstehen.

Zwei Einsichten der wissenschaftlichen Hermeneutik sollen in dieser Methodenschulung genutzt werden:

1. Die **hermeneutische Differenz** macht auf ein Grundproblem aller sprachlichen Kommunikation wie auch der reflektierten Interpretation aufmerksam: Was verstanden bzw. gedeutet werden soll, ist zunächst fremd, distanziert und muss erst im Verstehens- bzw. Deutungsprozess „angeeignet" werden. Zwischen dem Autor des Textes und dem Leser besteht also zunächst eine *sprachliche Differenz*. Im Gegensatz zu Alltagsgesprächen ist die Differenz bei Texten meist wesentlich größer.

Ein Beispiel:
Der alltägliche Ausspruch „Heute ist es aber schlechtes Wetter!" wird von jedem sofort verstanden, zumal er keine hohen sprachlichen Anforderungen oder Vorkenntnisse erfordert. Jeder weiß sofort, was gemeint ist. Dagegen verlangt die Aussage *„Die Philosophen haben die Welt nur verschieden interpretiert; es kommt darauf an, sie zu verändern"* (11. These von Marx' Kritik an Feuerbach) eine unter Umständen aufwendige Interpretation, ohne dass am Ende ein abschließendes „richtiges" Verständnis der Marxschen Kritik möglich ist.

Dieses Beispiel verweist auf eine weitere Schwierigkeit: die *historische Differenz*. Sie wirkt sich beim Lesen oft als Erstes aus und bringt erhebliche Schwierigkeiten für Textverständnis und Interpretation mit sich. Woran liegt das? Jeder einmal fixierte Text altert unaufhaltsam – die historische Differenz zwischen ihm und dem Interpreten wächst also stetig. Verständnisschwierigkeiten stellen sich in *sprachlicher* (z. B. veraltete Wörter und Ausdrucksformen, Bedeutungsveränderungen) und in *sachlicher* Hinsicht (z. B. erklärungsbedürftige Fakten, Namen, Zusammenhänge) ein.

Ein Beispiel:
Im Material 8 finden Sie den Satz *„Wer sich bloß auf die Glacéhandschuhe der Diplomatie verlässt, ohne dass dahinter eine gepanzerte Faust steckt, wird – muss – scheitern."* Der Journalist Josef Joffe verwendet dabei Begriffe und Ausdrucksformen, die der heutigen Schülergeneration nicht mehr unbedingt geläufig sind und die zunächst sprachlich geklärt werden müssen (z. B. „Glacéhandschuhe"). In sachlicher Hinsicht stehen dem unmittelbaren Schülerverständnis zahlreiche Ortsangaben und Namen (Owen, Bildt, Karadzic, Milosevic, Zepa, Goradze, Srebrenica) im Wege, die dem Lehrer als Zeitzeugen noch geläufig sein dürften. In jedem Fall ist eine sachliche Information zum Bosnien-Konflikt (1992–1994) zur Klärung notwendig.

2. Eine schon in der Antike formulierte hermeneutische Grundeinsicht besagt, dass das Ganze eines Textes aus dem Einzelnen und das Einzelne aus dem Ganzen verstanden werden muss. Dieses Prinzip wird als **hermeneutischer Zirkel** bezeichnet. Der hermeneutische

Zirkel wird von verschiedenen Theoretikern unterschiedlich beschrieben. Für den Philosophen und Soziologen der „Frankfurter Schule" Jürgen Habermas (s. S. 138) verläuft die Textinterpretation nicht einfach vom Ganzen zum Einzelnen und zurück zum Ganzen des Textes, sondern

- von einem vorläufigen, sprachlich-grammatischen Verständnis
- über die sachliche (historisch-empirische) Klärung „dunkler Stellen" schließlich zu einem
- komplexeren Textverstehen im Sinne einer *ideologiekritischen Interpretation*: Reflektiert wird sowohl die Zeitgebundenheit eines Textes als auch seine Aktualität. Das kritische Verstehen (historischer) Texte liefert demnach nicht nur Erkenntnisse über die Vergangenheit, sondern auch über die eigene Gegenwart. Diese dialektische Erfahrung ist gemeint, wenn Habermas von Erkenntniserweiterung durch *„kritische Selbstreflexion"* spricht.

Es geht also nicht darum, Texte ideologiekritisch zu enttarnen und zu diskreditieren, zumal sie häufig ideologisch nicht homogen und damit nicht eindeutig zu verorten sind. Ziel des hermeneutischen Verfahrens muss es sein, den eigenen Standpunkt kritisch zu reflektieren, um ihn nach gewonnen neuen Erkenntnissen und Einsichten gegebenenfalls zu verändern.

Ausgehend von diesen Überlegungen zur kritischen Textanalyse wird ein Vorgehen in vier Schritten empfohlen:

1. Sprachlich-grammatikalisches Verstehen
Bearbeiten Sie den Text zunächst mit den Ihnen bekannten methodischen Instrumenten (Markieren, Strukturieren, Visualisieren, Kernaussagen formulieren). Klären Sie die unbekannten Begriffe und Ausdruckformen (z. B. „Glacéhandschuhe" in M 8).

2. Sachliche Klärung
Recherchieren Sie den historischen Kontext (M 8: Bosnien-Konflikt, M 9: Kosovo-Konflikt 1999) und informieren Sie sich im Internet über den Autor (Biografie, Beruf, wissenschaftliche Ausbildung etc.).
Klären Sie den Zusammenhang des Erscheinens des Textes und beschaffen Sie sich Informationen über die Zielgruppe. Stellen Sie Vermutungen über die (politische) Absicht des Autors an.

3. Ideologiekritische Interpretation
Ordnen Sie den Text begründet einer oder mehreren theoretischen (ideologischen) Perspektive(n) zu (s. M 10: Theorien internationaler Beziehungen).
Erörtern Sie, inwiefern Aussagen des Autors für die damalige Zeit relevant waren und ob sie für die eigene Gegenwart relevant sind. Prüfen Sie ihre Aktualität durch einen Transfer auf aktuelle Konflikte bzw. Probleme.

4. Interpretatorischer Kommentar
Entwickeln Sie – ausgehend von den Erkenntnissen aus Schritt 3 – in Form eines Kommentars eine Gegenposition zum Ausgangstext. Wählen Sie dabei eine abweichende theoretische Perspektive.

M 10 | Theorien internationaler Beziehungen

Die verschiedenen klassischen und aktuellen Theorien internationaler Beziehungen haben eine gemeinsame Annahme: Im Gegensatz zu Nationalstaaten, die in ihren Grenzen ein staatliches Gewaltmonopol entwickeln und behaupten können, ist das internationale System derzeit durch die Abwesenheit eines entsprechenden internationalen Gewaltmonopols gekennzeichnet. In der Frage, wie unter diesen Voraussetzungen der Frieden gesichert werden kann und nationale Interessen durchgesetzt werden können, entfalten sie grundlegend verschiedene Perspektiven (Paradigmen). Insgesamt lassen sich aus einer Fülle von theoretischen Ansätzen drei Grundströmungen unterscheiden:

➜ Der **klassische Idealismus** setzt auf den im Kern guten Menschen, auf seine Vernunft und Lernfähigkeit. Langfristig kann es den Menschen gelingen, ihre Konflikte durch Ausgleich und Kompromisse kooperativ zu regeln und einen Zustand des „ewigen Friedens" (vgl. Immanuel Kant, S. 368) zu erreichen. Idealistische Prinzipien und Ordnungsvorstellungen, wie Menschenrechte mit universalem Anspruch und Demokratie, werden sich im Laufe der Aufklärung auch im internationalen Kontext durchsetzen.
Aus der Sicht des **Sozialkonstruktivismus**, der in der Tradition der idealistischen Schule steht, lässt sich die politische und soziale Realität nicht unmittelbar erschließen, sondern wird durch die Art und Weise konstruiert, wie Menschen miteinander handeln und welche gemeinsam geteilten Vorstellungen sie über die Welt entwickeln. Der Prozess der Herausbildung von gemeinsamen Interessen, Normen und Identitäten sowie deren Wandel ist das zentrale Thema der konstruktivistischen Forschung. Die anarchische Struktur des internationalen Systems ist demnach von seinen Akteuren prinzipiell gestaltbar. Zwischen Staaten, die über gemeinsame Wesensmerkmale (z. B. Grundrechte, parlamentarische Demokratie) verfügen, kommt es zur Herausbildung kollektiver Identitäten. Internationale Organisationen und Strukturen entstehen also durch die Übereinstimmung von Vorstellungen, Werten und Normen. Dabei wird die Bedeutung gesellschaftlicher Gruppen (Nichtregierungsorganisationen, Medien) betont, die für bestimmte Werte und Wahrnehmungen werben. Mithilfe internationaler Organisationen können Staaten nicht nur ihre Werte nach innen festigen, sondern auch nach außen wiederspiegeln.

➜ Aus Sicht des **klassischen Realismus** wird die Politik von objektiven Gesetzen beherrscht, welche in der Natur des Menschen, vor allem in seinem Streben nach Macht (vgl. Thomas Hobbes, S. 370 ff.), verankert sind. Demnach befindet sich das internationale System im Zustand der Anarchie, in dem jeder Akteur seine Interessen gegen die Interessen der anderen Akteure durchzusetzen versucht. Sein Strukturmerkmal ist lediglich die Machtverteilung zwischen den Staaten. Internationale Organisationen können weder das anarchische System überwinden noch die objektiven Gesetzmäßigkeiten des nach Macht strebenden Akteurs außer Kraft setzen. Sie werden lediglich von mächtigen Staaten genutzt, um ihre Machtpolitik möglichst effektiv durchsetzen zu können.
Der **Neorealismus** nimmt an, dass das Handeln von nationalen und internationalen Akteuren durch die anarchische Struktur des internationalen Systems bestimmt wird. Innerhalb dieser Struktur konkurrieren die Staaten um die Sicherung und Erweiterung ihrer Macht und die Durchsetzung ihrer Interessen. Internationalen Organisationen sind in diesem System enge politische Grenzen gesetzt. Sie werden auch nicht als symmetrische kooperative Strukturen begriffen, sondern dienen den Interessen der mächtigen Staaten. Aufgrund des gegenseitigen Misstrauens verfolgen nationale Akteure eher eine Selbsthilfestrategie: Aus dem Bedürfnis nach Sicherheit setzen sie auf eine Politik der (militärischen) Stärke, die wegen der gegenseitigen Bedrohung der Staaten leicht einen Rüstungswettlauf auslösen kann. Allein die Entwicklung hegemonialer Strukturen innerhalb von Bündnissystemen (z. B. amerikanische Dominanz in der NATO) oder weltweit (unipolare Welt) eröffnet dauerhaft einen Ausweg aus diesem Sicherheitsdilemma und damit Chancen für Kooperation.

➜ Dem **Institutionalismus** liegt ein ähnliches Menschenbild wie dem Realismus zugrunde. Er geht ebenfalls davon aus, dass im Staatensystem Misstrauen und Anarchie vorherrschend sind. Die Akteure handeln dabei rationalistisch und nutzenorientiert. Allerdings schätzen Institutionalisten die Chancen dauerhafter zwischenstaatlicher Kooperation unter den Bedingungen der Anarchie weitaus höher ein.
Vertreter des **Neoinstitutionalismus** gehen davon aus, dass internationale Kooperation angesichts der zunehmenden Komplexität und Interdependenz der Politik immer mehr an Bedeutung gewinnt. Ein unabhängiges Miteinander der Staaten ist in Zeiten der Glo-

balisierung kaum noch möglich, da sich zahlreiche Politikfelder überschneiden und nationalstaatliche Interessen ohne die Kooperation mit anderen Staaten nur noch schwer durchsetzbar sind. Aus Sicht des Neoinstitutionalismus kommen internationale Institutionen (auch Organisationen) dann zustande, wenn es zwischen den Staaten gemeinsame Interessen gibt und die beteiligten Staaten diese Interessen durch das Eingehen internationaler Kooperation erfolgreicher durchsetzen können als ohne Kooperation (Win-Win-Situationen). Anders formuliert erkennen die einzelnen rational-eigennützig handelnden Akteure, dass sie selbst den größten eigenen Nutzen erreichen, wenn sie bei der Durchsetzung ihrer Interessen mit anderen Staaten zusammenarbeiten. Auf der Basis gemeinsamer Institutionen können sich dann auch normative Identitäten und Strukturen entwickeln.

(Autorentext)

Anwendung und Vertiefung

1. Analysieren und interpretieren Sie weitere Texte im Buch mithilfe der vorgestellten hermeneutischen Methode.
2. Vergleichen Sie die theoretischen Perspektiven in M 10 mit den „Wurzeln der Politik" (→ VI/3.1, S. 403 f.). Inwiefern gibt es Gemeinsamkeiten und Unterschiede?
3. Wenden Sie die Theorien der internationalen Beziehungen auf Ihnen bekannte Konflikte an. Diskutieren Sie, inwiefern Sie zur Erklärung internationaler Zusammenhänge geeignet sind.

3.2 Institutionen und Verfahren: Wer sichert den Frieden?

- Wer sichert unseren Frieden? Ist es die NATO, das größte Militärbündnis der Erde, sind es die weltweiten Sicherheitsstrukturen der Vereinten Nationen oder wirken unbemerkt die vorbeugenden Instrumente und Einrichtungen der OSZE? Welche Rolle spielt die sich erst entwickelnde Gemeinsame Europäische Außen- und Sicherheitspolitik (GASP)?
  Bei allen Unterschieden im Einzelnen: Immer handelt es sich um internationale kollektive (Bündnis-)Systeme, die von ihrem Anspruch her dem Frieden und der Sicherheit verpflichtet sind. Aber sichern sie uns wirklich? Und sichern sie auch wirksam? Die militärische und ökonomische Dominanz der einzig verbleibenden Supermacht USA nach dem Zusammenbruch der Sowjetunion nach 1989 wirft die berechtigte Frage auf, inwiefern die für Europa bedeutsamen Sicherheitssysteme überhaupt noch Akteure oder ob sie nicht nur Instrumente politischer Interessen sind.
  Auf der anderen Seite zeigen mit besonderer Deutlichkeit die Terrorangriffe des 11. September 2001, dass neue Bedrohungspotenziale herkömmliche militärische Strukturen unterlaufen und umgehen können. Schließlich sorgen mächtige nichtstaatliche Akteure im Zuge der Globalisierung für weltweite ökonomische und informationstechnische Vernetzungen und Abhängigkeiten, die sicherheitspolitisch relevante Chancen und Risiken bergen.
- Wer sichert den Frieden der anderen? Zwar organisieren sich jenseits des transatlantischen NATO-Schutzes auch Staatengruppen in Asien, Südamerika oder Afrika in supranationalen Institutionen. Aber wer schreitet hier tatsächlich ein, wenn es um den Frieden geht? Wo handfeste ökonomische und sicherheitspolitische Interessen der mächtigen Staaten der Welt und ihrer *Globalplayer* keine militärische oder politische Intervention verlangen, wo Medien der (westlichen) Welt keine schockierenden Bilder liefern, wo Warlords jenseits innerstaatlicher Ordnung sich gegenseitig bekriegen, sind die Menschen häufig ohne jede Perspektive auf Frieden unvorstellbarer Gewalt ausgeliefert. In den vielen „vergessenen" Kriegen und Konflikten engagieren sich die mächtigen Staaten kaum.

Kollektive Sicherheit durch die Vereinten Nationen (UN)?

Das Konzept der kollektiven Sicherheit zielt darauf, den Frieden weltweit durch ein wirksames System, das alle potenziellen Konfliktparteien umfasst, zu sichern. Seine Mitglieder verpflichten sich zu gemeinsamer Gegenwehr gegen jeden vorstellbaren Aggressor. Sowohl der Völkerbund nach dem Ersten Weltkrieg als auch die Vereinten Nationen nach dem Zweiten Weltkrieg konnten diese Erwartungen nicht erfüllen.

Nach der Überwindung des Ost-West-Konfliktes schienen sich der UNO, die in ihrer Konstruktion und mit ihren Entscheidungsverfahren immer noch Machtverhältnisse von 1945 wiederspiegelt, neue Chancen zu bieten. Seit den jüngsten Kriegen im Nahen Osten und der Golfregion und zahlreichen innerstaatliche Konflikten mit humanitären Katastrophen wird ihre Zukunft aber skeptisch gesehen.

Grundinformation: Charta, Organisation und Institutionen der Vereinten Nationen

M 11 | Aus der Charta der Vereinten Nationen

Artikel 1 Die Vereinten Nationen setzen sich folgende Ziele:

1. den Weltfrieden und die internationale Sicherheit zu wahren und zu diesem Zweck wirksame Kollektivmaßnahmen zu treffen, um Bedrohungen des Friedens zu verhüten und zu beseitigen, Angriffshandlungen und andere Friedensbrüche zu unterdrücken und internationale Streitigkeiten oder Situationen, die zu einem Friedensbruch führen könnten, durch friedliche Mittel nach den Grundsätzen der Gerechtigkeit und des Völkerrechts zu bereinigen oder beizulegen;
2. freundschaftliche, auf der Achtung vor dem Grundsatz der Gleichberechtigung und Selbstbestimmung der Völker beruhende Beziehungen zwischen den Nationen zu entwickeln und andere geeignete Maßnahmen zur Festigung des Weltfriedens zu treffen;
3. eine internationale Zusammenarbeit herbeizuführen, um internationale Probleme wirtschaftlicher, sozialer, kul-

tureller und humanitärer Art zu lösen und die Achtung vor den Menschenrechten und Grundfreiheiten für alle Unterschiede der Rasse, des Geschlechts, der Sprache oder der Religion zu fordern und zu festigen;

4. ein Mittelpunkt zu sein, in dem die Bemühungen der Nationen zur Verwirklichung dieser gemeinsamen Ziele aufeinander abgestimmt werden.

Artikel 2 Die Organisation und ihre Mitglieder handeln im Verfolg der in Artikel 1 dargelegten Ziele nach folgenden Grundsätzen:

1. Die Organisation beruht auf dem Grundsatz der souveränen Gleichheit aller ihrer Mitglieder.

2. [...]

3. Alle Mitglieder legen ihre internationalen Streitigkeiten durch friedliche Mittel so bei, dass der Weltfriede, die internationale Sicherheit und die Gerechtigkeit nicht gefährdet werden.

4. Alle Mitglieder unterlassen in ihren internationalen Beziehungen jede gegen die territoriale Unversehrtheit oder die politische Unabhängigkeit eines Staates gerichtete oder sonst mit den Zielen der Vereinten Nationen unvereinbare Androhung oder Anwendung von Gewalt. [...]

Artikel 41 Der Sicherheitsrat kann beschließen, welche Maßnahmen – unter Ausschluss von Waffengewalt – zu ergreifen sind, um seinen Beschlüssen Wirksamkeit zu verleihen, er kann die Mitglieder der Vereinten Nationen auffordern, diese Maßnahmen durchzuführen. Sie können die vollständige oder teilweise Unterbrechung der Wirtschaftsbeziehungen, des Eisenbahn-, See- und Luftverkehrs, der Post-, Telegrafen- und Funkverbindungen sowie sonstiger Verkehrsmöglichkeiten und den Abbruch der diplomatischen Beziehungen einschließen.

Artikel 42 Ist der Sicherheitsrat der Auffassung, dass die in Artikel 41 vorgesehenen Maßnahmen unzulänglich sein würden oder sich als unzulänglich erwiesen haben, so kann er mit Luft-, See- oder Landstreitkräften die zur Wahrung oder Wiederherstellung des Weltfriedens und der internationalen Sicherheit erforderlichen Maßnahmen durchführen. Sie können Demonstrationen, Blockaden und sonstige Einsätze der Luft-, See- oder Landstreitkräfte von Mitgliedern der Vereinten Nationen einschließen.

Artikel 43 (1) Alle Mitglieder der Vereinten Nationen verpflichten sich, zur Wahrung des Weltfriedens und der internationalen Sicherheit dadurch beizutragen, dass sie nach Maßgabe eines oder mehrerer Sonderabkommen dem Sicherheitsrat auf sein Ersuchen Streitkräfte zur Verfügung stellen, Beistand leisten und Erleichterungen einschließlich des Durchmarschrechts gewähren, soweit dies zur Wahrung des Weltfriedens und der internationalen Sicherheit erforderlich ist.

Artikel 51 Diese Charta beeinträchtigt im Falle eines bewaffneten Angriffs gegen ein Mitglied der Vereinten Nationen keineswegs das naturgegebene Recht zur individuellen oder kollektiven Selbstverteidigung, bis der Sicherheitsrat die zur Wahrung des Weltfriedens und der internationalen Sicherheit erforderlichen Maßnahmen getroffen hat. Maßnahmen, die ein Mitglied in Ausübung dieses Selbstverteidigungsrechts trifft, sind dem Sicherheitsrat sofort anzuzeigen; sie berühren in keiner Weise dessen auf dieser Charta beruhende Befugnis und Pflicht, jederzeit die Maßnahmen zu treffen, die er zur Wahrung oder Wiederherstellung des Weltfriedens und der internationalen Sicherheit für erforderlich hält.

M 12

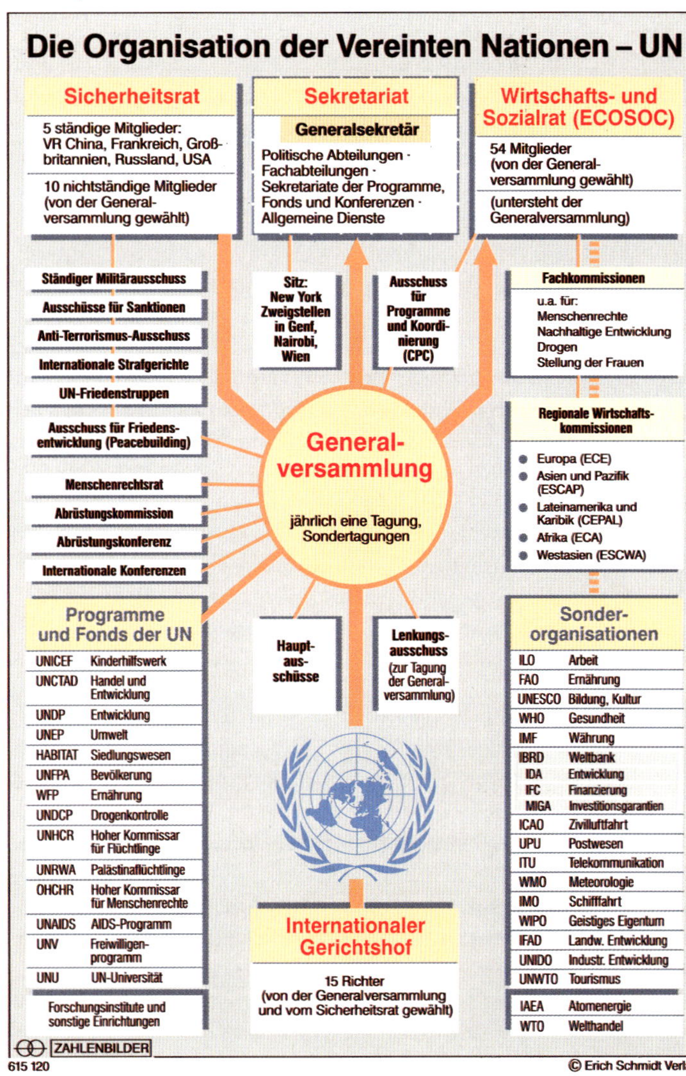

M 13

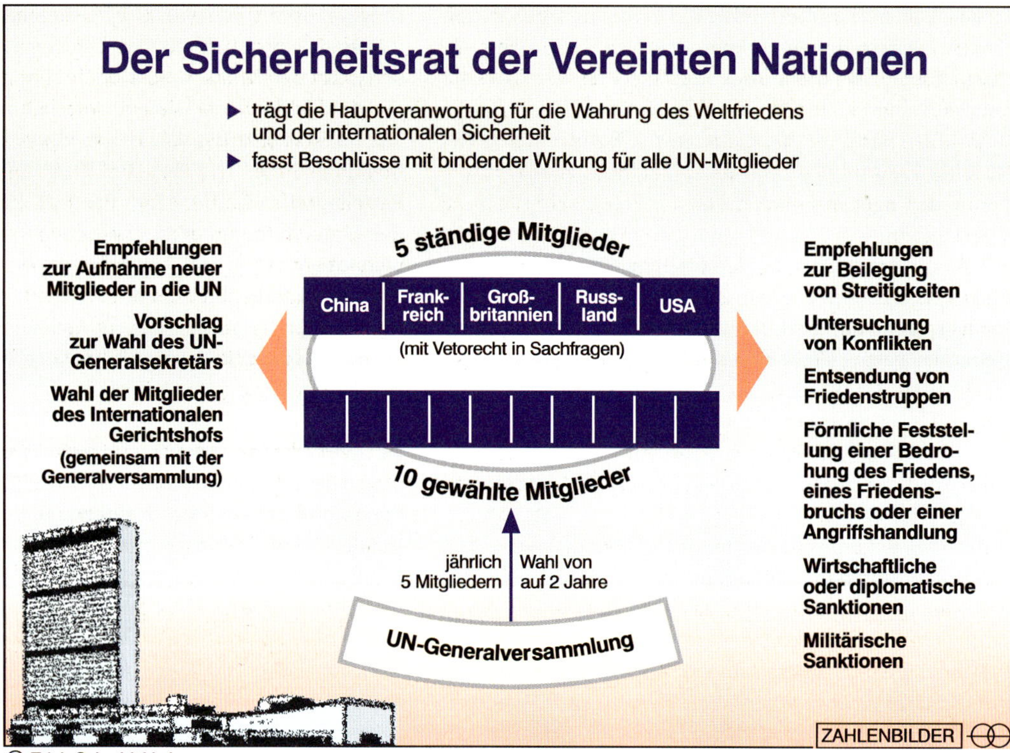

© Erich Schmidt Verlag 615 124

Sicherheitsrat – Vollversammlung – Generalsekretär

Bei dem Bemühen um internationale Konfliktregelung und Friedenssicherung liegen die entscheidenden Funktionen bei Vollversammlung, Sicherheitsrat und Sekretariat. In jüngster Zeit hat die Stärkung der Rolle des Wirtschafts- und Sozialrats in der politischen Diskussion eine wichtige Rolle gespielt. Auf diese bleiben die folgenden Darstellungen deshalb beschränkt.

Der **Sicherheitsrat** war nach dem Kriegsende 1945 als eine Art Weltpolizei in Gestalt der fünf Großmächte konzipiert, um mögliche Friedensbrecher abzuschrecken und tatsächliche zu bestrafen; seine Wirkung sollte institutionell gesichert werden, indem in ihm

- alle fünf Großmächte als ständige Mitglieder vertreten waren,
- alle Beschlüsse mit Zustimmung der ständigen Mitglieder gefasst werden mussten (Veto-Recht der Großmächte) und
- Sicherheitsfragen ausschließlich dem Sicherheitsrat vorbehalten blieben.

Mit dem Entstehen des Ost-West-Konflikts begannen die beiden Rivalen USA und UdSSR im Bemühen, das Eingreifen des Sicherheitsrats und damit auch des Gegners in die eigene Einflusssphäre zu verhindern, sich gegenseitig zu blockieren. So war mit dem Sicherheitsrat die UNO insgesamt gelähmt, wenn ein internationaler Konflikt wichtige Interessen einer der beiden Großmächte tangierte. Erst mit dem Ende der Ost-West-Konfrontation nach 1989 trat hier ein grundlegender Wandel ein. Die Entscheidungs- und Handlungsfähigkeit der UN im Golfkrieg 1990/91 wurde als sensationell empfunden; das System kollektiver Sicherheit schien erstmals zu funktionieren und einen internationalen Konflikt ohne Krieg beizulegen. Die UN und zugleich die Hoffnungen auf eine neue Weltordnung scheiterten im 1. Golfkrieg an der Irrationalität eines diktatorischen Regimes, im Bosnienkrieg am nationalen, religiösen und politischen Fanatismus ethnischer Gruppen und im Irak-Krieg an der Haltung Amerikas, das glaubte, auf eigene Faust unilateral handeln zu müssen (s. S. 489 ff.).

Die **Generalversammlung** besitzt fünf Funktionen:

- Streitschlichtende und friedenserhaltende Tätigkeit: Untersuchung von Konfliktfällen, Appelle an die Konfliktparteien, Vermittlungsversuche, Aufträge an den Generalsekretär.
- Überwachungsaufgaben: Weisungs- und Kontrollbefugnis gegenüber allen Organen der UN mit Ausnahme des Sicherheitsrats.
- Interessenartikulation: Einzelstaaten oder Staatengruppen können ihre Interessen zum Ausdruck bringen, Forderungen stellen, ggf. Resolutionen durchsetzen.
- Legislative Tätigkeit:
  1. Entschließungen mit qualifizierter Mehrheit besitzen

zwar keine Rechtsverbindlichkeit; dennoch kommt ihnen eine gewisse legitimierende Wirkung zu, indem sie sich auf die „Weltmeinung" auswirken. Deshalb bemühen sich alle Staaten, ihre Außenpolitik zumindest dem Anschein nach mit den Zielen und Prinzipien der UN in Einklang zu bringen, auf jeden Fall aber eine Verurteilung der eigenen Politik durch die Vollversammlung zu verhindern.

2. Abstimmung über die Reform der UN-Charta („Verfassungsfunktion"): In einem ersten Schritt muss die Generalversammlung, in der alle 191 Mitgliedstaaten je eine Stimme haben, die Reform mit Zweidrittelmehrheit beschließen. Damit wird die Charta der Vereinten Nationen, die ein völkerrechtlicher Vertrag ist, geändert. Änderungen völkerrechtlicher Verträge müssen aber in einem zweiten Schritt durch die Parlamente der Mitgliedstaaten (mindestens zwei Drittel ihrer Mitglieder) bestätigt werden. Im ersten Schritt gibt es kein Veto, im zweiten Schritt könnten die Parlamente der fünf ständigen Mitglieder des Sicherheitsrats das Inkrafttreten der Änderung der Charta durch Nichtratifizierung verhindern.

- Wahlfunktion der Vollversammlung: Vgl. Schaubild M 12.

Der **Generalsekretär** der UN besitzt zwar ein Initiativrecht gegenüber dem Sicherheitsrat in Fragen der Friedenssicherung, faktisch sind seine Möglichkeiten, in konkreten Konfliktfällen wirksam zu werden, eng begrenzt. Sein Aktivwerden setzt den Wunsch oder doch zumindest die Duldung der Konfliktgegner sowie die Unterstützung durch den Sicherheitsrat bzw. die Vollversammlung voraus. Eindeutige Stellungnahmen zu politischen Streitfragen und damit das Parteiergreifen für die eine oder andere Seite würden ihm die Unterstützung durch Vollversammlung und Sicherheitsrat entziehen und ihm damit die Möglichkeit nehmen, beratend und vermittelnd auf die Konfliktgegner einzuwirken. Der Erfolg seiner „Makler-Rolle" ist damit auch von seiner Persönlichkeit, seinem Ansehen und Verhandlungsgeschick abhängig.

Der **Wirtschafts- und Sozialrat (ECOSOC)** ist das zentrale Organ der UN zur Abstimmung der vielfältigen Programme, Fonds und Sonderorganisationen zu Gesellschafts-, Wirtschafts-, Entwicklungs-, Gesundheits- und Menschenrechtsfragen. Trotz dieser Koordinierungsfunktion ist der Gestaltungsspielraum und Einflussbereich des ECOSOC sehr stark eingeschränkt, da die Sonderorganisationen über ein großes Maß an Unabhängigkeit und Selbstständigkeit verfügen. Der ECOSOC überwacht lediglich deren Kooperation und kann empfehlende Resolutionen zu Sozial- und Wirtschaftsfragen verabschieden.

➤ Möglichkeiten und Grenzen der UN als Entwicklungshelfer

Hunger und materielle Not, Unterdrückung und Ausbeutung, soziale und rechtliche Benachteiligung sind Quellen von Konflikten auch zwischen den Staaten. Auf die Entwicklungspolitik der Vereinten Nationen kann hier nicht näher eingegangen werden. Verwiesen sei an dieser Stelle nur auf die zahlreichen Sonder- und Unterorganisationen. Hier haben die Vereinten Nationen während ihres über 60-jährigen Bestehens beachtliche Erfolge zu verzeichnen und z. B. in den Bereichen Zölle und Handel, Währungen und Finanzen, Post- und Fernmeldewesen ein hohes Maß an weltweiter Annäherung, Kooperation und Integration bewirkt. Auch die rechtlichen, sozialen und kulturellen Hilfsprogramme der UN finden weltweit Anerkennung. Legt man bei der Beurteilung dieser Aktivitäten den positiven Friedensbegriff zugrunde, so müssen die hier nur angedeuteten Programme und Maßnahmen der UN als wichtiger Beitrag zum Weltfrieden angesehen werden, insofern sie mit dazu beitragen, rechtliche, materielle, kulturelle und soziale Benachteiligung und Unterdrückung abzubauen. Dieses muss anerkannt werden trotz zunehmender Kritik an der mangelnden Effizienz einiger Sonderorganisationen.

Mit dem Beschluss der Millenniums-Entwicklungsziele (MDGs) bis zum Jahr 2015, die unter anderem die Halbierung der in Armut lebenden Teile der Weltbevölkerung anstreben, haben sich die UN ein ehrgeiziges Ziel gesetzt (→ IX/3., M 4, S. 568). Das Forum zur Umsetzung der MDGs ist der ECOSOC, der allerdings in seiner bestehenden Form von vielen Seiten als nicht ausreichend handlungsfähig betrachtet wird. Die relative Machtlosigkeit des ECOSOC und seine Abhängigkeit von der Generalversammlung gibt schon seit Jahrzehnten Anlass zur Diskussion einer Reform dieses Hauptorgans. Auf dem Weg zur „Revitalisierung" hat der ECOSOC bereits in den 1970er- bis 90er-Jahren verschiedene Veränderungen seiner Kompetenzen erfahren: Die zwei Erweiterungen der Mitgliederanzahl des Rates, die Öffnung in Richtung der Nichtregierungsorganisationen (NGOs) sowie das jährliche Treffen mit der WTO und den „Bretton-Woods-Institutionen" (Weltbank und Internationaler Währungsfond) sind dabei nur einige Beispiele. Zudem engagiert sich der ECOSOC seit 2002 im Bereich der *„post conflict"*-Beratung, da er über die Kontakte zu den wichtigsten Akteuren des gesellschaftlichen und wirtschaftlichen Wiederaufbaus bei den UN verfügt. Trotz all dieser Initiativen ist dabei die institutionelle Schwäche des ECOSOC nicht entscheidend behoben worden.

➤ Die UN als Weltpolizei?

M 14

M 15

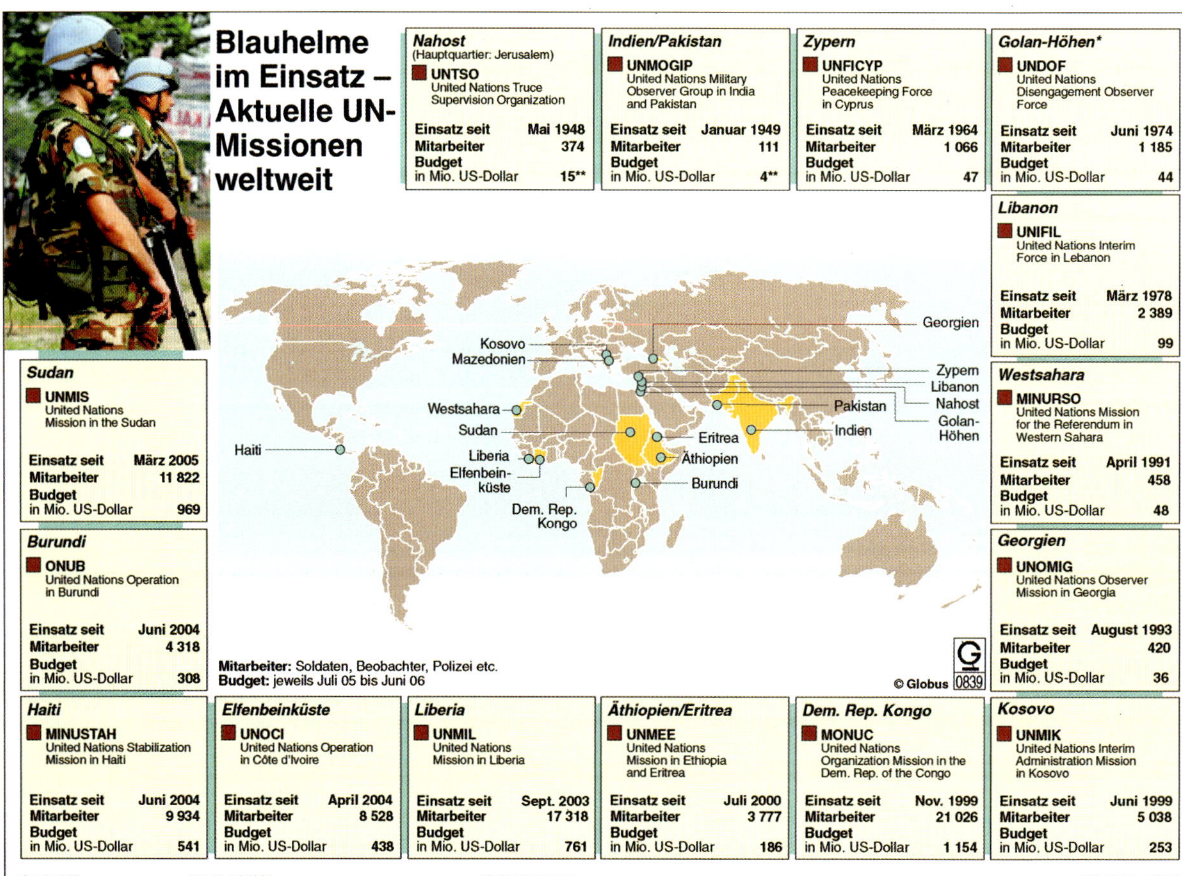

M 16 | Einsätze der UNO

1990/91 Golfkrieg – „klassischer Fall"

Der Irak überfällt und besetzt im Sommer 1990 das benachbarte Kuwait. Der Sicherheitsrat erteilt – erstmals seit 1950 im Koreakrieg – das Mandat zur kollektiven Anwendung von militärischer Gewalt, weil USA und Russland keinen Gebrauch von ihrem Vetorecht machen. Die zusammengeschmiedete Golfallianz greift unter der militärischen Führung der USA in den Krieg ein und entscheidet ihn, ohne Saddam Hussein zu beseitigen, da er als Stabilitätsfaktor gegen den islamischen Fundamentalismus und ethnische Konflikte angesehen wird. Gleichwohl werden Flugverbotszonen eingerichtet zum Schutz der Kurden im Norden, der Schiiten im Süden und es werden Inspektoren zur Entwaffnung des Iraks entsandt. Das Wirtschaftsembargo wird durch das UN-Programm „Öl gegen Nahrungsmittel" modifiziert. Die finanziellen Lasten des Krieges werden auf viele Schultern verteilt.

1992 Somalia – „Präzedenzfall"?

In Somalia herrscht ein Bürgerkrieg, in dem sich rivalisierende Familienclans harte Kämpfe liefern. Die Bevölkerung leidet unter Hunger, Not und Verelendung. Der Sicherheitsrat beschließt ohne Zustimmung des betroffenen Landes humanitäre Hilfe für die Not leidende Bevölkerung. Zur Sicherung der humanitären Hilfe bieten die USA militärische Hilfe an. Die UN beschließen eine entsprechende Operation, an der sich neben den USA noch eine ganze Reihe weiterer Staaten (seit 1993 auch Deutschland) beteiligen. Bei diesen Aktionen wird die Grenze zwischen den *Peacekeeping-* und den *Peacemaking*-Maßnahmen verwischt. Die Mission ist gescheitert, als amerikanische Soldaten in den Bürgerkrieg als Kriegspartei verwickelt werden. 1995 beschließt der Sicherheitsrat die Beendigung der Friedensmissionen und den Abzug der Soldaten. Die Kämpfe zwischen rivalisierenden Clans brechen wieder aus.

1998/99 Kosovo – „Sündenfall"?
(vgl. S. 498 f.)

In der Provinz Kosovo unterdrückt die serbisch-jugoslawische Staatsmacht die albanische Bevölkerung und vertreibt sie zu Hunderttausenden aus ihren angestammten Wohnsitzen („ethnische Säuberung"). Die westliche Welt reagiert mit Luftangriffen der NATO, nachdem die Verhandlungen über eine politische Lösung des Konflikts gescheitert waren.
Die NATO-Intervention erfolgt aber ohne ein Mandat des UN-Sicherheitsrates, weil Russland und China der Militäraktion nicht zustimmen. Ein von Deutschland vorgelegter Friedensplan ermöglicht es, nach Beendigung der Kampfhandlungen Russland in das weitere Vorgehen einzubinden und China zu einer duldenden Haltung im Sicherheitsrat zu bewegen.
Die Resolution ermöglicht eine autorisierte Friedensmission im Kosovo (Stationierung der zeitlich nicht begrenzten KFOR-Truppen und Aufbau einer Übergangsverwaltung UNMIK) unter dem Schutz der UNO, die in einen Prozess der Friedenskonsoldierung *(Peacebuilding, Nationbuilding)* mündet. Zurzeit befinden sich nur europäische Truppen im Lande.

2001 Afghanistan – „Recht auf Selbstverteidigung"?
(vgl. S. 499 f.)

Als Reaktion auf Präsident George W. Bushs Mahnung, „bereit zu sein", haben Seeleute des Flugzeugträgers „Abraham Lincoln" an Deck diese Losung gebildet und damit ihre Bereitschaft zur Unterstützung der Operation „Enduring Freedom" zum Ausdruck gebracht.

Nach den Terroranschlägen vom 11.9.2001 in den USA fordert die amerikanische Regierung die Taliban in Afghanistan auf, Osama bin Laden, den die USA für die Terrorakte verantwortlich machen, auszuliefern. Die Taliban weisen die Forderungen zurück. Als Kampf der ganzen freien Welt bezeichnet, knüpfen die USA eine Allianz gegen den Terror, der sich neben der NATO, die erstmals den Verteidigungs- und Bündnisfall erklärt, auch Russland, China und islamische Staaten anschließen. Die USA beginnen, legitimiert durch den Sicherheitsrat, ihre Luftangriffe auf Afghanistan, wobei sie von Großbritannien unterstützt werden; an deren Ende steht die Beendigung der Talibanherrschaft in Afghanistan. Die UN entsenden eine internationale Sicherheitstruppe (ISAF) unter wechselnder Führung verschiedener europäischer Länder. Auch deutsche Soldaten sind seither in Afghanistan im Einsatz. Ihre Aufgabe besteht darin, für die Sicherheit der afghanischen Regierung in der Hauptstadt Kabul und der Bevölkerung in der Region um Kundus zu sorgen. Seit 2002 sind deutsche Truppen dabei mehrfach Ziel terroristischer Anschläge. Das Mandat für Afghanistan wurde vom UN-Sicherheitsrat immer wieder verlängert.
Stand 2007: Im Süden des Landes sind immer noch heftige Kämpfe gegen Taliban-Einheiten im Gange. Seit Beginn der Kampfhandlungen kamen mehrere tausend Zivilisten ums Leben. Trotz der Präsenz der Friedenstruppe konnte das Aufblühen des Drogenanbaus im Lande nicht verhindert werden. Osama Bin Laden, der Kopf des Terrornetzes Al-Qaida, wurde nicht gefasst.

2002/03 Irak – „Völkerrecht oder Unilaterialismus"?
Die USA wollen einen Regimewechsel im Irak herbeiführen, um vermeintliche Massenvernichtungswaffen im Irak zu beseitigen, die Region zu demokratisieren und die Ölreserven zu sichern. Als Zweifel an der Existenz von Massenvernichtungswaffen und Widerstand in Europa sowie im amerikanischen Kongress artikuliert werden, versucht der amerikanische Präsident, eine Legitimation über ein UN-Mandat zu erhalten. Dabei wird erheblicher Druck auf die Mitglieder des Sicherheitsrats ausgeübt. Der UN-Sicherheitsrat billigt die Resolution 1441 (s. u.) zur Wiederaufnahme der Waffeninspektion im Irak, in der dem Land „ernsthafte Konsequenzen" angedroht werden. Die USA werfen nach Veröffentlichung des Zwischenberichts der Waffeninspektoren dem Irak schwerwiegende Verstöße vor, die ihrer Meinung nach einen Krieg rechtfertigen. Frankreich fordert mit Unterstützung Deutschlands und Russlands dagegen mehr Zeit für Inspektionen, was schwere Verwerfungen im transatlantischen Verhältnis und in der EU hervorruft. Angesichts der unvereinbaren Haltung der Mitglieder im Sicherheitsrat scheitert die Diplomatie. Nach einem Ultimatum des amerikanischen Präsidenten an Saddam Hussein erfolgt im Frühjahr 2003 die Invasion der „Koalition der Willigen" mit politisch umstrittener Legitimation (vgl. präemptive Selbstverteidigung, S. 492 f.).

Stand 2007: Nach dem von Präsident Bush 2003 verkündeten militärischen Sieg finden 2005 die ersten freien Wahlen statt, im Oktober wird eine Verfassung von fast 80 Prozent der Iraker gebilligt, im Dezember mit hoher Wahlbeteiligung ein Parlament gewählt und schließlich eine demokratisch legitimierte Regierung gebildet. Im Land herrscht allerdings auch nach der Verurteilung und

Die UN-Resolution 1441 (8.11.2002)
„Der Sicherheitsrat
- in Erkenntnis der Bedrohung, die Iraks Nichtbefolgung der Resolutionen des Rates sowie die Verbreitung von Massenvernichtungswaffen [...] für den Weltfrieden und die internationale Sicherheit darstellen,
- beschließt, dass Irak seine Verpflichtungen [...] erheblich verletzt hat und nach wie vor erheblich verletzt [...];
- beschließt, dass falsche Angaben oder Auslassungen [...] eine weitere erhebliche Verletzung der Verpflichtungen des Irak darstellen und dem Rat gemeldet werden, damit er [...] eine Bewertung trifft;
- beschließt, sofort nach Eingang eines Berichts zusammenzutreten, um über die Situation und die Notwendigkeit der vollinhaltlichen Befolgung aller einschlägigen Ratsresolutionen zu beraten [...];
- erinnert in diesem Zusammenhang daran, dass der Rat Irak wiederholt vor ernsthaften Konsequenzen gewarnt hat, wenn der Irak weiter gegen seine Verpflichtungen verstößt."

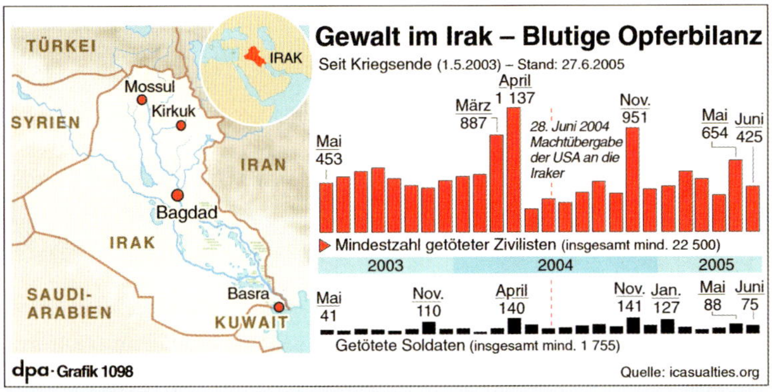

Die unabhängige Untersuchung „Iraq Body Count“ (www.iraqbodycount.org) bezifferte Anfang 2006 die Gesamtzahl der zivilen Todesopfer seit Kriegsbeginn bis Ende 2005 auf rd. 30 000; getötete amerikanische Soldaten seit Kriegsende bis Ende 2005: 2 256.

Hinrichtung Saddam Husseins 2006 der tägliche Terror: Mit Selbstmordanschlägen, Entführungen und mit der grausamen „Hinrichtung“ von Geiseln kämpfen sunnitische Terroristen nicht nur gegen die Besatzungstruppen, sondern säen auch Panik in der Bevölkerung, besonders unter der schiitischen Mehrheit. Die Schiiten wiederum bildeten Milizen, die inzwischen zum Teil in die staatlichen Sicherheitskräfte eingegliedert wurden, und üben nun Vergeltung für Anschläge. Zehntausende Zivilisten und mehr als 2 000 amerikanische Soldaten verloren seit 2003 ihr Leben. Ziel der Terroristen ist es, ethnische Konflikte im Land eskalieren zu lassen und die politische Situation zu destabilisieren. Trotz nachträglichem UN-Mandat zum Wiederaufbau des Landes haben zahlreiche Staaten ihre Soldaten aus dem Irak abgezogen. Der Zeitpunkt für den Abzug der amerikanischen und britischen Truppen aus dem Land ist noch ungewiss.

M 17 | Ultimatum an die Völkergemeinschaft

Zu der Zeit des Vietnam-Kriegs schallte es über den Atlantik nach Europa: Make love, not war.
An der Schwelle zum Irak-Krieg ruft Europa zurück: Make law, not war. Präsident W. Bush dagegen handelt nach der Parole: Make war, not law.
Die Welt ringt um neue Regeln der Weltinnenpolitik. Das Gründungsprinzip der Vereinten Nationen war die unverletzliche Souveränität der Nationalstaaten. Doch in der einen Welt, deren Bestand durch transnationalen Terrorismus, die Klimakatastrophe, globale Armut und entgrenzte kriegerische Gewalt gefährdet ist, garantiert dieses Prinzip nicht mehr den Frieden, also die innere und äußere Sicherheit der Staaten und Gesellschaften. Es schützt weder die Bürger vor der tyrannischen Verletzung ihrer Rechte noch die Welt vor der terroristischen Gewalt.
Das internationale Recht müsste, um dem zu begegnen, gestärkt und für die neuen Herausforderungen der Weltinnenpolitik geöffnet, nicht jedoch auf den Müllhaufen des Kalten Krieges geworfen werden. Wir erleben zurzeit die entscheidenden Augenblicke, in denen die Nationen die Wahl haben: zwischen der Neubegründung des zwischenstaatlichen Rechts, das die Werte der Modernität so auslegt, dass den neuen Bedrohungen wirksam begegnet werden kann – und der Rückkehr zum Hobbesschen Kampf aller gegen alle, wobei die globale Kriegsdrohung globales Recht ersetzen würde.
Dieser „moment of decision“, der sich bereits mit dem Fall der Berliner Mauer und dem Ende des Kalten Krieges angekündigt hatte und der seit den Terroranschlägen des 11. September 2001 über den Horizont schimmerte, bricht nun grell hervor im Kampf gegen den irakischen Diktator Saddam Hussein. Die Entscheidungen, die in den nächsten Wochen getroffen werden, formen die weltpolitische Geografie für die kommenden Jahre. Es geht letztlich um die Frage, ob an diesem Präzedenzfall die neue Bush-Doktrin „Make war, not law“ exemplarisch durchgesetzt werden kann. Danach sollen nicht Abschreckung und Eindämmung, sondern militärische Überlegenheit und Präventivkriege die Sicherheit Amerikas und der Welt gewährleisten. Die Gegenposition „Make law, not war“ bedeutet: Die militärische Option bleibt eine unter vielen; vorrangig sollen internationale Verträge, Kontrollen, Institutionen und Diplomatie die globalen Bedrohungen und Krisen entschärfen.
Die USA verkünden eine neue „nationale“ Sicherheitsstrategie, die nichts anderes ist als das Handbuch der amerikanischen Weltinnenpolitik, der Pax Americana, an das sich von nun an Feinde wie Freunde Amerikas zu halten haben. Dokumentierte das Kommunistische Manifest des 19. Jahrhunderts eine Revolution von unten, so kommt das national-kosmospolitische Manifest des Global America am Beginn des 21. Jahrhunderts einer regierungsamtlichen Revolution von oben nahe. Insofern entscheidet sich an dem drohenden Irak-Krieg viel mehr als das Schicksal eines mutmaßlichen potenziellen Massenmörders und seiner Anhängerschaft. Präsident Bush hat Recht: Ein militärischer Alleingang der USA würde mit der Herrschaftsstruktur des Irak zugleich das Institutionengefüge der Vereinten Nationen zerstören. Die Weltpolitik wird in diesem Fall sozusagen in den vorvertraglichen Zustand zurückgebombt.
Allerdings beruht die Bush-Doktrin auf einem gefährlichen Irrtum. Weder lassen sich die Werte der offenen Gesellschaft, der Freiheit und der Demokratie mit kriege-

rischen Mitteln in die Herzen und Hirne der Menschen einbrennen, noch schafft ein präventiver Militärschlag jene Sicherheit, die der amerikanische Präsident seinen Landsleuten und der Welt verspricht.

[...] Der Schrecken, den die Wahnsinnsbilder von New York am 11. September 2001 massenmedial globalisiert haben, hat demokratische Abstimmung de facto ersetzbar gemacht. Die militärisch und wirtschaftlich mächtigste Nation der Welt sieht sich von der Mehrheit der Menschen schockartig, gleichsam per Akklamation ermächtigt, solche Gefahren abzuwenden. Die Militärweltmacht USA sprengt die Ketten internationaler Verträge und erschließt sich im terroristischen Risiko eine Quelle für einen globalen Populismus der Gefahrenabwehr. Die Geschwindigkeit, mit der die Bush-Regierung die alten Kulissen der Weltpolitik abräumt und neue Dogmen an ihre Stelle setzt, hat etwas Umstürzlerisches. Paradoxe Folge ist eine Welle eines neuartigen proamerikanischen Anti-Amerikanismus, der die amerikanischen Werte, die in den Vereinten Nationen oder in der Sorge um die Menschenrechte ihren institutionellen Ausdruck gefunden haben, gegen den antiamerikanischen Bushismus verteidigt. So kritisiert der frühere Außenminister Henry Kissinger, der nun wirklich nicht im Verdacht der USA-Feindlichkeit steht: „Es kann weder im nationalen amerikanischen Interesse noch im Weltinteresse liegen, Prinzipien zu entwickeln, die jeder Nation ein unbegrenztes Recht auf einen Präventivschlag gegen selbst definierte Bedrohungen ihrer eigenen Sicherheit zusprechen." Was die US-Regierung sich herausnimmt, kann auch die indische Regierung gegen Pakistan (zur Bekämpfung des Terrors in Kaschmir) geltend machen oder die chinesische Regierung gegen Taiwan (um einer Unabhängigkeitserklärung zuvorzukommen) und so weiter.

Die Schöne Neue Welt der militärischen Sicherheit, die die Bush-Administration verspricht, stürzt die reale Welt in einen Abgrund von Gefahren, weil sie die Logik des Vertrages durch die Logik des Krieges ersetzt. Nicht zuletzt wird den amerikanischen Soldaten aufgebürdet, was nur Verträge, die immer auch auf Vertrauen beruhen, leisten können: kontrollierte Abrüstung atomarer, biologischer und chemischer Waffen. Nirgendswo ist das evidenter als in den Plänen für einen Krieg gegen die Verkörperung des „Bösen", Saddam Hussein, der – so Bush – über die Kapazität verfügt, Massenvernichtungswaffen herzustellen und einzusetzen. Während die US-Regierung sich auf den Feldzug gegen Bagdad vorbereitet, verwirft oder entwertet sie systematisch alle Verträge und Grundlagen, die das tödliche Arsenal verbieten und vernichten könnten.

Selbst im Idealfall eines Sieges mit begrenzten Toten auf der eigenen Seite und unerfassten „Kollateralschäden" auf der Seite des Gegners hätte man, was die Verbreitung der massenmörderischen Waffen betrifft, wenig erreicht, es sei denn, man griffe zu den bewährten Mitteln internationaler Verträge und Kontrollen: Ohne wirksame Vereinte Nationen ist auch keine innere Sicherheit der USA möglich.

(Ulrich Beck, in: Spiegel, Nr. 2/2003, S. 56f., Auszüge)

➤ Defizite und Reformvorschläge

Ob und wie weit die UN mit ihrem *Peacekeeping* (M 15) Krisen eindämmen oder zumindest deren Eskalation verhindern konnten, vermag niemand exakt zu sagen. Solche Einsätze können zwar politische und vor allem militärische „Zwerge" in die Schranken verweisen, bleiben aber in den weltweit zunehmenden Bürgerkriegen und in Konflikten zwischen mittleren, gut gerüsteten Staaten oft ohnmächtig. Fakt ist, dass sich seit 1989 der Charakter der UN-Friedenseinsätze in der Praxis erheblich gewandelt hat. Standen in der ersten Generation der *Peacekeeping*-Einsätze Blauhelmsoldaten zur Überwachung von Waffenstillständen noch „neutral" zwischen den verfeindeten Fronten, sind die Einsätze im *Peacebuilding*, beim Wiederaufbau staatlicher Strukturen, komplexer und anspruchsvoller geworden; bei *Peaceenforcement*-Einsätzen oder bei „Robusten Mandaten" gehören auch die begrenzte Anwendung von Gewalt und Kampfaufträge zum Anforderungsprofil von UN-Einheiten. In diesem Zusammenhang zeigt sich immer wieder, dass nicht alle Einheiten ausreichend für diese neuen Aufgaben ausgebildet sind.

Da die UN über keine eigenen militärischen Machtmittel verfügen und damit auf die Mitgliedstaaten, vor allem die USA mit ihren überragenden Möglichkeiten, angewiesen sind, hängen die Einsatzmöglichkeiten stark von der Bereitschaft und der (strategischen) Interessenlage der Mitgliedstaaten ab. Die ungewissen Erfolge vieler UN-Missionen im Nahen Osten und in Afghanistan, die Misserfolge oder gar Untätigkeit bei ethnischen Konflikten und Stammeskriegen in Afrika (z. B. Somalia, Ruanda, Zaire, Liberia, Sudan) und in den Balkankriegen, die Unfähigkeit, in Konfliktherde am südlichen Rand der ehemaligen Sowjetunion einzugreifen, beschädigen in einer unübersichtlichen und konfliktreichen Staatenwelt Autorität und Effizienz der Vereinten Nationen. Steigende Kosten der Weltorganisation für die ausufernde Zahl von Einsätzen bei gleichzeitig sinkender Zahlungsmoral der Mitglieder, nicht zuletzt aber auch die Abneigung der wichtigsten Mitgliedstaaten, auf nationale Souveränitätsrechte zu verzichten, begleiten diese Entwicklung.

In der Vollversammlung sind alle der inzwischen knapp 200 Mitgliedstaaten gleichberechtigt mit einer Stimme vertreten, trotz riesiger Unterschiede bezüglich Wirtschaftsleistung, Größe, Bevölkerungszahl, Macht und internationalem Engagement. Ihre Resolutionen besitzen als Ausdruck der Universalität (Weltmeinung, Weltgewissen) oft großes moralisches Gewicht, haben aber nur empfehlenden Charakter. Kritik am Sicherheitsrat wurde bis 1989 vor allem wegen seiner Veto- und Pattpolitik geübt. Die herausragende Stellung der fünf ständigen Mitglieder (USA, Russland, China, Frankreich, Großbritannien), ohne deren Zustimmung die UN insgesamt handlungsunfähig bleiben, verstärken in Ländern der südlichen Hemisphäre den Zweifel an der Neutralität der Weltorganisation, vor allem wenn der Sicherheitsrat die Militäreinsätze der USA und ihrer Verbündeten legitimiert („United Nations of America"). Der Sicherheitsrat gilt in seiner jetzigen Form nicht mehr als repräsentativ für eine Welt, in der seit 1945 140 Staaten neue Mitglieder der Vereinten Nationen geworden sind, die im Gegensatz zu 1965 nicht mehr durch den Ost-West-Konflikt geteilt ist und in der Regionen wie Afrika, Lateinamerika und Asien auch bei UN-Einsätzen eine ganz andere Rolle spielen als damals. Daher fordern vor allem die Staaten des Südens, dass die Zusammensetzung des Sicherheitsrats den neuen Realitäten angepasst wird.

Umstritten ist die Zulässigkeit von Interventionen bei innerstaatlichen Konflikten aus humanitären Gründen, seitdem im Golfkrieg zum Schutz der Kurden und in Somalia zugunsten der hungernden Bevölkerung Präzedenzfälle für eine Nachrangigkeit des Souveränitätsprinzips gegenüber dem Schutz der Menschenrechte (vgl. Charta der Vereinten Nationen, Art 1 und 2, S. 484 f.) geschaffen wurden. Im Kosovo-Konflikt konnten die UN diese Handlungsfähigkeit nicht erreichen, denn im Sicherheitsrat legten China und Russland ihr Veto ein. Daraus leitete die NATO für sich die umstrittene Legitimation ab, zur „Vermeidung einer humanitären Katastrophe" auch ohne UN-Mandat einen Luftkrieg gegen Serbien zu führen.

Völkerrechtliches Neuland wurde nach dem Terrorangriff auf die USA am 11. September 2001 betreten. Die militärische Intervention in Afghanistan rechtfertigten die Amerikaner als Staatsnotwehr und Verteidigung gegen den Terrorismus. Der UN-Sicherheitsrat hat in seiner Erklärung zu den Anschlägen das Selbstverteidigungsrecht und die militärische Intervention der USA anerkannt, obwohl Afghanistan selbst nicht angegriffen hatte. Unumstritten ist das klassische Recht auf Selbstverteidigung nach Artikel 51 der UN-Charta. Das schließt auch präventives militärisches Handeln ein, wenn eine aggressive Handlung unmittelbar zu erwarten ist. Während dieses Vorgehen noch völkerrechtlich gedeckt ist, ist ein präemptiver Krieg (*preemptive strike*), der bereits das Aufkommen einer Gefahr – z. B. vermeintlicher, beabsichtigter oder tatsächlicher Besitz von Massenvernichtungswaffen durch einen verfeindeten Staat oder Terroristen – im Keime ersticken will, völkerrechtlich höchst umstritten und wird von den meisten Mitgliedsländern abgelehnt. Die Vereinigten Staaten als Supermacht einer unipolaren Welt scheinen jedenfalls gewillt zu sein, unabsehbare Risiken auch auf dem Weg einer „antizipatorischen Selbstverteidigung" nicht durch Untätigkeit aufkommen zu lassen, sondern durch unilaterales präemptives Handeln abzuwenden.

UN-Generalsekretär Kofi Annan stellte 2005 einen überraschend weitgehenden Entwurf zur Reform der Weltorganisation mit dem Titel „In größerer Freiheit" vor. Er forderte darin unter anderem eine umfassende Reform des Sicherheitsrats. Seine Mitgliederzahl sollte von derzeit 15 auf bis zu 25 Staaten erweitert werden, sodass er „die internationale Gemeinschaft als Ganzes und die heutige geopolitische Wirklichkeit in stärkerem Maße repräsentiert". Diese Forderungen wurden von Deutschland und Japan unterstützt, die aufgrund ihres internationalen Engagements einen ständigen Sitz im Weltsicherheitsrat anstreben. Neben einer Stärkung der Organe des Generalsekretärs und des Wirtschafts- und Sozialrats sah der Reformplan die Schaffung einer permanenten, gut ausgebildeten „Schnellen Eingreiftruppe" unter UN-Kommando vor, die sofort eingesetzt werden kann und die Eskalation von Krisen verhindern soll. Während die meisten Reformpunkte von der Generalversammlung abgelehnt wurden, konnte sich Annan bei der Schaffung eines Menschenrechtsrates durchsetzen. Der Rat löste 2006 die Genfer Menschenrechtskommission ab und ist mit verstärkten Kompetenzen ausgestattet. Insbesondere kann er mit 2/3-Mehrheit die Entsendung von Beobachtern zur Überwachung der Menschenrechtssituation in einem Mitgliedstaat verbindlich beschließen. Deutschland wurde aus der Gruppe der westlichen Mitgliedstaaten mit den meisten Stimmen in den Rat gewählt.

M 18 | Internationaler Strafgerichtshof

Vorgeschichte: Der UN-Sicherheitsrat setzt 1993 das zeitlich und geografisch begrenzte Kriegsverbrechertribunal zur Ahndung von Kriegsverbrechen und Verbrechen gegen die Menschlichkeit im ehemaligen Jugoslawien ein. Mit dem Prozess gegen Milosevic 2002 musste sich erstmals ein gewählter ehemaliger Staatspräsident vor dem internationalen Tribunal verantworten.

Gründung: 1998 stimmen der Einrichtung eines ständigen Strafgerichtshofs (ICC) von den 148 anwesenden Staaten 120 Staaten zu, sieben (u. a. die USA) votieren dagegen. Dem ersten auf Dauer eingesetzten Weltgericht gehören 18 Richter und ein Chefankläger an, die ihre Arbeit 2003 in Den Haag aufnehmen sollen.

Aufgaben: Das Gericht wird für Völkermord, Kriegsverbrechen und Verbrechen gegen die Menschlichkeit, zu denen Massenmorde, Versklavung, Folter und Vergewaltigung zählen, zuständig sein.

Verfahren: Vor das Gericht kommen nur Individuen, die Angehörige eines dem Statut beigetretenen Staates sind oder sich in einem solchen aufhalten, aber nicht Staaten. Als Höchststrafe sind 30 Jahre, in besonders schweren Fällen lebenslange Gefängnishaft vorgesehen. Das Weltgericht wird nur tätig, wenn die nationalen Strafverfolgungsbehörden nicht willens oder in der Lage sind, den Tätern den Prozess zu eröffnen. Klagen können alle Staaten, die das Abkommen ratifiziert haben, der UN-Sicherheitsrat und der Anklagevertreter des Gerichts.

Die USA lehnen die Ratifizierung des Vertrages ab, weil sie politisch motivierte Klagen gegen US-Soldaten ebenso befürchten wie die Einschränkung der nationalen Souveränität.

Auf Druck der Amerikaner beschließt der UN-Sicherheitsrat, UN-Soldaten aus Ländern, die das Statut des Weltgerichts nicht ratifiziert haben, Immunität vor dem Tribunal zu gewähren. Diese Regelung gilt zunächst zwar nur für ein Jahr; der Rat hat aber seine Absicht bekundet, sie regelmäßig zu verlängern.

(nach: Harenberg, Aktuell 2003, S. 324)

Aufgaben

1. Erläutern Sie das Schaubild über die Organisation der UN (M 12). Wie weit lassen sich Parallelen zu nationalen Regierungssystemen aufzeigen?
2. Welche Unter- und Sonderorganisationen der UN kennen Sie aus den Medien? Welche stehen im Mittelpunkt, welche am Rand der Aufmerksamkeit? Sammeln Sie ergänzende Informationen über einzelne Organisationen.
3. Erläutern Sie die Möglichkeiten der UN zur Beilegung von Konflikten. Begründen Sie, welche Maßnahme Ihnen am sinnvollsten erscheint. Zu einem aktuellen Konflikt können Sie auch eine Sitzung des Sicherheitsrates in einem Rollenspiel nachspielen. Teilnehmer sind die fünf ständigen Mitglieder.
4. Erörtern Sie, ob das Veto-Recht im Sicherheitsrat durch eine Mehrheitsentscheidung abgelöst werden sollte.
5. Erstellen Sie ein Werbeplakat für die UN, das auf die Leistungen der Organisation verweist.
6. Setzen Sie sich kritisch mit der Rolle der UN als „Weltpolizei" im Nahost-Konflikt, Golfkrieg, Bosnienkrieg, Kosovokrieg, in Afghanistan, im Irakkonflikt oder in einem aktuellen Konflikt auseinander. Welche Verdienste/Defizite sind erkennbar? Wo liegen die Ursachen von Defiziten?
7. Erörtern Sie, wie mit Blick auf die Legitimation des Irak-Krieges die Kriegsbefürworter/Kriegsgegner die Resolution 1441 interpretiert haben könnten. Berücksichtigen Sie auch M 17.
8. Erstellen Sie mithilfe des Autorentextes (S. 492 f.) eine Tabelle, die zwischen Funktions-, Konzeptions- und Legitimationsdefiziten der UN unterscheidet.
9. Erörtern Sie die Reformvorschläge zur Behebung bestehender Defizite der Vereinten Nationen. Entwickeln Sie eigene Ideen und recherchieren Sie die neuesten Kontroversen. Diskutieren Sie die Zulässigkeit präemptiver Selbstverteidigung.
10. Wie beurteilen Sie die Haltung Amerikas zum mehrheitlich beschlossenen internationalen Strafgerichtshof (M 18). Entwerfen Sie einen Presseartikel.

Weitere Informationen zur UNO finden Sie im Internet unter folgenden Adressen:

www.uno.de und www.un.org.de	Vereinte Nationen
www.auswaertiges-amt.de	Auswärtiges Amt
www.runiceurope.org/german/index.htm	Regionales Informationszentrum der UNO in Bonn
www.dgvn.de	Deutsche Gesellschaft für die Vereinten Nationen

➤ Die Bedeutung der NATO für internationale Konfliktregelung

Bis 1990 war die NATO ein militärisches Defensivbündnis gegen die Sowjetunion und den Warschauer Pakt und Verkörperung des Führungsanspruches der USA. Beides entsprach den damaligen Bedürfnissen Westeuropas. Kernstück des NATO-Vertrags war und ist der Artikel 5, der die Mitgliedstaaten verpflichtet, sich im Falle eines bewaffneten Angriffes auf einen Bündnispartner gegenseitig Beistand zu leisten. Die Entscheidung über den Bündnisfall schließt keine Automatik des Truppeneinsatzes mit ein, sondern ist immer eine souveräne Entscheidung der Bündnispartner darüber, wie sie ihrer Verpflichtung nachkommen wollen. Der Beistand gilt nur für die Verteidigung. Über den Bündnisfall entscheidet der NATO-Ministerrat einstimmig. Diese relativ lockere formale Bündnisverpflichtung wird politisch wesentlich dadurch verstärkt, dass die meisten NATO-Mitglieder Teile ihrer Armee als NATO-integrierte Streitkräfte eingerichtet haben.

Seit dem Jubiläumsgipfel in Washington anlässlich ihres 50-jährigen Bestehens im April 1999 hat die NATO ein „Neues Strategisches Konzept". Es stellt das vorläufige Resultat einer fast zehnjährigen Anpassung des Bündnisses an die sich ständig verändernden sicherheitspolitischen Herausforderungen nach der Überwindung des Kalten Krieges dar. Bereits 1991 war in Rom ein Konzept beschlossen worden, das die Strategien der „Vorwärtsverteidigung" und *„Flexible response"* ablöste und Einsätze von Krisenreaktionsstreitkräften außerhalb des Bündnisgebietes unter UN- bzw. OSZE-Mandat ermöglichte. Seit 1991 sind jedoch weitere tiefgreifende Ereignisse hinzugekommen: der Zerfall der Sowjetunion, blutige innerstaatliche Konflikte in Europa, Kampfeinsätze der Allianz im Kosovo-Konflikt ohne UN-Mandat, Osterweiterung, das Angebot an Russland zur strategischen Partnerschaft, der erstmalige Bündnisfall nach dem Terrorangriff auf Amerika. Der Washingtoner Jubiläumsgipfel sollte mit seinem Neuen Strategischen Konzept eine Antwort auf die noch offenen Fragen zur zukünftigen Rolle der NATO geben:

- In welchem Bereich soll die NATO operieren können: nur im Bündnisgebiet, regional begrenzt oder weltweit?
- Welche Rolle sollen die Europäer innerhalb der NATO spielen? Soll es zukünftig auch Militäreinsätze ohne die USA geben?
- Wie soll eine Mandatierung der NATO-Einsätze *„out of area"* erfolgen: nur mit UN- oder OSZE-Mandat oder ergänzend ein Recht auf Selbstmandatierung?
- Welcher Sicherheitsbegriff soll dem Neuen Strategischen Konzept zugrunde liegen? Gehören im Sinne eines erweiterten Sicherheitsbegriffs auch Terrorismusbekämpfung, Verhinderung der Proliferation von Massenvernichtungswaffen und Sicherung der Rohstoffversorgung zum Aufgabenbereich der NATO?

➤ Grundinformationen zur NATO

M 19

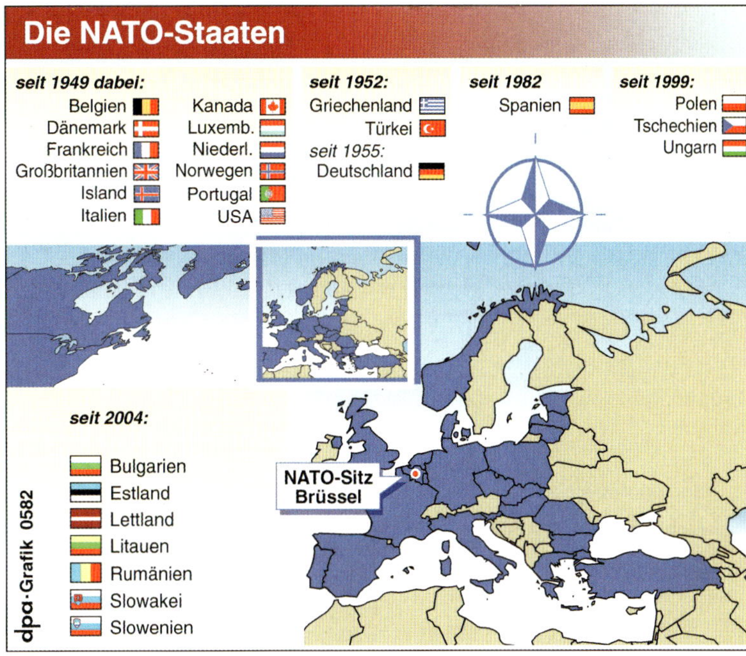

M 20

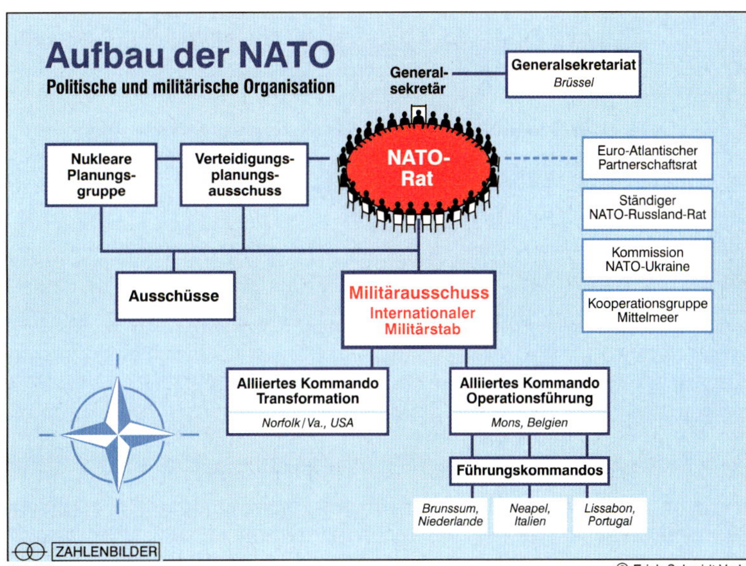

M 21 | Alte NATO – neue NATO

	„alte“ NATO	„neue“ NATO
Gründung/Anlass	**Beginn des Kalten Krieges** Berlinblockade 1948/49	Seit 1991: Zerfall der Sowjetunion, Ende des Warschauer Paktes, blutige innerstaatliche Konflikte auf dem Balkan, Kosovo-Kampfeinsätze ohne UN-Mandat 1999: Jubiläum der NATO mit **Neuem Strategischen Konzept** Terroranschläge (v. a. 11.9.2001)
Ziele	Gegenseitiger militärischer Beistand bei einem Angriff auf das Bündnisgebiet: **Bündnisfall nur bei Angriff von außen** (Art. 5 NATO-Vertrag)	Gerechte Friedensordnung in Europa auf der Grundlage der gemeinsamen Werte: nicht nur defensives Verteidigungsbündnis, sondern auch Einsätze zur Konfliktverhütung und Krisenbewältigung einschließlich von Krisenreaktionseinsätzen
Legitimation von Militäreinsätzen	Recht der **kollektiven Selbstverteidigung** nach Art 51 der UN-Charta	**UN/OSZE-Mandat** wird angestrebt, aber Entscheidung von „Fall zu Fall“ (Neues Strategisches Konzept, 1999)
Aufgabenbereich	Sicherheit durch Bereitschaft zur **militärischen Verteidigung („Kernfunktion“)**	Aufrechterhaltung der Kernfunktion „kollektive Verteidigung“; Fähigkeit und Bereitschaft zur Reaktion auf schwer vorhersehbare Risiken, welche die Sicherheit des Bündnisses gefährden könnten (u. a. Sicherung der Ressourcen, Terrorismusbekämpfung, Verhinderung von Proliferation) **Politische Funktionen:** Förderung der Partnerschaft und des Dialogs mit anderen Staaten des euro-atlantischen Raums, politische und militärische Partnerschaften und Gremien mit Russland und anderen osteuropäischen Staaten, aktiver Beitrag zu Abrüstungs- und Nichtverbreitungsabkommen
Mitglieder	USA, Kanada, 13 westeuropäische Staaten, Türkei	Mehrere **Osterweiterungen** der NATO: bis 2006 26 Mitgliedstaaten (vgl. M 19)
Geltungsbereich für Militäreinsätze	Kein Einsatz „out of area“; nur nach Angriff auf Bündnisgebiet ist präventive „Vorneverteidigung“ möglich	Verwirklichung der Sicherheitsinteressen im „euro-atlantischen Raum“, d. h. auch Einsätze „out of area“
Organisation/ Entscheidungsverfahren	Zivile und militärische Struktur: Entscheidungen im NATO-Rat auf Ministerebene bzw. durch ständige Vertreter im Botschafterrang (Primat der Politik); Beschlüsse einstimmig und für alle verbindlich	Wie bisher: Primat der Politik und Einstimmigkeit (vgl. M 20)
Grad der Verbindlichkeit	Hohe politische Bindewirkung durch **integrierte Streitkräfte** und eindeutige weltpolitische Konstellationen („Feind im Osten“)	Hohe politische Bindewirkung durch integrierte Streitkräfte und die militärische Dominanz der Supermacht USA; mehr Verantwortung für Europa: Aufbau der „Europäischen Verteidigungs und Sicherheitsidentität“
Strategie/ Sicherheitsformel	Seit 1967 Zwei-Säulen-Modell (Harmel-Bericht): **Abschreckung + Entspannung = Sicherheit**; Flexible response: auch atomarer Ersteinsatz möglich	Anpassung der Streitkräfte an das Neue Strategische Konzept zur wirksamen Erfüllung der Anforderungen des gesamten Spektrums der Bündnisaufgaben: Drei-Säulen-Modell (vgl. M 22); **erweiterter Sicherheitsbegriff** (nicht nur militärisch, s. o.)

M 22 | Alte und neue NATO-Strategie

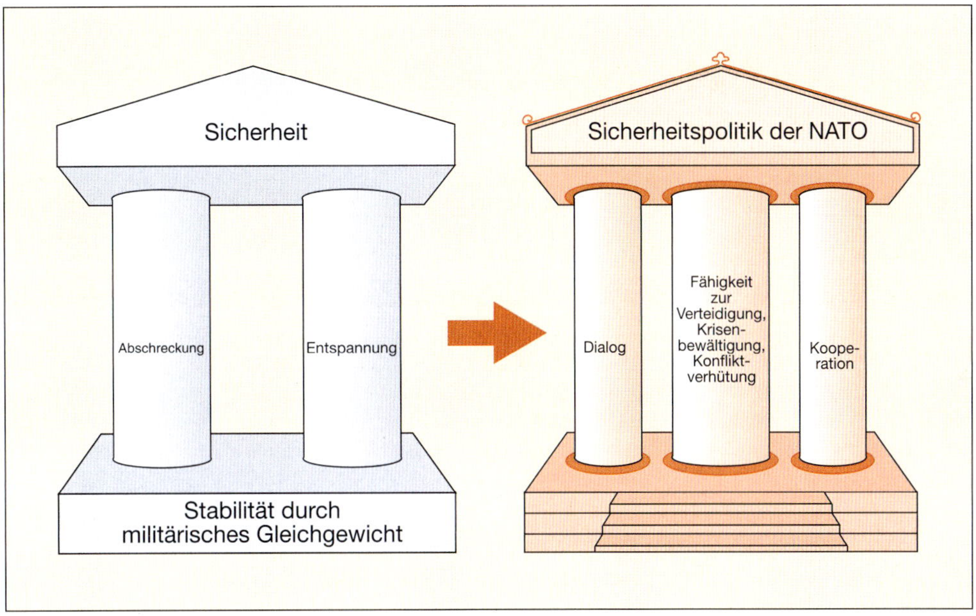

M 23 | Über den Rubikon

Allerdings liegen ungeachtet der semantischen Ähnlichkeit Welten zwischen einem Verteidigungsbündnis und einem Interessenverteidigungsbündnis, insbesondere dann, wenn es sich militärischer Mittel zu bedienen gedenkt. Selbstverteidigung gegen einen bewaffneten Angriff ist eine Reaktionsweise, deren Legitimität außer Frage steht. Verteidigung von Interessen hingegen, betrieben mit Waffengewalt, was den Unterschied zur Durchsetzung von Interessen aufheben würde, ist ein Verhalten, das jedem Rechtsempfinden widerspricht. Die NATO muss damit rechnen, für Aktivitäten, die dem veränderten Aufgabenverständnis entspringen, immer seltener die ungeteilte Zustimmung der internationalen Gemeinschaft zu erlangen, und das heißt konkret: ein Mandat der Vereinten Nationen. Folglich spielt die Frage, wie das Gewaltmonopol der Weltorganisation zu umgehen sei, eine zentrale Rolle in der Strategiedebatte.
Die Selbstmandatierung als ein nicht nur in exzeptionellen Notsituationen gangbarer Ausweg scheint konsensfähig geworden zu sein. Da sich ein Handeln in Übereinstimmung mit der Charta der Vereinten Nationen kaum noch behaupten lässt, wählen ranghohe Repräsentanten zunehmend eine alternative Formulierung: Die NATO handele „im Geist“ der Charta.

(Reinhard Mutz, Über den Rubikon – die neue NATO schafft Fakten; in: Wochenschau 51/2000, S. 189)

➤ Die NATO in Konfliktfällen

1994/95 Bosnien – Die NATO als Subunternehmer der UNO

Nach dem Zusammenbruch der Sowjetunion brachen auch auf dem Balkan regionale Konflikte auf, die jahrzehntelang durch das autoritäre sozialistische Regime des jugoslawischen Machthabers Tito überlagert waren. In blutigen Kriegen entluden sich die Spannungen zwischen den verschiedenen ethnischen Gruppen. Nach zwei kurzen Kriegen im Norden Jugoslawiens, die zur Unabhängigkeit Sloweniens und Kroatiens führen, strebte 1991 auch die muslimisch dominierte Regierung des Bundesstaates Bosnien-Herzegowina die Unabhängigkeit vom serbisch dominierten „Rest-Jugoslawien“ an.
Zahlreiche diplomatische Bemühungen der UN, der EU und der USA konnten weder eine Eskalation des Krieges noch die jahrelange Belagerung und Zerstörung der Hauptstadt Sarajewo sowie zahlreiche Massaker und Kriegsverbrechen bosnischer Serben an der nichtserbischen Bevölkerung – selbst in UN-Schutzzonen um die Städte Srebrenica und Zepa – verhindern. Um ein Ende dieser „ethnischen Säuberungen“ zu erzwingen, flog die NATO zunächst vereinzelte, seit Sommer 1995 systematische Luftangriffe gegen serbische Stellungen. Vor diesem Hintergrund gelangen endlich Friedensverhandlungen unter Führung der USA im amerikanischen Dayton. Die NATO setzte unter Beteiligung Russlands eine internationale Frie-

denstruppe ein und löste damit die UN-Schutztruppen ab. Das UN-Mandat wurde mehrfach verlängert.

M 24 | Bündnis ohne Grenzen

Die NATO in Bosnien: Ein historischer Einschnitt

[...] Ist Bosnien die erste in einer langen Reihe künftiger NATO-Friedensexpeditionen rund um den Globus? Seitdem das Bundesverfassungsgericht deutscher Beteiligung an derlei Unternehmen grünes Licht gegeben hat, bewegt diese Frage auch hierzulande die Gemüter. Blüht uns eine Militarisierung unserer Außenpolitik? Oder erhält nun die Menschenrechtspolitik, bisher weithin eine Sache der Überzeugung und des Mundwerks, endlich eine gepanzerte Faust? Wie viele „Kriege für den Frieden“ soll die NATO führen?

An wie vielen muss die Bundesrepublik sich beteiligen? Die Befürchtungen sind so übertrieben wie die Hoffnungen. In der Wirklichkeit unserer konfliktgeschüttelten Welt sind dem Interventionismus Schranken gesetzt. Die dritte Welle der Gewaltsamkeit im 20. Jahrhundert – nach den Kriegen erst zwischen Staaten, dann zwischen Ideologien nun die blutigen Auseinandersetzungen innerhalb einzelner Staaten – überfordert alle. Es gibt zu viele Krisen. Das Eingreifen ist kostspielig. Und die Wirkung der Interventionen bleibt fragwürdig oder flüchtig – siehe Somalia. Am Ende bleibt nur ein brauchbarer Maßstab: das Interesse – das nationale, das europäische, das atlantische Interesse. Es mag geografisch durch Nähe begründet sein, politisch durch Sympathie, wirtschaftlich durch Abhängigkeit. In jedem Fall bedarf es der Übereinkunft. Konsens jedoch fällt im westlichen Bündnis schwer, wo nicht Hass oder Furcht den Kitt der Gemeinsamkeit liefern, sondern widersprüchliche moralische Regungen oder subjektive Nützlichkeitserwägungen walten.

Der Begriff „Staatsräson“ ist aus der Mode geraten. Es ist an der Zeit, ihn wieder hervorzuholen und mit deutschem, europäischem, atlantischem Inhalt zu füllen. Die Purzelbäume der amerikanischen Bosnien-Politik in den vergangenen vier Jahren, auch das Wackeln und Fackeln der Europäer auf dem Balkan, erklären sich daraus, dass niemand mehr klare Kriterien hat. Doch dem militärischen Mittel kann Erfolg nur beschieden sein, wenn der politische Zweck, erkennbar und einleuchtend dargestellt, es legitimiert.

(Theo Sommer, in: Die Zeit, 1.12.1996)

1998/99 Kosovo – Selbstmandatierung: Recht auf humanitäre Intervention?

Das militärische Eingreifen der NATO im Kosovo-Konflikt unter Beteiligung der Bundeswehr (s. S. 489) entfachte in Wissenschaft, Politik und Öffentlichkeit eine heftige Kontroverse (M 26, M 27). Dabei ging es im Kern um die Frage, ob der Kampfeinsatz der NATO ohne Autorisierung des UN-Sicherheitsrates – Russland hatte sein Veto eingelegt – völkerrechtlich abgedeckt ist. Die NATO-Staaten meinten, zum Schutz der Bevölkerung eines Staates vor schweren Menschenrechtsverletzungen, also im Interesse der Humanität, eingreifen zu müssen. Damit nahmen sie eine Verletzung der UN-Charta in Kauf, weil sowohl das Gewaltverbot als auch die einzelstaatliche Souveränität und das Prinzip der Nichteinmischung in innere Angelegenheiten berührt waren.

M 25 | Das Legitimationsdilemma

M 26 | Wir haben es uns nicht leicht gemacht

Wir haben uns die Entscheidung nicht leicht gemacht. Der Entschluss zur Anwendung militärischer Gewalt und damit über Krieg und Frieden ist zweifelsohne die schwierigste Entscheidung überhaupt. Wichtig ist, dass die Entscheidung für den militärischen Einsatz gegen die Belgrader Machthaber im Konsens mit allen Bündnispartnern und nach Ausschöpfen aller diplomatischen Möglichkeiten erfolgte. Die Legitimität unseres Einsatzes im Kosovo ergibt sich auch daraus, dass spätestens seit der Grundakte von Helsinki klar ist, dass die Menschenrechtssituation nicht mehr ausschließlich zu den inneren Angelegenheiten eines Staates zählt. Die Staats- und Regierungschefs haben beim Gipfeltreffen des Sicherheitsrates der Vereinten Nationen im Januar 1992 ausdrücklich und einmütig ihre Bereitschaft bekundet, zur Durchsetzung der Menschenrechte Einschränkungen der staatlichen Souveränität zu dulden. Das Völkerrecht lässt in schweren humanitären Notlagen, wie zum Beispiel Völkermord, als ultima ratio ein militärisches Eingreifen ohne Mandat der Vereinten Nationen zu. Der Völkermord im Kosovo stellte zweifelsohne eine solche besondere Notlage dar. Es bot sich keine Alternative. Im Interesse der eigenen Glaubwürdigkeit, zur Wahrung und Wiederherstellung der politischen Stabilität und zur Beendigung der serbischen Gräueltaten an unschuldigen Menschen konnten wir im Kosovo dem Morden und der Vertreibung Not leidender Menschen nicht länger tatenlos zusehen.

(Walter Kolbow, ehem. Parlamentarischer Staatssekretär beim Bundesminister der Verteidigung, Beauftragter der Bundesregierung für die Koordinierung der deutschen Hilfsmaßnahmen in Mazedonien; in: Information für die Truppe, Nr. 1–2/2000, S. 5 f.)

M 27 | Die gute Absicht allein ist suspekt

[Entscheidend ist ...] die Frage, ob die neue Bevorzugung der **Menschenrechte** gegenüber dem **Völkerrecht** richtig ist.

Der Begriff Menschenrechte legt ihre Höherwertigkeit nahe. Denn diese Rechte genießen dadurch eine höhere Weihe, dass sie als geboten und dem gesetzten Recht vorrangig angesehen werden. In der Antike schrieb man sie der ‚Natur' zu, und das ewige, ungeschriebene, metaphysisch verankerte Normensystem, dem sie angehören, heißt deshalb bis heute ‚Naturrecht'. Immer hat die Berufung auf das **Naturrecht** dazu gedient, menschliche Satzungen für unmaßgeblich zu erklären und die Anwendung eines höheren, heiligen Rechts zu legitimierten. Freiheit und Gleichheit wurden auf dieser Grundlage erstritten.

Es ist aber die Frage, ob man sich mit der Verletzung der **UN-Charta** tatsächlich oberhalb des Völkerrechts befindet – auf einer höheren, humaneren Stufe – oder ob man sich nicht vielmehr unterhalb des Völkerrechts bewegt – auf einer unzivilisierten, primitiveren Ebene. Das Erstere wäre der Fall, wenn das Völkerrecht niedrigere Ziele verfolgte als den Schutz der Menschenrechte; das Letztere, wenn die UN-Charta die verfasste, verrechtlichte Form wäre, in der die Menschenrechte global geschützt werden. In diesem zweiten Fall nämlich stünde das Naturrecht nicht oberhalb der Satzung; die Satzung wäre im Gegenteil seine kodifizierte Fassung.

Die Richtigkeit des zweiten Standpunktes wird klar, wenn man das **Völkerrecht** als Weltkriegs-Verhütungsrecht versteht, das die Menschenrechte nicht übersieht, sondern vor ihrer größten Gefährdung – einem dritten Weltkrieg – bewahren will.

Der Konflikt zwischen dem angeordneten Gewaltverbot und der moralisch gebotenen Menschenrechtswahrung wurde in der UN-Charta nicht etwa übersehen; die Versammlung, die sie im Juni 1945 verabschiedete, war nicht zu blauäugig, um der Möglichkeit von Massakern, Völkermord und Vertreibung ins Auge sehen zu können. Sie hatte aber etwas anderes im Blick: die Möglichkeit und die Schrecklichkeit eines weiteren Weltkriegs, von dem man angesichts der neu entwickelten Waffen annahm, dass er der Menschheit den Garaus machen könnte. Die Charta hat sich deshalb klar entschieden: Weltkriegsvermeidung geht vor Menschenrechtsverletzungsvermeidung.

Nur wenn die als innere Angelegenheiten hinzunehmenden Menschenrechtsverletzungen Außenwirkung haben, nur wenn sie ihrerseits die internationale Sicherheit oder den Weltfrieden bedrohen, sollen sie ein militärisches Einschreiten rechtfertigen – und wiederum nur dann, wenn die führenden Mächte eine einstimmige Entscheidung gefällt haben. Dahinter steht der Gedanke: Wenn diese Einigkeit nicht vorliegt, wenn also eine Großmacht gegen das gebotene Eingreifen gestimmt hat, so hat sie dafür Gründe, die sie motivieren könnten, sich auf die Seite des anzugreifenden Staates zu stellen. In diesem Fall nämlich wäre das Ziel der Charta, die Weltkriegsverhütung, verfehlt. [...]

Ist die UN-Charta das Ergebnis einer Güterabwägung, die zwischen dem Schutz des Weltfriedens und der Unverletzlichkeit der Menschenrechte wählen musste, so war ihre Entscheidung zugunsten des Weltfriedens richtig. Auch er ist letzten Endes ein Menschenrechtsschutz, und zwar auf höchster Ebene. Er ist der Schutz des Lebensrechts der gesamten Menschheit.

(Sybille Tönnies, in: FAZ, 7.6.1999, S. 12)

Mazedonien – Die NATO als Unternehmer oder Peacekeeping im Auftrag der Konfliktparteien

Das labile Gleichgewicht im Balkanstaat Mazedonien geriet infolge des Kosovo-Konflikts noch stärker ins Schwanken. Rund 360 000 nach Mazedonien geflüchtete Kosovo-Albaner veränderten die ethnische Zusammensetzung der dortigen Bevölkerung (ca. 27 % albanisch-islamische Bevölkerung, slawisch-orthodoxe Mehrheit). Als albanische „Befreiungsarmee" griffen rund 1 000 Aktivisten der albanisch-mazedonischen Befreiungsarmee UCK Dörfer und Städte im Grenzgebiet an, unterstützt von der UCK des Kosovo, und brachten im Frühjahr 2001 den Norden des Landes unter ihre Kontrolle. So entstand eine ähnliche Gefahrensituation wie 1994 in Bosnien-Herzegowina. Auf Druck der EU und der USA stimmten die Konfliktparteien dem NATO Einsatz „Essential Harvest" zu, bei dem innerhalb von 30 Tagen die Entwaffnung der UCK erfolgte. Als Gegenleistung wurden in Mazedonien albanisch-stämmige Parteien zugelassen und eine Mehrparteien-Regierung musste die albanische Minderheit einschließen.

11. September 2001 – Bündnisfall ohne Folgen: Marginalisierung der NATO?

Wegen der Angriffe des 11. September hat die NATO zum ersten Mal seit ihrem Bestehen die gegenseitige Beistandspflicht ausgerufen. Die NATO bot den USA militärische Unterstützung an. Die USA griffen Afghanistan an, ohne aber das Verteidigungsbündnis in Anspruch zu nehmen. Auch bei der Befriedung Afghanistans und ebenso im Irak-Krieg wurden die NATO-Truppen zunächst nicht angefordert. Die Amerikaner organisieren die militärischen Maßnahmen mit ausgewählten Verbündeten selbstständig. Dennoch stellt die NATO logistische Unterstützung zur Verfügung und wird im Rahmen eines UN-Mandats seit 2003 beim Wiederaufbau des Iraks beteiligt.

M 28 | Bündnis ohne Zweck

Der US-Krieg in Afghanistan geht zu Ende. Verloren hat ihn nicht nur Al-Qaida, sondern auch die NATO. Weder am Krieg noch an der UN-Friedenstruppe ist das Bündnis beteiligt. Und das ist schon verwunderlich. Zur Erinnerung: Am 2. Oktober rief die NATO wegen der Terroranschläge auf New York und Washington erstmals in ihrer Geschichte den Verteidigungsfall aus. Das Bündnis sollte in Aktion treten – nicht wie im Kosovo in einem Krieg, der laut Völkerrecht als Angriffskrieg galt, sondern in ihrer ureigenen Funktion: als Verteidigungsbündnis. Seitdem ist für die NATO viel passiert – nämlich nichts. Der Bündnisfall gilt noch immer, aber seine Ausrufung war nur eine Posse. Die USA brauchen die NATO nicht – schon im Kosovokrieg war es dem Pentagon lästig, Dänemark oder Belgien über die Auswahl militärischer Ziele informieren zu müssen. Diesmal haben die USA ihre Partner gleich bilateral akquiriert. Klar ist nun: Die Entscheidungen fallen in Washington, nicht in Brüssel. Der 2. Oktober war also wirklich ein historisches Datum: der Tag, an dem das Ende der NATO begann. Auflösen wird sich das Bündnis nicht. Es wird weiter existieren: verkleinert zu einer Art transatlantischem Kommunikationssystem, geschrumpft zu einem europäischen Regionalpakt, dessen Horizont bis Mazedonien reicht.

Diese Lage ist nicht ohne Ironie. Anfang der 1990er war dem Bündnis mit der Sowjetunion misslicherweise auch der Daseinszweck abhanden gekommen. In dieser Krise erfand sich die NATO neu: Sie expandierte nach Osten. In Washington 1999 und im Kosovokrieg wandelte sie sich vom Verteidigungspakt zu einem zweifelhaften, global operierenden Bündnis. Die NATO schien ihren Existenzgrund zu überleben, sie schien immer wichtiger zu werden – sie war für die Ewigkeit konzipiert. Seit dem 11. September ist diese Ewigkeit zu Ende. Osama bin Laden hat erreicht, was in den 1990ern viele mit guten, vernünftigen Gründen vergeblich versucht hatten – die Macht der NATO zu beschränken. Damit verblasst auch die Befürchtung, dass die NATO sich in eine Ersatz-UNO und selbst ernannte Weltpolizei verwandelt. Ein Absturz von weit oben nach weit unten. Für Schadenfreude besteht allerdings wenig Grund. Das Bündnis war auch eine Konsensmaschine, ein transatlantisches Rückkopplungsinstrument, das auch als Bremse wirkte. Jetzt schrumpft die NATO – und die Versuchung in den USA, auf eigene Faust zu handeln, wächst.

(Stefan Reinecke, in: taz v. 18.12.2001, S. 1)

Aufgaben

1. Diskutieren Sie – auch mit Blick auf aktuelle Diskussionen – inwieweit die Reformen (M 21/M 22) der NATO eine ausreichende Existenzberechtigung verleihen. Erörtern Sie dabei auch,
   a) ob die NATO weiterhin den Führungsanspruch der USA verkörpert;
   b) ob die NATO zu Einsätzen „out of area" unter eigener Regie (z. B. Bosnien) legitimiert ist;
   c) welche (politischen) Folgen militärische Fehlschläge bei Einsätzen „out of area" haben könnten (Glaubwürdigkeit, Bündnisverpflichtung);
   d) inwiefern die NATO infolge des Afghanistan- und Irak-Krieges an Bedeutung verloren hat.
   (Berücksichtigen Sie auch die Kommentare M 23, M 24, M 28.)
2. Zeigen Sie Grenzen auf, die der Journalist Theo Sommer in seinem Artikel „Bündnis ohne Grenzen" (M 24) dem NATO-Bündnis bei Interventionen „out of area" empfiehlt.
3. Erörtern Sie, ob die NATO Hindernis oder Brückenbauer für eine Einbindung Russlands in eine gesamteuropäische Sicherheitsarchitektur ist.
4. Formulieren Sie das Sicherheitsdilemma der NATO im Kosovokonflikt (Karikatur M 25). Erörtern Sie im Kurs mögliche Entscheidungen und ihre Folgen (s. Methodenschulung „Dilemma", S. 132 ff.).
5. Diskutieren sie anhand von M 26 und M 27 das Pro und Contra einer „humanitären Intervention". Unterscheiden Sie dabei auch die unterschiedlichen Argumentationsebenen und Argumentationsstile (s. Methodenschulung, S. 508 ff.).

3.3 Deutsche Außenpolitik – Normalisierung oder Militarisierung?

➤ Bundeswehreinsätze „out of area" – Zur Chronologie eines Lernprozesses

M 29|

1990/91

„Sie haben uns entdeckt, Helmut ..."

(Zur deutschen Haltung im Golfkrieg 1990/91)

M 30|

1992

„Vorsicht, in Deckung bleiben!"

(Der Spiegel, 24.08.1992)

Die Bundesregierung zieht eine Beteiligung am Militäreinsatz der Alliierten gegen den Irak im Golfkrieg nicht einmal in Erwägung. Demonstrationen vor allem in der BRD: „Kein Blut für Öl!"

1992

Gegen heftige Proteste von SPD und Grünen im Bundestag beschließt die Bundesregierung Soldaten der Bundeswehr in NATO-Aufklärungsflugzeugen (AWACS) und bei Lebensmittelabwürfen über Bosnien mitfliegen zu lassen.

1994

Klage der Fraktionen der SPD und FDP beim Bundesverfassungsgericht gegen geplante Bundeswehrbeteiligung an NATO-Einsätzen in Bosnien; sie wird am 12.07.1994 abgewiesen.

M 31|Urteil des Bundesverfassungsgerichts

1994

Am 12.7.1994 verkündete das Bundesverfassungsgericht das Urteil zu Auslandseinsätzen der Bundeswehr unter UN-Mandat.

Das Bundesverfassungsgericht (BVerfG) beschied: „Art. 24, Abs. 2 des GG ermächtigt den Bund, sich zur Wahrung des Friedens einem System gegenseitiger kollektiver Sicherheit einzuordnen. Diese Ermächtigung berechtigt den Bund nicht nur zum Eintritt in ein solches System und zur Einwilligung in damit verbundene Beschränkungen seiner Hoheitsrechte. Sie bietet vielmehr auch die verfassungsrechtliche Grundlage für die Übernahme der mit der Zugehörigkeit zu einem solchen System typischerweise verbundenen Aufgaben und damit auch für eine Verwendung der Bundeswehr zu Einsätzen, die im Rahmen und nach den Regeln dieses Systems stattfinden.

Jedenfalls wird durch Art. 87a des GG der Einsatz bewaffneter deutscher Streitkräfte im Rahmen eines Systems gegenseitiger kollektiver Sicherheit, dem die Bundesrepublik Deutschland gemäß Art. 24, Abs. 2 GG beigetreten ist, nicht ausgeschlossen.

Während die auswärtige Gewalt von der Verfassung weitgehend dem Kompetenzbereich der Exekutive zugeordnet wird, sehen die grundgesetzlichen Regelungen über die Wehrverfassung für den Einsatz bewaffneter Streitkräfte grundsätzlich eine Beteiligung des Parlaments vor. Die auf die Streitkräfte bezogenen Regelungen des GG sind in den verschiedenen Stufen ihrer Ausformung stets darauf angelegt, die Bundeswehr nicht als Machtpotenzial allein der Exekutive zu überlassen, sondern als Parlamentsheer in die demokratisch-rechtsstaatliche Verfassungsordnung einzufügen, das heißt dem Parlament einen rechtserheblichen Einfluss auf Aufbau und Verwendung der Streitkräfte zu sichern. Das GG verpflichtet die Bundesregierung, für einen Einsatz bewaffneter Streitkräfte die grundsätzliche vorherige, konstitutive Zustimmung des deutschen Bundestags einzuholen. [...] Bei Einsätzen bewaffneter Streitkräfte im Rahmen von Resolutionen des Sicherheitsrats ist die vorherige Zustimmung des Bundestages unabhängig davon erforderlich, ob den Streitkräften Zwangsbefugnisse nach Kapitel VII der Satzung der UN eingeräumt sind und wie die Kommandostrukturen ausgestaltet sind. Eine unterschiedliche Behandlung der verschiedenen Einsatzformen von Friedenstruppen verbietet sich, weil die Grenze zwischen den traditionellen Blauhelm-Einsätzen und solchen mit der Befugnis zu bewaffneten Sicherungsmaßnahmen in der Realität fließend geworden sind.“ [...]

(IAP-Dienst „Sicherheitspolitik“, Nr. 15–16/12.08.1994, S. 18)

M 32a | Katerstimmung bei den GRÜNEN

Auseinandersetzung nach dem Bosnien-Votum im Bundestag

Bei den Grünen hat sich die Auseinandersetzung zwischen Teilen der Partei und der Bundestagsfraktion über deren Abstimmungsverhalten zum Bosnien-Antrag der Bundesregierung verschärft. [...] Es sei gegen zwei Grundwerte der Partei verstoßen worden: die innerparteiliche Demokratie und die Gewaltfreiheit.

(Günter Bannas, in: FAZ, 08.12.1995)

M 32b |

M 33a |

Die Bundeswehr erstmals in ihrer Geschichte mit „Tornados“ an Kampfeinsätzen der NATO (gegen Serbien) beteiligt

SPIEGEL: Wie fühlt sich einer aus der Generation, die in Opposition zum Krieg aufgewachsen ist, der aus einer Partei kommt, die ganz wesentlich pazifistisch orientiert ist?

Außenminister Fischer: Ja, ich war zu Beginn ein Anhänger des Appeasement, aus guten Gründen. Seit Srebrenica aber habe ich meine Position verändert. Mir war klar geworden, dass Appeasement gegenüber Milosevic immer nur zu weiteren Massengräbern führen wird [...].

(SPIEGEL, Nr. 16 v. 19.04.1999, S. 38)

M 33b |

SPIEGEL: Es gab eine Rollenverteilung: Die Amerikaner erledigen das Grobe, die Europäer kümmern sich nach alter Tradition um die Diplomatie [...].

Bundeskanzler Schröder: Die Briten, Niederländer, Franzosen, auch die Italiener, letztlich auch wir, wenn auch nicht in dieser Größenordnung, haben einen angemessenen Beitrag auch zu den militärischen Maßnahmen gebracht [...]. Die Entscheidung zum Krieg hat eine fundamentale Veränderung der deutschen Außen- und Sicherheitspolitik bedeutet. Ich behaupte: Keine andere Regierung als unsere hätte sie so treffen können und so ausgehalten [...]. Nach dem Ende des Kalten Krieges, nach der Einheit in Deutschland fehlen uns die Argumente, in der internationalen Politik eine Sonderrolle zu beanspruchen [...]. Und bezogen auf den Balkan habe ich immer gesagt: Gerade weil wir Deutschen Schuld auf uns geladen haben, können wir massive Menschenrechtsverletzungen nicht hinnehmen und abseits stehen mit der wohlfeilen Ausrede, die Abstinenz habe mit unserer Geschichte zu tun.

(SPIEGEL, Nr. 23 v. 07.06.1999, S. 33)

M 34 | Einsatzroute über dem Kosovo

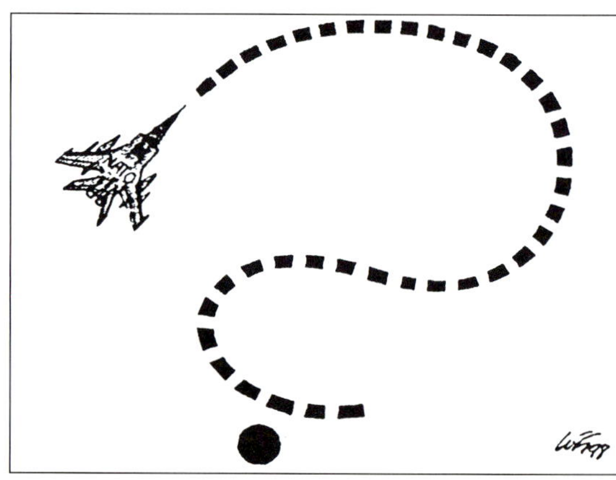

(Stuttgarter Zeitung, 10.06.1999)

M 35 |

Mazedonien – Bundeswehrsoldaten beginnen Essential Harvest

Waffen der UCK einsammeln, wegtransportieren und für brenzlige Situationen bereit sein – darin unterstützen Bundeswehrsoldaten seit Sonntagmorgen ihre NATO-Kollegen. Zusammen sollen die Soldaten der UCK in 30 Tagen 3 300 Waffen abnehmen.

(FAZ, 09.09.2001)

2001

M 36

11. September 2001
12.00 Uhr/18 Uhr: In einer Presseerklärung bezeichnet Bundeskanzler Schröder die Terroranschläge in den Vereinigten Staaten als „Kriegserklärung gegen die gesamte zivilisierte Welt". Er habe dem amerikanischen Präsidenten die uneingeschränkte Solidarität der Bundesregierung zugesichert.

(FAZ.Net.aktuell: Chronologie des Schreckens)

2001

M 37a–b

Kanzler regiert mit zwei Mehrheiten
Bereits seit dem Mazedonien-Beschluss im September regiert Bundeskanzler Schröder in Wirklichkeit mit zwei Koalitionen: einer rot-grünen für die zivilen Projekte und einer großen Koalition für die militärischen.

(Taz, 12.11.2001)

Schröder: Vertrauensfrage bewusst gestellt
Bundeskanzler Schröder verband die Afghanistan-Debatte des Bundestages mit der Vertrauensfrage.

(FAZ, 16.11.2001)

2002

M 38

Die Zeit: Herr Bundeskanzler, während der Kosovo-Krise haben Sie Wert darauf gelegt, dass die Bundesrepublik sich nicht aus der westlichen Allianz verabschiedet. Haben Sie nicht Angst, dass jetzt, in der Frage eines möglichen Kriegs gegen den Irak, genau das geschieht?

Schröder: Nein, es geht doch um völlig verschiedene Sachverhalte. Nach dem 11. September ging es darum, einem Freund und Verbündeten, der auf seinem Territorium vom internationalen Terrorismus angegriffen worden ist, Beistand zu leisten – eine für mich selbstverständliche Freundespflicht, auch dann, wenn die Umsetzung nicht leicht war. Zunächst musste die Tabuisierung des Militärischen in Deutschland aufgebrochen werden, um dieser Beistandspflicht genüge zu tun, die ja die andere Seite der Medaille jener Solidarität ist, die wir erfahren haben. Das haben wir gemacht. Jetzt geht es nicht darum, gegen einen klar erkennbaren Angriff und von den Vereinten Nationen legitimiert, eine Verteidigung zu organisieren, sondern augenscheinlich darum, einen neuen Konfliktherd im Nahen Osten zu entfachen. Das ist etwas fundamental anderes.

(Zeit-Interview mit Bundeskanzler Gerhard Schröder, in: Die Zeit, 15.08.2002, S. 3)

2002

M 39

Kanzler Schröder schließt Beteiligung am Irak-Krieg aus
(SZ, 09.08.2002)

US-Botschafter warnt vor deutscher Isolation
(SZ, 04.09.2002)

SPD vertieft die Kluft zu Präsident Bush
(SZ, 10.09.2002)

2004

M 40

NATO wird Irak bei Ausbildung von Sicherheitskräften helfen
In Istanbul kamen die NATO-Staaten der offiziellen Bitte des irakischen Ministerpräsidenten Ijad Allawi nach, bei der Ausbildung von Soldaten und anderen Sicherheitskräften zu helfen. [...] Vor allem Frankreich und Deutschland hatten im Vorfeld Bedenken gegen eine zu große Rolle des Bündnisses im Irak geltend gemacht. In deutschen Regierungskreisen wurde am Rande des Gipfels bekräftigt, dass Berlin auch nach der vorzeitigen Machtübergabe in Bagdad keinen deutschen Soldaten nach Irak schicken werde. „Wir sind mit der Entscheidung einverstanden", sagte Schröder am Montag in Istanbul. Deutschland leiste seinen Beitrag, indem es Ausbildungseinrichtungen der Bundeswehr zur Verfügung stelle.

(http://www.heute.de/; 28.06.2004)

2006

M 41a–c

Kongo-Einsatz offiziell beschlossen
Die Europäische Union hat am Donnerstag offiziell den Einsatz von EU-Soldaten zur Absicherung der Wahlen in Kongo beschlossen. Gegen einen grundsätzlichen Beschluss der EU-Botschafter vom Vortag wurde bis zum Abend kein schriftlicher Einspruch erhoben, sagten EU-Diplomaten. Damit ist die Entscheidung endgültig. Unter deutscher Führung sollen knapp 1500 EU-Soldaten an dem Einsatz beteiligt sein, davon etwa 500 Bundeswehrangehörige.

(http://www.netzeitung.de/; 18.08.2006)

Merkel: Kongo-Einsatz ist gemeinsame Aufgabe
Bundeskanzlerin Angela Merkel (CDU) hat den geplanten Einsatz der Bundeswehr im Kongo gegen Kritiker auch aus den eigenen Reihen verteidigt. [...]
Der Einsatz der Bundeswehr zur Sicherung der ersten freien Wahlen in dem zentralafrikanischen Land seit mehr als vier Jahrzehnten muss noch vom Bundestag beschlossen werden. Vor allem in der Union, aber

auch in Teilen der SPD gibt es zum Teil erhebliche Bedenken gegen den Einsatz von rund 500 deutschen Soldaten im ehemaligen Zaire.

(http://www.faz.net; 21.03.2006)

Bundestag beschließt Kongo-Einsatz

Der Bundestag hat die Entsendung deutscher Soldaten nach Kongo mit großer Mehrheit beschlossen. Die Bundeswehr wird für die EU-geführte Mission bis zu 780 Soldaten der rund 2 000 Soldaten starken EU-Truppe zur Absicherung der Wahlen im Kongo am 30. Juli stellen.

(http://www.faz.net; 01.06.2006)

M 42a – b

Nahost-Konflikt: Solana für Bundeswehr im Libanon

Der Druck auf Deutschland, sich an einer möglichen Friedenstruppe im Libanon zu beteiligen, nimmt zu. „Sobald ein kompletter UN-Rahmen beschlossen ist, werde ich alle EU-Mitgliedstaaten auffordern, sich an einer UN-Stabilisierungstruppe zu beteiligen – also auch Deutschland", sagte der EU-Außenbeauftragte Javier Solana der „Bild"-Zeitung. Zuvor hatte sich der israelische Ministerpräsident Ehud Olmert explizit für eine deutsche Beteiligung an einer internationalen Friedenstruppe ausgesprochen. In Deutschland stößt dies allerdings auf große Skepsis. Viele halten vor dem Hintergrund der deutschen Geschichte einen bewaffneten Einsatz der Bundeswehr im Nahen Osten für nicht vorstellbar.

(www.welt.de/; 08.08.2006)

Bundestag billigt Libanon-Einsatz

Der Weg für den ersten Einsatz deutscher Soldaten im Nahen Osten seit dem Zweiten Weltkrieg ist frei. Der Bundestag stimmte am Mittwoch mit mehr als Zwei-Drittel-Mehrheit der Entsendung von bis zu 2 400 Soldaten in den Raum Libanon zu. Für die Mission votierten in namentlicher Abstimmung 442 von 599 Abgeordneten. 152 Parlamentarier stimmten dagegen, 5 enthielten sich. Die Nein-Stimmen kamen von der Linksfraktion und von der Mehrheit der FDP-Fraktion. [...] Die ersten der acht deutschen Marineschiffe sollen bereits an diesem Donnerstag auslaufen und in etwa zehn Tagen die libanesische Küste erreichen. Sie sollen dort den Waffenschmuggel an die Hizbollah-Milizen unterbinden. Die deutsche Marine wird die Führung einer maritimen Task Force mit UN-Soldaten aus den Niederlanden, Dänemark, Norwegen und Schweden übernehmen; zugleich soll sie mit der libanesischen Armee zusammenarbeiten.

(http://www.faz.net/; 20.09.2006)

M 43a – d

Deutsche Soldaten mit Totenkopf. Die schockierenden Fotos aus Afghanistan: Was sind die Folgen?

Fünf Fotos in *Bild*, die Geschichte machen könnten, ob sie nun echt sind oder nicht: Sie zeigen deutsche Soldaten in Afghanistan, die makabre und obszöne Späße mit einem Totenschädel treiben. [...] der Zeitpunkt der Veröffentlichung hätte genauer gezielt nicht sein können. Am gleichen Tag berät das Bundeskabinett über die Fortführung der Afghanistan-Mission der Bundeswehr sowie über das Weißbuch zur Verteidigungspolitik, und im Bundestag herrscht Aufregung über die Vorwürfe des ehemaligen Guantánamo-Häftlings Murat Kurnaz an die Adresse deutscher Militärs, diese hätten ihn in Afghanistan misshandelt.

(http://www.zeit.de/online; 25.10.2006)

„Die Deutschen müssen das Töten lernen."
Wie Afghanistan zum Ernstfall wird

Gefangen in Afghanistan – die Bundeswehr gerät am Hindukusch unter den Druck der Nato-Verbündeten. Die Deutschen in Afghanistan – klug oder feige?

(Spiegel, Nr. 47 v. 20.11.2006)

Tornado-Einsatz schon im April möglich

Deutsche Tornado-Aufklärungsflugzeuge könnten bereits Mitte April in Afghanistan zum Einsatz kommen, falls der Bundestag einem entsprechenden Kabinettsbeschluss zustimmt. Einer Umfrage zufolge ist die große Mehrheit der Bundesbürger gegen den Einsatz.

(http://www.tagesspiegel.de; 06.02.2007)

Sinnkrise in Afghanistan und Berlin

Politiker und Bundeswehr fordern Klarheit über Sinn und Dauer des Einsatzes. Während Minister Franz Josef Jung die Mandate verlängern will, kündigt die SPD eine „offene Debatte" an. Die Soldaten sehen sich von der Öffentlichkeit allein gelassen.

[...] Seit bald sechs Jahren beteiligt Deutschland sich an [...] der UNO-geführten Schutztruppe Isaf und der Terrorbekämpfung [...] OEF. Im Rahmen der Isaf hat Deutschland sich vorbehalten, Soldaten nur im Norden des Landes zu stationieren. Seit einiger Zeit aber wächst der Druck der Bündnispartner, sich auch im gefährlichen Süden zu engagieren. Im März hat der Bundestag deshalb die Entsendung von sechs Tornado-Aufklärungsflugzeugen gebilligt [...]. Die deutsche Beteiligung an der OEF-Mission ist eher symbolisch: Die Verbündeten können bis zu 100 Soldaten der KSK-Elitetruppe anfordern. Dies geschah zumindest seit dem Regierungswechsel 2005 jedoch nicht. Vor allem gegen die OEF-Mission richtet sich die zunehmende Kritik. [...]

(http://www.taz.de; 25.05.2007)

M 44 | Die Armee, die nicht verweigern darf

Es kommt einigermaßen überraschend, dass angesichts der Eskalation im Südlibanon über eine deutsche Beteiligung an einer Nahost-Friedenstruppe nachgedacht wird. Überraschender ist nur noch, dass es nicht zum ersten Mal geschieht. [...] Eher war es ein weiterer Vorstoß bei der „Enttabuisierung des Militärischen", wie Schröder sie nach den Terroranschlägen vom 11. September 2001 propagiert hatte. Die öffentliche Reaktion war damals abwehrend. Schließlich könnte der Einsatz im Nahen Osten die Gewaltanwendung deutscher Soldaten gegen Juden bedeuten – eine schwer erträgliche Vorstellung.

Vier Jahre später gibt es wieder das vage Szenario einer UN-Schutztruppe im Nahen Osten. Doch diesmal hält sich die Aufregung in Grenzen. Sicher ist die Lage in der Region zu dramatisch, als dass nun eine allzu selbstbezogene Debatte über das Für und Wider eines deutschen Engagements losbrechen würde. Aber die fast abgeklärte Art, in der die Frage behandelt wird, zeigt eben auch, wie selbstverständlich Bundeswehrmissionen an jedem Ort der Welt inzwischen geworden sind. Im Laufe der Balkan-Kriege der 1990er-Jahre hatte sich die Erinnerung an die Verbrechen der Wehrmacht von einem Tabu gegen die Beteiligung der Bundeswehr in ein Argument dafür verwandelt. Ließe sich nun aus der historischen Verantwortung gegenüber Israel ein deutsches Engagement begründen? Wenn die Voraussetzungen erfüllt seien und die Konfliktparteien es wünschten, erklärt der deutsche Verteidigungsminister, „werden wir uns einem solchen Einsatz nicht verweigern können". Die Formel klingt zurückhaltend und zugleich nach einem bloß aufgeschobenen Automatismus: als gäbe es gar nichts zu entscheiden, wenn die Sache denn akut wird. [...]

Nach dem Ende des Kalten Krieges waren die Deutschen die Profiteure der neuen Weltlage: Die Frontstellung Richtung Osten war zu Ende, das Land vereint und wieder souverän. Doch mit der Souveränität kamen die neuen Verpflichtungen, die von der Politik Schritt für Schritt akzeptiert und mit schlechtem Gewissen einem widerstrebenden Volk vermittelt wurden.

Kaum mehr als ein halbes Jahrzehnt lag zwischen den ersten Aufwärmübungen der Bundeswehr in Kambodscha oder Somalia und dem Krieg gegen Serbien im Konflikt um das Kosovo. Erst ging es um rein humanitäre Aktionen (medizinische Hilfe in Kambodscha), dann bekamen die zivilen Aufträge eine kleine militärische Komponente (Somalia), dann beteiligten sich die deutschen Soldaten mit Überwachungsaufgaben an der Peripherie des jugoslawischen Bürgerkriegs. In dessen Verlauf waren sie schließlich bereit, als Ultima Ratio der Konfliktbewältigung militärische Gewalt anzuwenden.

Als „ganz ganz große Ausnahme" wollte der rot-grüne Außenminister Joschka Fischer den Kosovo-Krieg der Nato verstanden wissen. Mit ihm war Ende der 1990er-Jahre das ganze Einsatzspektrum der Bundeswehr ausgelotet – theoretisch. Aber erst der 11. September 2001 und der beginnende Kampf gegen den Terrorismus machten den Globus zum schier grenzenlosen Aufmarschgebiet auch für die Bundeswehr. Es war der Verteidigungsminister Peter Struck, der 2002 erklärte, Landesverteidigung im traditionellen Sinne sei kein realistisches Einsatzszenario mehr. Künftig, so Strucks berühmt gewordene Formulierung, werde die deutsche Sicherheit „auch am Hindukusch" verteidigt. Flapsiger ließ sich der sicherheitspolitische Epochenbruch kaum formulieren.

Nach dem 11. September verbindet sich beides: das Recht zur Selbstverteidigung gegen terroristische Bedrohung und das politisch-moralische Kalkül, das in den Krisenregionen Lebensverhältnisse herstellen will, in denen der Terrorismus keinen Nährboden mehr findet. Anti-Terror-Kampf und *nation building*, *hard* und *soft power* sind nun zwei Seiten einer Medaille. [...]

Es ist der Sicherheitsbegriff, den auch Joschka Fischer nach dem 11. September proklamiert hatte. Die Staatengemeinschaft dürfe nicht länger die *failing states* ignorieren, die „schwarzen Löcher", in denen der Terror sich einniste. Es ist eine absolut plausible Strategie. Zugleich ist es eine kaum lösbare Aufgabe. [...]

Neue Einsätze, während die alten auf unabsehbare Zeit fortdauern – oder plötzlich unkalkulierbar werden? Die

Cover des SPIEGEL, Nr. 47 vom 20.11.2006

Deutschen haben sich dazu durchgerungen, die Destabilisierung entfernter Weltregionen als Bedrohung der eigenen Sicherheit wahrzunehmen. Folgt daraus mehr als Überforderung ohne Erfolgsaussichten? […]

„Die Reichweite unserer Moral ist weit größer als die Mittel, ihr weltweit zum Durchbruch zu verhelfen", hatte seinerzeit, zu Beginn der rot-grünen Regierung, der damalige Verteidigungsminister Rudolf Scharping gewarnt. Das war kein prinzipieller Einwand gegen die Übernahme internationaler Verantwortung, aber doch eine Mahnung vor überbordenden Erwartungen an die Truppe und Selbstüberforderung der Politik. […]

Heute hat Scharpings Mahnung ihre volle Gültigkeit erlangt. Sein Nachfolger jedenfalls wollte mit der Unvoreingenommenheit des Newcomers und einer neuen Nüchternheit seine Verantwortung für die Bundeswehr wahrnehmen. Der Auftrag, den die Bundeswehr im Auslandseinsatz zu erfüllen habe, sollte im Grundgesetz präzisiert werden, fordert Jung. Und dann sei künftig „in jedem Einzelfall eine klare Antwort auf die Frage notwendig", inwieweit die „Interessen Deutschlands den Einsatz erfordern und rechtfertigen".

Doch der Entwurf des Verteidigungsministeriums für das neue Weißbuch der Bundeswehr beinhaltet außer solch scheinbar präzisen Anforderungen für die politische Entscheidung auch genau das Gegenteil: jede Menge vage Aufzählungen. Als „vorrangige Interessen deutscher Sicherheitspolitik" will das Schlüsseldokument etwa die „transatlantische Sicherheit und Stabilität stärken", den „Wohlstand des Landes durch freien und ungehinderten Welthandel ermöglichen", „Krisen und Konflikte, die unsere Sicherheit beeinträchtigen, vorbeugend eindämmen und bewältigen", den Menschenrechten und dem Völkerrecht Respekt verschaffen sowie „die Kluft zwischen armen und reichen Weltregionen überwinden". Für die zivile wie militärische Sicherheitsvorsorge der Republik ist das ein beachtlicher Katalog. Nur die Kriterien, anhand derer der deutsche Verteidigungsminister künftig sinnvolle und verantwortbare Militäreinsätze von überflüssigen oder unverantwortlichen trennen wird, bleibt das Weißbuch schuldig.

Das ist weder Zufall noch Nachlässigkeit. Eher entspricht es der schlichten Realität einer international eingebundenen Mittelmacht. Deutschland ist 1990 souverän geworden. Aber entscheidet es wirklich mit, in welchen Konflikten eingegriffen werden soll und welche Mittel dabei angewendet werden? […] Der Eindruck bleibt, dass weniger die inhaltlichen Begründungen die Entscheidung herbeiführen, sondern umgekehrt: Für die von den USA, den UN oder auch nur von CNN herbeigeführten Entscheidungen finden sich auch passende deutsche Begründungen. Wie lautete doch gleich die Formulierung, mit der Jung die jüngste Nahost-Perspektive seiner Soldaten akzeptiert hat: Man werde sich nicht verweigern können.

So ist der Globalisierungsstress inzwischen auch in der Bundeswehr angekommen. Ihr Umbau zu einer interventionstauglichen Armee ist längst im Gange. Im Rahmen von Nato- und EU-Eingreiftruppen wird die Bundeswehr schon bald für weltweite schnelle Kriseneinsätze zur Verfügung stehen. Innerhalb weniger Tage. […]

Und noch eine andere heimliche Doktrin deutscher Militäreinsätze wird künftig wohl fallen. Denn die neuen Eingreiftruppen werden für Einsätze „hoher Intensität" aufgestellt. Es ist eine technisch klingende Beschreibung für etwas äußerst Untechnisches: Krieg.

Damit wäre der letzte Schritt der Bundeswehr auf dem Weg in die neue Einsatznormalität gegangen. Deutschland verfügt jetzt über die ganze Souveränität. Seine Bundeswehr hat alle Freiheiten für Einsätze überall. Was nun droht, ist Beliebigkeit. Und Überforderung.

(Matthias Geis, in: DIE ZEIT, 27.07.2006/Nr. 31)

M 45

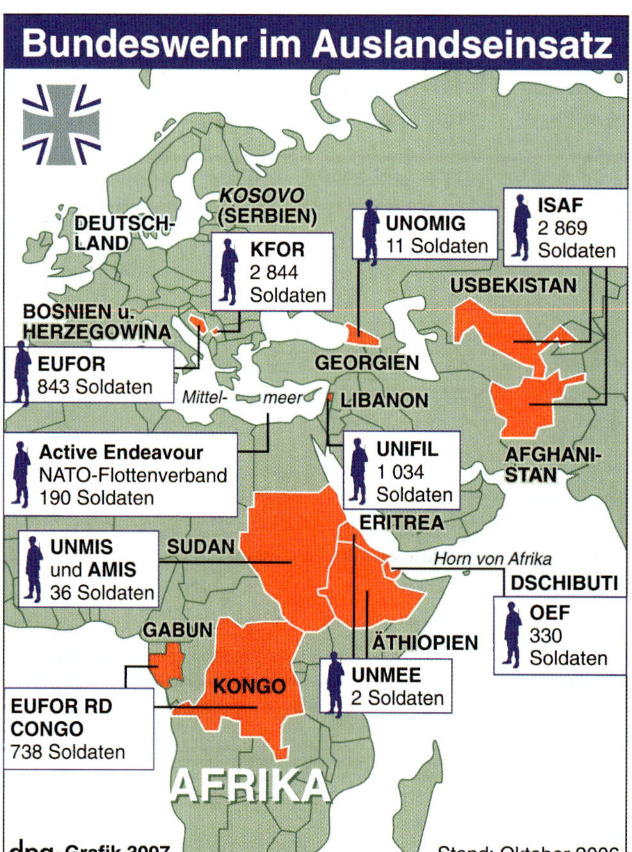

Aufgaben

1. Beschreiben Sie anhand von M 29 – M 43 den „deutschen Lernprozess“ seit 1991. Recherchieren, ergänzen und aktualisieren Sie gegebenenfalls (http://www.einsatz.bundeswehr.de).
2. Analysieren Sie die BVerfGE von 1994 (M 31), indem Sie
   - die GG-Artikel, auf die sich die Entscheidung bezieht, nachschlagen;
   - die Hürden, die das BVerfG für einen Bundeswehreinsatz vorsieht, aufzeigen;
   - die Begründungen zur Zuständigkeit des Parlaments und zu verschiedenen Einsatzformen nachzeichnen.
3. Die BVerfGE zum Einsatz der Bundeswehr „out of area“ wird allgemein als ein historischer Einschnitt bewertet. Anhänger der Entscheidung und der nachfolgenden Entwicklung sprechen von einer „Normalisierung“, Kritiker von einer „Militarisierung“ der deutschen Außenpolitik. Diskutieren Sie diese kontroversen Einschätzungen vor dem Hintergrund aktueller Bundeswehreinsätze.
4. Erarbeiten Sie am Text M 44 verschiedene Phasen der „Enttabuisierung des Militärischen“. Inwiefern kann heute von einer Überforderung der Bundeswehr gesprochen werden. Formulieren Sie aus Ihrer Sicht einschränkende Anforderungen für Bundeswehreinsätze.

➤ Reform der Bundeswehr: Wehrpflicht- oder Berufsarmee

Seit der deutschen Einheit 1990 hat sich die Bundeswehr erheblich verändert. Sie stand gleich zu Beginn vor zwei wesentlichen Herausforderungen: Integration der ehemaligen Nationalen Volksarmee bei gleichzeitiger drastischer Reduzierung der Streitkräfte, wie es die internationalen Verträge im Zusammenhang mit der deutschen Einheit vorsahen. Beide Herausforderungen können heute als weitgehend bewältigt angesehen werden.

Die neue sicherheitspolitische Situation, die durch den Zusammenbruch des Warschauer Paktes entstanden war, machte in den Folgejahren einen Abbau der Personalstärke der Bundeswehr möglich, der zudem insofern nötig war, als der Verteidigungsetat von den Sparmaßnahmen im Zusammenhang mit der Finanzierung der Einheit in Mitleidenschaft gezogen wurde. Natürlich musste sich die Bundeswehr mit ihren überwiegend in die NATO integrierten Streitkräften seit 1991 auf die neue Strategie der NATO einstellen, die auch Einsätze „out of area“ vorsah (vgl. M 21). Einen entscheidenden Einschnitt brachte dann die verfassungsgerichtliche Klärung der umstrittenen GG-Artikel zugunsten eines Einsatzes der Bundeswehr im Rahmen kollektiver Sicherheitssysteme im Jahr 1994 (vgl. M 31), die weitergehende Einsätze – auch Kampfeinsätze – deutscher Soldaten auf dem Balkan, in Afrika und in Afghanistan erst möglich machte.

Der erweiterte Sicherheitsbegriff seit dem Washingtoner NATO-Gipfel (M 21/M 22) erforderte eine Umrüstung und Neuorientierung der Bundeswehr vom passiven Abschreckungsinstrument zur Eingreiftruppe mit Einsätzen in aller Welt. Verstärkt wurde diese Entwicklung durch die Terroranschläge vom 11. September 2001 und die daraus resultierenden weltweiten Einsätzen der Bundeswehr.

Mit dem fortgeschrittenen Abbau der Personalstärke der Bundeswehr stellt sich immer wieder die Frage nach der Wehrgerechtigkeit. Gleichzeitig fordern Anhänger einer Berufsarmee angesichts der gefährlichen und anspruchsvollen Einsätze der Bundeswehr, dass nach dem Vorbild vieler europäischer Staaten auch in Deutschland die allgemeine Wehrpflicht abgeschafft wird.

Methodenschulung

Die Pro-Contra-Debatte

Die Pro-Contra-Debatte ist eine besondere Form des Streitgesprächs mit dem Ziel einer Willensbildung, die in Beschlüssen formuliert wird. Sie zielt also im Unterschied zur Diskussion auf die Vorbereitung einer formellen Entscheidung, wie z. B. Annahme, Ablehnung oder Modifizierung eines Antrages oder Gesetzes.
Das Thema muss für eine Pro-Contra-Debatte geeignet sein, d. h. es müssen zwei einander klar gegenüberstehende Positionen vorhanden sein, sodass klare Entscheidungsalternativen gegeben sind.
Die Debatte verläuft nach strengen Regeln, ähnlich dem Verfahren der Fernsehsendung „Pro und Contra", mit Statements für jede Position, Abstimmung, Gutachterbefragung, Plädoyers und Schlussabstimmung.
Für das Thema „Wehrpflicht oder Berufsarmee" könnte der Handlungsablauf folgendermaßen aussehen:

Schritte	Handlungsablauf
1	Begrüßung durch den/die Moderator/in; Einführung in die Thematik; Erläuterung der Spielregeln
2	Erste spontane Abstimmung des Kurses ohne vorherige Diskussion
3	Pro-Anwalt/Anwältin hält Eingangsplädoyer. Contra-Anwalt/Anwältin hält Eingangsplädoyer.
4	Nacheinander werden die vier Sachverständigen von den beiden Anwälten/Anwältinnen befragt. Als Sachverständige können hier auftreten: – Sprecher/in des Verteidigungsministeriums – Friedensforscher/in – Verfassungsrechtler/in – Politikwissenschaftler/in.
5	Pro-Anwalt/Anwältin hält Schlussplädoyer. Contra-Anwalt/Anwältin hält Schlussplädoyer.
6	Schlussabstimmung des Kurses
7	Auswertung der Pro-Contra-Debatte = Reflexionsphase a) Spontane Stellungnahme b) Beurteilung der inhaltlichen Sachverhalte anhand der folgenden Ebenen: – verfassungsrechtlich/juristisch – moralisch-ethisch – ökonomisch – militärisch – historisch – politische Kultur/Demokratie c) Bewertung der Methode

(Grundschema nach: P. Massing, Handlungsorientierter Unterricht, Schwalbach 1998, S. 49, ergänzt)

Hinweise für Lehrer/in bzw. Spielleiter/in

① Die Materialien zur Erarbeitung der einzelnen Standpunkte werden den Spielteilnehmern in der vorhergehenden Stunde ausgeteilt. Der Arbeitsauftrag lautet:
Entnehmen Sie aus den Materialien M 46 – M 48 die für Ihre Rolle wesentlichen Argumente. Bereiten Sie sich auf mögliche Fragen und Einwände der gegnerischen Position vor.

② Der/die Lehrer/in bzw. Moderator/in erarbeitet mit der Zuschauergruppe im Vorfeld Beobachtungskriterien. Folgende Kriterien sind zu beachten:

- Wurden die richtigen Fragen gestellt?
- Sind die Experten auf die Fragen eingegangen?
- Waren die Argumente überzeugend und stichhaltig?
- Auf welchen Ebenen wird von den Teilnehmern argumentiert (s. Handlungsablauf, Schritt 7)?
- Erschweren Killerphrasen eine sachorientierte Auseinandersetzung? (Z. B.: „Darum geht es bei dieser Frage nicht.“ – „Das sprengt den zeitlichen Rahmen.“)
- Kommt es zu Wiederholungen, Ausweichen etc.?
- Wie ist das Auftreten und Verhalten der Diskussionsteilnehmer?
- Wird der/die Moderator/in der Aufgabe gerecht?

③ In der Reflexionsphase erfolgt zunächst eine spontane Stellungnahme; daran schließt sich im Plenum anhand der Beurteilungskriterien eine inhaltliche Sachdebatte an, die auch die getroffene Entscheidung einer Prüfung unterzieht.

M 46 |

M 47 | Pro-Position: Wehrpflicht beibehalten!

- Die Wehrpflicht steht für die Bereitschaft der Bürger, persönlich Mitverantwortung für den Schutz ihres Gemeinwesens zu übernehmen. In den vergangenen 40 Jahren haben über acht Millionen junge Männer in der Bundeswehr ihren Dienst für die Gemeinschaft geleistet.
- Über die Wehrpflicht bleibt die Bundeswehr in engem Kontakt mit der gesamten Bevölkerung, vor allem mit der jungen Generation.
- Die Mehrheit der Bundesbürger ist für die Beibehaltung der Wehrpflicht.
- Die Wehrpflicht prägt den Charakter der Streitkräfte.

- Die Wehrpflicht bindet den jungen Bürger an seinen Staat, macht die Landesverteidigung zur Angelegenheit ihrer Staatsbürger, stellt sicher, dass zwischen den Streitkräften und deren zivilem Umfeld ein ständiger Personalaustausch stattfindet. Die Wehrpflicht erfasst die männlichen Bürger, unabhängig von Herkunft, Beruf und Bildung, und beugt so der Gefahr vor, dass Streitkräfte ein gesellschaftliches Eigenleben (Staat im Staate) führen.
- Gerade in den neuen Bundesländern trägt die Wehrpflicht dazu bei, die Bundeswehr im Bewusstsein der Bevölkerung zu verankern. Die Wehrpflicht fordert den Austausch junger Menschen aus den östlichen und westlichen Bundesländern. Damit trägt die Bundeswehr auch zur inneren Einheit Deutschlands bei.
- Der Kern des Auftrags der Bundeswehr bleibt die Landes- und Bündnisverteidigung. Die Mobilmachungs- und Aufwuchsfähigkeit ist ohne Wehrpflicht, und damit ohne eine hinreichende Zahl an Reservisten, nicht zu gewährleisten.
- Die Wehrpflicht ist konjunkturunabhängiger und damit unter dem Aspekt der Qualität ihres Personals auch die „intelligentere" Armee.
- Die Wehrpflichtarmee schafft bessere Voraussetzungen für die langfristige Sicherung von Qualität und Professionalität des Personals der Streitkräfte.
- Die Wehrpflichtarmee ist eine solide Rekrutierungsbasis für die Nachwuchsgewinnung. Die Bundeswehr gewinnt fast die Hälfte ihrer Zeit- und Berufssoldaten aus Grundwehrdienstleistenden, die sich erst nach Dienstantritt für eine Verpflichtung entscheiden (Schnupperkurs-Argument).
- In ihrer Mischung aus Berufs- und Zeitsoldaten, Grundwehrdienstleistenden und Reservisten ist die Bundeswehr die Armee, die den Aufgaben deutscher Streitkräfte am besten entspricht.
- Streitkräfte in Mitteleuropa sind Stabilitätselemente. Sie wirken durch ihre Existenz und Präsenz stabilisierend nach innen und außen.
- Nur die Wehrpflicht sichert die Aufwuchsfähigkeit der Streitkräfte (d. h. eine angemessene Erhöhung der Personalstärke in einer Krise/in einem Konflikt).
- Neben der Fähigkeit, angemessen und wirkungsvoll an internationaler Krisenbewältigung und Friedensmissionen teilzunehmen, bedeutet die Fähigkeit, die Streitkräfte im Ernstfall auf doppelte Stärke zu bringen, schon im Frieden Stabilität für unseren Kontinent. Das geht nur mit Wehrpflichtigen und Reservisten.
- Die Mobilmachungs- und Verteidigungsfähigkeit der Bundeswehr in der Mitte Europas ist ein wesentlicher Faktor des politischen Gewichts der Bundesrepublik Deutschlands im Bündnis und ein wichtiges Element der Stabilität in Europa.
- Die Wehrpflichtarmee Bundeswehr ist Vorbild und Maßstab für die Streitkräftereformen in den neuen Demokratien Osteuropas.
- Sicherheit muss strategisch in die Zukunft und nicht aus der augenblicklichen taktischen oder haushaltspolitischen Lage heraus geplant werden.
- Eine Wehrpflichtarmee wird nicht vorschnell in internationale Kriseneinsätze geschickt, da sich jeder einzelne Bundestagsabgeordnete für eine entsprechende Zustimmung bei seinen Wählern rechtfertigen muss.
- Ein Berufsheer kommt den Staat wesentlich teurer als die Wehrpflichtarmee. Diese Erfahrung haben bereits die Staaten gemacht, die nicht mehr an der Wehrpflicht festhalten.
- Die Bundeswehr ist de facto bereits eine Freiwilligenarmee, da angesichts der liberalen Regelung bei der Wehrdienstverweigerung quasi jeder, der seinen Wehrdienst ableistet, dies freiwillig tut.
- Das Sozialwesen geriete ohne Wehrpflicht in eine Strukturkrise, weil viele tausend Zivildienststellen durch teurere Arbeitskräfte neu belegt werden müssten.
- Die Wehrpflichtigen sind die Multiplikatoren für die Bundeswehr in der Öffentlichkeit.

M 48 | Contra-Position: Wehrpflicht abschaffen!

- Nach Artikel 12a Absatz 1 GG können Männer zur Wehrpflicht verpflichtet werden. Es ist eindeutig eine sogenannte Kann-Bestimmung. Das Aussetzen der Wehrpflicht wäre somit ohne eine Grundgesetzänderung jederzeit möglich.
- Nach der Bundeswehrplanung und den derzeit vorliegenden Reformvorschlägen dienen Streitkräfte nicht mehr länger der Landesverteidigung, sondern vor allem der Krisenreaktion außerhalb Zentraleuropas.
- Das zukünftige erweiterte Aufgabenspektrum der Bundeswehr erfordert eine größere Professionalität der Soldaten. Dies ist mit kurzzeitig dienenden Wehrpflichtigen nicht zu gewährleisten.
- Die Technisierung der Bundeswehr braucht gut geschulte Spezialisten. Wehrpflichtige können während der kurzen Wehrdienstzeit kaum noch zureichend in der Handhabung komplizierter Waffensysteme ausgebildet werden.
- Man kann heute sicher von langen Vorwarn- und Vorbereitungszeiten ausgehen; daher kann man sich stärker auf Reservisten verlassen.
- Jeder männliche Bürger wird als potenzieller Soldat geboren. Ihm wird quasi das Maschinengewehr in die Wiege gelegt.
- Die Wehrpflicht ist überholt. Von den sechsundzwanzig Mitgliedstaaten der NATO halten zurzeit neben Deutschland nur fünf „alte" NATO-Staaten – Dänemark, Griechenland, Italien (bis voraussichtlich 2007), Norwegen und die Türkei – sowie die neuen Mitglieder an der Wehrpflicht fest.
- Immer mehr Länder, u.a. auch Russland (voraussichtlich ab 2012), wandeln ihre Streitkräfte in Freiwilligenarmeen um.
- Die politischen Umwälzungen seit 1989/1990 haben in Europa eine völlig neue sicherheitspolitische Lage entstehen lassen. Heute haben wir zum ersten Mal in unserer Geschichte nur Freunde, Verbündete und Partner als Nachbarn. Deutschland hat also am meisten davon profitiert, kann seine Streitkräfte entsprechend umstrukturieren und auf die Wehrpflicht verzichten.
- Eine Massenarmee würde weder gegen internationale politische Instabilität noch gegen Massenvernichtungswaffen helfen.
- Die Länder ohne Wehrpflicht geben als Grund für die Abschaffung bzw. Aussetzung der Wehrpflicht und damit der spürbaren Verringerung der Streitkräfte an, dass die Sicherheitslage dies zulasse, da es mit Ende des Kalten Krieges keine direkte Bedrohung mehr gäbe.
- Der Friedensumfang der Bundeswehr und damit der Bedarf an Wehrpflichtigen unterschreitet die Anzahl der zu Verfügung stehenden Männer eines Jahrganges erheblich. Wenn nur noch eine Minderheit eines Jahrgangs damit rechnen muss, zum Dienst an der Waffe herangezogen zu werden, wird die Wehrungerechtigkeit zur Regel.
- Die Wehrpflicht ist hauptsächlich für die deutlich höhere Arbeitslosigkeit bei jungen Männern im Vergleich zu der bei jungen Frauen verantwortlich
- Die Wehrpflicht führt zu einer Verringerung der Lebensarbeitszeit mit allen Folgen für die Sozialversicherungssysteme.
- Die Wehrpflicht konterkariert bei Männern die Bemühungen, das Berufseinstiegsalter zu senken.
- Eine Wehrdienstarmee ist zwar billiger als eine Berufsarmee gleichen Umfangs, aber nur für den Bundeshaushalt. Gesamtwirtschaftlich dürften die Kosten gleich oder sogar höher sein, da große Verluste an Kaufkraft, Steuern und Sozialabgaben zu verkraften sind.
- Die Wehrpflicht ist ein Standortnachteil gegenüber Ländern ohne Wehrpflicht (jüngere Arbeitskräfte). Zudem erschwert sie angesichts der Europäisierung des Arbeitsmarkts die Ein- und Aufstiegschancen in internationalen Unternehmen (Angehörige von Staaten ohne Wehrpflicht verfügen bereits über ein Jahr Berufserfahrung).
- Der verringerte Bedarf an Wehrpflichtigen führt zu einer Abnahme der Verankerung

der Bundeswehr in der Gesellschaft, da nur noch eine kleine Minderheit belastet wird, die zudem immer weniger ein Spiegelbild eines jeweils männlichen Jahrganges darstellt.

- Die wachsende Wehrungerechtigkeit führt zu einer Spaltung der jungen Männer in diejenigen, die überhaupt nicht dienen müssen (die Glücklichen und Cleveren), die Zivildienstleistenden (die Guten) und die Wehrpflichtigen (der Rest).
- Die zunehmende Dienst- und Wehrungerechtigkeit belohnt egoistische Handlungsweisen und Drückertum.
- Die Wehrpflicht und die Praxis ihrer Durchführung stehen nicht nur im Widerspruch zum inzwischen erreichten Grad der Gleichberechtigung, sondern auch zum Gleichbehandlungsgrundsatz.
- Die Wehrpflicht bindet Geld und Personal und behindert so den Aufbau einer professionellen Armee.
- Eine Wehrpflichtigenarmee befindet sich nicht auf Augenhöhe mit einer professionellen Berufsarmee.
- Die Wehrpflicht verhindert die Entstehung von neuen Jobs bei der Armee und – im Zusammenhang mit dem Ersatzdienst – in vielen sozialen Einrichtungen.
- Wenn die Ausbildung von Wehrpflichtigen zur Belastung für die Streitkräfte wird und als notwendiges Übel für die „Soldaten zweiter Klasse“ nebenher läuft, wird die Anzahl der Wehrpflichtigen, die ihre Wehrdienstzeit in negativer Erinnerung haben, steigen.

(http://www.crp-infotec.de/06sipo/wehrpflicht.html; 17.08.2006)

Aufgaben

1. Ordnen Sie die Pro-Contra-Argumente nach Argumentationsebenen (historisch, militärisch, gesellschaftlich, politisch, wirtschaftlich, verfassungsrechtlich) und nach möglichen Rollen (Friedensforscher, Verteidigungsminister, Verfassungsrechtler, Politikwissenschaftler).
2. Führen Sie im Kurs eine Pro-Contra-Debatte (s. S. 508) zum Thema durch.

Weitere Informationen finden Sie im Internet unter folgenden Adressen:

www.nato.org	NATO
http://www.nato.int/germany	Ständige Vertretung der Bundesrepublik Deutschland bei der NATO
http://www.nato.int/docu/review/2006/issue1/german/main.htm	NATO-Operationen
http://www.nato.int/germany/docu/p99-065d.htm	Neues Strategisches Konzept der NATO
www.osce.org	OSZE
www.bundesregierung.de	Bundesregierung
http://www.bmvg.de	Bundesverteidigungsministerium
http://www.auswaertiges-amt.de	Auswärtiges Amt

VIII

Handlungsfeld Europa

Europa, Weltall – Aufnahme bei Nacht

Europa war zu keiner Zeit seiner Geschichte eine politische Einheit. Aber bestimmte geistig-kulturelle Gemeinsamkeiten haben ein Zusammengehörigkeitsgefühl bewirkt, das schon seit dem späten Mittelalter immer wieder Einigungspläne hervorbrachte und besonders zu Zeiten gemeinsamer Bedrohung stark wurde. Der *kulturelle Raum,* der in dieser Weise als Europa verstanden und oft auch beschworen wurde, umfasst die von der griechisch-römischen Antike und vom lateinischen Christentum geprägten Völker. Allerdings hat er sich nie definitiv gegen die orthodox-byzantinisch geprägten Völker abgegrenzt, wohl aber gegen den Islam.

Der Erste Weltkrieg brachte das Ende der Vormachtstellung der europäischen Mächte in der Welt und den Aufstieg der „Flügelmächte" USA und Sowjetunion *(Epochenjahr 1917).* Es überrascht daher nicht, dass die Idee politischer Einigung zeitgleich mit dem Bedeutungsverlust der europäischen Staaten in der „latenten Phase" des Ost-West-Gegensatzes (s. S. 443 f.) neuen Auftrieb erhielt.

Aber erst die Katastrophe des Zweiten Weltkriegs sorgte für ein Ende des aggressiven Nationalismus in Westeuropa und es verbreitete sich die Einsicht, dass nur ein politischer Verbund Bestand und Selbstbehauptung der Völker Europas sichern könne. Kluge Versöhnungspolitik bewirkte die schrittweise wirtschaftliche und politische Integration der meisten westeuropäischen Staaten. Zeitgleich vertiefte der „Eiserne Vorhang" auch die Spaltung Europas in der „manifesten Phase" der Ost-West-Konfrontation.

Seit der Überwindung des Ost-West-Konflikts *(Epochenjahr 1989)* und der voranschreitenden Globalisierung steht Europa vor einer doppelten historischen Aufgabe: *Integration der osteuropäischen Staaten* in die Europäische Union bei gleichzeitiger *Reform der inneren politischen Strukturen,* um die Handlungsfähigkeit zu erhalten und weiterzuentwickeln. Der europäische Einigungsprozess ist also nicht abgeschlossen. Ob das einzigartige politische „Experiment Europa" scheitert oder gelingt, bleibt wohl auch in den nächsten Jahren offen.

Im Mittelpunkt des politischen Handlungsfelds Europa steht heute die **Europäische Union.** Sie bildet das entscheidende ökonomische und politische Gravitationszentrum unseres Kontinents. Längst bestimmt sie unseren Alltag in einem Ausmaß, das den meisten Bürgern noch gar nicht bewusst geworden ist. Sie wirkt nach außen und entfaltet gleichzeitig eine gewaltige Anziehungskraft auf Nicht-Mitgliedstaaten. An Macht und Ohnmacht der Union, nicht einzelner europäischer Staaten, wird Europa heute weltweit gemessen.

Wie ist diese Europäische Union entstanden? Welche Kräfte und Motive haben dabei eine Rolle gespielt? Wie ist ihr gegenwärtiger Zustand? Wohin wird sie sich in Zukunft weiter entwickeln? Welche Rolle kann Europa in der Welt von morgen spielen? Um diese Fragen geht es im vorliegenden Kapitel.

- Als Einstieg werden im ersten Teilkapitel zunächst Einstellungen Jugendlicher zu Europa untersucht. Von diesen **Wahrnehmungen** ausgehend lassen sich Fragen zum Thema entwickeln.
- Der zweite, eher **geschichtliche Teil** zeigt Stationen, Ziele und Triebkräfte des bisherigen europäischen Integrationsprozesses, die für die Bewertung von Gegenwart und Zukunft Europas von Bedeutung sind.
- Der **gegenwärtige Zustand** der Europäischen Union steht dann im dritten Teil auf dem Prüfstand. Die Frage nach dem „Krisengebilde Europa" unterstreicht den „labilen Zustand" eines sich im Übergang befindlichen politischen Systems.
- Um die beiden **Herausforderungen der Gegenwart und Zukunft,** die „innere" und „äußere" Integration, geht es im letzten Teil: Soll sich die Europäische Union zu einem vollwertigen Staat weiterentwickeln? Wie viele Mitgliedstaaten verträgt sie?

Die historische Rede des damaligen deutschen Außenministers Joschka Fischer vom 12. Mai 2000 über die *Finalität der europäischen Integration* bietet sich als „Leitquelle" zur Bearbeitung der Europa-Thematik an, da sie der Struktur des Kapitels entspricht: Sie enthält wesentliche Gedanken zur Vergangenheit, Gegenwart und Zukunft der Europäischen Union, die vermutlich noch längere Zeit die politische Kontroverse um Europa prägen werden. Mehrere Auszüge aus der Fischer-Rede „begleiten" die einzelnen Teilkapitel.

Alternativ zur obigen Vorgehensweise ließe sich das Thema „Handlungsfeld Europa" auch über eine Analyse der ungekürzten Fischer-Rede erschließen oder durch eine Karikaturenrallye eröffnen, strukturieren und planen (s. S. 524 ff. und Methodenschulung S. 529 ff.).

1. Europa ohne Europäer?

M 1

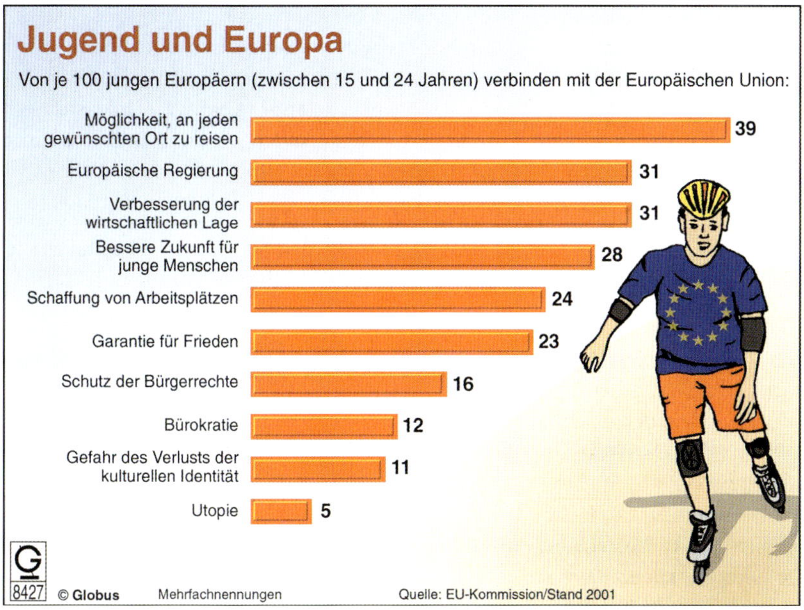

Nach wie vor verbinden Jugendliche mit Europa vorrangig positive Elemente. Neben der Freizügigkeit, also der Möglichkeit, europaweit reisen, studieren oder auch arbeiten zu können, sowie der damit verbundenen kulturellen Vielfalt wird ein vereintes Europa ebenfalls als Garant für Frieden und für mehr Mitsprachemöglichkeiten in der Welt betrachtet. Kritisiert werden hingegen vor allem die Bürokratie und Geldverschwendung. Im Vergleich zur letzten Shell-Jugendstudie ist die damalige „Europa-Euphorie" inzwischen allerdings einer etwas realistischeren Betrachtungsweise gewichen. Die fernere Perspektive, dass sich die europäischen Länder längerfristig zu einem einheitlichen Nationalstaat zusammenschließen sollen, befürworten nur noch 32 % der Jugendlichen, im Vergleich zu 49 % im Jahr 2002. Für einen möglichen Beitritt der Türkei zur Europäischen Union (EU) sprechen sich nur 19 % der Jugendlichen aus. 61 % lehnen dies momentan ab und 20 % haben hierzu keine Meinung. Für die (damals anstehende) Osterweiterung Europas fand sich im Jahr 2002 hingegen eine Mehrheit von 44 % im Vergleich zu 32 % der Jugendlichen, die hierzu eine ablehnende Haltung artikulierten. Auf der „In und Out"-Skala hat Europa seine Platzierung bei den Jugendlichen hingegen in etwa halten können. 60 % bezeichnen Europa im Vergleich zu 62 % im Jahr 2002 nach wie vor als „in".

(Shell-Jugendstudie; http://www.shell.com; 21.10.2006)

M 2

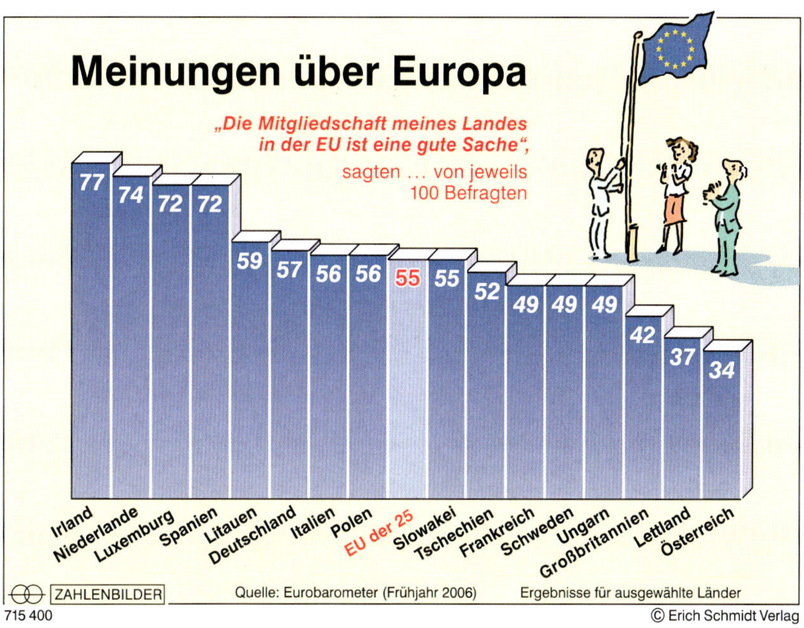

M 3 | „Europäische Öffentlichkeit fehlt"

Ohne Frage ließe sich ein europäischer Bundesstaat nach dem Muster der nationalen Demokratien organisieren: Mit einem gewählten Parlament, das im Unterschied zum derzeitigen als legitimationsspendendes Organ fungierte und die üblichen Kompetenzen nationaler Parlamente hätte; mit dem bisherigen Ministerrat als einer Art zweiter Kammer in Gestalt eines Staatenhauses; mit der in die Europaregierung verwandelten Kommission und vielleicht sogar mit einem europäischen Präsidenten. Es ist aber durchaus zweifelhaft, ob damit auch materiell demokratische Verhältnisse hergestellt wären. Die Zweifel rühren daher, dass es eine Gesellschaft, die sich über ihre eigenen Angelegenheiten diskursiv verständigen kann, zwar auf der nationalen, aber nicht auf der europäischen Ebene gibt. Die intermediären Strukturen aus Parteien, Verbänden, Bürgerbewegungen, Kommunikationsmedien, ohne die ein lebendiger demokratischer Prozess undenkbar ist, fehlen in Europa – und damit fehlt es an jener europäischen Öffentlichkeit, die unabdingbare Voraussetzung demokratischer Verfassungsstaaten ist.

Zwar darf man die Sogkraft nicht unterschätzen, die ein institutioneller Vorgriff entfalten kann. Experten und Interessenten werden sich den veränderten Bedingungen anpassen und tun es schon. Demokratie ist aber nicht nur eine Sache der Eliten, sondern zuvörderst eine Sache des Volkes. Bei einem Europa mit einer Bevölkerung von derzeit 370 Millionen, die sich auf 15 Mitgliedstaaten verteilt und 11 Sprachen hat, von denen jede einzelne Minderheitssprache ist und keine, auch nicht das Englische, dem Gros der Bevölkerung eine ausreichende Verständigung über die Grenzen hinweg erlaubt, sind die Voraussetzungen für eine demokratische Öffentlichkeit aber besonders ungünstig. Vielmehr steht zu befürchten, dass die Europäische Union nach ihrer vollen Konstitutionalisierung und der damit verbundenen Umwandlung in einen Staat für lange Zeit eine weitgehend selbsttragende Einrichtung wäre, die ihrer gesellschaftlichen Basis ferner stünde als jetzt. Deswegen sollten die Grundentscheidungen über die Union dort verbleiben, wo sie demokratisch kontrolliert und verantwortet werden können. Das sind die Mitgliedstaaten.

Die notwendigen und wünschenswerten Reformen der europäischen Strukturen werden davon nicht berührt. Keiner ist auf die Umwandlung der Verträge in eine Verfassung angewiesen. Dagegen vermöchte eine europäische Verfassung die Kluft zwischen Institutionen und Gesellschaft nicht zu überbrücken. Die von ihr vermittelte demokratische Legitimation wäre eine Scheinlegitimation. Für einen europäischen Verfassungsstaat ist die Zeit auch heute noch nicht reif.

(Dieter Grimm, in: DIE ZEIT v. 18.3.1999)

M 4 | ... und sie bewegt sich doch!

Aufgaben

1. Führen Sie in Ihrem Kurs/Ihrer Jahrgangsstufe eine Umfrage auf der Grundlage der Fragekategorien der Shell-Studie (M 1) durch. Vergleichen Sie Ihre Ergebnisse mit der repräsentativen Befragung. Erörtern Sie gegebenenfalls erkennbare Differenzen.
2. Formulieren und strukturieren Sie gemeinsam Ihre Einstellungen, Fragen, Ängste und Erwartungen zur EU.
3. Verfassen Sie auf der Grundlage der Ergebnisse von M 1 und M 2 einen Kommentar zur Einstellung der Deutschen zu Europa unter der Fragestellung „Sind die Deutschen europaverdrossen?".
4. Internetrecherche: Suchen Sie nach aktuellen Ergebnissen zu Einstellungen der Bürger im „Eurobarometer" der Europäischen Kommission (s. M 2) unter der Adresse www.ec.europa.eu/public_opinion/index_eu.htm.
5. Stand 2007: 27 Mitgliedstaaten und 23 Sprachen im Europäischen Parlament. Diskutieren Sie ausgehend von M 3 die Einführung einer gemeinsamen europäischen Amtssprache.
6. Weiterführende Problematisierung: Erörtern Sie vor dem Hintergrund der Einschätzung von D. Grimm (M 3) mögliche Auswirkungen einer fehlenden europäischen Öffentlichkeit für den Integrationsprozess. Nehmen Sie (evtl. nach Bearbeitung des Teilkapitels 4) kritisch Stellung zu seiner These „Für einen europäischen Verfassungsstaat ist die Zeit auch heute noch nicht reif".

2. Experiment Europa: Motive, Stationen und Ziele des Integrationsprozesses

➤ Motive und Ziele

Für die europäische Einigung gab und gibt es zahlreiche Motive und Ziele:

- Die *gemeinsame geschichtliche und kulturelle Tradition:* abendländischer Kulturkreis aus Christentum, Hellenismus und römischer Antike; Prinzip rationaler Lebensbewältigung, Freiheit und Verantwortung des Individuums, gemeinsame ethische Normen (Aufklärung).
- Der *Funktionsverlust Europas* in der Weltpolitik und das Bedürfnis nach gemeinsamem Wiedererstarken: Verlagerung der Machtzentren nach Osten (Moskau) und Westen (Washington) aus Europa heraus seit dem Ersten Weltkrieg; Entstehung weiterer Weltmächte (China, Japan, Regionen der südlichen Hemisphäre); Selbstbehauptung Europas im Ost-West-Konflikt und im Nord-Süd-Konflikt; Rückgewinn von Einflussmöglichkeiten auf die Weltpolitik nach dem Ende des Ost-West-Konflikts im Zeitalter der Globalisierung.
- Das *Bedürfnis nach Sicherheit und Frieden:* Jahrhundertelange Kriege zwischen europäischen (National-)Staaten, verheerende Folgen beider Weltkriege für den politischen und kulturellen Fortbestand der „alten Welt"; Schutz vor sowjetischer Expansion nach dem Zweiten Weltkrieg, Verhinderung von Konflikten zwischen den europäischen Staaten, Abbau von Vorurteilen und Ressentiments zwischen den Nachbarstaaten nach der Öffnung des „Eisernen Vorhangs", Kontrolle über Massenvernichtungswaffen, gemeinsame militärische Interventionen zur Wahrnehmung europäischer Interessen, Terrorismusbekämpfung.
- Die *gemeinsame Bewältigung (supra-)nationaler Probleme:* Sicherung der Energie- und Rohstoffversorgung, gemeinsame Wirtschafts- und Währungspolitik, Sozial- und Beschäftigungspolitik, Asylpolitik; Bekämpfung organisierter Kriminalität, grenzüberschreitender Umweltschutz, Maßnahmen gegen Klimwandel sowie regionale Entwicklungspolitik können nur noch gemeinsam gelingen.
- Das *Streben nach Freizügigkeit (Mobilität) und Wohlstand:* Aufhebung der Beschränkungen im Waren-, Personen- und Kapitalverkehr, Öffnung der Grenzen, Schaffung eines europäischen Marktes; dadurch Intensivierung von Produktion und Handel, Wohlstand durch höhere Einkommen und anhaltende wirtschaftliche Stabilität; gemeinsame Forschung, gemeinsame Wirtschaftsprojekte, Verbesserung der Infrastruktur zwischen den Ländern, internationale Wettbewerbsfähigkeit des Standorts „Europa" angesichts aufstrebender Wirtschaftsmächte wie China, Indien und Brasilien, Bekämpfung der Arbeitslosigkeit, Abbau von ökonomischen und sozialen Disparitäten (auch zwischen Ost- und Westeuropa bzw. zwischen Nord- und Südeuropa).
- Die *Absicht, gemeinsam einen Beitrag zur Lösung der weltweiten Probleme* des Hungers und der Unterentwicklung, der globalen ökologischen Bedrohungen und der Friedenssicherung zu leisten.

Den europäischen Zentralstaat als Ziel des Einigungsprozesses hält man heute weder für wünschenswert noch für realisierbar. Damit bleiben zwei grundlegende Zielalternativen, zwischen denen eine Vielzahl politischer Varianten denkbar ist, übrig:

- **Das Europa der Staaten** (Europa der Vaterländer), in dem die Nationalstaaten ihre Souveränität behalten und durch ein System von Verträgen und Absprachen eine enge Kooperation anstreben.
- **Der europäische Bundesstaat** nach dem Muster der Bundesrepublik Deutschland oder der USA, in dem die Nationalstaaten den größten Teil ihrer Souveränität auf gemeinsame Organe übertragen haben und dann die Rolle von Gliedstaaten spielen.

Aufgaben

1. Unterscheiden Sie zwischen geografischem, kulturellem und politischem Europa. Informieren Sie sich (im Lehrbuch) über die politischen Bündnissysteme Europas (NATO, OSZE, EU, Europarat). Vergleichen Sie sie hinsichtlich ihrer Reichweite (Mitglieder), ihrer Aufgaben und des Grades der Verbindlichkeit von politischen Beschlüssen.
2. Erstellen Sie im Auftrag der Europäischen Kommission ein Werbeplakat/eine Werbeschrift mit dem Titel „Warum Europa?".

Stationen des westeuropäischen Einigungsprozesses: Von der Montanunion zur Europäischen Union

Die Stationen im Bild

1952: Vertrag zur **Montanunion** (EGKS), auch Pariser Vertrag genannt; Mitglieder: Frankreich, Deutschland, Italien, BENELUX-Staaten.

1954: **Europäische Verteidigungsgemeinschaft** (EVG) als Versuch zur politisch-militärischen Integration scheitert an der Ablehnung durch die französische Nationalversammlung.

1957: **Römische Verträge:** Gründung der EWG (Zollunion, Vergemeinschaftung der Agrarpolitik); Gründung der Europäischen Atomgemeinschaft (EURATOM).

1959: Gründung der **EFTA** (European Free Trade Association): Mit CH, A, P, GB, DK, N und S wird Abbau der Handelsschranken beschlossen; keine übergreifenden wirtschaftspolitischen Ziele.

1965: **Fusion der drei Gemeinschaften** EWG, EGKS und EURATOM zur EG.

1966: Der **Luxemburger Kompromiss** beendet eine lange EWG-Krise. Frankreich hatte sich geweigert, Mehrheitsabstimmungen als Ausdruck supranationaler Kompetenz des Rats zu akzeptieren, und stattdessen auf Einstimmigkeit bestanden. Der Luxemburger Kompromiss ließ fortan beide unvereinbaren Prinzipien nebeneinander bestehen; von der Möglichkeit zu Mehrheitsentscheidungen machte man jedoch praktisch keinen Gebrauch.

1971: Beschluss des Ministerrats zur Errichtung einer Wirtschafts- und Währungsunion.

Ein Datum, das Europa veränderte: Am 9. Mai 1950 verkündete Robert Schuman im Uhrensaal des französischen Außenministeriums den Plan seiner Regierung, eine deutsch-französische Gemeinschaft für Kohle und Stahl zu gründen. Schuman hatte vorher die Zustimmung von Bundeskanzler Adenauer eingeholt.

Bundeskanzler Adenauer (1. Reihe, 5.v.l.) bei der Unterzeichnung der Römischen Verträge am 25.3.1957 in Rom.

1973: Norderweiterung: Beitrittsverträge mit Großbritannien, Irland und Dänemark. Norwegen lehnt Beitritt nach Volksabstimmung ab.
Mit dem **Europäischen Fonds für Regionalentwicklung** beschließen die Staats- und Regierungschefs eine gezielte Förderung strukturschwacher Regionen, z. B. Süditalien und Irland (später werden Spanien, Portugal und Ostdeutschland folgen).
1975: Lomé-Vertrag zwischen der EG und 46 Entwicklungsländern **A**frikas, der **K**aribik und des **P**azifik (AKP-Staaten): Hilfe zur wirtschaftlichen Entwicklung, bessere Absatzchancen im EG-Markt.
1979: Europäisches Währungssystem (EWS).
Erste Direktwahl des Europäischen Parlaments.
1981: Beitritt Griechenlands **(erste Süderweiterung).**
1986: Einheitliche Europäische Akte: Beschluss, Binnenmarkt mit vier „Grundfreiheiten" bis 1992 zu verwirklichen, die Wirtschafts- und Währungspolitik weiter anzunähern und den grenzüberschreitenden Umweltschutz auszubauen.
Zweite Süderweiterung (Beitritt Spaniens und Portugals).
1992: Vertrag über die Europäische Union (Maastrichter Vertrag):

- Gründung der Europäischen Union mit föderalem Aufbau
- Beginn einer Gemeinsamen Außen- und Sicherheitspolitik (GASP)
- enge Zusammenarbeit in vielen Politikbereichen (z. B. Asylrecht, Kriminalität, Terrorismus)
- Gründung einer Wirtschafts- und Währungsunion (WWU) mit dem Ziel einer gemeinsamen Währung und Zentralbank (EZB)
- Verfahren der Mitentscheidung des Parlaments bei der Gesetzgebung
- Ausschuss der Regionen
- Unionsbürgerschaft
- kommunales Wahlrecht für EU-Europäer
- Bürgerbeauftragter im Europäischen Parlament.

„Ei, ei – wer kommt denn da?"

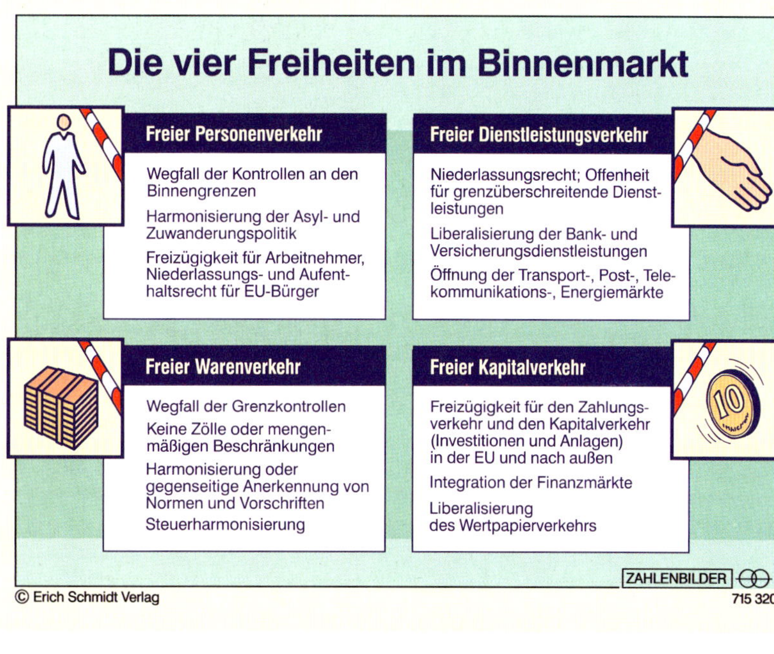

1993: Der Binnenmarkt ist seit dem 1. Januar verwirklicht. Am 1. November tritt der Maastrichter Vertrag in Kraft. Damit ist die **EU gegründet.**

1995: Das **Abkommen von Schengen** tritt in Kraft: Die meisten EU-Länder schaffen die Personenkontrollen an den Binnengrenzen ab.

Erweiterung der EU um Österreich, Finnland und Schweden. Norwegen lehnt Beitritt nach Volksabstimmung ab.

1996: Stabilitätspakt zur Sicherung einer stabilen Euro-Währung (s. S. 217 ff.).

1997: Vertrag von Amsterdam: Schengener Abkommen ausgedehnt; gemeinsame Beschäftigungspolitik; Rechte des Europäischen Parlaments (u. a. Mitentscheidungsverfahren) erweitert.

1998: Festlegung der Staaten, die nach Erfüllung der Stabilitätskriterien der Wirtschafts- und Währungsunion beitreten dürfen.

Einrichtung der Europäischen **Zentralbank in Frankfurt.**

1999: Ab 1. Januar **Euro als einheitliche EU-Währung.**

Javier Solana wird der erste „Hohe Vertreter für die GASP" und wenig später Generalsekretär der WEU. Die Doppelfunktion macht die **Integration der WEU** in die EU bis Ende 2000 sichtbar.

Krise der EU: Rücktritt der Kommission wegen Korruptionsvorwürfen.

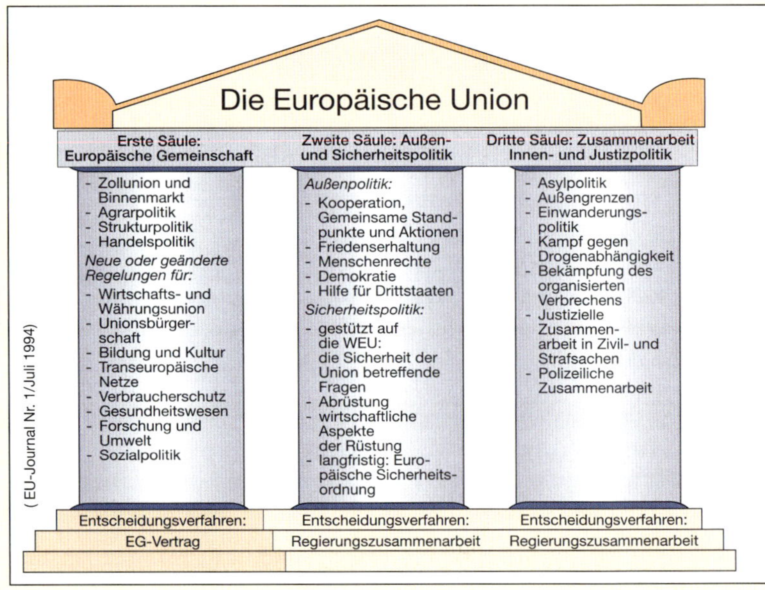

(EU-Journal Nr. 1/Juli 1994)

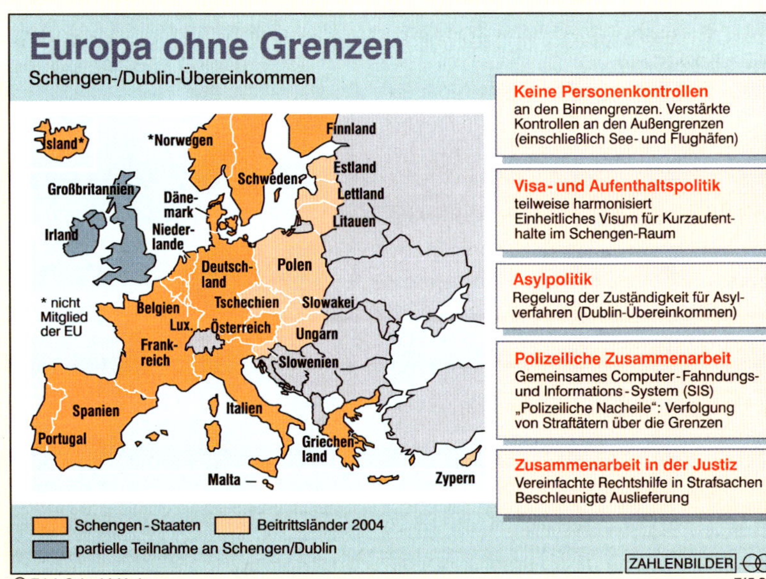

© Erich Schmidt Verlag 715 325

2000: Vertrag von Nizza: Beschlüsse zur institutionellen Neuordnung vor dem Hintergrund der Osterweiterung der EU (s. S. 535 ff.).
Grundrechte-Charta wird proklamiert; Beschluss über den Europäischen Konvent („Post-Nizza-Prozess").
2002:
1. Januar: Einführung der neuen Banknoten in zwölf europäischen Ländern („Euroland"); **Euro wird alleiniges gesetzliches Zahlungsmittel.**
Februar: Eröffnung des **Europäischen Konvents** zur Erarbeitung eines „Europäischen Verfassungsvertrags" unter Vorsitz des ehemaligen französischen Präsidenten Giscard d'Estaing.
Dezember: Kopenhagener Gipfel beschließt Aufnahme von zehn neuen Mitgliedstaaten.
2003: Der Europäische Konvent legt **Verfassungsentwurf** vor.
2004: Osterweiterung: Beitritt von Polen, Tschechien, Ungarn, Slowenien, Slowakei, Estland, Lettland, Litauen, Malta und Zypern.
2005: Ablehnung der Europäischen Verfassung in Frankreich und den Niederlanden nach Referenden, sieben Länder setzen Ratifizierungsprozess aus (u. a. Großbritannien und Polen), in 15 Ländern wird die Verfassung angenommen. Aufnahme der Beitrittverhandlungen mit der Türkei.
2007: Beitritt von Rumänien und Bulgarien zur EU.
Unter deutscher Ratspräsidentschaft werden die Eckpunkte für den Ende des Jahres unterzeichneten **Reformvertrag von Lissabon** beschlossen.
2009: Voraussichtliches Inkrafttreten des Reformvertrages von Lissabon nach im Vorjahr abgeschlossenen Ratifizierungsverfahren in den Staaten der EU.

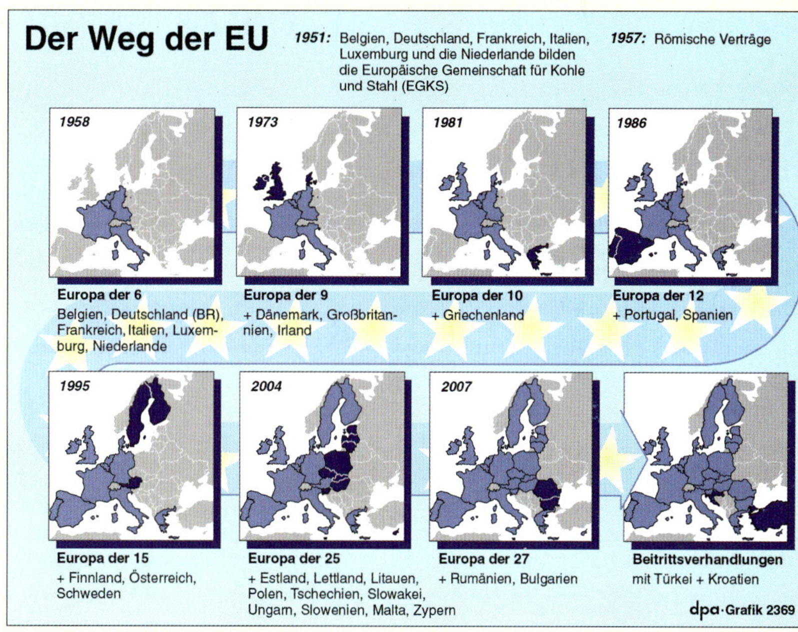

M 1 | Joschka Fischer: Krise der „Methode Monnet"

Joschka Fischer, Außenminister der Bundesrepublik Deutschland, 1998–2005

Rede vom 12. Mai 2000 in der Humboldt-Universität Berlin:
Bis in der Vergangenheit dominierte im Wesentlichen die „Methode Monnet" mit ihrem Vergemeinschaftungsansatz in europäischen Institutionen und Politiken den europäischen Einigungsprozess. Diese schrittweise Integration ohne Blaupause für den Endzustand war in den 1950er-Jahren für die wirtschaftliche Integration einer kleinen Ländergruppe konzipiert worden. So erfolgreich dieser Ansatz dort war, für die politische Integration und die Demokratisierung Europas hat er sich als nur bedingt geeignet erwiesen. Dort, wo ein Voranschreiten aller EU-Mitglieder nicht möglich war, gingen deshalb Teilgruppen in wechselnden Formationen voraus, wie in der Wirtschafts- und Währungsunion oder bei Schengen. [...]

Allerdings wird eine immer stärkere Differenzierung auch neue Probleme aufwerfen: einen Verlust von europäischer Identität, an innerer Kohärenz sowie die Gefahr einer inneren Erosion der EU, wenn nämlich neben die Klammer der Integration immer größere Bereiche intergouvernementaler Zusammenarbeit treten sollten. Schon heute ist eine wohl innerhalb ihrer eigenen Logik nicht mehr zu lösende Krise der „Methode Monnet" nicht mehr zu übersehen. [...]

Wenn angesichts der unabweisbaren Herausforderung der Osterweiterung die Alternative für die EU tatsächlich Erosion oder Integration heißt und wenn das Verharren in einem Staatenverbund Stillstand mit all seinen negativen Folgen bedeuten würde, dann wird, getrieben durch den Druck der Verhältnisse und der von ihnen ausgelösten Krisen, die EU innerhalb der nächsten Dekade irgendwann vor der Alternative stehen: Springt eine Mehrheit der Mitgliedstaaten in die volle Integration und einigt sich auf einen europäischen Verfassungsvertrag zur Gründung einer Europäischen Föderation? Oder, wenn dies nicht geschieht, wird eine kleinere Gruppe von Mitgliedstaaten als Avantgarde diesen Weg vorausgehen, d.h. ein Gravitationszentrum aus einigen Staaten bilden, die aus tiefer europäischer Überzeugung heraus bereit und in der Lage sind, mit der politischen Integration voranzuschreiten? [...]

Angesichts dieser Lage könnte man sich also weit über das nächste Jahrzehnt hinaus die weitere Entwicklung Europas in zwei oder drei Stufen vorstellen:

Zunächst den Ausbau verstärkter Zusammenarbeit zwischen denjenigen Staaten, die enger als andere kooperieren wollen, wie dies bereits auch in der WWU und bei Schengen der Fall ist. [...]

Ein möglicher Zwischenschritt hin zur Vollendung der politischen Union könnte dann später die Bildung eines Gravitationszentrums sein. Eine solche Staatengruppe würde einen neuen europäischen Grundvertrag schließen, den Nukleus einer Verfassung der Föderation. Und auf der Basis dieses Grundvertrags würden sie sich eigene Institutionen geben, eine Regierung, [...] ein starkes Parlament, einen direkt gewählten Präsidenten. Ein solches Gravitationszentrum müsste die Avantgarde, die Lokomotive für die Vollendung der politischen Integration sein und bereits alle Elemente der späteren Föderation umfassen.

Mir sind nun die institutionellen Probleme im Hinblick auf die jetzige EU durchaus bewusst, die ein solches Gravitationszentrum mit sich bringen würde. Deshalb würde es entscheidend darauf ankommen, sicherzustellen, dass das in der EU Erreichte nicht gefährdet, diese nicht gespalten und das die EU zusammenhaltende Band weder politisch noch rechtlich beschädigt werden darf. [...]

Die Frage, welche Staaten sich an einem solchen Projekt beteiligen, die EU-Gründungs-, die Euro-11-Mitglieder oder noch eine andere Gruppe, lässt sich heute unmöglich beantworten. Bei jeder Überlegung über die Option Gravitationszentrum muss eines klar sein: Diese Avantgarde darf niemals exklusiv, sondern muss für alle Mitgliedstaaten und Beitrittskandidaten offen sein, wenn diese zu einem bestimmten Zeitpunkt teilnehmen wollen. Für alle diejenigen, die teilnehmen wollen, aber dazu die Bedingungen nicht haben, muss es Heranführungsmöglichkeiten geben. Transparenz und eine Mitwirkungsoption für alle EU-Mitglieder und -kandidaten wären wesentliche Faktoren für die Akzeptanz und Realisierbarkeit des Objekts. Und dies muss gerade auch gegenüber den Beitrittsländern gelten. Denn es wäre historisch absurd und zutiefst töricht, wenn Europa just zu dem Zeitpunkt, wo es endlich vereint wird, erneut gespalten werden würde. [...]

Der letzte Schritt wäre dann die Vollendung der Integration in einer Europäischen Föderation. Damit wir uns nicht missverstehen: Von der verstärkten Zusammenarbeit führt kein Automatismus dorthin, egal ob als Gravitationszentrum oder gleich als Mehrheit der Unionsmitglieder. Die verstärkte Zusammenarbeit wird zunächst vor allem nichts anderes als eine verstärkte Intergouvernementalisierung angesichts des Drucks der Fakten und der Schwäche der Methode Monnet bedeuten. Der Schritt von der verstärkten Zusammenarbeit hin zu einem Verfassungsvertrag – und genau dies wird die Voraussetzung der vollen Integration sein – bedarf dagegen eines bewussten politischen Neugründungsaktes Europas.

Dies, meine Damen und Herren, ist meine persönliche Zukunftsvision: von der verstärkten Zusammenarbeit hin zu einem europäischer Verfassungsvertrag und die Vollendung von Robert Schumans großer Idee einer Europäischen Föderation. Dies könnte der Weg sein!

(Joschka Fischer, Vom Staatenbund zur Föderation – Gedanken über die Finalitat der europäischen Integration; www.auswaertigesamt.de)

M 2 | Zwei Geschwindigkeiten

Aufgaben

1. Zeigen Sie anhand der Zeitleiste „Durchbrüche" und „Rückschläge" bei der europäischen Integration auf. Unterscheiden Sie zwischen Entwicklungen in den Bereichen Wirtschaft und Politik. Erklären Sie Reihenfolge und Zusammenhänge der Integrationsschritte.
2. Ordnen Sie Karikaturen und Schaubilder der Zeitleiste zu. Auf welche Probleme weisen die Karikaturisten bei einzelnen Integrationsschritten hin?
3. Erstellen Sie für einen Radiosender eine Kurzreportage zum Binnenmarkt und zu den Maastrichter Beschlüssen für eine Jugendsendung.
4. Veranschaulichen Sie die „Methode Monnet" (M 1) in einem Tafelbild. Konkretisieren Sie ihre Funktionsweise am Beispiel einiger Stationen des Integrationsprozesses.
5. Stellen Sie die „Methode Fischer" grafisch dar. Inwiefern ist der Europäische Konvent ein Schritt in diese Richtung? Erörtern Sie mit Blick auf M 2 Chancen und Risiken der „Methode Fischer".

3. Zustand Europas – ein Krisengebilde?

M 1 | Europa in der Krise – eine Situationsanalyse am Anfang des 21. Jahrhunderts

Seit Mitte der 1980er-Jahre hat die europäische Integration an neuer Dynamik gewonnen. Aus dem Europa der Zehn, der EG, ist ein Europa der Siebenundzwanzig, die EU, geworden, und das Ende der Fahnenstange, sieht man auf die Liste der beitrittswilligen Staaten, ist noch nicht erreicht. Die EU ist heute das politische Kraftzentrum in Europa.

Die Einheitliche Europäische Akte (1986) brachte neuen Schwung in die wirtschaftliche Integration. Dieser Weg wurde mit den Beschlüssen zur Wirtschafts- und Währungsunion (1992) bis zur Einführung des Euro in zwölf EU-Staaten (1999/2001) konsequent und offensichtlich unumkehrbar weiterverfolgt.

Das Inkrafttreten des Maastrichter Vertrags (1993) brachte darüber hinaus wichtige Impulse in Richtung politischer Integration. Die Umbenennung der Gemeinschaft in „Union“ bedeutete tatsächlich mehr als eine kosmetische Veränderung: Die Entscheidungsverfahren wurden zugunsten des Europäischen Parlaments weiterentwickelt, alle wesentlichen Politikbereiche gemeinsamer Regelung unterworfen. Die Anziehungskraft der Europäischen Union zeigt sich im Beitritt der jungen osteuropäischen Demokratien im ersten Jahrzehnt des neuen Jahrtausends und im anhaltenden Wunsch zahlreicher Länder, ihr anzugehören.

M 2 |

M 4 |

M 3 |

Die Mär vom deutschen Zahlmeister

M 5 |

M 6a|

M 6b|

Obwohl der Einigungsprozess spürbar in Bewegung gekommen ist, befindet sich Europa heute in einer Krise, die vier Aspekte aufweist:

Erstens kann man von einer ***Funktionskrise*** sprechen, weil gerade der Fortschritt bei der „negativen Integration" (Abbau von Hindernissen für Handel und Verkehr, Grenzen und Grenzkontrollen) sich als politisch nicht ausreichend vorbereitet erweist. Mit dem Binnenmarkt und dem Schengener Abkommen (1995) öffneten sich beispielsweise die Grenzen, ohne dass das System der innereuropäischen Sicherheit ausreichend vorbereitet wurde. Der Schritt in die Währungsunion stellt sich aus heutiger Perspektive als unumkehrbar dar. Es bleiben aber Zweifel, ob es nun in der Folge gelingt, die divergierenden wirtschafts- und sozialpolitischen Systeme und Standards innerhalb der Union ausreichend in Einklang zu bringen – und das nicht nur auf dem jeweils kleinsten gemeinsamen Nenner.

Schritte zur „positiven Integration" (z. B. Aufbau eines gemeinsamen Steuerrechts, gemeinsame Asylpolitik, gemeinsame Arbeitsmarktpolitik) gelingen nur sehr mühsam, wobei sich die Sorge um Souveränitätsverlust ebenso als hemmend erweist wie die komplizierten Verwaltungs- und Rechtssysteme, die sich über Jahrhunderte hinweg in den einzelnen Staaten entwickelt haben.

Die „Methode Monnet", nämlich die Annahme, dass die wirtschaftliche Integration zwangsläufig weitergehende politische Integrationsprozesse nach sich ziehe, enthält einen Denkfehler, wenn sie davon ausgeht, dass eine politisch nicht ausreichend vorbereitete wirtschaftliche Integration ohne gravierende Reibungsverluste und Fehlentwicklungen zu bekommen sei. Zunehmend werden grundsätzliche Zweifel daran geäußert, ob die „Methode Monnet" angesichts der gestiegenen Zahl der Mitgliedstaaten und der anstehenden Herausforderungen überhaupt noch funktioniere.

Immerhin brachte die Bildung eines Europäischen Verfassungskonvents als ein Ergebnis des Gipfels von Nizza (2000) die Frage nach der „Finalität Europas" mit Nachdruck auf die europäische Agenda. Der ins Stocken geratene europäische Ratifikationsprozess im Jahr 2005 nach den gescheiterten Referenden über die Europäische Verfassung in Frankreich und den Niederlanden machte aber deutlich, dass eine schnelle Antwort auf die Finalitätsfrage nicht zu erwarten ist.

Die Krise im europäischen Integrationsprozess kann *zweitens* als ***Konzeptionskrise*** interpretiert werden. Der institutionellen Ausgestaltung der EU liegt der Gedanke zugrunde, dass wesentliche Entscheidungen in Europa

M 7|

M 8

nationenübergreifend geregelt werden. Die politische Praxis weicht davon erheblich ab, wenn es einzelnen Ländern immer wieder gelingt, durch ihr Abstimmungsverhalten im Ministerrat Obstruktionspolitik zu betreiben oder anzudrohen. Politische Alleingänge sind nach wie vor an der Tagesordnung, wo nationale Interessen im Vordergrund stehen und Entscheidungen im Ministerrat der Zustimmung aller bedürfen. Informell und auf bilateraler Ebene werden in solchen Situationen „politisch ausgedünnte" Vereinbarungen unter Ausschluss der Öffentlichkeit ausgehandelt, die dann im Ministerrat konsensfähig sind, aber von den Bürgern kaum verstanden werden.

Es ist noch nicht absehbar, ob und wohin sich die europäischen Institutionen in nächster Zeit weiterentwickeln werden, ob man bereit ist – vielleicht mit dem Inkrafttreten einzelner Elemente der Europäischen Verfassung – weitere wichtige Politikfelder (etwa in der Außen- und Sicherheitspolitik) aus dem Konsensprinzip, also nationaler Souveränität, herauszulösen zugunsten einer wirksamen und gemeinsam ausgeübten Souveränität im Rahmen qualifizierter Entscheidungsverfahren. Eine klare Trennung der Kompetenzen zwischen europäischer, nationaler und regionaler Ebene tut Not.

Die weitere Vertiefung der politischen Integration wird zusätzlich erschwert durch die Notwendigkeit der Osterweiterung, der historischen Herausforderung nach dem Ende des Ost-West-Konflikts schlechthin. Die EU musste und muss sich einer großen Zahl neuer Länder – vorneweg dem wirtschaftlich schwächeren, aber dynamischen ehemaligen Osteuropa – öffnen, um die Teilung Europas durch den „Eisernen Vorhang" endgültig zu überwinden. Zwar deutet vieles darauf hin, dass die Integration ökonomisch gelingt, aber es noch nicht erkennbar, wie das Dilemma gleichzeitig notwendig gewordener Vertiefung und Erweiterung konzeptionell und praktisch gelöst werden soll. Klar ist nur, dass ein Europa mit (über) 27 Staaten nur mit tiefgreifenden institutionellen Reformen – mit oder ohne Europäischen Verfassungsvertrag – handlungsfähig bleiben kann.

Schließlich kann man *drittens* von einer ***Legitimationskrise*** sprechen. Von Maastricht über Amsterdam und Nizza bis zum Europäischen Verfassungsvertrag – die Befugnisse des Parlaments wurden, gemessen an den weitreichenden Integrationsschritten in anderen Politikbereichen (etwa in der Währungspolitik), nur zögerlich erweitert. Längst verändern und regeln europäische Be-

M 9

Wie im Rat der Minister ein Kompromiss gefunden wird

M 10

Die Stimme Europas

schlüsse das Leben der Bürger umfassend, ohne dass die politischen Akteure in Kommission und Rat einer demokratischen Legitimation und Kontrolle unterliegen, die den gängigen nationalen Standards entspräche. Mit der „schleichenden Entmachtung“ der nationalen Parlamente durch die Verlagerung von Kompetenzen nach Brüssel hat die Stärkung des Europäischen Parlaments nicht Schritt gehalten. Den Parlamentariern kann zwar bescheinigt werden, dass sie teil- und zeitweise bemüht waren, für ihre Institution weitere Rechte zu erstreiten. Ihre Arbeit wird aber vom Bürger nicht ausreichend wahr- und ernst genommen, solange die wichtigen politischen Entscheidungen immer noch auf europäischen Gipfeln und im Ministerrat zustande kommen. Fehlende demokratische Strukturen fördern Vetternwirtschaft, Korruption und Verantwortungslosigkeit in Kommission und Verwaltung (was 1999 zum Rücktritt der gesamten Kommission führte). Sie bilden einen ausgezeichneten Nährboden für latent vorhandene europafeindliche Ressentiments und antieuropäischen Populismus nationalistischer Europakritiker.

Die Legitimationskrise erweitert sich *viertens* zur ***Akzeptanzkrise,*** wenn es nicht gelingt, die in ganz Europa grassierenden Ängste vor zentralstaatlicher Bevormundung, Bürokratisierung, Wohlstands- und Identitätsverlust abzubauen. Die Euro-Bargeldeinführung (2002) vermochte bisher nicht, diese europäische Identität zu stiften, zumal Währungsschwankungen des Euro gegenüber dem Dollar und (vermeintliche) Preiserhöhungen beim Übergang viele Bürger verunsichert haben.

Die europäischen Verträge – von Maastricht bis zum Europäischen Verfassungsvertrag – konnten ebenfalls keinen Beitrag zur Identitätsstiftung leisten. Als Ergebnisse mühsamer Konsensfindung erscheinen sie den meisten Bürgern als zu komplex und sprachlich fremd. Auch das „Europa der Regionen“, das die „Einheit in Vielfalt“ subsidiär zu nutzen versteht, ist noch nicht in das europäische öffentliche Bewusstsein vorgedrungen.

Dagegen sind Schuldzuweisungen nationaler und regionaler Entscheidungsträger an den „Sündenbock Europa“ an der Tagesordnung. Dabei bleibt es wohl auch, solange sich die politischen Institutionen Europas seinen Bürgern nicht demokratisch darstellen und politische Entscheidungsprozesse und Zuständigkeiten nicht transparent sind.

Erst wenn im Europäischen Parlament debattiert, gewählt und entschieden wird, wenn Fraktionen um Mehrheiten ringen, die dann tatsächlich Politik gestalten, wenn Bürger vielleicht in europaweiten Referenden über ihre Zukunft mitbestimmen, kann eine gemeinsame, identitäts-

M 11|

M 12|

stiftende, europäische politische Öffentlichkeit entstehen und der verhängnisvolle Rückfall in nationale Denkstrukturen dauerhaft verhindert werden.

Trotz allem: Die Geschichte der europäischen Integration zeigt, dass Europa mit Krisen konstruktiv umzugehen vermochte und das Bemühen der Beteiligten überwog, Krisenphänomene zu überwinden.

Wird Europa in der globalisierten Welt des 21. Jahrhunderts seine Zukunft und seine Chancen in der Einheit suchen? Bei aller Offenheit und Unbestimmtheit, wohin sich Europa entwickelt und entwickeln soll: Stagnation oder gar eine Renaissance nationalstaatlicher Strukturen wären die größeren Übel.

(Autorentext)

M 13

M 14

Aufgaben

1. Führen Sie im Kurs eine Karikaturenrallye zum Thema Europa durch (s. Methodenschulung, S. 529 ff.). Ordnen Sie die Karikaturen den in M 1 beschriebenen Krisenaspekten zu.
2. Vertiefen Sie die im Autorentext und auf der S. 529 dargestellten Problemfelder europäischer Politik. Texte und Materialien finden Sie zum
   – Problemfeld „Demokratiedefizit“ und „Funktionsdefizite“ auf S. 358 ff.;
   – Problemfeld „Osterweiterung“ auf S. 535 ff.;
   – Problemfeld „Zukunft und Zielalternativen“ auf S. 542 ff.;
   – Problemfeld „Gemeinsame Außen- und Sicherheitspolitik“ auf S. 532 ff.
3. Erstellen Sie ausgehend von M 1 eine gemeinsame aktualisierte Situationsanalyse. Welche Fragen und Probleme haben sich erübrigt, verändert, neu ergeben?
4. Erarbeiten Sie in Zusammenarbeit mit dem Fach Erdkunde
   – die Grundzüge der Gemeinsamen Agrarpolitik (GAP): Geschichte, Motive, Instrumente, Reformen und Reformversuche;
   – Strukturunterschiede zwischen einem EU-Mitgliedsland und einem Beitrittskandidaten.

Die Karikaturenrallye als handlungsorientierte Methode im politischen Unterricht

Beschreibung der Lernform

Zur Vorbereitung einer Karikaturenrallye werden sechs bis zehn Karikaturen auf Plakatgröße kopiert und im Kursraum ausgehängt, damit sie von allen Schülerinnen und Schülern des Kurses auch aus der Entfernung wahrgenommen werden können. Zunächst bearbeiten die Schüler in arbeitsteiliger Gruppenarbeit (mindestens zwei Schüler je Gruppe) die Karikaturen. Nach einem orientierenden Rundgang durch die Karikaturenausstellung (Rallye) präsentieren die Gruppensprecher im Plenum ihre Arbeitsergebnisse. In dieser Phase findet auch die Strukturierung und Ergebnissicherung an der Tafel statt. Die Ergebnisse können im weiteren Verlauf einer Unterrichtsreihe aufgegriffen und vertieft werden.
Die Karikaturenrallye eignet sich vor allem zum **Einstieg** in eine Unterrichtsreihe. Die Karikaturen werden so ausgewählt, dass sie die verschiedenen Aspekte der Gesamtthematik (z. B. des Handlungsfeldes Europa) berücksichtigen. Aus der Strukturierung der Einzelaspekte heraus kann die Lerngruppe dann die **Planung der Unterrichtsreihe** vornehmen. Mit den im Kapitel „Handlungsfeld Europa" angebotenen Karikaturen können u. a. folgende Aspekte gewonnen und veranschaulicht werden:

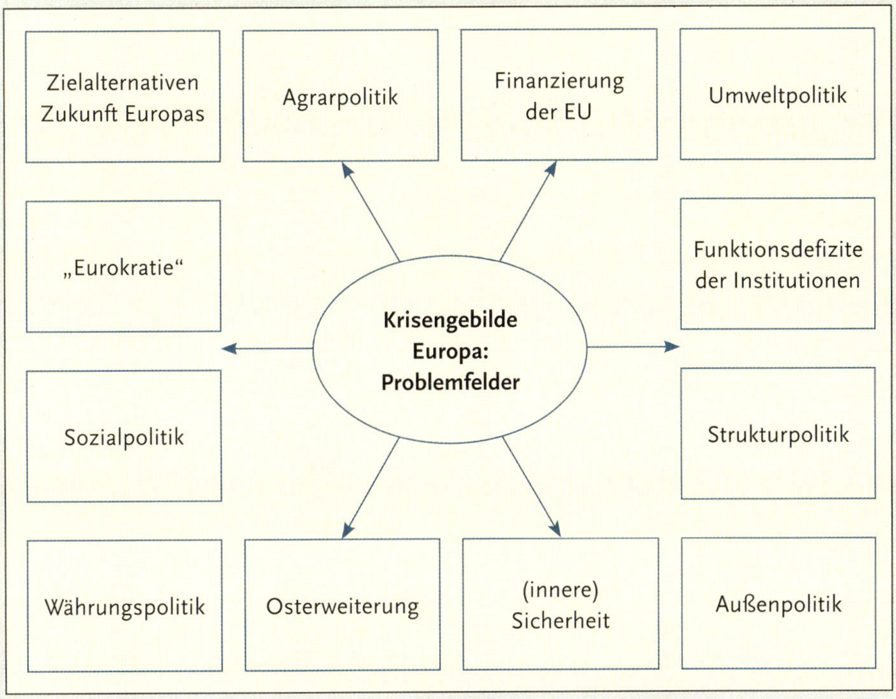

Mithilfe der Karikaturen und der Situationsanalyse „Europa in der Krise" (M 1) lassen sich die Einzelaspekte problematisieren, zum Beispiel:
- Quo vadis, Europa? Bundesstaat oder Staatenbund?
- Zahlmeister Deutschland? Märchen oder Wirklichkeit?
- Sozial- und Umweltstandards auf kleinstem gemeinsamen Nenner? ...

Als handlungsorientierte Methode ermöglicht die Karikaturenrallye **eigenverantwortliches Arbeiten** der Schülerinnen und Schüler. Die **vielfältige Lehrerrolle** entlastet und schafft Spielräume für eine Beobachtung der Lerngruppe. Der folgende Überblick zeigt auch die über die kognitiven Lernziele hinausgehenden Lernchancen dieser Methode.

Übersicht zu Ablauf und Lernzielen der Karikaturenrallye

	Verlaufsplan/ Arbeitsaufträge	Lernziele: kognitiv	Lernziele: methodisch
A	***Organisation: Vorüberlegungen des Lehrers/der Lehrerin***	s. u.	s. u.
B	***Ablauf der Karikaturenrallye***		
1	Einteilung der Gruppen (mindestens zwei Schüler je Karikatur)		
2	*Arbeitsaufträge:* 1. Beschreiben Sie die Karikatur. 2. Welche Aussage beinhaltet die Karikatur? 3. Formulieren Sie das politische Problem bzw. benennen Sie das Problemfeld. 4. Protokollieren Sie Ihre Ergebnisse stichwortartig. 5. Bestimmen Sie einen Gruppensprecher.	Beschreibung und Analyse des Sachverhaltes: Erkennen des politischen Problems (Teilaspekt), Interpretation, Werturteil	Schrittfolge im Umga mit Karikaturen erlern festigen, anwenden; Vorbereitung einer kurzen Präsentation (gliedern, strukturiere Vortrag einüben), komplexen Gegensta auf den Punkt bringen
3	*Rundgang der Gruppen zu den anderen Karikaturen:* 1. Verschaffen Sie sich einen Überblick über die Gesamtthematik. 2. Prüfen und überlegen Sie, welche Karikatur mit Ihrer Karikatur zusammenhängt.	Überblick über komplexe Zusammenhänge verschaffen, Transfer (vorläufig), Zusammenhänge erkennen	Anwendung, (zu-)ordnen, strukturieren, entscheiden
4	*Knappe Präsentation* durch die Gruppensprecher; Schüler müssen feststellen, wann ihre Karikatur von der Sache her an der Reihe ist.	Thematische Schwerpunkte/ Zusammenhänge erkennen, Kategorien des Politischen: Interdependenz-Komplexität	einen Sachverhalt überzeugend darlege etwas sagen, obwohl man unsicher ist; freies Reden
5	*Reflexion/Planung:* 1. Ordnen Sie die Karikaturen den im Text beschriebenen Aspekten zu. 2. Erörtern Sie, inwieweit die Karikaturen zur Erschließung der Thematik geeignet sind. 3. Planen Sie weitere Schritte für die Bearbeitung des Themas im Unterricht.	Transfer der Karikatur (auf einen Text); Erkennen und Einordnen komplexer Sachverhalte, Methodenreflexion, inhaltliche Strukturierung der Unterrichtsreihe, Einsicht in Politik als Aufgabe, Komplexität von Politik, Kategorien des Politischen	(gegebenenfalls Textanalyse), zuordne strukturieren, Arbeitsorganisation, planen, entscheiden

‹rnziele: ‹zialkommunikativ	Lernziele: affektiv	Rolle des Lehrers/ der Lehrerin
u.	s. u.	Lehrer/in als **Organisator:** Karikaturenauswahl, Raum, Plakate mit Karikaturen
		Lehrer/in als **Organisator**
‹stausch von Meinungen in ‹ner kleinen Gruppe, aktives ‹hören	Spaß am Thema/an der Methode gewinnen, Selbsttätigkeit, entdeckendes Lernen, Verantwortung für Lernen übernehmen, Selbstvertrauen	Lehrer/in als **Initiator:** gezieltes Heranführen an das Medium Karikatur; Lehrer/in als **Beobachter**
‹it anderen Schülern ‹operieren, Austausch von ‹einungen, diskutieren, ‹tscheidungen treffen		Lehrer/in als **Organisator**
‹teraktion der Schüler, bei ‹ickfragen oder Diskussio‹n flexibel reagieren, auf ‹itschüler eingehen und ‹rständlich formulieren	Selbstvertrauen entwickeln, Selbstkorrektur, Identifikation und Engagement, Bereitschaft zu Kooperation entwickeln	Lehrer/in als **Beobachter** (evtl. Karikaturen auf OH-Folie darbieten)
‹ Gruppen zusammen‹beiten, seine Meinung ‹ der Gruppe einbringen, ‹skutieren	Selbsttätigkeit, eigene Planung des Unterrichts, Identifikation, Selbstbewusstsein	Lehrer/in als **Moderator**

Anregungen

1. Führen Sie im Kurs eine Karikaturenrallye (zum Thema Europa) durch.
2. Methodenreflexion: Überprüfen Sie, inwiefern die von Ihnen durchgeführte Karikaturenrallye die oben aufgeführten Lernziele erreicht hat.

4. Europas Zukunft – Quo vadis, Europa?

4.1 Die Gemeinsame Außen- und Sicherheitspolitik: EU – ein politischer und militärischer Zwerg?

M 1

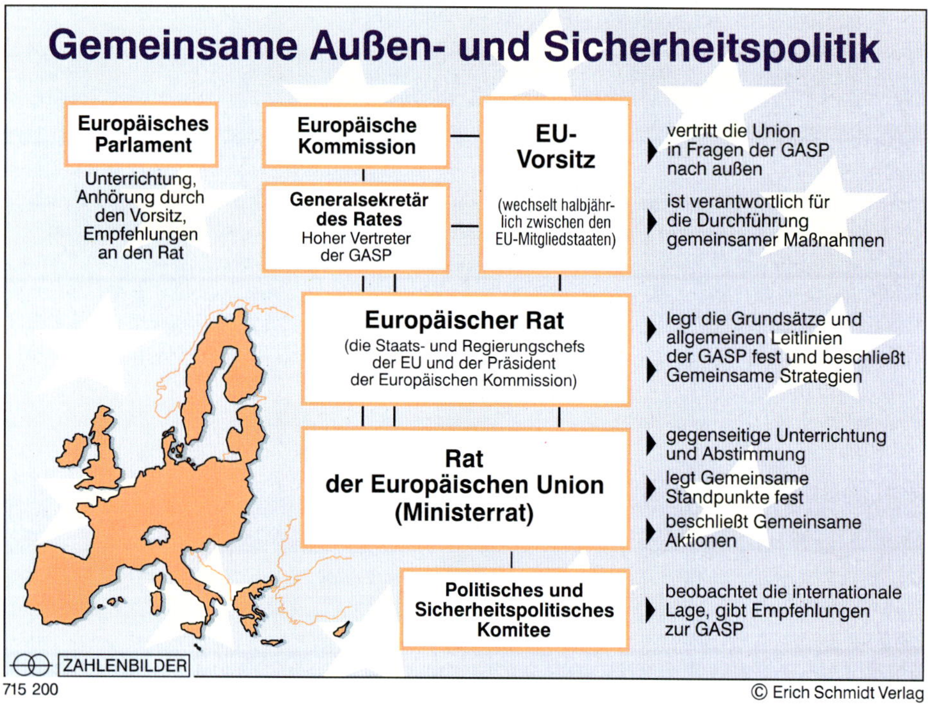

Die **Gemeinsame Außen- und Sicherheitspolitik (GASP) der EU** ist von allen Politikbereichen, mit denen sich die EU befasst, noch am stärksten durch zwischenstaatliche Elemente (intergouvernemental) geprägt. Während in anderen Bereichen der Gemeinschaftspolitik Mehrheitsentscheidungen bereits zur Regel geworden sind, gewinnt das Mehrheitsprinzip in der GASP erst langsam an Bedeutung. Ursprünglich als Europäische Politische Zusammenarbeit (EPZ) angelegt, umfasst die GASP seit dem Vertrag von Maastricht auch eine vertraglich verankerte Verantwortung der Union in Verteidigungsangelegenheiten. Der Europäische Rat von Nizza (2000) beschloss dazu die Einsetzung neuer, ständig in Brüssel angesiedelter Gremien zur Stärkung der GASP und zum **Aufbau der Europäischen Sicherheits- und Verteidigungspolitik (ESVP, s. u.).**

Steuerung und Fortentwicklung der GASP obliegen dem „Rat der Allgemeinen Angelegenheiten“, in dem die Außenminister der fünfzehn EU-Mitgliedstaaten zusammentreffen. Er verfügt im Bereich der GASP vor allem über folgende Instrumente:

- In *„Gemeinsamen Standpunkten“* wird ein für die Mitgliedstaaten verbindliches „Konzept der Union für eine bestimmte Frage geografischer oder thematischer Art“ bestimmt. Die Annahme Gemeinsamer Standpunkte erfolgt in der Regel einstimmig. Als Gemeinsamer Standpunkt wurde beispielsweise im Rahmen der Sanktionsmaßnahmen gegen die Bundesrepublik Jugoslawien beschlossen, dass die Behörden der EU-Mitgliedstaaten bestimmten Bürgern der BRJ wegen ihrer Nähe zum Milosevic-Regime keine Einreisevisa erteilen sollten (s. S. 497 f.).
- *„Gemeinsame Aktionen“* werden verabschiedet, wenn die Union auf einem konkreten Gebiet der Außenpolitik operativ tätig werden will (z. B. Entsendung von Wahlbeobachtern, Ernennung eines Sonderbeauftragten, Sanktionen). Die Entscheidung über eine Gemeinsame Aktion erfolgt in der Regel einstimmig.
- Ziel einer *„Gemeinsamen Strategie“* ist es, die Mitgliedstaaten in ihren Politiken stärker als bisher auf eine gemeinsame EU-Linie festzulegen und damit zu größerer

Kohärenz der Gemeinsamen Außen- und Sicherheitspolitik beizutragen. Die Gemeinsame Strategie (umfassendes Konzept) wird einstimmig durch den Europäischen Rat beschlossen. Konkrete Maßnahmen zur Umsetzung dieses Konzepts (Gemeinsame Standpunkte oder Gemeinsame Aktionen) können dagegen vom Allgemeinen Rat mit qualifizierter Mehrheit verbindlich getroffen werden. Der Europäische Rat von Nizza beschloss zum Beispiel den Aufbau der ESVP als umfassendes Konzept.

- Außerdem gibt die Union regelmäßig wertende *„Erklärungen"* zu aktuellen politischen Ereignissen ab (sie verurteilt zum Beispiel die Anwendung der Todesstrafe in einem Staat oder begrüßt den friedlichen Verlauf von Parlamentswahlen in einem anderen), die die Mitgliedstaaten politisch binden.

Mit dem Vertrag von Amsterdam wurde das Amt eines Hohen Vertreters für die GASP geschaffen, der zugleich in Personalunion Generalsekretär des Rates der EU ist. Er soll als „Mr. GASP" der GASP mehr Effizienz, mehr Kohärenz und größere Sichtbarkeit verleihen. Außerdem soll der „Hohe Vertreter", der auf fünf Jahre ernannt wird, für die Kontinuität der GASP über die halbjährlich wechselnden Präsidentschaften hinweg sorgen.

Javier Solana, seit 1999 erster Generalsekretär des Rates der EU und hoher Vertreter der GASP

Gegenüber dritten Staaten wird die EU in GASP-Angelegenheiten durch die jeweilige Präsidentschaft vertreten. Der Hohe Vertreter für die GASP unterstützt die Präsidentschaft bei dieser Aufgabe. Die Kommission wird gleichfalls beteiligt, sodass in den Kontakten mit Drittstaaten häufig die sogenannte „Troika" aufritt: Präsidentschaft, Hoher Vertreter und Kommission.

Das Ende der Ost-West-Konfrontation hat zwar militärische Konflikte insgesamt reduziert, aber selbst in Europa nicht zu einer stabilen Friedensordnung geführt. Insbesondere die blutigen Konflikte auf dem Balkan (s. S. 497 ff.) haben verdeutlicht, dass ein uneiniges und unfähiges EU-Europa nicht in der Lage ist, eine humanitäre Katastrophe zu verhindern, selbst wenn sie sich „unter seinen Augen" vollzieht und Auswirkungen auch auf EU-Staaten hat (Flüchtlingsströme, Kosten des Wiederaufbaus). Aus dieser Erfahrung heraus beschloss der Europäische Rat in Nizza (2000) den Aufbau einer eigenständigen **Europäische Sicherheits- und Verteidigungspolitik (ESVP) im Rahmen der GASP.** Zentrales Ziel der ESVP ist die Stärkung der äußeren Handlungsfähigkeit der EU durch den Aufbau ziviler und militärischer Fähigkeiten zur internationalen Kontfliktverhütung und Krisenbewältigung (Europäische Eingreiftruppe). Die ESVP soll die EU befähigen, die im Amsterdamer Vertrag festgelegten Petersberg-Aufgaben („humanitäre Aufgaben und Rettungseinsätze, friedenserhaltende Aufgaben sowie Kampfeinsätze bei der Krisenbewältigung, einschließlich friedensschaffender Maßnahmen") bewältigen zu können. Die ESVP versteht sich nicht als Ersatz, sondern als Ergänzung der NATO. Autonom wird die EU militärisch nur in jenen Fällen handeln, in denen die NATO als Ganzes nicht beteiligt ist. Die ESVP soll das Gewicht der Europäer in der transatlantischen Partnerschaft und im atlantischen Bündnis erhöhen und Handlungsfähigkeit auch für den Fall schaffen, dass sich die USA nicht oder nicht führend engagieren wollen. Es wird allerdings zunächst noch keine europäische Armee geschaffen, sondern die Streitkräfte bleiben ihrem jeweiligen nationalen Kommando unterstellt und werden nur im Falle einer EU-Operation dem militärischen Oberbefehlshaber für den Einsatz unterstellt.

M 2 | Gretchenfrage muss beantwortet werden

Die Positionen Amerikas und Europas, die scheinbar völlig unvereinbar sind, ergänzen einander näher besehen dadurch, dass sie sich wechselseitig kritisch beleuchten. Die europäische Option „make law, not war" kann zu einer sozialromantischen Lebenslüge dann werden, wenn die militärisch-sicherheitspolitische Komponente ausgeklammert wird. Genau diesen Mangel deckten die Balkan-Kriege auf: Schon Gewaltkonflikten auf ihrem eigenen Kontinent stehen die Europäer hilflos gegenüber.
Die Überwindung der kriegerischen Blutgeschichte Europas kann zu dem Fehlschluss verleiten, allein eine pazifistisch gewendete Polit-Ökonomie führe zu Versöhnung und Frieden. Deshalb demontieren militärische Konflikte die Europäische Union, die als Wirtschafts-, nicht aber als Militärmacht begründet wurde. Diese Nichtexistenz Europas hat einen schlichten Grund: Es gibt keine europäische Eingreiftruppe. Noch nicht. Vielleicht kommt sie in diesem Jahr. Und auch mit einer solchen militärischen Komponente wird die Europäische Union sich niemals selbst, geschweige denn andere, vor den Gefahren des massenmörderischen Terrorismus schützen können.
Darüber täuscht Europa sich gern hinweg: Ohne die militärische Hegemonie der USA wäre die Sozialromantik der europäischen Versöhnungspolitik schnell ausgeträumt. Die Übermacht der USA hat auch ihre innereuropäische Ursache, und zwar im kollektiven Verzicht auf Gewaltmit-

tel. Erst dann, wenn dieser Mangel eingesehen und behoben wird, wird auch eine Außenpolitik der Europäischen Union möglich, die diesen Namen verdient. Sie wird eine Antwort auf die Gretchenfrage nach der Autorität der gemeinsamen Institutionen verlangen. Eine europäische Außenpolitik wird es nur geben können, wenn die Hauptstädte erkennen, dass Kompetenzen nach Brüssel abzugeben sie nicht schwächt, sondern stärkt, weil diese kosmopolitische Wendung den Einfluss aller EU-Staaten in der Welt vergrößert.

Dass globale Gefahren transnationale Gemeinsamkeiten stiften können, ist auf diesem beschwerlichen Weg ein notwendiger Antrieb.

(Ulrich Beck, in: Spiegel, Nr. 2/2003, S. 56 f.)

M3 | Transatlantische Rivalen

Im Interview äußerte sich Charles A. Kupchan, Professor für Internationale Beziehungen an der Georgetown Universität (USA), zur neuen Rolle Europas:

SPIEGEL: Militärisch, wirtschaftlich und in der Ausübung politischer Macht ist Amerika dem Rest der Welt weit enteilt. Wie kann Europa da dem großen Bruder noch in den Arm fallen?

KUPCHAN: Niemand wird die USA überholen. Aber darum geht es auch gar nicht, sondern um die Frage, ob diese amerikanische Vorherrschaft konkurrenzlos bleibt. Und das bleibt sie auf Dauer eben nicht. Das Erstarken Europas bringt den alten Kontinent zwar nicht auf die Überholspur, verleiht ihm aber jetzt schon so viel zusätzliches Gewicht, dass er abweichende Meinungen gegen die USA durchsetzen kann. Denken Sie nur an die Irak-Resolution 1441. Die hat der Sicherheitsrat zwar einstimmig verabschiedet, aber erst nachdem die Europäer in einem achtwöchigen Ringen wesentliche Änderungen des amerikanischen Entwurfs erreicht hatten ...

SPIEGEL: ... ohne damit letztlich Washington von einem Alleingang abhalten zu können [...]. Lassen sich die USA überhaupt noch einbinden in das System internationaler Organisationen?

KUPCHAN: Ich kann den Europäern nur raten, ihre gegenwärtige Position zu behalten. Zurzeit ist die Welt durch die übermächtigen USA aus dem Gleichgewicht geraten. Auch innenpolitisch fehlt bei uns angesichts der Vorherrschaft der Neokonservativen in Regierung und Kongress und der schwächelnden Demokraten jedes Gegengewicht. Dazu kann derzeit weltweit nur die EU heranwachsen.

SPIEGEL: Aber Europa ist noch weit davon entfernt, mit einer Stimme zu sprechen, und hat sich bei internationalen Krisen – etwa auf dem Balkan und in Afghanistan – nicht gerade mit Ruhm bekleckert.

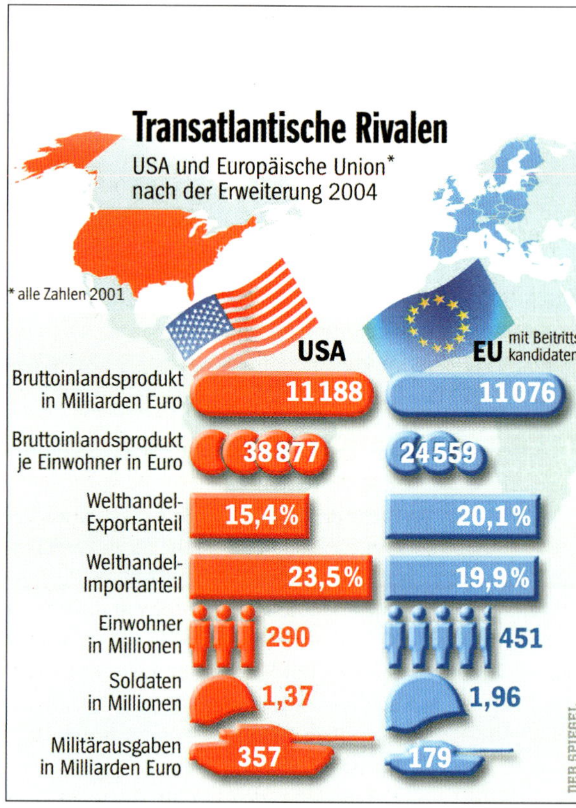

KUPCHAN: Auf dem Balkan und bei der Friedenstruppe in Afghanistan stellen die Europäer bereits weitaus mehr Soldaten als die USA.

Schon möglich, dass der technologische Vorsprung der US-Streitkräfte uneinholbar bleibt. Dennoch kann ein gestärktes Europa dazu beitragen, dass sich die internationalen Beziehungen nicht weiter militarisieren, die Bedeutung bewaffneter Macht also abnimmt.

SPIEGEL: Was raten Sie denn Ihrer Regierung, die die heraufziehende Konkurrenz aus Europa nicht gerade zu fürchten scheint?

KUPCHAN: Jetzt hat sie noch die Chance, der ganzen Entwicklung eine freundschaftlich-friedliche Richtung zu geben. Steckt sie jedoch weiterhin den Kopf in den Sand, kann sich aus fruchtbarem Wettbewerb schnell ein feindliches Gegeneinander entwickeln.

SPIEGEL: Hat es denn je eine Großmacht gegeben, die ihren Rang freiwillig geräumt hätte?

KUPCHAN: Durchaus. Ende des 19. Jahrhunderts begannen die Briten, sich aus ihren Weltmachtpositionen zu verabschieden. Sie haben diese den aufstrebenden Amerikanern überlassen, ohne dass darüber ein Schuss gefallen oder auch nur Feindschaft entstanden wäre. Damals haben wir gesagt: Mach Platz, Europa. Nun ist Europa wieder da, und es ist an uns, Raum zu geben.

(Spiegel, Nr. 2/2003, S. 95)

M 4 | Aktuelle ESVP-Einsätze (Stand: Oktober 2006)

- *AMM* – Beobachtungsmission zur Demilitarisierung in Aceh, Indonesien
- *EUFOR RD Congo* – Europäische Militäroperation in der Demokratischen Republik Kongo
- *EUPOL Kinshasa* – Polizeimission der EU in Kinshasa, DR Kongo
- *EUSEC Congo* – Mission zur Unterstützung der Sicherheitssektoren in der DR Kongo
- *EUPOL PROXIMA* – Polizeimission der Europäischen Union in Mazedonien
- *EUJUST THEMIS* – Mission der EU zur Stützung der Rechtsstaatlichkeit in Georgien
- *EUPM* – EU-Polizeimission in Bosnien und Herzegowina
- *EUFOR ALTHEA* – Militärische Operation der EU in Bosnien und Herzegowina (Übernahme der Mission der NATO-geleiteten SFOR durch die EUFOR/EU-Force)
- ***European Union Border Assistance Mission Rafah*** **(EU BAM Rafah)** – Unterstützende Kontrollmission am palästinensisch-ägyptischen Grenzübergang in Rafah

(nach: Wikipedia, Artikel „Gemeinsame Außen- u. Sicherheitspolitik“)

Aufgaben

1. Erläutern Sie mithilfe des Autorentextes das Organisationsschema der GASP (M1).
2. Unterscheiden Sie bei den Entscheidungsverfahren zwischen Einstimmigkeit und Mehrheitsentscheidungen. Inwiefern kann von der EU als politischem und militärischem Zwerg gesprochen werden?
3. Internet-Recherche: Informieren Sie sich beim Auswärtigen Amt über Struktur und Instrumente der ESVP. Erstellen Sie ein M 1 vergleichbares Schaubild zur ESVP.
4. Informieren Sie sich über aktuelle zivile und militärische Einsätze im Rahmen der ESVP und über die Einrichtung einer EU-Eingreiftruppe. Informationen bekommen Sie im Internet beim Auswärtigen Amt und unter der Adresse http://europa.eu/pol/index_de.htm (Tätigkeitsberichte der Europäischen Union).
5. Beschreiben, dokumentieren und bewerten Sie einen abgeschlossenen oder aktuellen ESVP-Einsatz (M 4).
6. Formulieren Sie die von Ulrich Beck in M 2 erwähnte „Gretchenfrage“ und erörtern Sie mögliche Antworten.
7. Diskutieren Sie ausgehend von M 2 und M 3:
   – Braucht Europa eine eigene Armee?
   – Sollten die europäischen Staaten auf eine nationale Außenpolitik verzichten?
   – EU als Gegengewicht und Weltmacht – Vision oder Illusion?

4.2 Erweiterung der EU: Wie viele Staaten verträgt Europa?

Am 1. Mai 2004 hat die Europäische Union zehn neue Mitglieder aus Ost- und Südeuropa aufgenommen. Ihren Abschluss fand diese Erweiterungsrunde, als am 1.1.2007 auch Bulgarien und Rumänien in die EU eintraten. Weitere Staaten Osteuropas sowie die Türkei streben eine Vollmitgliedschaft an. Umstritten ist dabei das Ausmaß und die Geschwindigkeit des künftigen Erweiterungsprozesses: *Wie viele Staaten verträgt Europa?* Je größer die Gemeinschaft ist, desto zahlreicher und vielfältiger sind auch die Vorstellungen über Weg und Ziel der Integration. Es steht dabei zu befürchten, dass die zweite große Herausforderung des Einigungsprozesses neben der Erweiterung, die Vertiefung, d.h. der Souveränitätsgewinn der Union gegenüber den Nationalstaaten im Zusammenhang mit der Effektivierung und Demokratisierung des Institutionensystems, zunehmend schwieriger wird (vgl. Teilkapitel 4.3.: *Wie viel Europa vertragen die Staaten?*).

Darüber hinaus geht es auch um Fragen der Identität und des Selbstverständnisses. Insbesondere über den Beitritt der Türkei wird in Politik, Medien und Öffentlichkeit leidenschaftlich gestritten: Wo liegt die Grenze Europas, worin besteht seine Identität: in gemeinsamen historischen Erfahrungen, kulturellen Orientierungen wie Aufklärung oder Christentum oder in einem Selbstverständnis als offene, plurale und weltanschauliche Größe?

Jede Erweiterung bringt also eine Vielfalt von zu lösenden Problemen und Aufgaben im wirtschaftlichen, gesellschaftlichen, kulturellen und politischen Bereich mit sich. Die Zwischenbilanz der Erweiterung von 2004 fällt daher – je nach Perspektive (vgl. M 7 a–c, S. 537 ff.) unterschiedlich aus.

M 5|

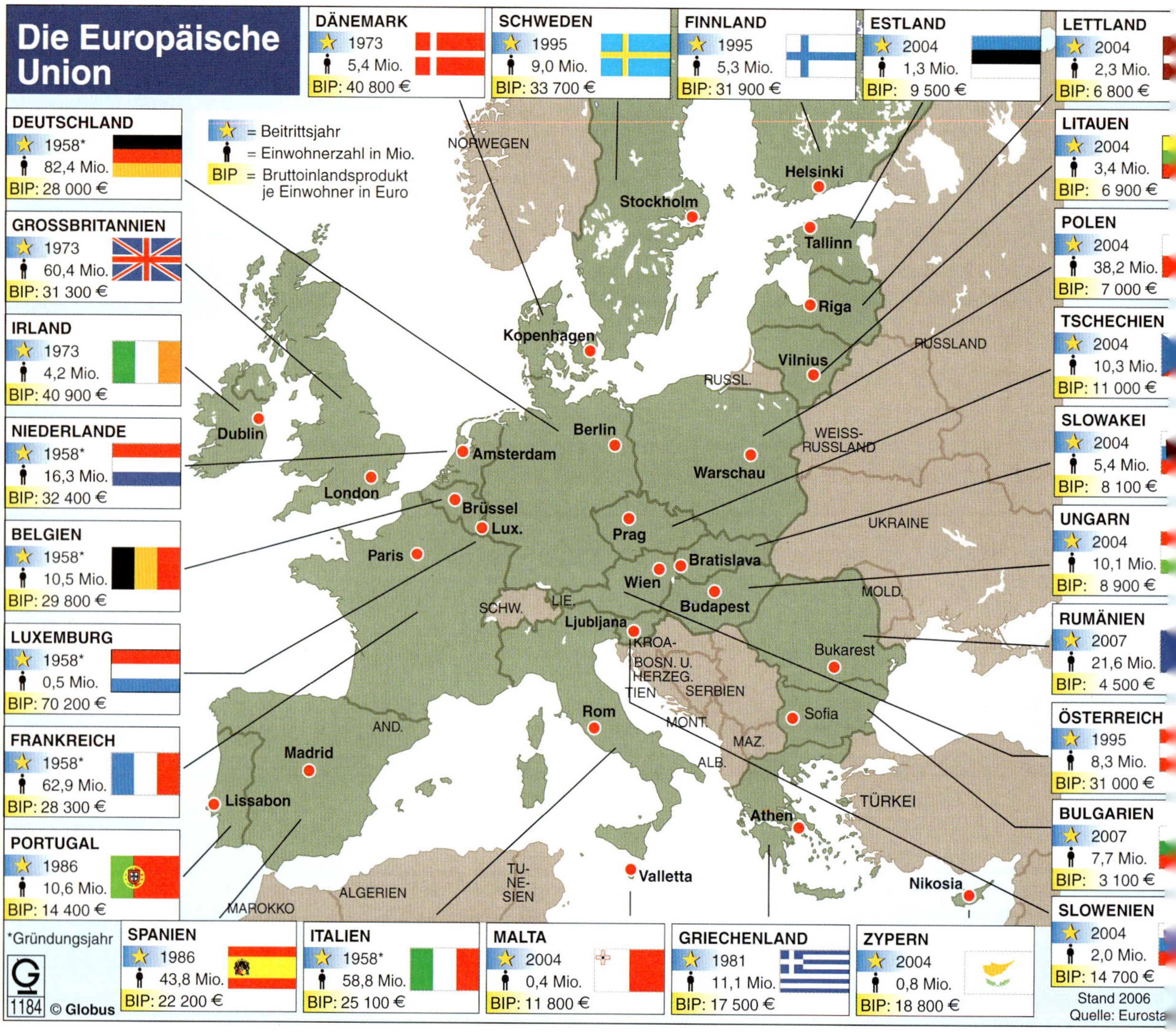

M 6a | Voraussetzungen und Verfahren des EU-Beitritts

Kopenhagener Kriterien:
Als Bedingungen für den Beitritt hat der Europäische Rat 1993 die sogenannten „Kopenhagener Kriterien" formuliert, die vor einem Beitritt erfüllt sein müssen:

① Institutionelle Stabilität, demokratische und rechtsstaatliche Ordnung, Wahrung der Menschenrechte sowie Achtung und Schutz von Minderheiten.

② Eine funktionsfähige Marktwirtschaft und die Fähigkeit, dem Wettbewerbsdruck innerhalb des EU-Binnenmarktes standzuhalten.

③ Die Fähigkeit, sich die aus einer EU-Mitgliedschaft erwachsenden Verpflichtungen und Ziele zu eigen zu machen, das heißt Übernahme des gemeinschaftlichen Regelwerkes, des „gemeinschaftlichen Besitzstandes" (*Acquis communautaire*, ungefähr 80 000 Seiten Rechtstexte).

Aufgrund der Größe der Aufgabe werden die Beitrittsländer bei der Übernahme des Besitzstandes durch die EU und die einzelnen Mitgliedstaaten unterstützt (finanzielle Unterstützung durch Vorbeitrittshilfen, Beratung und Hilfe durch Beitrittspartnerschaften). Die Europäische Kommission erstellt jährlich Fortschrittsberichte über den Stand der Erfüllung der Kriterien. Sie werden zusammengefasst beim Auswärtigen Amt unter www.auswaertiges-amt.de veröffentlicht.

Verfahren und Prinzipien:
Erfüllt ein Beitrittskandidat die grundlegenden politischen Voraussetzungen, wird der Beitrittsprozess eingeleitet.
Der Europäische Rat hat 1997 in Luxemburg dafür folgende Prinzipien beschlossen:
- Alle Kandidaten gehen mit den gleichen Rechten und Voraussetzungen in den Prozess hinein („differenzieren, ohne zu diskriminieren").
- Die Verhandlungen werden individuell geführt und können mit jedem Kandidaten zu unterschiedlichen Zeitpunkten begonnen und abgeschlossen werden. Kandidaten, die später mit den Verhandlungen beginnen, können ggf. früher zum Abschluss kommen („Überholspur").

Vor Beginn der Verhandlungen nimmt die Kommission für jedes Land eine Bewertung im Vergleich zur EU vor („*Screening*"), danach wird der gemeinschaftliche Besitzstand kapitelweise nach einem festen Verhandlungsplan („*road map*") auf Beitrittskonferenzen abgearbeitet. Bei den Ergebnissen sind Übergangsregelungen möglich, sollen aber möglichst vermieden werden. Sind schließlich die Voraussetzungen für einen Beitritt erfüllt, entscheiden die Europäischen Institutionen und die Parlamente der Mitgliedstaaten und der infrage kommenden Beitrittsländer in einem langen Ratifikationsprozess über das Inkrafttreten des Beitritts. Die Osterweiterung vollzog sich bisher in mehreren Erweiterungsrunden (Gruppen von Staaten).

M 6b | Grundsätze für die Beitrittsverhandlungen mit der Türkei und Kroatien

Den Beitrittsverhandlungen liegen erstmals länderspezifische Verhandlungsrahmen zugrunde. Dieses neue Konzept [...] beinhaltet u. a.:
- Gemeinsames Ziel der Verhandlungen ist der Beitritt. Sie sind ein Prozess mit offenem Ende, dessen Ausgang sich nicht garantieren lässt.
  [...]
- Um zu gewährleisten, dass neue Mitgliedstaaten ihre vertraglichen Verpflichtungen unmittelbar mit dem Beitritt bzw. nach Ablauf von Übergangsfristen auch tatsächlich erfüllen, erfolgt künftig eine verstärkte und frühere Kontrolle [...].
- Lange Übergangsfristen, Ausnahmeregelungen oder dauerhafte Schutzklauseln sind bei Freizügigkeit, Strukturpolitik und Landwirtschaft möglich.
- Die Verhandlungen mit der Türkei können erst nach einer Einigung auf den EU-Finanzrahmen für die Zeit ab 2014 abgeschlossen werden.
- Bei schwerwiegender und anhaltender Verletzung der gemeinsamen Werte – Freiheit, Demokratie, Wahrung der Menschenrechte und der Grundfreiheiten sowie Rechtsstaatlichkeit – können [...] die Beitrittsverhandlungen ausgesetzt werden.
- Parallel zu den Beitrittsverhandlungen wird die EU einen intensiven politischen und kulturellen Dialog führen, der in Bezug auf die Türkei v.a. darauf abzielen soll, die Unterstützung der europäischen Bürger zum Erweiterungsprozess zu sichern.

(Fischer Weltalmanach 2007, S. 576)

Aufgaben

1. Informieren Sie sich über den aktuellen Stand der Beitrittsverhandlungen mit der Türkei und mit Kroatien. Unterscheiden Sie dabei verschiedene Aspekte: wirtschaftliche Entwicklung, politisches System, Menschenrechte u.a. Lassen sich Fortschritte erkennen? Beurteilen Sie.
2. Halten Sie die länderspezifischen Regelungen für angemessen?

➤ Zwischenbilanz des Erweiterungsprozesses von 2004

M 7a | Die erweiterte EU im Alltag

Für 74 Millionen Menschen in den zehn EU-Beitrittstaaten bedeutete der 1. Mai 2004 den offiziellen Start in eine neue Epoche. Doch ein Jahr nach dem „Völkerfrühling" hat der Alltag die Feierlaune ersetzt.

Nicht nur geografisch ist die EU größer geworden: Der ovale Sitzungssaal der Europäischen Kommission gleicht einem gigantischen Raumschiff, in dem der Sprecher am anderen Ende des Saales nur Dank eines eingebauten Bildschirms zu sehen ist. Und in Luxemburg, wo der Ministerrat tagt, ist man bis zur Fertigstellung des Neubaus gleich in eine Messehalle gezogen.
Technisch gesehen hat die EU die Osterweiterung gut in den Griff bekommen, politisch besteht hingegen noch Nachholbedarf. Die Aufnahme der acht mittel- und osteuropäischen Staaten sowie von Malta und Zypern haben das Gesicht Europas verändert. Die „Neuen" lernten

schnell, müssen aber erste Frustrationen hinnehmen, denn vieles geht ihnen zu langsam. Und die „Alten" – so sehen es zumindest manche EU-Diplomaten – beginnen sich allmählich zu fragen, wie schnell die Union eigentlich noch auf welche Größe wachsen soll.

Politik und Wirtschaft haben die EU-Osterweiterung jedenfalls als Erfolg gewürdigt. Kommissionspräsident José Manuel Barroso sagte, die Erweiterung habe Europa wiedervereinigt und gezeigt, „dass dies keine geschlossene Gesellschaft ist". Mit den jetzt 25 Mitgliedern stärke „die EU ihre Stellung auf internationaler Bühne". Bundeswirtschaftsminister Wolfgang Clement sieht den Standort Deutschland durch die EU-Erweiterung gestärkt. [...]

„Die Bilanz ist eindeutig positiv", sagte DIHK-Präsident Georg Ludwig Braun im Hinblick auf den deutlichen Handelsüberschuss Deutschlands. So hätten die Exporte im Erweiterungsjahr um zehn Prozent zugenommen, während die Importe stagnierten. Nach Einschätzung Brauns habe die Osterweiterung mehr Arbeitsplätze in Deutschland gesichert als gekostet. Der Hauptgeschäftsführer des Bundesverbandes der Deutschen Industrie (BDI), Ludolf von Wartenberg, sagte, Deutschland könne von einem Binnenmarkt mit insgesamt 450 Millionen Menschen profitieren. [...]

Allein im letzten Jahr investierten deutsche Firmen rund 60 Milliarden Euro in den Beitrittsstaaten – 62 Prozent mehr als noch vor fünf Jahren. Zudem besitzt die hiesige Wirtschaft osteuropäische Tochterfirmen und Fabriken im Wert von 23 Milliarden Euro. Seit Anfang der 1990er-Jahre ist dieser Kapitalstock um das 25-fache gewachsen. Auch 2005 „wird Osteuropa zum Investitionszielgebiet Nummer Eins für deutsche Unternehmen", sagte Volker Treier vom DIHK.

Rechte Freude will trotzdem nicht aufkommen. Auch wenn das Politikgeschäft mit 25 EU-Staaten ausgesprochen gut läuft, wachsen in vielen Mitgliedstaaten die Bedenken gegenüber dem Sinn und dem Tempo der Erweiterung. [...]

Der Streit um die als „Bolkenstein-Richtlinie" bezeichneten Vorschläge für eine europaweite Liberalisierung der Dienstleistungen ist symptomatisch dafür. Was aus Brüsseler Sicht der logische nächste Schritt nach der Öffnung der Warenmärkte ist, davor fürchten sich viele Bürger vor Ort. So ist von zunehmendem Druck auf die Löhne oder sogar von Abwanderung der Arbeitsplätze die Rede. Immer mehr Unternehmen aus den alten EU-Staaten verlassen ihr Heimatland und investieren in den neuen oder künftigen EU-Staaten in Arbeitsplätze und Firmen. [...] In Deutschland mischt sich zudem die Angst vor illegaler Einwanderung, Schwarzarbeit und wachsender Kriminalität.

Ob Lohndumping, Entsendegesetz oder Feinstaubrichtlinie – die Deutschen werden derzeit eher mit Negativschlagzeilen konfrontiert, die sie zunehmend verunsichern. [...] Auch wenn sich eine deutliche Mehrheit für die EU-Verfassung ausspricht, glauben 66 Prozent der Deutschen, dass die Osterweiterung einen schlechten Einfluss auf die Arbeitsplätze hat – nur zwei Prozent meinen das Gegenteil. [...]

Der Berliner Historiker Heinrich August Winkler spricht in diesem Zusammenhang von einer „Lebenslüge" der deutschen Europapolitik. Jahrelang habe man in Deutschland die Meinung vertreten, dass es zwischen der Erweiterung und der Vertiefung keinen Widerspruch gebe. „Doch tatsächlich ist die Erweiterung kräftig vorangeschritten – während die Vertiefung auf der Strecke zu bleiben droht", so der Wissenschaftler. Die euphorischen Schlagzeilen, die vor einem Jahr noch in Deutschland die größte Erweiterung der EU einläuteten, sind nun vergessen. Deutsche Schlagzeilen dieser Tage lauten dagegen: „Europa ist erschöpft" oder schlicht „Europa nervt".

(http://www.europa-digital.de/aktuell/dossier/erweiterung05/einjahr.shtml; 22.10.2006)

M 7b | Eine Nachlese in den Beitrittsländern: Drei Beispiele

Doch auch in den Beitrittsländern ist die Freude über die Osterweiterung einem pragmatischen Umgang mit dem EU-Alltag gewichen. Bei den meisten **Polen** konnte schon im Augenblick des Beitritts keine Rede mehr von grenzenloser Begeisterung sein. Vielmehr hielten sich Hoffnungen und Ängste die Waage. Zehntausende – vor allem aus den Armutsregionen – versuchten seither ihr Glück im Westen. So waren die internationalen Busverbindungen nach London und Dublin, Malmö oder Stockholm über Wochen hinweg ausgebucht.

Viele mussten hingegen einsehen, dass der Traum vom Wohlstand im Westen nicht so einfach zu verwirklichen ist – vor allem ohne Sprachkenntnisse und gute Vorbereitung. Hinzu kam, dass unseriöse Arbeitsvermittler manchem Arbeitssuchenden den letzten Zloty aus der Tasche zogen – der versprochene Arbeitsplatz existierte jedoch nicht. Weit verbreitet ist zudem die Skepsis, dass mit der EU in Polen „unerwünschte Werte" Einfluss gewinnen könnten – dies zeigt ein Streit um den fehlenden Gottesbezug in der EU-Verfassung. [...]

In **Tschechien** sind laut einer neuen Umfrage rund 72 Prozent insgesamt zufrieden mit der EU-Mitgliedschaft ihres Landes. Dabei zeigte nur ein Drittel der Befragten Interesse an einer möglichen Arbeitsstelle im EU-Ausland. Allein die Ärztekammer atmete nach einem Jahr EU-Mitgliedschaft auf, denn die befürchtete Massenabwanderung heimischer Mediziner ins westliche Ausland blieb bislang aus. Wie im Nachbarland Polen könnte aber auch hier die Diskussion über den EU-Verfassungsvertrag zu einer innenpolitischen Zerreißprobe werden. Während sich die Mitte-Links-Regierung für eine Ratifizierung ausspricht, lehnt Präsident Vaclav Klaus als einziges Staatsoberhaupt eines EU-Landes das Dokument zu „100 Prozent“ ab. Ministerpräsident Ferenc Gyurcsány brachte die Haltung der **Ungarn** unlängst auf den Punkt: „Die EU-Erweiterung hat alle Erwartungen erfüllt, schon allein weil sie nicht besonders groß waren“. In der Tat hat es in der Pusta nie eine besondere „EUphorie“ gegeben – vielmehr wurde der Beitritt als selbstverständlich registriert. Unzufrieden sind hingegen vor allem die Bauern, die allgemein als Verlierer des EU-Beitritts gelten. So machten die Landwirte unlängst ihrem Unmut über die schleppende ungarische Bürokratie Luft, nachdem sie ihre EU-Subventionen für 2004 noch nicht erhalten hatten. Schätzungen zufolge leben etwa 700 000 bis 1,2 Millionen Ungarn von der Landwirtschaft – das entspricht etwa sieben bis zehn Prozent der Bevölkerung. Etwa 80 Prozent davon sind Kleinbauern. Unterschiedliche Schätzungen von Regierungsexperten gehen davon aus, dass etwa ein Drittel oder gar die Hälfte der Agrarbetriebe nicht überlebensfähig ist.

(http://www.europadigital.de/aktuell/dossier/erweiterung05/einjahr2.shtml; 22.10.2006)

M 7c | Weitere Kandidaten stehen vor der Tür

Trotz der großen Erweiterungsrunde vor einem Jahr war schon lange klar, dass die EU weiter wachsen wird. **Bulgarien** und **Rumänien** haben bereits ihre Beitrittsverträge zum 1. Januar 2007 unterschrieben. Für die Rumänen geht damit der historische Traum in Erfüllung, endlich als Europäer anerkannt zu werden. Denn über Jahrhunderte hinweg war das Land Teil einer geopolitischen Grauzone. Bürgerrechtler und Meinungsmacher hoffen zudem, dass der Druck aus Brüssel die rumänischen Politiker zu Reformen zwingt, die sie aus eigenem Antrieb nicht anpacken würden. In Bulgarien befürworten drei Viertel der Bevölkerung den EU-Beitritt ihres Landes. Denn die meisten versprechen sich ein besseres Leben im „Club der Reichen“: höhere Einkommen und Renten sowie Arbeitsmöglichkeiten in anderen EU-Staaten. Allerdings könnte die verschleppte Justizreform ein Stolperstein werden, der den EU-Beitritt Bulgariens um ein Jahr verzögern könnte. Denn das Land gilt immer noch als Drehscheibe für Geldfälscher, Drogen- und Frauenhändler.

Unter den Nachfolgestaaten des ehemaligen Jugoslawiens gehört derzeit nur Slowenien der EU an. Mit **Kroatien** wollte die EU zwar ab dem 17. März verhandeln – da der Balkanstaat jedoch nicht „uneingeschränkt“ mit dem UN-Kriegsverbrechertribunal in Den Haag zusammenarbeitet, wurden die Beitrittsgespräche vorläufig ausgesetzt. **Mazedonien** kommt seit dem 1. April 2004 in den Genuss eines Stabilisierungs- und Assoziierungsabkommens mit der EU, dessen Ziel eine schrittweise Annäherung an die EU-Strukturen und schließlich der EU-Beitritt ist. Mit **Serbien-Montenegro** soll ebenfalls ein solches Abkommen ausgehandelt werden, mit **Bosnien-Herzegowina** wurden bislang noch keine Gespräche dazu begonnen. Zumindest langfristig ist auch ein EU-Beitritt von **Albanien** vorgesehen. Kaum Interesse an einer Vollmitgliedschaft zeigten dagegen bislang Norwegen, Island und die Schweiz – für sie stehen die Türen immerhin offen.

(http://www.europadigital.de/aktuell/dossier/erweiterung05/einjahr2.shtml; 22.10.2006)

Aufgaben

1. Stellen Sie die unterschiedlichen Perspektiven der Zwischenbilanz des Erweiterungsprozesses vergleichend gegenüber (M 7a bis 7c).
2. Überprüfen und aktualisieren Sie die Zwischenbilanz des Erweiterungsprozesses. Aktuelle Materialien finden Sie unter folgender Internet-Adresse: http://ec.europa.eu/enlargement/.

➤ Wo ist Europa? – Beitritt der Türkei?

M 8a |

Ja, sie gehören in die EU

Wieder geht ein Gespenst um in Europa: ein muslimisches Land, das mit seinem Beitrittsgesuch zur EU die Identität Europas bedroht. Das Abendland ist in Gefahr, heißt die furchtbare Botschaft, die Türken stehen vor Brüssel! Die Debatte um die EU-Erweiterung ist umgeschlagen: von der gefeierten Wiederverschmelzung der Hälften Europas hin zur verzagten Suche nach neuen Mauern. Entscheiden die Staats- und Regierungschefs der EU in Kopenhagen, der Türkei eine zeitlich feste Beitrittsperspektive zu geben, werden die Kritiker aufschreien. Renommierte Historiker, Politiker, Publizisten, die meinen, dass Europas Grenze vor dem Bosporus, vor dem europäischen Teil der Türkei, enden solle. Um dies zu begründen, beschwören sie allerlei Gefahren, die längst europäische Gebrechen sind, auch ohne die Türkei. Es geht den Abendländlern um die Identität, die Werte, um die Handlungsfähigkeit Europas.

Was ist das, die europäische Identität? Macht sie sich an der Aufklärung fest, an der Sprache, am Glaubensbekenntnis? Die Aufklärung hat zum Beispiel auch das EU-Mitglied Griechenland und die Kandidaten Bulgarien und Rumänien kaum gestreift. An Sprachen ist die Union fast so reich wie der Kaukasus. Eint uns der Glaube? Der katholische Spanier hat mit dem protestantischen Finnen so wenig gemein wie der anglikanische Brite mit dem orthodoxen Griechen. Dennoch pilgern sie alle zu den hoch aufragenden Profanbauten von Brüssel und huldigen dieser sehr weltlichen Union europäischer Staaten. Warum sollten die muslimischen Türken dies nicht können?

Gräbt man im Geschichtsbuch, so fällt auf, dass die Türkei zu Europa gehört, anders als Turkmenistan oder Marokko. [...] Niemand käme auf die Idee, den bosnischen Muslimen ihre europäische Herkunft abzusprechen, nur weil sie den Ramadan feiern. Sind etwa die 2,5 Millionen türkischstämmigen Bürger in Deutschland nur Asiaten auf Besuch in Europa? Christentum und Islam taugen nicht für politische Grenzziehungen. Beide sind Teil der europäischen Geschichte.

Wer dies anerkennt und die EU für die Türkei öffnet, tut viel für das verspannte Verhältnis von Deutschen und Türken. Eine klare EU-Perspektive für Ankara wird das steile Gefälle ebnen, das heute noch viele Türken nach Deutschland treibt. [...]

Teilen die Türken die europäischen Werte? Sicherlich haben türkische Offiziere einige Probleme damit. Aber nicht mehr als Silvio Berlusconi, der gerade den italienischen Rechtsstaat nach seinen privaten Bedürfnissen umbaut. Gemessen an der Begeisterung der Bevölkerung für die europäische Integration, müssten die Türken schon morgen EU-Bürger werden und die Briten austreten. Die emphatisch pro-europäische Regierung, welche die Türken gerade gewählt haben, will die Rechte ihrer Bürger auf EU-Niveau bringen. Was mit der Abschaffung der Todesstrafe im Sommer begann, soll mit einem Rechtsstaat nach Brüsseler Gardemaß enden. Die Kurden spüren schon jetzt die neuen Freiheiten. [...]

Wird Europa durch die Türkei handlungsunfähig? Gegenfrage: Passen „Europa“ und „Handlungsfähigkeit“ in irgendeinen näheren Zusammenhang? Die EU schlingert in der Irak-Krise wie eine Jolle im Sturm, sie verzagt vor der gemeinsamen Außen- und Sicherheitspolitik, sie versagt vor großen inneren Reformen. [...]

Vor einer Außengrenze mit dem Irak und Iran muss sich die EU nicht fürchten. Oder will sie die Weltpolitik ganz den Amerikanern überlassen? Dort liegen strategisch wichtige Gebiete für Europas Versorgung: die riesigen Gasreserven Irans, die Reichtümer des Kaspischen Meers, die Ölreserven des Iraks. Die Türkei ist in dieser Region ein mächtiger Spieler, der ein ganzes Geflecht von Drähten zu den Nachbarländern neu gezogen hat. Mit der Türkei erhielte die EU-Außenpolitik deutlich mehr Gewicht als heute [...].

Weit hergeholt ist die Vermutung, die Türken würden dereinst Amerikas treuen Knappen geben, wenn die EU nach außen geschlossen auftreten will. Sicher pflegt das Militär ähnlich gute Beziehungen nach Washington wie die Briten. Doch türkische Politiker und Wähler quälen sich mit der Schutzmacht ebenso herum wie die Europäer. Gegen den Irak zögen die Türken so ungern ins Feld wie die Deutschen.

Nach innen liegen die Dinge komplizierter. Denn es gibt einen ernsthaften Grund, der heute noch gegen einen EU-Beitritt Ankaras spricht: die Wirtschaft. Das Pro-Kopf-Einkommen der Türken beträgt 22 Prozent des EU-Durchschnitts. Damit spielen sie just in jener Südost-Liga, zu der die Beitrittskandidaten Rumänien und Bulgarien gehören. [...]

Doch lauert in der Krise die Chance. Was wäre besser geeignet als eine herannahende Türkei, die bewegungsscheue EU zu zwingen, sich selbst zu renovieren? Die Erklärung, dass Beitrittsverhandlungen ergebnisoffen sind, ist überfällig. Die EU darf sich nicht länger die Frage verbieten, was mit Ländern geschieht, die im ersten Anlauf scheitern. [...] Ein Datum für Beitrittsverhandlungen mit der Türkei würde das überlebte EU-Motto „Weiter so, nur fetter“ platzen lassen. Nicht nur die Türkei, auch die EU würde moderner und zukunftsfähiger. Startschuss in Kopenhagen.

(Michael Thumann, Die Zeit Nr. 51/12.12.2002)

M 8b

Nein, sie passen nicht dazu

Kaum einer der heutigen Europäer hat jemals in seiner Schule oder Kirche oder Synagoge gelernt, dass vor einem Jahrtausend die islamische Wissenschaft derjenigen der Europäer weit überlegen gewesen ist – dass zum Beispiel sie es war, die uns große Teile unseres Wissens von den Schriften der klassischen Griechen vermittelt hat; kaum einer weiß überhaupt etwas von der Geschichte und vom Inhalt des Islam, nicht einmal die gemeinsamen Wurzeln in Abraham oder Moses sind uns bewusst. Wohl aber sind die meisten Europäer seit dem Mittelalter – dank der Kir-

che und den Kreuzzügen – in feindlicher Abneigung gegenüber dem Islam aufgewachsen. Und umgekehrt: Auch von islamischer Seite ist die Mahnung zu religiöser Toleranz eine ganz große Seltenheit.
Im Islam fehlen die für die europäische Kultur entscheidenden Entwicklungen der Renaissance, der Aufklärung und der Trennung zwischen geistlicher und politischer Autorität. Der Islam hat auch deshalb – trotz 500 Jahren osmanischer Expansion – in Europa nicht Fuß fassen können; Albanien, Bosnien und das Kosovo sind Ausnahmen geblieben, dazu die Stadt Istanbul. Jedoch leben seit einigen Jahrzehnten in Europa viele Muslime – in Frankreich und Deutschland jeweils drei, in England anderthalb Millionen. Aber Integration, gar Assimilation ist bisher nirgendwo durchgreifend geglückt. Der Einwanderungsdruck wird sich im Laufe des 21. Jahrhunderts erheblich verstärken – besonders aus der Türkei, aus dem Nahen Osten und aus dem Maghreb. Deshalb haben wir Europäer ein ernstes Interesse an der Stabilität unserer muslimischen Nachbarstaaten in Asien und Afrika.
Es sollte diesem Interesse dienen, dass die damalige Europäische Wirtschaftsgemeinschaft 1963 ein Assoziationsabkommen mit der Türkei geschlossen hat. Daneben hat die Entwicklungshilfe europäischer Staaten zugunsten fast aller muslimischen Staaten – und ebenso die wirtschaftliche Verflechtung – inzwischen gewaltige Fortschritte gemacht. Zugleich ist aber wegen der dortigen Bevölkerungsexplosion ihr Wohlstand nur langsam angestiegen. [...]
1987 hat die anhaltende Bevölkerungsvermehrung zu einem türkischen Antrag auf Vollmitgliedschaft geführt. Inzwischen war aus der früheren EWG von sechs Mitgliedsländern längst ein politischer Verbund geworden; man erstrebte eine gemeinsame Außen- und Sicherheitspolitik und bereitete sich auf die gemeinsame Währung vor. Der Beitrittsantrag wurde damals als „derzeit nicht zweckmäßig“ abgelehnt. Wohl aber hat es in den 1990er-Jahren und seither im Europäischen Rat mehrere Beschlüsse gegeben, die eine Beitrittskandidatur in Aussicht stellten, zugleich aber auf den von der EU schon vor einem Jahrzehnt aufgestellten politischen, ökonomischen und vor allem verfassungsrechtlichen Bedingungen (den Kopenhagener Kriterien) beharrten, welche die Türkei bisher nicht erfüllen konnte.
Giscard d'Estaing hat also Recht, der jüngst sagte, man habe sich gegenüber der Türkei einer zweideutigen Sprache bedient. Die Mehrheit der EU-Regierungschefs hat sich immer aufs Neue hinter den von der Türkei tatsächlich nicht erfüllten Kriterien versteckt, zugleich aber unter massivem Druck der USA immer wieder so getan, als ob man die Türkei nur allzu gern als Vollmitglied in die EU aufnehmen wolle. Deutschland und Frankreich waren und bleiben daran durchaus beteiligt.
Es wird Zeit, dass die europäischen Staats- und Regierungschefs, wenn sie sich am Donnerstag abermals in Kopenhagen der Türkei zuwenden, sich über ihre strategischen Interessen reinen Wein einschenken. [...]
Dabei bleibt die vorhersehbare eigene strategische Dynamik der Türkei außer Acht; diese betrifft keineswegs allein den Irak oder allein den israelisch-palästinensischen Konflikt, sondern ebenso jene Republiken Zentralasiens, die türkische Dialekte sprechen. Schon vor Jahrzehnten sprach Staatspräsident Süleyman Demirel von einer „türkischen Welt“, „von der Adria bis an die Grenzen Chinas“.
Die Türkei hat nicht nur kurze gemeinsame Grenzen mit Griechenland und Bulgarien, sondern auch längere Grenzen mit dem Irak, mit Syrien, dem Iran, Georgien und Armenien. Außerdem ist die Türkei, gemeinsam mit dem Irak, belastet mit dem Problem des unterdrückten 20-Millionen-Volkes der Kurden, dem die Siegermächte des Ersten Weltkrieges kein eigenes Territorium zugestanden hatten [...].
Die sich durch die Jahrhunderte hinziehende Gegnerschaft Russlands (deshalb seinerzeit der Beitritt der Türkei zur NATO), die verständliche Feindschaft der Armenier oder die zu erwartenden strategischen Auseinandersetzungen über Rohrleitungen und Häfen für Öl und Gas aus Zentralasien komplettieren die Umrisse der geopolitischen Interessen Ankaras. Wer diese Interessen in den Rahmen einer „Gemeinsamen Außen- und Sicherheitspolitik“ der EU einfügen wollte, der könnte in einer Krise den Zusammenbruch der EU riskieren.
Für einen vollen EU-Beitritt der Türkei ist eine Reihe kultureller Unterschiede von Bedeutung. Die Türkei ist, dank der Reformen durch den General Kemal Atatürk nach dem Ersten Weltkrieg, ein laizistischer Staat: Der Feudalismus ist abgeschafft; anders als im Iran gibt es eine klare Trennung zwischen Staat und Geistlichkeit; anders als im Irak und in Syrien gibt es eine funktionierende demokratisch-parlamentarische Verfassung. Jedoch liegt verfassungsrechtlich die entscheidende Macht beim Militär, im türkischen Sicherheitsrat, in dem nichts gegen die Generalität entschieden werden kann. [...] Die oberste Regierungsfunktion der Militärs verschafft laizistischen Türken eine gewisse Sicherheit, ironischerweise beschränkt sie aber entscheidend die Demokratie und verstößt so gegen die Kriterien der EU.
Washington setzt auf die Standfestigkeit des Militärs. Umgekehrt hofft die heute in der Türkei regierende islamistische Partei, mithilfe der EU das Militär zurückdrängen zu können. [...]
Was sind Deutschlands Interessen? Zum Ersten sind wir dringend am Wohlergehen und an der Stabilität des türkischen Nachbarn interessiert. Deshalb habe ich zum Beispiel in den 1970er-Jahren als Regierungschef eine internationale Finanzhilfe zugunsten Ankaras initiiert. Deshalb sollten wir heute eine Wiederbelebung und Ausweitung

des Assoziationsabkommens mit der EU und eine weitreichende wirtschaftliche Kooperation betreiben [...].
Zum anderen gibt es zwingende Gründe, eine Vollmitgliedschaft in der EU zu vermeiden. Sie würde Freizügigkeit für alle türkischen Staatsbürger bedeuten und damit die dringend gebotene Integration der bei uns lebenden Türken und Kurden aussichtslos werden lassen. Sie würde zugleich die Tür öffnen für eine ähnlich plausible Vollmitgliedschaft etwa anderer muslimischer Staaten in Afrika und Nahost. Sie würde eine außenpolitische Handlungsfähigkeit der EU unmöglich machen.
Im wahrscheinlichen Ergebnis würde die politische Union zu einer Freihandelszone verkümmern.
Die 15 europäischen Regierungschefs [...] müssen daran erinnert werden, dass es seit 1963 eine einzige rechtliche Verpflichtung für sie gibt, nämlich unter bestimmten Voraussetzungen „[...] die Möglichkeit eines Beitritts der Türkei zur Europäischen Wirtschaftsgemeinschaft zu prüfen". Leider ist zu erwarten, dass der Europäische Rat sich gegenüber der Türkei abermals zweideutig verhalten wird. Dagegen ist es aber an der Zeit, den Ausbau der wirtschaftlichen Beziehungen ernsthaft zu betreiben.

(Helmut Schmidt, Die Zeit Nr. 51/12.12.2002)

Aufgaben

1. Führen Sie zunächst eine Befragung zu einem möglichen EU-Beitritt der Türkei im Kurs durch.
2. Erstellen Sie eine Synopse zur Kontroverse in den Materialien 8a und b. Unterscheiden Sie dabei die Argumentationsebenen.
3. Methodische Möglichkeiten zum Thema „Beitritt der Türkei":
   a) Pro-Contra-Debatte (s. Methodenschulung, S. 508 ff.);
   b) Erstellen einer Conclusio (s. Methodenschulung, S. 357);
   c) Erstellen eines Dossiers, eventuell fächerübergreifend mit Erdkunde/Geschichte (s. Methodenschulung, S. 441).

4.3 Vertiefung der EU: Wie viel Europa vertragen die Staaten?

➤ Baustelle Europa – Staatenbund oder Bundesstaat?

M 9 | Baustelle Europa

„So steht Europa herum wie ein angefangenes Wohnhaus irgendwo in einem toskanischen Dorf. Dem Bauherrn ist das Geld ausgegangen, der Rohbau steht ohne Dach, notdürftig gerüstet, mit Plastikplanen eingewickelt. Nichts von der wohltätigen Kontinuität der Leonberger Sparkasse. Unter diesem Himmel haben die Menschen gelernt, mit Ruinen zu leben, mit alten und neuen."

(Peter Glotz, zit. nach: C. Grimm, Europa – ein politisches Projekt; in: Europa. Mythos – Geschichte – Vision, Mainz, S. 49)

Europa war und ist eine Baustelle. In den letzten fünfzig Jahren vollzog sich die europäische Integration in kleinen Schritten und ohne eine gemeinsame Vorstellung der beteiligten Bauherren, wie ihr zukünftiges „Haus Europa" in fertigem Zustand aussehen sollte. Um die vielen einzelnen Bauentscheidungen wurde oft heftig gestritten und nicht immer passte ein Teil zum anderen. Mehrfach drohte Stillstand das Projekt zur Bauruine verkommen zu lassen, dann wurde wieder mutig weitergebaut und neue Bauherren wurden ins Projekt einbezogen. Mit der Herausforderung der Erweiterung um zehn mittel- und osteuropäische Staaten stellte sich die Frage, ob die Europäische Union mit fast 27 Mitgliedstaaten mit Entscheidungsverfahren und Integrationsmethoden aus der Anfangszeit noch sinnvoll funktionieren und gestaltet werden könnte. Die politische Diskussion um die zukünftige bzw. endgültige Gestalt des „Europäischen Hauses" wurde nachhaltig angestoßen durch die viel beachtete Berliner Rede des damaligen deutschen Außenministers Joschka Fischer über die „Finalität der europäischen Integration" im Vorfeld des Gipfels von Nizza im Jahre 2000. Hier legte er insbesondere seine Vorstellungen zur institutionellen Ausgestaltung einer Europäischen Föderation dar.

Im Frühjahr 2002 nahm der **Konvent zur Zukunft Europas** seine Arbeit auf. Seine Aufgabe war es, Empfehlungen zur wirksameren und zukunftsorientierten Arbeitsweise der EU-Organe und zur klareren Aufgabenteilung zwischen EU und Mitgliedstaaten zu formulieren. Der Konvent hat bis zum Juli 2003 einen Vertrag über eine Verfassung für Europa ausgearbeitet, der den Mitgliedstaaten zur Ratifikation vorgelegt wurde. Allerdings wurde der Verfassungsvertrag von der Mehrheit der Bürgerinnen und Bürger in Frankreich und den Niederlanden durch Volksentscheid abgelehnt. Der europäische Verfassungsprozess ist damit in eine Krise geraten, die weitere konstitutionelle und institutionelle Entwicklung der EU ist damit wieder offen. Europa bleibt also nach wie vor eine „Baustelle".

M 10 | Joschka Fischer: Vom Staatenverbund zur europäischen Föderation

(Fortsetzung von S. 522 f., M 1)

[...] Fragen über Fragen, auf die es allerdings eine ganz einfache Antwort gibt: den Übergang vom Staatenverbund der Union hin zur vollen Parlamentarisierung in einer Europäischen Föderation, die Robert Schuman bereits vor 50 Jahren gefordert hat. Und das heißt nichts Geringeres als ein europäisches Parlament und eine ebensolche Regierung, die tatsächlich die gesetzgebende und die exekutive Gewalt innerhalb der Föderation ausüben. Diese Föderation wird sich auf einen Verfassungsvertrag zu gründen haben. [...]

Freilich erhebt sich gegen diese einfache Lösung sofort der Vorwurf der nicht vorhandenen Machbarkeit. Europa sei kein neuer Kontinent, sondern voll mit unterschiedlichen Völkern, Kulturen, Sprachen und Geschichten. Die Nationalstaaten seien nicht wegzudenkende Realitäten, und je mehr die Globalisierung und Europäisierung bürgerferne Superstrukturen und anonyme Akteure schaffen, umso mehr werden die Menschen an ihren Sicherheit und Geborgenheit vermittelnden Nationalstaaten festhalten.

Nun, alle diese Einwände teile ich, denn sie sind richtig. Deshalb wäre es ein nicht wieder gutzumachender Konstruktionsfehler, wenn man die Vollendung der politischen Integration gegen die vorhandenen nationalen Institutionen und Traditionen und nicht unter deren Einbeziehung versuchen würde. Ein solches Unternehmen müsste unter den historisch-kulturellen Bedingungen Europas scheitern. [...] Die Vollendung der europäischen Integration lässt sich erfolgreich nur denken, wenn dies auf der Grundlage einer Souveränitätsteilung von Europa und Nationalstaat geschieht. Genau dieses Faktum aber steckt hinter dem Begriff der „Subsidiarität", der gegenwärtig allenthalben diskutiert und von kaum jemandem verstanden wird. [...]

Ein europäisches Parlament muss deswegen immer ein Doppeltes repräsentieren: ein Europa der Nationalstaaten und ein Europa der Bürger. Dies wird sich nur machen lassen, wenn dieses europäische Parlament die unterschiedlichen nationalen politischen Eliten und dann auch die unterschiedlichen nationalen Öffentlichkeiten tatsächlich zusammenführt.

Dies lässt sich meines Erachtens erreichen, wenn dieses europäische Parlament über zwei Kammern verfügt, wobei eine Kammer durch gewählte Abgeordnete besetzt wird, die zugleich Mitglieder der Nationalparlamente sind. So wird es keinen Gegensatz zwischen nationalen Parlamenten und europäischem Parlament, zwischen Nationalstaat und Europa geben. Bei der zweiten Kammer wird man sich zwischen einem Senatsmodell mit direkt gewählten Senatoren der Mitgliedstaaten oder einer Staatenkammer analog unseres Bundesrates zu entscheiden haben. In den USA wählen alle Staaten zwei Senatoren, in unserem Bundesrat hingegen gibt es eine unterschiedliche Stimmenzahl.

Ebenso stellen sich für die europäische Exekutive, die europäische Regierung, zwei Optionen. Entweder entscheidet man sich für die Fortentwicklung des Europäischen Rats zu einer europäischen Regierung, d.h. die europäische Regierung wird aus den nationalen Regierungen heraus gebildet, oder man geht, ausgehend von der heutigen Kommissionsstruktur, zur Direktwahl eines Präsidenten mit weitgehenden exekutiven Befugnissen über. Man kann sich hier aber auch verschiedene Zwischenformen dazu denken.

Nun wird es den Einwand geben, dass Europa ja bereits heute viel zu kompliziert und für die Unionsbürger viel zu undurchschaubar geworden sei, und nun wolle man es noch komplizierter machen. Aber genau das Gegenteil wird hier intendiert. Die Souveränitätsteilung von Föderation und Nationalstaaten setzt einen Verfassungsvertrag voraus, der festlegt, was europäisch und was weiterhin national geregelt werden soll. Die Vielzahl von Regelungen auf EU-Ebene sind mit das Ergebnis der induktiven Vergemeinschaftung nach der Methode Monnet und Ausdruck zwischenstaatlicher Kompromisse im heutigen Staatenverbund EU. Die klare Zuständigkeitsregelung zwischen Föderation und Nationalstaaten in einem europäischen Verfassungsvertrag sollte die Kernsouveränitäten und nur das unbedingt notwendig europäisch zu Regelnde der Föderation übertragen, der Rest aber bliebe nationalstaatliche Regelungskompetenz. [...]

Auch in der europäischen Finalität werden wir also noch Briten und Deutsche, Franzosen und Polen sein. Die Nationalstaaten werden fortexistieren und auf europäischer Ebene eine wesentlich stärkere Rolle behalten als dies die Bundesländer in Deutschland tun. Und das Prinzip der Subsidiarität wird in einer solchen Föderation künftig Verfassungsrang haben.

Diese drei Reformen – die Lösung des Demokratieproblems sowie das Erfordernis einer grundlegenden Neuordnung der Kompetenzen sowohl horizontal, d.h. zwischen den europäischen Institutionen, als auch vertikal, also zwischen Europa, Nationalstaat und Regionen – werden nur durch eine konstitutionelle Neugründung Europas gelingen können, also durch die Realisierung des Projekts einer Europäischen Verfassung, deren Kern die Verankerung der Grund-, Menschen- und Bürgerrechte, einer gleichgewichtigen Gewaltenteilung zwischen den europäischen Institutionen und einer präzisen Abgrenzung zwischen der europäischen und der nationalstaatlichen Ebene sein muss.

(Joschka Fischer, Vom Staatenbund zur Föderation – Gedanken über die Finalität der europäischen Integration; www.auswaertiges-amt.de)

M 11 | Zielvorstellungen

„Vorstellung Großbritannien“		„Vorstellung Deutschland“
Zusammenarbeit der Mitgliedstaaten, Europa der (souveränen) Nationen, Schwerpunkt: Wirtschaft Gegen Festschreibung von „föderalen“ Zielen der zukünftigen Union Für Subsidiaritätsprinzip als Gegengewicht zum Zentralismus („so wenig wie möglich, so viel wie nötig“)	**Struktur der Europäischen Union**	Parallelität von politischer Union – Wirtschafts- und Währungsunion, politische Integration muss der ökonomischen Integration (z. B. gemeinsame Währung) folgen. Föderalismus als natürliche Voraussetzung des zu Hause praktizierten politischen Systems „Europa der Regionen“, Subsidiaritätsprinzip („gemeinsam so wenig wie möglich und so viel wie nötig regeln“)
Stärkung des Europäischen Rates, keine Kompetenzerweiterungen für EP und Kommission Ablehnung der Weiterentwicklung der Kommission zur europäischen Regierung	**Institutionelle Rahmenbedingungen**	Stärkung des Europäischen Parlamentes (z. B. Initiativ-, Mitentscheidungs-, Kontrollrechte ...) Stärkung der Kommission, institutionelle Reformen im Hinblick auf die steigende Zahl der Mitgliedstaaten (Osterweiterung)
Zusammenarbeit zwischen Regierungen (intergouvernemental) im Rahmen des Maastrichter Vertrags (zweite und dritte Säule) Einstimmigkeitsprinzip bzw. Veto-Recht der „Großen“ im Rat wird gegenüber Mehrheitsentscheidungen favorisiert.	**Entscheidungsverfahren**	Weniger Regierungszusammenarbeit, mehr Mitentscheidung des EP in den Bereichen Innen-, Sicherheits- und Außenpolitik (integrationistisch) Qualifizierte Entscheidungsverfahren im Rat in weiteren Politikbereichen (z. B. Außenpolitik)
Gegen Sozialpolitik als Gemeinschaftspolitik, gegen eine gesamteuropäische Steuerpolitik, gegen eine gemeinsame Armee als Konkurrenz zum transatlantischen Bündnis	**Neue Bereiche gemeinsamer Politik**	Sozialpolitik soll Gemeinschaftspolitik werden, gemeinsame Asylpolitik, Sicherung der Grenzen durch europäischen Grenzschutz, Harmonisierung der wirtschaftlichen Rahmenbedingungen als Ergänzung zur Währungsunion, Aufbau einer gemeinsamen europäischen Armee

„Vorstellung Großbritannien“		„Vorstellung Deutschland“
Gemeinsame Währung als Fernziel, aber nur mit Ausstiegsoption (opting-out-Klausel)	**Währungsunion**	Gemeinsame Währung mit unabhängiger Zentralbank (EZB) und ohne Ausstiegsoption (keine opting-out-Klausel)
Schnelle Erweiterung ist denkbar, wenn ökonomische Kriterien erfüllt werden. Erweiterung ist auch ohne vorherige Vertiefung der politischen Union möglich. Schnelle Erweiterung ist wünschenswert, um Integrationstempo nach innen abzubremsen.	**Osterweiterung**	Zügige Erweiterung ist prinzipiell erwünscht (historische Chance, neue Märkte, unmittelbare Nachbarschaft), muss aber ökonomisch abgefedert werden (z. B. Übergangsregelungen bei der Arbeitnehmerfreizügigkeit). Erweiterung kann erst nach politischer Vertiefung stattfinden, um Handlungsfähigkeit der EU zu erhalten/ermöglichen.
Keine vorschnelle Festlegung auf einen europäischen Staat, ergebnisoffener Integrationsprozess („Methode Monnet“) Diskussion ist angesichts anstehender Sachfragen eher hinderlich.	**Diskussion um die Finalität**	Festlegung auf einen europäischen Verfassungsstaat, Europäischer Verfassungskonvent („Methode Fischer“) Diskussion als Ausweg aus der bestehenden „Stillstandskrise“ (H. Schmidt) notwendig

Aufgaben

1. Untersuchen Sie die Zielvorstellungen in M 11 im Hinblick darauf,
   – was Ihnen wünschenswert erscheint,
   – was in Verhandlungen über Europas Zukunft konsensfähig sein könnte,
   – was Sie für unüberbrückbare Interessengegensätze halten.
2. Konkretisieren und argumentieren Sie aus heutiger Sicht: Was spricht für, was gegen die Verortung der EU „zwischen diesen beiden Grundvorstellungen“?
3. Veranschaulichen Sie die Vorstellungen von J. Fischer (M 10) zur europäischen Föderation in einem Schaubild. Erörtern Sie, welcher Zielvorstellung (M 11) sie sich zuordnen lassen.
4. Diskutieren Sie Fischers Vorstellungen zum Parlament, zur Exekutive und zur Kompetenzverteilung. Formulieren Sie ggf. Einwände und offene Fragen.

➤ Eine Verfassung für Europa?

M 12 | Kommt die Europäische Verfassung?

Im Zusammenhang mit der im Mai 2004 erfolgten Erweiterung der EU um zahlreiche Staaten in Mittel- und Osteuropa ist ein erheblicher politischer Druck entstanden, die Grundlagen, auf denen die EU beruht, zu stärken. Eine Europäische Verfassung soll der EU eine verbesserte Grundlage für die wichtiger werdenden Entscheidungen liefern und den Bürgerinnen und Bürgern zugleich Zielorientierung geben. Ein Konvent unter starker Beteiligung von Mitgliedern der nationalen Parlamente und des Europäischen Parlaments hat hierzu vom 28. Februar bis zum 10. Juli 2003 den Entwurf für einen Vertrag über eine Verfassung für Europa ausgearbeitet. Dieser Entwurf wurde nachfolgend von einer Konferenz der EU-Regierungen in wenigen Elementen geändert und den Mitgliedstaaten am 29. Oktober 2004 zur Ratifizierung vorgelegt. Bis Anfang 2006 hatten 14 der 25 EU-Staaten der Vorlage zugestimmt. Doch lehnten die Bürgerinnen und Bürger in Frankreich und in den Niederlanden den Verfassungsvertrag in zwei Volksbefragungen mit klarer Mehrheit ab. Damit steht die EU vor einer schwerwiegenden Krise, denn das Reformprojekt kann nur verwirklicht werden, wenn alle Mitgliedstaaten der EU zustimmen. Derzeit suchen die Regierungen de EU-Staaten nach Wegen zur Überwindung der Blockadesituation.

(Otto Schmuck, Kommt die Europäische Verfassung?; www.fes-online-akademie.de)

M 13 | Sollte die Europäische Union eine Verfassung haben?

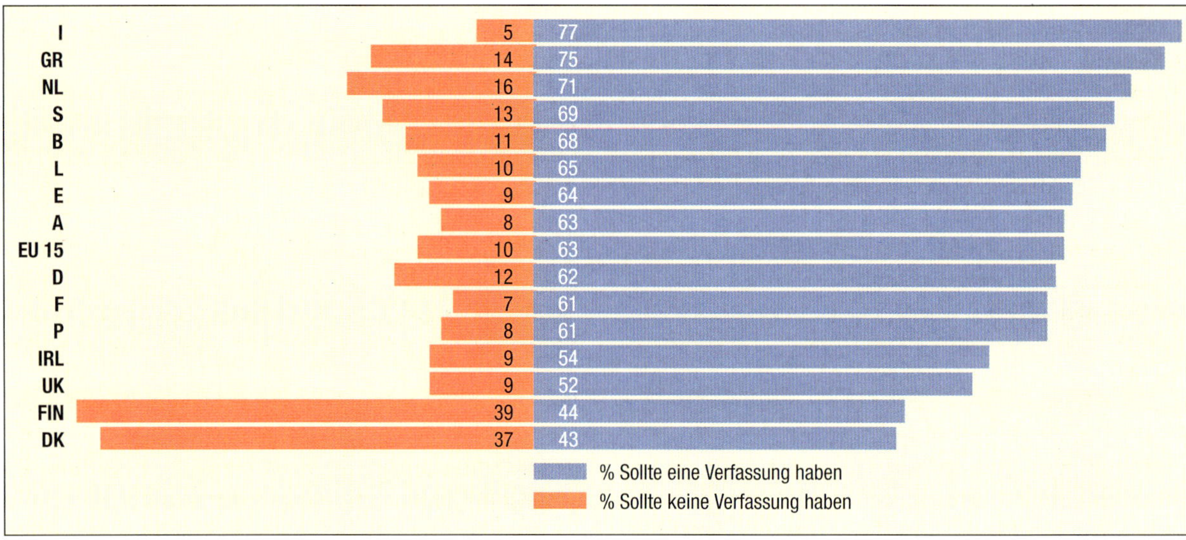

(nach: Standard Eurobarometer, Umfrage Nr. 59.1, März /April 2003)

M 14 | Kernelemente der neuen Verfassung

Kommission

In Zukunft soll die Kommission nur noch 15 stimmberechtigte Kommissare umfassen. Neben dem Präsidenten und dem Vizepräsidenten, der zugleich Außenminister der EU ist, schlägt der Konvent noch 13 weitere Mitglieder vor. Dieser Vorschlag ist heiß umstritten: Vor allem die kleinen Mitgliedstaaten wollen auch in Zukunft einen eigenen Kommissar stellen. Das gilt besonders für die Beitrittskandidaten, die nicht als erste EU-Mitglieder ohne einen Kommissar in die Geschichte eingehen wollen. Als das Konventspräsidium sah, dass diese Widerstände nicht zu überwinden sind, schlug es einen Kompromiss vor. Bis zum 1. November 2009 wird jedes Mitgliedsland einen Kommissar stellen. Danach soll die Kommission aus 15 Stimmberechtigten bestehen. Diese Kommissare sollen nach einem System der gleichberechtigten Rotation ausgewählt werden. Jedes Land, das keinen stimmberechtigten Kommissar stellt, darf wenigstens einen nicht stimmberechtigten Kommissar entsenden. Die Auswahl der Kommissare soll der vom Parlament gewählte Präsident auf Basis der drei Vorschläge treffen, die jedes Mitgliedsland einreicht. Damit würde der Kommissionspräsident eine gewisse Autonomie erhalten, denn bisher werden die Kommissare von den Mitgliedstaaten nach Rücksprache mit dem Präsidenten entsandt. Entlassen kann der Präsident seine Kommissare nur indirekt, und zwar indem er sie zum Rücktritt auffordert. Die Kommission soll wie bisher in ihrer Gesamtheit dem Europäischen Parlament verantwortlich sein und weiterhin fünf Jahre amtieren. Auch für ihre Stellung im Institutionen-Gefüge der EU sind keine Veränderungen geplant: Die Kommission soll weiter das Initiativrecht für Rechtsakte der Union haben. Auch in Zukunft soll die Kommission über die Umsetzung der gemeinsamen EU-Beschlüsse durch die Mitgliedstaaten wachen. Der Entwurf betont zudem die volle Unabhängigkeit der Kommission: „Die Mitglieder der Kommission dürfen bei der Erfüllung ihrer Pflichten Anweisungen von Regierungen oder einer anderen Stelle weder anfordern noch entgegennehmen", heißt es im Konventsvorschlag.

Europäischer Rat

Da die EU ab 2004 über 25 Mitglieder verfügt, ist der bisherige Modus nicht mehr praktizierbar. Außerdem erschwert der häufige Wechsel im Vorsitz schon jetzt die Handlungsfähigkeit der Union. Daher schlägt der Konvent vor, einen ständigen Präsidenten des Europäischen Rates zu schaffen: Der Präsident wird vom Europäischen Rat mit qualifizierter Mehrheit für eine Amtszeit von zweieinhalb Jahren gewählt, wobei einmalige Wiederwahl zulässig ist. Der Präsident des Europäischen Rates darf laut Konvent kein einzelstaatliches Amt mehr bekleiden. Er soll die Außenvertretung der Union wahrnehmen, ohne in die Zuständigkeiten des Kommissionspräsidenten und des neuen EU-Außenministers einzugreifen. Der Präsident soll kein Stimmrecht im Europäischen Rat haben. Sollte dieser Vorschlag so beschlossen werden, wäre der Präsident des Europäischen Rates eine Art repräsentatives EU-Oberhaupt mit nur geringfügigen politischen Kompetenzen. Das Gremium der Staats- und Regierungschefs will der Konvent in Zukunft mindestens viermal statt wie bisher zweimal zusammentreten lassen. Der Präsident soll diese Sitzungen vorbereiten und leiten.

Ministerrat

Um die Handlungsfähigkeit der EU zu gewährleisten, wird bei der Beschlussfassung die qualifizierte Mehrheit zum Regelfall gemacht und vereinfacht. Ein Beschluss wird mit der Mehrheit der Staaten gefasst und muss zugleich drei Fünftel, also 60 Prozent, der EU-Bevölkerung repräsentieren.

Die zurzeit praktizierte komplizierte Gewichtung der Stimmen der Mitgliedstaaten nach ihrer Bevölkerungsstärke wird so wegfallen, allerdings erst ab dem 1. November 2009. Darauf haben vor allem die Staaten gedrängt, die bisher ein überproportionales Stimmgewicht im Ministerrat besitzen, vor allem Spanien.

In bestimmten Fällen, z. B. bei der Außen- und Sicherheitspolitik, will es der Konvent auf Druck einiger Mitgliedstaaten bei der Einstimmigkeit belassen. Dennoch wird das bisherige Prinzip umgekehrt: Bisher ist das Einstimmigkeitsprinzip die Regel und die qualifizierte Mehrheit die Ausnahme.

Dem Rat der Außenminister steht in Zukunft ein Minister für auswärtige Angelegenheiten der EU vor. Ein europäischer Außenminister war nicht zuletzt durch die Uneinigkeit der EU-Staaten in der Irak-Krise von vielen Spitzenpolitikern angeregt worden.

Der Konvent hat diese Idee nun aufgegriffen und räumt dem EU-Außenminister eine herausgehobene Stellung ein: Er bekommt laut Verfassungsentwurf ein Initiativrecht zur Festlegung der gemeinsamen Außen-, Sicherheits- und Verteidigungspolitik und setzt diese Politik im Auftrag des Ministerrates um. Auch an den Beratungen des Europäischen Rates nimmt er teil.

Europäisches Parlament

Bei der Stellung des Europäischen Parlaments hat der Konvent nur geringfügige Änderungen vorgenommen. Das Parlament bleibt weiter mit dem Ministerrat der Gesetzgeber der EU und nimmt Aufgaben der politischen Kontrolle wahr. Die Funktion als Haushaltsbehörde wird explizit hervorgehoben. Ein Recht zur Gesetzesinitiative für das Parlament ist im Konventsvorschlag nicht vorgesehen.

Ein kleines Zugeständnis an das Parlament gibt es bei der Wahl des Kommissionspräsidenten. Bisher muss die Volksvertretung nur zustimmen, wenn der Rat einen Kandidaten mit qualifizierter Mehrheit ernennt.

In Zukunft darf das Parlament den Kommissionspräsidenten wählen. Allerdings bleibt das Vorschlagsrecht wie bisher beim Europäischen Rat, der sich bei der Auswahl seines mit qualifizierter Mehrheit vorgeschlagenen Kandidaten am Ergebnis der Europawahl orientiert. Das heißt: Wenn es im Parlament z. B. eine konservative Mehrheit gibt, wird der Europäische Rat vermutlich keinen sozialdemokratischen Kandidaten vorschlagen.

Bis zur übernächsten Wahl 2009 soll das Parlament 736 Sitze umfassen. Danach wird die Anzahl der Sitze überprüft und wahrscheinlich nach unten korrigiert.

(Süddeutsche Zeitung, 03.06.2003)

M 15 | So funktioniert die neue EU

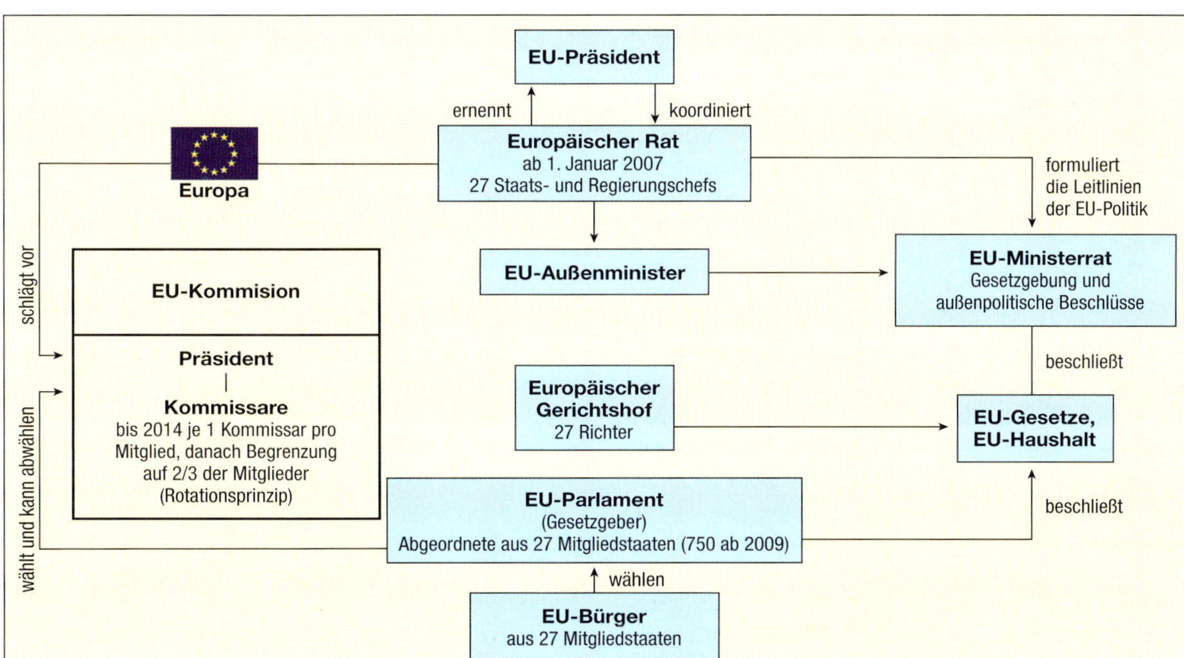

Aufgaben

1. Klären Sie, worin die „Blockadesituation", von der in M 12 die Rede ist, besteht?
2. Erarbeiten Sie die Kernelemente der Europäischen Verfassung (M 14 und M 15). Ordnen Sie sie unter verschiedenen Aspekten (z. B. „Rationalisierung", „Demokratisierung").
3. Informieren Sie sich über die Gründe, die zur Ablehnung des Verfassungsvertrages in Frankreich und in den Niederlanden geführt haben.
4. Diskutieren Sie im Kurs: Braucht Europa eine Verfassung?

➤ Europa – Was nun?

Nach der Ablehnung des Verfassungsvertrages in Frankreich und den Niederlanden hat der Europäische Rat am 16./17. Juni 2005 eine „Reflexionspause" vereinbart. Aktuell sollen keine Neuverhandlungen über die Inhalte des Vertragswerkes stattfinden. Die Einzelstaaten, die noch nicht ratifiziert haben, können den Ratifikationsprozess auf unbestimmte Zeit aussetzen. Derzeit ist offen, ob dem Reformprojekt doch noch zum Durchbruch verholfen werden kann.

M 16 | Das Desaster nimmt seinen Lauf – Was ist zu tun?

Das Desaster nimmt seinen Lauf. Nun hat nicht nur die Mehrheit der Franzosen, sondern auch die der Niederländer die Europäische Verfassung abgelehnt. Einer der großen historischen Versuche, Europa eine zuverlässige politische Ordnung zu geben, dürfte damit gescheitert sein. Was lernen wir daraus?

- Zunächst weisen die negativen Voten darauf hin, dass es den politischen Eliten an Überzeugungskraft fehlt. Mit großem politischem Aufwand war ja in Frankreich nicht nur von den beiden dominierenden Parteien für die Verfassung geworben worden. Chirac bekam kämpferische Schützenhilfe von vielen europäischen Staatsmännern – so auch von Bundeskanzler Schröder. Dies alles half nichts. Auch nicht die dramatischen Fernsehauftritte des französischen Präsidenten.
  Das Ergebnis zeigt, dass europäische Forschritte nicht mehr als routinemäßige Selbstverständlichkeiten angesehen werden dürfen. Wer ehrgeizige Ziele setzt, muss gut begründen können und die Bürger auf den Europa-Kurs mitnehmen. Daran hat es elementar gefehlt.
  Die innenpolitische Schwäche der europäischen Akteure erweist sich als eigentliche Achillesferse unseres Kontinents.
- Verfassungen müssen einfach transparent sein. Der europäische Verfassungstext aber war von Anfang an mit einem schweren Webfehler behaftet: Er ist zu umfangreich, zu kompliziert, zu unverständlich. Deshalb konnte man als Gegner auch ungestraft alles Mögliche hineingeheimnissen. Als ob nun plötzlich der französische Staat seine Schutzfunktion verlöre. Als ob nun die französische Nationalökonomie Opfer der Globalisierung werde. Alles das, was ein französischer Nationalist beklagt, hat nichts mit der Verfassung zu tun. Aber wer sollte das präzise belegen können?
  Das Text-Monstrum lud geradezu ein, alle weiteren innenpolitischen Frustrationen anzudocken und draufzusatteln. Das „Nein" war eine Absage an nationale Regierungen und mythologische Ängste. Der Verfassungstext war nur der äußere Anlass, dies zum Ausdruck zu bringen. Eine Absage an das historische Projekt einer europäischen Friedensordnung wurde hier nicht formuliert.

Kann sich die Verfassungskrise zu einer Gefährdung der Integration auswachsen?

Es wäre unangemessen, das Verfassungsdesaster nun zu einer Anfrage an die Existenz Europas hochzustilisieren. Das Nein zu dem vorliegenden Text ist nicht das Ende der Geschichte. Ganz im Gegenteil: Es kann zum Weckruf für einen erschöpften Kontinent werden.

So war es auch bei den bisher gescheiterten Versuchen, eine Grundorientierung für eine politische Union Europas zu verabschieden:

- Bereits in den 1950er-Jahren scheiterte eine europäische Verfassung in Frankreich. Der französische Ministerpräsident Pleven hatte die Schaffung einer Europäischen Verteidigungsgemeinschaft (EVG) vorgeschlagen. Sie sollte gemeinsam mit der Europäischen Gemeinschaft für Kohle und Stahl (EGKS) von einer Europäischen Politischen Gemeinschaft (EPG) auf der Grundlage einer Verfassung umrahmt werden. Alles war von den Regierungen unterzeichnet. Die Ratifizierung scheiterte 1954 in der französischen Nationalversammlung. Aber nicht eine politische Lähmung war die Konsequenz, sondern ein großer Aufbruch: Es erfolgte sofort das Startsignal für die Europäische Wirtschaftsgemeinschaft (EWG) und die Europäische Atomgemeinschaft (EURATOM). Die Römischen Verträge von 1957 waren die glanzvolle Antwort auf das Scheitern der ersten europäischen Verfassung.
- Anfang der 1960er-Jahre wollte man erneut einen poli-

tischen Rahmen für Europa schaffen. Aber auch die sog. Fouchet-Verhandlungen scheiterten. Aber wieder war nicht verzweifelte Ratlosigkeit die Antwort. Konrad Adenauer und Charles de Gaulle erarbeiteten als Antwort den deutsch-französischen Freundschaftsvertrag (1963). Ein neuer Motor der Integration war kreiert.

- Anfang der 1980er-Jahre erarbeitete und verabschiedete das erstmals direkt gewählte Europäische Parlament eine ehrgeizige Europäische Verfassung. Aus deren Scheitern entstand unter der Federführung des herausragenden Kommissionspräsidenten Jacques Delors ein großer neuer Vertrag: die Einheitliche Europäische Akte (EEA) mit der Vollendung des Binnenmarktes.

Es gibt keinen Beleg dafür, dass dieses Mal aus dem Scheitern eines Vorschlags nicht eine neue dynamische Vitalität entstehen könnte.

Was ist zu tun?

Zunächst ist eine Beobachtung wichtig: Keine der Kontroversen in den Mitgliedstaaten der Europäischen Union hat sich am wirklichen Kern der Verfassung festgemacht. Es waren – wenn überhaupt – eher die relativ spät in den Verfassungstext geratenen Details der Wirtschafts- und Sozialpolitik. Der wesentliche Fortschritt, den die Verfassung im Blick auf Handlungsfähigkeit und Effektivität Europas bringen sollte, wurde nirgends in Frage gestellt. Also bietet es sich an, den Vorgang zu entdramatisieren: Aus dem provozierenden Großtitel der Verfassung sollte wieder die bescheidene Variante eines Vertrages werden. Man könnte in einem oder – besser noch – in mehreren Texten den dringend notwendigen Reformkern sichern, ohne polarisierende Plebiszite bemühen zu müssen. Es bietet sich an, auf diese Weise in schlichter Vertragsform Folgendes zu fixieren: die Verbindlichkeit des Grundrechtskatalogs, die Korrektur der Entscheidungsprozesse, die Schaffung einer gewählten Präsidentschaft, die Einrichtung eines europäischen Außenministers, die Methoden der verstärkten Zusammenarbeit und der offenen Koordinierung. Dies ist der eigentliche Kern, den die Europäische Union zu ihrer Handlungsfähigkeit für jene Kompetenzen dringend benötigt, die ihr längst übertragen sind.

Niemand kann ein Interesse daran haben, dass der politische und ökonomische Koloss Europa keine hinreichenden Instrumente zur Regelung seiner eigenen Dinge in die Hand bekommt. in der neuen Bescheidenheit könnte daher die Lösung liegen: in Verträgen jene Schlüsselfragen zu klären, die ein monströser Verfassungstext eher verstellt und vernebelt. So könnte für Europa erneut das Scheitern eines Projekts zum entscheidenden Aufbruch werden.

(Werner Weidenfeld, in: Neue Westfälische, 04.06.2005)

Vertrag von Lissabon – Ende der Verfassungskrise?

Nach langen Verhandlungen gelang es beim Gipfel der EU-Regierungschefs im Juni 2007, die Eckpunkte für einen „EU-Reformvertrag“ zu beschließen. In kurzer Zeit wurden sie in ein Vertragswerk eingearbeitet, sodass Ende des Jahres der **Vertrag von Lissabon** unterzeichnet werden konnte. Durch ihn konnten zwar die wesentlichen inhaltlichen Fortschritte der gescheiterten Europäischen Verfassung übernommen werden. Er verzichtet aber auf eine Verfassung, indem er auf der Struktur der bestehenden Verträge der Europäischen Union aufbaut. Als erstes EU-Land ratifizierte das ungarische Parlament im Dezember 2007 den Vertrag, der nach Ratifizierung in allen Mitgliedstaaten zum 1. Januar 2009 in Kraft treten soll. Im Allgemeinen wird der Vertrag als pragmatischer Ausweg aus der EU-Verfassungskrise gelobt. Kritiker bemängeln jedoch Zugeständnisse, die Polen und Großbritannien gemacht wurden, und verweisen auf die geringere Legimitation eines Regierungsvertrags gegenüber einer von den Bevölkerungen der Mitgliedstaaten mitgetragenen Verfassung.

Aufgaben

1. Sichten Sie den Verfassungstext. Stimmen Sie W. Weidenfelds These, der Text sei zu kompliziert, zu unverständlich und zu umfangreich, zu (M 16)?
2. Informieren Sie sich über die wesentlichen Inhalte des Vertrags von Lissabon. Arbeiten Sie inhaltliche und formale Gemeinsamkeiten und Unterschiede zum Europäischen Verfassungsvertrag (M 14) heraus.
3. Diskutieren Sie, ob der Vertrag von Lissabon ein Ende der Verfassungskrise bedeutet.

Weitere Informationen zum Thema *Europa* finden Sie im Internet:

www.auswaertiges-amt.de	Auswärtiges Amt (mit vielen Europa-Links)
www.ec.europa.eu/	Europäische Kommission (u. a. mit aktuellen Umfragen, Eurobarometer)
www.europa.eu/	Europäische Union (mit Links zu allen wichtigen europäischen Institionen)
www.europarl.eu/	Europäisches Parlament (u. a. mit Praktikumsangeboten, Kontakten zu Europäischem Bürgerbeauftagten)
www.cor.eu/	Ausschuss der Regionen
www.europa-digital.de	Europa-Website mit vielen Informationen
www.lpb-bw.de/aktuell/europaeische_verfassung.php	Informationen zu den europäischen Vertragswerken

IX

Die Sicherung der Welt als Lebensraum – Politische Aufgaben im Zeitalter globaler Probleme

Weltgipfel 2002: Hoch über Rio de Janeiro mahnten Greenpeacer, den Gipfel nicht noch einmal, wie 1992, scheitern zu lassen. Kann die Politik Weltprobleme lösen?

Das folgende Kapitel fragt nach den Möglichkeiten politischen Handelns angesichts globaler Problemlagen, die das menschenwürdige Leben sowie das Überleben der Menschheit insgesamt betreffen. Globale Probleme bedingen dabei die Notwendigkeit einer globalen Handlungsfähigkeit der Weltgesellschaft. Große Einigkeit bei den Experten herrscht derzeit in der Einschätzung, dass im Rahmen eines internationalen politischen Systems, das im Wesentlichen auf der freiwilligen Kooperation souveräner Nationalstaaten beruht, solche Probleme kaum Erfolg versprechend bearbeitet werden können. Den weltumspannenden Problemlagen steht die unzureichende Handlungsfähigkeit der Nationalstaaten und internationaler Organisationen gegenüber. Leitende Fragestellung des Kapitels ist daher die folgende:

Wie ist internationale Politik im Sinne gemeinsamer Verantwortung vor dem Hintergrund zunehmender grenzüberschreitender Problemlagen möglich?

- Das *Kapitel 1* bietet Materialien zur Erarbeitung globaler – d. h. die gesamte Menschheit betreffender – Probleme.
- In *Kapitel 2* wird die Frage aufgeworfen, wie sich die Weltgemeinschaft angesichts der drängenden Probleme die notwendige Handlungsfähigkeit verschaffen kann. Als mögliche Perspektive wird das in jüngster Zeit entwickelte Konzept der „Global Governance“ vorgestellt.
- *Kapitel 3* behandelt beispielhaft mögliche „Kristallisationspunkte“ politischen Handelns im Weltmaßstab. Im Überblick wird dabei zunächst das Feld der Entwicklungspolitik beleuchtet, anschließend vertiefend die „UNO-Konferenz Umwelt und Entwicklung“ in Rio de Janeiro vom 1. bis 12. Juni 1992. Ob es sich bei den angesprochenen Entwicklungslinien und Politikformen um wirkliche Perspektiven oder um „gescheiterte“ bzw. „zum Scheitern verurteilte“ Projekte handelt, bleibt offen.
- *Kapitel 4* weist in einem Ausblick auf derzeit bestehende Hindernisse und Barrieren für die Ausbildung einer „Global Governance“ hin.

1. Dimensionen des Lebens in der EINEN WELT – Globale Probleme

Die folgenden Materialien des Einstiegskapitels versuchen, verschiedene Dimensionen des „Lebens in der EINEN WELT“ am Beginn des 21. Jahrhunderts auszuleuchten. Hierbei sind verschiedene Trends festzustellen, die heute meist unter dem Leitbegriff der „Globalisierung“ diskutiert werden.

➤ Was bedeutet „Leben in der EINEN WELT“?

M 1|

M 2 | Dimensionen der Globalisierung

→ Vgl. Kap. IV/3., S. 245–249

Aufgaben

1. Interpretieren Sie die Einstiegskarikatur (M 1) unter dem Aspekt der „politischen Handlungsfähigkeit".
2. Die Zunahme globaler Probleme als Aspekt des Globalisierungsprozesses: Bringen Sie diesen Aspekt in einen Zusammenhang mit den anderen Dimensionen der Globalisierung (M 2).

➤ Weltprobleme – eine Collage

M 3

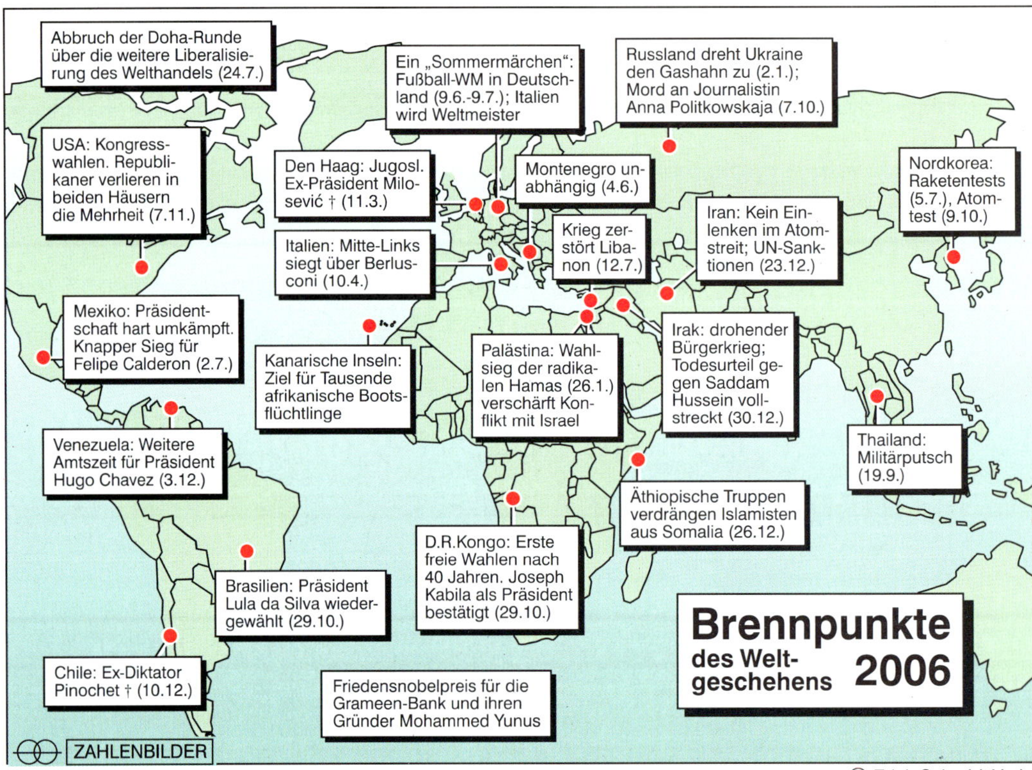

600 101 © Erich Schmidt Verlag

M 4a

Iraks Nachbarn wollen Flüchtlinge am liebsten fernhalten
(Frankfurter Rundschau)

Hafteinrichtung für Flüchtlinge auf dem Frankfurter Flughafen
(FAZ)

Kongo: immer mehr Flüchtlinge
(taz)

Kosovo-Flüchtlinge auf Irrwegen
(NZZ)

M 4b|

M 4c|

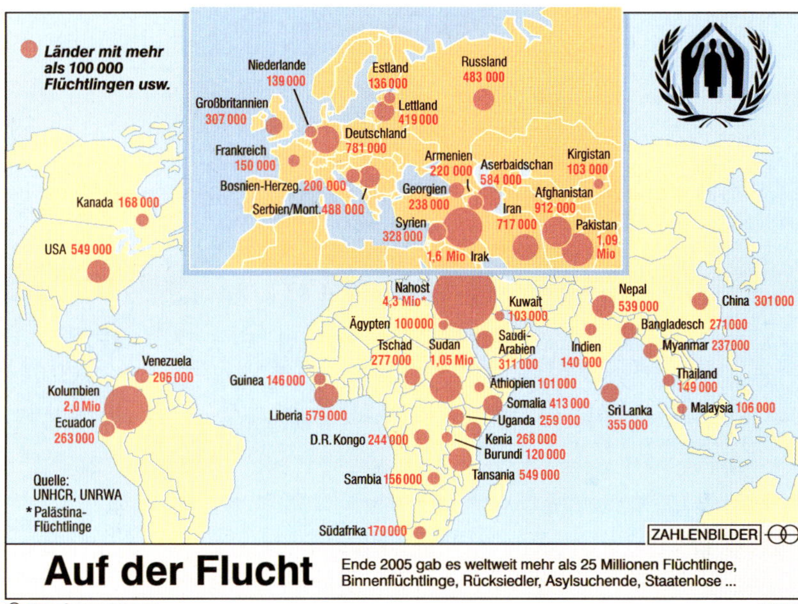

 603 225

M 5|

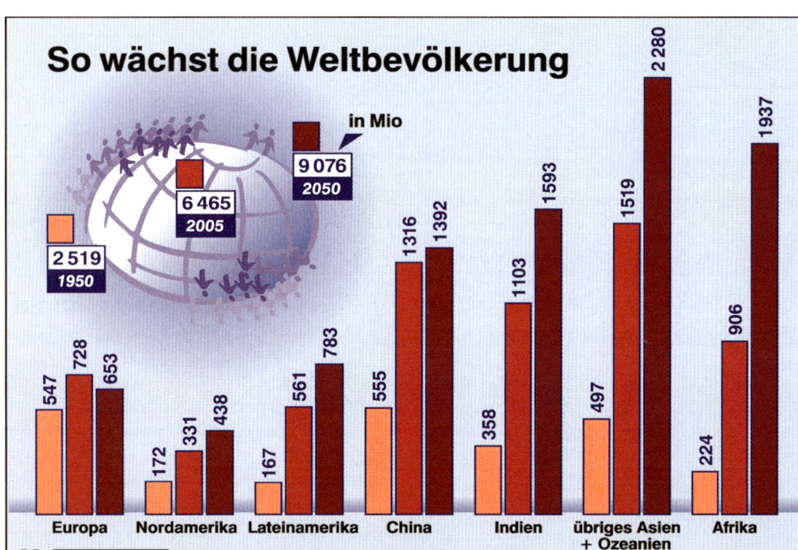

603 135

M 6a | Trotz wachsender Einkommensschere zwischen Arm und Reich: Die soziale Situation der Armen verbessert sich langfristig

(nach: Ingomar Hauchler u. a. (Hg.), Globale Trends 2002, Frankfurt/M. (Fischer) 2001, S. 72)

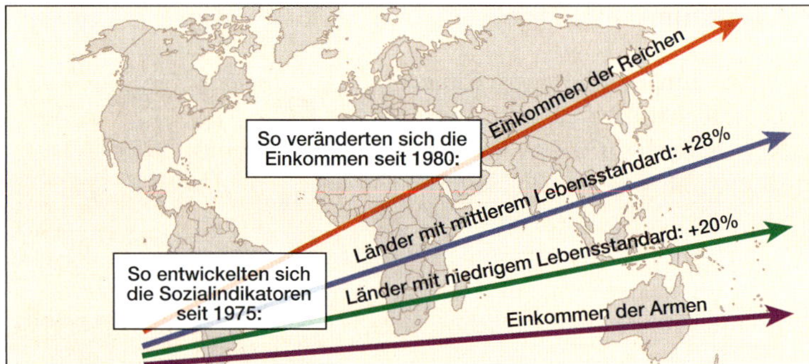

Sozialindikatoren: gemessen am UNDP-Index über menschliche Entwicklung. Quelle für aktuelle Situation (Ende der 90er-Jahre: UNDP, engl. Ausgabe) 2000, S.181; für 1975 und Veränderungsrate: eigene Schätzung auf der Basis UNDP 2000, S. 178-181.
Einkommensentwicklung: Das Bruttoinlandsprodukt der reichen Länder stieg von 7,9 Billionen US-Dollar 1980 auf 22,6 Billionen US-Dollar 1998. Entsprechend entwickelte sich das BIP der Entwicklungsländer lediglich von 3,1 auf 6,2 Billionen US-Dollar. Bei Berücksichtigung der sehr ungleichen Bevölkerungsentwicklung in beiden Ländergruppen wird die disparate Entwicklung noch deutlicher.

M 6b | Zahlen und Fakten

- Die Einkommensschere zwischen dem Fünftel der Menschheit, das in den reichsten Ländern lebt, und dem in den ärmsten, hat sich seit 1960 von 30 : 1 auf 74 : 1 vergrößert. (UNDP, 1999)
- Das Pro-Kopf-Einkommen von 80 Ländern lag 1997 niedriger als zehn Jahre davor. (UNDP, 1999)
- Das Vermögen der drei reichsten Milliardäre hat sich seit 1994 verdreifacht und ist größer als das Bruttoinlandsprodukt der 48 ärmsten Länder. (UNDP, 1999 und 2000)

(nach: http://community.attac.at/entschuldigung.html; 27.05.2007)

M 6c | Bevölkerung in absoluter Armut

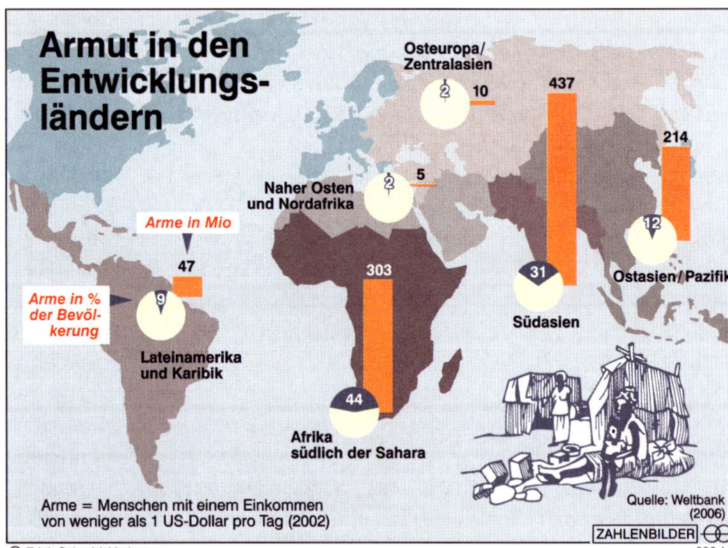

 632 147

M 6d |

Armut ist eine Gefahr für die Demokratie, weil sie aus hungrigen Menschen zornige Menschen machen kann.

(Bakili Muluzi, Präsident von Malawi seit 21. Mai 1994, nach den ersten freien Wahlen im Land)

M 7 |

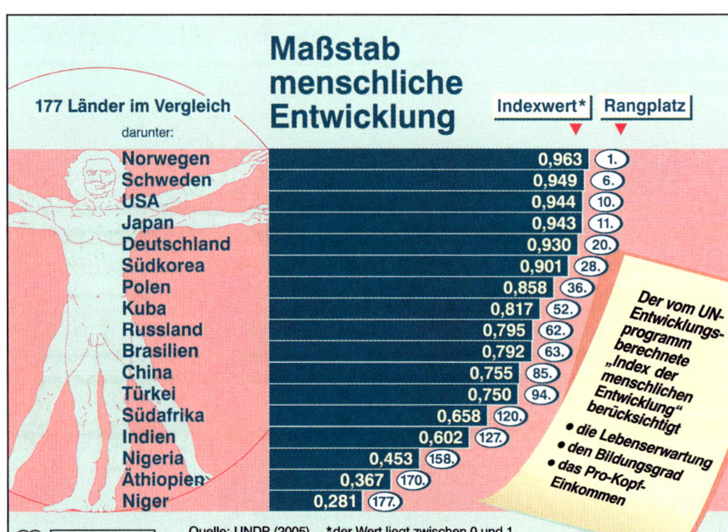

603 146

M 8a | „Raumschiff Erde"

Hamburg 2050: Stadt unter Wasser

Die Beziehungen zwischen Ökonomie und natürlicher Umwelt, die man in zwei Jahrhunderten industrieller Produktionsweise als „offenes System" begriff, weil genügend natürliche Ressourcen (Boden, Rohstoffe, Luft, Wasser) vorhanden schienen, erweisen sich als geschlossener Kreislauf. Der amerikanische Wirtschaftswissenschaftler Kenneth Boulding vergleicht die Erde mit einem Raumschiff:

„Die Vorräte an Bord sind begrenzt, aber die Zahl der Astronauten des Raumschiffes nimmt stark zu. Produktion und Konsum verursachen immer größere Abfallmengen und Schadstoffe, die im Raumschiff selbst untergebracht werden müssen und dort die Lebensbedingungen beeinträchtigen. Die Trinkwasserversorgung wird durch die Abfallproduktion infrage gestellt und die Klimaanlage arbeitet nicht mehr richtig: Die Luft zum Atmen wird knapp und verseucht. Die Erde ist damit ein geschlossenes System, das außer Sonnenenergie keine Ströme von der Außenwelt empfängt oder an sie abgibt. Daraus folgt, dass die Menschheit langfristig nur dann überleben kann, wenn die Abfälle nicht dauernd zunehmen. Sonst würde das Raumschiff Erde zu einem Abfallhaufen ohne Leben."

(K. Boulding/G. Braun, Economics of Pollution, New York 1971; zit. nach: Funkkolleg Sozialer Wandel, Brief 3, S. 77)

M 8b | Sind die Menschen noch zu retten?

Der Globus heizt sich auf. Die Staaten müssten schnell handeln. Aber noch können sie sich nicht einigen.

Der 9. Oktober 2006 war ein gewöhnlicher Montag. Angela Merkel hatte zum Energiegipfel geladen, das Institut der deutschen Wirtschaft präsentierte seine Konjunkturprognose. Alles Routine. Dass der 9. Oktober ein ganz besonderer Tag war, merkten nur wenige. Es war der Tag, an dem die Menschheit der Erde den Krieg erklärte. Es war der World Overshoot Day.

Der besondere Tag hätte es verdient, ein globaler Gedenktag zu werden. Overshoot Day ist der Tag eines Jahres, an dem die Menschen alles verbraucht haben, was ihnen eine sich selbst erhaltende Natur erst bis zum Ende des Jahres liefern kann: Fische, Holz, Getreide, Wasser und Platz, um Müll loszuwerden – auch solchen, der als klimaschädliches Kohlendioxid (CO_2) Schornsteinen und Auspuffrohren entfleucht und in der Erdatmosphäre landet. Vom 9. Oktober an tickt die Schuldenuhr und die Menschen überziehen ihr ökologisches Konto täglich mehr.

Im zweiten Stock eines Hauses in Oakland, Kalifornien, sitzen elf Wissenschaftler, die das Datum des besonderen Tages errechnen. Jedes Jahr tun sie das aufs Neue. Und jedes Jahr erschrecken sie die Ergebnisse mehr – dokumentieren diese doch die fortschreitende »Zerstörung der Überlebensgrundlagen«, wie Mathis Wackernagel sagt, der Schweizer Chef des Forscherzirkels. Mithilfe gigantischer Datenmengen vergleicht das Team die Biokapazität der Erde mit den Ansprüchen der Menschen. 1987 lebten die Menschen erstmals auf zu großem Fuß; Overshoot Day war der 19. Dezember. Mittlerweile beanspruchen die Menschen schon ein Viertel Erde zu viel. Die Nachrichtenagentur Reuters meldete am 9. Oktober: »Am Montag geriet die Welt ökologisch in den roten Bereich.« Die Botschaft ging in der Nachrichtenflut unter. […]

(Fritz Vorholz, in: Die Zeit, Nr. 47/16.11.2006)

Berlin 2050: Ein Szenario der Klimakatastrophe

M 9 | Gescheiterte Staaten

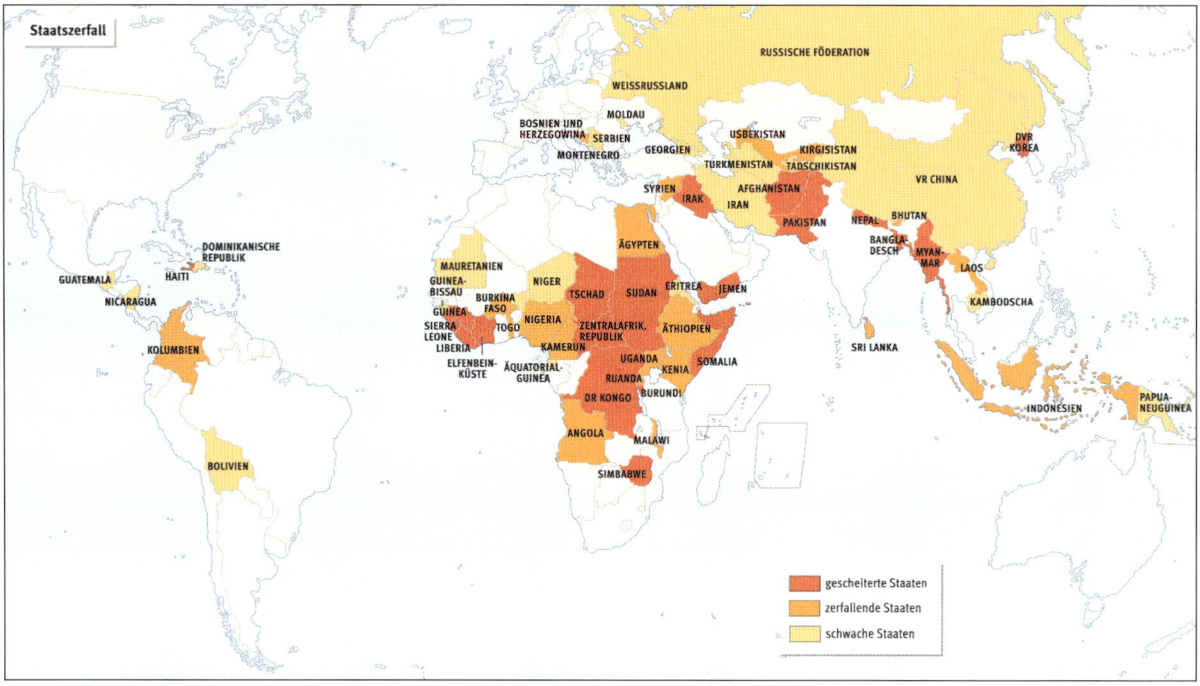

(Gescheiterte, zerfallende und schwache Staaten der Welt; aus: Der Fischer Weltalmanach 2007, © Fischer Taschenbuchverlag in der S. Fischer Verlag GmbH, Frankfurt a. M. 2006, S. 24)

Die Karte basiert auf dem von Foreign Policy entwickelten Failed States Index, der sich aus den folgenden Indikatoren zusammensetzt:

① demografischer Druck
② Flüchtlinge und Binnenvertriebene
③ gruppenbezogene Missstände
④ chronische Migration
⑤ ungleiche wirtschaftliche Entwicklung
⑥ wirtschaftlicher Niedergang
⑦ Delegitimierung des Staates
⑧ öffentliche Dienstleistungen
⑨ Menschenrechte
⑩ Sicherheitsapparat
⑪ zersplitterte Eliten
⑫ externe Interventionen

M 10 |

(Der Spiegel, Nr. 13/27.03.2006, S. 76/77)

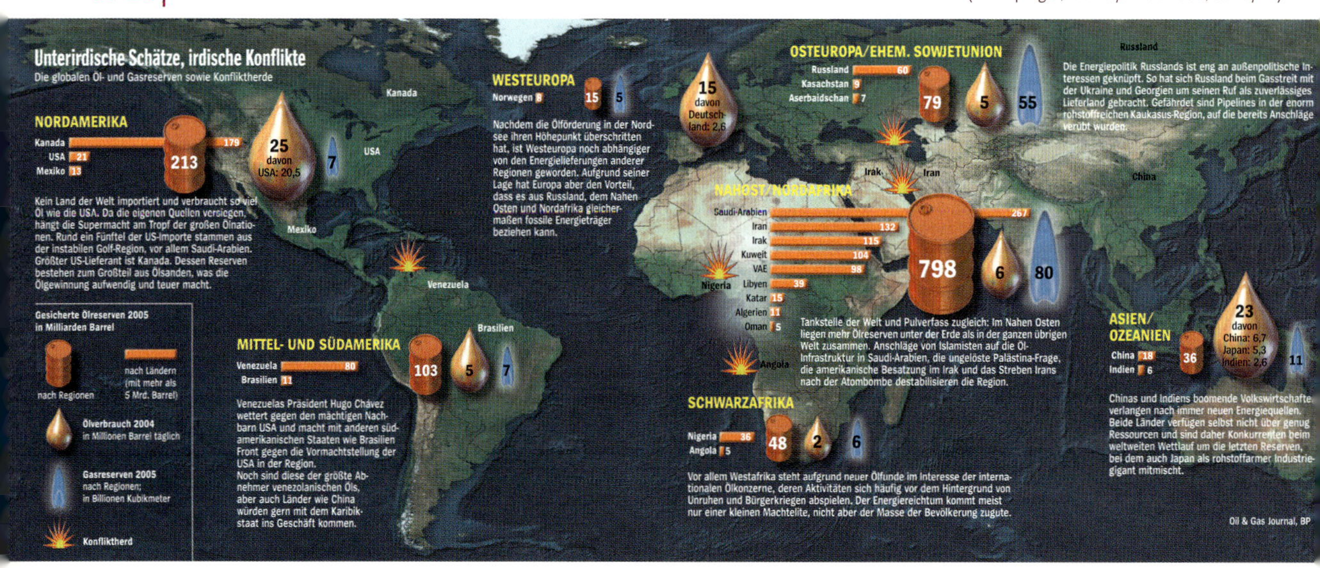

Projektmethode

Material 10 auf Seite 556 kann Ihnen Anregungen und Impulse geben zur Durchführung eines *Projektes* bzw. *Projekttages* zum Rahmenthema „Unterirdische Schätze – irdische Konflikte“. Im Mittelpunkt der Projektmethode steht die selbstständige Erarbeitung eines selbst gewählten Themas. Wesentliche Merkmale des Projektunterrichts zeigt das folgende Schaubild:

Was heißt eigentlich Projektunterricht?

Lehrer/innen und Schüler/innen planen die Arbeit gemeinsam. Je nach Erfahrungsgrad mit sozialen Unterrichtsformen wird die Planungstätigkeit stärker auf Lehrer/innen- oder auf Schüler/innenseite liegen. Das Ziel ist die Selbstständigkeit der Gruppe.

Eine Klasse, Parallelklassen, mehrere Klassen, die ganze Schule, klassenübergreifende Gruppen

Schüler/innen und Lehrer/innen

Zusammenhang mit der Lebenswirklichkeit innerhalb und außerhalb der Schule, Berücksichtigung der Schüler/inneninteressen

„Eine Gruppe von Lernenden nimmt sich ein Thema vor,

setzt sich ein Ziel,

verständigt sich über Subthemen und Aufgaben,

entwickelt gemeinsam das Arbeitfeld,

führt vorwiegend in Kleingruppen die geplanten Arbeiten durch –

und schließt das Projekt für die Gruppe und die soziale Umwelt sinnvoll ab.“

Von Lehrer/innen und Schüler/innen gemeinsam formulierte Projekt-Ziele bilden die Grundlage für die weitere Arbeit. Es ist wichtig, sich schon zu Beginn darüber zu verständigen, was mit dem Projekt erreicht werden soll.

Die Schule öffnet sich, die außerschulische Wirklichkeit wird miteinbezogen.

Eine genaue Festlegung von Aufgabenbereichen und Verbindlichkeiten ist anzustreben.

Während der eigentlichen Arbeit am Projekt ist es besonders wichtig, immer wieder in kurzen Reflexionsphasen den Verlauf des Projekts und die Zufriedenheit der Teilnehmer zu überprüfen.

Schüler/innen lernen nicht nur Neues über das Thema, sondern auch geeignete Arbeitsformen in Gruppen zu entwickeln, Interessen aufeinander abzustimmen, Probleme zu definieren und Lösungen zu finden.

Das Ergebnis des Projektes kann ein gemeinsames „Produkt“ sein: ein hergestellter Gegenstand, eine Projekt-Zeitung, ein Video-Film, eine Ausstellung oder einfach eine klasseninterne gegenseitige Information. In vielen Projekten werden auch reale Veränderungen in und außerhalb der Schule angestrebt. Den Abschluss eines jeden Projektes bildet eine Evaluationsphase mit einer ausführlichen gemeinsamen Reflexion des Gruppenprozesses.

Es kann sinnvoll sein, die Ergebnisse zu präsentieren (anderen Klassen, Eltern, der Öffentlichkeit). Schüler/innen werden von Konsument/innen zu Produzent/innen und zu Vermittler/innen von Wissen und lernen, im Sinne des Unterrichtsprinzips *Politische Bildung* öffentlich zu handeln und zu wirken.

(nach: http//www.bmbwk.gv.at/medienpool/4905/Projekttipps.pdf; 15.12.2006)

Bei der Durchführung eines Projektes können Sie sich an folgendem **Phasenablauf** orientieren:

① Projektidee/Themenfindung
② Zielformulierung und Planung
③ Vorbereitungszeit
④ Projektdurchführung (dabei: schriftliche Dokumentation der Arbeitsschritte)
⑤ Projektpräsentation/ Projektdurchführung
⑥ Projektevaluation

Wertvolle Informationen zur Durchführung von Projekten finden Sie auf der Homepage des österreichischen Ministeriums für Bildung, Wissenschaft und Kultur: www.bmbwk.gv.at (Bereich Bildung – Unterricht und Schule).

M 11 | Das Netz der Weltprobleme

1990–2000
Noch immer nehmen die ökologischen Probleme zu. Fritjof Capra sieht sie als „Facetten einer einzigen Krise, die auf überkommenen Werten beruht". Zum Beweis fertigte er eine Karte von der „Interdependenz der Weltprobleme" an.

(nach: Natur 1/1990)

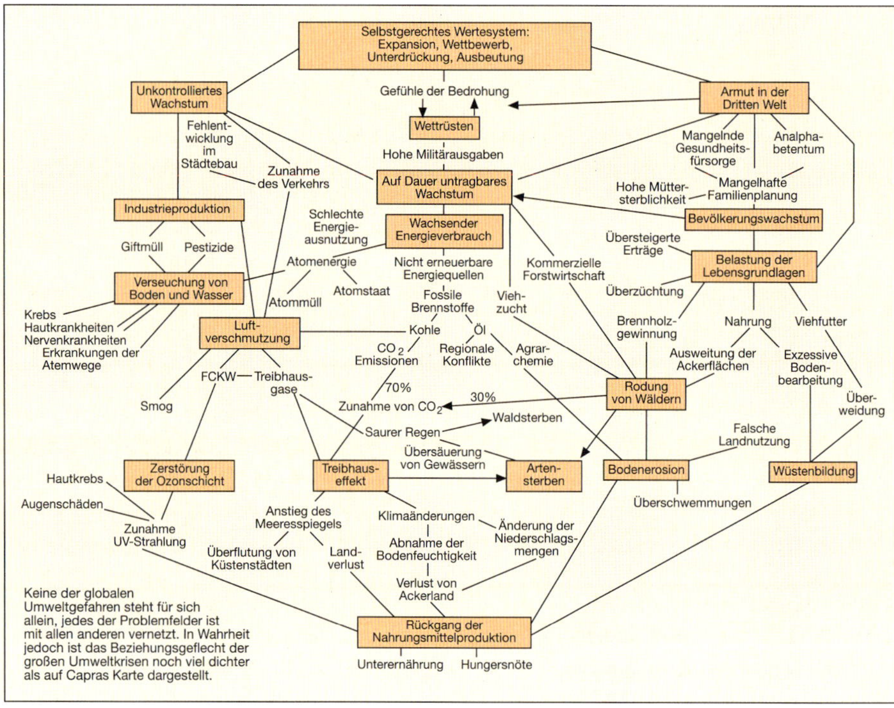

→ Beachten Sie auch M 10 bis M 12b auf den Seiten 572 f.

Aufgaben

1. Entwickeln und beschreiben Sie aktuelle Weltprobleme aus den Materialien der Collage. Alternativ: Erstellen Sie eine Mindmap zum Thema ,,Weltprobleme".
2. Erweitern Sie die Collage durch geeignete Materialien zu weiteren globalen Problemen (z. B. internationaler Terrorismus, Kriege und Konflikte, AIDS usw.).
3. Informieren Sie sich über die aktuelle politische Situation in einem der „gescheiterten Staaten" (M 9). Wie geht die Völkergemeinschaft damit um?
4. Ermitteln Sie aus M 4c die Zahl der Flüchtlinge für die einzelnen Kontinente und stellen Sie die Ergebnisse grafisch dar. Berechnen Sie auch den prozentualen Anteil der einzelnen Kontinente an der Gesamtheit der Flüchtlingsbewegungen auf der Welt.
5. Stellen Sie die Inhalte von M 5 in anderer Form dar (z. B. Tabelle oder Kreisdiagramm). Prüfen Sie die Wirkung Ihrer Darstellungsform auf Mitschüler und diskutieren Sie den Zusammenhang von Darstellungsweise und Wirkung.
6. Ermitteln Sie – in Form einer Mindmap – ausgehend vom Problemfeld „Armut" (M 6a–6d) Interdependenzen zwischen den verschiedenen Problembereichen. Ziehen Sie dazu auch M 11 zu Rate (alternativ: Problemfeld „Migration" in M 4a–4c oder „globale Umweltprobleme" in M 10–12b auf S. 572 f.).
7. Informieren Sie sich: Wie wird der „Human Development Index" ermittelt (M 7)? Diskutieren Sie seinen Informationswert.
8. Nehmen Sie Stellung zu der Behauptung, die Menschheit im Raumschiff Erde verhalte sich wie ein dummer Mieter in einem schlecht geführten Haus (M 8a).
9. a) Suchen Sie nähere Informationen in Bezug auf den „Overshoot Day": Aufgrund welcher Daten wird er ermittelt? Reflektieren Sie den Aussagewert dieser Größe und erstellen Sie verschiedene Szenarien in Bezug auf die Entwicklung des Verhältnisses von Weltbevölkerung und Ressourcen (s. Methodenschulung „Szenario-Technik", S. 35).
   b) Informieren Sie sich über aktuelle Entwicklungen.
10. Wählen Sie eines der vorgestellten Weltprobleme und führen Sie eine Zukunftswerkstatt durch (s. Methodenschulung auf den folgenden Seiten).

Zukunftswerkstatt

Zukunftswerkstatt als Methode

Die Zukunftswerkstatt ist als Methode seit den Sechzigerjahren des 20. Jahrhunderts von Robert Jungk entwickelt und vor allem in der Friedens- und Umweltbewegung angewandt worden. Sie versteht sich als basisdemokratisch, integrativ, ganzheitlich, kreativ, kommunikativ und provokativ. Sie versucht, die moralisch-ethische mit der sachlichen Dimension des Gegenstands zu verbinden. Dabei verknüpft sie in jedem ihrer Schritte intuitiv-emotionales mit analytisch-rationalem Lernen (M 12). Ausgehend von Schlüsselproblemen der heutigen Welt versucht die Zukunftswerkstatt, in einem ganzheitlichen Ansatz das Denken in Alternativen bzw. das globale Denken (grenzüberschreitendes und vernetztes Denken) zu schulen.

(Vgl. hierzu ausführlich: P. Weinbrenner/W. Häcker, Theorie und Praxis der Zukunftswerkstätten; in: O.-A. Burow/M. Neumann-Schönwetter (Hrsg.), Zukunftswerkstatt in Schule und Unterricht, Hamburg 1995.)

Das Strukturmodell einer Zukunftswerkstatt

Bei aller thematischen Offenheit und teilnehmerbezogenen Flexibilität von Zukunftswerkstätten sind sie als eigenständige Methode durch ein formales Strukturmodell mit klarem Regelwerk bestimmt. Wie M 12 zeigt, gliedert sich eine Zukunftswerkstatt in drei Hauptphasen sowie eine vorbereitende und nachbereitende Phase. Die Doppelspirale macht auf die Integration von intuitiv-emotionalem und rational-analytischem Lernen aufmerksam.

M 12

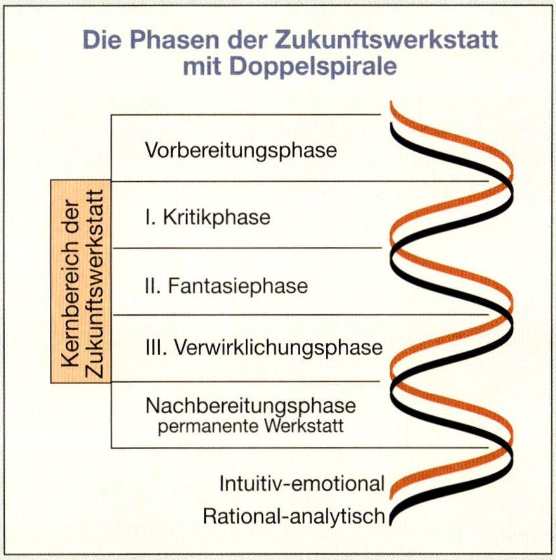

(nach: R. Jungk/N.R. Müllert, Zukunftswerkstätten, München 1989, S. 221)

- **Vorbereitungsphase**

In der Vorbereitungsphase geht es insbesondere um folgende Aktivitäten:

I. *Themenfindung:* Als Themen für die Zukunftswerkstatt eignen sich alle Probleme und Fragestellungen, die von einer Gruppe Betroffener als dringend lösungsbedürftig und im Prinzip auch lösbar angesehen werden. Zukunftswerkstätten knüpfen an gesellschaftliche Krisensymptome an, zum Beispiel Energiekrise, Wachstumskrise, Ausbildungs- und Arbeitsplatzkrise, Umweltkrise, technische Katastrophen (Seveso, Bhopal, Challenger, Tschernobyl). [...]

II. *Raumausstattung:* Der Raum für eine Zukunftswerkstatt sollte groß genug sein, um allen Teilnehmern genügend Bewegungsspielraum zu ermöglichen. Die sterilen Sitzordnungen von Klassen- und Seminarräumen sind ungeeignet und sollten durch das Ausräumen der Tische und die Bildung einer halbkreisförmigen Sitzordnung verändert werden. Es müssen genügend Tafeln, Stellwände bzw. Zimmerwände zum Aufhängen von Papierbögen und Arbeitsblättern zur Verfügung stehen. [...]

III. *Arbeitsmaterial:* Zur laufenden Dokumentation der Werkstattergebnisse werden große Papierbögen (Packpapier) oder Druckrollenpapier benötigt, dazu Klebeband und Filzstift [...].

IV. *Gruppengröße:* Die optimale Teilnehmerzahl liegt bei ungefähr 20 Personen. Bei Gruppen über 30 Personen ist der Einsatz mehrerer Moderatoren notwendig. Es sollten immer genügend Gruppenräume bzw. Nischen für Kleingruppen von ca. drei bis sieben Personen zur Verfügung stehen.

V. *Zeitplanung:* Unabhängig von der Zeitplanung muss in jeder Zukunftswerkstatt gewährleistet sein, dass die drei Hauptphasen (Kritikphase, Fantasiephase und Verwirklichungsphase) in jedem Fall durchschritten werden.

VI. *Einstimmung:* Hierzu gehört ein Austausch über Interessen und Erwartungen an die Zukunftswerkstatt. Außerdem sollten kurz Geschichte, Zielsetzung und Verfahren der Zukunftswerkstatt erläutert werden. Die einzelnen Phasen werden genau beschrieben: Die für jede Phase geltenden „Spielregeln“ werden erläutert, aufgeschrieben und bleiben während der ganzen Zukunftswerkstatt sichtbar an der Wand.

- **Kritikphase**

In dieser ersten Hauptphase geht es um eine möglichst präzise und radikale Kritik gegenwärtiger Missstände und ungelöster sozialer Verhältnisse. Es wird in folgenden Schritten vorgegangen:

I. *Kritiksammlung:* Der Moderator formuliert zunächst provozierende Leitfragen, wie etwa: „Was stört Sie?“, „Was haben Sie zu kritisieren?“ oder „Wovor haben Sie Angst, was bedrückt Sie?“, „Worüber empfinden Sie Wut und Empörung?“. Die Teilnehmer sollen sich in kurzen Stichworten äußern; alle Aussagen werden auf einem Papierbogen protokolliert. Die Teilnehmer können auch ihre Kritikpunkte auf einem DIN-A4-Blatt mit großer Schrift notieren und dieses Blatt in die Mitte des Kreises legen und laut vorlesen.

II. *Systematisierung und Bewertung:* Nach der Kritiksammlung sollen die Kritikpunkte nach Problembereichen zusammengestellt werden. Danach findet eine Bewertung dieser Problembereiche durch die Gruppe statt, und zwar in der Form, dass jeder Teilnehmer etwa drei bis fünf Punkte nach Belieben und Interesse auf die einzelnen Problembereiche verteilt.

III. *Thematische Schwerpunkte bilden:* Durch diese Bewertung kristallisieren sich Problemthemen heraus, von denen die Teilnehmer meinen, dass sie vorrangig diskutiert werden sollen. Die Kritikphase endet mit der für alle Teilnehmer deutlich sichtbaren Zusammenstellung dieser vorrangigen Problembereiche.

- **Fantasiephase**

In dieser Phase geht es darum, die in der Kritikphase aufgedeckten Probleme, Schwierigkeiten, Ängste und Befürchtungen ins Positive zu wenden. Die Teilnehmer werden durch den Moderator ermuntert, ihrer Fantasie freien Lauf zu lassen. Es wird ihnen zugestanden, dass sie alle Macht und alles Geld haben, um sich ihre neue Zukunft zu schaffen. [...] Auch diese Phase ist wieder in einzelne Schritte untergliedert, und zwar

I. *Kritikpunkte positiv umformulieren:* Hier wird zu jedem Kritikpunkt eine positive Alternative gesucht. Das ist jedoch erst die Vorbereitung für die eigentliche Fantasie- oder Utopiephase, denn diese Umformulierungen enthalten in der Regel noch keine Fantasien oder Utopien. Dies geschieht im nächsten Schritt, dem

II. *Brainstorming:* Hier werden die Teilnehmer aufgefordert, in Stichworten möglichst fantasievolle Vorschläge zur Problemlösung zu entwickeln, ohne Rücksicht auf irgendwelche Gesetze, Vorschriften, ökonomische oder soziale Zwänge. Alles ist möglich, alles ist machbar.

III. *Systematisierung und Bewertung:* Die von den Teilnehmern geäußerten Ideen werden im nächsten Schritt systematisiert und wiederum durch Punktvergabe bewertet. Die besten Ideen, also diejenigen mit den höchsten Punktzahlen, werden dann im nächsten Schritt von den Kleingruppen weiterentwickelt.

IV. *Ausarbeitung und Konkretisierung eines utopischen Entwurfs:* In diesem letzten Schritt sollen die Ideen so weit konkretisiert werden, dass sie zu möglichst vollständigen und anschaulichen Projektskizzen bzw. „utopischen Entwürfen" ausgearbeitet werden. Die Gruppen überlegen sich dann, in welcher Weise sie den anderen Gruppenmitgliedern ihre Ergebnisse in möglichst anschaulicher Form präsentieren. [...]

- **Verwirklichungsphase**

In dieser dritten Hauptphase geht es darum, die Zukunftsentwürfe und sozialen Fantasien mit den realen Verhältnissen der Gegenwart zusammenzubringen sowie Wege und Strategien zu ihrer Durchsetzung zu finden. [...] Auch diese letzte Phase wird in mehrere Verwirklichungsschritte untergliedert, und zwar

I. *Kritische Prüfung der utopischen Entwürfe:* Hierbei sollen die Entwürfe auf ihre Realisierbarkeit unter den gegenwärtigen und noch zu schaffenden Bedingungen überprüft werden. „Inwieweit lassen sie sich schon jetzt in Angriff nehmen? Gibt es bereits reale Ansätze in der gewünschten Richtung? Welche Hindernisse stehen ihnen entgegen? Welche Beharrungskräfte müssen überwunden werden? Wie beurteilen Fachleute, Wissenschaftler, Politiker ihre Erfolgschancen?"

II. *Entwicklung von Durchsetzungsstrategien:* „Woran muss unbedingt festgehalten werden? Wie müsste vorgegangen und taktiert werden, um wenigstens Teile zu retten? Welche politischen und ökonomischen Voraussetzungen wären notwendig? Gibt es Bündnispartner, die für eine Unterstützung infrage kommen? Soll man offen vorgehen oder so lange wie möglich ohne große Publizität arbeiten?"

III. *Planung eines gemeinsamen Projekts bzw. einer Aktion:* Keine Zukunftswerkstatt sollte folgenlos bleiben. Im günstigsten Fall entwirft die Gruppe selbst einen Projektplan bzw. bereitet eine gemeinsame Aktion vor, um Neuerungen, Vorstellungen oder Utopien zu verwirklichen. „Was muss bei einem solchen Unternehmen bedacht werden? Wie sieht es mit der Finanzierung aus? Wer engagiert sich und mit welchem Einsatz? Wie wird die Öffentlichkeit hergestellt? Welche Repressalien sind zu befürchten und wie ist ihnen zu begegnen? Welche Absicherungen des Projekts sind möglich, welche sollten vorgenommen werden?"

- **Nachbereitungsphase**

Da alle Zukunftswerkstätten letztlich dazu beitragen sollen, eine bessere, das heißt *sozial und umweltverträgliche* Zukunft vorzubereiten, sollten sie nicht auf der Ebene eines intellektuellen Spielvergnügens verbleiben, sondern unmittelbar in die Gesellschaft und ihre Verhältnisse positiv verändernd eingreifen. Daher umfasst die Konzeption der Zukunftswerkstatt grundsätzlich eine nachbereitende Phase, und zwar als Idee einer „permanenten Werkstatt" beziehungsweise einer „weiterführenden Werkstattarbeit".

(P. Weinbrenner/W. Häcker, Theorie und Praxis der Zukunftswerkstätten; in: O.-A. Burow/M. Neumann-Schönwetter (Hrsg.), Zukunftswerkstatt in Schule und Unterricht, Hamburg 1995, S. 50ff.)

Bei der Medien- und Materialauswahl sollte Wert auf emotionalisierende, suggestive und kontroverse Inhalte und Formen gelegt werden. So eignen sich besonders Hintergrundmusik, Dias und große Fotos für die Kritik- und die Fantasiephase.

2. Politisches Handeln im Zeitalter globaler Problemlagen

➤ Aktuelle Entwicklungslinien politischen Handelns im internationalen System

M 1 | E.O. Czempiel: Kluge Macht

➔ VII/3., M 9, S. 478 f.

M 2 |

Ein Ordnungsrahmen

➤ Das Konzept der „Global Governance“

M 3 |

[...] Global Governance versteht sich als ein neues Rahmenkonzept für die internationale Politik.

Global Governance bedeutet jedoch nicht **Global Government.** Denn es wird die Existenz einer Weltregierung weder vorausgesetzt noch als wünschbar angesehen. Eine solche Regierung ist deshalb nicht erstrebenswert, weil sie notwendigerweise weit von der Weltbürgerschaft entfernt wäre und kaum demokratische Legitimation gewinnen könnte. Global Governance negiert nicht die Nationalstaaten. Diese bleiben weiterhin Hauptakteure der internationalen Politik, aber sie sind nicht mehr die einzigen Akteure. Diese Qualität teilen sie mit den Globalplayers.

Ähnlich verhält es sich mit der **Souveränität:** Hinsichtlich des **Gewaltmonopols** nach innen bleibt die Souveränität der Staaten erhalten; im Außenverhältnis dagegen müssen sie Handlungskompetenzen abgeben, also zu Souveränitätsverzichten bereit sein, um die kollektive Bearbeitung globaler Probleme zu ermöglichen.

Ein weiterer Aspekt der Global Governance ist die Einbeziehung **zivilgesellschaftlicher Akteure** bei der Suche nach Problemlösungen. Sie werden hinzugezogen, weil es den Staaten häufig an der Sachkunde fehlt, für Weltprobleme Erfolg versprechende Lösungen zu finden. Dagegen verfügen aufgrund ihrer Spezialisierung die transnational organisierten Unternehmen und Nichtregierungsorganisationen auf dem Felde der Ökonomie, der Ökologie sowie der Menschenrechts- und Entwicklungspolitik über das erforderliche Wissen. Da Global Governance alle politischen Handlungsebenen einschließt, sich also vom Globalen über das Regionale und Nationale bis zum Lokalen erstreckt, gibt es nicht nur eine Kooperation der Staaten mit transnationalen und internationalen Akteuren, sondern auch eine Zusammenarbeit jedes Staates mit den innerhalb seiner Grenzen tätigen lokalen Gruppen nach Art einer „Public-Private-Partnership“.

Weiterhin gehört zur Global Governance auch eine Verdichtung der internationalen Zusammenarbeit durch internationale Regime, Konferenztätigkeit und internationa-

le Organisationen (UN sowie regionale Organisationen). Angestrebt wird die Herausbildung einer globalen Rechtsstaatlichkeit, wie es die Menschenrechtskonventionen und Einrichtungen suprastaatlicher Gerichtsbarkeit auf europäischer und UN-Ebene bereits anzeigen.
Schließlich steht Global Governance für eine Interessen- und Außenpolitik, die sich an einem **Weltgemeinwohl** orientiert. Das Konzept setzt das Bewusstwerden gemeinsamer Überlebensinteressen bei allen Beteiligten voraus.

(Bernhard Sutor/Joachim Detjen, Politik – Ein Studienbuch zur politischen Bildung, Paderborn 2001, S. 552 f.)

M 4 | Global Governance-System

(nach: http://www.bicc.de/sef/diesef/glogoupic.html; 05.08.2002)

Aufgaben

1. Erarbeiten Sie den Unterschied zwischen Staatenwelt und Gesellschaftswelt (M 1).
2. Wenden Sie die von Czempiel entwickelten Machtbegriffe an (M 1). Beispiele: Kuba-Krise – Beziehungsmacht, Marshall-Plan – strukturelle Macht, EU-Integration – Konsensmacht. Finden Sie weitere Beispiele.
3. Diskutieren Sie, ob angesichts der Globalisierung ein „Gewaltmonopol nach innen" (M 3) erhalten bleiben kann.
4. Diskutieren Sie, ob Innen- und Außenpolitik noch trennbar sind.

NGOs – Überschätzte Akteure?

NGOs: Non-Governmental Organizations (Nichtregierungsorganisationen)

M 5 | Ambivalente Zwischenbilanzen

Die politischen NGOs verstehen sich als Akteure einer „internationalen Zivilgesellschaft". Ihr Beitrag zur Demokratisierung der internationalen Politik sollte jedoch realistisch eingeschätzt werden.

Positiv schlägt zu Buche: NGOs beteiligen sich als eigenständige Kraft an der Entwicklung neuer Kooperationsformen mit staatlichen und wirtschaftlichen Akteuren in internationalen Regimen, artikulieren bisher unterrepräsentierte Interessen und machen Entscheidungsprozesse öffentlicher und transparenter. Sie tragen zur Herausbildung einer globalen Öffentlichkeit bei und bringen verdrängte oder neue Themen auf die politische Agenda, die sie mit Professionalität und Expertise vertreten. Sie erweitern das Handlungsrepertoire internationaler Politik um grenzüberschreitende Formen des Konsumentenboykotts, des Protests, von zivilem Ungehorsam, symbolischen Aktionen und Kampagnen, und nicht zuletzt tragen die NGOs zur Stärkung und Demokratisierung des UN-Systems bei.

Doch ist trotz dieser unbestreitbar demokratisierenden Leistungen der NGOs vor allzu euphorischen Zwischenbilanzen zu warnen. So macht etwa ein Blick auf die oftmals kargen materiellen Politikergebnisse – man denke nur an die des Rio-Prozesses – deutlich, dass mächtige Nationalstaaten und Staatengruppen wie auch Wirtschaftsakteure weiterhin zentrale Akteure in der internationalen Arena sind. Die wachsende Zerklüftung und Unüberschaubarkeit der internationalen Politik ist zwar günstig für Wachstum und Beteiligung von NGOs in einzelnen internationalen Regimen, doch ist sie zugleich auch Ausdruck einer Schwächung politischer Regulierungsmöglichkeiten insgesamt. Skeptiker sprechen in diesem Zusammenhang von einer sich abzeichnenden Anarchie der internationalen Politik. NGOs sind zudem oftmals nur Erfüllungsgehilfen staatlicher Interessen oder einer Politik der Privatisierung von Entwicklungshilfe und humanitären Programmen: Staaten wie Wirtschaft nutzen Fachkompetenz, Flexibilität, Effektivität und das öffentliche Ansehen der NGOs. [...]

(Ansgar Klein, Überschätzte Akteure; in: Aus Politik und Zeitgeschichte, 6–7/2002)

Aufgaben

1. Stellen Sie anhand von M 5 Chancen und Risiken der NGOs als internationale Akteure in einer Tabelle gegenüber.
2. Beurteilen Sie: NGOs als Hoffnungsträger?
3. Recherchieren Sie die Rolle der NGOs auf dem UN-Kongress „RIO + 10" in Johannesburg 2002.

3. Kristallisationspunkte von Politik im globalen Rahmen

Das folgende Kapitel sucht nach möglichen Ansatzpunkten für die Herausbildung einer verantwortlichen und nachhaltigen Politik auf internationaler Ebene.
Zu beachten ist, dass die beiden Teilkapitel logisch und systematisch nicht auf einer Ebene liegen.

- Teil 3.1 untersucht die Entwicklungspolitik als klassisches Politikfeld auf internationaler Ebene unter den leitenden Fragestellungen: *Welche Chancen und Gefahren ergeben sich durch die zunehmende Globalisierung für Entwicklungsländer? Zeigen sich hier Ansätze einer Politik gemeinsamer Verantwortung im internationalen Rahmen?*
- In einem engeren Zugriff behandelt Teil 3.2 die „UNO-Konferenz Umwelt und Entwicklung“ in Rio de Janeiro im Juni 1992 (Rio 1992), die von vielen Kommentatoren als Wendepunkt in den Nord-Süd-Beziehungen betrachtet worden ist. In dreierlei Hinsicht galt Rio als Zeichen für einen Paradigmenwechsel in den internationalen Beziehungen:
  - Zum ersten Mal sollten die Perspektiven des Nordens und des Südens in gleichberechtigter Weise zur Geltung gebracht werden.
  - Zum ersten Mal wurde eingehend versucht, der Vernetzung globaler Probleme (hier: dem Zusammenhang zwischen Umweltproblematik und internationalem Verteilungskonflikt) Rechnung zu tragen.
  - Zum ersten Mal wurde versucht, die „Staatenwelt“ und die „Gesellschaftswelt“ (Czempiel) miteinander ins Gespräch zu bringen.
- Auch in Teil 3.2 geht es also um Entwicklungspolitik, hier allerdings unter der Perspektive der Vernetzung der Problemfelder. Die Teilkapitel stehen daher in einem Verhältnis wechselseitiger Ergänzung und können in beliebiger Reihenfolge durchgearbeitet werden.

3.1 Globalisierung – eine Chance für Entwicklungsländer?

➤ Entwicklung wird zum globalen Problem

Globalisierung bedeutet zunächst größere Mobilität für Kapital und Produktion. Alle notwendigen Transport- und Kommunikationstechnologien für eine globale Weltwirtschaft stehen heute zur Verfügung. Es stellt sich die Frage nach der Chance, sich erfolgreich zu beteiligen.
Während die Entwicklungsproblematik bis zum Wegfall des Ost-West-Konflikts von geostrategischen Interessen der Außen- und Sicherheitspolitik überlagert war, erhoffte man in den 1990er-Jahren aus dem Rückgang der Rüstungsausgaben eine „Friedensdividende“, welche den armen Ländern zugute kommen würde.
Zwar verschwanden viele Diktaturen, in manchen Ländern Lateinamerikas und Asiens waren ökonomische Fortschritte zu verzeichnen, die Aufmerksamkeit für den Süden blieb jedoch gering. Stattdessen richtete sich der Blick – und der Geldstrom – wiederum aus sicherheitspolitischen Überlegungen auf die sogenannten Transformationsländer des zerfallenen Sowjetimperiums.
In den ärmsten Regionen der Welt haben sich Probleme mittlerweile derart angestaut, dass auch Druck auf die Industrieländer entsteht.
Die Risiken sind global: Bürgerkriege und Flüchtlingsbewegungen, Bevölkerungswachstum und Migration, Klimaveränderungen und Klimakatastrophen.
Eine Lösungsstruktur zu finden und durchzusetzen, die der Problemstruktur gerecht wird, wäre ein notwendiges Novum.

Entwicklungspolitik in der Sinnkrise

Nach dem Streit um Entwicklungstheorien unter den Vorzeichen des ideologischen Gegensatzes zwischen den Blöcken gibt es heute kein umfassendes „Entwicklungsziel".
Weder die Vorstellung, Entwicklungsländer könnten oder müssten die Entwicklung hochindustrialisierter Staaten nachholen, was zu einem weltweiten sozialen Ausgleich führe, noch das Konzept einer Überwindung der Abhängigkeit durch eine „autozentrierte", von „kapitalistischen Zentren" unabhängige Entwicklung haben sich durchgesetzt bzw. bewahrheitet.
Auch neoliberale Strategien der 1980er- und 1990er-Jahre haben sich als untauglich erwiesen, komplexen Problemlagen in vielen Ländern zu begegnen. Liberalisierung und Außenöffnung wurden betrieben, ohne die Wettbewerbsfähigkeit systematisch zu entwickeln. Armut durch hohe Wachstumsraten zu bekämpfen, vernachlässigte den Aspekt der Einkommensverteilung; der Ausschluss großer Bevölkerungsgruppen förderte Instabilität.
Länder, in denen das Verteilungsproblem besser gelöst wurde, wie Südkorea, Taiwan und andere ostasiatische „Schwellenländer", profitierten demgegenüber.
Auf der anderen Seite setzten sich marktwirtschaftliche Entwicklungsstrategien durch, das heißt die Annahme, unter bestimmten inneren Bedingungen gebe es Entwicklungschancen auch bei Abhängigkeit vom Weltmarkt.

Strategien der Entwicklungspolitik

1960er-Jahre: Entwicklungsleitbild „Modernisierung"
Nach dem Dekolonialisierungsprozess wird Entwicklung mit wirtschaftlichem Wachstum gleichgesetzt und ein Aufholprozess orientiert an den Industrieländern propagiert – bei uneingeschränkter Verwendung der Ressourcen. Erwartet wird ein „trickle-down-Effekt", das Durchsickern der Einkommensverbesserungen auf die Masse der Bevölkerung.

1970er- und 80er-Jahre: Entwicklungsleitbild „Befriedigung der Grundbedürfnisse"
Nachdem vorrangig die Eliten von Entwicklungsfortschritten profitiert haben, Wachstum regional uneinheitlich entstanden ist und sich zum Teil Armut vergrößert hat, sollen sich die Anstrengungen vermehrt auf die Überwindung der absoluten Armut in der „Dritten Welt" richten. Die Befriedigung der materiellen Grundbedürfnisse (basic needs: Nahrung, Kleidung, Wohnung, Gesundheitsversorgung, Trinkwasserver- und -entsorgung) und der immateriellen Grundbedürfnisse (basic human needs: Bildung, Unabhängigkeit, Rechtssicherheit, Selbstbestimmung, Partizipation) gilt als Voraussetzung von Entwicklung.
Eliten in den Entwicklungsländern betrachten diesen Strategiewandel als diskriminierend und fordern weiter einen Vorrang für technische und wirtschaftliche Modernisierung. Als Gegenmodell fordern vor allem die Erdöl produzierenden Entwicklungsländer eine „Neue Weltwirtschaftsordnung" (NWWO), die neben dem Abbau von Handelshemmnissen als zentralen Bestandteil ein integriertes Rohstoffprogramm enthalten soll mit Regulierungen von Mengen und Preisen und deren Anpassung an die Preise für Industriegüter.
Alternative Leitvorstellung in den 1970er-Jahren war die Forderung nach Entwicklung durch Dissoziation (Abkoppelung vom Welthandelssystem). Die Strategie der „angepassten Entwicklung" fordert Regierungen und Bevölkerung in den Entwicklungsländern auf, sich von globalen Entwicklungsrezepten abzukoppeln und die Konzepte den Bedingungen vor Ort anzupassen, z. B. der agrarischen Entwicklung in ländlichen Regionen Vorrang zu geben und Selbsthilfe durch produktive Nutzung der lokalen Ressourcen (Arbeitskraft, Land, Rohstoffe, überliefertes Wissen) demokratisch zu organisieren.

1990er-Jahre: Entwicklungsleitbild „Nachhaltigkeit und Zukunftssicherung"
Im Mittelpunkt steht die Kritik am Wachstumsmodell der Industriegesellschaften angesichts des belasteten globalen Ökosystems und der begrenzten natürlichen Ressourcen.
Die Entwicklungsdiskussion darf demzufolge die Industriestaaten nicht ausklammern.
Die „ökologische Nachhaltigkeit" fügt sich in das von Nohlen und Nuscheler entwickelte Modell des „Magischen Fünfecks von Entwicklung" ein, das als Maßstab für öffentliche und private Entwicklungszusammenarbeit die Kriterien Wachstum, Arbeit, soziale Gerechtigkeit, Partizipation und Unabhängigkeit nennt.
In den Industrieländern ist eine Entkoppelung von Wachstum und Ressourcenverbrauch zu beobachten, was Vorbildcharakter für Entwicklungsländer erlangen soll. Die Ressource „Bildung" gewinnt an Gewicht.
Für den Durchbruch dieser Ideen sorgt der Brundtland-Bericht 1987, der als Basis für die Rio-Weltkonferenz „Umwelt und Entwicklung" von 1992 gelten kann. Das neue Leitbild heißt „sustainable development".

M 1 | Wechselwirkungen zwischen gesellschaftlicher Entwicklung und Wirtschaftswachstum

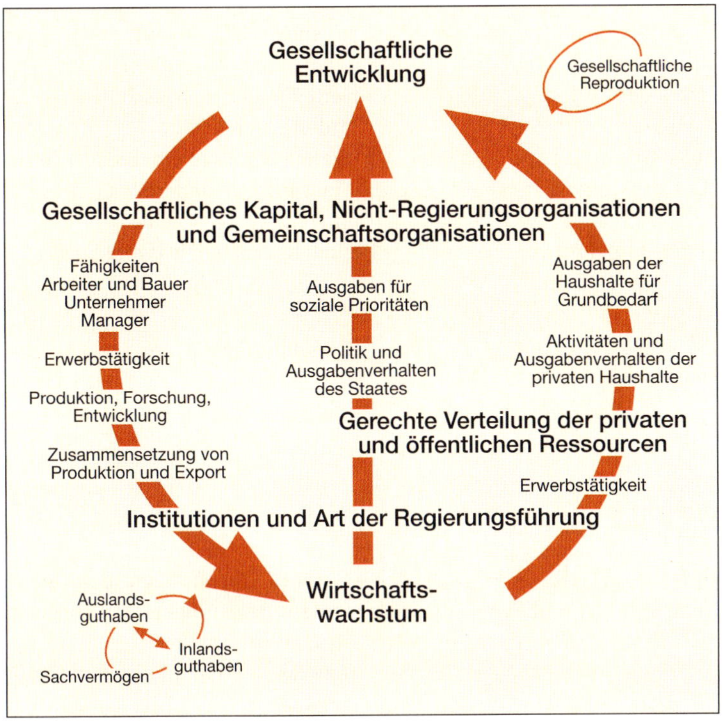

M 2 | Herausforderung Entwicklung

Angesichts ungleicher Startchancen gibt es im Grunde genommen nur eine Möglichkeit, Erfolg zu erzielen: selektive Integration/selektive Dissoziation. Das heißt partielle Einkoppelung in den Weltmarkt, also in die Zentren der Weltwirtschaft, um daraus jenen Nutzen zu ziehen, der für die eigene Entwicklung, insbesondere die entsprechende Kapitalbildung, erforderlich ist; selektive Dissoziation (Abkopplung), um jenen Schutzraum zu gewinnen, ohne den angesichts des überlegenen Verdrängungswettbewerbs der höher entwickelten Gesellschaften die eigenen Bemühungen um eine nachholende Entwicklung von vornherein zum Scheitern verurteilt wären.

Diese Mischung aus Ankopplung und Abkopplung ist das eigentliche Kunststück in jedem neuen Fall, insofern der Wille vorliegt, noch einmal nachholende Entwicklung zu inszenieren. Dabei geht es darum, Wirtschaftsräume breitenwirksam zu erschließen trotz des in der Weltwirtschaft beobachtbaren erheblichen Kompetenzgefälles. Die hierfür erforderlichen praktischen Entwicklungsmaßnahmen wurden in einer 40-jährigen Entwicklungsdiskussion eingehend diskutiert und können heute als bekannt vorausgesetzt werden. Stichwortartig lassen sie sich wie folgt beschreiben: Präferenz für landwirtschaftliche Entwicklung und eine landwirtschaftsnahe Industrialisierung, um das grundlegende Problem jeder Gesellschaft zu lösen – die Fähigkeit, die eigene Bevölkerung zu ernähren; Erschließung von Massenmärkten im eigenen Bereich, was eine mäßige Ungleichheit in der Verteilung von Grund und Boden und bei den Einkommen voraussetzt, weil nur bei mäßiger Ungleichheit Binnenmärkte breit erschließbar sind (der Zusammenhang von Chancen- und Verteilungsgerechtigkeit ist hierbei besonders evident); Mobilisierung von Kompetenzen durch ein differenziertes Erziehungssystem, um fehlende natürliche Ressourcen zu kompensieren und die Grundlage für Innovation zu legen (Humankapital); Kapazitäten schaffen für die Anpassung von Technologien an eigene Bedürfnisse und für die Erzeugung von Technologie; Selektivität von Förderungs- und Schutzmaßnahmen im oben genannten Sinne.

Wo immer die Prioritäten entsprechend falsch gesetzt sind, kann das Entwicklungsprojekt nicht gelingen, beispielsweise wenn die Landwirtschaft sträflich vernachlässigt wird und die Priorität auf die städtisch konzentrierte Industrie gelegt wird; wenn eine erhebliche Verteilungsungerechtigkeit der Ressourcen und Einkommen vorliegt; wenn falsche Prioritäten im Ausbildungssystem zugunsten geisteswissenschaftlicher und zum Nachteil technischer Fächer zu beobachten sind; wenn die lokalen Märkte entweder völlig ungeschützt sind oder exzessiv geschützt werden, und so fort.

Wie immer im Einzelnen angegangen, ein solches Entwicklungsprojekt ist unter den Bedingungen dramatischer Kompetenzgefälle eine unvergleichliche Herausforderung, die auch bei bestmöglichen flankierenden Maßnahmen durch internationale Entwicklungspolitik nur abgemildert, aber nicht behoben werden kann.

(Dieter Senghaas; in: Karl Graf Ballestrem/Bernhard Sutor (Hg.), Probleme der internationalen Gerechtigkeit, 1993, S. 64 f.)

Übergang zum 21. Jahrhundert: Wie kann eine sozial und ökologisch verträgliche Marktwirtschaft international organisiert werden?

Die Weltkonferenzen der 1990er-Jahre zeigen einen pragmatischeren Ansatz mit einer Hinwendung zu den Nöten von Menschen. Der neue konzeptionelle Rahmen räumt der Idee der Armutsbekämpfung Vorrang ein. Unter dem Schlagwort „Shaping the 21st Century", formuliert 1996 auf einer Weltkonferenz westlicher Geberländer, setzt man sich das ehrgeizige Ziel, in einem festgesetzten Zeitrahmen bis 2015 die Zahl der weltweit 1,3 Mrd. Armen um die Hälfte zu reduzieren. Ein Jahr zuvor initiierte die Weltsozialkonferenz der UN in Kopenhagen die sogenannte 20/20-Initiative, nach der 20 % der Entwicklungshilfe von außen sowie 20 %

der Haushalte der Entwicklungsländer für soziale Aufgaben aufzuwenden seien. (Im Jahr 2000 schätzte die Weltbank die entsprechenden realen Aufwendungen auf 10% für die Industrieländer zu 13 % für die Entwicklungsländer [Zahlen nach: Sutor/Detjen, Politik, S. 476].)
Mit einer Initiative zur – teilweisen – Entschuldung für die 41 am höchsten verschuldeten armen Länder (Highly Indebted Poor Countries, HIPC) seitens des Kölner Weltwirtschaftsgipfels 1999 und mit der „Poverty Reduction Strategy" der Weltbank folgten diese Institutionen dem Trend. Die Regierungen der betroffenen Entwicklungsländer erhalten, wenn sie von Entschuldung und Zugang zu neuen Krediten profitieren wollen, die Auflage, gemeinsam mit allen gesellschaftlich relevanten Gruppen in ihren Ländern Strategiepapiere zur Armutsreduzierung zu entwickeln.

M 3 | Grundzüge der HIPC-Initiative

- Mit der Initiative werden die Schwellenwerte, die eine tragfähige Verschuldung anzeigen, gegenüber früheren Entschuldungsinitiativen abgesenkt. Wichtigster Indikator ist das Verhältnis des Schuldenstandes zu den Exporten; dieser Wert wurde von 250 auf maximal 150% reduziert.
- Bedingung für den Schuldenerlass sind wirtschafts- und sozialpolitische Reformen. Diese sollen sich nicht mehr an den klassischen Strukturanpassungsprogrammen orientieren, sondern gemäß des neuen internationalen Entwicklungskonsenses auf Armutsreduzierung ausgerichtet sein.
- Die Entschuldung wird beschleunigt. Konnte ein vollständiger Erlass bisher erst nach sechs Jahren wirksam werden, so nun bereits nach drei Jahren.

(Ingomar Hauchler u.a. (Hg.), Globale Trends 2002, a. a. O., S. 411)

Kritiker fragen, ob es sich um entwicklungspolitische Rhetorik oder um einen wirklichen Paradigmenwechsel handelt:

- Stellen sich die Weltbank-Experten um und bauen neben wirtschaftlicher Kompetenz auch sozialpolitische Kompetenzen auf?
- Kann die Weltbank eine Entschuldung im notwendigen Rahmen durchführen oder ist sie nicht als Agentin ihrer meist privaten Geschäftsbanken und Anleger in erster Linie auf sichere Rückzahlungen angewiesen?
- Geraten umweltpolitische Aspekte neben der Armutsbekämpfung in ein Nischendasein?
- Wird auf das umfassendere Ziel der Verringerung der Kluft zwischen reichen und armen Ländern verzichtet?
- Verengt sich der Blick auf Armut, statt sich auf umfassende wirtschaftliche Zusammenhänge zu erweitern?
- Steht und fällt der Ansatz nicht wiederum mit den lokalen Regierungen und setzt eine „good governance" voraus?

M 4 | UN-Millenniumsgipfel 2000

Im September 2000 versammelten sich im Rahmen der UN die Staats- und Regierungschefs der Mitgliedsländer, um auf der politisch höchsten Ebene die „Millenniums" (Jahrtausend)-Erklärung zu verabschieden.
Die Millenniums-Erklärung fixiert gemeinsame Grundwerte für die Regelung der internationalen Beziehungen. [...] Dabei bieten die acht Millenniums-Entwicklungsziele anspruchsvolle Vorgaben für die Entwicklungspolitik. Sie lauten:

- Halbierung der extremen Armut und des Hungers bis zum Jahr 2015,
- Verwirklichung der allgemeinen Primarschulbildung,
- Förderung der Gleichstellung der Geschlechter und der Stellung der Frau,
- Senkung der Kindersterblichkeit,
- Verbesserung der Gesundheit von Müttern,
- Bekämpfung von HIV/AIDS, Malaria und anderen Krankheiten,
- Sicherung der ökologischen Nachhaltigkeit,
- Aufbau einer weltweiten Entwicklungspartnerschaft.

Im Vergleich zu früheren Entwicklungsdekaden sind die Ziele umfassender, konkreter und mehrheitlich mit einem eindeutigen Zeithorizont (meist bis 2015) versehen. [...]
Die Millenniums-Entwicklungsziele sind als aufrüttelnde, fassbare Vorgaben gepriesen worden, stießen aber auch auf Kritik. [...]

(nach: www.bpb.de; 08.03.2007)

Aufgaben

1. Beurteilen Sie die Entschuldungsinitiative (M 3) aus der Sicht der Geberländer, der Weltbank und der betroffenen HIPCs.
2. Diskutieren Sie Pro und Contra der konzeptionellen Neuorientierung.
3. Worin könnte die Kritik an den Millenniums-Zielen (M 4) bestehen?
4. Informieren Sie sich über aktuelle politische Strategien zur Erreichung der Millenniums-Ziele (u. a. über den „Monterrey-Konsens über die Entwicklungsfinanzierung"). Beurteilen Sie. (Siehe auch Kap. VII/3., S. 473–476.)

➤ Entwicklung durch Beteiligung am Welthandel?

Die Strategie „aid by trade" ist nicht neu. Die Bedingungen der Globalisierung geben – zunächst theoretisch – jedem Land der Welt die Chance, von der Mobilität von Kapital und Produktion zu profitieren.

Die Entwicklung ist jedoch widersprüchlich. Wettbewerbsfähigkeit und Attraktivität für den Weltmarkt entscheiden über Erfolg oder Misserfolg eines Landes, eine neue Polarisierung zwischen Gewinnern und Verlierern findet statt.

Voraussetzung für die Chance der Teilhabe ist ein „marktwirtschaftliches Verhalten" sowohl seitens des Entwicklungslandes als auch seitens der großen Akteure des Weltmarkts, die häufig die Offenheit der neuen Märkte fordern und gleichzeitig protektionistische Maßnahmen zum Schutz der eigenen Wirtschaftssysteme praktizieren.

Die Standortflexibilität gerade im Dienstleistungsbereich gibt Unternehmen die Chance, von Sozialdumping und fehlenden Umweltstandards zu profitieren; damit wirkt die Globalisierung auf die Lage in den bisher bevorzugten reichen Industriestaaten zurück.

OECD und Weltbank deklarieren zumindest gewünschte Verhaltensweisen einerseits für die multinationalen Konzerne, andererseits für die Regierungen in den Entwicklungsländern. Es ist weithin Konsens, dass „good governance" (Rechtssicherheit, Abbau von Korruption, Schaffung von Transparenz, Zulassen wirtschaftlicher Konkurrenz, Bildung, Gleichstellung der Frau) im Entwicklungsland dessen Chancen auf erfolgreiche Integration in den Weltmarkt fördert, eine rein wirtschaftliche Öffnung des Landes dagegen nicht die erforderliche Stabilität bringt.

Probleme aufgrund von Ordnungsdefiziten zeigen sich auch im Zusammenhang der global freien privaten Kapitalströme. Einerseits wird der Zufluss in Form von Direktinvestitionen in Entwicklungsländern gewünscht, andererseits sind Erwerb und Verkauf von Aktien und Anleihen (Portfolioinvestitionen) durch ausländische Kapitalbesitzer riskant. Kapitalzu- und -abflüsse sind oft von kurzfristigen Interessen geleitet und nicht national steuerbar. Sie wirken vielfach prozyklisch: Eine nationale Zinserhöhung in Zeiten des Booms verstärkt den Kapitalzufluss noch; eine Zinssenkung lässt Kapital abfließen, das in einer Flaute gerade gebraucht würde. Benötigt würde eine Verstetigung der Kapitalströme, um eine stabile Kalkulation im Land zu ermöglichen. IWF und Weltbank haben bisher keine regionale Krise verhindert. Globalisierungskritiker fordern als Abgabe auf Spekulationsgewinne die sogenannte Tobinsteuer weltweit durchzusetzen.

M 5 | Welthandelsströme

➔ Kap. IV, S. 247

M 6 | Regionale Disparitäten

Entwicklungs- und Schwellenländer

Die wirtschaftliche Entwicklung in den Entwicklungs- und Schwellenländern erholt sich allmählich von den Krisen der Jahre 1997 bis 1999. Für die Jahre 2000 und 2001 ist mit einem durchschnittlichen realen Wirtschaftswachstum von knapp sechs Prozent zu rechnen [...]. Dieser Durchschnittswert basiert aber auf sehr unterschiedlichen Entwicklungen in den einzelnen Regionen der Weltwirtschaft.

Afrika war in den 1990er-Jahren einmal mehr der Kontinent mit dem langsamsten Wirtschaftswachstum. Bedrückend ist vor allem das geringe Wachstum der Wirtschaftsleistung pro Kopf.

Angesichts der erschütternden Auswirkungen von Aids erscheinen die verhalten optimistischen Prognosen des IWF übertrieben zuversichtlich. Gerade die dynamischste Bevölkerungsgruppe der unter 40-Jährigen ist in besonderem Maße von Aids betroffen. In Botsuana ist jeder Dritte der sexuell aktiven Bevölkerung infiziert, in Südafrika jeder fünfte Erwachsene. 70 % der weltweit 34 Millionen HIV-Infizierten leben in Afrika, nahezu alle der weltweit elf Millionen Aids-Waisen finden sich südlich der Sahara. Neben der Belastung durch Aids und andere Krankheiten sind insbesondere die Länder südlich der Sahara immer mehr von Staatszerfall betroffen. Staaten wie Kongo, Angola, Sierra Leone oder Liberia existieren nur noch auf dem Papier. Auch in der Vergangenheit stabile Länder wie Kenia und Tansania sind in Staatskrisen geraten. Die Hoffnungen beispielsweise des südafrikanischen Präsidenten Mbeki, es werde zu einer Renaissance Afrikas kommen, haben sich bislang nicht bestätigt. Eine verbesserte Weltmarktintegration Afrikas erscheint inzwischen mittelfristig aussichtslos. Wahrscheinlicher ist die weitere Marginalisierung [...].

(Globale Trends 2002, a. a. O., S. 230 f.)

Aufgaben

1. Beschreiben und bewerten Sie die Struktur des Welthandels (M 5).
2. Zu M 6: Recherchieren Sie die aktuelle wirtschaftliche Entwicklung in ausgewählten Regionen der Erde (Industrieländer, Lateinamerika, Afrika, Asien, Transformationsländer). Vergleichen Sie unter dem Aspekt ‚Globalisierungsgewinner – Globalisierungsverlierer'.

Stichwort: Protektionismus

Die vorherrschenden Mittel, die eigene Wirtschaft vom internationalen Wettbewerb abzukoppeln, sind:
① Tarifäre Handelshemmnisse:
- Importzölle (‚Abschöpfungen' im EU-Code)
- Exportsubventionen (‚Erstattungen')

② Nichttarifäre Handelshemmnisse:
- Mengenbeschränkungen (Kontingente)
- Qualitätsvorschriften (Normen, Gütesiegel, Veterinäratteste ...)
- Struktursubventionen für ganze Branchen oder Regionen

M 7 | „Zucker für die Welt"

Der Begriff Marktordnung klingt eigentlich ganz gut: so freundlich, so verlässlich, so vertrauenerweckend, fast wie Marktwirtschaft. Aber in der EU-Agrarpolitik ist er blanke Schönfärberei. Hier bedeutet Marktordnung staatliche Regulierung, Preissetzung, Beschränkung des Wettbewerbs. Ein besonders rigoroser staatlicher Eingriff in den Wettbewerb ist die europäische Zuckermarktordnung. Sie sichert Bauern und Zuckerfabriken ein Preisniveau, das weit über dem liegt, was am Weltmarkt für Zucker zu zahlen ist. Wenn der Staat Preise garantiert und sie durch hohe Importzölle vor Konkurrenz schützt, ist Überschussproduktion die Folge. Um sie halbwegs zu zügeln, ist die Produktion von Zuckerrüben und Zucker schon seit 1968 durch Quotenvergabe begrenzt. Trotzdem überschreitet die EU-Produktion den Eigenverbrauch um 40 Prozent. Den Überschuss lädt die EU heruntersubventioniert auf dem Weltmarkt ab und verdirbt dort den armen Ländern den Absatz ihres Rohrzuckers zusätzlich. Alle Versuche zur Abkehr hat die starke Zucker-Lobby bisher abzuwehren gewusst. Zucker sei überall auch ein politisches Produkt, macht sie geltend. Reguliert werde daher ebenfalls überall, folglich sei der Weltmarkt kein Maßstab. Sie will nicht wahrhaben, dass gerade sie entscheidend dazu beigetragen hat. [...]

(Klaus Peter Krause, in: Frankfurter Allgemeine Zeitung v. 12.12.2000)

M 8a | CDU warnt vor Stellenabbau durch neue EU-Zuckerverordnung (25.10.2004)

Der landwirtschaftspolitische Sprecher der CDU-Fraktion im Landtag, Bernhard Daldrup, warnt vor unabsehbaren Konsequenzen durch die geplante Liberalisierung der EU-Zuckermarktverordnung.
Einige hundert Arbeitsplätze in Landwirtschaft und bei Zuckerfabriken seien gefährdet, erklärte Daldrup am Sonntag in Magdeburg. [...]
Die EU plant eine weitreichende Liberalisierung der bestehenden Zuckermarktordnung. Bisher ist der europäische Markt weitgehend gegen Importe vor allem von billigerem Rohrzucker abgeschottet, der Rohpreis liegt dadurch in Europa etwa drei Mal so hoch wie auf dem Weltmarkt. [...]

(http://www.anhaltweb.de/article-1845.html; 19.10.2006)

M 8b | Südzucker chancenreich (Wirtschaftswoche, 12.06.2006)

Die Experten der „Wirtschaftswoche" halten die Aktie von Südzucker [...] für ein chancenreiches Investment.
Durch die EU-Zuckerverordnung solle der Garantiepreis für Zucker von Juli 2006 bis Herbst 2009 schrittweise um 36 % reduziert werden. Dies werde zwar den Südzucker-Konzern belasten, jedoch nicht so sehr wie ursprünglich angenommen. [...]
Der Konzern habe in den letzten Jahren massiv in seine Spezialitätensparte [...] investiert. Mittlerweile generiere dieser Bereich ein Drittel des Konzernumsatzes. Dies habe die Bilanz aber nur kurzfristig belastet.

(http://www.finanznachrichten.de/p.asp?id=6554876; 19.10.2006)

Aufgaben

1. Welche protektionistischen Maßnahmen werden im vorliegenden Fall angewendet (M 7)?
2. Recherchieren Sie, welche Interessen in der EU hinter der Zucker-Reglementierung stehen.
3. Dokumentieren Sie weitere Beispiele für Protektionismus (z. B. USA/Autohandel) und stellen Sie die Folgen für den Weltmarkt dar.
4. Informieren Sie sich über die EU-Zuckerverordnung. Beurteilen Sie deren Wirkungen.

Ungelöst scheint die Frage, wie man Entwicklungschancen für die LDCs (Least Developed Countries) ermöglicht. Deren einziger Vorteil, das unschlagbar niedrige Lohnniveau, gleicht Defizite in Ausbildung, Infrastruktur und Kaufkraft nicht aus. In der Rolle von Rohstofflieferanten und Zulieferern einfacher Konsumgüter sind sie ersetzbar und von der ungünstigen Entwicklung der Terms of Trade abhängig. Der Schuldendienst frisst in manchen Staaten die Exporterlöse auf. Der Aufbau einer „weltmarkttauglichen" wettbewerbsfähigen Wirtschaft liegt für diese Länder in weiter Ferne.

Handlungsansätze mit dem Ziel einer Hilfe zur Selbsthilfe bieten Initiativen, die in Form von Absatzhilfen den Marktzugang für einzelne Produktgruppen stützen. Die Initiativen setzen auf Bewusstseinsbildung und Konsumentensouveränität.

M 9 | Hilfe zur Selbsthilfe

TransFair handelt als unabhängige Siegelinitiative nicht selbst mit Waren, sondern vergibt sein Siegel für fair gehandelte Produkte. Der TransFair e. V. wird von 37 Organisationen wie Brot für die Welt, Misereor, Unicef und der Verbraucher-Initiative getragen. Dem ersten Produkt Kaffee mit dem TransFair-Siegel folgten Tee, Süßigkeiten, Kakao, Honig, Bananen und Orangensaft. Nach TransFair-Kriterien erhalten die zertifizierten Produzentengruppen aus afrikanischen und lateinamerikanischen Ländern für fair gehandelten Kakao einen Mindestpreis von US $ 1.750,– pro Tonne. Dieser Preis enthält einen Aufschlag von US $ 150,– für soziale und ökologische Investitionen. Der Mindestpreis ist fällig, wenn der Weltmarktpreis unter oder bei US $ 1.600,– pro Tonne liegt. Steigt der Weltmarktpreis über US $ 1.600,– pro Tonne, werden immer US $ 150,– pro Tonne mehr als der jeweils aktuelle Weltmarktpreis bezahlt. Für Kakao aus kontrolliert biologischem Anbau wird generell ein zusätzlicher Aufschlag von US $ 200,– pro Tonne gezahlt.

Die gepa feierte vor zwei Jahren ihr 25-jähriges Jubiläum und erzielte im Geschäftsjahr 2000/2001 einen Umsatz von ca. 31 Mio. Euro. Die gepa handelt mit Genossenschaften und Vermarktungsorganisationen aus Lateinamerika, Afrika und Asien zu fairen Preisen, berät bei Produktentwicklungen und strebt langfristige Lieferverträge an.

Einen deutlichen Zuwachs beim Umsatz fair gehandelter Süßigkeiten konnte die Siegelorganisation TransFair auf der Internationalen Süßwarenmesse in Köln vermelden. Im Jahr 2001 wurden in diesem Marktsegment 8,5 Millionen Euro umgesetzt. Der Zuwachs gegenüber dem Vorjahr lag bei rund einer Million Euro, was einer Zunahme um 13 % entspricht.

Seit zwei Jahren sinken die Kaffeepreise kontinuierlich. Da die Marktpreise die Produktionskosten nicht decken, verlassen viele Bauern die Anbaugebiete. Der Faire Handel setzt sich für kontinuierliche Handelsbeziehungen mit Partnern in Lateinamerika, Afrika und Asien ein. „Ohne den Fairen Handel würden wir keinen Kaffee mehr anbauen", betont Jorge Barralga von CARCUCHIL, einer TransFair-Partnerorganisation aus Honduras. „Mit dem garantierten Mindestpreis können wir unsere Lage selbst in die Hand nehmen und verbessern. Nur so können wir Produkte von hoher Qualität herstellen." Durch direkte Handelsbeziehungen und den höheren Erlös werden viele benachteiligte Produzentengruppen in Afrika, Asien und Lateinamerika in die Lage versetzt, ihre Lebens- und Arbeitsbedingungen zu verbessern, die Umwelt zu schonen und gleichzeitig die Qualität ihrer Produkte zu erhöhen. Das schafft ebenfalls im herkömmlichen Welthandel eine bessere Ausgangsposition, gibt der ländlichen Entwicklung wichtige Impulse und kann so dem explosionsartigen Anwachsen der Slums in den großen Städten entgegenwirken.

(Transfair internetseite Bioverlag, 3.6.2002)

Aufgaben

1. Erläutern Sie Konzept und Wirkungsweise von TransFair (M 9).
2. Recherchieren Sie ähnliche Initiativen wie gepa, Rugmark, PaimPool etc.
3. Stellen Sie an Ihrem Wohnort fest, wo man die entsprechenden Waren kaufen kann. Gibt es dort einen Zusammenhang zu den Trägern der lokalen Agenda 21 (s. S. 574 ff.)?
4. Untersuchen Sie den Einfluss von Konsumenten auf Großkonzerne hinsichtlich deren Produktionsbedingungen in Entwicklungsländern an einem Beispiel.

3.2 Rio 1992 – ein Wendepunkt im globalen Verteilungskonflikt?

Eine gemeinsame Umweltpolitik aller Staaten ist ein mühsamer Prozess mit bescheidenen Ergebnissen. Die erste Umweltkonferenz im Rahmen der Vereinten Nationen, die 1972 in Stockholm stattfand, traf keine völkerrechtlich verbindlichen Entscheidungen, zeigte aber auf, dass ein Bedarf grenzüberschreitender Standards und Regelungen bestand.

Der Bericht der Brundtland-Kommission für die Vereinten Nationen „Unsere gemeinsame Zukunft" machte 1987 erstmals den Zusammenhang von Unterentwicklung und Umweltzerstörung bewusst: Die Kombination von Gewalt, Armut und Umweltzerstörung gefährde die Nachhaltigkeit, belaste also die kommenden Generationen mit irreparablen Schäden.

Der Bericht stieß 1992 den Earth Summit an, die UNO-Konferenz für Umwelt und Entwicklung (UNCED, United Nations Conference on Environment and Development) in Rio de Janeiro als bis dahin größte Konferenz in der Geschichte.

In den 1980er-Jahren gerieten Umweltthemen zunehmend ins Bewusstsein der Bürger, nicht zuletzt da man sich auch in Industriestaaten von lokal und national unbegrenzten Umweltkatastrophen bedroht fühlte (Tschernobyl, Ozonloch, Treibhauseffekt). Dabei bestand – und besteht – gerade aufgrund der internationalen Dimensionen das Problem, Verursacher zu identifizieren und Abhilfe zu organisieren.

Bürgerbewegungen entstanden, die das Thema mit neuen Politikformen verbanden: Bürgerinitiativen richteten sich vor Ort gegen lokale Umweltzerstörung, außerparlamentarischer Widerstand formierte sich gegen Atomenergie, alternative Lebensweise praktizierte die Abkehr von der umweltzerstörenden Konsumgesellschaft.

Heute wird das Umweltthema in allen Parteiprogrammen abgedeckt, politische Lösungen werden seit Jahren versucht: Entschwefelung von Kraftwerken, Katalysator für Autoabgase, Müllsortierung mit dem Grünen Punkt.

Zu den teilweise oder gar nicht gelösten bekannten Problemen kommen neue, die in ihren Auswirkungen noch nicht einschätzbar sind, z. B. das Thema Elektrosmog.

Aktive Umweltschützer sind es gewöhnt, lokal, global und langfristig zu denken. Bei der Masse der Bevölkerung endet das Problembewusstsein allerdings häufig dort, wo es mit kurzfristigen Interessen kollidiert.

Wie hat sich der Rio-Gipfel langfristig ausgewirkt? Wurde er zum Wendepunkt oder ist der damalige Tatendrang erloschen?

M 10 | Mentale Sackgasse

M 11 |

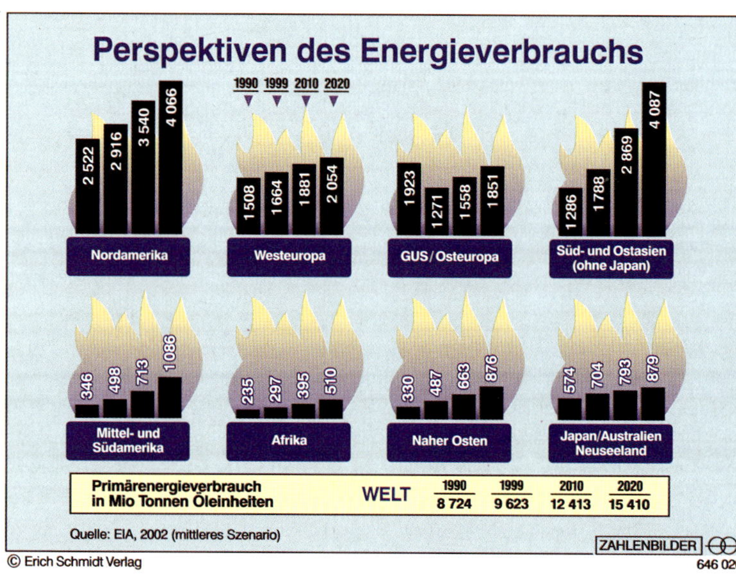

M 12a |

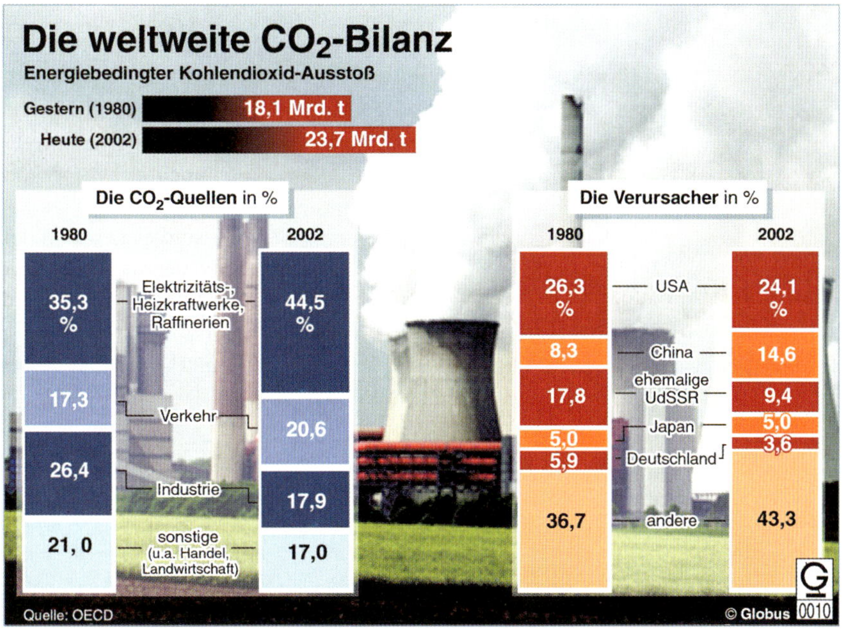

M 12b |

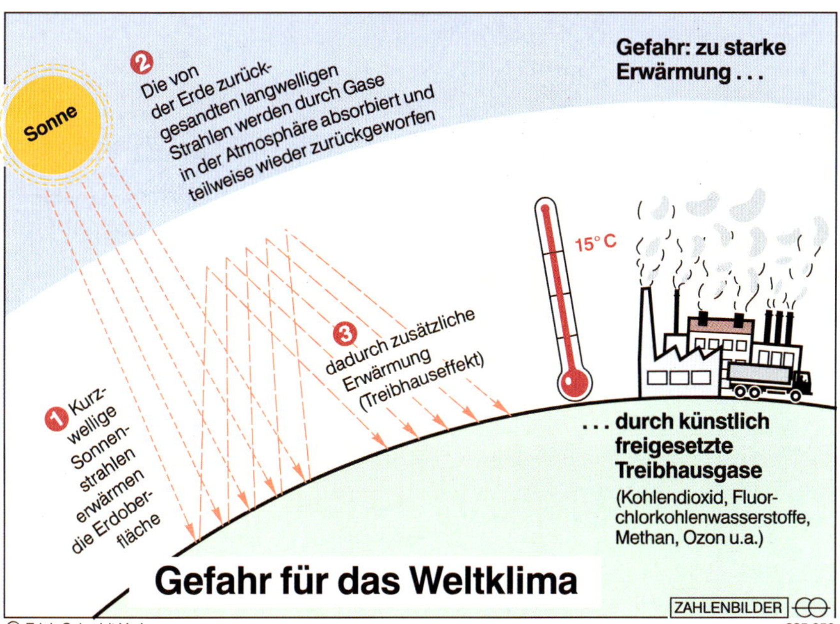

M 13 | Die Ergebnisse von Rio '92

Die Klimaschutz-Konvention

Darin verpflichten sich die [...] Unterzeichnerstaaten, das „Klimasystem zum Wohle heutiger und künftiger Generationen der Menschheit zu schützen". Jeder Staat muss regelmäßig veröffentlichen, wie viel er an Treibhausgasen in die Atmosphäre bläst, und Programme starten, die diesen Ausstoß senken, sodass der Anteil des Kohlendioxids in der Atmosphäre sich auf einem Niveau stabilisiert, das eine gefährliche, vom Menschen verursachte Störung des Klimasystems verhindert. Die Industrieländer müssen den Ausstoß von CO_2 und anderen Treibhausgasen auf das Niveau von 1990 zurückbringen. Das bedeutet: Der CO_2-Ausstoß muss sich in den Industrieländern erheblich senken. Allerdings wurde hierfür kein verbindlicher Termin festgesetzt.

Die Vertragsstaaten werden in jährlichen Folgekonferenzen die Einhaltung der Verpflichtungen überprüfen und über notwendige Veränderungen beraten und ent-

scheiden. Die erste dieser Vertragsstaatenkonferenzen hat im März/April 1995 in Berlin stattgefunden.
Die Bundesregierung strebt an, die CO_2-Emissionen bis zum Jahr 2005 um 25 bis 30 % (bezogen auf das Jahr 1987) zu senken.

Die Artenschutz-Konvention
Sie regelt „den Erhalt der Artenvielfalt, den nachhaltigen Gebrauch ihrer Bestandteile und das faire und gleichberechtigte Teilen der Erträge, die aus der Verwendung der genetischen Ressourcen erwachsen". Die Länder verpflichten sich, bedrohte Tiere und Pflanzen in ihren angestammten Lebensräumen zu erhalten. Die gefährdeten Arten und Biotope und die Ursachen ihrer Gefährdung sollen identifiziert und überwacht werden.
Die Entwicklungsländer sollen bei der Erfüllung ihrer Verpflichtungen von den Industrieländern finanziell unterstützt werden. Die erste Vertragsstaatenkonferenz fand im Dezember 1994 auf den Bahamas statt, die zweite im November 1995 in Djakarta. Die USA haben die Konvention nicht unterzeichnet.

Walderklärung
Eine rechtlich verbindliche Konvention zum Schutz der Tropenwälder konnte bisher nicht erreicht werden. Die Entwicklungsländer betonen ihr souveränes Recht auf Nutzung der auf ihrem Territorium stehenden Wälder, während die Industrieländer die Erhaltung und Wiederherstellung der ursprünglichen Regenwälder als eine Aufgabe der Weltgemeinschaft ansehen. In Rio wurde als Kompromiss eine unverbindliche Walderklärung verabschiedet, die Grundsätze zur Waldbewirtschaftung und Walderhaltung festlegt.

Deklaration von Rio
In der rechtlich unverbindlichen Deklaration sind 27 Grundsätze [...] festgelegt worden, die im Bereich Umwelt und Entwicklung künftig das Verhalten der Staaten untereinander und von Staaten zu ihren Bürgern bestimmen sollen. Sie betont das Recht auf Entwicklung unter Beachtung des Umweltschutzes, fordert Armutsbekämpfung und eine angemessene Bevölkerungspolitik, stellt fest, dass die Industrieländer als wesentliche Verursacher der bisherigen globalen Umweltschäden eine besondere Verantwortung haben. Sie weist auf die Pflicht der Staaten hin, über Vorhaben mit möglicherweise grenzüberschreitenden Umweltauswirkungen vorab und in Notfallsituationen sofort zu informieren.

Agenda 21
Die Agenda 21 (der Name verweist auf das [...] 21. Jahrhundert) gibt allen Staaten detaillierte, aber nur politisch (also nicht rechtlich) verbindliche Handlungsanweisungen für alle wesentlichen Bereiche der Umwelt- und Entwicklungspolitik: Armutsbekämpfung, Bevölkerungspolitik, Gesundheitsschutz, Siedlungspolitik, Klimaschutz, Waldschutz, Bekämpfung der Wüstenbildung, ländliche Entwicklung, Schutz der Meere, der Wasserreserven, Umgang mit gefährlichen Abfällen.
Die Agenda 21 stellt fest, dass die Kosten für die Maßnahmen grundsätzlich von den jeweiligen Ländern selbst aufzubringen sind, dass aber die Industrieländer den Entwicklungsländern dabei helfen müssen.

(Claus D. Grupp, Welt im Wandel, Köln [5]1996, S. 57)

M 14 | Stationen zur globalen Umweltpolitik

1972: D. Meadows u. a.: ‚Die Grenzen des Wachstums' – Bericht des Club of Rome
1972: UNO-Umweltkonferenz in Stockholm
1973/79: Ölpreiskrisen
1980: ‚Global 2000' – Bericht an den amerikanischen Präsidenten
1985: Ozonloch über der Antarktis entdeckt
1987: Montreal-Protokoll zum Schutz der Ozonschicht
1988: Zwischenbericht der Enquête-Kommission des Deutschen Bundestages ‚Vorsorge zum Schutz der Erdatmosphäre'
1989: E. U. v. Weizsäcker: ‚Erdpolitik'
1991: Verhandlungen über eine ‚Klimarahmenkonvention'
1992: Rio-Konferenz
seit 1992: Rahmenübereinkommen der UN zum Schutz des Weltklimas (New York 1992, Kyoto 1997)
2002: Rio + 10 in Johannesburg
2005: Protokoll von Kyoto zur Reduktion von Treibhausgasemissionen tritt nach Ratifikation durch 55 Staaten in Kraft (USA haben nicht unterzeichnet).

M 15 | Agenda 21

Die Agenda 21 wandte sich mit Handlungsvorschlägen an die globale, nationale und lokale Ebene.

Globale Ebene
1992 wird die Kommission für nachhaltige Entwicklung gegründet (CSD), deren zentrale Aufgabe es ist, die Umsetzung der Rio-Ergebnisse zu koordinieren und weitere Vorschläge zu machen. Nationale Aktionspläne zur Umsetzung sollen an die CSD weitergeleitet werden.
Die Globale Umweltfaszilität (GEF) wird eingerichtet als multilaterales Finanzierungsprogramm der Industrieländer insbesondere für Projekte in Entwicklungsländern, welche die globalen Umweltkonventionen umsetzen. Verwaltet wird die GEF von dem Entwicklungsprogramm der Vereinten Nationen (UNDP) und dem Umweltprogramm (UNEP). Der Umfang betrug 1994–1997 zwei Mrd. Dollar. Die UNEP besteht bereits seit 1972 und soll Umweltschutzprobleme identifizieren und Problemlösungen vorschlagen. Die UNEP hat den Status eines Programms, angestrebt wird die Weiterentwicklung als Organisation.

Nationale Ebene

1995 erschien die Studie „Zukunftsfähiges Deutschland" des Wuppertaler Instituts für Klima, Umwelt und Energie, die große Beachtung fand.

Erst Anfang 2001 wurde durch die Bundesregierung ein Nachhaltigkeitsrat eingerichtet, seit Ende des Jahres 2001 liegt der Entwurf einer nationalen Nachhaltigkeitsstrategie vor, der beim Rio+10-Treffen präsentiert werden soll. Kritisiert wird der Bezug vieler Umweltziele auf das Wirtschaftswachstum. Fraglich ist die Erreichung der Ziele in absehbarer Zeit.

Lokale Ebene

Die Besonderheit des Rio-Prozesses liegt in dem Ziel der breiten Bürgerbeteiligung in den einzelnen Ländern. Offiziell wird den Nichtregierungsorganisationen eine tragende Rolle beigemessen. Kommunen, Verbände, Bürgerforen und Zukunftswerkstätten beschäftigen sich vielerorts parteiübergreifend mit den Bereichen Verkehr, Energie, Landwirtschaft und Abfallwirtschaft.

(Eva-Maria Hartmann, in: forum unesco-projekt-schulen, 1/2002, S. 4 ff.)

M 16 |

Der Fortschritt in Richtung auf die Ziele von Rio ist langsamer als vorgesehen. In einigen Bereichen sind die Bedingungen schlechter geworden.

(Kofi Annan, ehem. UN-Generalsekretär, 2002)

M 17 | Was wurde aus der Agenda 21? Bilanz der Halbherzigkeiten

Bevölkerung – Das Mehr wird weniger

Das Bevölkerungswachstum wird langsamer, ist aber nicht gestoppt: Im Jahr 2000 überschritt die Bevölkerungszahl die Schallgrenze von 6 Milliarden. Bis 2050 wird sie auf 9,3 Milliarden wachsen und sich dann bei etwa 11 Milliarden stabilisieren. [...] 1994 beschlossen die UN-Staaten auf der Konferenz für Weltbevölkerung in Kairo, jährlich 17 Milliarden Dollar für Bevölkerungspolitik auszugeben. Doch die Industrieländer kommen ihren Zahlungsverpflichtungen nur zu 40 Prozent nach.

Armut – Erfolg, nur nicht in Afrika

Seit Rio hat es einen prozentualen Erfolg gegeben: Der Anteil der Menschen in Entwicklungsländern, die unter einem US-Dollar verdienen (UN-Definition von Armut), ist von 29 auf 23 Prozent oder 1,2 Milliarden Menschen zurückgegangen. In Afrika leben allerdings 40 Prozent der städtischen Haushalte in „absoluter Armut" [...].

Hunger und Ernährung – So viele Über- wie Unterernährte

Das Ziel der UNO, die Zahl der Hungernden bis 2015 zu halbieren, rückt in weite Ferne. Etwa 815 Millionen Menschen weltweit sind unterernährt, davon 777 Millionen in den Entwicklungsländern. Global gab es 2000 zum ersten Mal genauso viele Menschen, die an Über- wie an Unterernährung litten: 1,1 Milliarden. Dabei ist die Produktion von Lebensmitteln seit Rio wegen besserer Bewässerung und Anbaumethoden schneller gestiegen als die Weltbevölkerung, die Preise sind gefallen und die Ernährungslage hat sich grundsätzlich verbessert.[...]

Politik – NGOs mischen stärker mit

Inzwischen gibt es über 500 Verträge zum Schutz der Umwelt, doch oft sind sie unverbindlich und nicht mit Sanktionen bewehrt. [...] In die große Politik mischen sich immer öfter die Bürger/innen ein. Inzwischen arbeiten 24 000 regierungsunabhängige Gruppen (NGOs) auf internationaler Ebene. Dennoch kritisiert die UNO, dass den Bürger/innen oftmals die nötigen Entscheidungsbefugnisse verweigert werden. [...]

Trinkwasser – Knappheit und Verschwendung

Der wachsende Bedarf der Landwirtschaft, der Industrie und der Megastädte verschärft die Knappheit von Trinkwasser. 1,1 Milliarden Menschen haben heute keinen Zugang zu sauberem Wasser [...]. Dennoch hat es seit Rio Fortschritte gegeben: Der Anteil der Weltbevölkerung, der mit Trink- und Abwasser versorgt ist, stieg von 55 (1990) auf 60 Prozent (2000). [...] In den nächsten 20 Jahren droht der Wasserverbrauch um 40 Prozent zu steigen und 2025 könnten zwei Drittel aller Menschen in Ländern mit mittlerer oder schwerer Wasserknappheit leben. [...]

Klima – Mehr CO_2 trotz Verträgen

Obwohl in Rio die Klimaerwärmung als eines der wichtigsten Themen benannt wurde, hat im letzten Jahrzehnt der weltweite Ausstoß von CO_2 um 9 Prozent zugenommen. [...] Das Kyoto-Protokoll von 1997 wurde 2001 stark verwässert, aber trotz Verweigerung der USA abschließend verhandelt. Damit haben sich die Industriestaaten zum ersten Mal völkerrechtlich verbindlich verpflichtet, ihren Ausstoß an Kohlendioxid zu senken. Doch diese Minderung wird möglicherweise nur 1,8 Prozent betragen, der Vertrag ist voller Schlupflöcher, etwa für Russland, und der größte Verschmutzer, die USA, sind nicht Teil des Abkommens.

Gesundheit – AIDS gefährdet Erfolge

[...] Zu einem massiven Problem hat sich die AIDS-Epidemie in Afrika entwickelt: Inzwischen sterben sechsmal so viel Menschen an AIDS wie vor zehn Jahren. Die Seuche habe die „junge Erwachsenengeneration in Afrika zerstört", schreibt die UNO, und sei die „am schnellsten wachsende Gesundheitsgefahr für die Entwicklung". [...]

Produktion und Konsum – Umsatz frisst Effizienz

Am Rohstoffhunger des Nordens hat sich seit Rio kaum etwas geändert: 15 Prozent der Weltbevölkerung sorgen dort für 56 Prozent des weltweiten Konsums. Dabei sind die Industrieländer [...] grundsätzlich auf dem richtigen Weg [zu einer nachhaltigen Wirtschaft]. Allerdings werden durch die Globalisierung dreckige Industrien verlagert und alle Ansätze einer ökoeffizienten Wirtschaftsweise durch das Wachstum der Wirtschaft aufgefressen: „Gewinne werden von der Zunahme des Verbrauchs zunichte gemacht", heißt es. [...]

Finanzen und Schulden – Weniger Geld für die Armen

Finanzhilfen für die Entwicklungsländer sind seit der Rio-Konferenz stark zurückgegangen: Flossen 1992 noch 58,3 Milliarden Dollar, waren es 2000 noch 53,1 Milliarden. [...] Trotz der Absichtserklärungen von Rio, die Schulden der Entwicklungsländer zu erleichtern, hat das Gegenteil stattgefunden: Die Schuldenlast von Entwicklungs- und Schwellenländern stieg seit Rio um 34 Prozent auf 2,5 Billionen Dollar im Jahr 2000.

Frauen – Chancen kaum verbessert

Die Lücke zwischen Jungen und Mädchen bei den Bildungschancen hat sich seit der Konferenz von Rio teilweise noch vergrößert. [...] Mädchen [sind] beim Schulbesuch benachteiligt, zwei Drittel der weltweiten Analphabeten sind Frauen. [...] In den USA stellen Frauen 5 Prozent des höheren Managements der 500 größten Konzerne (UNO 21 Prozent). [...]

Energie – Verbrauch steigt und steigt

Auch ein Jahrzehnt nach der Konferenz von Rio wächst der Energiehunger der Weltbevölkerung immer weiter. Von 1992 bis 1999 stieg der Weltverbrauch von Energie um 10 Prozent. Bis 2020 wird der Verbrauch jedes Jahr um weitere 2 Prozent zunehmen. [...] Erneuerbare Energien machen [...] auch bis 2020 nur 3 Prozent des Verbrauchs aus. Das heißt: verstärkter Ausstoß von Kohlendioxid und mehr Luftverschmutzung.

Bildung – Erfolge, aber weniger Geld

[...] Die Alphabetisierungskampagnen haben erreicht, dass inzwischen 85 Prozent der Männer und 74 Prozent der Frauen lesen und schreiben können. Dennoch ist Bildung nach Ansicht der UNO „chronisch unterfinanziert", ohne viel Aussicht auf Verbesserung der Lage.

Ozeane – Das Meer wird leer

Die Überfischung der Meere hat sich seit Rio nicht gebessert: 75 Prozent der globalen Fischbestände werden entweder voll ausgebeutet oder bereits überfischt und gefährden nicht nur den Erhalt der Arten, sondern auch die Ernährung der davon abhängigen Menschen. [...]

Wälder – Kahlschlag in Tropen, Zuwachs im Norden

[...] Knapp 15 Millionen Hektar Wald, eine Fläche knapp halb so groß wie Deutschland, wurden jährlich in den 1990er-Jahren vernichtet. In den Industrieländern dagegen wuchsen jedes Jahr 5 Millionen Hektar zusätzlicher Wald nach. 10 Prozent aller Wälder stehen inzwischen unter Schutz, aber dennoch gebe es „sehr wenig Fortschritt, die Entwaldung in den Entwicklungsländern zu stoppen", heißt es von der UNO.[...]

(Bernhard Pötter, in: taz, 28.01.2002)

Aufgaben

1. Stellen Sie die Karikatur (M 10) in den Zusammenhang der Rio-Konferenz.
2. Fassen Sie zusammen, in welchen Bereichen die Rio-Konferenz welche Forderungen stellte. Inwieweit konnten Industrie- und Entwicklungsländer ihre Interessen einbringen?
3. Überprüfen Sie anhand von M 13 – M 17, ob der Rio-Prozess Erfolge gebracht hat.
4. Stellen Sie in einem Dossier die Ergebnisse der Konferenz „Rio + 10" in Johannesburg 2002 zusammen.
5. Erkundigen Sie sich, ob es eine Gruppe „Lokale Agenda 21" an ihrem Schul- oder Wohnort gibt und ggf. wie und woran die Gruppe arbeitet.
6. Sehen Sie in der Rio-Konferenz Ansätze zur Ausbildung einer „Global Governance"?
7. Informieren Sie sich über Verlauf, Ergebnisse und Bewertungen der jeweils aktuellen jährlichen Klimakonferenz (zuletzt: Nairobi im September 2006): Fortschritte in der globalen Umweltpolitik?

4. Ausblick: Bestehende Hindernisse für eine „Global Governance"

M 1|

[Es gibt] drei wichtige Gründe dafür, dass ein schlichtes „weiter so" in den internationalen Beziehungen nicht ausreicht, um die Zukunftsaufgaben der Weltgesellschaft anzugehen:

Erstens: Hegemoniale Politik verhindert kooperative Weltordnung. *Global Governance* ist nur als kooperatives Projekt aussichtsreich, Dies setzt voraus, dass die handlungsmächtigsten Länder der Welt ihre traditionelle Interessenpolitik überdenken. Insbesondere in den USA gibt es einen einflussreichen außenpolitischen Flügel, der die Schwächung der multilateralen Organisationen betreibt und zur Lösung von Weltproblemen nur dann beizutragen gewillt ist, wenn dies zu amerikanischen Bedingungen geschieht. [...]

Auch die EU fördert mit ihrer antiquierten Landwirtschaftspolitik, die vielen Entwicklungsländern ökonomisch nachhaltig schadet, nicht gerade den Geist internationalen Kooperationsmanagements. Die Industrieländer müssen Kooperation in der Weltgemeinschaft einüben, weil sonst in einer zunehmenden Zahl von Problemfeldern Politikversagen droht. [...]

Zweitens: „Blinde Flecken der internationalen Politik": Internationales Krisenmanagement funktioniert bisher vor allem dann, wenn die Interessen wichtiger *Globalplayers* unmittelbar bedroht sind. Die Stabilisierung der asiatischen Ökonomien ist für das Weltwirtschaftsgefüge und die internationalen Banken von großer Bedeutung: Hier wurde rasch gehandelt und sehr viel Geld mobilisiert, um eine Ausbreitung der Krise zu verhindern. Andere drängende Zukunftsprobleme ganzer Weltregionen werden hingegen mit deutlich weniger Nachdruck angegangen: Die Verhandlungen über die Entschuldung der ärmsten Entwicklungsländer, in denen es um vergleichsweise geringe finanzielle Volumina geht, dauerte über fünfzehn Jahre, bevor auf dem G 8-Gipfel in Köln eine erste spürbare Entschuldung eingeleitet wurde. Die Mittel der Geberländer für die Bekämpfung weltweiter Armut sinken tendenziell. Die Logik dieser Entwicklung: Afrika ist für die Industrieländer unwichtig – solange von ihm keine unmittelbaren Krisen ausgehen. [...]

Drittens: „Krisenmanagement" und „Ad hocismus" müssen durch *„Global Policy"* abgelöst werden: Bisher findet auf internationaler Ebene vor allem „Krisenmanagement" statt [...]. Präventive und institutionalisierte Problemlösungen, also die langfristig orientierte Gestaltung von Entwicklungsprozessen, sind die Ausnahme. Globale Probleme sind jedoch keine „Ausnahmefälle", „Unfälle" oder „temporäre Erscheinungen" mehr, sondern in einer globalisierten Welt der Normalzustand. [...]

(Dirk Messner, Globalisierung – Global Governance und Perspektiven der Entwicklungszusammenarbeit; in: Franz Nuscheler (Hg.), Entwicklung und Frieden im Zeichen der Globalisierung, Bonn 2000, S. 99 f.)

M 2|Perspektiven nach dem 11. September

Am 11. September 2001 zerstörte die islamische Terrororganisation Al-Qaida mit gekaperten Flugzeugen die Doppeltürme des *World Trade Center* in New York [...]. Mit diesem Anschlag erreichte der internationale Terrorismus eine neue Qualität und provozierte massive Reaktionen. Die führende Weltmacht USA fühlte sich erstmals im eigenen Land bedroht. Sie baute daraufhin nicht nur ihren Sicherheitsapparat im Inneren aus, sondern reagierte auch militärisch. [...] Seit dem 11. September 2001 bestimmt wieder die mit dem Staat traditionell eng verknüpfte Kernaufgabe, Sicherheit für die Bürgerinnen und Bürger nach innen wie außen zu gewährleisten, die internationale Politik.

Dabei hat sich gezeigt, dass einseitige Aktionen kleiner Führungsgruppen von Staaten kaum dauerhafte Erfolgschancen haben, selbst wenn die Weltmacht USA sie ausführt. Für eine wachsende Zahl sich verschärfender globaler Probleme – Verbreitung von Terrorismus und Massenvernichtungsmitteln, Gefährdung des Ökosystems Erde, Ausbreitung von neuen und alten Epidemien wie Aids und Malaria – sind wirksame Lösungen nur durch umfassende, enge internationale Zusammenarbeit denkbar. Dabei ist die Mitarbeit der Entwicklungsländer unerlässlich. [...]

(Uwe Andersen, in: Informationen zur politischen Bildung 286, Entwicklung und Entwicklungspolitik, S. 6 f.)

Aufgabe

Diskutieren Sie vor dem Hintergrund von M 1 und M 2 die in Teilkapitel 3 vorgestellten Problemkomplexe unter der Perspektive „Herausbildung einer globalen politischen Handlungsfähigkeit (?)".

Weitere Informationen zum Thema finden Sie im Internet:

www.bmz.de	Bundesministerium für wirtschaftliche Zusammenarbeit und Entwicklung (BMZ)
www.lzu.de	Landeszentrale für Umweltaufklärung (im Ministerium für Umwelt und Forsten Rheinland-Pfalz)
www.elan-rlp.de	Entwicklungspolitisches Landesnetzwerk Rheinland-Pfalz
www.oecd.org	Organisation für wirtschaftliche Entwicklung und Zusammenarbeit
www.undp.org	Vereinte Nationen, Entwicklungsprogramm (United Nations Development Programme)
www.fao.org	Welternährungsprogramm
www.worldbank.org	Weltbank
www.venro.de	Verband Entwicklungspolitik deutscher Nichtregierungsorganisationen e. V.
www.transfair.org	Fairer Handel
www.weltlaeden.org	
www.misereor.de	Misereor
www.ekd.de/agked/welcome.html	Arbeitsgemeinschaft kirchlicher Entwicklungsdienst der EKD
www.attac-netzwerk.de	Netzwerke Globalisierungskritiker
www.weedbonn.org	
www.epo.de	Entwicklungspolitik online

Glossar

Abschreckungspolitik. Politisches bzw. militärstrategisches Konzept der USA bzw. NATO während des Kalten Krieges. Rückgrat der *A.* sind atomare Vergeltungswaffen, die gegen einen gegnerischen Erstschlag geschützt sind („Zweitschlagkapazität").

Abschreibung. Gesetzlich normierte Beträge in Höhe eines Prozentsatzes der Anschaffungs-/Herstellungskosten eines Wirtschaftsgutes, die zum Ausgleich für die Abnutzung dieses Gutes steuermindernd geltend gemacht werden.

acquis communautaire. („gemeinschaftlicher Besitzstand"). Bezeichnung für die Summe aller Verträge, Verordnungen und sonstiger gemeinsamer Regelungen der Europäischen Union, die gemäß den 1993 vom Europäischen Rat formulierten Kriterien von den Beitrittskandidaten unverändert zu übernehmen sind.

Aktiengesellschaft (AG). Form der → *Kapitalgesellschaft.* Das Gesellschaftskapital einer AG ist in Aktien eingeteilt. Die Gesellschafter sind am durch die Aktien repräsentierten Grundkapital der AG beteiligt. Sie haften nicht persönlich für die Verbindlichkeiten der Gesellschaft.

Al-Qaida. (auch: el-Kaida). Islamistisches Terrornetzwerk ohne feste Organisation, gegründet um 1989 von dem saudischen Millionär Osama bin Laden, der unter anderem als Hauptdrahtzieher für das Attentat auf das World Trade Center in New York am 11. September 2001 gilt. Die Ursprünge des Netzwerkes liegen im Krieg gegen die sowjetische Besatzung in Afghanistan (1979–89).

Ancien Régime. (frz. „alte Regierungsform"). Im engeren Sinne Bezeichnung für das Herrschafts- und Gesellschaftssystem in Frankreich vor der Revolution 1789; im weiteren Sinne eine Bezeichnung für eine nicht mehr zeitgemäße Regierungsform.

Annuitätsprinzip. Aus der römischen Antike stammendes Prinzip der Begrenzung von Herrschaft auf Zeit (in der römischen Republik auf ein Jahr). Im Wirtschaftsrecht jährlich wiederkehrende Verpflichtung (Annuität).

Anomie. Zusammenbruch der sozialen bzw. kulturellen Ordnung; Zustand fehlender oder mangelhafter Ordnung.

antagonistisch. Gegensätzlich, in einem Widerspruch zueinander stehend.

Anthropologie, anthropologisch. Lehre vom Menschen, sich auf die Lehre vom Menschen beziehend.

antizyklische Globalsteuerung. Gesamtheit der konjunkturpolitischen Maßnahmen des Staates, die darauf abzielen, den zyklischen Schwankungen der Wirtschaft entgegenzusteuern, indem z. B. die eigenen Ausgaben vermindert (während des Aufschwungs) bzw. erhöht (während des Abschwungs) werden.

Appeasement. Friedensorientierte, nachgiebige bzw. beschwichtigende Politik.

apriorisch. (lat. „vom Früheren her"). Im philosophischen Sprachgebrauch bedeutet *a.* unabhängig von der Erfahrung, rein aus Vernunftgründen erschlossen.

Äquivalenzeinkommen. Das *Ä.* dient zur Berechnung von Einkommensverteilung, Einkommensungleichheit und Armut in einer Gesellschaft. Da die Einkommen von Personen, die in unterschiedlich großen Haushalten leben, grundsätzlich nicht miteinander vergleichbar sind, erfolgt bei der Berechnung des *Ä.* eine Gewichtung nach Haushaltsgröße und Zusammensetzung.

Arbeit. Jede planmäßige Tätigkeit eines Menschen, die auf ein wirtschaftliches Ziel gerichtet ist. Im volkswirtschaftlichen Sinne gilt *A.* neben → *Boden* und → *Kapital* als einer der drei → *Produktionsfaktoren.*

Arbeitslosengeld II. Beim *A.* handelt es sich um eine Grundsicherungsleistung auf Basis des → *Existenzminimums* für erwerbsfähige Hilfsbedürftige. Ab dem 01.01.2005 wurde die Arbeitslosenhilfe mit der Sozialhilfe zusammengelegt. Damit ist die alte Unterscheidung zwischen erwerbsfähigen Sozialhilfempfängern und Arbeitslosen entfallen.

Armut. Mangel an Gütern, begrifflich unterschieden werden meist die sog. *absolute Armut* (Durchschnittsverdienst weniger als ein US-Dollar pro Tag) und die *relative Armut* (weniger als 50 % des mittleren Einkommens des jeweiligen Landes).

aufgeklärter Absolutismus. Eine durch die Aufklärung modifizierte absolutistische Regierungsform. Der Monarch verkörpert die unumschränkte Herrschaftsgewalt, fühlt sich allerdings als „erster Diener des Staates" der alles beherrschenden Vernunft verpflichtet.

Außerparlamentarische Opposition (APO). Die APO ging aus Studentenprotesten gegen unzureichende Studienbedingungen und erstarrte Strukturen an den Universitäten hervor. Seit der ersten Großen Koalition (1966–69) griff sie bis Anfang der 1970er-Jahre als oppositionelle politische Bewegung weit über die Universitäten hinaus. Beeinflusst wurde sie insbesondere von der → *Kritischen Theorie.*

Bellizismus. Gegenbegriff zu → *Pazifismus;* politische Orientierung, die kriegerische Mittel zur Durchsetzung politischer Ziele befürwortet bzw. nicht ausschließt.

betriebliche Altersvorsorge. Von Arbeitgeber und Arbeitnehmer finanziertes und steuerlich begünstigtes Modell einer → *kapitalgedeckten privaten Altersvorsorge,* in der Regel über Versicherungen.

Betriebsrente. → *betriebliche Altersvorsorge.*

Bipolarität. Struktur der internationalen Politik zur Zeit des Kalten Krieges; bezieht sich auf die Konfrontation der Großmächte USA und UdSSR sowie ihrer jeweiligen Verbündeten.

Blockparteien. Ehemalige Parteien der DDR, die unter Führung der SED gemeinsam mit den Massenorganisationen als „Nationale Front“ regelmäßig eine gemeinsame Liste für Wahlen bildeten; in der DDR politisch bedeutungslos, gingen nach der Wiedervereinigung in CDU bzw. FDP auf.

Boden. In der Volkswirtschaftslehre Oberbegriff für alle Quellen, die von der Natur in den Produktionsprozess eingebracht werden. Man unterscheidet zwischen *Anbauboden* bei land- und forstwirtschaftlicher Nutzung, *Abbauboden* bei der Gewinnung von Rohstoffen und Boden als *Standort* für die Produktion von Gütern und Dienstleistungen. Neben → *Arbeit* und → *Kapital* gilt *B.* als einer der drei → *Produktionsfaktoren.*

Bruttoinlandsprodukt (BIP). Bezeichnet die Summe der wirtschaftlichen Leistungen, die in einem Land während eines bestimmten Zeitraums erbracht werden, unabhängig davon, ob diejenigen, die Arbeitskraft und Kapital einbringen, selbst im Land wohnen oder nicht.

Bruttonationaleinkommen (BNE). Bezeichnet die Summe der wirtschaftlichen Leistungen, die von den dauerhaft in einem Land lebenden Personen erbracht werden (neue Bezeichnung für „Bruttosozialprodukt“).

Bruttosozialprodukt (BSP). → *Bruttonationaleinkommen.*

Bündnis für Arbeit. Forum aus Spitzenvertretern der Arbeitnehmer, Arbeitgeber und der Bundesregierung, mit dem Ziel, gemeinsam Konzepte zur Bekämpfung der Arbeitslosigkeit zu entwickeln; entstanden auf Initiative der IG Metall von 1995.

Bürgerversicherung. Konzept zur Umgestaltung der Krankenversicherung: Grundidee der Bürgerversicherung ist, *alle Bürger mit allen Einkommen* (bis zur Beitragsbemessungsgrenze) in die Finanzierung der Gesundheitsversorgung einzubeziehen. Dies soll dadurch geschehen, dass alle Bürger einen bestimmten Prozentsatz ihrer Einkünfte in die Versicherung einzahlen („solidarische Bürgerversicherung“). Die Idee einer *B.* steht in Konkurrenz zum Konzept der → *Gesundheitsprämie.*

Charta ’77. Am 1. Januar 1977 gegründete Gruppe tschechoslowakischer Intellektueller, die sich unter Berufung auf die → *KSZE*-Schlussakte für die Einhaltung von Menschen- und Bürgerrechten einsetzte.

Checks and balances. Ausprägung des → *Gewaltenteilungsprinzips,* insbesondere in der Verfassung der USA. Hier sind die einzelnen Verfassungsorgane nach den Prinzipien der Machtbalance und der gegenseitigen Kontrolle einander zugeordnet.

cleavage. Bezeichnet eine längerfristige soziokulturelle Konfliktlage, die dauerhaft politisiert ist und die politischen Alltagskonflikte prägt (Beispiel: *Arbeit* vs. *Kapital* oder *Stadt* vs. *Land* oder *religiös* vs. *säkular*).

defensive Kosten. Anteil der Ausgaben am → *Bruttosozialprodukt,* die zur Behebung der negativen Folgen des Wirtschaftswachstums (z. B. Umweltverschmutzung) aufgewendet werden müssen.

degressive Abschreibung. Abschreibung in fallenden Jahresraten, jeweils in Höhe eines Prozentsatzes des verbleibenden Restwertes.

Demografie, demografisch. Unter *D.* versteht man die Untersuchung und Beschreibung von Zustand und zahlenmäßiger Veränderung einer Bevölkerung.

demografischer Faktor. Von CDU/CSU im Rahmen des Rentenreformgesetzes ’99 im Jahre 1997 eingeführter zusätzlicher Faktor in der → *Rentenformel,* wonach bei der Rentenanpassung auch die Lebenserwartung der 65-Jährigen seit 1992 berücksichtigt werden soll (durch das Rentenkorrekturgesetz der rot-grünen Regierung 1998 zurückgenommen).

demokratischer Zentralismus. Organisationsprinzip kommunistischer Parteien; verbindet das demokratische Prinzip der Wählbarkeit aller leitenden Organe von unten nach oben mit straffer Disziplin, bei absoluter Verbindlichkeit der Beschlüsse höherer Organe für die unteren.

Depression. Bezeichnung für die Konjunkturphase des Tiefstands wirtschaftlicher Entwicklung. Sie ist gekennzeichnet durch Abnahme der Produktion, der Beschäftigung und der Einkommen.

Deregulierung. Abbau von staatlichen Regelungen (insbesondere von Gesetzen und Normen). Wird als Weg zur Befreiung der Wirtschaft von (sozial-)staatlichen Zwängen angesehen.

Determinismus, deterministisch. Bezeichnung für eine philosophische Lehre bzw. Weltanschauung, nach der alle Tatbestände und Prozesse in Natur und Gesellschaft kausal vorherbestimmt sind, der menschliche Wille also nicht frei ist.

dialektischer und historischer Materialismus. Ausprägung des Materialismus in der Lehre des Marxismus-Leninismus. *Dialektischer* Materialismus bedeutet die objektive Beschreibung der Entwicklung der Materie, unabhängig von der menschlichen Erkenntnis. Diese Entwicklung vollziehe sich dialektisch, d. h. durch den Zusammenprall entgegengesetzter Kräfte, die sich auf höherer Ebene aufheben. *Historischer* Materialismus bedeutet die Anwendung des dialektischen Materialismus auf den Sonderfall menschlicher Geschichte. Diese wird als Geschichte von Klassenkämpfen betrachtet. Im Gegensatz zur idealistischen Philosophie, die in der menschlichen Vernunft bzw. den Ideen die Triebfeder menschlichen Handelns sieht, versteht der historische Materialismus die Produktionsverhältnisse als das Moment, das menschliches Handeln und damit den Gang der Geschichte bestimmt („Das Sein bestimmt das Bewusstsein.“).

Diktatur des Proletariats. Bezeichnet die nach der marxistisch-leninistischen Geschichtstheorie notwendige Übergangsphase vom Kapitalismus zum Kommunismus.

Direkthilfen. Subventionen oder Zuschüsse unmittelbar an die Endempfänger, ohne Zwischenschaltung staatlicher Verteilungsstellen.

Direktinvestition. Gründung oder Erwerb von Unternehmen bzw. Produktionsstätten sowie Erwerb von Beteiligungen bestehender Unternehmen von Inländern im Ausland.

Dirigismus. Staatliche Reglementierung der Wirtschaft. (→ *Deregulierung*)

Diskriminierung. Benachteiligende Ungleichbehandlung, (intentionale oder funktionale) Herabsetzung von Personen oder Personengruppen. Das GG verbietet im Rahmen seines Diskriminierungsverbots in Art. 3 eine Benachteiligung von Personen wegen ihres Geschlechts, ihrer religiösen oder politischen Anschauungen, ihrer Abstammung, Rasse, Sprache, Heimat und Herkunft, ihres Glaubens oder ihrer sexuellen Orientierung sowie die Benachteiligung aufgrund einer Behinderung.

Diskursethik. Richtung der philosophischen Ethik; Hauptvertreter: *Jürgen Habermas* und *Karl-Otto Apel*. Im Mittelpunkt steht das Problem der Begründbarkeit ethischer Normen. Der *Diskurs* wird dabei als ein Verfahren gesehen, strittig gewordene Geltungsansprüche ethischer Normen in einer argumentativen Form zu überprüfen. Ziel ist es dabei, einen für die gesamte Kommunikationsgemeinschaft gültigen (und damit universalen) Konsens zu finden.

diversifizieren. Ausweiten der Produktion eines Unternehmens auf neue Produktbereiche.

Drittwirkung von Grundrechten. Von *D. v. G.* wird immer dann gesprochen, wenn die Grundrechte als Freiheits- oder Abwehrrechte nicht nur Geltung im Verhältnis Staat – Bürger, sondern auch gegenüber dritten, privaten Personen erfahren. Diese unmittelbare Wirkung findet sich z. B. dann, wenn ein privates Unternehmen (z. B. Deutsche Bahn) aufgrund seiner → *Monopolstellung* verpflichtet ist, den Gleichheitsgrundsatz zu wahren und alle Personen gleichermaßen zu befördern. Hier wird die Freiheit des Zivilrechtes, die Personen, mit denen Verträge abgeschlossen werden, nach Belieben auszuwählen, unmittelbar durch Art. 3 des Grundgesetzes eingeschränkt.

EFTA (European Free Trade Association). Die 1960 gegründete Europäische Freihandelsvereinigung (EFTA) zielt auf die Förderung des Freihandels zwischen den Mitgliedsländern. Nachdem sich einige EFTA-Länder der EU angeschlossen haben, gehören heute nur noch die Schweiz, Liechtenstein, Island und Norwegen zu dieser Organisation; Sitz in Genf.

Ehegattensplitting. Einkommensteuertarif, der Verheirateten gewährt wird, soweit diese die Zusammenveranlagung wählen. (Die Summe beider Einkommen wird einer einheitlichen Besteuerung zugrunde gelegt, wobei eine Berufstätigkeit beider Ehegatten nicht erforderlich ist.)

Eingangssteuersatz. Derjenige Teil des Einkommens, der über den Grundfreibetrag hinausgeht, unterliegt der Einkommenssteuer. Ab dem *E.* ist (bis zum → *Spitzensteuersatz*) jeder zusätzlich verdiente Euro steuerlich stärker belastet.

eingetragene Genossenschaft (eG). Wirtschaftlicher, spezialgesetzlich geregelter Zusammenschluss von Anteilsinhabern an einer Genossenschaft, die neben einer möglichen Gewinnteilhabe auch bestimmte Rechte an der Nutzung des Vermögens der Genossenschaft oder von ihr angebotenen Leistungen erhalten.

Einkommensteuertarif. Die auf ein bestimmtes Einkommen anzuwendenden einkommensteuerlichen Vorschriften (Freibeträge, Steuersatz etc.).

Emanzipation. Das Bestreben, eine Situation sozialer Ungleichheit und Benachteiligung mit dem Ziel der → *Gleichberechtigung* zu verändern.

Enduring Freedom. Militärische Operation der USA mit britischer Unterstützung; nachdem sich die afghanischen → *Taliban* geweigert hatten, den → *Al-Qaida*-Führer Osama bin Laden an die USA auszuliefern, begannen US-Streitkräfte am 7.10.2001 mit Luftangriffen auf Afghanistan. Die Operation führte Ende Dezember zur Vertreibung der Taliban aus ihren Hochburgen und damit zur Neugestaltung der politischen und sozialen Ordnung in Afghanistan (nation building).

Enquêtekommission. Eine *E.* wird vom Bundestag auf Antrag eines Viertels seiner Mitglieder zur Vorbereitung von Entscheidungen in umfangreichen und komplexen Sachgebieten eingerichtet. Mitglieder sind Abgeordnete und externe Sachverständige, die von den Fraktionen im Einvernehmen bestimmt werden.

Entente cordiale. (frz. „herzliches Einverständnis"). Bezeichnung für das britisch-französische Freundschaftsverhältnis seit 1904; beinhaltete später auch militärische Absprachen für den Fall eines Krieges mit dem Deutschen Reich (Erster Weltkrieg).

Entfremdung. Bezeichnung für einen gesellschaftlichen Zustand, in dem ein ursprünglich organisches bzw. natürliches Verhältnis der Menschen untereinander bzw. der Menschen zu den von ihnen geschaffenen Produkten verändert bzw. verfälscht wird. Bei *K. Marx* und *F. Engels* bedeutet *E.* die Vergegenständlichung und Entäußerung menschlicher Potenziale im Arbeitsprozess: Die Menschen betrachten seit dem Einsetzen der Industrialisierung die Produkte ihrer Arbeit und ihres Geistes nicht mehr als ihr eigenes Werk, sondern als von ihnen unabhängige objektive Realitäten; sie verstehen sich nicht mehr als Produzenten ihrer eigenen Produkte. Für die gesellschaftlichen und wirtschaftlichen Verhältnisse bedeutet das, dass diese – obwohl Produkt menschlicher Arbeit – als prinzipiell unveränderbar betrachtet werden.

Entwicklungsland. Bezeichnung für ein Land, das in seiner sozialen und wirtschaftlichen Entwicklung gegenüber den Industrieländern „zurückgeblieben" ist. Die Ursachen für Unterentwicklung sind in den Sozialwissenschaften stark umstritten.

Eugenik, eugenisch. Zusammenfassende Bezeichnung für alle Versuche, das Erbgut einer Bevölkerung durch Steuerung der Fortpflanzung zu kontrollieren. *Positive E.* zielt darauf, erwünschte Erbanlagen zu erhalten oder zu vermehren, *negative E.* dagegen auf die „Ausmerzung" unerwünschter Genkonstellationen. Zur Zeit des Nationalsozialismus diente die Eugenik als „Erbhygiene" zur Rechtfertigung der Vernichtung „minderwertigen" Lebens.

Europarat. Ziele des 1949 gegründeten *E.* sind die Förderung der wirtschaftlichen, sozialen und kulturellen Kooperation, die Durchsetzung der Menschenrechte sowie aktuell die Stärkung der jungen Demokratien in Mittel- und Osteuropa. Derzeit gehören dem Europarat 41 Mitglieder an. Sitz ist in Straßburg.

Existenzminimum. Materieller Grundbestand an Gütern bzw. finanziellen Möglichkeiten, welche zur Sicherung des Überlebens sowie des menschenwürdigen Lebens notwendig sind. Das Existenzminimum ist in der Bundesrepublik Deutschland steuerlich freigestellt.

externe Kosten. Produktionsnebenkosten, die auf andere Personen oder die Allgemeinheit abgewälzt werden (z.B.: kostenlose Ableitung von Abluft und Kühlwasser durch Fabriken oder Verkehr).

Familienlastenausgleich. Zusammenfassende Bezeichnung für alle politischen Maßnahmen, die darauf gerichtet sind, zusätzliche Belastungen, die in der Gesellschaft für Familien bestehen, abzumildern oder auszugleichen.

Feminismus. Die Theorie der (sozialen) Bewegung der Frauen, zunächst zur Erringung des Frauenwahlrechtes, später, insbesondere seit den 1970er-Jahren, zur völligen wirtschaftlichen, sozialen und rechtlichen Gleichstellung der Frauen mit den Männern, z. B. hinsichtlich der Aufhebung von unterschiedlicher Entlohnung für gleiche Arbeit, Abschaffung weiterer arbeits- und beförderungspolitischer Diskriminierungen, Abschaffung des § 218 StGB, gesellschaftliche Anerkennung familienpolitischer und sozial-biografischer Besonderheiten etc; auch → *Neo-Feminismus.*

Fiskus, fiskalisch. Bezeichnung für den Staat, soweit er als Eigentümer des Staatsvermögens handelt oder Gelder für staatliche Aufgaben einzieht bzw. ausgibt.

Flächentarifvertrag. Tarifvertrag, der zwischen Gewerkschaften und Arbeitgeberverbänden einer Branche ausgehandelt wird und dann für alle Unternehmen bindend ist, die dem betreffenden Verband angehören.

flexible Arbeitszeitgestaltung. Zusammenfassende Bezeichnung für verschiedene Formen der Arbeitszeitorganisation: Schicht- oder Nachtdienst, Teilzeitarbeit, Samstags- und Sonntagsarbeit, Überstunden, Arbeit in Zeitkonto-Modellen.

Flexi-Streik. Gewerkschaftliche Strategie im Arbeitskampf, die zum ersten Mal 2002 von der IG Metall angewandt wurde: Verschiedene Betriebe werden in schnellem Wechsel bestreikt, um den Arbeitgebern keinen Anlass zu Aussperrungen zu geben.

Föderalismus. Politisches Organisationsprinzip, bezeichnet die Zusammenfassung mehr oder weniger selbstständiger staatlicher Einheiten zu einem übergeordneten Ganzen. Zu unterscheiden sind dabei der *Staatenbund* (konföderale Struktur), bei dem die Mitgliedstaaten ihre völkerrechtliche Souveränität beibehalten, vom *Bundesstaat,* bei dem sie nur noch partielle Eigenständigkeit besitzen, wobei die staatlichen Aufgaben zwischen Gesamtstaat und Gliedstaaten aufgeteilt sind. Für die Bundesrepublik Deutschland ist das Bundesstaatsprinzip im GG, Art. 20 Abs. 1, Art. 28 und Art. 79 Abs. 3 festgeschrieben.

Föderalismusreform. Bezeichnet eine Neuregelung der im Grundgesetz festgeschriebenen Beziehungen zwischen Bund und Ländern in Bezug auf die Gesetzgebung. Eine umfangreiche *F.* ist am 01.09.2006 in Kraft getreten.

Frauenbewegung. → *Feminismus.*

Frauenquote. Eine von vornherein festgelegte quotale Besetzung von Funktionsstellen, Ämtern etc. durch Frauen.

Freibetrag. Allgemeine Bezeichnung für einen Einkommensanteil, der steuerlich nicht belastet ist, im Gegensatz zu einer Freigrenze, die den Höchstbetrag steuerlich nicht belasteten Einkommens darstellt; bei Überschreiten ist das gesamte Einkommen steuerlich zu berücksichtigen.

friktionelle Arbeitslosigkeit. Form der Arbeitslosigkeit, die sich durch kurzfristige Übergangsprobleme, z. B. bei Arbeitsplatzwechsel, ergibt.

Fürsorgeprinzip. Grundprinzip sozialer Sicherung. Im Gegensatz zum → *Versicherungsprinzip* beruht der Leistungsanspruch nicht auf einer Mitgliedschaft in einer Versicherung und dem Eintritt eines definierten Versicherungsfalles, sondern auf einer Bedürftigkeit, die sich aus einer individuellen Notlage ergibt. Die Leistungshöhe ist individualisiert je nach Bedürftigkeit. In der Bundesrepublik sind z. B. Sozialhilfe und Jugendhilfe nach dem *F.* organisiert.

Fusion. Zusammenschluss von Unternehmen unter Aufgabe der rechtlichen Selbstständigkeit.

Gender Mainstreaming. Nach Definition der Europäischen Union besteht *G. M.* in der (Re-)Organisation, Verbesserung, Entwicklung und Evaluierung von Entscheidungsprozessen, mit dem Ziel, dass die an politischer Gestaltung beteiligten Akteure den Blickwinkel der Gleichstellung zwischen Frauen und Männern in allen Bereichen und auf allen Ebenen einnehmen.

Generationenvertrag. Grundprinzip der gesetzlichen Rentenversicherung; die gerade arbeitende Generation kommt für die noch nicht und die nicht mehr arbeitende Bevölkerung auf und begründet damit ihren Versorgungsanspruch im Rentenalter.

generatives Verhalten. Zusammenfassende Bezeichnung für alle Verhaltensweisen, die sich auf die biologische Reproduktion einer Gesamtgesellschaft auswirken. (→ *Demografie*)

Gesellschaft mit beschränkter Haftung (GmbH). Kapitalgesellschaft, deren Haftung auf ihr Stammkapital beschränkt ist. Die GmbH wird durch die Geschäftsführung vertreten. Der Besitzer der Anteile ist nicht notwendig auch an den unternehmerischen Entscheidungen der Gesellschaft beteiligt.

Gesellschaftsvertrag. Auf die Gesellschafts- bzw. Vertragstheorie der Aufklärung zurückgehender Versuch, die Entstehung des Staates bzw. der Staatsgewalt zu begründen und zu rechtfertigen. Auf der Grundlage des Naturrechts wird die Entstehung des Staates auf eine (fiktive) Vertragsbildung durch freie und gleiche Individuen zurückgeführt. Unterschieden werden in der Regel der *Vereinigungsvertrag*, durch den sich die Gesellschaftsmitglieder zu einem geordneten Ganzen zusammenschließen, vom *Unterwerfungsvertrag*, bei dem sich die grundsätzlich freien Individuen freiwillig der Staatsgewalt unterwerfen. Die Lehre vom Gesellschaftsvertrag geht zurück auf die Schrift „Leviathan" von Thomas Hobbes (1651).

Gesetzgebungsnotstand. In Art. 81 GG geregeltes Gesetzgebungsverfahren in Krisensituationen, wenn sich die Regierung nicht mehr auf eine Mehrheit im Bundestag stützen kann. Scheitert eine Vertrauensfrage im Bundestag und ist das Parlament daraufhin nicht aufgelöst worden, kann der Bundespräsident für eine Vorlage den *G.* erklären (auf Antrag der Regierung und mit Zustimmung des Parlaments), wenn der Bundestag sie ablehnt, obwohl die Bundesregierung sie als dringlich bezeichnet hat oder der Bundeskanzler damit die Vertrauensfrage verbunden hat. Lehnt der Bundestag die Vorlage nun erneut ab oder nimmt er sie in einer von der Bundesregierung als unannehmbar bezeichneten Fassung an oder verabschiedet die Vorlage nicht innerhalb von vier Wochen, so gilt das Gesetz als zustande gekommen, soweit der Bundesrat ihm zustimmt.

Gesundheitsprämie. Konzept zur Umgestaltung der Krankenversicherung: Alle Bürger sollen einen gleichen Beitrag in die Krankenversicherung einzahlen, unter Umständen mit steuerlicher Subventionierung bei Geringverdienern („Kopfpauschale"). Ziel ist es vor allem, die Lohnkosten von den Gesundheitskosten zu entkoppeln, sodass das Einstellen von Arbeitskräften für die Unternehmen wieder attraktiver wird. Die Idee einer *G.* steht in Konkurrenz zum Konzept der → *Bürgerversicherung*.

Gewaltenteilung. Politisches Ordnungsprinzip, das zuerst von *John Locke* formuliert worden ist („Two Treatises of Government", 1690), danach von *Montesquieu* zu einem System kontrollierenden Gleichgewichts der Staatsorgane ausgebaut worden ist („De l'esprit des lois", 1749). Der Grundgedanke besteht darin, dass es zur Sicherung der bürgerlichen Freiheiten und der rechtsstaatlichen Ordnung unerlässlich sei, die verschiedenen Hoheitsfunktionen des Staates auf verschiedene Personen bzw. Organe zu verteilen. Montesquieu entwickelte die bis heute wirkungsmächtige Lehre von der Dreiteilung staatlicher Gewalt in die Legislative (gesetzgebende Gewalt), Exekutive (vollziehende Gewalt) und Judikative (richterliche Gewalt).

Gewaltenverschränkung. Im Gegensatz zum Prinzip der Gewaltentrennung, bei dem jede staatliche Aufgabe idealiter genau einem Organ oder einer Person zugeschrieben wird, bezeichnet *G.* eine besondere Form der Gewaltenteilung, die dadurch gekennzeichnet ist, dass bei der Erfüllung einzelner staatlicher Aufgaben in der Regel mehrere Organe zusammenwirken (vgl. das Zusammenwirken von Bundesregierung, Bundestag, Bundesrat und Bundespräsident bei der Gesetzgebung der Bundesrepublik Deutschland).

Gewaltmonopol. Unter *G.* des Staates versteht man das nur dem Staat eingeräumte Recht, legitim physische Gewalt ausüben zu dürfen.

Giralgeld. Buchgeld; entsteht durch Bareinzahlung oder Kreditgewährung bei und zwischen den Banken; kann durch Abhebung jederzeit in Bargeld umgewandelt werden.

Gleichberechtigung. Die völlige Gleichstellung und rechtliche, wirtschaftliche und soziale Gleichbehandlung der Geschlechter sowie verschiedener sozialer Gruppen, z. B. Behinderter oder sozial diskriminierter Minderheiten.

Global Governance. Ordnungskonzept für die internationale Politik mit dem Ziel, Handlungsfähigkeit angesichts globaler Probleme zu schaffen. Mittel hierzu sollen unter anderem die Schaffung eines Ordnungsrahmens für die internationale Politik sein (Beispiel: Welthandelsordnung, Weltumweltordnung), weiterhin eine verstärkte Einbeziehung zivilgesellschaftlicher Akteure in die Entscheidungen auf internationaler Ebene sowie eine zunehmende Verdichtung der internationalen Kooperation (durch internationale Regime, supranationale und internationale Organisationen).

Globalisierung. Im engeren Sinne Bezeichnung für die zunehmende wirtschaftliche Verflechtung auf internationaler Ebene, verbunden mit Deregulierung und Liberalisierung der Weltmärkte. Im weiteren Sinne bezeichnet *G.* auch den verstärkten Austausch zwischen den Kulturen und Gesellschaften, vor allem vermittelt durch die moderne Kommunikationstechnologie.

Globalplayer. Transnational agierendes Unternehmen. Die unternehmerischen Strategien eines *G.* richten sich in ihren Intentionen und Wirkungen über die Grenzen einzelner Nationalstaaten hinaus.

Glorreiche Revolution. (engl. *Glorious Revolution*). Bezeichnung für den ohne Blutvergießen erfolgten Sturz des englischen Königs Jakob II., der den Katholizismus wieder einführen wollte, und die Thronbesteigung seiner Tochter Maria sowie ihres Mannes Wilhelm von Oranien 1688/89.

Grundlagenvertrag. Im Jahre 1972 abgeschlossener Vertrag zwischen der Bundesrepublik Deutschland und der DDR, in dem beide Staaten Gewaltverzicht und die Unverletzlichkeit ihrer Grenzen erklären. Darüber hinaus verpflichten sie sich, Rüstungsbegrenzung und Abrüstung zu fordern. Auf der Grundlage dieses Vertrages konnten in der Folge dringliche humanitäre Fragen (betreffend z. B. Reiseerleichterungen und Familienzusammenführungen) geklärt werden.

GUS (Gemeinschaft Unabhängiger Staaten). Lockeres Bündnis der Nachfolgestaaten der ehemaligen UdSSR zur politischen, wirtschaftlichen und militärischen Zusammenarbeit; gegründet 1991; Mitglieder sind zwölf ehemalige Sowjetrepubliken, nicht beteiligt sind die baltischen Staaten.

G 7 (G 8)-Staaten. (*Gruppe der Sieben bzw. Acht*). Gruppe der führenden Industrienationen USA, Japan, Kanada, Großbritannien, Frankreich, Deutschland, Italien und seit 2000 Russland.

Haager Landkriegsordnung. Bestandteil der Abkommen der sog. *Haager Friedenskonferenzen* (1899 und 1907), die auf Initiative Zar Nikolaus II. einberufen wurden und die Rüstungsbeschränkung zum Ziel hatten. Die *H. L.* verpflichtet alle Staaten, die sie ratifiziert haben, auf bestimmte Regeln zur Durchführung des Landkriegs. Personen, die dagegen verstoßen, können wegen Kriegsverbrechen vor internationalen Gerichten zur Verantwortung gezogen werden.

Hallstein-Doktrin. Außenpolitischer Anspruch auf Alleinvertretung Deutschlands durch die Bundesrepublik Deutschland bis Ende der 1960er-Jahre; beinhaltet den Abbruch der diplomatischen Beziehungen zu Staaten, die Beziehungen zur DDR aufgenommen haben; benannt nach einem Entwurf des Staatssekretärs im Auswärtigen Amt *Walter Hallstein* (1955).

Hamas. (Kurzwort für arab. *Harakat almuqawama al-islamija*, „islamische Widerstandsbewegung"). Palästinensische Widerstandsorganisation, verantwortlich für Terrorakte vor allem gegen Israel. Bei der Wahl am 25.01.2006 in den palästinensischen Autonomiegebieten erlangte die *H.* als politische Partei die absolute Mehrheit im Legislativrat.

Hartz-Gesetze. Kurzbezeichnung für gesetzliche Regelungen zur Arbeitsmarktreform, die auf Vorschlägen einer Expertenkommission unter Leitung von Peter Hartz, einem ehemaligen Manager der Volkswagen AG, beruhen. Nach der Bundestagswahl 2002 wurden die Gesetze I bis IV beschlossen („Hartz I bis IV"). Das zuletzt beschlossene Gesetz „Hartz IV" (2005) brachte die Zusammenlegung von Arbeitslosenhilfe und Sozialhilfe im neuen → *Arbeitslosengeld II*.

Hartz-Kommission. Von der rot-grünen Bundesregierung Anfang 2002 eingesetzte Kommission zur Reform des Arbeitsmarktes unter Leitung des VW-Managers *Peter Hartz*, deren Vorschläge die Halbierung der Arbeitslosenzahlen bis zum Jahr 2005 zum Ziel hatten. Kernpunkte der angestrebten Reform: Einbindung von Arbeitslosen in Zeitarbeitsverträge, Verkürzung der durchschnittlichen Dauer der Arbeitsvermittlung, Zumutbarkeitsregelungen, nach denen vor allem jüngere alleinstehende Arbeitslose auch schlechter qualifizierte und bezahlte Jobs annehmen sollen, Reduzierung der Auflagen für Selbstständige, Maßnahmen zur Bekämpfung der Schwarzarbeit, Einführung eines Sozialgeldes, das nach längerer Arbeitslosigkeit bezahlt wird.

Hedonismus. Bezeichnet eine philosophische Lehre bzw. Lebensorientierung, die im Streben nach Genuss das höchste ethische Prinzip sieht.

HIPC-Initiative. (HIPC = *Highly Indebted Poor Countries*). Initiative seit dem Kölner Weltwirtschaftsgipfel 1999 zur teilweisen Entschuldung der 41 am höchsten verschuldeten armen Länder. Bedingung für einen beschleunigten Schuldenerlass sind insbesondere wirtschafts- und sozialpolitische Maßnahmen.

Hizbullah. (arab. „Partei Gottes"). Islamische politisch-militärische Organisation im Libanon, kämpft insbesondere gegen die israelischen Besatzungstruppen im Süden des Landes; gegründet 1982.

Human Development Index (HDI). Vom UN-Entwicklungsprogramm berechneter Index für menschliche Entwicklung, setzt sich aus drei Komponenten zusammen, für die für jedes Land bestimmte Werte gemessen werden: Lebensdauer, Wissen (Alphabetisierungsgrad) und Lebensstandard.

ICTY (International Criminal Tribunal for the Former Yugoslavia). Internationales Gericht (Unterorganisation der Vereinten Nationen), das die Kriegsverbrechen im ehemaligen Jugoslawien untersucht und ahndet.

Ideologie. Allgemein eine sozialwissenschaftliche Bezeichnung für komplexe Denkgebäude, die die politische und gesellschaftliche Wirklichkeit (bewusst oder unbewusst) verfälschend oder verzerrend wiedergeben bzw. wesentliche Aspekte der Realität außer Acht lassen oder ignorieren. Ideologien sind „standortgebunden" und verbinden sich häufig mit gesellschaftlichen Interessen, die sie verschleiern.

IFOR (Implementation Force). Internationale Friedenstruppe unter NATO-Kommando mit UN-Mandat zur Umsetzung der für Bosnien-Herzegowina beschlossenen Friedensvereinbarung von Dayton, von Dezember 1995 bis Dezember 1996. Der Einsatz wird seitdem von der → *SFOR (Stabilization Force)* fortgeführt.

Immunität. Sie schützt den Parlamentsabgeordneten vor Strafverfolgung und anderen Beeinträchtigungen seiner persönlichen Freiheit (Art. 46 Abs. 2 und 3 GG). Sie kann nur vom Parlament selbst aufgehoben werden.

Imperialismus, imperialistisch. Allgemein das Streben eines Staates nach weltweiter Ausdehnung seines Macht- und Einflussbereichs auf politischem, wirtschaftlichem oder kulturellem Gebiet. Als Epoche des *I.* bezeichnet man die Zeit von etwa 1880 bis 1914, die durch wirtschaftliches Expansionsstreben der Großmächte gekennzeichnet war.

Indemnität. Bezeichnet die Verantwortungs- und Verfolgungsfreiheit eines Abgeordneten, für den Bundestag in Art. 46 Abs. 1 festgelegt. Sie schützt den Abgeordneten dagegen, wegen Äußerungen im Parlament gerichtlich oder dienstlich verfolgt zu werden.

Index. Statistische Maßzahl, die die relative Veränderung zusammengesetzter Größen angibt. Beispiel: In zahlenmäßigen Entwicklungsreihen wird die Zahl eines bestimmten Basisjahres = 100 gesetzt und die Veränderungen der absoluten Zahl für das Bezugsjahr in Prozente umgerechnet.

Indikation. In der Medizin bezeichnet Indikation den Grund, ein bestimmtes Heilverfahren anzuwenden. Im Zusammenhang mit dem Recht auf Schwangerschaftsabbruch werden verschiedene *I.* unterschieden, die einen straffreien Abbruch ermöglichen.

induktiv. Eine auf Grund sinnlicher Erfahrung, nicht dagegen aus reinen Vernunftgründen gewonnene Erkenntnis wird als induktive Erkenntnis bezeichnet.

INF (Intermediate-range Nuclear Forces). Nukleare Mittelstreckenkräfte; Bezeichnung für alle nuklearfähigen Trägersysteme mit einer Reichweite zwischen 150 und 5 500 km.

Informationsgesellschaft. Bezeichnung für die Gesellschaft der nachindustriellen Epoche, die durch den fortschreitenden Einsatz moderner Informations- und Kommunikationstechnologien gekennzeichnet ist.

Interaktion. Wechselseitiges → *soziales Handeln.*

Interdependenz. Wechselseitige Abhängigkeit.

Interesse. Grundtatbestand des Politischen. Interessen sind jeweils einzelnen Gesellschaftsmitgliedern oder sozialen Gruppen zugeordnet. Eine der Grundfunktionen des politischen Systems besteht darin, solche von Einzelnen oder Gruppen artikulierten *I.* zu vermitteln und in politische Entscheidungen bzw. Rechtsakte umzusetzen. Widerstreitende *I.* führen zum Konflikt, der in modernen demokratischen Gesellschaften institutionalisiert ist.

Interessenartikulation. Grundfunktion des politischen Prozesses; Interessen müssen, um politisch wirken zu können, artikuliert werden, d. h. im Modus einer politischen Forderung bzw. eines Programms formuliert werden. Die Funktion der Interessenartikulation erfüllen vor allem Parteien, Interessenverbände und Medien.

intergouvernemental. Auf Regierungszusammenarbeit beruhend. Gegenbegriff zu → *supranational.*

internationales Regime. Institutionalisierte Form der internationalen Kooperation, d. h. eines norm- und regelgeleiteten Verhaltens im Feld der internationalen Politik. Damit von einem Regime gesprochen werden kann, bedarf es eines Mindestmaßes an Dauerhaftigkeit und Effektivität der Zusammenarbeit.

Interpellationsrecht. Bezeichnet das Recht des Parlaments, Auskünfte von der Regierung in einer bestimmten Angelegenheit zu erhalten.

intersubjektiv. Von verschiedenen Personen nachvollziehbar; die intersubjektive Gültigkeit einer Aussage ergibt sich durch die Übereinstimmung verschiedener Personen, im Gegensatz zur objektiven Gültigkeit, die in einer Übereinstimmung einer Aussage mit der Wirklichkeit besteht.

Intifada. (von arab. „abschütteln"). Gemeint ist der Aufstand von Palästinensern gegen die israelische Besatzungsmacht in den von Israel besetzten Gebieten Westjordanland und Gaza-Streifen, der in einer ersten Phase zwischen 1987 und 1993 stattfand und 2000 – ausgelöst durch einen Besuch des damaligen Oppositionsführers Scharon auf dem Jerusalemer Tempelberg – als „Al-Aksa-Intifada" wieder auflebte.

Investition. Anlage von Geld zum Erhalt bzw. zur Erweiterung des Produktionsmittelbestandes. Unterschieden werden *Ersatzinvestitionen* (zum Ersatz abgenutzter Anlagen), *Erweiterungsinvestitionen* (zur Vergrößerung des Produktionsmittelbestandes) und *Rationalisierungsinvestitionen* (zur Verbesserung der Produktivität).

ISAF (International Security Assistance Force). Die *ISAF* soll als Sicherheitsunterstützungsgruppe im Auftrag der Vereinten Nationen die afghanische Interimsregierung bei der Wahrung der Menschenrechte sowie bei der Herstellung und Wahrung der inneren Sicherheit des Landes unterstützen. Die Aufstellung erfolgte auf Ersuchen der neuen afghanischen Regierung an die internationale Gemeinschaft und mit Genehmigung durch den Weltsicherheitsrat (Resolution 1 386 vom 20.12.2001). Die Bundesrepublik Deutschland stellt eines der größten Truppenkontingente im Rahmen der *ISAF*.

Junktim. Wegen inhaltlicher Zusammmengehörigkeit notwendige Verbindung von zwei Verträgen oder Gesetzen.

just-in-time-Produktion. Produktion ohne Lagerhaltung: Die benötigten Zubehörteile zur Herstellung von Gütern werden exakt zum benötigten Verarbeitungszeitpunkt angeliefert. Kostenintensive Lagerlogistik entfällt dadurch.

Kabinettsprinzip. Das *K.* steht in einem Spannungsverhältnis zum → *Kanzlerprinzip* (→ *Richtlinienkompetenz*) und zum → *Ressortprinzip* bei der Organisations- und Aufgabenverteilung der Bundesregierung. Es wirkt dort, wo Beschlüsse durch Grundgesetz oder Bundesgesetze der Bundesregierung als Kollegium vorbehalten sind.

kalte Aussperrung. Unerwünschter Nebeneffekt gewerkschaftlicher Strategie im Arbeitskampf. Zu *k. A.* kommt es in nicht direkt bestreikten Branchen und Tarifbezirken, wenn die Produktion durch Lieferengpässe zum Stillstand kommt.

Kanzlerprinzip. In Art. 65 Satz 1 und 4 festgelegtes Prinzip, demgemäß der Bundeskanzler eine herausgehobene Stellung innerhalb der Regierung einnimmt, insbesondere durch seine Kompetenz, die Richtlinien der Politik zu bestimmen (→ *Richtlinienkompetenz*). Das *K.* steht in einem Spannungsverhältnis zum → *Kabinetts-* und zum → *Ressortprinzip.*

Kapital. Neben → *Boden* und → *Arbeit* einer der drei → *Produktionsfaktoren:* Unter *K.* versteht man Geld- und Sachmittel (sachliche Produktionsmittel), die einer Volkswirtschaft für investive Maßnahmen zur Verfügung stehen.

kapitalgedeckte private Altersvorsorge. Im Gegensatz zum gesetzlichen Modell der Altersvorsorge stellen spätere Rentenzahlungen Auszahlungen des vom Rentenempfänger oder dessen Begünstigten selbst eingezahlten Kapitals sowie der daraus erwirtschafteten Erträge (Zinsen etc.) dar.

Kapitalgesellschaft. Rechtsform der Handelsgesellschaft, die im Gegensatz zur → *Personengesellschaft* durch gesetzlich definierte Anforderungen an das Gesellschaftskapital bestimmt wird; auf die Personen der Gesellschafter kommt es nicht an. Insbesondere sind die Gesellschafter regelmäßig nicht unmittelbar zur Vertretung der Gesellschaft und zum Treffen der unternehmerischen Entscheidungen befugt.

Kapitalismus. Wirtschafts- und Gesellschaftsordnung, die gekennzeichnet ist durch Privateigentum an Produktionsmitteln; die Steuerung der Wirtschaftsprozesse erfolgt dezentral über den Preis. Nach der marxistischen Theorie impliziert der *K.* stets wirtschaftliche und soziale Interessengegensätze (Klassengegensätze) zwischen „Kapital" (Unternehmer und Manager) und „Arbeit", die im Sozialismus bzw. Kommunismus überwunden werden sollen.

Kartell. Form des Zusammenschlusses von Unternehmen ohne Kapitalbeteiligung; entsteht durch Absprachen über Preise und Geschäftsbedingungen mit dem Ziel, den Wettbewerb einzuschränken.

Kategorien des Politischen. Grundbegriffe des Politischen, lassen sich in sog. *Schlüsselfragen* umformulieren, die der Erschließung politischer Phänomene dienen.

KFOR (Kosovo Force). Internationale Friedenstruppe unter NATO-Kommando mit UN-Mandat zur militärischen Sicherung einer Friedensregelung für das Kosovo ab 10.6.1999. Zu den Hauptaufgaben gehören die Entwaffnung der albanischen Befreiungsfront UÇK, die Verhinderung neuer feindlicher Auseinandersetzungen zwischen serbischen und albanischen Einwohnern sowie der Schutz von Flüchtlingen, die in ihre Heimat zurückkehren wollen. Auch Bundeswehrsoldaten sind (nach Zustimmung des Bundestages am 25.2.1999) an diesem Einsatz beteiligt.

Klasse. Soziale Großgruppe, die durch ihre ökonomische Lage innerhalb der Gesamtgesellschaft, d. h. durch Besitz-, Erwerbs- und Einkommensverhältnisse gekennzeichnet ist und in der Regel ein identifikationsstiftendes Kollektivbewusstsein (Klassenbewusstsein) ausgebildet hat.

Koalition. In einem allgemeinen Sinne bezeichnet *K.* ein Bündnis zwischen Personen oder Personengruppen, das für einen bestimmten Zweck und für eine bestimmte Dauer eingerichtet wird. Im speziellen Sinne ist eine *K.* ein in der Regel vertraglich fixiertes Bündnis zwischen Parlamentsfraktionen zur Übernahme gemeinsamer Regierungsverantwortung.

Koalitionsfreiheit. In Art. 9 Abs. 3 GG festgelegter Sonderfall der allgemeinen Vereinigungsfreiheit; beinhaltet das Recht, zur Förderung der Arbeits- und Wirtschaftsbedingungen Vereinigungen zu bilden. Dies schließt z. B. den Abschluss von Tarifverträgen frei von staatlicher Einflussnahme mit ein, wodurch die Vereinigungen (Koalitionen) insbesondere Lohn und Arbeitsbedingungen aushandeln.

Kollektivismus. Politische Anschauung, die den Vorrang des gesellschaftlichen Ganzen gegenüber dem Individuum betont, verbunden meist mit der Forderung nach Vergesellschaftung des Privateigentums und kollektiver Lenkung der Wirtschaft.

Kombilohnmodell. In vier Arbeitsamtsbezirken in Rheinland-Pfalz seit Mitte 2001 erprobtes Modell zur Verringerung von Arbeitslosigkeit unter schlecht qualifizierten Empfängern von Arbeitslosengeld und Sozialhilfe mit dem Ziel, Arbeitsplätze im Niedriglohnsektor zu schaffen („Mainzer Modell"). Danach erhalten Arbeitnehmer, die eine gering bezahlte Stelle annehmen, drei Jahre lang einen Lohnkostenzuschuss auf die Sozialabgaben. Eltern bekommen ein zusätzliches Kindergeld.

Komintern (Kommunistische Internationale). (auch: *II. Internationale,* in Abgrenzung zur sog. *I.* oder *Sozialistischen Internationale*). Im März 1919 auf Anregung Lenins gegründeter Zusammenschluss aller kommunistischen Parteien.

Kommanditgesellschaft (KG). Eine → *Personengesellschaft,* bei der ein Teil der Gesellschafter persönlich mit ganzem Vermögen haftet (Komplementär), die übrigen Gesellschafter dagegen nur beschränkt mit ihrer Einlage in das Gesellschaftskapital (Kommanditisten). Vertreten wird die Gesellschaft durch den Komplementär, der auch die Unternehmensleitung wahrnimmt. Handelt es sich bei dem persönlich haftenden Gesellschafter um eine → *GmbH,* spricht man von einer GmbH & Co. KG.

Kommanditgesellschaft auf Aktien (KGaA). Sonderform der Kommanditgesellschaft, die vor allem durch die Gesellschaftsorganisation sowie das in Aktien eingeteilte Gesellschaftskapital einer → *Kapitalgesellschaft* ähnelt.

Kompromiss. Ausgleich, Übereinkunft; Grundtatbestand des Politischen: In → *pluralistischen* Gesellschaften mit divergierenden gesellschaftlichen Interessen kann das politische System nur dann dauerhaft stabil sein, wenn die Möglichkeit zur *K.*bildung gegeben ist (vgl. etwa die *K.*bildung bei Koalitionsverhandlungen).

Konflikt. Grundtatbestand des Politischen; Konflikte entstehen vor dem Hintergrund widerstreitender gesellschaftlicher Interessen. Die Austragung von Konflikten ist in modernen demokratischen Gesellschaften institutionalisiert.

konföderal. → *Föderalismus.*

Konjunktur. Zyklus des Auf- und Abschwungs einer Volkswirtschaft.

konjunkturelle Arbeitslosigkeit. Form der Arbeitslosigkeit, die durch die zyklischen Schwankungen der Wirtschaftsentwicklung bedingt ist.

Konservatismus. Allgemein eine auf die Bewahrung bestehender politischer und sozialer Verhältnisse gerichtete politische Orientierung bzw. Weltanschauung.

konstruktives Misstrauensvotum. Nach Art. 67 GG kann der Bundestag dem Bundeskanzler nur dadurch sein Misstrauen aussprechen, dass er mit der Mehrheit seiner Mitglieder einen neuen Bundeskanzler wählt.
Konvergenzkriterien. Im EU-Vertrag festgelegte Bedingungen für die Teilnahme an der Europäischen Währungsunion: kein Anstieg der Verbraucherpreise um mehr als 1,5 % über der Teuerungsrate der drei preisstabilsten Mitgliedstaaten; keine Staatsverschuldung über 60 % und kein Haushaltsdefizit über 3 % des Bruttoinlandsprodukts; Einhaltung der normalen Bandbreiten des Wechselkursmechanismus; langfristige Zinssätze nicht höher als 2 % über dem Durchschnitt in den drei preisstabilsten Ländern.
Konzern. Zusammenschluss von rechtlich selbstständigen Unternehmen, der durch kapitalmäßige Verflechtung zustande kommt. An der Spitze eines Konzerns steht oft eine Dachgesellschaft (Holding-Gesellschaft), die alle anderen Konzernmitglieder kapitalmäßig beherrscht.
Kopfpauschale. → *Gesundheitsprämie.*
korporativ. Körperschaftlich.
Korrelation. Zusammenhang zwischen statistischen Größen.
Kritische Theorie. (auch: *Frankfurter Schule*). Sozialphilosophische Schule, deren Vertreter sich im weitesten Sinne mit kritischer Theorie der Gesellschaft beschäftigen. Zusammengefasst werden mit dieser Bezeichnung verschiedene Autoren, ohne dass die Schule ein in sich geschlossenes Lehrwerk vorgelegt hätte. Hauptvertreter: *Max Horkheimer, Theodor W. Adorno, Herbert Marcuse, Jürgen Habermas.*
KSZE (Konferenz für Sicherheit und Zusammenarbeit in Europa). Im Rahmen der Entspannungspolitik 1973 gegründetes Gesprächsforum ost- und westeuropäischer Staaten unter Einschluss Kanadas und der USA. Absichtserklärungen zu den Bereichen Kultur, Wissenschaft, Wirtschaft, Menschenrechte, Umwelt und Abrüstung fanden sich in der Schlussakte von Helsinki 1975. Nachfolgekonferenzen prüften regelmäßig die Durchführung der Vereinbarungen. Nach Überwindung des Ost-West-Konflikts wurde der KSZE 1990 eine feste Form in der OSZE gegeben. (→ *Charta '77*).
Kuba-Krise. Bezeichnung für die direkte Konfrontation zwischen den USA und der UdSSR im Jahr 1962, die durch die Stationierung sowjetischer Mittelstreckenraketen auf Kuba ausgelöst wurde und dadurch den Weltfrieden unmittelbar bedrohte.

Laizismus. Politische Anschauung, der gemäß eine strikte Trennung von Kirche und Staat gefordert wird.
Legitimität. Der Begriff bezieht sich auf die Begründbarkeit einer Herrschaftsausübung: Legitime Herrschaft liegt dann vor – unabhängig davon, wie sie im Einzelnen begründet wird –, wenn sie von den Herrschenden und Beherrschten für begründbar und damit für gerechtfertigt gehalten wird.
Leitzinsen. Zinsen, die in ihrer jeweiligen Höhe von der Notenbank festgelegt werden. Die *L.* bestimmen die Konditionen, zu denen sich die Geschäftsbanken für kurzfristige Kredite bei der Notenbank refinanzieren können. Die Notenbanken können eine Leitzinserhöhung als geldpolitisches Mittel nutzen, um bei einer zu stark ansteigenden Inflation das Wirtschaftswachstum zu drosseln oder bei einer Konjunkturschwäche durch eine Leitzinssenkung die Konjunktur anzuregen.
Liquiditätsreserve. Der Anteil nicht konkret benötigter oder verplanter Finanzmittel innerhalb einer Budgetplanung zum Auffangen unvorhergesehenen Finanzbedarfs.
LDCs (Least Developed Countries). Bezeichnung für eine Gruppe von → *Entwicklungsländern,* die nach einem Beschluss der UN-Vollversammlung von 1971 als am wenigsten entwickelte Länder gelten. Die Zuordnung zu dieser Gruppe erfolgt heute über drei Kriterien: Bruttoinlandsprodukt pro Kopf (unter 355 US-Dollar), Industriequote am Bruttoinlandsprodukt (unter 10 %) und Alphabetisierungsquote (unter 20 %).
Lobbyismus. Versuch der Beeinflussung politischer Entscheidungen über Abgeordnete durch (vor allem wirtschaftliche) Interessengruppen.
Lohnnebenkosten. Zusammenfassende Bezeichnung für Kosten, die vom Arbeitgeber über das eigentliche Arbeitsentgelt hinaus zu zahlen sind, wie zum Beispiel der Arbeitgeberanteil an den Sozialversicherungsbeiträgen, bezahlte Feiertage, Urlaubsgeld, Zahlungen für die betriebliche Altersvorsorge etc.

Macht. Grundtatbestand des Politischen. Im allgemeinsten Sinne bezeichnet *M.* die Möglichkeit, den eigenen Willen auch gegen Widerstreben durchzusetzen (Max Weber). In der Politikwissenschaft existieren heute verschiedene konkurrierende *M.*begriffe.
Mainzer Modell. → *Kombilohnmodell.*
marginalisieren. (Politisch) ins Abseits bzw. in eine Nebenrolle drängen. Sozialer Abstieg der ärmsten Bevölkerungsteile in Metropolen der Dritten Welt.
Marshall-Plan. (eigentlich: European Recovery Program/ ERP). Bezeichnung für das auf eine Initiative des US-amerikanischen Außenministers *G. C. Marshall* zurückgehende Hilfsprogramm der USA für den Wiederaufbau Europas nach dem Zweiten Weltkrieg. Die aufgrund des ERP geleistete Hilfe umfasste sowohl Sachleistungen als auch Kredite.
MBFR (Mutual Balanced Forces-Reduction). Bezeichnung für die seit Herbst 1972 stattfindenden „Verhandlungen über beiderseitig ausgewogene Reduzierungen von Streitkräften und Rüstungen und damit zusammenhängende Maßnahmen in Mitteleuropa" in Wien. Sie blieben bis zum Jahre 1989 ohne Ergebnis, da die östliche Seite auf einer gleichmäßigen Reduzierung von Truppen und Waffen bestand, die westliche Seite dagegen auf eine stärkere Reduzierung der Streitkräfte des Warschauer Paktes drängte und dabei auf die Überlegenheit des Ostens bei den konventionellen Waffen verwies.

Mehrheitswahl. Wahlsystem, bei dem das Wahlgebiet in so viele Wahlkreise eingeteilt wird, wie Sitze zu verteilen sind. Den Sitz erhält derjenige Bewerber, der die meisten Stimmen im Wahlkreis erhält (*relative M.*) bzw. mehr als 50 % der Stimmen auf sich vereinigen kann (*absolute M.*, gegebenenfalls mit Stichwahl zwischen den beiden erfolgreichsten Bewerbern, wenn keiner im ersten Wahlgang die absolute Mehrheit auf sich vereinigen kann). Gegensatz → *Verhältniswahl.*

Mengentender. Technik der → *Wertpapierpensionsgeschäfte* der Europäischen Zentralbank. Hierbei müssen die beteiligten Geschäftsbanken nicht nur die Höhe der Beträge nennen, zu der sie Wertpapiere abgeben möchten. Sie müssen auch den Zins festlegen, zu dem sie bereit sind, Refinanzierungsgeschäfte abzuschließen.

Migration. Wanderung einzelner Individuen oder bestimmter Gruppen; unterschieden werden dauerhafte Zu- (*Immigration*) und dauerhafte Abwanderung (*Emigration*). Ursachen von Migrationsbewegungen können sein: Krieg, Hungersnöte, Arbeitslosigkeit, Hoffnung auf besseren Lebensstandard oder bessere Arbeitsbedingungen etc.

Mikrozensus. Repräsentative statistische Erhebung der Bevölkerung; seit 1957 vom Statistischen Bundesamt durchgeführte 1 %-Haushaltsstichprobe.

Mindestreserven. Instrumentarium zur Geldmengensteuerung: Bezeichnung für Gelder, die Geschäftsbanken zinslos bei der Zentralbank zu hinterlegen haben.

Mobilität. Beweglichkeit; im engeren Sinne bezeichnet (soziale) *M.* die Prozesse des gesellschaftlichen Auf- bzw. Abstiegs.

MOE-Staaten. Zusammenfassende Bezeichnung für die mittel- und osteuropäischen Staaten, insbesondere soweit sie 1998 bzw. 2000 Beitrittsverhandlungen mit der Europäischen Union aufgenommen haben und 2004 bzw. 2007 beigetreten sind.

Monetarismus. Wirtschaftstheoretische Lehre, die aus der Kritik am Keynesianismus entstanden ist; charakteristisch sind vor allem die Skepsis gegenüber ausgedehnten wirtschaftspolitischen Aktivitäten des Staates und das Vertrauen, dass im Rahmen funktionierender Märkte die Ziele des sog. Magischen Vierecks erreicht werden könnten. Der *M.* beruht auf der Grundannahme, dass der Wirtschaftskreislauf vom Staat lediglich durch geldpolitische Maßnahmen stabilisiert werden könne. Die Lehre geht zurück auf den US-amerikanischen Ökonomen und Nobelpreisträger *Milton Friedman.*

Monopolstellung. Unter *M.* versteht man die wirtschaftliche Stellung als einziger Anbieter einer bestimmten Ware oder Dienstleistung innerhalb eines bestimmten Marktes.

Montanunion (Europäische Gemeinschaft für Kohle und Stahl, EGKS). Am 18. April 1951 nach einem Vorschlag des französischen Außenministers *Robert Schuman* in Kraft gesetzte Organisation mit dem Ziel, eine gemeinsame Wirtschaftsordnung für die Kohle- und Stahlindustrie zu schaffen. Die *M.* war Vorbild für die weiteren Etappen der europäischen Einigung, indem sie erstmalig einen Politikbereich einem Organ unterstellte, das mit supranationalen Befugnissen ausgestattet war und damit erste Schritte hin zu einer wirtschaftlichen Integration verwirklichte. Mitglieder waren Deutschland, Frankreich, Italien und die Benelux-Staaten.

nachhaltige Entwicklung. *(sustainable development, dauerhafte Entwicklung).* In der Umweltökonomie seit dem Brundtland-Bericht 1987 international eingeführtes Prinzip:

(1) Von einer erneuerbaren Ressource darf nicht mehr genutzt werden, als sich in der gleichen Zeit regeneriert.

(2) Es dürfen nur so viel Stoffe in die Umwelt entlassen werden, wie dort aufgenommen werden können.

(3) Die Umsätze von Energie und Stoffen müssen auf ein risikoarmes Niveau abgesenkt werden.

Mittlerweile auch auf andere Politikbereiche ausgedehntes Leitbild (z. B.: Verkehr, Renten, Steuern).

NATO-Doppelbeschluss. Bezeichnung für den Ende 1979 gefassten Beschluss der NATO-Staaten, für den Fall des Scheiterns von Abrüstungsverhandlungen mit der Sowjetunion Mittelstreckenraketen in Westeuropa zu stationieren. Der unter Mitwirkung des damaligen Bundeskanzlers *Helmut Schmidt* zustande gekommene *NATO-D.* verstand sich als Reaktion auf die Stationierung sowjetischer SS-20-Raketen, was zu einem Rüstungsübergewicht des Warschauer Paktes geführt hatte. In der Bundesrepublik kam es in der Folge zu einer innenpolitischen Polarisierung und zu einem Erstarken der Friedensbewegung.

Neo-Feminismus. Begriff für den Ansatz einer jüngeren Generation von Frauen, auch „Generation Berlin" genannt, die sich bewusst von den Feministinnen der 1970er-Jahre absetzen will. Das Ziel der Gleichberechtigung von Frauen und Männern soll ausgehend von den gesellschaftlichen Verhältnissen der 1990er-Jahre analysiert und verfolgt werden.

Neoliberalismus. Wirtschaftstheorie, die die Rolle des Staates im Wirtschaftsprozess auf die Schaffung eines ordnungspolitischen Rahmens (→ *Ordo-Liberalismus*) zur Sicherung der Funktion der Märkte beschränken möchte. Sie steht im Gegensatz zum klassischen Liberalismus, der dem Staat keinerlei Funktionen im Wirtschaftsprozess zubilligte. (→ *Deregulierung*)

Nettonationaleinkommen. Das *N.* erhält man, indem man vom → *Bruttonationaleinkommen* die gesamtwirtschaftlichen Abschreibungen abzieht, d. h. alle Kosten, die durch Kapitalgüterverschleiß entstanden sind (neue Bezeichnung für „Nettosozialprodukt").

Nettoreproduktionsrate (NRZ). Statistische Größe zur Beschreibung des → *generativen Verhaltens* einer Gesellschaft; sie wird ermittelt, indem die Zahl der Frauen im gebärfähigen Alter (Frauen zwischen 15 und 49 Jahren) mit der Zahl der von ihnen geborenen Mädchen verglichen wird.

Nettosozialprodukt (NSP). → *Nettonationaleinkommen.*
New Economy. Neu entwickelte Wirtschaftszweige insbesondere der IT- und Telekommunikationswirtschaft.
NGO (Non-Governmental Organization). Bezeichnung für alle nichtstaatlichen Akteure im Feld der nationalen und internationalen Politik, wie zum Beispiel die Umweltorganisation Greenpeace.
Niedriglohnsektor. Wirtschaftssektor, in dem die Beschäftigten unterhalb des Tariflohnniveaus bezahlt werden. In der Regel kann eine Beschäftigung im *N.* nur durch staatliche Zuschüsse das → *Existenzminimum* sichern.
Norm, normativ. Regel, Vorschrift; eine *N.* bringt in verallgemeinerbarer Weise zum Ausdruck, was geschehen soll. *Ethische Normen* sind leitend für menschliche Handlungen im Sinne des Guten. Philosophisch problematisch ist dabei vor allem die Frage, ob und wie *ethische N.* rational begründet werden können. Als *soziale N.* versteht man eine in einer Gruppe bzw. in der Gesamtgesellschaft verbindlich gültige Handlungsvorschrift, die sich an verbreiteten Wertvorstellungen orientiert und durch Sanktionen abgesichert ist.
Notstandsgesetze. Bezeichnung für das im Juni 1968 verkündete 17. Änderungsgesetz des Grundgesetzes sowie sechs weitere einfache Gesetze, die den freiheitlich-demokatischen Verfassungsstaat auch in Krisensituationen des äußeren und inneren Notstands sichern sollen. Die *N.* waren äußerst umstritten, vor allem wegen der im Falle des Notstands möglichen Einschränkung von Grundrechten. (→ *Außerparlamentarische Opposition*)
NWWO (Neue Weltwirtschaftsordnung). Eine *NWWO* wird seit 1972 auf internationalen Konferenzen immer wieder von den → *Entwicklungsländern* gefordert. Es geht um eine Reformierung der bestehenden Wirtschaftsbeziehungen zwischen benachteiligten Entwicklungs- und begünstigten Industrieländern, sodass die Entwicklungsländer stärker am Nutzen der Weltwirtschaft teilhaben können. *(→ Welthandelsorganisation/WTO)*

Obstruktionspolitik. Politisches Handeln mit dem Ziel der Verzögerung bzw. Verhinderung, im engeren Sinne Bezeichnung für parlamentarische Verzögerungstaktiken.
OECD (Organization for Economic Cooperation and Development). Die *OECD (dt.: Organisation für wirtschaftliche Zusammenarbeit und Entwicklung)* löste 1961 die *Organization for European Economic Cooperation (OEEC)* ab, die 1948 zur Koordinierung des Marshall-Plans gegründet worden war. Ziele sind die Förderung von Demokratie und Marktwirtschaft in den Mitgliedstaaten. Die Hauptaufgaben bestehen in der Sicherung der Währungsstabilität, der Förderung des Welthandels sowie der Planung und Förderung wirtschaftlichen Wachstums. Sitz ist Paris.
Offene Handelsgesellschaft (OHG). Form der → *Personengesellschaft,* bei der sich Kaufleute zusammenschließen, um gemeinsam eine Firma zu führen. Sie ist die Rechtsform vor allem kleiner und mittlerer Betriebe. Die Gesellschafter vertreten die Gesellschaft gemeinsam und treffen auch die unternehmerischen Entscheidungen zusammen.
Öko-Auditing. Unternehmensberatungsleistung mit dem Ziel der Sicherung ökologischer Standards bei der Produktion. Dabei können Unternehmen ein für die Image-Werbung einsetzbares Zertifikat erwerben.
Öko-Steuer. Im Rahmen der sog. „ökologischen Steuerreform" der rot-grünen Bundesregierung, deren erste Stufe am 1.4.1999 in Kraft trat, wurden die Energiesteuern stufenweise angehoben („Ökosteuer"). Ziel der Steuererhöhung ist es, (gemäß der deutschen Verpflichtung zur CO_2-Reduktion auf der Rio-Konferenz 1992) einen Anreiz dafür zu schaffen, mit der ökonomisch günstigsten Handlungsweise auch einen Beitrag zur Vermeidung von Umweltbelastungen zu ermöglichen. Darüber hinaus wird der Ertrag der Steuer auch dazu verwendet, die Rentenversicherungsbeiträge zu senken.
Ölkrise. Schwere Wirtschaftskrise in der Bundesrepublik Deutschland und anderen westlichen Staaten Mitte der 1970er-Jahre, ausgelöst durch den Beschluss der Erdöl exportierenden arabischen Staaten, die Lieferungen an die USA und andere Israel unterstützende Länder monatlich um 5 % abzusenken mit dem Ziel, Israel zum Rückzug aus den besetzten Gebieten (Sinai, Westjordanland, Golanhöhen) zu zwingen.
Operationalisierung. Durch *O.* werden theoretische Begriffe bzw. Konstrukte konkret messbar und damit für die empirische Sozialforschung anwendbar gemacht.
Opposition. Unter *O.* versteht man die Parteien bzw. Fraktionen in einem Parlament, die in einem grundsätzlichen Konfliktverhältnis zur Regierungsmehrheit stehen. Die O. übernimmt in modernen parlamentarischen Demokratien eine wichtige Kontrollfunktion gegenüber der Exekutive bzw. der → *Koalition.*
Ordoliberalismus. Wirtschaftstheorie der „Freiburger Schule" um den Wirtschaftswissenschaftler *Walter Eucken;* trägt wesentliche Züge des → *Neoliberalismus;* hat die Entwicklung der Sozialen Marktwirtschaft in der Bundesrepublik Deutschland wesentlich beeinflusst.
Outsourcing. Verlagerung der in einem Unternehmen notwendig anfallenden Aufgaben nach „außen" durch Auftragsvergabe an Drittunternehmen. So sollen Kosten für die Vorhaltung eigener Ressourcen zur Bewältigung dieser Aufgaben gespart werden.

Paradigmenwechsel. Unter einem Paradigma versteht man in der Wissenschaftstheorie seit *Th. S. Kuhns* Buch „Die Struktur wissenschaftlicher Revolutionen" (1967) einen gemeinsamen Bestand an Grundannahmen und Methoden, der von einer wissenschaftlichen Gemeinschaft geteilt wird. Ein Paradigma enthält dabei immer ein bestimmtes Gegenstandsgebiet und sich darauf beziehende wissenschaftliche Problemlösungsstrategien. Ein *P.* besteht in einer Revolutionierung und Umwälzung eines solchen Paradigmas. In einem allgemeinen Sinne wird der Begriff *P.* heute auch auf jede In-Frage-Stellung von Basisannahmen angewandt, unabhängig vom Sachgebiet der Wissenschaftstheorie.

paritätisch. Gleichgestellt, gleichberechtigt.

Partizipation. Teilhabe an politischen Entscheidungen.

Patriarchat, patriarchalisch. Herrschaft der Väter (urspr. Stammväter im Alten Testament), heute allgemeiner der Männer in einer Gesellschaft.

Pazifismus. Politische Anschauung bzw. Ideologie, wobei Krieg als Mittel der politischen Auseinandersetzung abgelehnt wird.

Perestrojka. (russ. „Umgestaltung"). Schlagwort für die von M. S. Gorbatschow seit 1985 eingeleiteten sozialen und wirtschaftlichen Reformen, die schließlich zum Ende des Kommunismus und zur Auflösung der Sowjetunion führten.

personalisierte Verhältniswahl. Besondere Form der → *Verhältniswahl* in der Bundesrepublik Deutschland, die durch Aspekte der → *Mehrheitswahl* modifiziert ist. Ausschlaggebend für die Sitzverteilung im Parlament ist dabei die für die Verhältniswahl abgegebene Zweitstimme. Die einer Partei insgesamt zustehenden Sitze werden gemäß dem Zweitstimmenergebnis aufgeteilt. Darüber hinaus entscheidet sich der Wähler mit der Erststimme für einen Wahlkreisbewerber (relative Mehrheitswahl). Auf die nach Zweitstimmen zustehenden Mandate einer Partei werden die gewonnenen Direktmandate angerechnet.

Personengesellschaft. Eine durch Vertrag zwischen einzelnen Personen begründete Gesellschaft. Im Gegensatz zur → *Kapitalgesellschaft* steht die persönliche Verbundenheit der Gesellschafter im Vordergrund. Während bei Kapitalgesellschaften Anteile an dem Kapital der Gesellschaft grundsätzlich frei übertragbar sind und die Gewährung von Gesellschafter- und Gewinnrechten an die Anteile geknüpft sind, ist bei *P.* die Übertragung des Gesellschaftsanteils oftmals aufgrund des Gesellschaftsvertrages nur eingeschränkt zulässig. *P.* sind: → *Offene Handelsgesellschaft,* → *Kommanditgesellschaft.*

Pillenknick. In der grafisch-statistischen Darstellung der deutschen Bevölkerungspyramide auffälliger, durch Geburtenausfälle während der beiden Weltkriege bedingter und durch die Antibabypille verstärkter Geburtenrückgang seit Mitte der 1960er-Jahre.

Pluralismus, pluralistisch. Philosophische bzw. politische Anschauung, die die Vielfalt von gleichberechtigten Lebensformen und Anschauungen innerhalb einer Gesellschaft anerkennt.

Politik. Im weiteren Sinne bezeichnet Politik jedes → *soziale Handeln,* das vor dem Hintergrund konflikthafter Situationen auf die Vermittlung unterschiedlicher Interessen gerichtet ist. Im engeren Sinne zielt politisches Handeln auf die verbindliche Ordnung des Zusammenlebens einer gesamten Gesellschaft. Die Politikwissenschaft kennt verschiedene konkurrierende *P.*begriffe.

Portfolioinvestition. Erwerb von Aktien oder anderen Investitionsgegenständen zur Verwaltung in einem größeren Vermögensbestand (Portfolio).

Posthumanismus, posthumanistisch. Unscharfe Bezeichnung für eine Weltanschauung bzw. Wertorientierung „nach dem Humanismus", in einer Zeit, in der humanistische Werte – wie zum Beispiel die Menschenwürde – problematisch geworden sind.

Postmaterialismus. Weltanschauung bzw. Wertorientierung, bei der das menschliche „Sein" im Mittelpunkt steht. Im Gegensatz zur materialistischen Orientierung, bei der es vorwiegend um das „Haben" geht (Eigentum, Reichtum, beruflicher Erfolg), lehnt der *P.* die Leistungs- und Konsumorientierung in der Gesellschaft ab und betont die Bedeutung von Werten wie Selbstverwirklichung, Freiheit, menschenwürdiges Leben und Frieden.

Prager Frühling. Zusammenfassende Bezeichnung für den Liberalisierungs- und Demokratisierungsprozess in der ČSSR von Januar bis August 1968; Versuch, einen „Sozialismus mit menschlichem Antlitz" zu schaffen. Der Prager Frühling wurde im Sommer 1968 von sowjetischen Panzern gewaltsam unterdrückt.

Praxisgebühr. Zuzahlung von derzeit 10 €, die gesetzlich Versicherte bei Arzt- und Zahnarztbesuchen leisten müssen. Sie kommt den Krankenkassen zugute. Ziel ist u. a. die Stärkung der Eigenverantwortung der Versicherten für ihre Gesundheit.

Prekariat. Neue Begriffsprägung der Sozialwissenschaften, abgeleitet vom Adjektiv *prekär:* Bezeichnet die „ungeschützten" Arbeiter in instabilen und heiklen Beschäftigungs- und Lebensverhältnissen als neue soziale Klasse.

Produktionsfaktoren. Unverzichtbare Grundlagen bzw. Einsatzgrößen der Güterproduktion. Als klassische Produktionsfaktoren gelten → *Arbeit,* → *Boden* und → *Kapital.*

Proliferation. Verkauf bzw. Weitergabe von Atomwaffen (bzw. von Mitteln und Techniken zu ihrer Herstellung) an Staaten, die selbst nicht über Atomwaffen verfügen; seit 1968 vertraglich verboten.

Protektionismus. Außen- und wirtschaftspolitische Maßnahmen zum Schutz der einheimischen Produktion gegen Wettbewerber aus dem Ausland.

prozessuale Grundrechte. Grundrechte der Staatsbürger (Art. 101, 103), eigene Rechte ohne Beeinflussung durch den Staat und seine Organe gerichtlich (Recht auf den gesetzlichen Richter, Recht auf gerichtliches Gehör) geltend machen zu können.

puritanische Revolution. Bezeichnung für den in mehreren Phasen verlaufenden englischen Bürgerkrieg (1642–46, 1648/49 und 1651/52), so benannt nach der religiösen Reformbewegung der *Puritaner,* die die Reinigung der englischen Kirche von katholischen Elementen propagierte und eine strenge Gewissenstheologie vertrat. Zur Zeit der Revolution war der Puritanismus in der englischen Mittelschicht stark vertreten.

ratifizieren. Gesetzgebungsverfahren, durch das völkerrechtliche Verträge in innerstaatliches Recht transformiert werden (Art. 59 GG).

Rationalisierung. Im ökonomischen Sinne eine betriebliche Maßnahme zur Verbesserung der Rentabilität. Das Ziel der *R.* besteht darin, Kosten zu sparen und die Produktivität zu erhöhen.

Rechtsstaat. Verfassungsprinzip, demgemäß die Ausübung staatlicher Gewalt uneingeschränkt an Recht und Gesetz gebunden ist; dabei wird die bürgerliche Freiheit nach der Weise des Rechts genau definiert und umfassend gesichert. Für die Bundesrepublik Deutschland ist das Rechtsstaatsprinzip in Art. 20 Satz 1 festgeschrieben.

Relativismus, relativistisch. Philosophische Lehre bzw. Anschauung, nach der jede Erkenntnis nur relativ, nicht aber allgemein gültig ist.

Rendite. Als *R.* wird der Gesamtertrag einer Investition, ggf. nach Abzug aller (auch Folge-)Kosten, bezeichnet. Es gibt viele unterschiedliche finanzmathematische Rechenmethoden, sodass nicht von einem einheitlichen Verständnis des *R.*begriffs und der *R.*berechnung ausgegangen werden kann.

Rentenformel. Berechnungsformel für die monatliche Rente; diese ist das Produkt aus den *Entgeltpunkten*, die abhängig von der individuellen Versicherungsdauer und Beitragsleistung sind, dem *Zugangsfaktor*, der eine Minderung der Altersrente bei vorzeitigem Rentenbeginn bewirkt und dem *Rentenartfaktor*. Über den *aktuellen Rentenwert* werden die persönlichen Faktoren dann mit der allgemeinen Einkommensentwicklung verknüpft.

Rentenniveau. Das Rentenniveau gibt die Standardrente in Prozent des durchschnittlichen Nettoeinkommens an.

Reparationen. Leistungen, die dem Verlierer eines Krieges im Rahmen eines Friedensvertrages zur Wiedergutmachung auferlegt werden.

Repräsentation. Stellvertretung.

repräsentative Demokratie. Organisationsform demokratischer Verfassungen, nach der das Volk nicht direkt, sondern über gewählte Vertreter Herrschaft ausübt.

Ressortprinzip. Nach Art. 65 Satz 2 GG leitet jeder Bundesminister im Rahmen der → *Richtlinienkompetenz* des Bundeskanzlers seinen Geschäftsbereich selbstständig und in eigener Verantwortung. Das *R.* steht in einem Spannungsverhältnis zum → *Kabinettsprinzip* und zum → *Kanzlerprinzip*.

Restriktion. Einschränkung, in der Regel aufgrund gesetzlicher oder staatlicher Verbote.

Revisionismus, revisionistisch. Im allgemeinen Sinne das Streben nach Veränderung eines bestehenden politischen Programms oder eines historischen Zustandes, im engeren Sinne die auf *Eduard Bernstein* zurückgehende Neuorientierung marxistischer Politik („Evolution" statt „Revolution").

Rezession. Stadium des wirtschaftlichen Abschwungs im Rahmen der konjunkturellen Schwankungen der wirtschaftlichen Entwicklung.

Richtlinie. Rechtsakt in der Europäischen Union, wobei lediglich ein verbindliches gemeinsames Ziel vorgeschrieben wird, die Umsetzung in nationales Recht sowie die Wahl der Mittel aber den Nationalstaaten überlassen bleiben.

Richtlinienkompetenz. Bezeichnet die in Art. 65 Satz 1 GG festgeschriebene Kompetenz des Bundeskanzlers, innerhalb der Regierung die Richtlinien der Politik zu bestimmen. Das Richtlinienprinzip steht in Konkurrenz zum → *Kabinettsprinzip* und zum → *Ressortprinzip* bei der Organisations- und Aufgabenverteilung der Bundesregierung.

Riester-Rente. (Benannt nach dem ehemaligen Arbeitsminister *Walter Riester*, SPD). In 2001 erfolgte Gesetzesregelung, wonach Zahlungen von in der Gesetzlichen Rentenversicherung Pflichtversicherten sowie von deren nicht anderweitig versicherten Ehegatten in bestimmte zertifizierte Versicherungen und Ansparpläne bis zu bestimmten Höchstbeträgen steuerlich begünstigt und ggf. bezuschusst werden, um eine Unterdeckung aus den Gesetzlichen Rentenversicherungen im Alter zu kompensieren. Die Auszahlung erfolgt ab einem bestimmten Lebensalter in Monatsraten, die Auszahlungen unterliegen insgesamt (nicht nur mit einem Zinsanteil) der Besteuerung. Vorzeitiger Zugriff auf die Beträge ist nur eingeschränkt möglich. Auch die Investition in Immobilien ist unter bestimmten Voraussetzungen begünstigt.

Risikogesellschaft. Von *Ulrich Beck* in seinem 1986 erschienen Buch „Die Risikogesellschaft" geprägter Begriff zur Analyse der Gegenwartsgesellschaft, entstanden kurz nach der Reaktorkatastrophe von Tschernobyl. Dem Autor zufolge ist die Industriegesellschaft von einer neuen Gesellschaftsform abgelöst worden. Merkmale der *R.* sind: Verlust des linearen Fortschrittsdenkens, Unmöglichkeit der rationalen Kontrolle des Fortschritts. In dieser Situation wird das Individuum aus bisher bestehenden Sicherheiten und kollektiven Lebenszusammenhängen herausgelöst und einer neuen Form individueller sozialer Unsicherheit ausgesetzt. In dieser Gesellschaftsform ist insbesondere die Verteilung von Risiken problematisch geworden.

Risikostrukturausgleich. Bezeichnet einen Ausgleichsmechanismus in Krankenversicherungssystemen, bei dem Versicherte mit einer „guten" Risikostruktur Ausgleichszahlungen leisten für potenziell „teure" Versicherte mit hohem Krankheitsrisiko.

Rürup-Kommission. Von der rot-grünen Bundesregierung am 21.11.2002 eingesetzte Expertenkommission zur Erarbeitung von Maßnahmen zur nachhaltigen Stabilisierung der sozialen Sicherungssysteme. Namensgeber ist der Vorsitzende der Kommission, der Wirtschaftswissenschaftler Bert Rürup.

Rüstungskontrolle. → *SALT*, → *MBFR*.

saisonale Arbeitslosigkeit. Auf einer branchenspezifischen wirtschaftlichen Situation in einer bestimmten Jahreszeit beruhende Arbeitslosigkeit, z. B. Baugewerbe im Winter.

SALT (Strategic Arms Limitation Talks). Gespräche bzw. Verhandlungen über die Begrenzung strategischer Waffen zwischen den USA und der Sowjetunion; sie begannen am 17.11.1969 in Helsinki und fanden abwechselnd dort und in Wien statt. Die in der Folge der Gespräche unterzeichneten Verträge sahen eine Rüstungsbegrenzung bei den strategischen Waffen, eine Verringerung des Nuklearpotenzials, eine Begrenzung für die Erprobung und den Einsatz neuer Waffensysteme sowie ein Verbot von Raketenabwehrsystemen (ABM) vor.

Say'sches Theorem. Von dem frz. Nationalökonomen *Jean Baptiste Say* (1767–1832) formuliertes wirtschaftswissenschaftliches Theorem, demgemäß jede Produktion ihre eigene Nachfrage schaffe, sodass Angebot und Nachfrage in einer Volkswirtschaft – abgesehen von Gleichgewichtsstörungen – stets gleich bleiben müssten.

Scheinselbstständigkeit. Scheinselbstständig ist, wer faktisch wie ein Arbeitnehmer tätig ist, obwohl er formal selbstständig, d. h. nicht angestellt und damit arbeitsrechtlich nicht abgesichert ist.

Schicht. → *soziale Schicht.*

Schwellenland. Bezeichnung für diejenigen Staaten der Dritten Welt, die aufgrund ihrer wirtschaftlichen Fortschritte auf der Schwelle der Entwicklung zum Industriestaat stehen.

SFOR (Stabilization Force). → *IFOR.*

shareholder value. Bezeichnung des sich auf die Anteilseigner einer Aktiengesellschaft aufteilenden Unternehmenswertes; Unternehmenspolitik berücksichtigt unter Gesichtspunkten des *s. v.* verstärkt auch die Wertentwicklung der Anteile der Gesellschafter und macht sie zur Basis für Unternehmensentscheidungen.

Solidarprinzip. Insbesondere im Bereich der gesetzlichen Rente in Anspruch genommener Grundsatz des Sozialstaates, wonach die Gesamtheit der Bürger (Steuerzahler) bestimmte Leistungen an Anspruchsberechtigte erbringt, unabhängig davon, ob diese ihrerseits Zahlungen in diese Systeme geleistet haben.

Solidarzuschlag. Eine gesetzlich geregelte Einkommensbesteuerung von derzeit 5,5 % der festgesetzten Einkommensteuer, ursprünglich um die Mehrkosten der politischen Vereinigung der DDR mit der Bundesrepublik Deutschland zu kompensieren.

Souveränität. Bezeichnet die prinzipiell unbeschränkte Herrschaftsgewalt eines Staates nach innen (Gewaltmonopol) und außen. Die äußere S. garantiert im Völkerrecht die Unabhängigkeit eines Staates sowie die Gleichheit gegenüber allen anderen Staaten. Souveränitätsrechte können auf → *supranationale* Organe übertragen werden.

Sozialdumping. Bezeichnung für Niedrigpreisimporte aus Niedriglohnländern.

soziale Lage. Bezeichnung für die Gesamtheit der Lebensbedingungen des Einzelnen in der Gesellschaft, die von verschiedenen Faktoren, wie z. B. Einkommen, Bildung, Ausbildung, Arbeitsbedingungen, Arbeitsplatzrisiken, Berufsprestige, u. Ä. abhängen.

Soziale Marktwirtschaft. Von *A. Müller-Armack* geprägter Begriff für eine Form der Marktwirtschaft, bei der unter grundsätzlicher Anerkennung des Wettbewerbsprinzips soziale Gesichtspunkte mitberücksichtigt werden. Allgemein wird der Terminus heute für die besondere Ausgestaltung der Marktwirtschaft in der BRD gebraucht.

soziale Norm. → *Norm, normativ.*

soziale Rolle. Unter *s. R.* ist eine erlernte Verhaltensfigur zu verstehen, die in bestimmten relevanten Situationen aktualisiert wird. Eine *s. R.* konstituiert sich insbesondere über die spezifischen Verhaltenserwartungen, die von den Gesellschaftsmitgliedern an den Rollenträger herangetragen werden.

soziale Schicht. Begriff aus der Sozialstrukturanalyse, wird in den Sozialwissenschaften unterschiedlich definiert und verwendet. Soziale Schichten können gebildet werden, indem die Gesellschaft aufgrund bestimmter Schichtungsmerkmale, wie z. B. Einkommen oder sozialer Status, strukturiert wird. Mit den unterschiedlichen Ausprägungen der Schichtungsmerkmale gehen in der Regel verschiedene soziale Wertschätzungen im Sinne des gesellschaftlichen „Oben" bzw. „Unten" einher. Neben solchen eher statistischen Schichtbegriffen werden *s. S.* auch als Gruppen verstanden, deren Lebenschancen sich aufgrund objektiver Faktoren weitgehend unterscheiden und die dadurch unterschiedliche Verhaltensweisen und Einstellungen ausgeprägt haben. Am weitesten gehen Schichtbegriffe, die neben der → *sozialen Lage* und schichtspezifischen Einstellungen und Verhaltensweisen auch ein vorhandenes Schichtbewusstsein mit einbeziehen. Der Begriff der *s. S.* ist dann nur noch schwer von dem der → *Klasse* bzw. dem des → *Standes* zu unterscheiden.

soziale Ungleichheit. *S. U.* entsteht, wenn die Chancen der Gesellschaftsmitglieder, ihre Bedürfnisse zu befriedigen, ungleich verteilt sind.

soziales Handeln. Nach der „klassischen" Definition von *Max Weber* bezeichnet soziales Handeln „ein solches Handeln [...], welches seinem von dem oder den Handelnden gemeinten Sinn nach auf das Verhalten anderer bezogen wird und daran in seinem Ablauf orientiert ist" (Max Weber: Wirtschaft und Gesellschaft, 1. Hlbbd., Tübingen 1965, S. 1). Entscheidendes Kriterium ist hier also der Sinn eines Handelns, der mit einschließt, dass andere von diesem Tun betroffen sind.

soziales Milieu. Soziologischer Begriff für Gruppen von Individuen, die sich durch gemeinsame Wertorientierungen, ein ähnliches Alltagsbewusstsein (Einstellungen z. B. zu Arbeit, Familie und Freizeit) sowie einen vergleichbaren sozialen Status auszeichnen.

Sozialhilfe. Grundsicherungsleistung für Hilfsbedürftige auf der Basis des → *Existenzminimums.*

Sozialleistungsquote. Bezeichnet den Anteil aller Sozialleistungen am → *Bruttoinlandsprodukt (BIP).*

Sozialplan. Im Falle einer Insolvenz oder Betriebsstilllegung vorgeschriebene Maßnahme, um Ansprüche insbesondere auf sozial gerechte Durchführung von Kündigungen und Abfindung der Arbeitnehmer verbindlich zu regeln.

Sozialstaat. Eines der Grundprinzipien des verfassungsrechtlich organisierten Systems der BRD, wonach die politische Ordnung auch die sozialen Belange, insbesondere die wirtschaftliche Sicherung eines → *Existenzminimums* eines jeden Bürgers, berücksichtigen muss.

Sozialversicherung. Oberbegriff für die gesetzlichen Systeme der Renten- und Arbeitslosenversicherung.

Spitzensteuersatz. Begriff aus dem Einkommensteuerrecht; ab dem Spitzensteuersatz ist jeder zusätzlich verdiente Euro proportional mit einem gleichbleibenden Steuersatz belastet. Bei den darunter liegenden Einkommensteilen ist jede zusätzlich verdiente Einheit stärker (Progressivzone) besteuert.

Sputnikschock. „Schock" in der US-amerikanischen Öffentlichkeit, der durch den erfolgreichen Start des ersten künstlichen Erdsatelliten (Sputnik) durch die UdSSR am 4.11.1957 ausgelöst wurde.

Staat. In einem weiteren Sinne bezeichnet *S.* einen territorial begrenzten politischen Herrschaftsverband, der „das Monopol physischer Gewaltsamkeit für sich (mit Erfolg) beansprucht" und dadurch ein auf Legitimität gegründetes Herrschaftsverhältnis von Menschen über Menschen etabliert (Max Weber). Im engeren Sinne versteht man unter *S.* eine politische Einrichtung mit der Funktion, allgemein verbindliche Regelungen in einer Gesellschaft durchzusetzen. Die Steuerungs- und Koordinierungsfunktionen werden dabei auf unterschiedliche Institutionen und Personengruppen (moderner Verfassungsstaat: Regierung, Parlament, Gerichte, Verwaltung; → *Gewaltenteilung*) verteilt.

Staatsquote. Bezeichnet das Verhältnis der Summe aller Haushaltsausgaben von Bund, Ländern, Gemeinden sowie der gesetzlichen Sozialsysteme zum → *Bruttoinlandsprodukt (BIP).*

Stabilitätspakt. Der *S.* der Europäischen Union hat zum Ziel, den Euro zu einer dauerhaft stabilen Währung zu machen; → *Konvergenzkriterien.*

Stand. Bezeichnung für eine gesellschaftliche Großgruppe in einem hierarchisch gegliederten Gesellschaftssystem, die sich aufgrund ihrer Abstammung sowie besonderer Rechte, Pflichten und Privilegien von anderen Ständen abgrenzt. Ständegesellschaften zeichnen sich durch eine geringe soziale Mobilität aus.

Standort. Ort der wirtschaftlichen Niederlassung bzw. Ansiedlung. Die unternehmerisch relevanten Bestimmungsgründe für die Wahl eines bestimmten Standortes werden *Standortfaktoren* genannt.

Stille Gesellschaft. → *Personengesellschaft*, in der der Geschäftsinhaber einem stillen Gesellschafter (der nach außen namentlich nicht auftaucht) gegen die Überlassung eines bestimmten Kapitalbetrages eine Beteiligung am Gewinn (u. U. auch am Verlust) des Unternehmens einräumt. Mitsprache des stillen Gesellschafters bei Geschäftsentscheidungen ist möglich, aber nicht erforderlich.

strukturelle Arbeitslosigkeit. Auf einer gesamtwirtschaftlichen Störung beruhende Arbeitslosigkeit, z. B. bestimmter Berufsgruppen oder Regionen.

Subkultur. Bezeichnung für die Auffassungen, Wertorientierungen, Lebensentwürfe und Verhaltensweisen bestimmter sozialer Gruppen, wenn diese deutlich von der jeweiligen Mehrheitskultur der Gesamtgesellschaft abweichen.

Subsidiaritätsprinzip. Aus der katholischen Soziallehre stammendes Prinzip, demgemäß übergeordnete (gesellschaftliche oder staatliche) Einheiten nur dann Funktionen untergeordneter Einheiten übernehmen sollen, wenn diese nicht selbst dazu in der Lage sind.

Subvention. Zweckgebundene staatliche Unterstützung einzelner Wirtschaftszweige mit finanziellen Mitteln, die nicht zurückzuzahlen sind.

supranational. Bezieht sich auf die Verlagerung nationaler Entscheidungskompetenzen auf eine höhere Ebene, die Beschlüsse dann auch gegen den Willen von Einzelstaaten verbindlich durchsetzen kann. Die EG, d. h. die „erste Säule" der Europäischen Union, beruht auf dem Prinzip der *Supranationalität.* Gegenbegriff zu *supranational* ist → *intergouvernemental.*

Suprematie. (Im engeren Sinne: päpstliche) Oberhoheit, Vorrangstellung.

sustainable development. → *nachhaltige Entwicklung.*

Syndikat. Gewerkschaft.

Taliban. Radikal-islamistische Miliz in Afghanistan; nahm am 27.9.1996 die Hauptstadt Kabul ein und errichtete einen totalitären islamischen Staat; dabei wurden insbesondere die Frauen völlig aus dem öffentlichen Leben verdrängt. Ihr Ende fand die *T.*-Herrschaft in der Folge des Attentats auf das World Trade Center am 11. September 2001 durch die sich anschließende Operation → *Enduring Freedom* der USA.

Tarifautonomie. Gesetzlich festgeschriebenes Recht der Arbeitgeberverbände und der Gewerkschaften, Vereinbarungen hinsichtlich der Arbeitsverhältnisse und Löhne eigenständig und ohne staatliche Einmischung zu treffen.

Tarifkonflikt. Institutionalisierter Konflikt zwischen Arbeitgeberverbänden und Gewerkschaften um Löhne und Arbeitsbedingungen. Mittel des Tarifkonflikts sind z. B. Streik und Aussperrung.

Telearbeit. Die Einrichtung eines Arbeitsplatzes beim Arbeitnehmer zu Hause.

terms of trade. Handelsaustauschverhältnisse.

Tobinsteuer. Bezeichnung für eine insbesondere von Globalisierungsgegnern (z. B. ATTAC) geforderte globale Devisenhandels-Steuer, um die Armut in der Welt zu bekämpfen und Umweltschäden zu beheben. Benannt ist diese Steuer nach dem amerikanischen Wirtschaftswissenschaftler *James Tobin*, der in den 1960er-Jahren zum Beraterstab von *John F. Kennedy* gehörte und 1981 den Nobelpreis für Ökonomie erhielt.
Totalitarismus. Politische Ideologie, die nach einer diktatorischen Umsetzung strebt und ihrer Intention gemäß alle Lebensbereiche der einzelnen Gesellschaftsmitglieder durchdringt.
Transferzahlung. Zahlungen des Staates an private Haushalte ohne unmittelbare Gegenleistung mit dem politischen Ziel der Einkommensumverteilung und der Abmilderung sozialer Ungleichheiten (z. B. Sozialhilfe oder Wohngeld).
Transformationsländer. Zusammenfassende Bezeichnung für die ehemals sozialistischen Staaten Mittel- und Osteuropas sowie die Nachfolgestaaten der Sowjetunion im Stadium des Übergangs zur kapitalistischen Produktionsweise und zur Demokratie.
Truman-Doktrin. Vom US-amerikanischen Präsidenten *Harry S. Truman* formulierte außenpolitische Leitlinie der USA im Kalten Krieg, wonach die USA anderen „freien" Völkern wirtschaftlich und militärisch zur Seite stehen, soweit ihre äußere oder innere Freiheit bedroht ist.
Trust. Zusammenschluss von Unternehmen unter Aufgabe der rechtlichen Selbstständigkeit mit dem Ziel einer monopolistischen Beherrschung des Marktes.

Überhangmandat. *Ü.* entstehen im → *personalisierten Verhältniswahlrecht* der Bundesrepublik Deutschland, wenn eine Partei in einem Bundesland mehr Direktmandate erhält, als ihr nach Zweitstimmenanteil eigentlich zustehen würden.
Umlageverfahren. Verfahren z. B. in der Rentenversicherung, nach dem die eingehenden Beiträge der Versicherten direkt an andere Versicherungsnehmer zur Auszahlung von deren Ansprüchen verwendet werden.
Umweltlizenz. Marktwirtschaftliches Lenkungsinstrument zur Schadstoffbegrenzung: Eine *U.* berechtigt ihren Besitzer, die Umwelt mit einer bestimmten Schadstoffmenge zu belasten. Im Gegensatz zu Umweltsteuern setzen *U.* also nicht am Preis, sondern an der Menge der verfügbaren Umweltgüter an.
UNCED (U. N. Conference on Environment and Development). Kürzel für die UN-Konferenz für Umwelt und Entwicklung in Rio de Janeiro 1992, deren Abschlussdokument AGENDA 21 weltweit als Orientierungsrahmen für Umwelt- und Entwicklungspolitik gilt.
UNDP (U. N. Development Programme). Zentrale Finanzierungs- und Koordinierungsagentur der UN zur Armutsbekämpfung, zur Regenerierung der Umwelt und zur Bekämpfung der Arbeitslosigkeit.
UNEP (U. N. Environment Programme). Zentrale Koordinierungsstelle der UN für alle Umweltaktivitäten von UN-Organisationen und → *NGOs*.
UNIFIL (United Nations Interim Force in Lebanon). Beobachtermission der UNO im Libanon seit 1978.
Ustascha. Radikale Organisation kroatischer Nationalisten bzw. Faschisten, 1929 gegründet. Von 1941–45 herrschte die *U.* unter *A. Pavelic* in Kroatien und verfolgte auf grausame Weise die dort lebenden Juden, Muslime und Serben.
Usurpator. Emporkömmling; Person, die widerrechtlich die Staatsgewalt an sich reißt.

Variable. Mathematische Größe, deren Wert zu Beginn einer Betrachtung noch nicht festgelegt, veränderlich oder unbekannt ist.
Verhältniswahl. Im Gegensatz zur → *Mehrheitswahl* werden bei der *V.* die abgegebenen Stimmen für das gesamte Wahlgebiet ausgezählt. Die Sitze werden nach dem prozentualen Anteil der auf die einzelnen Listen entfallenden Stimmen verteilt.
Verordnung. 1. Auf einer gesetzlichen Ermächtigung beruhende Normgebung einer Verwaltungsbehörde (z. B. Ministerien, Landes- oder Gemeindeverwaltungen). 2. Rechtsakt in der Europäischen Union, ist in allen seinen Teilen verbindlich und gilt unmittelbar in allen Mitgliedstaaten.
versicherungsfremde Leistungen. Zahlungen, die aufgrund ihrer Eigenart nicht zu den definierten Leistungen einer bestimmten Versicherung gehören (z. B. die Zahlung in der DDR erworbener Altersgeldansprüche aus den Rentenkassen der Bundesrepublik).
Versicherungsprinzip. System der Absicherung möglicher Risiken durch die Zahlung von Beiträgen in eine Versicherung, die im Realisierungsfalle des jeweils abgesicherten Risikos oder bei Ablauf des entsprechenden Versicherungszeitraumes entsprechende Zahlungen an den Versicherungsnehmer leistet; sowohl in Form gesetzlich vorgeschriebener Versicherungen für bestimmte Bevölkerungsgruppen (z. B. Renten-, Kranken-, Arbeitslosenversicherung) als auch privat und freiwillig möglich (z. B. Lebens-, Unfallversicherung).
Versorgungsprinzip. Weder auf dem Abschluss einer privaten Vermögensbildung noch einer (durch Beiträge finanzierten) Versicherung beruhendes System staatlicher Absicherung der Bedürfnisse der Bürger bzw. einzelner Bevölkerungsgruppen, z. B. Beamtenversorgung.
Vertrauensfrage. Nach Art. 68 GG kann der Bundeskanzler beim Parlament beantragen, ihm das Vertrauen auszusprechen. Findet ein solcher Antrag keine Mehrheit, so kann der Bundespräsident innerhalb von 21 Tagen den Bundestag auflösen, wenn das Parlament nicht zuvor einen neuen Bundeskanzler mit der Mehrheit seiner Mitglieder wählt.
vitale Gewaltenteilung. Der Begriff beinhaltet – im Gegensatz zur strikten Gewaltentrennung – ein System wechselseitiger Kontrolle und Einflussnahme in westlichen Demo-

kratien, bei der der Opposition die Parlamentsmehrheit und die mit dieser verbundene Regierung gegenübersteht.

Volatilität, volatil. Volatilität bezeichnet das Ausmaß der Schwankungen z. B. von Preisen, Aktienkursen oder Zinssätzen innerhalb von kurzen Zeitspannen. Eine Aktie wird dann als *v.* bezeichnet, wenn ihre Kursentwicklung sehr große Ausschläge sowohl in eine positive wie auch eine negative Richtung aufzuweisen hat.

Völkerbund. Von 1920 bis 1946 bestehende Vereinigung von Staaten zur Sicherung des Weltfriedens; nach Gründung der Vereinten Nationen aufgelöst.

Volkseinkommen. Das Volkseinkommen erhält man, indem man das → *Nettonationaleinkommen* um die indirekten Steuern, die über die Güterpreise dem Staat zufließen, sowie die Subventionen, die vom Staat an die Unternehmen gezahlt werden, bereinigt.

Volkskammer. Parlamentarische Körperschaft in der ehemaligen DDR.

Volkspartei. Parteientypus, der sich seit dem Zweiten Weltkrieg gebildet hat, verbunden mit einer Entideologisierung der Parteiprogrammatik und -politik, um – neben Bindung der traditionellen Stammwählerschaft – auch in das Wählerpotenzial anderer Parteien einzubrechen. Dadurch wird ein innerparteilicher Ausgleich divergierender wirtschaftlicher und sozialer Interessen notwendig.

volkswirtschaftliche Gesamtrechnung. Die *v. G.* beruht auf dem Modell des Wirtschaftskreislaufs und gibt ein Gesamtbild des Geschehens in einer Volkswirtschaft. Dabei werden alle Transaktionen zwischen Unternehmen, privaten Haushalten, Staat und Ausland als Ströme dargestellt und jedem der vier Sektoren wird ein Konto zugeordnet, auf dem jede Kreislauftransaktion mit den anderen Sektoren als Soll- bzw. Haben-Buchung erscheint.

Wachstumsquote. Wirtschaftsindikator, der die prozentuale Veränderung des → *Bruttonationaleinkommens* gegenüber dem Vorjahr angibt.

Welthandelsorganisation (WTO). 1995 als Nachfolgeorganisation des Allgemeinen Zoll- und Handelsabkommens (GATT) gegründet; UN-Sonderorganisation mit Sitz in Genf; Aufgaben: Liberalisierung des Welthandels, Überwachung internationaler Handels- und Dienstleistungsregelungen. (→ *NWWO*)

Weltunordnung. Begrifflicher Versuch, die „Strukturlosigkeit" der internationalen Ordnung nach der Auflösung des Ost-West-Gegensatzes begrifflich zu fassen.

Wert. In der philosophischen Ethik bezeichnet *W.* allgemein einen Inhalt, der etwas Anzustrebendes zum Ausdruck bringt und daher handlungsleitende Funktion hat; dabei dienen Werte auch der Begründung und Legitimation politischer Einstellungen und Handlungen. Politisch problematisch ist allerdings die in modernen Gesellschaften bestehende Pluralität der *W.* und die Unmöglichkeit, sie rational mit dem Anspruch auf universale Gültigkeit zu begründen.

Wertpapierpensionsgeschäft. Bezeichnung für den Ankauf von Wertpapieren, wobei sich der Verkäufer gleichzeitig verpflichtet, diese Wertpapiere zu einem bestimmten Termin zurückzukaufen.

WEU (Westeuropäische Union). Sicherheitspolitisches Konsultationsforum, das sich als „europäischer Pfeiler" der NATO versteht; soll auf Dauer zur Verteidigungskomponente der Europäischen Union ausgebaut werden. Vollmitglieder sind derzeit zehn europäische Staaten, die gleichzeitig EU- und NATO-Mitglieder sind.

Widerstandsrecht. Allgemein ein Recht des Individuums oder einer Gesellschaft, Widerstand gegen ungerechtfertigte Herrschaftsausübung zu leisten, im engeren Sinne das in Art. 20 Abs. 4 GG festgelegte Recht zum Widerstand gegen jeden, der es unternimmt, die freiheitlich-demokratische Grundordnung zu beseitigen, wenn andere Abhilfe nicht möglich ist.

Wiederbewaffnung. Bezeichnung für den in der Nachkriegszeit innenpolitisch umstrittenen Wiederaufbau von Streitkräften in der Bundesrepublik Deutschland nach der völligen Entwaffnung im Jahre 1945.

Wirtschaftssubjekt. Bezeichnet allgemein jeden Teilnehmer am Wirtschaftsleben, d.h. die Haushalte, die Unternehmen, den Staat sowie andere juristische Personen und öffentlich-rechtliche Körperschaften, soweit sie wirtschaftlich tätig sind.

Wohlfahrtsstaat. Vor allem in internationalen Vergleichsuntersuchungen sowie in Nordeuropa gebräuchliche Bezeichnung für → *Sozialstaat.*

Zentralverwaltungswirtschaft. Bezeichnet eine Wirtschaftsordnung, die durch die Lenkung der gesamten Wirtschaft durch eine Zentralstelle (in der Regel durch den Staat) gekennzeichnet ist. Die Lenkung des Wirtschaftsprozesses erfolgt im Gegensatz zur Marktwirtschaft nicht über den Preis, sondern über die von der Zentralstelle festgelegten Planziele.

Zinstender. Technik der → *Wertpapierpensionsgeschäfte* der Europäischen Zentralbank. Dabei legt die EZB den Zins fest; die Kreditinstitute nennen die Höhe der Beträge, über die sie Wertpapiere an die Zentralbank abgeben wollen.

Zionismus, zionistisch. Bezeichnung für die politische und soziale Bewegung zur Errichtung eines jüdischen Staates in Palästina; entstanden im 19. Jahrhundert in Zusammenhang mit der Entstehung des Nationalismus und des modernen Antisemitismus. Heute bezeichnet *Z.* den jüdischen Nationalismus bzw. eine politische Haltung, die eine Stärkung des Staates Israel zum Ziel hat.

Zweidrittelgesellschaft. Bezeichnung für eine Gesellschaftsstruktur, bei der die Unterschiede zwischen den meisten (2/3) sozialen Schichten weitgehend eingeebnet sind, einige Gruppen (1/3) dagegen, wie z. B. Arbeitslose, zunehmend an den Rand gedrängt werden und durch die sozialen Systeme aufgefangen werden müssen.

Register

Bildquellenverzeichnis

ABD RABBO / SIPA PRESS: S. 111 r.; AP: S. 101 o. (Damian Dovarganes), S. 355 (POOL), S. 427 / Nr. 8 (Kevin Frayer), S. 453, S. 553; Astrofoto / Hansen-Planetarium / W. Sullivan: S. 513; BECK: S. 267; Bildarchiv Preußischer Kulturbesitz: S. 209, S. 364, S. 371, S. 448, S. 459; Thomas Billhardt / © Gustav Kiepenheuer Verlag GmbH, Leipzig 1999: S. 366 M.r.; Claire Bretécher: S. 126; British Library:S. 100 o.l.; Buena Vista International, Germany: S. 385 (bpb), S. 386 /2; Bulls Pressedienst: S. 477; Bundesbildstelle: S. 130 r., S. 287 M., S. 309 l.u., S. 307 / Nr. 2-8, S. 378, S. 399 l.u., S. 518 u., S. 522; Caro / Kaiser: S. 426 / Nr. 4; CCC, www.c5.net: S. 17 r. (Schöpper), S. 19 r. (Rauschenbach), S. 22 u. (Haitzinger), S. 36 (Mester), S. 37 (Plaßmann), S. 45 l. (Wolf) und r. (Murschetz), S. 50 (Horsch), S. 54 l. (Mandzel) und r. (Ursinus), S. 71 M. (Traxler) und u. (Mester), S. 110 (Plaßmann), S. 117 (Plaßmann), S. 139 (Mohr), S. 164 (Hanel), S. 179 (Wolter), S. 184 (Haitzinger), S. 191 (Wolter), S. 194 (Haitzinger), S. 233 (Haitzinger), S. 234 (Breuer), S. 240 (Pfohlmann), S. 241 (Nel), S. 249 (Mester), S. 264 o. (Murschetz) und u. (Benedek), S. 276 (LUFF), S. 311 (Haitzinger), S. 315 (Tomicek), S. 321 (Haitzinger), S. 332 o.l. (LUFF) – o.r. (Schoenfeld) – M.l. (Mohr) – u.l. (Stuttmann) – u.r. (Skott), S. 344 (Mohr), S. 396 (Mohr), S. 400 (Mester), S. 425 (Plaßmann), S. 426 + 427 / Nr. 6 (Behrendt), S. 432 M. und u. (LUFF), S. 435 (Plaßmann), S. 436 (Plaßmann), S. 458 o. (Wolter) und u. (Haitzinger), S. 463 (Murschetz), S. 467 (Haitzinger), S. 471 (Hanel), S. 488 (Mussil), S. 489 l.o. (Haitzinger) und r. (Behrendt), S. 498 (Mester), S. 501 o. (Hanel) und u. (Haitzinger), S. 502 / 2 (LUFF), S. 509 (Plaßmann), S. 519 o. (Mussil) und M. (Haitzinger), S. 520 (Hanel), S. 523 (Murschetz), S. 524 r.o. (Wolter) und u. (BAS.), S. 525 o.l. (Mohr) – o.r. (Tomicek) – u. (Wolter), S. 526 o. (Hanel) – u.l. (Mester) – u.r. (Wilk), S. 527 l. (Haitzinger) und r. (Stuttmann), S. 528 l. (Mohr) und r. (Mester), S. 542 (Hanel), S. 562 (Murschetz); CDU: S. 290 l., S. 388, S. 399 l.o. und r.M.; DaimlerChrysler AG, Germany: S. 141; DER SPIEGEL: S. 114, S. 415, S. 505; DIE LINKE.PDS / TRIALON Marketing & KommunikationGmbH: S. 204 r.; DIE ZEIT: S. 121 (Axel Trebus / 2, David Klammer, Ben Rinner, Daniel Mayer, Ralf Gellert, Volker Schrank); Europäische Union: S. 518 o.; Rainer Gaertner / publicon, Berlin: Umschlag vorne, S. 1; Amelie Glienke / HOGLI: S. 45 M.; Globus Kartendienst: S. 17 l., S. 45 M., S. 55 u., S. 56, S. 66 o., S. 96, S. 97 r., S. 105 l., S. 123 u., S. 151, S. 153, S. 159, S. 171, S. 172 u., S. 188 u., S. 189 M. und u., S. 192 o., S. 195 u., S. 196, S. 198, S. 205, S. 214, S. 215 u., S. 216 o., S. 230, S. 240 M., S. 241, S. 246, S. 250 o., S. 251, S. 255 o., S. 257 o., S. 278 u., S. 284 o., S. 294, S. 314 / 2, S. 326, S. 345, S. 355, S. 358, S. 434, S. 457, S. 488, S. 491, S. 495 o., S. 506, S. 515 o., S. 521 u., S. 536, S. 573 o.; Greenpeace: S. 550; Greser & Lenz, Kahl: S. 271; Rainer Hachfeld, Berlin: S. 332 M.r.; Image Bank / Michel Tchereckoff: S. 97 l.; imu-infografik: S. 105 r.; Nikolaus Jungwirth / Gerhard Kromschröder: S. 389; Keystone: S. 308 l.o. und r.u., S. 337 / Nr. 1; Jörg Koch / DDP: S. 253 o.; Ernst Maria Lang, München: S. 328; Peter Leger / Besitz und © Haus der Geschichte der BRD: S. 181, S. 273, S. 516, S. 524 l.o. und u.; D. Leistner / artur: S. 92 o.; Marie Marcks, Heidelberg: S. 118; B. Mitropoulos, Athen: S. 432 o.; MVG Medienverlagsgesellschaft, München: S. 119 r.; myspace.com: S. 101 u.; picture-alliance: S. 10 (dpa / Wolfgang Kumm), S. 19 l. (dpa / Popp), S. 100 o.r. (dpa / Kurt Zarski), S. 107 / Golda Meir (Picture Press / CAMERA PRESS) – S.107 / übrige (dpa), S. 130 l.o. und u. (dpa / Andreas Altwein), S. 138 (dpa), S. 162 o. (dpa / Athenstädt), S. 186 l. (dpa / Arne Dedert) und r. (dpa), S. 211 (dpa / Getty Wong), S. 245 o. (dpa / Levy), S. 253 u. (dpa / Sebastian Widmann), S. 258 o. (dpa / Peer Grimm) und u. (ZB / Bernd Settnik), S. 266 (dpa / Erwin Elsner), S. 270 (dpa / Erwin Elsner), S. 286 (dpa / Marcel Mettelsiefen), S. 303 (dpa), S. 308 l.u. und r.o. (dpa), S. 309 l.o. und r.u. (dpa) und r.o. (dpa / Wiebke Langefeld), S. 313 (dpa), S. 331 (dpa / Michael Hanschke), S. 337 / Nr. 9 (dpa), S. 366 o.l. (dpa / Lehtikuva Oy Mantyla) – o.r. (ZB / Wolfgang Kluge) – M.l. (dpa), S. 395 / 2 (dpa), S. 397 (ZB / Klaus Franke), S. 399 l.M. (dpa / Jens Wolf) – r.o. (dpa / Klaus Franke) – r /3.v.o. (dpa / Tim Brakemeier), S. 401 l. (dpa), S. 402 / 2 (dpa), S. 423 l. (dpa), S. 426 + 427 / Nr. 1 (dpa / David Silverman) – Nr. 2 (dpa / Cohen) – Nr. 3 (dpa / Hollander) – Nr. 5 und 7 (dpa) – Nr. 10 und 11 (dpa / Atef Safadi), S. 443 r. (dpa), S. 489 l.u. (dpa), S. 490 l. (dpa / Gabriel Piper), S. 533 (dpa), S. 540 (dpa); Ingram Pinn / Financial Times, London: S. 423 r.; Reuters: S. 427 / Nr. 9; Rhein-Neckar-Zeitung / Karl-Horst Möhl: S. 31; Rhein-Zeitung online: S. 100 u.; Rodale Motor Presse GmbH & Co. KG / Men´s Health: S. 119 l.; Joachim E. Roettgers / GRAFFITI: S. 100 M.l.; Sächsische Landesbibliothek, Dresden: S. 411 l.; Siedler Verlag: S. 384; Wieslaw Smetek: S. 204 l. (STERN / Ppress), S. 490 r., S. 555 / 2; SPD: S. 290 r. (KNSK Werbeagentur, Hamburg), S. 391; Süddeutscher Verlag / Bilderdienst: S. 52, S. 123 o., S. 452; Sven Torfinn / Hollandse Hoogte / Laif: Umschlag hinten; Ullstein Bilderdienst: S. 111 l., S. 401 r.; Vattenfall Europa AG: S. 226; ver.di: S. 202 u.; © VG Bild-Kunst, Bonn 2006: S. 411 u.M. und r., S. 412, S. 473; Voller Ernst / Gerd Pfeiffer: S. 100 M.r.; Wilhelm-Busch-Gesellschaft, Hannover (H. E. Köhler): S. 460; Wolf / laif: S. 245 u.; www.BilderBox.com: S. 173; Zahlenbilder / Erich Schmidt Verlag: S. 29, S. 32, S. 42, S. 57, S. 70 M., S. 154, S. 160, S. 161, S. 165, S. 178, S. 179, S. 188 o., S. 216 u., S. 229, S. 242, S. 247 o., S. 255 u., S. 278 o., S. 284 u., S. 296, S. 297 o., S. 300 o., S. 314 / 2, S. 315, S. 324, S. 338, S. 344, S. 347, S. 359, S. 360, S. 361, S. 466, S. 472, S. 485, S. 486, S. 495 u., S. 515 u., S. 519, S. 520 M., S. 521 o., S. 532, S. 552, S. 553, S. 554 M. und u., S. 572, S. 573 u.; ZDF / Svea Pietschmann: S. 399 u.r.; weitere: Verlagsarchiv Schöningh.

Sollte trotz aller Bemühungen um korrekte Urheberangaben ein Irrtum unterlaufen sein, bitten wir darum, sich mit dem Verlag in Verbindung zu setzen, damit wir eventuell notwendige Korrekturen vornehmen können.